国家统计局贸易外经统计司 编
Compiled by
Department of Trade and External Economic Relations Statistics,
National Bureau of Statistics, People's Republic of China

# 2016

# 中国贸易外经统计年鉴

# CHINA TRADE AND EXTERNAL ECONOMIC STATISTICAL YEARBOOK

中国统计出版社
China Statistics Press

**图书在版编目（CIP）数据**

中国贸易外经统计年鉴. 2016：汉英对照 / 国家统计局贸易外经统计司编. -- 北京：中国统计出版社，2016.11
ISBN 978-7-5037-8036-3

Ⅰ. ①中… Ⅱ. ①国… Ⅲ. ①对外贸易－统计资料－中国－2016－年鉴－汉、英 Ⅳ. ①F752-54

中国版本图书馆 CIP 数据核字（2016）第 257347 号

中国贸易外经统计年鉴-2016
**2016 China Trade and External Economic Statistical Yearbook**

作　者/国家统计局贸易外经统计司
责任编辑/赵淑焕
封面设计/李雪燕
出版发行/中国统计出版社
通信地址/北京市丰台区西三环南路甲 6 号　邮政编码/100073
电　话/邮购（010）63376909　书店（010）68783171
网　址/http://www.zgtjcbs.com/
印　刷/河北鑫宏源印刷包装有限责任公司
经　销/新华书店
开　本/880mm×1230mm　1/16
字　数/136 千字
印　张/42
版　别/2016 年 11 月第 1 版
版　次/2016 年 11 月第 1 次印刷
定　价/420.00 元

如有印装差错，由本社发行部调换。

# 《中国贸易外经统计年鉴－2016》编辑委员会

# 2016 CHINA TRADE AND EXTERNAL ECONOMIC STATISTICAL YEARBOOK
## Editorial Staff

**Editor-in-Chief:** Meng Qingxin

**Associate Editor-in-Chief:** Lin Tao Lu Shan

**Editorial Staff:** (in order of the number of strokes the Chinese character of the surname)

Wang Zhi Wang Yuexiang Shen Junli Fu Yuan

Fu Jiaqi Liu Xiaoyan Liu Xuling Liu Yang

Chen Qunlin Du Yan Li Min Tang Weiwei

Yan Xianpu Zhang Min Luo Weihua Yang Zhuang

Hu Chunlin Yao Hu Yuan Yan Xia Huan

**Executive Editor:** Zhao Shuhuan

**English Translator:** She Jingxong

# 编者说明

一、《中国贸易外经统计年鉴—2016》是一部全面反映中国国内贸易、对外经济贸易和旅游业发展情况的资料性年刊。本年鉴收录了2015年中国国内消费品市场、批发和零售业、住宿和餐饮业、对外贸易与合作和国内、国际旅游的主要统计数据，以及分各省、自治区、直辖市和一些重要历史年份的相关统计数据。

二、本年鉴正文内容分为9个部分：1.综合篇；2.消费品市场篇；3.批发和零售业篇；4.住宿和餐饮业篇；5.国际收支篇；6.对外贸易篇；7. 外资篇；8对外合作篇；9.旅游篇。为便于读者使用，本年鉴对所用略语和主要统计指标的含义、统计范围和统计方法作了简要说明。

三、本年鉴中所涉及的全国性统计数据,均未包括香港、澳门特别行政区和台湾省数据。

四、本年鉴所列对外经济贸易和旅游统计资料由国家统计局贸易外经司根据商务部、海关总署、国家外汇管理局、公安部、国家旅游局、国家工商行政管理总局等部门的资料加工整理，由于各部门职能不同，统计口径、范围和方法亦有所不同，因此书中有些数据可能不一致，使用统计数据时请参看附录。

五、本年鉴表中所使用的度量衡单位，均为国际统一标准计量单位。

六、年鉴表中的“空格”表示该项统计指标数据不足本表最小单位数、不详或无该项数据；“#”表示其中的主要项；“*”或“①”表示本表下有注释。

七、年鉴中没有标明年份的表均为2015年的数据。

# EDITOR'S NOTES

I. *2016 China Trade and External Economic Statistical Yearbook* reflects the situation of China in the development of the domestic and foreign trade, the external economic transactions and the tourism synthetically. The yearbook covers the main data of the domestic trade, the foreign trade, the external economic transactions and the tourism of China in 2015, and embodies the data from national level and all the provinces, autonomous regions and municipalities. It also lists the time series relative data of important indicators by years.

II. The yearbook contains the following 9 chapters: 1.Integration; 2.Consumer Market; 3.Wholsale and Retail Trades; 4.Hotels and Catering Services; 5. Balance of Payments; 6. Foreign Trade; 7. Foreign Capital; 8.International Cooperation; 9.Tourism. In addition, Explanatory Notes on Main Statistical Indicators are provided at the end of book.

III. The national data in the book do not include that of Hongkong Special Administrative Region, Macao Special Administrative Region and Taiwan Province.

IV. The major sources of data except these in the domestic trade are the regular statistical reporting forms provided by sectors such as the Ministry of Public Security, the Ministry of Commerce, the General Administration of Customs, the State Administration of Industrial & Commerce, the General Administration of Travel and Tourism, the State Administration of Foreign Exchange. The book is edited by the Department of Trade and External Economic Relation Statistics of the National Bureau of Statistics. Since the functions of sectors mentioned above are different, the requirement, the scope, the calculating specification and the method of statistics are not in the same, and some of the figures may not be in conformity. Readers who want to use the data please consult the explanatory note.

V. The units of measurement used in this yearbook are internationally standard measurement units.

VI. Notations used in the yearbook: (blank space) indicates that the figure is not large enough to be measured with the smallest unit in the table, or data are unknown or are not available; "#" indicates a major breakdown of the total; and "*" or "①" indicates footnotes at the end of the table.

VII. The data belong to 2015 in the table of without year in the yearbook.

# 目　录

# CONTENTS

## 第 1 篇　综合
## Integration



## 第 2 篇　消费品市场
## Consumer Goods Market

## 第 3 篇 批发和零售业
## Wholesale And Retail Trades

## 第 4 篇 住宿和餐饮业

## Hotels And Catering Services

## 第 5 篇 国际收支

## Balance Of Payments



## 第 6 篇 对外贸易

## Foreign Trade

## 第 7 篇　外资
## Foreign Capital



## 第 8 篇　对外合作
## International Cooperation

## 第 9 篇 旅游
## Tourism



## 附 录
## APPENDIX

# 综合

*INTEGRATION*

第1篇

# 1-1 国内生产总值指数
# Indices of Gross Domestic Product

(不变价,上年=100; Constant Price, Preceding Year=100)

| 年 份 Year | 国民总收入 Gross National Income | 国内生产总值 Gross Domestic Product | 第一产业 Primary Industry | 第二产业 Secondary Industry | 第三产业 Tertiary Industry | #批发与零售业 Wholesale and Retail Trades | 人均国内生产总值 Per Capita GDP |
|---|---|---|---|---|---|---|---|
| 1978 | 111.7 | 111.7 | 104.1 | 115.0 | 113.8 | 123.1 | 110.2 |
| 1979 | 107.6 | 107.6 | 106.1 | 108.2 | 107.9 | 108.7 | 106.1 |
| 1980 | 107.8 | 107.8 | 98.5 | 113.6 | 106.0 | 98.1 | 106.5 |
| 1981 | 105.2 | 105.2 | 107.0 | 101.9 | 110.4 | 129.5 | 103.9 |
| 1982 | 109.2 | 109.1 | 111.5 | 105.6 | 113.0 | 99.3 | 107.5 |
| 1983 | 111.1 | 110.9 | 108.3 | 110.4 | 115.2 | 121.2 | 109.3 |
| 1984 | 115.3 | 115.2 | 112.9 | 114.5 | 119.3 | 124.7 | 113.7 |
| 1985 | 113.2 | 113.5 | 101.8 | 118.6 | 118.2 | 133.5 | 111.9 |
| 1986 | 108.5 | 108.8 | 103.3 | 110.2 | 112.0 | 109.4 | 107.2 |
| 1987 | 111.5 | 111.6 | 104.7 | 113.7 | 114.4 | 114.7 | 109.8 |
| 1988 | 111.3 | 111.3 | 102.5 | 114.5 | 113.2 | 111.8 | 109.5 |
| 1989 | 104.2 | 104.1 | 103.1 | 103.8 | 105.4 | 89.3 | 102.5 |
| 1990 | 104.1 | 103.8 | 107.3 | 103.2 | 102.3 | 94.7 | 102.3 |
| 1991 | 109.1 | 109.2 | 102.4 | 113.9 | 108.9 | 105.2 | 107.7 |
| 1992 | 114.1 | 114.2 | 104.7 | 121.2 | 112.4 | 110.5 | 112.8 |
| 1993 | 113.7 | 114.0 | 104.7 | 119.9 | 112.2 | 108.6 | 112.7 |
| 1994 | 113.1 | 113.1 | 104.0 | 118.4 | 111.1 | 108.2 | 111.8 |
| 1995 | 109.3 | 110.9 | 105.0 | 113.9 | 109.8 | 108.2 | 109.7 |
| 1996 | 110.1 | 110.0 | 105.0 | 112.1 | 109.2 | 107.6 | 108.8 |
| 1997 | 109.6 | 109.2 | 103.4 | 110.5 | 110.4 | 108.8 | 108.1 |
| 1998 | 107.3 | 107.8 | 103.4 | 108.9 | 108.4 | 106.5 | 106.8 |
| 1999 | 107.9 | 107.6 | 102.7 | 108.2 | 109.2 | 108.7 | 106.7 |
| 2000 | 108.6 | 108.4 | 102.3 | 109.4 | 109.7 | 109.4 | 107.6 |
| 2001 | 108.1 | 108.3 | 102.6 | 108.4 | 110.2 | 109.1 | 107.5 |
| 2002 | 109.5 | 109.1 | 102.7 | 109.8 | 110.5 | 108.8 | 108.4 |
| 2003 | 110.5 | 110.0 | 102.4 | 112.7 | 109.5 | 109.9 | 109.3 |
| 2004 | 110.5 | 110.1 | 106.1 | 111.1 | 110.1 | 106.6 | 109.4 |
| 2005 | 110.9 | 111.3 | 105.1 | 112.1 | 112.3 | 113.0 | 110.7 |
| 2006 | 113.3 | 112.7 | 104.8 | 113.4 | 114.1 | 119.5 | 112.1 |
| 2007 | 114.7 | 114.2 | 103.5 | 115.0 | 116.1 | 120.2 | 113.6 |
| 2008 | 110.1 | 109.6 | 105.2 | 109.8 | 110.5 | 115.9 | 109.1 |
| 2009 | 108.4 | 109.2 | 104.0 | 110.1 | 109.5 | 111.9 | 108.7 |
| 2010 | 110.3 | 110.6 | 104.3 | 112.7 | 109.7 | 114.6 | 110.1 |
| 2011 | 108.9 | 109.5 | 104.2 | 110.6 | 109.5 | 112.5 | 109.0 |
| 2012 | 108.5 | 107.7 | 104.5 | 108.2 | 108.0 | 110.3 | 107.2 |
| 2013 | 107.1 | 107.7 | 103.8 | 107.9 | 108.3 | 110.5 | 107.2 |
| 2014 | 108.3 | 107.3 | 104.1 | 107.3 | 107.8 | 109.7 | 106.7 |
| 2015 | 106.3 | 106.9 | 103.9 | 106.0 | 108.3 | 106.1 | 106.3 |

# 1-2 国内生产总值构成
# Composition of Gross Domestic Product

(当年价, Current Price)

| 年 份<br>Year | 国内生产总值<br>Gross Domestic Product (%) | 第一产业<br>Primary Industry | 第二产业<br>Secondary Industry | 第三产业<br>Tertiary Industry | #批发与零售业<br>Wholesale and Retail Trades |
|---|---|---|---|---|---|
| 1978 | 100 | 27.9 | 47.6 | 24.5 | 6.6 |
| 1979 | 100 | 30.9 | 46.8 | 22.3 | 4.9 |
| 1980 | 100 | 29.9 | 47.9 | 22.2 | 4.3 |
| 1981 | 100 | 31.6 | 45.8 | 22.6 | 4.7 |
| 1982 | 100 | 33.0 | 44.5 | 22.5 | 3.2 |
| 1983 | 100 | 32.8 | 44.1 | 23.1 | 3.3 |
| 1984 | 100 | 31.8 | 42.8 | 25.5 | 5.0 |
| 1985 | 100 | 28.1 | 42.6 | 29.3 | 8.9 |
| 1986 | 100 | 26.8 | 43.4 | 29.8 | 8.3 |
| 1987 | 100 | 26.5 | 43.2 | 30.3 | 8.8 |
| 1988 | 100 | 25.4 | 43.4 | 31.2 | 9.8 |
| 1989 | 100 | 24.7 | 42.4 | 32.9 | 9.0 |
| 1990 | 100 | 26.7 | 40.9 | 32.4 | 6.8 |
| 1991 | 100 | 24.2 | 41.4 | 34.5 | 8.4 |
| 1992 | 100 | 21.4 | 43.0 | 35.6 | 8.9 |
| 1993 | 100 | 19.4 | 46.1 | 34.5 | 7.9 |
| 1994 | 100 | 19.5 | 46.1 | 34.4 | 7.8 |
| 1995 | 100 | 19.7 | 46.7 | 33.7 | 7.8 |
| 1996 | 100 | 19.4 | 47.0 | 33.6 | 7.8 |
| 1997 | 100 | 18.0 | 47.0 | 35.0 | 8.0 |
| 1998 | 100 | 17.2 | 45.7 | 37.1 | 8.1 |
| 1999 | 100 | 16.1 | 45.3 | 38.6 | 8.3 |
| 2000 | 100 | 14.7 | 45.4 | 39.8 | 8.2 |
| 2001 | 100 | 14.1 | 44.7 | 41.3 | 8.3 |
| 2002 | 100 | 13.4 | 44.3 | 42.3 | 8.3 |
| 2003 | 100 | 12.4 | 45.5 | 42.1 | 8.2 |
| 2004 | 100 | 13.0 | 45.8 | 41.2 | 7.7 |
| 2005 | 100 | 11.7 | 46.9 | 41.4 | 7.5 |
| 2006 | 100 | 10.7 | 47.4 | 41.9 | 7.6 |
| 2007 | 100 | 10.4 | 46.7 | 42.9 | 7.8 |
| 2008 | 100 | 9.9 | 46.8 | 42.9 | 8.3 |
| 2009 | 100 | 9.9 | 45.7 | 44.4 | 8.4 |
| 2010 | 100 | 9.6 | 46.2 | 44.2 | 8.8 |
| 2011 | 100 | 9.5 | 46.1 | 44.3 | 9.0 |
| 2012 | 100 | 9.5 | 45.0 | 45.5 | 9.3 |
| 2013 | 100 | 9.4 | 43.7 | 46.9 | 9.6 |
| 2014 | 100 | 9.2 | 42.7 | 48.1 | 9.8 |
| 2015 | 100 | 9.0 | 40.5 | 50.5 | 9.8 |

# 1-3 三次产业贡献率

# Share of the Contributions of the Three Strata of Industry to the Increase of GDP

(按不变价格计算, Data in this table are calculated at constant prices)

| 年 份<br>Year | 国内生产总值<br>Gross Domestic<br>Product (%) | 第一产业<br>Primary<br>Industry | 第二产业<br>Secondary<br>Industry | 第三产业<br>Tertiary<br>Industry |
|---|---|---|---|---|
| 1990 | 100 | 40.5 | 39.6 | 19.9 |
| 1991 | 100 | 6.8 | 61.1 | 32.2 |
| 1992 | 100 | 8.2 | 63.2 | 28.7 |
| 1993 | 100 | 7.6 | 64.4 | 28.0 |
| 1994 | 100 | 6.3 | 66.3 | 27.4 |
| 1995 | 100 | 8.7 | 62.8 | 28.5 |
| 1996 | 100 | 9.3 | 62.2 | 28.5 |
| 1997 | 100 | 6.5 | 59.0 | 34.5 |
| 1998 | 100 | 7.2 | 59.7 | 33.0 |
| 1999 | 100 | 5.7 | 56.8 | 37.5 |
| 2000 | 100 | 4.2 | 59.5 | 36.3 |
| 2001 | 100 | 4.7 | 46.2 | 49.1 |
| 2002 | 100 | 4.2 | 49.2 | 46.6 |
| 2003 | 100 | 3.1 | 57.9 | 39.0 |
| 2004 | 100 | 7.4 | 51.7 | 40.9 |
| 2005 | 100 | 5.3 | 50.3 | 44.4 |
| 2006 | 100 | 4.4 | 49.5 | 46.1 |
| 2007 | 100 | 2.7 | 49.9 | 47.4 |
| 2008 | 100 | 5.3 | 48.4 | 46.3 |
| 2009 | 100 | 4.1 | 51.9 | 44.0 |
| 2010 | 100 | 3.6 | 57.2 | 39.2 |
| 2011 | 100 | 4.2 | 51.5 | 44.3 |
| 2012 | 100 | 5.3 | 49.3 | 45.4 |
| 2013 | 100 | 4.4 | 48.0 | 47.6 |
| 2014 | 100 | 4.8 | 47.3 | 47.9 |
| 2015 | 100 | 4.7 | 41.2 | 54.1 |

注：产业贡献率指各产业增加值增量与GDP增量之比。

Note: Share of the three industries refers to the proportion of the increment of every industrial value added to the increment of GDP.

# 1-4　三大需求对国内生产总值增长的贡献率和拉动
# Share and Contribution of the Three Components of GDP by Expenditure Approach to the Growth of GDP

(按不变价格计算, Data in value terms in this table are calculated at constant prices)

| 年　份<br>Year | 最终消费支出<br>Final Consumption Expenditure | | 资本形成总额<br>Gross Capital Formation | | 货物和服务净出口<br>Net Exports of Goods and Services | |
|---|---|---|---|---|---|---|
| | 贡献率<br>Share<br>(%) | 拉动(百分点)<br>Contribution<br>(percentage points) | 贡献率<br>Share<br>(%) | 拉动(百分点)<br>Contribution<br>(percentage points) | 贡献率<br>Share<br>(%) | 拉动(百分点)<br>Contribution<br>(percentage points) |
| 1978 | 39.4 | 4.6 | 66.0 | 7.6 | -5.4 | -0.6 |
| 1979 | 85.1 | 6.4 | 18.1 | 1.4 | -3.2 | -0.2 |
| 1980 | 77.5 | 6.1 | 20.7 | 1.6 | 1.8 | 0.2 |
| 1981 | 88.7 | 4.6 | -1.1 | -0.1 | 12.4 | 0.6 |
| 1982 | 56.4 | 5.1 | 23.0 | 2.1 | 20.6 | 1.8 |
| 1983 | 75.6 | 8.1 | 32.4 | 3.5 | -8.0 | -0.8 |
| 1984 | 69.4 | 10.6 | 41.2 | 6.3 | -10.6 | -1.7 |
| 1985 | 71.1 | 9.6 | 79.9 | 10.8 | -51.0 | -6.9 |
| 1986 | 50.4 | 4.5 | 15.5 | 1.4 | 34.1 | 3.0 |
| 1987 | 41.0 | 4.8 | 26.4 | 3.1 | 32.6 | 3.8 |
| 1988 | 43.2 | 4.9 | 55.9 | 6.3 | 0.9 | 0.1 |
| 1989 | 94.4 | 4.0 | -19.0 | -0.8 | 24.6 | 1.0 |
| 1990 | 81.0 | 3.2 | -54.2 | -2.1 | 73.2 | 2.8 |
| 1991 | 60.9 | 5.7 | 37.4 | 3.5 | 1.7 | 0.1 |
| 1992 | 56.4 | 8.0 | 52.7 | 7.5 | -9.1 | -1.2 |
| 1993 | 59.4 | 8.3 | 54.1 | 7.5 | -13.5 | -1.9 |
| 1994 | 33.8 | 4.4 | 36.1 | 4.7 | 30.1 | 4.0 |
| 1995 | 46.1 | 5.1 | 46.7 | 5.1 | 7.2 | |
| 1996 | 62.0 | 6.2 | 34.2 | 3.4 | 3.8 | 0.8 |
| 1997 | 42.8 | 3.9 | 14.5 | 1.3 | 42.7 | 0.3 |
| 1998 | 64.9 | 5.1 | 28.5 | 2.2 | 6.6 | 4.0 |
| 1999 | 89.0 | 6.8 | 20.8 | 1.6 | -9.8 | 0.5 |
| 2000 | 78.9 | 6.6 | 21.6 | 1.8 | -0.5 | -0.8 |
| 2001 | 48.6 | 4.0 | 64.3 | 5.3 | -12.9 | |
| 2002 | 57.3 | 5.2 | 37.9 | 3.4 | 4.8 | -1.0 |
| 2003 | 35.8 | 3.6 | 69.6 | 7.0 | -5.4 | 0.5 |
| 2004 | 43.0 | 4.3 | 61.3 | 6.2 | -4.3 | -0.6 |
| 2005 | 55.0 | 6.2 | 32.3 | 3.7 | 12.7 | -0.4 |
| 2006 | 42.4 | 5.4 | 42.3 | 5.4 | 15.3 | 1.4 |
| 2007 | 45.8 | 6.5 | 43.4 | 6.2 | 10.8 | 1.9 |
| 2008 | 45.0 | 4.3 | 52.3 | 5.0 | 2.7 | 1.5 |
| 2009 | 56.8 | 5.2 | 86.0 | 7.9 | -42.8 | 0.3 |
| 2010 | 46.3 | 4.9 | 65.2 | 6.9 | -11.5 | -3.9 |
| 2011 | 62.8 | 6.0 | 45.4 | 4.2 | -8.2 | -0.7 |
| 2012 | 56.5 | 4.3 | 41.8 | 3.2 | 1.7 | 0.2 |
| 2013 | 48.2 | 3.7 | 54.2 | 4.2 | -2.4 | -0.2 |
| 2014 | 49.6 | 3.6 | 45.9 | 3.4 | 4.5 | 0.3 |
| 2015 | 60.9 | 4.2 | 41.7 | 2.9 | -2.6 | -0.2 |

注：1.三大需求指支出法国内生产总值的三大构成项目，即最终消费支出、资本形成总额、货物和服务净出口。
2.贡献率指三大需求增量与支出法国内生产总值增量之比。
3.拉动指国内生产总值增长速度与三大需求贡献率的乘积。

Note: a) Three components of GDP by expenditure approach are final consumption expenditure, gross capital formation and net exports of goods and services.
b) Contribution share of the three components refers to the proportion of the increment of the each component of GDP to the increment of GDP.
c) Contribution of the three components refers to the growth rate of GDP multiplies the constribution share of the three components.

# 1-5 人口数及构成
# Population and Its Composition

单位：万人
Unit: 10000 persons

| 年 份 Year | 年底人口数 Total Population (year-end) | 按性别分 by Sex | | | | 按城乡分 by Residence | | | |
|---|---|---|---|---|---|---|---|---|---|
| | | 男 Male | | 女 Female | | 城 镇 Urban | | 乡 村 Rural | |
| | | 人口数 Population | 比重(%) Structure | 人口数 Population | 比重(%) Structure | 人口数 Population | 比重(%) Structure | 人口数 Population | 比重(%) Structure |
| 1978 | 96259 | 49567 | 51.49 | 46692 | 48.51 | 17245 | 17.92 | 79014 | 82.08 |
| 1980 | 98705 | 50785 | 51.45 | 47920 | 48.55 | 19140 | 19.39 | 79565 | 80.61 |
| 1985 | 105851 | 54725 | 51.7 | 51126 | 48.3 | 25094 | 23.71 | 80757 | 76.29 |
| 1989 | 112704 | 58099 | 51.55 | 54605 | 48.45 | 29540 | 26.21 | 83164 | 73.79 |
| 1990 | 114333 | 58904 | 51.52 | 55429 | 48.48 | 30195 | 26.41 | 84138 | 73.59 |
| 1991 | 115823 | 59466 | 51.34 | 56357 | 48.66 | 31203 | 26.94 | 84620 | 73.06 |
| 1992 | 117171 | 59811 | 51.05 | 57360 | 48.95 | 32175 | 27.46 | 84996 | 72.54 |
| 1993 | 118517 | 60472 | 51.02 | 58045 | 48.98 | 33173 | 27.99 | 85344 | 72.01 |
| 1994 | 119850 | 61246 | 51.1 | 58604 | 48.9 | 34169 | 28.51 | 85681 | 71.49 |
| 1995 | 121121 | 61808 | 51.03 | 59313 | 48.97 | 35174 | 29.04 | 85947 | 70.96 |
| 1996 | 122389 | 62200 | 50.82 | 60189 | 49.18 | 37304 | 30.48 | 85085 | 69.52 |
| 1997 | 123626 | 63131 | 51.07 | 60495 | 48.93 | 39449 | 31.91 | 84177 | 68.09 |
| 1998 | 124761 | 63940 | 51.25 | 60821 | 48.75 | 41608 | 33.35 | 83153 | 66.65 |
| 1999 | 125786 | 64692 | 51.43 | 61094 | 48.57 | 43748 | 34.78 | 82038 | 65.22 |
| 2000 | 126743 | 65437 | 51.63 | 61306 | 48.37 | 45906 | 36.22 | 80837 | 63.78 |
| 2001 | 127627 | 65672 | 51.46 | 61955 | 48.54 | 48064 | 37.66 | 79563 | 62.34 |
| 2002 | 128453 | 66115 | 51.47 | 62338 | 48.53 | 50212 | 39.09 | 78241 | 60.91 |
| 2003 | 129227 | 66556 | 51.50 | 62671 | 48.50 | 52376 | 40.53 | 76851 | 59.47 |
| 2004 | 129988 | 66976 | 51.52 | 63012 | 48.48 | 54283 | 41.76 | 75705 | 58.24 |
| 2005 | 130756 | 67375 | 51.53 | 63381 | 48.47 | 56212 | 42.99 | 74544 | 57.01 |
| 2006 | 131448 | 67728 | 51.52 | 63720 | 48.48 | 58288 | 44.34 | 73160 | 55.66 |
| 2007 | 132129 | 68048 | 51.50 | 64081 | 48.50 | 60633 | 45.89 | 71496 | 54.11 |
| 2008 | 132802 | 68357 | 51.47 | 64445 | 48.53 | 62403 | 46.99 | 70339 | 53.01 |
| 2009 | 133450 | 68647 | 51.44 | 64803 | 48.56 | 64512 | 48.34 | 68938 | 51.66 |
| 2010 | 134091 | 68748 | 51.30 | 65343 | 48.70 | 66978 | 49.90 | 67113 | 50.10 |
| 2011 | 134735 | 69068 | 51.30 | 65667 | 48.70 | 69079 | 51.30 | 65656 | 48.70 |
| 2012 | 135404 | 69395 | 51.30 | 66009 | 48.70 | 71182 | 52.60 | 64222 | 47.40 |
| 2013 | 136072 | 69728 | 51.24 | 66344 | 48.76 | 73111 | 53.70 | 62961 | 46.30 |
| 2014 | 136782 | 70079 | 51.23 | 66703 | 48.77 | 74916 | 54.77 | 61866 | 45.23 |
| 2015 | 137462 | 70414 | 51.22 | 67048 | 48.78 | 77116 | 56.10 | 60346 | 43.90 |

# 1-6 居民消费价格指数和商品零售价格指数
# Consumer Price Indices and Retail Price Indices

(上年价格=100，Preceding Year=100)

| 年 份<br>Year | 居民消费价格指数<br>Consumer Price Index | 城 市<br>Urban Areas | 农 村<br>Rural Areas | 商品零售价格指数<br>Retail Price Index |
|---|---|---|---|---|
| 1978 | 100.7 | 100.7 | | 100.7 |
| 1979 | 101.9 | 101.9 | | 102.0 |
| 1980 | 107.5 | 107.5 | | 106.0 |
| 1981 | 102.5 | 102.5 | | 102.4 |
| 1982 | 102.0 | 102.0 | | 101.9 |
| 1983 | 102.0 | 102.0 | | 101.5 |
| 1984 | 102.7 | 102.7 | | 102.8 |
| 1985 | 109.3 | 111.9 | 107.6 | 108.8 |
| 1986 | 106.5 | 107.0 | 106.1 | 106.0 |
| 1987 | 107.3 | 108.8 | 106.2 | 107.3 |
| 1988 | 118.8 | 120.7 | 117.5 | 118.5 |
| 1989 | 118.0 | 116.3 | 119.3 | 117.8 |
| 1990 | 103.1 | 101.3 | 104.5 | 102.1 |
| 1991 | 103.4 | 105.1 | 102.3 | 102.9 |
| 1992 | 106.4 | 108.6 | 104.7 | 105.4 |
| 1993 | 114.7 | 116.1 | 113.7 | 113.2 |
| 1994 | 124.1 | 125.0 | 123.4 | 121.7 |
| 1995 | 117.1 | 116.8 | 117.5 | 114.8 |
| 1996 | 108.3 | 108.8 | 107.9 | 106.1 |
| 1997 | 102.8 | 103.1 | 102.5 | 100.8 |
| 1998 | 99.2 | 99.4 | 99.0 | 97.4 |
| 1999 | 98.6 | 98.7 | 98.5 | 97.0 |
| 2000 | 100.4 | 100.8 | 99.9 | 98.5 |
| 2001 | 100.7 | 100.7 | 100.8 | 99.2 |
| 2002 | 99.2 | 99.0 | 99.6 | 98.7 |
| 2003 | 101.2 | 100.9 | 101.6 | 99.9 |
| 2004 | 103.9 | 103.3 | 104.8 | 102.8 |
| 2005 | 101.8 | 101.6 | 102.2 | 100.8 |
| 2006 | 101.5 | 101.5 | 101.5 | 101.0 |
| 2007 | 104.8 | 104.5 | 105.4 | 103.8 |
| 2008 | 105.9 | 105.6 | 106.5 | 105.9 |
| 2009 | 99.3 | 99.1 | 99.7 | 98.8 |
| 2010 | 103.3 | 103.2 | 103.6 | 103.1 |
| 2011 | 105.4 | 105.3 | 105.8 | 104.9 |
| 2012 | 102.6 | 102.7 | 102.5 | 102.0 |
| 2013 | 102.6 | 102.6 | 102.8 | 101.4 |
| 2014 | 102.0 | 102.1 | 101.8 | 101.0 |
| 2015 | 101.4 | 102.1 | 101.5 | 100.1 |

# 1-7 城乡居民人民币储蓄存款
## Savings Deposit in Urban and Rural Areas

单位：亿元
Unit: 100 million yuan

| 年 份<br>Year | 年底余额 Outstanding Amount | | | 年增加额 Increased Amount | | |
|---|---|---|---|---|---|---|
| | 总 计<br>Total | 定 期<br>Time Deposits | 活 期<br>Demand Deposits | 总 计<br>Total | 定 期<br>Time Deposits | 活 期<br>Demand Deposits |
| 1978 | 210.6 | 128.9 | 81.7 | 29.0 | 17.2 | 11.8 |
| 1980 | 395.8 | 304.9 | 90.9 | 114.8 | 138.5 | -23.7 |
| 1985 | 1622.6 | 1225.2 | 397.4 | 407.9 | 324.3 | 83.6 |
| 1989 | 5196.4 | 4215.4 | 981.0 | 1374.2 | 1366.9 | 7.3 |
| 1990 | 7119.6 | 5909.4 | 1210.2 | 1935.1 | 1700.9 | 234.2 |
| 1991 | 9244.9 | 7634.9 | 1610.0 | 2125.3 | 1725.5 | 399.8 |
| 1992 | 11757.3 | 9445.0 | 2312.3 | 2512.4 | 1810.1 | 702.3 |
| 1993 | 15203.5 | 12108.3 | 3095.2 | 3446.2 | 2663.3 | 782.9 |
| 1994 | 21518.8 | 16838.7 | 4680.1 | 6315.3 | 4730.4 | 1584.9 |
| 1995 | 29662.3 | 23778.3 | 5884.1 | 8143.5 | 6939.6 | 1203.9 |
| 1996 | 38520.8 | 30873.2 | 7647.6 | 8858.6 | 7095.0 | 1763.6 |
| 1997 | 46279.8 | 36226.7 | 10053.1 | 7759.0 | 5353.5 | 2405.4 |
| 1998 | 53407.5 | 41791.6 | 11615.9 | 7127.7 | 5564.8 | 1562.8 |
| 1999 | 59621.8 | 44955.1 | 14666.7 | 6214.4 | 3163.5 | 3050.8 |
| 2000 | 64332.4 | 46141.7 | 18190.7 | 4710.6 | 1186.6 | 3524.0 |
| 2001 | 73762.4 | 51434.9 | 22327.6 | 9430.1 | 5293.2 | 4136.9 |
| 2002 | 86910.7 | 58788.9 | 28121.7 | 13148.2 | 7354.1 | 5794.1 |
| 2003 | 103617.7 | 68498.7 | 35119.0 | 16707.0 | 9709.7 | 6997.3 |
| 2004 | 119555.4 | 78138.9 | 41416.5 | 15937.7 | 9640.2 | 6297.6 |
| 2005 | 141051.0 | 92263.5 | 48787.5 | 21495.6 | 14124.7 | 7370.9 |
| 2006 | 161587.3 | 103011.4 | 58575.9 | 20544.0 | 10777.3 | 9766.7 |
| 2007 | 172534.2 | 104934.5 | 67599.7 | 10946.9 | 1923.1 | 9023.8 |
| 2008 | 217885.4 | 139300.2 | 78585.2 | 45351.2 | 34365.7 | 10985.5 |
| 2009 | 260771.7 | 160230.4 | 100541.3 | 42886.4 | 20930.2 | 21956.1 |
| 2010 | 303302.5 | 178413.9 | 124888.6 | 42530.8 | 18183.5 | 24347.3 |
| 2011 | 343635.9 | | | 40333.4 | | |
| 2012 | 399551.0 | | | 55915.2 | | |
| 2013 | 447601.6 | | | 48050.6 | | |
| 2014 | 485261.3 | | | 37659.7 | | |
| 2015 | | | | 37659.7 | | |

## 1-8 城镇居民人均可支配收入与支出

## Average Disposable Income and Expenditure of Urban

单位：元

| 项 目 | Item | 2013年 | 2014年 | 2015年 |
|---|---|---|---|---|
| **全年可支配收入** | **Annual Disposable Income** | **26467.0** | **28843.9** | **31194.8** |
| 工资性收入 | Income of Wages and Salaries | 16617.4 | 17936.8 | 19337.1 |
| 经营净收入 | Net Business Income | 2975.3 | 3279.0 | 3476.1 |
| 财产净收入 | Income from Properties | 2551.5 | 2812.1 | 3041.9 |
| 转移性收入 | Income from Transfer | 4322.8 | 4815.9 | 5339.7 |
| **消费支出** | **Annual Expenditure** | **18487.5** | **19968.1** | **21392.4** |
| 食品烟酒 | Food ,Tobacco and Liquor | 5570.7 | 6000.0 | 6359.7 |
| 衣着 | Clothing | 1553.7 | 1627.2 | 1701.1 |
| 居住 | Residence | 4301.4 | 4489.6 | 4726.0 |
| 生活用品及服务 | Household Facilities, Articles and Services | 1129.2 | 1233.2 | 1306.5 |
| 交通通信 | Transport and Communications | 2317.8 | 2637.3 | 2895.4 |
| 教育文化娱乐 | Education, Cultural and Recreation | 1988.3 | 2142.3 | 2382.8 |
| 医疗保健 | Health Care and Medical Services | 1136.1 | 1305.6 | 1443.4 |
| 其他用品及服务 | Miscellaneous Goods and Services | 490.4 | 532.9 | 577.5 |

## 1-9 农村居民人均可支配收入与支出

## Average Disposable Income and Expenditure of Rural

单位：元

| 项 目 | Item | 2013 | 2014 | 2015 |
|---|---|---|---|---|
| **全年可支配收入** | **Annual Disposable Income** | **9429.6** | **10488.9** | **11421.7** |
| 工资性收入 | Income of Wages and Salaries | 3652.5 | 4152.2 | 4600.3 |
| 经营净收入 | Net Business Income | 3934.8 | 4237.4 | 4503.6 |
| 财产净收入 | Net Income from Property | 194.7 | 222.1 | 251.5 |
| 转移净收入 | Net Income from Transfers | 1647.5 | 1877.2 | 2066.3 |
| **消费支出** | **Expendses on Consumption** | **7485.1** | **8382.6** | **9222.6** |
| 食品烟酒 | Food ,Tobacco and Liquor | 2554.4 | 2814.0 | 3048.0 |
| 衣着 | Clothing | 453.8 | 510.4 | 550.5 |
| 居住 | Residence | 1579.8 | 1762.7 | 1926.2 |
| 生活用品及服务 | Household Facilities, Articles and Services | 455.1 | 506.5 | 545.6 |
| 交通通信 | Transport and Communications | 874.6 | 1012.6 | 1163.1 |
| 教育文化娱乐 | Education, Cultural and Recreation | 754.6 | 859.5 | 969.3 |
| 医疗保健 | Health Care and Medical Services | 668.2 | 753.9 | 846.0 |
| 其他用品及服务 | Miscellaneous Goods and Services | 144.2 | 163.0 | 174.0 |

# 消费品市场

# CONSUMER GOODS MARKET

第2篇

# 2-1 历年社会消费品零售总额
## Total Retail Sales of Consumer Goods

| 年 份<br>Year | 社会消费品零售总额(亿元)<br>Total Retail Sales of Consumer Goods<br>(100 million yuan) | 比上年增长(%)<br>Increase Over the Previous Year<br>(%) |
|---|---|---|
| 1952 | 276.8 | |
| 1963 | 604.5 | 0.1 |
| 1964 | 638.2 | 5.6 |
| 1965 | 670.3 | 5.0 |
| 1966 | 732.8 | 9.3 |
| 1967 | 770.5 | 5.1 |
| 1968 | 737.3 | -4.3 |
| 1969 | 801.5 | 8.7 |
| 1970 | 858.0 | 7.0 |
| 1971 | 929.2 | 8.3 |
| 1972 | 1023.3 | 10.1 |
| 1973 | 1106.7 | 8.2 |
| 1974 | 1163.6 | 5.1 |
| 1975 | 1271.1 | 9.2 |
| 1976 | 1339.4 | 5.4 |
| 1977 | 1432.8 | 7.0 |
| 1978 | 1558.6 | 8.8 |
| 1979 | 1800.0 | 15.5 |
| 1980 | 2140.0 | 18.9 |
| 1981 | 2350.0 | 9.8 |
| 1982 | 2570.0 | 9.4 |
| 1983 | 2849.4 | 10.9 |
| 1984 | 3376.4 | 18.5 |
| 1985 | 4305.0 | 27.5 |
| 1986 | 4950.0 | 15.0 |
| 1987 | 5820.0 | 17.6 |
| 1988 | 7440.0 | 27.8 |
| 1989 | 8101.4 | 8.9 |
| 1990 | 8300.1 | 2.5 |
| 1991 | 9415.6 | 13.4 |
| 1992 | 10993.7 | 16.8 |
| 1993 | 14270.4 | 29.8 |
| 1994 | 18622.9 | 30.5 |
| 1995 | 23613.8 | 26.8 |
| 1996 | 28360.2 | 20.1 |
| 1997 | 31252.9 | 10.2 |
| 1998 | 33378.1 | 6.8 |
| 1999 | 35647.9 | 6.8 |
| 2000 | 39105.7 | 9.7 |
| 2001 | 43055.4 | 10.1 |
| 2002 | 48135.9 | 11.8 |
| 2003 | 52516.3 | 9.1 |
| 2004 | 59501.0 | 13.3 |
| 2005 | 68352.6 | 14.9 |
| 2006 | 79145.2 | 15.8 |
| 2007 | 93571.6 | 18.2 |
| 2008 | 114830.1 | 22.7 |
| 2009 | 133048.2 | 15.9 |
| 2010 | 158008.0 | 18.8 |
| 2011 | 187205.8 | 18.5 |
| 2012 | 214432.7 | 14.5 |
| 2013 | 242842.8 | 13.2 |
| 2014 | 271896.1 | 12.0 |
| 2015 | 300930.8 | 10.7 |

# 2-2 各地区社会消费品零售总额

# Total Retail Sales of Consumer Goods by Region

单位：亿元

Unit:100 million yuan

| 地 区 | Region | 2010 | 2011 | 2012 | 2013 | 2014 | 2015 |
|---|---|---|---|---|---|---|---|
| 北 京 | Beijing | 6340.3 | 7222.2 | 8123.5 | 8872.1 | 9638.0 | 10338.0 |
| 天 津 | Tianjin | 2860.2 | 3395.1 | 3921.4 | 4470.4 | 4738.7 | 5257.3 |
| 河 北 | Hebei | 6821.8 | 8035.5 | 9254.0 | 10516.7 | 11820.5 | 12990.7 |
| 山 西 | Shanxi | 3318.2 | 3903.4 | 4506.8 | 5139.3 | 5717.9 | 6033.7 |
| 内蒙古 | Inner Mongolia | 3384.0 | 3991.7 | 4572.5 | 5114.2 | 5657.6 | 6107.7 |
| 辽 宁 | Liaoning | 6887.6 | 8095.3 | 9304.2 | 10581.4 | 11857.0 | 12787.2 |
| 吉 林 | Jilin | 3504.9 | 4119.8 | 4772.9 | 5426.4 | 6080.9 | 6651.9 |
| 黑龙江 | Heilongjiang | 4039.2 | 4750.1 | 5491.0 | 6251.2 | 7015.3 | 7640.2 |
| 上 海 | Shanghai | 6186.6 | 7185.8 | 7840.4 | 8557.0 | 9303.5 | 10131.5 |
| 江 苏 | Jiangsu | 13606.3 | 16058.3 | 18411.1 | 20878.2 | 23458.1 | 25876.8 |
| 浙 江 | Zhejiang | 10387.0 | 12532.8 | 14199.6 | 15970.8 | 17835.3 | 19784.7 |
| 安 徽 | Anhui | 4300.5 | 5288.2 | 6142.8 | 7044.7 | 7957.0 | 8908.0 |
| 福 建 | Fujian | 5310.0 | 6276.2 | 7256.5 | 8275.3 | 9346.7 | 10505.9 |
| 江 西 | Jiangxi | 2971.0 | 3560.5 | 4123.3 | 4696.1 | 5292.6 | 5925.5 |
| 山 东 | Shandong | 14620.3 | 17155.5 | 19651.9 | 22294.8 | 25111.5 | 27761.4 |
| 河 南 | Henan | 8004.2 | 9453.6 | 10915.6 | 12426.6 | 14005.0 | 15740.4 |
| 湖 北 | Hubei | 7014.4 | 8363.3 | 9682.4 | 11035.9 | 12449.3 | 14003.2 |
| 湖 南 | Hunan | 5952.6 | 7209.0 | 8318.7 | 9509.5 | 10723.5 | 12024.0 |
| 广 东 | Guangdong | 17458.4 | 20297.5 | 22677.1 | 25453.9 | 28471.1 | 31517.6 |
| 广 西 | Guangxi | 3312.0 | 3908.2 | 4516.6 | 5133.1 | 5772.8 | 6348.1 |
| 海 南 | Hainan | 663.8 | 822.5 | 950.2 | 1090.9 | 1224.5 | 1325.1 |
| 重 庆 | Chongqing | 3051.1 | 3782.3 | 4403.0 | 5055.8 | 5710.7 | 6424.0 |
| 四 川 | Sichuan | 6884.8 | 8290.8 | 9622.0 | 11001.0 | 12393.0 | 13877.7 |
| 贵 州 | Guizhou | 1531.6 | 1899.9 | 2266.3 | 2601.2 | 2936.9 | 3283.0 |
| 云 南 | Yunnan | 2555.8 | 3105.9 | 3597.9 | 4112.6 | 4632.9 | 5103.2 |
| 西 藏 | Tibet | 192.4 | 237.5 | 277.9 | 322.2 | 364.5 | 408.5 |
| 陕 西 | Shaanxi | 3257.5 | 3900.6 | 4581.6 | 5245.0 | 5918.7 | 6578.1 |
| 甘 肃 | Gansu | 1435.5 | 1772.9 | 2064.4 | 2368.8 | 2668.3 | 2907.2 |
| 青 海 | Qinghai | 351.0 | 413.4 | 480.3 | 549.6 | 620.8 | 691.0 |
| 宁 夏 | Ningxia | 418.5 | 515.5 | 590.5 | 668.5 | 737.2 | 789.6 |
| 新 疆 | Xinjiang | 1386.1 | 1662.4 | 1916.1 | 2179.5 | 2436.5 | 2606.0 |

# 2-3 各地区社会消费品零售总额构成
# Total Retail Sales of Consumer Goods by Region

单位：亿元
Unit:100 million yuan

| 地 区 | Region | 社会消费品零售总额 Total Retail Sales of Consumer Goods | 城市 City | 城区 Urban | 镇区 Town | 乡村 Village |
|---|---|---|---|---|---|---|
| **全 国** | **National Total** | **300930.8** | **258998.7** | **200282.8** | **58715.9** | **41932.1** |
| 北 京 | Beijing | 10338.0 | 10012.8 | 9541.5 | 471.3 | 325.2 |
| 天 津 | Tianjin | 5257.3 | 5033.3 | 4225.6 | 807.7 | 224.0 |
| 河 北 | Hebei | 12990.7 | 9975.4 | 6511.2 | 3464.3 | 3015.2 |
| 山 西 | Shanxi | 6033.7 | 4917.2 | 3288.6 | 1628.6 | 1116.4 |
| 内蒙古 | Inner Mongolia | 6107.7 | 5343.0 | 4038.8 | 1304.2 | 764.7 |
| 辽 宁 | Liaoning | 12787.2 | 11588.6 | 10084.1 | 1504.5 | 1198.6 |
| 吉 林 | Jilin | 6651.9 | 5875.6 | 4922.0 | 953.6 | 776.3 |
| 黑龙江 | Heilongjiang | 7640.2 | 6685.9 | 5564.1 | 1121.8 | 954.3 |
| 上 海 | Shanghai | 10131.5 | 9690.0 | 9402.8 | 287.2 | 441.5 |
| 江 苏 | Jiangsu | 25876.8 | 23252.3 | 18138.4 | 5113.9 | 2624.5 |
| 浙 江 | Zhejiang | 19784.7 | 16522.6 | 12064.8 | 4457.8 | 3262.2 |
| 安 徽 | Anhui | 8908.0 | 7188.3 | 4953.5 | 2234.8 | 1719.8 |
| 福 建 | Fujian | 10505.9 | 9448.6 | 6731.5 | 2717.1 | 1057.4 |
| 江 西 | Jiangxi | 5925.5 | 4915.1 | 3118.7 | 1796.4 | 1010.4 |
| 山 东 | Shandong | 27761.4 | 22179.4 | 16699.3 | 5480.1 | 5582.0 |
| 河 南 | Henan | 15740.4 | 12886.6 | 9025.5 | 3861.1 | 2853.8 |
| 湖 北 | Hubei | 14003.2 | 11775.4 | 9412.8 | 2362.5 | 2227.9 |
| 湖 南 | Hunan | 12024.0 | 10883.8 | 7047.0 | 3836.8 | 1140.2 |
| 广 东 | Guangdong | 31517.6 | 27610.4 | 24164.4 | 3446.1 | 3907.1 |
| 广 西 | Guangxi | 6348.1 | 5600.3 | 3660.3 | 1940.0 | 747.8 |
| 海 南 | Hainan | 1325.1 | 1102.9 | 895.6 | 207.4 | 222.2 |
| 重 庆 | Chongqing | 6424.0 | 6105.6 | 4267.5 | 1838.1 | 318.4 |
| 四 川 | Sichuan | 13877.7 | 11151.7 | 8115.7 | 3035.9 | 2726.1 |
| 贵 州 | Guizhou | 3283.0 | 2691.7 | 2120.2 | 571.5 | 591.4 |
| 云 南 | Yunnan | 5103.2 | 4405.8 | 3181.5 | 1224.3 | 697.3 |
| 西 藏 | Tibet | 408.5 | 336.4 | 226.3 | 110.1 | 72.1 |
| 陕 西 | Shaanxi | 6578.1 | 5794.9 | 4296.0 | 1499.0 | 783.2 |
| 甘 肃 | Gansu | 2907.2 | 2316.8 | 1709.1 | 607.7 | 590.4 |
| 青 海 | Qinghai | 691.0 | 600.2 | 429.7 | 170.6 | 90.8 |
| 宁 夏 | Ningxia | 789.6 | 726.7 | 488.9 | 237.8 | 62.8 |
| 新 疆 | Xinjiang | 2606.0 | 2373.8 | 1949.8 | 424.0 | 232.2 |

# 2-4 各地区网上零售额(2015)
# Online Retail Sales by Region

| 地 区 | Region | 网上零售额 (亿元) Online Retail Sales (100 million yuan) | 增 长 (%) Growth Rate (%) | 其中：实物商品网上零售额 (亿元) Online Retail Sales of goods (100 million yuan) | 增 长 (%) Growth Rate (%) |
|---|---|---|---|---|---|
| **全 国** | **National Total** | **38773.2** | **33.3** | **32423.8** | **31.6** |
| 北 京 | Beijing | 4650.7 | 32.4 | 3788.8 | 26.7 |
| 天 津 | Tianjin | 496.0 | 18.1 | 457.9 | 35.1 |
| 河 北 | Hebei | 662.9 | 31.0 | 588.4 | 37.0 |
| 山 西 | Shanxi | 95.1 | 23.9 | 59.5 | 31.7 |
| 内蒙古 | Inner Mongolia | 63.9 | 14.5 | 35.0 | 44.3 |
| 辽 宁 | Liaoning | 365.1 | 16.0 | 287.1 | 21.9 |
| 吉 林 | Jilin | 86.6 | 17.9 | 59.6 | 22.4 |
| 黑龙江 | Heilongjiang | 100.6 | 2.4 | 75.2 | 27.3 |
| 上 海 | Shanghai | 3965.6 | 30.2 | 3719.9 | 31.4 |
| 江 苏 | Jiangsu | 3302.3 | 39.7 | 2749.7 | 35.6 |
| 浙 江 | Zhejiang | 6929.2 | 49.0 | 5131.9 | 34.6 |
| 安 徽 | Anhui | 572.2 | 42.9 | 475.3 | 46.2 |
| 福 建 | Fujian | 1759.7 | 30.2 | 1584.3 | 28.3 |
| 江 西 | Jiangxi | 300.4 | 34.2 | 259.1 | 42.2 |
| 山 东 | Shandong | 1266.2 | 35.5 | 1124.1 | 42.2 |
| 河 南 | Henan | 658.0 | 36.8 | 426.8 | 40.2 |
| 湖 北 | Hubei | 846.9 | 37.5 | 615.1 | 44.8 |
| 湖 南 | Hunan | 567.6 | 9.9 | 410.1 | 14.5 |
| 广 东 | Guangdong | 8939.7 | 27.3 | 8292.0 | 28.5 |
| 广 西 | Guangxi | 205.5 | 13.0 | 108.7 | 31.7 |
| 海 南 | Hainan | 80.4 | 28.6 | 18.4 | 25.8 |
| 重 庆 | Chongqing | 376.0 | 25.8 | 247.9 | 29.7 |
| 四 川 | Sichuan | 1057.8 | 46.7 | 834.0 | 36.0 |
| 贵 州 | Guizhou | 71.2 | 80.0 | 29.5 | 27.0 |
| 云 南 | Yunnan | 166.5 | 14.6 | 110.3 | 26.2 |
| 西 藏 | Tibet | 4.2 | 29.7 | 3.9 | 33.1 |
| 陕 西 | Shaanxi | 692.9 | 47.0 | 605.2 | 48.4 |
| 甘 肃 | Gansu | 53.8 |  | 18.4 | 35.7 |
| 青 海 | Qinghai | 7.9 | 59.4 | 6.8 | 50.6 |
| 宁 夏 | Ningxia | 12.0 | 39.2 | 9.4 | 36.0 |
| 新 疆 | Xinjiang | 44.2 | 21.0 | 38.9 | 17.4 |
| 不分地区 |  | 372.2 | - | 252.4 | - |

# 2-5 亿元以上商品交易市场基本情况

# Basic Statistics on Commodity Exchange Markets of Transaction Value over 100 Million Yuan

| 市 场 | Market | 市场数量(个) Number of Markets (unit) | 摊位数(个) Number of Booths (unit) | 营业面积(万平方米) Operational Area (10000 sq.m) | 成交额(亿元) Turnover (100 million yuan) | 批发 Wholesale Value | 零售 Retail Value |
|---|---|---|---|---|---|---|---|
| **总 计** | **Total** | **4952** | **3468638** | **30065.7** | **100133.8** | **85836.9** | **14296.8** |
| **综合市场** | **Integrated Markets** | **1379** | **1280282** | **7978.1** | **24452.9** | **20204.2** | **4248.7** |
| 生产资料综合市场 | Production Comprehensive Markets | 51 | 60523 | 849.2 | 1357.1 | 1353.3 | 3.8 |
| 工业消费品综合市场 | Industrial Consumable Comprehensive Markets | 302 | 492143 | 2905.1 | 8264.4 | 6834.1 | 1430.3 |
| 农产品综合市场 | Farm Produce Comprehensive Markets | 683 | 417141 | 2374.1 | 10035.4 | 8037.4 | 1998.0 |
| 其他综合市场 | Other Comprehensive Markets | 343 | 310475 | 1849.6 | 4796.0 | 3979.4 | 816.6 |
| **专业市场** | **Special Markets** | **3573** | **2188356** | **22087.7** | **75680.9** | **65632.7** | **10048.1** |
| 生产资料市场 | Production Markets | 680 | 296824 | 6756.1 | 27658.1 | 27386.2 | 272.0 |
| 农业生产用具市场 | Agricultural Production Equipment Markets | 19 | 5419 | 144.3 | 225.8 | 225.8 | |
| 农用生产资料市场 | Agricultural Production Markets | 28 | 6617 | 106.4 | 165.5 | 165.5 | |
| 煤炭市场 | Coal and Charcoal Markets | 6 | 3492 | 376.2 | 296.5 | 296.5 | |
| 木材市场 | Wood Markets | 51 | 18181 | 571.6 | 737.8 | 737.8 | |
| 建材市场 | Building Material Markets | 227 | 109456 | 2461.0 | 2015.7 | 1743.7 | 272.0 |
| 化工材料及制品市场 | Chemical Materials and Products Markets | 35 | 23267 | 230.3 | 3375.1 | 3375.1 | |
| 金属材料市场 | Metal Materials Markets | 229 | 87192 | 2335.6 | 17826.6 | 17826.6 | |
| 机械设备市场 | Mechanical Equipments Markets | 49 | 25930 | 278.2 | 740.5 | 740.5 | |
| 其他生产资料市场 | Others | 36 | 17270 | 252.4 | 2274.6 | 2274.6 | |
| 农产品市场 | Farm Produce Markets | 979 | 558530 | 4415.4 | 16483.8 | 15580.9 | 903.0 |
| 粮油市场 | Grain and Oil Markets | 103 | 31824 | 362.2 | 1869.9 | 1804.3 | 65.6 |
| 肉禽蛋市场 | Meat, Poultry and Eggs Markets | 125 | 44735 | 281.4 | 1401.2 | 1200.1 | 201.1 |
| 水产品市场 | Aquatic Products Markets | 145 | 86884 | 493.5 | 3319.1 | 3116.6 | 202.6 |
| 蔬菜市场 | Vegetables Markets | 299 | 214680 | 1650.6 | 4013.9 | 3889.5 | 124.4 |
| 干鲜果品市场 | Dried and Fresh Melons and Fruits Markets | 129 | 73395 | 629.3 | 2825.6 | 2823.0 | 2.6 |
| 棉麻土畜、烟叶市场 | Cotton, Local & Livestock Products, and Tobacco Markets | 21 | 17271 | 404.1 | 721.5 | 720.4 | 1.1 |
| 其他农产品市场 | Others | 157 | 89741 | 594.3 | 2332.5 | 2027.0 | 305.6 |
| 食品、饮料及烟酒市场 | Food, Beverages, Tobacco and Liquor Markets | 124 | 69545 | 404.0 | 1282.8 | 1122.2 | 160.6 |
| 食品饮料市场 | Food and Beverages Markets | 41 | 26725 | 119.8 | 358.6 | 257.9 | 100.7 |
| 茶叶市场 | Tea Markets | 26 | 12489 | 106.7 | 269.0 | 249.6 | 19.3 |
| 烟酒市场 | Tobacco and Liquor Markets | 14 | 4374 | 35.5 | 73.4 | 68.8 | 4.7 |
| 其他食品饮料及烟酒市场 | Others | 43 | 25957 | 142.0 | 581.8 | 545.8 | 35.9 |

2-5 续表 Continued

| 市 场 | Market | 市场数量(个) Number of Markets (unit) | 摊位数(个) Number of Booths (unit) | 营业面积(万平方米) Operational Area (10000 sq.m) | 成交额(亿元) Turnover (100 million yuan) | 批 发 Wholesale Value | 零 售 Retail Value |
|---|---|---|---|---|---|---|---|
| 纺织、服装、鞋帽市场 | Textiles, Clothing, Shoes and Hats Markets | 552 | 677759 | 3143.0 | 14081.0 | 12765.3 | 1315.7 |
| 布料及纺织品市场 | Cloth and Textiles Markets | 69 | 106335 | 876.1 | 5954.8 | 5943.4 | 11.4 |
| 服装市场 | Clothing Markets | 354 | 418407 | 1751.4 | 5591.5 | 4615.8 | 975.6 |
| 鞋帽市场 | Shoes and Hats Markets | 38 | 24764 | 127.9 | 461.5 | 455.7 | 5.9 |
| 其他纺织服装鞋帽市场 | Others | 91 | 128253 | 387.7 | 2073.1 | 1750.3 | 322.8 |
| 日用品及文化用品市场 | Daily Use Articles and Cultural Goods Markets | 92 | 60501 | 295.5 | 1150.0 | 1061.8 | 88.2 |
| 小商品市场 | Merchandise Markets | 38 | 34153 | 108.7 | 482.4 | 462.9 | 19.4 |
| 箱包市场 | Luggage Markets | 5 | 5053 | 56.4 | 188.6 | 188.6 | |
| 玩具市场 | Toys Markets | 3 | 1055 | 11.9 | 24.0 | 24.0 | |
| 文具市场 | Stationary Markets | 6 | 2037 | 17.2 | 27.7 | 27.7 | |
| 图书、报刊杂志市场 | Books, Newspapers and Magazines Markets | 8 | 1385 | 9.2 | 30.8 | 17.7 | 13.1 |
| 音像制品及电子出版物市场 | Video Products and E-journal Markets | 3 | 678 | 2.1 | 17.3 | | 17.3 |
| 体育用品市场 | Sports Markets | | | | | | |
| 其他日用品及文化用品市场 | Others | 29 | 16140 | 90.0 | 379.3 | 340.9 | 38.4 |
| 黄金、珠宝、玉器等首饰市场 | Gold, Jeweller, Jade Markets | 26 | 16624 | 195.0 | 492.2 | 433.0 | 59.2 |
| 电器、通讯器材、电子设备市场 | Electrical Appliances, Communication Appliances and Electronical Appliances Markets | 141 | 55155 | 334.7 | 917.3 | 419.3 | 498.0 |
| 家电市场 | Household Appliances Markets | 35 | 11069 | 153.4 | 299.8 | 256.4 | 43.5 |
| 通讯器材市场 | Communication Appliances Markets | 23 | 10183 | 38.6 | 109.3 | 63.1 | 46.2 |
| 照相、摄像器材市场 | Cameras and Video Equipments Markets | 2 | 461 | 2.1 | 7.0 | 3.4 | 3.6 |
| 计算机及辅助设备市场 | Computer and Auxillary Equipments Markets | 72 | 29254 | 125.6 | 446.3 | 51.6 | 394.6 |
| 其他电器、通讯器材、电子设备市场 | Others | 9 | 4188 | 14.9 | 54.9 | 44.8 | 10.1 |
| 医药、医疗用品及器材市场 | Medicine, Medical Materials and Medical Instruments Markets | 22 | 26436 | 138.0 | 901.1 | 884.5 | 16.6 |
| 中药材市场 | Chinese Medicine Markets | 22 | 26436 | 138.0 | 901.1 | 884.5 | 16.6 |
| 其他医药、医疗用品及器材市场 | Others | | | | | | |
| 家具、五金及装饰材料市场 | Furniture, Hardware and Decoration Materials Markets | 585 | 285297 | 4227.4 | 5066.0 | 3135.5 | 1930.6 |
| 家具市场 | Furniture Markets | 173 | 70450 | 1499.5 | 1460.0 | 701.8 | 758.2 |
| 装饰材料市场 | Decoration Materials Markets | 249 | 114910 | 1627.3 | 1879.5 | 1075.1 | 804.5 |
| 灯具市场 | Lamps Markets | 17 | 7960 | 116.8 | 199.8 | 173.6 | 26.1 |
| 厨具、盥洗设备市场 | Kitchen Utensils, Washing Equipments Markets | 5 | 2165 | 37.4 | 23.4 | 20.7 | 2.6 |
| 五金材料市场 | Hardware Materials Markets | 78 | 47074 | 466.4 | 950.4 | 886.2 | 64.2 |
| 其他装修市场 | Others | 63 | 42738 | 480.0 | 553.0 | 278.0 | 274.9 |
| 汽车、摩托车及零配件市场 | Cars, Motorcycles and Spare Parts Markets | 270 | 76971 | 1500.1 | 6409.9 | 1935.3 | 4474.6 |
| 汽车市场 | Cars Markets | 186 | 41234 | 1160.7 | 5307.0 | 945.7 | 4361.3 |
| 摩托车市场 | Motocycles Markets | 10 | 3624 | 27.7 | 64.3 | 52.7 | 11.7 |
| 机动车零配件市场 | Vehicle Spare Parts Markts | 74 | 32113 | 311.8 | 1038.5 | 937.0 | 101.5 |
| 花、鸟、鱼、虫市场 | Flower, Bird, Fish and Insects Markets | 29 | 19608 | 332.2 | 426.9 | 392.8 | 34.1 |
| 花卉市场 | Flower Markets | 24 | 18065 | 325.1 | 406.3 | 387.2 | 19.1 |
| 鸟市场 | Bird Markets | | | | | | |
| 观赏鱼市场 | Fish Markets | | | | | | |
| 其他花鸟鱼虫市场 | Others | 5 | 1543 | 7.1 | 20.6 | 5.5 | 15.1 |
| 旧货市场 | Second Hand Markets | 17 | 8195 | 34.3 | 66.3 | 35.5 | 30.8 |
| 古玩、古董、字画市场 | Antiques,Calligraphy and Painting Markets | 2 | 868 | 2.8 | 2.2 | | 2.2 |
| 邮票、硬币市场 | Stamps and Coins Markets | | | | | | |
| 其他旧货市场 | Others | 15 | 7327 | 31.5 | 64.1 | 35.5 | 28.6 |
| 其他专业市场 | Others | 56 | 36911 | 311.9 | 745.4 | 480.5 | 264.9 |

# 2-6 亿元以上商品交易市场摊位分类情况

## Classification of Booths of Commodity Exchange Markets of Transaction Value over 100 Million Yuan

单位：亿元

Unit: 100 million

| 类　别 | Classification | 摊位数（个）Number of Booths (unit) | 成交额（亿元）Turnover (100 million yuan) | 批发 Wholesale Value | 零售 Retail Value |
|---|---|---|---|---|---|
| **总　计** | **Total** | **3468638** | **100133.8** | **85836.9** | **14296.8** |
| 粮油、食品类 | | 987696 | 26380.0 | 23182.0 | 3198.0 |
| #粮油类 | Grain and Oil | 96768 | 3588.7 | 3235.3 | 353.4 |
| 肉禽蛋类 | Meat, Poultry and Eggs | 139513 | 3575.9 | 2646.4 | 929.5 |
| 水产品类 | Aquatic Products | 140308 | 5373.6 | 4586.2 | 787.4 |
| 蔬菜类 | Vegetables | 402467 | 6924.9 | 6250.8 | 674.1 |
| 干鲜果品类 | Dried and Fresh Melons and Fruits | 173237 | 6146.3 | 5854.7 | 291.6 |
| 饮料类 | Beverages | 49018 | 1112.2 | 996.2 | 116.0 |
| 烟酒类 | Tobacco and Liquor | 43173 | 1090.4 | 949.1 | 141.3 |
| 服装鞋帽、针、纺织品类 | Clothing, Shoes, Hats and Textiles | 956785 | 17152.2 | 15217.6 | 1934.6 |
| 服装类 | Clothing | 582495 | 7468.4 | 6059.3 | 1409.1 |
| 鞋帽类 | Footwear and Hats | 138922 | 1796.8 | 1498.0 | 298.9 |
| 针、纺织品类 | Knitwear and Textiles | 235368 | 7887.0 | 7660.3 | 226.7 |
| 化妆品类 | Cosmetics | 25411 | 305.8 | 237.2 | 68.6 |
| 金银珠宝类 | Gold, Silver and Jewellery | 22345 | 665.0 | 563.9 | 101.2 |
| 日用品类 | Articles for Daily Use | 180277 | 3240.8 | 2790.6 | 450.2 |
| #儿童玩具类 | Children Toys | 32004 | 488.9 | 414.5 | 74.4 |
| 五金、电料类 | Hardware & Electrical Materials | 120858 | 2394.1 | 2136.6 | 257.6 |
| 体育、娱乐用品类 | Sports & Recreational Articles | 12885 | 212.7 | 177.1 | 35.7 |
| #照相器材类 | | 682 | 6.9 | 2.1 | 4.8 |
| 书报杂志类 | Newspapers and Magazines | 4706 | 81.1 | 63.8 | 17.3 |
| 电子出版物及音像制品类 | E-journal and Video Products | 9176 | 214.3 | 177.1 | 37.1 |
| 家用电器和音像器材类 | Household Appliances and Video Equipments | 34469 | 664.7 | 522.3 | 142.4 |
| 中西药品类 | Traditional Chinese and Western Medicine | 30143 | 1258.6 | 1229.0 | 29.6 |
| #西药类 | Western Medicine | 1396 | 48.2 | 41.4 | 6.7 |
| 中草药及中成药类 | Traditional Chinese | 28082 | 1198.8 | 1179.4 | 19.3 |
| 文化办公用品类 | Cultural and Official Goods | 63926 | 1007.8 | 569.3 | 438.5 |
| #计算机及其配套产品 | | 26840 | 386.6 | 72.4 | 314.2 |
| 家具类 | Furniture | 100748 | 2093.8 | 1113.8 | 980.0 |
| 通讯器材类 | Communication Appliances | 22289 | 306.2 | 196.9 | 109.3 |
| 煤炭及制品类 | Coal and Related Products | 3800 | 351.8 | 349.5 | 2.3 |
| 木材及制品类 | Wood and Wooden Products | 30904 | 982.1 | 946.1 | 36.0 |
| 石油及制品类 | Petroleum and Related Products | 2140 | 2072.0 | 2069.9 | 2.1 |
| 化工材料及制品类 | Raw Chemical Materials and Related Products | 48864 | 3844.7 | 3836.9 | 7.8 |
| #化肥类 | Fertilizer | 4076 | 118.7 | 115.5 | 3.2 |
| 金属材料类 | Metal Materials | 95167 | 18068.0 | 18033.0 | 35.0 |
| 建筑及装潢材料类 | Building and Decoration Materials | 281026 | 4924.4 | 3765.6 | 1158.9 |
| 机电产品及设备类 | Mechanical & Electrical Products | 53259 | 1477.3 | 1443.8 | 33.4 |
| #农机类 | Agricultural Machinery | 5826 | 230.0 | 225.2 | 4.7 |
| 汽车类 | Automobile | 75301 | 6568.0 | 2108.1 | 4460.0 |
| 种子饲料类 | Seed and Feedstuff | 8356 | 134.1 | 128.7 | 5.4 |
| 棉麻类 | Cotton and Hemp | 5521 | 517.2 | 504.5 | 12.7 |
| 其他类 | Others | 200395 | 3014.2 | 2528.4 | 485.7 |

# 2-7 各地区亿元以上商品交易市场基本情况
# Basic Statistics on Commodity Exchange Markets of Transaction Value over 100 Million Yuan by Region

| 年 份 Year | 地 区 Region | 市场数量(个) Number of Markets (unit) | 摊位数(个) Number of Booths (unit) | 营业面积(万平方米) Operational Area (10000 sq.m) | 成交额(亿元) Turnover (100 million yuan) | | |
|---|---|---|---|---|---|---|---|
| | | | | | | 批 发 Wholesale Value | 零 售 Retail Value |
| | 2000 | 3087 | 2115115 | 8261.6 | 16358.9 | 11648.0 | 4710.9 |
| | 2001 | 3273 | 2200662 | 9397.3 | 17719.1 | 12562.5 | 5156.5 |
| | 2002 | 3258 | 2190814 | 10313.2 | 19840.0 | 15450.9 | 4389.2 |
| | 2003 | 3265 | 2148866 | 10984.0 | 21514.5 | 16832.6 | 4681.9 |
| | 2004 | 3365 | 2229818 | 12477.5 | 26102.7 | 21116.9 | 4985.8 |
| | 2005 | 3323 | 2248803 | 13140.8 | 30020.9 | 24544.2 | 5476.7 |
| | 2006 | 3876 | 2527987 | 18072.3 | 37137.5 | 29679.9 | 7457.5 |
| | 2007 | 4121 | 2681630 | 19814.6 | 44085.1 | 35871.5 | 8213.6 |
| | 2008 | 4567 | 2839070 | 21225.2 | 52458.0 | 43120.0 | 9337.9 |
| | 2009 | 4687 | 2994781 | 23230.3 | 57963.8 | 48308.2 | 9655.5 |
| | 2010 | 4940 | 3193365 | 24832.3 | 72703.5 | 60954.9 | 11748.6 |
| | 2011 | 5075 | 3334787 | 26234.5 | 82017.3 | 69390.8 | 12626.5 |
| | 2012 | 5194 | 3494122 | 27899.4 | 93023.8 | 80141.8 | 12882.0 |
| | 2013 | 5089 | 3488170 | 28868.3 | 98365.1 | 84628.3 | 13736.8 |
| | 2014 | 5023 | 3534757 | 29567.9 | 100309.9 | 86323.7 | 13986.2 |
| | 2015 | 4952 | 3468638 | 30065.7 | 100133.8 | 85836.9 | 14296.8 |
| 北 京 | Beijing | 125 | 97157 | 692.3 | 3482.5 | 2191.6 | 1290.9 |
| 天 津 | Tianjin | 56 | 38460 | 413.7 | 1598.4 | 1520.0 | 78.4 |
| 河 北 | Hebei | 236 | 310062 | 2621.2 | 5365.6 | 5064.5 | 301.1 |
| 山 西 | Shanxi | 36 | 27787 | 272.3 | 630.4 | 596.7 | 33.7 |
| 内蒙古 | Inner Mongolia | 73 | 37636 | 763.2 | 606.5 | 431.0 | 175.5 |
| 辽 宁 | Liaoning | 206 | 174037 | 905.5 | 3761.4 | 2977.9 | 783.4 |
| 吉 林 | Jilin | 57 | 48878 | 294.1 | 668.6 | 422.9 | 245.7 |
| 黑龙江 | Heilongjiang | 82 | 53362 | 343.4 | 1064.2 | 737.4 | 326.8 |
| 上 海 | Shanghai | 155 | 66210 | 788.7 | 9113.9 | 8663.1 | 450.8 |
| 江 苏 | Jiangsu | 513 | 349680 | 3183.7 | 15973.1 | 14031.6 | 1941.5 |
| 浙 江 | Zhejiang | 751 | 445835 | 3062.3 | 16131.4 | 13533.7 | 2597.7 |
| 安 徽 | Anhui | 136 | 120733 | 1293.0 | 2566.9 | 2258.0 | 308.9 |
| 福 建 | Fujian | 135 | 50958 | 360.5 | 1582.6 | 1215.6 | 367.1 |
| 江 西 | Jiangxi | 93 | 70449 | 413.5 | 1808.7 | 1616.2 | 192.6 |
| 山 东 | Shandong | 595 | 401629 | 4150.2 | 9866.3 | 8884.3 | 982.0 |
| 河 南 | Henan | 151 | 121518 | 1274.1 | 3348.9 | 2950.6 | 398.3 |
| 湖 北 | Hubei | 157 | 78934 | 623.6 | 2030.4 | 1455.4 | 575.0 |
| 湖 南 | Hunan | 328 | 179398 | 1092.8 | 3256.2 | 2440.2 | 816.0 |
| 广 东 | Guangdong | 336 | 205762 | 2012.0 | 5576.6 | 4838.1 | 738.6 |
| 广 西 | Guangxi | 91 | 67931 | 437.3 | 913.7 | 736.6 | 177.0 |
| 海 南 | Hainan | 7 | 4597 | 76.6 | 52.6 | 31.0 | 21.6 |
| 重 庆 | Chongqing | 153 | 100207 | 827.7 | 3412.9 | 2974.0 | 438.9 |
| 四 川 | Sichuan | 134 | 146431 | 1189.8 | 2748.9 | 2536.0 | 213.0 |
| 贵 州 | Guizhou | 60 | 31945 | 285.9 | 686.3 | 532.2 | 154.2 |
| 云 南 | Yunnan | 49 | 51210 | 352.0 | 613.7 | 517.6 | 96.1 |
| 西 藏 | Tibet | | | | | | |
| 陕 西 | Shaanxi | 54 | 37188 | 332.7 | 691.2 | 431.8 | 259.4 |
| 甘 肃 | Gansu | 40 | 31465 | 181.7 | 410.6 | 384.9 | 25.8 |
| 青 海 | Qinghai | 9 | 6445 | 53.8 | 63.3 | 40.0 | 23.4 |
| 宁 夏 | Ningxia | 36 | 26673 | 424.8 | 314.3 | 251.1 | 63.1 |
| 新 疆 | Xinjiang | 98 | 86061 | 1343.5 | 1793.6 | 1573.2 | 220.4 |

# 批发和零售业

# *WHOLESALE AND RETAIL TRADES*

第3篇

# 3-1-1 限额以上批发和零售业企业基本情况

# Basic Conditions of Enterprises above Designated Size of Wholesale and Retail Trades

| 项　目 | Item | 法人单位数（个）Number of Corporation Enterprises (unit) | 年末从业人数（人）Engaged Persons at Year-end (person) |
|---|---|---|---|
| **总　计** | **Total** | **183077** | **11735761** |
| **一、批发业** | **Wholesale Trade** | **91819** | **4907387** |
| #国有控股 | State-controlled Enterprises | 7971 | 1177694 |
| **(一)按登记注册类型分** | **by Type of Registration** | | |
| **1.内资企业** | **Domestic Funded Enterprises** | **87504** | **4159427** |
| 国有企业 | State-owned Enterprises | 2368 | 382133 |
| 集体企业 | Collective-owned Enterprises | 648 | 39417 |
| 股份合作企业 | Cooperative Enterprises | 163 | 5873 |
| 联营企业 | Joint Ownership Enterprises | 24 | 2193 |
| 国有联营企业 | State Joint Ownership Enterprises | 4 | 423 |
| 集体联营企业 | Collective Joint Ownership Enterprises | 8 | 670 |
| 国有与集体联营企业 | Joint State-collective Enterprises | 6 | 972 |
| 其他联营企业 | Other Joint Ownership Enterprises | 6 | 128 |
| 有限责任公司 | Limited Liability Corporations | 27701 | 1574160 |
| 国有独资公司 | State Sole Funded Corporations | 1295 | 161890 |
| 其他有限责任公司 | Other Limited Liability Corporations | 26406 | 1412270 |
| 股份有限公司 | Share-holding Corporations Ltd. | 1970 | 470056 |
| 私营企业 | Private Enterprises | 53537 | 1635653 |
| 私营独资企业 | Private-funded Enterprises | 713 | 16193 |
| 私营合伙企业 | Private Partnership Enterprises | 136 | 8847 |
| 私营有限责任公司 | Private Limited Liability Corporations | 51436 | 1542542 |
| 私营股份有限公司 | Private Share-holding Corporations Ltd. | 1252 | 68071 |
| 其他企业 | Other Enterprises | 1093 | 49942 |
| **2.港、澳、台商投资企业** | **Enterprises with Funds from Hongkong, Macao and Taiwan** | **1896** | **344488** |
| 合资经营企业 | Joint-venture Enterprises | 300 | 32111 |
| 合作经营企业 | Cooperative Enterprises | 19 | 8188 |
| 独资经营企业 | Enterprises with Sole Investment | 1526 | 293060 |
| 投资股份有限公司 | Share-holding Corporations Ltd. with Investment | 41 | 8209 |
| 其他港澳台商投资企业 | Other Enterprises with Funds from Hongkong, Macao and Taiwan | 10 | 2920 |
| **3.外商投资企业** | **Foreign Funded Enterprises** | **2419** | **403472** |
| 中外合资经营企业 | Joint-venture Enterprises | 366 | 44787 |
| 中外合作经营企业 | Cooperative Enterprises | 16 | 1696 |
| 外资企业 | Enterprises with Sole Foreign Investment | 1949 | 340783 |
| 外商投资股份有限公司 | Share-holding Corporations Ltd. with Foreign Investment | 46 | 6785 |
| 其他外商投资企业 | Other Foreign Funded Enterprises | 42 | 9421 |

3-1-1 续表 1 Continued 1

| 项　目 | Item | 法人单位数(个) Number of Corporation Enterprises (unit) | 年末从业人数(人) Engaged Persons at the Year-end (person) |
|---|---|---|---|
| **(二)按国民经济行业分** | **by Sector** | | |
| 农、林、牧产品批发 | Wholesale of Agricultural, Forestry and Livestock Products | 5072 | 220090 |
| 食品、饮料及烟草制品批发 | Wholesale of Food, Beverages and Tobaccos | 9898 | 1010844 |
| 米、面制品及食用油批发 | Wholesale of Rice, Flour and Edible Oil | 1636 | 105359 |
| 肉、禽、蛋、奶及水产品批发 | Wholesale of Meal, Fowls, Eggs, Milk and Aquatic Products | 1485 | 101318 |
| 酒、饮料及茶叶批发 | Wholesale of Wine, Beverages and Teas | 1948 | 213598 |
| 烟草制品批发 | Wholesale of Tobaccos | 558 | 273034 |
| 纺织、服装及家庭用品批发 | Wholesale of Textiles, Wearing Apparel and Household Articles | 11948 | 867306 |
| 服装批发 | Wholesale of Garments | 2769 | 281274 |
| 鞋帽批发 | Wholesale of Shoes and Hats | 961 | 69601 |
| 家用电器批发 | Wholesale of Household Electrical Appliances | 1562 | 169412 |
| 文化、体育用品及器材批发 | Wholesale of Culture, Sports Appliances and Equipments | 2579 | 177342 |
| 文具用品批发 | Wholesale of Stationeries | 813 | 27178 |
| 体育用品及器材批发 | Wholesale of Sports Appliances and Equipments | 163 | 13423 |
| 图书批发 | Wholesale of Books | 246 | 38481 |
| 医药及医疗器材批发 | Wholesale of Medicines and Medical Appliances | 6231 | 552966 |
| 西药批发 | Wholesale of Western Medicine | 3065 | 306541 |
| 中药批发 | Wholesale of Chinese Traditional Medicine | 1557 | 145929 |
| 矿产品、建材及化工产品批发 | Wholesale of Mineral Products, Building Materials and Chemical Products | 37902 | 1250805 |
| 煤炭及制品批发 | Wholesale of Coal and Related Products | 4983 | 175191 |
| 石油及制品批发 | Wholesale of Petroleum and Related Products | 4163 | 387848 |
| 金属及金属矿批发 | Wholesale of Metal Materials | 12248 | 243368 |
| 建材批发 | Wholesale of Building Materials | 5071 | 150081 |
| 化肥批发 | Wholesale of Chemical Fertilizer | 1832 | 74064 |
| 农药批发 | Wholesale of Pesticides | 249 | 12982 |
| 机械设备、五金产品及电子产品批发 | Wholesale of Machinery, Hardware and Electronic Products | 14038 | 679338 |
| 汽车批发 | Wholesale of Motor Vehicles | 1499 | 89953 |
| 计算机、软件及辅助设备批发 | Wholesale of Computer, Software and Assistant Appliances | 1248 | 61088 |
| 通讯及广播电视设备批发 | Wholesale of Communication, Radios and Televisions Equipments | 811 | 81231 |
| 贸易经纪与代理 | Trade Broker and Agency | 1092 | 41675 |
| 其他批发业 | Other Wholesale not Classified Elsewhere | 3059 | 107021 |

3-1-1 续表 2 Continued 2

| 项 目 | Item | 法人单位数(个) Number of Corporation Enterprises (unit) | 年末从业人数(人) Engaged Persons at the Year-end (person) | 年末零售营业面积(平方米) Business Area of Retail Trade at the Year-end (m²) |
|---|---|---|---|---|
| **二、零售业** | **Retail Trade** | **91258** | **6828374** | **326513457** |
| #国有控股 | State-controlled Enterprises | 5460 | 918775 | 60164768 |
| **(一)按登记注册类型分** | **by Type of Registration** | | | |
| **1.内资企业** | **Domestic Funded Enterprises** | **88977** | **5955016** | **289155135** |
| 国有企业 | State-owned Enterprises | 1614 | 129469 | 4338269 |
| 集体企业 | Collective-owned Enterprises | 1826 | 96589 | 4024389 |
| 股份合作企业 | Cooperative Enterprises | 320 | 17435 | 602656 |
| 联营企业 | Joint Ownership Enterprises | 140 | 6082 | 239782 |
| 国有联营企业 | State Joint Ownership Enterprises | 24 | 1933 | 35183 |
| 集体联营企业 | Collective Joint Ownership Enterprises | 49 | 2372 | 59752 |
| 国有与集体联营企业 | Joint State-collective Enterprises | 35 | 854 | 82279 |
| 其他联营企业 | Other Joint Ownership Enterprises | 32 | 923 | 62568 |
| 有限责任公司 | Limited Liability Corporations | 30874 | 2598504 | 124325685 |
| 国有独资公司 | State Sole Funded Corporations | 670 | 63144 | 2783107 |
| 其他有限责任公司 | Other Limited Liability Corporations | 30204 | 2535360 | 121542578 |
| 股份有限公司 | Share-holding Corporations Ltd. | 2310 | 645067 | 48733401 |
| 私营企业 | Private Enterprises | 50733 | 2413752 | 105240972 |
| 私营独资企业 | Private-funded Enterprises | 5047 | 122376 | 5717627 |
| 私营合伙企业 | Private Partnership Enterprises | 473 | 13226 | 746874 |
| 私营有限责任公司 | Private Limited Liability Corporations | 43569 | 2144350 | 93703653 |
| 私营股份有限公司 | Private Share-holding Corporations Ltd. | 1644 | 133800 | 5072818 |
| 其他企业 | Other Enterprises | 1160 | 48118 | 1649981 |
| **2.港、澳、台商投资企业** | **Enterprises with Funds from Hongkong, Macao and Taiwan** | **1269** | **425419** | **16692000** |
| 合资经营企业 | Joint-venture Enterprises | 294 | 104429 | 4437854 |
| 合作经营企业 | Cooperative Enterprises | 26 | 6083 | 278419 |
| 独资经营企业 | Enterprises with Sole Investment | 892 | 306008 | 11605345 |
| 投资股份有限公司 | Share-holding Corporations Ltd. with Investment | 40 | 6511 | 274296 |
| 其他港澳台商投资企业 | Other Enterprises with Funds from Hongkong, Macao and Taiwan | 17 | 2388 | 96086 |
| **3.外商投资企业** | **Foreign Funded Enterprises** | **1012** | **447939** | **20666322** |
| 中外合资经营企业 | Joint-venture Enterprises | 289 | 170253 | 9651272 |
| 中外合作经营企业 | Cooperative Enterprises | 28 | 11615 | 459709 |
| 外资企业 | Enterprises with Sole Foreign Investment | 619 | 251050 | 10030441 |
| 外商投资股份有限公司 | Share-holding Corporations Ltd. with Foreign Investment | 49 | 11191 | 375299 |
| 其他外商投资企业 | Other Foreign Funded Enterprises | 27 | 3830 | 149601 |

3-1-1 续表 3 Continued 3

| 项目 | Item | 法人单位数（个）Number of Corporation Enterprises (unit) | 年末从业人数（人）Engaged Persons at the Year-end (person) | 年末零售营业面积（平方米）Business Area of Retail Trade at the Year-end (㎡) |
|---|---|---|---|---|
| **(二)按国民经济行业分** | **by Sector** | | | |
| 综合零售 | Integrated Retail | 13306 | 2600615 | 140973662 |
| 百货零售 | Retail of General Merchandise | 6532 | 1144471 | 80292845 |
| 超级市场零售 | Retail of Supermarkets | 5281 | 1320379 | 56346969 |
| 食品、饮料及烟草制品专门零售 | Special Retail of Food, Beverages and Tobaccos | 8380 | 365077 | 9686439 |
| 粮油零售 | Retail of Cereal and Oil | 966 | 35410 | 1474652 |
| 肉、禽、蛋、奶及水产品零售 | Retail of Meat, Poultry, Eggs, Milk and Aquatic Products | 1382 | 72552 | 1856592 |
| 酒、饮料及茶叶零售 | Retail of Wine, Beverages and Teas | 2704 | 75625 | 1689353 |
| 烟草制品零售 | Retail of Tobaccos | 361 | 19084 | 510107 |
| 纺织、服装及日用品专门零售 | Special Retail of Textiles, Garments and Daily Consumer Articles | 5565 | 567492 | 16046845 |
| 服装零售 | Retail of Garments | 2787 | 365549 | 11794808 |
| 文化、体育用品及器材专门零售 | Special Retail of Culture, Sports Appliances and Equipments | 4246 | 240169 | 6734362 |
| 体育用品及器材零售 | Retail of Sports Appliances and Equipments | 176 | 15737 | 387968 |
| 图书、报刊零售 | Retail of Books, Newspapers and Magazines | 1364 | 113472 | 3264575 |
| 医药及医疗器材专门零售 | Special Retail of Medicines and Medical Appliances | 4593 | 497770 | 8922234 |
| 药品零售 | Retail of Medicines | 3980 | 478975 | 8606400 |
| 汽车、摩托车、燃料及零配件专门零售 | Special Retail of Motor Vehicles, Motorcycles, Fuel and Parts | 33189 | 1627717 | 98835170 |
| 汽车零售 | Retail of Motor Vehicles | 23991 | 1238930 | 62060024 |
| 机动车燃料零售 | Retail of Fuel of Motor Vehicles | 6699 | 334168 | 34398516 |
| 家用电器及电子产品专门零售 | Special Retail of Household Electric Appliances and Electronic Products | 11166 | 503325 | 19858012 |
| 日用家电设备零售 | Retail of Household Electric Appliances | 4132 | 194026 | 11637192 |
| 计算机、软件及辅助设备零售 | Retail of Computer, Software and Assistant Appliances | 2906 | 106029 | 1366130 |
| 通信设备零售 | Retail of Communication Equipments | 1130 | 75330 | 1079670 |
| 五金、家具及室内装饰材料专门零售 | Special Retail of Hardware, Furniture and Interior Decoration Materials | 6071 | 210233 | 18618754 |
| 货摊、无店铺及其他零售 | Stalls, Non-shop and Other Retails | 4742 | 215976 | 6837979 |
| 互联网零售 | Retail on the Internet | 1464 | 103022 | 958047 |
| **(三)按零售业态分** | **by Mode of Business Operation** | | | |
| 有店铺零售 | Store-based Retailing | 87976 | 6599227 | 324098779 |
| 超市 | Supermarket | 6720 | 511021 | 13322247 |
| 大型超市 | Hypermarket | 2333 | 1177839 | 61594938 |
| 百货店 | Department Store | 6365 | 1013765 | 70536921 |
| 专业店 | Speciality Store | 39012 | 1950076 | 90661012 |
| 专卖店 | Exclusive Shop | 27119 | 1495640 | 60875745 |
| 无店铺零售 | Non-Store Selling | 3282 | 229147 | 2414678 |

# 3-1-2 各地区限额以上批发业企业基本情况

# Basic Conditions of Enterprises above Designated Size of Wholesale Trade by Region

| 地 区 | Region | 批发业 Wholesale Trade | | #国有控股 State-controlled Enterprises | |
|---|---|---|---|---|---|
| | | 法人单位数 (个) Number of Corporation Enterprises (unit) | 年末从业人数 (人) Engaged Persons at the Year-end (person) | 法人单位数 (个) Number of Corporation Enterprises (unit) | 年末从业人数 (人) Engaged Persons at the Year-end (person) |
| **全 国** | **National Total** | **91819** | **4907387** | **7971** | **1177694** |
| 北 京 | Beijing | 4282 | 380171 | 788 | 108233 |
| 天 津 | Tianjin | 3986 | 120150 | 454 | 21668 |
| 河 北 | Hebei | 1558 | 107763 | 186 | 29080 |
| 山 西 | Shanxi | 939 | 81485 | 291 | 41909 |
| 内蒙古 | Inner Mongolia | 692 | 37748 | 107 | 16926 |
| 辽 宁 | Liaoning | 2970 | 124740 | 260 | 31730 |
| 吉 林 | Jilin | 523 | 33870 | 94 | 16388 |
| 黑龙江 | Heilongjiang | 737 | 44006 | 154 | 26385 |
| 上 海 | Shanghai | 3853 | 450960 | 484 | 56594 |
| 江 苏 | Jiangsu | 10753 | 408535 | 551 | 63209 |
| 浙 江 | Zhejiang | 11336 | 387872 | 449 | 66992 |
| 安 徽 | Anhui | 2218 | 121523 | 227 | 38050 |
| 福 建 | Fujian | 5707 | 178218 | 331 | 36949 |
| 江 西 | Jiangxi | 770 | 85134 | 127 | 43255 |
| 山 东 | Shandong | 8452 | 389616 | 321 | 80057 |
| 河 南 | Henan | 3740 | 222332 | 344 | 60164 |
| 湖 北 | Hubei | 3039 | 194098 | 227 | 47233 |
| 湖 南 | Hunan | 1806 | 110084 | 184 | 38735 |
| 广 东 | Guangdong | 13483 | 732040 | 830 | 107866 |
| 广 西 | Guangxi | 1168 | 64790 | 157 | 23836 |
| 海 南 | Hainan | 163 | 14930 | 15 | 1956 |
| 重 庆 | Chongqing | 2368 | 127596 | 237 | 27044 |
| 四 川 | Sichuan | 2292 | 154078 | 219 | 32632 |
| 贵 州 | Guizhou | 778 | 56699 | 155 | 31930 |
| 云 南 | Yunnan | 1076 | 77416 | 144 | 36731 |
| 西 藏 | Tibet | 23 | 5651 | 14 | 1015 |
| 陕 西 | Shaanxi | 912 | 79589 | 170 | 37194 |
| 甘 肃 | Gansu | 574 | 30977 | 75 | 10604 |
| 青 海 | Qinghai | 142 | 11636 | 34 | 6823 |
| 宁 夏 | Ningxia | 168 | 10051 | 30 | 5943 |
| 新 疆 | Xinjiang | 1311 | 63629 | 312 | 30563 |

# 3-1-3 各地区限额以上批发业企业基本情况(按登记注册类型分)

# Basic Conditions of Enterprises above Designated Size of Wholesale Trade by Region and Type of Registration

| 地 区 | Region | 内资企业 Domestic Funded Enterprises | | 国有企业 State-owned Enterprises | |
|---|---|---|---|---|---|
| | | 法人单位数 (个) Number of Corporation Enterprises (unit) | 年末从业人数 (人) Engaged Persons at the Year-end (person) | 法人单位数 (个) Number of Corporation Enterprises (unit) | 年末从业人数 (人) Engaged Persons at the Year-end (person) |
| **全 国** | **National Total** | **87504** | **4159427** | **2368** | **382133** |
| 北 京 | Beijing | 3914 | 242358 | 161 | 13305 |
| 天 津 | Tianjin | 3706 | 90151 | 78 | 4178 |
| 河 北 | Hebei | 1547 | 107091 | 53 | 10540 |
| 山 西 | Shanxi | 933 | 79775 | 82 | 13336 |
| 内蒙古 | Inner Mongolia | 688 | 37527 | 51 | 7948 |
| 辽 宁 | Liaoning | 2883 | 117248 | 83 | 13275 |
| 吉 林 | Jilin | 519 | 33113 | 53 | 10985 |
| 黑龙江 | Heilongjiang | 732 | 43267 | 65 | 9117 |
| 上 海 | Shanghai | 2467 | 164475 | 54 | 3573 |
| 江 苏 | Jiangsu | 10384 | 348542 | 246 | 21951 |
| 浙 江 | Zhejiang | 11084 | 374111 | 51 | 18791 |
| 安 徽 | Anhui | 2202 | 116615 | 58 | 13014 |
| 福 建 | Fujian | 5541 | 167499 | 88 | 14278 |
| 江 西 | Jiangxi | 760 | 83795 | 57 | 14290 |
| 山 东 | Shandong | 8335 | 376806 | 108 | 13874 |
| 河 南 | Henan | 3729 | 219999 | 132 | 33048 |
| 湖 北 | Hubei | 2995 | 177382 | 94 | 14748 |
| 湖 南 | Hunan | 1799 | 109666 | 69 | 23864 |
| 广 东 | Guangdong | 12421 | 593391 | 275 | 18063 |
| 广 西 | Guangxi | 1161 | 64496 | 55 | 10174 |
| 海 南 | Hainan | 153 | 13524 | 9 | 1447 |
| 重 庆 | Chongqing | 2345 | 122136 | 66 | 7471 |
| 四 川 | Sichuan | 2268 | 150396 | 91 | 18346 |
| 贵 州 | Guizhou | 774 | 56393 | 48 | 20034 |
| 云 南 | Yunnan | 1065 | 76260 | 37 | 21254 |
| 西 藏 | Tibet | 22 | 4328 | 9 | 698 |
| 陕 西 | Shaanxi | 896 | 74254 | 70 | 14509 |
| 甘 肃 | Gansu | 571 | 30633 | 28 | 5507 |
| 青 海 | Qinghai | 138 | 10983 | 13 | 1737 |
| 宁 夏 | Ningxia | 168 | 10051 | 11 | 1593 |
| 新 疆 | Xinjiang | 1304 | 63162 | 73 | 7185 |

3-1-3 续表 1 Continued 1

| 地区 | Region | 集体企业 Collective-owned Enterprises 法人单位数（个）Number of Corporation Enterprises (unit) | 集体企业 Collective-owned Enterprises 年末从业人数（人）Engaged Persons at the Year-end (person) | 股份合作企业 Cooperative Enterprises 法人单位数（个）Number of Corporation Enterprises (unit) | 股份合作企业 Cooperative Enterprises 年末从业人数（人）Engaged Persons at the Year-end (person) |
|---|---|---|---|---|---|
| **全国** | **National Total** | **648** | **39417** | **163** | **5873** |
| 北京 | Beijing | 19 | 509 | 17 | 350 |
| 天津 | Tianjin | 23 | 439 | 12 | 228 |
| 河北 | Hebei | 20 | 1036 | 5 | 410 |
| 山西 | Shanxi | 30 | 7014 | 1 | 16 |
| 内蒙古 | Inner Mongolia | 4 | 135 | | |
| 辽宁 | Liaoning | 20 | 731 | 9 | 497 |
| 吉林 | Jilin | | | | |
| 黑龙江 | Heilongjiang | 12 | 528 | | |
| 上海 | Shanghai | 11 | 396 | 4 | 76 |
| 江苏 | Jiangsu | 49 | 1438 | 14 | 740 |
| 浙江 | Zhejiang | 21 | 1059 | 23 | 395 |
| 安徽 | Anhui | 12 | 663 | 4 | 281 |
| 福建 | Fujian | 36 | 899 | 2 | 76 |
| 江西 | Jiangxi | 7 | 225 | | |
| 山东 | Shandong | 77 | 8032 | 9 | 691 |
| 河南 | Henan | 65 | 4083 | 2 | 148 |
| 湖北 | Hubei | 14 | 815 | 5 | 201 |
| 湖南 | Hunan | 11 | 647 | | |
| 广东 | Guangdong | 82 | 3277 | 22 | 523 |
| 广西 | Guangxi | 21 | 1191 | 2 | 46 |
| 海南 | Hainan | | | | |
| 重庆 | Chongqing | 15 | 602 | 10 | 286 |
| 四川 | Sichuan | 16 | 1377 | 11 | 605 |
| 贵州 | Guizhou | 21 | 912 | | |
| 云南 | Yunnan | 22 | 972 | 3 | 105 |
| 西藏 | Tibet | | | | |
| 陕西 | Shaanxi | 12 | 453 | 3 | 100 |
| 甘肃 | Gansu | 9 | 585 | 4 | 94 |
| 青海 | Qinghai | 1 | 26 | 1 | 5 |
| 宁夏 | Ningxia | | | | |
| 新疆 | Xinjiang | 18 | 1373 | | |

3-1-3 续表 2 Continued 2

| 地 区 | Region | 联营企业 Joint Ownership Enterprises 法人单位数(个) Number of Corporation Enterprises (unit) | 联营企业 Joint Ownership Enterprises 年末从业人数(人) Engaged Persons at the Year-end (person) | 有限责任公司 Limited Liability Corporations 法人单位数(个) Number of Corporation Enterprises (unit) | 有限责任公司 Limited Liability Corporations 年末从业人数(人) Engaged Persons at the Year-end (person) |
|---|---|---|---|---|---|
| **全 国** | **National Total** | **24** | **2193** | **27701** | **1574160** |
| 北 京 | Beijing | 2 | 32 | 1389 | 134130 |
| 天 津 | Tianjin | | | 1069 | 40299 |
| 河 北 | Hebei | | | 661 | 42475 |
| 山 西 | Shanxi | 1 | 22 | 278 | 35710 |
| 内蒙古 | Inner Mongolia | | | 240 | 11404 |
| 辽 宁 | Liaoning | | | 795 | 44304 |
| 吉 林 | Jilin | | | 193 | 12186 |
| 黑龙江 | Heilongjiang | | | 299 | 15171 |
| 上 海 | Shanghai | 4 | 739 | 758 | 68798 |
| 江 苏 | Jiangsu | | | 2082 | 105682 |
| 浙 江 | Zhejiang | | | 2123 | 105140 |
| 安 徽 | Anhui | 1 | 16 | 786 | 36480 |
| 福 建 | Fujian | 1 | 7 | 2096 | 70845 |
| 江 西 | Jiangxi | | | 414 | 52743 |
| 山 东 | Shandong | 3 | 809 | 1926 | 114895 |
| 河 南 | Henan | | | 2100 | 109204 |
| 湖 北 | Hubei | | | 1192 | 65462 |
| 湖 南 | Hunan | | | 456 | 29133 |
| 广 东 | Guangdong | 8 | 460 | 4648 | 227938 |
| 广 西 | Guangxi | | | 339 | 16914 |
| 海 南 | Hainan | | | 97 | 9534 |
| 重 庆 | Chongqing | | | 954 | 51301 |
| 四 川 | Sichuan | | | 814 | 52247 |
| 贵 州 | Guizhou | 1 | 33 | 340 | 22871 |
| 云 南 | Yunnan | 2 | 53 | 391 | 22253 |
| 西 藏 | Tibet | | | 11 | 3247 |
| 陕 西 | Shaanxi | | | 515 | 33053 |
| 甘 肃 | Gansu | | | 222 | 11510 |
| 青 海 | Qinghai | | | 46 | 2586 |
| 宁 夏 | Ningxia | | | 48 | 1569 |
| 新 疆 | Xinjiang | 1 | 22 | 419 | 25076 |

3-1-3 续表 3 Continued 3

| 地 区 | Region | 股份有限公司 Share-holding Corporations Ltd. | | 私营企业 Private Enterprises | |
|---|---|---|---|---|---|
| | | 法人单位数（个） Number of Corporation Enterprises (unit) | 年末从业人数（人） Engaged Persons at the Year-end (person) | 法人单位数（个） Number of Corporation Enterprises (unit) | 年末从业人数（人） Engaged Persons at the Year-end (person) |
| **全 国** | **National Total** | **1970** | **470056** | **53537** | **1635653** |
| 北 京 | Beijing | 79 | 13739 | 2246 | 80214 |
| 天 津 | Tianjin | 58 | 1921 | 2464 | 43078 |
| 河 北 | Hebei | 61 | 24121 | 728 | 27507 |
| 山 西 | Shanxi | 16 | 1162 | 520 | 22209 |
| 内蒙古 | Inner Mongolia | 34 | 7257 | 357 | 10733 |
| 辽 宁 | Liaoning | 79 | 9495 | 1885 | 48673 |
| 吉 林 | Jilin | 25 | 2611 | 244 | 7271 |
| 黑龙江 | Heilongjiang | 46 | 11792 | 305 | 6587 |
| 上 海 | Shanghai | 75 | 20410 | 1556 | 70248 |
| 江 苏 | Jiangsu | 162 | 35346 | 7554 | 167679 |
| 浙 江 | Zhejiang | 161 | 46132 | 8650 | 201392 |
| 安 徽 | Anhui | 58 | 19271 | 1259 | 45273 |
| 福 建 | Fujian | 70 | 10607 | 3241 | 70643 |
| 江 西 | Jiangxi | 34 | 7387 | 246 | 9132 |
| 山 东 | Shandong | 128 | 40300 | 5821 | 190048 |
| 河 南 | Henan | 123 | 20112 | 1248 | 49809 |
| 湖 北 | Hubei | 73 | 43256 | 1498 | 45795 |
| 湖 南 | Hunan | 58 | 7874 | 1188 | 47459 |
| 广 东 | Guangdong | 237 | 68773 | 7091 | 272598 |
| 广 西 | Guangxi | 55 | 13516 | 679 | 21901 |
| 海 南 | Hainan | 10 | 718 | 36 | 1625 |
| 重 庆 | Chongqing | 71 | 11774 | 1209 | 49996 |
| 四 川 | Sichuan | 59 | 7368 | 1215 | 67110 |
| 贵 州 | Guizhou | 25 | 1741 | 338 | 10792 |
| 云 南 | Yunnan | 55 | 8563 | 543 | 22792 |
| 西 藏 | Tibet | | | 2 | 383 |
| 陕 西 | Shaanxi | 35 | 15038 | 238 | 9797 |
| 甘 肃 | Gansu | 20 | 2662 | 283 | 10142 |
| 青 海 | Qinghai | 7 | 4104 | 69 | 2516 |
| 宁 夏 | Ningxia | 11 | 3787 | 98 | 3102 |
| 新 疆 | Xinjiang | 45 | 9219 | 726 | 19149 |

3-1-3 续表 4 Continued 4

| 地 区 | Region | 港、澳、台商投资企业 Enterprises with Funds from Hongkong, Macao and Taiwan | | 外商投资企业 Foreign Funded Enterprises | |
|---|---|---|---|---|---|
| | | 法人单位数 (个) Number of Corporation Enterprises (unit) | 年末从业人数 (人) Engaged Persons at the Year-end (person) | 法人单位数 (个) Number of Corporation Enterprises (unit) | 年末从业人数 (人) Engaged Persons at the Year-end (person) |
| **全 国** | **National Total** | **1896** | **344488** | **2419** | **403472** |
| 北 京 | Beijing | 119 | 42851 | 249 | 94962 |
| 天 津 | Tianjin | 94 | 17423 | 186 | 12576 |
| 河 北 | Hebei | 5 | 246 | 6 | 426 |
| 山 西 | Shanxi | 5 | 1475 | 1 | 235 |
| 内蒙古 | Inner Mongolia | 3 | 200 | 1 | 21 |
| 辽 宁 | Liaoning | 19 | 4193 | 68 | 3299 |
| 吉 林 | Jilin | 3 | 436 | 1 | 321 |
| 黑龙江 | Heilongjiang | 4 | 739 | 1 | |
| 上 海 | Shanghai | 465 | 115769 | 921 | 170716 |
| 江 苏 | Jiangsu | 162 | 16940 | 207 | 43053 |
| 浙 江 | Zhejiang | 115 | 8242 | 137 | 5519 |
| 安 徽 | Anhui | 3 | 673 | 13 | 4235 |
| 福 建 | Fujian | 107 | 6794 | 59 | 3925 |
| 江 西 | Jiangxi | 7 | 465 | 3 | 874 |
| 山 东 | Shandong | 37 | 9383 | 80 | 3427 |
| 河 南 | Henan | 8 | 2208 | 3 | 125 |
| 湖 北 | Hubei | 21 | 5172 | 23 | 11544 |
| 湖 南 | Hunan | 3 | 187 | 4 | 231 |
| 广 东 | Guangdong | 664 | 97337 | 398 | 41312 |
| 广 西 | Guangxi | 5 | 209 | 2 | 85 |
| 海 南 | Hainan | 6 | 793 | 4 | 613 |
| 重 庆 | Chongqing | 10 | 3894 | 13 | 1566 |
| 四 川 | Sichuan | 12 | 1844 | 12 | 1838 |
| 贵 州 | Guizhou | 1 | 26 | 3 | 280 |
| 云 南 | Yunnan | 6 | 781 | 5 | 375 |
| 西 藏 | Tibet | 1 | 1323 | | |
| 陕 西 | Shaanxi | 5 | 4587 | 11 | 748 |
| 甘 肃 | Gansu | 1 | 200 | 2 | 144 |
| 青 海 | Qinghai | 3 | 32 | 1 | 621 |
| 宁 夏 | Ningxia | | | | |
| 新 疆 | Xinjiang | 2 | 66 | 5 | 401 |
| | | | | | 2237 |

# 3-1-4 各地区限额以上批发业企业基本情况(按国民经济行业分)

## Basic Conditions of Enterprises above Designated Size of Wholesale Trade by Region and Sector

| 地区 | Region | 农、林、牧产品批发 Wholesale of Agricultural, Forestry and Livestock Products | | 食品、饮料及烟草制品批发 Wholesale of Food, Beverages and Tobaccos | |
|---|---|---|---|---|---|
| | | 法人单位数(个) Number of Corporation Enterprises (unit) | 年末从业人数(人) Engaged Persons at the Year-end (person) | 法人单位数(个) Number of Corporation Enterprises (unit) | 年末从业人数(人) Engaged Persons at the Year-end (person) |
| **全　国** | **National Total** | **5072** | **220090** | **9898** | **1010844** |
| 北　京 | Beijing | 92 | 6061 | 338 | 53969 |
| 天　津 | Tianjin | 90 | 1821 | 214 | 10718 |
| 河　北 | Hebei | 138 | 5017 | 148 | 17757 |
| 山　西 | Shanxi | 34 | 1808 | 108 | 16247 |
| 内蒙古 | Inner Mongolia | 120 | 5645 | 75 | 9433 |
| 辽　宁 | Liaoning | 217 | 4991 | 276 | 20173 |
| 吉　林 | Jilin | 168 | 11179 | 51 | 6887 |
| 黑龙江 | Heilongjiang | 188 | 9398 | 82 | 9211 |
| 上　海 | Shanghai | 46 | 2078 | 289 | 54336 |
| 江　苏 | Jiangsu | 651 | 26084 | 838 | 62092 |
| 浙　江 | Zhejiang | 214 | 5170 | 656 | 59712 |
| 安　徽 | Anhui | 236 | 9364 | 377 | 37320 |
| 福　建 | Fujian | 197 | 4416 | 630 | 43781 |
| 江　西 | Jiangxi | 43 | 4674 | 121 | 18666 |
| 山　东 | Shandong | 683 | 24163 | 1154 | 85516 |
| 河　南 | Henan | 548 | 30423 | 506 | 65570 |
| 湖　北 | Hubei | 321 | 13515 | 584 | 54948 |
| 湖　南 | Hunan | 128 | 7890 | 261 | 40629 |
| 广　东 | Guangdong | 266 | 12412 | 1252 | 134451 |
| 广　西 | Guangxi | 61 | 2488 | 145 | 17468 |
| 海　南 | Hainan | 3 | 63 | 25 | 2392 |
| 重　庆 | Chongqing | 78 | 3320 | 385 | 33220 |
| 四　川 | Sichuan | 104 | 5693 | 524 | 49020 |
| 贵　州 | Guizhou | 18 | 513 | 139 | 28417 |
| 云　南 | Yunnan | 65 | 2369 | 186 | 30353 |
| 西　藏 | Tibet | 2 | 154 | 8 | 771 |
| 陕　西 | Shaanxi | 43 | 1498 | 194 | 22379 |
| 甘　肃 | Gansu | 28 | 743 | 141 | 11838 |
| 青　海 | Qinghai | 2 | 106 | 22 | 1940 |
| 宁　夏 | Ningxia | 4 | 92 | 22 | 2435 |
| 新　疆 | Xinjiang | 284 | 16942 | 147 | 9195 |

3-1-4 续表 1 Continued 1

| 地 区 | Region | 纺织、服装及家庭用品批发 Wholesale of Textiles, Wearing Apparel and Household Articles | | 文化、体育用品及器材批发 Wholesale of Culture, Sports Appliances and Equipments | |
|---|---|---|---|---|---|
| | | 法人单位数(个) Number of Corporation Enterprises (unit) | 年末从业人数(人) Engaged Persons at the Year-end (person) | 法人单位数(个) Number of Corporation Enterprises (unit) | 年末从业人数(人) Engaged Persons at the Year-end (person) |
| **全 国** | **National Total** | **11948** | **867306** | **2579** | **177342** |
| 北 京 | Beijing | 372 | 82650 | 187 | 24247 |
| 天 津 | Tianjin | 185 | 28299 | 101 | 3104 |
| 河 北 | Hebei | 61 | 4234 | 10 | 934 |
| 山 西 | Shanxi | 24 | 4238 | 12 | 1180 |
| 内 蒙 古 | Inner Mongolia | 18 | 1676 | 6 | 298 |
| 辽 宁 | Liaoning | 217 | 36445 | 51 | 3298 |
| 吉 林 | Jilin | 14 | 860 | 7 | 668 |
| 黑 龙 江 | Heilongjiang | 40 | 1633 | 11 | 381 |
| 上 海 | Shanghai | 559 | 142781 | 122 | 15009 |
| 江 苏 | Jiangsu | 1640 | 100422 | 263 | 15384 |
| 浙 江 | Zhejiang | 3347 | 117488 | 442 | 12601 |
| 安 徽 | Anhui | 187 | 14278 | 55 | 2904 |
| 福 建 | Fujian | 1496 | 43090 | 170 | 5363 |
| 江 西 | Jiangxi | 72 | 2908 | 9 | 235 |
| 山 东 | Shandong | 528 | 37750 | 163 | 16603 |
| 河 南 | Henan | 210 | 12342 | 91 | 4733 |
| 湖 北 | Hubei | 181 | 12294 | 47 | 7018 |
| 湖 南 | Hunan | 128 | 8055 | 75 | 3343 |
| 广 东 | Guangdong | 2118 | 167154 | 611 | 46981 |
| 广 西 | Guangxi | 95 | 5857 | 17 | 695 |
| 海 南 | Hainan | 11 | 917 | 2 | 321 |
| 重 庆 | Chongqing | 113 | 9756 | 38 | 6089 |
| 四 川 | Sichuan | 144 | 11528 | 29 | 1747 |
| 贵 州 | Guizhou | 32 | 1885 | 12 | 444 |
| 云 南 | Yunnan | 41 | 2581 | 14 | 689 |
| 西 藏 | Tibet | | | 1 | 83 |
| 陕 西 | Shaanxi | 36 | 11425 | 15 | 878 |
| 甘 肃 | Gansu | 18 | 1119 | 7 | 989 |
| 青 海 | Qinghai | 6 | 170 | 1 | 259 |
| 宁 夏 | Ningxia | 2 | 107 | 2 | 99 |
| 新 疆 | Xinjiang | 53 | 3364 | 8 | 765 |

3-1-4 续表 2 Continued 2

| 地 区 | Region | 医药及医疗器材批发 Wholesale of Medicines and Medical Appliances | | 矿产品、建材及化工产品批发 Wholesale of Mineral Products, Building Material and Chemical Products | |
|---|---|---|---|---|---|
| | | 法人单位数 (个) Number of Corporation Enterprises (unit) | 年末从业人数 (人) Engaged Persons at the Year-end (person) | 法人单位数 (个) Number of Corporation Enterprises (unit) | 年末从业人数 (人) Engaged Persons at the Year-end (person) |
| **全 国** | **National Total** | **6231** | **552966** | **37902** | **1250805** |
| 北 京 | Beijing | 572 | 46040 | 1376 | 59446 |
| 天 津 | Tianjin | 126 | 8431 | 2281 | 35564 |
| 河 北 | Hebei | 175 | 15301 | 791 | 38570 |
| 山 西 | Shanxi | 68 | 8074 | 557 | 43679 |
| 内 蒙 古 | Inner Mongolia | 41 | 3250 | 348 | 14914 |
| 辽 宁 | Liaoning | 204 | 10540 | 1407 | 32737 |
| 吉 林 | Jilin | 102 | 4750 | 107 | 6996 |
| 黑 龙 江 | Heilongjiang | 82 | 4071 | 213 | 15518 |
| 上 海 | Shanghai | 179 | 49689 | 1492 | 60677 |
| 江 苏 | Jiangsu | 284 | 43559 | 4988 | 99542 |
| 浙 江 | Zhejiang | 342 | 28467 | 4403 | 108194 |
| 安 徽 | Anhui | 264 | 18102 | 657 | 24877 |
| 福 建 | Fujian | 185 | 10934 | 2179 | 46706 |
| 江 西 | Jiangxi | 160 | 24453 | 226 | 28025 |
| 山 东 | Shandong | 343 | 29479 | 4099 | 139523 |
| 河 南 | Henan | 248 | 25314 | 1557 | 62097 |
| 湖 北 | Hubei | 286 | 33624 | 1024 | 55354 |
| 湖 南 | Hunan | 196 | 17023 | 681 | 22116 |
| 广 东 | Guangdong | 1046 | 67930 | 4871 | 146783 |
| 广 西 | Guangxi | 100 | 8596 | 552 | 22559 |
| 海 南 | Hainan | 58 | 8339 | 43 | 2023 |
| 重 庆 | Chongqing | 253 | 16593 | 1056 | 35752 |
| 四 川 | Sichuan | 418 | 27654 | 733 | 36592 |
| 贵 州 | Guizhou | 93 | 5976 | 397 | 16428 |
| 云 南 | Yunnan | 124 | 12858 | 516 | 22961 |
| 西 藏 | Tibet | 7 | 4332 | 1 | |
| 陕 西 | Shaanxi | 93 | 7151 | 403 | 28918 |
| 甘 肃 | Gansu | 76 | 5382 | 236 | 8837 |
| 青 海 | Qinghai | 15 | 1094 | 79 | 7295 |
| 宁 夏 | Ningxia | 10 | 879 | 95 | 5381 |
| 新 疆 | Xinjiang | 81 | 5081 | 534 | 22741 |

3-1-4 续表 3 Continued 3

| 地 区 | Region | 机械设备、五金产品及电子产品批发 Wholesale of Machinery, Hardware and Electronic Products | | 贸易经纪与代理 Trade Broker and Agency | | 其他批发业 Other Wholesale not Classified Elsewhere | |
|---|---|---|---|---|---|---|---|
| | | 法人单位数 (个) Number of Corporation Enterprises (unit) | 年末从业人数 (人) Engaged Persons at the Year-end (person) | 法人单位数 (个) Number of Corporation Enterprises (unit) | 年末从业人数 (人) Engaged Persons at the Year-end (person) | 法人单位数 (个) Number of Corporation Enterprises (unit) | 年末从业人数 (人) Engaged Persons at the Year-end (person) |
| **全 国** | **National Total** | **14038** | **679338** | **1092** | **41675** | **3059** | **107021** |
| 北 京 | Beijing | 1197 | 98554 | 68 | 4753 | 80 | 4451 |
| 天 津 | Tianjin | 650 | 21429 | 62 | 4902 | 277 | 5882 |
| 河 北 | Hebei | 194 | 24593 | 5 | 139 | 36 | 1218 |
| 山 西 | Shanxi | 110 | 5254 | 2 | 104 | 24 | 901 |
| 内蒙古 | Inner Mongolia | 74 | 2283 | 2 | 11 | 8 | 238 |
| 辽 宁 | Liaoning | 523 | 13023 | 11 | 1588 | 64 | 1945 |
| 吉 林 | Jilin | 64 | 2192 | 1 | 20 | 9 | 318 |
| 黑龙江 | Heilongjiang | 104 | 3291 | 7 | 46 | 10 | 457 |
| 上 海 | Shanghai | 870 | 103236 | 134 | 8564 | 162 | 14590 |
| 江 苏 | Jiangsu | 1501 | 49282 | 147 | 2427 | 441 | 9743 |
| 浙 江 | Zhejiang | 1545 | 49988 | 93 | 1377 | 294 | 4875 |
| 安 徽 | Anhui | 311 | 9849 | 15 | 214 | 116 | 4615 |
| 福 建 | Fujian | 666 | 18150 | 40 | 2074 | 144 | 3704 |
| 江 西 | Jiangxi | 86 | 4894 | 7 | 201 | 46 | 1078 |
| 山 东 | Shandong | 1176 | 46510 | 51 | 2243 | 255 | 7829 |
| 河 南 | Henan | 456 | 17624 | 8 | 274 | 116 | 3955 |
| 湖 北 | Hubei | 496 | 14707 | 9 | 202 | 91 | 2436 |
| 湖 南 | Hunan | 242 | 7605 | 4 | 58 | 91 | 3365 |
| 广 东 | Guangdong | 2402 | 126098 | 384 | 11709 | 533 | 18522 |
| 广 西 | Guangxi | 166 | 6626 | 9 | 90 | 23 | 411 |
| 海 南 | Hainan | 18 | 773 | | | 3 | 102 |
| 重 庆 | Chongqing | 344 | 16064 | 5 | 76 | 96 | 6726 |
| 四 川 | Sichuan | 287 | 16593 | 4 | 146 | 49 | 5105 |
| 贵 州 | Guizhou | 77 | 2541 | | | 10 | 495 |
| 云 南 | Yunnan | 101 | 3824 | 7 | 188 | 22 | 1593 |
| 西 藏 | Tibet | 4 | 311 | | | | |
| 陕 西 | Shaanxi | 105 | 6012 | 3 | 136 | 20 | 1192 |
| 甘 肃 | Gansu | 57 | 1865 | | | 11 | 204 |
| 青 海 | Qinghai | 15 | 683 | | | 2 | 89 |
| 宁 夏 | Ningxia | 27 | 730 | | | 6 | 328 |
| 新 疆 | Xinjiang | 170 | 4754 | 14 | 133 | 20 | 654 |

# 3-1-5 各地区限额以上零售业企业基本情况
# Basic Conditions of Enterprises above Designated Size of Retail Trade by Region

| 地 区 | Region | 零售业 Retail Trade | | #国有控股 State-controlled Enterprises | |
|---|---|---|---|---|---|
| | | 法人单位数 (个) Number of Corporation Enterprises (unit) | 年末从业人数 (人) Engaged Persons at the Year-end (person) | 法人单位数 (个) Number of Corporation Enterprises (unit) | 年末从业人数 (人) Engaged Persons at the Year-end (person) |
| **全 国** | **National Total** | **91258** | **6828374** | **5460** | **918775** |
| 北 京 | Beijing | 1963 | 348467 | 339 | 68606 |
| 天 津 | Tianjin | 1181 | 101068 | 165 | 20768 |
| 河 北 | Hebei | 2389 | 249668 | 119 | 29573 |
| 山 西 | Shanxi | 2054 | 159493 | 225 | 30887 |
| 内蒙古 | Inner Mongolia | 1284 | 96701 | 78 | 15827 |
| 辽 宁 | Liaoning | 3050 | 234330 | 175 | 39326 |
| 吉 林 | Jilin | 1191 | 82930 | 69 | 12624 |
| 黑龙江 | Heilongjiang | 1196 | 96964 | 133 | 11814 |
| 上 海 | Shanghai | 1942 | 363710 | 389 | 65900 |
| 江 苏 | Jiangsu | 8290 | 557938 | 312 | 43248 |
| 浙 江 | Zhejiang | 5238 | 369376 | 412 | 40659 |
| 安 徽 | Anhui | 4312 | 253965 | 183 | 29787 |
| 福 建 | Fujian | 4847 | 248657 | 181 | 22771 |
| 江 西 | Jiangxi | 1824 | 128825 | 59 | 14282 |
| 山 东 | Shandong | 8705 | 590896 | 223 | 57902 |
| 河 南 | Henan | 6511 | 409571 | 403 | 39659 |
| 湖 北 | Hubei | 5139 | 334585 | 280 | 72344 |
| 湖 南 | Hunan | 4028 | 257306 | 164 | 38499 |
| 广 东 | Guangdong | 7787 | 654784 | 427 | 90821 |
| 广 西 | Guangxi | 1752 | 115313 | 146 | 13759 |
| 海 南 | Hainan | 194 | 26971 | 18 | 7074 |
| 重 庆 | Chongqing | 3186 | 207094 | 130 | 48017 |
| 四 川 | Sichuan | 4245 | 323755 | 151 | 34465 |
| 贵 州 | Guizhou | 1651 | 83972 | 116 | 10156 |
| 云 南 | Yunnan | 2012 | 147528 | 143 | 14409 |
| 西 藏 | Tibet | 76 | 5703 | 13 | 1733 |
| 陕 西 | Shaanxi | 2852 | 207678 | 211 | 23355 |
| 甘 肃 | Gansu | 1021 | 69266 | 103 | 10184 |
| 青 海 | Qinghai | 193 | 16553 | 11 | 1560 |
| 宁 夏 | Ningxia | 275 | 29137 | 16 | 920 |
| 新 疆 | Xinjiang | 870 | 56170 | 66 | 7846 |

# 3-1-6 各地区限额以上零售业企业基本情况(按登记注册类型分)

# Basic Conditions of Enterprises above Designated Size of Retail Trade by Region and Type of Registration

| 地区 | Region | 内资企业 Domestic Funded Enterprises | | 国有企业 State-owned Enterprises | |
|---|---|---|---|---|---|
| | | 法人单位数(个) Number of Corporation Enterprises (unit) | 年末从业人数(人) Engaged Persons at the Year-end (person) | 法人单位数(个) Number of Corporation Enterprises (unit) | 年末从业人数(人) Engaged Persons at the Year-end (person) |
| **全国** | **National Total** | **88977** | **5955016** | **1614** | **129469** |
| 北京 | Beijing | 1839 | 280425 | 68 | 7212 |
| 天津 | Tianjin | 1116 | 80020 | 9126 | 2683 |
| 河北 | Hebei | 2376 | 245005 | 38 | 1745 |
| 山西 | Shanxi | 2035 | 155694 | 98 | 4401 |
| 内蒙古 | Inner Mongolia | 1275 | 95039 | 18 | 3002 |
| 辽宁 | Liaoning | 2958 | 207033 | 81 | 6496 |
| 吉林 | Jilin | 1170 | 79005 | 7 | 274 |
| 黑龙江 | Heilongjiang | 1174 | 90506 | 76 | 4116 |
| 上海 | Shanghai | 1661 | 202367 | 59 | 3942 |
| 江苏 | Jiangsu | 8077 | 442244 | 70 | 4546 |
| 浙江 | Zhejiang | 5059 | 326272 | 30 | 1783 |
| 安徽 | Anhui | 4240 | 231597 | 31 | 4332 |
| 福建 | Fujian | 4715 | 204002 | 28 | 2182 |
| 江西 | Jiangxi | 1793 | 120066 | 19 | 1259 |
| 山东 | Shandong | 8594 | 557507 | 66 | 10387 |
| 河南 | Henan | 6464 | 396693 | 230 | 17535 |
| 湖北 | Hubei | 5086 | 312834 | 108 | 8430 |
| 湖南 | Hunan | 3989 | 244722 | 63 | 5632 |
| 广东 | Guangdong | 7370 | 503912 | 113 | 12214 |
| 广西 | Guangxi | 1711 | 106706 | 44 | 2899 |
| 海南 | Hainan | 186 | 24266 | 2 | 118 |
| 重庆 | Chongqing | 3140 | 195218 | 25 | 3436 |
| 四川 | Sichuan | 4138 | 283826 | 43 | 4327 |
| 贵州 | Guizhou | 1625 | 77897 | 41 | 1259 |
| 云南 | Yunnan | 1983 | 134081 | 59 | 1684 |
| 西藏 | Tibet | 74 | 5652 | 5 | 421 |
| 陕西 | Shaanxi | 2793 | 185280 | 80 | 9081 |
| 甘肃 | Gansu | 1015 | 68395 | 30 | 1140 |
| 青海 | Qinghai | 191 | 16125 | 1 | 61 |
| 宁夏 | Ningxia | 272 | 28903 | 14 | 688 |
| 新疆 | Xinjiang | 858 | 53724 | 26 | 2184 |

3-1-6 续表 1 Continued 1

| 地区 | Region | 集体企业 Collective-owned Enterprises 法人单位数(个) Number of Corporation Enterprises (unit) | 集体企业 Collective-owned Enterprises 年末从业人数(人) Engaged Persons at the Year-end (person) | 股份合作企业 Cooperative Enterprises 法人单位数(个) Number of Corporation Enterprises (unit) | 股份合作企业 Cooperative Enterprises 年末从业人数(人) Engaged Persons at the Year-end (person) |
|---|---|---|---|---|---|
| **全　国** | **National Total** | **1826** | **96589** | **320** | **17435** |
| 北　京 | Beijing | 46 | 2461 | 28 | 815 |
| 天　津 | Tianjin | 34 | 3655 | 7 | 181 |
| 河　北 | Hebei | 83 | 3661 | 15 | 4275 |
| 山　西 | Shanxi | 76 | 28233 | 2 | 63 |
| 内蒙古 | Inner Mongolia | 9 | 190 | 3 | 58 |
| 辽　宁 | Liaoning | 65 | 2527 | 10 | 148 |
| 吉　林 | Jilin | 21 | 662 | 6 | 1983 |
| 黑龙江 | Heilongjiang | 27 | 1544 | 16 | 855 |
| 上　海 | Shanghai | 32 | 1434 | 12 | 232 |
| 江　苏 | Jiangsu | 116 | 3816 | 17 | 471 |
| 浙　江 | Zhejiang | 41 | 2046 | 32 | 603 |
| 安　徽 | Anhui | 24 | 698 | 6 | 294 |
| 福　建 | Fujian | 73 | 2140 | 1 | 11 |
| 江　西 | Jiangxi | 7 | 276 | 5 | 245 |
| 山　东 | Shandong | 292 | 15945 | 24 | 2698 |
| 河　南 | Henan | 290 | 20936 | 9 | 356 |
| 湖　北 | Hubei | 99 | 11626 | 8 | 319 |
| 湖　南 | Hunan | 39 | 3177 | 5 | 236 |
| 广　东 | Guangdong | 181 | 5516 | 35 | 677 |
| 广　西 | Guangxi | 32 | 1401 | 1 | 30 |
| 海　南 | Hainan | 1 | 32 | | |
| 重　庆 | Chongqing | 15 | 836 | 13 | 406 |
| 四　川 | Sichuan | 51 | 1510 | 21 | 757 |
| 贵　州 | Guizhou | 8 | 79 | 2 | 215 |
| 云　南 | Yunnan | 37 | 2074 | 32 | 1011 |
| 西　藏 | Tibet | | | | |
| 陕　西 | Shaanxi | 100 | 3442 | 6 | 306 |
| 甘　肃 | Gansu | 24 | 873 | 2 | 112 |
| 青　海 | Qinghai | | | 1 | 14 |
| 宁　夏 | Ningxia | 1 | 14 | | |
| 新　疆 | Xinjiang | 2 | 83 | 1 | 64 |

3-1-6 续表 2 Continued 2

| 地区 | Region | 联营企业 Joint Ownership Enterprises 法人单位数（个）Number of Corporation Enterprises (unit) | 联营企业 Joint Ownership Enterprises 年末从业人数（人）Engaged Persons at the Year-end (person) | 有限责任公司 Limited Liability Corporations 法人单位数（个）Number of Corporation Enterprises (unit) | 有限责任公司 Limited Liability Corporations 年末从业人数（人）Engaged Persons at the Year-end (person) |
|---|---|---|---|---|---|
| **全　国** | **National Total** | **140** | **6082** | **30874** | **2598504** |
| 北　京 | Beijing | 2 | 87 | 842 | 159537 |
| 天　津 | Tianjin | 8 | 112 | 403 | 37894 |
| 河　北 | Hebei | 1 | 6 | 961 | 112759 |
| 山　西 | Shanxi | | | 322 | 31390 |
| 内蒙古 | Inner Mongolia | | | 505 | 41309 |
| 辽　宁 | Liaoning | 4 | 65 | 869 | 87832 |
| 吉　林 | Jilin | | | 485 | 34370 |
| 黑龙江 | Heilongjiang | 3 | 73 | 459 | 40692 |
| 上　海 | Shanghai | 25 | 360 | 667 | 109030 |
| 江　苏 | Jiangsu | 6 | 223 | 1903 | 159913 |
| 浙　江 | Zhejiang | 9 | 159 | 1440 | 135322 |
| 安　徽 | Anhui | 3 | 108 | 1280 | 91344 |
| 福　建 | Fujian | 2 | 48 | 1905 | 93092 |
| 江　西 | Jiangxi | | | 820 | 58616 |
| 山　东 | Shandong | 14 | 769 | 2249 | 211179 |
| 河　南 | Henan | 8 | 293 | 3109 | 206511 |
| 湖　北 | Hubei | 3 | 143 | 1851 | 129144 |
| 湖　南 | Hunan | 2 | 66 | 761 | 71620 |
| 广　东 | Guangdong | 34 | 2926 | 3260 | 256956 |
| 广　西 | Guangxi | | | 548 | 42946 |
| 海　南 | Hainan | | | 145 | 18285 |
| 重　庆 | Chongqing | 2 | 37 | 978 | 84310 |
| 四　川 | Sichuan | 9 | 394 | 1356 | 109171 |
| 贵　州 | Guizhou | 1 | 16 | 598 | 33420 |
| 云　南 | Yunnan | 2 | 184 | 742 | 51914 |
| 西　藏 | Tibet | | | 30 | 2749 |
| 陕　西 | Shaanxi | 1 | 5 | 1501 | 114140 |
| 甘　肃 | Gansu | 1 | 8 | 457 | 36391 |
| 青　海 | Qinghai | | | 65 | 9459 |
| 宁　夏 | Ningxia | | | 77 | 10910 |
| 新　疆 | Xinjiang | | | 286 | 16299 |

3-1-6 续表 3 Continued 3

| 地 区 | Region | 股份有限公司 Share-holding Corporations Ltd. 法人单位数（个） Number of Corporation Enterprises (unit) | 股份有限公司 Share-holding Corporations Ltd. 年末从业人数（人） Engaged Persons at the Year-end (person) | 私营企业 Private Enterprises 法人单位数（个） Number of Corporation Enterprises (unit) | 私营企业 Private Enterprises 年末从业人数（人） Engaged Persons at the Year-end (person) |
|---|---|---|---|---|---|
| **全 国** | **National Total** | **2310** | **645067** | **50733** | **2413752** |
| 北 京 | Beijing | 40 | 51062 | 813 | 59251 |
| 天 津 | Tianjin | 21 | 12401 | 595 | 22815 |
| 河 北 | Hebei | 96 | 27521 | 1155 | 94077 |
| 山 西 | Shanxi | 38 | 12396 | 1486 | 103043 |
| 内蒙古 | Inner Mongolia | 53 | 10701 | 674 | 39003 |
| 辽 宁 | Liaoning | 74 | 25815 | 1830 | 83212 |
| 吉 林 | Jilin | 52 | 14486 | 585 | 26828 |
| 黑龙江 | Heilongjiang | 72 | 12095 | 501 | 30221 |
| 上 海 | Shanghai | 42 | 18110 | 815 | 68574 |
| 江 苏 | Jiangsu | 201 | 32293 | 5504 | 228624 |
| 浙 江 | Zhejiang | 97 | 28783 | 3338 | 156290 |
| 安 徽 | Anhui | 102 | 23635 | 2754 | 109429 |
| 福 建 | Fujian | 70 | 9512 | 2603 | 93872 |
| 江 西 | Jiangxi | 68 | 14969 | 862 | 44126 |
| 山 东 | Shandong | 219 | 66934 | 5593 | 244323 |
| 河 南 | Henan | 223 | 28112 | 2536 | 121206 |
| 湖 北 | Hubei | 121 | 55390 | 2806 | 104652 |
| 湖 南 | Hunan | 112 | 28158 | 2972 | 134706 |
| 广 东 | Guangdong | 162 | 47286 | 3492 | 174653 |
| 广 西 | Guangxi | 55 | 11655 | 1022 | 47595 |
| 海 南 | Hainan | 8 | 3959 | 30 | 1872 |
| 重 庆 | Chongqing | 66 | 29459 | 2012 | 75811 |
| 四 川 | Sichuan | 115 | 41504 | 2487 | 123714 |
| 贵 州 | Guizhou | 30 | 5872 | 936 | 36475 |
| 云 南 | Yunnan | 51 | 4872 | 1024 | 71047 |
| 西 藏 | Tibet | 6 | 561 | 32 | 1846 |
| 陕 西 | Shaanxi | 62 | 11068 | 995 | 44434 |
| 甘 肃 | Gansu | 30 | 5127 | 461 | 24470 |
| 青 海 | Qinghai | 8 | 888 | 115 | 5673 |
| 宁 夏 | Ningxia | 7 | 3035 | 172 | 14231 |
| 新 疆 | Xinjiang | 9 | 7408 | 533 | 27679 |

3-1-6 续表 4 Continued 4

| 地 区 | Region | 港、澳、台商投资企业 Enterprises with Funds from Hongkong, Macao and Taiwan | | 外商投资企业 Foreign Funded Enterprises | |
|---|---|---|---|---|---|
| | | 法人单位数 (个) Number of Corporation Enterprises (unit) | 年末从业人数 (人) Engaged Persons at the Year-end (person) | 法人单位数 (个) Number of Corporation Enterprises (unit) | 年末从业人数 (人) Engaged Persons at the Year-end (person) |
| **全 国** | **National Total** | **1269** | **425419** | **1012** | **447939** |
| 北 京 | Beijing | 62 | 22444 | 62 | 45598 |
| 天 津 | Tianjin | 34 | 12050 | 31 | 8998 |
| 河 北 | Hebei | 5 | 877 | 8 | 3786 |
| 山 西 | Shanxi | 12 | 2440 | 7 | 1359 |
| 内蒙古 | Inner Mongolia | 7 | 1228 | 2 | 434 |
| 辽 宁 | Liaoning | 54 | 13518 | 38 | 13779 |
| 吉 林 | Jilin | 9 | 2002 | 12 | 1923 |
| 黑龙江 | Heilongjiang | 14 | 3761 | 8 | 2697 |
| 上 海 | Shanghai | 158 | 67621 | 123 | 93722 |
| 江 苏 | Jiangsu | 118 | 67493 | 95 | 48201 |
| 浙 江 | Zhejiang | 97 | 19138 | 82 | 23966 |
| 安 徽 | Anhui | 43 | 14084 | 29 | 8284 |
| 福 建 | Fujian | 72 | 22557 | 60 | 22098 |
| 江 西 | Jiangxi | 15 | 4496 | 16 | 4263 |
| 山 东 | Shandong | 63 | 22200 | 48 | 11189 |
| 河 南 | Henan | 26 | 8991 | 21 | 3887 |
| 湖 北 | Hubei | 30 | 9383 | 23 | 12368 |
| 湖 南 | Hunan | 21 | 6773 | 18 | 5811 |
| 广 东 | Guangdong | 239 | 72241 | 178 | 78631 |
| 广 西 | Guangxi | 32 | 7073 | 9 | 1534 |
| 海 南 | Hainan | 4 | 1051 | 4 | 1654 |
| 重 庆 | Chongqing | 29 | 6417 | 17 | 5459 |
| 四 川 | Sichuan | 49 | 16739 | 58 | 23190 |
| 贵 州 | Guizhou | 16 | 3149 | 10 | 2926 |
| 云 南 | Yunnan | 15 | 3791 | 14 | 9656 |
| 西 藏 | Tibet | 1 | 39 | 1 | 12 |
| 陕 西 | Shaanxi | 29 | 11740 | 30 | 10658 |
| 甘 肃 | Gansu | 5 | 761 | 1 | 110 |
| 青 海 | Qinghai | 2 | 428 | | |
| 宁 夏 | Ningxia | 2 | 151 | 1 | 83 |
| 新 疆 | Xinjiang | 6 | 783 | 6 | 1663 |

# 3-1-7 各地区限额以上零售业企业基本情况(按国民经济行业分)

## Basic Conditions of Enterprises above Designated Size of Retail Trade by Region and Sector

| 地区 | Region | 综合零售 Integrated Retail | | 食品、饮料及烟草制品专门零售 Special Retail of Food, Beverages and Tobaccos | |
|---|---|---|---|---|---|
| | | 法人单位数(个) Number of Corporation Enterprises (unit) | 年末从业人数(人) Engaged Persons at the Year-end (person) | 法人单位数(个) Number of Corporation Enterprises (unit) | 年末从业人数(人) Engaged Persons at the Year-end (person) |
| **全国** | **National Total** | **13306** | **2600615** | **8380** | **365077** |
| 北京 | Beijing | 207 | 128635 | 88 | 17557 |
| 天津 | Tianjin | 119 | 33546 | 96 | 5119 |
| 河北 | Hebei | 466 | 136037 | 91 | 2566 |
| 山西 | Shanxi | 353 | 52530 | 162 | 8183 |
| 内蒙古 | Inner Mongolia | 176 | 30572 | 64 | 2691 |
| 辽宁 | Liaoning | 1636 | 117319 | 140 | 4676 |
| 吉林 | Jilin | 188 | 33526 | 79 | 2899 |
| 黑龙江 | Heilongjiang | 258 | 43340 | 49 | 2317 |
| 上海 | Shanghai | 267 | 123297 | 130 | 22167 |
| 江苏 | Jiangsu | 875 | 204782 | 1010 | 43252 |
| 浙江 | Zhejiang | 486 | 116774 | 303 | 13500 |
| 安徽 | Anhui | 807 | 111508 | 555 | 16709 |
| 福建 | Fujian | 524 | 77710 | 890 | 32042 |
| 江西 | Jiangxi | 221 | 48366 | 147 | 8895 |
| 山东 | Shandong | 1287 | 247501 | 817 | 28757 |
| 河南 | Henan | 1294 | 165108 | 474 | 19303 |
| 湖北 | Hubei | 949 | 151746 | 604 | 26539 |
| 湖南 | Hunan | 565 | 100095 | 357 | 18016 |
| 广东 | Guangdong | 784 | 192445 | 500 | 22124 |
| 广西 | Guangxi | 286 | 43917 | 83 | 2778 |
| 海南 | Hainan | 51 | 8927 | 9 | 368 |
| 重庆 | Chongqing | 369 | 84289 | 361 | 13090 |
| 四川 | Sichuan | 654 | 123449 | 437 | 17825 |
| 贵州 | Guizhou | 276 | 27987 | 197 | 4623 |
| 云南 | Yunnan | 360 | 39713 | 269 | 12352 |
| 西藏 | Tibet | 16 | 1972 | 5 | 207 |
| 陕西 | Shaanxi | 694 | 93836 | 321 | 9799 |
| 甘肃 | Gansu | 230 | 23455 | 98 | 4941 |
| 青海 | Qinghai | 33 | 6497 | 10 | 376 |
| 宁夏 | Ningxia | 43 | 13854 | 15 | 789 |
| 新疆 | Xinjiang | 90 | 17882 | 19 | 617 |

3-1-7 续表 1 Continued 1

| 地 区 | Region | 纺织、服装及日用品专门零售 Special Retail of Textiles, Garments and Daily Consumer Articles | | 文化、体育用品及器材专门零售 Special Retail of Culture, Sports Appliances and Equipments | |
|---|---|---|---|---|---|
| | | 法人单位数 (个) Number of Corporation Enterprises (unit) | 年末从业人数 (人) Engaged Persons at the Year-end (person) | 法人单位数 (个) Number of Corporation Enterprises (unit) | 年末从业人数 (人) Engaged Persons at the Year-end (person) |
| **全 国** | **National Total** | **5565** | **567492** | **4246** | **240169** |
| 北 京 | Beijing | 155 | 35182 | 135 | 14775 |
| 天 津 | Tianjin | 74 | 8369 | 88 | 6580 |
| 河 北 | Hebei | 111 | 9483 | 59 | 7074 |
| 山 西 | Shanxi | 116 | 13132 | 112 | 4553 |
| 内 蒙 古 | Inner Mongolia | 67 | 9326 | 52 | 1987 |
| 辽 宁 | Liaoning | 209 | 11297 | 152 | 6902 |
| 吉 林 | Jilin | 77 | 4814 | 62 | 2491 |
| 黑 龙 江 | Heilongjiang | 90 | 11379 | 77 | 3924 |
| 上 海 | Shanghai | 279 | 114660 | 132 | 11194 |
| 江 苏 | Jiangsu | 586 | 39074 | 531 | 24821 |
| 浙 江 | Zhejiang | 303 | 31514 | 234 | 12100 |
| 安 徽 | Anhui | 226 | 10906 | 176 | 6299 |
| 福 建 | Fujian | 422 | 23338 | 243 | 7722 |
| 江 西 | Jiangxi | 88 | 5087 | 46 | 7322 |
| 山 东 | Shandong | 495 | 35880 | 302 | 13973 |
| 河 南 | Henan | 391 | 20792 | 343 | 18335 |
| 湖 北 | Hubei | 318 | 20466 | 238 | 10577 |
| 湖 南 | Hunan | 204 | 11591 | 161 | 8937 |
| 广 东 | Guangdong | 586 | 79788 | 356 | 24063 |
| 广 西 | Guangxi | 39 | 1712 | 105 | 4609 |
| 海 南 | Hainan | 5 | 2478 | 15 | 846 |
| 重 庆 | Chongqing | 204 | 15842 | 76 | 5596 |
| 四 川 | Sichuan | 213 | 22334 | 117 | 12332 |
| 贵 州 | Guizhou | 34 | 2055 | 59 | 2008 |
| 云 南 | Yunnan | 50 | 5798 | 104 | 8354 |
| 西 藏 | Tibet | 1 | 12 | 4 | 101 |
| 陕 西 | Shaanxi | 130 | 10849 | 134 | 6291 |
| 甘 肃 | Gansu | 33 | 3679 | 78 | 2992 |
| 青 海 | Qinghai | 7 | 974 | 8 | 362 |
| 宁 夏 | Ningxia | 11 | 1859 | 18 | 644 |
| 新 疆 | Xinjiang | 41 | 3822 | 29 | 2405 |

3-1-7 续表 2 Continued 2

| 地 区 | Region | 医药及医疗器材专门零售 Special Retail of Medicines and Medical Appliances | | 汽车、摩托车、燃料及零配件专门零售 Special Retail of Motor Vehicles, Motorcycles, Fuel and Parts | |
|---|---|---|---|---|---|
| | | 法人单位数 (个) Number of Corporation Enterprises (unit) | 年末从业人数 (人) Engaged Persons at the Year-end (person) | 法人单位数 (个) Number of Corporation Enterprises (unit) | 年末从业人数 (人) Engaged Persons at the Year-end (person) |
| **全 国** | **National Total** | **4593** | **497770** | **33189** | **1627717** |
| 北 京 | Beijing | 97 | 11291 | 787 | 63076 |
| 天 津 | Tianjin | 41 | 2889 | 488 | 29381 |
| 河 北 | Hebei | 97 | 16696 | 1057 | 56140 |
| 山 西 | Shanxi | 93 | 13867 | 801 | 47677 |
| 内 蒙 古 | Inner Mongolia | 73 | 5485 | 601 | 33812 |
| 辽 宁 | Liaoning | 174 | 20917 | 1252 | 47696 |
| 吉 林 | Jilin | 84 | 7137 | 436 | 23567 |
| 黑 龙 江 | Heilongjiang | 118 | 12580 | 376 | 14225 |
| 上 海 | Shanghai | 108 | 12484 | 718 | 42034 |
| 江 苏 | Jiangsu | 467 | 40077 | 2771 | 129424 |
| 浙 江 | Zhejiang | 277 | 24451 | 2265 | 118669 |
| 安 徽 | Anhui | 203 | 19789 | 1260 | 55148 |
| 福 建 | Fujian | 158 | 11440 | 1249 | 58339 |
| 江 西 | Jiangxi | 74 | 10237 | 753 | 28832 |
| 山 东 | Shandong | 436 | 41441 | 3167 | 130134 |
| 河 南 | Henan | 265 | 27429 | 2011 | 96830 |
| 湖 北 | Hubei | 297 | 21236 | 1336 | 62644 |
| 湖 南 | Hunan | 167 | 22838 | 1656 | 66346 |
| 广 东 | Guangdong | 415 | 49561 | 3087 | 188916 |
| 广 西 | Guangxi | 109 | 14148 | 717 | 32597 |
| 海 南 | Hainan | 5 | 1895 | 76 | 9597 |
| 重 庆 | Chongqing | 153 | 16579 | 1035 | 40369 |
| 四 川 | Sichuan | 209 | 18217 | 1770 | 87722 |
| 贵 州 | Guizhou | 92 | 9123 | 712 | 30202 |
| 云 南 | Yunnan | 103 | 31726 | 801 | 39202 |
| 西 藏 | Tibet | 2 | 82 | 40 | 2509 |
| 陕 西 | Shaanxi | 136 | 15372 | 883 | 43257 |
| 甘 肃 | Gansu | 49 | 7719 | 354 | 17405 |
| 青 海 | Qinghai | 16 | 1534 | 94 | 5390 |
| 宁 夏 | Ningxia | 27 | 2418 | 124 | 6848 |
| 新 疆 | Xinjiang | 48 | 7112 | 512 | 19729 |

3-1-7 续表 3 Continued 3

| 地 区 | Region | 家用电器及电子产品专门零售 Special Retail of Household Electric Appliances and Electronic Products | | 五金、家具及室内装饰材料专门零售 Special Retail of Hardware, Furniture and Interior Decoration Materials | | 货摊、无店铺及其他零售业 Stall, Non-shop and Other Retails | |
|---|---|---|---|---|---|---|---|
| | | 法人单位数（个） Number of Corporation Enterprises (unit) | 年末从业人数（人） Engaged Persons at the Year-end (person) | 法人单位数（个） Number of Corporation Enterprises (unit) | 年末从业人数（人） Engaged Persons at the Year-end (person) | 法人单位数（个） Number of Corporation Enterprises (unit) | 年末从业人数（人） Engaged Persons at the Year-end (person) |
| **全 国** | **National Total** | **11166** | **503325** | **6071** | **210233** | **4742** | **215976** |
| 北 京 | Beijing | 292 | 54856 | 66 | 6368 | 136 | 16727 |
| 天 津 | Tianjin | 85 | 7144 | 95 | 2205 | 95 | 5835 |
| 河 北 | Hebei | 381 | 15927 | 87 | 3635 | 40 | 2110 |
| 山 西 | Shanxi | 216 | 7450 | 106 | 3522 | 95 | 8579 |
| 内蒙古 | Inner Mongolia | 122 | 6560 | 64 | 4240 | 65 | 2028 |
| 辽 宁 | Liaoning | 377 | 15026 | 194 | 5922 | 174 | 4575 |
| 吉 林 | Jilin | 124 | 5272 | 67 | 1431 | 74 | 1793 |
| 黑龙江 | Heilongjiang | 128 | 6394 | 38 | 1423 | 62 | 1382 |
| 上 海 | Shanghai | 107 | 13853 | 98 | 7368 | 103 | 16653 |
| 江 苏 | Jiangsu | 993 | 44123 | 665 | 17260 | 392 | 15125 |
| 浙 江 | Zhejiang | 585 | 26289 | 192 | 5153 | 593 | 20926 |
| 安 徽 | Anhui | 579 | 16345 | 273 | 8298 | 233 | 8963 |
| 福 建 | Fujian | 529 | 16856 | 410 | 8999 | 422 | 12211 |
| 江 西 | Jiangxi | 272 | 12124 | 83 | 4009 | 140 | 3953 |
| 山 东 | Shandong | 960 | 39854 | 810 | 37177 | 431 | 16179 |
| 河 南 | Henan | 958 | 31522 | 482 | 19957 | 293 | 10295 |
| 湖 北 | Hubei | 780 | 23604 | 432 | 10465 | 185 | 7308 |
| 湖 南 | Hunan | 517 | 16523 | 235 | 7025 | 166 | 5935 |
| 广 东 | Guangdong | 940 | 55706 | 579 | 14340 | 540 | 27841 |
| 广 西 | Guangxi | 307 | 10850 | 44 | 1112 | 62 | 3590 |
| 海 南 | Hainan | 24 | 2319 | 5 | 292 | 4 | 249 |
| 重 庆 | Chongqing | 451 | 16563 | 426 | 10517 | 111 | 4249 |
| 四 川 | Sichuan | 528 | 22668 | 231 | 9018 | 86 | 10190 |
| 贵 州 | Guizhou | 196 | 5602 | 48 | 816 | 37 | 1556 |
| 云 南 | Yunnan | 188 | 6388 | 65 | 2469 | 72 | 1526 |
| 西 藏 | Tibet | 6 | 762 | | | 2 | 58 |
| 陕 西 | Shaanxi | 284 | 13050 | 211 | 11901 | 59 | 3323 |
| 甘 肃 | Gansu | 90 | 3112 | 48 | 4766 | 41 | 1197 |
| 青 海 | Qinghai | 14 | 872 | 3 | 186 | 8 | 362 |
| 宁 夏 | Ningxia | 29 | 2197 | 5 | 266 | 3 | 262 |
| 新 疆 | Xinjiang | 104 | 3514 | 9 | 93 | 18 | 996 |

# 3-2-1 限额以上批发和零售业企业商品购、销、存情况

| 项　目 | Item | 商品购进额 Total Purchases Value | #进口 Imports |
|---|---|---|---|
| **总　计** | **Total** | **4680716626** | **339436365** |
| **一、批发业** | **Wholesale Trade** | **3695389411** | **312496008** |
| #国有控股 | State-controlled Enterprises | 1479386537 | 105323067 |
| **(一)按登记注册类型分** | **by Type of Registration** | | |
| **1.内资企业** | **Domestic Funded Enterprises** | **3206866314** | **183710583** |
| 国有企业 | State-owned Enterprises | 238450814 | 14470209 |
| 集体企业 | Collective-owned Enterprises | 11585362 | 1148326 |
| 股份合作企业 | Cooperative Enterprises | 3162561 | 53666 |
| 联营企业 | Joint Ownership Enterprises | 644008 | 28183 |
| 国有联营企业 | State Joint Ownership Enterprises | 85622 | 8029 |
| 集体联营企业 | Collective Joint Ownership Enterprises | 73307 | |
| 国有与集体联营企业 | Joint State-collective Enterprises | 365735 | 1157 |
| 其他联营企业 | Other Joint Ownership Enterprises | 119345 | 18996 |
| 有限责任公司 | Limited Liability Corporations | 1626770541 | 103130327 |
| 国有独资公司 | State Sole Funded Corporations | 319093982 | 12503087 |
| 其他有限责任公司 | Other Limited Liability Corporations | 1307676557 | 90627245 |
| 股份有限公司 | Share-holding Corporations Ltd. | 377473010 | 23736495 |
| 私营企业 | Private Enterprises | 940902564 | 41027104 |
| 私营独资企业 | Private-funded Enterprises | 6722883 | 17051 |
| 私营合伙企业 | Private Partnership Enterprises | 1247215 | 3761 |
| 私营有限责任公司 | Private Limited Liability Corporations | 909113422 | 40312043 |
| 私营股份有限公司 | Private Share-holding Corporations Ltd. | 23819045 | 694252 |
| 其他企业 | Other Enterprises | 7877466 | 116276 |
| **2.港、澳、台商投资企业** | **Enterprises with Funds from Hongkong, Macao and Taiwan** | **166763519** | **24285688** |
| 合资经营企业 | Joint-venture Enterprises | 37501963 | 1659684 |
| 合作经营企业 | Cooperative Enterprises | 1689157 | 40457 |
| 独资经营企业 | Enterprises with Sole Investment | 122451481 | 22417290 |
| 投资股份有限公司 | Share-holding Corporations Ltd. with Investment | 4651650 | 52110 |
| 其他港澳台商投资企业 | Other Enterprises with Funds from Hongkong, Macao and Taiwan | 469270 | 116148 |
| **3.外商投资企业** | **Foreign Funded Enterprises** | **321759582** | **104499738** |
| 中外合资经营企业 | Joint-venture Enterprises | 104144773 | 10188037 |
| 中外合作经营企业 | Cooperative Enterprises | 595386 | 67052 |
| 外资企业 | Enterprises with Sole Foreign Investment | 210590035 | 94150471 |
| 外商投资股份有限公司 | Share-holding Corporations Ltd. with Foreign Investment | 3116728 | 59962 |
| 其他外商投资企业 | Other Foreign Funded Enterprises | 3312666 | 34214 |

# Total Purchases, Sales and Inventory of Enterprises above Designated Size of Wholesale and Retail Trades

单位：万元
Unit: 10000 yuan

| 商品销售额<br>Total Sales Value | #出 口<br>Exports | 期末商品库存额<br>Inventory<br>(year-end) |
|---:|---:|---:|
| **5155674524** | **227194695** | **365917159** |
| **4013121863** | **226313745** | **253784993** |
| 1593152244 | 62842936 | 98532233 |
| | | |
| **3437416720** | **189789595** | **209843802** |
| 278338420 | 9353459 | 28908270 |
| 13383800 | 461964 | 893325 |
| 3330430 | 96793 | 119193 |
| 600412 | 6772 | 122409 |
| 96215 | | 8850 |
| 59481 | | 19168 |
| 315593 | 6772 | 80846 |
| 129124 | | 13545 |
| 1726040082 | 86590728 | 108480977 |
| 342729461 | 8209318 | 14381349 |
| 1383310620 | 78381410 | 94099626 |
| 383590229 | 19900127 | 20479763 |
| 1022104854 | 73211484 | 50470204 |
| 7451090 | 65179 | 292772 |
| 1379508 | 15798 | 31009 |
| 986285068 | 72039649 | 48467845 |
| 26989190 | 1090859 | 1678581 |
| 10028504 | 168275 | 369672 |
| **194220432** | **7629645** | **16414457** |
| | | |
| 39237603 | 461545 | 1897336 |
| 1931025 | 125834 | 52785 |
| 147450453 | 6943734 | 14219591 |
| 4919109 | 55889 | 150922 |
| | | |
| 682245 | 42648 | 93825 |
| | | |
| **381484711** | **28894503** | **27526740** |
| 114135246 | 7445004 | 5300253 |
| 674441 | 3793 | 29464 |
| 258811167 | 21371556 | 21490149 |
| 3848349 | 70243 | 268151 |
| | | |
| 4015514 | 3911 | 438728 |

3-2-1 续表 1

| 项　目 | Item | 商品购进额 Total Purchases Value | #进口 Imports |
|---|---|---|---|
| **(二)按国民经济行业分** | **by Sector** | | |
| 农、林、牧产品批发 | holesale of Agricultural, Forestry and Livestock Products | 81270920 | 8584749 |
| 食品、饮料及烟草制品批发 | Wholesale of Food, Beverages and Tobaccos | 342707949 | 13420351 |
| 米、面制品及食用油批发 | Wholesale of Rice, Flour and Edible Oil | 51852318 | 7050960 |
| 肉、禽、蛋、奶及水产品批发 | Wholesale of Meal, Fowls, Eggs and Aquatic Products | 29106011 | 1589333 |
| 酒、饮料及茶叶批发 | Wholesale of Wine, Beverages and Teas | 48266915 | 1211873 |
| 烟草制品批发 | Wholesales of Tobaccos | 127794308 | 780085 |
| 纺织、服装及家庭用品批发 | Wholesale of Textiles, Wearing Apparel and Household Articles | 329572364 | 17250949 |
| 服装批发 | Wholesale of Garments | 71940657 | 3413273 |
| 鞋帽批发 | Wholesale of Shoes and Hats | 15916121 | 682098 |
| 家用电器批发 | Wholesale of Household Electrical Appliances | 110594515 | 3215844 |
| 文化、体育用品及器材批发 | Wholesale of Culture, Sports Appliances and Equipments | 72701719 | 4828439 |
| 文具用品批发 | Wholesale of Stationeries | 17642311 | 1554268 |
| 体育用品及器材批发 | Wholesale of Sports Appliances and Equipments | 5057887 | 142151 |
| 图书批发 | Wholesale of Books | 7267261 | 226485 |
| 医药及医疗器材批发 | Wholesale of Medicines and Medical Appliances | 180118820 | 13901802 |
| 西药批发 | Wholesale of Western Medicine | 115480215 | 5466202 |
| 中药批发 | Wholesale of Chinese Traditional Medicine | 38763892 | 1402930 |
| 矿产品、建材及化工产品批发 | Wholesale of Mineral Products, Building Materials and Chemical Products | 2036284107 | 128650151 |
| 煤炭及制品批发 | Wholesale of Coal and Related Products | 240294683 | 5975815 |
| 石油及制品批发 | Wholesale of Petroleum and Related Products | 539273574 | 37512383 |
| 金属及金属矿批发 | Wholesale of Metal Materials | 791472739 | 45665712 |
| 建材批发 | Wholesale of Building Materials | 112979853 | 9006607 |
| 化肥批发 | Wholesale of Chemical Fertilizer | 52310583 | 2524070 |
| 农药批发 | Wholesale of Pesticides | 3408268 | 141419 |
| 机械设备、五金产品及电子产品批发 | Wholesale of Machinery, Hardware and Electronic Products | 525089437 | 104070581 |
| 汽车批发 | Wholesale of Motor Vehicles | 183104911 | 34005803 |
| 计算机、软件及辅助设备批发 | Wholesale of Computer, Software and Assistant Appliances | 43372545 | 4562534 |
| 通讯及广播电视设备批发 | Wholesale of Communication, Radios and Televisions Equipments | 97779671 | 30035912 |
| 贸易经纪与代理 | Trade Broker and Agency | 51736205 | 9802770 |
| 其他批发 | Other Wholesale not Classified Elsewhere | 75907899 | 11986221 |

3-2-1 Continued 1

单位：万元
Unit: 10000 yuan

| 商品销售额<br>Total Sales Value | #出 口<br>Exports | 期末商品库存额<br>Inventory (year-end) |
|---|---|---|
| 85115971 | 1661925 | 18465612 |
| 426630994 | 7909394 | 32687312 |
| 55653052 | 2682554 | 8553699 |
| 33930574 | 1821041 | 1281111 |
| 64687570 | 395357 | 4638847 |
| 175025515 | 502669 | 12850102 |
| 351911687 | 71232153 | 29967401 |
| 87607145 | 26860937 | 7148472 |
| 18779425 | 7069746 | 1649012 |
| 94577695 | 4918101 | 11350580 |
| 79282934 | 5657736 | 9806470 |
| 18597171 | 1210623 | 1356220 |
| 5829845 | 473692 | 735180 |
| 8052874 | 50999 | 1831097 |
| 202526555 | 2704531 | 28400281 |
| 126034065 | 1401409 | 20694184 |
| 43679703 | 500074 | 3995067 |
| 2142252924 | 58250423 | 81848487 |
| 256100678 | 954280 | 7349156 |
| 560348059 | 9857616 | 25767799 |
| 832014972 | 20833440 | 28357632 |
| 119504270 | 5897620 | 5072659 |
| 55377827 | 2252222 | 4120025 |
| 3819297 | 828284 | 487732 |
| 586176360 | 50513608 | 44675928 |
| 210489355 | 3737854 | 15324480 |
| 45407581 | 2989396 | 3214998 |
| 101578565 | 4356539 | 4971882 |
| 55712951 | 15654097 | 2774482 |
| 83511502 | 12729882 | 5159031 |

| 项 目 | Item | 商品购进额 Total Purchases Value | #进 口 Imports |
|---|---|---|---|
| **二、零售业** | **Retail Trade** | **985327216** | **26940362** |
| #国有控股 | State-controlled Enterprises | 195788221 | 2218007 |
| **(一)按登记注册类型分** | **by Type of Registration** | | |
| **1.内资企业** | **Domestic Funded Enterprises** | **883584140** | **20935052** |
| 国有企业 | State-owned Enterprises | 17954759 | 260100 |
| 集体企业 | Collective-owned Enterprises | 14024943 | 12262 |
| 股份合作企业 | Cooperative Enterprises | 1800217 | 5086 |
| 联营企业 | Joint Ownership Enterprises | 999329 | 22696 |
| 国有联营企业 | State Joint Ownership Enterprises | 185960 | 22696 |
| 集体联营企业 | Collective Joint Ownership Enterprises | 355419 | |
| 国有与集体联营企业 | Joint State-collective Enterprises | 248361 | |
| 其他联营企业 | Other Joint Ownership Enterprises | 209591 | |
| 有限责任公司 | Limited Liability Corporations | 394417204 | 11356756 |
| 国有独资公司 | State Sole Funded Corporations | 13615315 | 617179 |
| 其他有限责任公司 | Other Limited Liability Corporations | 380801893 | 10739577 |
| 股份有限公司 | Share-holding Corporations Ltd. | 128048590 | 375082 |
| 私营企业 | Private Enterprises | 322374433 | 8842228 |
| 私营独资企业 | Private-funded Enterprises | 14283354 | 122974 |
| 私营合伙企业 | Private Partnership Enterprises | 1409841 | 90 |
| 私营有限责任公司 | Private Limited Liability Corporations | 293300142 | 8544571 |
| 私营股份有限公司 | Private Share-holding Corporations Ltd. | 13381101 | 174592 |
| 其他企业 | Other Enterprises | 3964671 | 60845 |
| **2.港、澳、台商投资企业** | **Enterprises with Funds from Hongkong, Macao and Taiwan** | **48380684** | **3706804** |
| 合资经营企业 | Joint-venture Enterprises | 13417815 | 947770 |
| 合作经营企业 | Cooperative Enterprises | 566751 | |
| 独资经营企业 | Enterprises with Sole Investment | 33316670 | 2588066 |
| 投资股份有限公司 | Share-holding Corporations Ltd. with Investment | 785358 | 170967 |
| 其他港澳台商投资企业 | Other Enterprises with Funds from Hongkong, Macao and Taiwan | 294090 | |
| **3.外商投资企业** | **Foreign Funded Enterprises** | **53362398** | **2298513** |
| 中外合资经营企业 | Joint-venture Enterprises | 24617607 | 626086 |
| 中外合作经营企业 | Cooperative Enterprises | 1566078 | 24389 |
| 外资企业 | Enterprises with Sole Foreign Investment | 24897566 | 1492357 |
| 外商投资股份有限公司 | Share-holding Corporations Ltd. with Foreign Investment | 1594317 | 4087 |
| 其他外商投资企业 | Other Foreign Funded Enterprises | 686835 | 151595 |

3-2-1 Continued 2

单位：万元
Unit: 10000 yuan

| 商品销售额<br>Total Sales<br>Value | #出 口<br>Exports | 期末商品库存额<br>Inventory<br>(year-end) |
|---:|---:|---:|
| **1142552664** | **880948** | **112132167** |
| 239925046 | 53320 | 15325639 |
| | | |
| **1013631469** | **849704** | **98840923** |
| 20273392 | 9926 | 1656724 |
| 15169649 | 2771 | 659581 |
| 1946574 | 4338 | 122065 |
| 1123295 | | 59740 |
| 219976 | | 17491 |
| 365544 | | 29588 |
| 298300 | | 5022 |
| 239474 | | 7643 |
| 447036296 | 574293 | 41542300 |
| 16164086 | 854 | 1135409 |
| 430872212 | 573438 | 40406895 |
| 162907311 | 36021 | 8808863 |
| 360402792 | 220618 | 45688684 |
| 15421176 | 3427 | 1010666 |
| 1662167 | | 95448 |
| 327863112 | 213369 | 43236304 |
| 15456347 | 3821 | 1346271 |
| 4772173 | 1740 | 302982 |
| **60665856** | **13151** | **7965890** |
| | | |
| 16911713 | 1451 | 2566427 |
| 713631 | | 25891 |
| 41704772 | 11699 | 5188856 |
| 996594 | | 164173 |
| | | |
| 339152 | | 20547 |
| | | |
| **68255338** | **18096** | **5325356** |
| 31103021 | 1752 | 1785372 |
| 1772451 | | 116002 |
| 32090506 | 14510 | 3109530 |
| 2317137 | | 156997 |
| | | |
| 972227 | 1834 | 157455 |

3-2-1 续表 3

| 项　目 | Item | 商品购进额<br>Total Purchases Value |
|---|---|---|
| **(二)按国民经济行业分** | **by Sector** | |
| 综合零售 | Integrated Retail | 218424127 |
| 百货零售 | Retail of General Merchandise | 115300002 |
| 超级市场零售 | Retail of Supermarkets | 91629910 |
| 食品、饮料及烟草制品专门零售 | Special Retail of Food, Beverages and Tobaccos | 31557797 |
| 粮油零售 | Retail of Cereal and Oil | 4318659 |
| 肉、禽、蛋、奶及水产品零售 | Retail of Meat, Poultry, Eggs, Milk and Aquatic Products | 6125893 |
| 酒、饮料及茶叶零售 | Retail of Wine, Beverages and Teas | 7400392 |
| 烟草制品零售 | Retail of Tobaccos | 540 |
| 纺织、服装及日用品专门零售 | Special Retail of Textiles, Garments and Daily Consumer Articles | 37489353 |
| 服装零售 | Retail of Garments | 22285859 |
| 文化、体育用品及器材专门零售 | Special Retail of Culture, Sports Appliances and Equipments | 27423915 |
| 体育用品及器材零售 | Retail of Sports Appliances and Equipments | 1289593 |
| 图书、报刊零售 | Retail of Books, Newspaper and Magazines | 10404998 |
| 医药及医疗器材专门零售 | Special Retail of Medicines and Medical Appliances | 54219728 |
| 药品零售 | Retail of Medicines | 51735138 |
| 汽车、摩托车、燃料及零配件专门零售 | Special Retail of Motor Vehicles, Motorcycles Fuel and Parts | 449880417 |
| 汽车零售 | Retail of Motor Vehicles | 329907822 |
| 机动车燃料零售 | Retail of Fuel of Motor Vehicles | 110376775 |
| 家用电器及电子产品专门零售 | Special Retail of Household Electric Appliances and Electronic Products | 91041930 |
| 日用家电设备零售 | Retail of Household Electric Appliances | 33188931 |
| 计算机、软件及辅助设备零售 | Retail of Computer, Software and Assistant Appliances | 21118725 |
| 通信设备零售 | Retail of Communication Equipments | 17386365 |
| 五金、家具及室内装饰材料专门零售 | Special Retail of Hardware, Furniture and Interior Decoration Materials | 28860742 |
| 货摊、无店铺及其他零售 | Stall, Non-shop and Other Retails | 46429223 |
| 互联网零售 | Retail on the Internet | 31325351 |
| **(三)按零售业态分** | **by Mode of Business Operation** | |
| 有店铺零售 | Store-based Retailing | 920872009 |
| 超市 | Supermarket | 30395426 |
| 大型超市 | Hypermarket | 87593486 |
| 百货店 | Department Store | 107425871 |
| 专业店 | Speciality Store | 354005653 |
| 专卖店 | Exclusive Shop | 288773718 |
| 无店铺零售 | Non-Store Selling | 64455207 |

3-2-1 Continued 3

单位：万元

Unit: 10000 yuan

| # 进 口<br>Imports | 商品销售额<br>Total Sales<br>Value | #出 口<br>Exports | 期末商品库存额<br>Inventory<br>(year-end) |
|---|---|---|---|
| 1337151 | 269525402 | 63840 | 21913246 |
| 948009 | 151382801 | 34632 | 10819879 |
| 232035 | 104701612 | 24505 | 10223741 |
| 397262 | 37384683 | 82478 | 3003336 |
| 28612 | 4613831 | 1615 | 573066 |
| 46413 | 7075684 | 2387 | 280522 |
| 61885 | 8984693 | 17951 | 891171 |
| 104692 | 2494900 | 46465 | 510629 |
| 2265842 | 51082243 | 88824 | 9320828 |
| | | | |
| 1386569 | 30701721 | 29396 | 5945640 |
| 470820 | 30719462 | 49188 | 5750686 |
| 6719 | 1787580 | 5410 | 292783 |
| 352330 | 10348852 | 5696 | 2053925 |
| 343913 | 60362141 | 7157 | 6363067 |
| 171905 | 57318525 | 4780 | 6078050 |
| 21343750 | 506248597 | 132082 | 52467930 |
| 21125401 | 356881850 | 108050 | 48048209 |
| 105178 | 138612650 | 7228 | 3444949 |
| 268180 | 99350583 | 349740 | 7005755 |
| | | | |
| 31240 | 36002653 | 10504 | 3403196 |
| 31050 | 22787137 | 473 | 1002576 |
| 111218 | 19002940 | 323849 | 1006781 |
| 117948 | 34869050 | 64177 | 3226982 |
| | | | |
| 395503 | 53010515 | 43466 | 3080349 |
| 169971 | 35133545 | 23143 | 2250688 |
| | | | |
| 26374962 | 1070853614 | 506998 | 107629644 |
| 210598 | 34037744 | 4096 | 3226679 |
| 206572 | 102494305 | 21055 | 9167153 |
| 1458540 | 142092907 | 41409 | 10711188 |
| 8108019 | 405921238 | 221394 | 32654887 |
| 15609459 | 322260197 | 173945 | 44431125 |
| 565400 | 71699050 | 373950 | 4502523 |

# 3-2-2 各地区限额以上批发业企业商品购、销、存情况
# Total Purchases, Sales and Inventory of Enterprises above Designated Size of Wholesale Trade by Region

单位：万元
Unit: 10000 yuan

| 地区 | Region | 商品购进额 Total Purchases Value | #进口 Imports | 商品销售额 Total Sales Value | #出口 Exports | 期末商品库存额 Inventory (year-end) |
|---|---|---|---|---|---|---|
| **全国** | **National Total** | **3695389411** | **312496008** | **4013121863** | **226313745** | **253784993** |
| 北京 | Beijing | 404277843 | 72785015 | 430847701 | 22784002 | 49134461 |
| 天津 | Tianjin | 283963326 | 17327994 | 303035195 | 7394365 | 11158519 |
| 河北 | Hebei | 62894245 | 939125 | 67817427 | 774627 | 2964347 |
| 山西 | Shanxi | 77612778 | 354180 | 80903118 | 144522 | 2551432 |
| 内蒙古 | Inner Mongolia | 19846845 | 666802 | 22937615 | 62476 | 3335375 |
| 辽宁 | Liaoning | 101276423 | 2994023 | 109628785 | 2740083 | 4731723 |
| 吉林 | Jilin | 16315282 | 495642 | 16927559 | 137036 | 3651302 |
| 黑龙江 | Heilongjiang | 28007130 | 5405353 | 31582172 | 715096 | 3382076 |
| 上海 | Shanghai | 575243291 | 94213530 | 640309940 | 31499788 | 32817217 |
| 江苏 | Jiangsu | 302422550 | 10770088 | 312097529 | 21034878 | 16361528 |
| 浙江 | Zhejiang | 321160873 | 21333647 | 346296929 | 44028734 | 15454603 |
| 安徽 | Anhui | 51885775 | 1722456 | 58308003 | 2350987 | 4315109 |
| 福建 | Fujian | 151416735 | 12564004 | 162875541 | 15194033 | 8306330 |
| 江西 | Jiangxi | 17104370 | 255284 | 22245213 | 723887 | 2157544 |
| 山东 | Shandong | 180672426 | 7296581 | 196924668 | 9964821 | 10154766 |
| 河南 | Henan | 75994330 | 1430049 | 84816058 | 904872 | 4986011 |
| 湖北 | Hubei | 100010124 | 582720 | 108959041 | 1878972 | 10399105 |
| 湖南 | Hunan | 40637233 | 648563 | 41993182 | 758730 | 12512493 |
| 广东 | Guangdong | 492571724 | 42439255 | 529072482 | 51759949 | 27669877 |
| 广西 | Guangxi | 36007381 | 581718 | 42915822 | 1798614 | 2323146 |
| 海南 | Hainan | 19855321 | 621380 | 21283883 | 565334 | 508742 |
| 重庆 | Chongqing | 61700156 | 1699838 | 68356852 | 2724441 | 3666637 |
| 四川 | Sichuan | 60571428 | 1136784 | 67891792 | 1455165 | 4590767 |
| 贵州 | Guizhou | 23068682 | 280824 | 31824039 | 673744 | 2394597 |
| 云南 | Yunnan | 45842718 | 1904172 | 52279143 | 2521030 | 5847298 |
| 西藏 | Tibet | 710736 | 25 | 1047480 | | 100906 |
| 陕西 | Shaanxi | 46672045 | 261167 | 52514933 | 865273 | 1895772 |
| 甘肃 | Gansu | 28247688 | 122937 | 33499837 | 212766 | 1589323 |
| 青海 | Qinghai | 7201374 | 1192 | 8314169 | 78495 | 340282 |
| 宁夏 | Ningxia | 7365125 | 340527 | 7432661 | 11684 | 289870 |
| 新疆 | Xinjiang | 54833454 | 11321133 | 58183094 | 555341 | 4193835 |

3-2-2 续表 Continued

国有控股 单位：万元

State-controlled Enterprises Unit: 10000 yuan

| 地区 | Region | 商品购进额 Total Purchases Value | #进口 Imports | 商品销售额 Total Sales Value | #出口 Exports | 期末商品库存额 Inventory (year-end) |
|---|---|---|---|---|---|---|
| **全国** | **National Total** | **1479386537** | **105323067** | **1593152244** | **1497562097** | **62842936** |
| 北京 | Beijing | 234369205 | 39041605 | 242189188 | 238550546 | 18288305 |
| 天津 | Tianjin | 159110573 | 8870733 | 164716648 | 161999138 | 3213776 |
| 河北 | Hebei | 25538726 | 578990 | 27878684 | 25503547 | 79352 |
| 山西 | Shanxi | 66258793 | 207452 | 68620140 | 68309597 | 74417 |
| 内蒙古 | Inner Mongolia | 11709306 | 77291 | 12744261 | 11513838 | 26820 |
| 辽宁 | Liaoning | 57179345 | 1627041 | 61606079 | 58194456 | 710565 |
| 吉林 | Jilin | 11553468 | 343548 | 11690667 | 9271138 | 21800 |
| 黑龙江 | Heilongjiang | 15797955 | 3649496 | 17413710 | 14969682 | 244696 |
| 上海 | Shanghai | 175318220 | 9606062 | 182232940 | 177471765 | 7051697 |
| 江苏 | Jiangsu | 60173690 | 2461009 | 69606459 | 63913667 | 6177029 |
| 浙江 | Zhejiang | 83477454 | 4234846 | 94224305 | 82648549 | 5729411 |
| 安徽 | Anhui | 22733006 | 1242000 | 26024704 | 23371108 | 1313815 |
| 福建 | Fujian | 55405757 | 7071855 | 59982645 | 55761140 | 3134658 |
| 江西 | Jiangxi | 8835613 | 128884 | 13062810 | 8796432 | 112444 |
| 山东 | Shandong | 36896245 | 1255758 | 41486265 | 37339498 | 565276 |
| 河南 | Henan | 28614356 | 357238 | 34606059 | 31075040 | 197911 |
| 湖北 | Hubei | 46457631 | 340420 | 51458009 | 48516754 | 280699 |
| 湖南 | Hunan | 18392549 | 314415 | 16404608 | 15760786 | 174359 |
| 广东 | Guangdong | 151106714 | 8872265 | 154508940 | 143936270 | 11330027 |
| 广西 | Guangxi | 18962913 | 222230 | 23500180 | 19344929 | 284266 |
| 海南 | Hainan | 2838477 | | 3300244 | 3284885 | 8978 |
| 重庆 | Chongqing | 20470091 | 1295259 | 22509301 | 20765282 | 1245878 |
| 四川 | Sichuan | 21980292 | 77974 | 25490499 | 23123643 | 327865 |
| 贵州 | Guizhou | 13814548 | 260160 | 20249286 | 18113711 | 645741 |
| 云南 | Yunnan | 31715632 | 1485197 | 36877910 | 35028255 | 856200 |
| 西藏 | Tibet | 474083 | 25 | 654472 | 637715 | |
| 陕西 | Shaanxi | 30612446 | 174948 | 34183710 | 29225838 | 433860 |
| 甘肃 | Gansu | 18609380 | 116468 | 22237066 | 20727157 | 142569 |
| 青海 | Qinghai | 4214376 | 34 | 4704051 | 3890613 | |
| 宁夏 | Ningxia | 5242871 | 339976 | 5175383 | 4405963 | 289 |
| 新疆 | Xinjiang | 41522822 | 11069888 | 43813021 | 42111155 | 170233 |

# 3-2-3 各地区限额以上批发业企业商品购、销、存情况（按登记注册类型分）

# Total Purchases, Sales and Inventory of Enterprises above Designated Size of Wholesale Trade by Region and Type of Registration

内资企业 单位：万元

Domestic Funded Enterprises Unit: 10000 yuan

| 地　区 | Region | 商品购进额 Total Purchases Value | #进口 Imports | 商品销售额 Total Sales Value | #出口 Exports | 期末商品库存额 Inventory (year-end) |
|---|---|---|---|---|---|---|
| **全　国** | **National Total** | **3206866314** | **183710583** | **3437416720** | **189789595** | **209843802** |
| 北　京 | Beijing | 309300081 | 45871141 | 317434729 | 21025319 | 37021921 |
| 天　津 | Tianjin | 262987659 | 13221369 | 279282871 | 6014899 | 9687534 |
| 河　北 | Hebei | 61350877 | 938710 | 66172445 | 774621 | 2956910 |
| 山　西 | Shanxi | 74803076 | 270446 | 78107930 | 144391 | 2494316 |
| 内蒙古 | Inner Mongolia | 19803010 | 666802 | 22875333 | 62476 | 3335167 |
| 辽　宁 | Liaoning | 99670651 | 2828984 | 107703642 | 2560341 | 4575702 |
| 吉　林 | Jilin | 15248884 | 495642 | 15735780 | 137036 | 3633135 |
| 黑龙江 | Heilongjiang | 27160089 | 5405293 | 30719112 | 714090 | 3380557 |
| 上　海 | Shanghai | 344387854 | 15320858 | 364152864 | 11993829 | 12950883 |
| 江　苏 | Jiangsu | 281094784 | 9285537 | 285966545 | 19949617 | 14458194 |
| 浙　江 | Zhejiang | 308772342 | 19716670 | 332973505 | 42897359 | 14889264 |
| 安　徽 | Anhui | 49884821 | 1722456 | 55690424 | 2342729 | 4198097 |
| 福　建 | Fujian | 141824452 | 11668764 | 152066276 | 14846162 | 7687681 |
| 江　西 | Jiangxi | 16599628 | 178468 | 21731404 | 482453 | 2132370 |
| 山　东 | Shandong | 176541923 | 6838845 | 191836377 | 8833752 | 9570415 |
| 河　南 | Henan | 74132909 | 1400467 | 82697103 | 766777 | 4928869 |
| 湖　北 | Hubei | 87420741 | 513118 | 93551051 | 1852543 | 9896927 |
| 湖　南 | Hunan | 40502832 | 648563 | 41829772 | 758730 | 12508385 |
| 广　东 | Guangdong | 431968742 | 29276144 | 461127184 | 42667705 | 22641378 |
| 广　西 | Guangxi | 35844798 | 538207 | 42706622 | 1798614 | 2305093 |
| 海　南 | Hainan | 18998385 | 292268 | 20370217 | 249981 | 460199 |
| 重　庆 | Chongqing | 59297033 | 1456605 | 65638675 | 2577776 | 3449805 |
| 四　川 | Sichuan | 58066977 | 944467 | 65128383 | 1448287 | 4320161 |
| 贵　州 | Guizhou | 22970184 | 280824 | 31719260 | 673744 | 2393403 |
| 云　南 | Yunnan | 45324533 | 1894311 | 51621459 | 2516293 | 5702975 |
| 西　藏 | Tibet | 562828 | 25 | 854036 |  | 100859 |
| 陕　西 | Shaanxi | 45942950 | 250803 | 51599859 | 842296 | 1839423 |
| 甘　肃 | Gansu | 28223458 | 122937 | 33467845 | 212766 | 1588865 |
| 青　海 | Qinghai | 6329070 | 1192 | 7412398 | 78495 | 271761 |
| 宁　夏 | Ningxia | 7365125 | 340527 | 7432661 | 11684 | 289870 |
| 新　疆 | Xinjiang | 54485618 | 11320140 | 57810958 | 554830 | 4173683 |

3-2-3 续表 1 Continued 1

国有企业 单位：万元

State-owned Enterprises Unit: 10000 yuan

| 地区 | Region | 商品购进额 Total Purchases Value | #进口 Imports | 商品销售额 Total Sales Value | #出口 Exports | 期末商品库存额 Inventory (year-end) |
|---|---|---|---|---|---|---|
| **全国** | **National Total** | **238450814** | **14470209** | **278338420** | **9353459** | **28908270** |
| 北京 | Beijing | 37230916 | 10009903 | 38807433 | 3587826 | 3700553 |
| 天津 | Tianjin | 13683653 | 666969 | 14165733 | 129235 | 394810 |
| 河北 | Hebei | 4724532 | 37 | 6137920 | 31498 | 399425 |
| 山西 | Shanxi | 4286152 | 45 | 5579802 | | 618688 |
| 内蒙古 | Inner Mongolia | 3564768 | | 3100739 | | 1833580 |
| 辽宁 | Liaoning | 7046590 | 1212392 | 8470951 | 219826 | 810129 |
| 吉林 | Jilin | 4204612 | 69249 | 4109358 | | 2213584 |
| 黑龙江 | Heilongjiang | 5281563 | 28929 | 5823638 | 297 | 1627332 |
| 上海 | Shanghai | 25898769 | 207804 | 26992234 | 424911 | 526247 |
| 江苏 | Jiangsu | 10414871 | 549012 | 15982972 | 1787739 | 994237 |
| 浙江 | Zhejiang | 10200175 | 475048 | 13604517 | 588957 | 505859 |
| 安徽 | Anhui | 4857881 | 6133 | 6803301 | 4048 | 659944 |
| 福建 | Fujian | 7237430 | 358910 | 9008036 | 912743 | 467572 |
| 江西 | Jiangxi | 3323310 | | 4850395 | 16900 | 362454 |
| 山东 | Shandong | 7710941 | 158082 | 8423509 | 15695 | 514719 |
| 河南 | Henan | 8006755 | 1898 | 10896583 | | 1536493 |
| 湖北 | Hubei | 6336078 | 1978 | 8108446 | 15176 | 2225830 |
| 湖南 | Hunan | 6228389 | 35322 | 8749516 | 5720 | 1118924 |
| 广东 | Guangdong | 10497661 | 489469 | 10840078 | 1147662 | 913418 |
| 广西 | Guangxi | 7516338 | 661 | 4944382 | 252513 | 472244 |
| 海南 | Hainan | 2463875 | | 2894267 | 833 | 94078 |
| 重庆 | Chongqing | 7161278 | 85945 | 8298486 | | 408621 |
| 四川 | Sichuan | 6864961 | 26278 | 9707024 | 161846 | 1229692 |
| 贵州 | Guizhou | 4874441 | | 6861790 | 41 | 769253 |
| 云南 | Yunnan | 10732515 | 1941 | 14346923 | 15932 | 3189140 |
| 西藏 | Tibet | 399040 | 25 | 561808 | | 75634 |
| 陕西 | Shaanxi | 6544854 | 781 | 7947678 | 20605 | 299044 |
| 甘肃 | Gansu | 2856191 | 13273 | 3590782 | 13240 | 118001 |
| 青海 | Qinghai | 1029012 | 34 | 1187161 | | 20689 |
| 宁夏 | Ningxia | 1447590 | | 1206038 | | 38580 |
| 新疆 | Xinjiang | 5825673 | 70091 | 6336920 | 216 | 769496 |

3-2-3 续表 2 Continued 2

集体企业 单位：万元

Collective-owned Enterprises Unit: 10000 yuan

| 地区 | Region | 商品购进额 Total Purchases Value | #进口 Imports | 商品销售额 Total Sales Value | #出口 Exports | 期末商品库存额 Inventory (year-end) |
|---|---|---|---|---|---|---|
| **全国** | **National Total** | **11585362** | **1148326** | **13383800** | **461964** | **893325** |
| 北京 | Beijing | 1053145 | 728601 | 1100317 | | 17534 |
| 天津 | Tianjin | 517865 | 14331 | 538492 | | 20355 |
| 河北 | Hebei | 279433 | | 300754 | | 46355 |
| 山西 | Shanxi | 445480 | | 617660 | | 42924 |
| 内蒙古 | Inner Mongolia | 133011 | | 147139 | | 1673 |
| 辽宁 | Liaoning | 309181 | | 430839 | | 16502 |
| 吉林 | Jilin | | | | | |
| 黑龙江 | Heilongjiang | 84995 | | 85870 | | 936 |
| 上海 | Shanghai | 161068 | 48679 | 166762 | 42387 | 30547 |
| 江苏 | Jiangsu | 628947 | | 684749 | 17352 | 84284 |
| 浙江 | Zhejiang | 455362 | 17648 | 474438 | 247170 | 32130 |
| 安徽 | Anhui | 66299 | | 69272 | | 2743 |
| 福建 | Fujian | 362242 | 1318 | 391951 | 37732 | 45361 |
| 江西 | Jiangxi | 31359 | | 34204 | | 2150 |
| 山东 | Shandong | 1652225 | 322078 | 1727958 | 8919 | 251301 |
| 河南 | Henan | 1183376 | | 1246459 | | 19623 |
| 湖北 | Hubei | 120728 | | 126593 | | 12163 |
| 湖南 | Hunan | 160789 | | 173222 | | 6973 |
| 广东 | Guangdong | 1026335 | 38 | 1073625 | 73220 | 38976 |
| 广西 | Guangxi | 562787 | | 1135821 | | 14347 |
| 海南 | Hainan | | | | | |
| 重庆 | Chongqing | 194645 | | 206609 | | 13151 |
| 四川 | Sichuan | 1445961 | | 1866709 | 17624 | 83503 |
| 贵州 | Guizhou | 103677 | 15253 | 107547 | 15530 | 10428 |
| 云南 | Yunnan | 183648 | 380 | 205770 | 2030 | 23395 |
| 西藏 | Tibet | | | | | |
| 陕西 | Shaanxi | 87422 | | 91258 | | 6051 |
| 甘肃 | Gansu | 87170 | | 90247 | | 5496 |
| 青海 | Qinghai | 5562 | | 5516 | | 112 |
| 宁夏 | Ningxia | | | | | |
| 新疆 | Xinjiang | 242650 | | 284019 | | 64312 |

3-2-3 续表 3 Continued 3

股份合作企业 单位: 万元

Cooperative Enterprises Unit: 10000 yuan

| 地 区 | Region | 商品购进额 Total Purchases Value | #进 口 Imports | 商品销售额 Total Sales Value | #出 口 Exports | 期末商品库存额 Inventory (year-end) |
|---|---|---|---|---|---|---|
| **全 国** | **National Total** | **3162561** | **53666** | **3330430** | **96793** | **119193** |
| 北 京 | Beijing | 159369 | 855 | 172089 | | 22041 |
| 天 津 | Tianjin | 115031 | | 120369 | | 4043 |
| 河 北 | Hebei | 33819 | | 38978 | | 5608 |
| 山 西 | Shanxi | 85 | | 775 | | 1428 |
| 内 蒙 古 | Inner Mongolia | | | | | |
| 辽 宁 | Liaoning | 111237 | | 113337 | | 2828 |
| 吉 林 | Jilin | | | | | |
| 黑 龙 江 | Heilongjiang | | | | | |
| 上 海 | Shanghai | 1162741 | 5385 | 1162618 | | 1588 |
| 江 苏 | Jiangsu | 645626 | 30331 | 692275 | | 9941 |
| 浙 江 | Zhejiang | 135843 | 102 | 140835 | 6494 | 13954 |
| 安 徽 | Anhui | 75731 | | 71509 | | 5200 |
| 福 建 | Fujian | 42868 | | 43788 | 41859 | 2558 |
| 江 西 | Jiangxi | | | | | |
| 山 东 | Shandong | 161052 | 8712 | 181768 | | 18458 |
| 河 南 | Henan | 7620 | | 7573 | | 112 |
| 湖 北 | Hubei | 23735 | | 24028 | | 961 |
| 湖 南 | Hunan | | | | | |
| 广 东 | Guangdong | 235184 | 8099 | 264106 | 48440 | 9996 |
| 广 西 | Guangxi | 3973 | | 4075 | | 138 |
| 海 南 | Hainan | | | | | |
| 重 庆 | Chongqing | 71180 | | 82974 | | 3651 |
| 四 川 | Sichuan | 83575 | 182 | 90378 | | 2316 |
| 贵 州 | Guizhou | | | | | |
| 云 南 | Yunnan | 9484 | | 14427 | | 1153 |
| 西 藏 | Tibet | | | | | |
| 陕 西 | Shaanxi | 32661 | | 35712 | | 191 |
| 甘 肃 | Gansu | 50148 | | 67065 | | 11306 |
| 青 海 | Qinghai | 1599 | | 1751 | | 1722 |
| 宁 夏 | Ningxia | | | | | |
| 新 疆 | Xinjiang | | | | | |

3-2-3 续表 4 Continued 4

联营企业 单位：万元

Joint Ownership Enterprises Unit: 10000 yuan

| 地区 | Region | 商品购进额 Total Purchases Value | #进口 Imports | 商品销售额 Total Sales Value | #出口 Exports | 期末商品库存额 Inventory (year-end) |
|---|---|---|---|---|---|---|
| **全国** | **National Total** | **644008** | **28183** | **600412** | **6772** | **122409** |
| 北京 | Beijing | 22743 | 9187 | 22721 | 6772 | 3602 |
| 天津 | Tianjin | | | | | |
| 河北 | Hebei | | | | | |
| 山西 | Shanxi | 1100 | | 987 | | 114 |
| 内蒙古 | Inner Mongolia | | | | | |
| 辽宁 | Liaoning | | | | | |
| 吉林 | Jilin | | | | | |
| 黑龙江 | Heilongjiang | | | | | |
| 上海 | Shanghai | 243020 | | 199584 | | 68238 |
| 江苏 | Jiangsu | | | | | |
| 浙江 | Zhejiang | | | | | |
| 安徽 | Anhui | 4332 | | 4535 | | 158 |
| 福建 | Fujian | 29067 | 4352 | 28894 | | 3819 |
| 江西 | Jiangxi | | | | | |
| 山东 | Shandong | 130792 | | 110758 | | 26806 |
| 河南 | Henan | | | | | |
| 湖北 | Hubei | | | | | |
| 湖南 | Hunan | | | | | |
| 广东 | Guangdong | 105811 | 14644 | 120613 | | 16334 |
| 广西 | Guangxi | | | | | |
| 海南 | Hainan | | | | | |
| 重庆 | Chongqing | | | | | |
| 四川 | Sichuan | | | | | |
| 贵州 | Guizhou | 10714 | | 11879 | | 435 |
| 云南 | Yunnan | 91851 | | 95837 | | 2824 |
| 西藏 | Tibet | | | | | |
| 陕西 | Shaanxi | | | | | |
| 甘肃 | Gansu | | | | | |
| 青海 | Qinghai | | | | | |
| 宁夏 | Ningxia | | | | | |
| 新疆 | Xinjiang | 4578 | | 4604 | | 79 |

3-2-3 续表 5 Continued 5

有限责任公司

Limited Liability Corporations

单位：万元

Unit: 10000 yuan

| 地 区 | Region | 商品购进额 Total Purchases Value | #进口 Imports | 商品销售额 Total Sales Value | #出口 Exports | 期末商品库存额 Inventory (year-end) |
|---|---|---|---|---|---|---|
| **全 国** | **National Total** | **1626770541** | **103130327** | **1726040082** | **86590728** | **108480977** |
| 北 京 | Beijing | 209930930 | 28428546 | 213462605 | 12446226 | 27874535 |
| 天 津 | Tianjin | 169805458 | 6140210 | 177754400 | 3312370 | 5752925 |
| 河 北 | Hebei | 40422796 | 756431 | 42085190 | 328302 | 1471766 |
| 山 西 | Shanxi | 58291884 | 123673 | 59146374 | 76033 | 711873 |
| 内蒙古 | Inner Mongolia | 8311741 | 158387 | 10302914 | 51829 | 688518 |
| 辽 宁 | Liaoning | 29768840 | 878658 | 33326221 | 1266452 | 1623013 |
| 吉 林 | Jilin | 4908269 | 266213 | 5139364 | 41934 | 942184 |
| 黑龙江 | Heilongjiang | 12226634 | 3697910 | 13957414 | 515093 | 1111005 |
| 上 海 | Shanghai | 163272958 | 11060317 | 169083107 | 6439577 | 6946125 |
| 江 苏 | Jiangsu | 98132902 | 4255277 | 105107297 | 8637730 | 4797031 |
| 浙 江 | Zhejiang | 129805577 | 7936319 | 139188400 | 15348322 | 7081999 |
| 安 徽 | Anhui | 21770733 | 713747 | 23521828 | 634155 | 1903384 |
| 福 建 | Fujian | 65231992 | 3724066 | 69569010 | 5162818 | 3594482 |
| 江 西 | Jiangxi | 9611550 | 145697 | 10812335 | 328293 | 851453 |
| 山 东 | Shandong | 71890758 | 3743980 | 78756043 | 4032194 | 3586340 |
| 河 南 | Henan | 45457016 | 974671 | 47730489 | 442422 | 2279180 |
| 湖 北 | Hubei | 49268675 | 473824 | 51432806 | 577416 | 5619575 |
| 湖 南 | Hunan | 16398163 | 294827 | 12602216 | 215394 | 10365872 |
| 广 东 | Guangdong | 239894257 | 16365841 | 259802526 | 20902619 | 11073985 |
| 广 西 | Guangxi | 17578528 | 314109 | 20558261 | 367582 | 1084292 |
| 海 南 | Hainan | 15538807 | 264432 | 16382767 | 242726 | 258853 |
| 重 庆 | Chongqing | 30501499 | 1308502 | 33583107 | 1916157 | 1724947 |
| 四 川 | Sichuan | 29067494 | 712475 | 30331730 | 1092332 | 1502528 |
| 贵 州 | Guizhou | 12981311 | 25842 | 19093156 | 125483 | 1287925 |
| 云 南 | Yunnan | 22950374 | 1543320 | 24414349 | 1317154 | 1413645 |
| 西 藏 | Tibet | 162742 | | 287191 | | 24866 |
| 陕 西 | Shaanxi | 21012826 | 195522 | 23342058 | 423947 | 871448 |
| 甘 肃 | Gansu | 5172443 | 106422 | 5820917 | 129329 | 269831 |
| 青 海 | Qinghai | 3027707 | 1158 | 3405538 | 31188 | 117289 |
| 宁 夏 | Ningxia | 1119563 | 10634 | 1207905 | 289 | 65101 |
| 新 疆 | Xinjiang | 23256114 | 8509317 | 24832564 | 185362 | 1585007 |

3-2-3 续表 6 Continued 6

股份有限公司 Share-holding Corporations Ltd.

单位：万元 Unit: 10000 yuan

| 地区 | Region | 商品购进额 Total Purchases Value | #进口 Imports | 商品销售额 Total Sales Value | #出口 Exports | 期末商品库存额 Inventory (year-end) |
|---|---|---|---|---|---|---|
| **全国** | **National Total** | **377473010** | **23736495** | **383590229** | **19900127** | **20479763** |
| 北京 | Beijing | 22142211 | 4520190 | 22585945 | 3941873 | 2057254 |
| 天津 | Tianjin | 11720808 | 2678100 | 12365717 | 1001021 | 1565790 |
| 河北 | Hebei | 2875590 | 5687 | 3547788 | 72016 | 163505 |
| 山西 | Shanxi | 2994133 | | 3383764 | | 162922 |
| 内蒙古 | Inner Mongolia | 3107406 | 22562 | 4213715 | | 143437 |
| 辽宁 | Liaoning | 38146982 | 241255 | 38934656 | 203575 | 801745 |
| 吉林 | Jilin | 4043457 | 101000 | 4176069 | 12080 | 152036 |
| 黑龙江 | Heilongjiang | 5192014 | 1165208 | 5815022 | 6519 | 235525 |
| 上海 | Shanghai | 20995983 | 883522 | 22046644 | 1723975 | 1104547 |
| 江苏 | Jiangsu | 50586257 | 828529 | 30605233 | 1846016 | 2614533 |
| 浙江 | Zhejiang | 34871073 | 2439714 | 38786648 | 2907963 | 1405213 |
| 安徽 | Anhui | 9580326 | 858625 | 10234669 | 1255925 | 710405 |
| 福建 | Fujian | 21106612 | 5382151 | 22112143 | 1624399 | 1356448 |
| 江西 | Jiangxi | 1518625 | | 3637713 | | 785602 |
| 山东 | Shandong | 8196589 | 226568 | 9518842 | 228740 | 487439 |
| 河南 | Henan | 7471799 | 8364 | 9464980 | 83789 | 352984 |
| 湖北 | Hubei | 18301545 | 249 | 19423717 | 51837 | 1174316 |
| 湖南 | Hunan | 3289612 | 387 | 3770417 | 85703 | 186665 |
| 广东 | Guangdong | 45713742 | 1150109 | 41702140 | 3845629 | 2106638 |
| 广西 | Guangxi | 2269266 | 1987 | 7013492 | 37738 | 114715 |
| 海南 | Hainan | 456726 | | 514502 | 1321 | 35757 |
| 重庆 | Chongqing | 3138387 | 2431 | 3762065 | 1848 | 114684 |
| 四川 | Sichuan | 3672678 | 589 | 4026854 | 30172 | 164657 |
| 贵州 | Guizhou | 1893116 | 239722 | 2268571 | 520217 | 77820 |
| 云南 | Yunnan | 4142682 | 4287 | 4710074 | 176524 | 351461 |
| 西藏 | Tibet | | | | | |
| 陕西 | Shaanxi | 14909891 | | 16246506 | 192697 | 439503 |
| 甘肃 | Gansu | 13831807 | | 16611482 | | 882509 |
| 青海 | Qinghai | 711148 | | 825557 | | 44805 |
| 宁夏 | Ningxia | 3464780 | 329342 | 3611936 | 262 | 62817 |
| 新疆 | Xinjiang | 17127765 | 2645917 | 17673368 | 48288 | 624031 |

3-2-3 续表 7 Continued 7

私营企业
Private Enterprises

单位：万元
Unit: 10000 yuan

| 地 区 | Region | 商品购进额 Total Purchases Value | #进口 Imports | 商品销售额 Total Sales Value | #出口 Exports | 期末商品库存额 Inventory (year-end) |
|---|---|---|---|---|---|---|
| **全 国** | **National Total** | **940902564** | **41027104** | **1022104854** | **73211484** | **50470204** |
| 北 京 | Beijing | 38757536 | 2173860 | 41280691 | 1042623 | 3346403 |
| 天 津 | Tianjin | 67093832 | 3721759 | 74281860 | 1572272 | 1949322 |
| 河 北 | Hebei | 12888531 | 176013 | 13915486 | 306424 | 855014 |
| 山 西 | Shanxi | 8738715 | 146728 | 9324185 | 68357 | 953680 |
| 内蒙古 | Inner Mongolia | 4673931 | 485853 | 5099016 | 10647 | 667010 |
| 辽 宁 | Liaoning | 24238132 | 496678 | 26370468 | 870488 | 1319834 |
| 吉 林 | Jilin | 2087616 | 59179 | 2306024 | 83023 | 325271 |
| 黑龙江 | Heilongjiang | 4318715 | 513247 | 4979074 | 192181 | 404422 |
| 上 海 | Shanghai | 131978157 | 3049999 | 143787662 | 3284623 | 4253662 |
| 江 苏 | Jiangsu | 119017741 | 3594382 | 130907618 | 7647539 | 5890516 |
| 浙 江 | Zhejiang | 132960269 | 8847838 | 140363045 | 23789809 | 5827721 |
| 安 徽 | Anhui | 13332469 | 143950 | 14681076 | 448602 | 908265 |
| 福 建 | Fujian | 47763516 | 2192000 | 50860693 | 7066610 | 2215808 |
| 江 西 | Jiangxi | 2107969 | 32772 | 2385297 | 132612 | 130702 |
| 山 东 | Shandong | 85137733 | 2377470 | 91352683 | 4528310 | 4630911 |
| 河 南 | Henan | 11549075 | 407076 | 12874447 | 238542 | 729232 |
| 湖 北 | Hubei | 12712103 | 37062 | 13673011 | 1208114 | 836312 |
| 湖 南 | Hunan | 14215370 | 316427 | 16308024 | 451914 | 810605 |
| 广 东 | Guangdong | 133936185 | 11245131 | 145669671 | 16647335 | 8435554 |
| 广 西 | Guangxi | 7880561 | 220631 | 9012100 | 1140782 | 617866 |
| 海 南 | Hainan | 507915 | 27836 | 544524 | 5101 | 65914 |
| 重 庆 | Chongqing | 18108751 | 59727 | 19508026 | 659771 | 1182586 |
| 四 川 | Sichuan | 16476396 | 204943 | 18552996 | 146313 | 1303091 |
| 贵 州 | Guizhou | 3102407 | 7 | 3371809 | 12473 | 247532 |
| 云 南 | Yunnan | 7117508 | 344383 | 7736074 | 1004652 | 716056 |
| 西 藏 | Tibet | 1046 | | 5037 | | 360 |
| 陕 西 | Shaanxi | 3252071 | 54500 | 3821605 | 202764 | 213977 |
| 甘 肃 | Gansu | 6171307 | 3243 | 7231421 | 70197 | 297896 |
| 青 海 | Qinghai | 1553547 | | 1986302 | 47308 | 86727 |
| 宁 夏 | Ningxia | 1333192 | 551 | 1406782 | 11133 | 123372 |
| 新 疆 | Xinjiang | 7890268 | 93859 | 8508147 | 320965 | 1124583 |

3-2-3 续表 8 Continued 8

其他企业 单位：万元

Other Enterprises Unit: 10000 yuan

| 地 区 | Region | 商品购进额 Total Purchases Value | #进口 Imports | 商品销售额 Total Sales Value | #出口 Exports | 期末商品库存额 Inventory (year-end) |
|---|---|---|---|---|---|---|
| **全 国** | **National Total** | **7877466** | **116276** | **10028504** | **168275** | **369672** |
| 北 京 | Beijing | 3231 | | 2928 | | |
| 天 津 | Tianjin | 51012 | | 56300 | | 290 |
| 河 北 | Hebei | 126178 | 542 | 146330 | 36381 | 15237 |
| 山 西 | Shanxi | 45527 | | 54385 | | 2688 |
| 内蒙古 | Inner Mongolia | 12153 | | 11810 | | 949 |
| 辽 宁 | Liaoning | 49689 | | 57170 | | 1652 |
| 吉 林 | Jilin | 4931 | | 4966 | | 60 |
| 黑龙江 | Heilongjiang | 56169 | | 58094 | | 1339 |
| 上 海 | Shanghai | 675158 | 65152 | 714253 | 78356 | 19929 |
| 江 苏 | Jiangsu | 1668440 | 28006 | 1986400 | 13241 | 67652 |
| 浙 江 | Zhejiang | 344043 | | 415622 | 8645 | 22388 |
| 安 徽 | Anhui | 197051 | | 304234 | | 7996 |
| 福 建 | Fujian | 50725 | 5967 | 51762 | | 1633 |
| 江 西 | Jiangxi | 6814 | | 11461 | 4649 | 8 |
| 山 东 | Shandong | 1661834 | 1956 | 1764816 | 19895 | 54442 |
| 河 南 | Henan | 457268 | 8459 | 476572 | 2024 | 11245 |
| 湖 北 | Hubei | 657878 | 6 | 762450 | | 27771 |
| 湖 南 | Hunan | 210510 | 1600 | 226378 | | 19346 |
| 广 东 | Guangdong | 559567 | 2814 | 1654427 | 2800 | 46477 |
| 广 西 | Guangxi | 33344 | 819 | 38490 | | 1491 |
| 海 南 | Hainan | 31062 | | 34158 | | 5597 |
| 重 庆 | Chongqing | 121294 | | 197409 | | 2164 |
| 四 川 | Sichuan | 455913 | | 552692 | | 34375 |
| 贵 州 | Guizhou | 4519 | | 4509 | | 12 |
| 云 南 | Yunnan | 96472 | | 98004 | | 5301 |
| 西 藏 | Tibet | | | | | |
| 陕 西 | Shaanxi | 103225 | | 115043 | 2284 | 9209 |
| 甘 肃 | Gansu | 54394 | | 55931 | | 3827 |
| 青 海 | Qinghai | 496 | | 573 | | 418 |
| 宁 夏 | Ningxia | | | | | |
| 新 疆 | Xinjiang | 138569 | 955 | 171337 | | 6176 |

3-2-3 续表 9 Continued 9

港、澳、台商投资企业 单位：万元

Enterprises with Funds from Hongkong, Macao and Taiwan Unit: 10000 yuan

| 地 区 | Region | 商品购进额 Total Purchases Value | #进口 Imports | 商品销售额 Total Sales Value | #出口 Exports | 期末商品库存额 Inventory (year-end) |
|---|---|---|---|---|---|---|
| **全 国** | **National Total** | **166763519** | **24285688** | **194220432** | **7629645** | **16414457** |
| 北 京 | Beijing | 31688024 | 3237420 | 33798115 | 148055 | 3616277 |
| 天 津 | Tianjin | 12043118 | 1390108 | 12616665 | 627379 | 439607 |
| 河 北 | Hebei | 652299 | | 732228 | | 6619 |
| 山 西 | Shanxi | 2796784 | 83734 | 2782404 | 131 | 56972 |
| 内蒙古 | Inner Mongolia | 4527 | | 13147 | | 198 |
| 辽 宁 | Liaoning | 634016 | 2186 | 705845 | 17498 | 97968 |
| 吉 林 | Jilin | 75943 | | 75827 | | 405 |
| 黑龙江 | Heilongjiang | 78379 | 60 | 93852 | 1006 | 1519 |
| 上 海 | Shanghai | 61117674 | 12888625 | 76229451 | 3493584 | 6909633 |
| 江 苏 | Jiangsu | 9433980 | 401352 | 11582531 | 358311 | 545501 |
| 浙 江 | Zhejiang | 5844444 | 931674 | 6338940 | 372220 | 355346 |
| 安 徽 | Anhui | 895801 | | 902580 | | 33224 |
| 福 建 | Fujian | 4570610 | 672109 | 5108556 | 191174 | 376915 |
| 江 西 | Jiangxi | 167781 | 65712 | 176495 | | 24629 |
| 山 东 | Shandong | 1994963 | 136435 | 2851794 | 843930 | 282342 |
| 河 南 | Henan | 1787897 | 29581 | 2034986 | 133426 | 55030 |
| 湖 北 | Hubei | 2729046 | 23213 | 3039071 | 142 | 115612 |
| 湖 南 | Hunan | 53798 | | 55699 | | 2387 |
| 广 东 | Guangdong | 24015288 | 3899978 | 28391191 | 1125314 | 3087842 |
| 广 西 | Guangxi | 108709 | 3125 | 128268 | | 5758 |
| 海 南 | Hainan | 749271 | 328059 | 788163 | 315250 | 16223 |
| 重 庆 | Chongqing | 1619047 | | 1789429 | | 126936 |
| 四 川 | Sichuan | 1875418 | 192317 | 1947915 | | 146072 |
| 贵 州 | Guizhou | 3532 | | 4564 | | 31 |
| 云 南 | Yunnan | 368679 | | 399193 | 2225 | 3110 |
| 西 藏 | Tibet | 147908 | | 193444 | | 46 |
| 陕 西 | Shaanxi | 283861 | | 360809 | | 36259 |
| 甘 肃 | Gansu | 16176 | | 23294 | | 14 |
| 青 海 | Qinghai | 673564 | | 714955 | | 68449 |
| 宁 夏 | Ningxia | | | | | |
| 新 疆 | Xinjiang | 332982 | | 341021 | | 3533 |

3-2-3 续表 10 Continued 10

外商投资企业 单位：万元

Foreign Funded Enterprises Unit: 10000 yuan

| 地 区 | Region | 商品购进额 Total Purchases Value | #进口 Imports | 商品销售额 Total Sales Value | #出口 Exports | 期末商品库存额 Inventory (year-end) |
|---|---|---|---|---|---|---|
| **全 国** | **National Total** | **321759582** | **104499738** | **381484711** | **28894503** | **27526740** |
| 北 京 | Beijing | 63289738 | 23676454 | 79614858 | 1610628 | 8496263 |
| 天 津 | Tianjin | 8932549 | 2716517 | 11135659 | 752087 | 1031378 |
| 河 北 | Hebei | 891069 | 415 | 912754 | 6 | 819 |
| 山 西 | Shanxi | 12918 | | 12784 | | 144 |
| 内蒙古 | Inner Mongolia | 39308 | | 49135 | | 11 |
| 辽 宁 | Liaoning | 971756 | 162854 | 1219298 | 162243 | 58053 |
| 吉 林 | Jilin | 990455 | | 1115952 | | 17762 |
| 黑龙江 | Heilongjiang | 768662 | | 769208 | | |
| 上 海 | Shanghai | 169737764 | 66004048 | 199927626 | 16012375 | 12956701 |
| 江 苏 | Jiangsu | 11893785 | 1083198 | 14548453 | 726950 | 1357833 |
| 浙 江 | Zhejiang | 6544087 | 685303 | 6984485 | 759155 | 209993 |
| 安 徽 | Anhui | 1105153 | | 1714998 | 8258 | 83789 |
| 福 建 | Fujian | 5021674 | 223131 | 5700709 | 156697 | 241734 |
| 江 西 | Jiangxi | 336962 | 11104 | 337314 | 241433 | 546 |
| 山 东 | Shandong | 2135541 | 321301 | 2236497 | 287139 | 302009 |
| 河 南 | Henan | 73524 | | 83969 | 4669 | 2113 |
| 湖 北 | Hubei | 9860337 | 46389 | 12368918 | 26286 | 386566 |
| 湖 南 | Hunan | 80603 | | 107710 | | 1721 |
| 广 东 | Guangdong | 36587694 | 9263133 | 39554106 | 7966931 | 1940657 |
| 广 西 | Guangxi | 53875 | 40386 | 80932 | | 12295 |
| 海 南 | Hainan | 107666 | 1053 | 125502 | 103 | 32320 |
| 重 庆 | Chongqing | 784076 | 243233 | 928748 | 146665 | 89897 |
| 四 川 | Sichuan | 629033 | | 815493 | 6878 | 124534 |
| 贵 州 | Guizhou | 94966 | | 100216 | | 1162 |
| 云 南 | Yunnan | 149505 | 9862 | 258492 | 2512 | 141214 |
| 西 藏 | Tibet | | | | | |
| 陕 西 | Shaanxi | 445234 | 10364 | 554265 | 22977 | 20091 |
| 甘 肃 | Gansu | 8054 | | 8699 | | 444 |
| 青 海 | Qinghai | 198740 | | 186816 | | 72 |
| 宁 夏 | Ningxia | | | | | |
| 新 疆 | Xinjiang | 14854 | 993 | 31115 | 511 | 16619 |

# 3-2-4 各地区限额以上批发业企业商品购、销、存情况（按国民经济行业分）

# Total Purchases, Sales and Inventory of Enterprises above Designated Size of Wholesale Trade by Region and Sector

农、林、牧产品批发 单位：万元

Wholesale of Agricultural, Forestry and Livestock Products Unit: 10000 yuan

| 地区 | Region | 商品购进额 Total Purchases Value | #进口 Imports | 商品销售额 Total Sales Value | #出口 Exports | 期末商品库存额 Inventory (year-end) |
|---|---|---|---|---|---|---|
| **全国** | **National Total** | **81270920** | **8584749** | **85115971** | **1661925** | **18465612** |
| 北京 | Beijing | 11307862 | 4704481 | 11604522 | 16483 | 1718759 |
| 天津 | Tianjin | 1691707 | 102158 | 1753698 | 81011 | 517026 |
| 河北 | Hebei | 1767239 | 3998 | 1867325 | 453 | 218332 |
| 山西 | Shanxi | 227775 | 1350 | 229723 | 8343 | 128725 |
| 内蒙古 | Inner Mongolia | 3070570 | | 2073094 | 20171 | 1859462 |
| 辽宁 | Liaoning | 3942191 | 55897 | 4325881 | 45112 | 449032 |
| 吉林 | Jilin | 3417838 | | 2722116 | 35594 | 2766271 |
| 黑龙江 | Heilongjiang | 3188618 | 2552 | 2955519 | 3209 | 1826668 |
| 上海 | Shanghai | 3946971 | 1200225 | 4122226 | 416672 | 315176 |
| 江苏 | Jiangsu | 6996944 | 114765 | 7910472 | 51040 | 615762 |
| 浙江 | Zhejiang | 2176928 | 145043 | 2253140 | 92484 | 277939 |
| 安徽 | Anhui | 1903247 | 15651 | 2117171 | 4044 | 369069 |
| 福建 | Fujian | 1724749 | 157110 | 1764157 | 67521 | 458549 |
| 江西 | Jiangxi | 439221 | 65745 | 451854 | 20556 | 183968 |
| 山东 | Shandong | 6998033 | 214477 | 7612610 | 208313 | 797843 |
| 河南 | Henan | 4467451 | 425520 | 4775236 | 75010 | 1105967 |
| 湖北 | Hubei | 3912477 | | 4021628 | 25235 | 1143132 |
| 湖南 | Hunan | 954325 | 11349 | 1144683 | 20161 | 189124 |
| 广东 | Guangdong | 8642058 | 1151610 | 9422541 | 406957 | 717080 |
| 广西 | Guangxi | 497093 | 2218 | 538840 | 9704 | 154745 |
| 海南 | Hainan | 22553 | | 22666 | | 13207 |
| 重庆 | Chongqing | 792641 | 4952 | 880394 | 8999 | 104412 |
| 四川 | Sichuan | 1094259 | 28669 | 1252977 | 461 | 469748 |
| 贵州 | Guizhou | 54826 | | 63404 | | 9499 |
| 云南 | Yunnan | 305789 | 30133 | 374480 | 20387 | 85108 |
| 西藏 | Tibet | 13983 | | 10775 | | 1648 |
| 陕西 | Shaanxi | 313456 | 156 | 337794 | 13076 | 33083 |
| 甘肃 | Gansu | 250467 | 6449 | 276411 | 10929 | 27254 |
| 青海 | Qinghai | 6999 | | 6048 | | 1038 |
| 宁夏 | Ningxia | 25863 | | 25312 | | 9388 |
| 新疆 | Xinjiang | 7116787 | 140241 | 8199274 | | 1898598 |

3-2-4 续表 1 Continued 1

食品、饮料及烟草制品批发

Wholesale of Food, Beverages and Tobaccos

单位：万元

Unit: 10000 yuan

| 地 区 | Region | 商品购进额 Total Purchases Value | #进 口 Imports | 商品销售额 Total Sales Value | #出 口 Exports | 期末商品库存额 Inventory (year-end) |
|---|---|---|---|---|---|---|
| **全 国** | **National Total** | **342707949** | **13420351** | **426630994** | **7909394** | **32687312** |
| 北 京 | Beijing | 19494633 | 3358653 | 22732591 | 159810 | 3095706 |
| 天 津 | Tianjin | 10398414 | 730879 | 11818232 | 587268 | 457502 |
| 河 北 | Hebei | 5675245 | 8793 | 7525903 | 3377 | 477179 |
| 山 西 | Shanxi | 4189008 | | 5430899 | | 459667 |
| 内蒙古 | Inner Mongolia | 3546015 | | 4473274 | 4287 | 383752 |
| 辽 宁 | Liaoning | 6407338 | 189638 | 8158246 | 99056 | 587971 |
| 吉 林 | Jilin | 1701068 | 70101 | 2361602 | | 212970 |
| 黑龙江 | Heilongjiang | 4715961 | 113483 | 6627919 | 13964 | 675774 |
| 上 海 | Shanghai | 31427607 | 3680092 | 36997132 | 1564621 | 2543941 |
| 江 苏 | Jiangsu | 18886526 | 363087 | 24489969 | 262742 | 1480472 |
| 浙 江 | Zhejiang | 20165064 | 548839 | 26179610 | 584700 | 1631976 |
| 安 徽 | Anhui | 9488000 | 311939 | 12428813 | 314454 | 1049719 |
| 福 建 | Fujian | 20233842 | 876713 | 22840112 | 1132871 | 1168584 |
| 江 西 | Jiangxi | 3957731 | 10107 | 5561057 | 69395 | 470608 |
| 山 东 | Shandong | 26144830 | 667682 | 31506342 | 700467 | 1679291 |
| 河 南 | Henan | 16547312 | 10593 | 20344853 | 19008 | 1228516 |
| 湖 北 | Hubei | 16334429 | 30908 | 19612082 | 30444 | 1821699 |
| 湖 南 | Hunan | 9061391 | 21822 | 12124072 | 72803 | 1562503 |
| 广 东 | Guangdong | 43945931 | 1961887 | 51736180 | 1283158 | 2930726 |
| 广 西 | Guangxi | 7710012 | 76104 | 9129268 | 115738 | 477668 |
| 海 南 | Hainan | 2367163 | 4016 | 2778360 | 100 | 93305 |
| 重 庆 | Chongqing | 11655699 | 102052 | 14219653 | 12564 | 633747 |
| 四 川 | Sichuan | 13118752 | 98257 | 17277164 | 39547 | 1519222 |
| 贵 州 | Guizhou | 8094900 | | 14989332 | 48826 | 1538339 |
| 云 南 | Yunnan | 10415562 | 151245 | 14209580 | 652318 | 3463539 |
| 西 藏 | Tibet | 434166 | 25 | 611345 | | 82380 |
| 陕 西 | Shaanxi | 5063691 | | 6744745 | 14020 | 336535 |
| 甘 肃 | Gansu | 4662377 | 146 | 6261004 | 34470 | 188480 |
| 青 海 | Qinghai | 1020608 | 34 | 1248993 | 1864 | 25197 |
| 宁 夏 | Ningxia | 1605674 | | 1397391 | 124 | 36891 |
| 新 疆 | Xinjiang | 4239000 | 33256 | 4815271 | 87398 | 373453 |

3-2-4 续表 2 Continued 2

纺织、服装及家庭用品批发 单位：万元

Wholesale of Textiles, Wearing Apparel and Household Articles Unit: 10000 yuan

| 地区 | Region | 商品购进额 Total Purchases Value | #进口 Imports | 商品销售额 Total Sales Value | #出口 Exports | 期末商品库存额 Inventory (year-end) |
|---|---|---|---|---|---|---|
| **全国** | **National Total** | **329572364** | **17250949** | **351911687** | **71232153** | **29967401** |
| 北京 | Beijing | 35768156 | 3457083 | 38872676 | 744885 | 4562759 |
| 天津 | Tianjin | 6562921 | 203476 | 7714631 | 649305 | 425262 |
| 河北 | Hebei | 1423386 | 2182 | 1481379 | 87642 | 202064 |
| 山西 | Shanxi | 589471 | | 617769 | 907 | 111135 |
| 内蒙古 | Inner Mongolia | 204701 | | 366248 | 2641 | 17619 |
| 辽宁 | Liaoning | 5443515 | 323133 | 5851001 | 817451 | 296818 |
| 吉林 | Jilin | 213909 | | 220131 | 14792 | 14883 |
| 黑龙江 | Heilongjiang | 473928 | 4536 | 569888 | 182791 | 20132 |
| 上海 | Shanghai | 30721099 | 5523800 | 44429262 | 6060196 | 5601622 |
| 江苏 | Jiangsu | 78119369 | 1939005 | 64350487 | 10060185 | 4708206 |
| 浙江 | Zhejiang | 51251465 | 2070511 | 55567978 | 23100661 | 2897853 |
| 安徽 | Anhui | 6062732 | 57312 | 6728810 | 841284 | 602561 |
| 福建 | Fujian | 24894319 | 904004 | 27269638 | 8685640 | 1388089 |
| 江西 | Jiangxi | 952172 | 7797 | 987174 | 212855 | 89634 |
| 山东 | Shandong | 13363048 | 543353 | 14276362 | 3539114 | 1008034 |
| 河南 | Henan | 3913113 | 89318 | 3748428 | 211992 | 654151 |
| 湖北 | Hubei | 3746211 | 18417 | 3963465 | 236983 | 485955 |
| 湖南 | Hunan | 1620669 | 7663 | 1851694 | 76288 | 328990 |
| 广东 | Guangdong | 48975478 | 1924315 | 56646820 | 14311759 | 4781075 |
| 广西 | Guangxi | 1860275 | 78502 | 2142056 | 403682 | 294365 |
| 海南 | Hainan | 596927 | 6338 | 626999 | 27086 | 63250 |
| 重庆 | Chongqing | 4794012 | 53996 | 4994378 | 17504 | 486009 |
| 四川 | Sichuan | 2239839 | 14632 | 2388945 | 434255 | 277397 |
| 贵州 | Guizhou | 319457 | | 341252 | | 62775 |
| 云南 | Yunnan | 1341591 | 363 | 1559078 | 137285 | 254045 |
| 西藏 | Tibet | | | | | |
| 陕西 | Shaanxi | 3385602 | 9354 | 3534009 | 230471 | 168090 |
| 甘肃 | Gansu | 167730 | | 195834 | 8923 | 25605 |
| 青海 | Qinghai | 75888 | | 79430 | 45444 | 8280 |
| 宁夏 | Ningxia | 15550 | | 27276 | | 11909 |
| 新疆 | Xinjiang | 475831 | 11859 | 508589 | 90132 | 118834 |

3-2-4 续表 3 Continued 3

文化、体育用品及器材批发
Wholesale of Culture, Sports Appliances and Equipments

单位：万元
Unit: 10000 yuan

| 地 区 | Region | 商品购进额 Total Purchases Value | #进 口 Imports | 商品销售额 Total Sales Value | #出 口 Exports | 期末商品库存额 Inventory (year-end) |
|---|---|---|---|---|---|---|
| **全 国** | **National Total** | **72701719** | **4828439** | **79282934** | **5657736** | **9806470** |
| 北 京 | Beijing | 12265128 | 454206 | 13030021 | 144466 | 1724346 |
| 天 津 | Tianjin | 1756097 | 36300 | 1865301 | 103314 | 126261 |
| 河 北 | Hebei | 669534 | | 706820 | 4203 | 110920 |
| 山 西 | Shanxi | 376503 | | 582728 | 22354 | 107147 |
| 内 蒙 古 | Inner Mongolia | 114090 | 2408 | 117205 | | 3251 |
| 辽 宁 | Liaoning | 639997 | 105 | 696532 | 27945 | 153105 |
| 吉 林 | Jilin | 77442 | | 84495 | | 16669 |
| 黑 龙 江 | Heilongjiang | 80035 | | 83999 | | 5944 |
| 上 海 | Shanghai | 10646547 | 1361251 | 11604255 | 187902 | 1301486 |
| 江 苏 | Jiangsu | 4581745 | 165134 | 5272229 | 476569 | 836744 |
| 浙 江 | Zhejiang | 8000469 | 779582 | 8522855 | 2051665 | 773095 |
| 安 徽 | Anhui | 2805057 | 811170 | 3027066 | 712105 | 423932 |
| 福 建 | Fujian | 3352876 | 169163 | 3628166 | 555062 | 140923 |
| 江 西 | Jiangxi | 38616 | | 42436 | | 1574 |
| 山 东 | Shandong | 3841372 | 37527 | 4117304 | 105884 | 409191 |
| 河 南 | Henan | 1514700 | 1299 | 1647236 | 38885 | 99390 |
| 湖 北 | Hubei | 1960930 | 20511 | 2215499 | 370 | 209368 |
| 湖 南 | Hunan | 1242136 | 348 | 1376480 | 78521 | 145289 |
| 广 东 | Guangdong | 14997490 | 612552 | 16901744 | 747747 | 2627419 |
| 广 西 | Guangxi | 237593 | | 245309 | 14649 | 27938 |
| 海 南 | Hainan | 49862 | | 51687 | 3136 | 7193 |
| 重 庆 | Chongqing | 590390 | 11230 | 769016 | 4791 | 208776 |
| 四 川 | Sichuan | 1340962 | 361658 | 1189498 | 372093 | 99413 |
| 贵 州 | Guizhou | 209070 | | 176211 | | 9053 |
| 云 南 | Yunnan | 369524 | 3995 | 365494 | | 90138 |
| 西 藏 | Tibet | 17360 | | 18958 | | 4061 |
| 陕 西 | Shaanxi | 393791 | | 389489 | 3797 | 35951 |
| 甘 肃 | Gansu | 209210 | | 238597 | | 37187 |
| 青 海 | Qinghai | 21980 | | 23981 | | 10579 |
| 宁 夏 | Ningxia | 27537 | | 26257 | | 5110 |
| 新 疆 | Xinjiang | 273676 | | 266066 | 2278 | 55017 |

3-2-4 续表 4 Continued 4

医药及医疗器材批发　　单位：万元

Wholesale of Medicines and Medical Appliances　　Unit: 10000 yuan

| 地　区 | Region | 商品购进额 Total Purchases Value | #进口 Imports | 商品销售额 Total Sales Value | #出口 Exports | 期末商品库存额 Inventory (year-end) |
|---|---|---|---|---|---|---|
| **全　国** | **National Total** | **180118820** | **13901802** | **202526555** | **2704531** | **28400281** |
| 北　京 | Beijing | 19118652 | 3165574 | 21072611 | 417763 | 3016581 |
| 天　津 | Tianjin | 4983843 | 51244 | 5306125 | 80315 | 323469 |
| 河　北 | Hebei | 4227550 | 44853 | 4571013 | 7529 | 419519 |
| 山　西 | Shanxi | 1763880 | 41703 | 1908247 | | 158267 |
| 内蒙古 | Inner Mongolia | 639550 | | 690392 | | 107336 |
| 辽　宁 | Liaoning | 4462531 | 110884 | 5007814 | 22005 | 319575 |
| 吉　林 | Jilin | 1547206 | 102489 | 1785933 | 2116 | 134695 |
| 黑龙江 | Heilongjiang | 2068548 | 1264 | 2390882 | | 86215 |
| 上　海 | Shanghai | 19103580 | 7024220 | 23550694 | 361001 | 3119813 |
| 江　苏 | Jiangsu | 9993511 | 400347 | 12264606 | 209933 | 1149768 |
| 浙　江 | Zhejiang | 12403565 | 556191 | 13363787 | 669860 | 1217790 |
| 安　徽 | Anhui | 8040326 | 37442 | 9245994 | 110616 | 518720 |
| 福　建 | Fujian | 3611872 | 7281 | 3942610 | 36283 | 260001 |
| 江　西 | Jiangxi | 3098181 | | 3521661 | 61917 | 194267 |
| 山　东 | Shandong | 9702276 | 14735 | 10656350 | 77850 | 847275 |
| 河　南 | Henan | 9311578 | 211110 | 10011334 | 864 | 617850 |
| 湖　北 | Hubei | 10074588 | 46192 | 10408747 | 43096 | 1167241 |
| 湖　南 | Hunan | 4913068 | 28922 | 5473459 | 3319 | 9400232 |
| 广　东 | Guangdong | 24388756 | 1641298 | 27156539 | 249423 | 2890058 |
| 广　西 | Guangxi | 1742919 | 1854 | 1961816 | 253759 | 113616 |
| 海　南 | Hainan | 1178435 | 66831 | 1619545 | 1899 | 184500 |
| 重　庆 | Chongqing | 4929488 | 64725 | 5929126 | 31197 | 423792 |
| 四　川 | Sichuan | 7015265 | 125464 | 7931442 | 22105 | 634357 |
| 贵　州 | Guizhou | 1440747 | 12670 | 1569191 | | 154901 |
| 云　南 | Yunnan | 4135982 | 5674 | 4401662 | 33454 | 387703 |
| 西　藏 | Tibet | 218982 | | 371185 | | 8144 |
| 陕　西 | Shaanxi | 3152690 | 136614 | 3355500 | 6463 | 209109 |
| 甘　肃 | Gansu | 1270521 | | 1378131 | | 118583 |
| 青　海 | Qinghai | 186733 | | 211654 | | 11739 |
| 宁　夏 | Ningxia | 228814 | | 235106 | 1151 | 20461 |
| 新　疆 | Xinjiang | 1165183 | 2221 | 1233399 | 613 | 184704 |

3-2-4 续表 5 Continued 5

矿产品、建材及化工产品批发 单位：万元

Wholesale of Mineral Products, Building Materials and Chemical Products Unit: 10000 yuan

| 地 区 | Region | 商品购进额 Total Purchases Value | #进 口 Imports | 商品销售额 Total Sales Value | #出 口 Exports | 期末商品库存额 Inventory (year-end) |
|---|---|---|---|---|---|---|
| **全 国** | **National Total** | **2036284107** | **128650151** | **2142252924** | **58250423** | **81848487** |
| 北 京 | Beijing | 188975613 | 26105817 | 190075347 | 12170053 | 20872534 |
| 天 津 | Tianjin | 216111180 | 9690256 | 227609535 | 3392131 | 5430711 |
| 河 北 | Hebei | 38575138 | 865273 | 40472233 | 425517 | 1132824 |
| 山 西 | Shanxi | 64341341 | 257968 | 65887289 | 106530 | 1415219 |
| 内蒙古 | Inner Mongolia | 11737660 | 664394 | 14569814 | 28592 | 896073 |
| 辽 宁 | Liaoning | 72807813 | 1709724 | 76796201 | 1121781 | 2248934 |
| 吉 林 | Jilin | 7837749 | 304622 | 8041223 | 71205 | 388888 |
| 黑龙江 | Heilongjiang | 15254899 | 5208916 | 16550062 | 435304 | 603142 |
| 上 海 | Shanghai | 314798492 | 16339473 | 329676204 | 6528730 | 8284841 |
| 江 苏 | Jiangsu | 148689198 | 6353262 | 159441289 | 5442313 | 5505461 |
| 浙 江 | Zhejiang | 189449329 | 15672523 | 201058026 | 9591037 | 7024229 |
| 安 徽 | Anhui | 17606133 | 361020 | 18411466 | 187305 | 757724 |
| 福 建 | Fujian | 80722666 | 8852089 | 85202836 | 2665849 | 3766883 |
| 江 西 | Jiangxi | 6386870 | 159815 | 9197212 | 52011 | 1014564 |
| 山 东 | Shandong | 99333155 | 4376506 | 104820856 | 2290303 | 3473005 |
| 河 南 | Henan | 32723963 | 660041 | 36203056 | 307448 | 883262 |
| 湖 北 | Hubei | 49306960 | 268550 | 51883401 | 177432 | 1261808 |
| 湖 南 | Hunan | 19306315 | 508342 | 15929251 | 464953 | 684436 |
| 广 东 | Guangdong | 233937326 | 14635379 | 240839888 | 8681344 | 8081478 |
| 广 西 | Guangxi | 22233001 | 402301 | 26801200 | 302020 | 1089078 |
| 海 南 | Hainan | 15010245 | 537771 | 15447236 | 524777 | 125187 |
| 重 庆 | Chongqing | 26281137 | 1171569 | 28330650 | 1100512 | 728900 |
| 四 川 | Sichuan | 26416028 | 306663 | 27785677 | 368375 | 842974 |
| 贵 州 | Guizhou | 11925003 | 266758 | 13570107 | 600715 | 534767 |
| 云 南 | Yunnan | 25293876 | 1427516 | 27254027 | 741893 | 1059334 |
| 西 藏 | Tibet | | | | | |
| 陕 西 | Shaanxi | 31838489 | 43400 | 35316382 | 110119 | 923416 |
| 甘 肃 | Gansu | 20452139 | 116322 | 23855908 | 125530 | 1130092 |
| 青 海 | Qinghai | 5402537 | 1158 | 6041374 | 31188 | 253309 |
| 宁 夏 | Ningxia | 5266109 | 339976 | 5509216 | 10147 | 167709 |
| 新 疆 | Xinjiang | 38263743 | 11042747 | 39675958 | 195309 | 1267705 |

3-2-4 续表 6 Continued 6

机械设备、五金产品及电子产品批发 单位：万元
Wholesale of Machinery, Hardware and Electronic Products Unit: 10000 yuan

| 地　区 | Region | 商品购进额 Total Purchases Value | #进口 Imports | 商品销售额 Total Sales Value | #出口 Exports | 期末商品库存额 Inventory (year-end) |
|---|---|---|---|---|---|---|
| **全　国** | **National Total** | **525089437** | **104070581** | **586176360** | **50513608** | **44675928** |
| 北　京 | Beijing | 106945224 | 28952447 | 122310559 | 6660338 | 12320608 |
| 天　津 | Tianjin | 28134229 | 5799384 | 31724070 | 1014914 | 3280956 |
| 河　北 | Hebei | 10340222 | 10959 | 10974881 | 202502 | 381546 |
| 山　西 | Shanxi | 5894962 | 1821 | 5996670 | | 113133 |
| 内蒙古 | Inner Mongolia | 384650 | | 473026 | 602 | 63554 |
| 辽　宁 | Liaoning | 5859067 | 546682 | 6958837 | 502213 | 555125 |
| 吉　林 | Jilin | 1337795 | 17836 | 1516504 | 10404 | 100486 |
| 黑龙江 | Heilongjiang | 2053982 | 13274 | 2222790 | 58632 | 151569 |
| 上　海 | Shanghai | 144738414 | 54398252 | 166155882 | 13069971 | 9820420 |
| 江　苏 | Jiangsu | 27665204 | 1166588 | 30049626 | 3309537 | 1795569 |
| 浙　江 | Zhejiang | 30914556 | 1074656 | 32350169 | 6901393 | 1319684 |
| 安　徽 | Anhui | 3184733 | 100358 | 3319044 | 114601 | 504312 |
| 福　建 | Fujian | 7859522 | 798363 | 8875778 | 717932 | 760938 |
| 江　西 | Jiangxi | 1896273 | 11104 | 1997292 | 266775 | 183026 |
| 山　东 | Shandong | 15380229 | 689886 | 17472724 | 2490631 | 1690487 |
| 河　南 | Henan | 6314497 | 10512 | 6795807 | 222717 | 333893 |
| 湖　北 | Hubei | 13556557 | 193725 | 15774057 | 1349395 | 4142812 |
| 湖　南 | Hunan | 2826125 | 42170 | 3124555 | 32147 | 166995 |
| 广　东 | Guangdong | 78253287 | 9550552 | 84102426 | 10293079 | 4333396 |
| 广　西 | Guangxi | 1430880 | 17418 | 1782136 | 542173 | 160274 |
| 海　南 | Hainan | 613825 | 6423 | 720965 | 8337 | 21441 |
| 重　庆 | Chongqing | 11439995 | 289058 | 11929484 | 1542443 | 1005807 |
| 四　川 | Sichuan | 8671941 | 192615 | 9259392 | 168373 | 640796 |
| 贵　州 | Guizhou | 958144 | 1395 | 1033268 | 24202 | 82183 |
| 云　南 | Yunnan | 1135488 | 26142 | 1223398 | 416076 | 160940 |
| 西　藏 | Tibet | 26245 | | 35216 | | 4673 |
| 陕　西 | Shaanxi | 2348146 | 70257 | 2640134 | 464270 | 182156 |
| 甘　肃 | Gansu | 1209953 | 20 | 1259821 | 27807 | 59288 |
| 青　海 | Qinghai | 483654 | | 699695 | | 29422 |
| 宁　夏 | Ningxia | 100817 | | 113171 | 262 | 30713 |
| 新　疆 | Xinjiang | 3130821 | 88684 | 3284983 | 101882 | 279726 |

3-2-4 续表 7 Continued 7

贸易经纪与代理
Trade Broker and Agency

单位：万元
Unit: 10000 yuan

| 地 区 | Region | 商品购进额 Total Purchases Value | #进口 Imports | 商品销售额 Total Sales Value | #出口 Exports | 期末商品库存额 Inventory (year-end) |
|---|---|---|---|---|---|---|
| **全 国** | **National Total** | **51736205** | **9802770** | **55712951** | **15654097** | **2774482** |
| 北 京 | Beijing | 4731944 | 1677173 | 5197844 | 1115542 | 364311 |
| 天 津 | Tianjin | 4923023 | 431939 | 5155416 | 1168130 | 200977 |
| 河 北 | Hebei | 42104 | 2543 | 46998 | 37051 | 366 |
| 山 西 | Shanxi | 64052 | 38807 | 81505 | 6388 | 17404 |
| 内蒙古 | Inner Mongolia | 122809 | | 144144 | | 300 |
| 辽 宁 | Liaoning | 344703 | 39559 | 350124 | 33300 | 80376 |
| 吉 林 | Jilin | 1190 | | 1259 | | |
| 黑龙江 | Heilongjiang | 40040 | 4735 | 42513 | 21193 | 514 |
| 上 海 | Shanghai | 9919437 | 2605088 | 11120029 | 1670409 | 860633 |
| 江 苏 | Jiangsu | 2590473 | 139064 | 2769650 | 1034594 | 58197 |
| 浙 江 | Zhejiang | 834541 | 130635 | 857087 | 593623 | 44245 |
| 安 徽 | Anhui | 64779 | 5148 | 68134 | 60789 | 1471 |
| 福 建 | Fujian | 1246202 | 84819 | 1343620 | 719910 | 59465 |
| 江 西 | Jiangxi | 30594 | | 32830 | 6066 | 855 |
| 山 东 | Shandong | 1523206 | 226819 | 1770743 | 64732 | 117611 |
| 河 南 | Henan | 23657 | | 25019 | 13300 | 1070 |
| 湖 北 | Hubei | 497640 | 4418 | 427207 | 14682 | 138145 |
| 湖 南 | Hunan | 24764 | | 31880 | 3845 | 238 |
| 广 东 | Guangdong | 23225669 | 4149513 | 24720651 | 8466204 | 723405 |
| 广 西 | Guangxi | 168582 | 674 | 175667 | 155109 | 685 |
| 海 南 | Hainan | | | | | |
| 重 庆 | Chongqing | 12127 | 1054 | 17231 | 6432 | 1934 |
| 四 川 | Sichuan | 105656 | 7074 | 105247 | 38442 | 3964 |
| 贵 州 | Guizhou | | | | | |
| 云 南 | Yunnan | 1077559 | 251905 | 1095971 | 332449 | 85475 |
| 西 藏 | Tibet | | | | | |
| 陕 西 | Shaanxi | 43120 | 1387 | 42088 | 23057 | 4544 |
| 甘 肃 | Gansu | | | | | |
| 青 海 | Qinghai | | | | | |
| 宁 夏 | Ningxia | | | | | |
| 新 疆 | Xinjiang | 78334 | 416 | 90094 | 68850 | 8297 |

3-2-4 续表 8 Continued 8

其他批发业　　　　　　　　　　　　　　　　　　　　　　　　　　　　　　单位：万元

Other Wholesale not Classified Elsewhere　　　　　　　　　　　　　　　　Unit: 10000 yuan

| 地 区 | Region | 商品购进额 Total Purchases Value | #进口 Imports | 商品销售额 Total Sales Value | #出口 Exports | 期末商品库存额 Inventory (year-end) |
|---|---|---|---|---|---|---|
| **全 国** | **National Total** | **75907899** | **11986221** | **83511502** | **12729882** | **5159031** |
| 北 京 | Beijing | 5670631 | 909580 | 5951532 | 1354661 | 1458857 |
| 天 津 | Tianjin | 9401912 | 282358 | 10088186 | 317977 | 396356 |
| 河 北 | Hebei | 173828 | 525 | 170876 | 6354 | 21598 |
| 山 西 | Shanxi | 165788 | 12531 | 168289 | | 40734 |
| 内蒙古 | Inner Mongolia | 26799 | | 30419 | 6183 | 4028 |
| 辽 宁 | Liaoning | 1369269 | 18401 | 1484149 | 71219 | 40789 |
| 吉 林 | Jilin | 181085 | 594 | 194296 | 2925 | 16440 |
| 黑龙江 | Heilongjiang | 131120 | 56595 | 138601 | 3 | 12118 |
| 上 海 | Shanghai | 9941145 | 2081129 | 12654256 | 1640287 | 969285 |
| 江 苏 | Jiangsu | 4899581 | 128836 | 5549202 | 187966 | 211350 |
| 浙 江 | Zhejiang | 5964955 | 355667 | 6144278 | 443310 | 267792 |
| 安 徽 | Anhui | 2730770 | 22416 | 2961506 | 5788 | 87602 |
| 福 建 | Fujian | 7770688 | 714465 | 8008624 | 612964 | 302899 |
| 江 西 | Jiangxi | 304711 | 716 | 453699 | 34312 | 19050 |
| 山 东 | Shandong | 4386277 | 525597 | 4691378 | 487528 | 132029 |
| 河 南 | Henan | 1178060 | 21656 | 1265088 | 15649 | 61912 |
| 湖 北 | Hubei | 620332 | | 652957 | 1333 | 28945 |
| 湖 南 | Hunan | 688440 | 27948 | 937108 | 6695 | 34685 |
| 广 东 | Guangdong | 16205730 | 6812148 | 17545692 | 7320279 | 585240 |
| 广 西 | Guangxi | 127025 | 2647 | 139530 | 1780 | 4778 |
| 海 南 | Hainan | 16310 | | 16425 | | 658 |
| 重 庆 | Chongqing | 1204668 | 1201 | 1286920 | | 73261 |
| 四 川 | Sichuan | 568725 | 1752 | 701449 | 11513 | 102896 |
| 贵 州 | Guizhou | 66534 | | 81274 | | 3080 |
| 云 南 | Yunnan | 1767347 | 7199 | 1795455 | 187169 | 261018 |
| 西 藏 | Tibet | | | | | |
| 陕 西 | Shaanxi | 133059 | | 154792 | | 2888 |
| 甘 肃 | Gansu | 25293 | | 34132 | 5106 | 2835 |
| 青 海 | Qinghai | 2976 | | 2995 | | 718 |
| 宁 夏 | Ningxia | 94761 | 551 | 98932 | | 7689 |
| 新 疆 | Xinjiang | 90080 | 1709 | 109462 | 8881 | 7501 |

# 3-2-5 各地区限额以上零售业企业商品购、销、存情况

# Total Purchases, Sales and Inventory of Enterprises above Designated Size of Retail Trade by Region

单位：万元

Unit: 10000 yuan

| 地区 | Region | 商品购进额 Total Purchases Value | #进口 Imports | 商品销售额 Total Sales Value | #出口 Exports | 期末商品库存额 Inventory (year-end) |
|---|---|---|---|---|---|---|
| **全国** | **National Total** | **985327216** | **26940362** | **1142552664** | **880948** | **112132167** |
| 北京 | Beijing | 73945273 | 1675971 | 81398053 | 328907 | 6357609 |
| 天津 | Tianjin | 21140275 | 1251468 | 25368589 | 3843 | 1680029 |
| 河北 | Hebei | 27717692 | 548119 | 30760455 | 3855 | 4445595 |
| 山西 | Shanxi | 16792254 | 276821 | 20072218 | 494 | 2171932 |
| 内蒙古 | Inner Mongolia | 12980487 | 219196 | 15179740 | 4256 | 1464406 |
| 辽宁 | Liaoning | 30754394 | 634130 | 36142192 | 63185 | 7357972 |
| 吉林 | Jilin | 14353586 | 282426 | 18077952 | 37651 | 1143523 |
| 黑龙江 | Heilongjiang | 12319951 | 247702 | 15699504 | 1180 | 1268824 |
| 上海 | Shanghai | 51530735 | 3059831 | 62871344 | 10310 | 8088462 |
| 江苏 | Jiangsu | 92789805 | 2034994 | 107831212 | 23248 | 8061244 |
| 浙江 | Zhejiang | 63165913 | 2954210 | 74284053 | 67636 | 8006120 |
| 安徽 | Anhui | 32009699 | 615116 | 36240859 | 6811 | 3255994 |
| 福建 | Fujian | 34261141 | 1084715 | 42288752 | 21674 | 2978115 |
| 江西 | Jiangxi | 14727252 | 221408 | 16505806 | 18603 | 1649615 |
| 山东 | Shandong | 90218284 | 880403 | 99576327 | 57211 | 6858434 |
| 河南 | Henan | 41144529 | 717524 | 47100632 | 28426 | 3806539 |
| 湖北 | Hubei | 51987544 | 754109 | 57633581 | 13467 | 6411820 |
| 湖南 | Hunan | 35041269 | 880330 | 42278097 | 28199 | 4994548 |
| 广东 | Guangdong | 97505777 | 3654302 | 112938016 | 119244 | 14408841 |
| 广西 | Guangxi | 12623402 | 367350 | 14518629 | 3680 | 1468522 |
| 海南 | Hainan | 4163642 | 413852 | 4806925 |  | 484969 |
| 重庆 | Chongqing | 27552146 | 771459 | 34395647 | 1193 | 2492282 |
| 四川 | Sichuan | 48345846 | 1527061 | 53872288 |  | 4342025 |
| 贵州 | Guizhou | 12461581 | 195526 | 15292928 |  | 1775047 |
| 云南 | Yunnan | 18226738 | 320799 | 22225604 | 22727 | 1886534 |
| 西藏 | Tibet | 890511 | 134 | 1048545 | 2 | 142386 |
| 陕西 | Shaanxi | 26590320 | 811492 | 30827551 | 8000 | 2345553 |
| 甘肃 | Gansu | 7461545 | 196541 | 8827004 | 4031 | 817425 |
| 青海 | Qinghai | 1640301 | 20826 | 1984349 |  | 247509 |
| 宁夏 | Ningxia | 2791967 | 154209 | 3126566 | 28 | 523395 |
| 新疆 | Xinjiang | 8193357 | 168338 | 9379246 | 3087 | 1196898 |

3-2-5 续表 Continued

国有控股

State-controlled Enterprises

单位：万元

Unit: 10000 yuan

| 地 区 | Region | 商品购进额 Total Purchases Value | #进口 Imports | 商品销售额 Total Sales Value | #出口 Exports | 期末商品库存额 Inventory (year-end) |
|---|---|---|---|---|---|---|
| **全 国** | **National Total** | **195788221** | **2218007** | **239925046** | **53320** | **15325639** |
| 北 京 | Beijing | 18081480 | 518527 | 20215988 | 5175 | 1511526 |
| 天 津 | Tianjin | 5407404 | 41814 | 6324472 | 204 | 275068 |
| 河 北 | Hebei | 8217994 | 135101 | 8680352 | | 561790 |
| 山 西 | Shanxi | 5087138 | 816 | 6253840 | | 382760 |
| 内蒙古 | Inner Mongolia | 4084786 | 2623 | 5012843 | | 150993 |
| 辽 宁 | Liaoning | 6349476 | 1224 | 7729271 | | 312966 |
| 吉 林 | Jilin | 4003663 | | 6049050 | | 172936 |
| 黑龙江 | Heilongjiang | 1713214 | 2598 | 2184364 | | 182232 |
| 上 海 | Shanghai | 10348832 | 101871 | 12350828 | 2617 | 1512897 |
| 江 苏 | Jiangsu | 14148473 | 107797 | 16985820 | 4368 | 1096707 |
| 浙 江 | Zhejiang | 9083769 | 139262 | 13285560 | 29768 | 626610 |
| 安 徽 | Anhui | 6844384 | 4131 | 8428118 | | 397389 |
| 福 建 | Fujian | 4624320 | 86418 | 8358236 | 7 | 305718 |
| 江 西 | Jiangxi | 2624113 | 14560 | 2790804 | 3149 | 264947 |
| 山 东 | Shandong | 8729771 | 39 | 10198893 | | 500999 |
| 河 南 | Henan | 4969792 | 47520 | 5261922 | 8032 | 213242 |
| 湖 北 | Hubei | 15164372 | 43459 | 17182249 | | 1037670 |
| 湖 南 | Hunan | 6899903 | 40261 | 11008252 | | 243928 |
| 广 东 | Guangdong | 20713545 | 317646 | 23831868 | | 2372203 |
| 广 西 | Guangxi | 1366826 | 5308 | 1562890 | | 110696 |
| 海 南 | Hainan | 1750019 | 315237 | 2071032 | | 176026 |
| 重 庆 | Chongqing | 8073442 | 184156 | 10951616 | | 911916 |
| 四 川 | Sichuan | 10002318 | 3601 | 11021034 | | 473814 |
| 贵 州 | Guizhou | 3555305 | 16472 | 5354281 | | 678728 |
| 云 南 | Yunnan | 4851325 | 37166 | 6444587 | | 237353 |
| 西 藏 | Tibet | 495408 | 29 | 618358 | | 23661 |
| 陕 西 | Shaanxi | 3696237 | 19474 | 4037721 | | 231597 |
| 甘 肃 | Gansu | 2511607 | 11912 | 3005771 | | 79711 |
| 青 海 | Qinghai | 298849 | 1062 | 428248 | | 19256 |
| 宁 夏 | Ningxia | 45526 | | 50728 | | 8025 |
| 新 疆 | Xinjiang | 2044930 | 17923 | 2246050 | | 252275 |

# 3-2-6 各地区限额以上零售业企业商品购、销、存情况（按登记注册类型分）

# Total Purchases, Sales and Inventory of Enterprises above Designated Size of Retail Trade by Region and Type of Registration

内资企业

Domestic Funded Enterprises

| 地区 | Region | 商品购进额 Total Purchases Value | #进口 Imports | 商品销售额 Total Sales Value | #出口 Exports | 期末商品库存额 Inventory (year-end) |
|---|---|---|---|---|---|---|
| **全国** | **National Total** | **883584140** | **20935052** | **1013631469** | **849704** | **98840923** |
| 北京 | Beijing | 62280081 | 1105188 | 66798967 | 328907 | 5147296 |
| 天津 | Tianjin | 18295517 | 1183729 | 21355787 | 2558 | 1434401 |
| 河北 | Hebei | 27434494 | 517649 | 30453896 | 3855 | 4421495 |
| 山西 | Shanxi | 16420538 | 218353 | 19649155 | 494 | 2121744 |
| 内蒙古 | Inner Mongolia | 12824935 | 219152 | 14991125 | 4256 | 1449031 |
| 辽宁 | Liaoning | 28295170 | 545730 | 33155641 | 63185 | 7093312 |
| 吉林 | Jilin | 14070617 | 256978 | 17739773 | 37651 | 1107942 |
| 黑龙江 | Heilongjiang | 11760871 | 247470 | 14932840 | 1180 | 1210855 |
| 上海 | Shanghai | 35469175 | 962110 | 41191561 | 5970 | 4427097 |
| 江苏 | Jiangsu | 79610712 | 1666064 | 92368847 | 21452 | 6863671 |
| 浙江 | Zhejiang | 55593666 | 2427341 | 65124915 | 67584 | 7349475 |
| 安徽 | Anhui | 30279764 | 554801 | 34238850 | 6811 | 2988717 |
| 福建 | Fujian | 30803699 | 903122 | 35482516 | 21674 | 2652194 |
| 江西 | Jiangxi | 13766807 | 221195 | 15370102 | 16769 | 1571528 |
| 山东 | Shandong | 87190321 | 770095 | 95843918 | 51109 | 6517847 |
| 河南 | Henan | 39738241 | 662493 | 44928960 | 28426 | 3664432 |
| 湖北 | Hubei | 49649125 | 685261 | 54819206 | 12742 | 6112172 |
| 湖南 | Hunan | 33910529 | 792027 | 40999689 | 28199 | 4812716 |
| 广东 | Guangdong | 79800859 | 2867474 | 91474504 | 105122 | 11457132 |
| 广西 | Guangxi | 11543036 | 206950 | 13341629 | 2692 | 1349371 |
| 海南 | Hainan | 3823409 | 388167 | 4410971 | | 451617 |
| 重庆 | Chongqing | 26447252 | 654338 | 32902868 | 1193 | 2364216 |
| 四川 | Sichuan | 43303390 | 1408527 | 47868836 | | 3911567 |
| 贵州 | Guizhou | 11843411 | 137246 | 14562834 | | 1651991 |
| 云南 | Yunnan | 16692828 | 236958 | 20402925 | 22727 | 1728966 |
| 西藏 | Tibet | 879647 | 134 | 1038389 | 2 | 141563 |
| 陕西 | Shaanxi | 22347569 | 587751 | 25699031 | 8000 | 2102202 |
| 甘肃 | Gansu | 7312183 | 196541 | 8612041 | 4031 | 805991 |
| 青海 | Qinghai | 1604062 | 20826 | 1948059 | | 243907 |
| 宁夏 | Ningxia | 2718176 | 128843 | 3048462 | 28 | 517119 |
| 新疆 | Xinjiang | 7874056 | 162539 | 8875172 | 3087 | 1169356 |

3-2-6 续表 1 Continued 1

国有企业 单位：万元

State-owned Enterprises Unit: 10000 yuan

| 地 区 | Region | 商品购进额 Total Purchases Value | #进 口 Imports | 商品销售额 Total Sales Value | #出 口 Exports | 期末商品库存额 Inventory (year-end) |
|---|---|---|---|---|---|---|
| **全 国** | **National Total** | **17954759** | **260100** | **20273392** | **9926** | **1656724** |
| 北 京 | Beijing | 923006 | 149404 | 1055618 | 4076 | 221066 |
| 天 津 | Tianjin | 199329 | | 253596 | | 37222 |
| 河 北 | Hebei | 228767 | | 260359 | | 7055 |
| 山 西 | Shanxi | 593855 | | 668815 | | 50350 |
| 内 蒙 古 | Inner Mongolia | 1075373 | | 1354126 | | 35419 |
| 辽 宁 | Liaoning | 1328782 | | 1445509 | | 82862 |
| 吉 林 | Jilin | 46384 | | 43844 | | 4675 |
| 黑 龙 江 | Heilongjiang | 333905 | 7 | 381970 | | 50861 |
| 上 海 | Shanghai | 323828 | 21064 | 551428 | 468 | 56521 |
| 江 苏 | Jiangsu | 903396 | 943 | 1035781 | | 309091 |
| 浙 江 | Zhejiang | 167314 | | 179803 | | 24459 |
| 安 徽 | Anhui | 674015 | | 681866 | | 23773 |
| 福 建 | Fujian | 189706 | 20708 | 208674 | 1 | 16088 |
| 江 西 | Jiangxi | 104028 | | 109124 | 3149 | 7416 |
| 山 东 | Shandong | 755086 | 10 | 801611 | | 39675 |
| 河 南 | Henan | 1140952 | 5627 | 1230064 | 2232 | 52906 |
| 湖 北 | Hubei | 2827539 | 37055 | 3199425 | | 111441 |
| 湖 南 | Hunan | 624010 | 20006 | 662573 | | 33444 |
| 广 东 | Guangdong | 1048075 | 3563 | 1130281 | | 95239 |
| 广 西 | Guangxi | 250598 | | 281943 | | 14156 |
| 海 南 | Hainan | 9066 | | 7940 | | 1339 |
| 重 庆 | Chongqing | 1185553 | 500 | 1455470 | | 31007 |
| 四 川 | Sichuan | 1161167 | | 1198737 | | 66076 |
| 贵 州 | Guizhou | 184622 | | 244049 | | 11723 |
| 云 南 | Yunnan | 430320 | 1184 | 375623 | | 101591 |
| 西 藏 | Tibet | 117993 | 29 | 154949 | | 13360 |
| 陕 西 | Shaanxi | 742364 | | 794108 | | 62972 |
| 甘 肃 | Gansu | 107963 | | 111603 | | 9550 |
| 青 海 | Qinghai | 10714 | | 121775 | | 3981 |
| 宁 夏 | Ningxia | 31473 | | 33939 | | 5974 |
| 新 疆 | Xinjiang | 235576 | | 238789 | | 75432 |

3-2-6 续表 2 Continued 2

集体企业
Collective-owned Enterprises

单位：万元
Unit: 10000 yuan

| 地 区 | Region | 商品购进额 Total Purchases Value | #进口 Imports | 商品销售额 Total Sales Value | #出口 Exports | 期末商品库存额 Inventory (year-end) |
|---|---|---|---|---|---|---|
| **全 国** | **National Total** | **14024943** | **12262** | **15169649** | **2771** | **659581** |
| 北 京 | Beijing | 364450 | | 398055 | | 22363 |
| 天 津 | Tianjin | 195317 | | 217602 | 208 | 4498 |
| 河 北 | Hebei | 496441 | 2071 | 537820 | | 43862 |
| 山 西 | Shanxi | 391288 | | 436689 | | 32689 |
| 内蒙古 | Inner Mongolia | 110482 | | 113395 | | 1868 |
| 辽 宁 | Liaoning | 194705 | | 219784 | | 9128 |
| 吉 林 | Jilin | 60509 | | 65749 | | 3569 |
| 黑龙江 | Heilongjiang | 148346 | | 155196 | | 13839 |
| 上 海 | Shanghai | 99269 | 23 | 108793 | 622 | 10863 |
| 江 苏 | Jiangsu | 721432 | | 787105 | | 25601 |
| 浙 江 | Zhejiang | 393210 | | 496119 | | 22852 |
| 安 徽 | Anhui | 37649 | | 46716 | | 2995 |
| 福 建 | Fujian | 207341 | 56 | 223411 | | 10602 |
| 江 西 | Jiangxi | 42297 | | 44291 | | 4624 |
| 山 东 | Shandong | 3895328 | 28 | 4161738 | | 96950 |
| 河 南 | Henan | 2137340 | 8500 | 2309271 | | 87898 |
| 湖 北 | Hubei | 1785246 | | 1863048 | | 119984 |
| 湖 南 | Hunan | 330531 | | 373530 | | 18185 |
| 广 东 | Guangdong | 809049 | 1584 | 889846 | 1246 | 49558 |
| 广 西 | Guangxi | 245968 | | 263023 | | 14128 |
| 海 南 | Hainan | 2904 | | 2900 | | 25 |
| 重 庆 | Chongqing | 66877 | | 69545 | 695 | 1751 |
| 四 川 | Sichuan | 266224 | | 289465 | | 10308 |
| 贵 州 | Guizhou | 41027 | | 41757 | | 3504 |
| 云 南 | Yunnan | 436419 | | 465908 | | 14611 |
| 西 藏 | Tibet | | | | | |
| 陕 西 | Shaanxi | 463768 | | 500589 | | 24073 |
| 甘 肃 | Gansu | 72052 | | 76930 | | 7669 |
| 青 海 | Qinghai | | | | | |
| 宁 夏 | Ningxia | 1630 | | 1818 | | 31 |
| 新 疆 | Xinjiang | 7844 | | 9556 | | 1553 |

3-2-6 续表 3 Continued 3

股份合作企业
Cooperative Enterprises

单位：万元
Unit: 10000 yuan

| 地区 | Region | 商品购进额 Total Purchases Value | #进口 Imports | 商品销售额 Total Sales Value | #出口 Exports | 期末商品库存额 Inventory (year-end) |
|---|---|---|---|---|---|---|
| **全国** | **National Total** | **1800217** | **5086** | **1946574** | **4338** | **122065** |
| 北京 | Beijing | 296339 | | 310984 | | 15682 |
| 天津 | Tianjin | 19884 | | 22406 | | 1768 |
| 河北 | Hebei | 81365 | | 77730 | | 13885 |
| 山西 | Shanxi | 8839 | | 9899 | | 415 |
| 内蒙古 | Inner Mongolia | 4794 | | 5304 | | 220 |
| 辽宁 | Liaoning | 37202 | | 40399 | | 2194 |
| 吉林 | Jilin | 45580 | | 50154 | | 4327 |
| 黑龙江 | Heilongjiang | 41752 | | 42341 | | 7550 |
| 上海 | Shanghai | 34154 | | 37602 | | 1853 |
| 江苏 | Jiangsu | 56244 | 56 | 64801 | | 3091 |
| 浙江 | Zhejiang | 94965 | | 112351 | | 8000 |
| 安徽 | Anhui | 41145 | | 42358 | | 2504 |
| 福建 | Fujian | 1092 | | 1091 | | 25 |
| 江西 | Jiangxi | 20210 | | 26122 | 4338 | 1081 |
| 山东 | Shandong | 236398 | | 291106 | | 16469 |
| 河南 | Henan | 38870 | | 38937 | | 1588 |
| 湖北 | Hubei | 42941 | | 43582 | | 2283 |
| 湖南 | Hunan | 44820 | | 44866 | | 1050 |
| 广东 | Guangdong | 111649 | | 94428 | | 9866 |
| 广西 | Guangxi | 989 | | 1426 | | 7 |
| 海南 | Hainan | | | | | |
| 重庆 | Chongqing | 44486 | | 47086 | | 2420 |
| 四川 | Sichuan | 144698 | | 163380 | | 3979 |
| 贵州 | Guizhou | 27443 | | 32003 | | 1268 |
| 云南 | Yunnan | 233479 | 5030 | 254998 | | 15065 |
| 西藏 | Tibet | | | | | |
| 陕西 | Shaanxi | 83360 | | 82780 | | 3905 |
| 甘肃 | Gansu | 6958 | | 7068 | | 890 |
| 青海 | Qinghai | 453 | | 467 | | 680 |
| 宁夏 | Ningxia | | | | | |
| 新疆 | Xinjiang | 108 | | 905 | | |

3-2-6 续表 4 Continued 4

联营企业 单位：万元

Joint Ownership Enterprises Unit: 10000 yuan

| 地 区 | Region | 商品购进额 Total Purchases Value | #进口 Imports | 商品销售额 Total Sales Value | #出口 Exports | 期末商品库存额 Inventory (year-end) |
|---|---|---|---|---|---|---|
| **全 国** | **National Total** | **999329** | **22696** | **1123295** | | **59740** |
| 北 京 | Beijing | 19382 | | 24828 | | 9932 |
| 天 津 | Tianjin | 24272 | | 27642 | | 2917 |
| 河 北 | Hebei | 361 | | 374 | | 152 |
| 山 西 | Shanxi | | | | | |
| 内蒙古 | Inner Mongolia | | | | | |
| 辽 宁 | Liaoning | 16854 | | 19287 | | 111 |
| 吉 林 | Jilin | | | | | |
| 黑龙江 | Heilongjiang | 49711 | | 46457 | | 5102 |
| 上 海 | Shanghai | 140864 | | 156315 | | 2188 |
| 江 苏 | Jiangsu | 41198 | 22696 | 46998 | | 3378 |
| 浙 江 | Zhejiang | 64752 | | 73898 | | 494 |
| 安 徽 | Anhui | 9577 | | 9504 | | 846 |
| 福 建 | Fujian | 2219 | | 2407 | | 136 |
| 江 西 | Jiangxi | | | | | |
| 山 东 | Shandong | 89326 | | 84167 | | 15079 |
| 河 南 | Henan | 67551 | | 72825 | | 678 |
| 湖 北 | Hubei | 27570 | | 27573 | | 318 |
| 湖 南 | Hunan | 3476 | | 2549 | | 397 |
| 广 东 | Guangdong | 290062 | | 335721 | | 14682 |
| 广 西 | Guangxi | | | | | |
| 海 南 | Hainan | | | | | |
| 重 庆 | Chongqing | 2321 | | 2478 | | 85 |
| 四 川 | Sichuan | 77526 | | 89825 | | 987 |
| 贵 州 | Guizhou | 38312 | | 40301 | | 743 |
| 云 南 | Yunnan | 29490 | | 55334 | | 1466 |
| 西 藏 | Tibet | | | | | |
| 陕 西 | Shaanxi | 752 | | 748 | | 5 |
| 甘 肃 | Gansu | 3753 | | 4064 | | 44 |
| 青 海 | Qinghai | | | | | |
| 宁 夏 | Ningxia | | | | | |
| 新 疆 | Xinjiang | | | | | |

3-2-6 续表 5 Continued 5

有限责任公司
Limited Liability Corporations

单位：万元
Unit: 10000 yuan

| 地 区 | Region | 商品购进额 Total Purchases Value | #进口 Imports | 商品销售额 Total Sales Value | #出口 Exports | 期末商品库存额 Inventory (year-end) |
|---|---|---|---|---|---|---|
| **全 国** | **National Total** | **394417204** | **11356756** | **447036296** | **574293** | **41542300** |
| 北 京 | Beijing | 41536485 | 669891 | 43778528 | 315229 | 2649560 |
| 天 津 | Tianjin | 7467249 | 770705 | 9307887 | 1681 | 642931 |
| 河 北 | Hebei | 13875798 | 351871 | 15459370 | 770 | 1860739 |
| 山 西 | Shanxi | 3226314 | 35657 | 3694247 | | 355265 |
| 内蒙古 | Inner Mongolia | 5530318 | 118871 | 6377533 | 910 | 665356 |
| 辽 宁 | Liaoning | 10366373 | 303000 | 12967362 | 61186 | 1012789 |
| 吉 林 | Jilin | 5566495 | 162296 | 6323920 | 28484 | 478952 |
| 黑龙江 | Heilongjiang | 5074163 | 191828 | 6418994 | 950 | 477788 |
| 上 海 | Shanghai | 18957956 | 553014 | 22773667 | 4852 | 1816556 |
| 江 苏 | Jiangsu | 27006412 | 830542 | 31251030 | 13637 | 2334610 |
| 浙 江 | Zhejiang | 24005155 | 906072 | 27803584 | 7704 | 2486734 |
| 安 徽 | Anhui | 12019309 | 330404 | 13525774 | 3731 | 1285485 |
| 福 建 | Fujian | 14898660 | 271158 | 17090263 | 857 | 1224931 |
| 江 西 | Jiangxi | 7258515 | 179345 | 8204571 | 8847 | 776686 |
| 山 东 | Shandong | 30650659 | 383181 | 33719827 | 9500 | 2713986 |
| 河 南 | Henan | 19418271 | 428233 | 22609260 | 16296 | 2202290 |
| 湖 北 | Hubei | 20796127 | 269694 | 22393220 | 3072 | 2356809 |
| 湖 南 | Hunan | 10944857 | 395485 | 12258937 | 1900 | 914255 |
| 广 东 | Guangdong | 42871839 | 1447118 | 47911398 | 63236 | 7255013 |
| 广 西 | Guangxi | 5258637 | 88622 | 6170428 | | 617286 |
| 海 南 | Hainan | 2271919 | 372544 | 2643202 | | 387955 |
| 重 庆 | Chongqing | 12111552 | 494598 | 13674972 | 336 | 1417388 |
| 四 川 | Sichuan | 17583153 | 908729 | 19278165 | | 1577975 |
| 贵 州 | Guizhou | 5284572 | 68282 | 6163874 | | 519682 |
| 云 南 | Yunnan | 7646439 | 184142 | 9099697 | 21158 | 725065 |
| 西 藏 | Tibet | 465245 | | 477583 | | 76127 |
| 陕 西 | Shaanxi | 13766391 | 448366 | 15946735 | 8000 | 1431757 |
| 甘 肃 | Gansu | 3255294 | 109051 | 3882842 | 31 | 429135 |
| 青 海 | Qinghai | 944370 | 6581 | 1078360 | | 143054 |
| 宁 夏 | Ningxia | 1055271 | 6537 | 1178354 | | 152798 |
| 新 疆 | Xinjiang | 3303406 | 70939 | 3572712 | 1926 | 553343 |

3-2-6 续表 6 Continued 6

股份有限公司
Share-holding Corporations Ltd.

单位：万元
Unit: 10000 yuan

| 地　区 | Region | 商品购进额 Total Purchases Value | #进口 Imports | 商品销售额 Total Sales Value | #出口 Exports | 期末商品库存额 Inventory (year-end) |
|---|---|---|---|---|---|---|
| **全　国** | **National Total** | **128048590** | **375082** | **162907311** | **36021** | **8808863** |
| 北　京 | Beijing | 9237763 | 9242 | 10563269 | | 796613 |
| 天　津 | Tianjin | 3750644 | 1414 | 4116511 | 204 | 203346 |
| 河　北 | Hebei | 5363520 | 17385 | 5972209 | | 322164 |
| 山　西 | Shanxi | 3139918 | | 4058761 | | 193648 |
| 内蒙古 | Inner Mongolia | 2075341 | 15551 | 2636286 | | 102682 |
| 辽　宁 | Liaoning | 4613909 | 10493 | 5677148 | | 152830 |
| 吉　林 | Jilin | 4186764 | 32 | 6423749 | | 158492 |
| 黑龙江 | Heilongjiang | 2036545 | 2462 | 3410726 | | 181734 |
| 上　海 | Shanghai | 3616417 | 576 | 3918910 | | 655201 |
| 江　苏 | Jiangsu | 10811491 | 47 | 13873284 | | 630423 |
| 浙　江 | Zhejiang | 4979013 | 70984 | 7903487 | 27977 | 459689 |
| 安　徽 | Anhui | 5369738 | 11944 | 6626116 | | 245304 |
| 福　建 | Fujian | 1879330 | 85753 | 2377102 | 394 | 82757 |
| 江　西 | Jiangxi | 1533523 | 1352 | 1633119 | | 252944 |
| 山　东 | Shandong | 13562701 | 10665 | 15343464 | | 592707 |
| 河　南 | Henan | 4070964 | 90800 | 4453564 | 5791 | 185817 |
| 湖　北 | Hubei | 10854028 | 2 | 12263986 | | 813681 |
| 湖　南 | Hunan | 4065616 | 276 | 7609839 | | 425156 |
| 广　东 | Guangdong | 8693449 | 4180 | 12272743 | 1138 | 687853 |
| 广　西 | Guangxi | 1749687 | 2307 | 2003153 | 517 | 143973 |
| 海　南 | Hainan | 1336239 | | 1506084 | | 34617 |
| 重　庆 | Chongqing | 4458084 | | 6670407 | | 209850 |
| 四　川 | Sichuan | 7290698 | 6712 | 8346811 | | 409017 |
| 贵　州 | Guizhou | 2591130 | | 4000735 | | 584209 |
| 云　南 | Yunnan | 1691281 | 3202 | 3114190 | | 79433 |
| 西　藏 | Tibet | 135869 | | 217946 | | 8241 |
| 陕　西 | Shaanxi | 1790971 | 17456 | 2061210 | | 105287 |
| 甘　肃 | Gansu | 1719455 | | 2009539 | | 53748 |
| 青　海 | Qinghai | 116107 | | 123431 | | 3787 |
| 宁　夏 | Ningxia | 354785 | | 361070 | | 11933 |
| 新　疆 | Xinjiang | 973610 | 12247 | 1358462 | | 21727 |

3-2-6 续表 7 Continued 7

私营企业
Private Enterprises

单位：万元
Unit: 10000 yuan

| 地 区 | Region | 商品购进额 Total Purchases Value | #进 口 Imports | 商品销售额 Total Sales Value | #出 口 Exports | 期末商品库存额 Inventory (year-end) |
|---|---|---|---|---|---|---|
| **全 国** | **National Total** | **322374433** | **8842228** | **360402792** | **220618** | **45688684** |
| 北 京 | Beijing | 9902656 | 276651 | 10667687 | 9602 | 1432080 |
| 天 津 | Tianjin | 6632193 | 411610 | 7359153 | 465 | 541561 |
| 河 北 | Hebei | 7326400 | 146322 | 8079331 | 3085 | 2160562 |
| 山 西 | Shanxi | 9030873 | 182696 | 10747341 | 494 | 1483426 |
| 内蒙古 | Inner Mongolia | 3976778 | 84680 | 4450746 | 3346 | 631849 |
| 辽 宁 | Liaoning | 11678465 | 232237 | 12722667 | 1794 | 5830700 |
| 吉 林 | Jilin | 4049525 | 94649 | 4693732 | 9167 | 450988 |
| 黑龙江 | Heilongjiang | 3983569 | 53173 | 4354084 | 230 | 458902 |
| 上 海 | Shanghai | 12207977 | 387434 | 13528623 | 28 | 1871627 |
| 江 苏 | Jiangsu | 39521079 | 811773 | 44575505 | 6960 | 3539177 |
| 浙 江 | Zhejiang | 25775641 | 1450284 | 28401243 | 31904 | 4337790 |
| 安 徽 | Anhui | 11982729 | 212453 | 13138503 | 3080 | 1412370 |
| 福 建 | Fujian | 13398155 | 518882 | 15304068 | 20423 | 1304080 |
| 江 西 | Jiangxi | 4773112 | 40497 | 5316581 | 435 | 525699 |
| 山 东 | Shandong | 37375262 | 345454 | 40737784 | 41609 | 2988386 |
| 河 南 | Henan | 12735077 | 129333 | 14058285 | 4107 | 1121250 |
| 湖 北 | Hubei | 12934042 | 378235 | 14575929 | 9670 | 2691704 |
| 湖 南 | Hunan | 17787376 | 376262 | 19935174 | 26299 | 3413149 |
| 广 东 | Guangdong | 25647119 | 1410732 | 28464086 | 39383 | 3323821 |
| 广 西 | Guangxi | 4021366 | 116022 | 4603998 | 2175 | 557232 |
| 海 南 | Hainan | 203281 | 15623 | 250845 | | 27682 |
| 重 庆 | Chongqing | 8420551 | 137745 | 10801130 | 162 | 678895 |
| 四 川 | Sichuan | 16423493 | 493086 | 18092677 | | 1823974 |
| 贵 州 | Guizhou | 3662959 | 68964 | 4020814 | | 529346 |
| 云 南 | Yunnan | 6122333 | 43033 | 6898940 | 1009 | 784683 |
| 西 藏 | Tibet | 159180 | 105 | 186553 | 2 | 43601 |
| 陕 西 | Shaanxi | 5349797 | 120899 | 6143093 | | 464319 |
| 甘 肃 | Gansu | 2134360 | 87490 | 2505258 | 4000 | 304186 |
| 青 海 | Qinghai | 532136 | 14245 | 623242 | | 92358 |
| 宁 夏 | Ningxia | 1274151 | 122306 | 1472341 | 28 | 346052 |
| 新 疆 | Xinjiang | 3352798 | 79353 | 3693379 | 1161 | 517235 |

3-2-6 续表 8 Continued 8

其他企业 Other Enterprises

单位：万元 Unit: 10000 yuan

| 地 区 | Region | 商品购进额 Total Purchases Value | #进口 Imports | 商品销售额 Total Sales Value | #出口 Exports | 期末商品库存额 Inventory (year-end) |
|---|---|---|---|---|---|---|
| **全 国** | **National Total** | **3964671** | **60845** | **4772173** | **1740** | **302982** |
| 北 京 | Beijing | | | | | |
| 天 津 | Tianjin | 6628 | | 50991 | | 159 |
| 河 北 | Hebei | 61841 | | 66704 | | 13077 |
| 山 西 | Shanxi | 29451 | | 33403 | | 5952 |
| 内蒙古 | Inner Mongolia | 51850 | 50 | 53736 | | 11637 |
| 辽 宁 | Liaoning | 58879 | | 63486 | 205 | 2698 |
| 吉 林 | Jilin | 115360 | | 138624 | | 6940 |
| 黑龙江 | Heilongjiang | 92881 | | 123073 | | 15080 |
| 上 海 | Shanghai | 88710 | | 116222 | | 12289 |
| 江 苏 | Jiangsu | 549460 | 8 | 734344 | 855 | 18302 |
| 浙 江 | Zhejiang | 113617 | | 154431 | | 9457 |
| 安 徽 | Anhui | 145602 | | 168013 | | 15440 |
| 福 建 | Fujian | 227197 | 6565 | 275501 | | 13576 |
| 江 西 | Jiangxi | 35123 | | 36294 | | 3078 |
| 山 东 | Shandong | 625561 | 30758 | 704222 | | 54596 |
| 河 南 | Henan | 129216 | | 156754 | | 12005 |
| 湖 北 | Hubei | 381633 | 275 | 452444 | | 15952 |
| 湖 南 | Hunan | 109845 | | 112221 | | 7082 |
| 广 东 | Guangdong | 329618 | 298 | 376000 | 120 | 21099 |
| 广 西 | Guangxi | 15791 | | 17658 | | 2589 |
| 海 南 | Hainan | | | | | |
| 重 庆 | Chongqing | 157829 | 21494 | 181781 | | 22820 |
| 四 川 | Sichuan | 356431 | | 409774 | | 19253 |
| 贵 州 | Guizhou | 13346 | | 19302 | | 1516 |
| 云 南 | Yunnan | 103067 | 366 | 138234 | 560 | 7053 |
| 西 藏 | Tibet | 1359 | | 1358 | | 234 |
| 陕 西 | Shaanxi | 150166 | 1031 | 169769 | | 9885 |
| 甘 肃 | Gansu | 12348 | | 14738 | | 769 |
| 青 海 | Qinghai | 282 | | 784 | | 47 |
| 宁 夏 | Ningxia | 866 | | 942 | | 331 |
| 新 疆 | Xinjiang | 714 | | 1370 | | 66 |

3-2-6 续表 9 Continued 9

港、澳、台商投资企业

Enterprises with Funds from Hong Kong, Macao and Taiwan

单位：万元

Unit: 10000 yuan

| 地 区 | Region | 商品购进额 Total Purchases Value | #进 口 Imports | 商品销售额 Total Sales Value | #出 口 Exports | 期末商品库存额 Inventory (year-end) |
|---|---|---|---|---|---|---|
| **全 国** | **National Total** | **48380684** | **3706804** | **60665856** | **13151** | **7965890** |
| 北 京 | Beijing | 3776282 | 249503 | 4509172 | | 357479 |
| 天 津 | Tianjin | 1439979 | 44136 | 1891111 | 519 | 137594 |
| 河 北 | Hebei | 64994 | 30470 | 75081 | | 7320 |
| 山 西 | Shanxi | 290028 | 58468 | 332257 | | 41754 |
| 内 蒙 古 | Inner Mongolia | 137630 | 45 | 169866 | | 11554 |
| 辽 宁 | Liaoning | 1228864 | 53970 | 1640127 | | 127625 |
| 吉 林 | Jilin | 71982 | | 99018 | | 10485 |
| 黑 龙 江 | Heilongjiang | 294822 | 233 | 476888 | | 27234 |
| 上 海 | Shanghai | 7594480 | 1211265 | 9721432 | 2046 | 2196394 |
| 江 苏 | Jiangsu | 7627186 | 249288 | 9024851 | | 814990 |
| 浙 江 | Zhejiang | 3131694 | 154484 | 4225518 | 52 | 312591 |
| 安 徽 | Anhui | 1170295 | 60315 | 1391693 | | 197502 |
| 福 建 | Fujian | 2002768 | 86616 | 2171092 | | 151685 |
| 江 西 | Jiangxi | 462941 | 213 | 534447 | | 31200 |
| 山 东 | Shandong | 1921979 | 68470 | 2399428 | 36 | 216608 |
| 河 南 | Henan | 927162 | 38015 | 1615269 | | 76016 |
| 湖 北 | Hubei | 1327830 | 36048 | 1632083 | | 223260 |
| 湖 南 | Hunan | 527068 | 64167 | 644207 | | 139553 |
| 广 东 | Guangdong | 7702507 | 636401 | 9821566 | 9510 | 2136417 |
| 广 西 | Guangxi | 948474 | 146511 | 1022569 | 988 | 106247 |
| 海 南 | Hainan | 132285 | 25684 | 174279 | | 7438 |
| 重 庆 | Chongqing | 639871 | 59233 | 843380 | | 75302 |
| 四 川 | Sichuan | 1915530 | 96536 | 2514305 | | 230556 |
| 贵 州 | Guizhou | 363640 | 56416 | 470148 | | 44008 |
| 云 南 | Yunnan | 781399 | 49883 | 887433 | | 75313 |
| 西 藏 | Tibet | 7560 | | 7015 | | 549 |
| 陕 西 | Shaanxi | 1464554 | 201816 | 1811689 | | 169722 |
| 甘 肃 | Gansu | 148179 | | 194804 | | 10903 |
| 青 海 | Qinghai | 36240 | | 36289 | | 3602 |
| 宁 夏 | Ningxia | 68691 | 25366 | 70724 | | 6276 |
| 新 疆 | Xinjiang | 173770 | 3252 | 258115 | | 18713 |

3-2-6 续表 10 Continued 10

外商投资企业
Foreign Funded Enterprises

单位：万元
Unit: 10000 yuan

| 地 区 | Region | 商品购进额 Total Purchases Value | #进 口 Imports | 商品销售额 Total Sales Value | #出 口 Exports | 期末商品库存额 Inventory (year-end) |
|---|---|---|---|---|---|---|
| **全 国** | **National Total** | **53362398** | **2298513** | **68255338** | **18096** | **5325356** |
| 北 京 | Beijing | 7888911 | 321281 | 10089913 | | 852834 |
| 天 津 | Tianjin | 1404780 | 23602 | 2121691 | 767 | 108034 |
| 河 北 | Hebei | 218204 | | 231478 | | 16779 |
| 山 西 | Shanxi | 81688 | | 90806 | | 8434 |
| 内蒙古 | Inner Mongolia | 17922 | | 18748 | | 3821 |
| 辽 宁 | Liaoning | 1230360 | 34430 | 1346423 | | 137035 |
| 吉 林 | Jilin | 210987 | 25449 | 239161 | | 25096 |
| 黑龙江 | Heilongjiang | 264258 | | 289776 | | 30735 |
| 上 海 | Shanghai | 8467080 | 886456 | 11958351 | 2294 | 1464971 |
| 江 苏 | Jiangsu | 5551907 | 119641 | 6437514 | 1797 | 382582 |
| 浙 江 | Zhejiang | 4440553 | 372386 | 4933620 | | 344054 |
| 安 徽 | Anhui | 559641 | | 610317 | | 69776 |
| 福 建 | Fujian | 1454674 | 94977 | 4635145 | | 174236 |
| 江 西 | Jiangxi | 497504 | | 601257 | 1834 | 46888 |
| 山 东 | Shandong | 1105984 | 41838 | 1332981 | 6066 | 123979 |
| 河 南 | Henan | 479126 | 17016 | 556403 | | 66091 |
| 湖 北 | Hubei | 1010589 | 32801 | 1182292 | 725 | 76388 |
| 湖 南 | Hunan | 603672 | 24136 | 634201 | | 42278 |
| 广 东 | Guangdong | 10002411 | 150428 | 11641946 | 4613 | 815293 |
| 广 西 | Guangxi | 131893 | 13889 | 154431 | | 12904 |
| 海 南 | Hainan | 207948 | | 221675 | | 25914 |
| 重 庆 | Chongqing | 465023 | 57889 | 649399 | | 52765 |
| 四 川 | Sichuan | 3126926 | 21998 | 3489148 | | 199902 |
| 贵 州 | Guizhou | 254530 | 1865 | 259946 | | 79048 |
| 云 南 | Yunnan | 752511 | 33958 | 935246 | | 82255 |
| 西 藏 | Tibet | 3304 | | 3141 | | 275 |
| 陕 西 | Shaanxi | 2778197 | 21925 | 3316831 | | 73629 |
| 甘 肃 | Gansu | 1183 | | 20159 | | 530 |
| 青 海 | Qinghai | | | | | |
| 宁 夏 | Ningxia | 5100 | | 7380 | | 1 |
| 新 疆 | Xinjiang | 145532 | 2548 | 245959 | | 8829 |

# 3-2-7 各地区限额以上零售业企业商品购、销、存情况（按国民经济行业分）

# Total Purchases, Sales and Inventory of Enterprises above Designated Size of Retail Trade by Region and Sector

综合零售 Integrated Retail

单位：万元 Unit: 10000 yuan

| 地区 | Region | 商品购进额 Total Purchases Value | #进口 Imports | 商品销售额 Total Sales Value | #出口 Exports | 期末商品库存额 Inventory (year-end) |
|---|---|---|---|---|---|---|
| **全国** | **National Total** | **218424127** | **1337151** | **269525402** | **63840** | **21913246** |
| 北京 | Beijing | 14354789 | 251236 | 17293432 | | 1079793 |
| 天津 | Tianjin | 2721513 | 2727 | 4081031 | | 244224 |
| 河北 | Hebei | 9366159 | | 10687944 | 265 | 932608 |
| 山西 | Shanxi | 2609193 | 81332 | 3516557 | | 335606 |
| 内蒙古 | Inner Mongolia | 2025658 | 2898 | 2598508 | | 179636 |
| 辽宁 | Liaoning | 6875855 | 21298 | 10460378 | | 485819 |
| 吉林 | Jilin | 4675616 | 251 | 7114259 | 100 | 204210 |
| 黑龙江 | Heilongjiang | 3699467 | 2469 | 5978723 | | 306250 |
| 上海 | Shanghai | 12479670 | 441508 | 15859880 | 5177 | 1562411 |
| 江苏 | Jiangsu | 19590487 | 103304 | 24766672 | 2743 | 1583781 |
| 浙江 | Zhejiang | 11746866 | 35338 | 14422087 | 27947 | 1352652 |
| 安徽 | Anhui | 8675026 | 18254 | 9878650 | | 886003 |
| 福建 | Fujian | 5391838 | 104938 | 6200966 | 6 | 397007 |
| 江西 | Jiangxi | 2459982 | 36184 | 3013948 | | 337191 |
| 山东 | Shandong | 27234930 | 33471 | 30256732 | 3581 | 1565268 |
| 河南 | Henan | 9580783 | 62145 | 12269424 | 1050 | 839053 |
| 湖北 | Hubei | 16290123 | 10170 | 18559548 | | 1777998 |
| 湖南 | Hunan | 7865074 | 29311 | 8485913 | 2020 | 1700374 |
| 广东 | Guangdong | 17939100 | 25782 | 21928730 | | 2624276 |
| 广西 | Guangxi | 2558725 | 4845 | 3406535 | | 278992 |
| 海南 | Hainan | 655503 | 24 | 831544 | | 89743 |
| 重庆 | Chongqing | 5494551 | 2726 | 8324824 | 30 | 806157 |
| 四川 | Sichuan | 9193336 | 27177 | 11288446 | | 702892 |
| 贵州 | Guizhou | 1659786 | 1225 | 1961510 | | 181445 |
| 云南 | Yunnan | 3389415 | 16720 | 3808842 | 20919 | 361333 |
| 西藏 | Tibet | 86540 | 105 | 107749 | 2 | 54839 |
| 陕西 | Shaanxi | 5924395 | 4005 | 7417501 | | 477633 |
| 甘肃 | Gansu | 1291430 | 15928 | 1722079 | | 195092 |
| 青海 | Qinghai | 350620 | | 456510 | | 72067 |
| 宁夏 | Ningxia | 874662 | | 954688 | | 185164 |
| 新疆 | Xinjiang | 1363035 | 1780 | 1871792 | | 113729 |

3-2-7 续表 1 Continued 1

食品、饮料及烟草制品专门零售 单位：万元

Special Retail of Food, Beverages and Tobaccos Unit: 10000 yuan

| 地　区 | Region | 商品购进额 Total Purchases Value | #进口 Imports | 商品销售额 Total Sales Value | #出口 Exports | 期末商品库存额 Inventory (year-end) |
|---|---|---|---|---|---|---|
| **全　国** | **National Total** | **31557797** | **397262** | **37384683** | **82478** | **3003336** |
| 北　京 | Beijing | 789317 | 27230 | 1217279 | | 194952 |
| 天　津 | Tianjin | 470787 | 2328 | 540247 | 946 | 40287 |
| 河　北 | Hebei | 120301 | 2400 | 187587 | | 35241 |
| 山　西 | Shanxi | 542327 | 3222 | 705482 | 494 | 68325 |
| 内蒙古 | Inner Mongolia | 460068 | 39281 | 430585 | 1058 | 95416 |
| 辽　宁 | Liaoning | 561653 | 7768 | 578092 | 45589 | 64898 |
| 吉　林 | Jilin | 378947 | 100 | 471248 | | 93948 |
| 黑龙江 | Heilongjiang | 340061 | | 394406 | | 24849 |
| 上　海 | Shanghai | 1037742 | 11094 | 1320521 | 622 | 86373 |
| 江　苏 | Jiangsu | 3338118 | 5593 | 3907555 | 5223 | 252373 |
| 浙　江 | Zhejiang | 1023635 | 11398 | 1187155 | 9560 | 115278 |
| 安　徽 | Anhui | 1521547 | 21801 | 1769030 | | 113948 |
| 福　建 | Fujian | 2771983 | 31912 | 3221727 | 270 | 169931 |
| 江　西 | Jiangxi | 447007 | 516 | 539012 | 2019 | 37823 |
| 山　东 | Shandong | 3496863 | 28357 | 3826011 | 9538 | 217075 |
| 河　南 | Henan | 1310949 | 1500 | 1489303 | | 99605 |
| 湖　北 | Hubei | 3489927 | 13058 | 4013306 | 628 | 211930 |
| 湖　南 | Hunan | 1241252 | 23543 | 1639357 | 424 | 115060 |
| 广　东 | Guangdong | 2181711 | 123811 | 2784898 | 357 | 264692 |
| 广　西 | Guangxi | 137443 | 4939 | 169357 | | 28842 |
| 海　南 | Hainan | 28570 | | 28357 | | 7974 |
| 重　庆 | Chongqing | 1173854 | 500 | 1408520 | 695 | 77769 |
| 四　川 | Sichuan | 1673631 | 15950 | 1926101 | | 183603 |
| 贵　州 | Guizhou | 518054 | 2583 | 607888 | | 76565 |
| 云　南 | Yunnan | 1310033 | 11012 | 1506276 | 1024 | 128454 |
| 西　藏 | Tibet | 60836 | 29 | 71204 | | 22085 |
| 陕　西 | Shaanxi | 831300 | 3283 | 1082352 | | 112536 |
| 甘　肃 | Gansu | 237068 | | 294238 | 4031 | 43464 |
| 青　海 | Qinghai | 15680 | | 16882 | | 953 |
| 宁　夏 | Ningxia | 21636 | 598 | 24950 | | 8407 |
| 新　疆 | Xinjiang | 25497 | 3456 | 25757 | | 10680 |

3-2-7 续表 2 Continued 2

纺织、服装及日用品专门零售 单位：万元

Special Retail of Textiles, Garments and Daily Consumer Articles Unit: 10000 yuan

| 地 区 | Region | 商品购进额 Total Purchases Value | #进口 Imports | 商品销售额 Total Sales Value | #出口 Exports | 期末商品库存额 Inventory (year-end) |
|---|---|---|---|---|---|---|
| **全 国** | **National Total** | **37489353** | **2265842** | **51082243** | **88824** | **9320828** |
| 北 京 | Beijing | 1857563 | 211372 | 3030064 | 51 | 491970 |
| 天 津 | Tianjin | 903751 | 4380 | 1173417 | | 139576 |
| 河 北 | Hebei | 518016 | 1046 | 620524 | 1616 | 65751 |
| 山 西 | Shanxi | 728697 | | 1037628 | | 103216 |
| 内蒙古 | Inner Mongolia | 478262 | 809 | 586460 | 900 | 110176 |
| 辽 宁 | Liaoning | 1097363 | 87603 | 1341257 | 916 | 188258 |
| 吉 林 | Jilin | 579017 | 30 | 767233 | 6649 | 63961 |
| 黑龙江 | Heilongjiang | 798444 | 234 | 956038 | | 125076 |
| 上 海 | Shanghai | 6250921 | 1324115 | 10391262 | 1348 | 3085380 |
| 江 苏 | Jiangsu | 2852867 | 11483 | 3648725 | 2984 | 422443 |
| 浙 江 | Zhejiang | 2833524 | 128025 | 4104766 | 11875 | 880577 |
| 安 徽 | Anhui | 777069 | 134 | 963357 | 3731 | 175800 |
| 福 建 | Fujian | 2398268 | 9559 | 2955614 | 4082 | 274240 |
| 江 西 | Jiangxi | 277797 | 487 | 315030 | 11496 | 81891 |
| 山 东 | Shandong | 2827576 | 32319 | 3424653 | 6566 | 346682 |
| 河 南 | Henan | 1330031 | 17483 | 1479942 | 2241 | 97115 |
| 湖 北 | Hubei | 1275504 | 15 | 1597756 | 80 | 214304 |
| 湖 南 | Hunan | 977259 | | 1155835 | | 233296 |
| 广 东 | Guangdong | 3453982 | 97090 | 4929164 | 33121 | 1296536 |
| 广 西 | Guangxi | 126391 | 126 | 141396 | | 21786 |
| 海 南 | Hainan | 362388 | 315237 | 479180 | | 128276 |
| 重 庆 | Chongqing | 889873 | 1347 | 1153781 | | 143859 |
| 四 川 | Sichuan | 1223557 | 13597 | 1589977 | | 291880 |
| 贵 州 | Guizhou | 146556 | | 176177 | | 29875 |
| 云 南 | Yunnan | 342678 | 7151 | 465249 | | 80602 |
| 西 藏 | Tibet | 3304 | | 3141 | | 275 |
| 陕 西 | Shaanxi | 1668301 | 2200 | 1967925 | | 136696 |
| 甘 肃 | Gansu | 84098 | | 108332 | | 22926 |
| 青 海 | Qinghai | 39557 | | 47960 | | 10720 |
| 宁 夏 | Ningxia | 38185 | | 49103 | | 18044 |
| 新 疆 | Xinjiang | 348554 | | 421297 | 1168 | 39641 |

3-2-7 续表 3 Continued 3

文化、体育用品及器材专门零售 单位：万元

Special Retail of Culture, Sports Appliances and Equipments Unit: 10000 yuan

| 地区 | Region | 商品购进额 Total Purchases Value | #进口 Imports | 商品销售额 Total Sales Value | #出口 Exports | 期末商品库存额 Inventory (year-end) |
|---|---|---|---|---|---|---|
| **全国** | **National Total** | **27423915** | **470820** | **30719462** | **49188** | **5750686** |
| 北京 | Beijing | 2786321 | 320037 | 3047763 | 4878 | 1080087 |
| 天津 | Tianjin | 971753 | 1563 | 1197939 | | 105285 |
| 河北 | Hebei | 623375 | | 629211 | | 139996 |
| 山西 | Shanxi | 419970 | 2869 | 404497 | | 138324 |
| 内蒙古 | Inner Mongolia | 102028 | 50 | 129280 | | 46508 |
| 辽宁 | Liaoning | 564406 | | 696279 | | 102797 |
| 吉林 | Jilin | 172008 | | 179863 | 31 | 37422 |
| 黑龙江 | Heilongjiang | 231916 | 4211 | 329943 | | 61575 |
| 上海 | Shanghai | 1499423 | 105643 | 1845220 | 2295 | 621937 |
| 江苏 | Jiangsu | 3907852 | 1708 | 4064165 | 1251 | 708902 |
| 浙江 | Zhejiang | 1639356 | 1088 | 1717656 | 3136 | 460056 |
| 安徽 | Anhui | 750521 | | 798570 | | 121226 |
| 福建 | Fujian | 1494856 | 7304 | 1787627 | 3196 | 199510 |
| 江西 | Jiangxi | 835522 | 12 | 887102 | | 68745 |
| 山东 | Shandong | 1549696 | 3165 | 1712441 | 3800 | 224355 |
| 河南 | Henan | 1189636 | 13 | 1415412 | 2 | 160556 |
| 湖北 | Hubei | 1000583 | | 1179257 | | 131159 |
| 湖南 | Hunan | 1013077 | 9648 | 1188215 | 23263 | 104678 |
| 广东 | Guangdong | 1951833 | 599 | 2321722 | 5712 | 464165 |
| 广西 | Guangxi | 255707 | | 304276 | 1505 | 34372 |
| 海南 | Hainan | 24894 | | 32275 | | 4889 |
| 重庆 | Chongqing | 598025 | 99 | 645678 | | 50340 |
| 四川 | Sichuan | 819773 | | 850542 | | 158775 |
| 贵州 | Guizhou | 193577 | | 189216 | | 31182 |
| 云南 | Yunnan | 1533620 | 8229 | 1805128 | 91 | 177443 |
| 西藏 | Tibet | 5542 | | 5886 | | 753 |
| 陕西 | Shaanxi | 682849 | 4552 | 709878 | | 132479 |
| 甘肃 | Gansu | 323450 | | 359096 | | 53173 |
| 青海 | Qinghai | 10553 | | 11510 | | 3366 |
| 宁夏 | Ningxia | 35589 | 30 | 34165 | 28 | 12477 |
| 新疆 | Xinjiang | 236204 | | 239650 | | 114154 |

3-2-7 续表 4 Continued 4

医药及医疗器材专门零售 单位：万元

Special Retail of Medicines and Medical Appliances Unit: 10000 yuan

| 地 区 | Region | 商品购进额 Total Purchases Value | #进口 Imports | 商品销售额 Total Sales Value | #出口 Exports | 期末商品库存额 Inventory (year-end) |
|---|---|---|---|---|---|---|
| **全 国** | **National Total** | **54219728** | **343913** | **60362141** | **7157** | **6363067** |
| 北 京 | Beijing | 2414535 | 62882 | 2632208 | | 263945 |
| 天 津 | Tianjin | 725266 | 1 | 780953 | 702 | 51786 |
| 河 北 | Hebei | 2047529 | 137115 | 2256917 | | 218389 |
| 山 西 | Shanxi | 996520 | 1004 | 1125201 | | 138030 |
| 内蒙古 | Inner Mongolia | 239271 | | 284549 | | 54184 |
| 辽 宁 | Liaoning | 1945303 | 4527 | 2245401 | | 220709 |
| 吉 林 | Jilin | 693997 | 3337 | 798233 | | 74830 |
| 黑龙江 | Heilongjiang | 1441250 | 6801 | 1639445 | 950 | 149632 |
| 上 海 | Shanghai | 1919248 | 1444 | 2252800 | | 179055 |
| 江 苏 | Jiangsu | 8262679 | 10484 | 9119922 | 3608 | 890784 |
| 浙 江 | Zhejiang | 3034843 | 2545 | 3303049 | | 475184 |
| 安 徽 | Anhui | 2671782 | | 2877203 | | 287933 |
| 福 建 | Fujian | 1408482 | 2675 | 1634310 | | 135514 |
| 江 西 | Jiangxi | 1389800 | 230 | 1502153 | | 260442 |
| 山 东 | Shandong | 4627303 | 2952 | 5140635 | | 346245 |
| 河 南 | Henan | 1581082 | 2567 | 1748932 | | 143165 |
| 湖 北 | Hubei | 3007258 | 40108 | 3417834 | 985 | 396623 |
| 湖 南 | Hunan | 2268955 | 1465 | 2516916 | | 269653 |
| 广 东 | Guangdong | 4090096 | 20199 | 4344738 | 912 | 539181 |
| 广 西 | Guangxi | 2059158 | 2431 | 2240244 | | 158472 |
| 海 南 | Hainan | 20532 | | 28894 | | 5541 |
| 重 庆 | Chongqing | 2415043 | 10535 | 2607672 | | 228633 |
| 四 川 | Sichuan | 982658 | 3284 | 1186279 | | 125812 |
| 贵 州 | Guizhou | 866366 | 18600 | 972867 | | 153895 |
| 云 南 | Yunnan | 786561 | 2068 | 1084076 | | 148233 |
| 西 藏 | Tibet | 9220 | | 13338 | | 492 |
| 陕 西 | Shaanxi | 671572 | 1036 | 758129 | | 127941 |
| 甘 肃 | Gansu | 233128 | | 289951 | | 42690 |
| 青 海 | Qinghai | 62364 | | 68488 | | 12821 |
| 宁 夏 | Ningxia | 253970 | 3217 | 299617 | | 38995 |
| 新 疆 | Xinjiang | 1093957 | 2406 | 1191187 | | 224258 |

3-2-7 续表 5 Continued 5

汽车、摩托车、燃料及零配件专门零售 单位：万元

Special Retail of Motor Vehicles, Motorcycles, Fuel and Parts Unit: 10000 yuan

| 地　区 | Region | 商品购进额 Total Purchases Value | #进口 Imports | 商品销售额 Total Sales Value | #出口 Exports | 期末商品库存额 Inventory (year-end) |
|---|---|---|---|---|---|---|
| **全　国** | **National Total** | **449880417** | **21343750** | **506248597** | **132082** | **52467930** |
| 北　京 | Beijing | 25227433 | 637037 | 25775310 | 246 | 2250729 |
| 天　津 | Tianjin | 10484545 | 1209838 | 11509274 | 208 | 871295 |
| 河　北 | Hebei | 13080492 | 406608 | 14187217 | 1950 | 2659306 |
| 山　西 | Shanxi | 9738659 | 188393 | 11295722 | | 1173220 |
| 内蒙古 | Inner Mongolia | 8083474 | 175674 | 9434622 | | 720201 |
| 辽　宁 | Liaoning | 15010258 | 506861 | 15897841 | 16512 | 5902825 |
| 吉　林 | Jilin | 6725133 | 277345 | 7496632 | 9074 | 576639 |
| 黑龙江 | Heilongjiang | 4333790 | 225974 | 4760761 | 230 | 485846 |
| 上　海 | Shanghai | 16364550 | 1148291 | 17455287 | 868 | 1780274 |
| 江　苏 | Jiangsu | 40223333 | 1849758 | 45833000 | 2955 | 3316692 |
| 浙　江 | Zhejiang | 35259110 | 2747932 | 40746683 | 8085 | 3844253 |
| 安　徽 | Anhui | 13289205 | 507175 | 14995125 | 3025 | 1206642 |
| 福　建 | Fujian | 14428554 | 893006 | 19072359 | 351 | 1264451 |
| 江　西 | Jiangxi | 7210085 | 173604 | 7945450 | | 676596 |
| 山　东 | Shandong | 34553832 | 766429 | 37492570 | 17765 | 3262126 |
| 河　南 | Henan | 20232988 | 631241 | 21762145 | 17998 | 1950695 |
| 湖　北 | Hubei | 19181309 | 675497 | 20514097 | 2593 | 2179569 |
| 湖　南 | Hunan | 17488978 | 795954 | 22569491 | 1852 | 2250355 |
| 广　东 | Guangdong | 50194908 | 3233242 | 57020925 | 46550 | 7626452 |
| 广　西 | Guangxi | 6219116 | 339791 | 6821105 | 453 | 774636 |
| 海　南 | Hainan | 2785092 | 93692 | 3100329 | | 203278 |
| 重　庆 | Chongqing | 12119087 | 715641 | 13624485 | 336 | 853719 |
| 四　川 | Sichuan | 26853821 | 1464333 | 28786874 | | 1968053 |
| 贵　州 | Guizhou | 8138518 | 173051 | 10327045 | | 1230503 |
| 云　南 | Yunnan | 9678465 | 274852 | 12006807 | | 878641 |
| 西　藏 | Tibet | 663953 | | 785680 | | 49504 |
| 陕　西 | Shaanxi | 10787747 | 775456 | 12032494 | | 1120229 |
| 甘　肃 | Gansu | 4608148 | 125188 | 5249492 | | 386664 |
| 青　海 | Qinghai | 1041163 | 20826 | 1233977 | | 138030 |
| 宁　夏 | Ningxia | 1269099 | 150364 | 1458647 | | 215207 |
| 新　疆 | Xinjiang | 4605572 | 160697 | 5057151 | 1031 | 651300 |

3-2-7 续表 6 Continued 6

家用电器及电子产品专门零售 单位：万元

Special Retail of Household Electric Appliances and Electronic Products Unit: 10000 yuan

| 地　区 | Region | 商品购进额 Total Purchases Value | #进口 Imports | 商品销售额 Total Sales Value | #出口 Exports | 期末商品库存额 Inventory (year-end) |
|---|---|---|---|---|---|---|
| **全　国** | **National Total** | **91041930** | **268180** | **99350583** | **349740** | **7005755** |
| 北　京 | Beijing | 22818293 | 54497 | 23941943 | 314107 | 590810 |
| 天　津 | Tianjin | 1373424 | | 1527500 | | 113993 |
| 河　北 | Hebei | 1510707 | | 1653567 | | 354447 |
| 山　西 | Shanxi | 810240 | | 894420 | | 133856 |
| 内蒙古 | Inner Mongolia | 798925 | | 891803 | 1249 | 108044 |
| 辽　宁 | Liaoning | 2681095 | 70 | 2713963 | 15 | 311059 |
| 吉　林 | Jilin | 646166 | 1364 | 691723 | 9734 | 53063 |
| 黑龙江 | Heilongjiang | 1091128 | | 1190833 | | 89364 |
| 上　海 | Shanghai | 3360606 | 4057 | 3984541 | | 371393 |
| 江　苏 | Jiangsu | 7602250 | 26024 | 8580729 | | 547343 |
| 浙　江 | Zhejiang | 3413458 | 5431 | 3862973 | 33 | 461838 |
| 安　徽 | Anhui | 2529412 | 3998 | 2672104 | 55 | 240958 |
| 福　建 | Fujian | 2427705 | 7781 | 2723007 | 1100 | 197809 |
| 江　西 | Jiangxi | 1330954 | 6093 | 1434350 | | 133345 |
| 山　东 | Shandong | 7709435 | 2486 | 8274083 | 10260 | 517821 |
| 河　南 | Henan | 3566752 | | 4031091 | | 359325 |
| 湖　北 | Hubei | 3977501 | 10758 | 4261047 | 600 | 290302 |
| 湖　南 | Hunan | 2579246 | 19747 | 2821621 | 90 | 234235 |
| 广　东 | Guangdong | 8104558 | 43966 | 8952363 | 11609 | 886642 |
| 广　西 | Guangxi | 926036 | 13889 | 1045535 | | 120695 |
| 海　南 | Hainan | 264465 | 4898 | 278693 | | 36486 |
| 重　庆 | Chongqing | 2746130 | 4190 | 2950380 | | 210357 |
| 四　川 | Sichuan | 3651250 | 2082 | 3957787 | | 238207 |
| 贵　州 | Guizhou | 644382 | 68 | 715983 | | 50040 |
| 云　南 | Yunnan | 545204 | 697 | 851095 | | 65881 |
| 西　藏 | Tibet | 48124 | | 49636 | | 10308 |
| 陕　西 | Shaanxi | 2660751 | 659 | 3109076 | | 159582 |
| 甘　肃 | Gansu | 396285 | 55425 | 414513 | | 32154 |
| 青　海 | Qinghai | 90865 | | 104476 | | 5736 |
| 宁　夏 | Ningxia | 286213 | | 283362 | | 39696 |
| 新　疆 | Xinjiang | 450370 | | 486386 | 888 | 40966 |

3-2-7 续表 7 Continued 7

五金、家具及室内装饰材料专门零售 单位：万元

Special Retail of Hardware, Furniture and Interior Decoration Materials Unit: 10000 yuan

| 地区 | Region | 商品购进额 Total Purchases Value | #进口 Imports | 商品销售额 Total Sales Value | #出口 Exports | 期末商品库存额 Inventory (year-end) |
|---|---|---|---|---|---|---|
| **全国** | **National Total** | **28860742** | **117948** | **34869050** | **64177** | **3226982** |
| 北京 | Beijing | 572397 | 11417 | 1011901 | | 108672 |
| 天津 | Tianjin | 544784 | 2032 | 691307 | 1187 | 40740 |
| 河北 | Hebei | 315253 | 950 | 384633 | 24 | 27012 |
| 山西 | Shanxi | 428960 | | 511373 | | 61877 |
| 内蒙古 | Inner Mongolia | 547930 | 21 | 542198 | 10 | 132581 |
| 辽宁 | Liaoning | 727080 | 5336 | 821412 | | 50869 |
| 吉林 | Jilin | 186635 | | 196312 | 11969 | 21127 |
| 黑龙江 | Heilongjiang | 212784 | | 256297 | | 12361 |
| 上海 | Shanghai | 520467 | 19882 | 855726 | | 122989 |
| 江苏 | Jiangsu | 3886443 | 20159 | 4241936 | 4084 | 230860 |
| 浙江 | Zhejiang | 864861 | 1112 | 1011638 | 726 | 94301 |
| 安徽 | Anhui | 1052755 | | 1214987 | | 88139 |
| 福建 | Fujian | 2063642 | 6173 | 2295479 | 3982 | 116310 |
| 江西 | Jiangxi | 360358 | | 413614 | | 25871 |
| 山东 | Shandong | 5011416 | 2872 | 5834146 | 5105 | 254155 |
| 河南 | Henan | 1389418 | 1856 | 1620413 | 6907 | 119732 |
| 湖北 | Hubei | 1540073 | 4056 | 1699180 | 8582 | 1177062 |
| 湖南 | Hunan | 857171 | 571 | 969538 | 10 | 41516 |
| 广东 | Guangdong | 1974987 | 16872 | 2378048 | 11309 | 198654 |
| 广西 | Guangxi | 47788 | | 60581 | 1722 | 11288 |
| 海南 | Hainan | 11423 | | 13519 | | 7087 |
| 重庆 | Chongqing | 1772162 | 3632 | 3297518 | | 80244 |
| 四川 | Sichuan | 937976 | 636 | 1078330 | | 60662 |
| 贵州 | Guizhou | 77749 | | 84558 | | 6274 |
| 云南 | Yunnan | 452583 | 70 | 469687 | 560 | 36861 |
| 西藏 | Tibet | | | | | |
| 陕西 | Shaanxi | 2320770 | 20300 | 2632384 | 8000 | 69467 |
| 甘肃 | Gansu | 160094 | 1 | 239529 | | 25022 |
| 青海 | Qinghai | 91 | | 13868 | | 1 |
| 宁夏 | Ningxia | 7797 | | 13544 | | 4394 |
| 新疆 | Xinjiang | 14895 | | 15394 | | 854 |

3-2-7 续表 8 Continued 8

货摊、无店铺及其他零售业
Stalls, Non-shop and Other Retails

单位：万元
Unit: 10000 yuan

| 地　区 | Region | 商品购进额 Total Purchases Value | #进　口 Imports | 商品销售额 Total Sales Value | #出　口 Exports | 期末商品库存额 Inventory (year-end) |
|---|---|---|---|---|---|---|
| **全　国** | **National Total** | **46429223** | **395503** | **53010515** | **43466** | **3080349** |
| 北　京 | Beijing | 3124626 | 100262 | 3448153 | 9625 | 296652 |
| 天　津 | Tianjin | 2944453 | 28600 | 3866920 | 800 | 72843 |
| 河　北 | Hebei | 135861 | | 152855 | | 12844 |
| 山　西 | Shanxi | 517689 | | 581338 | | 19479 |
| 内蒙古 | Inner Mongolia | 244870 | 463 | 281733 | 1039 | 17660 |
| 辽　宁 | Liaoning | 1291380 | 668 | 1387571 | 153 | 30740 |
| 吉　林 | Jilin | 296067 | | 362449 | 94 | 18324 |
| 黑龙江 | Heilongjiang | 171112 | 8014 | 193058 | | 13870 |
| 上　海 | Shanghai | 8098108 | 3797 | 8906108 | | 278650 |
| 江　苏 | Jiangsu | 3125776 | 6481 | 3668509 | 401 | 108067 |
| 浙　江 | Zhejiang | 3350261 | 21342 | 3928047 | 6273 | 321982 |
| 安　徽 | Anhui | 742384 | 63754 | 1071834 | | 135347 |
| 福　建 | Fujian | 1875814 | 21368 | 2397663 | 8688 | 223343 |
| 江　西 | Jiangxi | 415748 | 4282 | 455148 | 5088 | 27712 |
| 山　东 | Shandong | 3207233 | 8352 | 3615057 | 597 | 124708 |
| 河　南 | Henan | 962891 | 719 | 1283970 | 228 | 37293 |
| 湖　北 | Hubei | 2225267 | 448 | 2391555 | | 32873 |
| 湖　南 | Hunan | 750257 | 91 | 931212 | 540 | 45379 |
| 广　东 | Guangdong | 7614602 | 92743 | 8277429 | 9674 | 508244 |
| 广　西 | Guangxi | 293039 | 1329 | 329599 | | 39439 |
| 海　南 | Hainan | 10776 | | 14135 | | 1696 |
| 重　庆 | Chongqing | 343421 | 32790 | 382789 | 132 | 41205 |
| 四　川 | Sichuan | 3009844 | | 3207953 | | 612142 |
| 贵　州 | Guizhou | 216594 | | 257685 | | 15269 |
| 云　南 | Yunnan | 188181 | | 228444 | 134 | 9086 |
| 西　藏 | Tibet | 12992 | | 11912 | | 4130 |
| 陕　西 | Shaanxi | 1042635 | | 1117814 | | 8990 |
| 甘　肃 | Gansu | 127843 | | 149775 | | 16240 |
| 青　海 | Qinghai | 29409 | | 30677 | | 3814 |
| 宁　夏 | Ningxia | 4816 | | 8490 | | 1011 |
| 新　疆 | Xinjiang | 55274 | | 70633 | | 1317 |

# 3-2-8 限额以上批发和零售业商品销售类值

| 项　目 | Item | 合　计 Total Sale Value | |
|---|---|---|---|
| | | 2015 | 2014 |
| 1.粮油、食品、饮料、烟酒类 | Grain and Oil, Food, Beverages, Tobacco and Liquor | 655214251 | 600437974 |
| (1)粮油、食品类 | Grain and Oil, foods | 360121773 | 323369342 |
| #粮油类 | Grain and Oil | 129665922 | 119554781 |
| 肉禽蛋类 | Meat, Poultry and Eggs | 40360883 | 35535623 |
| (2)饮料类 | Beverages | 48286063 | 42821428 |
| (3)烟酒类 | Tobacco and Liquor | 246806415 | 234240652 |
| 2.服装、鞋帽、针纺织品类 | Clothing, Shoes, Hats and Textiles | 320887674 | 295270428 |
| (1)服装类 | Clothing | 183312983 | 166936994 |
| (2)鞋帽类 | Shoes and Hats | 48123473 | 46367863 |
| (3)针、纺织品类 | Knitwear and Textiles | 89439196 | 81965571 |
| 3.化妆品类 | Cosmetics | 32421695 | 28616424 |
| 4.金银珠宝类 | Gold, Silver and Jewellery | 67625571 | 65439354 |
| 5.日用品类 | Articles for Daily Use | 106195887 | 98352940 |
| 儿童玩具类 | Children Toys | 5408970 | 4524945 |
| 6.五金、电料类 | Hardware and Electrical Materials | 39261561 | 36359684 |
| 7.体育、娱乐用品类 | Sports and Recreation Articles | 14261504 | 12937394 |
| 8.书报杂志类 | Newspapers and Magazines | 19568027 | 18013824 |
| 9.电子出版物及音像制品类 | E-journals and Video Products | 1949384 | 2008095 |
| 10.家用电器和音像器材类 | Household Appliances and Video Appliances | 168710731 | 159444482 |
| 11.中西药品类 | Traditional Chinese and Western Medicines | 238680676 | 211274850 |
| #西药类 | Western Medicines | 167793129 | 147649698 |
| 中草药及中成药类 | Traditional Chinese Medicines | 38619822 | 34828759 |
| 12.文化办公用品类 | Cultural and Offices Appliances | 128238063 | 117290408 |
| 13.家具类 | Furniture | 33395164 | 30599351 |
| 14.通讯器材类 | Communication Appliances | 154063458 | 116895422 |
| 15.煤炭及制品类 | Coal and Related Products | 221126661 | 292467459 |
| 16.木材及制品类 | Wood and Wooden Products | 17691130 | 13748861 |
| 17.石油及制品类 | Petroleum and Related Products | 696594017 | 869315053 |
| 18.化工材料及制品类 | Chemical Materials and Related Products | 355036621 | 374110072 |
| #化肥类 | Fertilizers | 56548513 | 55267462 |
| 19.金属材料类 | Metal Materials | 911955372 | 931446840 |
| 20.建筑及装潢材料类 | Building and Decoration Materials | 85967186 | 82095436 |
| 21.机电产品及设备类 | Mechanical and Electrical Products | 164717357 | 165844616 |
| #农机类 | Agricultural Machineries | 6953000 | 6099860 |
| 22.汽车类 | Automobiles | 603075764 | 573255072 |
| 23.种子饲料类 | Seeds and Feedstuff | 15533967 | 12563471 |
| 24.棉麻类 | Cotton, Hemp | 20572335 | 22112049 |
| 25.其他类 | Others | 229733140 | 219563907 |

# Sale Values of Enterprises above Designated Size of Wholesale and Retail Trades by Category of Commodities

单位：万元

Unit: 10000 yuan

| 批发额<br>Wholesale Value | | 零售额<br>Retail Value | |
|---|---|---|---|
| 2015 | 2014 | 2015 | 2014 |
| 460558906 | 429328328 | 194655345 | 171109646 |
| | | | |
| 224589150 | 205728379 | 135532623 | 117640963 |
| 96767881 | 91526841 | 32898041 | 28027940 |
| 20196913 | 17354040 | 20163970 | 18181583 |
| 28672944 | 25423691 | 19613119 | 17397737 |
| 207296812 | 198285919 | 39509603 | 35954733 |
| 186052624 | 169641110 | 134835050 | 125629318 |
| 87432365 | 77578689 | 95880618 | 89358305 |
| 23255875 | 23206991 | 24867598 | 23160872 |
| 75364165 | 68855430 | 14075031 | 13110141 |
| 11927725 | 10369170 | 20493970 | 18247254 |
| 36932424 | 35708553 | 30693147 | 29730801 |
| 57778090 | 54454920 | 48417797 | 43898020 |
| 2158605 | 1763638 | 3250365 | 2761307 |
| 27219086 | 25182058 | 12042475 | 11177626 |
| 8849903 | 8270247 | 5411601 | 4667147 |
| 8562945 | 7655874 | 11005082 | 10357950 |
| 772091 | 833569 | 1177293 | 1174526 |
| 86015317 | 83411141 | 82695414 | 76033341 |
| 159725684 | 141670384 | 78954992 | 69604466 |
| 112114259 | 98866653 | 55678870 | 48783045 |
| 25848008 | 23284274 | 12771814 | 11544485 |
| 98610971 | 91517619 | 29627092 | 25772789 |
| 8945314 | 7872219 | 24449850 | 22727132 |
| 119366667 | 90044701 | 34696791 | 26850721 |
| 209447404 | 280636440 | 11679257 | 11831019 |
| 17691130 | 13748861 | | |
| 512093269 | 669567704 | 184500748 | 199747349 |
| 355036621 | 374110072 | | |
| 56548513 | 55267462 | | |
| 911955372 | 931446840 | | |
| 55363790 | 53943350 | 30603396 | 28152086 |
| 153023445 | 154806272 | 11693912 | 11038344 |
| 6953000 | 6099860 | | |
| 243012834 | 239285105 | 360062930 | 333969967 |
| 15533967 | 12563471 | | |
| 20209238 | 21761231 | 363097 | 350818 |
| 198876443 | 191936380 | 30856697 | 27627527 |

# 3-2-9 各地区限额以上批发和零售业商品销售类值

# Sale Values of Enterprises above Designated Size of Wholesale and Retail Trades by Category of Commodities and Region

粮油、食品、饮料、烟酒类 单位：万元

Grain and Oil, Food, Beverages, Tobacco and Liquor Unit: 10000 yuan

| 地区 | Region | 合计 Total Sale Value | | 批发额 Wholesale Value | | 零售额 Retail Value | |
|---|---|---|---|---|---|---|---|
| | | 2015 | 2014 | 2015 | 2014 | 2015 | 2014 |
| **全国** | **National Total** | **655214251** | **600437974** | **460558906** | **429328328** | **194655345** | **171109646** |
| 北京 | Beijing | 36784233 | 33767844 | 28853647 | 26891889 | 7930586 | 6875955 |
| 天津 | Tianjin | 19672238 | 17579306 | 15902301 | 14740255 | 3769937 | 2839051 |
| 河北 | Hebei | 12333968 | 12083937 | 8468714 | 8523265 | 3865254 | 3560672 |
| 山西 | Shanxi | 8720964 | 8222755 | 5645083 | 5473892 | 3075881 | 2748864 |
| 内蒙古 | Inner Mongolia | 7443422 | 6960908 | 4969305 | 5071845 | 2474118 | 1889063 |
| 辽宁 | Liaoning | 15604969 | 17062341 | 11058402 | 12389755 | 4546567 | 4672586 |
| 吉林 | Jilin | 7901571 | 7877976 | 4143906 | 4462226 | 3757665 | 3415750 |
| 黑龙江 | Heilongjiang | 14317198 | 13792155 | 10323027 | 10199386 | 3994171 | 3592769 |
| 上海 | Shanghai | 47081781 | 41548197 | 37690857 | 32805955 | 9390924 | 8742242 |
| 江苏 | Jiangsu | 47883200 | 44173349 | 30433734 | 28439960 | 17449466 | 15733389 |
| 浙江 | Zhejiang | 35457154 | 33255447 | 26748687 | 25797851 | 8708467 | 7457596 |
| 安徽 | Anhui | 21288199 | 19068274 | 13165326 | 12230781 | 8122873 | 6837493 |
| 福建 | Fujian | 33765184 | 28547602 | 25527779 | 21766173 | 8237405 | 6781429 |
| 江西 | Jiangxi | 8555297 | 7455715 | 6036859 | 5501774 | 2518438 | 1953941 |
| 山东 | Shandong | 60074336 | 60619148 | 37061078 | 38169724 | 23013258 | 22449424 |
| 河南 | Henan | 31540462 | 26130105 | 21949820 | 18242591 | 9590642 | 7887514 |
| 湖北 | Hubei | 39119957 | 35323662 | 19786390 | 17463577 | 19333567 | 17860085 |
| 湖南 | Hunan | 20397894 | 19015032 | 12749418 | 12399010 | 7648476 | 6616022 |
| 广东 | Guangdong | 71458368 | 64193077 | 58889298 | 53631883 | 12569070 | 10561194 |
| 广西 | Guangxi | 8470137 | 7341761 | 6849991 | 6088635 | 1620146 | 1253126 |
| 海南 | Hainan | 3097043 | 2788551 | 2767858 | 2475285 | 329185 | 313266 |
| 重庆 | Chongqing | 21560627 | 18519169 | 15374678 | 13071117 | 6185949 | 5448052 |
| 四川 | Sichuan | 27107493 | 23950926 | 16087579 | 14760806 | 11019914 | 9190120 |
| 贵州 | Guizhou | 11978348 | 10389814 | 9558525 | 8537084 | 2419823 | 1852730 |
| 云南 | Yunnan | 14673632 | 16362990 | 10156680 | 12454114 | 4516953 | 3908876 |
| 西藏 | Tibet | 745849 | 632996 | 606026 | 549330 | 139823 | 83666 |
| 陕西 | Shaanxi | 11127935 | 9641513 | 6615502 | 5944025 | 4512434 | 3697488 |
| 甘肃 | Gansu | 7317225 | 5396833 | 4958393 | 3874261 | 2358832 | 1522572 |
| 青海 | Qinghai | 1612322 | 1601627 | 1353852 | 1396506 | 258470 | 205121 |
| 宁夏 | Ningxia | 1830654 | 1301328 | 1411455 | 917627 | 419200 | 383701 |
| 新疆 | Xinjiang | 6292592 | 5833638 | 5414737 | 5057745 | 877855 | 775894 |

3-2-9 续表 1 Continued 1

粮油、食品类 单位：万元

Grain and Oil, Food Unit: 10000 yuan

| 地区 | Region | 合计 Total Sale Value | | 批发额 Wholesale Value | | 零售额 Retail Value | |
|---|---|---|---|---|---|---|---|
| | | 2015 | 2014 | 2015 | 2014 | 2015 | 2014 |
| **全国** | **National Total** | **360121773** | **323369342** | **224589150** | **205728379** | **135532623** | **117640963** |
| 北京 | Beijing | 21935023 | 20681619 | 16086921 | 15584888 | 5848102 | 5096731 |
| 天津 | Tianjin | 15556944 | 13736880 | 12536113 | 11530462 | 3020831 | 2206418 |
| 河北 | Hebei | 4832296 | 5058876 | 2175966 | 2570271 | 2656330 | 2488605 |
| 山西 | Shanxi | 3487526 | 3156942 | 1379351 | 1282654 | 2108175 | 1874288 |
| 内蒙古 | Inner Mongolia | 4120649 | 3674947 | 2118263 | 2187038 | 2002386 | 1487909 |
| 辽宁 | Liaoning | 9317794 | 10829522 | 5920633 | 7375413 | 3397161 | 3454109 |
| 吉林 | Jilin | 4771842 | 4932631 | 1900927 | 2332171 | 2870915 | 2600459 |
| 黑龙江 | Heilongjiang | 9915354 | 9421766 | 6888001 | 6668849 | 3027353 | 2752917 |
| 上海 | Shanghai | 33626873 | 28903706 | 27109677 | 22862238 | 6517196 | 6041468 |
| 江苏 | Jiangsu | 28528796 | 26317843 | 16123746 | 15358705 | 12405050 | 10959138 |
| 浙江 | Zhejiang | 16250865 | 14134210 | 9668349 | 8529972 | 6582516 | 5604238 |
| 安徽 | Anhui | 10073215 | 8800071 | 4711657 | 4336828 | 5361558 | 4463243 |
| 福建 | Fujian | 19514502 | 15267043 | 13888310 | 10839795 | 5626192 | 4427248 |
| 江西 | Jiangxi | 2972664 | 2301170 | 1196359 | 943948 | 1776306 | 1357222 |
| 山东 | Shandong | 40733304 | 39755407 | 24635893 | 24412063 | 16097411 | 15343344 |
| 河南 | Henan | 16468689 | 12776399 | 10443574 | 7785444 | 6025115 | 4990956 |
| 湖北 | Hubei | 20953915 | 18724396 | 8116537 | 7150674 | 12837378 | 11573722 |
| 湖南 | Hunan | 8021158 | 7465012 | 3085553 | 3292413 | 4935605 | 4172599 |
| 广东 | Guangdong | 41289886 | 38196970 | 32288153 | 30633119 | 9001733 | 7563851 |
| 广西 | Guangxi | 3660633 | 2870841 | 2384448 | 1909819 | 1276186 | 961022 |
| 海南 | Hainan | 516036 | 604187 | 296900 | 388199 | 219136 | 215989 |
| 重庆 | Chongqing | 11571262 | 9891744 | 6842859 | 5664003 | 4728404 | 4227741 |
| 四川 | Sichuan | 11124509 | 9468572 | 4518134 | 3960404 | 6606375 | 5508168 |
| 贵州 | Guizhou | 1724119 | 1301194 | 686427 | 519575 | 1037692 | 781619 |
| 云南 | Yunnan | 7034771 | 6014241 | 3557873 | 2982529 | 3476898 | 3031712 |
| 西藏 | Tibet | 84967 | 34837 | 32 | 2789 | 84935 | 32048 |
| 陕西 | Shaanxi | 4171323 | 3243898 | 1245358 | 949005 | 2925966 | 2294893 |
| 甘肃 | Gansu | 4594583 | 2916909 | 2671233 | 1804883 | 1923350 | 1112027 |
| 青海 | Qinghai | 216330 | 170098 | 25682 | 16979 | 190648 | 153120 |
| 宁夏 | Ningxia | 512283 | 505938 | 192446 | 215101 | 319836 | 290837 |
| 新疆 | Xinjiang | 2539663 | 2211474 | 1893778 | 1638151 | 645885 | 573323 |

3-2-9 续表 2 Continued 2

粮油类 单位：万元

Grain and Oil Unit: 10000 yuan

| 地区 | Region | 合计 Total Sale Value | | 批发额 Wholesale Value | | 零售额 Retail Value | |
|---|---|---|---|---|---|---|---|
| | | 2015 | 2014 | 2015 | 2014 | 2015 | 2014 |
| **全国** | **National Total** | **129665922** | **119554781** | **96767881** | **91526841** | **32898041** | **28027940** |
| 北京 | Beijing | 9859044 | 8676499 | 9082492 | 8037382 | 776552 | 639117 |
| 天津 | Tianjin | 5920663 | 5637539 | 5193700 | 5171488 | 726963 | 466051 |
| 河北 | Hebei | 2120380 | 2243512 | 1443376 | 1575346 | 677004 | 668166 |
| 山西 | Shanxi | 1223429 | 1079429 | 535746 | 482131 | 687684 | 597298 |
| 内蒙古 | Inner Mongolia | 1039723 | 1369246 | 670277 | 993044 | 369446 | 376202 |
| 辽宁 | Liaoning | 5381205 | 6386799 | 4480747 | 5453410 | 900459 | 933389 |
| 吉林 | Jilin | 2405539 | 2647979 | 1422113 | 1839207 | 983427 | 808772 |
| 黑龙江 | Heilongjiang | 5140417 | 5182889 | 4304086 | 4483175 | 836331 | 699714 |
| 上海 | Shanghai | 17157686 | 14473927 | 15470428 | 13147271 | 1687258 | 1326656 |
| 江苏 | Jiangsu | 10709499 | 9682176 | 7677366 | 7241374 | 3032134 | 2440802 |
| 浙江 | Zhejiang | 5213271 | 4272400 | 3881109 | 3061073 | 1332162 | 1211327 |
| 安徽 | Anhui | 3434154 | 2652102 | 1988104 | 1493366 | 1446050 | 1158736 |
| 福建 | Fujian | 6952390 | 5980580 | 5929493 | 5116246 | 1022898 | 864334 |
| 江西 | Jiangxi | 912028 | 734912 | 477066 | 391604 | 434962 | 343308 |
| 山东 | Shandong | 12744319 | 13690088 | 9335543 | 10646149 | 3408776 | 3043939 |
| 河南 | Henan | 4815140 | 4540242 | 2938871 | 2939399 | 1876269 | 1600842 |
| 湖北 | Hubei | 5123030 | 4424958 | 2492157 | 2056709 | 2630873 | 2368248 |
| 湖南 | Hunan | 3324028 | 3117182 | 1834411 | 1919559 | 1489617 | 1197623 |
| 广东 | Guangdong | 11417833 | 9288960 | 9355371 | 7462842 | 2062462 | 1826118 |
| 广西 | Guangxi | 990433 | 729073 | 711499 | 549277 | 278934 | 179797 |
| 海南 | Hainan | 201080 | 227448 | 111705 | 140266 | 89375 | 87182 |
| 重庆 | Chongqing | 3956033 | 4153357 | 2691688 | 2938495 | 1264345 | 1214862 |
| 四川 | Sichuan | 3286153 | 3037186 | 1415181 | 1487158 | 1870972 | 1550028 |
| 贵州 | Guizhou | 653827 | 465815 | 269023 | 224002 | 384804 | 241813 |
| 云南 | Yunnan | 2484372 | 2165745 | 1302887 | 1179329 | 1181485 | 986417 |
| 西藏 | Tibet | 13480 | 6949 | 1549 | | 11931 | 6949 |
| 陕西 | Shaanxi | 1419406 | 1130125 | 475485 | 323144 | 943920 | 806981 |
| 甘肃 | Gansu | 505746 | 386292 | 277439 | 227155 | 228306 | 159137 |
| 青海 | Qinghai | 43754 | 38471 | 3017 | 104 | 40737 | 38368 |
| 宁夏 | Ningxia | 115490 | 116309 | 66815 | 73736 | 48674 | 42574 |
| 新疆 | Xinjiang | 1102372 | 1016593 | 929139 | 873403 | 173234 | 143190 |

3-2-9 续表 3 Continued 3

肉禽蛋类
Meat, Poultry and Eggs

单位：万元
Unit: 10000 yuan

| 地区 | Region | 合计 Total Sale Value | | 批发额 Wholesale Value | | 零售额 Retail Value | |
|---|---|---|---|---|---|---|---|
| | | 2015 | 2014 | 2015 | 2014 | 2015 | 2014 |
| **全国** | **National Total** | **40360883** | **35535623** | **20196913** | **17354040** | **20163970** | **18181583** |
| 北京 | Beijing | 2042937 | 1638197 | 1254944 | 942315 | 787993 | 695883 |
| 天津 | Tianjin | 502283 | 378708 | 282628 | 213349 | 219656 | 165359 |
| 河北 | Hebei | 414619 | 395051 | 39568 | 44007 | 375051 | 351044 |
| 山西 | Shanxi | 407895 | 318432 | 100696 | 76961 | 307199 | 241471 |
| 内蒙古 | Inner Mongolia | 519031 | 258712 | 224950 | 92956 | 294081 | 165755 |
| 辽宁 | Liaoning | 600029 | 783808 | 176343 | 306527 | 423686 | 477281 |
| 吉林 | Jilin | 628996 | 525457 | 200334 | 157494 | 428662 | 367963 |
| 黑龙江 | Heilongjiang | 540098 | 682649 | 165966 | 231361 | 374132 | 451289 |
| 上海 | Shanghai | 2423665 | 2293961 | 1610782 | 1554176 | 812883 | 739785 |
| 江苏 | Jiangsu | 3015781 | 2718678 | 1601113 | 1453852 | 1414668 | 1264826 |
| 浙江 | Zhejiang | 1687868 | 1469748 | 873638 | 777619 | 814230 | 692129 |
| 安徽 | Anhui | 1392488 | 1187462 | 466191 | 385934 | 926297 | 801528 |
| 福建 | Fujian | 1371311 | 1147755 | 645936 | 547745 | 725375 | 600010 |
| 江西 | Jiangxi | 487064 | 391540 | 214645 | 178564 | 272419 | 212977 |
| 山东 | Shandong | 3856668 | 3662912 | 1554099 | 1401050 | 2302569 | 2261862 |
| 河南 | Henan | 1981724 | 1581978 | 980829 | 681585 | 1000896 | 900393 |
| 湖北 | Hubei | 3877063 | 4017475 | 1467304 | 1494641 | 2409759 | 2522833 |
| 湖南 | Hunan | 1150958 | 990866 | 245081 | 219773 | 905877 | 771092 |
| 广东 | Guangdong | 7082399 | 6202183 | 5380178 | 4716636 | 1702221 | 1485547 |
| 广西 | Guangxi | 280326 | 225143 | 125626 | 95961 | 154700 | 129182 |
| 海南 | Hainan | 21120 | 20856 | 2300 | 3137 | 18820 | 17719 |
| 重庆 | Chongqing | 1892491 | 1309983 | 1269191 | 775626 | 623300 | 534357 |
| 四川 | Sichuan | 1824376 | 1416836 | 589409 | 360390 | 1234967 | 1056446 |
| 贵州 | Guizhou | 272568 | 209054 | 80236 | 58135 | 192332 | 150918 |
| 云南 | Yunnan | 823587 | 748216 | 149904 | 114695 | 673683 | 633522 |
| 西藏 | Tibet | 25280 | 4934 | | | 25280 | 4934 |
| 陕西 | Shaanxi | 377590 | 271994 | 51962 | 32149 | 325628 | 239844 |
| 甘肃 | Gansu | 599587 | 411991 | 369140 | 336554 | 230447 | 75436 |
| 青海 | Qinghai | 33211 | 30962 | 10878 | 6210 | 22333 | 24752 |
| 宁夏 | Ningxia | 61540 | 64253 | 14882 | 26839 | 46658 | 37414 |
| 新疆 | Xinjiang | 166329 | 175831 | 48161 | 67799 | 118168 | 108031 |

3-2-9 续表 4 Continued 4

饮料类 | 单位：万元
Beverages | Unit: 10000 yuan

| 地　区 | Region | 合计 Total Sale Value | | 批发额 Wholesale Value | | 零售额 Retail Value | |
|---|---|---|---|---|---|---|---|
| | | 2015 | 2014 | 2015 | 2014 | 2015 | 2014 |
| **全　国** | **National Total** | **48286063** | **42821428** | **28672944** | **25423691** | **19613119** | **17397737** |
| 北　京 | Beijing | 4483383 | 3603565 | 3770122 | 3032037 | 713261 | 571528 |
| 天　津 | Tianjin | 290776 | 249223 | 103783 | 98062 | 186993 | 151161 |
| 河　北 | Hebei | 542560 | 467382 | 62697 | 44889 | 479863 | 422493 |
| 山　西 | Shanxi | 383820 | 403050 | 121119 | 125969 | 262701 | 277081 |
| 内蒙古 | Inner Mongolia | 251416 | 246166 | 91744 | 107268 | 159672 | 138898 |
| 辽　宁 | Liaoning | 819788 | 839620 | 380546 | 375422 | 439243 | 464198 |
| 吉　林 | Jilin | 279072 | 278090 | 38494 | 50558 | 240578 | 227532 |
| 黑龙江 | Heilongjiang | 591469 | 513554 | 254258 | 240415 | 337211 | 273140 |
| 上　海 | Shanghai | 2297280 | 2096760 | 1682373 | 1503550 | 614907 | 593210 |
| 江　苏 | Jiangsu | 2300017 | 2383322 | 920343 | 1043024 | 1379674 | 1340299 |
| 浙　江 | Zhejiang | 6433505 | 7283379 | 5562276 | 6533067 | 871229 | 750312 |
| 安　徽 | Anhui | 1346194 | 1194747 | 391098 | 359526 | 955096 | 835221 |
| 福　建 | Fujian | 2346990 | 2053046 | 764721 | 603855 | 1582269 | 1449191 |
| 江　西 | Jiangxi | 404318 | 341431 | 115708 | 122447 | 288610 | 218984 |
| 山　东 | Shandong | 2579193 | 2542470 | 669064 | 640597 | 1910129 | 1901873 |
| 河　南 | Henan | 2167117 | 1638738 | 809898 | 539385 | 1357218 | 1099353 |
| 湖　北 | Hubei | 2416953 | 2252056 | 392069 | 435569 | 2024884 | 1816487 |
| 湖　南 | Hunan | 1693789 | 1477355 | 637944 | 583437 | 1055845 | 893919 |
| 广　东 | Guangdong | 10611525 | 7903320 | 9223892 | 6760765 | 1387633 | 1142555 |
| 广　西 | Guangxi | 520728 | 428926 | 350330 | 292775 | 170398 | 136152 |
| 海　南 | Hainan | 48238 | 39004 | 16801 | 11697 | 31437 | 27308 |
| 重　庆 | Chongqing | 640949 | 534298 | 221150 | 200452 | 419800 | 333845 |
| 四　川 | Sichuan | 1838216 | 1563423 | 744788 | 677371 | 1093428 | 886052 |
| 贵　州 | Guizhou | 503394 | 405580 | 272382 | 237643 | 231012 | 167938 |
| 云　南 | Yunnan | 878252 | 559986 | 372983 | 156580 | 505269 | 403406 |
| 西　藏 | Tibet | 4651 | 3769 | 922 | 601 | 3729 | 3168 |
| 陕　西 | Shaanxi | 1170526 | 1073511 | 470229 | 393032 | 700297 | 680479 |
| 甘　肃 | Gansu | 172818 | 147886 | 80568 | 63465 | 92250 | 84421 |
| 青　海 | Qinghai | 51233 | 108201 | 38761 | 97095 | 12472 | 11106 |
| 宁　夏 | Ningxia | 93193 | 81187 | 61390 | 52900 | 31803 | 28288 |
| 新　疆 | Xinjiang | 124702 | 108385 | 50494 | 40243 | 74208 | 68142 |

3-2-9 续表 5 Continued 5

烟酒类 单位：万元

Tobacco and Liquor Unit: 10000 yuan

| 地 区 | Region | 合 计 Total Sale Value | | 批发额 Wholesale Value | | 零售 额 Retail Value | |
|---|---|---|---|---|---|---|---|
| | | 2015 | 2014 | 2015 | 2014 | 2015 | 2014 |
| **全 国** | **National Total** | **246806415** | **234240652** | **207296812** | **198285919** | **39509603** | **35954733** |
| 北 京 | Beijing | 10365827 | 9482660 | 8996604 | 8274964 | 1369223 | 1207696 |
| 天 津 | Tianjin | 3824518 | 3593203 | 3262406 | 3111731 | 562113 | 481472 |
| 河 北 | Hebei | 6959112 | 6557679 | 6230051 | 5908106 | 729062 | 649574 |
| 山 西 | Shanxi | 4849618 | 4662763 | 4144613 | 4065269 | 705005 | 597494 |
| 内蒙古 | Inner Mongolia | 3071357 | 3039795 | 2759298 | 2777539 | 312059 | 262256 |
| 辽 宁 | Liaoning | 5467387 | 5393199 | 4757224 | 4638920 | 710163 | 754279 |
| 吉 林 | Jilin | 2850657 | 2667256 | 2204485 | 2079497 | 646172 | 587759 |
| 黑龙江 | Heilongjiang | 3810375 | 3856835 | 3180767 | 3290122 | 629608 | 566713 |
| 上 海 | Shanghai | 11157628 | 10547731 | 8898807 | 8440167 | 2258821 | 2107564 |
| 江 苏 | Jiangsu | 17054387 | 15472185 | 13389646 | 12038233 | 3664741 | 3433953 |
| 浙 江 | Zhejiang | 12772785 | 11837857 | 11518063 | 10734812 | 1254722 | 1103045 |
| 安 徽 | Anhui | 9868791 | 9073456 | 8062572 | 7534427 | 1806219 | 1539029 |
| 福 建 | Fujian | 11903693 | 11227513 | 10874749 | 10322522 | 1028944 | 904991 |
| 江 西 | Jiangxi | 5178315 | 4813115 | 4724792 | 4435380 | 453523 | 377735 |
| 山 东 | Shandong | 16761838 | 18314718 | 11756120 | 13110511 | 5005718 | 5204207 |
| 河 南 | Henan | 12904656 | 11714968 | 10696348 | 9917763 | 2208309 | 1797205 |
| 湖 北 | Hubei | 15749090 | 14347210 | 11277785 | 9993547 | 4471305 | 4353663 |
| 湖 南 | Hunan | 10682947 | 10072665 | 9025922 | 8523161 | 1657025 | 1549504 |
| 广 东 | Guangdong | 19556957 | 18092787 | 17377254 | 16237999 | 2179704 | 1854788 |
| 广 西 | Guangxi | 4288776 | 4041994 | 4115213 | 3886042 | 173562 | 155952 |
| 海 南 | Hainan | 2532769 | 2145360 | 2454157 | 2075389 | 78612 | 69970 |
| 重 庆 | Chongqing | 9348415 | 8093128 | 8310670 | 7206662 | 1037745 | 886466 |
| 四 川 | Sichuan | 14144768 | 12918931 | 10824658 | 10123032 | 3320110 | 2795899 |
| 贵 州 | Guizhou | 9750836 | 8683040 | 8599717 | 7779866 | 1151119 | 903174 |
| 云 南 | Yunnan | 6760609 | 9788764 | 6225823 | 9315006 | 534786 | 473758 |
| 西 藏 | Tibet | 656231 | 594389 | 605072 | 545940 | 51159 | 48449 |
| 陕 西 | Shaanxi | 5786086 | 5324104 | 4899915 | 4601988 | 886171 | 722116 |
| 甘 肃 | Gansu | 2549824 | 2332038 | 2206592 | 2005914 | 343232 | 326124 |
| 青 海 | Qinghai | 1344759 | 1323328 | 1289409 | 1282432 | 55350 | 40896 |
| 宁 夏 | Ningxia | 1225179 | 714203 | 1157618 | 649627 | 67561 | 64576 |
| 新 疆 | Xinjiang | 3628227 | 3513779 | 3470465 | 3379351 | 157762 | 134429 |

3-2-9 续表 6 Continued 6

服装、鞋帽、针纺织品类 单位：万元

Clothing, Shoes, Hats and Textiles Unit: 10000 yuan

| 地　区 | Region | 合　计 Total Sale Value | | 批发额 Wholesale Value | | 零售额 Retail Value | |
|---|---|---|---|---|---|---|---|
| | | 2015 | 2014 | 2015 | 2014 | 2015 | 2014 |
| **全　国** | **National Total** | **320887674** | **295270428** | **186052624** | **169641110** | **134835050** | **125629318** |
| 北　京 | Beijing | 11610278 | 11313417 | 5072927 | 4878953 | 6537351 | 6434464 |
| 天　津 | Tianjin | 7123974 | 5750943 | 4100206 | 3477455 | 3023768 | 2273488 |
| 河　北 | Hebei | 4616655 | 4295460 | 458223 | 391090 | 4158432 | 3904370 |
| 山　西 | Shanxi | 2775634 | 2607365 | 158108 | 156831 | 2617526 | 2450535 |
| 内蒙古 | Inner Mongolia | 2456046 | 2018093 | 335622 | 91566 | 2120424 | 1926527 |
| 辽　宁 | Liaoning | 10415251 | 10310163 | 3772122 | 3497114 | 6643129 | 6813049 |
| 吉　林 | Jilin | 3608609 | 3338596 | 30464 | 23031 | 3578146 | 3315565 |
| 黑龙江 | Heilongjiang | 4472962 | 4674620 | 221645 | 613559 | 4251317 | 4061061 |
| 上　海 | Shanghai | 32533403 | 28448563 | 21688060 | 19548195 | 10845343 | 8900368 |
| 江　苏 | Jiangsu | 52406403 | 49355590 | 40552144 | 38294142 | 11854259 | 11061448 |
| 浙　江 | Zhejiang | 41026559 | 35801089 | 32743134 | 28921162 | 8283425 | 6879927 |
| 安　徽 | Anhui | 4742901 | 4454458 | 1581752 | 1486686 | 3161149 | 2967772 |
| 福　建 | Fujian | 26246373 | 22031681 | 21039828 | 18047204 | 5206545 | 3984477 |
| 江　西 | Jiangxi | 1609678 | 1342453 | 340186 | 248255 | 1269492 | 1094198 |
| 山　东 | Shandong | 15914733 | 18781011 | 4843515 | 6947742 | 11071218 | 11833269 |
| 河　南 | Henan | 6613573 | 5766952 | 961785 | 750940 | 5651788 | 5016012 |
| 湖　北 | Hubei | 9344708 | 8770671 | 1415076 | 1324148 | 7929632 | 7446523 |
| 湖　南 | Hunan | 5554278 | 5804891 | 1370974 | 1714755 | 4183304 | 4090136 |
| 广　东 | Guangdong | 52513513 | 47679562 | 39934784 | 35156607 | 12578729 | 12522955 |
| 广　西 | Guangxi | 1717048 | 1424592 | 660390 | 400528 | 1056658 | 1024064 |
| 海　南 | Hainan | 324566 | 295971 | 28402 | 25820 | 296164 | 270151 |
| 重　庆 | Chongqing | 4957296 | 3820311 | 1456570 | 506631 | 3500726 | 3313680 |
| 四　川 | Sichuan | 6314738 | 5705823 | 944901 | 969664 | 5369837 | 4736159 |
| 贵　州 | Guizhou | 849095 | 750870 | 90404 | 70182 | 758691 | 680689 |
| 云　南 | Yunnan | 1628173 | 1568799 | 311237 | 297574 | 1316936 | 1271225 |
| 西　藏 | Tibet | 32453 | 42722 | 363 | 157 | 32090 | 42565 |
| 陕　西 | Shaanxi | 6837295 | 6505827 | 1589565 | 1355130 | 5247730 | 5150697 |
| 甘　肃 | Gansu | 749193 | 701659 | 49043 | 32275 | 700150 | 669384 |
| 青　海 | Qinghai | 242882 | 237843 | 49153 | 56041 | 193729 | 181802 |
| 宁　夏 | Ningxia | 365678 | 360111 | 1931 | 4974 | 363748 | 355137 |
| 新　疆 | Xinjiang | 1283727 | 1310324 | 250113 | 352702 | 1033614 | 957622 |

3-2-9 续表 7 Continued 7

服装类　　单位：万元

Clothing　　Unit: 10000 yuan

| 地 区 | Region | 合 计 Total Sale Value | | 批发额 Wholesale Value | | 零售额 Retail Value | |
|---|---|---|---|---|---|---|---|
| | | 2015 | 2014 | 2015 | 2014 | 2015 | 2014 |
| **全 国** | **National Total** | **183312983** | **166936994** | **87432365** | **77578689** | **95880618** | **89358305** |
| 北 京 | Beijing | 7552481 | 7401621 | 2490016 | 2415537 | 5062465 | 4986084 |
| 天 津 | Tianjin | 5529366 | 4456965 | 3132116 | 2653833 | 2397250 | 1803132 |
| 河 北 | Hebei | 2996565 | 2749633 | 257609 | 213919 | 2738955 | 2535714 |
| 山 西 | Shanxi | 2155015 | 1956090 | 113695 | 113453 | 2041320 | 1842637 |
| 内蒙古 | Inner Mongolia | 1560585 | 1405349 | 72659 | 50158 | 1487926 | 1355191 |
| 辽 宁 | Liaoning | 8416505 | 8312572 | 3383761 | 3198811 | 5032744 | 5113761 |
| 吉 林 | Jilin | 2288203 | 2130981 | 15439 | 15608 | 2272765 | 2115374 |
| 黑龙江 | Heilongjiang | 3201132 | 3137709 | 85470 | 194150 | 3115662 | 2943560 |
| 上 海 | Shanghai | 21709194 | 18973006 | 12499882 | 11497812 | 9209312 | 7475194 |
| 江 苏 | Jiangsu | 20496112 | 18961979 | 12139626 | 11151409 | 8356486 | 7810570 |
| 浙 江 | Zhejiang | 18069617 | 15069376 | 11634140 | 9712699 | 6435477 | 5356677 |
| 安 徽 | Anhui | 2830765 | 2622705 | 753069 | 659801 | 2077696 | 1962904 |
| 福 建 | Fujian | 9074851 | 7669028 | 6644218 | 5615724 | 2430633 | 2053304 |
| 江 西 | Jiangxi | 982993 | 863088 | 169642 | 149364 | 813352 | 713724 |
| 山 东 | Shandong | 9576070 | 10906286 | 2379753 | 3354758 | 7196317 | 7551528 |
| 河 南 | Henan | 4561512 | 3872283 | 515020 | 320621 | 4046492 | 3551662 |
| 湖 北 | Hubei | 6314036 | 5945184 | 759866 | 763787 | 5554170 | 5181397 |
| 湖 南 | Hunan | 3824864 | 4079092 | 1098858 | 1386036 | 2726006 | 2693056 |
| 广 东 | Guangdong | 34580476 | 30424206 | 26070557 | 21784221 | 8509919 | 8639985 |
| 广 西 | Guangxi | 933419 | 873366 | 172005 | 139765 | 761414 | 733601 |
| 海 南 | Hainan | 242159 | 216729 | 22017 | 19807 | 220142 | 196923 |
| 重 庆 | Chongqing | 3572237 | 2720497 | 888367 | 162238 | 2683870 | 2558259 |
| 四 川 | Sichuan | 3796281 | 3569023 | 372261 | 453787 | 3424020 | 3115236 |
| 贵 州 | Guizhou | 601614 | 533295 | 57278 | 47749 | 544336 | 485546 |
| 云 南 | Yunnan | 1006473 | 992222 | 89212 | 74178 | 917261 | 918044 |
| 西 藏 | Tibet | 22206 | 32554 | 363 | 157 | 21844 | 32397 |
| 陕 西 | Shaanxi | 5587751 | 5337968 | 1463393 | 1247611 | 4124358 | 4090357 |
| 甘 肃 | Gansu | 525480 | 493479 | 18938 | 14851 | 506542 | 478628 |
| 青 海 | Qinghai | 137207 | 130191 | 1836 | 1468 | 135371 | 128723 |
| 宁 夏 | Ningxia | 251784 | 239696 | 985 | 4815 | 250799 | 234882 |
| 新 疆 | Xinjiang | 916030 | 860822 | 130315 | 160565 | 785715 | 700257 |

3-2-9 续表 8 Continued 8

鞋帽类 单位：万元

Shoes and Hats Unit: 10000 yuan

| 地区 | Region | 合计 Total Sale Value | | 批发额 Wholesale Value | | 零售额 Retail Value | |
|---|---|---|---|---|---|---|---|
| | | 2015 | 2014 | 2015 | 2014 | 2015 | 2014 |
| **全国** | **National Total** | **48123473** | **46367863** | **23255875** | **23206991** | **24867598** | **23160872** |
| 北京 | Beijing | 2334262 | 2243702 | 1202589 | 1141486 | 1131673 | 1102216 |
| 天津 | Tianjin | 680477 | 573930 | 178898 | 199145 | 501579 | 374785 |
| 河北 | Hebei | 925033 | 891063 | 30049 | 32042 | 894984 | 859021 |
| 山西 | Shanxi | 396031 | 428252 | 32366 | 36920 | 363664 | 391332 |
| 内蒙古 | Inner Mongolia | 453788 | 414602 | 17159 | 15612 | 436629 | 398991 |
| 辽宁 | Liaoning | 1221981 | 1204685 | 154220 | 98494 | 1067761 | 1106191 |
| 吉林 | Jilin | 724065 | 662640 | 109 | 75 | 723957 | 662565 |
| 黑龙江 | Heilongjiang | 947340 | 1126314 | 106794 | 302451 | 840546 | 823864 |
| 上海 | Shanghai | 4887105 | 4161940 | 3635742 | 3153534 | 1251363 | 1008406 |
| 江苏 | Jiangsu | 3870269 | 4559134 | 1900310 | 2690154 | 1969959 | 1868980 |
| 浙江 | Zhejiang | 3976315 | 3867148 | 2975567 | 3003534 | 1000748 | 863614 |
| 安徽 | Anhui | 902375 | 899967 | 304089 | 311451 | 598286 | 588516 |
| 福建 | Fujian | 8601437 | 7155016 | 6672104 | 5782484 | 1929333 | 1372532 |
| 江西 | Jiangxi | 250448 | 204575 | 11322 | 5218 | 239126 | 199357 |
| 山东 | Shandong | 2752259 | 3877003 | 453458 | 1383447 | 2298802 | 2493556 |
| 河南 | Henan | 1121980 | 986424 | 124976 | 71586 | 997004 | 914839 |
| 湖北 | Hubei | 1785871 | 1630813 | 376244 | 292681 | 1409626 | 1338132 |
| 湖南 | Hunan | 929287 | 900055 | 107003 | 99747 | 822284 | 800308 |
| 广东 | Guangdong | 6908212 | 6634916 | 4154776 | 3966922 | 2753436 | 2667994 |
| 广西 | Guangxi | 301996 | 264960 | 97549 | 68007 | 204447 | 196953 |
| 海南 | Hainan | 57913 | 54750 | 3977 | 3927 | 53937 | 50823 |
| 重庆 | Chongqing | 760940 | 540571 | 214702 | 29922 | 546238 | 510649 |
| 四川 | Sichuan | 1599495 | 1421964 | 276262 | 299706 | 1323233 | 1122258 |
| 贵州 | Guizhou | 172797 | 149282 | 32025 | 20657 | 140772 | 128625 |
| 云南 | Yunnan | 322439 | 300809 | 51036 | 51157 | 271403 | 249652 |
| 西藏 | Tibet | 8931 | 8615 | | | 8931 | 8615 |
| 陕西 | Shaanxi | 768097 | 730670 | 88560 | 61051 | 679537 | 669619 |
| 甘肃 | Gansu | 144373 | 136778 | 24598 | 16142 | 119775 | 120636 |
| 青海 | Qinghai | 42868 | 38672 | 313 | 61 | 42554 | 38611 |
| 宁夏 | Ningxia | 71440 | 70775 | 925 | 156 | 70515 | 70620 |
| 新疆 | Xinjiang | 203653 | 227839 | 28156 | 69224 | 175497 | 158615 |

3-2-9 续表 9 Continued 9

针、纺织品类 单位: 万元

Knitwear and Textiles Unit: 10000 yuan

| 地 区 | Region | 合 计 Total Sale Value | | 批发额 Wholesale Value | | 零售额 Retail Value | |
|---|---|---|---|---|---|---|---|
| | | 2015 | 2014 | 2015 | 2014 | 2015 | 2014 |
| **全 国** | **National Total** | **89439196** | **81965571** | **75364165** | **68855430** | **14075031** | **13110141** |
| 北 京 | Beijing | 1723536 | 1668094 | 1380323 | 1321930 | 343213 | 346164 |
| 天 津 | Tianjin | 914132 | 720048 | 789193 | 624477 | 124939 | 95571 |
| 河 北 | Hebei | 695058 | 654764 | 170565 | 145129 | 524492 | 509635 |
| 山 西 | Shanxi | 224588 | 223024 | 12047 | 6458 | 212541 | 216566 |
| 内蒙古 | Inner Mongolia | 441673 | 198142 | 245804 | 25796 | 195869 | 172346 |
| 辽 宁 | Liaoning | 776765 | 792906 | 234141 | 199810 | 542624 | 593096 |
| 吉 林 | Jilin | 596341 | 544974 | 14916 | 7347 | 581425 | 537627 |
| 黑龙江 | Heilongjiang | 324490 | 410597 | 29381 | 116959 | 295109 | 293638 |
| 上 海 | Shanghai | 5937104 | 5313618 | 5552436 | 4896850 | 384668 | 416768 |
| 江 苏 | Jiangsu | 28040023 | 25834477 | 26512209 | 24452580 | 1527814 | 1381897 |
| 浙 江 | Zhejiang | 18980409 | 16864566 | 18133208 | 16204930 | 847201 | 659636 |
| 安 徽 | Anhui | 1009761 | 931786 | 524593 | 515434 | 485168 | 416352 |
| 福 建 | Fujian | 8570084 | 7207637 | 7723505 | 6648996 | 846579 | 558641 |
| 江 西 | Jiangxi | 376237 | 274791 | 159222 | 93673 | 217015 | 181118 |
| 山 东 | Shandong | 3586404 | 3997722 | 2010305 | 2209537 | 1576099 | 1788185 |
| 河 南 | Henan | 930081 | 908245 | 321789 | 358733 | 608291 | 549512 |
| 湖 北 | Hubei | 1244801 | 1194674 | 278965 | 267680 | 965836 | 926994 |
| 湖 南 | Hunan | 800127 | 825744 | 165113 | 228972 | 635014 | 596773 |
| 广 东 | Guangdong | 11024825 | 10620440 | 9709452 | 9405464 | 1315373 | 1214976 |
| 广 西 | Guangxi | 481634 | 286266 | 390836 | 192756 | 90798 | 93511 |
| 海 南 | Hainan | 24494 | 24492 | 2408 | 2086 | 22085 | 22406 |
| 重 庆 | Chongqing | 624119 | 559243 | 353501 | 314471 | 270618 | 244772 |
| 四 川 | Sichuan | 918962 | 714836 | 296378 | 216171 | 622584 | 498665 |
| 贵 州 | Guizhou | 74683 | 68294 | 1100 | 1776 | 73583 | 66518 |
| 云 南 | Yunnan | 287457 | 275768 | 170989 | 172239 | 116469 | 103529 |
| 西 藏 | Tibet | 1316 | 1553 | | | 1316 | 1553 |
| 陕 西 | Shaanxi | 481447 | 437189 | 37611 | 46468 | 443835 | 390721 |
| 甘 肃 | Gansu | 79341 | 71402 | 5508 | 1282 | 73833 | 70120 |
| 青 海 | Qinghai | 62808 | 68980 | 47004 | 54512 | 15804 | 14468 |
| 宁 夏 | Ningxia | 42455 | 49640 | 21 | 4 | 42434 | 49636 |
| 新 疆 | Xinjiang | 164045 | 221663 | 91643 | 122913 | 72402 | 98750 |

3-2-9 续表 10 Continued 10

化妆品类
Cosmetics

单位：万元
Unit: 10000 yuan

| 地 区 | Region | 合 计 Total Sale Value | | 批发额 Wholesale Value | | 零售额 Retail Value | |
|---|---|---|---|---|---|---|---|
| | | 2015 | 2014 | 2015 | 2014 | 2015 | 2014 |
| **全 国** | **National Total** | **32421695** | **28616424** | **11927725** | **10369170** | **20493970** | **18247254** |
| 北 京 | Beijing | 2737965 | 2527168 | 1040383 | 959359 | 1697583 | 1567809 |
| 天 津 | Tianjin | 759647 | 551253 | 194121 | 250468 | 565526 | 300786 |
| 河 北 | Hebei | 625095 | 532406 | 84158 | 68828 | 540937 | 463577 |
| 山 西 | Shanxi | 235230 | 254878 | 2260 | 6106 | 232970 | 248772 |
| 内蒙古 | Inner Mongolia | 215454 | 202955 | 1812 | 2032 | 213641 | 200923 |
| 辽 宁 | Liaoning | 772775 | 746030 | 128694 | 74100 | 644081 | 671930 |
| 吉 林 | Jilin | 325162 | 303640 | 3204 | 3067 | 321958 | 300573 |
| 黑龙江 | Heilongjiang | 391092 | 390215 | 99493 | 88783 | 291599 | 301432 |
| 上 海 | Shanghai | 8196249 | 7420849 | 5320793 | 4783724 | 2875456 | 2637125 |
| 江 苏 | Jiangsu | 1858696 | 1773468 | 350209 | 403412 | 1508488 | 1370056 |
| 浙 江 | Zhejiang | 1490093 | 1343146 | 481808 | 445487 | 1008286 | 897659 |
| 安 徽 | Anhui | 937810 | 876513 | 372660 | 326507 | 565150 | 550007 |
| 福 建 | Fujian | 489463 | 428968 | 63439 | 41667 | 426025 | 387302 |
| 江 西 | Jiangxi | 175385 | 153947 | 5107 | 4688 | 170278 | 149259 |
| 山 东 | Shandong | 1686056 | 1668335 | 361940 | 352247 | 1324116 | 1316088 |
| 河 南 | Henan | 1118798 | 750522 | 82001 | 45879 | 1036798 | 704643 |
| 湖 北 | Hubei | 1846239 | 1802848 | 131474 | 146970 | 1714765 | 1655878 |
| 湖 南 | Hunan | 614292 | 564263 | 80290 | 56462 | 534002 | 507801 |
| 广 东 | Guangdong | 4024656 | 2979390 | 2284855 | 1710060 | 1739801 | 1269330 |
| 广 西 | Guangxi | 207716 | 207261 | 27557 | 36469 | 180159 | 170793 |
| 海 南 | Hainan | 263030 | 227688 | 12846 | 11047 | 250184 | 216641 |
| 重 庆 | Chongqing | 829592 | 551683 | 456664 | 234179 | 372928 | 317504 |
| 四 川 | Sichuan | 1069543 | 931308 | 170253 | 161402 | 899291 | 769906 |
| 贵 州 | Guizhou | 147262 | 140079 | 4045 | 5839 | 143217 | 134239 |
| 云 南 | Yunnan | 294326 | 294108 | 29379 | 31172 | 264947 | 262936 |
| 西 藏 | Tibet | 10528 | 11610 | | | 10528 | 11610 |
| 陕 西 | Shaanxi | 650796 | 568841 | 55631 | 46491 | 595166 | 522350 |
| 甘 肃 | Gansu | 158289 | 148620 | 37034 | 35377 | 121255 | 113243 |
| 青 海 | Qinghai | 40683 | 30870 | 1724 | 964 | 38959 | 29906 |
| 宁 夏 | Ningxia | 52729 | 48889 | 65 | 1 | 52664 | 48889 |
| 新 疆 | Xinjiang | 197044 | 184674 | 43829 | 36383 | 153215 | 148291 |

3-2-9 续表 11 Continued 11

金银珠宝类 单位：万元

Gold, Silver and Jewellery Unit: 10000 yuan

| 地 区 | Region | 合 计 Total Sale Value | | 批发额 Wholesale Value | | 零售额 Retail Value | |
|---|---|---|---|---|---|---|---|
| | | 2015 | 2014 | 2015 | 2014 | 2015 | 2014 |
| **全 国** | **National Total** | **67625571** | **65439354** | **36932424** | **35708553** | **30693147** | **29730801** |
| 北 京 | Beijing | 12559291 | 14772902 | 9161111 | 11108564 | 3398180 | 3664338 |
| 天 津 | Tianjin | 798424 | 718670 | 209783 | 173352 | 588641 | 545319 |
| 河 北 | Hebei | 911239 | 932503 | 39458 | 49102 | 871781 | 883401 |
| 山 西 | Shanxi | 483123 | 589140 | 91181 | 97490 | 391942 | 491650 |
| 内蒙古 | Inner Mongolia | 388109 | 352688 | 31481 | 34013 | 356628 | 318675 |
| 辽 宁 | Liaoning | 1923961 | 1630968 | 364827 | 65650 | 1559134 | 1565318 |
| 吉 林 | Jilin | 696507 | 664699 | 2603 | 1567 | 693904 | 663132 |
| 黑龙江 | Heilongjiang | 540184 | 548228 | 13849 | 19589 | 526336 | 528639 |
| 上 海 | Shanghai | 7166173 | 7319194 | 5064061 | 5367111 | 2102112 | 1952083 |
| 江 苏 | Jiangsu | 5314580 | 6132130 | 1989319 | 2931167 | 3325261 | 3200963 |
| 浙 江 | Zhejiang | 4864381 | 3754190 | 2764312 | 1877657 | 2100070 | 1876533 |
| 安 徽 | Anhui | 991093 | 903554 | 219409 | 180395 | 771684 | 723159 |
| 福 建 | Fujian | 2940885 | 1411209 | 1707764 | 475375 | 1233121 | 935834 |
| 江 西 | Jiangxi | 356816 | 294752 | 3379 | 1407 | 353438 | 293345 |
| 山 东 | Shandong | 3080115 | 4189796 | 721527 | 1526588 | 2358588 | 2663208 |
| 河 南 | Henan | 1604561 | 1044590 | 404707 | 109076 | 1199854 | 935514 |
| 湖 北 | Hubei | 2100177 | 1937076 | 431747 | 351972 | 1668430 | 1585104 |
| 湖 南 | Hunan | 1009192 | 934095 | 76751 | 75573 | 932441 | 858522 |
| 广 东 | Guangdong | 13416475 | 12060747 | 11051692 | 9650287 | 2364783 | 2410460 |
| 广 西 | Guangxi | 254899 | 239869 | 8355 | 5381 | 246544 | 234489 |
| 海 南 | Hainan | 113245 | 131241 | 16279 | 30087 | 96965 | 101154 |
| 重 庆 | Chongqing | 1051301 | 1167320 | 612275 | 693656 | 439026 | 473664 |
| 四 川 | Sichuan | 1650241 | 1260499 | 928029 | 600676 | 722212 | 659823 |
| 贵 州 | Guizhou | 104507 | 97275 | 537 | 1296 | 103970 | 95979 |
| 云 南 | Yunnan | 1635601 | 796061 | 700330 | 75122 | 935271 | 720939 |
| 西 藏 | Tibet | 9550 | 15885 | | | 9550 | 15885 |
| 陕 西 | Shaanxi | 857207 | 834833 | 152288 | 102206 | 704918 | 732628 |
| 甘 肃 | Gansu | 351804 | 267579 | 152644 | 91024 | 199160 | 176555 |
| 青 海 | Qinghai | 40936 | 40417 | 23 | 28 | 40913 | 40389 |
| 宁 夏 | Ningxia | 138492 | 143337 | 109 | | 138382 | 143337 |
| 新 疆 | Xinjiang | 272503 | 253909 | 12594 | 13146 | 259910 | 240763 |

3-2-9 续表 12 Continued 12

日用品类

Articles for Daily Use

单位：万元

Unit: 10000 yuan

| 地 区 | Region | 合 计 Total Sale Value | | 批发额 Wholesale Value | | 零售额 Retail Value | |
|---|---|---|---|---|---|---|---|
| | | 2015 | 2014 | 2015 | 2014 | 2015 | 2014 |
| **全 国** | **National Total** | **106195887** | **98352940** | **57778090** | **54454920** | **48417797** | **43898020** |
| 北 京 | Beijing | 9056367 | 7530593 | 4948683 | 4040763 | 4107684 | 3489830 |
| 天 津 | Tianjin | 2792152 | 1738166 | 1814785 | 949010 | 977368 | 789156 |
| 河 北 | Hebei | 1169501 | 1083802 | 147102 | 122660 | 1022399 | 961142 |
| 山 西 | Shanxi | 457006 | 457239 | 58278 | 67526 | 398728 | 389713 |
| 内蒙古 | Inner Mongolia | 356505 | 309672 | 42074 | 30812 | 314431 | 278860 |
| 辽 宁 | Liaoning | 2621046 | 2709734 | 1041299 | 1066266 | 1579748 | 1643468 |
| 吉 林 | Jilin | 779771 | 728295 | 46252 | 44107 | 733520 | 684189 |
| 黑龙江 | Heilongjiang | 796778 | 1393254 | 148347 | 747988 | 648431 | 645266 |
| 上 海 | Shanghai | 16634799 | 16199717 | 13068612 | 12920021 | 3566187 | 3279696 |
| 江 苏 | Jiangsu | 7498472 | 7204519 | 3092996 | 3014916 | 4405476 | 4189603 |
| 浙 江 | Zhejiang | 10441699 | 10349528 | 7651515 | 7841705 | 2790184 | 2507824 |
| 安 徽 | Anhui | 2697358 | 2456649 | 1530240 | 1389002 | 1167118 | 1067647 |
| 福 建 | Fujian | 3317966 | 2814312 | 1598582 | 1384746 | 1719385 | 1429566 |
| 江 西 | Jiangxi | 601884 | 494441 | 76196 | 48252 | 525688 | 446189 |
| 山 东 | Shandong | 5616174 | 5604741 | 1360553 | 1277841 | 4255621 | 4326900 |
| 河 南 | Henan | 2657530 | 2374469 | 330891 | 354468 | 2326640 | 2020001 |
| 湖 北 | Hubei | 3558288 | 3342601 | 672157 | 607912 | 2886132 | 2734689 |
| 湖 南 | Hunan | 1934313 | 1802366 | 274375 | 296838 | 1659938 | 1505528 |
| 广 东 | Guangdong | 23479447 | 21073963 | 17608907 | 16234107 | 5870540 | 4839856 |
| 广 西 | Guangxi | 792636 | 758217 | 300730 | 285368 | 491906 | 472849 |
| 海 南 | Hainan | 396215 | 345799 | 57958 | 57212 | 338257 | 288587 |
| 重 庆 | Chongqing | 2310081 | 1880065 | 609703 | 339222 | 1700378 | 1540843 |
| 四 川 | Sichuan | 2539909 | 2238662 | 541976 | 601256 | 1997932 | 1637406 |
| 贵 州 | Guizhou | 356819 | 284665 | 42055 | 26323 | 314765 | 258342 |
| 云 南 | Yunnan | 1474233 | 1346617 | 502908 | 419057 | 971325 | 927560 |
| 西 藏 | Tibet | 5442 | 5530 | 1 | 11 | 5441 | 5520 |
| 陕 西 | Shaanxi | 1186715 | 1103567 | 142690 | 153364 | 1044025 | 950204 |
| 甘 肃 | Gansu | 249326 | 244160 | 38404 | 34276 | 210922 | 209884 |
| 青 海 | Qinghai | 59083 | 60339 | 3300 | 3888 | 55782 | 56451 |
| 宁 夏 | Ningxia | 116086 | 113425 | 5261 | 5123 | 110825 | 108302 |
| 新 疆 | Xinjiang | 242289 | 303835 | 21265 | 90883 | 221025 | 212952 |

3-2-9 续表 13 Continued 13

儿童玩具类
Children Toys

单位：万元
Unit: 10000 yuan

| 地 区 | Region | 合 计 Total Sale Value | | 批发额 Wholesale Value | | 零售额 Retail Value | |
|---|---|---|---|---|---|---|---|
| | | 2015 | 2014 | 2015 | 2014 | 2015 | 2014 |
| **全 国** | **National Total** | **5408970** | **4524945** | **2158605** | **1763638** | **3250365** | **2761307** |
| 北 京 | Beijing | 203921 | 170319 | 66407 | 54647 | 137514 | 115672 |
| 天 津 | Tianjin | 141276 | 24201 | 102870 | 1731 | 38407 | 22470 |
| 河 北 | Hebei | 108563 | 87588 | 448 | 427 | 108115 | 87162 |
| 山 西 | Shanxi | 81960 | 52013 | 24614 | 963 | 57346 | 51050 |
| 内蒙古 | Inner Mongolia | 23314 | 24824 | 1920 | 2413 | 21395 | 22411 |
| 辽 宁 | Liaoning | 76800 | 64064 | 623 | 534 | 76177 | 63530 |
| 吉 林 | Jilin | 48663 | 38715 | 97 | 39 | 48566 | 38676 |
| 黑龙江 | Heilongjiang | 35081 | 29003 | 398 | 260 | 34683 | 28744 |
| 上 海 | Shanghai | 606129 | 438121 | 303291 | 199017 | 302838 | 239104 |
| 江 苏 | Jiangsu | 991401 | 822569 | 594606 | 451110 | 396795 | 371458 |
| 浙 江 | Zhejiang | 357915 | 363973 | 239490 | 266731 | 118424 | 97242 |
| 安 徽 | Anhui | 131939 | 106638 | 24585 | 20280 | 107354 | 86358 |
| 福 建 | Fujian | 155016 | 147981 | 53150 | 61814 | 101866 | 86167 |
| 江 西 | Jiangxi | 43430 | 33216 | 7282 | 6252 | 36148 | 26964 |
| 山 东 | Shandong | 447266 | 415461 | 80180 | 68027 | 367087 | 347435 |
| 河 南 | Henan | 119476 | 102217 | 1773 | 970 | 117703 | 101247 |
| 湖 北 | Hubei | 219723 | 159424 | 8056 | 4727 | 211667 | 154697 |
| 湖 南 | Hunan | 120715 | 98502 | 3623 | 735 | 117093 | 97767 |
| 广 东 | Guangdong | 969572 | 909481 | 612857 | 586128 | 356716 | 323353 |
| 广 西 | Guangxi | 21816 | 18893 | 112 | 97 | 21704 | 18795 |
| 海 南 | Hainan | 9071 | 7536 | 3 | | 9068 | 7536 |
| 重 庆 | Chongqing | 81781 | 69579 | 11344 | 8942 | 70438 | 60637 |
| 四 川 | Sichuan | 138101 | 116528 | 3906 | 3209 | 134196 | 113320 |
| 贵 州 | Guizhou | 32353 | 24244 | 102 | 269 | 32251 | 23974 |
| 云 南 | Yunnan | 47045 | 39121 | 4341 | 3509 | 42703 | 35612 |
| 西 藏 | Tibet | 462 | 210 | | | 462 | 210 |
| 陕 西 | Shaanxi | 148408 | 115316 | 5276 | 6438 | 143132 | 108878 |
| 甘 肃 | Gansu | 23735 | 14671 | 465 | 404 | 23270 | 14267 |
| 青 海 | Qinghai | 1018 | 1338 | 1 | | 1017 | 1338 |
| 宁 夏 | Ningxia | 1685 | 2045 | | | 1685 | 2045 |
| 新 疆 | Xinjiang | 21336 | 27156 | 6788 | 13965 | 14548 | 13191 |

## 3-2-9 续表 14 Continued 14

五金、电料类 单位：万元

Hardware and Electrical Materials Unit: 10000 yuan

| 地区 | Region | 合计 Total Sale Value 2015 | 合计 Total Sale Value 2014 | 批发额 Wholesale Value 2015 | 批发额 Wholesale Value 2014 | 零售额 Retail Value 2015 | 零售额 Retail Value 2014 |
|---|---|---|---|---|---|---|---|
| **全国** | **National Total** | **39261561** | **36359684** | **27219086** | **25182058** | **12042475** | **11177626** |
| 北京 | Beijing | 1243447 | 1207052 | 1113317 | 1087031 | 130130 | 120022 |
| 天津 | Tianjin | 2457648 | 1736117 | 2176752 | 1493526 | 280896 | 242592 |
| 河北 | Hebei | 335500 | 355449 | 201599 | 214715 | 133901 | 140734 |
| 山西 | Shanxi | 218827 | 274873 | 52829 | 99702 | 165998 | 175171 |
| 内蒙古 | Inner Mongolia | 93974 | 63467 | 16208 | 14001 | 77767 | 49466 |
| 辽宁 | Liaoning | 976248 | 1079995 | 469847 | 521498 | 506402 | 558497 |
| 吉林 | Jilin | 179193 | 118698 | 7817 | 1627 | 171376 | 117071 |
| 黑龙江 | Heilongjiang | 227273 | 219956 | 11859 | 14087 | 215413 | 205869 |
| 上海 | Shanghai | 5230089 | 5034291 | 5100924 | 4903147 | 129165 | 131144 |
| 江苏 | Jiangsu | 5694554 | 5075940 | 3446396 | 3041177 | 2248158 | 2034763 |
| 浙江 | Zhejiang | 4264530 | 4352627 | 3910664 | 4073266 | 353866 | 279361 |
| 安徽 | Anhui | 465305 | 422417 | 243368 | 235818 | 221938 | 186599 |
| 福建 | Fujian | 1054409 | 920070 | 629774 | 615064 | 424635 | 305006 |
| 江西 | Jiangxi | 62164 | 76003 | 4994 | 38994 | 57170 | 37009 |
| 山东 | Shandong | 3680270 | 3686657 | 1573470 | 1477263 | 2106801 | 2209394 |
| 河南 | Henan | 1024963 | 854454 | 300074 | 272223 | 724888 | 582232 |
| 湖北 | Hubei | 1091142 | 1238327 | 288735 | 342212 | 802407 | 896116 |
| 湖南 | Hunan | 1019262 | 969093 | 294808 | 244384 | 724455 | 724708 |
| 广东 | Guangdong | 7618145 | 6825467 | 6355454 | 5841130 | 1262691 | 984337 |
| 广西 | Guangxi | 324730 | 71770 | 288830 | 38892 | 35901 | 32878 |
| 海南 | Hainan | 13540 | 14393 | 8958 | 10791 | 4582 | 3603 |
| 重庆 | Chongqing | 737214 | 568538 | 371629 | 253175 | 365586 | 315363 |
| 四川 | Sichuan | 383849 | 316144 | 133741 | 109784 | 250108 | 206360 |
| 贵州 | Guizhou | 49974 | 35429 | 12451 | 10229 | 37523 | 25200 |
| 云南 | Yunnan | 150645 | 175992 | 62128 | 72302 | 88517 | 103689 |
| 西藏 | Tibet | 258 | 173 | | | 258 | 173 |
| 陕西 | Shaanxi | 406962 | 459418 | 85901 | 105491 | 321061 | 353927 |
| 甘肃 | Gansu | 178245 | 145523 | 10052 | 12597 | 168193 | 132926 |
| 青海 | Qinghai | 2233 | 7037 | 1221 | 5691 | 1011 | 1346 |
| 宁夏 | Ningxia | 3769 | 5916 | 1060 | 2448 | 2709 | 3468 |
| 新疆 | Xinjiang | 73201 | 48400 | 44230 | 29795 | 28970 | 18605 |

3-2-9 续表 15 Continued 15

体育、娱乐用品类 单位：万元

Sports and Recreation Articles Unit: 10000 yuan

| 地区 | Region | 合计 Total Sale Value | | 批发额 Wholesale Value | | 零售额 Retail Value | |
|---|---|---|---|---|---|---|---|
| | | 2015 | 2014 | 2015 | 2014 | 2015 | 2014 |
| **全国** | **National Total** | **14261504** | **12937394** | **8849903** | **8270247** | **5411601** | **4667147** |
| 北京 | Beijing | 6148522 | 5446804 | 5195048 | 4498824 | 953474 | 947980 |
| 天津 | Tianjin | 190789 | 273812 | 76504 | 209471 | 114286 | 64341 |
| 河北 | Hebei | 165776 | 129641 | 40372 | 6496 | 125403 | 123145 |
| 山西 | Shanxi | 76000 | 75217 | 23161 | 21966 | 52839 | 53251 |
| 内蒙古 | Inner Mongolia | 40847 | 50397 | 26 | 4872 | 40821 | 45524 |
| 辽宁 | Liaoning | 142652 | 161502 | 27337 | 28285 | 115315 | 133217 |
| 吉林 | Jilin | 152902 | 132729 | 460 | 422 | 152442 | 132307 |
| 黑龙江 | Heilongjiang | 94013 | 90898 | 587 | 18 | 93426 | 90879 |
| 上海 | Shanghai | 788734 | 689372 | 525011 | 406325 | 263723 | 283047 |
| 江苏 | Jiangsu | 1609955 | 1456451 | 1028612 | 902504 | 581343 | 553947 |
| 浙江 | Zhejiang | 490244 | 414247 | 303232 | 241684 | 187012 | 172564 |
| 安徽 | Anhui | 218306 | 136779 | 54129 | 51314 | 164177 | 85465 |
| 福建 | Fujian | 381822 | 342612 | 243519 | 257625 | 138303 | 84987 |
| 江西 | Jiangxi | 53572 | 42510 | 19400 | 10122 | 34172 | 32388 |
| 山东 | Shandong | 398839 | 406644 | 54396 | 70385 | 344443 | 336259 |
| 河南 | Henan | 238682 | 198382 | 50520 | 55756 | 188163 | 142626 |
| 湖北 | Hubei | 273518 | 237317 | 26530 | 28748 | 246988 | 208569 |
| 湖南 | Hunan | 164162 | 129943 | 36614 | 30441 | 127548 | 99501 |
| 广东 | Guangdong | 1692838 | 1811771 | 976166 | 1333830 | 716672 | 477940 |
| 广西 | Guangxi | 52499 | 49916 | 17410 | 13621 | 35088 | 36295 |
| 海南 | Hainan | 14299 | 13828 | | | 14299 | 13828 |
| 重庆 | Chongqing | 93210 | 62498 | 35894 | 9373 | 57316 | 53125 |
| 四川 | Sichuan | 226507 | 127151 | 10147 | 7229 | 216360 | 119922 |
| 贵州 | Guizhou | 31311 | 30913 | 78 | 999 | 31234 | 29914 |
| 云南 | Yunnan | 54156 | 70663 | 9991 | 11232 | 44165 | 59431 |
| 西藏 | Tibet | 116 | 85 | | | 116 | 85 |
| 陕西 | Shaanxi | 404024 | 290974 | 93096 | 65007 | 310928 | 225968 |
| 甘肃 | Gansu | 29793 | 25839 | 131 | 277 | 29662 | 25562 |
| 青海 | Qinghai | 1907 | 2441 | 32 | | 1876 | 2441 |
| 宁夏 | Ningxia | 11800 | 13723 | 541 | 281 | 11259 | 13442 |
| 新疆 | Xinjiang | 19709 | 22337 | 960 | 3141 | 18748 | 19196 |

书报杂志类
Newspapers and Magazines

单位：万元
Unit: 10000 yuan

| 地 区 | Region | 合 计 Total Sale Value | | 批发额 Wholesale Value | | 零售额 Retail Value | |
|---|---|---|---|---|---|---|---|
| | | 2015 | 2014 | 2015 | 2014 | 2015 | 2014 |
| **全 国** | **National Total** | **19568027** | **18013824** | **8562945** | **7655874** | **11005082** | **10357950** |
| 北 京 | Beijing | 2085265 | 2020517 | 1145480 | 924068 | 939785 | 1096450 |
| 天 津 | Tianjin | 444148 | 423521 | 137827 | 110409 | 306321 | 313112 |
| 河 北 | Hebei | 822101 | 740539 | 394836 | 361881 | 427265 | 378658 |
| 山 西 | Shanxi | 480297 | 514218 | 236897 | 245363 | 243400 | 268855 |
| 内蒙古 | Inner Mongolia | 125899 | 111757 | 75188 | 61522 | 50710 | 50235 |
| 辽 宁 | Liaoning | 191923 | 261642 | 51688 | 87042 | 140235 | 174601 |
| 吉 林 | Jilin | 160681 | 147890 | 49022 | 44564 | 111659 | 103327 |
| 黑龙江 | Heilongjiang | 231168 | 240203 | 76387 | 82048 | 154781 | 158156 |
| 上 海 | Shanghai | 527371 | 469515 | 276089 | 235804 | 251282 | 233711 |
| 江 苏 | Jiangsu | 1945935 | 1826925 | 539602 | 479825 | 1406333 | 1347100 |
| 浙 江 | Zhejiang | 982053 | 824752 | 415217 | 357414 | 566836 | 467339 |
| 安 徽 | Anhui | 942219 | 835662 | 442907 | 403501 | 499312 | 432161 |
| 福 建 | Fujian | 609714 | 569112 | 202844 | 192514 | 406870 | 376598 |
| 江 西 | Jiangxi | 578566 | 553143 | 236619 | 242993 | 341947 | 310151 |
| 山 东 | Shandong | 955145 | 868172 | 530979 | 505547 | 424167 | 362625 |
| 河 南 | Henan | 869816 | 916142 | 371286 | 430255 | 498530 | 485887 |
| 湖 北 | Hubei | 1004797 | 947716 | 376135 | 341803 | 628662 | 605913 |
| 湖 南 | Hunan | 1392400 | 1189907 | 498232 | 414326 | 894168 | 775581 |
| 广 东 | Guangdong | 1617544 | 1407644 | 1097539 | 953629 | 520006 | 454016 |
| 广 西 | Guangxi | 383488 | 378590 | 176384 | 198581 | 207104 | 180009 |
| 海 南 | Hainan | 71822 | 62710 | 41170 | 35846 | 30652 | 26864 |
| 重 庆 | Chongqing | 406791 | 382045 | 212816 | 200975 | 193975 | 181070 |
| 四 川 | Sichuan | 701436 | 527297 | 104701 | 15514 | 596734 | 511783 |
| 贵 州 | Guizhou | 277346 | 295228 | 140586 | 177560 | 136760 | 117668 |
| 云 南 | Yunnan | 482311 | 457003 | 223147 | 216045 | 259164 | 240958 |
| 西 藏 | Tibet | 19688 | 13192 | 13294 | 8415 | 6394 | 4778 |
| 陕 西 | Shaanxi | 527374 | 456797 | 146918 | 119955 | 380456 | 336842 |
| 甘 肃 | Gansu | 254501 | 140203 | 116761 | 6429 | 137740 | 133774 |
| 青 海 | Qinghai | 30360 | 23245 | 19796 | 15517 | 10564 | 7728 |
| 宁 夏 | Ningxia | 45394 | 41020 | 25358 | 18550 | 20036 | 22471 |
| 新 疆 | Xinjiang | 400476 | 367517 | 187241 | 167983 | 213235 | 199534 |

电子出版物及音像制品类　　　　单位：万元

E-journals and Video Products　　　　Unit: 10000 yuan

| 地 区 | Region | 合 计 Total Sale Value | | 批发额 Wholesale Value | | 零售额 Retail Value | |
|---|---|---|---|---|---|---|---|
| | | 2015 | 2014 | 2015 | 2014 | 2015 | 2014 |
| **全 国** | **National Total** | **1949384** | **2008095** | **772091** | **833569** | **1177293** | **1174526** |
| 北 京 | Beijing | 522074 | 498182 | 260116 | 216292 | 261958 | 281890 |
| 天 津 | Tianjin | 12684 | 11260 | 3299 | 2446 | 9385 | 8814 |
| 河 北 | Hebei | 30411 | 31648 | 505 | 177 | 29906 | 31471 |
| 山 西 | Shanxi | 33335 | 32982 | 22676 | 16000 | 10659 | 16982 |
| 内蒙古 | Inner Mongolia | 4229 | 5391 | | | 4229 | 5391 |
| 辽 宁 | Liaoning | 33742 | 37639 | 8066 | 7404 | 25676 | 30235 |
| 吉 林 | Jilin | 27828 | 29815 | | | 27828 | 29814 |
| 黑龙江 | Heilongjiang | 86452 | 279369 | 66462 | 259960 | 19990 | 19410 |
| 上 海 | Shanghai | 38458 | 25565 | 26622 | 12110 | 11836 | 13455 |
| 江 苏 | Jiangsu | 180025 | 129608 | 79921 | 28682 | 100104 | 100926 |
| 浙 江 | Zhejiang | 72169 | 50221 | 52174 | 30114 | 19995 | 20107 |
| 安 徽 | Anhui | 37292 | 33730 | 5924 | 8268 | 31368 | 25461 |
| 福 建 | Fujian | 20183 | 20518 | 4267 | 5662 | 15916 | 14856 |
| 江 西 | Jiangxi | 96060 | 90968 | 13587 | 5980 | 82473 | 84987 |
| 山 东 | Shandong | 105270 | 104560 | 13960 | 11690 | 91311 | 92870 |
| 河 南 | Henan | 40380 | 36005 | 1212 | 1187 | 39169 | 34819 |
| 湖 北 | Hubei | 54836 | 49311 | 3685 | 5033 | 51150 | 44278 |
| 湖 南 | Hunan | 63139 | 62910 | 19717 | 19550 | 43422 | 43359 |
| 广 东 | Guangdong | 299552 | 269764 | 145530 | 149139 | 154022 | 120625 |
| 广 西 | Guangxi | 8616 | 8134 | 1488 | 1911 | 7128 | 6223 |
| 海 南 | Hainan | 3755 | 3133 | 20 | | 3734 | 3133 |
| 重 庆 | Chongqing | 33924 | 39254 | 11525 | 12460 | 22399 | 26795 |
| 四 川 | Sichuan | 25831 | 66299 | 10088 | 16173 | 15744 | 50126 |
| 贵 州 | Guizhou | 8378 | 7489 | 1365 | 651 | 7013 | 6838 |
| 云 南 | Yunnan | 33040 | 23374 | 12909 | 18531 | 20130 | 4843 |
| 西 藏 | Tibet | 8 | 23 | | | 8 | 23 |
| 陕 西 | Shaanxi | 64817 | 48201 | 6632 | 3702 | 58186 | 44499 |
| 甘 肃 | Gansu | 2693 | 3045 | 42 | 169 | 2651 | 2876 |
| 青 海 | Qinghai | 3690 | 3292 | 302 | 229 | 3388 | 3063 |
| 宁 夏 | Ningxia | 2829 | 3060 | | | 2829 | 3060 |
| 新 疆 | Xinjiang | 3688 | 3346 | | 50 | 3688 | 3297 |

3-2-9 续表 18 Continued 18

家用电器和音像器材类 单位：万元

Household Appliances and Video Appliances Unit: 10000 yuan

| 地　区 | Region | 合　计 Total Sale Value | | 批发额 Wholesale Value | | 零售额 Retail Value | |
|---|---|---|---|---|---|---|---|
| | | 2015 | 2014 | 2015 | 2014 | 2015 | 2014 |
| **全　国** | **National Total** | **168710731** | **159444482** | **86015317** | **83411141** | **82695414** | **76033341** |
| 北　京 | Beijing | 17717029 | 13771312 | 13481372 | 10058251 | 4235657 | 3713061 |
| 天　津 | Tianjin | 3142581 | 2689213 | 1780796 | 1643303 | 1361785 | 1045909 |
| 河　北 | Hebei | 3828429 | 3924504 | 1330307 | 1519543 | 2498122 | 2404961 |
| 山　西 | Shanxi | 1345570 | 1297576 | 259031 | 223654 | 1086539 | 1073922 |
| 内蒙古 | Inner Mongolia | 896505 | 832914 | 181232 | 158278 | 715273 | 674636 |
| 辽　宁 | Liaoning | 4128940 | 4009815 | 853118 | 878043 | 3275823 | 3131771 |
| 吉　林 | Jilin | 1430557 | 1390071 | 112510 | 113378 | 1318047 | 1276693 |
| 黑龙江 | Heilongjiang | 1343341 | 1440697 | 155554 | 160175 | 1187787 | 1280522 |
| 上　海 | Shanghai | 8767838 | 9972643 | 4164307 | 6213666 | 4603531 | 3758977 |
| 江　苏 | Jiangsu | 21616545 | 20656314 | 13757308 | 13485092 | 7859237 | 7171222 |
| 浙　江 | Zhejiang | 10104609 | 9945387 | 6317623 | 6601566 | 3786986 | 3343821 |
| 安　徽 | Anhui | 6507119 | 6878430 | 3318674 | 3886117 | 3188445 | 2992313 |
| 福　建 | Fujian | 4487854 | 4311561 | 2142108 | 2209682 | 2345747 | 2101879 |
| 江　西 | Jiangxi | 2057154 | 2104857 | 683684 | 882586 | 1373471 | 1222271 |
| 山　东 | Shandong | 17703832 | 14786566 | 8355678 | 5687681 | 9348154 | 9098885 |
| 河　南 | Henan | 6027625 | 6471141 | 2344140 | 3175722 | 3683485 | 3295419 |
| 湖　北 | Hubei | 6993850 | 6712110 | 1490631 | 1500458 | 5503219 | 5211652 |
| 湖　南 | Hunan | 5079974 | 4906407 | 1219395 | 1320923 | 3860579 | 3585483 |
| 广　东 | Guangdong | 24591678 | 23294296 | 17427360 | 16595312 | 7164318 | 6698984 |
| 广　西 | Guangxi | 2565350 | 2386595 | 1242798 | 1255668 | 1322552 | 1130927 |
| 海　南 | Hainan | 380244 | 402419 | 159183 | 168481 | 221061 | 233938 |
| 重　庆 | Chongqing | 4747368 | 4972807 | 1724556 | 2045243 | 3022812 | 2927565 |
| 四　川 | Sichuan | 5876589 | 5387507 | 904915 | 938661 | 4971674 | 4448846 |
| 贵　州 | Guizhou | 1088092 | 1114801 | 477808 | 539502 | 610284 | 575299 |
| 云　南 | Yunnan | 1757274 | 1798086 | 898515 | 1008187 | 858759 | 789899 |
| 西　藏 | Tibet | 22823 | 18870 | 20 | | 22803 | 18870 |
| 陕　西 | Shaanxi | 3071595 | 2633767 | 766670 | 718080 | 2304924 | 1915688 |
| 甘　肃 | Gansu | 432118 | 423985 | 134095 | 152190 | 298023 | 271795 |
| 青　海 | Qinghai | 137966 | 134576 | 27847 | 26779 | 110119 | 107797 |
| 宁　夏 | Ningxia | 205046 | 195426 | 28277 | 24802 | 176769 | 170624 |
| 新　疆 | Xinjiang | 655237 | 579831 | 275808 | 220120 | 379429 | 359711 |

3-2-9 续表 19 Continued 19

中西药品类 单位：万元

Traditional Chinese and Western Medicines Unit: 10000 yuan

| 地区 | Region | 合计 Total Sale Value | | 批发额 Wholesale Value | | 零售额 Retail Value | |
|---|---|---|---|---|---|---|---|
| | | 2015 | 2014 | 2015 | 2014 | 2015 | 2014 |
| **全国** | **National Total** | **238680676** | **211274850** | **159725684** | **141670384** | **78954992** | **69604466** |
| 北京 | Beijing | 18222219 | 16463832 | 9728091 | 8608756 | 8494128 | 7855076 |
| 天津 | Tianjin | 6413581 | 5705018 | 6064082 | 5411858 | 349499 | 293160 |
| 河北 | Hebei | 7190222 | 5852912 | 5089188 | 4084225 | 2101034 | 1768687 |
| 山西 | Shanxi | 2953698 | 2502718 | 1989205 | 1642850 | 964493 | 859868 |
| 内蒙古 | Inner Mongolia | 990978 | 799822 | 693201 | 552090 | 297777 | 247732 |
| 辽宁 | Liaoning | 6973705 | 7080754 | 3144138 | 3410512 | 3829567 | 3670242 |
| 吉林 | Jilin | 2575850 | 2442631 | 1710405 | 1681252 | 865445 | 761379 |
| 黑龙江 | Heilongjiang | 4290766 | 4555678 | 2557755 | 2788710 | 1733010 | 1766969 |
| 上海 | Shanghai | 14827024 | 12630661 | 11262941 | 9591435 | 3564083 | 3039226 |
| 江苏 | Jiangsu | 20623438 | 18512223 | 11805264 | 10816472 | 8818174 | 7695751 |
| 浙江 | Zhejiang | 15133394 | 13853672 | 8013953 | 7416140 | 7119441 | 6437532 |
| 安徽 | Anhui | 11731212 | 10367297 | 7463772 | 6618909 | 4267440 | 3748388 |
| 福建 | Fujian | 5326511 | 4457945 | 3449609 | 2953548 | 1876902 | 1504397 |
| 江西 | Jiangxi | 4991283 | 4058901 | 3555220 | 2932383 | 1436064 | 1126519 |
| 山东 | Shandong | 15586591 | 13660000 | 10259605 | 8772551 | 5326986 | 4887449 |
| 河南 | Henan | 11287261 | 10217378 | 9027466 | 8314348 | 2259795 | 1903030 |
| 湖北 | Hubei | 13900798 | 12155120 | 8757075 | 7734297 | 5143724 | 4420823 |
| 湖南 | Hunan | 7882319 | 7177952 | 4797034 | 4317077 | 3085285 | 2860875 |
| 广东 | Guangdong | 29573512 | 25755434 | 23492154 | 20559425 | 6081358 | 5196009 |
| 广西 | Guangxi | 4013825 | 3165948 | 2301126 | 1792094 | 1712699 | 1373853 |
| 海南 | Hainan | 1621776 | 1366244 | 1587248 | 1318084 | 34529 | 48159 |
| 重庆 | Chongqing | 7498135 | 6602802 | 4785108 | 4241028 | 2713027 | 2361774 |
| 四川 | Sichuan | 8761932 | 8297611 | 6823740 | 6656676 | 1938192 | 1640935 |
| 贵州 | Guizhou | 2271445 | 1764129 | 1535151 | 1211856 | 736294 | 552273 |
| 云南 | Yunnan | 5232273 | 4536317 | 3925614 | 3451390 | 1306659 | 1084927 |
| 西藏 | Tibet | 460918 | 346700 | 447194 | 342841 | 13724 | 3859 |
| 陕西 | Shaanxi | 3806295 | 2898438 | 2771397 | 2027374 | 1034898 | 871065 |
| 甘肃 | Gansu | 1671076 | 1564750 | 1294918 | 1290292 | 376158 | 274459 |
| 青海 | Qinghai | 209834 | 167844 | 93402 | 82761 | 116432 | 85083 |
| 宁夏 | Ningxia | 514701 | 477664 | 124979 | 87698 | 389722 | 389966 |
| 新疆 | Xinjiang | 2144105 | 1836456 | 1175651 | 961452 | 968454 | 875003 |

3-2-9 续表 20 Continued 20

西药类 单位：万元

Western Medicines Unit: 10000 yuan

| 地区 | Region | 合计 Total Sale Value | | 批发额 Wholesale Value | | 零售额 Retail Value | |
|---|---|---|---|---|---|---|---|
| | | 2015 | 2014 | 2015 | 2014 | 2015 | 2014 |
| **全国** | **National Total** | **167793129** | **147649698** | **112114259** | **98866653** | **55678870** | **48783045** |
| 北京 | Beijing | 12350512 | 11175826 | 6558279 | 5884184 | 5792233 | 5291643 |
| 天津 | Tianjin | 3178303 | 2915725 | 3010264 | 2766512 | 168038 | 149214 |
| 河北 | Hebei | 5137763 | 4235296 | 3653151 | 2969154 | 1484612 | 1266142 |
| 山西 | Shanxi | 2063434 | 1755881 | 1436286 | 1158980 | 627148 | 596901 |
| 内蒙古 | Inner Mongolia | 529765 | 422941 | 405147 | 307176 | 124618 | 115765 |
| 辽宁 | Liaoning | 4758663 | 4761006 | 2113631 | 2263290 | 2645032 | 2497716 |
| 吉林 | Jilin | 1383384 | 1473204 | 1063080 | 1182776 | 320304 | 290428 |
| 黑龙江 | Heilongjiang | 2012327 | 1850011 | 795399 | 836421 | 1216928 | 1013589 |
| 上海 | Shanghai | 12227347 | 10274144 | 9440735 | 7967614 | 2786612 | 2306530 |
| 江苏 | Jiangsu | 16469615 | 14749244 | 9480466 | 8672214 | 6989149 | 6077030 |
| 浙江 | Zhejiang | 11155125 | 10221480 | 5955227 | 5477493 | 5199898 | 4743987 |
| 安徽 | Anhui | 8490324 | 7520670 | 5567500 | 4963310 | 2922824 | 2557360 |
| 福建 | Fujian | 3954802 | 3337043 | 2537029 | 2221178 | 1417773 | 1115866 |
| 江西 | Jiangxi | 3036526 | 2513136 | 2015119 | 1693335 | 1021407 | 819802 |
| 山东 | Shandong | 8873038 | 7585973 | 5735593 | 4756068 | 3137445 | 2829905 |
| 河南 | Henan | 6730943 | 6128059 | 5592623 | 5148085 | 1138320 | 979974 |
| 湖北 | Hubei | 11536022 | 9887499 | 7451048 | 6501356 | 4084974 | 3386143 |
| 湖南 | Hunan | 5488696 | 5162066 | 3532066 | 3321985 | 1956630 | 1840080 |
| 广东 | Guangdong | 19399650 | 17055317 | 15247737 | 13354751 | 4151913 | 3700566 |
| 广西 | Guangxi | 2789728 | 2319958 | 1495117 | 1265521 | 1294611 | 1054438 |
| 海南 | Hainan | 1314431 | 1052388 | 1286376 | 1015827 | 28055 | 36561 |
| 重庆 | Chongqing | 5696715 | 5128191 | 3674886 | 3331779 | 2021829 | 1796412 |
| 四川 | Sichuan | 6572776 | 5783517 | 5189521 | 4596386 | 1383255 | 1187131 |
| 贵州 | Guizhou | 1622542 | 1162288 | 1066678 | 762697 | 555864 | 399591 |
| 云南 | Yunnan | 4416039 | 3795263 | 3422725 | 2974524 | 993314 | 820739 |
| 西藏 | Tibet | 14589 | 682 | 12477 | 625 | 2112 | 58 |
| 陕西 | Shaanxi | 2942835 | 2117276 | 2174779 | 1498070 | 768056 | 619206 |
| 甘肃 | Gansu | 1327223 | 1250439 | 1041501 | 1050752 | 285722 | 199687 |
| 青海 | Qinghai | 150961 | 126241 | 72595 | 60182 | 78366 | 66059 |
| 宁夏 | Ningxia | 409059 | 378395 | 97294 | 62257 | 311765 | 316138 |
| 新疆 | Xinjiang | 1759995 | 1510541 | 989932 | 802153 | 770063 | 708388 |

3-2-9 续表 21 Continued 21

中草药及中成药类
Traditional Chinese Medicines

单位：万元
Unit: 10000 yuan

| 地 区 | Region | 合 计 Total Sale Value | | 批发额 Wholesale Value | | 零售额 Retail Value | |
|---|---|---|---|---|---|---|---|
| | | 2015 | 2014 | 2015 | 2014 | 2015 | 2014 |
| **全 国** | **National Total** | **38619822** | **34828759** | **25848008** | **23284274** | **12771814** | **11544485** |
| 北 京 | Beijing | 3173706 | 2730184 | 1456731 | 1142394 | 1716975 | 1587790 |
| 天 津 | Tianjin | 2235021 | 2148049 | 2159598 | 2076306 | 75424 | 71743 |
| 河 北 | Hebei | 1208044 | 1029034 | 790559 | 662261 | 417485 | 366773 |
| 山 西 | Shanxi | 491811 | 499066 | 312378 | 310640 | 179433 | 188426 |
| 内蒙古 | Inner Mongolia | 120382 | 110464 | 91663 | 85834 | 28719 | 24630 |
| 辽 宁 | Liaoning | 985278 | 956343 | 422227 | 411178 | 563051 | 545166 |
| 吉 林 | Jilin | 456071 | 248692 | 261016 | 156865 | 195055 | 91827 |
| 黑龙江 | Heilongjiang | 826047 | 736081 | 645125 | 565378 | 180922 | 170703 |
| 上 海 | Shanghai | 1755313 | 1619599 | 1050675 | 955107 | 704638 | 664492 |
| 江 苏 | Jiangsu | 3059606 | 2758830 | 1667063 | 1524076 | 1392543 | 1234754 |
| 浙 江 | Zhejiang | 2727550 | 2545599 | 1421892 | 1300009 | 1305658 | 1245590 |
| 安 徽 | Anhui | 1695927 | 1470893 | 1063960 | 932735 | 631967 | 538158 |
| 福 建 | Fujian | 464258 | 375986 | 266815 | 215746 | 197442 | 160240 |
| 江 西 | Jiangxi | 1480154 | 1349224 | 1172459 | 1100649 | 307695 | 248575 |
| 山 东 | Shandong | 2334541 | 2029579 | 1323330 | 1089874 | 1011211 | 939705 |
| 河 南 | Henan | 1376046 | 1287573 | 988120 | 975898 | 387926 | 311675 |
| 湖 北 | Hubei | 1316788 | 1185947 | 820044 | 712948 | 496744 | 472999 |
| 湖 南 | Hunan | 936002 | 985854 | 532663 | 577251 | 403339 | 408604 |
| 广 东 | Guangdong | 6590702 | 5769005 | 5712248 | 5004149 | 878454 | 764856 |
| 广 西 | Guangxi | 803007 | 513551 | 533261 | 271431 | 269746 | 242120 |
| 海 南 | Hainan | 156453 | 169508 | 149980 | 163551 | 6473 | 5957 |
| 重 庆 | Chongqing | 836873 | 836969 | 522817 | 530347 | 314056 | 306623 |
| 四 川 | Sichuan | 1170974 | 1523687 | 862963 | 1247952 | 308011 | 275735 |
| 贵 州 | Guizhou | 470245 | 406166 | 372542 | 327588 | 97703 | 78578 |
| 云 南 | Yunnan | 661589 | 592756 | 449151 | 420226 | 212438 | 172530 |
| 西 藏 | Tibet | 196656 | 38338 | 194201 | 37738 | 2455 | 600 |
| 陕 西 | Shaanxi | 456605 | 346046 | 266649 | 189634 | 189956 | 156412 |
| 甘 肃 | Gansu | 227207 | 217526 | 172143 | 172799 | 55064 | 44727 |
| 青 海 | Qinghai | 23682 | 15690 | 4181 | 454 | 19501 | 15236 |
| 宁 夏 | Ningxia | 97894 | 93156 | 31249 | 25441 | 66645 | 67715 |
| 新 疆 | Xinjiang | 285393 | 239364 | 130306 | 97819 | 155087 | 141545 |

3-2-9 续表 22 Continued 22

文化办公用品类 单位：万元
Cultural and Offices Appliances Unit: 10000 yuan

| 地 区 | Region | 合 计 Total Sale Value | | 批发额 Wholesale Value | | 零售额 Retail Value | |
|---|---|---|---|---|---|---|---|
| | | 2015 | 2014 | 2015 | 2014 | 2015 | 2014 |
| **全 国** | **National Total** | **128238063** | **117290408** | **98610971** | **91517619** | **29627092** | **25772789** |
| 北 京 | Beijing | 27071722 | 22211837 | 21281708 | 17226167 | 5790014 | 4985670 |
| 天 津 | Tianjin | 1087176 | 717679 | 717339 | 377296 | 369837 | 340383 |
| 河 北 | Hebei | 498018 | 480794 | 268875 | 261576 | 229144 | 219218 |
| 山 西 | Shanxi | 298020 | 298032 | 176650 | 164148 | 121370 | 133884 |
| 内蒙古 | Inner Mongolia | 187672 | 185378 | 54117 | 59685 | 133555 | 125693 |
| 辽 宁 | Liaoning | 1259950 | 1691706 | 445306 | 714163 | 814644 | 977544 |
| 吉 林 | Jilin | 353030 | 350743 | 38078 | 52492 | 314952 | 298251 |
| 黑龙江 | Heilongjiang | 632391 | 873380 | 64209 | 160787 | 568182 | 712592 |
| 上 海 | Shanghai | 19405495 | 16640634 | 16861702 | 14669560 | 2543793 | 1971074 |
| 江 苏 | Jiangsu | 10345711 | 8170162 | 7254622 | 5550862 | 3091089 | 2619301 |
| 浙 江 | Zhejiang | 5229511 | 4790521 | 4210721 | 3951665 | 1018790 | 838856 |
| 安 徽 | Anhui | 2643189 | 2433094 | 2025469 | 1846442 | 617720 | 586652 |
| 福 建 | Fujian | 2290211 | 1998057 | 1120455 | 1028772 | 1169756 | 969286 |
| 江 西 | Jiangxi | 305807 | 420164 | 98609 | 181157 | 207198 | 239007 |
| 山 东 | Shandong | 4935983 | 4562609 | 2703095 | 2486612 | 2232889 | 2075997 |
| 河 南 | Henan | 1222561 | 1141635 | 423216 | 475194 | 799345 | 666441 |
| 湖 北 | Hubei | 3636997 | 2431664 | 2308110 | 1369157 | 1328888 | 1062507 |
| 湖 南 | Hunan | 1060105 | 1154617 | 404984 | 459244 | 655121 | 695373 |
| 广 东 | Guangdong | 35876594 | 37933044 | 32293328 | 34959348 | 3583266 | 2973697 |
| 广 西 | Guangxi | 331008 | 354411 | 122387 | 143303 | 208621 | 211109 |
| 海 南 | Hainan | 76990 | 102622 | 39821 | 52040 | 37169 | 50582 |
| 重 庆 | Chongqing | 1941220 | 1496116 | 775137 | 623015 | 1166083 | 873102 |
| 四 川 | Sichuan | 5255761 | 4683022 | 3983675 | 3709584 | 1272086 | 973438 |
| 贵 州 | Guizhou | 207950 | 190773 | 91660 | 89574 | 116291 | 101199 |
| 云 南 | Yunnan | 504206 | 662033 | 285160 | 340974 | 219047 | 321059 |
| 西 藏 | Tibet | 367 | 303 | | | 367 | 303 |
| 陕 西 | Shaanxi | 1030352 | 877646 | 310805 | 350157 | 719547 | 527489 |
| 甘 肃 | Gansu | 192909 | 134666 | 65959 | 64721 | 126950 | 69945 |
| 青 海 | Qinghai | 4998 | 4900 | 19 | | 4979 | 4900 |
| 宁 夏 | Ningxia | 67194 | 64973 | 21086 | 22897 | 46109 | 42077 |
| 新 疆 | Xinjiang | 284966 | 233194 | 164674 | 127031 | 120293 | 106163 |

3-2-9 续表 23 Continued 23

家具类
Furniture

单位：万元
Unit: 10000 yuan

| 地 区 | Region | 合 计 Total Sale Value | | 批发额 Wholesale Value | | 零售额 Retail Value | |
|---|---|---|---|---|---|---|---|
| | | 2015 | 2014 | 2015 | 2014 | 2015 | 2014 |
| **全 国** | **National Total** | **33395164** | **30599351** | **8945314** | **7872219** | **24449850** | **22727132** |
| 北 京 | Beijing | 1018618 | 1103890 | 133439 | 135254 | 885180 | 968636 |
| 天 津 | Tianjin | 502906 | 427631 | 143427 | 219638 | 359478 | 207994 |
| 河 北 | Hebei | 489165 | 384094 | 24151 | 20618 | 465014 | 363476 |
| 山 西 | Shanxi | 403170 | 422404 | 6545 | 3757 | 396625 | 418648 |
| 内蒙古 | Inner Mongolia | 468101 | 417713 | 71 | 4 | 468030 | 417709 |
| 辽 宁 | Liaoning | 624545 | 607265 | 50594 | 42953 | 573952 | 564313 |
| 吉 林 | Jilin | 483219 | 486534 | 103 | 4 | 483116 | 486530 |
| 黑龙江 | Heilongjiang | 495523 | 547302 | 3016 | 8313 | 492508 | 538988 |
| 上 海 | Shanghai | 1329106 | 1274443 | 714547 | 765400 | 614560 | 509043 |
| 江 苏 | Jiangsu | 2570553 | 2177175 | 512471 | 352828 | 2058083 | 1824347 |
| 浙 江 | Zhejiang | 2069763 | 1534769 | 1229142 | 911340 | 840622 | 623429 |
| 安 徽 | Anhui | 841233 | 665830 | 18084 | 15596 | 823149 | 650234 |
| 福 建 | Fujian | 1915157 | 1414804 | 650584 | 516239 | 1264573 | 898565 |
| 江 西 | Jiangxi | 418963 | 480970 | 7385 | 4012 | 411578 | 476957 |
| 山 东 | Shandong | 3871827 | 4741025 | 244675 | 466288 | 3627153 | 4274737 |
| 河 南 | Henan | 1631744 | 1286276 | 128760 | 77269 | 1502984 | 1209007 |
| 湖 北 | Hubei | 2121692 | 1935756 | 342986 | 379413 | 1778706 | 1556343 |
| 湖 南 | Hunan | 882453 | 979968 | 83009 | 73832 | 799444 | 906136 |
| 广 东 | Guangdong | 5426376 | 4493369 | 3929082 | 3250892 | 1497294 | 1242477 |
| 广 西 | Guangxi | 36666 | 53962 | 99 | 26248 | 36567 | 27715 |
| 海 南 | Hainan | 11966 | 8505 | | | 11966 | 8505 |
| 重 庆 | Chongqing | 2743139 | 2339546 | 678961 | 578893 | 2064177 | 1760653 |
| 四 川 | Sichuan | 1180510 | 923928 | 8942 | 8926 | 1171568 | 915002 |
| 贵 州 | Guizhou | 34053 | 22031 | 873 | 713 | 33180 | 21317 |
| 云 南 | Yunnan | 260149 | 255402 | 16222 | 2854 | 243927 | 252548 |
| 西 藏 | Tibet | 24 | 13 | | | 24 | 13 |
| 陕 西 | Shaanxi | 1304608 | 1262107 | 3367 | 1171 | 1301241 | 1260936 |
| 甘 肃 | Gansu | 174739 | 109608 | 4129 | 1815 | 170610 | 107794 |
| 青 海 | Qinghai | 29930 | 10943 | 10361 | 290 | 19570 | 10653 |
| 宁 夏 | Ningxia | 13974 | 19486 | 132 | | 13842 | 19486 |
| 新 疆 | Xinjiang | 41290 | 212603 | 160 | 7660 | 41130 | 204944 |

3-2-9 续表 24 Continued 24

通讯器材类

Communication Appliances

单位：万元

Unit: 10000 yuan

| 地 区 | Region | 合 计 Total Sale Value | | 批发额 Wholesale Value | | 零售额 Retail Value | |
|---|---|---|---|---|---|---|---|
| | | 2015 | 2014 | 2015 | 2014 | 2015 | 2014 |
| **全 国** | **National Total** | **154063458** | **116895422** | **119366667** | **90044701** | **34696791** | **26850721** |
| 北 京 | Beijing | 49894663 | 39982334 | 38189005 | 30816134 | 11705658 | 9166200 |
| 天 津 | Tianjin | 2587773 | 1504766 | 2212860 | 1186432 | 374914 | 318334 |
| 河 北 | Hebei | 778999 | 438454 | 344966 | 65893 | 434033 | 372561 |
| 山 西 | Shanxi | 95449 | 95702 | 5492 | 5756 | 89957 | 89947 |
| 内蒙古 | Inner Mongolia | 214170 | 180119 | 112809 | 91310 | 101361 | 88809 |
| 辽 宁 | Liaoning | 1730460 | 1707582 | 345309 | 487332 | 1385151 | 1220250 |
| 吉 林 | Jilin | 309896 | 279326 | 22739 | 8932 | 287157 | 270394 |
| 黑龙江 | Heilongjiang | 672344 | 589923 | 176503 | 156283 | 495841 | 433640 |
| 上 海 | Shanghai | 35202084 | 19972424 | 32932689 | 18402863 | 2269395 | 1569561 |
| 江 苏 | Jiangsu | 9029610 | 7596595 | 6491625 | 5420163 | 2537985 | 2176432 |
| 浙 江 | Zhejiang | 4058501 | 2833587 | 2629754 | 1999305 | 1428746 | 834282 |
| 安 徽 | Anhui | 629273 | 570055 | 182839 | 190381 | 446434 | 379674 |
| 福 建 | Fujian | 1952341 | 1496963 | 1262567 | 966221 | 689774 | 530742 |
| 江 西 | Jiangxi | 363998 | 199862 | 95631 | 28827 | 268367 | 171035 |
| 山 东 | Shandong | 2356725 | 2081330 | 597788 | 506380 | 1758937 | 1574951 |
| 河 南 | Henan | 852912 | 718469 | 178758 | 189057 | 674154 | 529412 |
| 湖 北 | Hubei | 2413517 | 1025566 | 1462259 | 379724 | 951258 | 645842 |
| 湖 南 | Hunan | 922967 | 802934 | 318484 | 263754 | 604483 | 539180 |
| 广 东 | Guangdong | 31815501 | 29357473 | 27313349 | 26050919 | 4502152 | 3306554 |
| 广 西 | Guangxi | 295612 | 261432 | 125272 | 128383 | 170341 | 133049 |
| 海 南 | Hainan | 88043 | 56012 | 65153 | 32084 | 22890 | 23928 |
| 重 庆 | Chongqing | 3787000 | 2003448 | 2715876 | 1280339 | 1071124 | 723108 |
| 四 川 | Sichuan | 1963403 | 1361894 | 988073 | 629730 | 975330 | 732164 |
| 贵 州 | Guizhou | 227211 | 129912 | 154054 | 85456 | 73157 | 44456 |
| 云 南 | Yunnan | 268112 | 456966 | 90473 | 284479 | 177638 | 172487 |
| 西 藏 | Tibet | 27651 | 27867 | | | 27651 | 27867 |
| 陕 西 | Shaanxi | 1014815 | 675529 | 144953 | 105809 | 869862 | 569720 |
| 甘 肃 | Gansu | 175366 | 113713 | 48369 | 18637 | 126996 | 95076 |
| 青 海 | Qinghai | 120410 | 242904 | 105140 | 230054 | 15270 | 12850 |
| 宁 夏 | Ningxia | 58750 | 53614 | 10763 | 11308 | 47987 | 42306 |
| 新 疆 | Xinjiang | 155902 | 78669 | 43112 | 22757 | 112789 | 55912 |

煤炭及制品类
Coal and Related Products

单位：万元
Unit: 10000 yuan

| 地 区 | Region | 合计 Total Sale Value | | 批发额 Wholesale Value | | 零售额 Retail Value | |
|---|---|---|---|---|---|---|---|
| | | 2015 | 2014 | 2015 | 2014 | 2015 | 2014 |
| **全 国** | **National Total** | **221126661** | **292467459** | **209447404** | **280636440** | **11679257** | **11831019** |
| 北 京 | Beijing | 16679335 | 30372256 | 16658424 | 30367213 | 20911 | 5043 |
| 天 津 | Tianjin | 31685123 | 31790384 | 30736680 | 31089594 | 948443 | 700790 |
| 河 北 | Hebei | 10787865 | 15665518 | 10652696 | 15566226 | 135169 | 99292 |
| 山 西 | Shanxi | 19411983 | 37471061 | 19211183 | 37164641 | 200800 | 306420 |
| 内蒙古 | Inner Mongolia | 8315386 | 10000106 | 7566573 | 9382825 | 748813 | 617281 |
| 辽 宁 | Liaoning | 3659083 | 5844426 | 3486976 | 5583254 | 172108 | 261172 |
| 吉 林 | Jilin | 295590 | 296324 | 150863 | 132172 | 144727 | 164152 |
| 黑龙江 | Heilongjiang | 1102330 | 835963 | 901581 | 642847 | 200750 | 193116 |
| 上 海 | Shanghai | 11716025 | 16444957 | 11711435 | 16433163 | 4590 | 11794 |
| 江 苏 | Jiangsu | 17528638 | 20673235 | 16782858 | 19976472 | 745780 | 696763 |
| 浙 江 | Zhejiang | 14166193 | 13747283 | 14124601 | 13709850 | 41592 | 37433 |
| 安 徽 | Anhui | 4515733 | 4070599 | 4376647 | 3950695 | 139086 | 119904 |
| 福 建 | Fujian | 5394223 | 5475198 | 5233667 | 5307111 | 160556 | 168087 |
| 江 西 | Jiangxi | 1087400 | 1640209 | 1027550 | 1605404 | 59850 | 34806 |
| 山 东 | Shandong | 24006100 | 35935776 | 20348021 | 31810032 | 3658079 | 4125744 |
| 河 南 | Henan | 6247874 | 6928303 | 5573573 | 6306440 | 674301 | 621863 |
| 湖 北 | Hubei | 2142896 | 4399605 | 1761472 | 3929243 | 381424 | 470362 |
| 湖 南 | Hunan | 2071371 | 2373893 | 1385904 | 1641414 | 685467 | 732479 |
| 广 东 | Guangdong | 12933503 | 19822838 | 12644838 | 19556780 | 288665 | 266058 |
| 广 西 | Guangxi | 2209844 | 2635166 | 2177464 | 2616822 | 32380 | 18343 |
| 海 南 | Hainan | 20026 | 60500 | 20026 | 60332 | | 169 |
| 重 庆 | Chongqing | 4117292 | 3755501 | 3971009 | 3622584 | 146283 | 132917 |
| 四 川 | Sichuan | 1734476 | 2042752 | 1524207 | 1811006 | 210269 | 231746 |
| 贵 州 | Guizhou | 3391925 | 2524431 | 3321610 | 2494744 | 70315 | 29687 |
| 云 南 | Yunnan | 1719659 | 2412154 | 1610310 | 2269895 | 109349 | 142260 |
| 西 藏 | Tibet | | | | | | |
| 陕 西 | Shaanxi | 12480795 | 13411891 | 10889459 | 11884089 | 1591336 | 1527802 |
| 甘 肃 | Gansu | 280789 | 399306 | 244372 | 313040 | 36417 | 86266 |
| 青 海 | Qinghai | 447934 | 500729 | 384101 | 484429 | 63833 | 16300 |
| 宁 夏 | Ningxia | 81544 | 225047 | 80278 | 223266 | 1266 | 1780 |
| 新 疆 | Xinjiang | 895728 | 712052 | 889029 | 700860 | 6699 | 11192 |

3-2-9 续表 26 Continued 26

木材及制品类

Wood and Wooden Products

单位：万元

Unit: 10000 yuan

| 地 区 | Region | 合 计 Total Sale Value | | 批发额 Wholesale Value | | 零售额 Retail Value | |
|---|---|---|---|---|---|---|---|
| | | 2015 | 2014 | 2015 | 2014 | 2015 | 2014 |
| **全 国** | **National Total** | **17691130** | **13748861** | **17691130** | **13748861** | | |
| 北 京 | Beijing | 2777633 | 1833858 | 2777633 | 1833858 | | |
| 天 津 | Tianjin | 501305 | 237819 | 501305 | 237819 | | |
| 河 北 | Hebei | 97940 | 16512 | 97940 | 16512 | | |
| 山 西 | Shanxi | 21123 | 11937 | 21123 | 11937 | | |
| 内蒙古 | Inner Mongolia | 603443 | 302589 | 603443 | 302589 | | |
| 辽 宁 | Liaoning | 40151 | 70412 | 40151 | 70412 | | |
| 吉 林 | Jilin | | | | | | |
| 黑龙江 | Heilongjiang | 685041 | 268355 | 685041 | 268355 | | |
| 上 海 | Shanghai | 1148567 | 615755 | 1148567 | 615755 | | |
| 江 苏 | Jiangsu | 1558346 | 1665302 | 1558346 | 1665302 | | |
| 浙 江 | Zhejiang | 3900537 | 2362894 | 3900537 | 2362894 | | |
| 安 徽 | Anhui | 102113 | 76528 | 102113 | 76528 | | |
| 福 建 | Fujian | 1892552 | 2020763 | 1892552 | 2020763 | | |
| 江 西 | Jiangxi | 75836 | 180630 | 75836 | 180630 | | |
| 山 东 | Shandong | 1740777 | 1677076 | 1740777 | 1677076 | | |
| 河 南 | Henan | 155848 | 55830 | 155848 | 55830 | | |
| 湖 北 | Hubei | 49663 | 33768 | 49663 | 33768 | | |
| 湖 南 | Hunan | 52098 | 59066 | 52098 | 59066 | | |
| 广 东 | Guangdong | 1636760 | 1490861 | 1636760 | 1490861 | | |
| 广 西 | Guangxi | 64656 | 71693 | 64656 | 71693 | | |
| 海 南 | Hainan | 27173 | 13 | 27173 | 13 | | |
| 重 庆 | Chongqing | 253405 | 206252 | 253405 | 206252 | | |
| 四 川 | Sichuan | 86063 | 18809 | 86063 | 18809 | | |
| 贵 州 | Guizhou | 4872 | 42590 | 4872 | 42590 | | |
| 云 南 | Yunnan | 196408 | 417746 | 196408 | 417746 | | |
| 西 藏 | Tibet | | | | | | |
| 陕 西 | Shaanxi | | | | | | |
| 甘 肃 | Gansu | 10595 | 9313 | 10595 | 9313 | | |
| 青 海 | Qinghai | | | | | | |
| 宁 夏 | Ningxia | 132 | 2345 | 132 | 2345 | | |
| 新 疆 | Xinjiang | 8095 | 145 | 8095 | 145 | | |

石油及制品类 单位：万元

Petroleum and Related Products Unit: 10000 yuan

| 地 区 | Region | 合 计 Total Sale Value | | 批发额 Wholesale Value | | 零售额 Retail Value | |
|---|---|---|---|---|---|---|---|
| | | 2015 | 2014 | 2015 | 2014 | 2015 | 2014 |
| **全 国** | **National Total** | **696594017** | **869315053** | **512093269** | **669567704** | **184500748** | **199747349** |
| 北 京 | Beijing | 50683856 | 71512474 | 46118942 | 66041464 | 4564914 | 5471010 |
| 天 津 | Tianjin | 45929148 | 54943514 | 41851626 | 50131395 | 4077522 | 4812119 |
| 河 北 | Hebei | 11930313 | 14728407 | 7899230 | 10290941 | 4031083 | 4437466 |
| 山 西 | Shanxi | 5507003 | 7869128 | 1446155 | 1890602 | 4060848 | 5978526 |
| 内蒙古 | Inner Mongolia | 8391070 | 10242203 | 2750467 | 4293446 | 5640603 | 5948757 |
| 辽 宁 | Liaoning | 49427383 | 65754687 | 44263735 | 58769988 | 5163648 | 6984699 |
| 吉 林 | Jilin | 7859677 | 8725963 | 3336580 | 4422840 | 4523097 | 4303123 |
| 黑龙江 | Heilongjiang | 10992556 | 16373032 | 7752443 | 12815287 | 3240113 | 3557745 |
| 上 海 | Shanghai | 77172447 | 74280607 | 73053104 | 69435473 | 4119343 | 4845134 |
| 江 苏 | Jiangsu | 36653039 | 39364317 | 22765150 | 25252785 | 13887889 | 14111532 |
| 浙 江 | Zhejiang | 43897479 | 46683202 | 31489548 | 33316842 | 12407931 | 13366360 |
| 安 徽 | Anhui | 10147846 | 11195450 | 4386367 | 5353854 | 5761479 | 5841596 |
| 福 建 | Fujian | 22757880 | 24374860 | 16124673 | 17014042 | 6633207 | 7360818 |
| 江 西 | Jiangxi | 5975366 | 6792037 | 811229 | 1310472 | 5164137 | 5481565 |
| 山 东 | Shandong | 37392233 | 40403186 | 23739717 | 25185512 | 13652516 | 15217674 |
| 河 南 | Henan | 13924722 | 15149163 | 6838960 | 7772739 | 7085762 | 7376424 |
| 湖 北 | Hubei | 36672823 | 43659148 | 29445145 | 35901068 | 7227678 | 7758080 |
| 湖 南 | Hunan | 10307194 | 11663497 | 2723599 | 3519363 | 7583595 | 8144134 |
| 广 东 | Guangdong | 78021139 | 154787244 | 58228254 | 132776545 | 19792885 | 22010699 |
| 广 西 | Guangxi | 8626740 | 8811582 | 4418133 | 4817396 | 4208607 | 3994186 |
| 海 南 | Hainan | 3280149 | 3130831 | 2245362 | 1352037 | 1034787 | 1778794 |
| 重 庆 | Chongqing | 10189986 | 10899739 | 5988020 | 6773684 | 4201966 | 4126055 |
| 四 川 | Sichuan | 20622953 | 20670710 | 9710907 | 9491023 | 10912046 | 11179687 |
| 贵 州 | Guizhou | 6521231 | 6417622 | 1132268 | 1384544 | 5388963 | 5033078 |
| 云 南 | Yunnan | 11054359 | 11775789 | 4858675 | 5728144 | 6195684 | 6047645 |
| 西 藏 | Tibet | 538976 | 583685 | 12460 | 65693 | 526516 | 517992 |
| 陕 西 | Shaanxi | 15178028 | 21314131 | 9147917 | 15467924 | 6030111 | 5846207 |
| 甘 肃 | Gansu | 20399328 | 22850785 | 17034790 | 18815375 | 3364538 | 4035410 |
| 青 海 | Qinghai | 2143264 | 2178042 | 969402 | 1081347 | 1173862 | 1096694 |
| 宁 夏 | Ningxia | 4368306 | 5336875 | 3755567 | 4715125 | 612739 | 621750 |
| 新 疆 | Xinjiang | 30027524 | 36843144 | 27794846 | 34380753 | 2232678 | 2462391 |

3-2-9 续表 28 Continued 28

化工材料及制品类 单位：万元
Chemical Materials and Related Products Unit: 10000 yuan

| 地 区 | Region | 合 计 Total Sale Value | | 批发额 Wholesale Value | | 零售额 Retail Value | |
|---|---|---|---|---|---|---|---|
| | | 2015 | 2014 | 2015 | 2014 | 2015 | 2014 |
| **全 国** | **National Total** | **355036621** | **374110072** | **355036621** | **374110072** | | |
| 北 京 | Beijing | 55076178 | 71370265 | 55076178 | 71370265 | | |
| 天 津 | Tianjin | 17603606 | 15776572 | 17603606 | 15776572 | | |
| 河 北 | Hebei | 4188189 | 4093863 | 4188189 | 4093863 | | |
| 山 西 | Shanxi | 1616403 | 1431557 | 1616403 | 1431557 | | |
| 内蒙古 | Inner Mongolia | 1638372 | 1791564 | 1638372 | 1791564 | | |
| 辽 宁 | Liaoning | 6644950 | 8549260 | 6644950 | 8549260 | | |
| 吉 林 | Jilin | 810429 | 616799 | 810429 | 616799 | | |
| 黑龙江 | Heilongjiang | 3760331 | 2636068 | 3760331 | 2636068 | | |
| 上 海 | Shanghai | 43590794 | 47469418 | 43590794 | 47469418 | | |
| 江 苏 | Jiangsu | 39262120 | 39072595 | 39262120 | 39072595 | | |
| 浙 江 | Zhejiang | 44021305 | 42389510 | 44021305 | 42389510 | | |
| 安 徽 | Anhui | 2901469 | 2923997 | 2901469 | 2923997 | | |
| 福 建 | Fujian | 17366971 | 15897818 | 17366971 | 15897818 | | |
| 江 西 | Jiangxi | 359612 | 284628 | 359612 | 284628 | | |
| 山 东 | Shandong | 18880627 | 20735562 | 18880627 | 20735562 | | |
| 河 南 | Henan | 4975482 | 4442249 | 4975482 | 4442249 | | |
| 湖 北 | Hubei | 4761541 | 4267352 | 4761541 | 4267352 | | |
| 湖 南 | Hunan | 1758382 | 1637108 | 1758382 | 1637108 | | |
| 广 东 | Guangdong | 39534474 | 43563048 | 39534474 | 43563048 | | |
| 广 西 | Guangxi | 1916308 | 1774303 | 1916308 | 1774303 | | |
| 海 南 | Hainan | 9734271 | 11672127 | 9734271 | 11672127 | | |
| 重 庆 | Chongqing | 7027323 | 6045839 | 7027323 | 6045839 | | |
| 四 川 | Sichuan | 4994426 | 6775014 | 4994426 | 6775014 | | |
| 贵 州 | Guizhou | 5153848 | 4581824 | 5153848 | 4581824 | | |
| 云 南 | Yunnan | 7577829 | 6996499 | 7577829 | 6996499 | | |
| 西 藏 | Tibet | 14034 | 13440 | 14034 | 13440 | | |
| 陕 西 | Shaanxi | 2167229 | 1804895 | 2167229 | 1804895 | | |
| 甘 肃 | Gansu | 2452585 | 1931759 | 2452585 | 1931759 | | |
| 青 海 | Qinghai | 506033 | 155785 | 506033 | 155785 | | |
| 宁 夏 | Ningxia | 119749 | 94917 | 119749 | 94917 | | |
| 新 疆 | Xinjiang | 4621753 | 3314438 | 4621753 | 3314438 | | |

3-2-9 续表 29 Continued 29

化肥类
Fertilizers

单位：万元
Unit: 10000 yuan

| 地　区 | Region | 合　计 Total Sale Value | | 批发额 Wholesale Value | | 零售额 Retail Value | |
|---|---|---|---|---|---|---|---|
| | | 2015 | 2014 | 2015 | 2014 | 2015 | 2014 |
| **全　国** | **National Total** | **56548513** | **55267462** | **56548513** | **55267462** | | |
| 北　京 | Beijing | 10845736 | 11723047 | 10845736 | 11723047 | | |
| 天　津 | Tianjin | 426257 | 416760 | 426257 | 416760 | | |
| 河　北 | Hebei | 1183211 | 1106322 | 1183211 | 1106322 | | |
| 山　西 | Shanxi | 889582 | 459873 | 889582 | 459873 | | |
| 内蒙古 | Inner Mongolia | 653678 | 748495 | 653678 | 748495 | | |
| 辽　宁 | Liaoning | 1014839 | 1149640 | 1014839 | 1149640 | | |
| 吉　林 | Jilin | 372779 | 62347 | 372779 | 62347 | | |
| 黑龙江 | Heilongjiang | 3231117 | 2182748 | 3231117 | 2182748 | | |
| 上　海 | Shanghai | 1442521 | 1796703 | 1442521 | 1796703 | | |
| 江　苏 | Jiangsu | 1814372 | 1957631 | 1814372 | 1957631 | | |
| 浙　江 | Zhejiang | 1376189 | 1391709 | 1376189 | 1391709 | | |
| 安　徽 | Anhui | 1353678 | 1103243 | 1353678 | 1103243 | | |
| 福　建 | Fujian | 1670468 | 1100402 | 1670468 | 1100402 | | |
| 江　西 | Jiangxi | 165922 | 113503 | 165922 | 113503 | | |
| 山　东 | Shandong | 6682625 | 7577411 | 6682625 | 7577411 | | |
| 河　南 | Henan | 2328882 | 2174358 | 2328882 | 2174358 | | |
| 湖　北 | Hubei | 2437568 | 2078562 | 2437568 | 2078562 | | |
| 湖　南 | Hunan | 449001 | 464084 | 449001 | 464084 | | |
| 广　东 | Guangdong | 1679785 | 1701346 | 1679785 | 1701346 | | |
| 广　西 | Guangxi | 922705 | 1124570 | 922705 | 1124570 | | |
| 海　南 | Hainan | 109815 | 78680 | 109815 | 78680 | | |
| 重　庆 | Chongqing | 2048060 | 2089696 | 2048060 | 2089696 | | |
| 四　川 | Sichuan | 2201865 | 2131030 | 2201865 | 2131030 | | |
| 贵　州 | Guizhou | 3407986 | 3080359 | 3407986 | 3080359 | | |
| 云　南 | Yunnan | 4612690 | 3982591 | 4612690 | 3982591 | | |
| 西　藏 | Tibet | 14034 | 13440 | 14034 | 13440 | | |
| 陕　西 | Shaanxi | 256601 | 158456 | 256601 | 158456 | | |
| 甘　肃 | Gansu | 667187 | 754184 | 667187 | 754184 | | |
| 青　海 | Qinghai | 138208 | 119707 | 138208 | 119707 | | |
| 宁　夏 | Ningxia | 79761 | 61162 | 79761 | 61162 | | |
| 新　疆 | Xinjiang | 2071393 | 2365405 | 2071393 | 2365405 | | |

3-2-9 续表 30 Continued 30

金属材料类 单位：万元

Metal Materials Unit: 10000 yuan

| 地　区 | Region | 合　计 Total Sale Value | | 批发额 Wholesale Value | | 零售额 Retail Value | |
|---|---|---|---|---|---|---|---|
| | | 2015 | 2014 | 2015 | 2014 | 2015 | 2014 |
| **全　国** | **National Total** | **911955372** | **931446840** | **911955372** | **931446840** | | |
| 北　京 | Beijing | 64578065 | 110870705 | 64578065 | 110870705 | | |
| 天　津 | Tianjin | 124304639 | 115050724 | 124304639 | 115050724 | | |
| 河　北 | Hebei | 24445971 | 25806300 | 24445971 | 25806300 | | |
| 山　西 | Shanxi | 36159106 | 35179525 | 36159106 | 35179525 | | |
| 内蒙古 | Inner Mongolia | 1818572 | 2486988 | 1818572 | 2486988 | | |
| 辽　宁 | Liaoning | 17735747 | 21119746 | 17735747 | 21119746 | | |
| 吉　林 | Jilin | 1888058 | 2651388 | 1888058 | 2651388 | | |
| 黑龙江 | Heilongjiang | 1370254 | 1704643 | 1370254 | 1704643 | | |
| 上　海 | Shanghai | 204143105 | 129016714 | 204143105 | 129016714 | | |
| 江　苏 | Jiangsu | 81721656 | 96301374 | 81721656 | 96301374 | | |
| 浙　江 | Zhejiang | 95360168 | 97612927 | 95360168 | 97612927 | | |
| 安　徽 | Anhui | 5310054 | 7159233 | 5310054 | 7159233 | | |
| 福　建 | Fujian | 28579953 | 24055832 | 28579953 | 24055832 | | |
| 江　西 | Jiangxi | 2144781 | 3127790 | 2144781 | 3127790 | | |
| 山　东 | Shandong | 31859313 | 43029037 | 31859313 | 43029037 | | |
| 河　南 | Henan | 10679355 | 11403458 | 10679355 | 11403458 | | |
| 湖　北 | Hubei | 11901523 | 17542978 | 11901523 | 17542978 | | |
| 湖　南 | Hunan | 9207758 | 10295045 | 9207758 | 10295045 | | |
| 广　东 | Guangdong | 82774894 | 97782720 | 82774894 | 97782720 | | |
| 广　西 | Guangxi | 13625875 | 12541497 | 13625875 | 12541497 | | |
| 海　南 | Hainan | 5043530 | 3781389 | 5043530 | 3781389 | | |
| 重　庆 | Chongqing | 11384473 | 11761754 | 11384473 | 11761754 | | |
| 四　川 | Sichuan | 11102648 | 11973237 | 11102648 | 11973237 | | |
| 贵　州 | Guizhou | 2104394 | 2172936 | 2104394 | 2172936 | | |
| 云　南 | Yunnan | 12681731 | 11163232 | 12681731 | 11163232 | | |
| 西　藏 | Tibet | | | | | | |
| 陕　西 | Shaanxi | 5026789 | 8322760 | 5026789 | 8322760 | | |
| 甘　肃 | Gansu | 3175022 | 4611302 | 3175022 | 4611302 | | |
| 青　海 | Qinghai | 5087159 | 6852390 | 5087159 | 6852390 | | |
| 宁　夏 | Ningxia | 993069 | 584522 | 993069 | 584522 | | |
| 新　疆 | Xinjiang | 5747712 | 5484696 | 5747712 | 5484696 | | |

3-2-9 续表 31 Continued 31

建筑及装潢材料类 单位：万元

Building and Decoration Materials Unit: 10000 yuan

| 地 区 | Region | 合 计 Total Sale Value | | 批发额 Wholesale Value | | 零售额 Retail Value | |
|---|---|---|---|---|---|---|---|
| | | 2015 | 2014 | 2015 | 2014 | 2015 | 2014 |
| **全 国** | **National Total** | **85967186** | **82095436** | **55363790** | **53943350** | **30603396** | **28152086** |
| 北 京 | Beijing | 3365596 | 3003453 | 3110674 | 2753248 | 254922 | 250205 |
| 天 津 | Tianjin | 2859726 | 1663473 | 2175476 | 1257641 | 684251 | 405832 |
| 河 北 | Hebei | 668805 | 557110 | 355261 | 314063 | 313545 | 243047 |
| 山 西 | Shanxi | 811897 | 1001422 | 363800 | 493981 | 448097 | 507441 |
| 内蒙古 | Inner Mongolia | 686582 | 514587 | 421537 | 305788 | 265045 | 208798 |
| 辽 宁 | Liaoning | 1843791 | 2678393 | 1165938 | 1804011 | 677853 | 874382 |
| 吉 林 | Jilin | 1429517 | 1334623 | 610734 | 619385 | 818782 | 715238 |
| 黑龙江 | Heilongjiang | 1380019 | 1001749 | 415977 | 249545 | 964043 | 752204 |
| 上 海 | Shanghai | 3769743 | 3005192 | 3228103 | 2718997 | 541639 | 286195 |
| 江 苏 | Jiangsu | 12516670 | 12272993 | 6678768 | 6570923 | 5837902 | 5702070 |
| 浙 江 | Zhejiang | 5635408 | 5429388 | 4435151 | 4576540 | 1200257 | 852848 |
| 安 徽 | Anhui | 1803576 | 1569081 | 907953 | 744195 | 895624 | 824886 |
| 福 建 | Fujian | 7519713 | 6015040 | 5794305 | 4463792 | 1725408 | 1551248 |
| 江 西 | Jiangxi | 521207 | 434104 | 176120 | 151722 | 345087 | 282382 |
| 山 东 | Shandong | 10012521 | 9233162 | 5979826 | 5491189 | 4032695 | 3741973 |
| 河 南 | Henan | 2101764 | 1520602 | 1397902 | 1021673 | 703862 | 498929 |
| 湖 北 | Hubei | 3775381 | 3549039 | 1007725 | 938333 | 2767656 | 2610706 |
| 湖 南 | Hunan | 1996268 | 1841163 | 804110 | 746834 | 1192158 | 1094328 |
| 广 东 | Guangdong | 11718737 | 14590148 | 10213430 | 12917001 | 1505308 | 1673147 |
| 广 西 | Guangxi | 584150 | 561135 | 562351 | 547183 | 21799 | 13953 |
| 海 南 | Hainan | 6637 | 18360 | 3230 | 12796 | 3407 | 5564 |
| 重 庆 | Chongqing | 3583022 | 2723980 | 2106987 | 1540355 | 1476035 | 1183625 |
| 四 川 | Sichuan | 3114420 | 3095761 | 1528881 | 1656248 | 1585539 | 1439513 |
| 贵 州 | Guizhou | 488438 | 359869 | 425956 | 327916 | 62482 | 31952 |
| 云 南 | Yunnan | 1560281 | 1475706 | 757692 | 684149 | 802589 | 791556 |
| 西 藏 | Tibet | | | | | | |
| 陕 西 | Shaanxi | 1578533 | 2066212 | 253404 | 569307 | 1325129 | 1496905 |
| 甘 肃 | Gansu | 364996 | 294163 | 252769 | 193213 | 112227 | 100950 |
| 青 海 | Qinghai | 4464 | 10864 | 4179 | 10864 | 286 | |
| 宁 夏 | Ningxia | 8295 | 83248 | 7234 | 83248 | 1061 | |
| 新 疆 | Xinjiang | 257033 | 191418 | 218323 | 179208 | 38710 | 12209 |

3-2-9 续表 32 Continued 32

机电产品及设备类 单位：万元

Mechanical and Electrical Products Unit: 10000 yuan

| 地 区 | Region | 合 计 Total Sale Value | | 批发额 Wholesale Value | | 零售额 Retail Value | |
|---|---|---|---|---|---|---|---|
| | | 2015 | 2014 | 2015 | 2014 | 2015 | 2014 |
| **全 国** | **National Total** | **164717357** | **165844616** | **153023445** | **154806272** | **11693912** | **11038344** |
| 北 京 | Beijing | 24826999 | 29777866 | 24257419 | 29259918 | 569580 | 517948 |
| 天 津 | Tianjin | 3108667 | 2699868 | 2781078 | 2495296 | 327589 | 204572 |
| 河 北 | Hebei | 963137 | 931865 | 859591 | 856894 | 103546 | 74971 |
| 山 西 | Shanxi | 4547046 | 2723133 | 4465544 | 2629254 | 81502 | 93879 |
| 内蒙古 | Inner Mongolia | 408505 | 358079 | 166630 | 159140 | 241875 | 198939 |
| 辽 宁 | Liaoning | 4450441 | 4479955 | 4250943 | 4243411 | 199498 | 236545 |
| 吉 林 | Jilin | 287277 | 339690 | 186753 | 252579 | 100525 | 87111 |
| 黑龙江 | Heilongjiang | 763676 | 817423 | 643049 | 708401 | 120627 | 109022 |
| 上 海 | Shanghai | 36708449 | 36721061 | 36544460 | 36600402 | 163989 | 120659 |
| 江 苏 | Jiangsu | 14367411 | 14437526 | 12659924 | 13130096 | 1707487 | 1307430 |
| 浙 江 | Zhejiang | 9362101 | 8727783 | 9230781 | 8609427 | 131320 | 118356 |
| 安 徽 | Anhui | 1700697 | 1792451 | 1533944 | 1644307 | 166753 | 148143 |
| 福 建 | Fujian | 4330886 | 4218398 | 3513592 | 3558193 | 817295 | 660205 |
| 江 西 | Jiangxi | 509221 | 349780 | 447189 | 309230 | 62033 | 40550 |
| 山 东 | Shandong | 11712955 | 15455687 | 9584625 | 13070013 | 2128330 | 2385674 |
| 河 南 | Henan | 3940087 | 2636685 | 3332687 | 2149902 | 607399 | 486783 |
| 湖 北 | Hubei | 2271132 | 3082003 | 1696415 | 2387539 | 574717 | 694464 |
| 湖 南 | Hunan | 1571833 | 1626504 | 1046924 | 1095043 | 524909 | 531461 |
| 广 东 | Guangdong | 28899996 | 24374662 | 27431014 | 23156214 | 1468982 | 1218448 |
| 广 西 | Guangxi | 585709 | 579991 | 491859 | 495539 | 93850 | 84452 |
| 海 南 | Hainan | 70228 | 101860 | 54475 | 78310 | 15753 | 23550 |
| 重 庆 | Chongqing | 3158897 | 3284500 | 2499929 | 2725748 | 658968 | 558752 |
| 四 川 | Sichuan | 1998607 | 2460827 | 1528671 | 1748828 | 469936 | 711999 |
| 贵 州 | Guizhou | 320494 | 282485 | 280512 | 252527 | 39982 | 29958 |
| 云 南 | Yunnan | 959625 | 1105653 | 811409 | 941238 | 148217 | 164415 |
| 西 藏 | Tibet | 29419 | 29970 | 28746 | 28382 | 673 | 1588 |
| 陕 西 | Shaanxi | 844688 | 754321 | 754359 | 673789 | 90329 | 80532 |
| 甘 肃 | Gansu | 732031 | 469014 | 676311 | 336575 | 55720 | 132439 |
| 青 海 | Qinghai | 303380 | 287168 | 302527 | 286279 | 854 | 889 |
| 宁 夏 | Ningxia | 58191 | 78785 | 57191 | 76549 | 1001 | 2236 |
| 新 疆 | Xinjiang | 925570 | 859626 | 904895 | 847250 | 20675 | 12376 |

3-2-9 续表 33 Continued 33

农机类

Agricultural Machineries

单位：万元

Unit: 10000 yuan

| 地 区 | Region | 合 计 Total Sale Value | | 批发额 Wholesale Value | | 零售额 Retail Value | |
|---|---|---|---|---|---|---|---|
| | | 2015 | 2014 | 2015 | 2014 | 2015 | 2014 |
| **全 国** | **National Total** | **6953000** | **6099860** | **6953000** | **6099860** | | |
| 北 京 | Beijing | 204982 | 148872 | 204982 | 148872 | | |
| 天 津 | Tianjin | 29289 | 25234 | 29289 | 25234 | | |
| 河 北 | Hebei | 125257 | 111874 | 125257 | 111874 | | |
| 山 西 | Shanxi | 28768 | 56907 | 28768 | 56907 | | |
| 内蒙古 | Inner Mongolia | 132078 | 111495 | 132078 | 111495 | | |
| 辽 宁 | Liaoning | 136854 | 163166 | 136854 | 163166 | | |
| 吉 林 | Jilin | 48383 | 43133 | 48383 | 43133 | | |
| 黑龙江 | Heilongjiang | 237736 | 249284 | 237736 | 249284 | | |
| 上 海 | Shanghai | 335205 | 192177 | 335205 | 192177 | | |
| 江 苏 | Jiangsu | 881679 | 841492 | 881679 | 841492 | | |
| 浙 江 | Zhejiang | 82417 | 101987 | 82417 | 101987 | | |
| 安 徽 | Anhui | 241651 | 149213 | 241651 | 149213 | | |
| 福 建 | Fujian | 197252 | 104354 | 197252 | 104354 | | |
| 江 西 | Jiangxi | 23198 | 17995 | 23198 | 17995 | | |
| 山 东 | Shandong | 1437317 | 1404684 | 1437317 | 1404684 | | |
| 河 南 | Henan | 889604 | 734211 | 889604 | 734211 | | |
| 湖 北 | Hubei | 275631 | 189891 | 275631 | 189891 | | |
| 湖 南 | Hunan | 338749 | 288879 | 338749 | 288879 | | |
| 广 东 | Guangdong | 61645 | 60025 | 61645 | 60025 | | |
| 广 西 | Guangxi | 20197 | 20292 | 20197 | 20292 | | |
| 海 南 | Hainan | 4056 | 7988 | 4056 | 7988 | | |
| 重 庆 | Chongqing | 123054 | 116690 | 123054 | 116690 | | |
| 四 川 | Sichuan | 597357 | 544269 | 597357 | 544269 | | |
| 贵 州 | Guizhou | 40466 | 16933 | 40466 | 16933 | | |
| 云 南 | Yunnan | 51659 | 77005 | 51659 | 77005 | | |
| 西 藏 | Tibet | 24108 | 26876 | 24108 | 26876 | | |
| 陕 西 | Shaanxi | 43315 | 21912 | 43315 | 21912 | | |
| 甘 肃 | Gansu | 23042 | 23355 | 23042 | 23355 | | |
| 青 海 | Qinghai | 31225 | 38602 | 31225 | 38602 | | |
| 宁 夏 | Ningxia | 22921 | 21441 | 22921 | 21441 | | |
| 新 疆 | Xinjiang | 263908 | 189624 | 263908 | 189624 | | |

3-2-9 续表 34 Continued 34

汽车类
Automobiles

单位：万元
Unit: 10000 yuan

| 地　区 | Region | 合　计 Total Sale Value | | 批发额 Wholesale Value | | 零售额 Retail Value | |
|---|---|---|---|---|---|---|---|
| | | 2015 | 2014 | 2015 | 2014 | 2015 | 20124 |
| **全　国** | **National Total** | **603075764** | **573255072** | **243012834** | **239285105** | **360062930** | **333969967** |
| 北　京 | Beijing | 72682460 | 85204929 | 55164107 | 68033478 | 17518353 | 17171451 |
| 天　津 | Tianjin | 23457125 | 29080875 | 16750134 | 22268203 | 6706991 | 6812672 |
| 河　北 | Hebei | 21390159 | 18747467 | 9883523 | 8499434 | 11506636 | 10248033 |
| 山　西 | Shanxi | 6907717 | 7367314 | 116871 | 155736 | 6790846 | 7211578 |
| 内蒙古 | Inner Mongolia | 4640284 | 4529867 | 120079 | 323082 | 4520205 | 4206785 |
| 辽　宁 | Liaoning | 11891257 | 13150232 | 1541487 | 2045737 | 10349770 | 11104495 |
| 吉　林 | Jilin | 5525970 | 5550289 | 1145373 | 1422393 | 4380597 | 4127897 |
| 黑龙江 | Heilongjiang | 5296189 | 4543457 | 1054072 | 319071 | 4242117 | 4224386 |
| 上　海 | Shanghai | 94884622 | 95972611 | 78663139 | 81328929 | 16221483 | 14643682 |
| 江　苏 | Jiangsu | 40599035 | 36778675 | 5526921 | 3686946 | 35072114 | 33091729 |
| 浙　江 | Zhejiang | 42176114 | 38124033 | 11084956 | 8388898 | 31091158 | 29735135 |
| 安　徽 | Anhui | 13953104 | 11844926 | 3362884 | 2763299 | 10590220 | 9081627 |
| 福　建 | Fujian | 14696552 | 13420946 | 1644948 | 1510387 | 13051604 | 11910559 |
| 江　西 | Jiangxi | 7554187 | 5886887 | 924138 | 684620 | 6630049 | 5202267 |
| 山　东 | Shandong | 33929169 | 32903582 | 4431708 | 4191906 | 29497461 | 28711676 |
| 河　南 | Henan | 20759596 | 17870223 | 2264425 | 2090336 | 18495171 | 15779887 |
| 湖　北 | Hubei | 25639830 | 15259028 | 10306023 | 2577310 | 15333807 | 12681718 |
| 湖　南 | Hunan | 14947983 | 12350907 | 1020356 | 289624 | 13927627 | 12061283 |
| 广　东 | Guangdong | 64973623 | 54749318 | 27208159 | 18267851 | 37765464 | 36481467 |
| 广　西 | Guangxi | 6624458 | 5642773 | 577276 | 597424 | 6047182 | 5045349 |
| 海　南 | Hainan | 2110358 | 2255490 | 624217 | 834513 | 1486141 | 1420978 |
| 重　庆 | Chongqing | 16300448 | 13959724 | 5720602 | 4614943 | 10579846 | 9344781 |
| 四　川 | Sichuan | 18484360 | 16764203 | 809085 | 800668 | 17675275 | 15963535 |
| 贵　州 | Guizhou | 6058608 | 5094089 | 429869 | 565618 | 5628739 | 4528470 |
| 云　南 | Yunnan | 7603307 | 7367176 | 261302 | 358149 | 7342005 | 7009027 |
| 西　藏 | Tibet | 250339 | 218441 | 168 | 4326 | 250171 | 214115 |
| 陕　西 | Shaanxi | 9967419 | 9625408 | 833735 | 1045498 | 9133684 | 8579910 |
| 甘　肃 | Gansu | 3018830 | 2873529 | 302692 | 316529 | 2716138 | 2557000 |
| 青　海 | Qinghai | 932968 | 747374 | 32071 | 19200 | 900897 | 728174 |
| 宁　夏 | Ningxia | 1401732 | 1339770 | 137804 | 181291 | 1263928 | 1158479 |
| 新　疆 | Xinjiang | 4417963 | 4031530 | 1070714 | 1099706 | 3347249 | 2931823 |

3-2-9 续表 35 Continued 35

种子饲料类 单位：万元

Seeds and Feedstuff Unit: 10000 yuan

| 地 区 | Region | 合 计 Total Sale Value | | 批发额 Wholesale Value | | 零售额 Retail Value | |
|---|---|---|---|---|---|---|---|
| | | 2015 | 2014 | 2015 | 2014 | 2015 | 2014 |
| **全 国** | **National Total** | **15533967** | **12563471** | **15533967** | **12563471** | | |
| 北 京 | Beijing | 1645879 | 1537643 | 1645879 | 1537643 | | |
| 天 津 | Tianjin | 427692 | 281659 | 427692 | 281659 | | |
| 河 北 | Hebei | 104884 | 99640 | 104884 | 99640 | | |
| 山 西 | Shanxi | 51029 | 43087 | 51029 | 43087 | | |
| 内蒙古 | Inner Mongolia | 62308 | 50556 | 62308 | 50556 | | |
| 辽 宁 | Liaoning | 432183 | 470812 | 432183 | 470812 | | |
| 吉 林 | Jilin | 73054 | 72406 | 73054 | 72406 | | |
| 黑龙江 | Heilongjiang | 499562 | 326736 | 499562 | 326736 | | |
| 上 海 | Shanghai | 1889826 | 1475042 | 1889826 | 1475042 | | |
| 江 苏 | Jiangsu | 742936 | 596853 | 742936 | 596853 | | |
| 浙 江 | Zhejiang | 425411 | 404087 | 425411 | 404087 | | |
| 安 徽 | Anhui | 557765 | 491775 | 557765 | 491775 | | |
| 福 建 | Fujian | 1530227 | 924062 | 1530227 | 924062 | | |
| 江 西 | Jiangxi | 6237 | | 6237 | | | |
| 山 东 | Shandong | 2252418 | 2072708 | 2252418 | 2072708 | | |
| 河 南 | Henan | 986582 | 850742 | 986582 | 850742 | | |
| 湖 北 | Hubei | 233924 | 259912 | 233924 | 259912 | | |
| 湖 南 | Hunan | 301827 | 260036 | 301827 | 260036 | | |
| 广 东 | Guangdong | 2088063 | 1441497 | 2088063 | 1441497 | | |
| 广 西 | Guangxi | 100733 | 87635 | 100733 | 87635 | | |
| 海 南 | Hainan | 492 | 5968 | 492 | 5968 | | |
| 重 庆 | Chongqing | 382988 | 114450 | 382988 | 114450 | | |
| 四 川 | Sichuan | 126402 | 166850 | 126402 | 166850 | | |
| 贵 州 | Guizhou | 33844 | 26916 | 33844 | 26916 | | |
| 云 南 | Yunnan | 65397 | 97027 | 65397 | 97027 | | |
| 西 藏 | Tibet | | | | | | |
| 陕 西 | Shaanxi | 28421 | 19994 | 28421 | 19994 | | |
| 甘 肃 | Gansu | 99005 | 88087 | 99005 | 88087 | | |
| 青 海 | Qinghai | 322 | 382 | 322 | 382 | | |
| 宁 夏 | Ningxia | 2770 | 1213 | 2770 | 1213 | | |
| 新 疆 | Xinjiang | 381786 | 295696 | 381786 | 295696 | | |

3-2-9 续表 36 Continued 36

棉麻类　　　　单位：万元

Cotton, Hemp　　　　Unit: 10000 yuan

| 地　区 | Region | 合　计 Total Sale Value | | 批发额 Wholesale Value | | 零售额 Retail Value | |
|---|---|---|---|---|---|---|---|
| | | 2015 | 2014 | 2015 | 2014 | 2015 | 2014 |
| **全　国** | **National Total** | **20572335** | **22112049** | **20209238** | **21761231** | **363097** | **350818** |
| 北　京 | Beijing | 2099280 | 3273375 | 2099211 | 3273143 | 69 | 232 |
| 天　津 | Tianjin | 948232 | 726915 | 947679 | 724866 | 553 | 2049 |
| 河　北 | Hebei | 586016 | 885457 | 585897 | 885424 | 119 | 33 |
| 山　西 | Shanxi | 1196 | 1269 | | | 1196 | 1269 |
| 内蒙古 | Inner Mongolia | 2 | 12 | | | 2 | 12 |
| 辽　宁 | Liaoning | 22704 | 33324 | 22084 | 32894 | 619 | 430 |
| 吉　林 | Jilin | 154 | 1220 | | | 154 | 1220 |
| 黑龙江 | Heilongjiang | 11598 | 15258 | 6845 | 9747 | 4753 | 5510 |
| 上　海 | Shanghai | 392440 | 505377 | 391108 | 505377 | 1332 | |
| 江　苏 | Jiangsu | 2142208 | 2208472 | 2100789 | 2188729 | 41419 | 19743 |
| 浙　江 | Zhejiang | 934194 | 963279 | 933448 | 962532 | 746 | 746 |
| 安　徽 | Anhui | 142194 | 151545 | 132323 | 143233 | 9871 | 8312 |
| 福　建 | Fujian | 407001 | 318981 | 389392 | 308181 | 17609 | 10801 |
| 江　西 | Jiangxi | 73993 | 43053 | 70523 | 41942 | 3470 | 1111 |
| 山　东 | Shandong | 1318121 | 1808881 | 1274744 | 1743265 | 43377 | 65616 |
| 河　南 | Henan | 792172 | 574711 | 763481 | 554146 | 28691 | 20565 |
| 湖　北 | Hubei | 2474651 | 2263799 | 2320975 | 2123995 | 153675 | 139804 |
| 湖　南 | Hunan | 273999 | 523937 | 240713 | 494572 | 33286 | 29365 |
| 广　东 | Guangdong | 930897 | 978277 | 929302 | 975687 | 1596 | 2590 |
| 广　西 | Guangxi | 10553 | 24483 | 10553 | 24481 | | 2 |
| 海　南 | Hainan | | | | | | |
| 重　庆 | Chongqing | 59495 | 80474 | 56139 | 76746 | 3356 | 3729 |
| 四　川 | Sichuan | 253842 | 184842 | 241972 | 174427 | 11870 | 10415 |
| 贵　州 | Guizhou | 680 | 539 | | | 680 | 539 |
| 云　南 | Yunnan | 42997 | 18028 | 39918 | 15299 | 3079 | 2730 |
| 西　藏 | Tibet | | | | | | |
| 陕　西 | Shaanxi | 1725 | 3388 | 1278 | 3054 | 447 | 334 |
| 甘　肃 | Gansu | 13835 | 39348 | 13341 | 16237 | 494 | 23111 |
| 青　海 | Qinghai | | | | | | |
| 宁　夏 | Ningxia | | | | | | |
| 新　疆 | Xinjiang | 6638158 | 6483809 | 6637525 | 6483259 | 633 | 551 |

3-2-9 续表 37 Continued 37

其他类 单位：万元

Others Unit: 10000 yuan

| 地　区 | Region | 合　计 Total Sale Value | | 批发额 Wholesale Value | | 零售额 Retail Value | |
|---|---|---|---|---|---|---|---|
| | | 2015 | 2014 | 2015 | 2014 | 2015 | 2014 |
| **全　国** | **National Total** | **229733140** | **219563907** | **198876443** | **191936380** | **30856697** | **27627527** |
| 北　京 | Beijing | 19397511 | 18067410 | 17772508 | 16735537 | 1625003 | 1331873 |
| 天　津 | Tianjin | 15913465 | 20339672 | 14746669 | 19088792 | 1166796 | 1250880 |
| 河　北 | Hebei | 1066188 | 1166447 | 856040 | 1069917 | 210148 | 96530 |
| 山　西 | Shanxi | 5759880 | 6860771 | 5162380 | 6302792 | 597500 | 557979 |
| 内蒙古 | Inner Mongolia | 1341176 | 886460 | 395040 | 428820 | 946136 | 457641 |
| 辽　宁 | Liaoning | 3488157 | 5990379 | 2589009 | 4860857 | 899148 | 1129522 |
| 吉　林 | Jilin | 665612 | 629430 | 155932 | 215316 | 509680 | 414114 |
| 黑龙江 | Heilongjiang | 1071823 | 1273772 | 458643 | 680860 | 613180 | 592912 |
| 上　海 | Shanghai | 39798690 | 33831996 | 38643443 | 32927751 | 1155247 | 904245 |
| 江　苏 | Jiangsu | 8177921 | 8894361 | 7136668 | 7934656 | 1041253 | 959705 |
| 浙　江 | Zhejiang | 22577929 | 19401032 | 21351485 | 18615050 | 1226444 | 785983 |
| 安　徽 | Anhui | 4771471 | 3941348 | 4126959 | 3183432 | 644512 | 757916 |
| 福　建 | Fujian | 12926601 | 11511647 | 10715715 | 9988847 | 2210886 | 1522800 |
| 江　西 | Jiangxi | 1366980 | 1022132 | 965274 | 762953 | 401706 | 259178 |
| 山　东 | Shandong | 12304065 | 15741647 | 9386678 | 12707129 | 2917387 | 3034518 |
| 河　南 | Henan | 5735128 | 4590126 | 4528822 | 3744404 | 1206306 | 845722 |
| 湖　北 | Hubei | 3236960 | 2887392 | 1676457 | 1386239 | 1560503 | 1501153 |
| 湖　南 | Hunan | 4353147 | 4572308 | 2903903 | 3125033 | 1449244 | 1447275 |
| 广　东 | Guangdong | 36386509 | 32248626 | 31012798 | 27108091 | 5373711 | 5140535 |
| 广　西 | Guangxi | 3488390 | 1205415 | 3051130 | 866725 | 437260 | 338690 |
| 海　南 | Hainan | 452101 | 762332 | 395944 | 707775 | 56157 | 54557 |
| 重　庆 | Chongqing | 4381604 | 4141978 | 3342142 | 3087293 | 1039462 | 1054685 |
| 四　川 | Sichuan | 4972178 | 4647700 | 3962033 | 3499396 | 1010145 | 1148304 |
| 贵　州 | Guizhou | 2844456 | 2398743 | 2190261 | 1931067 | 654195 | 467675 |
| 云　南 | Yunnan | 10796733 | 10211861 | 10029221 | 9619440 | 767512 | 592421 |
| 西　藏 | Tibet | 44451 | 26248 | 16733 | 2694 | 27718 | 23554 |
| 陕　西 | Shaanxi | 1058716 | 968973 | 260423 | 246701 | 798293 | 722273 |
| 甘　肃 | Gansu | 376029 | 340797 | 242697 | 209930 | 133332 | 130868 |
| 青　海 | Qinghai | 143717 | 81875 | 101189 | 49370 | 42528 | 32504 |
| 宁　夏 | Ningxia | 136279 | 254570 | 125288 | 247358 | 10991 | 7212 |
| 新　疆 | Xinjiang | 699261 | 666464 | 574947 | 602156 | 124314 | 64308 |

# 3-3-1　限额以上批发和零售业企业年末资产负债

| 项　目 | Item | 流动资产合计 Total Working Capitals | #存货 Stock | 固定资产原价 Original Value of Fixed Assets |
|---|---|---|---|---|
| **总　计** | **Total** | **1773778037** | **312994519** | **240610683** |
| **一、批发业** | **Wholesale Trade** | **1415010427** | **229372576** | **126533453** |
| #国有控股 | State-controlled Enterprises | 515040665 | 99053480 | 59362077 |
| **(一)按登记注册类型分** | **by Type of Registration** | | | |
| **1.内资企业** | **Domestic Funded Enterprises** | **1209323808** | **188506700** | **114182503** |
| 国有企业 | State-owned Enterprises | 107487886 | 31369001 | 18037831 |
| 集体企业 | Collective-owned Enterprises | 4031190 | 665753 | 805374 |
| 股份合作企业 | Cooperative Enterprises | 648046 | 99149 | 117992 |
| 联营企业 | Joint Ownership Enterprises | 311153 | 119280 | 40135 |
| 国有联营企业 | State Joint Ownership Enterprises | 37335 | 8592 | 5775 |
| 集体联营企业 | Collective Joint Ownership Enterprises | 37074 | 8850 | 15555 |
| 国有与集体联营企业 | Joint State-collective Enterprises | 162325 | 89914 | 7808 |
| 其他联营企业 | Other Joint Ownership Enterprises | 74419 | 11924 | 10997 |
| 有限责任公司 | Limited Liability Corporations | 612469127 | 90449196 | 43960242 |
| 国有独资公司 | State Sole Funded Corporations | 94105832 | 14924564 | 10307819 |
| 其他有限责任公司 | Other Limited Liability Corporations | 518363293 | 75524630 | 33652430 |
| 股份有限公司 | Share-holding Corporations Ltd. | 130015997 | 19439821 | 21654782 |
| 私营企业 | Private Enterprises | 351591899 | 46064497 | 28798586 |
| 私营独资企业 | Private-funded Enterprises | 1486311 | 239883 | 557078 |
| 私营合伙企业 | Private Partnership Enterprises | 152885 | 28459 | 37012 |
| 私营有限责任公司 | Private Limited Liability Corporations | 339835955 | 44242822 | 27028143 |
| 私营股份有限公司 | Private Share-holding Corporations Ltd. | 10116754 | 1553336 | 1176362 |
| 其他企业 | Other Enterprises | 2768515 | 300020 | 767567 |
| **2.港、澳、台商投资企业** | **Enterprises with Funds from Hongkong, Macao and Taiwan** | **76230798** | **15928142** | **4991465** |
| 合资经营企业 | Joint-venture Enterprises | 13373222 | 2197973 | 759742 |
| 合作经营企业 | Cooperative Enterprises | 599607 | 28593 | 46031 |
| 独资经营企业 | Enterprises with Sole Investment | 60155494 | 13478745 | 4081410 |
| 投资股份有限公司 | Share-holding Corporations Ltd. with Investment | 1780710 | 130429 | 88934 |
| 其他港澳台商投资企业 | Other Enterprises with Funds from Hongkong, Macao and Taiwan | 321764 | 92405 | 15345 |
| **3.外商投资企业** | **Foreign Funded Enterprises** | **129455823** | **24937737** | **7359490** |
| 中外合资经营企业 | Joint-venture Enterprises | 25363566 | 4978448 | 1532389 |
| 中外合作经营企业 | Cooperative Enterprises | 253802 | 27369 | 35553 |
| 外资企业 | Enterprises with Sole Foreign Investment | 101303507 | 19315709 | 5408061 |
| 外商投资股份有限公司 | Share-holding Corporations Ltd. with Foreign Investment | 740667 | 175636 | 237126 |
| 其他外商投资企业 | Other Foreign Funded Enterprises | 1794283 | 440579 | 146362 |

# Assets and Liabilities of Enterprises above Designated Size of Wholesale and Retail Trades at the Year-end

单位：万元

Unit:10000 yuan

| 累计折旧 Accumulated Depreciation | #本年折旧 Current Year Depreciation | 资产总计 Total Assets | 负债合计 Total Liabilities | 所有者权益合计 Total Owners' Equities | 实收资本 Paicl-up Capitals | #国家资本 State-owned Capitals | # 港澳台资本 Capitals from Hongkong, Macao and Taiwan | # 外商资本 Foreign Capitals |
|---|---|---|---|---|---|---|---|---|
| **81596427** | **14583338** | **2347058517** | **1702050092** | **645135293** | **428955989** | **72436560** | **20736250** | **24604881** |
| **44603494** | **7368321** | **1811985386** | **1320138960** | **491913331** | **292501522** | **57685842** | **12668612** | **18368643** |
| 22603752 | 3238070 | 709538099 | 492299301 | 217439027 | 102881542 | 55871144 | 207735 | 796541 |
| **39098006** | **6277962** | **1559040375** | **1150438386** | **408668896** | **257153264** | **56541397** | **167898** | **862890** |
| 7893709 | 1103412 | 138699531 | 77939237 | 60760296 | 10542291 | 7032355 | | |
| 310675 | 35461 | 5492779 | 4234164 | 1258616 | 627002 | 3200 | 1 | 1 |
| 46273 | 6411 | 794072 | 623135 | 170939 | 127568 | 5084 | | |
| 9684 | 859 | 387329 | 274389 | 112939 | 66121 | 11973 | | |
| 1839 | 351 | 51271 | 18485 | 32788 | 8450 | 4800 | | |
| 1680 | 67 | 63333 | 55234 | 8100 | 5320 | 7 | | |
| 3806 | 83 | 179950 | 154505 | 25445 | 20951 | 6 | | |
| 2362 | 358 | 92775 | 46167 | 46607 | 31400 | 7160 | | |
| 13951321 | 2249532 | 775781565 | 592902717 | 182856849 | 128384367 | 34907944 | 74072 | 365250 |
| 3311225 | 457124 | 136532494 | 97811099 | 38721395 | 25873127 | 16492845 | 400 | |
| 10640095 | 1792413 | 639249071 | 495091620 | 144135454 | 102511244 | 18415101 | 73672 | 365250 |
| 7895512 | 1168177 | 204612336 | 134939268 | 69769208 | 36474957 | 14193678 | 53206 | 438449 |
| 8813133 | 1665883 | 429555987 | 337370547 | 92178205 | 79805827 | 383352 | 40619 | 59095 |
| 130059 | 17155 | 2136511 | 1337974 | 798539 | 335706 | 5281 | 213 | 3 |
| 12276 | 2521 | 188916 | 132843 | 56071 | 37123 | | | |
| 8342525 | 1581989 | 412244721 | 327062164 | 85175330 | 76182308 | 376539 | 40226 | 59078 |
| 328279 | 64225 | 14985842 | 8837572 | 6148273 | 3250696 | 1532 | 179 | 14 |
| 177709 | 48233 | 3716787 | 2154929 | 1561853 | 1125137 | 3813 | 3 | 96 |
| **1881191** | **432084** | **93832176** | **64371558** | **29460619** | **15089145** | **423480** | **12327999** | **264421** |
| 250588 | 37842 | 17019515 | 11956769 | 5062749 | 2792261 | 398814 | 1372895 | 87914 |
| 18144 | 1977 | 670288 | 435090 | 235200 | 83733 | | 32971 | |
| 1587986 | 386987 | 73709648 | 49991584 | 23718068 | 12021421 | 24666 | 10782748 | 174322 |
| 17399 | 3900 | 2097667 | 1711662 | 386008 | 159415 | | 118404 | 2186 |
| 7080 | 1383 | 335054 | 276458 | 58597 | 32314 | | 20982 | |
| **3624304** | **658281** | **159112843** | **105329022** | **53783818** | **20259121** | **720964** | **172716** | **17241332** |
| 612476 | 117880 | 30689394 | 24375884 | 6313510 | 2913136 | 527684 | 159836 | 866423 |
| 17968 | 547 | 318504 | 179580 | 138924 | 80082 | 3558 | | 71783 |
| 2806467 | 507969 | 124939816 | 78851006 | 46088810 | 16742154 | 77500 | 10029 | 15949170 |
| 102821 | 23653 | 1204667 | 654083 | 550585 | 285987 | 88771 | 1822 | 185970 |
| 84573 | 8239 | 1960466 | 1268468 | 691994 | 237759 | 23450 | 1029 | 167987 |

| 项　目 | Item | 流动资产合　计 Total Working Capitals | #存 货 Stock | 固定资产原　价 Original Value of Fixed Assets |
|---|---|---|---|---|
| **(二)按国民经济行业分** | **by Sector** | | | |
| 农、林、牧产品批发 | Wholesale of Agricultural, Forestry and Livestock Products | 49887582 | 21749990 | 8064034 |
| 食品、饮料及烟草制品批发 | Wholesale of Food, Beverages and Tobaccos | 155761346 | 31849224 | 25963391 |
| 米、面制品及食用油批发 | Wholesale of Rice, Flour and Edible Oil | 27629502 | 8864202 | 3133640 |
| 肉、禽、蛋、奶及水产品批发 | Wholesale of Meal, Fowls, Eggs, Milk and Aquatic Products | 7805692 | 1204235 | 2431302 |
| 酒、饮料及茶叶批发 | Wholesale of Wine, Beverages and Teas | 34252313 | 5062864 | 2348500 |
| 烟草制品批发 | Wholesale of Tobaccos | 50750899 | 12143377 | 11457611 |
| 纺织、服装及家庭用品批发 | Wholesale of Textiles, Wearing Apparel and Household Articles | 136687270 | 27407244 | 9769553 |
| 服装批发 | Wholesale of Garments | 38719387 | 6874582 | 3738433 |
| 鞋帽批发 | Wholesale of Shoes and Hats | 7780693 | 1517324 | 716994 |
| 家用电器批发 | Wholesale of Household Electrical Appliances | 40229147 | 10138902 | 1263921 |
| 文化、体育用品及器材批发 | Wholesale of Culture, Sports Appliances and Equipments | 37465752 | 9314609 | 2793871 |
| 文具用品批发 | Wholesale of Stationeries | 7462712 | 1015866 | 457920 |
| 体育用品及器材批发 | Wholesale of Sports Appliances and Equipments | 2196784 | 639432 | 165177 |
| 图书批发 | Wholesale of Books | 7099541 | 1677019 | 1124379 |
| 医药及医疗器材批发 | Wholesale of Medicines and Medical Appliances | 88673972 | 17603311 | 6601021 |
| 西药批发 | Wholesale of Western Medicine | 53749982 | 10510614 | 3257697 |
| 中药批发 | Wholesale of Chinese Traditional Medicine | 18473113 | 3660037 | 1227754 |
| 矿产品、建材及化工产品批发 | Wholesale of Mineral Products, Building Materials and Chemical Products | 638345264 | 75779155 | 58186676 |
| 煤炭及制品批发 | Wholesale of Coal and Related Products | 100784923 | 6949722 | 8746366 |
| 石油及制品批发 | Wholesale of Petroleum and Related Products | 123162124 | 23510929 | 29671161 |
| 金属及金属矿批发 | Wholesale of Metal Materials | 248408070 | 26470207 | 9668901 |
| 建材批发 | Wholesale of Building Materials | 50453581 | 4878358 | 3450160 |
| 化肥批发 | Wholesale of Chemical Fertilizer | 26942088 | 3784311 | 1727196 |
| 农药批发 | Wholesale of Pesticides | 1891482 | 360209 | 110821 |
| 机械设备、五金产品及电子产品批发 | Wholesale of Machinery, Hardware and Electronic Products | 235783722 | 38218422 | 11557949 |
| 汽车批发 | Wholesale of Motor Vehicles | 63633982 | 14222148 | 2032683 |
| 计算机、软件及辅助设备批发 | Wholesale of Computer, Software and Assistant Appliances | 17524605 | 3023266 | 569553 |
| 通讯及广播电视设备批发 | Wholesale of Communication, Radios and Televisions Equipments | 33392218 | 4645664 | 1274551 |
| 贸易经纪与代理 | Trade Broker and Agency | 38758549 | 2722557 | 996482 |
| 其他批发业 | Other Wholesale not Classified Elsewhere | 33646979 | 4728070 | 2600494 |

3-3-1 Continued 1

单位：万元

Unit:10000 yuan

| 累计折旧 Accumulated Depreciation | #本年折旧 Current Year Depreciation | 资产总计 Total Assets | 负债合计 Total Liabilities | 所有者权益合计 Total Owners' Equities | 实收资本 Paicl-up Capitals | #国家资本 State-owned Capitals | #港澳台资本 Capitals from Hongkong, Macao and Taiwan | #外商资本 Foreign Capitals |
|---|---|---|---|---|---|---|---|---|
| 2293356 | 336373 | 70510524 | 50021883 | 20488640 | 11173282 | 4292109 | 357665 | 253343 |
| 9891781 | 1401316 | 201221902 | 105310593 | 95911313 | 18291367 | 4767051 | 1053293 | 1039884 |
| 855373 | 142980 | 35222781 | 29510934 | 5711849 | 3194553 | 1006839 | 118044 | 61328 |
| 742855 | 99432 | 11090314 | 7468781 | 3621536 | 1600321 | 133819 | 100834 | 58275 |
| 734558 | 141650 | 40484770 | 24461419 | 16023354 | 3459209 | 253738 | 460815 | 380464 |
| 5462577 | 656607 | 63173067 | 12414492 | 50758578 | 2902106 | 1982026 | | |
| 3560938 | 695584 | 167108897 | 122564759 | 44544525 | 20451492 | 1192441 | 2990891 | 2821689 |
| 1206808 | 241085 | 51810899 | 34336730 | 17474171 | 6797443 | 330971 | 1019163 | 438358 |
| 259504 | 42807 | 9183025 | 6057911 | 3125500 | 938336 | 97178 | 213260 | 17139 |
| 333427 | 90426 | 45237963 | 37349446 | 7888522 | 4252326 | 57842 | 751995 | 1384101 |
| 1041954 | 174371 | 48111486 | 32922021 | 15189470 | 7377173 | 2042563 | 810973 | 376542 |
| 163132 | 28341 | 8517346 | 6779011 | 1738339 | 1022301 | 117225 | 144467 | 140056 |
| 77853 | 15033 | 2513239 | 1818355 | 694885 | 447333 | 3689 | 175833 | 13992 |
| 426883 | 51432 | 11198892 | 6536220 | 4662673 | 1580747 | 1081488 | 3000 | 18117 |
| 2413612 | 494420 | 104367945 | 78602477 | 25765473 | 13948787 | 1845417 | 327361 | 731580 |
| 1023150 | 192689 | 63105762 | 48110476 | 14995293 | 9235519 | 1417354 | 206705 | 316841 |
| 359710 | 78792 | 21480929 | 16918379 | 4562552 | 2498499 | 168127 | 40348 | 21198 |
| 19931544 | 3275828 | 846015784 | 647155168 | 198927133 | 170973517 | 37963398 | 3714846 | 5301776 |
| 2315866 | 526037 | 140245612 | 106701258 | 33522358 | 28721894 | 8234221 | 164288 | 879999 |
| 10965524 | 1680402 | 181041075 | 131996454 | 49140765 | 52758566 | 14266997 | 613533 | 661605 |
| 3445825 | 485420 | 311466610 | 249371721 | 62094892 | 50331306 | 9876163 | 1026142 | 1143666 |
| 887186 | 185504 | 65748444 | 49296870 | 16451575 | 10497080 | 1248846 | 993842 | 168109 |
| 460599 | 81722 | 35416798 | 28052562 | 7364235 | 3993540 | 746495 | 6495 | 1079442 |
| 40042 | 8313 | 2489743 | 1739885 | 749860 | 409402 | 16665 | 40 | 3318 |
| 4307719 | 803242 | 286909978 | 212015288 | 74894695 | 40782215 | 3445030 | 2636805 | 6981901 |
| 674818 | 157804 | 76580047 | 59116759 | 17463289 | 8482339 | 730126 | 291424 | 1525527 |
| 180469 | 36920 | 19352282 | 15230953 | 4121334 | 2771060 | 88842 | 541334 | 145104 |
| 606570 | 93376 | 38478166 | 27718982 | 10759183 | 3856522 | 125957 | 513815 | 1303022 |
| 348871 | 54862 | 44130511 | 37464365 | 6666143 | 3713241 | 949326 | 191996 | 554420 |
| 813736 | 132347 | 43608377 | 34082428 | 9525954 | 5790465 | 1188523 | 584786 | 307511 |

| 项 目 | Item | 流动资产合计 Total Current Assets | #存货 Stock | 固定资产原价 Original Value of Fixed Assets |
|---|---|---|---|---|
| **二、零售业** | **Retail Trade** | **358767616** | **83621945** | **114077227** |
| #国有控股 | State-controlled Enterprises | 69427277 | 11912991 | 28789529 |
| **(一)按登记注册类型分** | **by Type of Registration** | | | |
| **1.内资企业** | **Domestic Funded Enterprises** | **313939979** | **73870216** | **97561822** |
| 国有企业 | State-owned Enterprises | 5447355 | 1146804 | 3079971 |
| 集体企业 | Collective-owned Enterprises | 1759636 | 423019 | 1354149 |
| 股份合作企业 | Cooperative Enterprises | 337826 | 101388 | 207752 |
| 联营企业 | Joint Ownership Enterprises | 144258 | 25596 | 60674 |
| 国有联营企业 | State Joint Ownership Enterprises | 15358 | 4867 | 14364 |
| 集体联营企业 | Collective Joint Ownership Enterprises | 47633 | 13567 | 19405 |
| 国有与集体联营企业 | Joint State-collective Enterprises | 40170 | 4041 | 15248 |
| 其他联营企业 | Other Joint Ownership Enterprises | 41097 | 3124 | 11659 |
| 有限责任公司 | Limited Liability Corporations | 142891068 | 33719346 | 41045815 |
| 国有独资公司 | State Sole Funded Corporations | 4207546 | 961211 | 2192609 |
| 其他有限责任公司 | Other Limited Liability Corporations | 138683522 | 32758136 | 38853206 |
| 股份有限公司 | Share-holding Corporations Ltd. | 51272096 | 7770450 | 22401494 |
| 私营企业 | Private Enterprises | 110894424 | 30377820 | 28754454 |
| 私营独资企业 | Private-funded Enterprises | 2517946 | 733870 | 1584459 |
| 私营合伙企业 | Private Partnership Enterprises | 273344 | 76138 | 164934 |
| 私营有限责任公司 | Private Limited Liability Corporations | 103267151 | 28408121 | 25714947 |
| 私营股份有限公司 | Private Share-holding Corporations Ltd. | 4835990 | 1159692 | 1290117 |
| 其他企业 | Other Enterprises | 1193332 | 305802 | 657524 |
| **2.港、澳、台商投资企业** | **Enterprises with Funds from Hongkong, Macao and Taiwan** | **22214754** | **5301228** | **8189372** |
| 合资经营企业 | Joint-venture Enterprises | 7205765 | 1291546 | 2155941 |
| 合作经营企业 | Cooperative Enterprises | 220595 | 28956 | 183379 |
| 独资经营企业 | Enterprises with Sole Investment | 13807038 | 3785713 | 5570434 |
| 投资股份有限公司 | Share-holding Corporations Ltd. with Investment | 897159 | 174648 | 243068 |
| 其他港澳台商投资企业 | Other Enterprises with Funds from Hongkong, Macao and Taiwan | 84194 | 20365 | 36555 |
| **3.外商投资企业** | **Foreign Funded Enterprises** | **22612891** | **4450503** | **8326036** |
| 中外合资经营企业 | Joint-venture Enterprises | 6159375 | 1427966 | 3231056 |
| 中外合作经营企业 | Cooperative Enterprises | 708374 | 97766 | 283969 |
| 外资企业 | Enterprises with Sole Foreign Investment | 14785738 | 2656392 | 4357456 |
| 外商投资股份有限公司 | Share-holding Corporations Ltd. with Foreign Investment | 644885 | 130422 | 301940 |
| 其他外商投资企业 | Other Foreign Funded Enterprises | 314521 | 137957 | 151622 |

3-3-1 Continued 2

单位：万元
Unit:10000 yuan

| 累计折旧 Accumulated Depreciation | #本年折旧 Current Year Depreciation | 资产总计 Total Assets | 负债合计 Total Liabilities | 所有者权益合计 Total Owners' Equities | 实收资本 Paicl-up Capitals | #国家资本 State-owned Capitals | #港澳台资本 Capitals from Hongkong, Macao and Taiwan | #外商资本 Foreign Capitals |
|---|---|---|---|---|---|---|---|---|
| **36992934** | **7215015** | **535073129** | **381911133** | **153221965** | **136454465** | **14750722** | **8067637** | **6236237** |
| 9845347 | 1473785 | 115154656 | 73408600 | 41818341 | 19653676 | 13806939 | 69007 | 130872 |
| **30455116** | **5860354** | **467832015** | **334825694** | **133078406** | **118780536** | **14022126** | **314827** | **143469** |
| 1026827 | 141150 | 9275706 | 5792906 | 3482802 | 1889613 | 1630063 | 25 | 53 |
| 441148 | 57893 | 3190632 | 1986529 | 1204104 | 651551 | 2924 | 31 | |
| 66945 | 13216 | 570768 | 344980 | 225792 | 131478 | 3269 | 300 | 600 |
| 27044 | 5017 | 198630 | 107782 | 90851 | 44333 | 9345 | | |
| 7620 | 3176 | 28327 | 21315 | 7014 | 8501 | 2885 | | |
| 6209 | 855 | 67219 | 37704 | 29517 | 19708 | 500 | | |
| 8081 | 621 | 50254 | 15396 | 34861 | 9530 | 5805 | | |
| 5133 | 369 | 52830 | 33371 | 19458 | 6594 | 156 | | |
| 13006811 | 2550044 | 208556008 | 156182122 | 52368120 | 53199754 | 8046567 | 246482 | 115241 |
| 696720 | 123871 | 8337170 | 4933422 | 3397987 | 1398251 | 1136927 | | |
| 12310092 | 2426171 | 200218839 | 151248705 | 48970131 | 51801502 | 6909638 | 246482 | 115241 |
| 7556621 | 1188692 | 89383890 | 56139804 | 33322142 | 12102365 | 4210999 | 61410 | 14499 |
| 8182935 | 1869063 | 154641334 | 113148789 | 41492347 | 50215870 | 110511 | 6385 | 13040 |
| 353932 | 71511 | 4376656 | 2088074 | 2288588 | 1350117 | 14756 | 68 | 537 |
| 48500 | 7194 | 499363 | 288805 | 210554 | 157880 | 2300 | 22 | 2 |
| 7408413 | 1703237 | 142903369 | 106254195 | 36648972 | 47296123 | 87706 | 6284 | 12489 |
| 372090 | 87125 | 6861952 | 4517716 | 2344238 | 1411748 | 5751 | 10 | 12 |
| 146794 | 35289 | 2015044 | 1122788 | 892256 | 545584 | 8456 | 195 | 35 |
| **2898787** | **594549** | **34483339** | **23267894** | **11203326** | **9490545** | **133314** | **7689057** | **280362** |
| 717694 | 129150 | 10581738 | 6438065 | 4131558 | 2078908 | 85465 | 923115 | 186869 |
| 87632 | 8290 | 395000 | 246615 | 148386 | 171313 | 35066 | 84001 | 15923 |
| 2016272 | 438521 | 21844414 | 15663810 | 6180600 | 6569046 | 2000 | 6056734 | 75268 |
| 69282 | 16436 | 1524346 | 809686 | 714658 | 636670 | 10782 | 601265 | 980 |
| 7909 | 2160 | 137844 | 109721 | 28124 | 34612 | | 23947 | 1323 |
| **3639032** | **760116** | **32757778** | **23817540** | **8940235** | **8183388** | **595282** | **63752** | **5812406** |
| 1468920 | 363522 | 9640205 | 6414072 | 3226129 | 2456727 | 575400 | 29521 | 1005979 |
| 193968 | 12051 | 866570 | 666826 | 199745 | 207465 | 3149 | 9864 | 147483 |
| 1848485 | 362936 | 20585641 | 15422891 | 5162751 | 5204724 | | 1530 | 4550703 |
| 81082 | 13401 | 1210543 | 985039 | 225505 | 204372 | 16733 | | 56066 |
| 46580 | 8207 | 454821 | 328716 | 126102 | 110100 | | 22837 | 52180 |

| 项 目 | Item | 流动资产合 计 Total Current Assets | #存 货 Stock | 固定资产原 价 Original Value of Fixed Assets |
|---|---|---|---|---|
| **(二)按国民经济行业分** | **by Sector** | | | |
| 综合零售 | Integrated Retail | 86405641 | 15707701 | 46019330 |
| 百货零售 | Retail of General Merchandise | 52743478 | 6769931 | 29392871 |
| 超级市场零售 | Retail of Supermarkets | 31331759 | 8303124 | 15450666 |
| 食品、饮料及烟草制品专门零售 | Special Retail of Food, Beverages and Tobaccos | 12073678 | 2984837 | 4735033 |
| 粮油零售 | Retail of Cereal and Oil | 1635732 | 679563 | 674335 |
| 肉、禽、蛋、奶及水产品零售 | Retail of Meat, Poultry, Eggs, Milk and Aquatic Products | 1334407 | 272241 | 915947 |
| 酒、饮料及茶叶零售 | Retail of Wine, Beverages and Teas | 3720301 | 852826 | 1180966 |
| 烟草制品零售 | Retail of Tobaccos | 1044360 | 442444 | 174341 |
| 纺织、服装及日用品专门零售 | Special Retail of Textiles, Garments and Daily Consumer Articles | 20167080 | 7635266 | 5429755 |
| 服装零售 | Retail of Garments | 12716619 | 4607136 | 3695957 |
| 文化、体育用品及器材专门零售 | Special Retail of Culture, Sports Appliances and Equipments | 16043292 | 5026326 | 4645546 |
| 体育用品及器材零售 | Retail of Sports Appliances and Equipments | 722050 | 266705 | 207240 |
| 图书、报刊零售 | Retail of Books, Newspapers and Magazines | 7135350 | 1482793 | 2629649 |
| 医药及医疗器材专门零售 | Special Retail of Medicines and Medical Appliances | 26917078 | 5331304 | 2737909 |
| 药品零售 | Retail of Medicines | 25416764 | 5095161 | 2556251 |
| 汽车、摩托车、燃料及零配件专门零售 | Special Retail of Motor Vehicles, Motorcycles, Fuel and Parts | 145031351 | 37108226 | 37325257 |
| 汽车零售 | Retail of Motor Vehicles | 111152662 | 33279127 | 22485979 |
| 机动车燃料零售 | Retail of Automotive Fuels | 29588699 | 2890646 | 14028386 |
| 家用电器及电子产品专门零售 | Special Retail of Household Electric Appliances and Electronic Products | 30392582 | 5958214 | 4044594 |
| 日用家电设备零售 | Retail of Household Electric Appliances | 15699906 | 2593632 | 2134076 |
| 计算机、软件及辅助设备零售 | Retail of Computer, Software and Assistant Appliances | 4512263 | 913967 | 505885 |
| 通信设备零售 | Retail of Communication Equipments | 4050856 | 968782 | 323423 |
| 五金、家具及室内装饰材料专门零售 | Special Retail of Hardware, Furniture and Interior Decoration Materials | 9333800 | 1776541 | 4620667 |
| 货摊、无店铺及其他零售 | Stalls, Non-shop and Other Retails | 12403126 | 2093536 | 4519153 |
| 互联网零售 | Retail on the Internet | 6309923 | 1186134 | 557908 |
| **(三)按零售业态分** | **by Mode of Business Operation** | | | |
| 有店铺零售 | Store-based Retailing | 342110785 | 80229837 | 112219326 |
| 超市 | Supermarket | 9308177 | 3036387 | 4344076 |
| 大型超市 | Hypermarket | 29572334 | 7374971 | 15467168 |
| 百货店 | Department Store | 51620079 | 6565621 | 28060203 |
| 专业店 | Speciality Store | 127642497 | 28115179 | 33718543 |
| 专卖店 | Exclusive Shop | 101684622 | 30562182 | 22317977 |
| 无店铺零售 | Non-Store Selling | 16656831 | 3392108 | 1857901 |

3-3-1 Continued 3

单位：万元
Unit:10000 yuan

| 累计折旧 Accumulated Depreciation | #本年折旧 Current Year Depreciation | 资产总计 Total Assets | 负债合计 Total Liabilities | 所有者权益合计 Total Owners' Equities | 实收资本 Paicl-up Capitals | #国家资本 State-owned Capitals | #港澳台资本 Capitals from Hongkong, Macao and Taiwan | #外商资本 Foreign Capitals |
|---|---|---|---|---|---|---|---|---|
| 15410101 | 2677289 | 149495182 | 109251235 | 40232010 | 30472004 | 2898271 | 3248359 | 3215953 |
| 9052418 | 1308349 | 96317436 | 66784900 | 29520604 | 17803886 | 2263487 | 2252041 | 1315010 |
| 5953799 | 1296374 | 49443404 | 39720801 | 9722603 | 11479529 | 571460 | 941225 | 1618350 |
| 1219035 | 253918 | 19592348 | 11332132 | 8260213 | 5180371 | 451229 | 151258 | 41989 |
| 177818 | 29702 | 2587028 | 1681844 | 905188 | 458553 | 135708 | 27363 | |
| 234285 | 41166 | 2496069 | 1331888 | 1164180 | 695971 | 39249 | 9852 | 3852 |
| 320464 | 70366 | 6242768 | 3557207 | 2685559 | 1595552 | 102527 | 31010 | 9782 |
| 64687 | 11241 | 1474402 | 590083 | 884321 | 216236 | 104266 | | |
| 1690989 | 395193 | 31693874 | 20814671 | 10878776 | 6662128 | 404386 | 1712672 | 985768 |
| 1115886 | 271333 | 21642365 | 14054405 | 7587962 | 4383910 | 205535 | 1150852 | 734025 |
| 1679332 | 227408 | 23192484 | 13492249 | 9700239 | 4516254 | 1365558 | 106636 | 444283 |
| 60080 | 16004 | 999830 | 634355 | 365476 | 241770 | 4339 | 27529 | 91456 |
| 1038294 | 119970 | 11037390 | 6084415 | 4952979 | 1811162 | 1211713 | 417 | 41338 |
| 946284 | 189587 | 32862404 | 24966727 | 7895679 | 4564180 | 1280074 | 54993 | 4457 |
| 890599 | 175045 | 31019630 | 23738690 | 7280940 | 4231044 | 1273257 | 53244 | 1201 |
| 12546309 | 2763903 | 202406934 | 148564288 | 53915168 | 67895705 | 7830885 | 1847544 | 629453 |
| 7160381 | 1873631 | 144657452 | 114226837 | 30430618 | 55083428 | 1756522 | 1355434 | 374382 |
| 5047545 | 835470 | 52179125 | 29961067 | 22290583 | 11345255 | 6048741 | 483068 | 245921 |
| 1125290 | 226404 | 39734915 | 27131349 | 12603382 | 9170665 | 87405 | 189638 | 232102 |
| 537909 | 94815 | 20538087 | 14399802 | 6138101 | 4177880 | 16533 | 132420 | 145125 |
| 176393 | 44979 | 5599740 | 3226589 | 2373151 | 2134119 | 46805 | 9859 | 54105 |
| 118597 | 24083 | 5295613 | 3937659 | 1357956 | 1338230 | 7142 | 9014 | 25289 |
| 1129504 | 246772 | 16714255 | 10613740 | 6100519 | 3656383 | 67525 | 70058 | 495678 |
| 1246105 | 234555 | 19380748 | 15744756 | 3635993 | 4336799 | 365396 | 686480 | 186558 |
| 165343 | 60462 | 7322238 | 7791169 | -468925 | 1731301 | 41152 | 595750 | 90364 |
| 36400835 | 7099958 | 513587571 | 363837986 | 149809371 | 132058392 | 14442609 | 7323356 | 5846388 |
| 1329556 | 259426 | 17898523 | 10937980 | 6960545 | 6856174 | 105088 | 127931 | 101399 |
| 5837482 | 1256067 | 47268415 | 38737742 | 8518559 | 8786600 | 553183 | 1096341 | 1976923 |
| 8729947 | 1248908 | 93714747 | 64221762 | 29492984 | 16276601 | 2555619 | 2288971 | 1032067 |
| 10933465 | 2019308 | 182344976 | 123951440 | 58474588 | 45923112 | 7182812 | 1550827 | 674501 |
| 7243686 | 1855387 | 136872477 | 100476198 | 36396094 | 46345276 | 3059412 | 1934773 | 1397513 |
| 592099 | 115057 | 21485558 | 18073147 | 3412594 | 4396073 | 308113 | 744281 | 389849 |

# 3-3-2 各地区限额以上批发业企业年末资产负债
# Assets and Liabilities of Enterprises above Designated Size of Wholesale Trade by Region at the Year-end

单位：万元

Unit: 10000 yuan

| 地　区 | Region | 资产总计 Total Assets | #流动资产合计 Total Current Assets | #固定资产合计 Total Fixed Assets | 负债合计 Total Liabilities | 所有者权益合计 Total Owners' Equities |
|---|---|---|---|---|---|---|
| **全　国** | **National Total** | **1811985386** | **1415010427** | **83220516** | **1320138960** | **491913331** |
| 北　京 | Beijing | 319162344 | 231035868 | 6535935 | 225828161 | 93334183 |
| 天　津 | Tianjin | 111361756 | 90535080 | 2366342 | 88206725 | 23133031 |
| 河　北 | Hebei | 33111225 | 26387398 | 1807672 | 25128808 | 7982417 |
| 山　西 | Shanxi | 37663649 | 27082312 | 2929548 | 28795565 | 8868084 |
| 内蒙古 | Inner Mongolia | 17181457 | 12029693 | 1587194 | 12842416 | 4339041 |
| 辽　宁 | Liaoning | 38413755 | 31320817 | 3084044 | 29508236 | 8776020 |
| 吉　林 | Jilin | 11036531 | 9370357 | 780612 | 8732218 | 2304313 |
| 黑龙江 | Heilongjiang | 22336689 | 19539010 | 1297798 | 18908631 | 3323971 |
| 上　海 | Shanghai | 207511434 | 166121002 | 5181911 | 149128280 | 58383154 |
| 江　苏 | Jiangsu | 122690855 | 100304924 | 6609635 | 88942364 | 33748491 |
| 浙　江 | Zhejiang | 158628762 | 125889391 | 5772058 | 121242708 | 37386054 |
| 安　徽 | Anhui | 30360896 | 23077146 | 1595783 | 22368355 | 7992541 |
| 福　建 | Fujian | 84176648 | 64070444 | 3248722 | 56603306 | 27573342 |
| 江　西 | Jiangxi | 18171147 | 14520005 | 1118514 | 8672496 | 9498651 |
| 山　东 | Shandong | 75653816 | 57459612 | 8343885 | 54830624 | 20823191 |
| 河　南 | Henan | 32643947 | 23984867 | 3901291 | 20564808 | 12079139 |
| 湖　北 | Hubei | 34156864 | 25856270 | 4037283 | 23597343 | 10559521 |
| 湖　南 | Hunan | 18349328 | 13579103 | 1651186 | 12110292 | 6239036 |
| 广　东 | Guangdong | 225872792 | 185898061 | 9475604 | 174152899 | 51709622 |
| 广　西 | Guangxi | 21311886 | 16123472 | 1027484 | 15541553 | 5770333 |
| 海　南 | Hainan | 8365926 | 6779152 | 326724 | 5422101 | 2943825 |
| 重　庆 | Chongqing | 26940232 | 21999662 | 1683353 | 18917267 | 8022965 |
| 四　川 | Sichuan | 31545073 | 26259191 | 1793069 | 22722863 | 8822210 |
| 贵　州 | Guizhou | 25580774 | 21744708 | 942186 | 15562855 | 10017919 |
| 云　南 | Yunnan | 36062490 | 27230433 | 1521596 | 24849072 | 11213417 |
| 西　藏 | Tibet | 791860 | 652924 | 64916 | 531172 | 260688 |
| 陕　西 | Shaanxi | 17042973 | 13088396 | 1064891 | 12347433 | 4695540 |
| 甘　肃 | Gansu | 7924630 | 5814147 | 858224 | 4181952 | 3742678 |
| 青　海 | Qinghai | 4646789 | 3401018 | 339564 | 3288544 | 1358245 |
| 宁　夏 | Ningxia | 4401706 | 3233320 | 354365 | 3508935 | 892771 |
| 新　疆 | Xinjiang | 28887152 | 20622644 | 1919127 | 23100978 | 6118938 |

3-3-2 续表 Continued

国有控股 单位：万元

State-controlled Enterprises Unit: 10000 yuan

| 地 区 | Region | 资产总计 Total Assets | #流动资产合计 Total Working Capitals | #固定资产合计 Total Fixed Assets | 负债合计 Total Liabilities | 所有者权益合计 Total Owners' Equities |
|---|---|---|---|---|---|---|
| **全 国** | **National Total** | **709538099** | **515040665** | **37245390** | **492299301** | **217439027** |
| 北 京 | Beijing | 201620993 | 136351292 | 4425026 | 143579853 | 58041140 |
| 天 津 | Tianjin | 59250381 | 45541944 | 1332869 | 46388220 | 12862161 |
| 河 北 | Hebei | 10760875 | 8880923 | 724262 | 7297853 | 3463022 |
| 山 西 | Shanxi | 23902938 | 17656475 | 2168542 | 19644135 | 4258803 |
| 内蒙古 | Inner Mongolia | 9932600 | 6992428 | 848264 | 7208605 | 2723996 |
| 辽 宁 | Liaoning | 12923012 | 10690867 | 1149502 | 9823241 | 2970272 |
| 吉 林 | Jilin | 7309469 | 6307922 | 499482 | 5826784 | 1482685 |
| 黑龙江 | Heilongjiang | 14963070 | 13368089 | 761713 | 12622635 | 2340436 |
| 上 海 | Shanghai | 52165190 | 38448821 | 1763629 | 37941483 | 14223707 |
| 江 苏 | Jiangsu | 33000487 | 25011513 | 2211019 | 20321639 | 12678849 |
| 浙 江 | Zhejiang | 34535382 | 25994941 | 1891048 | 21766663 | 12768719 |
| 安 徽 | Anhui | 15357909 | 10583723 | 768111 | 10477880 | 4880029 |
| 福 建 | Fujian | 27201646 | 17845413 | 1371447 | 15562527 | 11639119 |
| 江 西 | Jiangxi | 6663206 | 4675414 | 862340 | 4140828 | 2522378 |
| 山 东 | Shandong | 15420322 | 11739876 | 1652965 | 10577779 | 4842542 |
| 河 南 | Henan | 11414786 | 8617632 | 1141377 | 6824795 | 4589991 |
| 湖 北 | Hubei | 11183062 | 7699603 | 1613954 | 7359283 | 3823778 |
| 湖 南 | Hunan | 8541815 | 5881476 | 861270 | 4825288 | 3716527 |
| 广 东 | Guangdong | 53042264 | 38787594 | 4535378 | 36159239 | 16879986 |
| 广 西 | Guangxi | 9835773 | 6330409 | 770720 | 5727043 | 4108730 |
| 海 南 | Hainan | 944936 | 774152 | 67999 | 305599 | 639337 |
| 重 庆 | Chongqing | 8713293 | 6827844 | 577781 | 5785416 | 2927878 |
| 四 川 | Sichuan | 8173853 | 6680963 | 862875 | 4408990 | 3764863 |
| 贵 州 | Guizhou | 16600044 | 13844952 | 685951 | 9548772 | 7051272 |
| 云 南 | Yunnan | 24345094 | 18101143 | 965615 | 15324909 | 9020185 |
| 西 藏 | Tibet | 452067 | 356089 | 61751 | 207626 | 244441 |
| 陕 西 | Shaanxi | 9656590 | 7102587 | 653324 | 6867471 | 2789119 |
| 甘 肃 | Gansu | 3130116 | 2076999 | 329371 | 663624 | 2466492 |
| 青 海 | Qinghai | 1381234 | 973428 | 243587 | 718888 | 662347 |
| 宁 夏 | Ningxia | 1318645 | 443594 | 263644 | 728576 | 590068 |
| 新 疆 | Xinjiang | 15797047 | 10452559 | 1180574 | 13663657 | 2466155 |

# 3-3-3 各地区限额以上批发业企业年末资产负债(按登记注册类型分)

# Assets and Liabilities of Enterprises above Designated Size of Wholesale Trade by Region and Type of Registration at the Year-end

内资企业
Domestic Funded Enterprises

单位：万元
Unit: 10000 yuan

| 地区 | Region | 资产总计 Total Assets | #流动资产合计 Total Current Assets | #固定资产合计 Total Fixed Assets | 负债合计 Total Liabilities | 所有者权益合计 Total Owners' Equities |
|---|---|---|---|---|---|---|
| **全国** | **National Total** | **1559040375** | **1209323808** | **76246164** | **1150438386** | **408668896** |
| 北京 | Beijing | 255487532 | 182530222 | 5450675 | 187766002 | 67721530 |
| 天津 | Tianjin | 101784388 | 82371125 | 2235443 | 80549738 | 21212650 |
| 河北 | Hebei | 32757348 | 26125805 | 1797619 | 24880849 | 7876499 |
| 山西 | Shanxi | 37336236 | 26799632 | 2913843 | 28624793 | 8711443 |
| 内蒙古 | Inner Mongolia | 17160526 | 12017685 | 1587168 | 12831707 | 4328820 |
| 辽宁 | Liaoning | 35380230 | 29018591 | 3061841 | 27351409 | 7899321 |
| 吉林 | Jilin | 10913017 | 9258892 | 777145 | 8657971 | 2255046 |
| 黑龙江 | Heilongjiang | 22117366 | 19320247 | 1297419 | 18690490 | 3322787 |
| 上海 | Shanghai | 109181326 | 82231998 | 3056766 | 81191539 | 27989787 |
| 江苏 | Jiangsu | 108691645 | 88747228 | 5770012 | 80187223 | 28504421 |
| 浙江 | Zhejiang | 152354317 | 121211939 | 5544779 | 116748894 | 35605423 |
| 安徽 | Anhui | 29836304 | 22590224 | 1588747 | 21538990 | 8297314 |
| 福建 | Fujian | 77170856 | 58615658 | 2878683 | 51936273 | 25234583 |
| 江西 | Jiangxi | 17834401 | 14216694 | 1097268 | 8458082 | 9376319 |
| 山东 | Shandong | 72454896 | 54860640 | 8112479 | 52684105 | 19770791 |
| 河南 | Henan | 31942592 | 23330235 | 3883192 | 20085705 | 11856887 |
| 湖北 | Hubei | 31175571 | 23271117 | 3892117 | 21039325 | 10136247 |
| 湖南 | Hunan | 18270821 | 13551427 | 1648187 | 12064110 | 6206711 |
| 广东 | Guangdong | 190428067 | 157602474 | 8138783 | 149991628 | 40426168 |
| 广西 | Guangxi | 21209460 | 16071878 | 1023289 | 15482303 | 5727158 |
| 海南 | Hainan | 7314144 | 6090075 | 126391 | 4735403 | 2578741 |
| 重庆 | Chongqing | 25902272 | 21094381 | 1626793 | 18278857 | 7623415 |
| 四川 | Sichuan | 30102057 | 24998231 | 1753418 | 21657712 | 8444345 |
| 贵州 | Guizhou | 25186953 | 21486597 | 938419 | 15383626 | 9803327 |
| 云南 | Yunnan | 35396903 | 26704340 | 1509018 | 24355544 | 11041360 |
| 西藏 | Tibet | 705683 | 606113 | 64598 | 450045 | 255638 |
| 陕西 | Shaanxi | 16759131 | 12835600 | 1040354 | 12120282 | 4638849 |
| 甘肃 | Gansu | 7917021 | 5806910 | 857980 | 4174675 | 3742346 |
| 青海 | Qinghai | 3285145 | 2383683 | 313421 | 2153981 | 1131164 |
| 宁夏 | Ningxia | 4401706 | 3233320 | 354365 | 3508935 | 892771 |
| 新疆 | Xinjiang | 28582461 | 20340847 | 1905952 | 22858190 | 6057035 |

3-3-3 续表 1 Continued 1

国有企业
State-owned Enterprises

单位：万元
Unit: 10000 yuan

| 地区 | Region | 资产总计 Total Assets | #流动资产合计 Total Current Assets | #固定资产合计 Total Fixed Assets | 负债合计 Total Liabilities | 所有者权益合计 Total Owners' Equities |
|---|---|---|---|---|---|---|
| **全国** | **National Total** | **138699531** | **107487886** | **10368442** | **77939237** | **60760296** |
| 北京 | Beijing | 28981145 | 21442262 | 751440 | 19561745 | 9419401 |
| 天津 | Tianjin | 3862670 | 3329299 | 154174 | 2716156 | 1146514 |
| 河北 | Hebei | 1931309 | 1631679 | 168333 | 556828 | 1374481 |
| 山西 | Shanxi | 3458539 | 2102667 | 757553 | 2184792 | 1273747 |
| 内蒙古 | Inner Mongolia | 3491653 | 3141533 | 220076 | 2571332 | 920321 |
| 辽宁 | Liaoning | 4052947 | 3517137 | 239395 | 2016682 | 2036265 |
| 吉林 | Jilin | 4136345 | 3606704 | 372893 | 3670706 | 465640 |
| 黑龙江 | Heilongjiang | 5800383 | 5374607 | 276146 | 4716974 | 1083409 |
| 上海 | Shanghai | 3127787 | 2282118 | 596788 | 2554961 | 572826 |
| 江苏 | Jiangsu | 8166141 | 6577528 | 718417 | 2640817 | 5525324 |
| 浙江 | Zhejiang | 7190010 | 5154383 | 620411 | 2277966 | 4912044 |
| 安徽 | Anhui | 4783308 | 2699308 | 259658 | 2618709 | 2164600 |
| 福建 | Fujian | 6250454 | 4398751 | 322396 | 2971523 | 3278931 |
| 江西 | Jiangxi | 1957495 | 1564164 | 270716 | 567739 | 1389756 |
| 山东 | Shandong | 2346787 | 1775043 | 277154 | 1516223 | 830564 |
| 河南 | Henan | 4541857 | 3804149 | 429510 | 2074681 | 2467176 |
| 湖北 | Hubei | 3347399 | 2693652 | 428310 | 1942438 | 1404961 |
| 湖南 | Hunan | 3650026 | 2633171 | 480399 | 1344134 | 2305892 |
| 广东 | Guangdong | 4573589 | 3288783 | 415146 | 3252935 | 1320653 |
| 广西 | Guangxi | 1785480 | 1226866 | 244534 | 798485 | 986996 |
| 海南 | Hainan | 746646 | 639966 | 42500 | 213805 | 532841 |
| 重庆 | Chongqing | 2171218 | 1624568 | 243700 | 774251 | 1396967 |
| 四川 | Sichuan | 4315543 | 3646300 | 462322 | 1651406 | 2664137 |
| 贵州 | Guizhou | 3062809 | 2343782 | 421384 | 1098805 | 1964004 |
| 云南 | Yunnan | 13061812 | 10853931 | 535454 | 7463896 | 5597915 |
| 西藏 | Tibet | 361721 | 287984 | 48652 | 160270 | 201451 |
| 陕西 | Shaanxi | 2543578 | 1888699 | 224922 | 1169701 | 1373877 |
| 甘肃 | Gansu | 781683 | 563352 | 85955 | 102687 | 678996 |
| 青海 | Qinghai | 412080 | 342530 | 40695 | 94870 | 317210 |
| 宁夏 | Ningxia | 393626 | 265303 | 20014 | 53771 | 339855 |
| 新疆 | Xinjiang | 3413491 | 2787667 | 239395 | 2599949 | 813542 |

3-3-3 续表 2 Continued 2

集体企业 单位：万元

Collective-owned Enterprises Unit: 10000 yuan

| 地区 | Region | 资产总计 Total Assets | #流动资产合计 Total Current Assets | #固定资产合计 Total Fixed Assets | 负债合计 Total Liabilities | 所有者权益合计 Total Owners' Equities |
|---|---|---|---|---|---|---|
| **全国** | **National Total** | **5492779** | **4031190** | **512982** | **4234164** | **1258616** |
| 北京 | Beijing | 954287 | 566740 | 31697 | 730310 | 223977 |
| 天津 | Tianjin | 199471 | 149599 | 9486 | 138035 | 61436 |
| 河北 | Hebei | 209268 | 127526 | 25368 | 152828 | 56441 |
| 山西 | Shanxi | 363080 | 274353 | 53024 | 242658 | 120422 |
| 内蒙古 | Inner Mongolia | 21310 | 17512 | 2352 | 9271 | 12039 |
| 辽宁 | Liaoning | 177288 | 136722 | 5113 | 148926 | 28362 |
| 吉林 | Jilin | | | | | |
| 黑龙江 | Heilongjiang | 29343 | 18501 | 5661 | 19399 | 9943 |
| 上海 | Shanghai | 120405 | 97083 | 1218 | 85144 | 35261 |
| 江苏 | Jiangsu | 494366 | 352309 | 56698 | 447860 | 46506 |
| 浙江 | Zhejiang | 239704 | 195338 | 20142 | 187010 | 52695 |
| 安徽 | Anhui | 20661 | 11840 | 6588 | 9154 | 11508 |
| 福建 | Fujian | 118552 | 105128 | 6166 | 96234 | 22319 |
| 江西 | Jiangxi | 18078 | 8380 | 6151 | 8376 | 9701 |
| 山东 | Shandong | 769673 | 640905 | 81525 | 638345 | 131328 |
| 河南 | Henan | 188271 | 135536 | 35748 | 119577 | 68694 |
| 湖北 | Hubei | 105793 | 92060 | 8679 | 97489 | 8304 |
| 湖南 | Hunan | 16194 | 5647 | 5796 | 9202 | 6992 |
| 广东 | Guangdong | 198767 | 146413 | 19812 | 124239 | 74528 |
| 广西 | Guangxi | 90308 | 69342 | 8962 | 75717 | 14590 |
| 海南 | Hainan | | | | | |
| 重庆 | Chongqing | 33316 | 27420 | 1567 | 24122 | 9194 |
| 四川 | Sichuan | 690092 | 520860 | 50792 | 546515 | 143577 |
| 贵州 | Guizhou | 45843 | 25884 | 13690 | 29106 | 16737 |
| 云南 | Yunnan | 63323 | 49202 | 7227 | 47269 | 16054 |
| 西藏 | Tibet | | | | | |
| 陕西 | Shaanxi | 31880 | 28233 | 3082 | 28175 | 3705 |
| 甘肃 | Gansu | 57858 | 44100 | 11507 | 51509 | 6349 |
| 青海 | Qinghai | 4298 | 2604 | 1508 | 2406 | 1892 |
| 宁夏 | Ningxia | | | | | |
| 新疆 | Xinjiang | 231350 | 181953 | 33423 | 165288 | 66062 |

3-3-3 续表 3 Continued 3

股份合作企业
Cooperative Enterprises

单位：万元
Unit: 10000 yuan

| 地 区 | Region | 资产总计 Total Assets | #流动资产合计 Total Current Assets | #固定资产合计 Total Fixed Assets | 负债合计 Total Liabilities | 所有者权益合计 Total Owners' Equities |
|---|---|---|---|---|---|---|
| **全 国** | **National Total** | **794072** | **648046** | **75690** | **623135** | **170939** |
| 北 京 | Beijing | 118419 | 73951 | 27134 | 102655 | 15765 |
| 天 津 | Tianjin | 32282 | 29581 | 2567 | 27946 | 4335 |
| 河 北 | Hebei | 12596 | 10521 | 1018 | 11054 | 1542 |
| 山 西 | Shanxi | 2279 | 2150 | 117 | 569 | 1710 |
| 内蒙古 | Inner Mongolia | | | | | |
| 辽 宁 | Liaoning | 13816 | 9858 | 1932 | 8191 | 5625 |
| 吉 林 | Jilin | | | | | |
| 黑龙江 | Heilongjiang | | | | | |
| 上 海 | Shanghai | 56018 | 50135 | 1931 | 41088 | 14930 |
| 江 苏 | Jiangsu | 146574 | 127637 | 7080 | 130818 | 15756 |
| 浙 江 | Zhejiang | 99221 | 88904 | 4055 | 75578 | 23642 |
| 安 徽 | Anhui | 47948 | 35600 | 1820 | 32452 | 15497 |
| 福 建 | Fujian | 5476 | 4339 | 738 | 2667 | 2810 |
| 江 西 | Jiangxi | | | | | |
| 山 东 | Shandong | 70422 | 51720 | 10463 | 47641 | 22781 |
| 河 南 | Henan | 1643 | 974 | 388 | 1622 | 21 |
| 湖 北 | Hubei | 4687 | 3800 | 880 | 2862 | 1826 |
| 湖 南 | Hunan | | | | | |
| 广 东 | Guangdong | 77241 | 69902 | 4256 | 65813 | 11428 |
| 广 西 | Guangxi | 866 | 494 | 142 | 748 | 117 |
| 海 南 | Hainan | | | | | |
| 重 庆 | Chongqing | 10666 | 4663 | 5884 | 3086 | 7580 |
| 四 川 | Sichuan | 34579 | 32222 | 1124 | 26383 | 8197 |
| 贵 州 | Guizhou | | | | | |
| 云 南 | Yunnan | 9687 | 5378 | 2533 | 5705 | 3982 |
| 西 藏 | Tibet | | | | | |
| 陕 西 | Shaanxi | 14860 | 14616 | 154 | 12206 | 2655 |
| 甘 肃 | Gansu | 33959 | 30972 | 1472 | 23433 | 10525 |
| 青 海 | Qinghai | 833 | 629 | 2 | 618 | 215 |
| 宁 夏 | Ningxia | | | | | |
| 新 疆 | Xinjiang | | | | | |

3-3-3 续表 4 Continued 4

联营企业 Joint Ownership Enterprises

单位：万元 Unit: 10000 yuan

| 地区 | Region | 资产总计 Total Assets | #流动资产合计 Total Current Assets | #固定资产合计 Total Fixed Assets | 负债合计 Total Liabilities | 所有者权益合计 Total Owners' Equities |
|---|---|---|---|---|---|---|
| **全国** | **National Total** | **387329** | **311153** | **30451** | **274389** | **112939** |
| 北京 | Beijing | 8355 | 8232 | 124 | 7727 | 628 |
| 天津 | Tianjin | | | | | |
| 河北 | Hebei | | | | | |
| 山西 | Shanxi | 821 | 647 | 174 | 760 | 61 |
| 内蒙古 | Inner Mongolia | | | | | |
| 辽宁 | Liaoning | | | | | |
| 吉林 | Jilin | | | | | |
| 黑龙江 | Heilongjiang | | | | | |
| 上海 | Shanghai | 158451 | 157690 | 691 | 142931 | 15520 |
| 江苏 | Jiangsu | | | | | |
| 浙江 | Zhejiang | | | | | |
| 安徽 | Anhui | 1140 | 638 | 502 | 176 | 964 |
| 福建 | Fujian | 18278 | 18272 | 6 | 8227 | 10050 |
| 江西 | Jiangxi | | | | | |
| 山东 | Shandong | 72373 | 31451 | 16000 | 56799 | 15574 |
| 河南 | Henan | | | | | |
| 湖北 | Hubei | | | | | |
| 湖南 | Hunan | | | | | |
| 广东 | Guangdong | 50237 | 45554 | 2143 | 18167 | 32070 |
| 广西 | Guangxi | | | | | |
| 海南 | Hainan | | | | | |
| 重庆 | Chongqing | | | | | |
| 四川 | Sichuan | | | | | |
| 贵州 | Guizhou | 12782 | 11812 | 669 | 11500 | 1282 |
| 云南 | Yunnan | 63352 | 35607 | 9864 | 27664 | 35688 |
| 西藏 | Tibet | | | | | |
| 陕西 | Shaanxi | | | | | |
| 甘肃 | Gansu | | | | | |
| 青海 | Qinghai | | | | | |
| 宁夏 | Ningxia | | | | | |
| 新疆 | Xinjiang | 1540 | 1250 | 278 | 438 | 1102 |

3-3-3 续表 5 Continued 5

有限责任公司
Limited Liability Corporations

单位：万元
Unit: 10000 yuan

| 地区 | Region | 资产总计 Total Assets | #流动资产合计 Total Current Assets | #固定资产合计 Total Fixed Assets | 负债合计 Total Liabilities | 所有者权益合计 Total Owners' Equities |
|---|---|---|---|---|---|---|
| **全国** | **National Total** | **775781565** | **612469127** | **30363753** | **592902717** | **182856849** |
| 北京 | Beijing | 166968021 | 122923827 | 3792807 | 128272953 | 38695068 |
| 天津 | Tianjin | 69661182 | 54355332 | 1368708 | 54818465 | 14820717 |
| 河北 | Hebei | 15727306 | 13237234 | 868860 | 12395904 | 3331402 |
| 山西 | Shanxi | 17783976 | 13530883 | 1447078 | 15093928 | 2690048 |
| 内蒙古 | Inner Mongolia | 8567392 | 5382519 | 771297 | 6023010 | 2544382 |
| 辽宁 | Liaoning | 16492415 | 13359812 | 1732998 | 13477981 | 3014434 |
| 吉林 | Jilin | 4251990 | 3638910 | 189826 | 3123562 | 1128428 |
| 黑龙江 | Heilongjiang | 8272432 | 6982423 | 592809 | 7227753 | 1044679 |
| 上海 | Shanghai | 53686203 | 40200420 | 1023733 | 39046884 | 14639319 |
| 江苏 | Jiangsu | 39193225 | 32647725 | 2028460 | 31563544 | 7629681 |
| 浙江 | Zhejiang | 58480120 | 47505038 | 1511629 | 46212403 | 12267717 |
| 安徽 | Anhui | 11849996 | 9789448 | 437347 | 9115929 | 2734066 |
| 福建 | Fujian | 31939305 | 24708948 | 1157108 | 22525023 | 9414282 |
| 江西 | Jiangxi | 13118919 | 10780726 | 519476 | 6000656 | 7118263 |
| 山东 | Shandong | 30368280 | 25082432 | 2107791 | 24202092 | 6166189 |
| 河南 | Henan | 18419474 | 13840657 | 2011607 | 12418760 | 6000714 |
| 湖北 | Hubei | 15079361 | 12009352 | 1357450 | 10718673 | 4360687 |
| 湖南 | Hunan | 6824730 | 5225742 | 467205 | 5313244 | 1511485 |
| 广东 | Guangdong | 88257597 | 75357103 | 3022915 | 71412605 | 16844992 |
| 广西 | Guangxi | 10275423 | 8322386 | 185910 | 8091143 | 2184280 |
| 海南 | Hainan | 5718365 | 4889342 | 55443 | 4022289 | 1696077 |
| 重庆 | Chongqing | 14955754 | 12363977 | 890123 | 11182301 | 3773454 |
| 四川 | Sichuan | 12918131 | 10973229 | 575877 | 10033878 | 2884253 |
| 贵州 | Guizhou | 18490708 | 16305870 | 356897 | 11424831 | 7065876 |
| 云南 | Yunnan | 14282387 | 10279336 | 352303 | 10828283 | 3454104 |
| 西藏 | Tibet | 331116 | 305362 | 15903 | 279592 | 51524 |
| 陕西 | Shaanxi | 8128677 | 6345010 | 407191 | 5942488 | 2186189 |
| 甘肃 | Gansu | 2204223 | 1809084 | 195453 | 1636141 | 568083 |
| 青海 | Qinghai | 1149514 | 897073 | 55319 | 749966 | 399548 |
| 宁夏 | Ningxia | 1243322 | 1146629 | 67102 | 1086146 | 157177 |
| 新疆 | Xinjiang | 11142021 | 8273298 | 797128 | 8662290 | 2479731 |

3-3-3 续表 6 Continued 6

股份有限公司 单位：万元

Share-holding Corporations Ltd. Unit: 10000 yuan

| 地 区 | Region | 资产总计 Total Assets | #流动资产合计 Total Current Assets | #固定资产合计 Total Fixed Assets | 负债合计 Total Liabilities | 所有者权益合计 Total Owners' Equities |
|---|---|---|---|---|---|---|
| **全 国** | **National Total** | **204612336** | **130015997** | **13923296** | **134939268** | **69769208** |
| 北 京 | Beijing | 35504630 | 18134088 | 325112 | 21224515 | 14280115 |
| 天 津 | Tianjin | 4562006 | 3695787 | 187799 | 3341900 | 1220106 |
| 河 北 | Hebei | 6983323 | 4941857 | 287873 | 5393303 | 1590020 |
| 山 西 | Shanxi | 4773075 | 3461801 | 177773 | 3960683 | 812392 |
| 内蒙古 | Inner Mongolia | 1262314 | 695922 | 264259 | 865183 | 397130 |
| 辽 宁 | Liaoning | 2807711 | 1911531 | 414264 | 2117912 | 560300 |
| 吉 林 | Jilin | 1025848 | 801113 | 69638 | 725659 | 300189 |
| 黑龙江 | Heilongjiang | 6343151 | 5502805 | 292070 | 5432022 | 807041 |
| 上 海 | Shanghai | 9564563 | 5643639 | 481835 | 5124419 | 4440144 |
| 江 苏 | Jiangsu | 21019819 | 16291314 | 606688 | 15011415 | 6008405 |
| 浙 江 | Zhejiang | 16797683 | 10273020 | 1439981 | 10848814 | 5948870 |
| 安 徽 | Anhui | 6849638 | 5029960 | 400753 | 5166609 | 1683029 |
| 福 建 | Fujian | 14424106 | 8955596 | 477129 | 8100031 | 6324074 |
| 江 西 | Jiangxi | 1787860 | 1071741 | 206075 | 1211919 | 575941 |
| 山 东 | Shandong | 6070100 | 3701209 | 1027767 | 3661226 | 2408874 |
| 河 南 | Henan | 3131609 | 1784802 | 542509 | 2077479 | 1054130 |
| 湖 北 | Hubei | 6385151 | 3704781 | 1320795 | 3904636 | 2480515 |
| 湖 南 | Hunan | 1767110 | 1062907 | 129591 | 1085672 | 681437 |
| 广 东 | Guangdong | 28560543 | 19064206 | 2920283 | 17994189 | 10563316 |
| 广 西 | Guangxi | 3290983 | 1421037 | 415336 | 1603867 | 1687116 |
| 海 南 | Hainan | 572101 | 303491 | 20021 | 293579 | 278523 |
| 重 庆 | Chongqing | 1059261 | 565906 | 125191 | 670748 | 388513 |
| 四 川 | Sichuan | 1137366 | 817149 | 166778 | 904953 | 232413 |
| 贵 州 | Guizhou | 1557529 | 1074651 | 82304 | 1189188 | 368342 |
| 云 南 | Yunnan | 1943278 | 1186336 | 260094 | 1301706 | 641572 |
| 西 藏 | Tibet | | | | | |
| 陕 西 | Shaanxi | 4315055 | 3135655 | 282718 | 3657096 | 657959 |
| 甘 肃 | Gansu | 1878450 | 1143987 | 187116 | 202429 | 1676020 |
| 青 海 | Qinghai | 544219 | 275359 | 189434 | 336306 | 207913 |
| 宁 夏 | Ningxia | 747367 | 57529 | 190815 | 558112 | 189255 |
| 新 疆 | Xinjiang | 7946487 | 4306818 | 431295 | 6973698 | 1305554 |

3-3-3 续表 7 Continued 7

私营企业 单位：万元

Private Enterprises Unit: 10000 yuan

| 地　区 | Region | 资产总计 Total Assets | #流动资产合计 Total Current Assets | #固定资产合计 Total Fixed Assets | 负债合计 Total Liabilities | 所有者权益合计 Total Owners' Equities |
|---|---|---|---|---|---|---|
| **全　国** | **National Total** | **429555987** | **351591899** | **20363261** | **337370547** | **92178205** |
| 北　京 | Beijing | 22951963 | 19380806 | 521967 | 17864742 | 5087221 |
| 天　津 | Tianjin | 23465741 | 20810672 | 512528 | 19506293 | 3959447 |
| 河　北 | Hebei | 7838443 | 6136525 | 438055 | 6338243 | 1500200 |
| 山　西 | Shanxi | 10939861 | 7416125 | 474862 | 7132200 | 3807661 |
| 内蒙古 | Inner Mongolia | 3812603 | 2775057 | 329074 | 3358039 | 454564 |
| 辽　宁 | Liaoning | 11825249 | 10079787 | 663542 | 9578843 | 2246406 |
| 吉　林 | Jilin | 1493611 | 1209555 | 142411 | 1137273 | 356337 |
| 黑龙江 | Heilongjiang | 1665470 | 1437920 | 129309 | 1289671 | 375800 |
| 上　海 | Shanghai | 42334778 | 33718416 | 950481 | 34087704 | 8247074 |
| 江　苏 | Jiangsu | 38908587 | 32164564 | 2206247 | 29840205 | 9068382 |
| 浙　江 | Zhejiang | 69412408 | 57873705 | 1942054 | 57043487 | 12368921 |
| 安　徽 | Anhui | 6194582 | 4948353 | 474909 | 4524821 | 1669761 |
| 福　建 | Fujian | 24395981 | 20409563 | 911829 | 18222445 | 6173537 |
| 江　西 | Jiangxi | 946203 | 786670 | 94252 | 664442 | 281761 |
| 山　东 | Shandong | 32369594 | 23422452 | 4441256 | 22438216 | 9931378 |
| 河　南 | Henan | 5522588 | 3697040 | 828568 | 3340009 | 2182579 |
| 湖　北 | Hubei | 6020601 | 4652988 | 697654 | 4268093 | 1752508 |
| 湖　南 | Hunan | 5944218 | 4576227 | 548311 | 4268629 | 1675589 |
| 广　东 | Guangdong | 67585604 | 58584177 | 1707124 | 56430664 | 11147708 |
| 广　西 | Guangxi | 5716606 | 4985509 | 166882 | 4865307 | 851299 |
| 海　南 | Hainan | 247703 | 237712 | 3379 | 184754 | 62949 |
| 重　庆 | Chongqing | 7616999 | 6462647 | 352821 | 5609815 | 2007185 |
| 四　川 | Sichuan | 10776731 | 8845072 | 459696 | 8431433 | 2345297 |
| 贵　州 | Guizhou | 2016275 | 1724253 | 62813 | 1630195 | 386079 |
| 云　南 | Yunnan | 5947452 | 4276015 | 335977 | 4666696 | 1280756 |
| 西　藏 | Tibet | 12846 | 12768 | 44 | 10184 | 2662 |
| 陕　西 | Shaanxi | 1680798 | 1399029 | 103523 | 1291381 | 389417 |
| 甘　肃 | Gansu | 2945630 | 2204230 | 372564 | 2149336 | 796294 |
| 青　海 | Qinghai | 1169780 | 861078 | 26451 | 965303 | 204476 |
| 宁　夏 | Ningxia | 2017391 | 1763859 | 76435 | 1810906 | 206484 |
| 新　疆 | Xinjiang | 5779691 | 4739125 | 388243 | 4421218 | 1358473 |

3-3-3 续表 8 Continued 8

其他企业 单位：万元
Other Enterprises Unit: 10000 yuan

| 地 区 | Region | 资产总计 Total Assets | #流动资产合计 Total Current Assets | #固定资产合计 Total Fixed Assets | 负债合计 Total Liabilities | 所有者权益合计 Total Owners' Equities |
|---|---|---|---|---|---|---|
| **全 国** | **National Total** | **3716787** | **2768515** | **608308** | **2154929** | **1561853** |
| 北 京 | Beijing | 712 | 317 | 395 | 1355 | -643 |
| 天 津 | Tianjin | 1038 | 855 | 183 | 943 | 94 |
| 河 北 | Hebei | 55103 | 40464 | 8113 | 32689 | 22414 |
| 山 西 | Shanxi | 14606 | 11005 | 3263 | 9202 | 5404 |
| 内蒙古 | Inner Mongolia | 5254 | 5142 | 110 | 4871 | 383 |
| 辽 宁 | Liaoning | 10805 | 3744 | 4598 | 2876 | 7929 |
| 吉 林 | Jilin | 5223 | 2609 | 2377 | 771 | 4452 |
| 黑龙江 | Heilongjiang | 6587 | 3991 | 1425 | 4671 | 1916 |
| 上 海 | Shanghai | 133121 | 82496 | 89 | 108407 | 24713 |
| 江 苏 | Jiangsu | 762933 | 586151 | 146423 | 552565 | 210369 |
| 浙 江 | Zhejiang | 135172 | 121551 | 6506 | 103637 | 31535 |
| 安 徽 | Anhui | 89030 | 75077 | 7169 | 71140 | 17889 |
| 福 建 | Fujian | 18703 | 15062 | 3313 | 10123 | 8580 |
| 江 西 | Jiangxi | 5846 | 5014 | 597 | 4949 | 897 |
| 山 东 | Shandong | 387667 | 155428 | 150524 | 123563 | 264104 |
| 河 南 | Henan | 137151 | 67077 | 34863 | 53576 | 83574 |
| 湖 北 | Hubei | 232580 | 114484 | 78349 | 105134 | 127446 |
| 湖 南 | Hunan | 68545 | 47732 | 16885 | 43229 | 25316 |
| 广 东 | Guangdong | 1124490 | 1046335 | 47105 | 693016 | 431473 |
| 广 西 | Guangxi | 49795 | 46243 | 1524 | 47036 | 2759 |
| 海 南 | Hainan | 29328 | 19565 | 5050 | 20977 | 8352 |
| 重 庆 | Chongqing | 55057 | 45201 | 7508 | 14535 | 40522 |
| 四 川 | Sichuan | 229615 | 163399 | 36830 | 63143 | 166471 |
| 贵 州 | Guizhou | 1008 | 346 | 662 |  | 1008 |
| 云 南 | Yunnan | 25613 | 18536 | 5565 | 14325 | 11288 |
| 西 藏 | Tibet |  |  |  |  |  |
| 陕 西 | Shaanxi | 44284 | 24357 | 18765 | 19236 | 25048 |
| 甘 肃 | Gansu | 15218 | 11186 | 3915 | 9139 | 6079 |
| 青 海 | Qinghai | 4422 | 4411 | 12 | 4512 | -90 |
| 宁 夏 | Ningxia |  |  |  |  |  |
| 新 疆 | Xinjiang | 67881 | 50737 | 16190 | 35309 | 32571 |

3-3-3 续表 9 Continued 9

港、澳、台商投资企业 单位：万元

Enterprises with Funds from Hong Kong,Macao and Taiwan Unit: 10000 yuan

| 地 区 | Region | 资产总计 Total Assets | #流动资产合计 Total Current Assets | #固定资产合计 Total Fixed Assets | 负债合计 Total Liabilities | 所有者权益合计 Total Owners' Equities |
|---|---|---|---|---|---|---|
| **全 国** | **National Total** | **93832176** | **76230798** | **3170240** | **64371558** | **29460619** |
| 北 京 | Beijing | 12908535 | 9900457 | 398191 | 9128963 | 3779572 |
| 天 津 | Tianjin | 5503666 | 4721336 | 57311 | 4497210 | 1006456 |
| 河 北 | Hebei | 146784 | 139354 | 6071 | 110269 | 36515 |
| 山 西 | Shanxi | 326760 | 282316 | 15416 | 169617 | 157143 |
| 内 蒙 古 | Inner Mongolia | 14012 | 5088 | 27 | 9104 | 4907 |
| 辽 宁 | Liaoning | 1874665 | 1340687 | 11534 | 1588340 | 286324 |
| 吉 林 | Jilin | 44181 | 34950 | 2840 | 9376 | 34805 |
| 黑 龙 江 | Heilongjiang | 7769 | 7209 | 378 | 6649 | 1120 |
| 上 海 | Shanghai | 32487839 | 27640567 | 781549 | 21543571 | 10944268 |
| 江 苏 | Jiangsu | 6471035 | 5343859 | 392376 | 3928905 | 2542130 |
| 浙 江 | Zhejiang | 3258971 | 2583411 | 119669 | 2122427 | 1136544 |
| 安 徽 | Anhui | 253390 | 240098 | 1823 | 201280 | 52110 |
| 福 建 | Fujian | 4808903 | 3911054 | 159444 | 3319388 | 1489515 |
| 江 西 | Jiangxi | 71707 | 61121 | 9780 | 54550 | 17157 |
| 山 东 | Shandong | 2010215 | 1634902 | 170900 | 1445303 | 564911 |
| 河 南 | Henan | 676292 | 630503 | 17287 | 451091 | 225201 |
| 湖 北 | Hubei | 671786 | 478787 | 118856 | 501475 | 170311 |
| 湖 南 | Hunan | 59993 | 13606 | 266 | 36243 | 23751 |
| 广 东 | Guangdong | 18478396 | 14337619 | 624444 | 12358761 | 6119635 |
| 广 西 | Guangxi | 75937 | 25441 | 3958 | 36348 | 39589 |
| 海 南 | Hainan | 540579 | 302289 | 199908 | 432463 | 108116 |
| 重 庆 | Chongqing | 648124 | 593102 | 41713 | 410366 | 237759 |
| 四 川 | Sichuan | 364338 | 330974 | 17342 | 268955 | 95383 |
| 贵 州 | Guizhou | 2631 | 2489 | 117 | 2316 | 315 |
| 云 南 | Yunnan | 367194 | 266488 | 10651 | 301825 | 65369 |
| 西 藏 | Tibet | 86177 | 46811 | 318 | 81127 | 5051 |
| 陕 西 | Shaanxi | 201057 | 192870 | 6834 | 180213 | 20845 |
| 甘 肃 | Gansu | 4499 | 4326 | 59 | 4019 | 480 |
| 青 海 | Qinghai | 1228197 | 922342 | 409 | 989806 | 238391 |
| 宁 夏 | Ningxia | | | | | |
| 新 疆 | Xinjiang | 238544 | 236742 | 769 | 181598 | 56946 |

3-3-3 续表 10 Continued 10

外商投资企业 单位：万元
Foreign Funded Enterprises Unit: 10000 yuan

| 地区 | Region | 资产总计 Total Assets | #流动资产合计 Total Current Assets | #固定资产合计 Total Fixed Assets | 负债合计 Total Liabilities | 所有者权益合计 Total Owners' Equities |
|---|---|---|---|---|---|---|
| **全国** | **National Total** | **159112843** | **129455823** | **3804111** | **105329022** | **53783818** |
| 北京 | Beijing | 50766277 | 38605189 | 687068 | 28933197 | 21833080 |
| 天津 | Tianjin | 4073702 | 3442618 | 73588 | 3159777 | 913924 |
| 河北 | Hebei | 207093 | 122238 | 3982 | 137690 | 69403 |
| 山西 | Shanxi | 654 | 364 | 289 | 1155 | -502 |
| 内蒙古 | Inner Mongolia | 6919 | 6919 | | 1605 | 5314 |
| 辽宁 | Liaoning | 1158860 | 961539 | 10669 | 568486 | 590374 |
| 吉林 | Jilin | 79333 | 76514 | 627 | 64872 | 14461 |
| 黑龙江 | Heilongjiang | 211555 | 211555 | | 211492 | 63 |
| 上海 | Shanghai | 65842269 | 56248438 | 1343596 | 46393170 | 19449099 |
| 江苏 | Jiangsu | 7528176 | 6213837 | 447247 | 4826236 | 2701940 |
| 浙江 | Zhejiang | 3015474 | 2094041 | 107611 | 2371387 | 644087 |
| 安徽 | Anhui | 271203 | 246823 | 5213 | 628085 | -356883 |
| 福建 | Fujian | 2196890 | 1543733 | 210595 | 1347645 | 849244 |
| 江西 | Jiangxi | 265040 | 242190 | 11466 | 159865 | 105176 |
| 山东 | Shandong | 1188705 | 964070 | 60507 | 701216 | 487489 |
| 河南 | Henan | 25063 | 24130 | 812 | 28012 | -2949 |
| 湖北 | Hubei | 2309507 | 2106366 | 26310 | 2056543 | 252964 |
| 湖南 | Hunan | 18514 | 14070 | 2733 | 9939 | 8575 |
| 广东 | Guangdong | 16966328 | 13957969 | 712377 | 11802510 | 5163819 |
| 广西 | Guangxi | 26488 | 26153 | 237 | 22902 | 3586 |
| 海南 | Hainan | 511204 | 386787 | 425 | 254236 | 256968 |
| 重庆 | Chongqing | 389836 | 312179 | 14846 | 228045 | 161791 |
| 四川 | Sichuan | 1078679 | 929986 | 22309 | 796196 | 282483 |
| 贵州 | Guizhou | 391190 | 255622 | 3650 | 176913 | 214277 |
| 云南 | Yunnan | 298393 | 259605 | 1927 | 191703 | 106689 |
| 西藏 | Tibet | | | | | |
| 陕西 | Shaanxi | 82785 | 59927 | 17703 | 46938 | 35847 |
| 甘肃 | Gansu | 3111 | 2912 | 184 | 3259 | -148 |
| 青海 | Qinghai | 133447 | 94994 | 25734 | 144757 | -11310 |
| 宁夏 | Ningxia | | | | | |
| 新疆 | Xinjiang | 66148 | 45055 | 12406 | 61191 | 4957 |

# 3-3-4 各地区限额以上批发业企业年末资产负债(按国民经济行业分)

# Assets and Liabilities of Enterprises above Designated Size of Wholesale Trade by Region and Sector at the Year-end

农、林、牧产品批发　　　　单位：万元

Wholesale of Agricultural, Forestry and Livestock Products　　　　Unit: 10000 yuan

| 地　区 | Region | 资产总计 Total Assets | #流动资产合计 Total Current Assets | #固定资产合计 Total Fixed Assets | 负债合计 Total Liabilities | 所有者权益合计 Total Owners' Equities |
|---|---|---|---|---|---|---|
| **全　国** | **National Total** | **70510524** | **49887582** | **5853798** | **50021883** | **20488640** |
| 北　京 | Beijing | 17499288 | 8434519 | 266984 | 11125592 | 6373696 |
| 天　津 | Tianjin | 1056895 | 912591 | 34614 | 853367 | 203528 |
| 河　北 | Hebei | 971233 | 682820 | 175772 | 609799 | 361434 |
| 山　西 | Shanxi | 299381 | 204925 | 71490 | 187523 | 111858 |
| 内蒙古 | Inner Mongolia | 3291346 | 2844331 | 311766 | 2832480 | 458866 |
| 辽　宁 | Liaoning | 2472789 | 1962627 | 190986 | 2001444 | 471345 |
| 吉　林 | Jilin | 5112438 | 4593284 | 261699 | 4176479 | 935958 |
| 黑龙江 | Heilongjiang | 6375824 | 5903681 | 287925 | 5660675 | 715149 |
| 上　海 | Shanghai | 2591802 | 1528106 | 185463 | 1362612 | 1229190 |
| 江　苏 | Jiangsu | 3365532 | 2486477 | 546360 | 2382895 | 982637 |
| 浙　江 | Zhejiang | 1290177 | 1009963 | 121504 | 1005526 | 284651 |
| 安　徽 | Anhui | 1437172 | 958166 | 210514 | 854137 | 583035 |
| 福　建 | Fujian | 1299128 | 1047582 | 155764 | 995975 | 303154 |
| 江　西 | Jiangxi | 303771 | 184613 | 67776 | 234983 | 68788 |
| 山　东 | Shandong | 3788602 | 2492621 | 707859 | 2181554 | 1607047 |
| 河　南 | Henan | 4099616 | 2876607 | 731858 | 2453043 | 1646573 |
| 湖　北 | Hubei | 2237794 | 1740246 | 311064 | 1599568 | 638226 |
| 湖　南 | Hunan | 766278 | 455955 | 147477 | 390642 | 375636 |
| 广　东 | Guangdong | 3221761 | 2495964 | 198295 | 2149282 | 1072479 |
| 广　西 | Guangxi | 540041 | 403429 | 48847 | 414373 | 125668 |
| 海　南 | Hainan | 18107 | 16776 | 1330 | 15793 | 2313 |
| 重　庆 | Chongqing | 358837 | 213854 | 52422 | 185468 | 173369 |
| 四　川 | Sichuan | 975516 | 768301 | 80773 | 745316 | 230200 |
| 贵　州 | Guizhou | 54088 | 39635 | 7880 | 26722 | 27366 |
| 云　南 | Yunnan | 323233 | 214089 | 55064 | 207614 | 115619 |
| 西　藏 | Tibet | 61521 | 44593 | 6972 | 35044 | 26477 |
| 陕　西 | Shaanxi | 199488 | 114121 | 44896 | 134365 | 65122 |
| 甘　肃 | Gansu | 143459 | 114795 | 21470 | 107962 | 35498 |
| 青　海 | Xinjiang | 14881 | 10181 | 4191 | 5165 | 9716 |
| 宁　夏 | Ningxia | 22195 | 16266 | 5537 | 12475 | 9720 |
| 新　疆 | Xinjiang | 6318331 | 5116464 | 539246 | 5074010 | 1244322 |

3-3-4 续表 1 Continued 1

食品、饮料及烟草制品批发 单位：万元

Wholesale of Food, Beverages and Tobaccos Unit: 10000 yuan

| 地　区 | Region | 资产总计 Total Assets | #流动资产合计 Total Current Assets | #固定资产合计 Total Fixed Assets | 负债合计 Total Liabilities | 所有者权益合计 Total Owners' Equities |
|---|---|---|---|---|---|---|
| **全　国** | **National Total** | **201221902** | **155761346** | **16362381** | **105310593** | **95911313** |
| 北　京 | Beijing | 14325562 | 11166755 | 503592 | 10629720 | 3695843 |
| 天　津 | Tianjin | 3999760 | 3511716 | 157141 | 3396049 | 603711 |
| 河　北 | Hebei | 2710980 | 2232399 | 231772 | 1142645 | 1568335 |
| 山　西 | Shanxi | 1779613 | 1315210 | 297096 | 736333 | 1043280 |
| 内蒙古 | Inner Mongolia | 1719922 | 1217780 | 217299 | 702137 | 1017784 |
| 辽　宁 | Liaoning | 4329493 | 3751031 | 302172 | 2305414 | 2024079 |
| 吉　林 | Jilin | 1000893 | 761853 | 172699 | 402761 | 598132 |
| 黑龙江 | Heilongjiang | 3286345 | 2493095 | 332238 | 1894488 | 1391857 |
| 上　海 | Shanghai | 18295963 | 13234575 | 541656 | 12403010 | 5892953 |
| 江　苏 | Jiangsu | 12445339 | 10246281 | 991815 | 5873500 | 6571839 |
| 浙　江 | Zhejiang | 13590934 | 10887579 | 736194 | 7193554 | 6397380 |
| 安　徽 | Anhui | 6194509 | 4911416 | 385212 | 3253789 | 2940720 |
| 福　建 | Fujian | 9844985 | 7018917 | 724101 | 4862698 | 4982287 |
| 江　西 | Jiangxi | 9653210 | 8127909 | 304555 | 2273355 | 7379855 |
| 山　东 | Shandong | 10348824 | 7466648 | 1871134 | 5568290 | 4780534 |
| 河　南 | Henan | 5570982 | 3868306 | 1049952 | 1931668 | 3639314 |
| 湖　北 | Hubei | 7449931 | 5703665 | 1062095 | 4006898 | 3443034 |
| 湖　南 | Hunan | 6019516 | 3978996 | 827602 | 2866270 | 3153246 |
| 广　东 | Guangdong | 22845156 | 17633464 | 1453062 | 14633255 | 8211902 |
| 广　西 | Guangxi | 4643100 | 3528198 | 223839 | 3374059 | 1269041 |
| 海　南 | Hainan | 672914 | 566446 | 44050 | 157753 | 515161 |
| 重　庆 | Chongqing | 4745101 | 2877245 | 760734 | 1836185 | 2908916 |
| 四　川 | Sichuan | 8277689 | 7076486 | 712820 | 4208872 | 4068818 |
| 贵　州 | Guizhou | 10722127 | 9777994 | 532142 | 3477478 | 7244650 |
| 云　南 | Yunnan | 8961155 | 6927535 | 736816 | 3234863 | 5726292 |
| 西　藏 | Tibet | 367905 | 293470 | 50717 | 148809 | 219096 |
| 陕　西 | Shaanxi | 2210272 | 1655820 | 332749 | 740082 | 1470190 |
| 甘　肃 | Gansu | 1584777 | 971592 | 429581 | 613906 | 970872 |
| 青　海 | Xinjiang | 463937 | 408532 | 30163 | 90366 | 373571 |
| 宁　夏 | Ningxia | 491941 | 328390 | 47461 | 105742 | 386199 |
| 新　疆 | Xinjiang | 2669067 | 1822043 | 299922 | 1246644 | 1422422 |

3-3-4 续表 2 Continued 2

纺织、服装及家庭用品批发 单位：万元

Wholesale of Textiles, Wearing Apparel and Household Articles Unit: 10000 yuan

| 地 区 | Region | 资产总计 Total Assets | #流动资产合计 Total Current Assets | #固定资产合计 Total Fixed Assets | 负债合计 Total Liabilities | 所有者权益合计 Total Owners' Equities |
|---|---|---|---|---|---|---|
| **全 国** | **National Total** | **167108897** | **136687270** | **6301094** | **122564759** | **44544525** |
| 北 京 | Beijing | 16285984 | 12240172 | 442568 | 10500678 | 5785306 |
| 天 津 | Tianjin | 3886417 | 3667059 | 77801 | 3261732 | 624685 |
| 河 北 | Hebei | 820995 | 761770 | 33199 | 665603 | 155392 |
| 山 西 | Shanxi | 3175630 | 1326028 | 7212 | 729152 | 2446478 |
| 内蒙古 | Inner Mongolia | 177570 | 127300 | 25774 | 141400 | 36170 |
| 辽 宁 | Liaoning | 2751538 | 1589879 | 827925 | 1369436 | 1382102 |
| 吉 林 | Jilin | 53598 | 45475 | 2428 | 47906 | 5692 |
| 黑龙江 | Heilongjiang | 269974 | 159018 | 54265 | 203045 | 66929 |
| 上 海 | Shanghai | 24029749 | 18881093 | 873477 | 15453293 | 8576456 |
| 江 苏 | Jiangsu | 29628743 | 24802081 | 981567 | 22107268 | 7521475 |
| 浙 江 | Zhejiang | 28358371 | 23889822 | 859259 | 23030555 | 5327816 |
| 安 徽 | Anhui | 2918650 | 2478760 | 81634 | 2838584 | 80066 |
| 福 建 | Fujian | 13518616 | 11505424 | 460669 | 9568674 | 3949942 |
| 江 西 | Jiangxi | 643507 | 596651 | 13609 | 488565 | 154942 |
| 山 东 | Shandong | 6664848 | 5707088 | 278383 | 5576935 | 1087914 |
| 河 南 | Henan | 1873855 | 1444342 | 292369 | 1290755 | 583100 |
| 湖 北 | Hubei | 1548579 | 1403165 | 61795 | 1428582 | 119997 |
| 湖 南 | Hunan | 853652 | 766310 | 22036 | 745132 | 108519 |
| 广 东 | Guangdong | 22578992 | 18795258 | 696706 | 17249773 | 5329605 |
| 广 西 | Guangxi | 1261821 | 1184193 | 31750 | 1136150 | 125670 |
| 海 南 | Hainan | 334081 | 330422 | 918 | 292091 | 41989 |
| 重 庆 | Chongqing | 1903839 | 1794947 | 47738 | 1575631 | 328208 |
| 四 川 | Sichuan | 948961 | 769751 | 45903 | 684867 | 264094 |
| 贵 州 | Guizhou | 171175 | 154481 | 2006 | 159509 | 11666 |
| 云 南 | Yunnan | 1198469 | 1182819 | 11683 | 982528 | 215942 |
| 西 藏 | Tibet | | | | | |
| 陕 西 | Shaanxi | 749086 | 684159 | 34232 | 647090 | 101997 |
| 甘 肃 | Gansu | 66665 | 53027 | 8316 | 45376 | 21289 |
| 青 海 | Xinjiang | 29967 | 29016 | 891 | 20439 | 9528 |
| 宁 夏 | Ningxia | 56335 | 46367 | 9351 | 33605 | 22730 |
| 新 疆 | Xinjiang | 349230 | 271393 | 15630 | 290405 | 58826 |

3-3-4 续表 3 Continued 3

文化、体育用品及器材批发

Wholesale of Culture, Sports Appliances and Equipments

单位：万元

Unit: 10000 yuan

| 地 区 | Region | 资产总计 Total Assets | #流动资产合计 Total Current Assets | #固定资产合计 Total Fixed Assets | 负债合计 Total Liabilities | 所有者权益合计 Total Owners' Equities |
|---|---|---|---|---|---|---|
| **全 国** | **National Total** | **48111486** | **37465752** | **1761884** | **32922021** | **15189470** |
| 北 京 | Beijing | 9264883 | 6486427 | 273922 | 6305809 | 2959074 |
| 天 津 | Tianjin | 2075730 | 1651314 | 71324 | 1551485 | 524246 |
| 河 北 | Hebei | 565450 | 338216 | 31664 | 351172 | 214278 |
| 山 西 | Shanxi | 363650 | 261027 | 19464 | 241306 | 122344 |
| 内蒙古 | Inner Mongolia | 102270 | 74472 | 18119 | 59639 | 42631 |
| 辽 宁 | Liaoning | 453030 | 341697 | 14515 | 268378 | 184653 |
| 吉 林 | Jilin | 101221 | 63245 | 14148 | 68373 | 32848 |
| 黑龙江 | Heilongjiang | 95930 | 62257 | 18648 | 68595 | 27335 |
| 上 海 | Shanghai | 4602205 | 3872171 | 110104 | 2895366 | 1706838 |
| 江 苏 | Jiangsu | 3768556 | 2648843 | 188566 | 2089134 | 1679422 |
| 浙 江 | Zhejiang | 3633926 | 3122439 | 110832 | 2730918 | 903008 |
| 安 徽 | Anhui | 2165125 | 1787807 | 19417 | 1544629 | 620496 |
| 福 建 | Fujian | 1414446 | 964097 | 63940 | 932673 | 481774 |
| 江 西 | Jiangxi | 28621 | 27931 | 611 | 16156 | 12465 |
| 山 东 | Shandong | 2934885 | 2390787 | 217376 | 2266607 | 668278 |
| 河 南 | Henan | 1055837 | 645557 | 45808 | 521991 | 533847 |
| 湖 北 | Hubei | 977156 | 814197 | 82050 | 664847 | 312309 |
| 湖 南 | Hunan | 1388210 | 910437 | 31863 | 934131 | 454079 |
| 广 东 | Guangdong | 9230585 | 7864759 | 292135 | 6406427 | 2824158 |
| 广 西 | Guangxi | 337336 | 191940 | 13878 | 187600 | 149736 |
| 海 南 | Hainan | 89690 | 39509 | 15986 | 23540 | 66149 |
| 重 庆 | Chongqing | 589971 | 560270 | 15980 | 422484 | 167487 |
| 四 川 | Sichuan | 1312112 | 1145465 | 52301 | 1272534 | 39578 |
| 贵 州 | Guizhou | 394222 | 371972 | 4711 | 313711 | 80511 |
| 云 南 | Yunnan | 418024 | 333846 | 10115 | 280110 | 137914 |
| 西 藏 | Tibet | 13007 | 10551 | 2390 | 8036 | 4971 |
| 陕 西 | Shaanxi | 230089 | 133091 | 10727 | 144111 | 85978 |
| 甘 肃 | Gansu | 200535 | 143929 | 18138 | 137956 | 62580 |
| 青 海 | Xinjiang | 35546 | 27185 | 5345 | 27818 | 7729 |
| 宁 夏 | Ningxia | 28644 | 17718 | 1558 | 13611 | 15033 |
| 新 疆 | Xinjiang | 240594 | 162596 | 19244 | 172874 | 67721 |

3-3-4 续表 4 Continued 4

医药及医疗器材批发 单位：万元
Wholesale of Medicines and Medical Appliances Unit: 10000 yuan

| 地 区 | Region | 资产总计 Total Assets | #流动资产合计 Total Current Assets | #固定资产合计 Total Fixed Assets | 负债合计 Total Liabilities | 所有者权益合计 Total Owners' Equities |
|---|---|---|---|---|---|---|
| **全 国** | **National Total** | **104367945** | **88673972** | **4250283** | **78602477** | **25765473** |
| 北 京 | Beijing | 14024906 | 10999435 | 278131 | 9909694 | 4115212 |
| 天 津 | Tianjin | 2695001 | 2471330 | 82175 | 2010752 | 684250 |
| 河 北 | Hebei | 2173853 | 1939107 | 97198 | 1846777 | 327076 |
| 山 西 | Shanxi | 1169625 | 1050838 | 54209 | 1014226 | 155399 |
| 内蒙古 | Inner Mongolia | 465308 | 426759 | 19080 | 380611 | 84697 |
| 辽 宁 | Liaoning | 2281811 | 2070507 | 82015 | 1760659 | 521152 |
| 吉 林 | Jilin | 1108672 | 931535 | 64687 | 922462 | 186211 |
| 黑龙江 | Heilongjiang | 715641 | 632928 | 16578 | 576472 | 139169 |
| 上 海 | Shanghai | 12019304 | 9728672 | 785008 | 7968228 | 4051077 |
| 江 苏 | Jiangsu | 6381141 | 5642747 | 226273 | 5171470 | 1209671 |
| 浙 江 | Zhejiang | 6230748 | 5102874 | 225068 | 4539130 | 1691618 |
| 安 徽 | Anhui | 3497690 | 3025943 | 213898 | 2872500 | 625190 |
| 福 建 | Fujian | 1698863 | 1467770 | 55406 | 1236296 | 462567 |
| 江 西 | Jiangxi | 1471007 | 1274538 | 72950 | 1154487 | 316521 |
| 山 东 | Shandong | 5844478 | 4974829 | 371880 | 4668407 | 1176071 |
| 河 南 | Henan | 4992444 | 4496164 | 135652 | 4126589 | 865855 |
| 湖 北 | Hubei | 6129920 | 5238477 | 409387 | 4543454 | 1586466 |
| 湖 南 | Hunan | 2404982 | 2122487 | 140587 | 1931071 | 473910 |
| 广 东 | Guangdong | 13421146 | 11559181 | 351939 | 9952847 | 3468299 |
| 广 西 | Guangxi | 906129 | 818361 | 43981 | 747362 | 158767 |
| 海 南 | Hainan | 1566328 | 1176299 | 13932 | 963659 | 602669 |
| 重 庆 | Chongqing | 2665098 | 2236786 | 102484 | 1882807 | 782291 |
| 四 川 | Sichuan | 3869281 | 3426975 | 140617 | 3059439 | 809842 |
| 贵 州 | Guizhou | 1037413 | 861536 | 44189 | 814108 | 223305 |
| 云 南 | Yunnan | 2030147 | 1862742 | 63933 | 1532739 | 497409 |
| 西 藏 | Tibet | 325307 | 283931 | 1851 | 325690 | -382 |
| 陕 西 | Shaanxi | 1449621 | 1343187 | 32812 | 1318055 | 131566 |
| 甘 肃 | Gansu | 760424 | 610673 | 44825 | 571996 | 188428 |
| 青 海 | Xinjiang | 148467 | 132953 | 2798 | 108715 | 39752 |
| 宁 夏 | Ningxia | 136770 | 109708 | 15440 | 108654 | 28116 |
| 新 疆 | Xinjiang | 746420 | 654700 | 61300 | 583121 | 163299 |

3-3-4 续表 5 Continued 5

矿产品、建材及化工产品批发 单位：万元

Wholesale of Mineral Products, Building Materials and Chemical Products Unit: 10000 yuan

| 地区 | Region | 资产总计 Total Assets | #流动资产合计 Total Current Assets | #固定资产合计 Total Fixed Assets | 负债合计 Total Liabilities | 所有者权益合计 Total Owners' Equities |
|---|---|---|---|---|---|---|
| **全国** | **National Total** | **846015784** | **638345264** | **38856548** | **647155168** | **198927133** |
| 北京 | Beijing | 137863431 | 97663778 | 3064269 | 100391188 | 37472243 |
| 天津 | Tianjin | 76631171 | 60637901 | 1265109 | 59913213 | 16695958 |
| 河北 | Hebei | 17984219 | 14617194 | 1007272 | 14292247 | 3691972 |
| 山西 | Shanxi | 29527011 | 21745331 | 2394541 | 24752702 | 4774309 |
| 内蒙古 | Inner Mongolia | 11037046 | 7025027 | 962489 | 8419585 | 2617461 |
| 辽宁 | Liaoning | 18717163 | 15505680 | 1485029 | 15660594 | 2927069 |
| 吉林 | Jilin | 3082436 | 2481593 | 222254 | 2685116 | 397320 |
| 黑龙江 | Heilongjiang | 10454480 | 9378034 | 523432 | 9595367 | 755025 |
| 上海 | Shanghai | 82023403 | 64656851 | 1672729 | 63277919 | 18745485 |
| 江苏 | Jiangsu | 50072085 | 40215506 | 2808132 | 37957668 | 12114417 |
| 浙江 | Zhejiang | 87429878 | 67084816 | 3167029 | 68521568 | 18908310 |
| 安徽 | Anhui | 9883708 | 6043096 | 539393 | 7329615 | 2554093 |
| 福建 | Fujian | 43398853 | 32357056 | 1407933 | 30074096 | 13324757 |
| 江西 | Jiangxi | 5228853 | 3583855 | 586496 | 3802437 | 1426416 |
| 山东 | Shandong | 35796292 | 26357556 | 3695891 | 27108266 | 8688025 |
| 河南 | Henan | 12056838 | 8429768 | 1310691 | 8078355 | 3978483 |
| 湖北 | Hubei | 10895101 | 6616083 | 1889666 | 7380495 | 3514606 |
| 湖南 | Hunan | 5428021 | 4175057 | 353246 | 4023675 | 1404346 |
| 广东 | Guangdong | 86629551 | 67049647 | 5199891 | 67005038 | 19613855 |
| 广西 | Guangxi | 12356086 | 8833962 | 633021 | 8643193 | 3712894 |
| 海南 | Hainan | 5534402 | 4509590 | 248960 | 3858670 | 1675732 |
| 重庆 | Chongqing | 10633825 | 8890134 | 540264 | 8253509 | 2380316 |
| 四川 | Sichuan | 11870405 | 9295893 | 628738 | 9254159 | 2616246 |
| 贵州 | Guizhou | 12409913 | 9920257 | 335382 | 10116779 | 2293133 |
| 云南 | Yunnan | 20582694 | 14476088 | 602335 | 16806311 | 3776383 |
| 西藏 | Tibet | | | | | |
| 陕西 | Shaanxi | 10740014 | 7828270 | 556214 | 8110247 | 2629766 |
| 甘肃 | Gansu | 4705098 | 3513823 | 318634 | 2312457 | 2392641 |
| 青海 | Xinjiang | 3690806 | 2558438 | 284750 | 2832462 | 858344 |
| 宁夏 | Ningxia | 3302359 | 2426123 | 262213 | 2938769 | 363590 |
| 新疆 | Xinjiang | 16050642 | 10468857 | 890545 | 13759468 | 2623938 |

3-3-4 续表 6 Continued 6

机械设备、五金产品及电子产品批发

Wholesale of Machinery, Hardware and Electronic Products

单位：万元

Unit: 10000 yuan

| 地 区 | Region | 资产总计 Total Assets | #流动资产合计 Total Current Assets | #固定资产合计 Total Fixed Assets | 负债合计 Total Liabilities | 所有者权益合计 Total Owners' Equities |
|---|---|---|---|---|---|---|
| **全 国** | **National Total** | **286909978** | **235783722** | **7372763** | **212015288** | **74894695** |
| 北 京 | Beijing | 84172085 | 64300338 | 1450158 | 54973625 | 29198461 |
| 天 津 | Tianjin | 15786209 | 13072274 | 570657 | 12977619 | 2808590 |
| 河 北 | Hebei | 7728148 | 5688631 | 218572 | 6104737 | 1623411 |
| 山 西 | Shanxi | 1085461 | 954353 | 64128 | 939915 | 145547 |
| 内蒙古 | Inner Mongolia | 352390 | 281953 | 31450 | 279697 | 72693 |
| 辽 宁 | Liaoning | 6652038 | 5514260 | 156742 | 5585709 | 1066329 |
| 吉 林 | Jilin | 397816 | 329098 | 28464 | 289125 | 108691 |
| 黑龙江 | Heilongjiang | 1027610 | 853335 | 60091 | 792042 | 235568 |
| 上 海 | Shanghai | 54219637 | 45922805 | 759205 | 39044806 | 15174831 |
| 江 苏 | Jiangsu | 14025849 | 11877519 | 635351 | 11246570 | 2779279 |
| 浙 江 | Zhejiang | 15416458 | 12520708 | 404612 | 11926479 | 3489979 |
| 安 徽 | Anhui | 2445657 | 2213022 | 75626 | 2112582 | 333075 |
| 福 建 | Fujian | 8210822 | 5962668 | 279560 | 5489909 | 2720913 |
| 江 西 | Jiangxi | 660317 | 583000 | 51106 | 590429 | 69888 |
| 山 东 | Shandong | 7469744 | 5940106 | 864340 | 5366144 | 2103600 |
| 河 南 | Henan | 2356416 | 1794652 | 204702 | 1681961 | 674455 |
| 湖 北 | Hubei | 4483268 | 4011174 | 153689 | 3665512 | 817756 |
| 湖 南 | Hunan | 1277515 | 1025577 | 85833 | 1118699 | 158817 |
| 广 东 | Guangdong | 41597501 | 37210463 | 853204 | 33406454 | 8191047 |
| 广 西 | Guangxi | 1195828 | 1098039 | 27914 | 979503 | 216325 |
| 海 南 | Hainan | 146419 | 137138 | 756 | 107626 | 38793 |
| 重 庆 | Chongqing | 5588436 | 5189031 | 111926 | 4569589 | 1018847 |
| 四 川 | Sichuan | 4024964 | 3565145 | 100294 | 3325722 | 699242 |
| 贵 州 | Guizhou | 703927 | 571783 | 10553 | 595420 | 108507 |
| 云 南 | Yunnan | 1284087 | 1097298 | 21317 | 1076294 | 207793 |
| 西 藏 | Tibet | 24120 | 20379 | 2986 | 13593 | 10527 |
| 陕 西 | Shaanxi | 1400257 | 1279971 | 44146 | 1216866 | 183392 |
| 甘 肃 | Gansu | 450747 | 395604 | 15646 | 386867 | 63880 |
| 青 海 | Xinjiang | 254179 | 231160 | 8755 | 197948 | 56232 |
| 宁 夏 | Ningxia | 131107 | 121078 | 6389 | 116316 | 14791 |
| 新 疆 | Xinjiang | 2340966 | 2021160 | 74591 | 1837530 | 503436 |

3-3-4 续表 7 Continued 7

贸易经纪与代理
Trade Broker and Agency

单位：万元
Unit: 10000 yuan

| 地 区 | Region | 资产总计 Total Assets | #流动资产合计 Total Working Capitals | #固定资产合计 Total Fixed Assets | 负债合计 Total Liabilities | 所有者权益合计 Total Owners' Equities |
|---|---|---|---|---|---|---|
| **全 国** | **National Total** | **44130511** | **38758549** | **656921** | **37464365** | **6666143** |
| 北 京 | Beijing | 16940227 | 14843074 | 163574 | 14211545 | 2728682 |
| 天 津 | Tianjin | 1487670 | 1295056 | 31671 | 1412897 | 74773 |
| 河 北 | Hebei | 17312 | 17191 | 121 | 16510 | 802 |
| 山 西 | Shanxi | 147051 | 124828 | 10853 | 112165 | 34885 |
| 内蒙古 | Inner Mongolia | 1076 | 1011 | 3 | 804 | 272 |
| 辽 宁 | Liaoning | 225182 | 219070 | 5204 | 148691 | 76491 |
| 吉 林 | Jilin | 728 | 267 | 461 | 964 | -236 |
| 黑龙江 | Heilongjiang | 16251 | 14255 | 1020 | 14184 | 2067 |
| 上 海 | Shanghai | 3845964 | 3380290 | 80931 | 2647669 | 1198295 |
| 江 苏 | Jiangsu | 728537 | 572210 | 40572 | 538807 | 189731 |
| 浙 江 | Zhejiang | 391226 | 362740 | 15350 | 324282 | 66944 |
| 安 徽 | Anhui | 34743 | 32725 | 1620 | 24997 | 9746 |
| 福 建 | Fujian | 717649 | 425412 | 34446 | 509417 | 208232 |
| 江 西 | Jiangxi | 31601 | 22328 | 842 | 20256 | 11344 |
| 山 东 | Shandong | 801302 | 613865 | 54304 | 719929 | 81373 |
| 河 南 | Henan | 21331 | 19220 | 1486 | 15033 | 6298 |
| 湖 北 | Hubei | 199491 | 196603 | 2544 | 178442 | 21049 |
| 湖 南 | Hunan | 2602 | 1897 | 576 | 1924 | 677 |
| 广 东 | Guangdong | 17866469 | 16003432 | 198528 | 15982255 | 1884214 |
| 广 西 | Guangxi | 16775 | 16173 | 333 | 17526 | -751 |
| 海 南 | Hainan | | | | | |
| 重 庆 | Chongqing | 40655 | 38299 | 12 | 32313 | 8342 |
| 四 川 | Sichuan | 61977 | 54248 | 4729 | 31799 | 30177 |
| 贵 州 | Guizhou | | | | | |
| 云 南 | Yunnan | 466377 | 447644 | 1606 | 445284 | 21093 |
| 西 藏 | Tibet | | | | | |
| 陕 西 | Shaanxi | 19614 | 18822 | 405 | 14534 | 5079 |
| 甘 肃 | Gansu | | | | | |
| 青 海 | Xinjiang | | | | | |
| 宁 夏 | Ningxia | | | | | |
| 新 疆 | Xinjiang | 48701 | 37889 | 5730 | 42138 | 6564 |

3-3-4 续表 8 Continued 8

其他批发业 单位：万元

Other Wholesale not Classified Elsewhere Unit: 10000 yuan

| 地 区 | Region | 资产总计 Total Assets | #流动资产合计 Total Current Assets | #固定资产合计 Total Fixed Assets | 负债合计 Total Liabilities | 所有者权益合计 Total Owners' Equities |
|---|---|---|---|---|---|---|
| **全 国** | **National Total** | **43608377** | **33646979** | **1804855** | **34082428** | **9525954** |
| 北 京 | Beijing | 8785979 | 4901370 | 92738 | 7780311 | 1005667 |
| 天 津 | Tianjin | 3742903 | 3315841 | 108846 | 2829613 | 913290 |
| 河 北 | Hebei | 139036 | 110069 | 12103 | 99318 | 39718 |
| 山 西 | Shanxi | 116228 | 99774 | 10556 | 82244 | 33985 |
| 内 蒙 古 | Inner Mongolia | 34530 | 31060 | 1216 | 26062 | 8468 |
| 辽 宁 | Liaoning | 530712 | 366067 | 19457 | 407913 | 122800 |
| 吉 林 | Jilin | 178729 | 164007 | 13773 | 139033 | 39697 |
| 黑 龙 江 | Heilongjiang | 94635 | 42407 | 3602 | 103762 | -9127 |
| 上 海 | Shanghai | 5883409 | 4916439 | 173337 | 4075377 | 1808032 |
| 江 苏 | Jiangsu | 2275074 | 1813260 | 190998 | 1575053 | 700021 |
| 浙 江 | Zhejiang | 2287043 | 1908451 | 132210 | 1970696 | 316347 |
| 安 徽 | Anhui | 1783643 | 1626210 | 68469 | 1537523 | 246120 |
| 福 建 | Fujian | 4073286 | 3321520 | 66903 | 2933569 | 1139717 |
| 江 西 | Jiangxi | 150261 | 119180 | 20570 | 91829 | 58433 |
| 山 东 | Shandong | 2004841 | 1516113 | 282719 | 1374491 | 630349 |
| 河 南 | Henan | 616628 | 410251 | 128774 | 465414 | 151214 |
| 湖 北 | Hubei | 235625 | 132661 | 64993 | 129546 | 106079 |
| 湖 南 | Hunan | 208553 | 142387 | 41966 | 98748 | 109806 |
| 广 东 | Guangdong | 8481631 | 7285893 | 231844 | 7367568 | 1114064 |
| 广 西 | Guangxi | 54770 | 49177 | 3921 | 41787 | 12983 |
| 海 南 | Hainan | 3987 | 2971 | 792 | 2969 | 1018 |
| 重 庆 | Chongqing | 414470 | 199097 | 51793 | 159282 | 255189 |
| 四 川 | Sichuan | 204169 | 156927 | 26895 | 140156 | 64012 |
| 贵 州 | Guizhou | 87910 | 47051 | 5322 | 59128 | 28782 |
| 云 南 | Yunnan | 798305 | 688372 | 18728 | 283331 | 514974 |
| 西 藏 | Tibet | | | | | |
| 陕 西 | Shaanxi | 44532 | 30954 | 8709 | 22083 | 22450 |
| 甘 肃 | Gansu | 12925 | 10704 | 1615 | 5435 | 7490 |
| 青 海 | Xinjiang | 9006 | 3553 | 2671 | 5633 | 3373 |
| 宁 夏 | Ningxia | 232356 | 167670 | 6416 | 179764 | 52592 |
| 新 疆 | Xinjiang | 123201 | 67543 | 12919 | 94790 | 28411 |

# 3-3-5 各地区限额以上零售业企业年末资产负债

# Assets and Liabilities of Enterprises above Designated Size of Retail Trade by Region at the Year-end

单位：万元

Unit: 10000 yuan

| 地区 | Region | 资产总计 Total Assets | #流动资产合计 Total Current Assets | #固定资产合计 Original Value of Fixed Assets | 负债合计 Total Liabilities | 所有者权益合计 Total Owners' Equities |
|---|---|---|---|---|---|---|
| **全 国** | **National Total** | **535073129** | **358767616** | **78358893** | **381911133** | **153221965** |
| 北 京 | Beijing | 42121653 | 30731898 | 3242949 | 32167760 | 9953893 |
| 天 津 | Tianjin | 12020297 | 7131231 | 1717605 | 8717641 | 3302656 |
| 河 北 | Hebei | 15431412 | 10562808 | 2611574 | 12013042 | 3418371 |
| 山 西 | Shanxi | 10773446 | 7218657 | 2122133 | 8401791 | 2371655 |
| 内蒙古 | Inner Mongolia | 8697460 | 5941183 | 1498610 | 6862622 | 1834838 |
| 辽 宁 | Liaoning | 19037512 | 11309417 | 3274619 | 14213686 | 4816797 |
| 吉 林 | Jilin | 8748131 | 4933342 | 2333232 | 6576733 | 2174092 |
| 黑龙江 | Heilongjiang | 7695861 | 4865760 | 1748786 | 5794699 | 1901162 |
| 上 海 | Shanghai | 30921751 | 22195322 | 3987538 | 23616319 | 7305432 |
| 江 苏 | Jiangsu | 52676381 | 33292034 | 7997001 | 36902870 | 15773512 |
| 浙 江 | Zhejiang | 35418347 | 24109051 | 4734598 | 27141391 | 8276956 |
| 安 徽 | Anhui | 19481817 | 11871956 | 2704763 | 12065277 | 7416540 |
| 福 建 | Fujian | 14738821 | 10727818 | 1831438 | 9122768 | 5615437 |
| 江 西 | Jiangxi | 10292815 | 7649378 | 1276703 | 8000065 | 2292750 |
| 山 东 | Shandong | 41874174 | 26462600 | 7644699 | 30958663 | 10915740 |
| 河 南 | Henan | 19893064 | 13245284 | 3474085 | 13792206 | 6100858 |
| 湖 北 | Hubei | 23603582 | 14416866 | 5130575 | 16684926 | 6918657 |
| 湖 南 | Hunan | 17400829 | 10099708 | 3257988 | 10984672 | 6416157 |
| 广 东 | Guangdong | 52624008 | 41785086 | 4268172 | 36134671 | 16477219 |
| 广 西 | Guangxi | 7400518 | 5678379 | 825306 | 5287428 | 2113090 |
| 海 南 | Hainan | 2486802 | 1586255 | 471061 | 1637392 | 849410 |
| 重 庆 | Chongqing | 13444907 | 8769062 | 1871625 | 8970056 | 4474851 |
| 四 川 | Sichuan | 20775837 | 13363581 | 3269841 | 13609190 | 7166647 |
| 贵 州 | Guizhou | 7651840 | 5442221 | 852967 | 5583026 | 2068994 |
| 云 南 | Yunnan | 11032592 | 6918519 | 1549382 | 6919624 | 4112968 |
| 西 藏 | Tibet | 564901 | 318936 | 132345 | 360370 | 204531 |
| 陕 西 | Shaanxi | 13717824 | 8602285 | 2205587 | 9072628 | 4645196 |
| 甘 肃 | Gansu | 5250813 | 3305770 | 878731 | 3155746 | 2080345 |
| 青 海 | Qinghai | 1069778 | 711213 | 256901 | 787560 | 282218 |
| 宁 夏 | Ningxia | 1985066 | 1387518 | 235981 | 1441531 | 543535 |
| 新 疆 | Xinjiang | 6240890 | 4134478 | 952098 | 4934780 | 1397458 |

3-3-5 续表 Continued

国有控股 单位：万元

State-controlled Enterprises Unit: 10000 yuan

| 地 区 | Region | 资产总计 Total Assets | #流动资产合计 Total Current Assets | #固定资产合计 Total Fixed Assets | 负债合计 Total Liabilities | 所有者权益合计 Total Owners' Equities |
|---|---|---|---|---|---|---|
| **全 国** | **National Total** | **115154656** | **69427277** | **19416691** | **73408600** | **41818341** |
| 北 京 | Beijing | 12296691 | 7531527 | 1161446 | 7740889 | 4555802 |
| 天 津 | Tianjin | 2699867 | 1089739 | 657203 | 1457486 | 1242381 |
| 河 北 | Hebei | 3694011 | 2623383 | 593635 | 2786474 | 907537 |
| 山 西 | Shanxi | 2916047 | 1657813 | 793573 | 2145985 | 770062 |
| 内 蒙 古 | Inner Mongolia | 1225968 | 557653 | 440037 | 1114316 | 111652 |
| 辽 宁 | Liaoning | 3159066 | 1474163 | 705089 | 1682220 | 1469817 |
| 吉 林 | Jilin | 2479210 | 1020393 | 1045349 | 2026637 | 455266 |
| 黑 龙 江 | Heilongjiang | 1238534 | 620324 | 462957 | 935197 | 303337 |
| 上 海 | Shanghai | 7763629 | 4676208 | 1489055 | 5103231 | 2660398 |
| 江 苏 | Jiangsu | 9267245 | 6665460 | 1093625 | 6297041 | 2970203 |
| 浙 江 | Zhejiang | 4787229 | 2587068 | 713186 | 2792829 | 1994400 |
| 安 徽 | Anhui | 4565233 | 3176733 | 557071 | 2793109 | 1772124 |
| 福 建 | Fujian | 2035599 | 1149158 | 309254 | 987692 | 1047907 |
| 江 西 | Jiangxi | 1776659 | 1174156 | 250406 | 1052438 | 724221 |
| 山 东 | Shandong | 6326856 | 4123119 | 900415 | 5481793 | 845062 |
| 河 南 | Henan | 1874318 | 800640 | 396894 | 1276137 | 598180 |
| 湖 北 | Hubei | 6138741 | 2730925 | 2077752 | 4547780 | 1590962 |
| 湖 南 | Hunan | 5213871 | 2479341 | 1088685 | 3129726 | 2084145 |
| 广 东 | Guangdong | 16739691 | 13479031 | 1006638 | 8819418 | 7920273 |
| 广 西 | Guangxi | 900883 | 435721 | 293927 | 489601 | 411282 |
| 海 南 | Hainan | 770911 | 450113 | 164229 | 301662 | 469249 |
| 重 庆 | Chongqing | 4796434 | 2871313 | 617976 | 3193938 | 1602496 |
| 四 川 | Sichuan | 4188998 | 1625134 | 1061608 | 1862031 | 2326967 |
| 贵 州 | Guizhou | 2721677 | 1836797 | 287857 | 1888641 | 833036 |
| 云 南 | Yunnan | 2071537 | 713924 | 473655 | 719659 | 1351877 |
| 西 藏 | Tibet | 217466 | 91269 | 63485 | 124775 | 92690 |
| 陕 西 | Shaanxi | 1486415 | 772967 | 264146 | 909647 | 576768 |
| 甘 肃 | Gansu | 578604 | 229923 | 196993 | 451956 | 111926 |
| 青 海 | Qinghai | 90790 | 43661 | 33636 | 61260 | 29530 |
| 宁 夏 | Ningxia | 37957 | 24232 | 10176 | 18379 | 19578 |
| 新 疆 | Xinjiang | 1094519 | 715389 | 206733 | 1216653 | -30787 |

# 3-3-6 各地区限额以上零售业企业年末资产负债(按登记注册类型分)

## Assets and Liabilities of Enterprises above Designated Size of Retail Trade by Region and Type of Registration at the Year-end

内资企业
Domestic Funded Enterprises

单位：万元
Unit: 10000 yuan

| 地 区 | Region | 资产总计 Total Assets | #流动资产合计 Total Current Assets | #固定资产合计 Total Fixed Assets | 负债合计 Total Liabilities | 所有者权益合计 Total Owners' Equities |
|---|---|---|---|---|---|---|
| **全 国** | **National Total** | **467832015** | **313939979** | **68294530** | **334825694** | **133078406** |
| 北 京 | Beijing | 32286426 | 22508912 | 2726069 | 25120768 | 7165659 |
| 天 津 | Tianjin | 9715279 | 6189194 | 1397069 | 7208255 | 2507024 |
| 河 北 | Hebei | 15241973 | 10435604 | 2574268 | 11768988 | 3472984 |
| 山 西 | Shanxi | 10494282 | 7054245 | 2030673 | 8211480 | 2282802 |
| 内蒙古 | Inner Mongolia | 8290481 | 5710437 | 1428658 | 6509930 | 1780551 |
| 辽 宁 | Liaoning | 16476657 | 10177284 | 2690612 | 12330349 | 4139279 |
| 吉 林 | Jilin | 7874288 | 4507486 | 2240521 | 5862191 | 2014792 |
| 黑龙江 | Heilongjiang | 7278332 | 4673343 | 1575391 | 5359568 | 1918763 |
| 上 海 | Shanghai | 19441492 | 14166422 | 2384603 | 14603965 | 4837526 |
| 江 苏 | Jiangsu | 45561925 | 29120858 | 6601644 | 32074721 | 13487204 |
| 浙 江 | Zhejiang | 30387184 | 21117127 | 3844404 | 23726203 | 6660981 |
| 安 徽 | Anhui | 18585327 | 11386240 | 2427023 | 11250693 | 7334634 |
| 福 建 | Fujian | 12871354 | 9276000 | 1588973 | 8149338 | 4721400 |
| 江 西 | Jiangxi | 9856641 | 7389269 | 1188135 | 7645192 | 2211449 |
| 山 东 | Shandong | 40116847 | 25325659 | 7222481 | 29767756 | 10349320 |
| 河 南 | Henan | 18086459 | 12126389 | 2923788 | 12345633 | 5740825 |
| 湖 北 | Hubei | 22019174 | 13294781 | 4895679 | 15533983 | 6485192 |
| 湖 南 | Hunan | 16713152 | 9734627 | 3112249 | 10690501 | 6022651 |
| 广 东 | Guangdong | 44087399 | 35221780 | 3288420 | 30359158 | 13728241 |
| 广 西 | Guangxi | 6858148 | 5275873 | 741832 | 4948820 | 1909328 |
| 海 南 | Hainan | 2212518 | 1477610 | 438413 | 1424793 | 787725 |
| 重 庆 | Chongqing | 12648615 | 8273854 | 1672796 | 8527352 | 4121264 |
| 四 川 | Sichuan | 18045086 | 11775258 | 2784558 | 11780152 | 6264934 |
| 贵 州 | Guizhou | 7213479 | 5131837 | 797964 | 5285907 | 1927753 |
| 云 南 | Yunnan | 9968709 | 6184901 | 1404944 | 6402075 | 3566634 |
| 西 藏 | Tibet | 555187 | 317912 | 126661 | 353874 | 201312 |
| 陕 西 | Shaanxi | 11455814 | 7207791 | 1947097 | 7766808 | 3689006 |
| 甘 肃 | Gansu | 5181854 | 3254908 | 864351 | 3114555 | 2052578 |
| 青 海 | Qinghai | 1054396 | 703584 | 249618 | 777865 | 276531 |
| 宁 夏 | Ningxia | 1958551 | 1375701 | 226312 | 1426884 | 531667 |
| 新 疆 | Xinjiang | 5294986 | 3545093 | 899324 | 4497937 | 888397 |

3-3-6 续表 1 Continued 1

国有企业 State-owned Enterprises

单位：万元 Unit: 10000 yuan

| 地 区 | Region | 资产总计 Total Assets | #流动资产合计 Total Current Assets | #固定资产合计 Total Fixed Assets | 负债合计 Total Liabilities | 所有者权益合计 Total Owners' Equities |
|---|---|---|---|---|---|---|
| **全 国** | **National Total** | **9275706** | **5447355** | **2071654** | **5792906** | **3482802** |
| 北 京 | Beijing | 1065470 | 641131 | 138035 | 524424 | 541046 |
| 天 津 | Tianjin | 229813 | 164866 | 60454 | 182682 | 47131 |
| 河 北 | Hebei | 61980 | 28475 | 25565 | 63885 | -1905 |
| 山 西 | Shanxi | 194142 | 99626 | 60898 | 131377 | 62766 |
| 内蒙古 | Inner Mongolia | 243244 | 103454 | 99079 | 241856 | 1388 |
| 辽 宁 | Liaoning | 671863 | 146803 | 236460 | 249502 | 422361 |
| 吉 林 | Jilin | 21148 | 17993 | 1684 | 17745 | 3403 |
| 黑龙江 | Heilongjiang | 436738 | 88158 | 342101 | 359921 | 76817 |
| 上 海 | Shanghai | 330995 | 192010 | 24003 | 201643 | 129352 |
| 江 苏 | Jiangsu | 579783 | 482336 | 64071 | 459706 | 120077 |
| 浙 江 | Zhejiang | 130228 | 88516 | 17769 | 76540 | 53688 |
| 安 徽 | Anhui | 320007 | 218257 | 48303 | 219598 | 100408 |
| 福 建 | Fujian | 50811 | 29344 | 12793 | 35267 | 15544 |
| 江 西 | Jiangxi | 42749 | 26734 | 7364 | 41249 | 1500 |
| 山 东 | Shandong | 260481 | 184902 | 39331 | 262576 | -2095 |
| 河 南 | Henan | 318466 | 169324 | 89287 | 225747 | 92720 |
| 湖 北 | Hubei | 1108867 | 710394 | 180826 | 843972 | 264895 |
| 湖 南 | Hunan | 172076 | 64301 | 63464 | 54722 | 117354 |
| 广 东 | Guangdong | 1309325 | 983074 | 182769 | 579687 | 729638 |
| 广 西 | Guangxi | 128817 | 72533 | 17667 | 72824 | 55993 |
| 海 南 | Hainan | 5370 | 3287 | 1984 | 2673 | 2697 |
| 重 庆 | Chongqing | 244587 | 78029 | 76422 | 145732 | 98855 |
| 四 川 | Sichuan | 280125 | 198021 | 36305 | 195916 | 84209 |
| 贵 州 | Guizhou | 224621 | 154219 | 22434 | 152662 | 71959 |
| 云 南 | Yunnan | 159112 | 92244 | 43110 | 100925 | 58186 |
| 西 藏 | Tibet | 35537 | 18824 | 14919 | 12403 | 23134 |
| 陕 西 | Shaanxi | 297151 | 209197 | 61181 | 164071 | 133080 |
| 甘 肃 | Gansu | 50915 | 36990 | 9921 | 33271 | 17645 |
| 青 海 | Qinghai | 7925 | 4231 | 3675 | 4634 | 3291 |
| 宁 夏 | Ningxia | 29128 | 18012 | 8266 | 15157 | 13971 |
| 新 疆 | Xinjiang | 264232 | 122070 | 81514 | 120539 | 143694 |

3-3-6 续表 2 Continued 2

集体企业
Collective-owned Enterprises

单位：万元
Unit: 10000 yuan

| 地 区 | Region | 资产总计 Total Assets | #流动资产合计 Total Current Assets | #固定资产合计 Total Fixed Assets | 负债合计 Total Liabilities | 所有者权益合计 Total Owners' Equities |
|---|---|---|---|---|---|---|
| **全 国** | **National Total** | **3190632** | **1759636** | **926026** | **1986529** | **1204104** |
| 北 京 | Beijing | 272646 | 182545 | 67764 | 249575 | 23070 |
| 天 津 | Tianjin | 50542 | 37201 | 2756 | 31483 | 19059 |
| 河 北 | Hebei | 111739 | 64963 | 33220 | 79724 | 32015 |
| 山 西 | Shanxi | 133728 | 76698 | 24114 | 76622 | 57106 |
| 内蒙古 | Inner Mongolia | 16939 | 9017 | 7647 | 7053 | 9887 |
| 辽 宁 | Liaoning | 73137 | 39244 | 15467 | 34221 | 38916 |
| 吉 林 | Jilin | 8143 | 3891 | 2861 | 4487 | 3656 |
| 黑龙江 | Heilongjiang | 46224 | 20194 | 7360 | 30187 | 16036 |
| 上 海 | Shanghai | 66380 | 43885 | 10253 | 39304 | 27076 |
| 江 苏 | Jiangsu | 176204 | 91387 | 67659 | 87936 | 88268 |
| 浙 江 | Zhejiang | 137548 | 92671 | 23270 | 97268 | 40280 |
| 安 徽 | Anhui | 9606 | 5017 | 2465 | 5212 | 4394 |
| 福 建 | Fujian | 48879 | 22501 | 19157 | 23221 | 25659 |
| 江 西 | Jiangxi | 12130 | 8471 | 2013 | 8414 | 3716 |
| 山 东 | Shandong | 774535 | 361434 | 273646 | 430818 | 343717 |
| 河 南 | Henan | 297489 | 171280 | 81111 | 153872 | 143617 |
| 湖 北 | Hubei | 320875 | 155787 | 129642 | 260141 | 60734 |
| 湖 南 | Hunan | 74519 | 31849 | 27941 | 40832 | 33688 |
| 广 东 | Guangdong | 240464 | 162617 | 36016 | 136493 | 103971 |
| 广 西 | Guangxi | 41319 | 23332 | 8780 | 33891 | 7428 |
| 海 南 | Hainan | 294 | 163 | 101 | 145 | 149 |
| 重 庆 | Chongqing | 14030 | 10247 | 3087 | 8373 | 5657 |
| 四 川 | Sichuan | 42060 | 25323 | 13402 | 19235 | 22825 |
| 贵 州 | Guizhou | 27715 | 22284 | 2593 | 5264 | 22451 |
| 云 南 | Yunnan | 59235 | 28058 | 26091 | 39010 | 20225 |
| 西 藏 | Tibet | | | | | |
| 陕 西 | Shaanxi | 98628 | 49703 | 25837 | 56306 | 42322 |
| 甘 肃 | Gansu | 23075 | 12075 | 9165 | 17197 | 5878 |
| 青 海 | Qinghai | | | | | |
| 宁 夏 | Ningxia | 218 | 208 | 10 | 248 | -30 |
| 新 疆 | Xinjiang | 12331 | 7591 | 2598 | 9997 | 2334 |

3-3-6 续表 3 Continued 3

股份合作企业 单位：万元

Cooperative Enterprises Unit: 10000 yuan

| 地 区 | Region | 资产总计 Total Assets | #流动资产合计 Total Current Assets | #固定资产合计 Total Fixed Assets | 负债合计 Total Liabilities | 所有者权益合计 Total Owners' Equities |
|---|---|---|---|---|---|---|
| **全 国** | **National Total** | **570768** | **337826** | **161254** | **344980** | **225792** |
| 北 京 | Beijing | 44832 | 35786 | 6678 | 32035 | 12797 |
| 天 津 | Tianjin | 9526 | 8404 | 885 | 4068 | 5458 |
| 河 北 | Hebei | 78496 | 30182 | 45563 | 32544 | 45952 |
| 山 西 | Shanxi | 11618 | 1194 | 1052 | 9766 | 1853 |
| 内蒙古 | Inner Mongolia | 1298 | 978 | 295 | 745 | 553 |
| 辽 宁 | Liaoning | 13068 | 11385 | 587 | 6682 | 6386 |
| 吉 林 | Jilin | 16852 | 12447 | 4249 | 11767 | 5085 |
| 黑龙江 | Heilongjiang | 28635 | 18067 | 10006 | 22843 | 5792 |
| 上 海 | Shanghai | 14928 | 13383 | 571 | 6542 | 8387 |
| 江 苏 | Jiangsu | 30270 | 23154 | 3171 | 21863 | 8407 |
| 浙 江 | Zhejiang | 38151 | 28156 | 4212 | 30401 | 7750 |
| 安 徽 | Anhui | 11204 | 5011 | 5932 | 2588 | 8616 |
| 福 建 | Fujian | 51 | 50 | 1 | 36 | 15 |
| 江 西 | Jiangxi | 4983 | 3422 | 1047 | 1074 | 3909 |
| 山 东 | Shandong | 87452 | 50546 | 24732 | 53501 | 33951 |
| 河 南 | Henan | 13687 | 9227 | 3814 | 1718 | 11969 |
| 湖 北 | Hubei | 14418 | 6804 | 4069 | 6060 | 8359 |
| 湖 南 | Hunan | 10719 | 1334 | 5739 | 9271 | 1448 |
| 广 东 | Guangdong | 30083 | 25536 | 2207 | 28142 | 1941 |
| 广 西 | Guangxi | 332 | 327 | 5 | 239 | 93 |
| 海 南 | Hainan | | | | | |
| 重 庆 | Chongqing | 11461 | 7793 | 2679 | 6110 | 5351 |
| 四 川 | Sichuan | 30687 | 14597 | 10269 | 17303 | 13385 |
| 贵 州 | Guizhou | 11116 | 1269 | 1595 | 7940 | 3175 |
| 云 南 | Yunnan | 32862 | 17406 | 9494 | 21568 | 11295 |
| 西 藏 | Tibet | | | | | |
| 陕 西 | Shaanxi | 20246 | 8350 | 11826 | 7720 | 12526 |
| 甘 肃 | Gansu | 1444 | 1340 | 104 | 720 | 724 |
| 青 海 | Qinghai | 859 | 853 | 7 | 784 | 76 |
| 宁 夏 | Ningxia | | | | | |
| 新 疆 | Xinjiang | 1490 | 825 | 465 | 950 | 539 |

3-3-6 续表 4 Continued 4

联营企业
Joint Ownership Enterprises

单位：万元
Unit: 10000 yuan

| 地 区 | Region | 资产总计 Total Assets | #流动资产合计 Total Current Assets | #固定资产合计 Total Fixed Assets | 负债合计 Total Liabilities | 所有者权益合计 Total Owners' Equities |
|---|---|---|---|---|---|---|
| **全 国** | **National Total** | **198630** | **144258** | **34013** | **107782** | **90851** |
| 北 京 | Beijing | 10558 | 9766 | 792 | 9151 | 1407 |
| 天 津 | Tianjin | 10003 | 9049 | 685 | 2744 | 7259 |
| 河 北 | Hebei | 158 | 154 | 4 | 110 | 49 |
| 山 西 | Shanxi | | | | | |
| 内蒙古 | Inner Mongolia | | | | | |
| 辽 宁 | Liaoning | 8019 | 6901 | 1015 | 5846 | 2173 |
| 吉 林 | Jilin | | | | | |
| 黑龙江 | Heilongjiang | 6702 | 5361 | 847 | 6112 | 590 |
| 上 海 | Shanghai | 23081 | 20423 | 2314 | 6417 | 16664 |
| 江 苏 | Jiangsu | 7212 | 4911 | 1468 | 4315 | 2896 |
| 浙 江 | Zhejiang | 6349 | 3891 | 1617 | 1188 | 5161 |
| 安 徽 | Anhui | 1431 | 1268 | 138 | 905 | 526 |
| 福 建 | Fujian | 965 | 846 | 106 | 360 | 605 |
| 江 西 | Jiangxi | | | | | |
| 山 东 | Shandong | 11841 | 5215 | 5673 | 3592 | 8250 |
| 河 南 | Henan | 4095 | 1831 | 2181 | 1648 | 2448 |
| 湖 北 | Hubei | 6004 | 4854 | 861 | 986 | 5018 |
| 湖 南 | Hunan | 2791 | 1406 | 1132 | 2074 | 717 |
| 广 东 | Guangdong | 67200 | 50186 | 5993 | 43969 | 23231 |
| 广 西 | Guangxi | | | | | |
| 海 南 | Hainan | | | | | |
| 重 庆 | Chongqing | 475 | 365 | 55 | 334 | 141 |
| 四 川 | Sichuan | 13137 | 7009 | 4369 | 7881 | 5256 |
| 贵 州 | Guizhou | 10276 | 5366 | 3415 | 5161 | 5115 |
| 云 南 | Yunnan | 7183 | 4743 | 1312 | 4945 | 2239 |
| 西 藏 | Tibet | | | | | |
| 陕 西 | Shaanxi | 52 | 50 | 1 | 7 | 45 |
| 甘 肃 | Gansu | 1098 | 663 | 35 | 37 | 1061 |
| 青 海 | Qinghai | | | | | |
| 宁 夏 | Ningxia | | | | | |
| 新 疆 | Xinjiang | | | | | |

3-3-6 续表 5 Continued 5

有限责任公司
Limited Liability Corporations

单位：万元
Unit: 10000 yuan

| 地区 | Region | 资产总计 Total Assets | #流动资产合计 Total Current Assets | #固定资产合计 Total Fixed Assets | 负债合计 Total Liabilities | 所有者权益合计 Total Owners' Equities |
|---|---|---|---|---|---|---|
| **全国** | **National Total** | **208556008** | **142891068** | **28500047** | **156182122** | **52368120** |
| 北京 | Beijing | 17615821 | 12319873 | 1537215 | 15286844 | 2328977 |
| 天津 | Tianjin | 4851189 | 3455499 | 516023 | 3926768 | 924421 |
| 河北 | Hebei | 7823215 | 5339620 | 1445294 | 6121374 | 1701842 |
| 山西 | Shanxi | 2560596 | 1569860 | 623503 | 2096412 | 464184 |
| 内蒙古 | Inner Mongolia | 3747754 | 2472920 | 711542 | 2835046 | 912708 |
| 辽宁 | Liaoning | 6839841 | 4351358 | 957263 | 5708546 | 1131296 |
| 吉林 | Jilin | 3223036 | 2085544 | 765127 | 2560515 | 662521 |
| 黑龙江 | Heilongjiang | 3131908 | 2067276 | 641865 | 2373471 | 758438 |
| 上海 | Shanghai | 9959023 | 6918107 | 1566272 | 7815003 | 2144019 |
| 江苏 | Jiangsu | 14067224 | 8996169 | 2358107 | 10474756 | 3592468 |
| 浙江 | Zhejiang | 13402200 | 9283456 | 1663613 | 10463412 | 2938788 |
| 安徽 | Anhui | 8659512 | 4495907 | 924275 | 4595162 | 4064350 |
| 福建 | Fujian | 5879545 | 4224009 | 797908 | 3869236 | 2010123 |
| 江西 | Jiangxi | 6160350 | 4988510 | 566183 | 5168986 | 991364 |
| 山东 | Shandong | 15888831 | 10004883 | 2573986 | 12333667 | 3555164 |
| 河南 | Henan | 9949447 | 6982630 | 1528258 | 7085660 | 2863787 |
| 湖北 | Hubei | 10420091 | 6658475 | 1854067 | 7366078 | 3054014 |
| 湖南 | Hunan | 5116061 | 3334647 | 801261 | 3565237 | 1550824 |
| 广东 | Guangdong | 21025794 | 16773262 | 1575740 | 15990923 | 5034871 |
| 广西 | Guangxi | 3035486 | 2442514 | 232773 | 2180863 | 854623 |
| 海南 | Hainan | 1685842 | 1261462 | 278767 | 1133916 | 551926 |
| 重庆 | Chongqing | 5118619 | 3331747 | 635411 | 3451957 | 1666662 |
| 四川 | Sichuan | 7815815 | 5832252 | 911795 | 5718005 | 2097811 |
| 贵州 | Guizhou | 3379908 | 2373574 | 262842 | 2456786 | 923302 |
| 云南 | Yunnan | 4039822 | 2537544 | 549533 | 2555103 | 1484719 |
| 西藏 | Tibet | 344262 | 201250 | 57028 | 247474 | 96789 |
| 陕西 | Shaanxi | 6979164 | 4620209 | 1099994 | 4796635 | 2182529 |
| 甘肃 | Gansu | 2522242 | 1545189 | 522766 | 1606640 | 909838 |
| 青海 | Qinghai | 663201 | 427417 | 174858 | 493400 | 169801 |
| 宁夏 | Ningxia | 647957 | 491607 | 74366 | 504289 | 143668 |
| 新疆 | Xinjiang | 2002252 | 1504298 | 292412 | 1399958 | 602293 |

3-3-6 续表 6 Continued 6

股份有限公司
Share-holding Corporations Ltd.

单位：万元
Unit: 10000 yuan

| 地 区 | Region | 资产总计 Total Assets | #流动资产合计 Total Current Assets | #固定资产合计 Total Fixed Assets | 负债合计 Total Liabilities | 所有者权益合计 Total Owners' Equities |
|---|---|---|---|---|---|---|
| **全 国** | **National Total** | **89383890** | **51272096** | **15169576** | **56139804** | **33322142** |
| 北 京 | Beijing | 7812439 | 4613526 | 706850 | 4349366 | 3463074 |
| 天 津 | Tianjin | 1924550 | 719303 | 525092 | 1119735 | 804815 |
| 河 北 | Hebei | 2743067 | 1794482 | 423052 | 2015419 | 727648 |
| 山 西 | Shanxi | 1282494 | 779352 | 299778 | 869670 | 412824 |
| 内蒙古 | Inner Mongolia | 708505 | 292241 | 240487 | 633375 | 75130 |
| 辽 宁 | Liaoning | 2470941 | 1236401 | 493527 | 1477935 | 985977 |
| 吉 林 | Jilin | 2263583 | 775877 | 1029290 | 1665993 | 600284 |
| 黑龙江 | Heilongjiang | 1629614 | 1069227 | 216589 | 987244 | 642370 |
| 上 海 | Shanghai | 3138275 | 2069906 | 379603 | 1629145 | 1509129 |
| 江 苏 | Jiangsu | 11236867 | 6932473 | 1366263 | 7736756 | 3500111 |
| 浙 江 | Zhejiang | 3348001 | 1692531 | 483070 | 1952529 | 1395472 |
| 安 徽 | Anhui | 3728746 | 2531036 | 534239 | 2428456 | 1300290 |
| 福 建 | Fujian | 1340029 | 764771 | 128500 | 558818 | 781211 |
| 江 西 | Jiangxi | 1224357 | 655164 | 249994 | 721455 | 502901 |
| 山 东 | Shandong | 9018319 | 5758343 | 1430245 | 7517645 | 1500674 |
| 河 南 | Henan | 1868221 | 830801 | 269219 | 1311187 | 557033 |
| 湖 北 | Hubei | 4399592 | 1780785 | 1638666 | 3245373 | 1154219 |
| 湖 南 | Hunan | 5025873 | 2308218 | 1052792 | 2893434 | 2132439 |
| 广 东 | Guangdong | 9571192 | 7595197 | 559122 | 4404126 | 5167066 |
| 广 西 | Guangxi | 1162497 | 698880 | 286673 | 646896 | 515601 |
| 海 南 | Hainan | 400343 | 129588 | 140158 | 188137 | 212206 |
| 重 庆 | Chongqing | 3158646 | 2029935 | 345093 | 2017778 | 1140868 |
| 四 川 | Sichuan | 3680952 | 1212515 | 1078190 | 1477861 | 2203091 |
| 贵 州 | Guizhou | 1292161 | 918807 | 224417 | 897236 | 394926 |
| 云 南 | Yunnan | 1051123 | 430763 | 295701 | 455446 | 595677 |
| 西 藏 | Tibet | 35441 | 9743 | 24421 | 10963 | 24479 |
| 陕 西 | Shaanxi | 1836889 | 737732 | 356482 | 1333936 | 502953 |
| 甘 肃 | Gansu | 960709 | 540075 | 101268 | 310080 | 641671 |
| 青 海 | Qinghai | 48752 | 5481 | 36102 | 39102 | 9651 |
| 宁 夏 | Ningxia | 291110 | 145752 | 14846 | 119821 | 171289 |
| 新 疆 | Xinjiang | 730602 | 213191 | 239847 | 1124887 | -302937 |

3-3-6 续表 7 Continued 7

私营企业
Private Enterprises

单位：万元
Unit: 10000 yuan

| 地 区 | Region | 资产总计 Total Assets | #流动资产合计 Total Current Assets | #固定资产合计 Total Fixed Assets | 负债合计 Total Liabilities | 所有者权益合计 Total Owners' Equities |
|---|---|---|---|---|---|---|
| **全 国** | **National Total** | **154641334** | **110894424** | **20915972** | **113148789** | **41492347** |
| 北 京 | Beijing | 5464660 | 4706285 | 268734 | 4669372 | 795288 |
| 天 津 | Tianjin | 2525404 | 1727679 | 279193 | 1889501 | 635903 |
| 河 北 | Hebei | 4383735 | 3151997 | 592637 | 3425147 | 958589 |
| 山 西 | Shanxi | 6272403 | 4503129 | 1016128 | 4998987 | 1273416 |
| 内蒙古 | Inner Mongolia | 3538678 | 2809533 | 359725 | 2769664 | 769014 |
| 辽 宁 | Liaoning | 6379440 | 4375728 | 977080 | 4836691 | 1542749 |
| 吉 林 | Jilin | 2283724 | 1575193 | 419671 | 1565085 | 718639 |
| 黑龙江 | Heilongjiang | 1855651 | 1355826 | 295553 | 1474220 | 381431 |
| 上 海 | Shanghai | 5820935 | 4824617 | 399888 | 4829298 | 991638 |
| 江 苏 | Jiangsu | 19219024 | 12484264 | 2650699 | 13207532 | 6011492 |
| 浙 江 | Zhejiang | 13254896 | 9887708 | 1633526 | 11072952 | 2181944 |
| 安 徽 | Anhui | 5774300 | 4087366 | 891390 | 3952339 | 1821961 |
| 福 建 | Fujian | 5465285 | 4178782 | 615332 | 3618560 | 1846296 |
| 江 西 | Jiangxi | 2391275 | 1692363 | 358957 | 1690117 | 701158 |
| 山 东 | Shandong | 13849875 | 8842746 | 2805708 | 9051474 | 4798630 |
| 河 南 | Henan | 5587921 | 3934341 | 933730 | 3548948 | 2038973 |
| 湖 北 | Hubei | 5598857 | 3916417 | 1005588 | 3758235 | 1840622 |
| 湖 南 | Hunan | 6281126 | 3983552 | 1148793 | 4113023 | 2168103 |
| 广 东 | Guangdong | 11688948 | 9502693 | 915961 | 9096123 | 2592825 |
| 广 西 | Guangxi | 2482119 | 2031927 | 195133 | 2010117 | 472002 |
| 海 南 | Hainan | 120669 | 83110 | 17403 | 99922 | 20747 |
| 重 庆 | Chongqing | 3970927 | 2701920 | 605582 | 2777065 | 1193863 |
| 四 川 | Sichuan | 6081559 | 4414925 | 714219 | 4282377 | 1799182 |
| 贵 州 | Guizhou | 2259523 | 1651380 | 278600 | 1756729 | 502793 |
| 云 南 | Yunnan | 4574295 | 3045953 | 468557 | 3195039 | 1379256 |
| 西 藏 | Tibet | 139866 | 88055 | 30253 | 83035 | 56831 |
| 陕 西 | Shaanxi | 2154382 | 1539455 | 374196 | 1364319 | 790063 |
| 甘 肃 | Gansu | 1616577 | 1117089 | 217590 | 1145161 | 471416 |
| 青 海 | Qinghai | 332692 | 264655 | 34958 | 239745 | 92946 |
| 宁 夏 | Ningxia | 989360 | 719443 | 128725 | 786896 | 202464 |
| 新 疆 | Xinjiang | 2283228 | 1696293 | 282463 | 1841116 | 442113 |

3-3-6 续表 8 Continued 8

其他企业
Other Enterprises

单位：万元
Unit: 10000 yuan

| 地 区 | Region | 资产总计 Total Assets | #流动资产合计 Total Current Assets | #固定资产合计 Total Fixed Assets | 负债合计 Total Liabilities | 所有者权益合计 Total Owners' Equities |
|---|---|---|---|---|---|---|
| **全 国** | **National Total** | **2015044** | **1193332** | **515992** | **1122788** | **892256** |
| 北 京 | Beijing | | | | | |
| 天 津 | Tianjin | 114252 | 67192 | 11981 | 51275 | 62977 |
| 河 北 | Hebei | 39581 | 25732 | 8933 | 30787 | 8794 |
| 山 西 | Shanxi | 39301 | 24386 | 5200 | 28646 | 10655 |
| 内蒙古 | Inner Mongolia | 34063 | 22296 | 9883 | 22192 | 11871 |
| 辽 宁 | Liaoning | 20348 | 9465 | 9212 | 10926 | 9422 |
| 吉 林 | Jilin | 57802 | 36541 | 17640 | 36598 | 21204 |
| 黑龙江 | Heilongjiang | 142861 | 49235 | 61072 | 105571 | 37290 |
| 上 海 | Shanghai | 87875 | 84092 | 1699 | 76614 | 11262 |
| 江 苏 | Jiangsu | 245341 | 106163 | 90206 | 81856 | 163485 |
| 浙 江 | Zhejiang | 69811 | 40199 | 17328 | 31913 | 37898 |
| 安 徽 | Anhui | 80521 | 42378 | 20282 | 46433 | 34088 |
| 福 建 | Fujian | 85789 | 55698 | 15176 | 43842 | 41947 |
| 江 西 | Jiangxi | 20798 | 14606 | 2577 | 13897 | 6901 |
| 山 东 | Shandong | 225513 | 117591 | 69161 | 114483 | 111030 |
| 河 南 | Henan | 47133 | 26955 | 16187 | 16854 | 30279 |
| 湖 北 | Hubei | 150469 | 61267 | 81961 | 53138 | 97331 |
| 湖 南 | Hunan | 29985 | 9322 | 11127 | 11908 | 18077 |
| 广 东 | Guangdong | 154393 | 129214 | 10612 | 79695 | 74698 |
| 广 西 | Guangxi | 7578 | 6362 | 801 | 3990 | 3588 |
| 海 南 | Hainan | | | | | |
| 重 庆 | Chongqing | 129871 | 113819 | 4466 | 120002 | 9869 |
| 四 川 | Sichuan | 100751 | 70616 | 16010 | 61574 | 39176 |
| 贵 州 | Guizhou | 8159 | 4938 | 2068 | 4128 | 4031 |
| 云 南 | Yunnan | 45077 | 28190 | 11145 | 30039 | 15038 |
| 西 藏 | Tibet | 80 | 40 | 40 | | 80 |
| 陕 西 | Shaanxi | 69302 | 43096 | 17580 | 43814 | 25488 |
| 甘 肃 | Gansu | 5794 | 1486 | 3502 | 1449 | 4345 |
| 青 海 | Qinghai | 967 | 948 | 19 | 200 | 767 |
| 宁 夏 | Ningxia | 778 | 679 | 99 | 473 | 305 |
| 新 疆 | Xinjiang | 851 | 826 | 25 | 491 | 360 |

3-3-6 续表 9 Continued 9

港、澳、台商投资企业 单位：万元

Enterprises with Funds from Hong Kong, Macao and Taiwan Unit: 10000 yuan

| 地 区 | Region | 资产总计 Total Assets | #流动资产合计 Total Current Assets | #固定资产合计 Total Fixed Assets | 负债合计 Total Liabilities | 所有者权益合计 Total Owners' Equities |
|---|---|---|---|---|---|---|
| **全 国** | **National Total** | **34483339** | **22214754** | **5355954** | **23267894** | **11203326** |
| 北 京 | Beijing | 2174776 | 1712255 | 117297 | 1525164 | 649612 |
| 天 津 | Tianjin | 1154419 | 501131 | 103359 | 684952 | 469467 |
| 河 北 | Hebei | 45078 | 19324 | 11912 | 26007 | 19071 |
| 山 西 | Shanxi | 225278 | 135749 | 69059 | 129950 | 95328 |
| 内蒙古 | Inner Mongolia | 393496 | 223537 | 64948 | 336713 | 56783 |
| 辽 宁 | Liaoning | 1499242 | 652128 | 348141 | 1017295 | 481947 |
| 吉 林 | Jilin | 779862 | 366514 | 67015 | 644587 | 135275 |
| 黑龙江 | Heilongjiang | 303242 | 135335 | 129263 | 268371 | 34871 |
| 上 海 | Shanghai | 5355359 | 3866227 | 620272 | 4099017 | 1256342 |
| 江 苏 | Jiangsu | 3978654 | 2263574 | 920947 | 2921170 | 1057484 |
| 浙 江 | Zhejiang | 2290682 | 1126014 | 376018 | 1381492 | 909190 |
| 安 徽 | Anhui | 588460 | 329164 | 175713 | 448449 | 140011 |
| 福 建 | Fujian | 1097284 | 810350 | 168057 | 472729 | 624554 |
| 江 西 | Jiangxi | 255114 | 129356 | 57916 | 213995 | 41119 |
| 山 东 | Shandong | 1065851 | 655600 | 303629 | 670388 | 395463 |
| 河 南 | Henan | 1561221 | 962845 | 487153 | 1213882 | 347340 |
| 湖 北 | Hubei | 770279 | 655287 | 80137 | 585527 | 184752 |
| 湖 南 | Hunan | 412494 | 190170 | 93837 | 155029 | 257465 |
| 广 东 | Guangdong | 4748768 | 3817570 | 458444 | 3042985 | 1693666 |
| 广 西 | Guangxi | 417010 | 294498 | 76249 | 270393 | 146617 |
| 海 南 | Hainan | 147949 | 33290 | 9052 | 120672 | 27277 |
| 重 庆 | Chongqing | 420205 | 282376 | 91262 | 238125 | 182080 |
| 四 川 | Sichuan | 1416888 | 820873 | 247779 | 989490 | 427397 |
| 贵 州 | Guizhou | 309290 | 204325 | 48064 | 201998 | 107292 |
| 云 南 | Yunnan | 656889 | 451433 | 41656 | 303788 | 353101 |
| 西 藏 | Tibet | 9344 | 685 | 5652 | 6175 | 3169 |
| 陕 西 | Shaanxi | 1443785 | 989492 | 117638 | 855755 | 588030 |
| 甘 肃 | Gansu | 64306 | 46436 | 14155 | 38020 | 26286 |
| 青 海 | Qinghai | 15383 | 7628 | 7283 | 9695 | 5687 |
| 宁 夏 | Ningxia | 23337 | 10057 | 8477 | 14424 | 8913 |
| 新 疆 | Xinjiang | 859394 | 521531 | 35570 | 381657 | 477737 |

3-3-6 续表 10 Continued 10

外商投资企业
Foreign Funded Enterprises

单位：万元
Unit: 10000 yuan

| 地区 | Region | 资产总计 Total Assets | #流动资产合计 Total Current Assets | #固定资产合计 Total Fixed Assets | 负债合计 Total Liabilities | 所有者权益合计 Total Owners' Equities |
|---|---|---|---|---|---|---|
| **全国** | **National Total** | **32757778** | **22612891** | **4708408** | **23817540** | **8940235** |
| 北京 | Beijing | 7660450 | 6510732 | 399583 | 5521829 | 2138622 |
| 天津 | Tianjin | 1150600 | 440907 | 217177 | 824434 | 326165 |
| 河北 | Hebei | 144362 | 107880 | 25393 | 218046 | -73685 |
| 山西 | Shanxi | 53886 | 28664 | 22401 | 60361 | -6475 |
| 内蒙古 | Inner Mongolia | 13483 | 7209 | 5005 | 15979 | -2495 |
| 辽宁 | Liaoning | 1061614 | 480006 | 235866 | 866042 | 195571 |
| 吉林 | Jilin | 93981 | 59342 | 25696 | 69955 | 24025 |
| 黑龙江 | Heilongjiang | 114287 | 57083 | 44132 | 166759 | -52472 |
| 上海 | Shanghai | 6124900 | 4162673 | 982664 | 4913336 | 1211563 |
| 江苏 | Jiangsu | 3135803 | 1907602 | 474410 | 1906979 | 1228824 |
| 浙江 | Zhejiang | 2740481 | 1865910 | 514177 | 2033696 | 706785 |
| 安徽 | Anhui | 308030 | 156552 | 102026 | 366134 | -58105 |
| 福建 | Fujian | 770183 | 641468 | 74407 | 500701 | 269483 |
| 江西 | Jiangxi | 181060 | 130753 | 30652 | 140878 | 40182 |
| 山东 | Shandong | 691476 | 481341 | 118588 | 520519 | 170957 |
| 河南 | Henan | 245384 | 156051 | 63144 | 232691 | 12694 |
| 湖北 | Hubei | 814129 | 466798 | 154760 | 565416 | 248713 |
| 湖南 | Hunan | 275184 | 174911 | 51902 | 139142 | 136041 |
| 广东 | Guangdong | 3787841 | 2745736 | 521308 | 2732528 | 1055313 |
| 广西 | Guangxi | 125360 | 108008 | 7224 | 68215 | 57145 |
| 海南 | Hainan | 126335 | 75356 | 23596 | 91927 | 34408 |
| 重庆 | Chongqing | 376086 | 212832 | 107567 | 204579 | 171507 |
| 四川 | Sichuan | 1313863 | 767450 | 237504 | 839548 | 474316 |
| 贵州 | Guizhou | 129070 | 106059 | 6939 | 95121 | 33949 |
| 云南 | Yunnan | 406994 | 282185 | 102782 | 213761 | 193233 |
| 西藏 | Tibet | 370 | 338 | 32 | 320 | 50 |
| 陕西 | Shaanxi | 818225 | 405002 | 140852 | 450065 | 368160 |
| 甘肃 | Gansu | 4653 | 4427 | 226 | 3171 | 1481 |
| 青海 | Qinghai | | | | | |
| 宁夏 | Ningxia | 3178 | 1761 | 1192 | 223 | 2955 |
| 新疆 | Xinjiang | 86510 | 67855 | 17203 | 55185 | 31325 |

# 3-3-7 各地区限额以上零售业企业年末资产负债(按国民经济行业分)

# Assets and Liabilities of Enterprises above Designated Size of Retail Trade by Region and Sector at the Year-end

综合零售 单位：万元

Integrated Retail Unit: 10000 yuan

| 地区 | Region | 资产总计 Total Assets | #流动资产合计 Total Currents Assets | #固定资产合计 Total Fixed Assets | 负债合计 Total Liabilities | 所有者权益合计 Total Owners' Equities |
|---|---|---|---|---|---|---|
| **全国** | **National Total** | **149495182** | **86405641** | **31109312** | **109251235** | **40232010** |
| 北京 | Beijing | 13051155 | 8007099 | 1623214 | 9304860 | 3746295 |
| 天津 | Tianjin | 2770660 | 1050954 | 435485 | 2178258 | 592402 |
| 河北 | Hebei | 5626268 | 3271865 | 1442686 | 4541585 | 1084683 |
| 山西 | Shanxi | 2332454 | 1619917 | 416979 | 2057072 | 275383 |
| 内蒙古 | Inner Mongolia | 1813349 | 1219856 | 399649 | 1515801 | 297547 |
| 辽宁 | Liaoning | 8616606 | 4573269 | 1714507 | 6773626 | 1842981 |
| 吉林 | Jilin | 4016332 | 1661423 | 1487779 | 3048496 | 967836 |
| 黑龙江 | Heilongjiang | 2952576 | 1472696 | 989871 | 2088896 | 863680 |
| 上海 | Shanghai | 9637374 | 5705263 | 2014820 | 7071906 | 2565468 |
| 江苏 | Jiangsu | 14006012 | 7737530 | 3021915 | 10180599 | 3825413 |
| 浙江 | Zhejiang | 10450326 | 5980337 | 1871879 | 7536279 | 2914047 |
| 安徽 | Anhui | 4533985 | 2526376 | 1176953 | 3459286 | 1074699 |
| 福建 | Fujian | 3042770 | 2106213 | 477603 | 1890775 | 1151995 |
| 江西 | Jiangxi | 1784759 | 978746 | 456928 | 1291046 | 493713 |
| 山东 | Shandong | 14896158 | 8856973 | 3296671 | 10895326 | 4000832 |
| 河南 | Henan | 5117271 | 3077492 | 1288386 | 3846668 | 1270604 |
| 湖北 | Hubei | 7294050 | 3537934 | 2274625 | 5276334 | 2017715 |
| 湖南 | Hunan | 5365102 | 2560797 | 1265597 | 3447595 | 1917507 |
| 广东 | Guangdong | 10531799 | 7608605 | 1219309 | 8005006 | 2514676 |
| 广西 | Guangxi | 1710400 | 1028741 | 415917 | 1171533 | 538867 |
| 海南 | Hainan | 829273 | 440807 | 175270 | 642875 | 186399 |
| 重庆 | Chongqing | 3218548 | 2157689 | 500321 | 2273448 | 945101 |
| 四川 | Sichuan | 4723711 | 2908454 | 905168 | 3287631 | 1436080 |
| 贵州 | Guizhou | 1040429 | 626648 | 209858 | 730009 | 310600 |
| 云南 | Yunnan | 1911471 | 1141267 | 371744 | 1120088 | 791383 |
| 西藏 | Tibet | 74724 | 38561 | 22052 | 59737 | 14986 |
| 陕西 | Shaanxi | 4739727 | 2764287 | 874946 | 3094444 | 1645282 |
| 甘肃 | Gansu | 1061155 | 557821 | 185954 | 682399 | 378756 |
| 青海 | Qinghai | 308036 | 145409 | 134564 | 247284 | 60751 |
| 宁夏 | Ningxia | 599640 | 347197 | 74684 | 350846 | 248794 |
| 新疆 | Xinjiang | 1439062 | 695415 | 363978 | 1181527 | 257535 |

3-3-7 续表 1 Continued 1

食品、饮料及烟草制品专门零售 | 单位：万元
Special Retail of Food, Beverages and Tobaccos | Unit: 10000 yuan

| 地区 | Region | 资产总计 Total Assets | #流动资产合计 Total Currents Assets | #固定资产合计 Total Fixed Assets | 负债合计 Total Liabilities | 所有者权益合计 Total Owners' Equities |
|---|---|---|---|---|---|---|
| **全国** | **National Total** | **19592348** | **12073678** | **3575068** | **11332132** | **8260213** |
| 北京 | Beijing | 956921 | 717483 | 145978 | 471659 | 485261 |
| 天津 | Tianjin | 269970 | 182929 | 18257 | 167256 | 102714 |
| 河北 | Hebei | 142376 | 100641 | 20649 | 106697 | 35679 |
| 山西 | Shanxi | 478239 | 209985 | 190915 | 347835 | 130404 |
| 内蒙古 | Inner Mongolia | 286693 | 209921 | 47281 | 207298 | 79395 |
| 辽宁 | Liaoning | 220094 | 146344 | 53815 | 141870 | 78223 |
| 吉林 | Jilin | 247457 | 184644 | 50327 | 184270 | 63187 |
| 黑龙江 | Heilongjiang | 98009 | 42091 | 16163 | 42773 | 55236 |
| 上海 | Shanghai | 551750 | 401006 | 68605 | 442090 | 109661 |
| 江苏 | Jiangsu | 1791707 | 988716 | 472751 | 994805 | 796902 |
| 浙江 | Zhejiang | 682134 | 455192 | 118484 | 399563 | 282571 |
| 安徽 | Anhui | 675896 | 455375 | 108389 | 361364 | 314532 |
| 福建 | Fujian | 989113 | 623487 | 217940 | 366947 | 622166 |
| 江西 | Jiangxi | 1093354 | 972367 | 63005 | 889498 | 203855 |
| 山东 | Shandong | 1818648 | 769632 | 416291 | 780882 | 1037766 |
| 河南 | Henan | 593092 | 306893 | 191579 | 279097 | 313995 |
| 湖北 | Hubei | 1238500 | 845238 | 263011 | 563481 | 675018 |
| 湖南 | Hunan | 667696 | 347685 | 138105 | 349524 | 318172 |
| 广东 | Guangdong | 1783789 | 1197091 | 173582 | 906623 | 877166 |
| 广西 | Guangxi | 132792 | 105530 | 13041 | 86199 | 46593 |
| 海南 | Hainan | 24197 | 18339 | 4496 | 18145 | 6051 |
| 重庆 | Chongqing | 529286 | 279065 | 86321 | 255317 | 273969 |
| 四川 | Sichuan | 1212034 | 943828 | 123111 | 820510 | 391524 |
| 贵州 | Guizhou | 835471 | 321679 | 59260 | 590381 | 245090 |
| 云南 | Yunnan | 830928 | 536162 | 148499 | 539566 | 291363 |
| 西藏 | Tibet | 58583 | 31615 | 17235 | 28876 | 29706 |
| 陕西 | Shaanxi | 1023335 | 469817 | 263074 | 739620 | 283715 |
| 甘肃 | Gansu | 245511 | 128880 | 72074 | 160039 | 85473 |
| 青海 | Qinghai | 21225 | 14664 | 5165 | 8722 | 12503 |
| 宁夏 | Ningxia | 40878 | 27797 | 3980 | 31499 | 9379 |
| 新疆 | Xinjiang | 52670 | 39582 | 3685 | 49726 | 2944 |

3-3-7 续表 2 Continued 2

纺织、服装及日用品专门零售

Special Retail of Textiles, Garments and Daily Consumer Articles

单位：万元

Unit: 10000 yuan

| 地区 | Region | 资产总计 Total Assets | #流动资产合计 Total Working Capitals | #固定资产合计 Total Fixed Assets | 负债合计 Total Liabilities | 所有者权益合计 Total Owners' Equities |
|---|---|---|---|---|---|---|
| **全国** | **National Total** | **31693874** | **20167080** | **3770755** | **20814671** | **10878776** |
| 北京 | Beijing | 1779466 | 1397244 | 132119 | 1516784 | 262682 |
| 天津 | Tianjin | 735288 | 411287 | 223880 | 516844 | 218444 |
| 河北 | Hebei | 665124 | 424467 | 111243 | 568394 | 96730 |
| 山西 | Shanxi | 653542 | 346824 | 122026 | 505492 | 148050 |
| 内蒙古 | Inner Mongolia | 369799 | 265995 | 45544 | 358482 | 11317 |
| 辽宁 | Liaoning | 716486 | 485189 | 128222 | 569676 | 146810 |
| 吉林 | Jilin | 348456 | 203708 | 122344 | 274969 | 73487 |
| 黑龙江 | Heilongjiang | 641247 | 356957 | 192415 | 464585 | 176662 |
| 上海 | Shanghai | 6904074 | 4977793 | 679228 | 5148988 | 1755086 |
| 江苏 | Jiangsu | 2201857 | 1096321 | 313654 | 1525609 | 676248 |
| 浙江 | Zhejiang | 2908900 | 2074216 | 281785 | 2321158 | 587742 |
| 安徽 | Anhui | 2905198 | 310004 | 90735 | 311912 | 2593287 |
| 福建 | Fujian | 733889 | 599507 | 67259 | 448725 | 284735 |
| 江西 | Jiangxi | 228461 | 183757 | 22041 | 131120 | 97342 |
| 山东 | Shandong | 1223722 | 808099 | 210344 | 809891 | 413831 |
| 河南 | Henan | 549907 | 337655 | 120709 | 321306 | 228601 |
| 湖北 | Hubei | 922354 | 579515 | 218926 | 535446 | 386908 |
| 湖南 | Hunan | 510314 | 345914 | 53824 | 295448 | 214866 |
| 广东 | Guangdong | 3233749 | 2606600 | 143518 | 1964899 | 1268850 |
| 广西 | Guangxi | 66473 | 52343 | 7308 | 53899 | 12574 |
| 海南 | Hainan | 396431 | 292856 | 65900 | 146861 | 249569 |
| 重庆 | Chongqing | 731762 | 485792 | 119812 | 522626 | 209137 |
| 四川 | Sichuan | 890640 | 636894 | 111688 | 571319 | 319321 |
| 贵州 | Guizhou | 103224 | 65670 | 15020 | 67265 | 35959 |
| 云南 | Yunnan | 226086 | 199664 | 12959 | 180286 | 45800 |
| 西藏 | Tibet | 370 | 338 | 32 | 320 | 50 |
| 陕西 | Shaanxi | 563448 | 296931 | 60450 | 240381 | 323067 |
| 甘肃 | Gansu | 101800 | 66234 | 20175 | 72875 | 28925 |
| 青海 | Qinghai | 37235 | 14563 | 19942 | 38876 | -1641 |
| 宁夏 | Ningxia | 57907 | 43290 | 6226 | 62730 | -4823 |
| 新疆 | Xinjiang | 286665 | 201453 | 51427 | 267505 | 19160 |

3-3-7 续表 3 Continued 3

文化、体育用品及器材专门零售 单位：万元

Special Retail of Culture, Sports Appliances and Equipments Unit: 10000 yuan

| 地 区 | Region | 资产总计 Total Assets | #流动资产合计 Total Current Assets | #固定资产合计 Total Fixed Assets | 负债合计 Total Liabilities | 所有者权益合计 Total Owners' Equities |
|---|---|---|---|---|---|---|
| **全 国** | **National Total** | **23192484** | **16043292** | **3011625** | **13492249** | **9700239** |
| 北 京 | Beijing | 3382424 | 2714237 | 139282 | 2426101 | 956322 |
| 天 津 | Tianjin | 978479 | 563244 | 158181 | 750207 | 228272 |
| 河 北 | Hebei | 531373 | 369239 | 61003 | 294868 | 236506 |
| 山 西 | Shanxi | 345733 | 230851 | 61935 | 182665 | 163068 |
| 内蒙古 | Inner Mongolia | 135860 | 104652 | 18401 | 97912 | 37948 |
| 辽 宁 | Liaoning | 438017 | 223240 | 101391 | 293244 | 144773 |
| 吉 林 | Jilin | 102007 | 70354 | 18892 | 76272 | 25735 |
| 黑龙江 | Heilongjiang | 336670 | 224965 | 88196 | 189308 | 147362 |
| 上 海 | Shanghai | 1226229 | 964474 | 161509 | 811645 | 414585 |
| 江 苏 | Jiangsu | 2070775 | 1550320 | 247141 | 1296399 | 774376 |
| 浙 江 | Zhejiang | 1432218 | 1045944 | 210908 | 845842 | 586376 |
| 安 徽 | Anhui | 516275 | 392232 | 67491 | 214372 | 301904 |
| 福 建 | Fujian | 1095984 | 785893 | 88092 | 515410 | 580574 |
| 江 西 | Jiangxi | 1194589 | 805703 | 189377 | 546671 | 647918 |
| 山 东 | Shandong | 785801 | 538191 | 134263 | 513053 | 272749 |
| 河 南 | Henan | 716211 | 473692 | 117433 | 384391 | 331820 |
| 湖 北 | Hubei | 743418 | 436273 | 153787 | 430694 | 312724 |
| 湖 南 | Hunan | 676746 | 520547 | 68647 | 286330 | 390416 |
| 广 东 | Guangdong | 1386322 | 943659 | 216262 | 880383 | 505939 |
| 广 西 | Guangxi | 232330 | 136723 | 33616 | 98393 | 133937 |
| 海 南 | Hainan | 50638 | 31235 | 14628 | 51643 | -1005 |
| 重 庆 | Chongqing | 694364 | 363274 | 93999 | 398268 | 296096 |
| 四 川 | Sichuan | 1305943 | 627816 | 168764 | 515561 | 790382 |
| 贵 州 | Guizhou | 282053 | 255426 | 5819 | 210016 | 72037 |
| 云 南 | Yunnan | 812676 | 581153 | 117672 | 497560 | 315116 |
| 西 藏 | Tibet | 5842 | 3157 | 2647 | 3427 | 2415 |
| 陕 西 | Shaanxi | 540655 | 348799 | 66739 | 302478 | 238178 |
| 甘 肃 | Gansu | 804870 | 544897 | 117859 | 196016 | 608854 |
| 青 海 | Qinghai | 14583 | 11220 | 2495 | 9305 | 5278 |
| 宁 夏 | Ningxia | 39738 | 25660 | 9076 | 18944 | 20794 |
| 新 疆 | Xinjiang | 313661 | 156222 | 76120 | 154871 | 158790 |

3-3-7 续表 4 Continued 4

医药及医疗器材专门零售

Special Retail of Medicines and Medical Appliances

单位：万元

Unit: 10000 yuan

| 地区 | Region | 资产总计 Total Assets | #流动资产合计 Total Current Assets | #固定资产合计 Total Fixed Assets | 负债合计 Total Liabilities | 所有者权益合计 Total Owners' Equities |
|---|---|---|---|---|---|---|
| **全国** | **National Total** | **32862404** | **26917078** | **1843264** | **24966727** | **7895679** |
| 北京 | Beijing | 3160557 | 1804343 | 32994 | 2617330 | 543228 |
| 天津 | Tianjin | 443144 | 399811 | 13259 | 280900 | 162244 |
| 河北 | Hebei | 1129029 | 1016392 | 36727 | 981432 | 147597 |
| 山西 | Shanxi | 612078 | 541996 | 19531 | 446868 | 165209 |
| 内蒙古 | Inner Mongolia | 199057 | 158431 | 16922 | 157659 | 41399 |
| 辽宁 | Liaoning | 1172722 | 1058596 | 50662 | 936114 | 236608 |
| 吉林 | Jilin | 527042 | 449422 | 40209 | 420408 | 106634 |
| 黑龙江 | Heilongjiang | 714670 | 611051 | 70765 | 501978 | 212692 |
| 上海 | Shanghai | 853415 | 777445 | 30473 | 708407 | 145009 |
| 江苏 | Jiangsu | 3974051 | 3436753 | 227619 | 3081960 | 892091 |
| 浙江 | Zhejiang | 1612501 | 1313646 | 82290 | 1227113 | 385388 |
| 安徽 | Anhui | 1526681 | 1356063 | 99716 | 1188293 | 338389 |
| 福建 | Fujian | 821201 | 667482 | 61945 | 548172 | 273029 |
| 江西 | Jiangxi | 805234 | 639953 | 41735 | 675746 | 129488 |
| 山东 | Shandong | 2850046 | 2379650 | 261365 | 2185310 | 664736 |
| 河南 | Henan | 721142 | 565977 | 83599 | 516394 | 204748 |
| 湖北 | Hubei | 2167203 | 1868830 | 118923 | 1773747 | 393456 |
| 湖南 | Hunan | 1315710 | 1060227 | 75128 | 835709 | 480001 |
| 广东 | Guangdong | 1934827 | 1660758 | 125055 | 1374747 | 560081 |
| 广西 | Guangxi | 1141405 | 1026470 | 38056 | 847742 | 293663 |
| 海南 | Hainan | 24225 | 21871 | 1288 | 12122 | 12103 |
| 重庆 | Chongqing | 1814899 | 1358875 | 68215 | 1232336 | 582564 |
| 四川 | Sichuan | 485653 | 388843 | 46625 | 375302 | 110351 |
| 贵州 | Guizhou | 580214 | 516341 | 19089 | 471786 | 108428 |
| 云南 | Yunnan | 709299 | 505101 | 66225 | 415290 | 294009 |
| 西藏 | Tibet | 10389 | 10343 | 46 | 8270 | 2119 |
| 陕西 | Shaanxi | 393352 | 310600 | 30135 | 292524 | 100827 |
| 甘肃 | Gansu | 167112 | 126034 | 18447 | 131804 | 35307 |
| 青海 | Qinghai | 88533 | 81181 | 6223 | 71346 | 17187 |
| 宁夏 | Ningxia | 195101 | 167549 | 15024 | 160148 | 34952 |
| 新疆 | Xinjiang | 711912 | 637044 | 44974 | 489770 | 222142 |

3-3-7 续表 5 Continued 5

汽车、摩托车、燃料及零配件专门零售 单位：万元

Special Retail of Motor Vehicles, Motorcycles, Fuel and Parts Unit: 10000 yuan

| 地 区 | Region | 资产总计 Total Assets | #流动资产合计 Total Current Assets | #固定资产合计 Total Fixed Assets | 负债合计 Total Liabilities | 所有者权益合计 Total Owners' Equities |
|---|---|---|---|---|---|---|
| **全 国** | **National Total** | **202406934** | **145031351** | **25262514** | **148564288** | **53915168** |
| 北 京 | Beijing | 9767267 | 7631457 | 955856 | 7799420 | 1967847 |
| 天 津 | Tianjin | 4750666 | 2969124 | 635645 | 2896860 | 1853806 |
| 河 北 | Hebei | 6070862 | 4464520 | 762882 | 4576114 | 1494748 |
| 山 西 | Shanxi | 4557550 | 3302737 | 701118 | 3443470 | 1114080 |
| 内蒙古 | Inner Mongolia | 4558508 | 3088296 | 747504 | 3664361 | 894147 |
| 辽 宁 | Liaoning | 6265031 | 3883865 | 950565 | 4367576 | 1890425 |
| 吉 林 | Jilin | 2944632 | 1964222 | 509675 | 2201942 | 745385 |
| 黑龙江 | Heilongjiang | 2289023 | 1720006 | 231360 | 1988288 | 300735 |
| 上 海 | Shanghai | 6063082 | 4860232 | 482469 | 4591473 | 1471608 |
| 江 苏 | Jiangsu | 17203327 | 12202108 | 2490876 | 12285864 | 4917464 |
| 浙 江 | Zhejiang | 14328968 | 10358926 | 1643186 | 11764531 | 2564438 |
| 安 徽 | Anhui | 6953146 | 5106276 | 837250 | 4857679 | 2095467 |
| 福 建 | Fujian | 5509619 | 3928527 | 683752 | 3732004 | 1777615 |
| 江 西 | Jiangxi | 4242908 | 3323747 | 415320 | 3885665 | 357243 |
| 山 东 | Shandong | 13417119 | 9506911 | 1950801 | 10996630 | 2420718 |
| 河 南 | Henan | 9421709 | 6675605 | 1074790 | 6983887 | 2437823 |
| 湖 北 | Hubei | 8477242 | 5501769 | 1409677 | 6490421 | 1986821 |
| 湖 南 | Hunan | 7385094 | 4492716 | 1372061 | 4991086 | 2394009 |
| 广 东 | Guangdong | 27404051 | 22661790 | 1815951 | 18327385 | 9076666 |
| 广 西 | Guangxi | 3283697 | 2621468 | 257216 | 2489462 | 794235 |
| 海 南 | Hainan | 999137 | 646757 | 195180 | 628017 | 371120 |
| 重 庆 | Chongqing | 4476938 | 3059373 | 599339 | 3184638 | 1292300 |
| 四 川 | Sichuan | 9775664 | 6029617 | 1680904 | 6428155 | 3347510 |
| 贵 州 | Guizhou | 4342345 | 3298211 | 495985 | 3233601 | 1108744 |
| 云 南 | Yunnan | 5880795 | 3493373 | 764921 | 3726149 | 2154646 |
| 西 藏 | Tibet | 368023 | 204024 | 80816 | 232588 | 135435 |
| 陕 西 | Shaanxi | 4744953 | 3292825 | 594035 | 3478253 | 1266699 |
| 甘 肃 | Gansu | 2444923 | 1576176 | 377880 | 1674112 | 756089 |
| 青 海 | Qinghai | 477089 | 359477 | 67784 | 356843 | 120246 |
| 宁 夏 | Ningxia | 878195 | 630462 | 115520 | 696592 | 181603 |
| 新 疆 | Xinjiang | 3125371 | 2176754 | 362196 | 2591222 | 625496 |

3-3-7 续表 6 Continued 6

家用电器及电子产品专门零售 单位：万元

Special Retail of Household Electric Appliances and Electronic Products Unit: 10000 yuan

| 地区 | Region | 资产总计 Total Assets | #流动资产合计 Total Current Assets | #固定资产合计 Total Fixed Assets | 负债合计 Total Liabilities | 所有者权益合计 Total Owners' Equities |
|---|---|---|---|---|---|---|
| **全国** | **National Total** | **39734915** | **30392582** | **2953326** | **27131349** | **12603382** |
| 北京 | Beijing | 7979962 | 6824900 | 84686 | 5230514 | 2749448 |
| 天津 | Tianjin | 851898 | 700944 | 12071 | 776935 | 74963 |
| 河北 | Hebei | 796213 | 693368 | 44969 | 624158 | 172054 |
| 山西 | Shanxi | 374349 | 309431 | 29612 | 273094 | 101255 |
| 内蒙古 | Inner Mongolia | 637659 | 445231 | 65459 | 442787 | 194872 |
| 辽宁 | Liaoning | 845800 | 615427 | 58264 | 574655 | 271146 |
| 吉林 | Jilin | 344586 | 250643 | 48492 | 256033 | 88553 |
| 黑龙江 | Heilongjiang | 449046 | 314813 | 99388 | 367846 | 81200 |
| 上海 | Shanghai | 1983407 | 1744551 | 26720 | 1245160 | 738247 |
| 江苏 | Jiangsu | 5874726 | 3304360 | 590843 | 4009571 | 1865156 |
| 浙江 | Zhejiang | 1795119 | 1396527 | 112130 | 1379759 | 415360 |
| 安徽 | Anhui | 1266525 | 1003196 | 112471 | 972109 | 294416 |
| 福建 | Fujian | 1105751 | 935802 | 61388 | 757550 | 348014 |
| 江西 | Jiangxi | 609400 | 516372 | 32215 | 414771 | 194629 |
| 山东 | Shandong | 2150132 | 1522449 | 338841 | 1516609 | 633523 |
| 河南 | Henan | 1487424 | 1143091 | 158836 | 903730 | 583694 |
| 湖北 | Hubei | 1514195 | 930648 | 406724 | 793664 | 720531 |
| 湖南 | Hunan | 769086 | 512887 | 117996 | 444695 | 324391 |
| 广东 | Guangdong | 3947429 | 3477393 | 174967 | 3092402 | 855027 |
| 广西 | Guangxi | 531809 | 472438 | 23482 | 360005 | 171804 |
| 海南 | Hainan | 123586 | 104200 | 12675 | 107000 | 16586 |
| 重庆 | Chongqing | 835856 | 450713 | 69427 | 454316 | 381540 |
| 四川 | Sichuan | 1345716 | 1062062 | 96721 | 889560 | 456156 |
| 贵州 | Guizhou | 260545 | 222018 | 20826 | 155786 | 104760 |
| 云南 | Yunnan | 349915 | 255220 | 21998 | 218334 | 131582 |
| 西藏 | Tibet | 31428 | 24698 | 3244 | 18875 | 12553 |
| 陕西 | Shaanxi | 904927 | 658840 | 102499 | 479665 | 425262 |
| 甘肃 | Gansu | 164058 | 142315 | 10472 | 103328 | 60730 |
| 青海 | Qinghai | 40422 | 35457 | 3207 | 19084 | 21338 |
| 宁夏 | Ningxia | 156461 | 133223 | 8482 | 106394 | 50067 |
| 新疆 | Xinjiang | 207485 | 189365 | 4221 | 142960 | 64525 |

3-3-7 续表 7 Continued 7

五金、家具及室内装饰材料专门零售 单位：万元

Special Retail of Hardware, Furniture and Interior Decoration Materials Unit: 10000 yuan

| 地　区 | Region | 资产总计 Total Assets | #流动资产合计 Total Current Assets | #固定资产合计 Total Fixed Assets | 负债合计 Total Liabilities | 所有者权益合计 Total Owners' Equities |
|---|---|---|---|---|---|---|
| **全　国** | **National Total** | **16714255** | **9333800** | **3507683** | **10613740** | **6100519** |
| 北　京 | Beijing | 550096 | 417423 | 76278 | 476592 | 73504 |
| 天　津 | Tianjin | 417581 | 125051 | 182881 | 368878 | 48703 |
| 河　北 | Hebei | 226541 | 132612 | 56327 | 179352 | 47190 |
| 山　西 | Shanxi | 378636 | 243041 | 75324 | 242168 | 136468 |
| 内蒙古 | Inner Mongolia | 306763 | 223865 | 52941 | 143522 | 163241 |
| 辽　宁 | Liaoning | 409337 | 171967 | 123946 | 335984 | 73353 |
| 吉　林 | Jilin | 115748 | 74737 | 35464 | 60831 | 54917 |
| 黑龙江 | Heilongjiang | 99138 | 49397 | 29301 | 77615 | 21523 |
| 上　海 | Shanghai | 1052780 | 419126 | 353120 | 849376 | 203404 |
| 江　苏 | Jiangsu | 3966329 | 1834303 | 370491 | 2368908 | 1597421 |
| 浙　江 | Zhejiang | 773757 | 382175 | 251607 | 643157 | 130600 |
| 安　徽 | Anhui | 656686 | 430321 | 147814 | 434352 | 222335 |
| 福　建 | Fujian | 637574 | 476503 | 78725 | 359493 | 278081 |
| 江　西 | Jiangxi | 165528 | 104338 | 29017 | 75870 | 89658 |
| 山　东 | Shandong | 1777008 | 1085129 | 471648 | 977528 | 799481 |
| 河　南 | Henan | 667131 | 378289 | 189728 | 293314 | 373818 |
| 湖　北 | Hubei | 870131 | 524308 | 174935 | 547770 | 322361 |
| 湖　南 | Hunan | 271090 | 102674 | 84806 | 109459 | 161631 |
| 广　东 | Guangdong | 973116 | 771219 | 91694 | 654834 | 318283 |
| 广　西 | Guangxi | 66687 | 58347 | 4087 | 48062 | 18625 |
| 海　南 | Hainan | 23710 | 19448 | 1264 | 23554 | 156 |
| 重　庆 | Chongqing | 900984 | 449377 | 317728 | 491086 | 409898 |
| 四　川 | Sichuan | 486758 | 331475 | 82104 | 295638 | 191120 |
| 贵　州 | Guizhou | 35248 | 24964 | 6359 | 21743 | 13505 |
| 云　南 | Yunnan | 148642 | 97487 | 23259 | 108000 | 40642 |
| 西　藏 | Tibet | | | | | |
| 陕　西 | Shaanxi | 589997 | 329166 | 143413 | 359888 | 230109 |
| 甘　肃 | Gansu | 123207 | 58410 | 51438 | 46261 | 76946 |
| 青　海 | Qinghai | 5787 | 2952 | 327 | 2581 | 3206 |
| 宁　夏 | Ningxia | 10748 | 8651 | 1195 | 12408 | -1660 |
| 新　疆 | Xinjiang | 7517 | 7045 | 462 | 5516 | 2000 |

3-3-7 续表 8 Continued 8

货摊、无店铺及其他零售 单位：万元

Stalls, Non-shop and Other Retails Unit: 10000 yuan

| 地 区 | Region | 资产总计 Total Assets | #流动资产合计 Total Currents Assets | #固定资产合计 Total Fixed Assets | 负债合计 Total Liabilities | 所有者权益合计 Total Owners' Equities |
|---|---|---|---|---|---|---|
| **全 国** | **National Total** | **19380748** | **12403126** | **3325355** | **15744756** | **3635993** |
| 北 京 | Beijing | 1493806 | 1217713 | 52543 | 2324499 | -830694 |
| 天 津 | Tianjin | 802613 | 727886 | 37948 | 781504 | 21109 |
| 河 北 | Hebei | 243627 | 89704 | 75088 | 140443 | 103184 |
| 山 西 | Shanxi | 1040867 | 413875 | 504694 | 903128 | 137739 |
| 内蒙古 | Inner Mongolia | 389773 | 224937 | 104910 | 274800 | 114973 |
| 辽 宁 | Liaoning | 353420 | 151521 | 93247 | 220942 | 132479 |
| 吉 林 | Jilin | 101872 | 74190 | 20051 | 53512 | 48360 |
| 黑龙江 | Heilongjiang | 115482 | 73784 | 31327 | 73409 | 42073 |
| 上 海 | Shanghai | 2649639 | 2345433 | 170594 | 2747275 | -97635 |
| 江 苏 | Jiangsu | 1587598 | 1141623 | 261711 | 1159157 | 428441 |
| 浙 江 | Zhejiang | 1434424 | 1102089 | 162330 | 1023990 | 410435 |
| 安 徽 | Anhui | 447424 | 292113 | 63944 | 265911 | 181513 |
| 福 建 | Fujian | 802920 | 604404 | 94733 | 503691 | 299229 |
| 江 西 | Jiangxi | 168583 | 124395 | 27065 | 89679 | 78905 |
| 山 东 | Shandong | 2955540 | 995567 | 564475 | 2283436 | 672104 |
| 河 南 | Henan | 619177 | 286592 | 249025 | 263420 | 355756 |
| 湖 北 | Hubei | 376491 | 192351 | 109968 | 273369 | 103122 |
| 湖 南 | Hunan | 439990 | 156261 | 81824 | 224826 | 215164 |
| 广 东 | Guangdong | 1428926 | 857971 | 307834 | 928393 | 500533 |
| 广 西 | Guangxi | 234924 | 176318 | 32584 | 132133 | 102792 |
| 海 南 | Hainan | 15607 | 10743 | 361 | 7175 | 8431 |
| 重 庆 | Chongqing | 242269 | 164904 | 16463 | 158022 | 84247 |
| 四 川 | Sichuan | 549717 | 434591 | 54755 | 425514 | 124203 |
| 贵 州 | Guizhou | 172311 | 111265 | 20751 | 102440 | 69871 |
| 云 南 | Yunnan | 162781 | 109091 | 22104 | 114352 | 48428 |
| 西 藏 | Tibet | 15542 | 6200 | 6273 | 8276 | 7266 |
| 陕 西 | Shaanxi | 217431 | 131022 | 70296 | 85375 | 132056 |
| 甘 肃 | Gansu | 138178 | 105004 | 24432 | 88912 | 49266 |
| 青 海 | Qinghai | 76869 | 46290 | 17195 | 33519 | 43350 |
| 宁 夏 | Ningxia | 6399 | 3690 | 1795 | 1971 | 4428 |
| 新 疆 | Xinjiang | 96548 | 31599 | 45035 | 51683 | 44865 |

# 3-4-1 限额以上批发和零售业企业损益及分配

| 项　目 | Item | 主营业务收入 Revenue from Principal Business | 主营业务成本 Cost of Principal Business |
|---|---|---|---|
| **总　计** | **Total** | **4579339029** | **4217385611** |
| **一、批发业** | **Wholesale Trade** | **3584812983** | **3339780810** |
| #国有控股 | State-controlled Enterprises | 1403714720 | 1318803655 |
| **(一)按登记注册类型分** | **by Type of Registration** | | |
| **1.内资企业** | **Domestic Funded Enterprises** | **3077776877** | **2893070894** |
| 国有企业 | State-owned Enterprises | 251289432 | 212168383 |
| 集体企业 | Collective-owned Enterprises | 12229732 | 11392883 |
| 股份合作企业 | Cooperative Enterprises | 2925836 | 2805596 |
| 联营企业 | Joint Ownership Enterprises | 555053 | 501949 |
| 国有联营企业 | State Joint Ownership Enterprises | 93331 | 85236 |
| 集体联营企业 | Collective Joint Ownership Enterprises | 63331 | 58854 |
| 国有与集体联营企业 | Joint State-collective Enterprises | 273794 | 243832 |
| 其他联营企业 | Other Joint Ownership Enterprises | 124599 | 114027 |
| 有限责任公司 | Limited Liability Corporations | 1534957824 | 1461120409 |
| 国有独资公司 | State Sole Funded Corporations | 304704904 | 292893458 |
| 其他有限责任公司 | Other Limited Liability Corporations | 1230252923 | 1168226953 |
| 股份有限公司 | Share-holding Corporations Ltd. | 341955412 | 326553663 |
| 私营企业 | Private Enterprises | 924692189 | 870641700 |
| 私营独资企业 | Private-funded Enterprises | 6737174 | 5794051 |
| 私营合伙企业 | Private Partnership Enterprises | 1269610 | 1132278 |
| 私营有限责任公司 | Private Limited Liability Corporations | 891808895 | 841087593 |
| 私营股份有限公司 | Private Share-holding Corporations Ltd. | 24876516 | 22627783 |
| 其他企业 | Other Enterprises | 9171404 | 7886323 |
| **2.港、澳、台商投资企业** | **Enterprises with Funds from Hongkong, Macao and Taiwan** | **169770845** | **150456151** |
| 合资经营企业 | Joint-venture Enterprises | 34502528 | 32880353 |
| 合作经营企业 | Cooperative Enterprises | 1695046 | 1497871 |
| 独资经营企业 | Enterprises with Sole Investment | 128678776 | 111444860 |
| 投资股份有限公司 | Share-holding Corporations Ltd. with Investment | 4262169 | 4071271 |
| 其他港澳台商投资企业 | Other Enterprises with Funds from Hongkong, Macao and Taiwan | 632333 | 561796 |
| **3.外商投资企业** | **Foreign Funded Enterprises** | **337265262** | **296253768** |
| 中外合资经营企业 | Joint-venture Enterprises | 99172244 | 91061482 |
| 中外合作经营企业 | Cooperative Enterprises | 620840 | 568808 |
| 外资企业 | Enterprises with Sole Foreign Investment | 230503446 | 198671057 |
| 外商投资股份有限公司 | Share-holding Corporations Ltd. with Foreign Investment | 3347187 | 2785992 |
| 其他外商投资企业 | Other Foreign Funded Enterprises | 3621547 | 3166433 |

# Income and Distribution of Enterprises above Designated Size of Wholesale and Retail Trades

| 主营业务税金及附加 Taxes and Other Charges on Principal Business | 主营业务利润 Profits from Principal Business | 其他业务利润 Profits from Other Business | 销售费用 Selling Expenses | 管理费用 Administrative Expenses | #税金 Taxes |
|---|---|---|---|---|---|
| **27020297** | **334933121** | **18076582** | **156193958** | **80943736** | **3173929** |
| **21271002** | **223761171** | **8374194** | **95522396** | **50102635** | **1892629** |
| 14767110 | 70143955 | 3028935 | 24305210 | 14985750 | 703771 |
| | | | | | |
| **19590565** | **165115418** | **6004645** | **60226871** | **36981762** | **1603562** |
| 11484819 | 27636230 | 1581950 | 5203591 | 6313031 | 198013 |
| 54699 | 782150 | 30626 | 281820 | 237644 | 13742 |
| 4744 | 115496 | 3922 | 38998 | 28962 | 1420 |
| 947 | 52157 | 1571 | 29709 | 7778 | 111 |
| 215 | 7880 | 478 | 1285 | 1904 | 22 |
| 262 | 4215 | 1065 | 948 | 2043 | 30 |
| 340 | 29622 | 24 | 25414 | 1566 | 19 |
| 130 | 10442 | 4 | 2064 | 2265 | 38 |
| 4821777 | 69015638 | 2146761 | 27077272 | 13935873 | 698203 |
| 1189245 | 10622201 | 334993 | 3210253 | 2298512 | 113453 |
| 3632535 | 58393435 | 1811763 | 23867022 | 11637359 | 584752 |
| 482554 | 14919195 | 392883 | 8325871 | 3429104 | 197227 |
| 2652636 | 51397853 | 1842617 | 19056469 | 12847730 | 484754 |
| 102624 | 840499 | 2222 | 138923 | 123885 | 7678 |
| 9528 | 127804 | 1053 | 55438 | 19145 | 589 |
| 2414998 | 48306304 | 1766187 | 18133974 | 12241963 | 452548 |
| 125487 | 2123246 | 73160 | 728140 | 462738 | 23941 |
| 88401 | 1196680 | 4325 | 213146 | 181654 | 10102 |
| **409966** | **18904728** | **821331** | **10642873** | **4713267** | **85289** |
| | | | | | |
| 102931 | 1519244 | 107484 | 618270 | 458138 | 12826 |
| 2248 | 194927 | 217 | 88492 | 43264 | 200 |
| 301256 | 16932660 | 706863 | 9810170 | 4155430 | 71659 |
| 2249 | 188649 | 6753 | 95556 | 38189 | 511 |
| 1284 | 69253 | 15 | 30390 | 18252 | 91 |
| | | | | | |
| **1270476** | **39741018** | **1548223** | **24652651** | **8407610** | **203784** |
| 203963 | 7906799 | 66129 | 5070410 | 763100 | 56224 |
| 1779 | 50253 | 12431 | 36424 | 16318 | 140 |
| 1051696 | 30780693 | 1445963 | 18937370 | 7421980 | 143564 |
| 6857 | 554338 | 3954 | 388572 | 116942 | 936 |
| 6180 | 448934 | 19749 | 219876 | 89274 | 2920 |

| 项　目 | Item | 财务费用 Financial Expenses | #利息支出 Interest Expense |
|---|---|---|---|
| **总　计** | **Total** | **25005487** | **21582990** |
| **一、批发业** | **Wholesale Trade** | **17721337** | **17104164** |
| #国有控股 | State-controlled Enterprises | 5834456 | 7850781 |
| **(一)按登记注册类型分** | **by Type of Registration** | | |
| **1.内资企业** | **Domestic Funded Enterprises** | **15780603** | **15704206** |
| 国有企业 | State-owned Enterprises | 208958 | 1228657 |
| 集体企业 | Collective-owned Enterprises | 71884 | 61949 |
| 股份合作企业 | Cooperative Enterprises | 12099 | 9299 |
| 联营企业 | Joint Ownership Enterprises | 3322 | 3292 |
| 国有联营企业 | State Joint Ownership Enterprises | 534 | 618 |
| 集体联营企业 | Collective Joint Ownership Enterprises | 1259 | 1024 |
| 国有与集体联营企业 | Joint State-collective Enterprises | 1189 | 1019 |
| 其他联营企业 | Other Joint Ownership Enterprises | 340 | 631 |
| 有限责任公司 | Limited Liability Corporations | 8533413 | 8336725 |
| 国有独资公司 | State Sole Funded Corporations | 1134338 | 1570713 |
| 其他有限责任公司 | Other Limited Liability Corporations | 7399078 | 6766012 |
| 股份有限公司 | Share-holding Corporations Ltd. | 1608796 | 2104740 |
| 私营企业 | Private Enterprises | 5297004 | 3940393 |
| 私营独资企业 | Private-funded Enterprises | 45465 | 13021 |
| 私营合伙企业 | Private Partnership Enterprises | 10535 | 3603 |
| 私营有限责任公司 | Private Limited Liability Corporations | 5070273 | 3816335 |
| 私营股份有限公司 | Private Share-holding Corporations Ltd. | 170734 | 107435 |
| 其他企业 | Other Enterprises | 45136 | 19160 |
| **2.港、澳、台商投资企业** | **Enterprises with Funds from Hongkong, Macao and Taiwan** | **794602** | **542455** |
| 合资经营企业 | Joint-venture Enterprises | 183087 | 155248 |
| 合作经营企业 | Cooperative Enterprises | -535 | 695 |
| 独资经营企业 | Enterprises with Sole Investment | 591134 | 381045 |
| 投资股份有限公司 | Share-holding Corporations Ltd. with Investment | 15155 | 478 |
| 其他港澳台商投资企业 | Other Enterprises with Funds from Hongkong, Macao and Taiwan | 5763 | 4991 |
| **3.外商投资企业** | **Foreign Funded Enterprises** | **1146134** | **857507** |
| 中外合资经营企业 | Joint-venture Enterprises | 370416 | 375649 |
| 中外合作经营企业 | Cooperative Enterprises | 3704 | 4656 |
| 外资企业 | Enterprises with Sole Foreign Investment | 766784 | 468797 |
| 外商投资股份有限公司 | Share-holding Corporations Ltd. with Foreign Investment | 2657 | 3945 |
| 其他外商投资企业 | Other Foreign Funded Enterprises | 2577 | 4464 |

3-4-1 Continued 1

单位：万元
Unit: 10000 yuan

| 营业利润 Operating Profits | 利润总额 Total Profits | 应交所得税 Income Tax Payable | 应付职工薪酬 Payables to Employees | 应交增值税 VAT Payable |
|---:|---:|---:|---:|---:|
| **98565484** | **100754274** | **21399312** | **77692312** | **54042152** |
| **73812984** | **76418620** | **16905406** | **44592590** | **37583092** |
| 30218390 | 33002615 | 8280093 | 16180081 | 15862059 |
| **61152138** | **61814150** | **13130647** | **32414692** | **30152584** |
| 16367202 | 17571220 | 4126151 | 6329737 | 6796621 |
| 237103 | 229463 | 30237 | 150641 | 100485 |
| 39858 | 42811 | 2948 | 23252 | 10495 |
| 15184 | 13493 | 2425 | 12453 | 6952 |
| 6099 | 6160 | 1482 | 2836 | 1291 |
| 2743 | 741 | 7 | 2725 | 2454 |
| 713 | 725 | 326 | 6114 | 2057 |
| 5628 | 5866 | 611 | 779 | 1149 |
| 25372605 | 25068041 | 5702151 | 12483080 | 11830277 |
| 5526656 | 6236480 | 1513398 | 1912489 | 2200061 |
| 19845950 | 18831564 | 4188757 | 10570592 | 9630218 |
| 3434506 | 3552140 | 836106 | 4856658 | 3632807 |
| 14925795 | 14699666 | 2370064 | 8317862 | 7674715 |
| 533946 | 515325 | 51010 | 61730 | 216916 |
| 44397 | 44053 | 7121 | 33672 | 12919 |
| 13478942 | 13289543 | 2197203 | 7885859 | 7146670 |
| 868516 | 850745 | 114733 | 336603 | 298211 |
| 759886 | 637319 | 60561 | 241020 | 100240 |
| **4037856** | **4242978** | **1035586** | **4170936** | **2649677** |
| 591851 | 655369 | 125311 | 339252 | 317361 |
| 53861 | 57596 | 12798 | 53351 | 21868 |
| 3323290 | 3457513 | 891807 | 3705214 | 2291972 |
| 53537 | 54988 | 3945 | 56294 | 15279 |
| 15315 | 17515 | 1724 | 16825 | 3199 |
| **8622996** | **10361494** | **2739174** | **8006962** | **4780833** |
| 1765857 | 1809913 | 480219 | 631337 | 933395 |
| 6753 | 6315 | 1775 | 16075 | 6230 |
| 6642566 | 8324366 | 2177618 | 7196223 | 3603214 |
| 51157 | 51573 | 28209 | 105937 | 55590 |
| 156666 | 169328 | 51351 | 57396 | 182408 |

| 项　目 | Item | 主营业务收入 Revenue from Principal Business | 主营业务成本 Cost of Principal Business |
|---|---|---|---|
| (二)按国民经济行业分 | **by Sector** | | |
| 农、林、牧产品批发 | Wholesale of Agricultural, Forestry and Livestock Products | 80320847 | 74720268 |
| 食品、饮料及烟草制品批发 | Wholesale of Food, Beverages and Tobaccos | 373092417 | 301627647 |
| 米、面制品及食用油批发 | Wholesale of Rice, Flour and Edible Oil | 50761167 | 47737573 |
| 肉、禽、蛋、奶及水产品批发 | Wholesale of Meal, Fowls, Eggs, Milk and Aquatic Products | 27576302 | 24212189 |
| 酒、饮料及茶叶批发 | Wholesale of Wine, Beverages and Teas | 55629192 | 41928669 |
| 烟草制品批发 | Wholesale of Tobaccos | 153167618 | 113011239 |
| 纺织、服装及家庭用品批发 | Wholesale of Textiles, Wearing Apparel and Household Articles | 317482598 | 280000896 |
| 服装批发 | Wholesale of Garments | 79562469 | 67092762 |
| 鞋帽批发 | Wholesale of Shoes and Hats | 17291828 | 14553716 |
| 家用电器批发 | Wholesale of Household Electrical Appliances | 83657918 | 77559828 |
| 文化、体育用品及器材批发 | Wholesale of Culture, Sports Appliances and Equipments | 71915974 | 65908314 |
| 文具用品批发 | Wholesale of Stationeries | 16511087 | 15721298 |
| 体育用品及器材批发 | Wholesale of Sports Appliances and Equipments | 5102504 | 4448088 |
| 图书批发 | Wholesale of Books | 7734483 | 6602776 |
| 医药及医疗器材批发 | Wholesale of Medicines and Medical Appliances | 181461599 | 161624850 |
| 西药批发 | Wholesale of Western Medicine | 112320588 | 102706728 |
| 中药批发 | Wholesale of Chinese Traditional Medicine | 39394094 | 35099829 |
| 矿产品、建材及化工产品批发 | Wholesale of Mineral Products, Building Materials and Chemical Products | 1914895422 | 1858266110 |
| 煤炭及制品批发 | Wholesale of Coal and Related Products | 235971910 | 227202802 |
| 石油及制品批发 | Wholesale of Petroleum and Related Products | 497126433 | 482260781 |
| 金属及金属矿批发 | Wholesale of Metal Materials | 733051815 | 719910504 |
| 建材批发 | Wholesale of Building Materials | 107553963 | 101952921 |
| 化肥批发 | Wholesale of Chemical Fertilizer | 55903368 | 53524556 |
| 农药批发 | Wholesale of Pesticides | 3721564 | 3349006 |
| 机械设备、五金产品及电子产品批发 | Wholesale of Machinery, Hardware and Electronic Products | 517148491 | 476704262 |
| 汽车批发 | Wholesale of Motor Vehicles | 182497303 | 167418415 |
| 计算机、软件及辅助设备批发 | Wholesale of Computer, Software and Assistant Appliances | 41379508 | 39470113 |
| 通讯及广播电视设备批发 | Wholesale of Communication, Radios and Televisions Equipments | 83924791 | 79254383 |
| 贸易经纪与代理 | Trade Broker and Agency | 51962627 | 49552566 |
| 其他批发业 | Other Wholesale not Classified Elsewhere | 76533022 | 71375905 |

3-4-1 Continued 2

单位：万元
Unit: 10000 yuan

| 主营业务税金及附加 Taxes and Other Charges on Principal Business | 主营业务利润 Profits from Principal Business | 其他业务利润 Profits from Other Business | 销售费用 Selling Expenses | 管理费用 Administrative Expenses | #税金 Taxes |
|---|---|---|---|---|---|
| 261426 | 5339153 | 192963 | 1585338 | 1402609 | 65376 |
| 14653391 | 56811379 | 2061859 | 17105893 | 10702755 | 322464 |
| 94968 | 2928626 | 163551 | 1999213 | 780291 | 28699 |
| 234730 | 3129383 | 97682 | 974760 | 539401 | 16292 |
| 468358 | 13232165 | 175322 | 5634535 | 1324560 | 36516 |
| 13349931 | 26806448 | 1368446 | 3808009 | 5831066 | 165573 |
| 847132 | 36634570 | 833129 | 19681254 | 8553591 | 214963 |
| 244151 | 12225556 | 216228 | 5214912 | 3634897 | 76029 |
| 55225 | 2682887 | 112850 | 1020327 | 948794 | 9111 |
| 129583 | 5968507 | 104493 | 4450599 | 1031134 | 37586 |
| 177928 | 5829732 | 320071 | 2850472 | 1516064 | 46805 |
| 24366 | 765423 | 44561 | 401094 | 233607 | 8426 |
| 11606 | 642810 | 7092 | 338683 | 186574 | 3154 |
| 9235 | 1122472 | 71432 | 440634 | 412470 | 12296 |
| 440162 | 19396587 | 1029022 | 9920501 | 4318201 | 123621 |
| 220783 | 9393077 | 522649 | 4452061 | 2073965 | 74728 |
| 117591 | 4176674 | 138166 | 2325830 | 760762 | 25448 |
| 2800370 | 53828942 | 1496956 | 21717264 | 12451736 | 735987 |
| 495078 | 8274030 | 203616 | 3274137 | 1786409 | 133255 |
| 558031 | 14307621 | 324067 | 7093325 | 2771659 | 203218 |
| 633024 | 12508287 | 451243 | 4178022 | 3284733 | 191320 |
| 298943 | 5302099 | 125133 | 1574047 | 1273913 | 63134 |
| 161812 | 2217000 | -10636 | 867719 | 483303 | 29795 |
| 8315 | 364243 | 8538 | 176657 | 81543 | 2028 |
| 1705577 | 38738652 | 2217378 | 20027127 | 9193042 | 296725 |
| 920905 | 14157983 | 879465 | 8940035 | 1495445 | 100398 |
| 47089 | 1862306 | 117809 | 838580 | 618133 | 13338 |
| 136343 | 4534065 | 398494 | 2470224 | 1312543 | 47127 |
| 79566 | 2330495 | 115255 | 1095598 | 660131 | 21562 |
| 305462 | 4851655 | 107574 | 1538960 | 1304522 | 65139 |

3-4-1 续表 3

| 项　目 | Item | 财务费用 Financial Expenses | #利息支出 Interest Expenses |
|---|---|---|---|
| (二)按国民经济行业分 | by Sector | | |
| 农、林、牧产品批发 | Wholesale of Agricultural, Forestry and Livestock Products | 1259056 | 1107978 |
| 食品、饮料及烟草制品批发 | Wholesale of Food, Beverages and Tobaccos | 319866 | 1063638 |
| 米、面制品及食用油批发 | Wholesale of Rice, Flour and Edible Oil | 500594 | 416493 |
| 肉、禽、蛋、奶及水产品批发 | Wholesale of Meal, Fowls, Eggs, Milk and Aquatic Products | 127367 | 96510 |
| 酒、饮料及茶叶批发 | Wholesale of Wine, Beverages and Teas | 213647 | 162501 |
| 烟草制品批发 | Wholesale of Tobaccos | -1055519 | 32240 |
| 纺织、服装及家庭用品批发 | Wholesale of Textiles, Wearing Apparel and Household Articles | 819099 | 1026274 |
| 服装批发 | Wholesale of Garments | 271344 | 341143 |
| 鞋帽批发 | Wholesale of Shoes and Hats | -13530 | 29142 |
| 家用电器批发 | Wholesale of Household Electrical Appliances | 50339 | 166265 |
| 文化、体育用品及器材批发 | Wholesale of Culture, Sports Appliances and Equipments | 365426 | 335836 |
| 文具用品批发 | Wholesale of Stationeries | 66752 | 71365 |
| 体育用品及器材批发 | Wholesale of Sports Appliances and Equipments | 6851 | 11564 |
| 图书批发 | Wholesale of Books | -14157 | 36711 |
| 医药及医疗器材批发 | Wholesale of Medicines and Medical Appliances | 1053595 | 846853 |
| 西药批发 | Wholesale of Western Medicine | 672955 | 562617 |
| 中药批发 | Wholesale of Chinese Traditional Medicine | 201634 | 159855 |
| 矿产品、建材及化工产品批发 | Wholesale of Mineral Products, Building Materials and Chemical Products | 10687942 | 9739373 |
| 煤炭及制品批发 | Wholesale of Coal and Related Products | 1741066 | 1785820 |
| 石油及制品批发 | Wholesale of Petroleum and Related Products | 1502895 | 1339952 |
| 金属及金属矿批发 | Wholesale of Metal Materials | 4576237 | 4408129 |
| 建材批发 | Wholesale of Building Materials | 908847 | 631637 |
| 化肥批发 | Wholesale of Chemical Fertilizer | 475080 | 465236 |
| 农药批发 | Wholesale of Pesticides | 23494 | 33507 |
| 机械设备、五金产品及电子产品批发 | Wholesale of Machinery, Hardware and Electronic Products | 2066236 | 2036594 |
| 汽车批发 | Wholesale of Motor Vehicles | 479875 | 550709 |
| 计算机、软件及辅助设备批发 | Wholesale of Computer, Software and Assistant Appliances | 143768 | 99002 |
| 通讯及广播电视设备批发 | Wholesale of Communication, Radios and Televisions Equipments | 492066 | 272495 |
| 贸易经纪与代理 | Trade Broker and Agency | 505853 | 422584 |
| 其他批发业 | Other Wholesale not Classified Elsewhere | 644275 | 525039 |

3-4-1 Continued 3

单位：万元
Unit: 10000 yuan

| 营业利润 Operating Profits | 利润总额 Total Profits | 应交所得税 Income Tax Payable | 应付职工薪酬 Payables to Employees | 应交增值税 VAT Payable |
|---|---|---|---|---|
| 1589748 | 2672946 | 233021 | 1138510 | 345710 |
| 31414850 | 31766986 | 6514049 | 10654295 | 10378707 |
| 61743 | 603835 | 99747 | 667237 | 227894 |
| 1464107 | 1372006 | 88505 | 477526 | 199243 |
| 6628777 | 6711853 | 1430221 | 1545456 | 1564115 |
| 19199530 | 19213672 | 4480345 | 5782318 | 7146402 |
| 9103671 | 9465497 | 1891911 | 6999626 | 5127700 |
| 3672113 | 3674450 | 781141 | 2146997 | 1530667 |
| 888180 | 957569 | 196661 | 492780 | 275378 |
| 726160 | 808928 | 226253 | 1436477 | 915828 |
| 1700510 | 1817707 | 325125 | 1539144 | 658768 |
| 100038 | 102379 | 28816 | 189098 | 108227 |
| 142613 | 136303 | 36073 | 110274 | 88537 |
| 455561 | 512518 | 33422 | 421382 | 39718 |
| 5775912 | 4887077 | 1014242 | 4280362 | 2870686 |
| 3458157 | 2557979 | 499207 | 2198522 | 1416209 |
| 975645 | 952507 | 185432 | 820487 | 686367 |
| 12355353 | 12358517 | 3440932 | 10714353 | 11549560 |
| 1314129 | 1484645 | 417806 | 1100528 | 1830329 |
| 3456467 | 3518686 | 1231282 | 4313811 | 4422479 |
| 2229853 | 2571637 | 834180 | 2039576 | 2746968 |
| 2004154 | 1986624 | 258816 | 810637 | 789390 |
| 551610 | 647536 | 105888 | 378396 | 211612 |
| 87411 | 94727 | 16597 | 79721 | 8523 |
| 9866002 | 11377711 | 2989668 | 7867138 | 5449754 |
| 3719406 | 3869664 | 1037474 | 1043221 | 2209666 |
| 402023 | 448890 | 112522 | 544783 | 393146 |
| 767203 | 1553411 | 741726 | 1357683 | 686981 |
| 460255 | 445573 | 176280 | 557254 | 254395 |
| 1546691 | 1626610 | 320190 | 841928 | 947825 |

| 项　目 | Item | 主营业务收入 Revenue from Principal Business | 主营业务成本 Cost of Principal Business |
|---|---|---|---|
| **二、零售业** | **Retail Trade** | **994526048** | **877604806** |
| #国有控股 | State-controlled Enterprises | 193065519 | 173219912 |
| **(一)按登记注册类型分** | **by Type of Registration** | | |
| **1.内资企业** | **Domestic Funded Enterprises** | **886663997** | **789268450** |
| 国有企业 | State-owned Enterprises | 18415074 | 16263155 |
| 集体企业 | Collective-owned Enterprises | 13521888 | 11860239 |
| 股份合作企业 | Cooperative Enterprises | 1775101 | 1551606 |
| 联营企业 | Joint Ownership Enterprises | 1026896 | 899711 |
| 国有联营企业 | State Joint Ownership Enterprises | 196174 | 172018 |
| 集体联营企业 | Collective Joint Ownership Enterprises | 341237 | 303685 |
| 国有与集体联营企业 | Joint State-collective Enterprises | 259889 | 231884 |
| 其他联营企业 | Other Joint Ownership Enterprises | 229600 | 192130 |
| 有限责任公司 | Limited Liability Corporations | 392671492 | 351006241 |
| 国有独资公司 | State Sole Funded Corporations | 14126781 | 12486840 |
| 其他有限责任公司 | Other Limited Liability Corporations | 378544714 | 338519403 |
| 股份有限公司 | Share-holding Corporations Ltd. | 131504237 | 118009721 |
| 私营企业 | Private Enterprises | 323272143 | 286007796 |
| 私营独资企业 | Private-funded Enterprises | 14505220 | 12154286 |
| 私营合伙企业 | Private Partnership Enterprises | 1559626 | 1304092 |
| 私营有限责任公司 | Private Limited Liability Corporations | 294278158 | 261549362 |
| 私营股份有限公司 | Private Share-holding Corporations Ltd. | 12929144 | 11000062 |
| 其他企业 | Other Enterprises | 4477177 | 3669989 |
| **2.港、澳、台商投资企业** | **Enterprises with Funds from Hongkong, Macao and Taiwan** | **52974969** | **43181060** |
| 合资经营企业 | Joint-venture Enterprises | 14644228 | 11929431 |
| 合作经营企业 | Cooperative Enterprises | 637434 | 531224 |
| 独资经营企业 | Enterprises with Sole Investment | 36500928 | 29794469 |
| 投资股份有限公司 | Share-holding Corporations Ltd. with Investment | 891980 | 671818 |
| 其他港澳台商投资企业 | Other Enterprises with Funds from Hongkong, Macao and Taiwan | 300406 | 254121 |
| **3.外商投资企业** | **Foreign Funded Enterprises** | **54887082** | **45155299** |
| 中外合资经营企业 | Joint-venture Enterprises | 23038970 | 19690852 |
| 中外合作经营企业 | Cooperative Enterprises | 1506293 | 1298700 |
| 外资企业 | Enterprises with Sole Foreign Investment | 27889561 | 22149222 |
| 外商投资股份有限公司 | Share-holding Corporations Ltd. with Foreign Investment | 1586735 | 1321334 |
| 其他外商投资企业 | Other Foreign Funded Enterprises | 865528 | 695198 |

3-4-1 Continued 4

单位：万元
Unit: 10000 yuan

| 主营业务税金及附加 Taxes and Other Charges on Principal Business | 主营业务利润 Profits from Principal Business | 其他业务利润 Profits from Other Business | 销售费用 Selling Expenses | 管理费用 Administrative Expenses | #税金 Taxes |
|---|---|---|---|---|---|
| **5749300** | **111171942** | **9702391** | **60671566** | **30841105** | **1281303** |
| 813308 | 19032299 | 1902694 | 10653754 | 4789810 | 250067 |
| | | | | | |
| **5167908** | **92227639** | **7615348** | **46714113** | **25817984** | **1182928** |
| 116126 | 2035793 | 162930 | 869833 | 626361 | 52228 |
| 147093 | 1514556 | 37474 | 399944 | 399409 | 23619 |
| 24914 | 198581 | 9911 | 70851 | 64865 | 11243 |
| 6932 | 120253 | 462 | 38983 | 20969 | 835 |
| 1384 | 22772 | 162 | 6531 | 4786 | 74 |
| 2166 | 35386 | 132 | 10903 | 6142 | 349 |
| 758 | 27247 | 149 | 8563 | 2263 | 69 |
| 2626 | 34844 | 19 | 12990 | 7780 | 342 |
| 1913700 | 39751551 | 3952012 | 22604207 | 11277409 | 473747 |
| 56125 | 1583816 | 89776 | 698023 | 450256 | 14311 |
| 1857580 | 38167731 | 3862236 | 21906189 | 10827155 | 459434 |
| 630470 | 12864046 | 1666667 | 7674792 | 3333955 | 174963 |
| 2276458 | 34987889 | 1774470 | 14838608 | 9924992 | 438919 |
| 233845 | 2117089 | 18834 | 474176 | 388786 | 38719 |
| 29755 | 225779 | 1653 | 67644 | 55641 | 7329 |
| 1902278 | 30826518 | 1719218 | 13577777 | 9076537 | 376052 |
| 110582 | 1818500 | 34763 | 719016 | 404037 | 16820 |
| 52226 | 754962 | 11434 | 216897 | 170036 | 7387 |
| **290609** | **9503300** | **1126521** | **7009508** | **2486341** | **45693** |
| | | | | | |
| 75297 | 2639500 | 251199 | 1532183 | 571650 | 12783 |
| 2523 | 103687 | 7834 | 54859 | 39345 | 949 |
| 206452 | 6500007 | 854197 | 5207923 | 1814514 | 29922 |
| 4820 | 215342 | 6059 | 185198 | 44732 | 1860 |
| 1521 | 44764 | 7233 | 29356 | 16104 | 184 |
| | | | | | |
| **290786** | **9440997** | **960521** | **6947942** | **2536779** | **52680** |
| 97778 | 3250340 | 420080 | 2356125 | 755014 | 14367 |
| 8802 | 198791 | 66149 | 178961 | 64479 | 1146 |
| 169427 | 5570912 | 449791 | 4188096 | 1559554 | 31795 |
| 8425 | 256976 | 12166 | 156003 | 115289 | 3500 |
| 6358 | 163972 | 12339 | 68759 | 42450 | 1878 |

| 项　目 | Item | 财务费用 Financial Expenses | #利息支出 Interest Expenses |
|---|---|---|---|
| **二、零售业** | **Retail Trade** | **7284148** | **4478825** |
| #国有控股 | State-controlled Enterprises | 705728 | 665710 |
| **(一)按登记注册类型分** | **by Type of Registration** | | |
| **1.内资企业** | **Domestic Funded Enterprises** | **6732289** | **4122156** |
| 国有企业 | State-owned Enterprises | 72900 | 51868 |
| 集体企业 | Collective-owned Enterprises | 70856 | 19816 |
| 股份合作企业 | Cooperative Enterprises | 6808 | 2650 |
| 联营企业 | Joint Ownership Enterprises | 3691 | 2378 |
| 国有联营企业 | State Joint Ownership Enterprises | 419 | 361 |
| 集体联营企业 | Collective Joint Ownership Enterprises | 1663 | 302 |
| 国有与集体联营企业 | Joint State-collective Enterprises | 384 | 433 |
| 其他联营企业 | Other Joint Ownership Enterprises | 1223 | 1280 |
| 有限责任公司 | Limited Liability Corporations | 2936740 | 1861763 |
| 国有独资公司 | State Sole Funded Corporations | 24387 | 35936 |
| 其他有限责任公司 | Other Limited Liability Corporations | 2912355 | 1825823 |
| 股份有限公司 | Share-holding Corporations Ltd. | 647974 | 589488 |
| 私营企业 | Private Enterprises | 2957846 | 1581268 |
| 私营独资企业 | Private-funded Enterprises | 116708 | 35226 |
| 私营合伙企业 | Private Partnership Enterprises | 15808 | 5151 |
| 私营有限责任公司 | Private Limited Liability Corporations | 2703837 | 1491255 |
| 私营股份有限公司 | Private Share-holding Corporations Ltd. | 121498 | 49640 |
| 其他企业 | Other Enterprises | 35481 | 12939 |
| **2.港、澳、台商投资企业** | **Enterprises with Funds from Hongkong, Macao and Taiwan** | **292989** | **196372** |
| 合资经营企业 | Joint-venture Enterprises | 96142 | 68469 |
| 合作经营企业 | Cooperative Enterprises | 2744 | 2213 |
| 独资经营企业 | Enterprises with Sole Investment | 182447 | 121970 |
| 投资股份有限公司 | Share-holding Corporations Ltd. with Investment | 9297 | 3471 |
| 其他港澳台商投资企业 | Other Enterprises with Funds from Hongkong, Macao and Taiwan | 2360 | 249 |
| **3.外商投资企业** | **Foreign Funded Enterprises** | **258877** | **160301** |
| 中外合资经营企业 | Joint-venture Enterprises | 47531 | 35643 |
| 中外合作经营企业 | Cooperative Enterprises | 2510 | 1639 |
| 外资企业 | Enterprises with Sole Foreign Investment | 175754 | 100933 |
| 外商投资股份有限公司 | Share-holding Corporations Ltd. with Foreign Investment | 21751 | 15639 |
| 其他外商投资企业 | Other Foreign Funded Enterprises | 11335 | 6447 |

3-4-1 Continued 5

单位：万元
Unit: 10000 yuan

| 营业利润<br>Operating<br>Profits | 利润总额<br>Total<br>Profits | 应交所得税<br>Income Tax<br>Payable | 应付职工薪酬<br>Payables to<br>Employees | 应交增值税<br>VAT<br>payable |
|---:|---:|---:|---:|---:|
| **24752498** | **24335654** | **4493909** | **33099724** | **16459062** |
| 5089092 | 5104608 | 908263 | 6224757 | 3348155 |
| **21929895** | **21391136** | **3633875** | **27711395** | **14267959** |
| 650285 | 629922 | 63938 | 735677 | 343272 |
| 686742 | 607799 | 61131 | 333145 | 171426 |
| 55210 | 51257 | 8260 | 49667 | 19240 |
| 59634 | 51500 | 8960 | 28598 | 14002 |
| 11185 | 10765 | 1957 | 12475 | 2730 |
| 17805 | 11556 | 1558 | 7378 | 3297 |
| 17828 | 17808 | 3428 | 5044 | 4131 |
| 12818 | 11371 | 2018 | 3701 | 3848 |
| 7683681 | 7693884 | 1606125 | 12687616 | 6794923 |
| 504843 | 524525 | 80619 | 435998 | 205675 |
| 7178840 | 7169357 | 1525504 | 12251622 | 6589250 |
| 3569395 | 3523691 | 554937 | 4031157 | 1890362 |
| 8883013 | 8455134 | 1302590 | 9679641 | 4968104 |
| 1137655 | 1037661 | 102968 | 362459 | 243052 |
| 94079 | 88271 | 7907 | 42347 | 20390 |
| 7100432 | 6798376 | 1129710 | 8823682 | 4507617 |
| 550847 | 530827 | 62011 | 451159 | 197054 |
| 341942 | 377949 | 27943 | 165906 | 66647 |
| **1161831** | **1265722** | **464646** | **2560942** | **1116061** |
| 690991 | 689881 | 160783 | 696569 | 382751 |
| 14751 | 11299 | 4402 | 32753 | 10616 |
| 387002 | 422298 | 287903 | 1785019 | 683302 |
| 64373 | 137661 | 9725 | 33111 | 33130 |
| 4716 | 4590 | 1834 | 13487 | 6264 |
| **1660770** | **1678798** | **395390** | **2827392** | **1075044** |
| 570353 | 561655 | 142096 | 954924 | 454572 |
| 14520 | 27007 | 10380 | 61715 | 21594 |
| 1008059 | 1057913 | 231864 | 1705083 | 567414 |
| 21887 | 10791 | 4845 | 83055 | 24858 |
| 45951 | 21431 | 6214 | 22620 | 6605 |

| 项　目 | Item | 主营业务收入 Revenue from Principal Business | 主营业务成本 Cost of Principal Business |
|---|---|---|---|
| **(二)按国民经济行业分** | **by Sector** | | |
| 综合零售 | Integrated Retail | 223938489 | 189943830 |
| 百货零售 | Retail of General Merchandise | 120333169 | 101541672 |
| 超级市场零售 | Retail of Supermarkets | 91662582 | 78208920 |
| 食品、饮料及烟草制品专门零售 | Special Retail of Food, Beverages and Tobaccos | 34322069 | 28019546 |
| 粮油零售 | Retail of Cereal and Oil | 4306832 | 3817063 |
| 肉、禽、蛋、奶及水产品零售 | Retail of Meat, Poultry, Eggs, Milk and Aquatic Products | 6581112 | 5524022 |
| 酒、饮料及茶叶零售 | Retail of Wine, Beverages and Teas | 8174626 | 6511483 |
| 烟草制品零售 | Retail of Tobaccos | 2348048 | 1901815 |
| 纺织、服装及日用品专门零售 | Special Retail of Textiles, Garments and Daily Consumer Articles | 45021837 | 32783131 |
| 服装零售 | Retail of Garments | 26695497 | 18818219 |
| 文化、体育用品及器材专门零售 | Special Retail of Culture, Sports Appliances and Equipments | 27990036 | 22821536 |
| 体育用品及器材零售 | Retail of Sports Appliances and Equipments | 1615259 | 1217589 |
| 图书、报刊零售 | Retail of Books, Newspapers and Magazines | 10091260 | 7803222 |
| 医药及医疗器材专门零售 | Special Retail of Medicines and Medical Appliances | 53045971 | 46385130 |
| 药品零售 | Retail of Medicines | 50251837 | 44198004 |
| 汽车、摩托车、燃料及零配件专门零售 | Special Retail of Motor Vehicles, Motorcycles, Fuel and Parts | 445169972 | 413841110 |
| 汽车零售 | Retail of Motor Vehicles | 321888410 | 301089469 |
| 机动车燃料零售 | Retail of Fuel of Motor Vehicles | 113487712 | 104138166 |
| 家用电器及电子产品专门零售 | Special Retail of Household Electric Appliances and Electronic Products | 88171821 | 78509054 |
| 日用家电设备零售 | Retail of Household Electric Appliances | 31692075 | 27746524 |
| 计算机、软件及辅助设备零售 | Retail of Computer, Software and Assistant Appliances | 20208217 | 18355725 |
| 通信设备零售 | Retail of Communication Equipments | 16885249 | 15611228 |
| 五金、家具及室内装饰材料专门零售 | Special Retail of Hardware, Furniture and Interior Decoration Materials | 31033703 | 25049744 |
| 货摊、无店铺及其他零售 | Stalls, Non-shop and Other Retails | 45832161 | 40251734 |
| 互联网零售 | Retail on the Internet | 29032960 | 26370529 |
| **(三) 按零售业态分** | **by Mode of Business Operation** | | |
| 有店铺零售 | Store-based Retailing | 933200857 | 822419242 |
| 超市 | Supermarket | 32065031 | 27158055 |
| 大型超市 | Hypermarket | 86391837 | 74229376 |
| 百货店 | Department Store | 113846975 | 95100011 |
| 专业店 | Speciality Store | 357076772 | 319510499 |
| 专卖店 | Exclusive Shop | 283120769 | 255225924 |
| 无店铺零售 | Non-Store Selling | 61325191 | 55185564 |

3-4-1 Continued 6

单位：万元

Unit: 10000 yuan

| 主营业务税金及附加 Taxes and Other Charges on Principal Business | 主营业务利润 Profits from Principal Business | 其他业务利润 Profits from Other Business | 销售费用 Selling Expenses | 管理费用 Administrative Expenses | #税金 Taxes |
|---|---|---|---|---|---|
| 1842025 | 32152634 | 6051968 | 21482304 | 10054452 | 424650 |
| 1184293 | 17607204 | 3331520 | 9241493 | 6354479 | 303181 |
| 529812 | 12923850 | 2527700 | 11228695 | 3171333 | 107794 |
| 396778 | 5905745 | 182722 | 2388649 | 1361635 | 53529 |
| 35945 | 453824 | 52487 | 194509 | 123597 | 5633 |
| 78186 | 978904 | 12424 | 330117 | 225801 | 9361 |
| 120162 | 1542981 | 50222 | 570103 | 321895 | 16989 |
| 23180 | 423053 | 25774 | 139755 | 104883 | 2933 |
| 455659 | 11783047 | 326214 | 7181281 | 2961848 | 68865 |
| | | | | | |
| 279781 | 7597497 | 227283 | 4706067 | 2030833 | 45948 |
| 239600 | 4928900 | 258240 | 2116322 | 1561495 | 78736 |
| 9655 | 388015 | 4014 | 234447 | 117832 | 3157 |
| 27279 | 2260759 | 143231 | 907202 | 775266 | 25643 |
| 211187 | 6449654 | 283846 | 3092901 | 1623840 | 57968 |
| 193055 | 5860778 | 270275 | 2899573 | 1472566 | 55070 |
| 1349520 | 29979342 | 1730388 | 14325582 | 8491765 | 409759 |
| 853134 | 19945807 | 1583631 | 9268861 | 6809505 | 299715 |
| 408580 | 8940966 | 112415 | 4713693 | 1376210 | 95965 |
| 471041 | 9191726 | 539174 | 5212381 | 2153262 | 84126 |
| | | | | | |
| 182635 | 3762916 | 219289 | 2280586 | 912590 | 34341 |
| 96109 | 1756383 | 30719 | 867113 | 409017 | 17598 |
| 49575 | 1224446 | 182731 | 816138 | 311126 | 10313 |
| 568681 | 5415278 | 106909 | 1515619 | 1236570 | 65589 |
| | | | | | |
| 214819 | 5365608 | 222938 | 3356534 | 1396250 | 38093 |
| 60622 | 2601809 | 99252 | 2458536 | 652966 | 11155 |
| | | | | | |
| 5617072 | 105164543 | 9528189 | 55977997 | 29416308 | 1252341 |
| 317436 | 4589540 | 331081 | 2363278 | 1163192 | 53566 |
| 447286 | 11715175 | 2570602 | 10841810 | 2992655 | 97785 |
| 1190063 | 17556901 | 3114713 | 8863983 | 6334669 | 328509 |
| 1760629 | 35805644 | 1538433 | 16243699 | 8865690 | 406099 |
| 1195175 | 26699670 | 1398611 | 13796515 | 7705569 | 279329 |
| 132228 | 6007399 | 174202 | 4693569 | 1424797 | 28962 |

| 项　目 | Item | 财务费用 Financial Expense | #利息支出 Interest Expenses |
|---|---|---|---|
| (二)按国民经济行业分 | by Sector | | |
| 综合零售 | Integrated Retail | 1656664 | 1075762 |
| 百货零售 | Retail of General Merchandise | 1176937 | 816135 |
| 超级市场零售 | Retail of Supermarkets | 430477 | 234295 |
| 食品、饮料及烟草制品专门零售 | Special Retail of Food, Beverages and Tobaccos | 343644 | 200051 |
| 粮油零售 | Retail of Cereal and Oil | 51495 | 23970 |
| 肉、禽、蛋、奶及水产品零售 | Retail of Meat, Poultry, Eggs, Milk and Aquatic Products | 47260 | 18236 |
| 酒、饮料及茶叶零售 | Retail of Wine, Beverages and Teas | 165815 | 116494 |
| 烟草制品零售 | Retail of Tobaccos | -3499 | 4038 |
| 纺织、服装及日用品专门零售 | Special Retail of Textiles, Garments and Daily Consumer Articles | 373008 | 193916 |
| 服装零售 | Retail of Garments | 261152 | 136703 |
| 文化、体育用品及器材专门零售 | Special Retail of Culture, Sports Appliances and Equipments | 193008 | 119445 |
| 体育用品及器材零售 | Retail of Sports Appliances and Equipments | 12385 | 1167 |
| 图书、报刊零售 | Retail of Books, Newspapers and Magazines | -16550 | -246 |
| 医药及医疗器材专门零售 | Special Retail of Medicines and Medical Appliances | 460111 | 371346 |
| 药品零售 | Retail of Medicines | 440035 | 359080 |
| 汽车、摩托车、燃料及零配件专门零售 | Special Retail of Motor Vehicles, Motorcycles, Fuel and Parts | 3409443 | 2121160 |
| 汽车零售 | Retail of Motor Vehicles | 3050335 | 1914257 |
| 机动车燃料零售 | Retail of Fuel of Motor Vehicles | 292190 | 169287 |
| 家用电器及电子产品专门零售 | Special Retail of Household Electric Appliances and Electronic Products | 325283 | 182166 |
| 日用家电设备零售 | Retail of Household Electric Appliances | 156964 | 84711 |
| 计算机、软件及辅助设备零售 | Retail of Computer, Software and Assistant Appliances | 44574 | 29299 |
| 通信设备零售 | Retail of Communication Equipments | 18250 | 31379 |
| 五金、家具及室内装饰材料专门零售 | Special Retail of Hardware, Furniture and Interior Decoration Materials | 309629 | 115355 |
| 货摊、无店铺及其他零售 | Stalls, Non-shop and Other Retails | 213373 | 99632 |
| 互联网零售 | Retail on the Internet | 46224 | 18969 |
| (三) 按零售业态分 | by Mode of Business Operation | | |
| 有店铺零售 | Store-based Retailing | 7084071 | 4316933 |
| 超市 | Supermarket | 274437 | 133851 |
| 大型超市 | Hypermarket | 358860 | 180086 |
| 百货店 | Department Store | 1158347 | 829649 |
| 专业店 | Speciality Store | 2330827 | 1437440 |
| 专卖店 | Exclusive Shop | 2437502 | 1463910 |
| 无店铺零售 | Non-Store Selling | 200077 | 161892 |

3-4-1 Continued 7

单位：万元
Unit: 10000 yuan

| 营业利润<br>Operating Profits | 利润总额<br>Total Profits | 应交所得税<br>Income Tax Payable | 应付职工薪酬<br>Payables to Employees | 应交增值税<br>VAT payable |
|---|---|---|---|---|
| 6194772 | 6261364 | 1496776 | 10808481 | 4022194 |
| 4758723 | 4750527 | 1129651 | 5229699 | 2055978 |
| 1208915 | 1294399 | 332662 | 5079010 | 1813050 |
| 2007896 | 1999101 | 273651 | 1597902 | 650068 |
| 130953 | 187255 | 17936 | 125445 | 28909 |
| 402694 | 373823 | 38304 | 303865 | 90794 |
| 512614 | 488807 | 68067 | 304554 | 178918 |
| 236461 | 238808 | 40835 | 120022 | 42216 |
| 1630996 | 1686882 | 407281 | 3066374 | 1247517 |
| 858955 | 951726 | 261911 | 2026180 | 810669 |
| 1314869 | 1376069 | 133111 | 1529901 | 351835 |
| 31102 | 28746 | 5414 | 88207 | 47161 |
| 688239 | 726007 | 34383 | 889090 | 38595 |
| 1506344 | 1352007 | 270987 | 2018412 | 962889 |
| 1353759 | 1202993 | 243861 | 1911067 | 897574 |
| 5882877 | 5590126 | 1115392 | 9605081 | 6935184 |
| 2675976 | 2491972 | 658727 | 7255434 | 4568346 |
| 2819496 | 2698335 | 395998 | 2087835 | 2217210 |
| 3043592 | 3042476 | 345259 | 2284354 | 1103357 |
| 1558181 | 1606215 | 115758 | 859656 | 443466 |
| 474339 | 469766 | 78946 | 542651 | 268115 |
| 304172 | 289426 | 57461 | 367698 | 110413 |
| 2414812 | 2254961 | 267752 | 867905 | 522418 |
| 756337 | 772678 | 183712 | 1321330 | 663609 |
| -366194 | -347929 | 46888 | 746277 | 322979 |
| 24731315 | 24267352 | 4363671 | 31656872 | 15843820 |
| 1174423 | 1059068 | 127376 | 1504572 | 404861 |
| 780420 | 917870 | 339810 | 4821503 | 1701660 |
| 4881513 | 4841285 | 1095554 | 4862432 | 2016022 |
| 10903688 | 10604138 | 1519629 | 10028713 | 5708547 |
| 4472725 | 4379311 | 932941 | 8295470 | 4760454 |
| 21183 | 68302 | 130238 | 1442852 | 615242 |

# 3-4-2 各地区限额以上批发业企业损益及分配

| 地区 | Region | 主营业务收入 Revenue from Principal Business | 主营业务成本 Cost of Principal Business | 主营业务税金及附加 Taxes and Other Charges on Principal Business | 主营业务利润 Profits from Principal Business | 其他业务利润 Profits from Other Business | 销售费用 Selling Expenses | 管理费用 Administrative Expenses |
|---|---|---|---|---|---|---|---|---|
| **全国** | **National Total** | **3584812983** | **3339780810** | **21271002** | **223761171** | **8374194** | **95522396** | **50102635** |
| 北京 | Beijing | 369482410 | 345059974 | 757231 | 23665205 | 2135173 | 13090652 | 6124584 |
| 天津 | Tianjin | 265735192 | 254850668 | 1735682 | 9148842 | 737717 | 2753357 | 1455633 |
| 河北 | Hebei | 68036704 | 64194394 | 582879 | 3259431 | 44348 | 1144788 | 670843 |
| 山西 | Shanxi | 71158544 | 68637181 | 405714 | 2115649 | 76092 | 966683 | 671878 |
| 内蒙古 | Inner Mongolia | 21984983 | 20320612 | 316947 | 1347424 | 44345 | 550426 | 412274 |
| 辽宁 | Liaoning | 99506371 | 94879447 | 576854 | 4050070 | 73234 | 1522018 | 1216225 |
| 吉林 | Jilin | 16159896 | 14730304 | 244378 | 1185214 | 90047 | 587504 | 249075 |
| 黑龙江 | Heilongjiang | 31315335 | 28513207 | 405786 | 2396342 | 42335 | 722938 | 426185 |
| 上海 | Shanghai | 566245354 | 527178048 | 851692 | 38215614 | 1270713 | 22655410 | 8426397 |
| 江苏 | Jiangsu | 275585167 | 255296861 | 1346590 | 18941716 | 450137 | 7469030 | 4243085 |
| 浙江 | Zhejiang | 312081014 | 297089651 | 1322304 | 13669059 | 420373 | 6183047 | 3668350 |
| 安徽 | Anhui | 52499034 | 47690294 | 644047 | 4164693 | 125341 | 2107341 | 844145 |
| 福建 | Fujian | 142790380 | 134528938 | 711683 | 7549759 | 375974 | 2968040 | 1767854 |
| 江西 | Jiangxi | 20534603 | 18032493 | 462706 | 2039404 | 102147 | 767963 | 413121 |
| 山东 | Shandong | 184131045 | 167885455 | 1593166 | 14652424 | 278321 | 4240255 | 2802277 |
| 河南 | Henan | 78534839 | 69911196 | 1181664 | 7441979 | 82260 | 1866480 | 1345657 |
| 湖北 | Hubei | 91264617 | 82818566 | 809386 | 7636665 | 101755 | 3221515 | 1549445 |
| 湖南 | Hunan | 38098726 | 33475677 | 919381 | 3703668 | 28459 | 1206092 | 945725 |
| 广东 | Guangdong | 473811090 | 442742236 | 1880558 | 29188296 | 713313 | 11960651 | 7495649 |
| 广西 | Guangxi | 37793224 | 35490824 | 423530 | 1878870 | 77970 | 719426 | 514272 |
| 海南 | Hainan | 19238742 | 18092809 | 135217 | 1010716 | 23920 | 416327 | 132823 |
| 重庆 | Chongqing | 63642040 | 57678862 | 829943 | 5133235 | 724740 | 1473765 | 955773 |
| 四川 | Sichuan | 61512383 | 55617757 | 832760 | 5061866 | 111097 | 1762486 | 1045786 |
| 贵州 | Guizhou | 30210357 | 23806505 | 594452 | 5809400 | 28383 | 943329 | 580195 |
| 云南 | Yunnan | 47667313 | 42647514 | 536971 | 4482828 | 11898 | 1266403 | 646531 |
| 西藏 | Tibet | 928859 | 640624 | 57085 | 231150 | 461 | 157069 | 42650 |
| 陕西 | Shaanxi | 48582844 | 45608026 | 461796 | 2513022 | 37536 | 1052220 | 518139 |
| 甘肃 | Gansu | 28952720 | 27803022 | 211159 | 938539 | 91012 | 482866 | 328510 |
| 青海 | Qinghai | 8608061 | 8027401 | 146257 | 434403 | 17503 | 125867 | 83616 |
| 宁夏 | Ningxia | 6895086 | 6528647 | 69200 | 297239 | 9386 | 139267 | 66235 |
| 新疆 | Xinjiang | 51826050 | 50003617 | 223984 | 1598449 | 48204 | 999181 | 459703 |

# Income and Distribution of Enterprises above Designated Size of Wholesale Trade by Region

单位：万元
Unit: 10000 yuan

| #税金 Taxes | 财务费用 Financial Expenses | #利息支出 Interest Expenses | 营业利润 Operating Profits | 利润总额 Total Profits | 应交所得税 Income Tax Payable | 应付职工薪酬 Payables to Employees | 应交增值税 VAT Payable |
|---|---|---|---|---|---|---|---|
| **1892629** | **17721337** | **17104164** | **73812984** | **76418620** | **16905406** | **44592590** | **37583092** |
| 174476 | 2805023 | 3628480 | 5693978 | 7198713 | 2032005 | 6370057 | 3174828 |
| 70549 | 1641436 | 1398395 | 2647158 | 2787619 | 562845 | 1017102 | 2350863 |
| 31071 | 353774 | 335609 | 769917 | 716096 | 228365 | 580622 | 557725 |
| 33804 | 371564 | 436082 | 226474 | 308793 | 155366 | 481862 | 489993 |
| 42962 | 186936 | 161010 | 111849 | 280121 | 78339 | 278863 | 376243 |
| 58692 | 448968 | 343224 | 957216 | 971063 | 260354 | 844138 | 699168 |
| 9073 | 199476 | 177338 | 168006 | 379687 | 78669 | 268300 | 196215 |
| 16870 | 313501 | 286887 | 1672388 | 789908 | 117680 | 527800 | 357739 |
| 208403 | 1950296 | 1274691 | 8436388 | 9484061 | 2473335 | 7416001 | 4520220 |
| 105677 | 1259989 | 974275 | 6652348 | 7055306 | 1521444 | 3014536 | 3197285 |
| 147922 | 1397626 | 1988595 | 4194854 | 4756564 | 1144705 | 3088871 | 2648646 |
| 45243 | 260940 | 257357 | 1239514 | 1283302 | 287638 | 1614680 | 710531 |
| 93628 | 873192 | 688534 | 3246538 | 3412306 | 602138 | 1456201 | 1073628 |
| 17665 | 41995 | 71431 | 835325 | 921604 | 208563 | 507681 | 443689 |
| 167655 | 1086242 | 644760 | 6834176 | 5688970 | 944735 | 2253899 | 2105811 |
| 65151 | 398892 | 205254 | 3717903 | 3718146 | 470837 | 1271452 | 1055568 |
| 73187 | 311862 | 282557 | 2662791 | 2691619 | 588527 | 1319417 | 1149886 |
| 39107 | 234448 | 199477 | 1383785 | 1387467 | 311225 | 754071 | 661902 |
| 235098 | 1750585 | 1716737 | 9084776 | 9107802 | 1936635 | 5718092 | 5549878 |
| 29927 | 261970 | 228742 | 460530 | 541478 | 16715 | 460224 | 431360 |
| 10529 | 77881 | 95300 | 529809 | 559554 | 67071 | 139410 | 116893 |
| 46119 | 232505 | 201697 | 2516589 | 2377446 | 305068 | 830217 | 1014396 |
| 40932 | 356757 | 365325 | 1888774 | 1859968 | 417796 | 1040219 | 991809 |
| 18133 | 120880 | 169309 | 4174375 | 4249579 | 1033316 | 584456 | 742031 |
| 33853 | 258215 | 342625 | 2334070 | 2420316 | 592467 | 796984 | 1183049 |
| 917 | -2864 | 466 | 33602 | 52228 | 4782 | 56657 | 36719 |
| 31349 | 111471 | 166210 | 958263 | 934507 | 182172 | 630962 | 761041 |
| 10020 | 77768 | 71593 | 124594 | 85527 | 68349 | 320663 | 256328 |
| 5940 | 18890 | 16520 | 279889 | 262407 | 73039 | 239443 | 69934 |
| 5620 | 44582 | 43200 | 29062 | 32676 | 20597 | 88962 | 166256 |
| 23057 | 276537 | 332484 | -51957 | 103787 | 120629 | 620748 | 493458 |

3-4-2 续表

国有控股

State-controlled Enterprises

| 地 区 | Region | 主营业务收入 Revenue from Principal Business | 主营业务成本 Cost of Principal Business | 主营业务税金及附加 Taxes and Other Charges on Principal Business | 主营业务利润 Profits from Principal Business | 其他业务利润 Profits from Other Business | 销售费用 Selling Expenses | 管理费用 Administrative Expenses |
|---|---|---|---|---|---|---|---|---|
| **全 国** | **National Total** | **1403714720** | **1318803655** | **14767110** | **70143955** | **3028935** | **24305210** | **14985750** |
| 北 京 | Beijing | 206140172 | 196616127 | 463737 | 9060308 | 1043679 | 4372593 | 2151479 |
| 天 津 | Tianjin | 143353337 | 140395021 | 237188 | 2721128 | 121545 | 588920 | 491491 |
| 河 北 | Hebei | 30923155 | 28983617 | 523734 | 1415804 | 6468 | 347018 | 332017 |
| 山 西 | Shanxi | 59933848 | 58295535 | 382809 | 1255504 | 43821 | 397086 | 463644 |
| 内蒙古 | Inner Mongolia | 12240361 | 11391351 | 263723 | 585287 | 10270 | 190183 | 203237 |
| 辽 宁 | Liaoning | 54025806 | 52489269 | 427737 | 1108800 | 951 | 430865 | 381447 |
| 吉 林 | Jilin | 11055438 | 10150858 | 215464 | 689116 | 18858 | 353670 | 139245 |
| 黑龙江 | Heilongjiang | 16488501 | 15247496 | 305662 | 935343 | 20169 | 431045 | 269434 |
| 上 海 | Shanghai | 155491732 | 149788554 | 327340 | 5375838 | 133696 | 2920018 | 831657 |
| 江 苏 | Jiangsu | 61586017 | 56161642 | 900005 | 4524370 | 49961 | 1380274 | 822378 |
| 浙 江 | Zhejiang | 82452544 | 77707691 | 1021235 | 3723618 | 94104 | 1054743 | 884313 |
| 安 徽 | Anhui | 22543591 | 20018519 | 563391 | 1961681 | 67069 | 681444 | 402705 |
| 福 建 | Fujian | 52341495 | 49049636 | 520669 | 2771190 | 153663 | 1047396 | 538274 |
| 江 西 | Jiangxi | 11839163 | 10258901 | 416297 | 1163965 | 86924 | 349598 | 260004 |
| 山 东 | Shandong | 41592261 | 37963623 | 785574 | 2843064 | 41791 | 1055006 | 801178 |
| 河 南 | Henan | 31031860 | 27424702 | 917318 | 2689840 | 24658 | 771875 | 656184 |
| 湖 北 | Hubei | 41904803 | 38273415 | 539097 | 3092291 | 24306 | 1194227 | 633443 |
| 湖 南 | Hunan | 14921374 | 12279055 | 727610 | 1914709 | 12079 | 500595 | 519291 |
| 广 东 | Guangdong | 134905106 | 127992433 | 1275009 | 5637664 | 162483 | 1665926 | 1279322 |
| 广 西 | Guangxi | 19887704 | 18270939 | 389544 | 1227221 | 51716 | 371399 | 306993 |
| 海 南 | Hainan | 2845766 | 2495902 | 125766 | 224098 | 1492 | 27614 | 49990 |
| 重 庆 | Chongqing | 20297258 | 17876286 | 636633 | 1784339 | 688689 | 431601 | 419761 |
| 四 川 | Sichuan | 22726465 | 19902514 | 666034 | 2157917 | 21234 | 519673 | 406530 |
| 贵 州 | Guizhou | 19998709 | 15153871 | 549704 | 4295134 | 21026 | 678970 | 450722 |
| 云 南 | Yunnan | 33241955 | 29126898 | 509392 | 3605665 | -29770 | 898609 | 416606 |
| 西 藏 | Tibet | 562112 | 426435 | 53968 | 81709 | 460 | 18621 | 37127 |
| 陕 西 | Shaanxi | 32308151 | 30411401 | 411603 | 1485147 | 18918 | 653292 | 335099 |
| 甘 肃 | Gansu | 18348108 | 17897215 | 189908 | 260985 | 81555 | 131536 | 169629 |
| 青 海 | Qinghai | 5127714 | 4657083 | 142194 | 328437 | 13365 | 87565 | 56950 |
| 宁 夏 | Ningxia | 4908364 | 4576097 | 67221 | 265046 | 6393 | 94156 | 40353 |
| 新 疆 | Xinjiang | 38691850 | 37521569 | 211544 | 958737 | 37362 | 659692 | 235247 |

3-4-2 Continued

单位：万元

Unit: 10000 yuan

| #税金 Taxes | 财务费用 Financial Expenses | #利息支出 Interest Expenses | 营业利润 Operating Profits | 利润总额 Total Profits | 应交所得税 Income Tax Payable | 应付职工薪酬 Payables to Employees | 应交增值税 VAT Payable |
|---|---|---|---|---|---|---|---|
| **703771** | **5834456** | **7850781** | **30218390** | **33002615** | **8280093** | **16180081** | **15862059** |
| 99377 | 2077644 | 2746643 | 2856763 | 3165870 | 954016 | 2242412 | 1109508 |
| 30417 | 1090246 | 1093844 | 776743 | 878794 | 249763 | 294321 | 582714 |
| 14911 | 62009 | 144680 | 644773 | 676854 | 173232 | 276588 | 335318 |
| 26627 | 201419 | 306647 | 226705 | 311944 | 139478 | 321023 | 352006 |
| 10981 | 61399 | 73524 | 49026 | 175408 | 67423 | 199463 | 307076 |
| 19682 | 143090 | 160872 | 166344 | 181761 | 168660 | 361705 | 303353 |
| 6342 | 145090 | 141285 | 66175 | 242464 | 55653 | 208484 | 134115 |
| 12403 | 230868 | 217047 | 59292 | 353415 | 96320 | 324633 | 311487 |
| 49099 | 304271 | 410300 | 2091815 | 2274641 | 448020 | 873192 | 1357759 |
| 24778 | 85968 | 248101 | 2242016 | 2399222 | 574610 | 622968 | 994480 |
| 45477 | 31600 | 295417 | 2192061 | 2400001 | 624179 | 945906 | 1007519 |
| 22955 | 64908 | 135758 | 971351 | 1032159 | 228455 | 1129539 | 328402 |
| 23860 | 266499 | 257594 | 1561469 | 1726730 | 319243 | 620576 | 497102 |
| 12785 | 14150 | 38510 | 546082 | 638737 | 154568 | 335075 | 286109 |
| 33957 | 72519 | 77975 | 958254 | 1029545 | 240774 | 804350 | 653679 |
| 25656 | 78980 | 89540 | 1223432 | 1261836 | 293107 | 629187 | 568748 |
| 27363 | 26206 | 92114 | 1267675 | 1352443 | 332967 | 540987 | 507777 |
| 16559 | 55340 | 88847 | 859034 | 993811 | 262485 | 440623 | 415330 |
| 61710 | 328609 | 385969 | 2541558 | 2725054 | 698635 | 1456287 | 1518385 |
| 14694 | 121079 | 132085 | 472533 | 508334 | -5106 | 297460 | 332113 |
| 2789 | -10484 | 2957 | 189431 | 191322 | 40372 | 50150 | 61522 |
| 15607 | 28144 | 62209 | 918584 | 838644 | 160058 | 393722 | 408161 |
| 15205 | 27815 | 60924 | 1146840 | 1199509 | 299020 | 492551 | 555617 |
| 13276 | 52312 | 116245 | 3135439 | 3182782 | 763198 | 488397 | 524140 |
| 26274 | 93660 | 208452 | 2224560 | 2330883 | 574327 | 612602 | 934203 |
| 699 | -1939 | 509 | 27138 | 37591 | 3559 | 27537 | 11168 |
| 22806 | 50739 | 47980 | 479976 | 491291 | 124239 | 414471 | 662763 |
| 6891 | 4709 | 20869 | 23410 | 30556 | 55991 | 214743 | 178992 |
| 3061 | -4331 | 8338 | 218709 | 207619 | 72232 | 179206 | 56124 |
| 4154 | 78 | 6112 | 112886 | 113942 | 19392 | 64643 | 159570 |
| 13376 | 131859 | 179434 | -31684 | 49453 | 91223 | 317280 | 406819 |

# 3-4-3 各地区限额以上批发业企业损益及分配(按登记注册类型分)

内资企业

Domestic Funded Enterprises

| 地 区 | Region | 主营业务收入 Revenue from Principal Business | 主营业务成本 Cost of Principal Business | 主营业务税金及附加 Taxes and Other Charges on Principal Business | 主营业务利润 Profits from Principal Business | 其他业务利润 Profits from Other Business | 销售费用 Selling Expenses | 管理费用 Administrative Expenses |
|---|---|---|---|---|---|---|---|---|
| **全 国** | **National Total** | **3077776877** | **2893070894** | **19590565** | **165115418** | **6004645** | **60226871** | **36981762** |
| 北 京 | Beijing | 273344864 | 260203424 | 538385 | 12603055 | 1323426 | 6068546 | 3494123 |
| 天 津 | Tianjin | 245090288 | 236516438 | 1050762 | 7523088 | 725967 | 1846716 | 1186769 |
| 河 北 | Hebei | 66512832 | 62766099 | 581488 | 3165245 | 44204 | 1074003 | 661981 |
| 山 西 | Shanxi | 68747342 | 66245352 | 405331 | 2096659 | 74306 | 954568 | 667017 |
| 内蒙古 | Inner Mongolia | 21924711 | 20267616 | 316844 | 1340251 | 44337 | 547891 | 411727 |
| 辽 宁 | Liaoning | 97731827 | 93384840 | 571894 | 3775093 | 65909 | 1398008 | 1150456 |
| 吉 林 | Jilin | 14969842 | 13667036 | 242548 | 1060258 | 89764 | 478918 | 242616 |
| 黑龙江 | Heilongjiang | 30452817 | 27654459 | 405518 | 2392840 | 42222 | 719020 | 424891 |
| 上 海 | Shanghai | 318485115 | 310001354 | 434409 | 8049352 | 276064 | 3932753 | 2080371 |
| 江 苏 | Jiangsu | 252753854 | 237088825 | 1260067 | 14404962 | 359540 | 5196280 | 2945945 |
| 浙 江 | Zhejiang | 299808027 | 285533722 | 1305995 | 12968310 | 392108 | 5747114 | 3472232 |
| 安 徽 | Anhui | 50244226 | 46015264 | 635486 | 3593476 | 113651 | 1540543 | 787750 |
| 福 建 | Fujian | 132923226 | 125479195 | 692297 | 6751734 | 224530 | 2576053 | 1571721 |
| 江 西 | Jiangxi | 20024362 | 17569618 | 461475 | 1993269 | 94311 | 747007 | 406490 |
| 山 东 | Shandong | 179512009 | 163612905 | 1584704 | 14314400 | 263219 | 4079655 | 2695727 |
| 河 南 | Henan | 76652712 | 68202178 | 1123845 | 7326689 | 81180 | 1845501 | 1313422 |
| 湖 北 | Hubei | 79560145 | 73143086 | 780264 | 5636795 | 89623 | 1977055 | 1227449 |
| 湖 南 | Hunan | 37920351 | 33327813 | 917399 | 3675139 | 28446 | 1202121 | 942620 |
| 广 东 | Guangdong | 414167881 | 388766335 | 1770923 | 23630623 | 502825 | 9094692 | 6052525 |
| 广 西 | Guangxi | 37610199 | 35309513 | 423271 | 1877415 | 77808 | 711719 | 511986 |
| 海 南 | Hainan | 18219763 | 17120166 | 134313 | 965284 | 23543 | 382609 | 120538 |
| 重 庆 | Chongqing | 61152484 | 55400131 | 827378 | 4924975 | 724686 | 1382813 | 929488 |
| 四 川 | Sichuan | 59182734 | 53410915 | 829350 | 4942469 | 100551 | 1675539 | 1006830 |
| 贵 州 | Guizhou | 30109568 | 23710717 | 594298 | 5804553 | 28383 | 938465 | 575968 |
| 云 南 | Yunnan | 47070440 | 42135922 | 535464 | 4399054 | 10605 | 1232845 | 630218 |
| 西 藏 | Tibet | 763522 | 514237 | 56305 | 192980 | 460 | 130211 | 40338 |
| 陕 西 | Shaanxi | 47794288 | 44875614 | 460267 | 2458407 | 36886 | 1015277 | 502541 |
| 甘 肃 | Gansu | 28924700 | 27780613 | 211042 | 933045 | 91012 | 478320 | 327912 |
| 青 海 | Qinghai | 7728326 | 7155042 | 146205 | 427079 | 17503 | 115792 | 81436 |
| 宁 夏 | Ningxia | 6895086 | 6528647 | 69200 | 297239 | 9386 | 139267 | 66235 |
| 新 疆 | Xinjiang | 51499336 | 49683818 | 223838 | 1591680 | 48190 | 997570 | 452440 |

## Income and Distribution of Enterprises above Designated Size of Wholesale Trade by Region and Type of Registration

单位：万元

Unit: 10000 yuan

| #税金 Taxes | 财务费用 Financial Expenses | #利息支出 Interest Expenses | 营业利润 Operating Profits | 利润总额 Total Profits | 应交所得税 Income Tax Payable | 应付职工薪酬 Payables to Employees | 应交增值税 VAT Payable |
|---|---|---|---|---|---|---|---|
| **1603562** | **15780603** | **15704206** | **61152138** | **61814150** | **13130647** | **32414692** | **30152584** |
| 115878 | 2663678 | 3285967 | 3060300 | 3469576 | 1107394 | 3263626 | 1603126 |
| 60650 | 1537858 | 1312327 | 2353447 | 2431013 | 482373 | 707271 | 1586181 |
| 30388 | 350452 | 332751 | 758457 | 703925 | 224454 | 574592 | 555300 |
| 32860 | 370057 | 435587 | 224960 | 307175 | 154224 | 473956 | 478810 |
| 42944 | 186921 | 161010 | 107765 | 276024 | 78247 | 277801 | 375244 |
| 57874 | 416968 | 318493 | 900795 | 911996 | 244082 | 789374 | 662078 |
| 8989 | 199859 | 177325 | 156617 | 368592 | 74754 | 256715 | 181767 |
| 16864 | 313488 | 286880 | 1673996 | 791503 | 117482 | 525467 | 356912 |
| 59010 | 872740 | 867841 | 2507683 | 2923901 | 622216 | 1713696 | 1572754 |
| 96471 | 1149492 | 932051 | 5564491 | 5847712 | 1234322 | 2130335 | 2615782 |
| 142733 | 1321229 | 1895206 | 4080830 | 4622531 | 1103644 | 2968904 | 2560437 |
| 43281 | 260266 | 254188 | 1278927 | 1331521 | 286522 | 1545454 | 636792 |
| 87939 | 854484 | 653726 | 2993544 | 3149721 | 539821 | 1316799 | 949688 |
| 17496 | 40321 | 69533 | 810816 | 894881 | 205912 | 498605 | 438045 |
| 166059 | 1070700 | 628850 | 6766268 | 5611733 | 926793 | 2184007 | 2083941 |
| 63929 | 397242 | 202994 | 3655573 | 3655653 | 453564 | 1236743 | 1027932 |
| 65398 | 306166 | 274641 | 2209951 | 2211850 | 456003 | 1164459 | 939854 |
| 39054 | 234350 | 199399 | 1362428 | 1366139 | 309833 | 751871 | 661207 |
| 205185 | 1445119 | 1433027 | 7557987 | 7612488 | 1625590 | 4372364 | 4687865 |
| 29742 | 260556 | 228677 | 469347 | 544828 | 16566 | 458919 | 429953 |
| 9788 | 78985 | 90057 | 426138 | 453901 | 66464 | 127118 | 112862 |
| 45547 | 225964 | 198951 | 2432253 | 2278478 | 293271 | 802562 | 1004183 |
| 39479 | 327484 | 340106 | 1916523 | 1909246 | 416726 | 1007088 | 970393 |
| 18044 | 126608 | 169309 | 4165743 | 4240579 | 1031882 | 579264 | 741372 |
| 31908 | 251635 | 331275 | 2351685 | 2438139 | 591588 | 778268 | 1148136 |
| 795 | -2046 | 460 | 23785 | 40446 | 3722 | 46606 | 30221 |
| 30949 | 112925 | 165451 | 945603 | 920862 | 181181 | 601810 | 757023 |
| 10017 | 77769 | 71594 | 124243 | 85189 | 68170 | 318134 | 255973 |
| 5760 | 11924 | 15820 | 289353 | 272706 | 73013 | 236330 | 69934 |
| 5620 | 44582 | 43200 | 29062 | 32676 | 20597 | 88962 | 166256 |
| 22911 | 272827 | 327510 | -46432 | 109166 | 120237 | 617592 | 492563 |

国有企业
State-owned Enterprises

| 地 区 | Region | 主营业务收入 Revenue from Principal Business | 主营业务成本 Cost of Principal Business | 主营业务税金及附加 Taxes and Other Charges on Principal Business | 主营业务利润 Profits from Principal Business | 其他业务利润 Profits from Other Business | 销售费用 Selling Expenses | 管理费用 Administrative Expenses |
|---|---|---|---|---|---|---|---|---|
| **全 国** | **National Total** | **251289432** | **212168383** | **11484819** | **27636230** | **1581950** | **5203591** | **6313031** |
| 北 京 | Beijing | 35813726 | 33961090 | 261751 | 1590885 | 581399 | 440562 | 368052 |
| 天 津 | Tianjin | 12025862 | 11599670 | 125522 | 300670 | 8247 | 56556 | 89799 |
| 河 北 | Hebei | 5325888 | 4028601 | 513717 | 783570 | 1677 | 102802 | 211486 |
| 山 西 | Shanxi | 4976051 | 3882214 | 369275 | 724562 | 4212 | 124322 | 215837 |
| 内蒙古 | Inner Mongolia | 2708172 | 2006214 | 241868 | 460090 | 6367 | 76547 | 137720 |
| 辽 宁 | Liaoning | 7653742 | 6441081 | 413193 | 799468 | 6415 | 123865 | 182377 |
| 吉 林 | Jilin | 3839869 | 3238021 | 210085 | 391763 | 12034 | 175505 | 100137 |
| 黑龙江 | Heilongjiang | 5516129 | 4781991 | 296572 | 437566 | 942 | 138042 | 156571 |
| 上 海 | Shanghai | 26408993 | 25640785 | 25622 | 742586 | 9867 | 74033 | 57583 |
| 江 苏 | Jiangsu | 13773223 | 11050241 | 846358 | 1876624 | 14726 | 288300 | 361653 |
| 浙 江 | Zhejiang | 12071422 | 9636563 | 855471 | 1579388 | 22456 | 146634 | 348198 |
| 安 徽 | Anhui | 5894427 | 4497128 | 488455 | 908844 | 12311 | 122291 | 217437 |
| 福 建 | Fujian | 7831253 | 6290310 | 478762 | 1062181 | 27109 | 154102 | 265041 |
| 江 西 | Jiangxi | 4485119 | 3316926 | 404069 | 764124 | 77693 | 106280 | 170828 |
| 山 东 | Shandong | 7919718 | 7236853 | 182295 | 500570 | 7226 | 144495 | 171295 |
| 河 南 | Henan | 9878259 | 7254838 | 810651 | 1812770 | 8389 | 383781 | 467965 |
| 湖 北 | Hubei | 6786177 | 5134025 | 509581 | 1142571 | 6576 | 179300 | 285398 |
| 湖 南 | Hunan | 8020275 | 5841037 | 709795 | 1469443 | 2515 | 252446 | 369355 |
| 广 东 | Guangdong | 9909013 | 9029317 | 257792 | 621904 | 38398 | 180608 | 198669 |
| 广 西 | Guangxi | 4394269 | 3338992 | 374674 | 680603 | 4506 | 117069 | 199347 |
| 海 南 | Hainan | 2500539 | 2168716 | 125450 | 206373 | 781 | 19314 | 46543 |
| 重 庆 | Chongqing | 7404472 | 5651004 | 617772 | 1135696 | 676569 | 193779 | 301042 |
| 四 川 | Sichuan | 8833199 | 6637883 | 625558 | 1569758 | 6278 | 221698 | 318928 |
| 贵 州 | Guizhou | 6073832 | 4308753 | 426695 | 1338384 | 12778 | 377549 | 300001 |
| 云 南 | Yunnan | 12987944 | 9681904 | 481913 | 2824127 | -44917 | 547309 | 296742 |
| 西 藏 | Tibet | 476915 | 350398 | 48930 | 77587 | 329 | 13127 | 33045 |
| 陕 西 | Shaanxi | 7173580 | 5876696 | 379990 | 916894 | 2259 | 237980 | 214114 |
| 甘 肃 | Gansu | 2680866 | 2153112 | 186984 | 340770 | 71498 | 61638 | 84956 |
| 青 海 | Qinghai | 1115563 | 956756 | 60767 | 98040 | 204 | 17678 | 30195 |
| 宁 夏 | Ningxia | 1099682 | 927252 | 64537 | 107893 | 508 | 11942 | 32173 |
| 新 疆 | Xinjiang | 5711253 | 5250012 | 90715 | 370526 | 2598 | 114037 | 80544 |

3-4-3 Continued 1

单位: 万元

Unit: 10000 yuan

| #税金<br>Taxes | 财务费用<br>Financial Expenses | #利息支出<br>Interest Expenses | 营业利润<br>Operating Profits | 利润总额<br>Total Profits | 应交所得税<br>Income Tax Payable | 应付职工薪酬<br>Payables to Employees | 应交增值税<br>VAT Payable |
|---|---|---|---|---|---|---|---|
| **198013** | **208958** | **1228657** | **16367202** | **17571220** | **4126151** | **6329737** | **6796621** |
| 18970 | 233487 | 279647 | 1025169 | 1059490 | 248351 | 396117 | 215438 |
| 3503 | 5568 | 34052 | 165990 | 171835 | 54871 | 61122 | 90556 |
| 5432 | -32776 | 3033 | 504531 | 509307 | 130898 | 141748 | 200264 |
| 7651 | 4971 | 28074 | 391364 | 410703 | 105641 | 194913 | 188280 |
| 3019 | 47662 | 59687 | 190029 | 290921 | 68778 | 127701 | 101332 |
| 6678 | -12707 | 19354 | 520781 | 554775 | 140180 | 165288 | 184123 |
| 3926 | 69980 | 76550 | 46378 | 183342 | 43103 | 162916 | 95658 |
| 4973 | 102027 | 126098 | 29188 | 254288 | 65696 | 190104 | 128411 |
| 2139 | 35958 | 36436 | 400900 | 418905 | 102805 | 56351 | 98579 |
| 7372 | -76449 | 20565 | 1345007 | 1424704 | 353514 | 241360 | 550038 |
| 14801 | -95764 | 56006 | 1184462 | 1193578 | 314783 | 348317 | 424208 |
| 5160 | -38490 | 43083 | 638811 | 661913 | 153449 | 183965 | 236799 |
| 7407 | 25920 | 87806 | 674437 | 754708 | 188489 | 264267 | 275341 |
| 4266 | -27845 | 1601 | 517226 | 572484 | 125393 | 156892 | 213089 |
| 5237 | 28643 | 14173 | 182434 | 203866 | 50320 | 125827 | 150550 |
| 12961 | -212 | 19745 | 964932 | 998887 | 217458 | 438775 | 414408 |
| 7560 | -2000 | 42190 | 681387 | 748130 | 187609 | 283385 | 236825 |
| 11038 | -7993 | 20959 | 868859 | 894994 | 230792 | 314284 | 353001 |
| 6106 | 40640 | 61439 | 176865 | 210046 | 54133 | 183533 | 154463 |
| 5397 | -7188 | 12755 | 371695 | 391668 | -26306 | 158989 | 190358 |
| 2423 | -12016 | 1425 | 183823 | 184752 | 39226 | 45616 | 58852 |
| 7153 | -29189 | 2544 | 671043 | 628093 | 129027 | 272945 | 270790 |
| 10144 | -14413 | 27196 | 983033 | 1010517 | 263348 | 353577 | 491102 |
| 6644 | -4371 | 7323 | 684869 | 726087 | 156789 | 379995 | 274840 |
| 11631 | -21338 | 90233 | 1971861 | 2093627 | 513012 | 472488 | 683274 |
| 521 | -2535 | 8 | 30721 | 31054 | 3077 | 23333 | 9697 |
| 6538 | 14443 | 16548 | 396547 | 407295 | 98354 | 246392 | 227577 |
| 4408 | -13861 | 952 | 209249 | 209619 | 48502 | 101329 | 81078 |
| 798 | -11633 | 712 | 75359 | 75062 | 5297 | 125607 | 31492 |
| 673 | -6975 | 289 | 116521 | 118611 | 16155 | 30725 | 72818 |
| 3484 | 17414 | 38174 | 163731 | 177959 | 43407 | 81876 | 93380 |

3-4-3 续表 2

集体企业
Collective-owned Enterprises

| 地区 | Region | 主营业务收入 Revenue from Principal Business | 主营业务成本 Cost of Principal Business | 主营业务税金及附加 Taxes and Other Charges on Principal Business | 主营业务利润 Profits from Principal Business | 其他业务利润 Profits from Other Business | 销售费用 Selling Expenses | 管理费用 Administrative Expenses |
|---|---|---|---|---|---|---|---|---|
| **全 国** | **National Total** | **12229732** | **11392883** | **54699** | **782150** | **30626** | **281820** | **237644** |
| 北 京 | Beijing | 1062915 | 1055745 | 136 | 7034 | 9286 | 4039 | 8401 |
| 天 津 | Tianjin | 464019 | 447398 | 271 | 16350 | 672 | 3388 | 9244 |
| 河 北 | Hebei | 280739 | 249720 | 6559 | 24460 | 1240 | 5566 | 9059 |
| 山 西 | Shanxi | 599129 | 474200 | 4732 | 120197 | 1068 | 93085 | 27041 |
| 内蒙古 | Inner Mongolia | 147139 | 133507 | 236 | 13396 | 18 | 5522 | 5311 |
| 辽 宁 | Liaoning | 398228 | 373354 | 661 | 24213 | 4 | 5810 | 7454 |
| 吉 林 | Jilin | | | | | | | |
| 黑龙江 | Heilongjiang | 58271 | 53252 | 192 | 4827 | 689 | 2303 | 1590 |
| 上 海 | Shanghai | 151676 | 145655 | 145 | 5876 | 1850 | 3770 | 3596 |
| 江 苏 | Jiangsu | 576321 | 508209 | 4760 | 63352 | 2491 | 18520 | 10449 |
| 浙 江 | Zhejiang | 457581 | 437142 | 1076 | 19363 | 694 | 8778 | 9276 |
| 安 徽 | Anhui | 67287 | 63181 | 84 | 4022 | 263 | 1272 | 1016 |
| 福 建 | Fujian | 375566 | 359720 | 501 | 15345 | 923 | 8659 | 5111 |
| 江 西 | Jiangxi | 33460 | 29278 | 998 | 3184 | 39 | 452 | 696 |
| 山 东 | Shandong | 1640602 | 1485932 | 10019 | 144651 | 3730 | 25245 | 46456 |
| 河 南 | Henan | 1118491 | 1028149 | 9798 | 80544 | 179 | 15081 | 8933 |
| 湖 北 | Hubei | 124476 | 118895 | 167 | 5414 | | 1352 | 3943 |
| 湖 南 | Hunan | 173390 | 144482 | 2526 | 26382 | | 11067 | 10484 |
| 广 东 | Guangdong | 975679 | 912434 | 3639 | 59606 | 2978 | 17941 | 19007 |
| 广 西 | Guangxi | 971035 | 954202 | 451 | 16382 | 782 | 5691 | 5567 |
| 海 南 | Hainan | | | | | | | |
| 重 庆 | Chongqing | 200112 | 181892 | 2817 | 15403 | 279 | 3904 | 3100 |
| 四 川 | Sichuan | 1613242 | 1553863 | 2677 | 56702 | 1921 | 17275 | 20721 |
| 贵 州 | Guizhou | 103335 | 94697 | 379 | 8259 | 134 | 3928 | 4371 |
| 云 南 | Yunnan | 202924 | 186669 | 902 | 15353 | 1594 | 5580 | 4152 |
| 西 藏 | Tibet | | | | | | | |
| 陕 西 | Shaanxi | 87865 | 82381 | 502 | 4982 | | 1938 | 2085 |
| 甘 肃 | Gansu | 80231 | 75168 | 213 | 4850 | -3 | 2669 | 1477 |
| 青 海 | Qinghai | 5561 | 5178 | 8 | 375 | | 165 | 224 |
| 宁 夏 | Ningxia | | | | | | | |
| 新 疆 | Xinjiang | 260458 | 238580 | 250 | 21628 | -205 | 8820 | 8880 |

3-4-3 Continued 2

单位：万元
Unit: 10000 yuan

| #税金<br>Taxes | 财务费用<br>Financial Expenses | #利息支出<br>Interest Expenses | 营业利润<br>Operating Profits | 利润总额<br>Total Profits | 应交所得税<br>Income Tax Payable | 应付职工薪酬<br>Payables to Employees | 应交增值税<br>VAT Payable |
|---|---|---|---|---|---|---|---|
| **13742** | **71884** | **61949** | **237103** | **229463** | **30237** | **150641** | **100485** |
| 870 | 10660 | 10716 | 1563 | 1654 | 153 | 5021 | 879 |
| 600 | 2240 | 2383 | 2271 | 2253 | 670 | 5463 | 1793 |
| 700 | 3649 | 3520 | 9831 | 5196 | 1085 | 3946 | 1549 |
| 1027 | 2850 | 3051 | -723 | 9212 | 1692 | 16603 | 12504 |
| 163 | 85 |  | 1798 | 1798 | 35 | 696 | 679 |
| 354 | 4227 | 2865 | 5884 | 6819 | 2435 | 4517 | 18804 |
| 21 | 576 | 69 | 1094 | 1070 | 12 | 1444 | 288 |
| 27 | 1647 | 120 | 1111 | 3434 | 296 | 1988 | 583 |
| 1193 | 4446 | 1243 | 31254 | 31692 | 6244 | 6344 | 7264 |
| 269 | 1557 | 1867 | 2117 | 4078 | 1261 | 6794 | 1047 |
| 205 | 182 | 96 | 1484 | 1816 | 98 | 1612 | 1017 |
| 299 | 872 | 701 | 3069 | 3991 | 365 | 5670 | 322 |
| 141 | 243 | 240 | 2879 | 1366 | 52 | 1698 | 25 |
| 3774 | 14596 | 15668 | 61315 | 53709 | 7450 | 33577 | 20409 |
| 622 | 4120 | 903 | 47807 | 25643 | 1236 | 10008 | 10602 |
| 214 | 754 | 146 | -578 | 403 | 8 | 2744 | 233 |
| 21 | 1368 |  | 3496 | 320 | 28 | 4097 | 114 |
| 945 | 2809 | 1062 | 23534 | 23180 | 2298 | 12550 | 11420 |
| 528 | 465 | 282 | 5461 | 2424 | 447 | 3566 | 1400 |
| 37 | 224 | 582 | 8625 | 8845 | 910 | 2177 | 3132 |
| 1043 | 12760 | 9908 | 10395 | 25041 | 1403 | 6923 | 4179 |
| 33 | 1136 | 816 | 216 | 725 | 21 | 1839 | 305 |
| 126 | 2025 | 1895 | 3912 | 6289 | 37 | 2044 | 515 |
| 66 | 383 | 347 | 576 | -84 | 33 | 1248 | 369 |
| 41 | 479 | 464 | 1795 | 478 | 84 | 1227 | 8 |
|  | 46 |  | -58 | 12 |  | 140 |  |
| 423 | -2515 | 3005 | 6975 | 8099 | 1884 | 6705 | 1045 |

3-4-3 续表 3

股份合作企业

Cooperative Enterprises

| 地 区 | Region | 主营业务收入 Revenue from Principal Business | 主营业务成本 Cost of Principal Business | 主营业务税金及附加 Taxes and Other Charges on Principal Business | 主营业务利润 Profits from Principal Business | 其他业务利润 Profits from Other Business | 销售费用 Selling Expenses | 管理费用 Administrative Expenses |
|---|---|---|---|---|---|---|---|---|
| **全 国** | **National Total** | **2925836** | **2805596** | **4744** | **115496** | **3922** | **38998** | **28962** |
| 北 京 | Beijing | 148479 | 143164 | 118 | 5197 | 278 | 3325 | 3093 |
| 天 津 | Tianjin | 103553 | 95560 | 153 | 7840 | | 1387 | 1569 |
| 河 北 | Hebei | 37623 | 35333 | 89 | 2201 | 46 | 1215 | 919 |
| 山 西 | Shanxi | 775 | 527 | 21 | 227 | | 265 | 15 |
| 内蒙古 | Inner Mongolia | | | | | | | |
| 辽 宁 | Liaoning | 98988 | 93211 | 303 | 5474 | 200 | 2034 | 2032 |
| 吉 林 | Jilin | | | | | | | |
| 黑龙江 | Heilongjiang | | | | | | | |
| 上 海 | Shanghai | 986054 | 983959 | 41 | 2054 | | 911 | 1148 |
| 江 苏 | Jiangsu | 594512 | 576201 | 250 | 18061 | 1555 | 6868 | 2887 |
| 浙 江 | Zhejiang | 123274 | 116544 | 218 | 6512 | 9 | 3099 | 2153 |
| 安 徽 | Anhui | 65363 | 62927 | 78 | 2358 | | 570 | 517 |
| 福 建 | Fujian | 52751 | 50236 | 59 | 2456 | | 1180 | 722 |
| 江 西 | Jiangxi | | | | | | | |
| 山 东 | Shandong | 178620 | 171056 | 351 | 7213 | 789 | 3297 | 2421 |
| 河 南 | Henan | 6818 | 6243 | 707 | -132 | 93 | 112 | 223 |
| 湖 北 | Hubei | 21847 | 18933 | 182 | 2732 | -96 | 1264 | 739 |
| 湖 南 | Hunan | | | | | | | |
| 广 东 | Guangdong | 237338 | 210569 | 293 | 26476 | 1007 | 6714 | 4597 |
| 广 西 | Guangxi | 4075 | 3828 | 9 | 238 | | 172 | 182 |
| 海 南 | Hainan | | | | | | | |
| 重 庆 | Chongqing | 83056 | 69357 | 1352 | 12347 | | 2550 | 1750 |
| 四 川 | Sichuan | 90162 | 81676 | 378 | 8108 | 34 | 2585 | 1594 |
| 贵 州 | Guizhou | | | | | | | |
| 云 南 | Yunnan | 10912 | 9697 | 53 | 1162 | 7 | 447 | 571 |
| 西 藏 | Tibet | | | | | | | |
| 陕 西 | Shaanxi | 33273 | 30290 | 74 | 2909 | | 42 | 1143 |
| 甘 肃 | Gansu | 47023 | 45018 | 15 | 1990 | | 920 | 681 |
| 青 海 | Qinghai | 1340 | 1267 | | 73 | | 41 | 6 |
| 宁 夏 | Ningxia | | | | | | | |
| 新 疆 | Xinjiang | | | | | | | |

3-4-3 Continued 3

单位：万元
Unit: 10000 yuan

| #税金 Taxes | 财务费用 Financial Expenses | #利息支出 Interest Expenses | 营业利润 Operating Profits | 利润总额 Total Profits | 应交所得税 Income Tax Payable | 应付职工薪酬 Payables to Employees | 应交增值税 VAT Payable |
|---|---|---|---|---|---|---|---|
| **1420** | **12099** | **9299** | **39858** | **42811** | **2948** | **23252** | **10495** |
| 34 | 3168 | 2765 | -4192 | -2795 | 58 | 2189 | 914 |
| 24 | 452 | 384 | 4432 | 4433 | 175 | 1078 | 474 |
| 44 | 84 | | 30 | 37 | 8 | 870 | 517 |
| 2 | | | -53 | -53 | | 48 | 33 |
| 56 | 126 | | 1282 | 1257 | 10 | 1651 | 243 |
| 5 | 353 | 134 | -186 | -183 | 78 | 432 | 217 |
| 179 | 1108 | 1715 | 8754 | 9250 | 258 | 2841 | 1506 |
| 88 | 744 | 812 | 661 | 778 | 216 | 1873 | 921 |
| 75 | 452 | | -339 | -1266 | 1 | 1021 | 461 |
| 16 | 523 | | 32 | 32 | 5 | 236 | 29 |
| 219 | 1184 | 695 | 1254 | 1543 | 624 | 2180 | 1411 |
| 9 | 48 | 19 | 326 | 341 | 12 | 337 | 39 |
| 45 | 162 | 124 | 1007 | 1523 | 2 | 679 | 146 |
| 218 | 1236 | 1081 | 15164 | 15569 | 389 | 3879 | 941 |
| 1 | 3 | 2 | | -1 | | 111 | 27 |
| 275 | 972 | 429 | 6913 | 6918 | 195 | 1069 | 1177 |
| 35 | 114 | 102 | 3845 | 3819 | 560 | 1646 | 726 |
| 8 | 35 | 49 | 124 | 226 | 59 | 298 | 140 |
| 43 | 741 | 741 | 983 | 1184 | 295 | 518 | 561 |
| 44 | 571 | 224 | -182 | 196 | 3 | 279 | 12 |
| | 23 | 23 | 3 | 3 | | 17 | |

3-4-3 续表 4

联营企业

Joint Ownership Enterprises

| 地 区 | Region | 主营业务收入 Revenue from Principal Business | 主营业务成本 Cost of Principal Business | 主营业务税金及附加 Taxes and Other Charges on Principal Business | 主营业务利润 Profits from Principal Business | 其他业务利润 Profits from Other Business | 销售费用 Selling Expenses | 管理费用 Administr-ative Expenses |
|---|---|---|---|---|---|---|---|---|
| **全 国** | **National Total** | **555053** | **501949** | **947** | **52157** | **1571** | **29709** | **7778** |
| 北 京 | Beijing | 20403 | 19330 | 25 | 1048 | 24 | 362 | 704 |
| 天 津 | Tianjin | | | | | | | |
| 河 北 | Hebei | | | | | | | |
| 山 西 | Shanxi | 1071 | 882 | 2 | 187 | | 112 | 74 |
| 内蒙古 | Inner Mongolia | | | | | | | |
| 辽 宁 | Liaoning | | | | | | | |
| 吉 林 | Jilin | | | | | | | |
| 黑龙江 | Heilongjiang | | | | | | | |
| 上 海 | Shanghai | 170522 | 146725 | 193 | 23604 | | 20084 | 922 |
| 江 苏 | Jiangsu | | | | | | | |
| 浙 江 | Zhejiang | | | | | | | |
| 安 徽 | Anhui | 4509 | 4219 | 3 | 287 | | 92 | 54 |
| 福 建 | Fujian | 25570 | 25249 | 3 | 318 | | 61 | 151 |
| 江 西 | Jiangxi | | | | | | | |
| 山 东 | Shandong | 104843 | 97974 | 184 | 6685 | 1023 | 5739 | 1787 |
| 河 南 | Henan | | | | | | | |
| 湖 北 | Hubei | | | | | | | |
| 湖 南 | Hunan | | | | | | | |
| 广 东 | Guangdong | 118072 | 101696 | 448 | 15928 | 46 | 2689 | 1926 |
| 广 西 | Guangxi | | | | | | | |
| 海 南 | Hainan | | | | | | | |
| 重 庆 | Chongqing | | | | | | | |
| 四 川 | Sichuan | | | | | | | |
| 贵 州 | Guizhou | 10153 | 8948 | 13 | 1192 | | 359 | 425 |
| 云 南 | Yunnan | 95360 | 92657 | 75 | 2628 | 478 | 180 | 1614 |
| 西 藏 | Tibet | | | | | | | |
| 陕 西 | Shaanxi | | | | | | | |
| 甘 肃 | Gansu | | | | | | | |
| 青 海 | Qinghai | | | | | | | |
| 宁 夏 | Ningxia | | | | | | | |
| 新 疆 | Xinjiang | 4550 | 4269 | 1 | 280 | | 31 | 121 |

3-4-3 Continued 4

单位：万元
Unit: 10000 yuan

| #税金 Taxes | 财务费用 Financial Expenses | #利息支出 Interest Expenses | 营业利润 Operating Profits | 利润总额 Total Profits | 应交所得税 Income Tax Payable | 应付职工薪酬 Payables to Employees | 应交增值税 VAT Payable |
|---|---|---|---|---|---|---|---|
| **111** | **3322** | **3292** | **15184** | **13493** | **2425** | **12453** | **6952** |
| 1 | -10 | 27 | 18 | 80 | 18 | 463 | 545 |
| | | | 1 | -4 | | 83 | 20 |
| 18 | 1120 | 1018 | 1479 | 1478 | 371 | 3690 | 1537 |
| 1 | 8 | | 134 | 134 | | 51 | 18 |
| | 40 | 2 | 68 | 68 | 18 | 41 | 26 |
| 11 | 1200 | 1024 | -71 | -511 | 4 | 4790 | 2394 |
| 41 | -112 | 3 | 11752 | 10228 | 1943 | 2807 | 1698 |
| | 261 | 373 | 120 | 120 | | 231 | 481 |
| 36 | 815 | 845 | 1555 | 1772 | 70 | 226 | 223 |
| 3 | | | 128 | 128 | 1 | 71 | 10 |

3-4-3 续表 5

有限责任公司

Limited Liability Corporations

| 地 区 | Region | 主营业务收入 Revenue from Principal Business | 主营业务成本 Cost of Principal Business | 主营业务税金及附加 Taxes and Other Charges on Principal Business | 主营业务利润 Profits from Principal Business | 其他业务利润 Profits from Other Business | 销售费用 Selling Expenses | 管理费用 Administrative Expenses |
|---|---|---|---|---|---|---|---|---|
| **全 国** | **National Total** | **1534957824** | **1461120409** | **4821777** | **69015638** | **2146761** | **27077272** | **13935873** |
| 北 京 | Beijing | 179490102 | 171361679 | 207425 | 7920998 | 491675 | 3859654 | 2072142 |
| 天 津 | Tianjin | 155394835 | 150835819 | 569244 | 3989772 | 104843 | 1028843 | 584798 |
| 河 北 | Hebei | 44040173 | 42828454 | 35984 | 1175735 | 19832 | 550781 | 241460 |
| 山 西 | Shanxi | 51653568 | 50921697 | 14980 | 716891 | 35527 | 360614 | 275720 |
| 内蒙古 | Inner Mongolia | 10857518 | 10416166 | 41534 | 399818 | 10351 | 199988 | 148848 |
| 辽 宁 | Liaoning | 31113088 | 29321922 | 60980 | 1730186 | 36698 | 599450 | 480396 |
| 吉 林 | Jilin | 5024267 | 4707645 | 8944 | 307678 | 52912 | 103363 | 70559 |
| 黑龙江 | Heilongjiang | 14687230 | 13536245 | 24390 | 1126595 | 30238 | 293768 | 176332 |
| 上 海 | Shanghai | 148931748 | 145249672 | 343746 | 3338330 | 142704 | 1844952 | 903094 |
| 江 苏 | Jiangsu | 92614001 | 88190577 | 116712 | 4306712 | 169903 | 1900387 | 842250 |
| 浙 江 | Zhejiang | 124946924 | 120055488 | 255064 | 4636372 | 205950 | 2094257 | 1120446 |
| 安 徽 | Anhui | 20860943 | 19492981 | 91514 | 1276448 | 74407 | 647028 | 247898 |
| 福 建 | Fujian | 58948160 | 56319782 | 83952 | 2544426 | 108943 | 991258 | 630781 |
| 江 西 | Jiangxi | 10057040 | 9195645 | 32267 | 829128 | 14631 | 445074 | 151178 |
| 山 东 | Shandong | 70644430 | 64794592 | 802114 | 5047724 | 91727 | 1514746 | 992116 |
| 河 南 | Henan | 44681923 | 41081006 | 184919 | 3415998 | 45049 | 876494 | 514729 |
| 湖 北 | Hubei | 43090826 | 40705695 | 132080 | 2253051 | 34075 | 894713 | 431857 |
| 湖 南 | Hunan | 11371591 | 10577560 | 53050 | 740981 | 9559 | 419360 | 190463 |
| 广 东 | Guangdong | 228880925 | 216190711 | 1117095 | 11573119 | 207375 | 4803366 | 2194745 |
| 广 西 | Guangxi | 18165906 | 17732369 | 14004 | 419533 | 52506 | 173663 | 114992 |
| 海 南 | Hainan | 14746636 | 14071668 | 7129 | 667839 | 10652 | 324316 | 49578 |
| 重 庆 | Chongqing | 31344078 | 29156383 | 104069 | 2083626 | 33478 | 651260 | 329901 |
| 四 川 | Sichuan | 27744537 | 26285227 | 88728 | 1370582 | 56514 | 642727 | 285934 |
| 贵 州 | Guizhou | 18731634 | 14427510 | 143873 | 4160251 | 12414 | 414731 | 201165 |
| 云 南 | Yunnan | 22629702 | 21791321 | 33287 | 805094 | 27755 | 362371 | 168483 |
| 西 藏 | Tibet | 281506 | 160124 | 7346 | 114036 | 131 | 116077 | 6916 |
| 陕 西 | Shaanxi | 22053530 | 21193193 | 50638 | 809699 | 24730 | 422460 | 223930 |
| 甘 肃 | Gansu | 5413183 | 5063959 | 15542 | 333682 | 9001 | 180957 | 66210 |
| 青 海 | Qinghai | 3264995 | 3042328 | 63830 | 158837 | 9137 | 20859 | 15662 |
| 宁 夏 | Ningxia | 1036348 | 1011953 | 1096 | 23299 | 1343 | 14942 | 10372 |
| 新 疆 | Xinjiang | 22256477 | 21401038 | 116241 | 739198 | 22701 | 324813 | 192918 |

3-4-3 Continued 5

单位：万元
Unit: 10000 yuan

| #税金 Taxes | 财务费用 Financial Expenses | #利息支出 Interest Expenses | 营业利润 Operating Profits | 利润总额 Total Profits | 应交所得税 Income Tax Payable | 应付职工薪酬 Payables to Employees | 应交增值税 VAT Payable |
|---|---|---|---|---|---|---|---|
| **698203** | **8533413** | **8336725** | **25372605** | **25068041** | **5702151** | **12483080** | **11830277** |
| 73457 | 1860402 | 2041904 | 1642192 | 1951265 | 778059 | 2042572 | 960347 |
| 35762 | 1146419 | 1065204 | 1315126 | 1338797 | 328555 | 402350 | 921097 |
| 15370 | 185967 | 203908 | 219886 | 223609 | 73053 | 219335 | 149338 |
| 18483 | 215228 | 302306 | -124045 | -48602 | 35397 | 163281 | 173604 |
| 24029 | 44748 | 39914 | -101724 | -68525 | 3501 | 72558 | 271973 |
| 25161 | 225147 | 167476 | 432626 | 400509 | 62819 | 302826 | 262554 |
| 2879 | 92088 | 76795 | 47648 | 93842 | 11446 | 48606 | 60743 |
| 5866 | 187585 | 131696 | 1085043 | 135218 | 31543 | 122369 | 42140 |
| 35764 | 400818 | 481137 | 1134645 | 1433010 | 273064 | 898360 | 320233 |
| 29040 | 478774 | 393456 | 1410144 | 1517765 | 303937 | 735981 | 698880 |
| 47577 | 510540 | 729835 | 1593405 | 1873591 | 385728 | 991934 | 896105 |
| 14592 | 115078 | 115849 | 338818 | 406347 | 93140 | 327956 | 240332 |
| 34737 | 407485 | 281771 | 1378295 | 1426940 | 228270 | 493597 | 299374 |
| 8813 | 47320 | 58350 | 208940 | 238932 | 65274 | 263696 | 148811 |
| 60350 | 405913 | 266104 | 2339116 | 1442077 | 346644 | 859130 | 851357 |
| 31609 | 229804 | 121049 | 1667566 | 1669674 | 137702 | 498066 | 381609 |
| 25182 | 140247 | 121670 | 812112 | 783841 | 167386 | 378733 | 319362 |
| 7557 | 87253 | 81923 | 56929 | 106665 | 30168 | 175125 | 106991 |
| 96988 | 710661 | 681420 | 4175264 | 4227886 | 1025841 | 1919211 | 2785019 |
| 13496 | 161552 | 138272 | -6742 | 24440 | 23290 | 97632 | 70979 |
| 5786 | 80952 | 77728 | 221575 | 243310 | 20844 | 66931 | 38330 |
| 20309 | 169468 | 133928 | 984624 | 922894 | 89309 | 272707 | 347690 |
| 12764 | 181085 | 157169 | 303308 | 300846 | 61973 | 302482 | 261917 |
| 7731 | 102146 | 131887 | 3433417 | 3469478 | 865175 | 141006 | 422185 |
| 14720 | 148138 | 145022 | 197698 | 243022 | 61586 | 158104 | 367817 |
| 245 | 463 | 428 | -6884 | 9888 | 645 | 21783 | 20488 |
| 16016 | 61487 | 46800 | 272379 | 271137 | 65162 | 187095 | 219368 |
| 2117 | 30722 | 17718 | 52512 | 62236 | 13204 | 83238 | 36986 |
| 780 | 7311 | 7337 | 126198 | 129073 | 65622 | 22191 | 3174 |
| 1108 | 22818 | 19571 | -23221 | -22432 | 1377 | 10332 | 3724 |
| 9915 | 75794 | 99098 | 185755 | 261308 | 52437 | 203893 | 147750 |

股份有限公司

Share-holding Corporations Ltd.

| 地 区 | Region | 主营业务收入 Revenue from Principal Business | 主营业务成本 Cost of Principal Business | 主营业务税金及附加 Taxes and Other Charges on Principal Business | 主营业务利润 Profits from Principal Business | 其他业务利润 Profits from Other Business | 销售费用 Selling Expenses | 管理费用 Administr-ative Expenses |
|---|---|---|---|---|---|---|---|---|
| **全 国** | **National Total** | **341955412** | **326553663** | **482554** | **14919195** | **392883** | **8325871** | **3429104** |
| 北 京 | Beijing | 20755384 | 19854298 | 18245 | 882841 | 65390 | 481109 | 239045 |
| 天 津 | Tianjin | 11038185 | 10598785 | 4927 | 434473 | 24007 | 97706 | 84368 |
| 河 北 | Hebei | 3257267 | 2859160 | 6602 | 391505 | 4305 | 186352 | 57189 |
| 山 西 | Shanxi | 3020752 | 3028632 | 1420 | -9300 | 4554 | 42274 | 16037 |
| 内蒙古 | Inner Mongolia | 3382343 | 3265927 | 5942 | 110474 | 3344 | 75748 | 34910 |
| 辽 宁 | Liaoning | 33281475 | 33356883 | 11340 | -86748 | -11664 | 186403 | 117584 |
| 吉 林 | Jilin | 3835300 | 3713877 | 2996 | 118427 | 421 | 103150 | 14972 |
| 黑龙江 | Heilongjiang | 5235897 | 4903180 | 10465 | 322252 | 2875 | 191735 | 36355 |
| 上 海 | Shanghai | 14220501 | 13110157 | 16841 | 1093503 | 10236 | 469461 | 273596 |
| 江 苏 | Jiangsu | 28515159 | 26803963 | 36106 | 1675090 | 15673 | 931289 | 328410 |
| 浙 江 | Zhejiang | 34165930 | 32637911 | 33419 | 1494600 | 19537 | 887625 | 370887 |
| 安 徽 | Anhui | 10054712 | 9515148 | 8978 | 530586 | 7458 | 317780 | 104255 |
| 福 建 | Fujian | 19585286 | 18716037 | 23113 | 846136 | 63796 | 532681 | 133988 |
| 江 西 | Jiangxi | 3157544 | 2937458 | 4378 | 215708 | -1021 | 124359 | 34364 |
| 山 东 | Shandong | 14357413 | 13287562 | 29489 | 1040362 | 5220 | 616792 | 220332 |
| 河 南 | Henan | 8419675 | 7872164 | 22758 | 524753 | 11022 | 227645 | 99602 |
| 湖 北 | Hubei | 16220342 | 15187417 | 23197 | 1009728 | 33469 | 532625 | 229526 |
| 湖 南 | Hunan | 3385077 | 3119046 | 9510 | 256521 | 5387 | 109809 | 81946 |
| 广 东 | Guangdong | 38680563 | 36204069 | 118433 | 2358061 | 59006 | 768909 | 621147 |
| 广 西 | Guangxi | 5633081 | 5238886 | 9145 | 385050 | 7414 | 227434 | 65802 |
| 海 南 | Hainan | 454790 | 403495 | 953 | 50342 | 598 | 24935 | 9382 |
| 重 庆 | Chongqing | 3226594 | 3040610 | 13112 | 172872 | 4294 | 92768 | 26611 |
| 四 川 | Sichuan | 3378688 | 3167154 | 4349 | 207185 | 2829 | 118335 | 32730 |
| 贵 州 | Guizhou | 2172225 | 2058553 | 14956 | 98716 | 254 | 42848 | 13058 |
| 云 南 | Yunnan | 3721554 | 3452657 | 3575 | 265322 | 7097 | 136094 | 40191 |
| 西 藏 | Tibet | | | | | | | |
| 陕 西 | Shaanxi | 14798566 | 14399672 | 18214 | 380680 | 7757 | 289061 | 16100 |
| 甘 肃 | Gansu | 13928840 | 14063065 | 1303 | -135528 | 8907 | 41111 | 66120 |
| 青 海 | Qinghai | 1360109 | 1245848 | 18690 | 95571 | 4354 | 60863 | 19552 |
| 宁 夏 | Ningxia | 3435898 | 3293719 | 2126 | 140053 | 5054 | 75776 | 3573 |
| 新 疆 | Xinjiang | 15276262 | 15218330 | 7972 | 49960 | 21310 | 333194 | 37472 |

3-4-3 Continued 6

单位：万元
Unit: 10000 yuan

| #税金 Taxes | 财务费用 Financial Expenses | #利息支出 Interest Expenses | 营业利润 Operating Profits | 利润总额 Total Profits | 应交所得税 Income Tax Payable | 应付职工薪酬 Payables to Employees | 应交增值税 VAT Payable |
|---|---|---|---|---|---|---|---|
| **197227** | **1608796** | **2104740** | **3434506** | **3552140** | **836106** | **4856658** | **3632807** |
| 13568 | 374918 | 769511 | 273180 | 318415 | 1289 | 213394 | 85369 |
| 6105 | 127096 | 86834 | 71611 | 85411 | 31470 | 21266 | 33970 |
| 4887 | 52893 | 43504 | 112448 | 56130 | 9626 | 110089 | 74452 |
| 1394 | 10627 | -2044 | -50218 | -51563 | 1611 | 10607 | 14820 |
| 6915 | 14139 | 17908 | -5461 | 13140 | 1455 | 40271 | -3444 |
| 7824 | 67139 | 65504 | -414471 | -415377 | 9275 | 118064 | 40503 |
| 825 | 13051 | 8955 | -2101 | 3868 | 5178 | 20267 | 6289 |
| 4627 | 795 | 17986 | 218367 | 57699 | 8668 | 172681 | 165680 |
| 3311 | 27611 | 42889 | 501213 | 538522 | 90711 | 244079 | 673096 |
| 10810 | 64586 | 129638 | 316214 | 358547 | 129184 | 262610 | 337838 |
| 22242 | 122074 | 183961 | 603349 | 649374 | 135515 | 470113 | 359048 |
| 13254 | 90784 | 45129 | 137919 | 137387 | 14494 | 858986 | 42403 |
| 5677 | 127323 | 98848 | 303989 | 355779 | 56536 | 191260 | 128731 |
| 2429 | 8175 | 2514 | 31793 | 38347 | 9382 | 47236 | 35980 |
| 13946 | 24126 | 19603 | 176885 | 202181 | 34823 | 293698 | 164580 |
| 5785 | 36915 | 25803 | 161844 | 159281 | 32004 | 105419 | 70465 |
| 13690 | 63549 | 64099 | 228491 | 228826 | 47625 | 299614 | 187241 |
| 3998 | 22204 | 19303 | 45323 | 53867 | 17640 | 71571 | 32975 |
| 29774 | 141396 | 177291 | 927221 | 989531 | 136794 | 716468 | 284226 |
| 3750 | 21958 | 10819 | 105814 | 113220 | 9110 | 111637 | 114321 |
| 250 | 7267 | 8458 | 12611 | 15233 | 3374 | 6584 | 6329 |
| 1591 | 5087 | 3856 | 55018 | 44506 | 4634 | 36726 | 31657 |
| 1087 | 13167 | 9877 | 49239 | 50270 | 6228 | 31657 | 15448 |
| 914 | 5533 | 10274 | 27713 | 28425 | 4941 | 12388 | 9711 |
| 2409 | 21756 | 19040 | 81340 | 34897 | 8819 | 53296 | 26041 |
| 5962 | 12343 | 90998 | 61017 | 48436 | 12693 | 102640 | 297033 |
| 1317 | 15487 | 16404 | -190674 | -192746 | 2307 | 62595 | 93090 |
| 1718 | 2673 | 2259 | 19327 | 8581 | 1416 | 40380 | 23461 |
| 2930 | 6732 | 5286 | -10233 | -11551 | 1974 | 28820 | 84066 |
| 4238 | 107392 | 110233 | -414262 | -366496 | 7330 | 102242 | 197428 |

私营企业
Private Enterprises

| 地 区 | Region | 主营业务收入 Revenue from Principal Business | 主营业务成本 Cost of Principal Business | 主营业务税金及附加 Taxes and Other Charges on Principal Business | 主营业务利润 Profits from Principal Business | 其他业务利润 Profits from Other Business | 销售费用 Selling Expenses | 管理费用 Administrative Expenses |
|---|---|---|---|---|---|---|---|---|
| **全 国** | **National Total** | **924692189** | **870641700** | **2652636** | **51397853** | **1842617** | **19056469** | **12847730** |
| 北 京 | Beijing | 36050928 | 33805231 | 50685 | 2195012 | 175104 | 1278993 | 802678 |
| 天 津 | Tianjin | 66015714 | 62899905 | 349219 | 2766590 | 588197 | 657753 | 415864 |
| 河 北 | Hebei | 13424003 | 12630566 | 18490 | 774947 | 17110 | 219590 | 139009 |
| 山 西 | Shanxi | 8441613 | 7890371 | 14761 | 536481 | 28943 | 329273 | 130664 |
| 内蒙古 | Inner Mongolia | 4817729 | 4434356 | 27261 | 356112 | 24258 | 190024 | 84821 |
| 辽 宁 | Liaoning | 25133532 | 23751211 | 85235 | 1297086 | 34256 | 479205 | 359466 |
| 吉 林 | Jilin | 2265111 | 2002590 | 20519 | 242002 | 24353 | 96601 | 56674 |
| 黑龙江 | Heilongjiang | 4898100 | 4327734 | 71154 | 499212 | 7478 | 92913 | 53930 |
| 上 海 | Shanghai | 127004609 | 124128257 | 47794 | 2828558 | 111408 | 1508916 | 837800 |
| 江 苏 | Jiangsu | 114985607 | 108497034 | 246074 | 6242499 | 155090 | 2009316 | 1360214 |
| 浙 江 | Zhejiang | 127651465 | 122277651 | 160293 | 5213521 | 143462 | 2596821 | 1618451 |
| 安 徽 | Anhui | 13011521 | 12118397 | 45711 | 847413 | 19207 | 443458 | 212541 |
| 福 建 | Fujian | 46056730 | 43673912 | 105611 | 2277207 | 23759 | 886746 | 534613 |
| 江 西 | Jiangxi | 2281142 | 2080584 | 19672 | 180886 | 2968 | 70782 | 49328 |
| 山 东 | Shandong | 82972600 | 75184194 | 539441 | 7248965 | 153466 | 1733900 | 1225390 |
| 河 南 | Henan | 12094787 | 10601265 | 89155 | 1404367 | 16417 | 332053 | 211854 |
| 湖 北 | Hubei | 12594550 | 11367640 | 104948 | 1121962 | 15595 | 349689 | 252628 |
| 湖 南 | Hunan | 14775003 | 13467085 | 141565 | 1166353 | 10906 | 406450 | 287918 |
| 广 东 | Guangdong | 133909980 | 124852433 | 269958 | 8787589 | 190925 | 3290151 | 2995437 |
| 广 西 | Guangxi | 8406047 | 8010395 | 24948 | 370704 | 12601 | 185374 | 124314 |
| 海 南 | Hainan | 488239 | 449211 | 732 | 38296 | 11426 | 13250 | 13783 |
| 重 庆 | Chongqing | 18709378 | 17148899 | 80817 | 1479662 | 10009 | 432929 | 261395 |
| 四 川 | Sichuan | 16979898 | 15244873 | 85536 | 1649489 | 32899 | 658672 | 330314 |
| 贵 州 | Guizhou | 3013877 | 2808061 | 8378 | 197438 | 2804 | 98943 | 56873 |
| 云 南 | Yunnan | 7325153 | 6829965 | 15298 | 479890 | 18590 | 179537 | 116807 |
| 西 藏 | Tibet | 5100 | 3715 | 30 | 1355 |  | 1008 | 376 |
| 陕 西 | Shaanxi | 3532818 | 3193485 | 9809 | 329524 | 1701 | 60878 | 41150 |
| 甘 肃 | Gansu | 6718728 | 6327612 | 6713 | 384403 | 1609 | 190514 | 108157 |
| 青 海 | Qinghai | 1980268 | 1903224 | 2911 | 74133 | 3808 | 16181 | 15714 |
| 宁 夏 | Ningxia | 1323159 | 1295723 | 1441 | 25995 | 2482 | 36607 | 20117 |
| 新 疆 | Xinjiang | 7824800 | 7436121 | 8477 | 380202 | 1786 | 209942 | 129450 |

3-4-3 Continued 7

单位：万元
Unit: 10000 yuan

| #税金 Taxes | 财务费用 Financial Expenses | #利息支出 Interest Expenses | 营业利润 Operating Profits | 利润总额 Total Profits | 应交所得税 Income Tax Payable | 应付职工薪酬 Payables to Employees | 应交增值税 VAT Payable |
|---|---|---|---|---|---|---|---|
| **484754** | **5297004** | **3940393** | **14925795** | **14699666** | **2370064** | **8317862** | **7674715** |
| | | | | | | | |
| 8979 | 181053 | 181397 | 122572 | 141667 | 79465 | 603713 | 339634 |
| 14656 | 254615 | 123471 | 790303 | 824569 | 66632 | 215957 | 538286 |
| 3874 | 140616 | 78702 | -90510 | -92850 | 9596 | 94618 | 128845 |
| 4143 | 136354 | 104178 | 7489 | -13484 | 9830 | 87987 | 88178 |
| 8818 | 80169 | 43387 | 23063 | 38629 | 4477 | 36365 | 4698 |
| | | | | | | | |
| 17717 | 132762 | 63076 | 351959 | 361505 | 29238 | 196030 | 155562 |
| 1359 | 24740 | 15025 | 64807 | 87338 | 15027 | 24789 | 19077 |
| 1359 | 22479 | 11032 | 338356 | 343228 | 11562 | 38660 | 19490 |
| | | | | | | | |
| 17747 | 404121 | 304800 | 467943 | 528122 | 154772 | 507013 | 478157 |
| 46344 | 663691 | 382371 | 2322512 | 2376711 | 426258 | 817571 | 1003384 |
| 57618 | 781513 | 922298 | 691777 | 895089 | 265581 | 1146623 | 877979 |
| 9714 | 91545 | 49920 | 155179 | 118705 | 25186 | 165354 | 114666 |
| 39435 | 291792 | 184303 | 632568 | 607215 | 66136 | 361090 | 245804 |
| 1847 | 12391 | 6793 | 49940 | 43711 | 5810 | 29030 | 40141 |
| 78384 | 584478 | 307915 | 3768977 | 3490287 | 469176 | 832570 | 852015 |
| | | | | | | | |
| 11901 | 123014 | 34919 | 748745 | 736845 | 55352 | 170515 | 146256 |
| 17668 | 97473 | 42853 | 433792 | 399831 | 51334 | 179279 | 187126 |
| 16250 | 130602 | 77045 | 378799 | 301926 | 29556 | 184175 | 166309 |
| 70720 | 546979 | 509026 | 2080149 | 2084220 | 400789 | 1527096 | 1444016 |
| 6531 | 83109 | 65894 | -7041 | 13091 | 10025 | 85528 | 52667 |
| 1329 | 2671 | 2447 | 7766 | 10208 | 2929 | 7339 | 8988 |
| | | | | | | | |
| 16081 | 78637 | 56940 | 692337 | 653673 | 68131 | 212866 | 346128 |
| 14120 | 134165 | 134312 | 517429 | 470639 | 75704 | 287359 | 186965 |
| 2723 | 21903 | 18635 | 19280 | 15615 | 4956 | 43783 | 33851 |
| 2975 | 99961 | 73996 | 92947 | 56315 | 7706 | 91060 | 70138 |
| 28 | 25 | 25 | -53 | -496 | | 1490 | 36 |
| | | | | | | | |
| 2147 | 22240 | 9484 | 208851 | 187200 | 4572 | 60461 | 11244 |
| 2090 | 43894 | 35716 | 49920 | 3784 | 3974 | 68990 | 44799 |
| 2464 | 13504 | 5490 | 68562 | 60014 | 678 | 7831 | 11807 |
| 910 | 22006 | 18054 | -54006 | -51952 | 1090 | 19085 | 5648 |
| 4823 | 74502 | 76889 | -8617 | 8311 | 14522 | 213635 | 52821 |

其他企业
Other Enterprises

| 地　区 | Region | 主营业务收入 Revenue from Principal Business | 主营业务成本 Cost of Principal Business | 主营业务税金及附加 Taxes and Other Charges on Principal Business | 主营业务利润 Profits from Principal Business | 其他业务利润 Profits from Other Business | 销售费用 Selling Expenses | 管理费用 Administrative Expenses |
|---|---|---|---|---|---|---|---|---|
| **全　国** | **National Total** | **9171404** | **7886323** | **88401** | **1196680** | **4325** | **213146** | **181654** |
| 北　京 | Beijing | 2928 | 2887 | | 41 | 270 | 503 | 9 |
| 天　津 | Tianjin | 48120 | 39301 | 1425 | 7394 | | 1083 | 1128 |
| 河　北 | Hebei | 147139 | 134265 | 47 | 12827 | -7 | 7698 | 2860 |
| 山　西 | Shanxi | 54385 | 46829 | 141 | 7415 | 5 | 4623 | 1630 |
| 内蒙古 | Inner Mongolia | 11810 | 11447 | 3 | 360 | | 63 | 118 |
| 辽　宁 | Liaoning | 52775 | 47176 | 183 | 5416 | | 1240 | 1148 |
| 吉　林 | Jilin | 5295 | 4903 | 5 | 387 | 44 | 300 | 274 |
| 黑龙江 | Heilongjiang | 57191 | 52057 | 2744 | 2390 | | 259 | 114 |
| 上　海 | Shanghai | 611011 | 596145 | 28 | 14838 | | 10627 | 2633 |
| 江　苏 | Jiangsu | 1695029 | 1462600 | 9808 | 222621 | 104 | 41601 | 40081 |
| 浙　江 | Zhejiang | 391431 | 372424 | 455 | 18552 | | 9900 | 2821 |
| 安　徽 | Anhui | 285466 | 261285 | 663 | 23518 | 5 | 8052 | 4031 |
| 福　建 | Fujian | 47910 | 43949 | 296 | 3665 | | 1367 | 1316 |
| 江　西 | Jiangxi | 10056 | 9726 | 92 | 238 | | 61 | 98 |
| 山　东 | Shandong | 1693782 | 1354743 | 20813 | 318226 | 39 | 35440 | 35929 |
| 河　南 | Henan | 452761 | 358514 | 5858 | 88389 | 32 | 10336 | 10118 |
| 湖　北 | Hubei | 721926 | 610482 | 10109 | 101335 | 4 | 18112 | 23358 |
| 湖　南 | Hunan | 195016 | 178604 | 953 | 15459 | 79 | 2989 | 2454 |
| 广　东 | Guangdong | 1456312 | 1265106 | 3265 | 187941 | 3090 | 24312 | 16997 |
| 广　西 | Guangxi | 35786 | 30841 | 40 | 4905 | | 2316 | 1782 |
| 海　南 | Hainan | 29559 | 27077 | 49 | 2433 | 87 | 793 | 1253 |
| 重　庆 | Chongqing | 184794 | 151986 | 7439 | 25369 | 57 | 5622 | 5688 |
| 四　川 | Sichuan | 543007 | 440241 | 22125 | 80641 | 77 | 14247 | 16611 |
| 贵　州 | Guizhou | 4511 | 4196 | 4 | 311 | | 107 | 76 |
| 云　南 | Yunnan | 96892 | 91053 | 363 | 5476 | | 1327 | 1659 |
| 西　藏 | Tibet | | | | | | | |
| 陕　西 | Shaanxi | 114655 | 99898 | 1040 | 13717 | 439 | 2918 | 4019 |
| 甘　肃 | Gansu | 55830 | 52680 | 272 | 2878 | | 511 | 312 |
| 青　海 | Qinghai | 490 | 440 | | 50 | | 6 | 82 |
| 宁　夏 | Ningxia | | | | | | | |
| 新　疆 | Xinjiang | 165537 | 135468 | 181 | 29888 | | 6733 | 3055 |

3-4-3 Continued 8

单位：万元
Unit: 10000 yuan

| #税金 Taxes | 财务费用 Financial Expenses | #利息支出 Interest Expenses | 营业利润 Operating Profits | 利润总额 Total Profits | 应交所得税 Income Tax Payable | 应付职工薪酬 Payables to Employees | 应交增值税 VAT Payable |
|---|---|---|---|---|---|---|---|
| **10102** | **45136** | **19160** | **759886** | **637319** | **60561** | **241020** | **100240** |
| | | | | | | | |
| | | | -200 | -200 | | 157 | |
| 2 | 1469 | | 3715 | 3715 | | 34 | 6 |
| 81 | 19 | 85 | 2242 | 2496 | 188 | 3987 | 334 |
| 160 | 27 | 23 | 1144 | 965 | 53 | 434 | 1371 |
| | 119 | 113 | 61 | 61 | | 209 | 6 |
| | | | | | | | |
| 85 | 274 | 218 | 2734 | 2508 | 126 | 999 | 289 |
| | | | -115 | 204 | | 137 | |
| 18 | 27 | | 1949 | | | 210 | 903 |
| | | | | | | | |
| | 1113 | 1309 | 577 | 612 | 119 | 1783 | 353 |
| 1533 | 13337 | 3062 | 130605 | 129044 | 14927 | 63629 | 16872 |
| 138 | 567 | 427 | 5059 | 6042 | 560 | 3251 | 1129 |
| 282 | 708 | 111 | 6921 | 6485 | 154 | 6509 | 1098 |
| 368 | 530 | 296 | 1087 | 989 | 3 | 638 | 62 |
| 1 | 38 | 35 | 37 | 41 | | 52 | |
| 4138 | 10559 | 3669 | 236357 | 218581 | 17753 | 32237 | 41227 |
| | | | | | | | |
| 1042 | 3553 | 555 | 64352 | 64983 | 9799 | 13623 | 4554 |
| 1038 | 5980 | 3559 | 53740 | 49297 | 2039 | 20026 | 8920 |
| 192 | 917 | 169 | 9023 | 8368 | 1649 | 2619 | 1816 |
| 392 | 1510 | 1705 | 148039 | 51828 | 3402 | 6821 | 6082 |
| 37 | 658 | 652 | 160 | -15 | 1 | 1456 | 201 |
| | 112 | | 363 | 399 | 90 | 648 | 363 |
| | | | | | | | |
| 101 | 765 | 672 | 13692 | 13548 | 1065 | 4073 | 3610 |
| 286 | 606 | 1542 | 49275 | 48114 | 7509 | 23445 | 10055 |
| | | | 128 | 128 | | 23 | |
| 4 | 242 | 196 | 2249 | 1991 | 299 | 753 | -12 |
| | | | | | | | |
| 178 | 1288 | 534 | 5251 | 5694 | 73 | 3457 | 871 |
| | 478 | 117 | 1622 | 1622 | 96 | 476 | |
| 1 | | | -39 | -39 | | 40165 | |
| | | | | | | | |
| 25 | 240 | 111 | 19858 | 19858 | 656 | 9169 | 130 |

港、澳、台商投资企业

Enterprises with Funds from Hong Kong, Macao and Taiwan

| 地 区 | Region | 主营业务收入 Revenue from Principal Business | 主营业务成本 Cost of Principal Business | 主营业务税金及附加 Taxes and Other Charges on Principal Business | 主营业务利润 Profits from Principal Business | 其他业务利润 Profits from Other Business | 销售费用 Selling Expenses | 管理费用 Administrative Expenses |
|---|---|---|---|---|---|---|---|---|
| **全 国** | **National Total** | **169770845** | **150456151** | **409966** | **18904728** | **821331** | **10642873** | **4713267** |
| 北 京 | Beijing | 29056676 | 26831462 | 46646 | 2178568 | 71007 | 1629993 | 514461 |
| 天 津 | Tianjin | 11781906 | 11214072 | 23512 | 544322 | 5573 | 263141 | 78277 |
| 河 北 | Hebei | 710061 | 635693 | 818 | 73550 | | 64905 | 4694 |
| 山 西 | Shanxi | 2400275 | 2382465 | 354 | 17456 | 1786 | 9749 | 4581 |
| 内蒙古 | Inner Mongolia | 11137 | 10894 | 9 | 234 | 8 | 1823 | 113 |
| 辽 宁 | Liaoning | 600359 | 508387 | 1593 | 90379 | 333 | 42205 | 22226 |
| 吉 林 | Jilin | 74350 | 71336 | 95 | 2919 | 58 | 2094 | 2074 |
| 黑龙江 | Heilongjiang | 93310 | 89968 | 183 | 3159 | 113 | 3918 | 899 |
| 上 海 | Shanghai | 66987662 | 57604739 | 139332 | 9243591 | 382786 | 5237819 | 2212143 |
| 江 苏 | Jiangsu | 10148220 | 8354172 | 35211 | 1758837 | 22333 | 608578 | 671528 |
| 浙 江 | Zhejiang | 5709565 | 5251050 | 9182 | 449333 | 18947 | 285452 | 125236 |
| 安 徽 | Anhui | 772146 | 689567 | 826 | 81753 | 22 | 80273 | 3329 |
| 福 建 | Fujian | 4488089 | 4089671 | 8479 | 389939 | 138904 | 164346 | 123163 |
| 江 西 | Jiangxi | 153848 | 140882 | 584 | 12382 | 6700 | 8148 | 3363 |
| 山 东 | Shandong | 2555503 | 2387222 | 2511 | 165770 | 1765 | 71351 | 59038 |
| 河 南 | Henan | 1789237 | 1619785 | 57770 | 111682 | 1124 | 16626 | 31349 |
| 湖 北 | Hubei | 1088309 | 886409 | 5219 | 196681 | 5405 | 129145 | 27118 |
| 湖 南 | Hunan | 72508 | 65878 | 182 | 6448 | | 2134 | 2196 |
| 广 东 | Guangdong | 25094449 | 21785963 | 71700 | 3236786 | 154594 | 1842244 | 776748 |
| 广 西 | Guangxi | 111435 | 107291 | 223 | 3921 | 162 | 7151 | 1347 |
| 海 南 | Hainan | 905480 | 877645 | 200 | 27635 | 83 | 22262 | 6508 |
| 重 庆 | Chongqing | 1636831 | 1514645 | 1712 | 120474 | 54 | 35245 | 10609 |
| 四 川 | Sichuan | 1662480 | 1607426 | 1041 | 54013 | 8433 | 37505 | 12096 |
| 贵 州 | Guizhou | 3900 | 3046 | 21 | 833 | | 48 | 578 |
| 云 南 | Yunnan | 343659 | 319419 | 427 | 23813 | 603 | 10185 | 6087 |
| 西 藏 | Tibet | 165337 | 126387 | 780 | 38170 | 1 | 26858 | 2312 |
| 陕 西 | Shaanxi | 326935 | 277727 | 1204 | 48004 | 537 | 28284 | 9985 |
| 甘 肃 | Gansu | 19859 | 16176 | 80 | 3603 | | 3032 | |
| 青 海 | Qinghai | 714411 | 696483 | 52 | 17876 | | 8359 | 755 |
| 宁 夏 | Ningxia | | | | | | | |
| 新 疆 | Xinjiang | 292908 | 290291 | 20 | 2597 | | | 454 |

3-4-3 Continued 9

单位：万元
Unit: 10000 yuan

| #税金 Taxes | 财务费用 Financial Expenses | #利息支出 Interest Expenses | 营业利润 Operating Profits | 利润总额 Total Profits | 应交所得税 Income Tax Payable | 应付职工薪酬 Payables to Employees | 应交增值税 VAT Payable |
|---|---|---|---|---|---|---|---|
| **85289** | **794602** | **542455** | **4037856** | **4242978** | **1035586** | **4170936** | **2649677** |
| 12341 | 187762 | 93855 | -25891 | 89016 | 73556 | 781391 | 320239 |
| 3847 | 57304 | 46390 | 156515 | 201662 | 41559 | 124704 | 207481 |
| 269 | 2045 | 1129 | 2177 | 2646 | 1392 | 1835 | 1599 |
| 941 | 1503 | 491 | 2480 | 2584 | 1380 | 7007 | 9443 |
| 16 | 3 | | -1697 | -1713 | 13 | 856 | 72 |
| 380 | 24334 | 24281 | 1961 | 3698 | 3119 | 21286 | 7142 |
| 85 | -177 | 13 | -202 | 208 | 150 | 531 | -13 |
| 6 | 14 | 7 | -1560 | -1547 | 198 | 2333 | 186 |
| 34799 | 291818 | 167247 | 2183083 | 2250651 | 511357 | 1836723 | 1214770 |
| 4909 | 57079 | 30519 | 539551 | 565264 | 121984 | 221221 | 245400 |
| 2870 | 30017 | 29933 | 75581 | 82301 | 22082 | 68841 | 57828 |
| 293 | -2235 | | 409 | 459 | 235 | 6489 | 8012 |
| 2181 | 14119 | 21841 | 140461 | 149027 | 27658 | 85579 | 44738 |
| 18 | 139 | 65 | 7175 | 7710 | 1439 | 2813 | 1127 |
| 975 | 7028 | 7301 | 35172 | 39061 | 11657 | 41545 | 10439 |
| 1161 | 1516 | 1981 | 64092 | 64297 | 17265 | 33186 | 27230 |
| 879 | 8793 | 5085 | 38557 | 38129 | 9997 | 39623 | 27927 |
| 20 | 128 | 21 | 1979 | 1976 | 282 | 987 | 125 |
| 16792 | 88262 | 92866 | 746227 | 662428 | 181620 | 811546 | 438270 |
| 111 | 277 | 40 | -3787 | 1692 | 5 | 791 | 1762 |
| 629 | 2142 | 847 | -1420 | 472 | 419 | 4476 | 1844 |
| 389 | 4482 | 1855 | 69878 | 73436 | 5352 | 16984 | 4414 |
| 843 | 9161 | 3765 | 2459 | 2808 | 504 | 16782 | 3504 |
| | -3 | | 219 | 191 | 35 | 404 | 139 |
| 131 | 2883 | 8662 | -19918 | -19408 | 1119 | 7887 | 7046 |
| 122 | -818 | 6 | 9817 | 11782 | 1060 | 10051 | 6498 |
| 60 | -2350 | | 12439 | 12722 | -38 | 23122 | 2212 |
| | 1 | 1 | 570 | 570 | 162 | 1451 | 51 |
| 180 | 6726 | 16 | 2036 | 1371 | 25 | 167 | |
| 42 | 2649 | 4238 | -507 | -515 | | 325 | 192 |

外商投资企业

Foreign Funded Enterprises

| 地区 | Region | 主营业务收入 Revenue from Principal Business | 主营业务成本 Cost of Principal Business | 主营业务税金及附加 Taxes and Other Charges on Principal Business | 主营业务利润 Profits from Principal Business | 其他业务利润 Profits from Other Business | 销售费用 Selling Expenses | 管理费用 Administr-ative Expenses |
|---|---|---|---|---|---|---|---|---|
| **全国** | **National Total** | **337265262** | **296253768** | **1270476** | **39741018** | **1548223** | **24652651** | **8407610** |
| 北京 | Beijing | 67080870 | 58025088 | 172201 | 8883581 | 740740 | 5392112 | 2116000 |
| 天津 | Tianjin | 8862998 | 7120158 | 661409 | 1081431 | 6178 | 643501 | 190587 |
| 河北 | Hebei | 813811 | 792602 | 574 | 20635 | 144 | 5880 | 4169 |
| 山西 | Shanxi | 10927 | 9364 | 29 | 1534 | | 2366 | 279 |
| 内蒙古 | Inner Mongolia | 49135 | 42103 | 94 | 6938 | | 712 | 434 |
| 辽宁 | Liaoning | 1174185 | 986221 | 3367 | 184597 | 6993 | 81805 | 43543 |
| 吉林 | Jilin | 1115704 | 991933 | 1735 | 122036 | 225 | 106492 | 4385 |
| 黑龙江 | Heilongjiang | 769208 | 768780 | 85 | 343 | | | 394 |
| 上海 | Shanghai | 180772577 | 159571955 | 277951 | 20922671 | 611863 | 13484838 | 4133883 |
| 江苏 | Jiangsu | 12683094 | 9853865 | 51312 | 2777917 | 68264 | 1664173 | 625612 |
| 浙江 | Zhejiang | 6563423 | 6304879 | 7127 | 251417 | 9318 | 150482 | 70882 |
| 安徽 | Anhui | 1482662 | 985463 | 7735 | 489464 | 11668 | 486525 | 53067 |
| 福建 | Fujian | 5379065 | 4960072 | 10907 | 408086 | 12540 | 227640 | 72970 |
| 江西 | Jiangxi | 356393 | 321993 | 647 | 33753 | 1137 | 12807 | 3267 |
| 山东 | Shandong | 2063534 | 1885328 | 5951 | 172255 | 13337 | 89249 | 47513 |
| 河南 | Henan | 92890 | 89232 | 49 | 3609 | -43 | 4352 | 886 |
| 湖北 | Hubei | 10616162 | 8789072 | 23904 | 1803186 | 6727 | 1115315 | 294879 |
| 湖南 | Hunan | 105868 | 81985 | 1800 | 22083 | 12 | 1837 | 910 |
| 广东 | Guangdong | 34548760 | 32189939 | 37934 | 2320887 | 55894 | 1023716 | 666376 |
| 广西 | Guangxi | 71590 | 74020 | 37 | -2467 | | 555 | 939 |
| 海南 | Hainan | 113499 | 94997 | 705 | 17797 | 294 | 11456 | 5777 |
| 重庆 | Chongqing | 852725 | 764085 | 853 | 87787 | 1 | 55707 | 15677 |
| 四川 | Sichuan | 667169 | 599417 | 2369 | 65383 | 2113 | 49442 | 26860 |
| 贵州 | Guizhou | 96889 | 92741 | 133 | 4015 | 1 | 4816 | 3650 |
| 云南 | Yunnan | 253213 | 192174 | 1080 | 59959 | 691 | 23373 | 10226 |
| 西藏 | Tibet | | | | | | | |
| 陕西 | Shaanxi | 461620 | 454685 | 325 | 6610 | 113 | 8659 | 5613 |
| 甘肃 | Gansu | 8161 | 6233 | 37 | 1891 | | 1514 | 598 |
| 青海 | Qinghai | 165324 | 175877 | | -10553 | | 1716 | 1425 |
| 宁夏 | Ningxia | | | | | | | |
| 新疆 | Xinjiang | 33806 | 29507 | 126 | 4173 | 13 | 1611 | 6809 |

3-4-3 Continued 10

单位：万元
Unit: 10000 yuan

| #税金 Taxes | 财务费用 Financial Expenses | #利息支出 Interest Expenses | 营业利润 Operating Profits | 利润总额 Total Profits | 应交所得税 Income Tax Payable | 应付职工薪酬 Payables to Employees | 应交增值税 VAT Payable |
|---|---|---|---|---|---|---|---|
| **203784** | **1146134** | **857507** | **8622996** | **10361494** | **2739174** | **8006962** | **4780833** |
| | | | | | | | |
| 46257 | -46417 | 248658 | 2659569 | 3640121 | 851055 | 2325040 | 1251463 |
| 6052 | 46275 | 39678 | 137196 | 154944 | 38912 | 185126 | 557201 |
| 414 | 1278 | 1729 | 9283 | 9525 | 2520 | 4195 | 826 |
| 3 | 4 | 4 | -966 | -965 | -239 | 900 | 1740 |
| 2 | 12 | | 5781 | 5810 | 79 | 206 | 927 |
| | | | | | | | |
| 439 | 7666 | 450 | 54460 | 55369 | 13153 | 33479 | 29948 |
| | -206 | | 11590 | 10887 | 3765 | 11054 | 14461 |
| | -2 | | -48 | -48 | | | 641 |
| | | | | | | | |
| 114594 | 785738 | 239602 | 3745622 | 4309510 | 1339763 | 3865582 | 1732697 |
| 4297 | 53418 | 11705 | 548306 | 642331 | 165138 | 662980 | 336103 |
| 2319 | 46379 | 63456 | 38444 | 51733 | 18979 | 51126 | 30381 |
| 1668 | 2910 | 3170 | -39821 | -48678 | 882 | 62737 | 65727 |
| 3507 | 4589 | 12967 | 112533 | 113558 | 34659 | 53823 | 79203 |
| 152 | 1535 | 1834 | 17335 | 19013 | 1213 | 6264 | 4517 |
| 621 | 8514 | 8609 | 32736 | 38176 | 6285 | 28347 | 11431 |
| | | | | | | | |
| 62 | 134 | 279 | -1762 | -1804 | 8 | 1522 | 406 |
| 6909 | -3097 | 2831 | 414284 | 441640 | 122527 | 115335 | 182105 |
| 33 | -30 | 57 | 19378 | 19352 | 1110 | 1212 | 570 |
| 13121 | 217204 | 190844 | 780562 | 832886 | 129426 | 534182 | 423743 |
| 75 | 1137 | 26 | -5030 | -5042 | 144 | 514 | -356 |
| 113 | -3247 | 4396 | 105092 | 105180 | 188 | 7816 | 2188 |
| | | | | | | | |
| 183 | 2059 | 892 | 14459 | 25532 | 6445 | 10671 | 5799 |
| 611 | 20113 | 21454 | -30207 | -52086 | 566 | 16348 | 17912 |
| 89 | -5725 | | 8414 | 8809 | 1398 | 4788 | 521 |
| 1814 | 3697 | 2689 | 2303 | 1585 | -240 | 10830 | 27866 |
| | | | | | | | |
| 341 | 896 | 758 | 221 | 924 | 1028 | 6030 | 1807 |
| 3 | -2 | -2 | -219 | -233 | 18 | 1077 | 304 |
| | 240 | 685 | -11501 | -11670 | | 2947 | |
| | | | | | | | |
| 105 | 1062 | 736 | -5018 | -4865 | 392 | 2831 | 702 |

# 3-4-4 各地区限额以上批发业企业损益及分配(按国民经济行业分)

农、林、牧产品批发

Wholesale of Agricultural, Forestry and Livestock Products

| 地 区 | Region | 主营业务收入 Revenue from Principal Business | 主营业务成本 Cost of Principal Business | 主营业务税金及附加 Taxes and Other Charges on Principal Business | 主营业务利润 Profits from Principal Business | 其他业务利润 Profits from Other Business | 销售费用 Selling Expenses | 管理费用 Administr-ative Expenses |
|---|---|---|---|---|---|---|---|---|
| **全 国** | **National Total** | **80320847** | **74720268** | **261426** | **5339153** | **192963** | **1585338** | **1402609** |
| 北 京 | Beijing | 10790679 | 10375226 | 10021 | 405432 | 52520 | 148922 | 203195 |
| 天 津 | Tianjin | 1954817 | 1744327 | 13981 | 196509 | 10350 | 44730 | 21761 |
| 河 北 | Hebei | 1788373 | 1717172 | 1062 | 70139 | 1629 | 42850 | 22414 |
| 山 西 | Shanxi | 229176 | 212059 | 186 | 16931 | 367 | 8007 | 7247 |
| 内蒙古 | Inner Mongolia | 1937815 | 1803694 | 2393 | 131728 | 14971 | 69694 | 61600 |
| 辽 宁 | Liaoning | 4064696 | 3894514 | 6005 | 164177 | 13684 | 73408 | 46851 |
| 吉 林 | Jilin | 2705497 | 2544588 | 2093 | 158816 | 25061 | 79327 | 40429 |
| 黑龙江 | Heilongjiang | 2985302 | 2745404 | 10440 | 229458 | 7964 | 103339 | 68629 |
| 上 海 | Shanghai | 3779718 | 3712584 | 1346 | 65788 | 13687 | 52414 | 40099 |
| 江 苏 | Jiangsu | 7267284 | 6628495 | 23510 | 615279 | 6562 | 131818 | 130660 |
| 浙 江 | Zhejiang | 1957945 | 1869515 | 1930 | 86500 | 3715 | 36174 | 39726 |
| 安 徽 | Anhui | 2032956 | 1888467 | 11246 | 133243 | 5204 | 48164 | 40255 |
| 福 建 | Fujian | 1687411 | 1599208 | 4501 | 83702 | 487 | 41143 | 38270 |
| 江 西 | Jiangxi | 425233 | 396379 | 3014 | 25840 | 811 | 13839 | 17510 |
| 山 东 | Shandong | 7428092 | 6536843 | 59790 | 831459 | 3200 | 139238 | 127007 |
| 河 南 | Henan | 4723476 | 3885846 | 58364 | 779266 | 6509 | 101891 | 107741 |
| 湖 北 | Hubei | 3915264 | 3598374 | 24743 | 292147 | 1577 | 62654 | 62201 |
| 湖 南 | Hunan | 1041451 | 909699 | 11001 | 120751 | 1916 | 30198 | 36426 |
| 广 东 | Guangdong | 8104066 | 7743378 | 3589 | 357099 | 13355 | 122697 | 88729 |
| 广 西 | Guangxi | 510021 | 487738 | 566 | 21717 | 1904 | 10978 | 11767 |
| 海 南 | Hainan | 22666 | 23170 | | -504 | | 351 | 501 |
| 重 庆 | Chongqing | 855578 | 784191 | 4069 | 67318 | 319 | 13058 | 18915 |
| 四 川 | Sichuan | 1213281 | 1157952 | 2171 | 53158 | 2989 | 22432 | 24005 |
| 贵 州 | Guizhou | 61127 | 54577 | 376 | 6174 | 31 | 933 | 1858 |
| 云 南 | Yunnan | 363615 | 330033 | 537 | 33045 | 640 | 9617 | 11858 |
| 西 藏 | Tibet | 10775 | 14508 | 137 | -3870 | 110 | 3058 | 1327 |
| 陕 西 | Shaanxi | 335664 | 316919 | 1556 | 17189 | 189 | 5231 | 6443 |
| 甘 肃 | Gansu | 268932 | 256566 | 817 | 11549 | 117 | 5045 | 3417 |
| 青 海 | Qinghai | 8500 | 7493 | 3 | 1004 | 224 | 518 | 548 |
| 宁 夏 | Ningxia | 25312 | 24166 | 23 | 1123 | | 285 | 282 |
| 新 疆 | Xinjiang | 7826125 | 7457183 | 1956 | 366986 | 2871 | 163325 | 120938 |

# Income and Distribution of Enterprises above Designated Size of Wholesale Trade by Region and Sector

单位：万元

Unit: 10000 yuan

| #税金 Taxes | 财务费用 Financial Expenses | #利息支出 Interest Expenses | 营业利润 Operating Profits | 利润总额 Total Profits | 应交所得税 Income Tax Payable | 应付职工薪酬 Payables to Employees | 应交增值税 VAT Payable |
|---|---|---|---|---|---|---|---|
| **65376** | **1259056** | **1107978** | **1589748** | **2672946** | **233021** | **1138510** | **345710** |
| | | | | | | | |
| 7391 | 211669 | 261436 | 339969 | 448311 | 41162 | 129333 | 47237 |
| 436 | 26878 | 21202 | 76941 | 4131 | 1388 | 24390 | 4508 |
| 1422 | 26770 | 20163 | -10471 | 7657 | 870 | 16627 | 2058 |
| 138 | 3472 | 1387 | -1472 | 6663 | 116 | 5108 | 31 |
| 7891 | 84556 | 70000 | -77109 | 45457 | 2087 | 16736 | -14789 |
| | | | | | | | |
| 2335 | 57231 | 48674 | 801 | 23955 | 2494 | 19901 | -775 |
| 947 | 134310 | 120693 | -90973 | 124390 | 12447 | 39392 | -2280 |
| 1100 | 187965 | 140713 | -75319 | 157184 | 12018 | 45337 | 7920 |
| | | | | | | | |
| 698 | 778 | 19907 | -6985 | 19926 | 4842 | 28627 | -4265 |
| 4620 | 50771 | 32255 | 301168 | 342496 | 40066 | 106524 | 48745 |
| 1113 | 22226 | 15343 | -2032 | 17819 | 3192 | 27149 | 23971 |
| 1607 | 13801 | 11358 | 33587 | 50326 | 2084 | 35954 | 6707 |
| 1613 | 26090 | 22856 | -15529 | 26919 | 2825 | 24308 | 7741 |
| 49 | 3878 | 2458 | -9408 | 10200 | 1530 | 10249 | 875 |
| 12055 | 60920 | 42008 | 551067 | 537635 | 45612 | 99165 | 77327 |
| | | | | | | | |
| 7675 | 68967 | 41781 | 303777 | 327550 | 12716 | 105466 | 44367 |
| 3284 | 79660 | 64724 | 91703 | 142824 | 9772 | 51199 | 33466 |
| 1063 | 17178 | 6486 | 40806 | 47717 | 3759 | 34413 | 3041 |
| 2899 | 41411 | 34004 | 126919 | 164100 | 16477 | 70144 | 28030 |
| 128 | 8135 | 6978 | -5451 | 6463 | 1442 | 8417 | 1188 |
| 2 | 769 | 770 | -2126 | -262 | | 262 | 3 |
| | | | | | | | |
| 714 | 3441 | 3560 | 32477 | 33289 | 4028 | 15028 | 3244 |
| 578 | 28838 | 25758 | -29518 | 10981 | 1209 | 20121 | 4319 |
| 149 | 852 | 608 | 2590 | 2389 | 50 | 1680 | 412 |
| 306 | 6070 | 5347 | 6724 | 13403 | 848 | 7150 | 763 |
| 35 | 415 | 469 | -6227 | 3522 | 338 | 1973 | 81 |
| | | | | | | | |
| 242 | 2330 | 793 | 3031 | 10642 | 176 | 4272 | 794 |
| 60 | 2455 | 1794 | 716 | 2606 | 207 | 2524 | 81 |
| | 25 | 90 | -87 | 470 | 166 | 517 | 12 |
| 11 | 419 | 417 | 297 | 642 | 29 | 234 | -23 |
| 4815 | 86776 | 83946 | 9882 | 83541 | 9071 | 186310 | 20921 |

3-4-4 续表 1

食品、饮料及烟草制品批发
Wholesale of Food, Beverages and Tobaccos

| 地区 | Region | 主营业务收入 Revenue from Principal Business | 主营业务成本 Cost of Principal Business | 主营业务税金及附加 Taxes and Other Charges on Principal Business | 主营业务利润 Profits from Principal Business | 其他业务利润 Profits from Other Business | 销售费用 Selling Expenses | 管理费用 Administr-ative Expenses |
|---|---|---|---|---|---|---|---|---|
| **全国** | **National Total** | **373092417** | **301627647** | **14653391** | **56811379** | **2061859** | **17105893** | **10702755** |
| 北京 | Beijing | 18483035 | 15826378 | 289865 | 2366792 | 593314 | 1756041 | 373280 |
| 天津 | Tianjin | 10600170 | 9370857 | 358934 | 870379 | 7018 | 278532 | 142861 |
| 河北 | Hebei | 6545708 | 4972617 | 530727 | 1042364 | 4738 | 248981 | 250311 |
| 山西 | Shanxi | 4631177 | 3579958 | 357063 | 694156 | 4814 | 110898 | 184023 |
| 内蒙古 | Inner Mongolia | 3883466 | 2934690 | 277356 | 671420 | 2369 | 91733 | 168819 |
| 辽宁 | Liaoning | 7323744 | 5952725 | 427075 | 943944 | 9554 | 186455 | 197622 |
| 吉林 | Jilin | 2250992 | 1679647 | 210088 | 361257 | -476 | 70772 | 98475 |
| 黑龙江 | Heilongjiang | 6114514 | 4958463 | 302856 | 853195 | 7778 | 136710 | 175261 |
| 上海 | Shanghai | 32956045 | 28422519 | 332571 | 4200955 | 87540 | 2859520 | 897841 |
| 江苏 | Jiangsu | 21536547 | 17179003 | 881435 | 3476109 | 25007 | 910406 | 481736 |
| 浙江 | Zhejiang | 22842752 | 18728195 | 962047 | 3152510 | 70668 | 1108046 | 660897 |
| 安徽 | Anhui | 10291887 | 8029381 | 534499 | 1728007 | 72466 | 583279 | 321982 |
| 福建 | Fujian | 17611152 | 15233905 | 504606 | 1872641 | 36872 | 528052 | 431129 |
| 江西 | Jiangxi | 5199638 | 3842349 | 412225 | 945064 | 77510 | 147670 | 193646 |
| 山东 | Shandong | 28225994 | 22942250 | 935053 | 4348691 | 99427 | 955814 | 851762 |
| 河南 | Henan | 19104982 | 15042211 | 888443 | 3174328 | 19516 | 617063 | 583489 |
| 湖北 | Hubei | 15172536 | 11569522 | 611391 | 2991623 | 21263 | 1114319 | 583108 |
| 湖南 | Hunan | 11149691 | 8619732 | 729296 | 1800663 | 2823 | 445462 | 454950 |
| 广东 | Guangdong | 44437098 | 38107510 | 1230291 | 5099297 | 76803 | 1920959 | 1188602 |
| 广西 | Guangxi | 8265857 | 7101438 | 382269 | 782150 | 8293 | 163357 | 220158 |
| 海南 | Hainan | 2424633 | 2086698 | 125593 | 212342 | 1676 | 25261 | 49002 |
| 重庆 | Chongqing | 13197305 | 10639589 | 646097 | 1911619 | 686039 | 353119 | 400999 |
| 四川 | Sichuan | 15550373 | 12272090 | 724692 | 2553591 | 44942 | 620436 | 459722 |
| 贵州 | Guizhou | 13135939 | 7513459 | 540722 | 5081758 | 9657 | 593334 | 413531 |
| 云南 | Yunnan | 12903107 | 9371228 | 485159 | 3046720 | 9342 | 615055 | 330899 |
| 西藏 | Tibet | 524399 | 389579 | 53912 | 80908 | 350 | 14328 | 34654 |
| 陕西 | Shaanxi | 6173851 | 4639220 | 392897 | 1141734 | 3196 | 230105 | 206865 |
| 甘肃 | Gansu | 5851814 | 4916044 | 199151 | 736619 | 72415 | 277438 | 173258 |
| 青海 | Qinghai | 1207806 | 1037025 | 61605 | 109176 | 1849 | 15468 | 31547 |
| 宁夏 | Ningxia | 1172341 | 971517 | 65064 | 135760 | 336 | 21766 | 37875 |
| 新疆 | Xinjiang | 4323864 | 3697848 | 200409 | 425607 | 4760 | 105514 | 104451 |

3-4-4 Continued 1

单位：万元
Unit: 10000 yuan

| #税金 Taxes | 财务费用 Financial Expenses | #利息支出 Interest Expenses | 营业利润 Operating Profits | 利润总额 Total Profits | 应交所得税 Income Tax Payable | 应付职工薪酬 Payables to Employees | 应交增值税 VAT Payable |
|---|---|---|---|---|---|---|---|
| **322464** | **319866** | **1063638** | **31414850** | **31766986** | **6514049** | **10654295** | **10378707** |
| 12256 | 87717 | 97690 | 771774 | 823551 | 141414 | 617718 | 393072 |
| 4568 | -253 | 7191 | 324148 | 332584 | 83232 | 111619 | 221708 |
| 5482 | -20756 | 10359 | 571629 | 559913 | 143944 | 178969 | 233100 |
| 7000 | -8595 | 5307 | 410861 | 398361 | 105255 | 153277 | 171630 |
| 21106 | -14605 | 2629 | 377989 | 362969 | 72221 | 132845 | 105220 |
| 5994 | -11328 | 19570 | 581160 | 567700 | 126722 | 188104 | 183561 |
| 2852 | -7198 | 5253 | 198171 | 204047 | 42621 | 121640 | 89663 |
| 3429 | 16285 | 35334 | 641383 | 490483 | 70082 | 249755 | 111046 |
| 16120 | 114682 | 116996 | 1116774 | 1258124 | 194312 | 809582 | 356323 |
| 14639 | -63604 | 45145 | 2165899 | 2208384 | 497560 | 436282 | 808357 |
| 19420 | -39266 | 84753 | 1766745 | 1826833 | 420631 | 666285 | 640753 |
| 9285 | -22346 | 63534 | 916915 | 938913 | 236582 | 386642 | 316396 |
| 15457 | 71158 | 69950 | 1113378 | 1154297 | 222682 | 434977 | 357329 |
| 4999 | -31078 | 8317 | 640246 | 670336 | 152091 | 185185 | 235562 |
| 29155 | 103028 | 47293 | 2501425 | 2434848 | 332773 | 670533 | 707270 |
| 15865 | 23549 | 10377 | 1950135 | 1950767 | 266983 | 573544 | 519517 |
| 18590 | 9884 | 43025 | 1305108 | 1314895 | 299486 | 523130 | 466990 |
| 13633 | 33677 | 64571 | 874626 | 985467 | 244911 | 405815 | 407815 |
| 30374 | 77292 | 114621 | 2325876 | 2343434 | 458726 | 1174475 | 1114580 |
| 7885 | 67189 | 55869 | 341085 | 367335 | 100925 | 179579 | 207557 |
| 2586 | -15682 | 933 | 186312 | 187466 | 39580 | 49046 | 62896 |
| 12648 | 2109 | 23300 | 1195129 | 1152120 | 159591 | 361191 | 317967 |
| 13487 | 1176 | 35558 | 1424891 | 1418913 | 323665 | 486351 | 585363 |
| 8455 | -12721 | 12959 | 4073982 | 4139561 | 1012587 | 437325 | 502630 |
| 11592 | -33050 | 35938 | 2151780 | 2226497 | 520323 | 496726 | 681770 |
| 518 | -2536 | -77 | 31255 | 31410 | 3146 | 24748 | 11265 |
| 4779 | 7171 | 6782 | 741350 | 702390 | 108863 | 264580 | 229092 |
| 5182 | -1668 | 9937 | 277089 | 272633 | 59280 | 162938 | 138012 |
| 798 | -11485 | 738 | 87199 | 86893 | 5443 | 29707 | 29899 |
| 982 | -4856 | 1184 | 122974 | 125614 | 16934 | 36572 | 75463 |
| 3328 | 5976 | 28602 | 227562 | 230248 | 51484 | 105155 | 96901 |

纺织、服装及家庭用品批发
Wholesale of Textiles, Wearing Apparel and Household Articles

| 地 区 | Region | 主营业务收入 Revenue from Principal Business | 主营业务成本 Cost of Principal Business | 主营业务税金及附加 Taxes and Other Charges on Principal Business | 主营业务利润 Profits from Principal Business | 其他业务利润 Profits from Other Business | 销售费用 Selling Expenses | 管理费用 Administrative Expenses |
|---|---|---|---|---|---|---|---|---|
| **全 国** | **National Total** | **317482598** | **280000896** | **847132** | **36634570** | **833129** | **19681254** | **8553591** |
| 北 京 | Beijing | 32374073 | 28946484 | 58631 | 3368958 | 127973 | 2457696 | 708531 |
| 天 津 | Tianjin | 6938164 | 6034421 | 11095 | 892648 | 7533 | 349921 | 88758 |
| 河 北 | Hebei | 1466489 | 1393181 | 2684 | 70624 | 5322 | 32410 | 14363 |
| 山 西 | Shanxi | 590834 | 444401 | 671 | 145762 | 1011 | 71844 | 11666 |
| 内蒙古 | Inner Mongolia | 365315 | 324409 | 4079 | 36827 | 1961 | 14374 | 8387 |
| 辽 宁 | Liaoning | 5300051 | 4322146 | 22714 | 955191 | 6063 | 336001 | 271723 |
| 吉 林 | Jilin | 210363 | 198616 | 382 | 11365 | 409 | 7479 | 3093 |
| 黑龙江 | Heilongjiang | 682538 | 656113 | 3247 | 23178 | 3450 | 16431 | 10850 |
| 上 海 | Shanghai | 39352133 | 29026838 | 144605 | 10180690 | 187557 | 6707393 | 1893708 |
| 江 苏 | Jiangsu | 57630892 | 52182302 | 98856 | 5349734 | 51256 | 2333091 | 1580147 |
| 浙 江 | Zhejiang | 52432942 | 48670871 | 87910 | 3674161 | 95580 | 1793059 | 882816 |
| 安 徽 | Anhui | 6130406 | 5338828 | 13583 | 777995 | 16783 | 699288 | 98546 |
| 福 建 | Fujian | 25175505 | 23186280 | 74495 | 1914730 | 172735 | 766606 | 446214 |
| 江 西 | Jiangxi | 903259 | 843077 | 2194 | 57988 | 7532 | 27658 | 12300 |
| 山 东 | Shandong | 13169176 | 12178774 | 63416 | 926986 | 38084 | 434823 | 185285 |
| 河 南 | Henan | 3384476 | 3123748 | 19715 | 241013 | 2102 | 74551 | 35108 |
| 湖 北 | Hubei | 3516154 | 3200362 | 11884 | 303908 | 6980 | 190027 | 80939 |
| 湖 南 | Hunan | 1682725 | 1497987 | 13784 | 170954 | 2052 | 82458 | 30124 |
| 广 东 | Guangdong | 51459963 | 44911572 | 179901 | 6368490 | 71803 | 2694767 | 2013718 |
| 广 西 | Guangxi | 1972525 | 1873528 | 2186 | 96811 | 10418 | 49201 | 29646 |
| 海 南 | Hainan | 540976 | 521813 | 378 | 18785 | 3659 | 8024 | 3388 |
| 重 庆 | Chongqing | 4605774 | 4157863 | 11335 | 436576 | 3024 | 196452 | 39891 |
| 四 川 | Sichuan | 2237421 | 2035099 | 4247 | 198075 | 5804 | 119408 | 42876 |
| 贵 州 | Guizhou | 297026 | 271101 | 753 | 25172 | 642 | 16931 | 5199 |
| 云 南 | Yunnan | 1465130 | 1273400 | 3461 | 188269 | 1106 | 107568 | 9565 |
| 西 藏 | Tibet | | | | | | | |
| 陕 西 | Shaanxi | 2834011 | 2679516 | 9547 | 144948 | 931 | 60568 | 27110 |
| 甘 肃 | Gansu | 176252 | 158124 | 687 | 17441 | 558 | 6517 | 4555 |
| 青 海 | Qinghai | 79466 | 76486 | 34 | 2946 | 177 | 818 | 1057 |
| 宁 夏 | Ningxia | 25580 | 22029 | 78 | 3473 | | 2206 | 670 |
| 新 疆 | Xinjiang | 482979 | 451527 | 580 | 30872 | 624 | 23684 | 13358 |

3-4-4 Continued 2

单位：万元
Unit: 10000 yuan

| #税金<br>Taxes | 财务费用<br>Financial Expenses | #利息支出<br>Interest Expenses | 营业利润<br>Operating Profits | 利润总额<br>Total Profits | 应交所得税<br>Income Tax Payable | 应付职工薪酬<br>Payables to Employees | 应交增值税<br>VAT Payable |
|---|---|---|---|---|---|---|---|
| **214963** | **819099** | **1026274** | **9103671** | **9465497** | **1891911** | **6999626** | **5127700** |
| 15491 | 39073 | 49832 | 401498 | 508314 | 118263 | 1047045 | 421589 |
| 6234 | 6643 | 8018 | 451100 | 468433 | 116730 | 168684 | 155165 |
| 303 | 4040 | 3557 | 21494 | 21404 | 4786 | 18007 | 4498 |
| 251 | 955 | 2073 | 62368 | 62636 | 2007 | 15827 | 11119 |
| 138 | 1660 | 1422 | 13986 | 14229 | 107 | 8070 | 19357 |
| 13415 | 21742 | 6737 | 340067 | 328789 | 29652 | 176952 | 100761 |
| 54 | 124 | 133 | 2572 | 2655 | 459 | 3258 | 824 |
| 331 | 4461 | 4179 | -4815 | 387 | 786 | 5256 | 9376 |
| 30437 | 107856 | 117825 | 1813647 | 1888879 | 444561 | 1819920 | 1195327 |
| 16951 | 168834 | 158774 | 1592535 | 1687145 | 377858 | 754502 | 673269 |
| 28306 | 234446 | 377220 | 965081 | 1053454 | 186681 | 798638 | 624761 |
| 4789 | 34823 | 20287 | -14143 | -38304 | 5183 | 113043 | 94074 |
| 28367 | 57257 | 66175 | 718239 | 750633 | 85117 | 311160 | 208126 |
| 208 | 2138 | 3670 | 22643 | 24760 | 2329 | 11127 | 7633 |
| 5666 | 26389 | 46358 | 336538 | 340496 | 50389 | 187500 | 153161 |
| 1586 | 5606 | 8189 | 132321 | 130631 | 17927 | 116244 | 42345 |
| 1349 | 12039 | 5425 | 29964 | 25264 | 5641 | 49028 | 26373 |
| 1400 | 8613 | 7839 | 54319 | 33196 | 4282 | 33783 | 17481 |
| 46112 | 38523 | 100178 | 1761521 | 1771349 | 347220 | 1133096 | 1150319 |
| 5354 | 9270 | 5185 | 13915 | 13869 | 2534 | 23898 | 10312 |
| 118 | 7180 | 3456 | 3894 | 4128 | 933 | 4463 | 1212 |
| 4148 | 12582 | 12385 | 193029 | 182996 | 32085 | 48338 | 116977 |
| 1881 | 7164 | 6495 | 54546 | 55569 | 9148 | 61651 | 22921 |
| 131 | 961 | 1321 | 2316 | 2861 | 760 | 9179 | 4095 |
| 818 | 918 | 1517 | 76320 | 75477 | 11399 | 15014 | 34017 |
| 274 | -485 | 2104 | 59474 | 59593 | 32380 | 46014 | 14208 |
| 215 | 1209 | 907 | 4796 | 1253 | 213 | 3788 | 1593 |
| 30 | 459 | 441 | 790 | 990 | 34 | 565 | 32 |
| 6 | 258 | 339 | 339 | 343 | 57 | 705 | 525 |
| 600 | 4361 | 4233 | -6683 | -5932 | 2390 | 14871 | 6250 |

3-4-4 续表 3

文化、体育用品及器材批发

Wholesale of Culture, Sports Appliances and Equipments

| 地区 | Region | 主营业务收入 Revenue from Principal Business | 主营业务成本 Cost of Principal Business | 主营业务税金及附加 Taxes and Other Charges on Principal Business | 主营业务利润 Profits from Principal Business | 其他业务利润 Profits from Other Business | 销售费用 Selling Expenses | 管理费用 Administrative Expenses |
|---|---|---|---|---|---|---|---|---|
| **全国** | **National Total** | **71915974** | **65908314** | **177928** | **5829732** | **320071** | **2850472** | **1516064** |
| 北京 | Beijing | 11974354 | 11092882 | 20799 | 860673 | 106894 | 408244 | 241876 |
| 天津 | Tianjin | 1443308 | 1339662 | 4179 | 99467 | 5183 | 34685 | 28796 |
| 河北 | Hebei | 520053 | 477402 | 4215 | 38436 | 568 | 4191 | 15438 |
| 山西 | Shanxi | 570122 | 539816 | 324 | 29982 | 213 | 9962 | 10721 |
| 内蒙古 | Inner Mongolia | 84664 | 79789 | 67 | 4808 | 1682 | 1973 | 4129 |
| 辽宁 | Liaoning | 625179 | 555620 | 2068 | 67491 | 2408 | 33410 | 17131 |
| 吉林 | Jilin | 73120 | 61571 | 55 | 11494 | 25 | 4181 | 8610 |
| 黑龙江 | Heilongjiang | 69020 | 62041 | 27 | 6952 | 89 | 2202 | 4025 |
| 上海 | Shanghai | 10383523 | 9315389 | 39786 | 1028348 | 22650 | 648444 | 214987 |
| 江苏 | Jiangsu | 4442093 | 3999626 | 14468 | 427999 | 71080 | 192617 | 115081 |
| 浙江 | Zhejiang | 7773062 | 7398700 | 9676 | 364686 | 13489 | 165225 | 105243 |
| 安徽 | Anhui | 2809312 | 2671177 | 873 | 137262 | 3173 | 74724 | 21810 |
| 福建 | Fujian | 3306949 | 3031166 | 8476 | 267307 | 10083 | 154905 | 58096 |
| 江西 | Jiangxi | 40637 | 35605 | 69 | 4963 |  | 1717 | 1723 |
| 山东 | Shandong | 4166261 | 3819438 | 11240 | 335583 | 2188 | 123781 | 104555 |
| 河南 | Henan | 1523204 | 1421045 | 4596 | 97563 | 3079 | 45949 | 22634 |
| 湖北 | Hubei | 1939641 | 1761536 | 4892 | 173213 | 7636 | 73248 | 46092 |
| 湖南 | Hunan | 1255470 | 1080999 | 7260 | 167211 | 1248 | 44149 | 37233 |
| 广东 | Guangdong | 15581368 | 14164754 | 38596 | 1378018 | 51814 | 684627 | 384245 |
| 广西 | Guangxi | 216172 | 186378 | 91 | 29703 | 8263 | 15955 | 6461 |
| 海南 | Hainan | 39767 | 34493 | 1 | 5273 | 655 | 3159 | 1736 |
| 重庆 | Chongqing | 738191 | 626339 | 1796 | 110056 | 2040 | 53388 | 14772 |
| 四川 | Sichuan | 1085112 | 1041049 | 633 | 43430 | 866 | 13294 | 13184 |
| 贵州 | Guizhou | 170366 | 156651 | 421 | 13294 |  | 3796 | 3482 |
| 云南 | Yunnan | 256243 | 233383 | 216 | 22644 | 1863 | 14162 | 4857 |
| 西藏 | Tibet | 15075 | 12813 |  | 2262 |  | 626 | 505 |
| 陕西 | Shaanxi | 371799 | 316643 | 2720 | 52436 | 839 | 10711 | 7651 |
| 甘肃 | Gansu | 191650 | 172333 | 88 | 19229 |  | 7971 | 9932 |
| 青海 | Qinghai | 23981 | 16255 | 57 | 7669 | 973 | 5021 | 4015 |
| 宁夏 | Ningxia | 21528 | 19207 | 7 | 2314 | 172 | 690 | 1580 |
| 新疆 | Xinjiang | 204750 | 184552 | 232 | 19966 | 898 | 13465 | 5464 |

3-4-4 Continued 3

单位：万元
Unit: 10000 yuan

| #税金 Taxes | 财务费用 Financial Expenses | #利息支出 Interest Expenses | 营业利润 Operating Profits | 利润总额 Total Profits | 应交所得税 Income Tax Payable | 应付职工薪酬 Payables to Employees | 应交增值税 VAT Payable |
|---|---|---|---|---|---|---|---|
| **46805** | **365426** | **335836** | **1700510** | **1817707** | **325125** | **1539144** | **658768** |
| 5624 | 99193 | 105747 | 311489 | 332743 | 89888 | 272851 | 137034 |
| 795 | 8378 | 5468 | 33176 | 36556 | 8630 | 29390 | 10110 |
| 1151 | 1241 | 2125 | 10902 | 6139 | 55 | 8669 | 805 |
| 72 | -593 | 886 | 11902 | 11846 | 3484 | 7813 | 238 |
| 59 | -1605 | 46 | 1409 | 1447 | 3 | 2456 | 44 |
| 803 | 2365 | 1568 | 15917 | 16416 | 2211 | 17283 | 3924 |
| 274 | -26 | 50 | 1636 | 3255 | 683 | 2759 | 1344 |
| 215 | 503 | 367 | 267 | 114 | 18 | 21637 | 83 |
| 5321 | 69086 | 33893 | 220418 | 263510 | 64733 | 235263 | 58120 |
| 2891 | 9024 | 25633 | 219444 | 239834 | 26187 | 111405 | 67309 |
| 2671 | 24265 | 25247 | 95064 | 106608 | 17225 | 85260 | 79140 |
| 1224 | 31536 | 2203 | 33433 | 37387 | 1092 | 14014 | -1027 |
| 3697 | 14516 | 14472 | 63117 | 64107 | 5292 | 41698 | 13614 |
| 29 | 165 | 233 | 1405 | 1445 | 365 | 721 | 570 |
| 4453 | 1346 | 21081 | 103847 | 97485 | 9241 | 114397 | 24508 |
| 1172 | 4739 | 2452 | 35354 | 42121 | 3795 | 22738 | 14377 |
| 3954 | 3262 | 1790 | 47396 | 50505 | 7597 | 55223 | 13700 |
| 1876 | -4527 | 2593 | 92344 | 95444 | 4176 | 33325 | 13475 |
| 8257 | 66301 | 64355 | 309141 | 324828 | 71032 | 364311 | 209249 |
| 343 | 323 | 1124 | 9056 | 8881 | 1517 | 7184 | 184 |
| 172 | -5 | -29 | 1227 | 2089 | 7 | 2616 | |
| 87 | 993 | 772 | 41201 | 43041 | 5342 | 35997 | 3774 |
| 103 | 32654 | 19726 | -20052 | -33993 | 263 | 11476 | 5213 |
| 62 | 894 | 1021 | 5588 | 6272 | 212 | 3359 | 457 |
| 221 | 1313 | 1488 | 14498 | 15269 | 776 | 6497 | 947 |
| | -15 | | 1146 | 1473 | 22 | 372 | |
| 680 | -394 | 433 | 36128 | 36044 | 598 | 6813 | 1062 |
| 129 | 302 | 363 | 1024 | 1917 | 130 | 5795 | 40 |
| 38 | -72 | 7 | -252 | 614 | 127 | 5910 | 56 |
| 77 | -16 | | 235 | 274 | | 1193 | |
| 355 | 280 | 722 | 3050 | 4036 | 424 | 10719 | 418 |

3-4-4 续表 4

医药及医疗器材批发

Wholesale of Medicines and Medical Appliances

| 地 区 | Region | 主营业务收入 Revenue from Principal Business | 主营业务成本 Cost of Principal Business | 主营业务税金及附加 Taxes and Other Charges on Principal Business | 主营业务利润 Profits from Principal Business | 其他业务利润 Profits from Other Business | 销售费用 Selling Expenses | 管理费用 Administrative Expenses |
|---|---|---|---|---|---|---|---|---|
| **全 国** | **National Total** | **181461599** | **161624850** | **440162** | **19396587** | **1029022** | **9920501** | **4318201** |
| 北 京 | Beijing | 18325788 | 16044910 | 46817 | 2234061 | 181403 | 1240018 | 529856 |
| 天 津 | Tianjin | 4605182 | 4175207 | 9573 | 420402 | 1175 | 213041 | 85267 |
| 河 北 | Hebei | 4227228 | 4019839 | 4319 | 203070 | 3426 | 75669 | 60361 |
| 山 西 | Shanxi | 1707142 | 1559399 | 2854 | 144889 | 2522 | 83459 | 38248 |
| 内蒙古 | Inner Mongolia | 646591 | 601107 | 1027 | 44457 | 39 | 17776 | 14454 |
| 辽 宁 | Liaoning | 4457848 | 4079538 | 17186 | 361124 | 3799 | 113061 | 99156 |
| 吉 林 | Jilin | 1710831 | 1436002 | 6532 | 268297 | 46494 | 157801 | 39640 |
| 黑龙江 | Heilongjiang | 3189073 | 2513702 | 8610 | 666761 | 5828 | 74856 | 31288 |
| 上 海 | Shanghai | 21326888 | 17430373 | 35223 | 3861292 | 268276 | 2224609 | 924972 |
| 江 苏 | Jiangsu | 10639494 | 9006845 | 41595 | 1591054 | 142388 | 1284461 | 282391 |
| 浙 江 | Zhejiang | 11626997 | 10659691 | 19981 | 947325 | 49136 | 445228 | 234040 |
| 安 徽 | Anhui | 8149061 | 7731272 | 20708 | 397081 | 10198 | 214963 | 108245 |
| 福 建 | Fujian | 3435114 | 3222118 | 7257 | 205739 | 66741 | 66316 | 63417 |
| 江 西 | Jiangxi | 3309375 | 2853821 | 14197 | 441357 | 3994 | 284480 | 59880 |
| 山 东 | Shandong | 9604328 | 8716254 | 23001 | 865073 | 12078 | 424392 | 185351 |
| 河 南 | Henan | 9274335 | 8693251 | 14844 | 566240 | 24546 | 154220 | 127360 |
| 湖 北 | Hubei | 8968169 | 8272047 | 26021 | 670101 | 29704 | 265589 | 161383 |
| 湖 南 | Hunan | 4849419 | 4473190 | 16980 | 359249 | 11020 | 147160 | 96663 |
| 广 东 | Guangdong | 24359699 | 21553597 | 58228 | 2747874 | 99760 | 1222775 | 622401 |
| 广 西 | Guangxi | 1821430 | 1699585 | 3473 | 118372 | 1663 | 51692 | 40976 |
| 海 南 | Hainan | 1440888 | 1056350 | 5487 | 379051 | 12615 | 299032 | 44345 |
| 重 庆 | Chongqing | 5295817 | 4847561 | 12523 | 435733 | 9048 | 168699 | 100271 |
| 四 川 | Sichuan | 7085535 | 6473687 | 22216 | 589632 | 7483 | 240678 | 162967 |
| 贵 州 | Guizhou | 1350784 | 1246000 | 3142 | 101642 | 1267 | 40706 | 34106 |
| 云 南 | Yunnan | 3859841 | 3574544 | 6314 | 278983 | 14719 | 137269 | 65434 |
| 西 藏 | Tibet | 343285 | 194128 | 2995 | 146162 | 1 | 137123 | 5118 |
| 陕 西 | Shaanxi | 3037980 | 2898780 | 4424 | 134776 | 13196 | 58469 | 41909 |
| 甘 肃 | Gansu | 1265415 | 1174645 | 2370 | 88400 | 5476 | 28959 | 20752 |
| 青 海 | Qinghai | 195609 | 180219 | 320 | 15070 | 6 | 4000 | 5220 |
| 宁 夏 | Ningxia | 205515 | 193192 | 198 | 12125 | 77 | 4606 | 3100 |
| 新 疆 | Xinjiang | 1146938 | 1043996 | 1747 | 101195 | 944 | 39394 | 29630 |

3-4-4 Continued 4

单位：万元

Unit: 10000 yuan

| #税金 Taxes | 财务费用 Financial Expenses | #利息支出 Interest Expenses | 营业利润 Operating Profits | 利润总额 Total Profits | 应交所得税 Income Tax Payable | 应付职工薪酬 Payables to Employees | 应交增值税 VAT Payable |
|---|---|---|---|---|---|---|---|
| **123621** | **1053595** | **846853** | **5775912** | **4887077** | **1014242** | **4280362** | **2870686** |
| 8900 | 91829 | 129013 | 656577 | 659760 | 148217 | 642142 | 350595 |
| 3997 | 28784 | 25045 | 91375 | 95915 | 23244 | 72602 | 63931 |
| 1733 | 16303 | 11213 | 60862 | 49100 | 13792 | 57626 | 25633 |
| 724 | 16353 | 14612 | 9751 | 8977 | 3651 | 43813 | 18919 |
| 395 | 3426 | 1711 | 9299 | 9178 | 2169 | 9988 | 19508 |
| 3415 | 28838 | 16628 | 124160 | 121079 | 27597 | 49679 | 116568 |
| 779 | 15072 | 7277 | 61822 | 47303 | 7153 | 19117 | 47795 |
| 1305 | 3927 | 1680 | 1102898 | 87363 | 3485 | 18702 | 14084 |
| 10375 | 119074 | 42287 | 846501 | 902207 | 203453 | 804419 | 298747 |
| 4600 | 52405 | 48344 | 145983 | 228252 | 83954 | 610682 | 240439 |
| 8046 | 68756 | 57145 | 254186 | 274058 | 61230 | 206290 | 134559 |
| 6603 | 31623 | 23518 | 74830 | 83738 | 16127 | 70829 | 111486 |
| 6167 | 24587 | 19476 | 52898 | 52956 | 12544 | 54914 | 31825 |
| 2031 | 13286 | 11262 | 86014 | 91225 | 16864 | 110422 | 83324 |
| 6266 | 58964 | 43163 | 201665 | 194682 | 43708 | 146983 | 124557 |
| 4414 | 72305 | 50268 | 213760 | 206199 | 41929 | 86793 | 87453 |
| 7443 | 86687 | 84903 | 212836 | 214954 | 45435 | 170243 | 115554 |
| 4906 | 30184 | 21632 | 94603 | 82464 | 13940 | 83534 | 83791 |
| 18612 | 138471 | 123280 | 885710 | 871183 | 168121 | 486269 | 399737 |
| 1046 | 11733 | 6959 | 16073 | 16498 | 3107 | 33861 | 39216 |
| 1337 | 6231 | 14653 | 133764 | 138523 | 9542 | 61625 | 37887 |
| 5666 | 39392 | 25310 | 120073 | 118181 | 12452 | 82654 | 73411 |
| 7095 | 33171 | 19984 | 154797 | 154908 | 22849 | 124290 | 193999 |
| 1277 | 8899 | 9536 | 17202 | 17307 | 5343 | 24191 | 13022 |
| 1686 | 17016 | 13344 | 62837 | 65025 | 11102 | 84648 | 64126 |
| 193 | -892 | 17 | 4882 | 13245 | 1140 | 28033 | 25368 |
| 2785 | 20024 | 14105 | 17442 | 16481 | 3268 | 37062 | 18253 |
| 346 | 9382 | 4365 | 27409 | 29423 | 2507 | 20183 | 11456 |
| 84 | 1131 | 563 | 3286 | 3698 | 275 | 3390 | 2399 |
| 256 | 669 | 894 | 3788 | 4016 | 641 | 7010 | 1563 |
| 1139 | 5965 | 4666 | 28629 | 29179 | 5403 | 28368 | 21481 |

矿产品、建材及化工产品批发

Wholesale of Mineral Products, Building Materials and Chemical Products

| 地　区 | Region | 主营业务收　入 Revenue from Principal Business | 主营业务成　本 Cost of Principal Business | 主营业务税金及附加 Taxes and Other Charges on Principal Business | 主营业务利　润 Profits from Principal Business | 其他业务利　润 Profits from Other Business | 销售费用 Selling Expenses | 管理费用 Administr-ative Expenses |
|---|---|---|---|---|---|---|---|---|
| **全　国** | **National Total** | **1914895422** | **1858266110** | **2800370** | **53828942** | **1496956** | **21717264** | **12451736** |
| 北　京 | Beijing | 167373857 | 163031952 | 118582 | 4223323 | 238764 | 1768843 | 1229134 |
| 天　津 | Tianjin | 199664255 | 194688713 | 532015 | 4443527 | 88662 | 1034196 | 602408 |
| 河　北 | Hebei | 43586121 | 42109931 | 27903 | 1448287 | 23067 | 523329 | 231290 |
| 山　西 | Shanxi | 57985359 | 56926758 | 42565 | 1016036 | 60957 | 640503 | 383332 |
| 内蒙古 | Inner Mongolia | 14460995 | 14017392 | 30567 | 413036 | 22551 | 332105 | 136110 |
| 辽　宁 | Liaoning | 69780400 | 68632172 | 74117 | 1074111 | 10855 | 616012 | 430524 |
| 吉　林 | Jilin | 7528460 | 7315406 | 20920 | 192134 | 17596 | 145094 | 33602 |
| 黑龙江 | Heilongjiang | 15827912 | 15299933 | 69885 | 458094 | 8093 | 348421 | 91526 |
| 上　海 | Shanghai | 287281015 | 282138054 | 92178 | 5050783 | 262679 | 2232126 | 1489161 |
| 江　苏 | Jiangsu | 139808573 | 134563145 | 178378 | 5067050 | 78095 | 1708904 | 1056229 |
| 浙　江 | Zhejiang | 179041171 | 175079397 | 191680 | 3770094 | 148561 | 1700643 | 1251858 |
| 安　徽 | Anhui | 16182003 | 15523951 | 19191 | 638861 | 9138 | 329376 | 141050 |
| 福　建 | Fujian | 75375400 | 72821353 | 82627 | 2471420 | 67470 | 1145377 | 511965 |
| 江　西 | Jiangxi | 8293962 | 7872616 | 20799 | 400547 | 9737 | 202043 | 89942 |
| 山　东 | Shandong | 101237674 | 95288623 | 394317 | 5554734 | 72175 | 1667463 | 986047 |
| 河　南 | Henan | 33087442 | 30982591 | 157433 | 1947418 | 15953 | 592177 | 362551 |
| 湖　北 | Hubei | 42937313 | 41128985 | 83152 | 1725176 | 17250 | 690749 | 353913 |
| 湖　南 | Hunan | 14364244 | 13544675 | 88757 | 730812 | 8143 | 251531 | 194125 |
| 广　东 | Guangdong | 213046948 | 206177985 | 201674 | 6667289 | 188804 | 2509826 | 1538899 |
| 广　西 | Guangxi | 23066494 | 22350972 | 20546 | 694976 | 43201 | 359947 | 168013 |
| 海　南 | Hainan | 14183587 | 13824638 | 3498 | 355451 | 4591 | 40920 | 24553 |
| 重　庆 | Chongqing | 26607460 | 25174812 | 74627 | 1358021 | 14344 | 342152 | 213345 |
| 四　川 | Sichuan | 25219168 | 24117258 | 44391 | 1057519 | 18699 | 448498 | 189867 |
| 贵　州 | Guizhou | 14195643 | 13629213 | 46989 | 519441 | 14681 | 255941 | 101974 |
| 云　南 | Yunnan | 25008291 | 24273130 | 28475 | 706686 | -28418 | 302854 | 170012 |
| 西　藏 | Tibet | | | | | | | |
| 陕　西 | Shaanxi | 33352314 | 32410395 | 45180 | 896739 | 15530 | 617212 | 179914 |
| 甘　肃 | Gansu | 19995139 | 19961972 | 6946 | 26221 | 11842 | 134218 | 103579 |
| 青　海 | Qinghai | 6449135 | 6093723 | 83982 | 271430 | 12857 | 94475 | 36972 |
| 宁　夏 | Ningxia | 5236524 | 5105073 | 3290 | 128161 | 7960 | 100895 | 15332 |
| 新　疆 | Xinjiang | 34718563 | 34181292 | 15706 | 521565 | 33119 | 581434 | 134509 |

3-4-4 Continued 5

单位：万元
Unit: 10000 yuan

| #税金<br>Taxes | 财务费用<br>Financial Expenses | #利息支出<br>Interest Expenses | 营业利润<br>Operating Profits | 利润总额<br>Total Profits | 应交所得税<br>Income Tax Payable | 应付职工薪酬<br>Payables to Employees | 应交增值税<br>VAT Payable |
|---|---|---|---|---|---|---|---|
| **735987** | **10687942** | **9739373** | **12355353** | **12358517** | **3440932** | **10714353** | **11549560** |
| 51536 | 1710527 | 2012000 | 240480 | 425335 | 369248 | 1042208 | 440659 |
| 34692 | 1233153 | 1069989 | 1345084 | 1454884 | 221325 | 282187 | 953266 |
| 16578 | 270500 | 240428 | 48364 | -1356 | 46657 | 204019 | 253480 |
| 22628 | 349199 | 401765 | -249916 | -170171 | 39249 | 229698 | 278700 |
| 12913 | 108009 | 81836 | -210945 | -152784 | -72 | 94584 | 243556 |
| 28769 | 268124 | 192598 | -227290 | -214035 | 47348 | 261757 | 235256 |
| 3523 | 54074 | 41296 | -35461 | -30176 | 7566 | 62014 | 39746 |
| 9220 | 85276 | 97427 | -54794 | 7716 | 28029 | 128753 | 204125 |
| 54372 | 884403 | 714763 | 1153295 | 1431009 | 445007 | 1202590 | 1425732 |
| 48124 | 831485 | 497613 | 1682644 | 1760420 | 351296 | 592315 | 897632 |
| 68714 | 955721 | 1226515 | 851913 | 1133089 | 375601 | 930288 | 911407 |
| 16205 | 114317 | 100963 | 159971 | 163570 | 30252 | 900757 | 87000 |
| 30152 | 532357 | 375636 | 1038977 | 1081356 | 210379 | 416885 | 337346 |
| 9079 | 49850 | 41005 | 60173 | 93194 | 30217 | 161615 | 89566 |
| 92933 | 680307 | 378180 | 2328546 | 1281496 | 353073 | 733545 | 793881 |
| 27287 | 182937 | 74493 | 869797 | 844523 | 98356 | 260561 | 277792 |
| 24540 | 109153 | 81728 | 546898 | 531183 | 102788 | 362962 | 338223 |
| 12203 | 121042 | 86387 | 197939 | 149207 | 32467 | 108648 | 105090 |
| 69046 | 855822 | 693401 | 1787250 | 1783962 | 452176 | 1171012 | 1577510 |
| 13985 | 156457 | 145582 | 59019 | 96033 | -97669 | 172912 | 163640 |
| 6165 | 79901 | 75329 | 213967 | 234535 | 19013 | 14976 | 12902 |
| 14129 | 143222 | 102712 | 659240 | 573324 | 52740 | 163012 | 172823 |
| 11453 | 200857 | 202523 | 210867 | 171802 | 31063 | 204769 | 110859 |
| 7226 | 112952 | 134346 | 68410 | 76031 | 12600 | 94284 | 189034 |
| 8387 | 243572 | 257312 | -54051 | -54557 | 31947 | 141524 | 381746 |
| | | | | | | | |
| 20192 | 80243 | 134749 | 84557 | 93924 | 31899 | 227807 | 480789 |
| 2733 | 62279 | 50985 | -188616 | -225332 | 4790 | 88156 | 100016 |
| 4803 | 24162 | 10893 | 171616 | 153098 | 66683 | 195953 | 34871 |
| 4152 | 38967 | 31338 | -86830 | -87318 | 2769 | 37440 | 86608 |
| 10248 | 149074 | 185581 | -315751 | -245445 | 44135 | 227122 | 326305 |

机械设备、五金产品及电子产品批发

Wholesale of Machinery, Hardware and Electronic Products

| 地 区 | Region | 主营业务收入 Revenue from Principal Business | 主营业务成本 Cost of Principal Business | 主营业务税金及附加 Taxes and Other Charges on Principal Business | 主营业务利润 Profits from Principal Business | 其他业务利润 Profits from Other Business | 销售费用 Selling Expenses | 管理费用 Administrative Expenses |
|---|---|---|---|---|---|---|---|---|
| **全 国** | **National Total** | **517148491** | **476704262** | **1705577** | **38738652** | **2217378** | **20027127** | **9193042** |
| 北 京 | Beijing | 98822639 | 89416517 | 189066 | 9217056 | 754679 | 5000606 | 2586701 |
| 天 津 | Tianjin | 28120373 | 25665482 | 768932 | 1685959 | 613066 | 519694 | 358346 |
| 河 北 | Hebei | 9712462 | 9327966 | 11528 | 372968 | 4740 | 211146 | 71881 |
| 山 西 | Shanxi | 5200349 | 5146460 | 1486 | 52403 | 5511 | 33203 | 28783 |
| 内蒙古 | Inner Mongolia | 430309 | 387096 | 1297 | 41916 | 753 | 20625 | 16796 |
| 辽 宁 | Liaoning | 6313895 | 5880209 | 22292 | 411394 | 26055 | 143944 | 135664 |
| 吉 林 | Jilin | 1502136 | 1333840 | 3725 | 164571 | 939 | 119954 | 22604 |
| 黑龙江 | Heilongjiang | 2268153 | 2104854 | 10557 | 152742 | 8628 | 34126 | 41931 |
| 上 海 | Shanghai | 149841032 | 137722097 | 180159 | 11938776 | 359404 | 7048857 | 2347110 |
| 江 苏 | Jiangsu | 26835319 | 24851549 | 72200 | 1911570 | 68888 | 768847 | 488283 |
| 浙 江 | Zhejiang | 29783658 | 28228435 | 37117 | 1518106 | 33083 | 874424 | 442450 |
| 安 徽 | Anhui | 4187397 | 3980582 | 4477 | 202338 | 7931 | 106131 | 60126 |
| 福 建 | Fujian | 7829556 | 7305755 | 19036 | 504765 | 16162 | 170960 | 162913 |
| 江 西 | Jiangxi | 1874112 | 1738705 | 6990 | 128417 | 2279 | 79525 | 30761 |
| 山 东 | Shandong | 14239295 | 12772555 | 70009 | 1396731 | 44813 | 394032 | 300595 |
| 河 南 | Henan | 6180829 | 5694784 | 27598 | 458447 | 10000 | 236611 | 86213 |
| 湖 北 | Hubei | 13826810 | 12359240 | 41463 | 1426107 | 16840 | 810922 | 243913 |
| 湖 南 | Hunan | 2833000 | 2570400 | 25718 | 236882 | 1235 | 166862 | 57853 |
| 广 东 | Guangdong | 76463892 | 71147594 | 105697 | 5210601 | 184936 | 2375720 | 1258813 |
| 广 西 | Guangxi | 1643261 | 1504444 | 13952 | 124865 | 3739 | 61925 | 34272 |
| 海 南 | Hainan | 569801 | 529525 | 254 | 40022 | 724 | 39531 | 9098 |
| 重 庆 | Chongqing | 11089082 | 10341252 | 68671 | 679159 | 8983 | 323011 | 133256 |
| 四 川 | Sichuan | 8348278 | 7897779 | 12039 | 438460 | 29177 | 253830 | 123763 |
| 贵 州 | Guizhou | 927127 | 872957 | 1691 | 52479 | 981 | 28163 | 16892 |
| 云 南 | Yunnan | 1128961 | 1053568 | 1661 | 73732 | 3762 | 41942 | 27472 |
| 西 藏 | Tibet | 35324 | 29596 | 42 | 5686 |  | 1933 | 1046 |
| 陕 西 | Shaanxi | 2283794 | 2173974 | 3468 | 106352 | 3656 | 63084 | 42338 |
| 甘 肃 | Gansu | 1170352 | 1134139 | 926 | 35287 | 601 | 20976 | 12129 |
| 青 海 | Qinghai | 640256 | 613463 | 245 | 26548 | 1409 | 4799 | 3873 |
| 宁 夏 | Ningxia | 111363 | 101758 | 344 | 9261 | 823 | 6490 | 4624 |
| 新 疆 | Xinjiang | 2935676 | 2817687 | 2937 | 115052 | 3581 | 65254 | 42543 |

单位：万元

Unit: 10000 yuan

| #税金 Taxes | 财务费用 Financial Expenses | #利息支出 Interest Expenses | 营业利润 Operating Profits | 利润总额 Total Profits | 应交所得税 Income Tax Payable | 应付职工薪酬 Payables to Employees | 应交增值税 VAT Payable |
|---|---|---|---|---|---|---|---|
| **296725** | **2066236** | **2036594** | **9866002** | **11377711** | **2989668** | **7867138** | **5449754** |
| 64702 | 222509 | 671941 | 2615832 | 3626674 | 984499 | 2383261 | 1306260 |
| 15376 | 282056 | 225230 | 260792 | 286382 | 82288 | 230443 | 741149 |
| 4281 | 53667 | 46506 | 60349 | 67499 | 16984 | 91941 | 37103 |
| 2708 | 10108 | 9443 | -15774 | -8824 | 1469 | 22588 | 8772 |
| 427 | 5196 | 2989 | -2568 | -867 | 1751 | 12731 | 3184 |
| 3665 | 72506 | 55791 | 98381 | 101793 | 19893 | 116554 | 42515 |
| 637 | 3009 | 2543 | 20692 | 18770 | 5360 | 19385 | 18364 |
| 1190 | 9356 | 2736 | 72055 | 56305 | 2987 | 56944 | 10747 |
| 76683 | 584423 | 194460 | 2834441 | 3230259 | 998972 | 2078874 | 1035880 |
| 10235 | 149595 | 140994 | 343908 | 376439 | 110213 | 337350 | 332151 |
| 17690 | 73582 | 154998 | 269560 | 322784 | 69751 | 342948 | 139591 |
| 2776 | 36382 | 16947 | 7801 | 7932 | -9079 | 51948 | 20813 |
| 5557 | 50247 | 40996 | 255732 | 248360 | 49934 | 126599 | 72832 |
| 915 | 2917 | 3243 | 17260 | 16198 | 2839 | 22539 | 16672 |
| 13663 | 97434 | 48532 | 627380 | 629591 | 86768 | 254086 | 155488 |
| 5118 | 22823 | 10671 | 117516 | 123957 | 22589 | 91632 | 51074 |
| 12179 | 6339 | -1363 | 411352 | 394923 | 114536 | 92413 | 143615 |
| 2741 | 13670 | 8217 | 2160 | -22633 | 5246 | 38885 | 25103 |
| 33776 | 240439 | 259551 | 1573496 | 1587237 | 349501 | 1079494 | 822654 |
| 1124 | 8690 | 6671 | 25066 | 30147 | 4662 | 31570 | 8089 |
| 150 | -547 | 155 | -7245 | -6957 | -2005 | 6009 | 1968 |
| 6514 | 28446 | 32076 | 188561 | 205646 | 35553 | 109343 | 310752 |
| 5468 | 39634 | 45200 | 54327 | 40939 | 19446 | 109724 | 58725 |
| 699 | 7643 | 8492 | -443 | 375 | 880 | 11454 | 31644 |
| 2398 | 11384 | 11159 | 5814 | 7905 | 1566 | 22853 | 17631 |
| 171 | 165 | 58 | 2545 | 2578 | 137 | 1532 | 5 |
| 2208 | 2115 | 7177 | 10659 | 10654 | 4550 | 38182 | 10068 |
| 1338 | 3671 | 3123 | 1150 | 1824 | 867 | 36590 | 4228 |
| 178 | 4661 | 3778 | 17956 | 17193 | 311 | 2965 | 2259 |
| 52 | 2515 | 2354 | -3060 | -2248 | 154 | 3995 | 1806 |
| 2106 | 21601 | 21926 | 307 | 6876 | 7046 | 42306 | 18612 |

3-4-4 续表 7

贸易经纪与代理

Trade Broker and Agency

| 地　区 | Region | 主营业务收入 Revenue from Principal Business | 主营业务成本 Cost of Principal Business | 主营业务税金及附加 Taxes and Other Charges on Principal Business | 主营业务利润 Profits from Principal Business | 其他业务利润 Profits from Other Business | 销售费用 Selling Expenses | 管理费用 Administrative Expenses |
|---|---|---|---|---|---|---|---|---|
| **全　国** | **National Total** | **51962627** | **49552566** | **79566** | **2330495** | **115255** | **1095598** | **660131** |
| 北　京 | Beijing | 5749917 | 5284799 | 16652 | 448466 | 66583 | 142974 | 140090 |
| 天　津 | Tianjin | 3627987 | 3408011 | 3591 | 216385 | 985 | 208217 | 33469 |
| 河　北 | Hebei | 46994 | 43302 | 5 | 3687 | 1 | 3086 | 574 |
| 山　西 | Shanxi | 84020 | 81135 | 268 | 2617 | 122 | 2118 | 1421 |
| 内蒙古 | Inner Mongolia | 144144 | 144071 | 1 | 72 | 18 | 33 | 26 |
| 辽　宁 | Liaoning | 328965 | 303288 | 255 | 25422 | 41 | 8246 | 6256 |
| 吉　林 | Jilin | 849 | 803 | 3 | 43 | | 60 | 1 |
| 黑龙江 | Heilongjiang | 41653 | 39619 | 18 | 2016 | 318 | 1328 | 691 |
| 上　海 | Shanghai | 9996910 | 9297477 | 7871 | 691562 | 19645 | 379511 | 201568 |
| 江　苏 | Jiangsu | 2486197 | 2344331 | 6280 | 135586 | 340 | 48691 | 31607 |
| 浙　江 | Zhejiang | 857023 | 826494 | 596 | 29933 | 1166 | 15892 | 11560 |
| 安　徽 | Anhui | 66083 | 63584 | 29 | 2470 | 22 | 1092 | 1077 |
| 福　建 | Fujian | 1256657 | 1182905 | 3014 | 70738 | 2314 | 36228 | 18213 |
| 江　西 | Jiangxi | 29401 | 26175 | 281 | 2945 | | 1652 | 897 |
| 山　东 | Shandong | 1658519 | 1524451 | 6709 | 127359 | 857 | 43016 | 13152 |
| 河　南 | Henan | 24128 | 21281 | 65 | 2782 | | 867 | 624 |
| 湖　北 | Hubei | 366944 | 366459 | 164 | 321 | 101 | 955 | 1641 |
| 湖　南 | Hunan | 30548 | 25036 | 1315 | 4197 | | 1050 | 1097 |
| 广　东 | Guangdong | 23642141 | 23093486 | 22381 | 526274 | 14125 | 188423 | 186770 |
| 广　西 | Guangxi | 175239 | 175979 | 25 | -765 | 2 | 664 | 380 |
| 海　南 | Hainan | | | | | | | |
| 重　庆 | Chongqing | 21576 | 18094 | 12 | 3470 | | 352 | 2012 |
| 四　川 | Sichuan | 100304 | 96993 | 88 | 3223 | 493 | 1736 | 1790 |
| 贵　州 | Guizhou | | | | | | | |
| 云　南 | Yunnan | 1094263 | 1059253 | 9905 | 25105 | 7773 | 5554 | 2573 |
| 西　藏 | Tibet | | | | | | | |
| 陕　西 | Shaanxi | 44843 | 40838 | 7 | 3998 | | 2406 | 929 |
| 甘　肃 | Gansu | | | | | | | |
| 青　海 | Qinghai | | | | | | | |
| 宁　夏 | Ningxia | | | | | | | |
| 新　疆 | Xinjiang | 87322 | 84702 | 31 | 2589 | 349 | 1447 | 1713 |

3-4-4 Continued 7

单位：万元
Unit: 10000 yuan

| #税金 Taxes | 财务费用 Financial Expenses | #利息支出 Interest Expenses | 营业利润 Operating Profits | 利润总额 Total Profits | 应交所得税 Income Tax Payable | 应付职工薪酬 Payables to Employees | 应交增值税 VAT Payable |
|---|---|---|---|---|---|---|---|
| **21562** | **505853** | **422584** | **460255** | **445573** | **176280** | **557254** | **254395** |
| 6556 | 287112 | 239113 | 116028 | 106928 | 75138 | 129955 | 35046 |
| 1346 | 12204 | 9181 | -16460 | -12071 | 991 | 55242 | 22825 |
| 11 | 1 | | 28 | 54 | 9 | 490 | 22 |
| 123 | 296 | 235 | -967 | -10 | | 789 | -1234 |
| | 1 | | 32 | 32 | | 17 | |
| 38 | 5902 | 876 | 5121 | 5101 | 2879 | 6476 | 1720 |
| | 46 | 46 | -65 | -65 | | 51 | |
| 1 | -74 | 52 | 71 | 94 | 30 | 163 | 32 |
| 1747 | 31094 | 9878 | 155063 | 170136 | 38160 | 206429 | 40496 |
| 1011 | 12859 | 1650 | 43703 | 42384 | 5511 | 16309 | 15934 |
| 239 | -1335 | 1545 | 3798 | 5436 | 1563 | 6830 | 666 |
| 111 | 142 | 26 | 182 | 206 | 35 | 640 | -89 |
| 519 | 5534 | 2844 | 17938 | 20472 | 4594 | 11853 | 9237 |
| 7 | -1257 | 22 | 1651 | 1759 | 496 | 666 | 297 |
| 338 | 28690 | 1656 | 49484 | 48338 | 7204 | 12145 | 11116 |
| 3 | 223 | 76 | 1067 | 1059 | 97 | 744 | 133 |
| 245 | 221 | 127 | -2496 | -2492 | 114 | 997 | 389 |
| 59 | 65 | 45 | 1985 | 2 | | 156 | 308 |
| 8464 | 111526 | 141568 | 82937 | 54629 | 38618 | 100454 | 120940 |
| 8 | 192 | 154 | -2033 | -1598 | -7 | 346 | 20 |
| | -301 | -18 | 1407 | 1408 | 10 | 437 | 10 |
| 402 | 350 | 163 | -1119 | -258 | 257 | 1975 | 3357 |
| 252 | 11889 | 12327 | 3059 | 4197 | 386 | 2778 | -7067 |
| 29 | -98 | -55 | 728 | 720 | 148 | 739 | 165 |
| 53 | 571 | 1073 | -887 | -888 | 47 | 573 | 72 |

其他批发业
Other Wholesale not Classified Elsewhere

| 地 区 | Region | 主营业务收入 Revenue from Principal Business | 主营业务成本 Cost of Principal Business | 主营业务税金及附加 Taxes and Other Charges on Principal Business | 主营业务利润 Profits from Principal Business | 其他业务利润 Profits from Other Business | 销售费用 Selling Expenses | 管理费用 Administrative Expenses |
|---|---|---|---|---|---|---|---|---|
| **全 国** | **National Total** | **76533022** | **71375905** | **305462** | **4851655** | **107574** | **1538960** | **1304522** |
| 北 京 | Beijing | 5588068 | 5040825 | 6799 | 540444 | 13044 | 167309 | 111921 |
| 天 津 | Tianjin | 8780936 | 8423988 | 33382 | 323566 | 3745 | 70342 | 93968 |
| 河 北 | Hebei | 143276 | 132985 | 437 | 9854 | 857 | 3127 | 4211 |
| 山 西 | Shanxi | 160366 | 147196 | 297 | 12873 | 576 | 6689 | 6436 |
| 内蒙古 | Inner Mongolia | 31685 | 28363 | 161 | 3161 | | 2112 | 1955 |
| 辽 宁 | Liaoning | 1311594 | 1259235 | 5143 | 47216 | 775 | 11482 | 11298 |
| 吉 林 | Jilin | 177650 | 159830 | 580 | 17240 | | 2837 | 2621 |
| 黑龙江 | Heilongjiang | 137171 | 133079 | 146 | 3946 | 186 | 5525 | 1986 |
| 上 海 | Shanghai | 11328090 | 10112718 | 17955 | 1197417 | 49275 | 502537 | 416952 |
| 江 苏 | Jiangsu | 4938768 | 4541565 | 29869 | 367334 | 6521 | 90194 | 76952 |
| 浙 江 | Zhejiang | 5765465 | 5628353 | 11367 | 125745 | 4976 | 44358 | 39760 |
| 安 徽 | Anhui | 2649930 | 2463052 | 39440 | 147438 | 427 | 50325 | 51056 |
| 福 建 | Fujian | 7112635 | 6946248 | 7672 | 158715 | 3111 | 58454 | 37638 |
| 江 西 | Jiangxi | 458984 | 423766 | 2939 | 32279 | 284 | 9379 | 6464 |
| 山 东 | Shandong | 4401706 | 4106267 | 29631 | 265808 | 5499 | 57695 | 48524 |
| 河 南 | Henan | 1231967 | 1046438 | 10606 | 174923 | 557 | 43151 | 19937 |
| 湖 北 | Hubei | 621785 | 562042 | 5676 | 54067 | 405 | 13051 | 16255 |
| 湖 南 | Hunan | 892179 | 753959 | 25269 | 112951 | 23 | 37223 | 37255 |
| 广 东 | Guangdong | 16715916 | 15842362 | 40202 | 833352 | 11913 | 240857 | 213473 |
| 广 西 | Guangxi | 122227 | 110763 | 423 | 11041 | 487 | 5708 | 2599 |
| 海 南 | Hainan | 16425 | 16123 | 6 | 296 | | 50 | 199 |
| 重 庆 | Chongqing | 1231256 | 1089162 | 10813 | 131281 | 944 | 23535 | 32313 |
| 四 川 | Sichuan | 672911 | 525852 | 22283 | 124776 | 645 | 42175 | 27613 |
| 贵 州 | Guizhou | 72346 | 62547 | 357 | 9442 | 1125 | 3524 | 3153 |
| 云 南 | Yunnan | 1587863 | 1478976 | 1243 | 107644 | 1112 | 32383 | 23861 |
| 西 藏 | Tibet | | | | | | | |
| 陕 西 | Shaanxi | 148588 | 131742 | 1997 | 14849 | | 4434 | 4982 |
| 甘 肃 | Gansu | 33168 | 29198 | 174 | 3796 | 3 | 1742 | 888 |
| 青 海 | Qinghai | 3309 | 2737 | 12 | 560 | 7 | 769 | 384 |
| 宁 夏 | Ningxia | 96923 | 91704 | 196 | 5023 | 19 | 2329 | 2772 |
| 新 疆 | Xinjiang | 99835 | 84830 | 387 | 14618 | 1058 | 5664 | 7096 |

单位：万元
Unit: 10000 yuan

| #税金 Taxes | 财务费用 Financial Expenses | #利息支出 Interest Expenses | 营业利润 Operating Profits | 利润总额 Total Profits | 应交所得税 Income Tax Payable | 应付职工薪酬 Payables to Employees | 应交增值税 VAT Payable |
|---|---|---|---|---|---|---|---|
| **65139** | **644275** | **525039** | **1546691** | **1626610** | **320190** | **841928** | **947825** |
| 2019 | 55395 | 61709 | 240332 | 267098 | 64175 | 105546 | 43335 |
| 3105 | 43594 | 27071 | 81003 | 120806 | 25017 | 42546 | 178203 |
| 110 | 2009 | 1258 | 6761 | 5687 | 1270 | 4275 | 1027 |
| 160 | 369 | 372 | -281 | -684 | 135 | 2950 | 1819 |
| 33 | 298 | 376 | -246 | 460 | 74 | 1437 | 163 |
| 258 | 3587 | 782 | 18900 | 20265 | 1559 | 7432 | 15638 |
| 10 | 66 | 48 | 9612 | 9507 | 2379 | 685 | 758 |
| 80 | 5802 | 4400 | -9357 | -9738 | 244 | 1255 | 326 |
| 12651 | 38900 | 24681 | 303234 | 320011 | 79297 | 230297 | 113861 |
| 2606 | 48622 | 23868 | 157065 | 169953 | 28798 | 49166 | 113450 |
| 1724 | 59231 | 45828 | -9459 | 16483 | 8833 | 25183 | 93799 |
| 2643 | 20663 | 18522 | 26940 | 39535 | 5360 | 40854 | 75172 |
| 2099 | 91446 | 76130 | 1789 | 13205 | 8771 | 33808 | 35578 |
| 349 | 2095 | 1221 | 15341 | 12487 | 1833 | 5158 | 9190 |
| 3127 | 29166 | 16489 | 134225 | 124399 | 15968 | 35546 | 58501 |
| 2031 | 17742 | 6946 | 94175 | 91338 | 6445 | 13730 | 18510 |
| 1603 | 4616 | 2196 | 20029 | 19563 | 3158 | 14222 | 11577 |
| 1228 | 14545 | 1708 | 25004 | 16601 | 2445 | 15515 | 5799 |
| 17558 | 180801 | 185779 | 231927 | 207080 | 34765 | 138838 | 126859 |
| 56 | -19 | 221 | 3801 | 3849 | 204 | 2456 | 1154 |
|  | 33 | 33 | 16 | 33 | 1 | 413 | 26 |
| 2212 | 2621 | 1601 | 85473 | 67440 | 3269 | 14218 | 15440 |
| 466 | 12914 | 9918 | 40034 | 41107 | 9896 | 19862 | 7054 |
| 133 | 1402 | 1025 | 4730 | 4783 | 884 | 2985 | 738 |
| 8193 | -897 | 4193 | 67088 | 67101 | 14122 | 19794 | 9115 |
| 162 | 565 | 124 | 4893 | 4060 | 289 | 5493 | 6611 |
| 18 | 138 | 120 | 1027 | 1203 | 355 | 689 | 902 |
| 8 | 10 | 10 | -619 | -549 | 1 | 438 | 406 |
| 85 | 6627 | 6675 | -8681 | -8646 | 15 | 1813 | 316 |
| 412 | 1934 | 1735 | 1935 | 2173 | 628 | 5324 | 2498 |

# 3-4-5 各地区限额以上零售业企业损益及分配

| 地 区 | Region | 主营业务收入 Revenue from Principal Business | 主营业务成本 Cost of Principal Business | 主营业务税金及附加 Taxes and Other Charges on Principal Business | 主营业务利润 Profits from Principal Business | 其他业务利润 Profits from Other Business | 销售费用 Selling Expenses | 管理费用 Administrative Expenses |
|---|---|---|---|---|---|---|---|---|
| **全 国** | **National Total** | **994526048** | **877604806** | **5749300** | **111171942** | **9702391** | **60671566** | **30841105** |
| 北 京 | Beijing | 70157289 | 62666859 | 254295 | 7236135 | 1489726 | 5779383 | 2222043 |
| 天 津 | Tianjin | 19933347 | 18004396 | 78528 | 1850423 | 252666 | 1338102 | 706584 |
| 河 北 | Hebei | 26178061 | 23784137 | 117672 | 2276252 | 297104 | 1315726 | 824447 |
| 山 西 | Shanxi | 17985123 | 16377741 | 53861 | 1553521 | 129026 | 894715 | 540927 |
| 内蒙古 | Inner Mongolia | 13934939 | 12406720 | 86902 | 1441317 | 91637 | 693450 | 405355 |
| 辽 宁 | Liaoning | 32038141 | 28431696 | 202467 | 3403978 | 297479 | 1591004 | 1277553 |
| 吉 林 | Jilin | 14663292 | 13042856 | 94975 | 1525461 | 113771 | 618602 | 645867 |
| 黑龙江 | Heilongjiang | 13668334 | 12052764 | 116864 | 1498706 | 104291 | 582124 | 488414 |
| 上 海 | Shanghai | 54739911 | 45109592 | 261344 | 9368975 | 660381 | 7011106 | 2889489 |
| 江 苏 | Jiangsu | 93120217 | 82434560 | 434928 | 10250729 | 1003216 | 5287392 | 2798455 |
| 浙 江 | Zhejiang | 61059283 | 54914570 | 217728 | 5926985 | 594479 | 3637708 | 1912350 |
| 安 徽 | Anhui | 31575214 | 28090420 | 124943 | 3359851 | 181892 | 1636518 | 827839 |
| 福 建 | Fujian | 34234621 | 30351492 | 185490 | 3697639 | 161586 | 2068017 | 962044 |
| 江 西 | Jiangxi | 15006721 | 13387617 | 157635 | 1461469 | 140674 | 733903 | 488824 |
| 山 东 | Shandong | 90978568 | 79966523 | 741995 | 10270050 | 552041 | 3674933 | 2404937 |
| 河 南 | Henan | 42156505 | 37071330 | 377602 | 4707573 | 362222 | 1761991 | 1179491 |
| 湖 北 | Hubei | 47502835 | 41137330 | 387762 | 5977743 | 766508 | 2690368 | 1418648 |
| 湖 南 | Hunan | 38371236 | 33872065 | 327126 | 4172045 | 188876 | 2182847 | 1041730 |
| 广 东 | Guangdong | 98761309 | 86596774 | 437501 | 11727034 | 960774 | 7031535 | 2886986 |
| 广 西 | Guangxi | 12760204 | 11462381 | 44178 | 1253645 | 158603 | 790380 | 387956 |
| 海 南 | Hainan | 4176181 | 3590239 | 26188 | 559754 | 34242 | 300236 | 147138 |
| 重 庆 | Chongqing | 31423453 | 27265092 | 283593 | 3874768 | 252116 | 1776868 | 816250 |
| 四 川 | Sichuan | 48546434 | 43249451 | 246612 | 5050371 | 341124 | 2882239 | 1247276 |
| 贵 州 | Guizhou | 12788914 | 11551143 | 62184 | 1175587 | 75828 | 647481 | 297475 |
| 云 南 | Yunnan | 19816986 | 17619230 | 65014 | 2132742 | 97957 | 1107420 | 502624 |
| 西 藏 | Tibet | 998007 | 905730 | 7378 | 84899 | 9081 | 45073 | 30636 |
| 陕 西 | Shaanxi | 27132215 | 23728460 | 258527 | 3145228 | 186470 | 1398749 | 824037 |
| 甘 肃 | Gansu | 7983041 | 7135225 | 46844 | 800972 | 41159 | 392707 | 181011 |
| 青 海 | Qinghai | 1773199 | 1582239 | 5226 | 185734 | 60412 | 107604 | 60870 |
| 宁 夏 | Ningxia | 2705842 | 2392038 | 11317 | 302487 | 40162 | 197808 | 97280 |
| 新 疆 | Xinjiang | 8356626 | 7424136 | 32621 | 899869 | 56888 | 495577 | 326569 |

# Income and Distribution of Enterprises above Designated Size of Retail Trade by Region

单位：万元

Unit: 10000 yuan

| #税金 Taxes | 财务费用 Financial Expenses | #利息支出 Interest Expenses | 营业利润 Operating Profits | 利润总额 Total Profits | 应交所得税 Income Tax Payable | 应付职工薪酬 Payables to Employees | 应交增值税 VAT Payable |
|---|---|---|---|---|---|---|---|
| **1281303** | **7284148** | **4478825** | **24752498** | **24335654** | **4493909** | **33099724** | **16459062** |
| 58187 | 326077 | 404728 | 1454808 | 1542116 | 307591 | 2769173 | 984302 |
| 43516 | 164640 | 98969 | -53833 | -14139 | 70090 | 681552 | 326711 |
| 34235 | 249565 | 129046 | 300731 | 279135 | 81015 | 883429 | 386953 |
| 17332 | 165346 | 80186 | -31980 | -21458 | 30371 | 569116 | 139765 |
| 38885 | 123868 | 65736 | 333299 | 308281 | 34236 | 376350 | 277792 |
| 61210 | 347634 | 179763 | 421902 | 390088 | 82901 | 1079684 | 998011 |
| 25215 | 168927 | 114657 | 351860 | 374977 | 58664 | 329929 | 171415 |
| 18864 | 115020 | 74911 | 514433 | 454697 | 55873 | 422712 | 132601 |
| 36939 | 250243 | 148242 | 330609 | 631497 | 343869 | 2598001 | 853292 |
| 95132 | 754778 | 424638 | 2858805 | 2863316 | 560620 | 2549060 | 1787596 |
| 73930 | 498642 | 454168 | 615657 | 701737 | 241729 | 2098593 | 808887 |
| 43037 | 205651 | 114421 | 582393 | 518252 | 83416 | 914123 | 370117 |
| 43666 | 192605 | 126210 | 839611 | 755705 | 98368 | 1175802 | 468088 |
| 17454 | 142120 | 71707 | 280817 | 394798 | 46628 | 751500 | 270962 |
| 144627 | 761752 | 349451 | 4050332 | 3880037 | 641467 | 2345586 | 1371120 |
| 71402 | 351564 | 143760 | 1732218 | 1662034 | 140991 | 1332912 | 588207 |
| 86842 | 411904 | 245546 | 1694347 | 1531212 | 267295 | 1601845 | 879510 |
| 52777 | 251921 | 117104 | 1048258 | 925653 | 128679 | 1016570 | 422994 |
| 80183 | 491558 | 301000 | 2521438 | 2585252 | 562809 | 3666800 | 1964452 |
| 19280 | 77205 | 57412 | 141919 | 159038 | 38951 | 471647 | 196786 |
| 6796 | 37391 | 18733 | 140614 | 145180 | 40600 | 156098 | 56542 |
| 36368 | 179999 | 108438 | 1320341 | 1208966 | 147200 | 1032139 | 554498 |
| 44739 | 297342 | 183565 | 1054828 | 973338 | 137376 | 1378095 | 725333 |
| 11339 | 101402 | 55328 | 239471 | 244069 | 30685 | 359064 | 519913 |
| 16179 | 150657 | 96719 | 599749 | 623689 | 59256 | 790465 | 376751 |
| 346 | 2288 | 2409 | 16449 | 14331 | 4887 | 30101 | 6868 |
| 63178 | 265820 | 180784 | 940997 | 692497 | 110175 | 863100 | 392941 |
| 18829 | 73162 | 33008 | 231641 | 260821 | 25121 | 248134 | 197656 |
| 3215 | 17042 | 8890 | 30127 | 30831 | 10448 | 153917 | 79064 |
| 3823 | 30695 | 18340 | 23236 | 38052 | 11213 | 102477 | 40781 |
| 13778 | 77330 | 70956 | 167421 | 181652 | 41385 | 351750 | 109154 |

3-4-5 续表

国有控股

State-controlled Enterprises

| 地 区 | Region | 主营业务收入 Revenue from Principal Business | 主营业务成本 Cost of Principal Business | 主营业务税金及附加 Taxes and Other Charges on Principal Business | 主营业务利润 Profits from Principal Business | 其他业务利润 Profits from Other Business | 销售费用 Selling Expenses | 管理费用 Administrative Expenses |
|---|---|---|---|---|---|---|---|---|
| **全 国** | **National Total** | **193065519** | **173219912** | **813308** | **19032299** | **1902694** | **10653754** | **4789810** |
| 北 京 | Beijing | 17442271 | 15677020 | 79174 | 1686077 | 296404 | 1026783 | 557479 |
| 天 津 | Tianjin | 4982172 | 4534653 | 12377 | 435142 | 22704 | 295479 | 187078 |
| 河 北 | Hebei | 6825216 | 6226004 | 28708 | 570504 | 66461 | 269644 | 183303 |
| 山 西 | Shanxi | 5521300 | 5171697 | 7691 | 341912 | 19668 | 276294 | 101082 |
| 内蒙古 | Inner Mongolia | 4510607 | 4088784 | 8677 | 413146 | 5387 | 239936 | 41042 |
| 辽 宁 | Liaoning | 6583596 | 5848863 | 25668 | 709065 | 82867 | 377969 | 223429 |
| 吉 林 | Jilin | 3220925 | 2950237 | 18036 | 252652 | 5815 | 131438 | 139335 |
| 黑龙江 | Heilongjiang | 1668737 | 1479433 | 7387 | 181917 | 7031 | 44609 | 73462 |
| 上 海 | Shanghai | 10411102 | 9058030 | 56372 | 1296700 | 220026 | 806664 | 574401 |
| 江 苏 | Jiangsu | 14128926 | 12995499 | 26016 | 1107411 | 122543 | 633758 | 232245 |
| 浙 江 | Zhejiang | 8838350 | 8000199 | 26908 | 811243 | 50085 | 410707 | 196309 |
| 安 徽 | Anhui | 7095512 | 6136803 | 21949 | 936760 | 37815 | 312739 | 152266 |
| 福 建 | Fujian | 4304849 | 3893350 | 9771 | 401728 | 28109 | 274414 | 79600 |
| 江 西 | Jiangxi | 2456456 | 2165361 | 81100 | 209995 | 14677 | 119600 | 84680 |
| 山 东 | Shandong | 8832016 | 8023523 | 40627 | 767866 | 78991 | 488104 | 172205 |
| 河 南 | Henan | 4630694 | 4144054 | 26523 | 460117 | 21014 | 215664 | 107936 |
| 湖 北 | Hubei | 11358232 | 9776169 | 57160 | 1524903 | 416606 | 846597 | 307661 |
| 湖 南 | Hunan | 9377162 | 8455874 | 57955 | 863333 | 28521 | 471550 | 216881 |
| 广 东 | Guangdong | 19927440 | 17765200 | 63718 | 2098522 | 108075 | 1167472 | 398328 |
| 广 西 | Guangxi | 1405233 | 1214696 | 8648 | 181889 | 25425 | 100472 | 71763 |
| 海 南 | Hainan | 1822893 | 1517531 | 15878 | 289484 | 2236 | 142804 | 43445 |
| 重 庆 | Chongqing | 9530071 | 8545523 | 33604 | 950944 | 133285 | 624087 | 186672 |
| 四 川 | Sichuan | 9636657 | 8691804 | 25825 | 919028 | 33176 | 533802 | 170572 |
| 贵 州 | Guizhou | 3945675 | 3671902 | 8405 | 265368 | 24598 | 142147 | 49926 |
| 云 南 | Yunnan | 5581055 | 5076453 | 15369 | 489233 | 14430 | 241653 | 72158 |
| 西 藏 | Tibet | 587861 | 541602 | 5026 | 41233 | 1316 | 23809 | 10961 |
| 陕 西 | Shaanxi | 3569526 | 3161742 | 25696 | 382088 | 14371 | 204823 | 90132 |
| 甘 肃 | Gansu | 2564487 | 2331142 | 13985 | 219360 | 5028 | 101772 | 25196 |
| 青 海 | Qinghai | 303512 | 276991 | 921 | 25600 | 3999 | 14012 | 7112 |
| 宁 夏 | Ningxia | 44567 | 35422 | 247 | 8898 | 1953 | 6139 | 4186 |
| 新 疆 | Xinjiang | 1958419 | 1764351 | 3887 | 190181 | 10078 | 108813 | 28965 |

3-4-5 Continued

单位：万元
Unit: 10000 yuan

| #税金 Taxes | 财务费用 Financial Expenses | #利息支出 Interest Expenses | 营业利润 Operating Profits | 利润总额 Total Profits | 应交所得税 Income Tax Payable | 应付职工薪酬 Payables to Employees | 应交增值税 VAT Payable |
|---|---|---|---|---|---|---|---|
| **250067** | **705728** | **665710** | **5089092** | **5104608** | **908263** | **6224757** | **3348155** |
| 18041 | 57493 | 138061 | 527388 | 552515 | 103172 | 770812 | 243000 |
| 29491 | 25642 | 23396 | -22363 | -9816 | 28387 | 180435 | 120070 |
| 10046 | 33819 | 30218 | 207432 | 194171 | 34064 | 180663 | 69376 |
| 5387 | 20922 | 13835 | -32198 | -15730 | 15071 | 136847 | 37590 |
| 4783 | 9348 | 7579 | 131146 | 132293 | 5481 | 109091 | 185662 |
| 9628 | 9819 | 9025 | 247475 | 242736 | 19581 | 277601 | 54734 |
| 10697 | 35337 | 32233 | 82645 | 58219 | 22517 | 81767 | 81265 |
| 2436 | 5348 | 4102 | 64559 | 57040 | 11647 | 112817 | 20267 |
| 11410 | 26315 | 45769 | 250315 | 297343 | 78716 | 452633 | 158570 |
| 10875 | 61017 | 51385 | 304872 | 319794 | 46001 | 259788 | 226511 |
| 8910 | 3485 | 21029 | 301789 | 307567 | 62959 | 299967 | 114643 |
| 8328 | 14851 | 15242 | 191850 | 137890 | 17970 | 163494 | 58596 |
| 4375 | 13951 | 10349 | 85572 | 86084 | 13678 | 157934 | 97056 |
| 3675 | 38299 | 8847 | 84646 | 83906 | 7041 | 84210 | 41368 |
| 9705 | 54705 | 32441 | 192445 | 195782 | 38369 | 252216 | 144564 |
| 7222 | 20452 | 9066 | 101854 | 85421 | 13629 | 149933 | 61363 |
| 23027 | 61732 | 66460 | 322162 | 298536 | 56904 | 458717 | 236932 |
| 14510 | 40475 | 25970 | 184915 | 179658 | 39582 | 237660 | 102434 |
| 19624 | 39959 | 42535 | 747890 | 745745 | 151183 | 682265 | 357371 |
| 3191 | 6625 | 4325 | 24351 | 28974 | 6356 | 80675 | 17414 |
| 1692 | 5535 | 780 | 114466 | 115494 | 29288 | 58717 | 20226 |
| 9953 | 28008 | 15789 | 181803 | 177761 | 16625 | 345334 | 235143 |
| 7672 | 22237 | 14696 | 220619 | 244018 | 31589 | 244736 | 118291 |
| 1859 | 22390 | 7060 | 82133 | 91456 | 5582 | 64251 | 307112 |
| 3388 | 13620 | 10011 | 239194 | 242108 | 17460 | 104363 | 53540 |
| 176 | 1055 | 2034 | 2572 | 2364 | 3820 | 16192 | 3558 |
| 5597 | 11325 | 8378 | 94028 | 87108 | 13050 | 118085 | 48261 |
| 2003 | 13269 | 6339 | 89390 | 95505 | 4762 | 55376 | 103562 |
| 135 | 757 | 1052 | 7681 | 6463 | 3243 | 9404 | 4772 |
| 212 | 118 | 49 | -204 | 1869 | 88 | 6889 | 626 |
| 2019 | 7820 | 7655 | 58665 | 62334 | 10448 | 71885 | 24278 |

# 3-4-6 各地区限额以上零售业企业损益及分配(按登记注册类型分)

内资企业
Domestic Funded Enterprises

| 地　区 | Region | 主营业务收入 Revenue from Principal Business | 主营业务成本 Cost of Principal Business | 主营业务税金及附加 Taxes and Other Charges on Principal Business | 主营业务利润 Profits from Principal Business | 其他业务利润 Profits from Other Business | 销售费用 Selling Expenses | 管理费用 Administrative Expenses |
|---|---|---|---|---|---|---|---|---|
| **全　国** | **National Total** | **886663997** | **789268450** | **5167908** | **92227639** | **7615348** | **46714113** | **25817984** |
| 北　京 | Beijing | 57569569 | 52445955 | 178638 | 4944976 | 1223196 | 3985452 | 1625153 |
| 天　津 | Tianjin | 16865096 | 15425067 | 55404 | 1384625 | 169997 | 941755 | 543526 |
| 河　北 | Hebei | 25897537 | 23548755 | 116716 | 2232066 | 293278 | 1273868 | 814475 |
| 山　西 | Shanxi | 17591810 | 16045882 | 51469 | 1494459 | 123523 | 852361 | 525784 |
| 内蒙古 | Inner Mongolia | 13758265 | 12257761 | 84898 | 1415606 | 90465 | 678654 | 397903 |
| 辽　宁 | Liaoning | 29101687 | 26137595 | 181302 | 2782790 | 249404 | 1271279 | 1116613 |
| 吉　林 | Jilin | 14102175 | 12562846 | 93320 | 1446009 | 111918 | 581893 | 613577 |
| 黑龙江 | Heilongjiang | 12980563 | 11465653 | 113895 | 1401015 | 86661 | 503013 | 449967 |
| 上　海 | Shanghai | 35419166 | 31225446 | 135280 | 4058440 | 394380 | 2924371 | 1306090 |
| 江　苏 | Jiangsu | 79866500 | 70802048 | 384628 | 8679824 | 682035 | 3909333 | 2384547 |
| 浙　江 | Zhejiang | 54220232 | 49109191 | 176876 | 4934165 | 472893 | 2973978 | 1612950 |
| 安　徽 | Anhui | 29811317 | 26625797 | 116284 | 3069236 | 140271 | 1376488 | 742392 |
| 福　建 | Fujian | 30914882 | 27560708 | 169974 | 3184200 | 132660 | 1662822 | 860657 |
| 江　西 | Jiangxi | 14016926 | 12509179 | 153337 | 1354410 | 112849 | 648536 | 467833 |
| 山　东 | Shandong | 87667662 | 77204732 | 725208 | 9737722 | 493712 | 3330628 | 2262380 |
| 河　南 | Henan | 40346603 | 35494309 | 367651 | 4484643 | 264132 | 1645477 | 1071110 |
| 湖　北 | Hubei | 45123879 | 39153159 | 377367 | 5593353 | 557913 | 2431401 | 1312698 |
| 湖　南 | Hunan | 37255269 | 32954365 | 321466 | 3979438 | 169471 | 2059879 | 986460 |
| 广　东 | Guangdong | 81015125 | 71898374 | 352864 | 8763887 | 667987 | 4887222 | 2310632 |
| 广　西 | Guangxi | 11730246 | 10575274 | 40675 | 1114297 | 139538 | 684382 | 360345 |
| 海　南 | Hainan | 3864831 | 3325913 | 23961 | 514957 | 28764 | 266279 | 137985 |
| 重　庆 | Chongqing | 30264813 | 26316729 | 271808 | 3676276 | 229929 | 1646747 | 746421 |
| 四　川 | Sichuan | 43309394 | 38868605 | 221085 | 4219704 | 286337 | 2401275 | 1033813 |
| 贵　州 | Guizhou | 12071256 | 10949654 | 58564 | 1063038 | 62215 | 578113 | 280784 |
| 云　南 | Yunnan | 18279700 | 16335776 | 58835 | 1885089 | 87226 | 956486 | 456761 |
| 西　藏 | Tibet | 988308 | 896444 | 7372 | 84492 | 8921 | 44653 | 30616 |
| 陕　西 | Shaanxi | 22537765 | 19682251 | 235974 | 2619540 | 146765 | 1053252 | 726520 |
| 甘　肃 | Gansu | 7793955 | 6967249 | 45927 | 780779 | 37636 | 375682 | 177910 |
| 青　海 | Qinghai | 1736223 | 1548645 | 5117 | 182461 | 59961 | 104350 | 60370 |
| 宁　夏 | Ningxia | 2638605 | 2329384 | 11241 | 297980 | 40162 | 194333 | 96173 |
| 新　疆 | Xinjiang | 7924638 | 7045704 | 30772 | 848162 | 51149 | 470151 | 305539 |

# Income and Distribution of Enterprises above Designated Size of Retail Trade by Region and Type of Registration

单位：万元
Unit: 10000 yuan

| #税金 Taxes | 财务费用 Financial Expenses | #利息支出 Interest Expenses | 营业利润 Operating Profits | 利润总额 Total Profits | 应交所得税 Income Tax Payable | 应付职工薪酬 Payables to Employees | 应交增值税 VAT Payable |
|---|---|---|---|---|---|---|---|
| **1182928** | **6732289** | **4122156** | **21929895** | **21391136** | **3633875** | **27711395** | **14267959** |
| 47731 | 291214 | 372773 | 578400 | 666913 | 207530 | 2103362 | 683598 |
| 39699 | 131481 | 72104 | -47745 | -8740 | 49384 | 534072 | 249575 |
| 34030 | 246150 | 125823 | 307162 | 293885 | 80531 | 868113 | 381965 |
| 16696 | 161520 | 77666 | -37725 | -27004 | 28061 | 550883 | 133726 |
| 38831 | 117615 | 65649 | 334235 | 308628 | 32697 | 371145 | 275159 |
| 56933 | 298616 | 160870 | 485254 | 450795 | 67525 | 937559 | 939729 |
| 24683 | 148765 | 95373 | 347224 | 367638 | 56152 | 311790 | 164476 |
| 18174 | 108904 | 73195 | 509072 | 451030 | 53584 | 389185 | 124659 |
| 24387 | 134285 | 104126 | 369026 | 504257 | 160906 | 1217946 | 431146 |
| 86982 | 712852 | 396429 | 2689322 | 2690593 | 485722 | 2071675 | 1653087 |
| 63575 | 460156 | 393245 | 522259 | 604414 | 189885 | 1783655 | 686610 |
| 41312 | 200417 | 112476 | 586000 | 529965 | 75545 | 815714 | 340209 |
| 42536 | 187695 | 118281 | 687045 | 612815 | 83671 | 988246 | 414605 |
| 17101 | 140088 | 70289 | 274294 | 387497 | 45720 | 709532 | 259011 |
| 140111 | 749659 | 340357 | 3959821 | 3786403 | 608468 | 2188204 | 1316702 |
| 67564 | 339196 | 139786 | 1649939 | 1578904 | 119547 | 1283979 | 561593 |
| 84493 | 399748 | 237255 | 1516346 | 1386469 | 225436 | 1480034 | 840174 |
| 51064 | 250493 | 115069 | 1001232 | 876941 | 120142 | 951627 | 396376 |
| 69040 | 425418 | 263445 | 1897659 | 1908570 | 384005 | 2737291 | 1454440 |
| 17121 | 74210 | 55076 | 114504 | 129355 | 33847 | 429560 | 176224 |
| 4822 | 32701 | 14219 | 122824 | 126999 | 36156 | 142348 | 52667 |
| 33790 | 169974 | 102491 | 1284612 | 1176396 | 139250 | 976799 | 534182 |
| 40188 | 268361 | 169057 | 875507 | 839502 | 109273 | 1193971 | 678591 |
| 10636 | 98660 | 53715 | 187942 | 187762 | 21885 | 335917 | 500458 |
| 14950 | 146646 | 96008 | 484262 | 505069 | 44741 | 728211 | 321329 |
| 345 | 2249 | 2403 | 16488 | 13843 | 4836 | 29608 | 6836 |
| 57548 | 239937 | 166065 | 806293 | 581446 | 86862 | 746061 | 287161 |
| 18775 | 71908 | 32603 | 227467 | 251410 | 22415 | 244196 | 194947 |
| 3215 | 17003 | 8890 | 30252 | 30964 | 10407 | 152460 | 67678 |
| 3794 | 29959 | 17718 | 23437 | 38352 | 11206 | 101641 | 40643 |
| 12802 | 76409 | 69700 | 127487 | 140065 | 38486 | 336611 | 100403 |

国有企业

State-owned Enterprises

| 地 区 | Region | 主营业务收入 Revenue from Principal Business | 主营业务成本 Cost of Principal Business | 主营业务税金及附加 Taxes and Other Charges on Principal Business | 主营业务利润 Profits from Principal Business | 其他业务利润 Profits from Other Business | 销售费用 Selling Expenses | 管理费用 Administr-ative Expenses |
|---|---|---|---|---|---|---|---|---|
| **全 国** | **National Total** | **18415074** | **16263155** | **116126** | **2035793** | **162930** | **869833** | **626361** |
| 北 京 | Beijing | 971191 | 818135 | 3877 | 149179 | 42206 | 82405 | 77312 |
| 天 津 | Tianjin | 213185 | 171135 | 1477 | 40573 | 3039 | 18908 | 48961 |
| 河 北 | Hebei | 247194 | 210681 | 6351 | 30162 | 1960 | 5001 | 6083 |
| 山 西 | Shanxi | 620479 | 580480 | 1520 | 38479 | 3018 | 26795 | 12761 |
| 内蒙古 | Inner Mongolia | 1275531 | 1097915 | 1100 | 176516 | 1417 | 54489 | 8755 |
| 辽 宁 | Liaoning | 1214916 | 1074892 | 3755 | 136269 | 5745 | 77720 | 29349 |
| 吉 林 | Jilin | 38699 | 34995 | 181 | 3523 | 441 | 1665 | 1418 |
| 黑龙江 | Heilongjiang | 376282 | 333488 | 3031 | 39763 | 2032 | 8393 | 12748 |
| 上 海 | Shanghai | 497547 | 417506 | 3341 | 76700 | 12557 | 47128 | 57480 |
| 江 苏 | Jiangsu | 902718 | 815541 | 2210 | 84967 | 31092 | 26368 | 28789 |
| 浙 江 | Zhejiang | 165493 | 139559 | 391 | 25543 | 3065 | 13342 | 9661 |
| 安 徽 | Anhui | 572956 | 515506 | 3185 | 54265 | 3682 | 33013 | 12920 |
| 福 建 | Fujian | 187795 | 170420 | 1483 | 15892 | 2334 | 13005 | 6512 |
| 江 西 | Jiangxi | 101172 | 93135 | 312 | 7725 | 472 | 2895 | 5360 |
| 山 东 | Shandong | 726254 | 623633 | 7139 | 95482 | 915 | 29370 | 30012 |
| 河 南 | Henan | 1162335 | 1024765 | 14346 | 123224 | 4818 | 41746 | 39926 |
| 湖 北 | Hubei | 2776430 | 2511367 | 17836 | 247227 | 4610 | 93034 | 32467 |
| 湖 南 | Hunan | 619705 | 519780 | 8389 | 91536 | 1092 | 30131 | 23240 |
| 广 东 | Guangdong | 1238189 | 1025015 | 7235 | 205939 | 10691 | 46045 | 81281 |
| 广 西 | Guangxi | 236208 | 203538 | 1137 | 31533 | 2445 | 22349 | 7183 |
| 海 南 | Hainan | 8028 | 9366 | 10 | -1348 | | 539 | 380 |
| 重 庆 | Chongqing | 1336408 | 1262152 | 2907 | 71349 | 2079 | 43136 | 9157 |
| 四 川 | Sichuan | 1086694 | 1019453 | 2727 | 64514 | 6157 | 48970 | 9462 |
| 贵 州 | Guizhou | 216277 | 192264 | 411 | 23602 | 3104 | 9804 | 9819 |
| 云 南 | Yunnan | 368081 | 328423 | 3330 | 36328 | 1763 | 20845 | 7618 |
| 西 藏 | Tibet | 138078 | 121617 | 4277 | 12184 | 49 | 4457 | 4288 |
| 陕 西 | Shaanxi | 733763 | 643596 | 8525 | 81642 | 8105 | 30021 | 30828 |
| 甘 肃 | Gansu | 112419 | 97755 | 4770 | 9894 | 102 | 4359 | 3807 |
| 青 海 | Qinghai | 11875 | 10548 | 8 | 1319 | | 416 | 419 |
| 宁 夏 | Ningxia | 29881 | 22798 | 204 | 6879 | 1763 | 5287 | 3494 |
| 新 疆 | Xinjiang | 229291 | 173697 | 661 | 54933 | 2177 | 28197 | 14871 |

3-4-6 Continued 1

单位：万元
Unit: 10000 yuan

| #税金 Taxes | 财务费用 Financial Expenses | #利息支出 Interest Expenses | 营业利润 Operating Profits | 利润总额 Total Profits | 应交所得税 Income Tax Payable | 应付职工薪酬 Payables to Employees | 应交增值税 VAT Payable |
|---|---|---|---|---|---|---|---|
| **52228** | **72900** | **51868** | **650285** | **629922** | **63938** | **735677** | **343272** |
| 1771 | 1011 | 4133 | 35623 | 40991 | 10336 | 89284 | 16706 |
| 25623 | 13 | 199 | -23200 | -21302 | 1602 | 20634 | 5062 |
| 593 | 589 | 378 | 20379 | -1136 | 35 | 8561 | 1709 |
| 278 | 1194 | 215 | 1186 | 1132 | 1224 | 16843 | 582 |
| 1482 | 1846 | 1619 | 112093 | 113614 | 30 | 26185 | 71357 |
| 1772 | 4924 | 689 | 25863 | 25839 | 1117 | 23981 | 11292 |
| 53 | 274 | 217 | 400 | 232 | 13 | 940 | 219 |
| 924 | 1534 | 506 | 17758 | 8004 | 993 | 69582 | 1510 |
| 561 | -82 | 969 | -6137 | 4131 | 3843 | 35505 | 7801 |
| 731 | 4920 | 4901 | 33051 | 35971 | 6168 | 22659 | 10737 |
| 389 | -138 | 645 | 7204 | 10058 | 1341 | 12762 | 1800 |
| 541 | 1284 | 392 | 8855 | 8088 | 1053 | 12704 | 8544 |
| 130 | 807 | 422 | -1970 | 1131 | 287 | 10592 | 2150 |
| 225 | 171 | 191 | -487 | 540 | 36 | 4105 | 468 |
| 850 | 5090 | 1244 | 39431 | 41080 | 7072 | 23226 | 13709 |
| 3893 | 5841 | 1072 | 40045 | 33128 | 1224 | 53945 | 15038 |
| 3413 | 16176 | 25951 | 111903 | 91357 | 7876 | 37965 | 33519 |
| 1121 | 11065 | 216 | 27834 | 16166 | 1594 | 18371 | 2486 |
| 3256 | 2292 | 1206 | 115059 | 119087 | 3802 | 87723 | 30037 |
| 280 | 480 | 627 | 5685 | 6821 | 1047 | 12319 | 2423 |
| 8 | 8 | 9 | -2238 | -425 | 9 | 471 | 48 |
| 692 | 1917 | 1719 | 14125 | 14182 | 565 | 22332 | 46195 |
| 708 | 1761 | 878 | 9916 | 12294 | 1113 | 27085 | 10889 |
| 274 | 731 | 645 | 2926 | 5740 | 358 | 6737 | 9417 |
| 221 | 1446 | 1329 | 7897 | 7955 | 1183 | 10465 | 1702 |
| 89 | 4 | 7 | 3484 | 3494 | 3292 | 4127 | 1247 |
| 1288 | 2616 | 876 | 25565 | 22635 | 1923 | 41733 | 33984 |
| 131 | 4962 | 156 | 2986 | 9797 | 291 | 4402 | 879 |
|  | 306 | 297 | 179 | 186 | 50 | 434 | 73 |
| 153 | 50 | 48 | -803 | 1030 | -63 | 5408 | 279 |
| 778 | -192 | 112 | 15673 | 18102 | 4524 | 24597 | 1410 |

集体企业
Collective-owned Enterprises

| 地 区 | Region | 主营业务收入 Revenue from Principal Business | 主营业务成本 Cost of Principal Business | 主营业务税金及附加 Taxes and Other Charges on Principal Business | 主营业务利润 Profits from Principal Business | 其他业务利润 Profits from Other Business | 销售费用 Selling Expenses | 管理费用 Administr-ative Expenses |
|---|---|---|---|---|---|---|---|---|
| **全 国** | **National Total** | **13521888** | **11860239** | **147093** | **1514556** | **37474** | **399944** | **399409** |
| 北 京 | Beijing | 264213 | 227790 | 1706 | 34717 | 16174 | 25788 | 22629 |
| 天 津 | Tianjin | 172277 | 153309 | 203 | 18765 | | 5409 | 6449 |
| 河 北 | Hebei | 482730 | 454249 | 2363 | 26118 | 785 | 7628 | 13628 |
| 山 西 | Shanxi | 400397 | 358166 | 1579 | 40652 | 2305 | 13773 | 13958 |
| 内蒙古 | Inner Mongolia | 112678 | 108165 | 109 | 4404 | 624 | 739 | 2510 |
| 辽 宁 | Liaoning | 200102 | 166666 | 2478 | 30958 | 224 | 7329 | 5339 |
| 吉 林 | Jilin | 61550 | 53646 | 693 | 7211 | 2 | 2570 | 1738 |
| 黑龙江 | Heilongjiang | 149954 | 135033 | 1412 | 13509 | | 4290 | 2759 |
| 上 海 | Shanghai | 100868 | 82545 | 675 | 17648 | 1065 | 10497 | 8230 |
| 江 苏 | Jiangsu | 707355 | 610039 | 4146 | 93170 | 292 | 18037 | 14599 |
| 浙 江 | Zhejiang | 241064 | 215583 | 1052 | 24429 | 3530 | 13870 | 11793 |
| 安 徽 | Anhui | 44096 | 38519 | 171 | 5406 | | 1884 | 2142 |
| 福 建 | Fujian | 205511 | 181496 | 1645 | 22370 | 76 | 8064 | 8214 |
| 江 西 | Jiangxi | 44210 | 37212 | 206 | 6792 | 179 | 1966 | 2652 |
| 山 东 | Shandong | 3808319 | 3243009 | 49491 | 515819 | 2242 | 78591 | 94518 |
| 河 南 | Henan | 2163477 | 1904620 | 35807 | 223050 | 1241 | 66802 | 53376 |
| 湖 北 | Hubei | 1638892 | 1480930 | 17301 | 140661 | 3090 | 38546 | 53658 |
| 湖 南 | Hunan | 357020 | 320570 | 3926 | 32524 | 648 | 11049 | 9143 |
| 广 东 | Guangdong | 801843 | 685298 | 7823 | 108722 | 1360 | 31700 | 25457 |
| 广 西 | Guangxi | 219579 | 197291 | 1408 | 20880 | 73 | 6662 | 5989 |
| 海 南 | Hainan | 2478 | 2105 | 6 | 367 | | 222 | 81 |
| 重 庆 | Chongqing | 66433 | 55264 | 1216 | 9953 | 40 | 3172 | 3456 |
| 四 川 | Sichuan | 278132 | 249686 | 2652 | 25794 | 2502 | 7890 | 6339 |
| 贵 州 | Guizhou | 40994 | 38281 | 105 | 2608 | | 927 | 1157 |
| 云 南 | Yunnan | 400107 | 368957 | 1185 | 29965 | 533 | 9108 | 5445 |
| 西 藏 | Tibet | | | | | | | |
| 陕 西 | Shaanxi | 479941 | 418069 | 7269 | 54603 | 143 | 22392 | 21609 |
| 甘 肃 | Gansu | 66867 | 63999 | 445 | 2423 | 192 | 919 | 1340 |
| 青 海 | Qinghai | | | | | | | |
| 宁 夏 | Ningxia | 1818 | 1658 | 3 | 157 | | 37 | 60 |
| 新 疆 | Xinjiang | 8983 | 8084 | 18 | 881 | 154 | 83 | 1141 |

3-4-6 Continued 2

单位：万元

Unit: 10000 yuan

| #税金 Taxes | 财务费用 Financial Expenses | #利息支出 Interest Expenses | 营业利润 Operating Profits | 利润总额 Total Profits | 应交所得税 Income Tax Payable | 应付职工薪酬 Payables to Employees | 应交增值税 VAT Payable |
|---|---|---|---|---|---|---|---|
| **23619** | **70856** | **19816** | **686742** | **607799** | **61131** | **333145** | **171426** |
| 676 | 7242 | 930 | -2840 | -2727 | 626 | 14999 | 4522 |
| 58 | 1 | 1 | 6973 | 6323 | 527 | 20097 | 2266 |
| 198 | 921 | 315 | 4783 | 3406 | 177 | 11216 | 2297 |
| 610 | 1143 | 448 | 12632 | 14409 | 361 | 8283 | 2731 |
| 23 | 4 |  | 1657 | 1598 | 33 | 1676 | 129 |
| 539 | 677 | 299 | 18942 | 18462 | 644 | 7219 | 2871 |
| 43 | 167 | 150 | 2669 | 2658 | 15 | 1687 | 46 |
| 42 | 277 | 142 | 6673 | 1242 | 275 | 19410 | 2726 |
| 111 | -18 | 27 | 3721 | 3991 | 551 | 9345 | 2086 |
| 460 | 3325 | 1577 | 60889 | 35390 | 6575 | 14104 | 8740 |
| 444 | 674 | 569 | 5739 | 7712 | 1574 | 9889 | 3050 |
| 60 | 144 | 90 | 1418 | 1422 | 113 | 1653 | 360 |
| 310 | 904 | 394 | 5440 | 5077 | 214 | 7040 | 1458 |
| 13 | 466 | 406 | 1873 | 2005 | 258 | 1023 | 805 |
| 5814 | 21317 | 5412 | 317970 | 302934 | 32240 | 54032 | 68951 |
| 3379 | 7393 | 2232 | 94953 | 88539 | 3561 | 57011 | 21973 |
| 3874 | 15995 | 3305 | 37411 | 19258 | 2769 | 34312 | 22008 |
| 1111 | 2815 | 89 | 10740 | 7146 | 352 | 8757 | 2638 |
| 736 | 1643 | 547 | 51339 | 48238 | 8674 | 21155 | 13516 |
| 906 | 1657 | 810 | 6173 | 5981 | 81 | 3685 | 520 |
| 10 | 1 |  | 63 | 63 | 7 | 109 | 43 |
| 56 | 1042 | 75 | 2327 | 2579 | 275 | 2693 | 408 |
| 216 | 439 | 206 | 11255 | 9152 | 644 | 5949 | 2684 |
| 3 | -118 | 247 | 626 | 862 | 164 | 467 | 254 |
| 48 | 696 | 304 | 14941 | 14489 | 182 | 5142 | 757 |
| 3866 | 1493 | 802 | 8878 | 7300 | 209 | 9141 | 3295 |
| 9 | 181 | 71 | 122 | 127 | 2 | 2376 | 176 |
|  | 3 |  | 56 | 56 | 11 | 40 | 27 |
| 4 | 372 | 368 | -681 | 107 | 17 | 635 | 89 |

股份合作企业

Cooperative Enterprises

| 地区 | Region | 主营业务收入 Revenue from Principal Business | 主营业务成本 Cost of Principal Business | 主营业务税金及附加 Taxes and Other Charges on Principal Business | 主营业务利润 Profits from Principal Business | 其他业务利润 Profits from Other Business | 销售费用 Selling Expenses | 管理费用 Administr-ative Expenses |
|---|---|---|---|---|---|---|---|---|
| **全国** | **National Total** | **1775101** | **1551606** | **24914** | **198581** | **9911** | **70851** | **64865** |
| 北京 | Beijing | 253925 | 238684 | 294 | 14947 | 1497 | 6094 | 9969 |
| 天津 | Tianjin | 20771 | 17254 | 86 | 3431 | 215 | 843 | 859 |
| 河北 | Hebei | 74990 | 62703 | 622 | 11665 | 109 | 5494 | 6114 |
| 山西 | Shanxi | 7905 | 6668 | 52 | 1185 | | | 1207 |
| 内蒙古 | Inner Mongolia | 5304 | 5044 | 22 | 238 | | 164 | 71 |
| 辽宁 | Liaoning | 36177 | 31346 | 467 | 4364 | | 2065 | 1579 |
| 吉林 | Jilin | 48795 | 45309 | 291 | 3195 | | 441 | 1661 |
| 黑龙江 | Heilongjiang | 42132 | 35424 | 261 | 6447 | 817 | 2630 | 2299 |
| 上海 | Shanghai | 33893 | 30219 | 130 | 3544 | 447 | 1383 | 1424 |
| 江苏 | Jiangsu | 57802 | 47714 | 137 | 9951 | 657 | 2286 | 2204 |
| 浙江 | Zhejiang | 98821 | 88027 | 293 | 10501 | 558 | 4305 | 2638 |
| 安徽 | Anhui | 37350 | 32164 | 920 | 4266 | 73 | 680 | 691 |
| 福建 | Fujian | 1058 | 962 | 6 | 90 | | 45 | 44 |
| 江西 | Jiangxi | 33051 | 27353 | 214 | 5484 | 16 | 1210 | 858 |
| 山东 | Shandong | 241783 | 212995 | 2369 | 26419 | 3486 | 15706 | 6628 |
| 河南 | Henan | 37670 | 32380 | 659 | 4631 | 120 | 492 | 498 |
| 湖北 | Hubei | 42815 | 37315 | 222 | 5278 | 49 | 955 | 1509 |
| 湖南 | Hunan | 39959 | 34950 | 1950 | 3059 | | 748 | 1136 |
| 广东 | Guangdong | 87212 | 78144 | 234 | 8834 | 65 | 6773 | 3552 |
| 广西 | Guangxi | 1219 | 999 | 4 | 216 | | 100 | 98 |
| 海南 | Hainan | | | | | | | |
| 重庆 | Chongqing | 47481 | 40266 | 423 | 6792 | | 920 | 1381 |
| 四川 | Sichuan | 158866 | 133823 | 11834 | 13209 | 995 | 3904 | 3411 |
| 贵州 | Guizhou | 29184 | 26421 | 84 | 2679 | -6 | 1413 | 519 |
| 云南 | Yunnan | 236890 | 211604 | 399 | 24887 | 134 | 6551 | 3445 |
| 西藏 | Tibet | | | | | | | |
| 陕西 | Shaanxi | 91617 | 66728 | 2925 | 21964 | | 4907 | 10509 |
| 甘肃 | Gansu | 7068 | 5923 | 13 | 1132 | | 647 | 463 |
| 青海 | Qinghai | 467 | 407 | 2 | 58 | | | 71 |
| 宁夏 | Ningxia | | | | | | | |
| 新疆 | Xinjiang | 896 | 780 | 1 | 115 | 679 | 95 | 27 |

3-4-6 Continued 3

单位：万元
Unit: 10000 yuan

| | 财务费用 Financial Expenses | | 营业利润 Operating Profits | 利润总额 Total Profits | 应交所得税 Income Tax Payable | 应付职工薪酬 Payables to Employees | 应交增值税 VAT Payable |
|---|---|---|---|---|---|---|---|
| #税金 Taxes | | #利息支出 Interest Expenses | | | | | |
| **11243** | **6808** | **2650** | **55210** | **51257** | **8260** | **49667** | **19240** |
| | | | | | | | |
| 170 | -257 | 473 | 565 | 788 | 333 | 4727 | 1892 |
| 2 | 91 | | 1597 | 1830 | 472 | 781 | 579 |
| 899 | 636 | 36 | -420 | 199 | 267 | 11185 | 494 |
| | 51 | 55 | 36 | 77 | 19 | 181 | 172 |
| 26 | 9 | 2 | -5 | -5 | 2 | 116 | 39 |
| | | | | | | | |
| 16 | 266 | 10 | 454 | 493 | 88 | 446 | 298 |
| 44 | 233 | 36 | 860 | 865 | 124 | 4014 | 172 |
| 35 | 186 | 84 | 344 | 503 | 14 | 1337 | 433 |
| | | | | | | | |
| 4 | -207 | 2 | 1944 | 2071 | 519 | 1322 | 637 |
| 77 | 746 | 25 | 5502 | 5501 | 260 | 1591 | 606 |
| 203 | 459 | 217 | 3721 | 3688 | 928 | 2753 | 1741 |
| 52 | 39 | 45 | 2856 | 2889 | 2197 | 1095 | 520 |
| | | | 2 | 2 | 1 | 29 | 32 |
| 14 | 36 | 13 | 3385 | 585 | 39 | 796 | 46 |
| 137 | 1387 | 58 | 6479 | 6033 | 904 | 4176 | 1869 |
| | | | | | | | |
| 121 | 147 | 40 | 3494 | 3497 | 4 | 983 | 433 |
| 693 | 352 | 155 | 3058 | 2444 | 508 | 1086 | 435 |
| 228 | 364 | 155 | 1646 | 2271 | 547 | 739 | 1404 |
| 21 | 121 | 68 | -115 | -315 | 374 | 3201 | 1637 |
| 1 | | | 18 | 18 | 2 | 104 | 39 |
| | | | | | | | |
| 126 | 316 | 71 | 4188 | 4188 | 477 | 1414 | 1426 |
| 116 | 563 | 318 | 5473 | 5924 | 117 | 2609 | 1190 |
| 40 | 169 | 219 | 715 | 635 | | 948 | 550 |
| 26 | 511 | 474 | 3965 | 4052 | 56 | 2216 | 316 |
| | | | | | | | |
| 8179 | 583 | 92 | 5443 | 3017 | 2 | 1185 | 2137 |
| 4 | 6 | 2 | 17 | 18 | 6 | 211 | 125 |
| | | | -13 | -13 | | 33 | 16 |
| | | | | | | | |
| 9 | 1 | | 1 | 2 | | 389 | 2 |

3-4-6 续表 4

联营企业
Joint Ownership Enterprises

| 地　区 | Region | 主营业务收入 Revenue from Principal Business | 主营业务成本 Cost of Principal Business | 主营业务税金及附加 Taxes and Other Charges on Principal Business | 主营业务利润 Profits from Principal Business | 其他业务利润 Profits from Other Business | 销售费用 Selling Expenses | 管理费用 Administrative Expenses |
|---|---|---|---|---|---|---|---|---|
| **全　国** | **National Total** | **1026896** | **899711** | **6932** | **120253** | **462** | **38983** | **20969** |
| 北　京 | Beijing | 21420 | 18355 | 97 | 2968 | | 2456 | 224 |
| 天　津 | Tianjin | 25711 | 21377 | 94 | 4240 | 2 | 1535 | 250 |
| 河　北 | Hebei | 374 | 350 | | 24 | | | 23 |
| 山　西 | Shanxi | | | | | | | |
| 内蒙古 | Inner Mongolia | | | | | | | |
| 辽　宁 | Liaoning | 16679 | 15395 | 25 | 1259 | 25 | 890 | 210 |
| 吉　林 | Jilin | | | | | | | |
| 黑龙江 | Heilongjiang | 44701 | 43622 | 42 | 1037 | | 110 | 458 |
| 上　海 | Shanghai | 135975 | 121418 | 259 | 14298 | 151 | 4555 | 1233 |
| 江　苏 | Jiangsu | 38426 | 35113 | 134 | 3179 | | 1276 | 618 |
| 浙　江 | Zhejiang | 63120 | 55342 | 171 | 7607 | | 1839 | 430 |
| 安　徽 | Anhui | 7955 | 6902 | 19 | 1034 | | 477 | 299 |
| 福　建 | Fujian | 2236 | 1690 | 21 | 525 | 19 | 276 | 100 |
| 江　西 | Jiangxi | | | | | | | |
| 山　东 | Shandong | 79798 | 63523 | 1216 | 15059 | 130 | 2660 | 2221 |
| 河　南 | Henan | 73735 | 65558 | 495 | 7682 | 1 | 720 | 713 |
| 湖　北 | Hubei | 22951 | 21457 | 94 | 1400 | | 404 | 312 |
| 湖　南 | Hunan | 2018 | 1451 | 62 | 505 | | 205 | 363 |
| 广　东 | Guangdong | 315241 | 281410 | 2430 | 31401 | 82 | 8725 | 5598 |
| 广　西 | Guangxi | | | | | | | |
| 海　南 | Hainan | | | | | | | |
| 重　庆 | Chongqing | 2478 | 2160 | 72 | 246 | | 117 | 86 |
| 四　川 | Sichuan | 88347 | 66652 | 1536 | 20159 | 52 | 9969 | 5532 |
| 贵　州 | Guizhou | 29415 | 23559 | 32 | 5824 | | 1236 | 1487 |
| 云　南 | Yunnan | 51504 | 49896 | 127 | 1481 | | 1472 | 706 |
| 西　藏 | Tibet | | | | | | | |
| 陕　西 | Shaanxi | 748 | 733 | | 15 | | 7 | 6 |
| 甘　肃 | Gansu | 4064 | 3748 | 6 | 310 | | 54 | 100 |
| 青　海 | Qinghai | | | | | | | |
| 宁　夏 | Ningxia | | | | | | | |
| 新　疆 | Xinjiang | | | | | | | |

3-4-6 Continued 4

单位：万元

Unit: 10000 yuan

| #税金 Taxes | 财务费用 Financial Expenses | #利息支出 Interest Expenses | 营业利润 Operating Profits | 利润总额 Total Profits | 应交所得税 Income Tax Payable | 应付职工薪酬 Payables to Employees | 应交增值税 VAT Payable |
|---|---|---|---|---|---|---|---|
| **835** | **3691** | **2378** | **59634** | **51500** | **8960** | **28598** | **14002** |
| 7 | 98 |  | 190 | 190 | 48 | 936 | 793 |
| 74 | -7 | 1 | 2661 | 2299 | 427 | 595 | 563 |
| 2 |  |  | 2 | 1 |  | 14 | 2 |
| 3 | 9 | 296 | 172 | 105 | 4 | 237 | 181 |
| 7 | 303 | 304 | 166 | 166 | 42 | 203 | 57 |
| 8 | -20 | 42 | 8564 | 8632 | 1755 | 2686 | 1891 |
| 71 | 362 | 323 | 1060 | 1098 | 340 | 1205 | 630 |
| 66 | -21 | 1 | 5360 | 5364 | 1305 | 1162 | 1264 |
| 39 | 6 | 4 | 245 | 254 | 54 | 133 | 387 |
|  | -4 |  | 171 | 129 | 32 | 130 | 68 |
| 270 | 863 | 301 | 10406 | 9078 | 1182 | 2111 | 1457 |
| 83 | 55 | 11 | 6295 | 4650 | 381 | 859 | 450 |
|  | 4 | 1 | 676 | 599 |  | 298 | 13 |
|  | 46 | 47 | -109 | 107 | 46 | 280 |  |
| 192 | 538 | 60 | 16541 | 14390 | 2441 | 14999 | 3642 |
|  | 6 | 4 | 38 | 38 |  | 116 | 9 |
| 6 | 695 | 595 | 3872 | 3842 | 709 | 1507 | 2102 |
|  | 355 |  | 2747 |  |  | 74 |  |
|  | 401 | 388 | 420 | 402 | 155 | 1004 | 429 |
| 5 |  |  | 2 | 2 |  | 14 | 4 |
| 2 | 2 |  | 155 | 154 | 39 | 35 | 60 |

有限责任公司

Limited Liability Corporations

| 地　区 | Region | 主营业务收入 Revenue from Principal Business | 主营业务成本 Cost of Principal Business | 主营业务税金及附加 Taxes and Other Charges on Principal Business | 主营业务利润 Profits from Principal Business | 其他业务利润 Profits from Other Business | 销售费用 Selling Expenses | 管理费用 Administrative Expenses |
|---|---|---|---|---|---|---|---|---|
| **全　国** | **National Total** | **392671492** | **351006241** | **1913700** | **39751551** | **3952012** | **22604207** | **11277409** |
| 北　京 | Beijing | 37976817 | 34906853 | 94719 | 2975245 | 630270 | 2427024 | 812263 |
| 天　津 | Tianjin | 7749996 | 7040159 | 21895 | 687942 | 137850 | 445668 | 236221 |
| 河　北 | Hebei | 13215411 | 11992911 | 58518 | 1163982 | 191882 | 651676 | 460506 |
| 山　西 | Shanxi | 3255404 | 2934868 | 11420 | 309116 | 29283 | 178038 | 113823 |
| 内蒙古 | Inner Mongolia | 5902727 | 5215195 | 47235 | 640297 | 48155 | 313214 | 210257 |
| 辽　宁 | Liaoning | 11265401 | 10174177 | 63380 | 1027844 | 102106 | 559974 | 432080 |
| 吉　林 | Jilin | 5788263 | 5091381 | 36086 | 660796 | 79147 | 298596 | 264667 |
| 黑龙江 | Heilongjiang | 5712686 | 4999848 | 52044 | 660794 | 66994 | 259224 | 213610 |
| 上　海 | Shanghai | 19328070 | 17168565 | 82267 | 2077238 | 265666 | 1640239 | 727772 |
| 江　苏 | Jiangsu | 27131950 | 24207484 | 102899 | 2821567 | 290382 | 1614270 | 745096 |
| 浙　江 | Zhejiang | 23829725 | 21441032 | 82442 | 2306251 | 260792 | 1488768 | 676280 |
| 安　徽 | Anhui | 11913576 | 10779983 | 51164 | 1082429 | 74831 | 629405 | 298997 |
| 福　建 | Fujian | 14618691 | 13079042 | 61535 | 1478114 | 74626 | 888299 | 384486 |
| 江　西 | Jiangxi | 7506976 | 6689207 | 37689 | 780080 | 63604 | 367889 | 291007 |
| 山　东 | Shandong | 30638635 | 27152144 | 190489 | 3296002 | 250731 | 1371215 | 866298 |
| 河　南 | Henan | 19816050 | 17552244 | 141895 | 2121911 | 208431 | 948122 | 566377 |
| 湖　北 | Hubei | 20310393 | 17799745 | 124771 | 2385877 | 108468 | 1103091 | 586929 |
| 湖　南 | Hunan | 10921434 | 9745454 | 73107 | 1102873 | 106049 | 658344 | 289610 |
| 广　东 | Guangdong | 41725873 | 37209214 | 169166 | 4347493 | 362079 | 2609686 | 1068183 |
| 广　西 | Guangxi | 5418914 | 4855512 | 17498 | 545904 | 81543 | 350771 | 138640 |
| 海　南 | Hainan | 2382468 | 1977182 | 21018 | 384268 | 24989 | 189927 | 108784 |
| 重　庆 | Chongqing | 12464203 | 11002962 | 70631 | 1390610 | 76264 | 705390 | 304456 |
| 四　川 | Sichuan | 17589625 | 15822627 | 69195 | 1697803 | 123624 | 979579 | 443980 |
| 贵　州 | Guizhou | 5236021 | 4693240 | 32283 | 510498 | 35271 | 286427 | 142951 |
| 云　南 | Yunnan | 7890615 | 7096436 | 21067 | 773112 | 49451 | 405202 | 187740 |
| 西　藏 | Tibet | 492491 | 446654 | 1265 | 44572 | 7526 | 20652 | 14470 |
| 陕　西 | Shaanxi | 13759579 | 12074266 | 141611 | 1543702 | 85308 | 699126 | 459006 |
| 甘　肃 | Gansu | 3552204 | 3175519 | 19286 | 357399 | 23944 | 184450 | 87491 |
| 青　海 | Qinghai | 1025384 | 899317 | 3756 | 122311 | 49541 | 72443 | 35196 |
| 宁　夏 | Ningxia | 1032435 | 893909 | 4857 | 133669 | 21181 | 95167 | 37389 |
| 新　疆 | Xinjiang | 3219475 | 2889111 | 8512 | 321852 | 22024 | 162331 | 72844 |

3-4-6 Continued 5

单位：万元

Unit: 10000 yuan

| #税金 Taxes | 财务费用 Financial Expenses | #利息支出 Interest Expenses | 营业利润 Operating Profits | 利润总额 Total Profits | 应交所得税 Income Tax Payable | 应付职工薪酬 Payables to Employees | 应交增值税 VAT Payable |
|---|---|---|---|---|---|---|---|
| **473747** | **2936740** | **1861763** | **7683681** | **7693884** | **1606125** | **12687616** | **6794923** |
| 30789 | 240335 | 267663 | 220639 | 266635 | 123643 | 1183273 | 390797 |
| 5730 | 77645 | 50027 | 64179 | 80785 | 29163 | 255269 | 119166 |
| 17245 | 128287 | 70553 | 145435 | 160438 | 38264 | 434379 | 239448 |
| 4829 | 34759 | 22539 | 20280 | 12150 | 10738 | 108825 | 33234 |
| 24771 | 50100 | 29525 | 131292 | 112603 | 18676 | 146172 | 89851 |
| 16825 | 148421 | 86468 | 27659 | -559 | 29112 | 411817 | 678092 |
| 6883 | 69740 | 36130 | 104502 | 107102 | 11759 | 124466 | 28549 |
| 6344 | 52465 | 32123 | 231023 | 196946 | 22455 | 139765 | 59813 |
| 13787 | 66752 | 64019 | 109862 | 169510 | 87396 | 665297 | 252448 |
| 27225 | 235970 | 142226 | 577486 | 578815 | 155980 | 796789 | 601620 |
| 29171 | 149427 | 130032 | 324640 | 359501 | 98177 | 847695 | 364235 |
| 14260 | 77783 | 40866 | 158092 | 153075 | 27277 | 330628 | 166805 |
| 17494 | 81145 | 49154 | 256052 | 245329 | 47244 | 491954 | 162198 |
| 8734 | 58215 | 38763 | 80912 | 229358 | 21709 | 420456 | 125959 |
| 45628 | 295261 | 117558 | 1037830 | 1055868 | 182293 | 817113 | 447197 |
| 25573 | 174510 | 76219 | 638797 | 611367 | 65863 | 694080 | 282237 |
| 33483 | 178126 | 103682 | 602272 | 573319 | 109019 | 687973 | 354888 |
| 12522 | 65300 | 39532 | 210674 | 179552 | 36566 | 326958 | 172309 |
| 34016 | 206801 | 125995 | 942888 | 930806 | 224191 | 1397224 | 742920 |
| 6772 | 31945 | 24254 | 81717 | 88066 | 17302 | 194368 | 87144 |
| 3215 | 27280 | 11170 | 82201 | 85928 | 24686 | 103133 | 29231 |
| 11432 | 56344 | 35365 | 357287 | 353790 | 45920 | 442284 | 167306 |
| 13142 | 136139 | 94559 | 309393 | 317478 | 50713 | 473789 | 287620 |
| 5075 | 59887 | 28546 | 72536 | 70074 | 12149 | 150427 | 338403 |
| 6286 | 61783 | 42436 | 249862 | 269407 | 20245 | 230831 | 137595 |
| 98 | 1717 | 2034 | 11308 | 13183 | 676 | 13576 | 3258 |
| 29650 | 93578 | 50572 | 453240 | 281609 | 50933 | 484636 | 177546 |
| 14874 | 30804 | 18149 | 67382 | 72010 | 11309 | 130745 | 138524 |
| 2715 | 11235 | 6457 | 24561 | 25352 | 9411 | 38660 | 59430 |
| 1370 | 7263 | 5440 | 9550 | 10585 | 3650 | 44707 | 17967 |
| 3809 | 27723 | 19707 | 80130 | 83802 | 19606 | 100327 | 39133 |

3-4-6 续表 6

股份有限公司

Share-holding Corporations Ltd.

| 地　区 | Region | 主营业务收入 Revenue from Principal Business | 主营业务成本 Cost of Principal Business | 主营业务税金及附加 Taxes and Other Charges on Principal Business | 主营业务利润 Profits from Principal Business | 其他业务利润 Profits from Other Business | 销售费用 Selling Expenses | 管理费用 Administrative Expenses |
|---|---|---|---|---|---|---|---|---|
| **全　国** | **National Total** | **131504237** | **118009721** | **630470** | **12864046** | **1666667** | **7674792** | **3333955** |
| 北　京 | Beijing | 8786316 | 8025986 | 51505 | 708825 | 358194 | 700268 | 270975 |
| 天　津 | Tianjin | 3506936 | 3285479 | 4885 | 216572 | 5532 | 280966 | 68500 |
| 河　北 | Hebei | 4469015 | 4086565 | 16409 | 366041 | 25312 | 221196 | 117548 |
| 山　西 | Shanxi | 3481196 | 3323657 | 2902 | 154637 | 4945 | 154885 | 38501 |
| 内蒙古 | Inner Mongolia | 2325438 | 2176699 | 4654 | 144085 | 6746 | 120693 | 22516 |
| 辽　宁 | Liaoning | 4739170 | 4256171 | 20722 | 462277 | 79162 | 212655 | 183398 |
| 吉　林 | Jilin | 3427957 | 3127773 | 25809 | 274375 | 12707 | 138463 | 151484 |
| 黑龙江 | Heilongjiang | 2552748 | 2261941 | 14507 | 276300 | 25280 | 80007 | 98751 |
| 上　海 | Shanghai | 3261949 | 2766896 | 12517 | 482536 | 37244 | 241871 | 103655 |
| 江　苏 | Jiangsu | 11125913 | 10033709 | 41279 | 1050925 | 122938 | 497366 | 316718 |
| 浙　江 | Zhejiang | 5146725 | 4656085 | 17163 | 473477 | 43810 | 277345 | 137886 |
| 安　徽 | Anhui | 5381829 | 4621095 | 11363 | 749371 | 19139 | 224805 | 98922 |
| 福　建 | Fujian | 1988505 | 1793041 | 6368 | 189096 | 15513 | 134893 | 33649 |
| 江　西 | Jiangxi | 1357485 | 1191336 | 81551 | 84598 | 20581 | 83886 | 51828 |
| 山　东 | Shandong | 14046353 | 12762748 | 65298 | 1218307 | 127327 | 691882 | 329670 |
| 河　南 | Henan | 3865983 | 3479921 | 27639 | 358423 | 15922 | 167418 | 72752 |
| 湖　北 | Hubei | 6954052 | 5805292 | 33770 | 1114990 | 402704 | 632004 | 253475 |
| 湖　南 | Hunan | 7634258 | 6753241 | 55501 | 825516 | 20068 | 610882 | 166049 |
| 广　东 | Guangdong | 10690177 | 9586561 | 33298 | 1070318 | 51250 | 647794 | 203834 |
| 广　西 | Guangxi | 1673439 | 1494610 | 9020 | 169809 | 25150 | 79363 | 73600 |
| 海　南 | Hainan | 1257621 | 1142915 | 2242 | 112464 | 1755 | 61245 | 21610 |
| 重　庆 | Chongqing | 5756834 | 5103836 | 27560 | 625438 | 120275 | 428590 | 141058 |
| 四　川 | Sichuan | 7264567 | 6451382 | 22513 | 790672 | 76423 | 521718 | 166739 |
| 贵　州 | Guizhou | 2869557 | 2716606 | 3339 | 149612 | 2897 | 93066 | 12594 |
| 云　南 | Yunnan | 2788119 | 2539358 | 7768 | 240993 | 3275 | 114397 | 35156 |
| 西　藏 | Tibet | 193716 | 188879 | 233 | 4604 | 654 | 7927 | 3875 |
| 陕　西 | Shaanxi | 1802923 | 1550767 | 13777 | 238379 | 29204 | 75884 | 43910 |
| 甘　肃 | Gansu | 1672026 | 1521810 | 3920 | 146296 | 3026 | 59929 | 15814 |
| 青　海 | Qinghai | 118077 | 111809 | 253 | 6015 | 3090 | 3474 | 4672 |
| 宁　夏 | Ningxia | 272612 | 229021 | 3067 | 40524 | 5994 | 37418 | 6142 |
| 新　疆 | Xinjiang | 1092741 | 964532 | 9638 | 118571 | 550 | 72502 | 88674 |

单位：万元

Unit: 10000 yuan

| #税金<br>Taxes | 财务费用<br>Financial Expenses | #利息支出<br>Interest Expenses | 营业利润<br>Operating Profits | 利润总额<br>Total Profits | 应交所得税<br>Income Tax Payable | 应付职工薪酬<br>Payables to Employees | 应交增值税<br>VAT Payable |
|---|---|---|---|---|---|---|---|
| **174963** | **647974** | **589488** | **3569395** | **3523691** | **554937** | **4031157** | **1890362** |
| | | | | | | | |
| 8058 | -12633 | 56592 | 324739 | 344014 | 41979 | 405570 | 122465 |
| 2546 | 17033 | 8520 | -132862 | -115007 | 5736 | 124868 | 23711 |
| 7570 | 31051 | 18628 | 108003 | 119164 | 26381 | 130506 | 71111 |
| 2481 | 6339 | 2789 | -40943 | -39902 | 4715 | 66471 | 18610 |
| 3134 | 8397 | 5201 | 4394 | 1630 | 2321 | 75237 | 76932 |
| | | | | | | | |
| 9986 | 2001 | 10599 | 228862 | 230314 | 14082 | 201213 | 36072 |
| 11378 | 32700 | 31041 | 105204 | 86924 | 26166 | 89510 | 87712 |
| 3616 | 4996 | 4735 | 147045 | 148887 | 23639 | 71385 | 40147 |
| | | | | | | | |
| 3084 | -1348 | 10148 | 255338 | 265593 | 23782 | 121682 | 44549 |
| 15060 | 76823 | 80386 | 471544 | 476615 | 64476 | 202692 | 235206 |
| 6123 | 25803 | 25821 | 136934 | 145863 | 30450 | 156087 | 58751 |
| 7383 | 17822 | 15888 | 143077 | 95277 | 12741 | 122017 | 43533 |
| 1991 | 8553 | 6014 | 43450 | 41486 | 2852 | 60899 | 73657 |
| 2420 | 43548 | 12402 | 56841 | 48707 | 10618 | 51039 | 27017 |
| 18293 | 76484 | 62758 | 303496 | 307257 | 53290 | 410187 | 151148 |
| | | | | | | | |
| 5191 | 23619 | 11350 | 75284 | 65672 | 8653 | 96355 | 38769 |
| 13611 | 43981 | 38197 | 160266 | 159177 | 40369 | 368837 | 170588 |
| 9855 | 20061 | 13348 | 187064 | 168929 | 35532 | 156787 | 52486 |
| 9595 | 31270 | 24201 | 300610 | 307352 | 41678 | 313061 | 133646 |
| 3624 | 8609 | 5588 | 33029 | 34760 | 8833 | 62014 | 23683 |
| 1404 | 2339 | 439 | 45621 | 44172 | 11297 | 29987 | 20292 |
| | | | | | | | |
| 7785 | 24249 | 13896 | 158311 | 127161 | 14840 | 238612 | 156496 |
| 9305 | 20314 | 12211 | 157156 | 161545 | 19191 | 238536 | 84904 |
| 1071 | 688 | 549 | 45724 | 48439 | 641 | 33979 | 27466 |
| 1708 | 6745 | 2688 | 87077 | 87180 | 9743 | 43463 | 34697 |
| 16 | 4 | 12 | -6548 | -6259 | 442 | 5627 | 1007 |
| | | | | | | | |
| 2024 | 101695 | 97769 | 43210 | 39513 | 14284 | 40730 | 7021 |
| 2094 | 9332 | 3089 | 105515 | 102414 | 2450 | 34498 | 15248 |
| 94 | 301 | 89 | 355 | 834 | 197 | 4259 | 1631 |
| 787 | 1578 | 105 | 13606 | 14864 | 3471 | 8942 | 2336 |
| 3676 | 15620 | 14435 | 7993 | 11116 | 88 | 66107 | 9471 |

3-4-6 续表 7

私营企业

Private Enterprises

| 地 区 | Region | 主营业务收入 Revenue from Principal Business | 主营业务成本 Cost of Principal Business | 主营业务税金及附加 Taxes and Other Charges on Principal Business | 主营业务利润 Profits from Principal Business | 其他业务利润 Profits from Other Business | 销售费用 Selling Expenses | 管理费用 Administrative Expenses |
|---|---|---|---|---|---|---|---|---|
| **全 国** | **National Total** | **323272143** | **286007796** | **2276458** | **34987889** | **1774470** | **14838608** | **9924992** |
| 北 京 | Beijing | 9295688 | 8210151 | 26439 | 1059098 | 174855 | 741417 | 431782 |
| 天 津 | Tianjin | 5152286 | 4715528 | 26693 | 410065 | 20828 | 187924 | 177856 |
| 河 北 | Hebei | 7348627 | 6687290 | 32172 | 629165 | 72612 | 379982 | 208749 |
| 山 西 | Shanxi | 9794059 | 8812431 | 33609 | 948019 | 83972 | 477437 | 345008 |
| 内蒙古 | Inner Mongolia | 4090620 | 3615380 | 31331 | 443909 | 32957 | 187504 | 150749 |
| 辽 宁 | Liaoning | 11569814 | 10369152 | 90200 | 1110462 | 62073 | 407521 | 462232 |
| 吉 林 | Jilin | 4605651 | 4096066 | 29954 | 479631 | 19619 | 138819 | 188452 |
| 黑龙江 | Heilongjiang | 3991468 | 3558367 | 40308 | 392793 | -10183 | 140005 | 114812 |
| 上 海 | Shanghai | 11948259 | 10551930 | 35682 | 1360647 | 77137 | 968425 | 400385 |
| 江 苏 | Jiangsu | 39210767 | 34537746 | 224827 | 4448194 | 236004 | 1720013 | 1247952 |
| 浙 江 | Zhejiang | 24520722 | 22401655 | 73973 | 2045094 | 160989 | 1167178 | 768283 |
| 安 徽 | Anhui | 11698771 | 10496639 | 49134 | 1152998 | 42497 | 477667 | 324371 |
| 福 建 | Fujian | 13659391 | 12124131 | 97564 | 1437696 | 40093 | 594938 | 419148 |
| 江 西 | Jiangxi | 4939266 | 4440877 | 32893 | 465496 | 27992 | 188782 | 114503 |
| 山 东 | Shandong | 37458547 | 32578692 | 402302 | 4477553 | 108113 | 1121916 | 916416 |
| 河 南 | Henan | 13080877 | 11307292 | 144347 | 1629238 | 32744 | 415391 | 334604 |
| 湖 北 | Hubei | 12955181 | 11147993 | 174694 | 1632494 | 38685 | 552778 | 373498 |
| 湖 南 | Hunan | 17576983 | 15507561 | 177042 | 1892380 | 41615 | 739638 | 487730 |
| 广 东 | Guangdong | 25801004 | 22752360 | 125950 | 2922694 | 241974 | 1504508 | 904249 |
| 广 西 | Guangxi | 4165318 | 3808808 | 11581 | 344929 | 30312 | 224214 | 134501 |
| 海 南 | Hainan | 214236 | 194346 | 685 | 19205 | 2021 | 14346 | 7131 |
| 重 庆 | Chongqing | 10408617 | 8703320 | 166663 | 1538634 | 31261 | 457260 | 281341 |
| 四 川 | Sichuan | 16457473 | 14791832 | 106715 | 1558926 | 75343 | 811748 | 382259 |
| 贵 州 | Guizhou | 3630834 | 3242884 | 22216 | 365734 | 20949 | 184205 | 111704 |
| 云 南 | Yunnan | 6409235 | 5618904 | 24593 | 765738 | 30975 | 393964 | 213538 |
| 西 藏 | Tibet | 162666 | 138208 | 1550 | 22908 | 692 | 11611 | 7974 |
| 陕 西 | Shaanxi | 5508205 | 4795537 | 59770 | 652898 | 23907 | 214472 | 150480 |
| 甘 肃 | Gansu | 2365141 | 2086524 | 17434 | 261183 | 10313 | 124364 | 68397 |
| 青 海 | Qinghai | 579637 | 526172 | 1098 | 52367 | 7331 | 27835 | 19978 |
| 宁 夏 | Ningxia | 1300917 | 1181234 | 3108 | 116575 | 11224 | 56359 | 49013 |
| 新 疆 | Xinjiang | 3371883 | 3008786 | 11931 | 351166 | 25566 | 206387 | 127897 |

3-4-6 Continued 7

单位：万元

Unit: 10000 yuan

| #税金 Taxes | 财务费用 Financial Expenses | #利息支出 Interest Expenses | 营业利润 Operating Profits | 利润总额 Total Profits | 应交所得税 Income Tax Payable | 应付职工薪酬 Payables to Employees | 应交增值税 VAT Payable |
|---|---|---|---|---|---|---|---|
| **438919** | **2957846** | **1581268** | **8883013** | **8455134** | **1302590** | **9679641** | **4968104** |
| 6260 | 55417 | 42982 | -515 | 17022 | 30566 | 404574 | 146423 |
| 5385 | 36925 | 12350 | 32463 | 35954 | 11431 | 109825 | 97956 |
| 7450 | 84246 | 35434 | 28561 | 11573 | 15289 | 270166 | 66525 |
| 8492 | 117162 | 51490 | -30500 | -14609 | 10994 | 349150 | 78275 |
| 9369 | 57148 | 29308 | 83658 | 78033 | 11496 | 119527 | 36543 |
| 27572 | 141605 | 62478 | 180266 | 173232 | 22422 | 289796 | 210569 |
| 6213 | 45086 | 27718 | 122363 | 123255 | 17589 | 89737 | 47033 |
| 7041 | 48032 | 35285 | 106701 | 95023 | 5678 | 82074 | 18934 |
| 6817 | 68607 | 28841 | -13547 | 40808 | 40971 | 375202 | 119579 |
| 42552 | 385331 | 166111 | 1432917 | 1450508 | 245018 | 985458 | 781732 |
| 27142 | 283549 | 235645 | 10318 | 43471 | 53207 | 748136 | 251591 |
| 18847 | 101908 | 55130 | 264353 | 262634 | 32096 | 342019 | 118357 |
| 22229 | 95037 | 61500 | 375812 | 312787 | 31667 | 409866 | 170354 |
| 5679 | 37209 | 18190 | 131529 | 104981 | 13054 | 230600 | 104220 |
| 68264 | 341299 | 150981 | 2195534 | 2019701 | 326499 | 857710 | 627295 |
| 29084 | 125965 | 48022 | 783935 | 765531 | 39460 | 375776 | 201498 |
| 27813 | 142302 | 64658 | 562900 | 489607 | 60908 | 338359 | 248640 |
| 25054 | 149900 | 61470 | 552576 | 491900 | 45417 | 437849 | 164317 |
| 20773 | 181023 | 111095 | 451643 | 469703 | 100483 | 888572 | 517334 |
| 5534 | 31297 | 23588 | -11682 | -6072 | 6580 | 156604 | 62273 |
| 184 | 3074 | 2602 | -2823 | -2739 | 158 | 8647 | 3054 |
| 13392 | 84328 | 50706 | 731867 | 660580 | 76845 | 264326 | 161663 |
| 16560 | 104945 | 58433 | 367008 | 320750 | 36105 | 437935 | 284504 |
| 4163 | 36799 | 23396 | 61732 | 60426 | 8569 | 140994 | 124319 |
| 6586 | 73892 | 47268 | 116546 | 118686 | 12860 | 431525 | 145325 |
| 142 | 517 | 350 | 8040 | 3425 | 426 | 6092 | 1324 |
| 12245 | 39555 | 15874 | 260200 | 219046 | 19357 | 162006 | 61790 |
| 1662 | 26581 | 11117 | 50795 | 66728 | 8318 | 71148 | 39931 |
| 405 | 5162 | 2048 | 4995 | 4468 | 749 | 108955 | 6527 |
| 1484 | 21060 | 12119 | 998 | 11788 | 4131 | 42479 | 20020 |
| 4526 | 32885 | 35079 | 24370 | 26934 | 14247 | 144534 | 50199 |

其他企业
Other Enterprises

| 地 区 | Region | 主营业务收入 Revenue from Principal Business | 主营业务成本 Cost of Principal Business | 主营业务税金及附加 Taxes and Other Charges on Principal Business | 主营业务利润 Profits from Principal Business | 其他业务利润 Profits from Other Business | 销售费用 Selling Expenses | 管理费用 Administr-ative Expenses |
|---|---|---|---|---|---|---|---|---|
| **全 国** | **National Total** | **4477177** | **3669989** | **52226** | **754962** | **11434** | **216897** | **170036** |
| 北 京 | Beijing | | | | | | | |
| 天 津 | Tianjin | 23935 | 20827 | 72 | 3036 | 2530 | 502 | 4431 |
| 河 北 | Hebei | 59197 | 54006 | 282 | 4909 | 617 | 2891 | 1825 |
| 山 西 | Shanxi | 32370 | 29613 | 387 | 2370 | | 1433 | 526 |
| 内蒙古 | Inner Mongolia | 45968 | 39364 | 449 | 6155 | 566 | 1851 | 3045 |
| 辽 宁 | Liaoning | 59428 | 49796 | 275 | 9357 | 69 | 3126 | 2426 |
| 吉 林 | Jilin | 131260 | 113677 | 307 | 17276 | 4 | 1338 | 4157 |
| 黑龙江 | Heilongjiang | 110593 | 97929 | 2291 | 10373 | 1722 | 8354 | 4530 |
| 上 海 | Shanghai | 112604 | 86368 | 410 | 25826 | 113 | 10275 | 5912 |
| 江 苏 | Jiangsu | 691569 | 514703 | 8996 | 167870 | 670 | 29716 | 28572 |
| 浙 江 | Zhejiang | 154563 | 111908 | 1392 | 41263 | 149 | 7331 | 5980 |
| 安 徽 | Anhui | 154783 | 134989 | 329 | 19465 | 49 | 8557 | 4051 |
| 福 建 | Fujian | 251694 | 209926 | 1353 | 40415 | | 23301 | 8505 |
| 江 西 | Jiangxi | 34767 | 30060 | 472 | 4235 | 7 | 1908 | 1625 |
| 山 东 | Shandong | 667972 | 567988 | 6905 | 93079 | 769 | 19288 | 16618 |
| 河 南 | Henan | 146477 | 127529 | 2463 | 16485 | 856 | 4786 | 2863 |
| 湖 北 | Hubei | 423166 | 349060 | 8680 | 65426 | 308 | 10590 | 10850 |
| 湖 南 | Hunan | 103892 | 71358 | 1490 | 31044 | | 8882 | 9188 |
| 广 东 | Guangdong | 355585 | 280373 | 6727 | 68485 | 487 | 31990 | 18479 |
| 广 西 | Guangxi | 15570 | 14514 | 27 | 1029 | 16 | 922 | 335 |
| 海 南 | Hainan | | | | | | | |
| 重 庆 | Chongqing | 182359 | 146770 | 2335 | 33254 | 10 | 8163 | 5487 |
| 四 川 | Sichuan | 385690 | 333151 | 3912 | 48627 | 1240 | 17497 | 16092 |
| 贵 州 | Guizhou | 18976 | 16399 | 94 | 2483 | | 1035 | 553 |
| 云 南 | Yunnan | 135149 | 122199 | 367 | 12583 | 1096 | 4948 | 3112 |
| 西 藏 | Tibet | 1358 | 1086 | 47 | 225 | | 6 | 9 |
| 陕 西 | Shaanxi | 160989 | 132555 | 2097 | 26337 | 98 | 6443 | 10172 |
| 甘 肃 | Gansu | 14167 | 11970 | 54 | 2143 | 58 | 961 | 496 |
| 青 海 | Qinghai | 784 | 392 | | 392 | | 182 | 34 |
| 宁 夏 | Ningxia | 942 | 765 | 1 | 176 | | 65 | 77 |
| 新 疆 | Xinjiang | 1370 | 714 | 12 | 644 | | 556 | 86 |

3-4-6 Continued 8

单位：万元
Unit: 10000 yuan

| #税金<br>Taxes | 财务费用<br>Financial Expenses | #利息支出<br>Interest Expenses | 营业利润<br>Operating Profits | 利润总额<br>Total Profits | 应交所得税<br>Income Tax Payable | 应付职工薪酬<br>Payables to Employees | 应交增值税<br>VAT Payable |
|---|---|---|---|---|---|---|---|
| **7387** | **35481** | **12939** | **341942** | **377949** | **27943** | **165906** | **66647** |
| 280 | -221 | 1007 | 442 | 378 | 27 | 2003 | 272 |
| 75 | 420 | 480 | 419 | 240 | 119 | 2086 | 379 |
| 7 | 873 | 130 | -415 | -260 | 10 | 1130 | 122 |
| 27 | 111 | -6 | 1147 | 1155 | 139 | 2233 | 309 |
| 220 | 713 | 32 | 3036 | 2908 | 56 | 2850 | 354 |
| 69 | 566 | 81 | 11225 | 46602 | 486 | 1436 | 745 |
| 167 | 1112 | 17 | -637 | 259 | 489 | 5430 | 1040 |
| 15 | 600 | 79 | 9280 | 9520 | 2089 | 6907 | 2156 |
| 807 | 5375 | 881 | 106875 | 106695 | 6905 | 47177 | 13818 |
| 38 | 404 | 316 | 28342 | 28757 | 2904 | 5170 | 4180 |
| 130 | 1431 | 61 | 7107 | 6326 | 15 | 5465 | 1704 |
| 383 | 1254 | 796 | 8088 | 6874 | 1374 | 7736 | 4688 |
| 16 | 443 | 323 | 241 | 1322 | 6 | 1513 | 497 |
| 856 | 7958 | 2046 | 48675 | 44452 | 4989 | 19650 | 5077 |
| 240 | 1665 | 839 | 7137 | 6520 | 402 | 4971 | 1196 |
| 1606 | 2812 | 1307 | 37862 | 50710 | 3987 | 11204 | 10086 |
| 1173 | 942 | 213 | 10808 | 10870 | 88 | 1888 | 735 |
| 451 | 1731 | 274 | 19695 | 19310 | 2361 | 11357 | 11709 |
| 5 | 222 | 210 | -437 | -221 | 1 | 466 | 142 |
| 308 | 1773 | 655 | 16468 | 13876 | 330 | 5022 | 679 |
| 136 | 3505 | 1858 | 11434 | 8517 | 681 | 6562 | 4698 |
| 11 | 150 | 114 | 936 | 1586 | 4 | 2292 | 48 |
| 74 | 1173 | 1122 | 3555 | 2898 | 317 | 3565 | 509 |
|  | 6 |  | 203 |  |  | 187 |  |
| 291 | 418 | 81 | 9755 | 8325 | 153 | 6618 | 1385 |
|  | 40 | 18 | 495 | 163 |  | 781 | 3 |
| 1 |  |  | 175 | 136 |  | 120 | 2 |
|  | 5 | 5 | 29 | 29 | 6 | 65 | 14 |
| 1 |  |  | 2 | 2 | 5 | 22 | 100 |

港、澳、台商投资企业

Enterprises with Funds from Hong Kong,Macao and Taiwan

| 地区 | Region | 主营业务收入 Revenue from Principal Business | 主营业务成本 Cost of Principal Business | 主营业务税金及附加 Taxes and Other Charges on Principal Business | 主营业务利润 Profits from Principal Business | 其他业务利润 Profits from Other Business | 销售费用 Selling Expenses | 管理费用 Administr-ative Expenses |
|---|---|---|---|---|---|---|---|---|
| **全国** | **National Total** | **52974969** | **43181060** | **290609** | **9503300** | **1126521** | **7009508** | **2486341** |
| 北京 | Beijing | 3903424 | 3154112 | 23148 | 726164 | 124730 | 593823 | 170441 |
| 天津 | Tianjin | 1622400 | 1414795 | 14435 | 193170 | 65135 | 223146 | 61837 |
| 河北 | Hebei | 77286 | 63675 | 229 | 13382 | 299 | 6166 | 1308 |
| 山西 | Shanxi | 316186 | 267296 | 2035 | 46855 | 3578 | 28428 | 12137 |
| 内蒙古 | Inner Mongolia | 156285 | 130384 | 1891 | 24010 | 1076 | 12085 | 5483 |
| 辽宁 | Liaoning | 1741773 | 1284702 | 9501 | 447570 | 21064 | 168346 | 94986 |
| 吉林 | Jilin | 317840 | 260277 | 899 | 56664 | 841 | 17916 | 25116 |
| 黑龙江 | Heilongjiang | 432169 | 370864 | 2495 | 58810 | 17578 | 40296 | 28139 |
| 上海 | Shanghai | 8572067 | 6048302 | 60964 | 2462801 | 73792 | 2064101 | 744704 |
| 江苏 | Jiangsu | 7825705 | 6803829 | 30352 | 991524 | 125494 | 810280 | 268496 |
| 浙江 | Zhejiang | 3404595 | 2809688 | 21134 | 573773 | 50818 | 336856 | 157872 |
| 安徽 | Anhui | 1243319 | 1015438 | 5754 | 222127 | 19561 | 177026 | 57367 |
| 福建 | Fujian | 1888292 | 1615797 | 9023 | 263472 | 19238 | 211143 | 74244 |
| 江西 | Jiangxi | 481875 | 431045 | 2874 | 47956 | 19726 | 41777 | 5526 |
| 山东 | Shandong | 2173092 | 1822614 | 9078 | 341400 | 17129 | 211925 | 50451 |
| 河南 | Henan | 1326344 | 1144436 | 8147 | 173761 | 95239 | 75609 | 101879 |
| 湖北 | Hubei | 1409392 | 1219130 | 4025 | 186237 | 196694 | 135379 | 51254 |
| 湖南 | Hunan | 561231 | 459233 | 2082 | 99916 | 8330 | 73078 | 19798 |
| 广东 | Guangdong | 8172666 | 6576074 | 46479 | 1550113 | 152195 | 1119800 | 319500 |
| 广西 | Guangxi | 894835 | 774175 | 2837 | 117823 | 16633 | 88945 | 24942 |
| 海南 | Hainan | 149106 | 128529 | 1253 | 19324 | 702 | 17882 | 3130 |
| 重庆 | Chongqing | 667463 | 545252 | 7966 | 114245 | 8292 | 74000 | 35429 |
| 四川 | Sichuan | 2185583 | 1833888 | 8660 | 343035 | 25339 | 195787 | 75244 |
| 贵州 | Guizhou | 448943 | 385808 | 2449 | 60686 | 13613 | 44438 | 9486 |
| 云南 | Yunnan | 760815 | 657708 | 2617 | 100490 | 9741 | 58984 | 19166 |
| 西藏 | Tibet | 7015 | 6441 | 6 | 568 |  | 37 |  |
| 陕西 | Shaanxi | 1732834 | 1506055 | 8631 | 218148 | 34874 | 148566 | 54765 |
| 甘肃 | Gansu | 174171 | 154828 | 898 | 18445 | 3032 | 15102 | 2428 |
| 青海 | Qinghai | 36976 | 33594 | 109 | 3273 | 451 | 3254 | 500 |
| 宁夏 | Ningxia | 60448 | 56715 | 63 | 3670 |  | 2837 | 885 |
| 新疆 | Xinjiang | 230839 | 206376 | 575 | 23888 | 1327 | 12496 | 9828 |

单位：万元
Unit: 10000 yuan

| #税金 Taxes | 财务费用 Financial Expenses | #利息支出 Interest Expenses | 营业利润 Operating Profits | 利润总额 Total Profits | 应交所得税 Income Tax Payable | 应付职工薪酬 Payables to Employees | 应交增值税 VAT Payable |
|---|---|---|---|---|---|---|---|
| **45693** | **292989** | **196372** | **1161831** | **1265722** | **464646** | **2560942** | **1116061** |
| | | | | | | | |
| 2550 | 22870 | 16541 | 29077 | 29914 | 27731 | 212039 | 103817 |
| 664 | 14500 | 12250 | -37452 | -31920 | 9694 | 69166 | 29434 |
| 59 | 262 | 274 | 7943 | -183 | 44 | 2909 | 652 |
| 448 | 3081 | 1931 | 8642 | 8325 | 2248 | 11675 | 4388 |
| 39 | 5812 | 20 | 1608 | 2240 | 1539 | 4241 | 2435 |
| | | | | | | | |
| 2492 | 23471 | 13368 | -22853 | -12546 | 13034 | 71210 | 37084 |
| 296 | 17804 | 17918 | 7153 | 6747 | 1793 | 11074 | 443 |
| 234 | 5507 | 560 | 4244 | 4149 | 2020 | 18246 | 4801 |
| | | | | | | | |
| 3747 | 41221 | 20375 | -128131 | -6522 | 73900 | 551816 | 196225 |
| 5277 | 31433 | 20837 | 69625 | 69454 | 43576 | 278594 | 107455 |
| 5111 | 18352 | 25265 | 56614 | 47143 | 24863 | 163190 | 65685 |
| 1120 | 2083 | 335 | 22656 | 20045 | 7333 | 60896 | 23594 |
| 806 | -2427 | 3458 | 106163 | 114461 | 6486 | 106209 | 26516 |
| 110 | 1341 | 105 | 4352 | 4793 | 272 | 20737 | 5879 |
| 1828 | 10330 | 6558 | 91929 | 93766 | 28122 | 90977 | 34126 |
| | | | | | | | |
| 3740 | 10536 | 2919 | 83189 | 83394 | 20846 | 33795 | 18911 |
| 512 | 2233 | 3205 | 142852 | 106419 | 29786 | 61420 | 23324 |
| 501 | 1803 | 1502 | 24028 | 24411 | 4757 | 35763 | 12247 |
| 5538 | 31729 | 17471 | 338872 | 370951 | 111449 | 491915 | 206533 |
| 2122 | 2725 | 2253 | 22917 | 23943 | 5307 | 35353 | 16897 |
| 909 | 1946 | 1911 | 8748 | 8736 | 1697 | 6909 | 1931 |
| | | | | | | | |
| 1690 | 6002 | 5260 | 28369 | 28786 | 4811 | 27915 | 11615 |
| 3057 | 16447 | 9484 | 91417 | 57000 | 17046 | 80509 | 24990 |
| 658 | 1556 | 1066 | 28766 | 28312 | 5692 | 12864 | 8303 |
| 125 | 3468 | 658 | 74645 | 77472 | 6537 | 23836 | 37741 |
| | 27 | 7 | 503 | 488 | | 349 | 49 |
| | | | | | | | |
| 1601 | 15024 | 9318 | 61220 | 64693 | 9998 | 64758 | 92363 |
| 50 | 1308 | 405 | 4477 | 9621 | 2706 | 3522 | 2465 |
| | 39 | | -125 | -133 | 41 | 1457 | 11385 |
| 28 | 748 | 621 | -190 | -327 | | 478 | |
| 381 | 1758 | 497 | 30573 | 32090 | 1318 | 7120 | 4773 |

外商投资企业

Foreign Funded Enterprises

| 地区 | Region | 主营业务收入 Revenue from Principal Business | 主营业务成本 Cost of Principal Business | 主营业务税金及附加 Taxes and Other Charges on Principal Business | 主营业务利润 Profits from Principal Business | 其他业务利润 Profits from Other Business | 销售费用 Selling Expenses | 管理费用 Administrative Expenses |
|---|---|---|---|---|---|---|---|---|
| **全国** | **National Total** | **54887082** | **45155299** | **290786** | **9440997** | **960521** | **6947942** | **2536779** |
| 北京 | Beijing | 8684296 | 7066792 | 52509 | 1564995 | 141799 | 1200108 | 426449 |
| 天津 | Tianjin | 1445851 | 1164534 | 8689 | 272628 | 17535 | 173201 | 101221 |
| 河北 | Hebei | 203238 | 171707 | 727 | 30804 | 3527 | 35692 | 8664 |
| 山西 | Shanxi | 77127 | 64564 | 357 | 12206 | 1924 | 13925 | 3006 |
| 内蒙古 | Inner Mongolia | 20389 | 18574 | 114 | 1701 | 96 | 2711 | 1969 |
| 辽宁 | Liaoning | 1194681 | 1009399 | 11664 | 173618 | 27010 | 151379 | 65954 |
| 吉林 | Jilin | 243277 | 219732 | 756 | 22789 | 1012 | 18794 | 7174 |
| 黑龙江 | Heilongjiang | 255602 | 216247 | 473 | 38882 | 52 | 38815 | 10309 |
| 上海 | Shanghai | 10748679 | 7835844 | 65100 | 2847735 | 192209 | 2022634 | 838694 |
| 江苏 | Jiangsu | 5428012 | 4828683 | 19948 | 579381 | 195687 | 567779 | 145412 |
| 浙江 | Zhejiang | 3434456 | 2995691 | 19718 | 419047 | 70767 | 326874 | 141528 |
| 安徽 | Anhui | 520578 | 449185 | 2904 | 68489 | 22061 | 83005 | 28079 |
| 福建 | Fujian | 1431447 | 1174987 | 6493 | 249967 | 9688 | 194052 | 27143 |
| 江西 | Jiangxi | 507920 | 447394 | 1425 | 59101 | 8099 | 43589 | 15465 |
| 山东 | Shandong | 1137814 | 939178 | 7709 | 190927 | 41200 | 132380 | 92106 |
| 河南 | Henan | 483558 | 432586 | 1804 | 49168 | 2850 | 40905 | 6502 |
| 湖北 | Hubei | 969565 | 765041 | 6370 | 198154 | 11901 | 123588 | 54696 |
| 湖南 | Hunan | 554735 | 458467 | 3578 | 92690 | 11074 | 49890 | 35471 |
| 广东 | Guangdong | 9573518 | 8122327 | 38159 | 1413032 | 140592 | 1024512 | 256854 |
| 广西 | Guangxi | 135122 | 112932 | 666 | 21524 | 2432 | 17052 | 2670 |
| 海南 | Hainan | 162244 | 135798 | 974 | 25472 | 4776 | 16075 | 6023 |
| 重庆 | Chongqing | 491177 | 403111 | 3820 | 84246 | 13896 | 56121 | 34400 |
| 四川 | Sichuan | 3051457 | 2546957 | 16868 | 487632 | 29449 | 285177 | 138219 |
| 贵州 | Guizhou | 268714 | 215681 | 1171 | 51862 | | 24931 | 7205 |
| 云南 | Yunnan | 776471 | 625745 | 3562 | 147164 | 990 | 91949 | 26697 |
| 西藏 | Tibet | 2685 | 2845 | | -160 | 160 | 383 | 20 |
| 陕西 | Shaanxi | 2861615 | 2540153 | 13922 | 307540 | 4832 | 196931 | 42752 |
| 甘肃 | Gansu | 14915 | 13149 | 19 | 1747 | 492 | 1922 | 673 |
| 青海 | Qinghai | | | | | | | |
| 宁夏 | Ningxia | 6790 | 5939 | 13 | 838 | | 638 | 222 |
| 新疆 | Xinjiang | 201149 | 172057 | 1274 | 27818 | 4411 | 12930 | 11202 |

3-4-6 Continued 10

单位：万元
Unit: 10000 yuan

| #税金<br>Taxes | 财务费用<br>Financial Expenses | #利息支出<br>Interest Expenses | 营业利润<br>Operating Profits | 利润总额<br>Total Profits | 应交所得税<br>Income Tax Payable | 应付职工薪酬<br>Payables to Employees | 应交增值税<br>VAT Payable |
|---:|---:|---:|---:|---:|---:|---:|---:|
| **52680** | **258877** | **160301** | **1660770** | **1678798** | **395390** | **2827392** | **1075044** |
| 7906 | 11993 | 15415 | 847330 | 845290 | 72330 | 453771 | 196887 |
| 3153 | 18660 | 14616 | 31363 | 26522 | 11013 | 78315 | 47702 |
| 146 | 3153 | 2950 | -14373 | -14566 | 440 | 12407 | 4336 |
| 188 | 745 | 589 | -2897 | -2779 | 62 | 6557 | 1652 |
| 15 | 442 | 67 | -2544 | -2587 |  | 964 | 198 |
| 1786 | 25547 | 5525 | -40500 | -48161 | 2343 | 70915 | 21199 |
| 235 | 2358 | 1366 | -2517 | 592 | 719 | 7065 | 6497 |
| 456 | 609 | 1156 | 1117 | -482 | 269 | 15281 | 3141 |
| 8806 | 74738 | 23741 | 89713 | 133763 | 109063 | 828239 | 225921 |
| 2873 | 10494 | 7372 | 99858 | 103270 | 31322 | 198792 | 27054 |
| 5244 | 20134 | 35658 | 36784 | 50180 | 26981 | 151749 | 56591 |
| 605 | 3151 | 1610 | -26263 | -31759 | 538 | 37513 | 6314 |
| 324 | 7337 | 4471 | 46403 | 28430 | 8211 | 81347 | 26968 |
| 243 | 692 | 1313 | 2172 | 2508 | 636 | 21231 | 6072 |
| 2688 | 1764 | 2536 | -1418 | -132 | 4877 | 66405 | 20292 |
| 98 | 1832 | 1055 | -911 | -264 | 598 | 15138 | 7702 |
| 1837 | 9924 | 5087 | 35149 | 38324 | 12074 | 60391 | 16012 |
| 1211 | -376 | 533 | 22998 | 24301 | 3780 | 29180 | 14371 |
| 5604 | 34410 | 20084 | 284907 | 305730 | 67355 | 437595 | 303479 |
| 37 | 271 | 83 | 4498 | 5740 | -203 | 6735 | 3665 |
| 1065 | 2744 | 2603 | 9043 | 9445 | 2747 | 6841 | 1944 |
| 888 | 4023 | 686 | 7359 | 3784 | 3139 | 27426 | 8701 |
| 1494 | 12534 | 5023 | 87904 | 76836 | 11056 | 103615 | 21752 |
| 44 | 1187 | 547 | 22763 | 27995 | 3109 | 10283 | 11153 |
| 1105 | 543 | 54 | 40842 | 41148 | 7978 | 38418 | 17681 |
| 1 | 12 |  | -542 |  | 50 | 145 | -17 |
| 4029 | 10859 | 5402 | 73485 | 46358 | 13315 | 52281 | 13417 |
| 4 | -54 |  | -303 | -211 |  | 416 | 244 |
| 1 | -12 |  | -11 | 26 | 7 | 358 | 138 |
| 594 | -837 | 759 | 9361 | 9497 | 1581 | 8019 | 3978 |

# 3-4-7 各地区限额以上零售业企业损益及分配(按国民经济行业分)

综合零售

Integrated Retail

| 地区 | Region | 主营业务收入 Revenue from Principal Business | 主营业务成本 Cost of Principal Business | 主营业务税金及附加 Taxes and Other Charges on Principal Business | 主营业务利润 Profits from Principal Business | 其他业务利润 Profits from Other Business | 销售费用 Selling Expenses | 管理费用 Administrative Expenses |
|---|---|---|---|---|---|---|---|---|
| **全国** | **National Total** | **223938489** | **189943830** | **1842025** | **32152634** | **6051968** | **21482304** | **10054452** |
| 北京 | Beijing | 14494513 | 12331818 | 118108 | 2044587 | 919578 | 1931459 | 742216 |
| 天津 | Tianjin | 2845090 | 2516788 | 23235 | 305067 | 145944 | 349844 | 208293 |
| 河北 | Hebei | 7975173 | 6968786 | 72936 | 933451 | 179481 | 631217 | 400628 |
| 山西 | Shanxi | 3088104 | 2574331 | 19862 | 493911 | 48792 | 238614 | 120462 |
| 内蒙古 | Inner Mongolia | 2324724 | 2039549 | 23638 | 261537 | 42672 | 126383 | 105012 |
| 辽宁 | Liaoning | 8508943 | 7044491 | 91963 | 1372489 | 246927 | 663810 | 651416 |
| 吉林 | Jilin | 4346314 | 3663233 | 43844 | 639237 | 48412 | 251928 | 336594 |
| 黑龙江 | Heilongjiang | 4559808 | 3954788 | 43174 | 561846 | 78765 | 253335 | 211969 |
| 上海 | Shanghai | 13511600 | 11072909 | 94349 | 2344342 | 478905 | 1916313 | 815457 |
| 江苏 | Jiangsu | 20732776 | 17906188 | 136317 | 2690271 | 553504 | 1925458 | 898420 |
| 浙江 | Zhejiang | 11576983 | 9858046 | 90559 | 1628378 | 364232 | 1250988 | 556174 |
| 安徽 | Anhui | 8352400 | 6988263 | 47253 | 1316884 | 119974 | 692110 | 323870 |
| 福建 | Fujian | 5387267 | 4550475 | 36566 | 800226 | 84913 | 670273 | 180786 |
| 江西 | Jiangxi | 2697908 | 2303906 | 24334 | 369668 | 67917 | 258345 | 97858 |
| 山东 | Shandong | 26583441 | 23047822 | 219772 | 3315847 | 397244 | 1579104 | 949838 |
| 河南 | Henan | 10311968 | 8709069 | 130765 | 1472134 | 237886 | 651889 | 457428 |
| 湖北 | Hubei | 12557654 | 10316589 | 124763 | 2116302 | 666872 | 1202034 | 498218 |
| 湖南 | Hunan | 8883806 | 7536512 | 79233 | 1268061 | 114207 | 882723 | 337126 |
| 广东 | Guangdong | 18614812 | 15504071 | 121471 | 2989270 | 464427 | 2327190 | 635281 |
| 广西 | Guangxi | 2750627 | 2331300 | 19297 | 400030 | 83413 | 329502 | 126036 |
| 海南 | Hainan | 686129 | 520282 | 5507 | 160340 | 16430 | 99709 | 50281 |
| 重庆 | Chongqing | 7024584 | 6000202 | 55300 | 969082 | 179018 | 797042 | 219073 |
| 四川 | Sichuan | 10156230 | 8684477 | 69970 | 1401783 | 187445 | 1020169 | 360581 |
| 贵州 | Guizhou | 1753986 | 1458151 | 17008 | 278827 | 48208 | 205081 | 58212 |
| 云南 | Yunnan | 3368569 | 2867964 | 16427 | 484178 | 25349 | 217795 | 121960 |
| 西藏 | Tibet | 90008 | 78488 | 1046 | 10474 | 1087 | 6697 | 6974 |
| 陕西 | Shaanxi | 6500251 | 5507634 | 71125 | 921492 | 138636 | 588306 | 345484 |
| 甘肃 | Gansu | 1510145 | 1289623 | 18532 | 201990 | 22140 | 117825 | 46759 |
| 青海 | Qinghai | 392072 | 331379 | 2381 | 58312 | 45540 | 46179 | 17835 |
| 宁夏 | Ningxia | 764027 | 631065 | 7054 | 125908 | 17479 | 101865 | 29624 |
| 新疆 | Xinjiang | 1588577 | 1355631 | 16236 | 216710 | 26571 | 149117 | 144587 |

# Income and Distribution of Enterprises above Designated Size of Retail Trade by Region and Sector

单位：万元

Unit: 10000 yuan

| #税金 Taxes | 财务费用 Financial Expenses | #利息支出 Interest Expenses | 营业利润 Operating Profits | 利润总额 Total Profits | 应交所得税 Income Tax Payable | 应付职工薪酬 Payables to Employees | 应交增值税 VAT Payable |
|---|---|---|---|---|---|---|---|
| **424650** | **1656664** | **1075762** | **6194772** | **6261364** | **1496776** | **10808481** | **4022194** |
| 22147 | 101208 | 141821 | 434970 | 456378 | 122970 | 929690 | 261807 |
| 19131 | 53187 | 42121 | -126804 | -117738 | 8609 | 195559 | 45412 |
| 19384 | 84517 | 27665 | 134681 | 129945 | 46796 | 395408 | 109299 |
| 3872 | 47737 | 14620 | 24509 | 6858 | 5450 | 125449 | 30936 |
| 8072 | 39317 | 17300 | 59923 | 66154 | 10951 | 82892 | 16766 |
| 23304 | 133680 | 67753 | 86149 | 52421 | 41121 | 467011 | 666054 |
| 14268 | 80769 | 57783 | 197654 | 185285 | 30824 | 119837 | 26799 |
| 6991 | 36941 | 20871 | 230990 | 211601 | 35191 | 231597 | 39391 |
| 13646 | 55387 | 53055 | 127756 | 202049 | 114891 | 747038 | 222979 |
| 29431 | 105703 | 74763 | 602904 | 565632 | 162514 | 845823 | 324863 |
| 23220 | 78826 | 105577 | 235100 | 264862 | 81203 | 624855 | 181033 |
| 14359 | 47039 | 21837 | 108942 | 98218 | 29695 | 346511 | 128191 |
| 5173 | 17895 | 12699 | 147006 | 138708 | 18752 | 322527 | 84596 |
| 3719 | 24636 | 19045 | 56487 | 55052 | 15085 | 144295 | 37804 |
| 58482 | 212330 | 107093 | 1053163 | 1096100 | 201268 | 938973 | 424025 |
| 24768 | 79213 | 25671 | 531522 | 521399 | 59580 | 487012 | 160586 |
| 30696 | 96659 | 48704 | 479135 | 467027 | 96550 | 708069 | 222464 |
| 16203 | 51589 | 23975 | 261413 | 275460 | 45234 | 296306 | 88609 |
| 12496 | 58739 | 40625 | 650850 | 720362 | 200130 | 980295 | 369235 |
| 6319 | 16562 | 11351 | 31331 | 32996 | 10042 | 157978 | 49734 |
| 2177 | 18522 | 8347 | 19388 | 21663 | 8428 | 43611 | 9027 |
| 9717 | 29545 | 13611 | 136871 | 126227 | 20696 | 405296 | 111012 |
| 12759 | 60454 | 35419 | 208068 | 203447 | 47081 | 432656 | 150700 |
| 2468 | 12377 | 7423 | 73789 | 67345 | 12664 | 104920 | 38533 |
| 4316 | 18591 | 11735 | 163417 | 154046 | 18722 | 125352 | 43090 |
| 12 | 370 | 239 | 1271 | 2158 | 182 | 4992 | 1516 |
| 28004 | 46157 | 34406 | 183682 | 167989 | 26816 | 330633 | 80024 |
| 1829 | 12230 | 4850 | 59404 | 57870 | 11602 | 55141 | 31990 |
| 536 | 7226 | 3241 | 7147 | 8472 | 4311 | 19867 | 40701 |
| 1495 | 5107 | 1109 | 14333 | 19246 | 4864 | 37316 | 6500 |
| 5656 | 24151 | 21053 | -279 | 4132 | 4554 | 101572 | 18518 |

3-4-7 续表 1

食品、饮料及烟草制品专门零售

Special Retail of Food, Beverages and Tobaccos

| 地 区 | Region | 主营业务收入 Revenue from Principal Business | 主营业务成本 Cost of Principal Business | 主营业务税金及附加 Taxes and Other Charges on Principal Business | 主营业务利润 Profits from Principal Business | 其他业务利润 Profits from Other Business | 销售费用 Selling Expenses | 管理费用 Administrative Expenses |
|---|---|---|---|---|---|---|---|---|
| **全 国** | **National Total** | **34322069** | **28019546** | **396778** | **5905745** | **182722** | **2388649** | **1361635** |
| 北 京 | Beijing | 1230307 | 803947 | 9798 | 416562 | 22941 | 311213 | 80044 |
| 天 津 | Tianjin | 483071 | 401176 | 4650 | 77245 | 1584 | 32699 | 22560 |
| 河 北 | Hebei | 165044 | 147913 | 589 | 16542 | 1307 | 14076 | 4778 |
| 山 西 | Shanxi | 617747 | 545792 | 3066 | 68889 | 2995 | 39352 | 23433 |
| 内蒙古 | Inner Mongolia | 410779 | 356271 | 2037 | 52471 | 1116 | 20200 | 11328 |
| 辽 宁 | Liaoning | 471816 | 396375 | 4308 | 71133 | 409 | 20562 | 17609 |
| 吉 林 | Jilin | 467638 | 387438 | 5387 | 74813 | 36406 | 17217 | 34904 |
| 黑龙江 | Heilongjiang | 370197 | 295924 | 17746 | 56527 | 211 | 15615 | 12996 |
| 上 海 | Shanghai | 1195136 | 925015 | 7784 | 262337 | 14830 | 267195 | 69866 |
| 江 苏 | Jiangsu | 3562680 | 2785122 | 35889 | 741669 | 7024 | 209289 | 141843 |
| 浙 江 | Zhejiang | 1017403 | 870251 | 4755 | 142397 | 9086 | 83680 | 46523 |
| 安 徽 | Anhui | 1593850 | 1403423 | 12330 | 178097 | 2945 | 68552 | 35904 |
| 福 建 | Fujian | 2984999 | 2410596 | 40278 | 534125 | 7143 | 224043 | 128589 |
| 江 西 | Jiangxi | 474134 | 379033 | 3555 | 91546 | 12179 | 40393 | 64269 |
| 山 东 | Shandong | 3608722 | 3025449 | 49189 | 534084 | 4436 | 120371 | 96664 |
| 河 南 | Henan | 1398726 | 1177243 | 19098 | 202385 | 8911 | 59152 | 38137 |
| 湖 北 | Hubei | 3667870 | 2965972 | 53596 | 648302 | 6364 | 194339 | 110697 |
| 湖 南 | Hunan | 1583746 | 1287700 | 25193 | 270853 | 7427 | 107021 | 66904 |
| 广 东 | Guangdong | 2325158 | 1813518 | 24591 | 487049 | 19569 | 203072 | 115575 |
| 广 西 | Guangxi | 152164 | 134766 | 566 | 16832 | 429 | 9966 | 8485 |
| 海 南 | Hainan | 26028 | 25020 | 123 | 885 | | 1348 | 1498 |
| 重 庆 | Chongqing | 1355637 | 1148728 | 11820 | 195089 | 6293 | 67478 | 37999 |
| 四 川 | Sichuan | 1722630 | 1458100 | 18587 | 245943 | 2478 | 112823 | 54400 |
| 贵 州 | Guizhou | 558126 | 474833 | 13107 | 70186 | 1766 | 29176 | 29377 |
| 云 南 | Yunnan | 1411528 | 1236848 | 7441 | 167239 | 3274 | 48292 | 47352 |
| 西 藏 | Tibet | 64804 | 47094 | 4753 | 12957 | 82 | 3416 | 5287 |
| 陕 西 | Shaanxi | 1062805 | 827513 | 13462 | 221830 | -7 | 42576 | 40132 |
| 甘 肃 | Gansu | 274993 | 233429 | 2765 | 38799 | 980 | 18856 | 10049 |
| 青 海 | Qinghai | 15735 | 13215 | 113 | 2407 | | 458 | 1308 |
| 宁 夏 | Ningxia | 24495 | 20957 | 129 | 3409 | 301 | 3669 | 1120 |
| 新 疆 | Xinjiang | 24101 | 20885 | 73 | 3143 | 243 | 2550 | 2005 |

3-4-7 Continued 1

单位：万元
Unit: 10000 yuan

| #税金 Taxes | 财务费用 Financial Expenses | #利息支出 Interest Expenses | 营业利润 Operating Profits | 利润总额 Total Profits | 应交所得税 Income Tax Payable | 应付职工薪酬 Payables to Employees | 应交增值税 VAT Payable |
|---|---|---|---|---|---|---|---|
| **53529** | **343644** | **200051** | **2007896** | **1999101** | **273651** | **1597902** | **650068** |
| 1546 | 3897 | 2026 | 41946 | 47589 | 22504 | 139552 | 77825 |
| 189 | 2075 | 112 | 22492 | 22370 | 4425 | 27076 | 12873 |
| 95 | 932 | 158 | -5731 | -6302 | 176 | 7612 | 1245 |
| 552 | 8237 | 4872 | 5557 | 7487 | 884 | 24560 | 5141 |
| 282 | 6507 | 2568 | 15891 | 26921 | 1697 | 7436 | 10477 |
| 378 | 2026 | 791 | 20555 | 20643 | 1081 | 13495 | 8690 |
| 648 | 4437 | 3876 | 18638 | 21703 | 4313 | 9542 | 8700 |
| 311 | 1570 | 670 | 29214 | 22907 | 303 | 6511 | 1194 |
| 674 | 4619 | 1453 | -47567 | -36924 | 6230 | 120778 | 19321 |
| 3901 | 30565 | 13860 | 380199 | 384299 | 55490 | 170838 | 84440 |
| 1360 | 7271 | 7477 | 18613 | 25419 | 3243 | 63819 | 14255 |
| 2149 | 9680 | 5686 | 59377 | 60941 | 4901 | 54590 | 15435 |
| 6167 | 11006 | 5728 | 167507 | 160342 | 15761 | 123660 | 48837 |
| 647 | 4211 | 2711 | -17891 | 16749 | 2070 | 103569 | 5526 |
| 8982 | 32890 | 10065 | 273785 | 258174 | 34708 | 104929 | 57257 |
| 2875 | 12736 | 4324 | 93776 | 82918 | 4819 | 56620 | 17100 |
| 6609 | 26164 | 7024 | 322700 | 290578 | 36580 | 101201 | 134962 |
| 1611 | 15431 | 3672 | 109906 | 88876 | 7538 | 58394 | 15595 |
| 2760 | -1311 | 5289 | 237277 | 234712 | 43626 | 118971 | 41508 |
| 200 | 2093 | 1455 | -2441 | 135 | 304 | 10261 | 1248 |
| 1 | 439 | 448 | -2392 | -470 | 22 | 1690 | 298 |
| 2530 | 9534 | 5758 | 78355 | 73690 | 4743 | 45548 | 14425 |
| 2592 | 15035 | 10031 | 60532 | 62596 | 6547 | 50392 | 24666 |
| 466 | 17469 | 2841 | 12269 | 20418 | 1864 | 16170 | 8266 |
| 1168 | 14421 | 11776 | 61687 | 55715 | 5155 | 99740 | 6820 |
| 97 | 5 | 4 | 4299 | 1613 | 259 | 2177 | 1399 |
| 4534 | 94051 | 83528 | 43784 | 41976 | 2952 | 36530 | 8329 |
| 111 | 6974 | 1383 | 8238 | 14357 | 1287 | 16076 | 2657 |
| 21 | 74 | 63 | 568 | 578 |  | 1217 | 1098 |
| 40 | 472 | 377 | -1927 | -289 | 125 | 2460 | 323 |
| 33 | 134 | 25 | -1320 | -620 | 44 | 2488 | 158 |

纺织、服装及日用品专门零售

Special Retail of Textiles, Garments and Daily Consumer Articles

| 地　区 | Region | 主营业务收入 Revenue from Principal Business | 主营业务成本 Cost of Principal Business | 主营业务税金及附加 Taxes and Other Charges on Principal Business | 主营业务利润 Profits from Principal Business | 其他业务利润 Profits from Other Business | 销售费用 Selling Expenses | 管理费用 Administr-ative Expenses |
|---|---|---|---|---|---|---|---|---|
| **全　国** | **National Total** | **45021837** | **32783131** | **455659** | **11783047** | **326214** | **7181281** | **2961848** |
| 北　京 | Beijing | 2591037 | 1686105 | 20979 | 883953 | 53174 | 729488 | 185886 |
| 天　津 | Tianjin | 1059660 | 869789 | 4699 | 185172 | 11368 | 137655 | 49853 |
| 河　北 | Hebei | 561765 | 463867 | 6880 | 91018 | 12908 | 41596 | 37053 |
| 山　西 | Shanxi | 893696 | 764438 | 4603 | 124655 | 18227 | 73521 | 73011 |
| 内蒙古 | Inner Mongolia | 512545 | 398302 | 14011 | 100232 | 14406 | 33074 | 44195 |
| 辽　宁 | Liaoning | 1198456 | 984083 | 13692 | 200681 | 8953 | 106621 | 79482 |
| 吉　林 | Jilin | 685990 | 585362 | 20181 | 80447 | 5392 | 27487 | 38731 |
| 黑龙江 | Heilongjiang | 877834 | 724644 | 11637 | 141553 | 1354 | 52493 | 36082 |
| 上　海 | Shanghai | 9130367 | 5135277 | 73397 | 3921693 | 34592 | 2790277 | 1046676 |
| 江　苏 | Jiangsu | 3176720 | 2477223 | 27264 | 672233 | 56236 | 356788 | 130708 |
| 浙　江 | Zhejiang | 3358992 | 2508577 | 19702 | 830713 | 11473 | 497993 | 190958 |
| 安　徽 | Anhui | 851952 | 708813 | 6723 | 136416 | 4956 | 75404 | 34314 |
| 福　建 | Fujian | 2700192 | 2239111 | 16006 | 445075 | 5383 | 215909 | 105030 |
| 江　西 | Jiangxi | 315738 | 241613 | 3040 | 71085 | 1044 | 42170 | 14276 |
| 山　东 | Shandong | 3063518 | 2517282 | 43493 | 502743 | 5458 | 180143 | 100263 |
| 河　南 | Henan | 1405725 | 1140303 | 29673 | 235749 | 4389 | 71986 | 51086 |
| 湖　北 | Hubei | 1428362 | 1097429 | 19244 | 311689 | 8934 | 144335 | 75235 |
| 湖　南 | Hunan | 1097348 | 875224 | 21398 | 200726 | 4486 | 80905 | 43268 |
| 广　东 | Guangdong | 4421956 | 2897534 | 31600 | 1492822 | 19208 | 948970 | 339535 |
| 广　西 | Guangxi | 130135 | 100665 | 843 | 28627 | 663 | 20435 | 4601 |
| 海　南 | Hainan | 466837 | 318534 | 14024 | 134279 | 1622 | 43037 | 25331 |
| 重　庆 | Chongqing | 1022845 | 774458 | 12326 | 236061 | 5485 | 96431 | 83367 |
| 四　川 | Sichuan | 1399968 | 1055741 | 15894 | 328333 | 9897 | 199564 | 71147 |
| 贵　州 | Guizhou | 151437 | 111006 | 958 | 39473 | 1451 | 17208 | 6920 |
| 云　南 | Yunnan | 409447 | 321892 | 3729 | 83826 | 2439 | 55893 | 22520 |
| 西　藏 | Tibet | 2685 | 2845 |  | -160 | 160 | 383 | 20 |
| 陕　西 | Shaanxi | 1525901 | 1305829 | 15252 | 204820 | 6352 | 78609 | 34280 |
| 甘　肃 | Gansu | 105156 | 81096 | 1026 | 23034 | 408 | 10870 | 3932 |
| 青　海 | Qinghai | 43879 | 35507 | 98 | 8274 | 3298 | 5865 | 4690 |
| 宁　夏 | Ningxia | 44361 | 36315 | 261 | 7785 | 3651 | 6818 | 4780 |
| 新　疆 | Xinjiang | 387333 | 324267 | 3026 | 60040 | 8847 | 39353 | 24618 |

3-4-7 Continued 2

单位：万元
Unit: 10000 yuan

| #税金 Taxes | 财务费用 Financial Expenses | #利息支出 Interest Expenses | 营业利润 Operating Profits | 利润总额 Total Profits | 应交所得税 Income Tax Payable | 应付职工薪酬 Payables to Employees | 应交增值税 VAT Payable |
|---:|---:|---:|---:|---:|---:|---:|---:|
| **68865** | **373008** | **193916** | **1630996** | **1686882** | **407281** | **3066374** | **1247517** |
| 2822 | 13128 | 8950 | 11836 | 17562 | 14642 | 270272 | 132064 |
| 1418 | 7468 | 2863 | 6663 | 11012 | 2219 | 39742 | 23526 |
| 2161 | 16863 | 11599 | 16261 | -147 | 1576 | 29338 | 7077 |
| 1581 | 7888 | 2605 | -9186 | -8010 | 1321 | 27349 | 4780 |
| 1084 | 5958 | 3286 | 31942 | 29380 | 2671 | 24837 | 3019 |
| 5111 | 18422 | 11245 | 13136 | 11776 | 4383 | 38929 | 29077 |
| 1577 | 5443 | 2756 | 19576 | 19098 | 1539 | 20111 | 4470 |
| 1442 | 5150 | 1002 | 49972 | 39101 | 2121 | 27871 | 5386 |
| 9684 | 52189 | 22285 | 121297 | 235680 | 112763 | 953120 | 300423 |
| 4872 | 34699 | 10979 | 203204 | 205115 | 44281 | 181366 | 102964 |
| 5347 | 42055 | 23865 | 75481 | 90565 | 31551 | 208081 | 93589 |
| 1355 | 4555 | 1530 | 28253 | 28888 | 3614 | 46727 | 22871 |
| 3619 | 11026 | 5154 | 118086 | 87954 | 11332 | 106781 | 50012 |
| 419 | 5252 | 4011 | 13323 | 11649 | 2065 | 17047 | 9440 |
| 4564 | 21460 | 7859 | 205756 | 203464 | 41930 | 123477 | 54810 |
| 2961 | 10734 | 4440 | 104713 | 105448 | 5752 | 56035 | 26000 |
| 5580 | 15004 | 11466 | 72839 | 61398 | 8935 | 87170 | 38753 |
| 1592 | 12516 | 3363 | 64381 | 43166 | 5216 | 44748 | 17248 |
| 4370 | 25866 | 15365 | 195520 | 202840 | 46182 | 433104 | 222309 |
| 116 | 373 | 370 | 4657 | 5111 | 787 | 5379 | 3884 |
| 481 | 5449 | 1628 | 59963 | 60290 | 15903 | 22632 | 1538 |
| 2109 | 18563 | 15774 | 54344 | 52188 | 5866 | 71245 | 22787 |
| 939 | 12281 | 7820 | 58624 | 59095 | 10593 | 97636 | 24807 |
| 113 | 2078 | 1114 | 16083 | 21954 | 979 | 8767 | 2425 |
| 410 | 7658 | 6627 | -1444 | -1402 | 1651 | 29045 | 12950 |
| 1 | 12 |  | -542 |  | 50 | 145 | -17 |
| 1720 | 3022 | 915 | 90425 | 87596 | 23849 | 56091 | 15694 |
| 437 | 1515 | 964 | 7056 | 6524 | 872 | 10921 | 8984 |
| 47 | 112 | 42 | 628 | 1128 | 27 | 3589 | 367 |
| 131 | 875 | 746 | -1380 | -1252 | 42 | 5075 | 613 |
| 802 | 5394 | 3293 | -471 | -289 | 2569 | 19744 | 5667 |

文化、体育用品及器材专门零售

Special Retail of Culture, Sports Appliances and Equipments

| 地 区 | Region | 主营业务收入 Revenue from Principal Business | 主营业务成本 Cost of Principal Business | 主营业务税金及附加 Taxes and Other Charges on Principal Business | 主营业务利润 Profits from Principal Business | 其他业务利润 Profits from Other Business | 销售费用 Selling Expenses | 管理费用 Administrative Expenses |
|---|---|---|---|---|---|---|---|---|
| **全 国** | **National Total** | **27990036** | **22821536** | **239600** | **4928900** | **258240** | **2116322** | **1561495** |
| 北 京 | Beijing | 2781051 | 2340598 | 10791 | 429662 | 30434 | 262568 | 140099 |
| 天 津 | Tianjin | 884513 | 760897 | 6777 | 116839 | 17810 | 74729 | 80886 |
| 河 北 | Hebei | 558884 | 443360 | 2484 | 113040 | 6881 | 22153 | 51328 |
| 山 西 | Shanxi | 376076 | 308609 | 3392 | 64075 | 9368 | 39447 | 15426 |
| 内蒙古 | Inner Mongolia | 122365 | 94507 | 1841 | 26017 | 1672 | 9598 | 11598 |
| 辽 宁 | Liaoning | 639086 | 525367 | 12630 | 101089 | 4726 | 34723 | 43782 |
| 吉 林 | Jilin | 168919 | 134237 | 2026 | 32656 | 3087 | 8680 | 16772 |
| 黑龙江 | Heilongjiang | 319705 | 260833 | 2216 | 56656 | 3137 | 32590 | 13094 |
| 上 海 | Shanghai | 1550672 | 1124514 | 31408 | 394750 | 47866 | 291504 | 122707 |
| 江 苏 | Jiangsu | 3681152 | 3098244 | 31606 | 551302 | 27821 | 215338 | 130241 |
| 浙 江 | Zhejiang | 1529571 | 1294633 | 10623 | 224315 | 9743 | 109088 | 69811 |
| 安 徽 | Anhui | 748504 | 609882 | 5265 | 133357 | 4567 | 48359 | 32640 |
| 福 建 | Fujian | 1572745 | 1336143 | 9604 | 226998 | 635 | 88334 | 75758 |
| 江 西 | Jiangxi | 874279 | 693603 | 7795 | 172881 | 5023 | 36200 | 53466 |
| 山 东 | Shandong | 1568565 | 1316132 | 19793 | 232640 | 2021 | 65921 | 54910 |
| 河 南 | Henan | 1234616 | 983721 | 16412 | 234483 | 13198 | 85628 | 65874 |
| 湖 北 | Hubei | 1068469 | 840038 | 10985 | 217446 | 6919 | 68395 | 66373 |
| 湖 南 | Hunan | 1034220 | 830114 | 8184 | 195922 | 3578 | 105008 | 47589 |
| 广 东 | Guangdong | 2335519 | 1931330 | 15326 | 388863 | 19874 | 141425 | 153681 |
| 广 西 | Guangxi | 282433 | 219979 | 1287 | 61167 | 3691 | 30003 | 22430 |
| 海 南 | Hainan | 31344 | 22272 | 943 | 8129 | 419 | 5838 | 5668 |
| 重 庆 | Chongqing | 637808 | 451297 | 3902 | 182609 | 4364 | 32499 | 24190 |
| 四 川 | Sichuan | 908585 | 636129 | 5806 | 266650 | 13804 | 99325 | 113051 |
| 贵 州 | Guizhou | 179185 | 144316 | 804 | 34065 | 1001 | 11789 | 13338 |
| 云 南 | Yunnan | 1603733 | 1388347 | 6617 | 208769 | 9711 | 103691 | 52108 |
| 西 藏 | Tibet | 5886 | 5124 | 11 | 751 | 735 | 412 | 821 |
| 陕 西 | Shaanxi | 696670 | 561608 | 5402 | 129660 | 1915 | 46781 | 36920 |
| 甘 肃 | Gansu | 327382 | 265676 | 4655 | 57051 | 2106 | 11084 | 27366 |
| 青 海 | Qinghai | 11408 | 9089 | 199 | 2120 | 171 | 1008 | 1147 |
| 宁 夏 | Ningxia | 31267 | 22427 | 144 | 8696 | 677 | 4159 | 3933 |
| 新 疆 | Xinjiang | 225424 | 168510 | 672 | 56242 | 1286 | 30045 | 14488 |

3-4-7 Continued 3

单位：万元

Unit: 10000 yuan

| #税金 Taxes | 财务费用 Financial Expenses | #利息支出 Interest Expenses | 营业利润 Operating Profits | 利润总额 Total Profits | 应交所得税 Income Tax Payable | 应付职工薪酬 Payables to Employees | 应交增值税 VAT Payable |
|---|---|---|---|---|---|---|---|
| **78736** | **193008** | **119445** | **1314869** | **1376069** | **133111** | **1529901** | **351835** |
| | | | | | | | |
| 1577 | 20520 | 19676 | 41924 | 55085 | 16368 | 176523 | 36995 |
| 15201 | 14704 | 13661 | -9312 | 3342 | 3284 | 45842 | 13268 |
| 1231 | 2321 | 62 | 38138 | 42604 | 91 | 39697 | 1557 |
| 1134 | 3251 | 471 | 13145 | 12746 | 3171 | 23059 | 3057 |
| 462 | 622 | 261 | 7187 | 6541 | 107 | 7824 | 1862 |
| | | | | | | | |
| 4231 | 8800 | 2930 | 18239 | 20524 | 1137 | 25609 | 14037 |
| 523 | 1225 | 755 | 7745 | 4522 | 152 | 10126 | 713 |
| 305 | 1978 | 134 | 10849 | 9485 | 230 | 14460 | 6008 |
| | | | | | | | |
| 1320 | 20713 | 6601 | 1867 | 9860 | 9705 | 104102 | 23260 |
| 5588 | 20168 | 10839 | 210320 | 216450 | 21049 | 141664 | 57080 |
| 2955 | 6170 | 8504 | 52298 | 53525 | 5452 | 86904 | 17305 |
| 1182 | 4342 | 3367 | 53059 | 47865 | 1336 | 31170 | 7861 |
| 2394 | 11280 | 9022 | 66511 | 64132 | 2950 | 69397 | 15377 |
| 2569 | 2907 | 6153 | 84803 | 80774 | 4854 | 48286 | 13535 |
| 3034 | 12971 | 11144 | 106234 | 97538 | 14641 | 70813 | 26308 |
| | | | | | | | |
| 2926 | 9694 | 2619 | 93639 | 90556 | 3507 | 75307 | 13628 |
| 2454 | 14524 | 7684 | 69349 | 68148 | 10668 | 41688 | 17680 |
| 2025 | 3267 | 3573 | 41226 | 43111 | 2634 | 62637 | 12408 |
| 4718 | 8111 | 6763 | 123118 | 133091 | 7952 | 153114 | 24882 |
| 924 | 265 | 595 | 13456 | 13986 | 459 | 26856 | 2479 |
| 400 | 214 | 205 | 1050 | 1227 | 25 | 3735 | 707 |
| | | | | | | | |
| 765 | -4074 | -6154 | 43767 | 42725 | 1843 | 31815 | 3685 |
| 3180 | 5036 | 954 | 61331 | 69126 | 4248 | 95894 | 11684 |
| 233 | 376 | 133 | 8707 | 10380 | 457 | 10076 | 1449 |
| 1164 | 11231 | 6973 | 47427 | 72445 | 10144 | 52254 | 14545 |
| | 4 | 2 | 83 | 662 | 63 | 546 | |
| | | | | | | | |
| 3156 | 5104 | 531 | 44105 | 39372 | 1801 | 37360 | 3962 |
| 12064 | 5547 | 131 | 51381 | 50312 | 626 | 12491 | 3463 |
| 35 | 54 | 10 | 72 | 322 | 61 | 881 | 4 |
| 126 | 233 | 125 | 849 | 1404 | -11 | 4416 | 122 |
| 860 | 1450 | 1721 | 12302 | 14209 | 4107 | 25355 | 2914 |

医药及医疗器材专门零售

Special Retail of Medicines and Medical Appliances

| 地 区 | Region | 主营业务收入 Revenue from Principal Business | 主营业务成本 Cost of Principal Business | 主营业务税金及附加 Taxes and Other Charges on Principal Business | 主营业务利润 Profits from Principal Business | 其他业务利润 Profits from Other Business | 销售费用 Selling Expenses | 管理费用 Administr-ative Expenses |
|---|---|---|---|---|---|---|---|---|
| **全 国** | **National Total** | **53045971** | **46385130** | **211187** | **6449654** | **283846** | **3092901** | **1623840** |
| 北 京 | Beijing | 2261405 | 2026911 | 5465 | 229029 | 36543 | 132913 | 66141 |
| 天 津 | Tianjin | 671475 | 608116 | 1342 | 62017 | 1332 | 21854 | 14521 |
| 河 北 | Hebei | 1971376 | 1781567 | 4511 | 185298 | 1278 | 75343 | 48185 |
| 山 西 | Shanxi | 1036568 | 920827 | 2070 | 113671 | 11811 | 68405 | 30177 |
| 内蒙古 | Inner Mongolia | 276577 | 231241 | 1479 | 43857 | 1175 | 23924 | 16158 |
| 辽 宁 | Liaoning | 2025268 | 1740769 | 8841 | 275658 | 4015 | 156527 | 56150 |
| 吉 林 | Jilin | 769844 | 669757 | 2912 | 97175 | 1571 | 44163 | 28424 |
| 黑龙江 | Heilongjiang | 1474720 | 1290630 | 7753 | 176337 | 1218 | 42570 | 63041 |
| 上 海 | Shanghai | 1903533 | 1655659 | 5100 | 242774 | 13747 | 135657 | 62274 |
| 江 苏 | Jiangsu | 7919503 | 7152843 | 22662 | 743998 | 46454 | 329870 | 188491 |
| 浙 江 | Zhejiang | 2884443 | 2565053 | 6970 | 312420 | 14649 | 161638 | 96733 |
| 安 徽 | Anhui | 2539674 | 2320510 | 6060 | 213104 | 7586 | 89556 | 70518 |
| 福 建 | Fujian | 1417281 | 1276405 | 3185 | 137691 | 3026 | 58958 | 41397 |
| 江 西 | Jiangxi | 1319894 | 1201235 | 3007 | 115652 | 3568 | 63421 | 24222 |
| 山 东 | Shandong | 4642407 | 3973470 | 31428 | 637509 | 12601 | 224850 | 171482 |
| 河 南 | Henan | 1549325 | 1310077 | 15344 | 223904 | 526 | 87917 | 49546 |
| 湖 北 | Hubei | 2807510 | 2492048 | 15833 | 299629 | 10993 | 127430 | 75715 |
| 湖 南 | Hunan | 2231180 | 1884388 | 13860 | 332932 | 8333 | 178467 | 69237 |
| 广 东 | Guangdong | 3771536 | 3048627 | 16303 | 706606 | 25796 | 367784 | 143514 |
| 广 西 | Guangxi | 1949593 | 1759560 | 3734 | 186299 | 41022 | 89128 | 50545 |
| 海 南 | Hainan | 46194 | 30582 | 179 | 15433 | 161 | 11197 | 2783 |
| 重 庆 | Chongqing | 2332052 | 2073179 | 6810 | 252063 | 14718 | 112710 | 58781 |
| 四 川 | Sichuan | 1091174 | 905156 | 6826 | 179192 | 4593 | 105994 | 54506 |
| 贵 州 | Guizhou | 840972 | 730272 | 2921 | 107779 | 827 | 48569 | 27396 |
| 云 南 | Yunnan | 963102 | 703772 | 4382 | 254948 | 5002 | 182624 | 39694 |
| 西 藏 | Tibet | 13338 | 10921 | 47 | 2370 |  | 1160 | 339 |
| 陕 西 | Shaanxi | 693420 | 594273 | 5731 | 93416 | 1026 | 52892 | 23006 |
| 甘 肃 | Gansu | 281370 | 217261 | 3111 | 60998 | 933 | 38136 | 12710 |
| 青 海 | Qinghai | 64669 | 54450 | 173 | 10046 | 3639 | 4921 | 2683 |
| 宁 夏 | Ningxia | 264489 | 236121 | 788 | 27580 | 1205 | 12855 | 8878 |
| 新 疆 | Xinjiang | 1032079 | 919450 | 2360 | 110269 | 4498 | 41468 | 26593 |

单位：万元
Unit: 10000 yuan

| #税金 Taxes | 财务费用 Financial Expenses | #利息支出 Interest Expenses | 营业利润 Operating Profits | 利润总额 Total Profits | 应交所得税 Income Tax Payable | 应付职工薪酬 Payables to Employees | 应交增值税 VAT Payable |
|---|---|---|---|---|---|---|---|
| **57968** | **460111** | **371346** | **1506344** | **1352007** | **270987** | **2018412** | **962889** |
| 1516 | 66523 | 84412 | 42845 | 44911 | 3273 | 96644 | 40892 |
| 211 | 7517 | 6789 | 20370 | 20278 | 5226 | 15629 | 9303 |
| 2297 | 24575 | 23238 | 39885 | 40771 | 11884 | 64982 | 30575 |
| 1280 | 3936 | 3758 | 16626 | 17188 | 4663 | 35676 | 13478 |
| 497 | 1449 | 503 | 3072 | 1735 | 588 | 15086 | 8454 |
| 3093 | 13741 | 7059 | 55083 | 54641 | 10614 | 84375 | 46699 |
| 712 | 7666 | 7246 | 20611 | 19915 | 4518 | 23949 | 13248 |
| 2559 | 5057 | 4548 | 63095 | 57561 | 11601 | 49889 | 22523 |
| 1044 | 336 | 984 | 61770 | 63882 | 9892 | 77017 | 38993 |
| 4332 | 63883 | 45865 | 203729 | 210031 | 43140 | 191268 | 111195 |
| 3153 | 18449 | 16703 | 59877 | 62262 | 14573 | 121467 | 41062 |
| 2984 | 22577 | 17725 | 34299 | 35794 | 6463 | 64236 | 28218 |
| 1795 | 9385 | 6841 | 45955 | 46752 | 5025 | 52977 | 17825 |
| 1270 | 14631 | 4078 | 16285 | 16552 | 2664 | 35039 | 16083 |
| 4713 | 42314 | 20567 | 219630 | 210234 | 41677 | 153912 | 104028 |
| 3126 | 11890 | 6042 | 76299 | 72087 | 8300 | 76189 | 26767 |
| 5520 | 35744 | 39708 | 70424 | 65632 | 13132 | 81120 | 79301 |
| 2535 | 15839 | 13059 | 86548 | 84302 | 12912 | 92627 | 39872 |
| 2556 | 18717 | 12725 | 114744 | 112934 | 28617 | 252138 | 110108 |
| 2198 | 10951 | 6938 | 40027 | 43741 | 7201 | 58974 | 25834 |
|  | 115 | 73 | 1268 | 1326 | 369 | 6904 | 1633 |
| 3212 | 23904 | 13323 | 83383 | 82160 | 7055 | 70031 | 30472 |
| 1480 | 7865 | 5276 | 14768 | 12778 | 1408 | 55450 | 15521 |
| 1812 | 8513 | 7323 | 22674 | 22334 | 4487 | 32405 | 14299 |
| 890 | 5439 | 2417 | 29070 | 30662 | 1309 | 95519 | 34020 |
|  | 6 |  | 866 | 849 | 98 | 454 | 400 |
| 1538 | 3940 | 2620 | 12876 | -130827 | 913 | 53811 | 10480 |
| 219 | 2434 | 930 | 7160 | 6527 | 1544 | 15581 | 6576 |
| 173 | 1136 | 38 | 1257 | 1516 | 24 | 3787 | 666 |
| 179 | 3332 | 2707 | 2875 | 3638 | 959 | 10921 | 10021 |
| 1074 | 8247 | 7851 | 38973 | 39841 | 6858 | 30355 | 14343 |

汽车、摩托车、燃料及零配件专门零售
Special Retail of Motor Vehicles, Motorcycles, Fuel and Parts

| 地　区 | Region | 主营业务收入 Revenue from Principal Business | 主营业务成本 Cost of Principal Business | 主营业务税金及附加 Taxes and Other Charges on Principal Business | 主营业务利润 Profits from Principal Business | 其他业务利润 Profits from Other Business | 销售费用 Selling Expenses | 管理费用 Administrative Expenses |
|---|---|---|---|---|---|---|---|---|
| **全　国** | **National Total** | **445169972** | **413841110** | **1349520** | **29979342** | **1730388** | **14325582** | **8491765** |
| 北　京 | Beijing | 22525167 | 21161774 | 36338 | 1327055 | 260105 | 809531 | 520194 |
| 天　津 | Tianjin | 9811980 | 9169222 | 21899 | 620859 | 37631 | 390831 | 183139 |
| 河　北 | Hebei | 13009834 | 12270238 | 18722 | 720874 | 78856 | 419900 | 213603 |
| 山　西 | Shanxi | 10100851 | 9597881 | 11881 | 491089 | 30800 | 343768 | 193144 |
| 内蒙古 | Inner Mongolia | 8619802 | 7909039 | 28138 | 682625 | 18068 | 379690 | 149482 |
| 辽　宁 | Liaoning | 14685329 | 13613476 | 45358 | 1026495 | 26047 | 446241 | 297377 |
| 吉　林 | Jilin | 6986856 | 6531773 | 12877 | 442206 | 17115 | 212586 | 139458 |
| 黑龙江 | Heilongjiang | 4421524 | 4090117 | 21182 | 310225 | 10367 | 114275 | 95437 |
| 上　海 | Shanghai | 15573011 | 14644994 | 19955 | 908062 | 19910 | 438492 | 349493 |
| 江　苏 | Jiangsu | 39525068 | 36635240 | 94540 | 2795288 | 197335 | 1250033 | 765542 |
| 浙　江 | Zhejiang | 33122118 | 31214565 | 59612 | 1847941 | 144912 | 935885 | 681034 |
| 安　徽 | Anhui | 13236658 | 12378909 | 21836 | 835913 | 26775 | 386334 | 213656 |
| 福　建 | Fujian | 13822153 | 12945153 | 29584 | 847416 | 43191 | 484732 | 250755 |
| 江　西 | Jiangxi | 7159391 | 6660366 | 102361 | 396664 | 25994 | 183999 | 179738 |
| 山　东 | Shandong | 35615223 | 32633973 | 191491 | 2789759 | 82032 | 965465 | 658854 |
| 河　南 | Henan | 19931931 | 18438019 | 73985 | 1419927 | 57152 | 536052 | 325380 |
| 湖　北 | Hubei | 18486994 | 17003323 | 86186 | 1397485 | 30529 | 559786 | 373674 |
| 湖　南 | Hunan | 19053417 | 17633319 | 100038 | 1320060 | 33349 | 617969 | 333744 |
| 广　东 | Guangdong | 50024833 | 46319499 | 129563 | 3575771 | 317497 | 1853239 | 1011197 |
| 广　西 | Guangxi | 6142769 | 5753502 | 13036 | 376231 | 22537 | 204752 | 124168 |
| 海　南 | Hainan | 2650637 | 2439317 | 4640 | 206680 | 13747 | 113357 | 50103 |
| 重　庆 | Chongqing | 12731855 | 11769342 | 42043 | 920470 | 21817 | 356769 | 222472 |
| 四　川 | Sichuan | 25734476 | 23882331 | 79218 | 1772927 | 98567 | 876621 | 414483 |
| 贵　州 | Guizhou | 8368170 | 7827921 | 18802 | 521447 | 17853 | 251038 | 130298 |
| 云　南 | Yunnan | 10697489 | 9942007 | 21652 | 733830 | 40512 | 416123 | 178192 |
| 西　藏 | Tibet | 764459 | 708843 | 1203 | 54413 | 2259 | 26822 | 14752 |
| 陕　西 | Shaanxi | 10632544 | 9843644 | 39670 | 749230 | 19332 | 337117 | 208430 |
| 甘　肃 | Gansu | 4751129 | 4404133 | 11436 | 335560 | 12792 | 153010 | 58825 |
| 青　海 | Qinghai | 1101454 | 1023775 | 1460 | 76219 | 4745 | 33938 | 23816 |
| 宁　夏 | Ningxia | 1318839 | 1224817 | 1783 | 92239 | 8164 | 40239 | 38186 |
| 新　疆 | Xinjiang | 4564011 | 4170598 | 9031 | 384382 | 10398 | 186988 | 93139 |

3-4-7 Continued 5

单位：万元
Unit: 10000 yuan

| #税金 Taxes | 财务费用 Financial Expenses | #利息支出 Interest Expenses | 营业利润 Operating Profits | 利润总额 Total Profits | 应交所得税 Income Tax Payable | 应付职工薪酬 Payables to Employees | 应交增值税 VAT Payable |
|---|---|---|---|---|---|---|---|
| **409759** | **3409443** | **2121160** | **5882877** | **5590126** | **1115392** | **9605081** | **6935184** |
| 17521 | 145112 | 131358 | 109485 | 116393 | 57813 | 572263 | 225501 |
| 4831 | 57973 | 31976 | 33391 | 31133 | 36080 | 222042 | 156797 |
| 7597 | 107671 | 60684 | 39073 | 41029 | 15840 | 272858 | 221150 |
| 7150 | 71654 | 38648 | -90756 | -86116 | 10803 | 230550 | 64405 |
| 23708 | 54861 | 33663 | 113868 | 82353 | 9588 | 188888 | 183730 |
| 18922 | 132362 | 72815 | 192883 | 186141 | 17825 | 369263 | 185027 |
| 6240 | 65964 | 39200 | 36646 | 85227 | 13464 | 118762 | 106419 |
| 4674 | 56970 | 45489 | 51058 | 58406 | 4135 | 61194 | 30762 |
| 5363 | 82657 | 45141 | 193249 | 221372 | 48945 | 311192 | 126971 |
| 31766 | 363445 | 199445 | 630652 | 637387 | 123149 | 671928 | 836888 |
| 30314 | 298649 | 253963 | 106742 | 129897 | 81955 | 728992 | 351956 |
| 15279 | 93179 | 48540 | 150903 | 104745 | 21280 | 243416 | 110356 |
| 13766 | 103189 | 76262 | 95802 | 92516 | 26741 | 322079 | 186515 |
| 5933 | 83291 | 31685 | 54442 | 146677 | 15293 | 259964 | 138067 |
| 40734 | 288043 | 143356 | 934384 | 805813 | 141114 | 618540 | 435827 |
| 19585 | 165579 | 86736 | 409851 | 377278 | 32560 | 378265 | 248809 |
| 21285 | 174067 | 108907 | 335116 | 260113 | 50001 | 402859 | 259035 |
| 22139 | 106966 | 58928 | 287020 | 243766 | 44077 | 348891 | 201867 |
| 37730 | 329371 | 199989 | 732322 | 724346 | 156826 | 1188810 | 912825 |
| 7914 | 42400 | 31962 | 24267 | 29251 | 12233 | 152515 | 92649 |
| 3436 | 10894 | 6717 | 62368 | 61719 | 15470 | 65955 | 37344 |
| 9511 | 66081 | 46452 | 304788 | 257759 | 33701 | 246694 | 274696 |
| 18606 | 172458 | 112714 | 413212 | 334614 | 53786 | 488848 | 419279 |
| 4999 | 55845 | 33654 | 78484 | 76011 | 7882 | 152909 | 440275 |
| 6891 | 87145 | 53497 | 222304 | 234432 | 19689 | 346791 | 251643 |
| 166 | 1697 | 2071 | 10390 | 7826 | 4183 | 18616 | 3419 |
| 13883 | 89861 | 52206 | 141378 | 83720 | 24357 | 215539 | 184849 |
| 3047 | 39501 | 22080 | 81435 | 108074 | 7203 | 110101 | 138619 |
| 458 | 8447 | 5356 | 11387 | 10063 | 3901 | 117777 | 31375 |
| 1445 | 18303 | 11709 | 5118 | 10871 | 3987 | 29598 | 20004 |
| 4866 | 35808 | 35957 | 111615 | 117310 | 21511 | 148982 | 58125 |

3-4-7 续表 6

家用电器及电子产品专门零售

Special Retail of Household Electric Appliances and Electronic Products

| 地区 | Region | 主营业务收入 Revenue from Principal Business | 主营业务成本 Cost of Principal Business | 主营业务税金及附加 Taxes and Other Charges on Principal Business | 主营业务利润 Profits from Principal Business | 其他业务利润 Profits from Other Business | 销售费用 Selling Expenses | 管理费用 Administr-ative Expenses |
|---|---|---|---|---|---|---|---|---|
| **全国** | **National Total** | **88171821** | **78509054** | **471041** | **9191726** | **539174** | **5212381** | **2153262** |
| 北京 | Beijing | 20623641 | 19220378 | 38356 | 1364907 | 93937 | 1077981 | 298212 |
| 天津 | Tianjin | 1542349 | 1428444 | 2486 | 111419 | 35654 | 181546 | 28228 |
| 河北 | Hebei | 1459802 | 1306707 | 5599 | 147496 | 14388 | 88763 | 37981 |
| 山西 | Shanxi | 804233 | 720366 | 2757 | 81110 | 3577 | 50827 | 28268 |
| 内蒙古 | Inner Mongolia | 853883 | 748868 | 3937 | 101078 | 7070 | 53151 | 35130 |
| 辽宁 | Liaoning | 2430197 | 2209175 | 12161 | 208861 | 2820 | 111141 | 65518 |
| 吉林 | Jilin | 684297 | 595195 | 3114 | 85988 | 1450 | 40227 | 32102 |
| 黑龙江 | Heilongjiang | 1139205 | 997724 | 8820 | 132661 | 8568 | 56851 | 38829 |
| 上海 | Shanghai | 3503625 | 3057761 | 9691 | 436173 | 10725 | 301668 | 66811 |
| 江苏 | Jiangsu | 7433558 | 6420711 | 37927 | 974920 | 67053 | 555551 | 278820 |
| 浙江 | Zhejiang | 3386749 | 3055113 | 9609 | 322027 | 29673 | 225016 | 104217 |
| 安徽 | Anhui | 2334016 | 2102108 | 8174 | 223734 | 2980 | 125713 | 49304 |
| 福建 | Fujian | 2336978 | 2101393 | 11457 | 224128 | 9306 | 132486 | 59956 |
| 江西 | Jiangxi | 1329711 | 1198244 | 6152 | 125315 | 13344 | 62549 | 28407 |
| 山东 | Shandong | 7403414 | 6398300 | 58363 | 946751 | 18220 | 279480 | 145814 |
| 河南 | Henan | 3696197 | 3197978 | 42492 | 455727 | 38235 | 179644 | 104906 |
| 湖北 | Hubei | 3850900 | 3247644 | 41904 | 561352 | 23690 | 184554 | 136042 |
| 湖南 | Hunan | 2633493 | 2289263 | 34903 | 309327 | 5249 | 124503 | 65376 |
| 广东 | Guangdong | 7937843 | 7004495 | 32264 | 901084 | 68564 | 570126 | 234485 |
| 广西 | Guangxi | 965620 | 860630 | 3307 | 101683 | 6446 | 69376 | 33690 |
| 海南 | Hainan | 244146 | 214867 | 653 | 28626 | 1630 | 22873 | 9392 |
| 重庆 | Chongqing | 2766471 | 2461883 | 25104 | 279484 | 17592 | 135202 | 54459 |
| 四川 | Sichuan | 3572440 | 3137974 | 18568 | 415898 | 17280 | 229012 | 66463 |
| 贵州 | Guizhou | 632606 | 559761 | 4699 | 68146 | 4116 | 44169 | 19729 |
| 云南 | Yunnan | 668776 | 574965 | 2134 | 91677 | 5186 | 63452 | 23308 |
| 西藏 | Tibet | 45551 | 42012 | 306 | 3233 | 4758 | 6002 | 2347 |
| 陕西 | Shaanxi | 2723912 | 2328115 | 42251 | 353546 | 13952 | 148065 | 68221 |
| 甘肃 | Gansu | 377402 | 336653 | 1639 | 39110 | 844 | 25652 | 8593 |
| 青海 | Qinghai | 104982 | 90553 | 301 | 14128 | 368 | 6798 | 3911 |
| 宁夏 | Ningxia | 239569 | 206197 | 1003 | 32369 | 8517 | 23825 | 8397 |
| 新疆 | Xinjiang | 446255 | 395577 | 910 | 49768 | 3982 | 36178 | 16346 |

3-4-7 Continued 6

单位：万元
Unit: 10000 yuan

| #税金 Taxes | 财务费用 Financial Expenses | #利息支出 Interest Expenses | 营业利润 Operating Profits | 利润总额 Total Profits | 应交所得税 Income Tax Payable | 应付职工薪酬 Payables to Employees | 应交增值税 VAT Payable |
|---|---|---|---|---|---|---|---|
| **84126** | **325283** | **182166** | **3043592** | **3042476** | **345259** | **2284354** | **1103357** |
| 7683 | -40711 | 290 | 886570 | 911485 | 51774 | 337187 | 137009 |
| 917 | 9027 | 154 | -81201 | -67328 | 4325 | 59317 | 6458 |
| 879 | 8487 | 3482 | 22079 | 17870 | 1876 | 49336 | 13494 |
| 489 | 4581 | 1487 | 1438 | 4062 | 393 | 55228 | 5900 |
| 900 | 6948 | 1921 | 15517 | 13261 | 5740 | 27072 | 19746 |
| 2526 | 19410 | 6647 | 22759 | 28880 | 3492 | 36792 | 20254 |
| 968 | 1604 | 2158 | 14665 | 12629 | 2285 | 18082 | 7138 |
| 962 | 3727 | 674 | 52255 | 40062 | 1983 | 22849 | 24828 |
| 1186 | 3391 | 1771 | 117163 | 162132 | 19000 | 69368 | 31126 |
| 9761 | 69496 | 54977 | 264190 | 277552 | 43966 | 183207 | 126360 |
| 2631 | 19626 | 18313 | 2778 | 7411 | 6258 | 125298 | 46287 |
| 2018 | 11034 | 7947 | 50585 | 48572 | 7074 | 58128 | 33105 |
| 2735 | 12050 | 3854 | 35581 | 34992 | 5987 | 76696 | 24837 |
| 1289 | 3432 | 2089 | 26195 | 23887 | 3072 | 116527 | 41146 |
| 8494 | 39280 | 14467 | 511129 | 483159 | 68518 | 139335 | 106133 |
| 7753 | 26281 | 5708 | 172027 | 175358 | 12629 | 109209 | 53584 |
| 8298 | 25474 | 12653 | 226497 | 216924 | 37081 | 102166 | 69683 |
| 4152 | 21969 | 5680 | 110166 | 77815 | 6342 | 63985 | 28362 |
| 6746 | 28997 | 12100 | 165605 | 166129 | 31759 | 267406 | 136261 |
| 883 | 5508 | 4135 | 2178 | 4430 | 1034 | 35427 | 14794 |
| 223 | 616 | 175 | -813 | -447 | 202 | 9453 | 5459 |
| 2170 | 11342 | 5160 | 94216 | 80762 | 7127 | 88033 | 30813 |
| 2811 | 11791 | 6136 | 160262 | 156108 | 6213 | 86523 | 44638 |
| 901 | 3862 | 2345 | 12024 | 11285 | 1329 | 21794 | 8377 |
| 621 | 3372 | 1513 | 1760 | 3575 | 1610 | 29677 | 8499 |
| 70 | 169 | 83 | -477 | 679 | 45 | 2817 | 102 |
| 5055 | 8201 | 3364 | 142148 | 133440 | 10611 | 51651 | 45146 |
| 216 | 2938 | 969 | 4200 | 4239 | 269 | 10626 | 2443 |
| 40 | 344 | 137 | 4015 | 4153 | 1168 | 3988 | 1687 |
| 317 | 1625 | 997 | 6732 | 7407 | 1244 | 10218 | 2596 |
| 432 | 1412 | 780 | 1349 | 1993 | 853 | 16959 | 7092 |

五金、家具及室内装饰材料专门零售

Special Retail of Hardware, Furniture and Interior Decoration Materials

| 地　区 | Region | 主营业务收入 Revenue from Principal Business | 主营业务成本 Cost of Principal Business | 主营业务税金及附加 Taxes and Other Charges on Principal Business | 主营业务利润 Profits from Principal Business | 其他业务利润 Profits from Other Business | 销售费用 Selling Expenses | 管理费用 Administr-ative Expenses |
|---|---|---|---|---|---|---|---|---|
| **全　国** | **National Total** | **31033703** | **25049744** | **568681** | **5415278** | **106909** | **1515619** | **1236570** |
| 北　京 | Beijing | 647233 | 405906 | 7904 | 233423 | 11700 | 138801 | 51278 |
| 天　津 | Tianjin | 587296 | 454699 | 8713 | 123884 | 537 | 33445 | 64942 |
| 河　北 | Hebei | 331154 | 277193 | 5240 | 48721 | 373 | 14231 | 22388 |
| 山　西 | Shanxi | 447125 | 387785 | 3422 | 55918 | 120 | 18663 | 16121 |
| 内蒙古 | Inner Mongolia | 533605 | 400584 | 10595 | 122426 | 3074 | 31353 | 20202 |
| 辽　宁 | Liaoning | 721731 | 619586 | 6604 | 95541 | 597 | 27437 | 45296 |
| 吉　林 | Jilin | 194638 | 171818 | 2457 | 20363 | 333 | 4782 | 9705 |
| 黑龙江 | Heilongjiang | 308992 | 275187 | 1965 | 31840 | 310 | 6441 | 6892 |
| 上　海 | Shanghai | 695243 | 484377 | 6847 | 204019 | 10588 | 132647 | 83526 |
| 江　苏 | Jiangsu | 3832323 | 3145096 | 36112 | 651115 | 5160 | 180807 | 155820 |
| 浙　江 | Zhejiang | 776092 | 679623 | 6612 | 89857 | 4989 | 41856 | 41303 |
| 安　徽 | Anhui | 925806 | 762046 | 12915 | 150845 | 11664 | 41075 | 40057 |
| 福　建 | Fujian | 1972409 | 1718329 | 28238 | 225842 | 1892 | 66987 | 61353 |
| 江　西 | Jiangxi | 398628 | 342476 | 4713 | 51439 | 5577 | 9595 | 13042 |
| 山　东 | Shandong | 5092351 | 4178668 | 94272 | 819411 | 13683 | 134631 | 126730 |
| 河　南 | Henan | 1547053 | 1245950 | 34417 | 266686 | 1023 | 62291 | 53397 |
| 湖　北 | Hubei | 1519772 | 1239630 | 26092 | 254050 | 7266 | 84334 | 55102 |
| 湖　南 | Hunan | 936277 | 771346 | 20179 | 144752 | 9033 | 43568 | 37590 |
| 广　东 | Guangdong | 2193845 | 1730675 | 36709 | 426461 | 6686 | 142448 | 108226 |
| 广　西 | Guangxi | 57808 | 47375 | 389 | 10044 | 50 | 5900 | 3525 |
| 海　南 | Hainan | 11735 | 9172 | 26 | 2537 |  | 1211 | 1242 |
| 重　庆 | Chongqing | 3184557 | 2284979 | 119580 | 779998 | 1551 | 159220 | 101753 |
| 四　川 | Sichuan | 1032792 | 844114 | 25624 | 163054 | 4952 | 58236 | 40936 |
| 贵　州 | Guizhou | 77616 | 64596 | 2071 | 10949 | 116 | 2377 | 3448 |
| 云　南 | Yunnan | 463980 | 403292 | 1912 | 58776 | 1667 | 9273 | 10831 |
| 西　藏 | Tibet |  |  |  |  |  |  |  |
| 陕　西 | Shaanxi | 2299530 | 1894420 | 62087 | 343023 | 3864 | 45161 | 50447 |
| 甘　肃 | Gansu | 209700 | 185910 | 2702 | 21088 | 104 | 9542 | 6291 |
| 青　海 | Qinghai | 6604 | 1533 | 149 | 4922 |  | 5493 | 3149 |
| 宁　夏 | Ningxia | 11166 | 8216 | 121 | 2829 |  | 3487 | 1453 |
| 新　疆 | Xinjiang | 16642 | 15163 | 14 | 1465 |  | 327 | 525 |

3-4-7 Continued 7

单位：万元

Unit: 10000 yuan

| #税金 Taxes | 财务费用 Financial Expenses | #利息支出 Interest Expenses | 营业利润 Operating Profits | 利润总额 Total Profits | 应交所得税 Income Tax Payable | 应付职工薪酬 Payables to Employees | 应交增值税 VAT Payable |
|---|---|---|---|---|---|---|---|
| **65589** | **309629** | **115355** | **2414812** | **2254961** | **267752** | **867905** | **522418** |
| 1836 | 3263 | 9192 | 50096 | 49247 | 13593 | 53154 | 25837 |
| 1046 | 11508 | 1202 | 14644 | 14601 | 511 | 11241 | 5290 |
| 412 | 2886 | 864 | 11118 | 6374 | 412 | 12143 | 1211 |
| 722 | 4370 | 3004 | 16391 | 20327 | 801 | 7769 | 8011 |
| 3347 | 3021 | 2094 | 67832 | 66910 | 553 | 14669 | 4081 |
| | | | | | | | |
| 2078 | 9795 | 3884 | 12046 | 12248 | 1593 | 18892 | 14561 |
| 97 | 973 | 586 | 4909 | 3323 | 457 | 3727 | 2174 |
| 499 | 1205 | 387 | 12246 | 7102 | 120 | 3400 | 1118 |
| | | | | | | | |
| 2500 | 20209 | 13356 | 4075 | 14718 | 4756 | 48878 | 18595 |
| 3208 | 55137 | 9304 | 266093 | 265010 | 45439 | 76247 | 76611 |
| 1084 | 14725 | 11641 | -3162 | -2566 | 1054 | 33388 | 8056 |
| 2976 | 11444 | 6531 | 61169 | 57927 | 4673 | 35512 | 12442 |
| 5085 | 9777 | 3641 | 88135 | 53124 | 5606 | 38654 | 20809 |
| 995 | 2404 | 1697 | 25878 | 25142 | 723 | 10729 | 2444 |
| 9558 | 42157 | 10240 | 516696 | 493284 | 63434 | 124674 | 87152 |
| | | | | | | | |
| 5225 | 23338 | 3267 | 126166 | 119426 | 6129 | 57780 | 22182 |
| 3661 | 20156 | 6736 | 99713 | 78132 | 6937 | 40344 | 27143 |
| 1884 | 12195 | 2056 | 51120 | 35495 | 2215 | 21508 | 11356 |
| 5327 | 12066 | 3283 | 154470 | 145826 | 20340 | 71611 | 49306 |
| 35 | 673 | 449 | 33 | 836 | 150 | 4147 | 1321 |
| 35 | 1155 | 1141 | -826 | -827 | 75 | 850 | 221 |
| | | | | | | | |
| 5809 | 23201 | 13230 | 499192 | 473748 | 64931 | 56973 | 60004 |
| 1706 | 7258 | 2904 | 56247 | 49630 | 5107 | 34008 | 14743 |
| 180 | 320 | 244 | 4619 | 2358 | 241 | 2631 | 2646 |
| 569 | 780 | 497 | 43292 | 43614 | 307 | 6930 | 3516 |
| | | | | | | | |
| 4822 | 14348 | 2835 | 230738 | 218835 | 17189 | 63796 | 40688 |
| 787 | 599 | 521 | 4430 | 4293 | 374 | 12435 | 338 |
| 70 | 1 | 1 | 161 | -571 | | 469 | 99 |
| 33 | 656 | 568 | -3313 | -3206 | 3 | 897 | 329 |
| 3 | 9 | | 604 | 601 | 29 | 449 | 134 |

3-4-7 续表 8

货摊、无店铺及其他零售

Stalls, Non-shop and Other Retails

| 地　区 | Region | 主营业务收入 Revenue from Principal Business | 主营业务成本 Cost of Principal Business | 主营业务税金及附加 Taxes and Other Charges on Principal Business | 主营业务利润 Profits from Principal Business | 其他业务利润 Profits from Other Business | 销售费用 Selling Expenses | 管理费用 Administrative Expenses |
|---|---|---|---|---|---|---|---|---|
| **全　国** | **National Total** | **45832161** | **40251734** | **214819** | **5365608** | **222938** | **3356534** | **1396250** |
| 北　京 | Beijing | 3002936 | 2689424 | 6555 | 306957 | 61315 | 385429 | 137972 |
| 天　津 | Tianjin | 2047915 | 1795267 | 4727 | 247921 | 805 | 115500 | 54163 |
| 河　北 | Hebei | 145030 | 124507 | 713 | 19810 | 1631 | 8448 | 8503 |
| 山　西 | Shanxi | 620723 | 557711 | 2810 | 60202 | 3337 | 22117 | 40887 |
| 内蒙古 | Inner Mongolia | 280659 | 228359 | 1227 | 51073 | 2385 | 16076 | 12250 |
| 辽　宁 | Liaoning | 1357315 | 1298376 | 6911 | 52028 | 2984 | 23941 | 20923 |
| 吉　林 | Jilin | 358797 | 304043 | 2177 | 52577 | 5 | 11532 | 9178 |
| 黑龙江 | Heilongjiang | 196348 | 162918 | 2372 | 31058 | 361 | 7954 | 10074 |
| 上　海 | Shanghai | 7676723 | 7009085 | 12814 | 654824 | 29216 | 737353 | 272679 |
| 江　苏 | Jiangsu | 3256437 | 2813894 | 12611 | 429932 | 42629 | 264257 | 108570 |
| 浙　江 | Zhejiang | 3406934 | 2868711 | 9286 | 528937 | 5722 | 331565 | 125598 |
| 安　徽 | Anhui | 992354 | 816466 | 4387 | 171501 | 445 | 109416 | 27576 |
| 福　建 | Fujian | 2040597 | 1773887 | 10572 | 256138 | 6097 | 126294 | 58420 |
| 江　西 | Jiangxi | 437038 | 367142 | 2679 | 67217 | 6029 | 37231 | 13548 |
| 山　东 | Shandong | 3400928 | 2875428 | 34193 | 491307 | 16347 | 124967 | 100383 |
| 河　南 | Henan | 1080965 | 868971 | 15416 | 196578 | 903 | 27431 | 33737 |
| 湖　北 | Hubei | 2115305 | 1934655 | 9159 | 171491 | 4942 | 125163 | 27593 |
| 湖　南 | Hunan | 917751 | 764199 | 24138 | 129414 | 3214 | 42684 | 40896 |
| 广　东 | Guangdong | 7135805 | 6347026 | 29675 | 759104 | 19153 | 477282 | 145491 |
| 广　西 | Guangxi | 329056 | 254603 | 1719 | 72734 | 352 | 31318 | 14477 |
| 海　南 | Hainan | 13131 | 10194 | 92 | 2845 | 234 | 1666 | 842 |
| 重　庆 | Chongqing | 367645 | 301024 | 6709 | 59912 | 1278 | 19517 | 14155 |
| 四　川 | Sichuan | 2928140 | 2645428 | 6120 | 276592 | 2109 | 180495 | 71709 |
| 贵　州 | Guizhou | 226815 | 180287 | 1815 | 44713 | 490 | 38074 | 8758 |
| 云　南 | Yunnan | 230361 | 180142 | 722 | 49497 | 4819 | 10278 | 6659 |
| 西　藏 | Tibet | 11277 | 10402 | 13 | 862 |  | 182 | 96 |
| 陕　西 | Shaanxi | 997183 | 865425 | 3546 | 128212 | 1401 | 59242 | 17117 |
| 甘　肃 | Gansu | 145764 | 121444 | 978 | 23342 | 853 | 7733 | 6486 |
| 青　海 | Qinghai | 32396 | 22738 | 351 | 9307 | 2651 | 2944 | 2332 |
| 宁　夏 | Ningxia | 7629 | 5923 | 33 | 1673 | 168 | 893 | 910 |
| 新　疆 | Xinjiang | 72204 | 54055 | 299 | 17850 | 1063 | 9552 | 4268 |

3-4-7 Continued 8

单位：万元
Unit: 10000 yuan

| #税金 Taxes | 财务费用 Financial Expenses | #利息支出 Interest Expenses | 营业利润 Operating Profits | 利润总额 Total Profits | 应交所得税 Income Tax Payable | 应付职工薪酬 Payables to Employees | 应交增值税 VAT Payable |
|---|---|---|---|---|---|---|---|
| **38093** | **213373** | **99632** | **756337** | **772678** | **183712** | **1321330** | **663609** |
| 1539 | 13138 | 7004 | -164865 | -156534 | 4654 | 193888 | 46372 |
| 572 | 1181 | 92 | 65924 | 68191 | 5412 | 65105 | 53784 |
| 179 | 1312 | 1294 | 5228 | 6991 | 2364 | 12056 | 1345 |
| 554 | 13693 | 10722 | -9705 | 4001 | 2886 | 39477 | 4056 |
| 534 | 5185 | 4139 | 18066 | 15026 | 2342 | 7647 | 29658 |
| 1569 | 9398 | 6640 | 1051 | 2815 | 1655 | 25318 | 13612 |
| 182 | 847 | 297 | 31414 | 23274 | 1114 | 5794 | 1754 |
| 1121 | 2423 | 1136 | 14753 | 8473 | 189 | 4941 | 1390 |
| 1523 | 10743 | 3597 | -249000 | -241271 | 17687 | 166510 | 71626 |
| 2273 | 11683 | 4606 | 97514 | 101842 | 21594 | 86719 | 67196 |
| 3865 | 12873 | 8125 | 67928 | 70363 | 16440 | 105790 | 55346 |
| 735 | 1802 | 1257 | 35807 | 35301 | 4380 | 33834 | 11638 |
| 2931 | 6997 | 3009 | 75028 | 77186 | 6215 | 63031 | 19281 |
| 614 | 1357 | 237 | 21295 | 18316 | 804 | 16044 | 6919 |
| 6068 | 70309 | 24661 | 229556 | 232272 | 34178 | 70933 | 75581 |
| 2183 | 12099 | 4953 | 124225 | 117564 | 7715 | 36495 | 19550 |
| 2740 | 4112 | 2664 | 18574 | 23262 | 7410 | 37228 | 30489 |
| 635 | 12149 | 2798 | 36480 | 33662 | 2510 | 27474 | 7676 |
| 3481 | 11001 | 4863 | 147532 | 145011 | 27376 | 201352 | 98019 |
| 691 | -1618 | 157 | 28410 | 28552 | 6742 | 20112 | 4843 |
| 44 | -11 |  | 609 | 698 | 107 | 1269 | 316 |
| 545 | 1903 | 1283 | 25426 | 19707 | 1237 | 16504 | 6603 |
| 667 | 5164 | 2310 | 21783 | 25944 | 2393 | 36687 | 19295 |
| 166 | 562 | 252 | 10822 | 11985 | 782 | 9393 | 3643 |
| 151 | 2020 | 1685 | 32238 | 30603 | 669 | 5156 | 1668 |
|  | 25 | 11 | 559 | 544 | 8 | 355 | 49 |
| 465 | 1135 | 380 | 51862 | 50397 | 1687 | 17690 | 3769 |
| 120 | 1425 | 1180 | 8337 | 8626 | 1344 | 4764 | 2584 |
| 1836 | -352 | 1 | 4892 | 5170 | 957 | 2341 | 3067 |
| 58 | 92 | 2 | -53 | 231 |  | 1575 | 275 |
| 52 | 726 | 277 | 4647 | 4476 | 861 | 5848 | 2205 |

# 3-5-1 限额以上批发和零售业产业活动单位和个体经营户基本情况
# Basic Conditions of Establishments and Getihus above Designated Size of Wholesale and Retail Trades

| 项　目 | Item | 单位数（个）Number of Units (unit) | 年末从业人数（人）Engaged Persons the Year-end (person) |
|---|---|---|---|
| **总　计** | **Total** | **39219** | **688670** |
| **一、批发业** | **Wholesale Trade** | **5856** | **117103** |
| **(一)按登记注册类型分** | **by Type of Registration** | | |
| **1.内资企业** | **Domestic Funded Enterprises** | **279** | **33367** |
| 国有企业 | State-owned Enterprises | 87 | 8605 |
| 集体企业 | Collective-owned Enterprises | 7 | 329 |
| 股份合作企业 | Cooperative Enterprises | 3 | 538 |
| 联营企业 | Joint Ownership Enterprises | | |
| 国有联营企业 | State Joint Ownership Enterprises | | |
| 集体联营企业 | Collective Joint Ownership Enterprises | | |
| 国有与集体联营企业 | Joint State-collective Enterprises | | |
| 其他联营企业 | Other Joint Ownership Enterprises | | |
| 有限责任公司 | Limited Liability Corporations | 62 | 10504 |
| 国有独资公司 | State Sole Funded Corporations | 4 | 162 |
| 其他有限责任公司 | Other Limited Liability Corporations | 58 | 10342 |
| 股份有限公司 | Share-holding Corporations Ltd. | 42 | 6885 |
| 私营企业 | Private Enterprises | 64 | 4301 |
| 私营独资企业 | Private-funded Enterprises | 12 | 174 |
| 私营合伙企业 | Private Partnership Enterprises | 1 | 55 |
| 私营有限责任公司 | Private Limited Liability Corporations | 43 | 3928 |
| 私营股份有限公司 | Private Share-holding Corporations Ltd. | 8 | 144 |
| 其他内资企业 | Other Domestic Funded Enterprises | 13 | 2193 |
| **2.港、澳、台商投资企业** | **Enterprises with Funds from Hongkong, Macao and Taiwan** | **45** | **7504** |
| 合资经营企业 | Joint-venture Enterprises | 10 | 1082 |
| 合作经营企业 | Cooperative Enterprises | | |
| 独资经营企业 | Enterprises with Sole Investment | 28 | 5359 |
| 投资股份有限公司 | Share-holding Corporations Ltd. with Investment | 5 | 623 |
| 其他港澳台商投资企业 | Other Enterprises with Funds from Hongkong, Macao and Taiwan | 1 | 415 |
| **3.外商投资企业** | **Foreign Funded Enterprises** | **79** | **12021** |
| 中外合资经营企业 | Joint-venture Enterprises | 24 | 2584 |
| 中外合作经营企业 | Cooperative Enterprises | 2 | 773 |
| 外资企业 | Enterprises with Sole Foreign Investment | 43 | 7947 |
| 外商投资股份有限公司 | Share-holding Corporations Ltd. with Foreign Investment | 7 | 546 |
| 其他外商投资企业 | Other Foreign Funded Enterprises | 3 | 171 |
| **4.个体经营户** | **Getihus** | **5453** | **64211** |

3-5-1 续表 1 Continued 1

| 项　　目 | Item | 单位数 (个) Number of Units (unit) | 年末从业人数 (人) Engaged Persons the Year-end (person) |
|---|---|---|---|
| **(二)按国民经济行业分** | **by Sector** | | |
| 农、林、牧产品批发 | Wholesale of Agricultural, Forestry and Livestock Products | 390 | 7062 |
| 食品、饮料及烟草制品批发 | Wholesale of Food, Beverages and Tobaccos | 1641 | 37414 |
| 米、面制品及食用油批发 | Wholesale of Rice, Flour and Edible Oil | 145 | 2251 |
| 肉、禽、蛋、奶及水产品批发 | Wholesale of Meal, Fowls, Eggs, Milk and Aquatic Products | 438 | 7489 |
| 酒、饮料及茶叶批发 | Wholesale of Wine, Beverages and Teas | 217 | 8184 |
| 烟草制品批发 | Wholesale of Tobaccos | 12 | 904 |
| 纺织、服装及家庭用品批发 | Wholesale of Textiles, Wearing Apparel and Household Articles | 1582 | 27039 |
| 服装批发 | Wholesale of Garments | 582 | 7680 |
| 鞋帽批发 | Wholesale of Shoes and Hats | 190 | 2306 |
| 家用电器批发 | Wholesale of Household Electric Appliances | 74 | 5705 |
| 文化、体育用品及器材批发 | Wholesale of Culture, Sports Appliances and Equipments | 274 | 4350 |
| 文具用品批发 | Wholesale of Stationeries | 32 | 292 |
| 体育用品及器材批发 | Wholesale of Sports Appliances and Equipments | | |
| 图书批发 | Wholesale of Books | 4 | 112 |
| 医药及医疗器材批发 | Wholesale of Medicines and Medical Appliances | 107 | 8056 |
| 西药批发 | Wholesale of Western Medicine | 5 | 1095 |
| 中药批发 | Wholesale of Chinese Traditional Medicine | 100 | 6901 |
| 矿产品、建材及化工产品批发 | Wholesale of Mineral Products, Building Materials and Chemical Products | 965 | 19730 |
| 煤炭及制品批发 | Wholesale of Coal and Related Products | 43 | 2920 |
| 石油及制品批发 | Wholesale of Petroleum and Related Products | 33 | 3111 |
| 金属及金属矿批发 | Wholesale of Metal Materials | 198 | 2886 |
| 建材批发 | Wholesale of Building Materials | 438 | 7377 |
| 化肥批发 | Wholesale of Chemical Fertilizer | 141 | 1974 |
| 农药批发 | Wholesale of Pesticides | 11 | 177 |
| 机械设备、五金产品及电子产品批发 | Wholesale of Machinery, Hardware and Electronic Products | 827 | 12254 |
| 汽车批发 | Wholesale of Motor Vehicles | 3 | 668 |
| 计算机、软件及辅助设备批发 | Wholesale of Computer, Software and Assistant Appliances | 157 | 2309 |
| 通讯及广播电视设备批发 | Wholesale of Communication, Radios and Televisions Equipments | 159 | 1232 |
| 贸易经纪与代理 | Trade Broker and Agency | 2 | 14 |
| 其他批发业 | Other Wholesale not Classified Elsewhere | 68 | 1184 |

3-5-1 续表 2 Continued 2

| 项 目 | Item | 单位数 (个) Number of Units (unit) | 年末从业人数 (人) Engaged Persons the Year-end (person) | 零售业营业面积 (平方米) Business Area of Retail Trade at the Year-end (m²) |
|---|---|---|---|---|
| **二、零售业** | **Retail Trade** | **33363** | **571567** | **25396859** |
| **(一)按登记注册类型分** | **by Type of Registration** | | | |
| **1.内资企业** | **Domestic Funded Enterprises** | **665** | **70666** | **3605662** |
| 国有企业 | State-owned Enterprises | 133 | 19748 | 305506 |
| 集体企业 | Collective-owned Enterprises | 30 | 1692 | 42724 |
| 股份合作企业 | Cooperative Enterprises | 6 | 246 | 5253 |
| 联营企业 | Joint Ownership Enterprises | | | |
| 国有联营企业 | State Joint Ownership Enterprises | | | |
| 集体联营企业 | Collective Joint Ownership Enterprises | | | |
| 国有与集体联营企业 | Joint State-collective Enterprises | | | |
| 其他联营企业 | Other Joint Ownership Enterprises | | | |
| 有限责任公司 | Limited Liability Corporations | 216 | 28000 | 1343626 |
| 国有独资公司 | State Sole Funded Corporations | 5 | 1436 | 24175 |
| 其他有限责任公司 | Other Limited Liability Corporations | 211 | 26564 | 1319451 |
| 股份有限公司 | Share-holding Corporations Ltd. | 55 | 8314 | 862061 |
| 私营企业 | Private Enterprises | 201 | 11251 | 782171 |
| 私营独资企业 | Private-funded Enterprises | 31 | 889 | 43846 |
| 私营合伙企业 | Private Partnership Enterprises | 7 | 98 | 4131 |
| 私营有限责任公司 | Private Limited Liability Corporations | 155 | 9776 | 719671 |
| 私营股份有限公司 | Private Share-holding Corporations Ltd. | 8 | 488 | 14523 |
| 其他企业 | Other Enterprises | 24 | 1415 | 264321 |
| **2.港、澳、台商投资企业** | **Enterprises with Funds from Hongkong, Macao and Taiwan** | **71** | **8432** | **693193** |
| 合资经营企业 | Joint-venture Enterprises | 18 | 2987 | 236241 |
| 合作经营企业 | Cooperative Enterprises | | | |
| 独资经营企业 | Enterprises with Sole Investment | 46 | 5166 | 449832 |
| 投资股份有限公司 | Share-holding Corporations Ltd. with Investment | 5 | 223 | 5890 |
| 其他港澳台商投资企业 | Other Enterprises with Funds from Hongkong, Macao and Taiwan | | | |
| **3.外商投资企业** | **Foreign Funded Enterprises** | **118** | **11722** | **602023** |
| 中外合资经营企业 | Joint-venture Enterprises | 34 | 4616 | 228416 |
| 中外合作经营企业 | Cooperative Enterprises | 5 | 568 | 55420 |
| 外资企业 | Enterprises with Sole Foreign Investment | 71 | 6132 | 186013 |
| 外商投资股份有限公司 | Share-holding Corporations Ltd. with Foreign Investment | 4 | 247 | 34824 |
| 其他外商投资企业 | Other Foreign Funded Enterprises | 4 | 159 | 97350 |
| **4.个体经营户** | **Getihus** | **32507** | **480695** | **20495981** |

3-5-1 续表 3 Continued 3

| 项　　目 | Item | 单位数 (个) Number of Units (unit) | 年末从业人数 (人) Engaged Persons the Year-end (person) | 零售业营业面积 (平方米) Business Area of Retail Trade at the Year-end (㎡) |
|---|---|---|---|---|
| **(二)按国民经济行业分** | **by Sector** | | | |
| 综合零售 | Integrated Retail | 8317 | 220209 | 10470262 |
| 百货零售 | Retail of General Merchandise | 3626 | 86863 | 4766040 |
| 超级市场零售 | Retail of Supermarkets | 3081 | 103484 | 4567124 |
| 食品、饮料及烟草制品专门零售 | Special Retail of Food, Beverages and Tobaccos | 3578 | 49443 | 1328857 |
| 粮油零售 | Retail of Cereal and Oil | 329 | 4234 | 154517 |
| 肉、禽、蛋、奶及水产品零售 | Retail of Meat, Poultry, Eggs, Milk and Aquatic Products | 604 | 7646 | 168926 |
| 酒、饮料及茶叶零售 | Retail of Wine, Beverages and Teas | 1189 | 13811 | 372151 |
| 烟草制品零售 | Retail of Tobaccos | 279 | 2067 | 47163 |
| 纺织、服装及日用品专门零售 | Special Retail of Textiles, Garments and Daily Consumer Articles | 4676 | 79044 | 2876402 |
| 服装零售 | Retail of Garments | 2397 | 51342 | 1965234 |
| 文化、体育用品及器材专门零售 | Special Retail of Culture, Sports Appliances and Equipments | 2043 | 38218 | 566669 |
| 体育用品及器材零售 | Retail of Sports Appliances and Equipments | 75 | 752 | 21841 |
| 图书、报刊零售 | Retail of Books, Newspapers and Magazines | 111 | 15103 | 94274 |
| 医药及医疗器材专门零售 | Special Retail of Medicines and Medical Appliances | 916 | 14908 | 373668 |
| 药品零售 | Retail of Medicines | 867 | 14482 | 349747 |
| 汽车、摩托车、燃料及零配件专门零售 | Special Retail of Motor Vehicles, Motorcycles, Fuel and Parts | 1869 | 21502 | 1358526 |
| 汽车零售 | Retail of Motor Vehicles | 236 | 3486 | 243121 |
| 机动车燃料零售 | Retail of Automotive Fuels | 724 | 9540 | 829436 |
| 家用电器及电子产品专门零售 | Special Retail of Household Electric Appliances and Electronic Products | 4432 | 58273 | 1837317 |
| 日用家电设备零售 | Retail of Household Electric Appliances | 2257 | 31131 | 1121484 |
| 计算机、软件及辅助设备零售 | Retail of Computer, Software and Assistant Appliances | 621 | 5788 | 105087 |
| 通信设备零售 | Retail of Communication Equipments | 499 | 10315 | 128129 |
| 五金、家具及室内装饰材料专门零售 | Special Retail of Hardware, Furniture and Interior Decoration Materials | 6907 | 78483 | 5981647 |
| 货摊、无店铺及其他零售业 | Stalls, Non-shop and Other Retails | 625 | 11487 | 603511 |
| 互联网零售 | Retail on the Internet | 26 | 245 | 19242 |
| **(三)按零售业态分** | **by Mode of Business Operation** | | | |
| 有店铺零售 | Store-based Retailing | 33293 | 562487 | 25360022 |
| 超市 | Supermarket | 6376 | 156391 | 6221283 |
| 大型超市 | Hypermarket | 174 | 23948 | 1827722 |
| 百货店 | Department Store | 2633 | 57750 | 3162181 |
| 专业店 | Speciality Store | 11788 | 162465 | 6394358 |
| 专卖店 | Exclusive Shop | 6777 | 85727 | 3465761 |
| 无店铺零售 | Non-Store Selling | 70 | 9080 | 36837 |

# 3-5-2 各地区限额以上批发和零售业产业活动单位和个体经营户基本情况

## Basic Conditions of Establishments and Getihus above Designated Size of Wholesale and Retail Trades by Region

| 地　区 | Region | 批发业 Wholesale Trade | | 零售业 Retail Trade | |
|---|---|---|---|---|---|
| | | 单位数 (个) Number of Units (unit) | 年末从业人数 (人) Engaged Persons at the Year-end (person) | 单位数 (个) Number of Units (unit) | 年末从业人数 (人) Engaged Persons at the Year-end (person) |
| **全　国** | **National Total** | **5856** | **117103** | **33363** | **571567** |
| 北　京 | Beijing | 30 | 1770 | 39 | 5541 |
| 天　津 | Tianjin | 277 | 5232 | 812 | 4915 |
| 河　北 | Hebei | 58 | 3584 | 480 | 11530 |
| 山　西 | Shanxi | 37 | 1386 | 698 | 17414 |
| 内蒙古 | Inner Mongolia | 41 | 5157 | 490 | 15164 |
| 辽　宁 | Liaoning | 176 | 3978 | 1590 | 22704 |
| 吉　林 | Jilin | 27 | 622 | 1204 | 21184 |
| 黑龙江 | Heilongjiang | 123 | 1252 | 1012 | 16373 |
| 上　海 | Shanghai | 9 | 4184 | 5 | 637 |
| 江　苏 | Jiangsu | 732 | 9296 | 4930 | 58012 |
| 浙　江 | Zhejiang | 203 | 5613 | 864 | 18385 |
| 安　徽 | Anhui | 107 | 3574 | 1079 | 18717 |
| 福　建 | Fujian | 93 | 2403 | 671 | 12363 |
| 江　西 | Jiangxi | 56 | 3699 | 776 | 20256 |
| 山　东 | Shandong | 385 | 6742 | 3290 | 50397 |
| 河　南 | Henan | 210 | 5728 | 2757 | 51323 |
| 湖　北 | Hubei | 49 | 3834 | 2097 | 56332 |
| 湖　南 | Hunan | 173 | 3461 | 1647 | 30245 |
| 广　东 | Guangdong | 2607 | 29410 | 3321 | 34623 |
| 广　西 | Guangxi | 42 | 2742 | 175 | 6320 |
| 海　南 | Hainan | 1 | 5 | 22 | 822 |
| 重　庆 | Chongqing | 165 | 2351 | 1266 | 16963 |
| 四　川 | Sichuan | 116 | 3823 | 2431 | 38252 |
| 贵　州 | Guizhou | 15 | 1937 | 236 | 5859 |
| 云　南 | Yunnan | 33 | 1289 | 437 | 14810 |
| 西　藏 | Tibet | | | 5 | 75 |
| 陕　西 | Shaanxi | 12 | 700 | 552 | 12916 |
| 甘　肃 | Gansu | 9 | 515 | 80 | 2832 |
| 青　海 | Qinghai | | | 5 | 215 |
| 宁　夏 | Ningxia | 1 | 162 | 10 | 758 |
| 新　疆 | Xinjiang | 69 | 2654 | 382 | 5630 |

# 3-5-3 限额以上批发和零售业产业活动单位和个体经营户商品购、销、存总额

# Total Purchases, Sales and Inventory of Establishments and Getihus above Designated Size of Wholesale and Retail Trades

单位：万元
UnKt: 10000 yuan

| 项 目 | Item | 商品购进额 Total Purchases Value | #进口 Imports | 商品销售额 Total Sales Value | #出口 Exports | 期末商品库存额 Inventory (year-end) |
|---|---|---|---|---|---|---|
| **总 计** | **Total** | **171944454** | **1320756** | **194940609** | **328546** | **7282768** |
| **一、批发业** | **Wholesale Trade** | **97251458** | **1116859** | **108421072** | **320819** | **2796249** |
| **(一)按登记注册类型分** | **by Type of Registration** | | | | | |
| **1.内资企业** | **Domestic Funded Enterprises** | **26450371** | **540033** | **28054302** | **245623** | **932248** |
| 国有企业 | State-owned Enterprises | 12925312 | 103207 | 13517040 | 107033 | 283292 |
| 集体企业 | Collective-owned Enterprises | 63893 | | 179988 | | 1795 |
| 股份合作企业 | Cooperative Enterprises | 56802 | | 64207 | | 284 |
| 联营企业 | Joint Ownership Enterprises | | | | | |
| 国有联营企业 | State Joint Ownership Enterprises | | | | | |
| 集体联营企业 | Collective Joint Ownership Enterprises | | | | | |
| 国有与集体联营企业 | Joint State-collective Enterprises | | | | | |
| 其他联营企业 | Other Joint Ownership Enterprises | | | | | |
| 有限责任公司 | Limited Liability Corporations | 5315716 | | 5459404 | 2002 | 398260 |
| 国有独资公司 | State Sole Funded Corporations | 41933 | | 42678 | | 90 |
| 其他有限责任公司 | Other Limited Liability Corporations | 5273783 | | 5416726 | 2002 | 398170 |
| 股份有限公司 | Share-holding Corporations Ltd. | 4788508 | | 5121712 | 136588 | 168690 |
| 私营企业 | Private Enterprises | 3104855 | | 3360400 | | 69103 |
| 私营独资企业 | Private-funded Enterprises | 65657 | | 88044 | | 2317 |
| 私营合伙企业 | Private Partnership Enterprises | 158000 | | 157999 | | 4126 |
| 私营有限责任公司 | Private Limited Liability Corporations | 2785060 | | 3001259 | | 61343 |
| 私营股份有限公司 | Private Share-holding Corporations Ltd. | 96139 | | 113097 | | 1317 |
| 其他企业 | Other Enterprises | 195287 | | 351552 | | 10754 |
| **2.港、澳、台商投资企业** | **Enterprises with Funds from Hongkong, Macao and Taiwan** | **3171969** | **571127** | **3645638** | **2945** | **548010** |
| 合资经营企业 | Joint-venture Enterprises | 331925 | | 357154 | | 8380 |
| 合作经营企业 | Cooperative Enterprises | | | | | |
| 独资经营企业 | Enterprises with Sole Investment | 2688376 | 571127 | 3147285 | 2945 | 506840 |
| 投资股份有限公司 | Share-holding Corporations Ltd. with Investment | 118681 | | 108546 | | 25305 |
| 其他港澳台商投资企业 | Other Enterprises with Funds from Hongkong, Macao and Taiwan | 31144 | | 29816 | | 7485 |
| **3.外商投资企业** | **Foreign Funded Enterprises** | **2938105** | **699** | **4056545** | **11483** | **312480** |
| 中外合资经营企业 | Joint-venture Enterprises | 390531 | 699 | 757832 | 11483 | 16139 |
| 中外合作经营企业 | Cooperative Enterprises | 63870 | | 72269 | | 2159 |
| 外资企业 | Enterprises with Sole Foreign Investment | 2345541 | | 3078229 | | 286549 |
| 外商投资股份有限公司 | Share-holding Corporations Ltd. with Foreign Investment | 112421 | | 118259 | | 5023 |
| 其他外商投资企业 | Other Foreign Funded Enterprises | 25743 | | 29956 | | 2610 |
| **4.个体经营户** | **Getihus** | **64691013** | **5000** | **72664588** | **60767** | **1003511** |

3-5-3 续表 1 Continued 1

单位：万元

Unit: 10000 yuan

| 项 目 | Item | 商品购进额 Total Purchases Value | #进口 Imports | 商品销售额 Total Sales Value | #出口 Exports | 期末商品库存额 Inventory (year-end) |
|---|---|---|---|---|---|---|
| **(二)按国民经济行业分** | **by Sector** | | | | | |
| 农、林、牧产品批发 | Wholesale of Agricultural, Forestry and Livestock Products | 2548299 | | 3132916 | | 122927 |
| 食品、饮料及烟草制品批发 | Wholesale of Food, Beverages and Tobaccos | 16539091 | 2834 | 19478958 | 147159 | 486714 |
| 米、面制品及食用油批发 | Wholesale of Rice, Flour and Edible Oil | 1318163 | | 1396600 | | 79289 |
| 肉、禽、蛋、奶及水产品批发 | Wholesale of Meal, Fowls, Eggs, Milk and Aquatic Products | 4366422 | 699 | 5453962 | 144213 | 79729 |
| 酒、饮料及茶叶批发 | Wholesale of Wine, Beverages and Teas | 2368088 | | 2890592 | | 134273 |
| 烟草制品批发 | Wholesale of Tobaccos | 496454 | | 521240 | | 2658 |
| 纺织、服装及家庭用品批发 | Wholesale of Textiles, Wearing Apparel and Household Articles | 14662738 | 5000 | 18440683 | 36855 | 288108 |
| 服装批发 | Wholesale of Garments | 3204787 | | 5248376 | 18243 | 108998 |
| 鞋帽批发 | Wholesale of Shoes and Hats | 1088004 | | 1259246 | | 24361 |
| 家用电器批发 | Wholesale of Household Electrical Appliances | 2004450 | | 2153714 | | 44787 |
| 文化、体育用品及器材批发 | Wholesale of Culture, Sports Appliances and Equipments | 4824551 | | 5215328 | 8656 | 374440 |
| 文具用品批发 | Wholesale of Stationeries | 213849 | | 236523 | 2311 | 3048 |
| 体育用品及器材批发 | Wholesale of Sports Appliances and Equipments | | | | | |
| 图书批发 | Wholesale of Books | 20660 | | 23749 | | 614 |
| 医药及医疗器材批发 | Wholesale of Medicines and Medical Appliances | 2451777 | | 2671570 | | 178598 |
| 西药批发 | Wholesale of Western Medicine | 426554 | | 430216 | | 31646 |
| 中药批发 | Wholesale of Chinese Traditional Medicine | 2016743 | | 2232980 | | 146435 |
| 矿产品、建材及化工产品批发 | Wholesale of Mineral Products, Building Materials and Chemical Products | 20391705 | 103207 | 21703732 | 105543 | 517513 |
| 煤炭及制品批发 | Wholesale of Coal and Related Products | 1739086 | | 1776362 | | 31843 |
| 石油及制品批发 | Wholesale of Petroleum and Related Products | 10824203 | 103207 | 10891261 | 105543 | 50261 |
| 金属及金属矿批发 | Wholesale of Metal Materials | 2973646 | | 3061291 | | 212145 |
| 建材批发 | Wholesale of Building Materials | 2988519 | | 3426854 | | 154839 |
| 化肥批发 | Wholesale of Chemical Fertilizer | 1168665 | | 1611578 | | 52992 |
| 农药批发 | Wholesale of Pesticides | 53195 | | 62380 | | 4073 |
| 机械设备、五金产品及电子产品 | Wholesale of Machinery, Hardware and Electronic Products | 35334701 | | 37240476 | | 799942 |
| 汽车批发 | Wholesale of Motor Vehicles | 2342051 | | 2305353 | | 36854 |
| 计算机、软件及辅助设备批发 | Wholesale of Computer, Software and Assistant Appliances | 11110426 | | 11653571 | | 422254 |
| 通讯及广播电视设备批发 | Wholesale of Communication, Radios and Televisions Equipments | 11485284 | | 11880848 | | 32013 |
| 贸易经纪与代理 | Trade Broker and Agency | 17343 | | 18356 | | 29 |
| 其他批发业 | Other Wholesale not Classified Elsewhere | 481252 | | 519053 | | 27977 |

3-5-3 续表 2 Continued 2

单位：万元
Unit: 10000 yuan

| 项　目 | Item | 商品购进额 Total Purchases Value | #进口 Imports | 商品销售额 Total Sales Value | #出口 Exports | 期末商品库存额 Inventory (year-end) |
|---|---|---|---|---|---|---|
| **二、零售业** | **Retail Trade** | **74692996** | **203896** | **86519537** | **7728** | **4486519** |
| **(一)按登记注册类型分** | **by Type of Registration** | | | | | |
| **1.内资企业** | **Domestic Funded Enterprises** | **6800974** | **24257** | **7966423** | **6796** | **471981** |
| 国有企业 | State-owned Enterprises | 1241096 | 23698 | 1416519 | 6796 | 120414 |
| 集体企业 | Collective-owned Enterprises | 548722 | | 576051 | | 13122 |
| 股份合作企业 | Cooperative Enterprises | 67372 | | 74647 | | 1550 |
| 联营企业 | Joint Ownership Enterprises | | | | | |
| 国有联营企业 | State Joint Ownership Enterprises | | | | | |
| 集体联营企业 | Collective Joint Ownership Enterprises | | | | | |
| 国有与集体联营企业 | Joint State-collective Enterprises | | | | | |
| 其他联营企业 | Other Joint Ownership Enterprises | | | | | |
| 有限责任公司 | Limited Liability Corporations | 2646377 | 543 | 3172680 | | 201636 |
| 国有独资公司 | State Sole Funded Corporations | 33164 | | 45441 | | 764 |
| 其他有限责任公司 | Other Limited Liability Corporations | 2613213 | 543 | 3127239 | | 200872 |
| 股份有限公司 | Share-holding Corporations Ltd. | 791414 | | 893972 | | 52309 |
| 私营企业 | Private Enterprises | 1380326 | 16 | 1691017 | | 76642 |
| 私营独资企业 | Private-funded Enterprises | 332231 | | 362394 | | 5373 |
| 私营合伙企业 | Private Partnership Enterprises | 32040 | | 34294 | | 1131 |
| 私营有限责任公司 | Private Limited Liability Corporations | 958212 | 16 | 1236085 | | 68557 |
| 私营股份有限公司 | Private Share-holding Corporations Ltd. | 57843 | | 58244 | | 1582 |
| 其他企业 | Other Enterprises | 125666 | | 141538 | | 6307 |
| **2.港、澳、台商投资企业** | **Enterprises with Funds from Hongkong, Macao and Taiwan** | **733194** | **150** | **1110746** | | **81683** |
| 合资经营企业 | Joint-venture Enterprises | 288667 | | 502024 | | 24823 |
| 合作经营企业 | Cooperative Enterprises | | | | | |
| 独资经营企业 | Enterprises with Sole Investment | 404572 | 150 | 549847 | | 56020 |
| 投资股份有限公司 | Share-holding Corporations Ltd. with Investment | 34708 | | 35134 | | 818 |
| 其他港澳台商投资企业 | Other Enterprises with Funds from Hongkong, Macao and Taiwan | | | | | |
| **3.外商投资企业** | **Foreign Funded Enterprises** | **1788566** | **9930** | **2369346** | | **122823** |
| 中外合资经营企业 | Joint-venture Enterprises | 701383 | 9243 | 765427 | | 52434 |
| 中外合作经营企业 | Cooperative Enterprises | 215288 | | 225183 | | 11382 |
| 外资企业 | Enterprises with Sole Foreign Investment | 816416 | | 1307288 | | 57866 |
| 外商投资股份有限公司 | Share-holding Corporations Ltd. with Foreign Investment | 32138 | 687 | 36465 | | 1028 |
| 其他外商投资企业 | Other Foreign Funded Enterprises | 23342 | | 34983 | | 113 |
| **4.个体经营户** | **Getihus** | **65369166** | **169560** | **75071764** | **933** | **3809974** |

3-5-3 续表 3 Continued 3

单位：万元

Unit: 10000 yuan

| 项目 | Item | 商品购进额 Total Purchases Value | #进口 Imports | 商品销售额 Total Sales Value | #出口 Exports | 期末商品库存额 Inventory (year-end) |
|---|---|---|---|---|---|---|
| **(二)按国民经济行业分** | **by Sector** | | | | | |
| 综合零售 | Integrated Retail | 18536030 | 6647 | 20422030 | 439 | 1291512 |
| 百货零售 | Retail of General Merchandise | 8296365 | 224 | 9160799 | | 524328 |
| 超级市场零售 | Retail of Supermarkets | 7084758 | 5198 | 7767546 | 439 | 604201 |
| 食品、饮料及烟草制品专门零售 | Special Retail of Food, Beverages and Tobaccos | 8230463 | 3795 | 9437306 | 3842 | 464754 |
| 粮油零售 | Retail of Cereal and Oil | 889617 | | 1077149 | | 38692 |
| 肉、禽、蛋、奶及水产品零售 | Retail of Meat, Poultry, Eggs, Milk and Aquatic Products | 1694463 | 10 | 1916135 | | 34151 |
| 酒、饮料及茶叶零售 | Retail of Wine, Beverages and Teas | 2227700 | | 2416334 | 445 | 246556 |
| 烟草制品零售 | Retail of Tobaccos | 369880 | | 415189 | | 17663 |
| 纺织、服装及日用品专门零售 | Special Retail of Textiles, Garments and Daily Consumer Articles | 9157891 | 10632 | 11794326 | | 604339 |
| 服装零售 | Retail of Garments | 5137286 | 603 | 6098189 | | 411436 |
| 文化、体育用品及器材专门零售 | Special Retail of Culture, Sports Appliances and Equipments | 4263409 | 137327 | 6736677 | | 390070 |
| 体育用品及器材零售 | Retail of Sports Appliances and Equipments | 122671 | | 131300 | | 7785 |
| 图书、报刊零售 | Retail of Books, Newspapers and Magazines | 381954 | 3090 | 425119 | 3358 | 107450 |
| 医药及医疗器材专门零售 | Special Retail of Medicines and Medical Appliances | 1665337 | 504 | 1854826 | | 105597 |
| 药品零售 | Retail of Medicines | 1542164 | 504 | 1703351 | | 99716 |
| 汽车、摩托车、燃料及零配件专门零售 | Special Retail of Motor Vehicles, Motorcycles, Fuel and Parts | 5245073 | 18230 | 5796043 | 40 | 204563 |
| 汽车零售 | Retail of Motor Vehicles | 802872 | | 887376 | | 46189 |
| 机动车燃料零售 | Retail of Fuel of Motor Vehicles | 2623498 | 17829 | 2902184 | 40 | 80957 |
| 家用电器及电子产品专门零售 | Special Retail of Household Electric and Electronic Products | 10505125 | 1794 | 11610752 | | 536394 |
| 日用家电设备零售 | Retail of Household Electric Appliances | 4218715 | | 4614047 | | 250160 |
| 计算机、软件及辅助设备零售 | Retail of Computer, Software and Assistant Appliances | 1258914 | | 1450156 | | 66384 |
| 通信设备零售 | Retail of Communication Equipments | 2921123 | 1794 | 3183199 | | 63348 |
| 五金、家具及室内装饰材料专门零售 | Special Retail of Hardware, Furniture and Interior Decoration Materials | 15275663 | 24968 | 16870050 | 48 | 833733 |
| 货摊、无店铺及其他零售 | Stalls, Non-shop and Other Retails | 1814005 | | 1997529 | | 55559 |
| 互联网零售 | Retail on the Internet | 69004 | | 78006 | | 5861 |
| **(三)按零售业态分** | **by Mode of Business Operation** | | | | | |
| 有店铺零售 | Store-based Retailing | 7442551 | 203896 | 85924269 | 7728 | 4476614 |
| 超市 | Supermarket | 11890989 | 4206 | 12944394 | 445 | 840934 |
| 大型超市 | Hypermarket | 1790696 | 3172 | 2026922 | 74 | 226510 |
| 百货店 | Department Store | 6438401 | 668 | 7280000 | | 407272 |
| 专业店 | Speciality Store | 27656097 | 154842 | 33686338 | 3398 | 1375850 |
| 专卖店 | Exclusive Shop | 14607539 | 30461 | 16304925 | 3446 | 874150 |
| 无店铺零售 | Non-Store Selling | 265445 | | 595268 | | 9905 |

# 3-5-4 各地区限额以上批发业产业活动单位和个体经营户商品购、销、存情况

# Total Purchases, Sales and Inventory of Establishments and Getihus above Designated Size of Wholesale Trade by Region

单位：万元

Unit: 10000 yuan

| 地区 | Region | 商品购进额 Total Purchases Value | #进口 Imports | 商品销售额 Total Sales Value | #出口 Exports | 期末商品库存额 Inventory (year-end) |
|---|---|---|---|---|---|---|
| **全国** | **National Total** | **97251457** | **1116860** | **108421072** | **320818** | **2796249** |
| 北京 | Beijing | 5565124 | 1005346 | 5401822 | 1489 | 561317 |
| 天津 | Tianjin | 3011338 | 35277 | 3511664 | 37210 | 122021 |
| 河北 | Hebei | 1505642 | | 1510294 | 2002 | 28394 |
| 山西 | Shanxi | 349620 | | 380148 | | 15809 |
| 内蒙古 | Inner Mongolia | 965107 | | 1251961 | | 40239 |
| 辽宁 | Liaoning | 1586041 | | 1709933 | | 257392 |
| 吉林 | Jilin | 251442 | | 293533 | | 13119 |
| 黑龙江 | Heilongjiang | 1446648 | | 1638339 | | 37971 |
| 上海 | Shanghai | 9340387 | | 9505083 | | 47995 |
| 江苏 | Jiangsu | 4518770 | | 5553517 | | 96122 |
| 浙江 | Zhejiang | 2444144 | 7834 | 2922121 | 57840 | 80196 |
| 安徽 | Anhui | 2801071 | | 3007816 | | 61943 |
| 福建 | Fujian | 881858 | | 927259 | | 22069 |
| 江西 | Jiangxi | 968347 | | 1022525 | | 50194 |
| 山东 | Shandong | 3427784 | | 4005664 | | 71051 |
| 河南 | Henan | 1520924 | | 1925544 | 132730 | 72564 |
| 湖北 | Hubei | 1758154 | | 2034306 | | 28897 |
| 湖南 | Hunan | 1679197 | | 1841544 | | 176499 |
| 广东 | Guangdong | 46123926 | | 51659555 | 17356 | 700464 |
| 广西 | Guangxi | 880342 | | 1049086 | | 69889 |
| 海南 | Hainan | 682 | | 666 | | 50 |
| 重庆 | Chongqing | 1780896 | | 2293354 | | 35030 |
| 四川 | Sichuan | 1541206 | 68403 | 1888066 | 72192 | 54842 |
| 贵州 | Guizhou | 467821 | | 457591 | | 22751 |
| 云南 | Yunnan | 488204 | | 548400 | | 44015 |
| 西藏 | Tibet | | | | | |
| 陕西 | Shaanxi | 103360 | | 117202 | | 3972 |
| 甘肃 | Gansu | 49280 | | 72617 | | 1598 |
| 青海 | Qinghai | | | | | |
| 宁夏 | Ningxia | 58509 | | 63488 | | 845 |
| 新疆 | Xinjiang | 1735633 | | 1827975 | | 79002 |

# 3-5-5 各地区限额以上零售业产业活动单位和个体经营户商品购、销、存情况

# Total Purchases, Sales and Inventory of Establishments and Getihus above Designated Size of Retail Trade by Region

单位：万元

Unit: 10000 yuan

| 地区 | Region | 商品购进额 Total Purchases Value | #进口 Imports | 商品销售额 Total Sales Value | #出口 Exports | 期末商品库存额 Inventory (year-end) |
|---|---|---|---|---|---|---|
| **全国** | **National Total** | **74692996** | **203896** | **86519537** | **7728** | **4486519** |
| 北京 | Beijing | 302713 | 402 | 465022 | | 120011 |
| 天津 | Tianjin | 1775894 | | 1998111 | | 141067 |
| 河北 | Hebei | 1123556 | 3265 | 1178588 | | 108796 |
| 山西 | Shanxi | 1545884 | | 1812860 | | 94796 |
| 内蒙古 | Inner Mongolia | 919116 | | 1058563 | | 79639 |
| 辽宁 | Liaoning | 3333546 | 2780 | 3712944 | 3397 | 245197 |
| 吉林 | Jilin | 2740900 | 1590 | 2971696 | | 154162 |
| 黑龙江 | Heilongjiang | 2870948 | | 3160253 | | 143746 |
| 上海 | Shanghai | 167575 | | 462059 | | 5110 |
| 江苏 | Jiangsu | 8832695 | 983 | 9797857 | | 306955 |
| 浙江 | Zhejiang | 2574992 | 22426 | 3288784 | 3358 | 226679 |
| 安徽 | Anhui | 1614871 | | 1763757 | | 148739 |
| 福建 | Fujian | 1304969 | 14105 | 1446818 | | 73062 |
| 江西 | Jiangxi | 1398085 | 77 | 1542653 | | 108974 |
| 山东 | Shandong | 9674699 | 1875 | 10519638 | | 342059 |
| 河南 | Henan | 5006160 | 1727 | 5551968 | | 276677 |
| 湖北 | Hubei | 7461833 | 1227 | 8002082 | 366 | 414396 |
| 湖南 | Hunan | 4285134 | | 4856907 | | 228109 |
| 广东 | Guangdong | 6359675 | 133972 | 10216667 | | 431018 |
| 广西 | Guangxi | 289006 | 7723 | 324285 | 48 | 41818 |
| 海南 | Hainan | 23200 | | 32277 | | 3201 |
| 重庆 | Chongqing | 3111596 | | 3544836 | | 89777 |
| 四川 | Sichuan | 3791864 | 11534 | 4208173 | 54 | 367048 |
| 贵州 | Guizhou | 343856 | 92 | 391975 | | 50383 |
| 云南 | Yunnan | 1417221 | | 1620436 | | 93649 |
| 西藏 | Tibet | 2880 | 10 | 2807 | 60 | 962 |
| 陕西 | Shaanxi | 1604016 | 100 | 1712931 | | 103615 |
| 甘肃 | Gansu | 150585 | | 156089 | 445 | 18979 |
| 青海 | Qinghai | 36237 | | 36180 | | 1573 |
| 宁夏 | Ningxia | 41210 | | 52519 | | 5837 |
| 新疆 | Xinjiang | 588080 | 8 | 629804 | | 60483 |

# 3-6-1 按业态分连锁零售企业基本情况

## Basic Conditions of Chain Retail Enterprises by Business Categories

| 业 态 | Business Categories | 门店总数 (个) Number of Stores (unit) | 从业人员 (万人) Engaged Persons (10 000 persons) | 营业面积 (万平方米) Operating Area (10 000 sq.m) | 商品销售额 (亿元) Total Sales Value (100 million yuan) | #零售额 Retail Value |
|---|---|---|---|---|---|---|
| **总 计** | **Total** | **209812** | **248.1** | **16862.4** | **35400.4** | **25749.3** |
| 便利店 | Convenience Store | 17675 | 8.4 | 149.6 | 387.2 | 343.7 |
| 折扣店 | Discount Store | 410 | 0.2 | 18.9 | 31.5 | 28.3 |
| 超市 | Supermarket | 33301 | 43.5 | 1918.7 | 3118.1 | 2724.1 |
| 大型超市 | Hypermarket | 8584 | 55.9 | 3369.4 | 4962.9 | 4377.2 |
| 仓储会员店 | Warehouse Club | 128 | 1.5 | 69.7 | 250.3 | 250.3 |
| 百货店 | Department Store | 4867 | 26.4 | 2104.4 | 3841.6 | 3221.2 |
| 专业店 | Specialty Store | 112959 | 92.8 | 8480.6 | 20521.0 | 13300.0 |
| #加油站 | Gas Station | 35710 | 29.0 | 5751.4 | 13313.9 | 9160.2 |
| 专卖店 | Franchised Store | 21093 | 14.1 | 467.9 | 1739.7 | 1202.9 |
| 家居建材商店 | Building Material Store | 64 | 0.3 | 32.7 | 46.9 | 42.9 |
| 厂家直销中心 | Factory Outlets Center | 306 | 0.4 | 2.8 | 17.7 | 7.9 |
| 其他 | Other Store | 10425 | 4.6 | 247.7 | 483.5 | 250.9 |

# 3-6-2　按登记注册类型分连锁零售企业基本情况

# Basic Conditions of Chain Retail Enterprises by Status of Registration

| 项　目 | Item | 门店总数（个）Number of Stores (unit) | 从业人员（万人）Employed Person (10000 person) | 营业面积（万平方米）Operational Area (10000 sq.m) | 商品销售额（亿元）Total Sales Value (100 million yuan) | #零售额 Retail Value |
|---|---|---|---|---|---|---|
| **合　计** | **Total** | **209812** | **248.1** | **16862.4** | **35400.4** | **25749.3** |
| **内资企业** | **Domestic Funded Enterprises** | **191052** | **195.5** | **13785.9** | **29196.0** | **20408.2** |
| 国有企业 | State-owned Enterprises | 15426 | 12.4 | 1211.4 | 4175.0 | 2303.0 |
| 集体企业 | Collective-owned Enterprises | 1205 | 1.1 | 56.1 | 97.6 | 54.0 |
| 股份合作企业 | Cooperative Enterprises | 310 | 0.5 | 5.4 | 112.2 | 89.7 |
| 联营企业 | Joint Ownership Enterprises | 205 | 0.1 | 3.1 | 8.9 | 8.0 |
| 国有联营企业 | State Joint Ownership Enterprises | 154 | 0.1 | 2.2 | 5.5 | 5.5 |
| 集体联营企业 | Collective Joint Ownership Enterprises | | | | | |
| 国有与集体联营企业 | Joint State-collective Enterprises | 5 | 0.0 | 0.1 | 0.1 | 0.1 |
| 其他联营企业 | Other Joint Ownership Enterprises | 46 | 0.0 | 0.8 | 3.4 | 2.5 |
| 有限责任公司 | Limited Liability Corporations | 67240 | 63.6 | 3371.0 | 6251.7 | 4965.0 |
| 国有独资公司 | State Sole Funded Corporations | 1188 | 0.6 | 9.7 | 68.4 | 29.3 |
| 其他有限责任公司 | Other Limited Liability Corporations | 66052 | 63.0 | 3361.3 | 6183.3 | 4935.6 |
| 股份有限公司 | Share-holding Corporations Ltd. | 52204 | 78.6 | 7685.5 | 16073.3 | 10824.8 |
| 私营企业 | Private Enterprises | 52055 | 37.7 | 1404.0 | 2410.8 | 2107.6 |
| 私营独资企业 | Private-funded Enterprises | 1535 | 0.7 | 18.1 | 42.7 | 32.4 |
| 私营合伙企业 | Private Partnership Enterprises | 304 | 0.3 | 28.1 | 22.7 | 22.7 |
| 私营有限责任公司 | Private Limited Liability Corporations | 43392 | 30.4 | 1160.7 | 1944.7 | 1732.7 |
| 私营股份有限公司 | Private Share-holding Corporations Ltd. | 6824 | 6.3 | 197.1 | 400.7 | 319.8 |
| 其他企业 | Other Enterprises | 2407 | 1.6 | 49.5 | 66.6 | 56.0 |
| **港、澳、台商投资企业** | **Enterprises with Funds from Hong Kong, Macao and Taiwan** | **8980** | **24.1** | **1475.9** | **2597.2** | **2184.9** |
| 港、澳、台商合资经营企业 | Joint-venture Enterprises | 3313 | 3.7 | 203.3 | 446.8 | 373.8 |
| 港、澳、台商合作经营企业 | Cooperative Enterprises | 224 | 6.0 | 267.8 | 444.2 | 444.2 |
| 港、澳、台商独资经营企业 | Enterprises with Sole Investment | 4721 | 10.2 | 471.5 | 1260.9 | 924.5 |
| 港、澳、台商投资股份有限公司 | Share-holding Corporations Ltd. with Investment | 330 | 0.2 | 4.6 | 23.9 | 21.0 |
| 其他港澳台商投资企业 | Other Enterprises with Funds from Hongkong, Macao and Taiwan | 392 | 3.9 | 528.6 | 421.4 | 421.4 |
| **外商投资企业** | **Foreign Funded Enterprises** | **9780** | **28.4** | **1600.7** | **3607.2** | **3156.3** |
| 中外合资经营企业 | Joint-venture Enterprises | 4757 | 15.7 | 987.7 | 1879.8 | 1560.6 |
| 中外合作经营企业 | Cooperative Enterprises | 1204 | 2.3 | 99.0 | 177.7 | 168.3 |
| 外资企业 | Enterprises with Sole Foreign Investment | 3644 | 10.1 | 475.3 | 1494.0 | 1374.3 |
| 外商投资股份有限公司 | Share-holding Corporations Ltd. with Foreign Investment | 172 | 0.3 | 38.6 | 53.9 | 52.9 |
| 其他外商投资企业 | Other Foreign Funded Enterprises | 3 | 0.00 | 0.1 | 1.78 | 0.2 |

# 3-6-3 按行业分连锁零售企业基本情况
## Basic Conditions of Chain Retail Enterprises by Sector

| 项　目 | Item | 门店总数(个) Number of Stores (unit) | 从业人员(万人) Employed Person (10000 person) | 营业面积(万平方米) Operational Area (10000 sq.m) |
|---|---|---|---|---|
| **总　计** | **Total** | **209812** | **248.1** | **16862.4** |
| **一、批发业** | **Wholesale Trade** | **49568** | **29.8** | **4444.8** |
| 农、林、牧产品批发 | Wholesale of Farm Produce and Livestock Products | 3798 | 1.1 | 7.7 |
| 食品、饮料及烟草制品专门批发 | Wholesale of Food, Beverages and Tobaccos | 6009 | 3.4 | 67.9 |
| 纺织、服装及家庭用品批发 | Wholesale of Textiles, Garments and Daily Consumer Articles | 1750 | 2.0 | 166.8 |
| 文化、体育用品及器材批发 | Wholesale of Culture, Sports Appliances and Equipments | 664 | 1.7 | 92.1 |
| 医药及医疗器材批发 | Wholesale of Medicines and Medical Appliances | 2721 | 1.0 | 26.0 |
| 矿产品、建材及化工产品批发 | Wholesale of Mineral Products, Building Materials and | 32305 | 19.1 | 3967.6 |
| 机械设备、五金产品及电子产品批发 | Wholesale of Machinery, Hardware and Electronic Equipment | 736 | 0.5 | 9.3 |
| 贸易经济及代理 | Trade Broker and Agency | | | |
| 其他批发业 | Other Wholesale not Classified Elsewhere | 1585 | 1.0 | 107.5 |
| **二、零售业** | **Retail Trade** | **160244** | **218.3** | **12417.6** |
| 综合零售 | Integrated Retail | 68534 | 138.5 | 7774.2 |
| 食品、饮料及烟草制品专门零售 | Retail of Food, Beverages and Tobaccos | 13236 | 5.9 | 82.3 |
| 纺织、服装及日用品专门零售 | Special Retail of Textiles, Garments and Daily | 9699 | 6.8 | 282.6 |
| 文化、体育用品及器材专门零售 | Retail of Culture, Sports Appliances and Equipments | 2181 | 3.5 | 116.1 |
| 医药及医疗器材专门零售 | Retail of Medicines and Medical Appliances | 45063 | 24.6 | 566.3 |
| 汽车、摩托车、燃料及零配件专门零售 | Retail of Motor Vehicles, Motorcycles, Fuel | 13783 | 13.0 | 2075.9 |
| 家用电器及电子产品专门零售 | Special Retail of Household Electric Appliances and Electronic Products | 6897 | 25.0 | 1479.5 |
| 五金、家具及室内装饰材料专门零售 | Special Retail of Hardware, Furniture and Decoration Materials | 201 | 0.7 | 35.2 |
| 货摊、无店铺及其他零售业 | Non-shop and Other Retails | 650 | 0.3 | 5.4 |

3-6-3 续表 Continued

| 项 目 | Item | 商品销售额 (亿元) Total Sales (100 million yuan) | #零售额 Retail |
|---|---|---|---|
| **总 计** | **Total** | **35400.4** | **25749.3** |
| **一、批发业** | **Wholesale Trade** | **10751.5** | **6061.1** |
| 农、林、牧产品批发 | Wholesale of Farm Produce and Livestock Products | 174.3 | 3.1 |
| 食品、饮料及烟草制品专门批发 | Wholesale of Food, Beverages and Tobaccos | 922.6 | 142.7 |
| 纺织、服装及家庭用品批发 | Wholesale of Textiles, Garments and Daily Consumer Articles | 312.8 | 158.0 |
| 文化、体育用品及器材批发 | Wholesale of Culture, Sports Appliances and Equipments | 299.5 | 127.5 |
| 医药及医疗器材批发 | Wholesale of Medicines and Medical Appliances | 69.6 | 27.4 |
| 矿产品、建材及化工产品批发 | Wholesale of Mineral Products, Building Materials and | 8630.8 | 5325.1 |
| 机械设备、五金产品及电子产品批发 | Wholesale of Machinery, Hardware and Electronic Equipment | 80.6 | 53.8 |
| 贸易经济及代理 | Trade Broker and Agency | | |
| 其他批发业 | Other Wholesale not Classified Elsewhere | 261.3 | 223.5 |
| **二、零售业** | **Retail Trade** | **24648.9** | **19688.2** |
| 综合零售 | Integrated Retail | 13027.4 | 11284.6 |
| 食品、饮料及烟草制品专门零售 | Retail of Food, Beverages and Tobaccos | 351.3 | 293.3 |
| 纺织、服装及日用品专门零售 | Special Retail of Textiles, Garments and Daily | 463.3 | 413.0 |
| 文化、体育用品及器材专门零售 | Retail of Culture, Sports Appliances and Equipments | 516.5 | 254.1 |
| 医药及医疗器材专门零售 | Retail of Medicines and Medical Appliances | 988.9 | 876.7 |
| 汽车、摩托车、燃料及零配件专门零售 | Retail of Motor Vehicles, Motorcycles, Fuel | 5575.2 | 4206.2 |
| 家用电器及电子产品专门零售 | Special Retail of Household Electric Appliances and Electronic Products | 3651.0 | 2293.0 |
| 五金、家具及室内装饰材料专门零售 | Special Retail of Hardware, Furniture and Decoration Materials | 67.7 | 63.7 |
| 货摊、无店铺及其他零售业 | Non-shop and Other Retails | 7.6 | 3.7 |

# 3-6-4 各地区连锁零售企业基本情况

# Basic Conditions of Chain Retail Enterprises by Region

| 年 份 Year | 地 区 Region | 门店总数 (个) Number of Stores (unit) | 从业人数 (万人) Employed Person (10 000 persons) | 营业面积 (万平方米) Selling Space (10 000 sq.m) | 商品销售额 (亿元) Total Revenue of Sales (100 million yuan) | #零售额 Retail Sales |
|---|---|---|---|---|---|---|
| | 2004 | 77631 | 128.2 | 7202.6 | 8393.6 | 6163.1 |
| | 2005 | 105684 | 160.1 | 8687.5 | 12587.8 | 8569.5 |
| | 2006 | 128924 | 187.1 | 8979.0 | 14952.2 | 10764.8 |
| | 2007 | 145366 | 186.2 | 10044.0 | 17754.3 | 13066.8 |
| | 2008 | 168502 | 197.1 | 10197.8 | 20466.5 | 14369.7 |
| | 2009 | 175677 | 210.9 | 11809.2 | 22240.0 | 15860.3 |
| | 2010 | 176792 | 225.2 | 12756.8 | 27385.4 | 19009.5 |
| | 2011 | 195779 | 249.1 | 13670.7 | 34510.7 | 23812.5 |
| | 2012 | 192870 | 256.3 | 14765.9 | 35462.1 | 24605.3 |
| | 2013 | 204090 | 255.9 | 15640.3 | 38006.9 | 26340.8 |
| | 2014 | 206415 | 250.2 | 16221.3 | 37340.6 | 27356.5 |
| | 2015 | 209812 | 248.1 | 16862.4 | 35400.4 | 25749.3 |
| 北 京 | Beijing | 7577 | 15.7 | 748.2 | 2733.3 | 2151.0 |
| 天 津 | Tianjin | 2237 | 3.1 | 198.5 | 613.6 | 449.8 |
| 河 北 | Hebei | 4750 | 5.3 | 606.6 | 989.0 | 713.1 |
| 山 西 | Shanxi | 3727 | 4.2 | 262.6 | 514.7 | 382.0 |
| 内蒙古 | Inner Mongolia | 628 | 0.7 | 27.7 | 31.0 | 22.3 |
| 辽 宁 | Liaoning | 6136 | 6.3 | 463.2 | 787.1 | 606.3 |
| 吉 林 | Jilin | 995 | 0.9 | 30.2 | 141.8 | 124.1 |
| 黑龙江 | Heilongjiang | 1895 | 2.1 | 93.3 | 238.7 | 186.9 |
| 上 海 | Shanghai | 18080 | 25.3 | 1061.6 | 2991.1 | 2233.8 |
| 江 苏 | Jiangsu | 17868 | 36.1 | 1933.0 | 4475.4 | 1952.8 |
| 浙 江 | Zhejiang | 26453 | 14.3 | 1147.9 | 2004.9 | 1463.9 |
| 安 徽 | Anhui | 9818 | 9.7 | 559.9 | 1571.5 | 1051.6 |
| 福 建 | Fujian | 5782 | 8.8 | 889.3 | 1234.7 | 1099.5 |
| 江 西 | Jiangxi | 4574 | 5.3 | 326.4 | 1174.8 | 809.0 |
| 山 东 | Shandong | 11383 | 17.5 | 1702.8 | 2017.9 | 1572.6 |
| 河 南 | Henan | 5368 | 6.7 | 657.8 | 855.4 | 745.5 |
| 湖 北 | Hubei | 7765 | 13.7 | 718.2 | 1882.5 | 1584.2 |
| 湖 南 | Hunan | 8294 | 8.3 | 571.9 | 1087.2 | 975.1 |
| 广 东 | Guangdong | 21970 | 25.6 | 2610.1 | 4969.4 | 4172.9 |
| 广 西 | Guangxi | 3989 | 3.8 | 426.9 | 772.3 | 445.3 |
| 海 南 | Hainan | 766 | 0.6 | 41.4 | 151.2 | 85.4 |
| 重 庆 | Chongqing | 12570 | 9.6 | 424.4 | 904.9 | 754.0 |
| 四 川 | Sichuan | 12094 | 9.4 | 358.4 | 721.2 | 692.5 |
| 贵 州 | Guizhou | 1267 | 1.0 | 34.3 | 63.5 | 62.2 |
| 云 南 | Yunnan | 5120 | 4.6 | 196.3 | 513.9 | 368.3 |
| 西 藏 | Tibet | 3 | 0.1 | 2.2 | 3.6 | 3.6 |
| 陕 西 | Shaanxi | 2407 | 3.6 | 290.6 | 909.5 | 372.1 |
| 甘 肃 | Gansu | 782 | 0.8 | 67.8 | 183.4 | 163.4 |
| 青 海 | Qinghai | 214 | 0.6 | 22.1 | 27.2 | 27.1 |
| 宁 夏 | Ningxia | 854 | 1.1 | 49.9 | 126.2 | 83.4 |
| 新 疆 | Xinjiang | 4446 | 3.3 | 339.1 | 709.5 | 395.8 |

3-6-4 续表 Continued

| 年 份 Year | 地 区 Region | 商品购进总额(亿元) Total Purchases (100 million yuan) | 统一配送商品购进额(亿元) Centralized Purchase and Delivery (100 million yuan) | 自有配送中心配送商品购进额 Self Centralized Purchase and Delivery | 非自有配送中心配送商品购进额 Non-self Centralized Purchase and Delivery |
|---|---|---|---|---|---|
| 2004 | | 7130.1 | 5545.6 | 4481.7 | 1063.9 |
| 2005 | | 10734.6 | 8409.4 | 6696.1 | 1251.8 |
| 2006 | | 13447.4 | 10565.7 | 7729.7 | 1384.0 |
| 2007 | | 15917.0 | 12542.4 | 9057.0 | 1707.3 |
| 2008 | | 17193.1 | 13782.1 | 8654.9 | 3118.8 |
| 2009 | | 19343.7 | 14723.1 | 9616.9 | 2647.2 |
| 2010 | | 24044.6 | 17412.5 | 10910.3 | 3373.4 |
| 2011 | | 29653.0 | 22919.6 | 13458.8 | 3384.1 |
| 2012 | | 30825.5 | 23975.8 | 13932.9 | 3522.8 |
| 2013 | | 32258.7 | 25341.8 | 14598.7 | 4554.0 |
| 2014 | | 31298.5 | 24582.4 | 14637.3 | 4265.7 |
| 2015 | | 30556.8 | 23379.9 | 13656.3 | 3669.4 |
| 北 京 | Beijing | 2306.9 | 1186.4 | 504.0 | 131.9 |
| 天 津 | Tianjin | 546.4 | 329.6 | 243.0 | 34.8 |
| 河 北 | Hebei | 919.6 | 590.3 | 327.9 | 20.1 |
| 山 西 | Shanxi | 341.4 | 210.6 | 117.9 | 0.2 |
| 内蒙古 | Inner Mongolia | 26.3 | 15.8 | 10.1 | 0.2 |
| 辽 宁 | Liaoning | 793.5 | 612.3 | 157.3 | 148.0 |
| 吉 林 | Jilin | 124.2 | 121.8 | 106.6 | 1.5 |
| 黑龙江 | Heilongjiang | 226.6 | 187.2 | 55.0 | 20.9 |
| 上 海 | Shanghai | 2669.4 | 2097.1 | 894.9 | 256.5 |
| 江 苏 | Jiangsu | 4046.5 | 3487.1 | 3166.0 | 252.4 |
| 浙 江 | Zhejiang | 1841.7 | 1708.0 | 1515.7 | 85.0 |
| 安 徽 | Anhui | 1589.6 | 1169.8 | 575.2 | 46.6 |
| 福 建 | Fujian | 946.9 | 617.1 | 383.1 | 73.5 |
| 江 西 | Jiangxi | 730.1 | 621.6 | 346.3 | 63.1 |
| 山 东 | Shandong | 1777.8 | 1133.6 | 566.7 | 96.0 |
| 河 南 | Henan | 706.8 | 449.3 | 248.2 | 34.7 |
| 湖 北 | Hubei | 1646.2 | 1178.4 | 961.8 | 54.8 |
| 湖 南 | Hunan | 889.8 | 731.0 | 490.0 | 99.8 |
| 广 东 | Guangdong | 4246.7 | 3448.6 | 1264.2 | 1860.4 |
| 广 西 | Guangxi | 708.7 | 703.4 | 248.3 | 4.6 |
| 海 南 | Hainan | 136.0 | 133.5 | 0.6 | |
| 重 庆 | Chongqing | 635.6 | 501.1 | 364.3 | 76.4 |
| 四 川 | Sichuan | 655.0 | 495.5 | 241.7 | 26.1 |
| 贵 州 | Guizhou | 62.1 | 57.9 | 21.5 | 1.8 |
| 云 南 | Yunnan | 297.3 | 252.4 | 86.4 | 21.7 |
| 西 藏 | Tibet | 3.1 | 3.1 | | |
| 陕 西 | Shaanxi | 796.9 | 622.5 | 391.5 | 38.7 |
| 甘 肃 | Gansu | 142.2 | 116.4 | 10.1 | |
| 青 海 | Qinghai | 20.0 | 7.8 | 0.4 | |
| 宁 夏 | Ningxia | 105.4 | 45.1 | 34.0 | 0.4 |
| 新 疆 | Xinjiang | 618.1 | 545.5 | 323.5 | 219.1 |

# 住宿和餐饮业

# HOTELS AND CATERING SERVICES

第4篇

# 4-1-1 限额以上住宿和餐饮业企业基本情况
# Basic Conditions of Enterprises above Designated Size of Hotels and Catering Services

| 项 目 | Item | 法人单位数(个) Number of Corporation Enterprises (unit) | 年末从业人数(人) Engaged Persons at the Year-end (person) | 年末餐饮营业面积(平方米) Business Area of Catering Services at the Year-end (m²) |
|---|---|---|---|---|
| **总 计** | **Total** | **44884** | **4132395** | **92766537** |
| **一、住宿业** | **Hotels** | **18937** | **1911615** | **39104014** |
| #国有控股 | State-controlled Enterprises | 3313 | 501679 | 7634926 |
| **(一)按登记注册类型分** | **by Type of Registration** | | | |
| **1.内资企业** | **Domestic Funded Enterprises** | **18036** | **1704671** | **36510089** |
| 国有企业 | State-owned Enterprises | 1914 | 243635 | 4206162 |
| 集体企业 | Collective-owned Enterprises | 367 | 27831 | 546501 |
| 股份合作企业 | Cooperative Enterprises | 72 | 5317 | 112757 |
| 联营企业 | Joint Ownership Enterprises | 27 | 3141 | 48504 |
| 国有联营企业 | State Joint Ownership Enterprises | 11 | 1983 | 21094 |
| 集体联营企业 | Collective Joint Ownership Enterprises | 8 | 531 | 18380 |
| 国有与集体联营企业 | Joint State-collective Enterprises | 5 | 424 | 3030 |
| 其他联营企业 | Other Joint Ownership Enterprises | 3 | 203 | 6000 |
| 有限责任公司 | Limited Liability Corporations | 6480 | 759827 | 15077073 |
| 国有独资公司 | State Sole Funded Corporations | 325 | 59682 | 863020 |
| 其他有限责任公司 | Other Limited Liability Corporations | 6155 | 700145 | 14214053 |
| 股份有限公司 | Share-holding Corporations Ltd. | 557 | 67434 | 1403638 |
| 私营企业 | Private Enterprises | 8364 | 580828 | 14647314 |
| 私营独资企业 | Private-funded Enterprises | 1103 | 51675 | 1571792 |
| 私营合伙企业 | Private Partnership Enterprises | 275 | 14618 | 408292 |
| 私营有限责任公司 | Private Limited Liability Corporations | 6591 | 483942 | 11822998 |
| 私营股份有限公司 | Private Share-holding Corporations Ltd. | 395 | 30593 | 844232 |
| 其他企业 | Other Enterprises | 255 | 16658 | 468140 |
| **2.港、澳、台商投资企业** | **Enterprises with Funds from Hongkong, Macao and Taiwan** | **522** | **127192** | **1594844** |
| 合资经营企业 | Joint-venture Enterprises | 214 | 57407 | 720972 |
| 合作经营企业 | Cooperative Enterprises | 55 | 13653 | 144122 |
| 独资经营企业 | Enterprises with Sole Investment | 226 | 51328 | 656891 |
| 投资股份有限公司 | Share-holding Corporations Ltd. with Investment | 24 | 4138 | 69804 |
| 其他港澳台商投资企业 | Other Enterprises with Funds from Hongkong, Macao and Taiwan | 3 | 666 | 3055 |
| **3.外商投资企业** | **Foreign Funded Enterprises** | **379** | **79752** | **999081** |
| 中外合资经营企业 | Joint-venture Enterprises | 155 | 34798 | 420363 |
| 中外合作经营企业 | Cooperative Enterprises | 43 | 10740 | 122371 |
| 外资企业 | Enterprises with Sole Foreign Investment | 156 | 29814 | 373735 |
| 外商投资股份有限公司 | Share-holding Corporations Ltd. with Foreign Investment | 15 | 2178 | 42445 |
| 其他外商投资企业 | Other Foreign Funded Enterprises | 10 | 2222 | 40167 |
| **(二)按国民经济行业分** | **by Sector** | | | |
| 旅游饭店 | Tourist Hotel | 11971 | 1521030 | 29996935 |
| 一般旅馆 | Fonda | 6359 | 347141 | 8091977 |
| 其他住宿业 | Others | 607 | 43444 | 1015102 |

4-1-1 续表 Continued

| 项 目 | Item | 法人单位数 (个) Number of Corporation Enterprises (unit) | 年末从业人数 (人) Engaged Persons at the Year-end (person) | 年末餐饮营业面积 (平方米) Business Area of Catering Services at the Year-end (m²) |
|---|---|---|---|---|
| **二、餐饮业** | **Catering Services** | **25947** | **2220780** | **53662523** |
| #国有控股 | State-controlled Enterprises | 851 | 117495 | 2636091 |
| **(一)按登记注册类型分** | **by Type of Registration** | | | |
| **1.内资企业** | **Domestic Funded Enterprises** | **24845** | **1698260** | **47726496** |
| 国有企业 | State-owned Enterprises | 413 | 37077 | 937509 |
| 集体企业 | Collective-owned Enterprises | 184 | 9583 | 285629 |
| 股份合作企业 | Cooperative Enterprises | 98 | 7001 | 153332 |
| 联营企业 | Joint Ownership Enterprises | 7 | 264 | 13940 |
| 国有联营企业 | State Joint Ownership Enterprises | | | |
| 集体联营企业 | Collective Joint Ownership Enterprises | 7 | 264 | 13940 |
| 国有与集体联营企业 | Joint State-collective Enterprises | | | |
| 其他联营企业 | Other Joint Ownership Enterprises | | | |
| 有限责任公司 | Limited Liability Corporations | 6654 | 562486 | 15057684 |
| 国有独资公司 | State Sole Funded Corporations | 111 | 16407 | 305127 |
| 其他有限责任公司 | Other Limited Liability Corporations | 6543 | 546079 | 14752557 |
| 股份有限公司 | Share-holding Corporations Ltd. | 420 | 54757 | 1424201 |
| 私营企业 | Private Enterprises | 16600 | 1002993 | 29145829 |
| 私营独资企业 | Private-funded Enterprises | 3746 | 135118 | 4571904 |
| 私营合伙企业 | Private Partnership Enterprises | 411 | 20196 | 684359 |
| 私营有限责任公司 | Private Limited Liability Corporations | 11918 | 796566 | 22461353 |
| 私营股份有限公司 | Private Share-holding Corporations Ltd. | 525 | 51113 | 1428213 |
| 其他企业 | Other Enterprises | 469 | 24099 | 708372 |
| **2.港、澳、台商投资企业** | **Enterprises with Funds from Hongkong, Macao and Taiwan** | **627** | **193556** | **2021888** |
| 合资经营企业 | Joint-venture Enterprises | 123 | 40050 | 522845 |
| 合作经营企业 | Cooperative Enterprises | 28 | 7117 | 95054 |
| 独资经营企业 | Enterprises with Sole Investment | 460 | 143982 | 1369140 |
| 投资股份有限公司 | Share-holding Corporations Ltd. with Investment | 7 | 1083 | 9799 |
| 其他港澳台商投资企业 | Other Enterprises with Funds from Hongkong, Macao and Taiwan | 9 | 1324 | 25050 |
| **3.外商投资企业** | **Foreign Funded Enterprises** | **475** | **328964** | **3914139** |
| 中外合资经营企业 | Joint-venture Enterprises | 111 | 75788 | 781905 |
| 中外合作经营企业 | Cooperative Enterprises | 18 | 3870 | 34572 |
| 外资企业 | Enterprises with Sole Foreign Investment | 322 | 246961 | 3055611 |
| 外商投资股份有限公司 | Share-holding Corporations Ltd. with Foreign Investment | 16 | 1902 | 28734 |
| 其他外商投资企业 | Other Foreign Funded Enterprises | 8 | 443 | 13317 |
| **(二)按国民经济行业分** | **by Sector** | | | |
| 正餐服务 | Dinner | 24185 | 1680942 | 47524775 |
| 快餐服务 | Snack | 940 | 404088 | 4404378 |
| 饮料及冷饮服务 | Beverage and Cold Drink | 224 | 50117 | 631268 |
| 其他餐饮业 | Others | 598 | 85633 | 1102102 |

# 4-1-2 各地区限额以上住宿业企业基本情况

## Basic Conditions of Enterprises above Designated Size of Hotels by Region

| 地区 | Region | 住宿业 Hotels | | #国有控股 State-controlled Enterprises | |
|---|---|---|---|---|---|
| | | 法人单位数 (个) Number of Corporation Enterprises (unit) | 年末从业人数 (人) Engaged Persons at the Year-end (person) | 法人单位数 (个) Number of Corporation Enterprises (unit) | 年末从业人数 (人) Engaged Persons at the Year-end (person) |
| **全国** | **National Total** | **18937** | **1911615** | **3313** | **501679** |
| 北京 | Beijing | 987 | 133024 | 407 | 70814 |
| 天津 | Tianjin | 228 | 20841 | 68 | 8461 |
| 河北 | Hebei | 476 | 53900 | 154 | 19295 |
| 山西 | Shanxi | 372 | 35678 | 90 | 11754 |
| 内蒙古 | Inner Mongolia | 314 | 28649 | 51 | 7159 |
| 辽宁 | Liaoning | 528 | 47769 | 104 | 14753 |
| 吉林 | Jilin | 182 | 17478 | 56 | 6699 |
| 黑龙江 | Heilongjiang | 227 | 19428 | 76 | 8164 |
| 上海 | Shanghai | 739 | 76934 | 170 | 30761 |
| 江苏 | Jiangsu | 1057 | 109120 | 186 | 31296 |
| 浙江 | Zhejiang | 1277 | 134407 | 167 | 25957 |
| 安徽 | Anhui | 597 | 49562 | 88 | 10641 |
| 福建 | Fujian | 849 | 87463 | 113 | 18678 |
| 江西 | Jiangxi | 438 | 41345 | 84 | 9312 |
| 山东 | Shandong | 1089 | 103207 | 177 | 31124 |
| 河南 | Henan | 1293 | 96603 | 146 | 19380 |
| 湖北 | Hubei | 812 | 63914 | 84 | 10638 |
| 湖南 | Hunan | 731 | 81160 | 87 | 14796 |
| 广东 | Guangdong | 2088 | 263851 | 245 | 42841 |
| 广西 | Guangxi | 510 | 47146 | 73 | 9420 |
| 海南 | Hainan | 252 | 54146 | 37 | 7942 |
| 重庆 | Chongqing | 402 | 39356 | 55 | 7850 |
| 四川 | Sichuan | 954 | 80131 | 119 | 15972 |
| 贵州 | Guizhou | 494 | 32722 | 48 | 6213 |
| 云南 | Yunnan | 537 | 56844 | 99 | 15969 |
| 西藏 | Tibet | 59 | 5013 | 18 | 2304 |
| 陕西 | Shaanxi | 745 | 70121 | 105 | 16567 |
| 甘肃 | Gansu | 289 | 24210 | 71 | 9432 |
| 青海 | Qinghai | 77 | 6906 | 19 | 2730 |
| 宁夏 | Ningxia | 79 | 7376 | 13 | 1906 |
| 新疆 | Xinjiang | 255 | 23311 | 103 | 12851 |

# 4-1-3 各地区限额以上住宿业企业基本情况(按登记注册类型分)

## Basic Conditions of Enterprises above Designated Size of Hotels by Region and Type of Registration

| 地区 | Region | 内资企业 Domestic Funded Enterprises | | 国有企业 State-owned Enterprises | |
|---|---|---|---|---|---|
| | | 法人单位数(个) Number of Corporation Enterprises (unit) | 年末从业人数(人) Engaged Persons at the Year-end (person) | 法人单位数(个) Number of Corporation Enterprises (unit) | 年末从业人数(人) Engaged Persons at the Year-end (person) |
| **全国** | **National Total** | **18036** | **1704671** | **1914** | **243635** |
| 北京 | Beijing | 920 | 109421 | 213 | 32224 |
| 天津 | Tianjin | 214 | 18487 | 37 | 3183 |
| 河北 | Hebei | 468 | 51934 | 124 | 14954 |
| 山西 | Shanxi | 371 | 35568 | 71 | 9102 |
| 内蒙古 | Inner Mongolia | 310 | 27625 | 32 | 3371 |
| 辽宁 | Liaoning | 475 | 40034 | 73 | 8820 |
| 吉林 | Jilin | 177 | 16489 | 47 | 5408 |
| 黑龙江 | Heilongjiang | 213 | 17650 | 51 | 5393 |
| 上海 | Shanghai | 694 | 63803 | 65 | 10321 |
| 江苏 | Jiangsu | 986 | 97230 | 93 | 13084 |
| 浙江 | Zhejiang | 1218 | 121436 | 71 | 8745 |
| 安徽 | Anhui | 582 | 46203 | 35 | 2669 |
| 福建 | Fujian | 774 | 72490 | 57 | 7208 |
| 江西 | Jiangxi | 420 | 39325 | 60 | 6179 |
| 山东 | Shandong | 1061 | 97865 | 131 | 21105 |
| 河南 | Henan | 1275 | 93483 | 101 | 12988 |
| 湖北 | Hubei | 788 | 59319 | 50 | 5389 |
| 湖南 | Hunan | 712 | 76424 | 55 | 7325 |
| 广东 | Guangdong | 1859 | 206582 | 129 | 17651 |
| 广西 | Guangxi | 491 | 42359 | 51 | 5683 |
| 海南 | Hainan | 222 | 42338 | 11 | 1327 |
| 重庆 | Chongqing | 392 | 36800 | 18 | 2156 |
| 四川 | Sichuan | 936 | 76947 | 47 | 5209 |
| 贵州 | Guizhou | 488 | 32011 | 27 | 2763 |
| 云南 | Yunnan | 516 | 53052 | 51 | 5673 |
| 西藏 | Tibet | 56 | 4558 | 15 | 1901 |
| 陕西 | Shaanxi | 725 | 64472 | 67 | 7652 |
| 甘肃 | Gansu | 287 | 23673 | 49 | 6094 |
| 青海 | Qinghai | 75 | 6554 | 12 | 1544 |
| 宁夏 | Ningxia | 78 | 7274 | 5 | 1022 |
| 新疆 | Xinjiang | 253 | 23265 | 66 | 7492 |

4-1-3 续表 1 Continued 1

| 地 区 | Region | 集体企业 Collective-owned Enterprises | | 股份合作企业 Cooperative Enterprises | |
|---|---|---|---|---|---|
| | | 法人单位数（个）Number of Corporation Enterprises (unit) | 年末从业人数（人）Engaged Persons at the Year-end (person) | 法人单位数（个）Number of Corporation Enterprises (unit) | 年末从业人数（人）Engaged Persons at the Year-end (person) |
| **全 国** | **National Total** | **367** | **27831** | **72** | **5317** |
| 北 京 | Beijing | 37 | 4732 | 22 | 1607 |
| 天 津 | Tianjin | 13 | 816 | 1 | 589 |
| 河 北 | Hebei | 10 | 682 | 2 | 56 |
| 山 西 | Shanxi | 12 | 985 | | |
| 内蒙古 | Inner Mongolia | 4 | 367 | 1 | 80 |
| 辽 宁 | Liaoning | 25 | 1283 | 1 | 20 |
| 吉 林 | Jilin | 3 | 207 | 1 | 58 |
| 黑龙江 | Heilongjiang | 5 | 262 | 1 | 336 |
| 上 海 | Shanghai | 13 | 978 | | |
| 江 苏 | Jiangsu | 22 | 1548 | | |
| 浙 江 | Zhejiang | 22 | 1719 | 9 | 324 |
| 安 徽 | Anhui | 3 | 184 | 1 | 25 |
| 福 建 | Fujian | 9 | 464 | 3 | 182 |
| 江 西 | Jiangxi | 1 | 15 | 2 | 35 |
| 山 东 | Shandong | 27 | 1933 | 2 | 240 |
| 河 南 | Henan | 36 | 2803 | 4 | 251 |
| 湖 北 | Hubei | 9 | 991 | 2 | 86 |
| 湖 南 | Hunan | 8 | 923 | 1 | 145 |
| 广 东 | Guangdong | 43 | 2405 | 8 | 510 |
| 广 西 | Guangxi | 5 | 353 | 2 | 208 |
| 海 南 | Hainan | 1 | 63 | 1 | 131 |
| 重 庆 | Chongqing | 7 | 579 | 1 | 18 |
| 四 川 | Sichuan | 5 | 484 | 2 | 95 |
| 贵 州 | Guizhou | 7 | 158 | | |
| 云 南 | Yunnan | 15 | 1099 | 3 | 148 |
| 西 藏 | Tibet | 1 | 47 | | |
| 陕 西 | Shaanxi | 11 | 637 | 2 | 173 |
| 甘 肃 | Gansu | 3 | 338 | | |
| 青 海 | Qinghai | 5 | 278 | | |
| 宁 夏 | Ningxia | 1 | 44 | | |
| 新 疆 | Xinjiang | 4 | 454 | | |

4-1-3 续表 2 Continued 2

| 地 区 | Region | 联营企业 Joint Ownership Enterprises | | 有限责任公司 Limited Liability Corporations | |
|---|---|---|---|---|---|
| | | 法人单位数 (个) Number of Corporation Enterprises (unit) | 年末从业人数 (人) Engaged Persons at the Year-end (person) | 法人单位数 (个) Number of Corporation Enterprises (unit) | 年末从业人数 (人) Engaged Persons at the Year-end (person) |
| **全 国** | **National Total** | **27** | **3141** | **6480** | **759827** |
| 北 京 | Beijing | 2 | 163 | 372 | 52263 |
| 天 津 | Tianjin | | | 71 | 8634 |
| 河 北 | Hebei | 1 | 62 | 172 | 19700 |
| 山 西 | Shanxi | | | 51 | 6925 |
| 内 蒙 古 | Inner Mongolia | 1 | 66 | 131 | 14062 |
| 辽 宁 | Liaoning | 2 | 89 | 133 | 14206 |
| 吉 林 | Jilin | | | 66 | 6329 |
| 黑 龙 江 | Heilongjiang | | | 81 | 6922 |
| 上 海 | Shanghai | 3 | 396 | 192 | 28062 |
| 江 苏 | Jiangsu | 2 | 145 | 307 | 39356 |
| 浙 江 | Zhejiang | 4 | 445 | 376 | 53022 |
| 安 徽 | Anhui | | | 203 | 20746 |
| 福 建 | Fujian | 2 | 1161 | 282 | 32983 |
| 江 西 | Jiangxi | | | 156 | 18071 |
| 山 东 | Shandong | | | 350 | 39171 |
| 河 南 | Henan | | | 540 | 41588 |
| 湖 北 | Hubei | | | 304 | 27225 |
| 湖 南 | Hunan | 1 | 35 | 228 | 30464 |
| 广 东 | Guangdong | 4 | 300 | 709 | 101941 |
| 广 西 | Guangxi | | | 151 | 14308 |
| 海 南 | Hainan | | | 163 | 31798 |
| 重 庆 | Chongqing | | | 152 | 18647 |
| 四 川 | Sichuan | 2 | 82 | 344 | 34119 |
| 贵 州 | Guizhou | | | 158 | 14519 |
| 云 南 | Yunnan | 2 | 157 | 196 | 25213 |
| 西 藏 | Tibet | | | 16 | 1382 |
| 陕 西 | Shaanxi | | | 330 | 34699 |
| 甘 肃 | Gansu | | | 117 | 10842 |
| 青 海 | Qinghai | | | 18 | 1366 |
| 宁 夏 | Ningxia | | | 25 | 2730 |
| 新 疆 | Xinjiang | 1 | 40 | 86 | 8534 |

4-1-3 续表 3 Continued 3

| 地 区 | Region | 股份有限公司 Share-holding Corporations Ltd. 法人单位数(个) Number of Corporation Enterprises (unit) | 股份有限公司 Share-holding Corporations Ltd. 年末从业人数(人) Engaged Persons at the Year-end (person) | 私营企业 Private Enterprises 法人单位数(个) Number of Corporation Enterprises (unit) | 私营企业 Private Enterprises 年末从业人数(人) Engaged Persons at the Year-end (person) |
|---|---|---|---|---|---|
| **全 国** | **National Total** | **557** | **67434** | **8364** | **580828** |
| 北 京 | Beijing | 7 | 1770 | 267 | 16662 |
| 天 津 | Tianjin | 5 | 651 | 83 | 4293 |
| 河 北 | Hebei | 16 | 2381 | 141 | 13981 |
| 山 西 | Shanxi | 9 | 732 | 224 | 17256 |
| 内蒙古 | Inner Mongolia | 14 | 901 | 120 | 8279 |
| 辽 宁 | Liaoning | 12 | 705 | 223 | 14606 |
| 吉 林 | Jilin | 7 | 555 | 49 | 3740 |
| 黑龙江 | Heilongjiang | 12 | 1378 | 60 | 3287 |
| 上 海 | Shanghai | 17 | 944 | 399 | 22315 |
| 江 苏 | Jiangsu | 35 | 6933 | 520 | 35840 |
| 浙 江 | Zhejiang | 13 | 3412 | 722 | 53760 |
| 安 徽 | Anhui | 22 | 2663 | 315 | 19659 |
| 福 建 | Fujian | 13 | 1721 | 395 | 27751 |
| 江 西 | Jiangxi | 28 | 2309 | 163 | 12182 |
| 山 东 | Shandong | 43 | 4520 | 492 | 29543 |
| 河 南 | Henan | 57 | 4315 | 525 | 31271 |
| 湖 北 | Hubei | 17 | 2421 | 388 | 22741 |
| 湖 南 | Hunan | 28 | 4513 | 382 | 32426 |
| 广 东 | Guangdong | 41 | 8097 | 874 | 71996 |
| 广 西 | Guangxi | 25 | 3094 | 240 | 17560 |
| 海 南 | Hainan | 11 | 1653 | 31 | 6659 |
| 重 庆 | Chongqing | 11 | 1041 | 197 | 14122 |
| 四 川 | Sichuan | 50 | 4794 | 471 | 31414 |
| 贵 州 | Guizhou | 6 | 367 | 283 | 13883 |
| 云 南 | Yunnan | 15 | 1985 | 224 | 18114 |
| 西 藏 | Tibet | 3 | 116 | 20 | 1082 |
| 陕 西 | Shaanxi | 23 | 1758 | 278 | 18464 |
| 甘 肃 | Gansu | 9 | 407 | 106 | 5754 |
| 青 海 | Qinghai | 1 | 573 | 37 | 2744 |
| 宁 夏 | Ningxia | 1 | 22 | 46 | 3456 |
| 新 疆 | Xinjiang | 6 | 703 | 89 | 5988 |

4-1-3 续表 4 Continued 4

| 地　区 | Region | 港、澳、台商投资企业 Enterprises with Funds from Hongkong, Macao and Taiwan | | 外商投资企业 Foreign Funded Enterprises | |
|---|---|---|---|---|---|
| | | 法人单位数 (个) Number of Corporation Enterprises (unit) | 年末从业人数 (人) Engaged Persons at the Year-end (person) | 法人单位数 (个) Number of Corporation Enterprises (unit) | 年末从业人数 (人) Engaged Persons at the Year-end (person) |
| **全　国** | **National Total** | **522** | **127192** | **379** | **79752** |
| 北　京 | Beijing | 38 | 15825 | 29 | 7778 |
| 天　津 | Tianjin | 5 | 421 | 9 | 1933 |
| 河　北 | Hebei | 7 | 1370 | 1 | 596 |
| 山　西 | Shanxi | 1 | 110 | | |
| 内蒙古 | Inner Mongolia | 2 | 568 | 2 | 456 |
| 辽　宁 | Liaoning | 20 | 4331 | 33 | 3404 |
| 吉　林 | Jilin | 2 | 351 | 3 | 638 |
| 黑龙江 | Heilongjiang | 9 | 1075 | 5 | 703 |
| 上　海 | Shanghai | 27 | 8835 | 18 | 4296 |
| 江　苏 | Jiangsu | 33 | 6119 | 38 | 5771 |
| 浙　江 | Zhejiang | 33 | 9165 | 26 | 3806 |
| 安　徽 | Anhui | 10 | 2335 | 5 | 1024 |
| 福　建 | Fujian | 44 | 8706 | 31 | 6267 |
| 江　西 | Jiangxi | 11 | 1238 | 7 | 782 |
| 山　东 | Shandong | 13 | 3125 | 15 | 2217 |
| 河　南 | Henan | 12 | 2479 | 6 | 641 |
| 湖　北 | Hubei | 19 | 4072 | 5 | 523 |
| 湖　南 | Hunan | 16 | 4002 | 3 | 734 |
| 广　东 | Guangdong | 142 | 32321 | 87 | 24948 |
| 广　西 | Guangxi | 17 | 4665 | 2 | 122 |
| 海　南 | Hainan | 19 | 7535 | 11 | 4273 |
| 重　庆 | Chongqing | 5 | 892 | 5 | 1664 |
| 四　川 | Sichuan | 10 | 1696 | 8 | 1488 |
| 贵　州 | Guizhou | 5 | 473 | 1 | 238 |
| 云　南 | Yunnan | 9 | 2136 | 12 | 1656 |
| 西　藏 | Tibet | 2 | 232 | 1 | 223 |
| 陕　西 | Shaanxi | 9 | 2911 | 11 | 2738 |
| 甘　肃 | Gansu | 1 | 179 | 1 | 358 |
| 青　海 | Qinghai | | | 2 | 352 |
| 宁　夏 | Ningxia | | | 1 | 102 |
| 新　疆 | Xinjiang | 1 | 25 | 1 | 21 |

# 4-1-4 各地区限额以上住宿业企业基本情况(按国民经济行业分)

## Basic Conditions of Enterprises above Designated Size of Hotels by Region and Sector

| 地 区 | Region | 旅游饭店 Tourist Hotel | | 一般旅馆 Fonda | | 其他住宿业 Others | |
|---|---|---|---|---|---|---|---|
| | | 法人单位数(个) Number of Corporation Enterprises (unit) | 年末从业人数(人) Engaged Persons at the Year-end (person) | 法人单位数(个) Number of Corporation Enterprises (unit) | 年末从业人数(人) Engaged Persons at the Year-end (person) | 法人单位数(个) Number of Corporation Enterprises (unit) | 年末从业人数(人) Engaged Persons at the Year-end (person) |
| **全 国** | **National Total** | **11971** | **1521030** | **6359** | **347141** | **607** | **43444** |
| 北 京 | Beijing | 592 | 105900 | 368 | 24040 | 27 | 3084 |
| 天 津 | Tianjin | 111 | 13902 | 94 | 5301 | 23 | 1638 |
| 河 北 | Hebei | 320 | 38739 | 137 | 11633 | 19 | 3528 |
| 山 西 | Shanxi | 201 | 25368 | 154 | 9214 | 17 | 1096 |
| 内蒙古 | Inner Mongolia | 203 | 20689 | 101 | 7192 | 10 | 768 |
| 辽 宁 | Liaoning | 367 | 40842 | 146 | 6225 | 15 | 702 |
| 吉 林 | Jilin | 141 | 15019 | 31 | 1618 | 10 | 841 |
| 黑龙江 | Heilongjiang | 160 | 15416 | 57 | 3314 | 10 | 698 |
| 上 海 | Shanghai | 331 | 55029 | 376 | 19627 | 32 | 2278 |
| 江 苏 | Jiangsu | 676 | 93514 | 346 | 13694 | 35 | 1912 |
| 浙 江 | Zhejiang | 855 | 114838 | 406 | 18792 | 16 | 777 |
| 安 徽 | Anhui | 388 | 39898 | 191 | 8869 | 18 | 795 |
| 福 建 | Fujian | 564 | 72099 | 258 | 13419 | 27 | 1945 |
| 江 西 | Jiangxi | 294 | 31334 | 137 | 9582 | 7 | 429 |
| 山 东 | Shandong | 673 | 81047 | 386 | 20379 | 30 | 1781 |
| 河 南 | Henan | 676 | 63819 | 577 | 30237 | 40 | 2547 |
| 湖 北 | Hubei | 418 | 45483 | 374 | 17067 | 20 | 1364 |
| 湖 南 | Hunan | 479 | 65532 | 220 | 13466 | 32 | 2162 |
| 广 东 | Guangdong | 1358 | 216706 | 645 | 40958 | 85 | 6187 |
| 广 西 | Guangxi | 360 | 38142 | 139 | 8229 | 11 | 775 |
| 海 南 | Hainan | 234 | 52396 | 16 | 1325 | 2 | 425 |
| 重 庆 | Chongqing | 232 | 30842 | 147 | 7228 | 23 | 1286 |
| 四 川 | Sichuan | 558 | 61226 | 377 | 17659 | 19 | 1246 |
| 贵 州 | Guizhou | 338 | 26437 | 143 | 5459 | 13 | 826 |
| 云 南 | Yunnan | 389 | 46562 | 133 | 9163 | 15 | 1119 |
| 西 藏 | Tibet | 58 | 4951 | | | 1 | 62 |
| 陕 西 | Shaanxi | 469 | 53629 | 245 | 14171 | 31 | 2321 |
| 甘 肃 | Gansu | 201 | 19732 | 76 | 4046 | 12 | 432 |
| 青 海 | Qinghai | 64 | 6259 | 10 | 446 | 3 | 201 |
| 宁 夏 | Ningxia | 62 | 6443 | 14 | 775 | 3 | 158 |
| 新 疆 | Xinjiang | 199 | 19237 | 55 | 4013 | 1 | 61 |

# 4-1-5 各地区限额以上餐饮业企业基本情况

# Basic Conditions of Enterprises above Designated Size of Catering Services by Region

| 地区 | Region | 餐饮业 Catering Services | | #国有控股 State-controlled Enterprises | |
|---|---|---|---|---|---|
| | | 法人单位数（个）Number of Corporation Enterprises (unit) | 年末从业人数（人）Engaged Persons at the Year-end (person) | 法人单位数（个）Number of Corporation Enterprises (unit) | 年末从业人数（人）Engaged Persons at the Year-end (person) |
| **全国** | **National Total** | **25947** | **2220780** | **851** | **117495** |
| 北京 | Beijing | 1408 | 228016 | 94 | 19538 |
| 天津 | Tianjin | 378 | 42866 | 20 | 2101 |
| 河北 | Hebei | 440 | 31005 | 20 | 1872 |
| 山西 | Shanxi | 469 | 46488 | 35 | 4296 |
| 内蒙古 | Inner Mongolia | 377 | 29301 | 15 | 1413 |
| 辽宁 | Liaoning | 533 | 36209 | 24 | 1638 |
| 吉林 | Jilin | 184 | 11076 | 15 | 1696 |
| 黑龙江 | Heilongjiang | 152 | 9372 | 18 | 1242 |
| 上海 | Shanghai | 1770 | 235824 | 54 | 9931 |
| 江苏 | Jiangsu | 2065 | 184395 | 86 | 10379 |
| 浙江 | Zhejiang | 1554 | 129407 | 33 | 7862 |
| 安徽 | Anhui | 1183 | 75951 | 28 | 2568 |
| 福建 | Fujian | 921 | 64987 | 12 | 2875 |
| 江西 | Jiangxi | 294 | 22542 | 13 | 1272 |
| 山东 | Shandong | 2122 | 126594 | 105 | 12492 |
| 河南 | Henan | 1324 | 70678 | 20 | 918 |
| 湖北 | Hubei | 1667 | 98182 | 33 | 2920 |
| 湖南 | Hunan | 707 | 55452 | 14 | 1315 |
| 广东 | Guangdong | 2893 | 322506 | 50 | 12186 |
| 广西 | Guangxi | 318 | 28392 | 13 | 743 |
| 海南 | Hainan | 53 | 4450 | 1 | 69 |
| 重庆 | Chongqing | 1273 | 83445 | 18 | 1827 |
| 四川 | Sichuan | 1510 | 116068 | 28 | 2558 |
| 贵州 | Guizhou | 385 | 15016 | 9 | 1337 |
| 云南 | Yunnan | 380 | 28268 | 19 | 2465 |
| 西藏 | Tibet | 9 | 337 | | |
| 陕西 | Shaanxi | 1022 | 81665 | 36 | 6550 |
| 甘肃 | Gansu | 340 | 21703 | 20 | 1765 |
| 青海 | Qinghai | 43 | 4279 | 2 | 220 |
| 宁夏 | Ningxia | 80 | 6620 | 4 | 339 |
| 新疆 | Xinjiang | 93 | 9686 | 12 | 1108 |

# 4-1-6 各地区限额以上餐饮业企业基本情况(按登记注册类型分)

# Basic Conditions of Enterprises above Designated Size of Catering Services by Region and Type of Registration

| 地 区 | Region | 内资企业 Domestic Funded Enterprises | | 国有企业 State-owned Enterprises | |
|---|---|---|---|---|---|
| | | 法人单位数(个) Number of Corporation Enterprises (unit) | 年末从业人数(人) Engaged Persons at the Year-end (person) | 法人单位数(个) Number of Corporation Enterprises (unit) | 年末从业人数(人) Engaged Persons at the Year-end (person) |
| **全 国** | **National Total** | **24845** | **1698260** | **413** | **37077** |
| 北 京 | Beijing | 1285 | 147332 | 27 | 2867 |
| 天 津 | Tianjin | 347 | 25215 | 9 | 946 |
| 河 北 | Hebei | 437 | 30732 | 15 | 1068 |
| 山 西 | Shanxi | 467 | 41932 | 23 | 1759 |
| 内 蒙 古 | Inner Mongolia | 374 | 29008 | 10 | 895 |
| 辽 宁 | Liaoning | 494 | 24924 | 17 | 1007 |
| 吉 林 | Jilin | 182 | 11026 | 8 | 1208 |
| 黑 龙 江 | Heilongjiang | 128 | 6672 | 12 | 568 |
| 上 海 | Shanghai | 1505 | 115406 | 13 | 1099 |
| 江 苏 | Jiangsu | 1991 | 133114 | 29 | 2484 |
| 浙 江 | Zhejiang | 1524 | 107316 | 9 | 661 |
| 安 徽 | Anhui | 1177 | 73775 | 10 | 821 |
| 福 建 | Fujian | 867 | 44236 | 5 | 768 |
| 江 西 | Jiangxi | 282 | 19380 | 10 | 845 |
| 山 东 | Shandong | 2087 | 121845 | 64 | 7442 |
| 河 南 | Henan | 1316 | 64315 | 16 | 557 |
| 湖 北 | Hubei | 1643 | 85532 | 18 | 932 |
| 湖 南 | Hunan | 697 | 49770 | 9 | 906 |
| 广 东 | Guangdong | 2620 | 216785 | 25 | 3697 |
| 广 西 | Guangxi | 310 | 23082 | 12 | 714 |
| 海 南 | Hainan | 47 | 3732 | 1 | 69 |
| 重 庆 | Chongqing | 1262 | 75054 | 2 | 124 |
| 四 川 | Sichuan | 1481 | 97874 | 15 | 1376 |
| 贵 州 | Guizhou | 385 | 15016 | 4 | 409 |
| 云 南 | Yunnan | 374 | 23597 | 11 | 667 |
| 西 藏 | Tibet | 9 | 337 | | |
| 陕 西 | Shaanxi | 1003 | 71587 | 16 | 1122 |
| 甘 肃 | Gansu | 338 | 19881 | 14 | 908 |
| 青 海 | Qinghai | 43 | 4279 | | |
| 宁 夏 | Ningxia | 79 | 6508 | 2 | 178 |
| 新 疆 | Xinjiang | 91 | 8998 | 7 | 980 |

4-1-6 续表 1 Continued 1

| 地区 | Region | 集体企业 Collective-owned Enterprises 法人单位数(个) Number of Corporation Enterprises (unit) | 集体企业 Collective-owned Enterprises 年末从业人数(人) Engaged Persons at the Year-end (person) | 股份合作企业 Cooperative Enterprises 法人单位数(个) Number of Corporation Enterprises (unit) | 股份合作企业 Cooperative Enterprises 年末从业人数(人) Engaged Persons at the Year-end (person) |
|---|---|---|---|---|---|
| **全国** | **National Total** | **184** | **9583** | **98** | **7001** |
| 北京 | Beijing | 16 | 866 | 23 | 1497 |
| 天津 | Tianjin | 2 | 145 | | |
| 河北 | Hebei | 3 | 167 | 4 | 325 |
| 山西 | Shanxi | 4 | 246 | 2 | 80 |
| 内蒙古 | Inner Mongolia | 2 | 125 | | |
| 辽宁 | Liaoning | 5 | 127 | 1 | 5 |
| 吉林 | Jilin | 5 | 268 | | |
| 黑龙江 | Heilongjiang | 1 | 30 | 1 | 15 |
| 上海 | Shanghai | 16 | 967 | 5 | 335 |
| 江苏 | Jiangsu | 15 | 746 | 2 | 101 |
| 浙江 | Zhejiang | 2 | 61 | 3 | 492 |
| 安徽 | Anhui | 7 | 376 | 1 | 8 |
| 福建 | Fujian | 4 | 404 | 1 | 20 |
| 江西 | Jiangxi | | | 3 | 175 |
| 山东 | Shandong | 16 | 959 | 3 | 191 |
| 河南 | Henan | 11 | 397 | 2 | 195 |
| 湖北 | Hubei | 5 | 235 | 2 | 226 |
| 湖南 | Hunan | 1 | 15 | | |
| 广东 | Guangdong | 31 | 1849 | 33 | 1492 |
| 广西 | Guangxi | 3 | 104 | 2 | 86 |
| 海南 | Hainan | | | | |
| 重庆 | Chongqing | 20 | 695 | 4 | 101 |
| 四川 | Sichuan | 6 | 342 | 3 | 1562 |
| 贵州 | Guizhou | 1 | 39 | 2 | 61 |
| 云南 | Yunnan | 2 | 103 | | |
| 西藏 | Tibet | | | | |
| 陕西 | Shaanxi | 6 | 317 | 1 | 34 |
| 甘肃 | Gansu | | | | |
| 青海 | Qinghai | | | | |
| 宁夏 | Ningxia | | | | |
| 新疆 | Xinjiang | | | | |

4-1-6 续表 2 Continued 2

| 地区 Region | | 联营企业 Joint Ownership Enterprises | | 有限责任公司 Limited Liability Corporations | |
|---|---|---|---|---|---|
| | | 法人单位数(个) Number of Corporation Enterprises (unit) | 年末从业人数(人) Engaged Persons at the Year-end (person) | 法人单位数(个) Number of Corporation Enterprises (unit) | 年末从业人数(人) Engaged Persons at the Year-end (person) |
| **全　国** | **National Total** | **7** | **264** | **6654** | **562486** |
| 北　京 | Beijing | | | 398 | 62411 |
| 天　津 | Tianjin | | | 116 | 11049 |
| 河　北 | Hebei | | | 163 | 11436 |
| 山　西 | Shanxi | | | 64 | 7466 |
| 内蒙古 | Inner Mongolia | | | 164 | 12496 |
| 辽　宁 | Liaoning | | | 98 | 6083 |
| 吉　林 | Jilin | | | 68 | 5084 |
| 黑龙江 | Heilongjiang | | | 35 | 2200 |
| 上　海 | Shanghai | 1 | 36 | 172 | 21961 |
| 江　苏 | Jiangsu | | | 415 | 36852 |
| 浙　江 | Zhejiang | 1 | 50 | 232 | 24495 |
| 安　徽 | Anhui | | | 307 | 23155 |
| 福　建 | Fujian | | | 257 | 14414 |
| 江　西 | Jiangxi | | | 112 | 9166 |
| 山　东 | Shandong | 1 | 52 | 560 | 38264 |
| 河　南 | Henan | 1 | 62 | 461 | 25623 |
| 湖　北 | Hubei | 1 | | 528 | 39062 |
| 湖　南 | Hunan | | | 217 | 14184 |
| 广　东 | Guangdong | | | 572 | 69518 |
| 广　西 | Guangxi | | | 86 | 7874 |
| 海　南 | Hainan | | | 31 | 2523 |
| 重　庆 | Chongqing | | | 331 | 19881 |
| 四　川 | Sichuan | | | 420 | 33072 |
| 贵　州 | Guizhou | | | 84 | 4646 |
| 云　南 | Yunnan | | | 121 | 9537 |
| 西　藏 | Tibet | | | 3 | 108 |
| 陕　西 | Shaanxi | 1 | 32 | 477 | 38111 |
| 甘　肃 | Gansu | 1 | 32 | 118 | 7927 |
| 青　海 | Qinghai | | | 5 | 730 |
| 宁　夏 | Ningxia | | | 17 | 1471 |
| 新　疆 | Xinjiang | | | 22 | 1687 |

4-1-6 续表 3 Continued 3

| 地 区 | Region | 股份有限公司 Share-holding Corporations Ltd. | | 私营企业 Private Enterprises | |
|---|---|---|---|---|---|
| | | 法人单位数 (个) Number of Corporation Enterprises (unit) | 年末从业人数 (人) Engaged Persons at the Year-end (person) | 法人单位数 (个) Number of Corporation Enterprises (unit) | 年末从业人数 (人) Engaged Persons at the Year-end (person) |
| **全 国** | **National Total** | **420** | **54757** | **16600** | **1002993** |
| 北 京 | Beijing | 15 | 4241 | 806 | 75450 |
| 天 津 | Tianjin | 6 | 1238 | 200 | 11457 |
| 河 北 | Hebei | 17 | 1842 | 230 | 15756 |
| 山 西 | Shanxi | 9 | 809 | 359 | 31285 |
| 内 蒙 古 | Inner Mongolia | 16 | 2457 | 174 | 12596 |
| 辽 宁 | Liaoning | 8 | 624 | 355 | 16463 |
| 吉 林 | Jilin | 11 | 621 | 83 | 3585 |
| 黑 龙 江 | Heilongjiang | 5 | 270 | 70 | 3293 |
| 上 海 | Shanghai | 10 | 1610 | 1277 | 88410 |
| 江 苏 | Jiangsu | 31 | 3652 | 1476 | 87088 |
| 浙 江 | Zhejiang | 12 | 3675 | 1261 | 77699 |
| 安 徽 | Anhui | 15 | 958 | 832 | 48229 |
| 福 建 | Fujian | 4 | 261 | 569 | 27184 |
| 江 西 | Jiangxi | 9 | 945 | 144 | 8117 |
| 山 东 | Shandong | 50 | 6673 | 1355 | 65803 |
| 河 南 | Henan | 41 | 2450 | 766 | 34133 |
| 湖 北 | Hubei | 16 | 1154 | 1006 | 42107 |
| 湖 南 | Hunan | 9 | 835 | 453 | 33484 |
| 广 东 | Guangdong | 22 | 3954 | 1850 | 131166 |
| 广 西 | Guangxi | 11 | 953 | 180 | 12590 |
| 海 南 | Hainan | 6 | 574 | 8 | 506 |
| 重 庆 | Chongqing | 16 | 6653 | 853 | 46213 |
| 四 川 | Sichuan | 33 | 1965 | 985 | 58854 |
| 贵 州 | Guizhou | 2 | 239 | 287 | 9463 |
| 云 南 | Yunnan | 3 | 92 | 223 | 12660 |
| 西 藏 | Tibet | | | 6 | 229 |
| 陕 西 | Shaanxi | 25 | 4471 | 452 | 25420 |
| 甘 肃 | Gansu | 11 | 753 | 188 | 9973 |
| 青 海 | Qinghai | 5 | 496 | 33 | 3053 |
| 宁 夏 | Ningxia | 1 | 178 | 59 | 4681 |
| 新 疆 | Xinjiang | 1 | 114 | 60 | 6046 |

4-1-6 续表 4 Continued 4

| 地　区 | Region | 港、澳、台商投资企业 Enterprises with Funds from Hongkong, Macao and Taiwan 法人单位数(个) Number of Corporation Enterprises (unit) | 港、澳、台商投资企业 年末从业人数(人) Engaged Persons at the Year-end (person) | 外商投资企业 Foreign Funded Enterprises 法人单位数(个) Number of Corporation Enterprises (unit) | 外商投资企业 年末从业人数(人) Engaged Persons at the Year-end (person) |
|---|---|---|---|---|---|
| **全　国** | **National Total** | **627** | **193556** | **475** | **328964** |
| 北　京 | Beijing | 55 | 29123 | 68 | 51561 |
| 天　津 | Tianjin | 9 | 717 | 22 | 16934 |
| 河　北 | Hebei | | | 3 | 273 |
| 山　西 | Shanxi | 1 | 67 | 1 | 4489 |
| 内蒙古 | Inner Mongolia | 1 | 217 | 2 | 76 |
| 辽　宁 | Liaoning | 12 | 1979 | 27 | 9306 |
| 吉　林 | Jilin | | | 2 | 50 |
| 黑龙江 | Heilongjiang | 11 | 2190 | 13 | 510 |
| 上　海 | Shanghai | 160 | 68087 | 105 | 52331 |
| 江　苏 | Jiangsu | 37 | 10896 | 37 | 40385 |
| 浙　江 | Zhejiang | 17 | 3645 | 13 | 18446 |
| 安　徽 | Anhui | 4 | 2056 | 2 | 120 |
| 福　建 | Fujian | 34 | 7242 | 20 | 13509 |
| 江　西 | Jiangxi | 8 | 1058 | 4 | 2104 |
| 山　东 | Shandong | 14 | 2715 | 21 | 2034 |
| 河　南 | Henan | 3 | 881 | 5 | 5482 |
| 湖　北 | Hubei | 14 | 3328 | 10 | 9322 |
| 湖　南 | Hunan | 5 | 221 | 5 | 5461 |
| 广　东 | Guangdong | 199 | 47115 | 74 | 58606 |
| 广　西 | Guangxi | 5 | 430 | 3 | 4880 |
| 海　南 | Hainan | 5 | 703 | 1 | 15 |
| 重　庆 | Chongqing | 6 | 598 | 5 | 7793 |
| 四　川 | Sichuan | 13 | 6467 | 16 | 11727 |
| 贵　州 | Guizhou | | | | |
| 云　南 | Yunnan | 4 | 950 | 2 | 3721 |
| 西　藏 | Tibet | | | | |
| 陕　西 | Shaanxi | 8 | 2738 | 11 | 7340 |
| 甘　肃 | Gansu | 1 | 78 | 1 | 1744 |
| 青　海 | Qinghai | | | | |
| 宁　夏 | Ningxia | | | 1 | 112 |
| 新　疆 | Xinjiang | 1 | 55 | 1 | 633 |

# 4-1-7 各地区限额以上餐饮业企业基本情况(按国民经济行业分)

## Basic Conditions of Enterprises above Designated Size of Catering Services by Region and Sector

| 地 区 | Region | 正餐服务 Dinner | | 快餐服务 Snack | |
|---|---|---|---|---|---|
| | | 法人单位数 (个) Number of Corporation Enterprises (unit) | 年末从业人数 (人) Engaged Persons at the Year-end (person) | 法人单位数 (个) Number of Corporation Enterprises (unit) | 年末从业人数 (人) Engaged Persons at the Year-end (person) |
| **全 国** | **National Total** | **24185** | **1680942** | **940** | **404088** |
| 北 京 | Beijing | 1215 | 153090 | 111 | 53507 |
| 天 津 | Tianjin | 319 | 22831 | 26 | 17457 |
| 河 北 | Hebei | 432 | 30679 | 6 | 196 |
| 山 西 | Shanxi | 454 | 40915 | 11 | 5440 |
| 内蒙古 | Inner Mongolia | 370 | 28718 | 6 | 551 |
| 辽 宁 | Liaoning | 488 | 24674 | 27 | 9846 |
| 吉 林 | Jilin | 180 | 9506 | 2 | 1476 |
| 黑龙江 | Heilongjiang | 149 | 8752 | 2 | 589 |
| 上 海 | Shanghai | 1523 | 150870 | 97 | 41826 |
| 江 苏 | Jiangsu | 1892 | 125631 | 93 | 48130 |
| 浙 江 | Zhejiang | 1430 | 98731 | 52 | 24919 |
| 安 徽 | Anhui | 1118 | 60266 | 45 | 14796 |
| 福 建 | Fujian | 852 | 44403 | 38 | 17741 |
| 江 西 | Jiangxi | 275 | 19911 | 17 | 2581 |
| 山 东 | Shandong | 2022 | 115210 | 74 | 7550 |
| 河 南 | Henan | 1231 | 61100 | 69 | 8391 |
| 湖 北 | Hubei | 1626 | 85431 | 24 | 9517 |
| 湖 南 | Hunan | 682 | 47082 | 14 | 8003 |
| 广 东 | Guangdong | 2631 | 211035 | 120 | 91729 |
| 广 西 | Guangxi | 298 | 20503 | 15 | 7609 |
| 海 南 | Hainan | 50 | 4243 | 3 | 207 |
| 重 庆 | Chongqing | 1223 | 75901 | 20 | 5433 |
| 四 川 | Sichuan | 1452 | 88224 | 28 | 14884 |
| 贵 州 | Guizhou | 377 | 14667 | 2 | 112 |
| 云 南 | Yunnan | 366 | 22508 | 4 | 4591 |
| 西 藏 | Tibet | 8 | 305 | 1 | 32 |
| 陕 西 | Shaanxi | 979 | 77569 | 22 | 2946 |
| 甘 肃 | Gansu | 334 | 19705 | 4 | 1926 |
| 青 海 | Qinghai | 43 | 4279 | | |
| 宁 夏 | Ningxia | 80 | 6620 | | |
| 新 疆 | Xinjiang | 86 | 7583 | 7 | 2103 |

4-1-7 续表 Continued

| 地 区 | Region | 饮料及冷饮服务 Beverage and Cold Drink | | 其他餐饮业 Others | |
|---|---|---|---|---|---|
| | | 法人单位数 (个) Number of Corporation Enterprises (unit) | 年末从业人数 (人) Engaged Persons at the Year-end (person) | 法人单位数 (个) Number of Corporation Enterprises (unit) | 年末从业人数 (人) Engaged Persons at the Year-end (person) |
| **全 国** | **National Total** | **224** | **50117** | **598** | **85633** |
| 北 京 | Beijing | 24 | 5891 | 58 | 15528 |
| 天 津 | Tianjin | | | 33 | 2578 |
| 河 北 | Hebei | 1 | 39 | 1 | 91 |
| 山 西 | Shanxi | | | 4 | 133 |
| 内 蒙 古 | Inner Mongolia | | | 1 | 32 |
| 辽 宁 | Liaoning | 10 | 604 | 8 | 1085 |
| 吉 林 | Jilin | | | 2 | 94 |
| 黑 龙 江 | Heilongjiang | 1 | 31 | | |
| 上 海 | Shanghai | 37 | 28066 | 113 | 15062 |
| 江 苏 | Jiangsu | 15 | 1330 | 65 | 9304 |
| 浙 江 | Zhejiang | 24 | 1026 | 48 | 4731 |
| 安 徽 | Anhui | 11 | 281 | 9 | 608 |
| 福 建 | Fujian | 11 | 452 | 20 | 2391 |
| 江 西 | Jiangxi | 1 | 1 | 1 | 50 |
| 山 东 | Shandong | 1 | 244 | 25 | 3590 |
| 河 南 | Henan | 2 | 54 | 22 | 1133 |
| 湖 北 | Hubei | 9 | 2220 | 8 | 1014 |
| 湖 南 | Hunan | 7 | 254 | 4 | 113 |
| 广 东 | Guangdong | 43 | 6736 | 99 | 13006 |
| 广 西 | Guangxi | 2 | 147 | 3 | 133 |
| 海 南 | Hainan | | | | |
| 重 庆 | Chongqing | 3 | 100 | 27 | 2011 |
| 四 川 | Sichuan | 12 | 2286 | 18 | 10674 |
| 贵 州 | Guizhou | 2 | 48 | 4 | 189 |
| 云 南 | Yunnan | 3 | 180 | 7 | 989 |
| 西 藏 | Tibet | | | | |
| 陕 西 | Shaanxi | 4 | 91 | 17 | 1059 |
| 甘 肃 | Gansu | 1 | 37 | 1 | 35 |
| 青 海 | Qinghai | | | | |
| 宁 夏 | Ningxia | | | | |
| 新 疆 | Xinjiang | | | | |

# 4-2-1 限额以上住宿和餐饮业企业经营情况

| 项　目 | Item | 营业额 Business Revenue | 客房收入 from Hotel Rooms |
|---|---|---|---|
| **总　计** | **Total** | **85122280** | **20915624** |
| **一、住宿业** | **Hotels** | **36482152** | **18031021** |
| #国有控股 | State-controlled Enterprises | 9566920 | 4307125 |
| **(一)按登记注册类型分** | **by Type of Registration** | | |
| **1.内资企业** | **Domestic Funded Enterprises** | **31036565** | **15367961** |
| 国有企业 | State-owned Enterprises | 4079730 | 1806596 |
| 集体企业 | Collective-owned Enterprises | 489601 | 224783 |
| 股份合作企业 | Cooperative Enterprises | 103034 | 46371 |
| 联营企业 | Joint Ownership Enterprises | 58097 | 27091 |
| 国有联营企业 | State Joint Ownership Enterprises | 39156 | 18160 |
| 集体联营企业 | Collective Joint Ownership Enterprises | 5969 | 2378 |
| 国有与集体联营企业 | Joint State-collective Enterprises | 7054 | 4042 |
| 其他联营企业 | Other Joint Ownership Enterprises | 5920 | 2512 |
| 有限责任公司 | Limited Liability Corporations | 14204538 | 6918932 |
| 国有独资公司 | State Sole Funded Corporations | 1182253 | 526517 |
| 其他有限责任公司 | Other Limited Liability Corporations | 13022284 | 6392416 |
| 股份有限公司 | Share-holding Corporations Ltd. | 1218577 | 550325 |
| 私营企业 | Private Enterprises | 10590824 | 5644177 |
| 私营独资企业 | Private-funded Enterprises | 1030494 | 552703 |
| 私营合伙企业 | Private Partnership Enterprises | 256461 | 117350 |
| 私营有限责任公司 | Private Limited Liability Corporations | 8718286 | 4680870 |
| 私营股份有限公司 | Private Share-holding Corporations Ltd. | 585588 | 293255 |
| 其他企业 | Other Enterprises | 292180 | 149693 |
| **2.港、澳、台商投资企业** | **Enterprises with Funds from Hongkong, Macao and Taiwan** | **3453187** | **1720132** |
| 合资经营企业 | Joint-venture Enterprises | 1503260 | 709457 |
| 合作经营企业 | Cooperative Enterprises | 441598 | 215526 |
| 独资经营企业 | Enterprises with Sole Investment | 1409395 | 743027 |
| 投资股份有限公司 | Share-holding Corporations Ltd. with Investment | 80394 | 43825 |
| 其他港澳台商投资企业 | Other Enterprises with Funds from Hongkong, Macao and Taiwan | 18543 | 8302 |
| **3.外商投资企业** | **Foreign Funded Enterprises** | **1992401** | **942934** |
| 中外合资经营企业 | Joint-venture Enterprises | 976835 | 468099 |
| 中外合作经营企业 | Cooperative Enterprises | 229353 | 99679 |
| 外资企业 | Enterprises with Sole Foreign Investment | 665466 | 318328 |
| 外商投资股份有限公司 | Share-holding Corporations Ltd. with Foreign Investment | 50888 | 26720 |
| 其他外商投资企业 | Other Foreign Funded Enterprises | 69862 | 30109 |
| **(二)按国民经济行业分** | **by Sector** | | |
| 旅游饭店 | Tourist Hotel | 29092589 | 13546431 |
| 一般旅馆 | Fonda | 6562100 | 4037693 |
| 其他住宿业 | Others | 827465 | 446905 |

## Business of Enterprises above Designated Size of Hotels and Catering Services

单位：万元

Unit: 10000 yuan

| | | | 客房数 (间) Hotel Rooms (unit) | 床位数 (个) Hotel Beds (unit) | 餐位数 (位) Seats for Meal (unit) |
|---|---|---|---|---|---|
| 餐费收入 from Meals | 商品销售额 from Commodities | 其他收入 Others | | | |
| **57095221** | **2444225** | **2392198** | **4101995** | **6745403** | **21393727** |
| **13660564** | **847629** | **1625545** | **3371983** | **5496643** | **7010800** |
| 3594578 | 188381 | 527920 | 692213 | 1194926 | 1567518 |
| | | | | | |
| **11804057** | **752361** | **1393002** | **3087743** | **5079085** | **6498043** |
| 1638949 | 91794 | 218618 | 264968 | 472769 | 839414 |
| 182931 | 17675 | 24571 | 38626 | 70995 | 106115 |
| 35597 | 5803 | 1762 | 7955 | 14974 | 21746 |
| 24926 | 904 | 2126 | 4369 | 8018 | 12354 |
| 17056 | 516 | 1508 | 2301 | 3812 | 4333 |
| 2981 | 257 | 16 | 1233 | 2688 | 5995 |
| 1641 | | 570 | 530 | 997 | 660 |
| 3248 | 132 | 32 | 305 | 521 | 1366 |
| 5274618 | 332487 | 727969 | 1268928 | 2077193 | 2653158 |
| 438748 | 14758 | 81075 | 87237 | 150928 | 182371 |
| 4835872 | 317732 | 646896 | 1181691 | 1926265 | 2470787 |
| 472413 | 31408 | 75174 | 101850 | 168520 | 261338 |
| 4058606 | 265886 | 335560 | 1313376 | 2099433 | 2519781 |
| 389381 | 43075 | 22197 | 86314 | 152247 | 260750 |
| 114732 | 12027 | 7457 | 24297 | 39912 | 69698 |
| 3313058 | 198762 | 287597 | 1144755 | 1815482 | 2042087 |
| 241442 | 12025 | 18312 | 58010 | 91792 | 147246 |
| 116018 | 6409 | 7228 | 87671 | 167183 | 84137 |
| **1143106** | **72243** | **145132** | **195493** | **283919** | **319549** |
| | | | | | |
| 541643 | 23847 | 81381 | 58888 | 88772 | 144064 |
| 137150 | 5503 | 5069 | 14354 | 21867 | 27883 |
| 429658 | 42147 | 53396 | 116450 | 164180 | 134440 |
| 25810 | 645 | 3993 | 5016 | 7875 | 11412 |
| 8847 | 101 | 1293 | 785 | 1225 | 1750 |
| | | | | | |
| **713407** | **23024** | **87416** | **88747** | **133639** | **193208** |
| 332361 | 12534 | 28142 | 41007 | 61716 | 90863 |
| 86213 | 1045 | 18259 | 10089 | 15358 | 26325 |
| 241310 | 8350 | 39557 | 32436 | 48730 | 63700 |
| 17067 | 1051 | 1164 | 2996 | 4810 | 7362 |
| | | | | | |
| 36464 | 49 | 293 | 2219 | 3025 | 4958 |
| | | | | | |
| 11483546 | 670937 | 1403050 | 2543360 | 4136338 | 5597976 |
| 1915583 | 148289 | 183493 | 732783 | 1186597 | 1255679 |
| 261443 | 28406 | 39007 | 95840 | 173708 | 157145 |

4-2-1 续表

| 项 目 | Item | 营业额 Business Revenue | 客房收入 from Hotel Rooms |
|---|---|---|---|
| **二、餐饮业** | **Catering Services** | **48640133** | **2884600** |
| #国有控股 | State-controlled Enterprises | 2340607 | 279331 |
| **(一)按登记注册类型分** | **by Type of Registration** | | |
| **1.内资企业** | **Domestic Funded Enterprises** | **35466584** | **2794168** |
| 国有企业 | State-owned Enterprises | 672131 | 142947 |
| 集体企业 | Collective-owned Enterprises | 235004 | 30747 |
| 股份合作企业 | Cooperative Enterprises | 141479 | 6595 |
| 联营企业 | Joint Ownership Enterprises | 10775 | 396 |
| 国有联营企业 | State Joint Ownership Enterprises | | |
| 集体联营企业 | Collective Joint Ownership Enterprises | 10775 | 396 |
| 国有与集体联营企业 | Joint State-collective Enterprises | | |
| 其他联营企业 | Other Joint Ownership Enterprises | | |
| 有限责任公司 | Limited Liability Corporations | 11061319 | 1001869 |
| 国有独资公司 | State Sole Funded Corporations | 326858 | 41806 |
| 其他有限责任公司 | Other Limited Liability Corporations | 10734463 | 960067 |
| 股份有限公司 | Share-holding Corporations Ltd. | 1252997 | 83776 |
| 私营企业 | Private Enterprises | 21575875 | 1491783 |
| 私营独资企业 | Private-funded Enterprises | 3592980 | 192030 |
| 私营合伙企业 | Private Partnership Enterprises | 409175 | 36321 |
| 私营有限责任公司 | Private Limited Liability Corporations | 16486105 | 1201898 |
| 私营股份有限公司 | Private Share-holding Corporations Ltd. | 1087621 | 61534 |
| 其他企业 | Other Enterprises | 517014 | 36066 |
| **2.港、澳、台商投资企业** | **Enterprises with Funds from Hongkong, Macao and Taiwan** | **4321209** | **65415** |
| 合资经营企业 | Joint-venture Enterprises | 728208 | 14928 |
| 合作经营企业 | Cooperative Enterprises | 178417 | 4169 |
| 独资经营企业 | Enterprises with Sole Investment | 3353218 | 42896 |
| 投资股份有限公司 | Share-holding Corporations Ltd. with Investment | 29471 | |
| 其他港澳台商投资企业 | Other Enterprises with Funds from Hongkong, Macao and Taiwan | 31891 | 3424 |
| **3.外商投资企业** | **Foreign Funded Enterprises** | **8852349** | **25021** |
| 中外合资经营企业 | Joint-venture Enterprises | 1964880 | 16773 |
| 中外合作经营企业 | Cooperative Enterprises | 80186 | 1841 |
| 外资企业 | Enterprises with Sole Foreign Investment | 6756451 | 4729 |
| 外商投资股份有限公司 | Share-holding Corporations Ltd. with Foreign Investment | 41411 | 1228 |
| 其他外商投资企业 | Other Foreign Funded Enterprises | 9423 | 450 |
| **(二)按国民经济行业分** | **by Sector** | | |
| 正餐服务 | Restaurant | 35474134 | 2844127 |
| 快餐服务 | Snack | 9775751 | 11661 |
| 饮料及冷饮服务 | Beverage and Cold Drink | 1519318 | 1528 |
| 其他餐饮业 | Others | 1870937 | 27291 |

4-2-1 Continued

单位：万元
Unit: 10000 yuan

| 餐费收入 from Meals | 商品销售额 from Commodities | 其他收入 Others | 客房数（间） Hotel Rooms (unit) | 床位数（个） Hotel Beds (unit) | 餐位数（位） Seats for Meal (unit) |
|---|---|---|---|---|---|
| **43434656** | **1596596** | **766655** | **730012** | **1248760** | **14382927** |
| 1754405 | 70748 | 46656 | 108468 | 181520 | 720798 |
| | | | | | |
| **30631464** | **1301150** | **567196** | **715663** | **1226240** | **12079809** |
| 470447 | 18945 | 9891 | 29337 | 54535 | 272379 |
| 178698 | 13408 | 894 | 5188 | 9369 | 83897 |
| 120841 | 11875 | 3355 | 1061 | 1818 | 44293 |
| 8315 | 2045 | 15 | 151 | 253 | 7360 |
| | | | | | |
| 8315 | 2045 | 15 | 151 | 253 | 7360 |
| | | | | | |
| | | | | | |
| 9226292 | 458066 | 241432 | 282188 | 453232 | 3724349 |
| 228015 | 10099 | 5803 | 7439 | 12365 | 79190 |
| 8998274 | 447974 | 235631 | 274749 | 440867 | 3645159 |
| 1048146 | 44401 | 23539 | 36273 | 67541 | 268359 |
| 19130398 | 725968 | 285060 | 354251 | 626510 | 7499379 |
| 3215679 | 141732 | 30616 | 34947 | 62357 | 1261674 |
| 358565 | 12713 | 3812 | 6729 | 11685 | 171179 |
| 14582468 | 546644 | 243512 | 299263 | 529978 | 5743089 |
| 973688 | 24882 | 7123 | 13312 | 22490 | 323437 |
| 448335 | 26442 | 3016 | 7214 | 12982 | 179793 |
| **4140827** | **85823** | **43641** | **10013** | **15714** | **695217** |
| | | | | | |
| 692885 | 9821 | 11062 | 2439 | 3935 | 159584 |
| 168083 | 3637 | 1613 | 761 | 1300 | 24116 |
| 3224786 | 70539 | 29884 | 6374 | 9823 | 503258 |
| 27760 | 840 | 840 | | | 5041 |
| 27314 | 988 | 245 | 439 | 656 | 3218 |
| | | | | | |
| **8662372** | **209626** | **155817** | **4336** | **6806** | **1607901** |
| 1916129 | 44324 | 28833 | 2112 | 3289 | 396791 |
| 61512 | 708 | 693 | 247 | 422 | 5816 |
| 6637450 | 164219 | 126220 | 1056 | 1647 | 1196443 |
| 38308 | 379 | 71 | 769 | 1192 | 6501 |
| | | | | | |
| 8973 | | | 152 | 256 | 2350 |
| | | | | | |
| 30686078 | 1311189 | 587940 | 719744 | 1224057 | 12001104 |
| 9566144 | 244120 | 153506 | 4609 | 13681 | 1761615 |
| 1473925 | 10104 | 4066 | 210 | 365 | 199205 |
| 1708514 | 31192 | 21140 | 5449 | 10657 | 421003 |

# 4-2-2 各地区限额以上住宿业企业经营情况
# Business of Enterprises above Designated Size of Hotels by Region

单位：万元
Unit: 10000 yuan

| 地区 | Region | 营业额 Business Revenue | 客房收入 from Hotel Rooms | 餐费收入 from Meals | 商品销售额 from Commodities | 其他收入 Others |
|---|---|---|---|---|---|---|
| **全国** | **National Total** | **36482152** | **18031021** | **13660564** | **847629** | **1625545** |
| 北京 | Beijing | 3425661 | 1818601 | 872930 | 11567 | 10968 |
| 天津 | Tianjin | 380313 | 202146 | 126926 | 1823 | 1051 |
| 河北 | Hebei | 656663 | 270501 | 315025 | 11104 | 60270 |
| 山西 | Shanxi | 331050 | 156950 | 138271 | 5428 | 30402 |
| 内蒙古 | Inner Mongolia | 363120 | 167116 | 170386 | 2233 | 23385 |
| 辽宁 | Liaoning | 977617 | 444725 | 427519 | 9766 | 2637 |
| 吉林 | Jilin | 315207 | 144879 | 136392 | 4757 | 29179 |
| 黑龙江 | Heilongjiang | 354613 | 194152 | 121451 | 15824 | 23187 |
| 上海 | Shanghai | 2638633 | 1410174 | 703706 | 30374 | 10820 |
| 江苏 | Jiangsu | 2186699 | 965442 | 994089 | 26039 | 16391 |
| 浙江 | Zhejiang | 2848427 | 1279113 | 1240812 | 41681 | 286821 |
| 安徽 | Anhui | 725529 | 340917 | 329793 | 11846 | 4966 |
| 福建 | Fujian | 1681925 | 714288 | 761851 | 86537 | 119248 |
| 江西 | Jiangxi | 597444 | 302371 | 243988 | 16985 | 34100 |
| 山东 | Shandong | 2190546 | 968478 | 1029261 | 78101 | 114706 |
| 河南 | Henan | 1651844 | 826260 | 659128 | 64782 | 101606 |
| 湖北 | Hubei | 1193010 | 604834 | 457604 | 51396 | 79176 |
| 湖南 | Hunan | 1512519 | 720772 | 633405 | 72041 | 86301 |
| 广东 | Guangdong | 5115052 | 2573344 | 1679594 | 86938 | 16852 |
| 广西 | Guangxi | 648310 | 362106 | 214225 | 16512 | 55467 |
| 海南 | Hainan | 1014627 | 628959 | 303001 | 7298 | 75368 |
| 重庆 | Chongqing | 877101 | 419143 | 361488 | 38790 | 57681 |
| 四川 | Sichuan | 1505102 | 760724 | 575911 | 55393 | 113073 |
| 贵州 | Guizhou | 508337 | 309655 | 150151 | 20003 | 28528 |
| 云南 | Yunnan | 806620 | 450548 | 232026 | 26117 | 97929 |
| 西藏 | Tibet | 68291 | 42416 | 16652 | 757 | 8466 |
| 陕西 | Shaanxi | 1038812 | 488431 | 446838 | 39746 | 63796 |
| 甘肃 | Gansu | 390244 | 219333 | 141301 | 6465 | 23144 |
| 青海 | Qinghai | 77621 | 46207 | 22105 | 1744 | 7565 |
| 宁夏 | Ningxia | 79102 | 38508 | 34041 | 1884 | 4669 |
| 新疆 | Xinjiang | 322113 | 159928 | 120694 | 3698 | 37793 |

4-2-2 续表 Continued

国有控股 单位：万元

State-controlled Enterprises Unit: 10000 yuan

| 地区 | Region | 营业额 Business Revenue | 客房收入 from Hotel Rooms | 餐费收入 from Meals | 商品销售额 from Commodities | 其他收入 Others |
|---|---|---|---|---|---|---|
| **全国** | **National Total** | **9566920** | **4307125** | **3594578** | **188381** | **527920** |
| 北京 | Beijing | 1713625 | 818782 | 481246 | 4907 | 4819 |
| 天津 | Tianjin | 140190 | 65447 | 51092 | 349 | 300 |
| 河北 | Hebei | 228128 | 87819 | 113373 | 4188 | 22984 |
| 山西 | Shanxi | 116894 | 51966 | 51137 | 655 | 13135 |
| 内蒙古 | Inner Mongolia | 80922 | 27428 | 45538 | 541 | 7415 |
| 辽宁 | Liaoning | 288200 | 114677 | 151501 | 2568 | 804 |
| 吉林 | Jilin | 109749 | 49060 | 49903 | 1054 | 9732 |
| 黑龙江 | Heilongjiang | 118344 | 56868 | 44579 | 7104 | 9793 |
| 上海 | Shanghai | 1017434 | 460368 | 294161 | 7221 | 1988 |
| 江苏 | Jiangsu | 621504 | 231862 | 279126 | 11629 | 7915 |
| 浙江 | Zhejiang | 547833 | 230521 | 245731 | 7075 | 64505 |
| 安徽 | Anhui | 167285 | 78177 | 75445 | 1221 | 326 |
| 福建 | Fujian | 350643 | 156207 | 153805 | 15498 | 25134 |
| 江西 | Jiangxi | 122212 | 61648 | 50108 | 3675 | 6782 |
| 山东 | Shandong | 546030 | 229205 | 247739 | 13185 | 55900 |
| 河南 | Henan | 290733 | 121069 | 123297 | 18448 | 27918 |
| 湖北 | Hubei | 178678 | 78265 | 62963 | 4734 | 32716 |
| 湖南 | Hunan | 293127 | 111572 | 133800 | 21703 | 26052 |
| 广东 | Guangdong | 915300 | 454102 | 303643 | 8060 | 2648 |
| 广西 | Guangxi | 122192 | 52011 | 44708 | 11258 | 14216 |
| 海南 | Hainan | 162147 | 105548 | 46509 | 363 | 9727 |
| 重庆 | Chongqing | 151395 | 62992 | 60539 | 5451 | 22413 |
| 四川 | Sichuan | 245463 | 114089 | 85940 | 8439 | 36995 |
| 贵州 | Guizhou | 107504 | 52142 | 42022 | 4658 | 8683 |
| 云南 | Yunnan | 247592 | 115996 | 82441 | 8587 | 40568 |
| 西藏 | Tibet | 29288 | 16249 | 7007 | 413 | 5619 |
| 陕西 | Shaanxi | 225432 | 99017 | 99618 | 6228 | 20570 |
| 甘肃 | Gansu | 181793 | 92567 | 71434 | 4500 | 13291 |
| 青海 | Qinghai | 33663 | 17232 | 11334 | 1578 | 3520 |
| 宁夏 | Ningxia | 22806 | 11466 | 7834 | 544 | 2962 |
| 新疆 | Xinjiang | 190814 | 82773 | 77005 | 2547 | 28490 |

# 4-2-3 各地区限额以上住宿业企业经营情况(按登记注册类型分)

## Business of Enterprises above Designated Size of Hotels by Region and Type of Registration

内资企业 单位：万元
Domestic Funded Enterprises Unit: 10000 yuan

| 地 区 | Region | 营业额 Business Revenue | 客房收入 from Hotel Rooms | 餐费收入 from Meals | 商品销售额 from Commodities | 其他收入 Others |
|---|---|---|---|---|---|---|
| **全 国** | **National Total** | **31036565** | **15367961** | **11804057** | **752361** | **1393002** |
| 北 京 | Beijing | 2460008 | 1344903 | 638042 | 8520 | 8387 |
| 天 津 | Tianjin | 328216 | 174024 | 106111 | 1777 | 1006 |
| 河 北 | Hebei | 628397 | 258776 | 304212 | 9379 | 56267 |
| 山 西 | Shanxi | 330386 | 156734 | 137880 | 5428 | 30345 |
| 内蒙古 | Inner Mongolia | 337624 | 156144 | 158368 | 2231 | 20881 |
| 辽 宁 | Liaoning | 803623 | 367127 | 357870 | 6942 | 1118 |
| 吉 林 | Jilin | 286298 | 133878 | 124607 | 4530 | 23283 |
| 黑龙江 | Heilongjiang | 303128 | 164966 | 103604 | 14300 | 20258 |
| 上 海 | Shanghai | 1964086 | 1112571 | 504769 | 19154 | 4738 |
| 江 苏 | Jiangsu | 1932597 | 850202 | 870350 | 24327 | 14931 |
| 浙 江 | Zhejiang | 2463828 | 1121267 | 1059080 | 39780 | 243701 |
| 安 徽 | Anhui | 678421 | 320791 | 307544 | 10861 | 3999 |
| 福 建 | Fujian | 1321069 | 571878 | 608290 | 55484 | 85416 |
| 江 西 | Jiangxi | 565619 | 286313 | 231991 | 16288 | 31028 |
| 山 东 | Shandong | 2062803 | 911583 | 981751 | 71110 | 98360 |
| 河 南 | Henan | 1579164 | 802251 | 634224 | 60296 | 82325 |
| 湖 北 | Hubei | 1096831 | 550856 | 423536 | 50639 | 71800 |
| 湖 南 | Hunan | 1448300 | 691256 | 606478 | 71503 | 79064 |
| 广 东 | Guangdong | 3871915 | 1897817 | 1272810 | 74209 | 14607 |
| 广 西 | Guangxi | 563715 | 320462 | 177776 | 15384 | 50093 |
| 海 南 | Hainan | 712537 | 427730 | 218670 | 6593 | 59544 |
| 重 庆 | Chongqing | 822716 | 391786 | 346404 | 36788 | 47738 |
| 四 川 | Sichuan | 1413145 | 714971 | 541620 | 55320 | 101235 |
| 贵 州 | Guizhou | 497183 | 303760 | 145723 | 19584 | 28117 |
| 云 南 | Yunnan | 736173 | 415153 | 213104 | 23414 | 84503 |
| 西 藏 | Tibet | 55324 | 34275 | 12542 | 757 | 7750 |
| 陕 西 | Shaanxi | 924744 | 434420 | 406252 | 33972 | 50099 |
| 甘 肃 | Gansu | 376400 | 211757 | 135754 | 6465 | 22424 |
| 青 海 | Qinghai | 72138 | 42576 | 20278 | 1744 | 7540 |
| 宁 夏 | Ningxia | 78520 | 38245 | 33723 | 1884 | 4669 |
| 新 疆 | Xinjiang | 321657 | 159489 | 120694 | 3698 | 37776 |

4-2-3 续表 1 Continued 1

国有企业
State-owned Enterprises

单位：万元
Unit: 10000 yuan

| 地 区 | Region | 营业额 Business Revenue | 客房收入 from Hotel Rooms | 餐费收入 from Meals | 商品销售额 from Commodities | 其他收入 Others |
|---|---|---|---|---|---|---|
| **全 国** | **National Total** | **4079730** | **1806596** | **1638949** | **91794** | **218618** |
| 北 京 | Beijing | 689283 | 332630 | 192818 | 1786 | 1785 |
| 天 津 | Tianjin | 38874 | 19545 | 11487 | 8 | 4 |
| 河 北 | Hebei | 165473 | 65195 | 85520 | 2873 | 11885 |
| 山 西 | Shanxi | 88687 | 39248 | 40679 | 210 | 8550 |
| 内 蒙 古 | Inner Mongolia | 35070 | 12413 | 18777 | 306 | 3574 |
| 辽 宁 | Liaoning | 136051 | 54404 | 69532 | 708 | 400 |
| 吉 林 | Jilin | 88560 | 39320 | 43158 | 530 | 5553 |
| 黑 龙 江 | Heilongjiang | 76550 | 36654 | 32153 | 2238 | 5505 |
| 上 海 | Shanghai | 303035 | 142507 | 89870 | 3450 | 112 |
| 江 苏 | Jiangsu | 219841 | 84380 | 111053 | 4334 | 3916 |
| 浙 江 | Zhejiang | 168416 | 73821 | 73365 | 1488 | 19741 |
| 安 徽 | Anhui | 36372 | 13706 | 19539 | 40 | |
| 福 建 | Fujian | 126157 | 53933 | 60992 | 363 | 10871 |
| 江 西 | Jiangxi | 75399 | 39185 | 29760 | 1978 | 4476 |
| 山 东 | Shandong | 387087 | 145319 | 197126 | 9464 | 35178 |
| 河 南 | Henan | 189602 | 76860 | 85291 | 13976 | 13475 |
| 湖 北 | Hubei | 67615 | 35012 | 26475 | 1599 | 4530 |
| 湖 南 | Hunan | 139293 | 56889 | 65320 | 11335 | 5750 |
| 广 东 | Guangdong | 359951 | 170326 | 125907 | 4890 | 494 |
| 广 西 | Guangxi | 72059 | 28053 | 26246 | 9915 | 7844 |
| 海 南 | Hainan | 12852 | 7017 | 3521 | 123 | 2190 |
| 重 庆 | Chongqing | 33643 | 14500 | 14369 | 2136 | 2638 |
| 四 川 | Sichuan | 78642 | 36023 | 29068 | 3728 | 9823 |
| 贵 州 | Guizhou | 40789 | 21692 | 15263 | 500 | 3334 |
| 云 南 | Yunnan | 85130 | 34224 | 24383 | 5342 | 21181 |
| 西 藏 | Tibet | 25236 | 13592 | 6312 | 413 | 4918 |
| 陕 西 | Shaanxi | 100679 | 43656 | 45930 | 3142 | 7952 |
| 甘 肃 | Gansu | 110601 | 58265 | 47347 | 3466 | 1523 |
| 青 海 | Qinghai | 14560 | 6815 | 5960 | 276 | 1509 |
| 宁 夏 | Ningxia | 11824 | 6022 | 3898 | 62 | 1842 |
| 新 疆 | Xinjiang | 102399 | 45390 | 37830 | 1115 | 18065 |

4-2-3 续表 2 Continued 2

集体企业
Collective-owned Enterprises

单位：万元
Unit: 10000 yuan

| 地　区 | Region | 营业额 Business Revenue | 客房收入 from Hotel Rooms | 餐费收入 from Meals | 商品销售额 from Commodities | 其他收入 Others |
|---|---|---|---|---|---|---|
| **全　国** | **National Total** | **489601** | **224783** | **182931** | **17675** | **24571** |
| 北　京 | Beijing | 88817 | 45006 | 18887 | 86 | 86 |
| 天　津 | Tianjin | 21010 | 9457 | 8236 | | |
| 河　北 | Hebei | 10282 | 3145 | 6683 | 119 | 336 |
| 山　西 | Shanxi | 9860 | 5711 | 3997 | 60 | 92 |
| 内蒙古 | Inner Mongolia | 2451 | 1144 | 1262 | 31 | 15 |
| 辽　宁 | Liaoning | 19765 | 9599 | 7585 | 1363 | 199 |
| 吉　林 | Jilin | 9248 | 4579 | 4668 | | |
| 黑龙江 | Heilongjiang | 5882 | 4912 | 734 | 34 | 202 |
| 上　海 | Shanghai | 19482 | 6097 | 10705 | 106 | |
| 江　苏 | Jiangsu | 30980 | 9771 | 19211 | | |
| 浙　江 | Zhejiang | 31014 | 18839 | 8340 | 187 | 3648 |
| 安　徽 | Anhui | 2516 | 1284 | 1110 | 1 | 1 |
| 福　建 | Fujian | 14125 | 3901 | 6721 | | 3503 |
| 江　西 | Jiangxi | 818 | 525 | 208 | 69 | 16 |
| 山　东 | Shandong | 38917 | 15674 | 19206 | 2780 | 1256 |
| 河　南 | Henan | 40497 | 18018 | 16841 | 1325 | 4245 |
| 湖　北 | Hubei | 18166 | 8096 | 7820 | 611 | 1639 |
| 湖　南 | Hunan | 25424 | 8471 | 9010 | 6862 | 1082 |
| 广　东 | Guangdong | 30651 | 15329 | 9496 | 30 | 3 |
| 广　西 | Guangxi | 5601 | 2565 | 1705 | 237 | 1094 |
| 海　南 | Hainan | 574 | 451 | | | 124 |
| 重　庆 | Chongqing | 14602 | 8021 | 5422 | 718 | 441 |
| 四　川 | Sichuan | 8612 | 4239 | 2813 | 267 | 1293 |
| 贵　州 | Guizhou | 8499 | 4992 | 2053 | 1454 | |
| 云　南 | Yunnan | 11871 | 5944 | 3729 | 382 | 1816 |
| 西　藏 | Tibet | 786 | 522 | | | 264 |
| 陕　西 | Shaanxi | 8522 | 3345 | 2563 | 940 | 1673 |
| 甘　肃 | Gansu | 3343 | 2084 | 693 | | 565 |
| 青　海 | Qinghai | 1225 | 975 | 176 | | 74 |
| 宁　夏 | Ningxia | 272 | 272 | | | |
| 新　疆 | Xinjiang | 5789 | 1815 | 3057 | 13 | 904 |

4-2-3 续表 3 Continued 3

股份合作企业 单位: 万元
Cooperative Enterprises Unit: 10000 yuan

| 地 区 | Region | 营业额 Business Revenue | 客房收入 from Hotel Rooms | 餐费收入 from Meals | 商品销售额 from Commodities | 其他收入 Others |
|---|---|---|---|---|---|---|
| **全 国** | **National Total** | **103034** | **46371** | **35597** | **5803** | **1762** |
| 北 京 | Beijing | 33237 | 17928 | 6904 | 323 | 323 |
| 天 津 | Tianjin | 12036 | 1605 | 4765 | | |
| 河 北 | Hebei | 1086 | 989 | 97 | | |
| 山 西 | Shanxi | | | | | |
| 内蒙古 | Inner Mongolia | 263 | 133 | 99 | 1 | 30 |
| 辽 宁 | Liaoning | 505 | 408 | 96 | | |
| 吉 林 | Jilin | 315 | 189 | 126 | | |
| 黑龙江 | Heilongjiang | 9301 | 1840 | 2810 | 4533 | 119 |
| 上 海 | Shanghai | | | | | |
| 江 苏 | Jiangsu | | | | | |
| 浙 江 | Zhejiang | 5707 | 3534 | 1891 | 33 | 249 |
| 安 徽 | Anhui | 82 | 32 | 49 | | |
| 福 建 | Fujian | 1104 | 432 | 508 | 151 | 14 |
| 江 西 | Jiangxi | 3464 | 1522 | 1605 | 222 | 114 |
| 山 东 | Shandong | 5053 | 1961 | 2944 | 148 | |
| 河 南 | Henan | 5235 | 3064 | 1767 | 93 | 311 |
| 湖 北 | Hubei | 913 | 294 | 522 | 46 | 52 |
| 湖 南 | Hunan | 2450 | 1799 | 565 | | 86 |
| 广 东 | Guangdong | 8466 | 5458 | 2796 | 134 | |
| 广 西 | Guangxi | 1957 | 1099 | 800 | | 58 |
| 海 南 | Hainan | 1254 | 616 | 507 | | 131 |
| 重 庆 | Chongqing | 1100 | 1100 | | | |
| 四 川 | Sichuan | 1455 | 612 | 640 | 118 | 86 |
| 贵 州 | Guizhou | | | | | |
| 云 南 | Yunnan | 1247 | 832 | 225 | 1 | 189 |
| 西 藏 | Tibet | | | | | |
| 陕 西 | Shaanxi | 6804 | 924 | 5881 | | |
| 甘 肃 | Gansu | | | | | |
| 青 海 | Qinghai | | | | | |
| 宁 夏 | Ningxia | | | | | |
| 新 疆 | Xinjiang | | | | | |

4-2-3 续表 4 Continued 4

联营企业
Joint Ownership Enterprises

单位：万元
Unit: 10000 yuan

| 地 区 | Region | 营业额 Business Revenue | 客房收入 from Hotel Rooms | 餐费收入 from Meals | 商品销售额 from Commodities | 其他收入 Others |
|---|---|---|---|---|---|---|
| **全 国** | **National Total** | **58097** | **27091** | **24926** | **904** | **2126** |
| 北 京 | Beijing | 4903 | 1862 | 2437 | 28 | 28 |
| 天 津 | Tianjin | | | | | |
| 河 北 | Hebei | 1446 | 533 | 913 | | 237 |
| 山 西 | Shanxi | | | | | |
| 内蒙古 | Inner Mongolia | 702 | 125 | 577 | | |
| 辽 宁 | Liaoning | 1221 | 461 | 405 | | |
| 吉 林 | Jilin | | | | | |
| 黑龙江 | Heilongjiang | | | | | |
| 上 海 | Shanghai | 7059 | 2828 | 3131 | 28 | 28 |
| 江 苏 | Jiangsu | 4246 | 1848 | 2084 | 302 | |
| 浙 江 | Zhejiang | 6835 | 3643 | 2405 | 213 | 574 |
| 安 徽 | Anhui | | | | | |
| 福 建 | Fujian | 21386 | 9025 | 11076 | 175 | 1110 |
| 江 西 | Jiangxi | | | | | |
| 山 东 | Shandong | | | | | |
| 河 南 | Henan | | | | | |
| 湖 北 | Hubei | | | | | |
| 湖 南 | Hunan | 1287 | 606 | 589 | 93 | |
| 广 东 | Guangdong | 5041 | 3586 | 128 | | |
| 广 西 | Guangxi | | | | | |
| 海 南 | Hainan | | | | | |
| 重 庆 | Chongqing | | | | | |
| 四 川 | Sichuan | 1383 | 1005 | 322 | 55 | |
| 贵 州 | Guizhou | | | | | |
| 云 南 | Yunnan | 2371 | 1382 | 830 | 10 | 149 |
| 西 藏 | Tibet | | | | | |
| 陕 西 | Shaanxi | | | | | |
| 甘 肃 | Gansu | | | | | |
| 青 海 | Qinghai | | | | | |
| 宁 夏 | Ningxia | | | | | |
| 新 疆 | Xinjiang | 217 | 187 | 29 | | |

4-2-3 续表 5 Continued 5

有限责任公司 单位：万元

Limited Liability Corporations Unit: 10000 yuan

| 地区 | Region | 营业额 Business Revenue | 客房收入 from Hotel Rooms | 餐费收入 from Meals | 商品销售额 from Commodities | 其他收入 Others |
|---|---|---|---|---|---|---|
| **全国** | **National Total** | **14204538** | **6918932** | **5274618** | **332487** | **727969** |
| 北京 | Beijing | 1249815 | 680049 | 332084 | 4704 | 4576 |
| 天津 | Tianjin | 161691 | 81565 | 55268 | 1349 | 946 |
| 河北 | Hebei | 261764 | 112881 | 119159 | 4019 | 25704 |
| 山西 | Shanxi | 65606 | 28165 | 28588 | 1262 | 7592 |
| 内蒙古 | Inner Mongolia | 167369 | 72803 | 82355 | 1085 | 11127 |
| 辽宁 | Liaoning | 274159 | 130364 | 122159 | 1430 | 415 |
| 吉林 | Jilin | 108523 | 54688 | 42854 | 2815 | 8166 |
| 黑龙江 | Heilongjiang | 98595 | 58283 | 30870 | 1960 | 7483 |
| 上海 | Shanghai | 944755 | 462497 | 269931 | 11284 | 1441 |
| 江苏 | Jiangsu | 786110 | 339715 | 367923 | 14875 | 8138 |
| 浙江 | Zhejiang | 1173961 | 504329 | 495086 | 26191 | 148357 |
| 安徽 | Anhui | 294400 | 134460 | 134259 | 2267 | 758 |
| 福建 | Fujian | 595501 | 273185 | 253957 | 28229 | 40131 |
| 江西 | Jiangxi | 271602 | 132422 | 112983 | 8383 | 17814 |
| 山东 | Shandong | 730454 | 334623 | 330985 | 23434 | 41412 |
| 河南 | Henan | 629847 | 338545 | 236932 | 17838 | 36531 |
| 湖北 | Hubei | 476663 | 248609 | 165126 | 15545 | 47383 |
| 湖南 | Hunan | 551021 | 244010 | 240510 | 25697 | 40804 |
| 广东 | Guangdong | 2113970 | 948377 | 695555 | 56679 | 11296 |
| 广西 | Guangxi | 192962 | 119725 | 51539 | 1825 | 19873 |
| 海南 | Hainan | 573873 | 345195 | 172657 | 5571 | 50449 |
| 重庆 | Chongqing | 400916 | 196313 | 163697 | 15826 | 25080 |
| 四川 | Sichuan | 614544 | 312282 | 234070 | 17259 | 50933 |
| 贵州 | Guizhou | 240753 | 134266 | 79242 | 9432 | 17814 |
| 云南 | Yunnan | 372945 | 203773 | 117940 | 9405 | 41827 |
| 西藏 | Tibet | 16654 | 10821 | 4492 | 38 | 1303 |
| 陕西 | Shaanxi | 493177 | 242129 | 205861 | 18515 | 26672 |
| 甘肃 | Gansu | 169640 | 91901 | 60163 | 2116 | 15460 |
| 青海 | Qinghai | 19663 | 12132 | 4079 | 858 | 2594 |
| 宁夏 | Ningxia | 32763 | 14735 | 15530 | 934 | 1563 |
| 新疆 | Xinjiang | 120842 | 56090 | 48764 | 1662 | 14327 |

4-2-3 续表 6 Continued 6

股份有限公司 单位: 万元

Share-holding Corporations Ltd Unit: 10000 yuan

| 地 区 | Region | 营业额 Business Revenue | 客房收入 from Hotel Rooms | 餐费收入 from Meals | 商品销售额 from Commodities | 其他收入 Others |
|---|---|---|---|---|---|---|
| **全 国** | **National Total** | **1218577** | **550325** | **472413** | **31408** | **75174** |
| 北 京 | Beijing | 38213 | 17653 | 10272 | 2 | 2 |
| 天 津 | Tianjin | 9545 | 5203 | 3272 | | |
| 河 北 | Hebei | 30007 | 9102 | 13451 | 687 | 6768 |
| 山 西 | Shanxi | 8837 | 3696 | 4441 | 46 | 654 |
| 内蒙古 | Inner Mongolia | 13953 | 5637 | 7358 | 38 | 920 |
| 辽 宁 | Liaoning | 39099 | 14214 | 23672 | 25 | |
| 吉 林 | Jilin | 10753 | 5343 | 3489 | | 1921 |
| 黑龙江 | Heilongjiang | 26778 | 17613 | 3716 | 686 | 4763 |
| 上 海 | Shanghai | 22713 | 16156 | 3535 | 23 | 23 |
| 江 苏 | Jiangsu | 186465 | 67615 | 61310 | 164 | 79 |
| 浙 江 | Zhejiang | 60830 | 24691 | 23743 | 2653 | 9743 |
| 安 徽 | Anhui | 49840 | 31946 | 16650 | 548 | 92 |
| 福 建 | Fujian | 31196 | 16529 | 12030 | 196 | 2442 |
| 江 西 | Jiangxi | 36386 | 17954 | 15884 | 1211 | 1337 |
| 山 东 | Shandong | 91415 | 38233 | 44198 | 4764 | 4220 |
| 河 南 | Henan | 83699 | 36612 | 38739 | 2901 | 5447 |
| 湖 北 | Hubei | 39953 | 18176 | 15840 | 2301 | 3637 |
| 湖 南 | Hunan | 79676 | 38088 | 34855 | 1797 | 4937 |
| 广 东 | Guangdong | 98722 | 40526 | 38965 | 3005 | 385 |
| 广 西 | Guangxi | 42187 | 19535 | 17088 | 1195 | 4370 |
| 海 南 | Hainan | 26399 | 17490 | 6939 | 46 | 1924 |
| 重 庆 | Chongqing | 24843 | 10630 | 7052 | 139 | 7023 |
| 四 川 | Sichuan | 84232 | 35941 | 33301 | 5666 | 9324 |
| 贵 州 | Guizhou | 11023 | 6219 | 3390 | 1268 | 145 |
| 云 南 | Yunnan | 26500 | 13409 | 10292 | 614 | 2184 |
| 西 藏 | Tibet | 1121 | 889 | 101 | 21 | 110 |
| 陕 西 | Shaanxi | 22153 | 9503 | 9813 | 784 | 2053 |
| 甘 肃 | Gansu | 5471 | 3064 | 2389 | 14 | 3 |
| 青 海 | Qinghai | 9124 | 4683 | 3663 | 592 | 186 |
| 宁 夏 | Ningxia | 542 | 505 | 15 | 8 | 14 |
| 新 疆 | Xinjiang | 6902 | 3470 | 2950 | 14 | 468 |

4-2-3 续表 7 Continued 7

私营企业
Private Enterprises

单位：万元
Unit: 10000 yuan

| 地 区 | Region | 营业额 Business Revenue | 客房收入 from Hotel Rooms | 餐费收入 from Meals | 商品销售额 from Commodities | 其他收入 Others |
|---|---|---|---|---|---|---|
| **全 国** | **National Total** | **10590824** | **5644177** | **4058606** | **265886** | **335560** |
| 北 京 | Beijing | 355741 | 249775 | 74640 | 1591 | 1588 |
| 天 津 | Tianjin | 80418 | 53738 | 21887 | 421 | 56 |
| 河 北 | Hebei | 156465 | 66220 | 77228 | 1681 | 11337 |
| 山 西 | Shanxi | 151239 | 77474 | 57836 | 2625 | 13304 |
| 内蒙古 | Inner Mongolia | 111812 | 60937 | 45274 | 577 | 5024 |
| 辽 宁 | Liaoning | 320932 | 156053 | 128464 | 3416 | 104 |
| 吉 林 | Jilin | 64314 | 28537 | 27034 | 1185 | 7558 |
| 黑龙江 | Heilongjiang | 84967 | 44897 | 33040 | 4849 | 2181 |
| 上 海 | Shanghai | 627881 | 456761 | 116824 | 3731 | 2601 |
| 江 苏 | Jiangsu | 700008 | 344189 | 306902 | 4649 | 2797 |
| 浙 江 | Zhejiang | 1016958 | 492304 | 454250 | 9016 | 61388 |
| 安 徽 | Anhui | 292635 | 138100 | 134810 | 8006 | 3148 |
| 福 建 | Fujian | 524346 | 211104 | 260052 | 26214 | 26976 |
| 江 西 | Jiangxi | 169699 | 89929 | 68493 | 4086 | 7190 |
| 山 东 | Shandong | 784502 | 365802 | 373787 | 29120 | 15793 |
| 河 南 | Henan | 619315 | 322366 | 251298 | 23335 | 22317 |
| 湖 北 | Hubei | 468336 | 230334 | 193469 | 30121 | 14413 |
| 湖 南 | Hunan | 642861 | 338327 | 252552 | 25622 | 26360 |
| 广 东 | Guangdong | 1198358 | 680958 | 382317 | 9421 | 2430 |
| 广 西 | Guangxi | 238279 | 143807 | 75972 | 2019 | 16481 |
| 海 南 | Hainan | 89498 | 51741 | 32483 | 793 | 4480 |
| 重 庆 | Chongqing | 340142 | 157608 | 152119 | 17912 | 12505 |
| 四 川 | Sichuan | 613690 | 319221 | 237274 | 27725 | 29470 |
| 贵 州 | Guizhou | 189796 | 132383 | 43769 | 6873 | 6771 |
| 云 南 | Yunnan | 224739 | 150452 | 51975 | 7640 | 14672 |
| 西 藏 | Tibet | 11101 | 8076 | 1636 | 285 | 1103 |
| 陕 西 | Shaanxi | 281306 | 130649 | 130114 | 10336 | 10207 |
| 甘 肃 | Gansu | 86094 | 55812 | 24569 | 847 | 4866 |
| 青 海 | Qinghai | 27187 | 17597 | 6396 | 17 | 3177 |
| 宁 夏 | Ningxia | 33119 | 16710 | 14279 | 879 | 1250 |
| 新 疆 | Xinjiang | 85086 | 52316 | 27863 | 894 | 4013 |

4-2-3 续表 8 Continued 8

其他企业 单位：万元
Other Enterprises Unit: 10000 yuan

| 地 区 | Region | 营业额 Business Revenue | 客房收入 from Hotel Rooms | 餐费收入 from Meals | 商品销售额 from Commodities | 其他收入 Others |
|---|---|---|---|---|---|---|
| **全 国** | **National Total** | **292180** | **149693** | **116018** | **6409** | **7228** |
| 北 京 | Beijing | | | | | |
| 天 津 | Tianjin | 4641 | 2912 | 1195 | | |
| 河 北 | Hebei | 1873 | 711 | 1162 | | |
| 山 西 | Shanxi | 6157 | 2440 | 2339 | 1226 | 153 |
| 内蒙古 | Inner Mongolia | 6005 | 2954 | 2667 | 193 | 192 |
| 辽 宁 | Liaoning | 11891 | 1624 | 5957 | | |
| 吉 林 | Jilin | 4586 | 1222 | 3279 | | 85 |
| 黑龙江 | Heilongjiang | 1055 | 767 | 282 | | 7 |
| 上 海 | Shanghai | 39160 | 25725 | 10772 | 532 | 532 |
| 江 苏 | Jiangsu | 4949 | 2685 | 1866 | 3 | |
| 浙 江 | Zhejiang | 107 | 106 | | 1 | |
| 安 徽 | Anhui | 2577 | 1264 | 1126 | | |
| 福 建 | Fujian | 7254 | 3771 | 2956 | 157 | 371 |
| 江 西 | Jiangxi | 8250 | 4775 | 3058 | 337 | 80 |
| 山 东 | Shandong | 25376 | 9971 | 13504 | 1400 | 501 |
| 河 南 | Henan | 10970 | 6785 | 3356 | 828 | |
| 湖 北 | Hubei | 25184 | 10335 | 14285 | 417 | 147 |
| 湖 南 | Hunan | 6289 | 3068 | 3078 | 98 | 45 |
| 广 东 | Guangdong | 56758 | 33256 | 17647 | 49 | |
| 广 西 | Guangxi | 10670 | 5677 | 4426 | 194 | 373 |
| 海 南 | Hainan | 8088 | 5220 | 2563 | 59 | 246 |
| 重 庆 | Chongqing | 7471 | 3617 | 3745 | 58 | 51 |
| 四 川 | Sichuan | 10588 | 5649 | 4132 | 501 | 306 |
| 贵 州 | Guizhou | 6324 | 4208 | 2005 | 58 | 53 |
| 云 南 | Yunnan | 11373 | 5137 | 3730 | 20 | 2485 |
| 西 藏 | Tibet | 426 | 374 | | | 52 |
| 陕 西 | Shaanxi | 12104 | 4215 | 6091 | 256 | 1542 |
| 甘 肃 | Gansu | 1252 | 630 | 592 | 22 | 7 |
| 青 海 | Qinghai | 379 | 375 | 3 | | |
| 宁 夏 | Ningxia | | | | | |
| 新 疆 | Xinjiang | 423 | 220 | 202 | | |

港、澳、台商投资企业
Enterprises with Funds from Hong Kong, Macao and Taiwan

单位：万元
Unit: 10000 yuan

| 地 区 | Region | 营业额 Business Revenue | 客房收入 from Hotel Rooms | 餐费收入 from Meals | 商品销售额 from Commodities | 其他收入 Others |
|---|---|---|---|---|---|---|
| **全 国** | **National Total** | **3453187** | **1720132** | **1143106** | **72243** | **145132** |
| 北 京 | Beijing | 636422 | 335512 | 154000 | 2283 | 1816 |
| 天 津 | Tianjin | 8973 | 6663 | 1593 | | |
| 河 北 | Hebei | 20168 | 8120 | 6784 | 1725 | 3540 |
| 山 西 | Shanxi | 664 | 216 | 391 | | 57 |
| 内蒙古 | Inner Mongolia | 14292 | 6228 | 7131 | 2 | 932 |
| 辽 宁 | Liaoning | 101542 | 44351 | 42397 | 1812 | 1098 |
| 吉 林 | Jilin | 6104 | 2465 | 3306 | 181 | 152 |
| 黑龙江 | Heilongjiang | 24692 | 13218 | 8703 | 1238 | 1533 |
| 上 海 | Shanghai | 524039 | 231511 | 147975 | 7906 | 5602 |
| 江 苏 | Jiangsu | 121168 | 55507 | 59481 | 362 | 220 |
| 浙 江 | Zhejiang | 292684 | 116377 | 136259 | 1588 | 38460 |
| 安 徽 | Anhui | 33038 | 14963 | 15156 | 960 | 943 |
| 福 建 | Fujian | 234191 | 87008 | 98961 | 26826 | 21396 |
| 江 西 | Jiangxi | 18138 | 7692 | 7750 | 206 | 2490 |
| 山 东 | Shandong | 75993 | 30415 | 25229 | 5842 | 14507 |
| 河 南 | Henan | 36331 | 13318 | 16053 | 2668 | 4292 |
| 湖 北 | Hubei | 89377 | 50440 | 31599 | 654 | 6684 |
| 湖 南 | Hunan | 51824 | 22180 | 23428 | 496 | 5721 |
| 广 东 | Guangdong | 719206 | 414588 | 211781 | 11424 | 1903 |
| 广 西 | Guangxi | 81810 | 38993 | 36353 | 1128 | 5336 |
| 海 南 | Hainan | 200070 | 134047 | 55194 | 503 | 10326 |
| 重 庆 | Chongqing | 16453 | 11992 | 3183 | 84 | 1194 |
| 四 川 | Sichuan | 32294 | 18843 | 10657 | 51 | 2743 |
| 贵 州 | Guizhou | 8027 | 4360 | 3155 | 419 | 93 |
| 云 南 | Yunnan | 39614 | 22812 | 13388 | 5 | 3410 |
| 西 藏 | Tibet | 5985 | 4049 | 1719 | | 218 |
| 陕 西 | Shaanxi | 55917 | 21832 | 19884 | 3880 | 10321 |
| 甘 肃 | Gansu | 3891 | 2168 | 1596 | | 128 |
| 青 海 | Qinghai | | | | | |
| 宁 夏 | Ningxia | | | | | |
| 新 疆 | Xinjiang | 280 | 264 | | | 17 |

4-2-3 续表 10 Continued 10

外商投资企业 Foreign Funded Enterprises

单位：万元 Unit: 10000 yuan

| 地　区 | Region | 营业额 Business Revenue | 客房收入 from Hotel Rooms | 餐费收入 from Meals | 商品销售额 from Commodities | 其他收入 Others |
|---|---|---|---|---|---|---|
| **全　国** | **National Total** | **1992401** | **942934** | **713407** | **23024** | **87416** |
| 北　京 | Beijing | 329231 | 138187 | 80888 | 764 | 764 |
| 天　津 | Tianjin | 43124 | 21458 | 19222 | 45 | 45 |
| 河　北 | Hebei | 8097 | 3605 | 4029 | | 464 |
| 山　西 | Shanxi | | | | | |
| 内蒙古 | Inner Mongolia | 11204 | 4744 | 4888 | | 1572 |
| 辽　宁 | Liaoning | 72452 | 33247 | 27252 | 1012 | 421 |
| 吉　林 | Jilin | 22805 | 8537 | 8479 | 45 | 5744 |
| 黑龙江 | Heilongjiang | 26794 | 15968 | 9144 | 285 | 1396 |
| 上　海 | Shanghai | 150508 | 66091 | 50961 | 3314 | 480 |
| 江　苏 | Jiangsu | 132934 | 59734 | 64257 | 1350 | 1240 |
| 浙　江 | Zhejiang | 91916 | 41469 | 45473 | 313 | 4660 |
| 安　徽 | Anhui | 14070 | 5163 | 7094 | 25 | 25 |
| 福　建 | Fujian | 126665 | 55402 | 54600 | 4227 | 12437 |
| 江　西 | Jiangxi | 13688 | 8366 | 4247 | 491 | 583 |
| 山　东 | Shandong | 51750 | 26480 | 22282 | 1149 | 1839 |
| 河　南 | Henan | 36350 | 10691 | 8851 | 1818 | 14990 |
| 湖　北 | Hubei | 6802 | 3539 | 2469 | 103 | 691 |
| 湖　南 | Hunan | 12394 | 7336 | 3499 | 43 | 1517 |
| 广　东 | Guangdong | 523931 | 260939 | 195004 | 1305 | 342 |
| 广　西 | Guangxi | 2785 | 2651 | 96 | | 38 |
| 海　南 | Hainan | 102020 | 67182 | 29138 | 202 | 5497 |
| 重　庆 | Chongqing | 37931 | 15365 | 11901 | 1917 | 8748 |
| 四　川 | Sichuan | 59663 | 26910 | 23634 | 23 | 9096 |
| 贵　州 | Guizhou | 3126 | 1536 | 1273 | | 318 |
| 云　南 | Yunnan | 30833 | 12583 | 5534 | 2698 | 10017 |
| 西　藏 | Tibet | 6982 | 4092 | 2392 | 1 | 498 |
| 陕　西 | Shaanxi | 58151 | 32179 | 20702 | 1894 | 3376 |
| 甘　肃 | Gansu | 9953 | 5409 | 3952 | | 592 |
| 青　海 | Qinghai | 5484 | 3631 | 1827 | | 26 |
| 宁　夏 | Ningxia | 582 | 264 | 319 | | |
| 新　疆 | Xinjiang | 176 | 176 | | | |

## 4-2-4 各地区限额以上住宿业企业经营情况(按国民经济行业分)

## Business of Enterprises above Designated Size of Hotels by Region and Sector

旅游饭店 单位：万元

Tourist Hotel Unit: 10000 yuan

| 地区 | Region | 营业额 Business Revenue | 客房收入 from Hotel Rooms | 餐费收入 from Meals | 商品销售额 from Commodities | 其他收入 Others |
|---|---|---|---|---|---|---|
| **全国** | **National Total** | **29092589** | **13546431** | **11483546** | **670937** | **1403050** |
| 北京 | Beijing | 2729785 | 1324071 | 775147 | 10927 | 10333 |
| 天津 | Tianjin | 268098 | 139874 | 97302 | 1691 | 1036 |
| 河北 | Hebei | 465090 | 193158 | 220591 | 6058 | 45521 |
| 山西 | Shanxi | 245766 | 106911 | 108698 | 4350 | 25807 |
| 内蒙古 | Inner Mongolia | 264507 | 112436 | 130225 | 1323 | 20523 |
| 辽宁 | Liaoning | 821411 | 352135 | 378608 | 8457 | 2523 |
| 吉林 | Jilin | 269249 | 121882 | 117423 | 3345 | 26600 |
| 黑龙江 | Heilongjiang | 272960 | 138182 | 99654 | 14217 | 20907 |
| 上海 | Shanghai | 1967688 | 946933 | 596244 | 20534 | 9255 |
| 江苏 | Jiangsu | 1880015 | 757737 | 915492 | 24648 | 15662 |
| 浙江 | Zhejiang | 2462862 | 1032076 | 1128165 | 37976 | 264646 |
| 安徽 | Anhui | 568140 | 256210 | 267951 | 11571 | 4745 |
| 福建 | Fujian | 1373744 | 549430 | 647383 | 76656 | 100275 |
| 江西 | Jiangxi | 471989 | 227590 | 201488 | 12827 | 30084 |
| 山东 | Shandong | 1623206 | 656219 | 811884 | 55768 | 99335 |
| 河南 | Henan | 1011692 | 469252 | 426972 | 36521 | 78879 |
| 湖北 | Hubei | 795701 | 384640 | 323144 | 22271 | 65647 |
| 湖南 | Hunan | 1168643 | 536242 | 501271 | 59246 | 71885 |
| 广东 | Guangdong | 4394633 | 2091417 | 1521721 | 82945 | 15796 |
| 广西 | Guangxi | 530687 | 279580 | 190073 | 15317 | 45718 |
| 海南 | Hainan | 995851 | 619197 | 297245 | 7148 | 72261 |
| 重庆 | Chongqing | 701767 | 316850 | 297989 | 34724 | 52205 |
| 四川 | Sichuan | 1140823 | 544444 | 462985 | 41564 | 91831 |
| 贵州 | Guizhou | 415686 | 245432 | 129873 | 16989 | 23393 |
| 云南 | Yunnan | 648149 | 352234 | 197091 | 19783 | 79041 |
| 西藏 | Tibet | 67569 | 42105 | 16241 | 757 | 8466 |
| 陕西 | Shaanxi | 794610 | 369767 | 340542 | 31761 | 52540 |
| 甘肃 | Gansu | 330157 | 177251 | 125863 | 5615 | 21429 |
| 青海 | Qinghai | 72432 | 42117 | 21288 | 1740 | 7287 |
| 宁夏 | Ningxia | 69907 | 33043 | 30571 | 1723 | 4570 |
| 新疆 | Xinjiang | 269772 | 128016 | 104422 | 2485 | 34850 |

4-2-4 续表 1 Continued 1

一般旅馆 单位：万元
Fonda Unit: 10000 yuan

| 地 区 | Region | 营业额 Business Revenue | 客房收入 from Hotel Rooms | 餐费收入 from Meals | 商品销售额 from Commodities | 其他收入 Others |
|---|---|---|---|---|---|---|
| **全 国** | **National Total** | **6562100** | **4037693** | **1915583** | **148289** | **183493** |
| 北 京 | Beijing | 606732 | 449928 | 79960 | 575 | 569 |
| 天 津 | Tianjin | 82425 | 48417 | 21176 | 21 | 15 |
| 河 北 | Hebei | 149127 | 60152 | 76735 | 3066 | 9175 |
| 山 西 | Shanxi | 79412 | 47552 | 27523 | 862 | 3474 |
| 内蒙古 | Inner Mongolia | 89571 | 50672 | 36449 | 384 | 2066 |
| 辽 宁 | Liaoning | 141541 | 82284 | 45753 | 1040 | 1 |
| 吉 林 | Jilin | 31101 | 17177 | 10707 | 1399 | 1818 |
| 黑龙江 | Heilongjiang | 72855 | 50816 | 18979 | 1576 | 1484 |
| 上 海 | Shanghai | 595449 | 401542 | 96619 | 9765 | 1566 |
| 江 苏 | Jiangsu | 267193 | 182786 | 67337 | 1360 | 730 |
| 浙 江 | Zhejiang | 373317 | 239376 | 109235 | 3456 | 21250 |
| 安 徽 | Anhui | 141763 | 76799 | 55133 | 249 | 222 |
| 福 建 | Fujian | 259032 | 145183 | 89987 | 7832 | 16030 |
| 江 西 | Jiangxi | 119057 | 71531 | 39488 | 4149 | 3890 |
| 山 东 | Shandong | 537763 | 294967 | 206287 | 21426 | 15082 |
| 河 南 | Henan | 575386 | 321161 | 208298 | 25986 | 19942 |
| 湖 北 | Hubei | 356501 | 206092 | 124374 | 13936 | 12098 |
| 湖 南 | Hunan | 298518 | 162683 | 112632 | 12509 | 10694 |
| 广 东 | Guangdong | 624054 | 422368 | 132031 | 2902 | 967 |
| 广 西 | Guangxi | 104841 | 77744 | 21990 | 1179 | 3927 |
| 海 南 | Hainan | 14201 | 7986 | 4152 | 151 | 1912 |
| 重 庆 | Chongqing | 149810 | 89660 | 53417 | 2823 | 3910 |
| 四 川 | Sichuan | 343543 | 202945 | 107037 | 13534 | 20027 |
| 贵 州 | Guizhou | 83738 | 58837 | 17626 | 2719 | 4556 |
| 云 南 | Yunnan | 144780 | 89994 | 31001 | 5894 | 17891 |
| 西 藏 | Tibet | | | | | |
| 陕 西 | Shaanxi | 203608 | 102034 | 89119 | 7271 | 5184 |
| 甘 肃 | Gansu | 53050 | 37327 | 13176 | 851 | 1696 |
| 青 海 | Qinghai | 3905 | 3252 | 374 | 4 | 275 |
| 宁 夏 | Ningxia | 7848 | 4800 | 2792 | 157 | 99 |
| 新 疆 | Xinjiang | 51979 | 31628 | 16196 | 1213 | 2943 |

4-2-4 续表 2 Continued 2

其他住宿业
Others

单位：万元
Unit: 10000 yuan

| 地 区 | Region | 营业额 Business Revenue | 客房收入 from Hotel Rooms | 餐费收入 from Meals | 商品销售额 from Commodities | 其他收入 Others |
|---|---|---|---|---|---|---|
| **全 国** | **National Total** | **827465** | **446905** | **261443** | **28406** | **39007** |
| 北 京 | Beijing | 89144 | 44602 | 17822 | 66 | 65 |
| 天 津 | Tianjin | 29790 | 13855 | 8448 | 110 | |
| 河 北 | Hebei | 42446 | 17192 | 17700 | 1981 | 5574 |
| 山 西 | Shanxi | 5872 | 2487 | 2050 | 216 | 1120 |
| 内蒙古 | Inner Mongolia | 9042 | 4008 | 3713 | 526 | 796 |
| 辽 宁 | Liaoning | 14666 | 10306 | 3158 | 269 | 113 |
| 吉 林 | Jilin | 14857 | 5821 | 8262 | 13 | 761 |
| 黑龙江 | Heilongjiang | 8798 | 5154 | 2818 | 30 | 796 |
| 上 海 | Shanghai | 75496 | 61699 | 10843 | 75 | |
| 江 苏 | Jiangsu | 39492 | 24920 | 11260 | 31 | |
| 浙 江 | Zhejiang | 12247 | 7661 | 3413 | 250 | 924 |
| 安 徽 | Anhui | 15626 | 7908 | 6710 | 26 | |
| 福 建 | Fujian | 49149 | 19676 | 24481 | 2049 | 2943 |
| 江 西 | Jiangxi | 6398 | 3250 | 3013 | 9 | 126 |
| 山 东 | Shandong | 29577 | 17292 | 11090 | 906 | 289 |
| 河 南 | Henan | 64766 | 35848 | 23858 | 2275 | 2786 |
| 湖 北 | Hubei | 40808 | 14102 | 10086 | 15189 | 1431 |
| 湖 南 | Hunan | 45358 | 21847 | 19502 | 287 | 3722 |
| 广 东 | Guangdong | 96365 | 59559 | 25842 | 1091 | 89 |
| 广 西 | Guangxi | 12782 | 4782 | 2163 | 16 | 5822 |
| 海 南 | Hainan | 4575 | 1776 | 1604 | | 1195 |
| 重 庆 | Chongqing | 25524 | 12633 | 10082 | 1243 | 1566 |
| 四 川 | Sichuan | 20736 | 13335 | 5889 | 295 | 1216 |
| 贵 州 | Guizhou | 8913 | 5387 | 2653 | 295 | 579 |
| 云 南 | Yunnan | 13692 | 8320 | 3934 | 440 | 998 |
| 西 藏 | Tibet | 722 | 311 | 411 | | |
| 陕 西 | Shaanxi | 40594 | 16630 | 17178 | 714 | 6073 |
| 甘 肃 | Gansu | 7037 | 4756 | 2262 | | 19 |
| 青 海 | Qinghai | 1284 | 837 | 443 | | 4 |
| 宁 夏 | Ningxia | 1347 | 666 | 678 | 4 | |
| 新 疆 | Xinjiang | 362 | 285 | 77 | | |

# 4-2-5 各地区限额以上餐饮业企业经营情况
# Business of Enterprises above Designated Size of Catering Services by Region

单位：万元
Unit: 10000 yuan

| 地 区 | Region | 营业额 Business Revenue | 客房收入 from Hotel Rooms | 餐费收入 from Meals | 商品销售额 from Commodities | 其他收入 Others |
|---|---|---|---|---|---|---|
| **全 国** | **National Total** | **48640133** | **2884600** | **43434656** | **1596596** | **766655** |
| 北 京 | Beijing | 5405914 | 36242 | 5174593 | 224520 | 181864 |
| 天 津 | Tianjin | 966984 | 31573 | 889502 | 8514 | 1032 |
| 河 北 | Hebei | 358115 | 55629 | 281595 | 12455 | 8436 |
| 山 西 | Shanxi | 477896 | 86035 | 369321 | 14004 | 8536 |
| 内蒙古 | Inner Mongolia | 531136 | 80570 | 419006 | 18803 | 12757 |
| 辽 宁 | Liaoning | 1217093 | 51290 | 1121290 | 12231 | 1574 |
| 吉 林 | Jilin | 284399 | 45221 | 231314 | 3675 | 4190 |
| 黑龙江 | Heilongjiang | 159192 | 14136 | 130206 | 12644 | 2207 |
| 上 海 | Shanghai | 6255680 | 74639 | 6044786 | 119277 | 44074 |
| 江 苏 | Jiangsu | 3708579 | 340513 | 3188090 | 99955 | 60259 |
| 浙 江 | Zhejiang | 2870054 | 218491 | 2536475 | 46370 | 68719 |
| 安 徽 | Anhui | 1189070 | 125866 | 990361 | 24581 | 7646 |
| 福 建 | Fujian | 1526523 | 72462 | 1392566 | 43905 | 17589 |
| 江 西 | Jiangxi | 641952 | 44471 | 573424 | 21407 | 2651 |
| 山 东 | Shandong | 3282141 | 339573 | 2717250 | 168551 | 56766 |
| 河 南 | Henan | 1617067 | 153766 | 1375363 | 49828 | 38111 |
| 湖 北 | Hubei | 2673572 | 214250 | 2295134 | 122520 | 41667 |
| 湖 南 | Hunan | 1177297 | 130564 | 987722 | 41821 | 17190 |
| 广 东 | Guangdong | 6699667 | 250415 | 6156994 | 182612 | 41065 |
| 广 西 | Guangxi | 355221 | 25143 | 315657 | 6574 | 7847 |
| 海 南 | Hainan | 61491 | 2070 | 53244 | 595 | 5582 |
| 重 庆 | Chongqing | 2152009 | 108062 | 1936815 | 85110 | 22022 |
| 四 川 | Sichuan | 2287934 | 148227 | 1960595 | 131107 | 48005 |
| 贵 州 | Guizhou | 236689 | 23047 | 197516 | 9447 | 6679 |
| 云 南 | Yunnan | 477006 | 17977 | 418096 | 18892 | 22041 |
| 西 藏 | Tibet | 5079 | 96 | 4874 | 2 | 107 |
| 陕 西 | Shaanxi | 1420937 | 125664 | 1157151 | 107024 | 31098 |
| 甘 肃 | Gansu | 326313 | 33333 | 285804 | 4753 | 2423 |
| 青 海 | Qinghai | 51950 | 9224 | 41717 | 207 | 802 |
| 宁 夏 | Ningxia | 77539 | 9580 | 64295 | 2465 | 1200 |
| 新 疆 | Xinjiang | 145634 | 16471 | 123900 | 2747 | 2516 |

4-2-5 续表 Continued

国有控股 单位：万元

State-controlled Enterprises Unit: 10000 yuan

| 地 区 | Region | 营业额 Business Revenue | 客房收入 from Hotel Rooms | 餐费收入 from Meals | 商品销售额 from Commodities | 其他收入 Others |
|---|---|---|---|---|---|---|
| **全 国** | **National Total** | **2340607** | **279331** | **1754405** | **70748** | **46656** |
| 北 京 | Beijing | 436408 | 6388 | 362778 | 3953 | 3952 |
| 天 津 | Tianjin | 43021 | 4653 | 22761 | 44 | 29 |
| 河 北 | Hebei | 25743 | 6946 | 14399 | 3793 | 605 |
| 山 西 | Shanxi | 27712 | 9250 | 16263 | 584 | 1615 |
| 内蒙古 | Inner Mongolia | 16205 | 4452 | 10676 | 421 | 656 |
| 辽 宁 | Liaoning | 35142 | 7301 | 25385 | 508 | |
| 吉 林 | Jilin | 35276 | 11847 | 23133 | 139 | 157 |
| 黑龙江 | Heilongjiang | 17501 | 6053 | 10197 | 728 | 523 |
| 上 海 | Shanghai | 285900 | 11733 | 229603 | 1744 | 304 |
| 江 苏 | Jiangsu | 166953 | 41763 | 110668 | 1613 | 388 |
| 浙 江 | Zhejiang | 163550 | 13425 | 143502 | 889 | 5734 |
| 安 徽 | Anhui | 72918 | 7767 | 60582 | 291 | |
| 福 建 | Fujian | 48867 | 3918 | 41533 | 2037 | 1378 |
| 江 西 | Jiangxi | 18357 | 5214 | 12425 | 670 | 48 |
| 山 东 | Shandong | 227550 | 45479 | 166390 | 8862 | 6819 |
| 河 南 | Henan | 23670 | 2775 | 19455 | 685 | 755 |
| 湖 北 | Hubei | 49802 | 7584 | 36385 | 5561 | 272 |
| 湖 南 | Hunan | 19255 | 6679 | 12208 | 230 | 138 |
| 广 东 | Guangdong | 286994 | 26068 | 197200 | 6506 | 3888 |
| 广 西 | Guangxi | 9287 | 2411 | 5807 | 637 | 432 |
| 海 南 | Hainan | 652 | | 652 | | |
| 重 庆 | Chongqing | 59491 | 11242 | 42438 | 3868 | 1943 |
| 四 川 | Sichuan | 62116 | 10812 | 42220 | 5821 | 3262 |
| 贵 州 | Guizhou | 15223 | 1262 | 13389 | 76 | 496 |
| 云 南 | Yunnan | 43220 | 2866 | 31422 | 7389 | 1543 |
| 西 藏 | Tibet | | | | | |
| 陕 西 | Shaanxi | 105283 | 6988 | 74490 | 12480 | 11324 |
| 甘 肃 | Gansu | 29673 | 9252 | 19393 | 825 | 204 |
| 青 海 | Qinghai | 880 | 359 | 516 | | 5 |
| 宁 夏 | Ningxia | 4026 | 1072 | 2873 | 30 | 52 |
| 新 疆 | Xinjiang | 9932 | 3772 | 5662 | 364 | 134 |

# 4-2-6 各地区限额以上餐饮业企业经营情况(按登记注册类型分)

# Business of Enterprises above Designated Size of Catering Services by Region and Type of Registration

内资企业 单位：万元

Domestic Funded Enterprises Unit: 10000 yuan

| 地 区 | Region | 营业额 Business Revenue | 客房收入 from Hotel Rooms | 餐费收入 from Meals | 商品销售额 from Commodities | 其他收入 Others |
|---|---|---|---|---|---|---|
| 全 国 | **National Total** | **35466584** | **2794168** | **30631464** | **1301150** | **567196** |
| 北 京 | Beijing | 3217587 | 36214 | 3038317 | 136771 | 134997 |
| 天 津 | Tianjin | 534879 | 30556 | 466909 | 8081 | 998 |
| 河 北 | Hebei | 356378 | 55114 | 280388 | 12440 | 8436 |
| 山 西 | Shanxi | 418128 | 85923 | 309665 | 14004 | 8536 |
| 内蒙古 | Inner Mongolia | 489950 | 79210 | 395126 | 6588 | 9026 |
| 辽 宁 | Liaoning | 625357 | 49776 | 544941 | 11508 | 1556 |
| 吉 林 | Jilin | 284110 | 45216 | 231057 | 3647 | 4190 |
| 黑龙江 | Heilongjiang | 120749 | 14136 | 95240 | 9190 | 2183 |
| 上 海 | Shanghai | 2931163 | 71286 | 2749433 | 81211 | 19149 |
| 江 苏 | Jiangsu | 2671438 | 325134 | 2194037 | 39013 | 10289 |
| 浙 江 | Zhejiang | 2256944 | 202654 | 1949760 | 46162 | 58367 |
| 安 徽 | Anhui | 1159926 | 125049 | 962183 | 24581 | 7646 |
| 福 建 | Fujian | 1085581 | 57146 | 974593 | 41959 | 11884 |
| 江 西 | Jiangxi | 568636 | 42330 | 503383 | 20273 | 2651 |
| 山 东 | Shandong | 3002846 | 334124 | 2448130 | 165747 | 54846 |
| 河 南 | Henan | 1513502 | 153766 | 1285654 | 49354 | 24729 |
| 湖 北 | Hubei | 2249066 | 211866 | 1875956 | 121937 | 39307 |
| 湖 南 | Hunan | 1036876 | 130171 | 854272 | 35355 | 17079 |
| 广 东 | Guangdong | 4208048 | 230272 | 3739022 | 114662 | 22200 |
| 广 西 | Guangxi | 272420 | 25143 | 232913 | 6517 | 7847 |
| 海 南 | Hainan | 44847 | 2070 | 38092 | 473 | 4212 |
| 重 庆 | Chongqing | 2004078 | 104375 | 1794879 | 84557 | 20266 |
| 四 川 | Sichuan | 1946597 | 147808 | 1634209 | 123155 | 41424 |
| 贵 州 | Guizhou | 236689 | 23047 | 197516 | 9447 | 6679 |
| 云 南 | Yunnan | 405329 | 17977 | 349494 | 18892 | 18965 |
| 西 藏 | Tibet | 5079 | 96 | 4874 | 2 | 107 |
| 陕 西 | Shaanxi | 1270915 | 125101 | 1017676 | 105452 | 22686 |
| 甘 肃 | Gansu | 299030 | 33333 | 258521 | 4753 | 2423 |
| 青 海 | Qinghai | 51950 | 9224 | 41717 | 207 | 802 |
| 宁 夏 | Ningxia | 75930 | 9580 | 62685 | 2465 | 1200 |
| 新 疆 | Xinjiang | 122556 | 16471 | 100822 | 2747 | 2516 |

4-2-6 续表 1 Continued 1

国有企业 单位：万元

State-controlled Enterprises Unit: 10000 yuan

| 地 区 | Region | 营业额 Business Revenue | 客房收入 from Hotel Rooms | 餐费收入 from Meals | 商品销售额 from Commodities | 其他收入 Others |
|---|---|---|---|---|---|---|
| **全 国** | **National Total** | **672131** | **142947** | **470447** | **18945** | **9891** |
| 北 京 | Beijing | 56540 | 2214 | 43284 | 26 | 26 |
| 天 津 | Tianjin | 13788 | 2825 | 7866 | 5 | |
| 河 北 | Hebei | 12344 | 2335 | 7387 | 2185 | 438 |
| 山 西 | Shanxi | 11376 | 3663 | 7207 | 137 | 370 |
| 内蒙古 | Inner Mongolia | 8608 | 2653 | 5174 | 149 | 632 |
| 辽 宁 | Liaoning | 19876 | 6867 | 11425 | 322 | |
| 吉 林 | Jilin | 31128 | 10625 | 20366 | 137 | |
| 黑龙江 | Heilongjiang | 8040 | 2692 | 4807 | 35 | 507 |
| 上 海 | Shanghai | 27420 | 969 | 23318 | 130 | |
| 江 苏 | Jiangsu | 52486 | 11634 | 34541 | 311 | 123 |
| 浙 江 | Zhejiang | 32929 | 1090 | 31643 | 192 | 4 |
| 安 徽 | Anhui | 12066 | 3145 | 8430 | 291 | |
| 福 建 | Fujian | 10533 | 1729 | 8778 | 11 | 15 |
| 江 西 | Jiangxi | 12797 | 3095 | 9200 | 474 | 28 |
| 山 东 | Shandong | 144630 | 35779 | 99756 | 6466 | 2629 |
| 河 南 | Henan | 18586 | 2643 | 15051 | 229 | 664 |
| 湖 北 | Hubei | 22013 | 3919 | 16428 | 1450 | 217 |
| 湖 南 | Hunan | 11376 | 4278 | 6980 | 22 | 96 |
| 广 东 | Guangdong | 65071 | 15594 | 43472 | 288 | 239 |
| 广 西 | Guangxi | 9165 | 2353 | 5752 | 637 | 422 |
| 海 南 | Hainan | 652 | | 652 | | |
| 重 庆 | Chongqing | 4600 | 774 | 3560 | 265 | |
| 四 川 | Sichuan | 25775 | 6175 | 16607 | 1317 | 1675 |
| 贵 州 | Guizhou | 2727 | 571 | 1670 | | 485 |
| 云 南 | Yunnan | 10327 | 2420 | 7468 | 373 | 65 |
| 西 藏 | Tibet | | | | | |
| 陕 西 | Shaanxi | 22244 | 4331 | 14215 | 2730 | 969 |
| 甘 肃 | Gansu | 15212 | 4952 | 9361 | 745 | 153 |
| 青 海 | Qinghai | | | | | |
| 宁 夏 | Ningxia | 2927 | 441 | 2485 | 2 | |
| 新 疆 | Xinjiang | 6895 | 3181 | 3564 | 16 | 134 |

4-2-6 续表 2 Continued 2

集体企业
Collective-owned Enterprises

单位：万元
Unit: 10000 yuan

| 地　区 | Region | 营业额 Business Revenue | 客房收入 from Hotel Rooms | 餐费收入 from Meals | 商品销售额 from Commodities | 其他收入 Others |
|---|---|---|---|---|---|---|
| **全　国** | **National Total** | **235004** | **30747** | **178698** | **13408** | **894** |
| 北　京 | Beijing | 16329 | 266 | 14449 | 48 | 48 |
| 天　津 | Tianjin | 1678 | | 1580 | | |
| 河　北 | Hebei | 1063 | 259 | 679 | 101 | 24 |
| 山　西 | Shanxi | 881 | 124 | 409 | 39 | 309 |
| 内蒙古 | Inner Mongolia | 729 | 149 | 580 | | |
| 辽　宁 | Liaoning | 8432 | 36 | 8397 | | |
| 吉　林 | Jilin | 3828 | 915 | 2540 | 226 | 146 |
| 黑龙江 | Heilongjiang | 381 | | 381 | | |
| 上　海 | Shanghai | 25354 | 738 | 23415 | 361 | |
| 江　苏 | Jiangsu | 13229 | 2375 | 8529 | 717 | |
| 浙　江 | Zhejiang | 781 | | 781 | | |
| 安　徽 | Anhui | 4075 | 488 | 2760 | 89 | |
| 福　建 | Fujian | 12006 | 173 | 6392 | 5442 | |
| 江　西 | Jiangxi | | | | | |
| 山　东 | Shandong | 23253 | 2179 | 20621 | 401 | 52 |
| 河　南 | Henan | 13303 | 3139 | 10135 | 26 | 3 |
| 湖　北 | Hubei | 8475 | 624 | 7757 | 34 | 60 |
| 湖　南 | Hunan | 1178 | 932 | 240 | 3 | 3 |
| 广　东 | Guangdong | 48378 | 10058 | 31757 | 58 | 49 |
| 广　西 | Guangxi | 1080 | | 1080 | | |
| 海　南 | Hainan | | | | | |
| 重　庆 | Chongqing | 26094 | 636 | 21138 | 4320 | |
| 四　川 | Sichuan | 4768 | 1243 | 2952 | 372 | 200 |
| 贵　州 | Guizhou | 228 | 40 | 189 | | |
| 云　南 | Yunnan | 1851 | 640 | 1206 | 5 | |
| 西　藏 | Tibet | | | | | |
| 陕　西 | Shaanxi | 17630 | 5733 | 10731 | 1166 | |
| 甘　肃 | Gansu | | | | | |
| 青　海 | Qinghai | | | | | |
| 宁　夏 | Ningxia | | | | | |
| 新　疆 | Xinjiang | | | | | |

4-2-6 续表 3 Continued 3

股份合作企业 单位：万元
Cooperative Enterprises Unit: 10000 yuan

| 地 区 | Region | 营业额 Business Revenue | 客房收入 from Hotel Rooms | 餐费收入 from Meals | 商品销售额 from Commodities | 其他收入 Others |
|---|---|---|---|---|---|---|
| **全 国** | **National Total** | **141479** | **6595** | **120841** | **11875** | **3355** |
| 北 京 | Beijing | 28787 | 738 | 27851 | 192 | 192 |
| 天 津 | Tianjin | | | | | |
| 河 北 | Hebei | 7240 | | 7205 | 36 | |
| 山 西 | Shanxi | 379 | 179 | 200 | | |
| 内蒙古 | Inner Mongolia | | | | | |
| 辽 宁 | Liaoning | 68 | | 68 | | |
| 吉 林 | Jilin | | | | | |
| 黑龙江 | Heilongjiang | 89 | | 71 | 18 | |
| 上 海 | Shanghai | 5674 | 104 | 5386 | | |
| 江 苏 | Jiangsu | 1037 | 119 | 892 | | |
| 浙 江 | Zhejiang | 9712 | 73 | 9384 | 105 | 150 |
| 安 徽 | Anhui | 201 | | 201 | | |
| 福 建 | Fujian | 125 | | 125 | | |
| 江 西 | Jiangxi | 2116 | | 1676 | 440 | |
| 山 东 | Shandong | 2628 | 908 | 1692 | 28 | |
| 河 南 | Henan | 2835 | | 1375 | 1198 | 262 |
| 湖 北 | Hubei | 2477 | 431 | 2046 | | |
| 湖 南 | Hunan | | | | | |
| 广 东 | Guangdong | 37684 | | 37508 | 1387 | |
| 广 西 | Guangxi | 1127 | | 1110 | 4 | 13 |
| 海 南 | Hainan | | | | | |
| 重 庆 | Chongqing | 4493 | 1255 | 2088 | 1135 | 15 |
| 四 川 | Sichuan | 29856 | 1610 | 18383 | 7140 | 2723 |
| 贵 州 | Guizhou | 893 | | 844 | 49 | |
| 云 南 | Yunnan | | | | | |
| 西 藏 | Tibet | | | | | |
| 陕 西 | Shaanxi | 4058 | 1178 | 2736 | 143 | |
| 甘 肃 | Gansu | | | | | |
| 青 海 | Qinghai | | | | | |
| 宁 夏 | Ningxia | | | | | |
| 新 疆 | Xinjiang | | | | | |

4-2-6 续表 4 Continued 4

联营企业
Joint Ownership Enterprises

单位：万元
Unit: 10000 yuan

| 地 区 | Region | 营业额 Business Revenue | 客房收入 from Hotel Rooms | 餐费收入 from Meals | 商品销售额 from Commodities | 其他收入 Others |
|---|---|---|---|---|---|---|
| **全 国** | **National Total** | **10775** | **396** | **8315** | **2045** | **15** |
| 北 京 | Beijing | | | | | |
| 天 津 | Tianjin | | | | | |
| 河 北 | Hebei | | | | | |
| 山 西 | Shanxi | | | | | |
| 内蒙古 | Inner Mongolia | | | | | |
| 辽 宁 | Liaoning | | | | | |
| 吉 林 | Jilin | | | | | |
| 黑龙江 | Heilongjiang | | | | | |
| 上 海 | Shanghai | 459 | 39 | 417 | | |
| 江 苏 | Jiangsu | | | | | |
| 浙 江 | Zhejiang | 482 | 138 | 337 | 7 | |
| 安 徽 | Anhui | | | | | |
| 福 建 | Fujian | | | | | |
| 江 西 | Jiangxi | | | | | |
| 山 东 | Shandong | 436 | 70 | 318 | 32 | 15 |
| 河 南 | Henan | 1913 | 149 | 1657 | 107 | |
| 湖 北 | Hubei | 5814 | | 3915 | 1899 | |
| 湖 南 | Hunan | | | | | |
| 广 东 | Guangdong | | | | | |
| 广 西 | Guangxi | | | | | |
| 海 南 | Hainan | | | | | |
| 重 庆 | Chongqing | | | | | |
| 四 川 | Sichuan | | | | | |
| 贵 州 | Guizhou | | | | | |
| 云 南 | Yunnan | | | | | |
| 西 藏 | Tibet | | | | | |
| 陕 西 | Shaanxi | 1186 | | 1186 | | |
| 甘 肃 | Gansu | 485 | | 485 | | |
| 青 海 | Qinghai | | | | | |
| 宁 夏 | Ningxia | | | | | |
| 新 疆 | Xinjiang | | | | | |

4-2-6 续表 5 Continued 5

有限责任公司
Limited Liability Corporations

单位：万元
Unit: 10000 yuan

| 地　区 | Region | 营业额 Business Revenue | 客房收入 from Hotel Rooms | 餐费收入 from Meals | 商品销售额 from Commodities | 其他收入 Others |
|---|---|---|---|---|---|---|
| **全　国** | **National Total** | **11061319** | **1001869** | **9226292** | **458066** | **241432** |
| 北　京 | Beijing | 1421214 | 13857 | 1309225 | 69195 | 68608 |
| 天　津 | Tianjin | 231360 | 17151 | 192651 | 4929 | 520 |
| 河　北 | Hebei | 137198 | 27161 | 100441 | 6745 | 2851 |
| 山　西 | Shanxi | 81281 | 14598 | 57782 | 6176 | 2725 |
| 内蒙古 | Inner Mongolia | 145569 | 35142 | 98868 | 5735 | 5824 |
| 辽　宁 | Liaoning | 116505 | 11539 | 94208 | 1884 | 264 |
| 吉　林 | Jilin | 159822 | 14517 | 141077 | 906 | 3323 |
| 黑龙江 | Heilongjiang | 39912 | 7436 | 27225 | 4417 | 834 |
| 上　海 | Shanghai | 550948 | 23658 | 502099 | 11034 | 4001 |
| 江　苏 | Jiangsu | 702828 | 126576 | 513348 | 14079 | 4416 |
| 浙　江 | Zhejiang | 513476 | 53988 | 411825 | 27281 | 20382 |
| 安　徽 | Anhui | 353996 | 45529 | 289152 | 5824 | 1590 |
| 福　建 | Fujian | 283921 | 25144 | 237075 | 16491 | 5212 |
| 江　西 | Jiangxi | 122315 | 16289 | 97416 | 7623 | 987 |
| 山　东 | Shandong | 701845 | 118074 | 526503 | 33594 | 23674 |
| 河　南 | Henan | 416746 | 49338 | 348458 | 11042 | 7908 |
| 湖　北 | Hubei | 1069744 | 92761 | 887614 | 62007 | 27363 |
| 湖　南 | Hunan | 258669 | 40765 | 205073 | 9686 | 3145 |
| 广　东 | Guangdong | 1475487 | 88220 | 1273968 | 26520 | 4629 |
| 广　西 | Guangxi | 99511 | 4605 | 89486 | 3412 | 2009 |
| 海　南 | Hainan | 28985 | 1136 | 25381 | 239 | 2230 |
| 重　庆 | Chongqing | 547650 | 30999 | 489700 | 18456 | 8494 |
| 四　川 | Sichuan | 593904 | 50784 | 479807 | 45954 | 17359 |
| 贵　州 | Guizhou | 80277 | 4492 | 68718 | 3093 | 3974 |
| 云　南 | Yunnan | 147539 | 1886 | 130053 | 12099 | 3501 |
| 西　藏 | Tibet | 1644 |  | 1644 |  |  |
| 陕　西 | Shaanxi | 619671 | 62071 | 497335 | 47354 | 12911 |
| 甘　肃 | Gansu | 108213 | 14161 | 92240 | 718 | 1094 |
| 青　海 | Qinghai | 8828 | 1727 | 6465 |  | 637 |
| 宁　夏 | Ningxia | 15046 | 4052 | 10213 | 139 | 641 |
| 新　疆 | Xinjiang | 27215 | 4213 | 21242 | 1434 | 326 |

4-2-6 续表 6 Continued 6

股份有限公司 Share-holding Corporations Ltd.

单位：万元 Unit: 10000 yuan

| 地区 | Region | 营业额 Business Revenue | 客房收入 from Hotel Rooms | 餐费收入 from Meals | 商品销售额 from Commodities | 其他收入 Others |
|---|---|---|---|---|---|---|
| **全国** | **National Total** | **1252997** | **83776** | **1048146** | **44401** | **23539** |
| 北京 | Beijing | 139101 | | 134385 | 220 | 220 |
| 天津 | Tianjin | 17929 | 2823 | 11792 | 175 | |
| 河北 | Hebei | 21922 | 2528 | 18653 | 154 | 586 |
| 山西 | Shanxi | 3836 | 1013 | 2596 | 223 | 4 |
| 内蒙古 | Inner Mongolia | 145708 | 1156 | 144505 | 47 | |
| 辽宁 | Liaoning | 33695 | 410 | 33021 | | |
| 吉林 | Jilin | 10408 | 2405 | 7802 | 168 | 33 |
| 黑龙江 | Heilongjiang | 1995 | | 1917 | 36 | 42 |
| 上海 | Shanghai | 109990 | 1365 | 83119 | | |
| 江苏 | Jiangsu | 74457 | 8656 | 63283 | 741 | 13 |
| 浙江 | Zhejiang | 85162 | 4073 | 79837 | 493 | 759 |
| 安徽 | Anhui | 13785 | 2490 | 9779 | 59 | |
| 福建 | Fujian | 3688 | 1538 | 1860 | 290 | |
| 江西 | Jiangxi | 8903 | 1438 | 5905 | 1129 | 432 |
| 山东 | Shandong | 106139 | 23066 | 74493 | 4162 | 4417 |
| 河南 | Henan | 42968 | 6368 | 30014 | 1691 | 4896 |
| 湖北 | Hubei | 20527 | 1830 | 17190 | 1445 | 62 |
| 湖南 | Hunan | 24183 | 130 | 22912 | 873 | 268 |
| 广东 | Guangdong | 93595 | 3704 | 66071 | 4269 | 2821 |
| 广西 | Guangxi | 10058 | 1849 | 7462 | 85 | 661 |
| 海南 | Hainan | 7024 | 897 | 6049 | 78 | |
| 重庆 | Chongqing | 96442 | 2763 | 88675 | 4542 | 462 |
| 四川 | Sichuan | 44347 | 4090 | 24973 | 14166 | 1118 |
| 贵州 | Guizhou | 5201 | 2120 | 2779 | 302 | |
| 云南 | Yunnan | 1187 | 3 | 1098 | 86 | |
| 西藏 | Tibet | | | | | |
| 陕西 | Shaanxi | 107100 | 5597 | 87137 | 8573 | 5793 |
| 甘肃 | Gansu | 15105 | 255 | 14498 | | 353 |
| 青海 | Qinghai | 4618 | 359 | 4126 | 129 | 5 |
| 宁夏 | Ningxia | 2207 | 512 | 1657 | 32 | 6 |
| 新疆 | Xinjiang | 1717 | 338 | 558 | 233 | 588 |

4-2-6 续表 7 Continued 7

私营企业 单位：万元
Private Enterprises Unit: 10000 yuan

| 地 区 | Region | 营业额 Business Revenue | 客房收入 from Hotel Rooms | 餐费收入 from Meals | 商品销售额 from Commodities | 其他收入 Others |
|---|---|---|---|---|---|---|
| **全 国** | **National Total** | **21575875** | **1491783** | **19130398** | **725968** | **285060** |
| 北 京 | Beijing | 1555615 | 19140 | 1509122 | 67090 | 65904 |
| 天 津 | Tianjin | 260854 | 7727 | 243797 | 2972 | 478 |
| 河 北 | Hebei | 175450 | 22831 | 144863 | 3220 | 4537 |
| 山 西 | Shanxi | 318495 | 65965 | 239997 | 7430 | 5103 |
| 内蒙古 | Inner Mongolia | 186527 | 39469 | 143838 | 658 | 2562 |
| 辽 宁 | Liaoning | 432405 | 30057 | 386237 | 9301 | 1292 |
| 吉 林 | Jilin | 74612 | 15290 | 56581 | 2053 | 688 |
| 黑龙江 | Heilongjiang | 67451 | 4009 | 58211 | 4430 | 801 |
| 上 海 | Shanghai | 2194146 | 43428 | 2096977 | 69572 | 15136 |
| 江 苏 | Jiangsu | 1777895 | 173746 | 1526668 | 23147 | 5738 |
| 浙 江 | Zhejiang | 1612872 | 143070 | 1414719 | 18085 | 36999 |
| 安 徽 | Anhui | 773579 | 72453 | 650583 | 18318 | 6055 |
| 福 建 | Fujian | 759228 | 28474 | 704409 | 19690 | 6655 |
| 江 西 | Jiangxi | 418760 | 21100 | 385916 | 10545 | 1199 |
| 山 东 | Shandong | 1951501 | 147081 | 1661476 | 119133 | 23813 |
| 河 南 | Henan | 992902 | 90959 | 856446 | 34565 | 10932 |
| 湖 北 | Hubei | 1060814 | 108994 | 891067 | 49465 | 11288 |
| 湖 南 | Hunan | 732272 | 82187 | 612513 | 24544 | 13028 |
| 广 东 | Guangdong | 2398619 | 108678 | 2202365 | 80629 | 13828 |
| 广 西 | Guangxi | 143352 | 16138 | 120107 | 2379 | 4729 |
| 海 南 | Hainan | 7991 | 37 | 5817 | 155 | 1983 |
| 重 庆 | Chongqing | 1287654 | 66761 | 1155735 | 53934 | 11225 |
| 四 川 | Sichuan | 1227907 | 81833 | 1075213 | 53005 | 17856 |
| 贵 州 | Guizhou | 144677 | 15290 | 121442 | 5725 | 2220 |
| 云 南 | Yunnan | 238714 | 12586 | 204806 | 6011 | 15311 |
| 西 藏 | Tibet | 3435 | 96 | 3230 | 2 | 107 |
| 陕 西 | Shaanxi | 444270 | 40912 | 367404 | 33186 | 2769 |
| 甘 肃 | Gansu | 155134 | 13201 | 137827 | 3290 | 817 |
| 青 海 | Qinghai | 38504 | 7138 | 31127 | 77 | 161 |
| 宁 夏 | Ningxia | 55750 | 4575 | 48330 | 2293 | 553 |
| 新 疆 | Xinjiang | 84490 | 8558 | 73575 | 1064 | 1293 |

4-2-6 续表 8 Continued 8

其他企业
Other Enterprises

单位：万元
Unit: 10000 yuan

| 地 区 | Region | 营业额 Business Revenue | 客房收入 from Hotel Rooms | 餐费收入 from Meals | 商品销售额 from Commodities | 其他收入 Others |
|---|---|---|---|---|---|---|
| **全 国** | **National Total** | **517014** | **36066** | **448335** | **26442** | **3016** |
| 北 京 | Beijing | | | | | |
| 天 津 | Tianjin | 9270 | 31 | 9223 | | |
| 河 北 | Hebei | 1161 | | 1161 | | |
| 山 西 | Shanxi | 1881 | 381 | 1474 | | 25 |
| 内蒙古 | Inner Mongolia | 2809 | 640 | 2160 | | 9 |
| 辽 宁 | Liaoning | 14377 | 867 | 11585 | | |
| 吉 林 | Jilin | 4312 | 1465 | 2692 | 156 | |
| 黑龙江 | Heilongjiang | 2881 | | 2627 | 254 | |
| 上 海 | Shanghai | 17172 | 986 | 14702 | 113 | 12 |
| 江 苏 | Jiangsu | 49507 | 2027 | 46776 | 18 | |
| 浙 江 | Zhejiang | 1531 | 223 | 1235 | | 73 |
| 安 徽 | Anhui | 2224 | 946 | 1279 | | |
| 福 建 | Fujian | 16080 | 89 | 15955 | 35 | 2 |
| 江 西 | Jiangxi | 3745 | 408 | 3270 | 62 | 5 |
| 山 东 | Shandong | 72415 | 6967 | 63272 | 1930 | 246 |
| 河 南 | Henan | 24251 | 1171 | 22518 | 497 | 65 |
| 湖 北 | Hubei | 59202 | 3307 | 49939 | 5638 | 318 |
| 湖 南 | Hunan | 9199 | 1881 | 6554 | 226 | 538 |
| 广 东 | Guangdong | 89216 | 4017 | 83882 | 1510 | 633 |
| 广 西 | Guangxi | 8129 | 200 | 7915 | | 14 |
| 海 南 | Hainan | 195 | | 194 | 1 | |
| 重 庆 | Chongqing | 37145 | 1187 | 33983 | 1905 | 70 |
| 四 川 | Sichuan | 20041 | 2073 | 16276 | 1201 | 492 |
| 贵 州 | Guizhou | 2686 | 534 | 1875 | 278 | |
| 云 南 | Yunnan | 5711 | 442 | 4863 | 318 | 88 |
| 西 藏 | Tibet | | | | | |
| 陕 西 | Shaanxi | 54755 | 5279 | 36932 | 12300 | 244 |
| 甘 肃 | Gansu | 4880 | 764 | 4110 | | 6 |
| 青 海 | Qinghai | | | | | |
| 宁 夏 | Ningxia | | | | | |
| 新 疆 | Xinjiang | 2239 | 181 | 1883 | | 176 |

4-2-6 续表 9 Continued 9

港、澳、台商投资企业 单位：万元

Enterprises with Funds from Hongkong, Macao and Taiwan Unit: 10000 yuan

| 地 区 | Region | 营业额 Business Revenue | 客房收入 from Hotel Rooms | 餐费收入 from Meals | 商品销售额 from Commodities | 其他收入 Others |
|---|---|---|---|---|---|---|
| **全 国** | **National Total** | **4321209** | **65415** | **4140827** | **85823** | **43641** |
| 北 京 | Beijing | 794448 | | 772809 | 20992 | 18007 |
| 天 津 | Tianjin | 16029 | 934 | 14898 | 192 | 10 |
| 河 北 | Hebei | | | | | |
| 山 西 | Shanxi | 551 | 112 | 439 | | |
| 内蒙古 | Inner Mongolia | 3431 | | 3431 | | |
| 辽 宁 | Liaoning | 69041 | | 63315 | 215 | |
| 吉 林 | Jilin | | | | | |
| 黑龙江 | Heilongjiang | 28028 | | 26353 | 1675 | |
| 上 海 | Shanghai | 1371034 | 2237 | 1351358 | 10364 | 3758 |
| 江 苏 | Jiangsu | 210710 | 14281 | 191720 | 2188 | 1800 |
| 浙 江 | Zhejiang | 76430 | 6478 | 66434 | 119 | 3400 |
| 安 徽 | Anhui | 27590 | 115 | 27475 | | |
| 福 建 | Fujian | 216257 | 13853 | 199441 | 1398 | 1566 |
| 江 西 | Jiangxi | 15372 | 2141 | 12298 | 933 | |
| 山 东 | Shandong | 61083 | 3598 | 54204 | 1815 | 1466 |
| 河 南 | Henan | 20943 | | 20498 | 444 | |
| 湖 北 | Hubei | 86037 | 1080 | 82422 | 542 | 1993 |
| 湖 南 | Hunan | 4071 | 393 | 3078 | 489 | 111 |
| 广 东 | Guangdong | 1066954 | 16084 | 1019712 | 35283 | 2557 |
| 广 西 | Guangxi | 8419 | | 8362 | 57 | |
| 海 南 | Hainan | 15960 | | 14467 | 122 | 1370 |
| 重 庆 | Chongqing | 16526 | 3687 | 10783 | 300 | 1756 |
| 四 川 | Sichuan | 145758 | | 136394 | 7223 | 2141 |
| 贵 州 | Guizhou | | | | | |
| 云 南 | Yunnan | 21555 | | 18479 | | 3075 |
| 西 藏 | Tibet | | | | | |
| 陕 西 | Shaanxi | 43366 | 422 | 40841 | 1472 | 631 |
| 甘 肃 | Gansu | 849 | | 849 | | |
| 青 海 | Qinghai | | | | | |
| 宁 夏 | Ningxia | | | | | |
| 新 疆 | Xinjiang | 767 | | 767 | | |

4-2-6 续表 10 Continued 10

外商投资企业 Foreign Funded Enterprises

单位：万元 Unit: 10000 yuan

| 地 区 | Region | 营业额 Business Revenue | 客房收入 from Hotel Rooms | 餐费收入 from Meals | 商品销售额 from Commodities | 其他收入 Others |
|---|---|---|---|---|---|---|
| **全 国** | **National Total** | **8852349** | **25021** | **8662372** | **209626** | **155817** |
| 北 京 | Beijing | 1393880 | 28 | 1363468 | 66757 | 28860 |
| 天 津 | Tianjin | 416077 | 83 | 407695 | 241 | 24 |
| 河 北 | Hebei | 1737 | 515 | 1207 | 15 | |
| 山 西 | Shanxi | 59217 | | 59217 | | |
| 内蒙古 | Inner Mongolia | 37755 | 1360 | 20450 | 12215 | 3731 |
| 辽 宁 | Liaoning | 522695 | 1515 | 513034 | 508 | 18 |
| 吉 林 | Jilin | 290 | 4 | 257 | 29 | |
| 黑龙江 | Heilongjiang | 10415 | | 8612 | 1779 | 24 |
| 上 海 | Shanghai | 1953483 | 1116 | 1943996 | 27702 | 21167 |
| 江 苏 | Jiangsu | 826432 | 1099 | 802333 | 58753 | 48170 |
| 浙 江 | Zhejiang | 536680 | 9359 | 520281 | 89 | 6951 |
| 安 徽 | Anhui | 1554 | 702 | 704 | | |
| 福 建 | Fujian | 224684 | 1463 | 218533 | 548 | 4140 |
| 江 西 | Jiangxi | 57945 | | 57744 | 201 | |
| 山 东 | Shandong | 218212 | 1852 | 214917 | 990 | 454 |
| 河 南 | Henan | 82622 | | 69211 | 30 | 13382 |
| 湖 北 | Hubei | 338469 | 1304 | 336757 | 41 | 368 |
| 湖 南 | Hunan | 136351 | | 130373 | 5978 | |
| 广 东 | Guangdong | 1424665 | 4060 | 1398260 | 32667 | 16308 |
| 广 西 | Guangxi | 74382 | | 74382 | | |
| 海 南 | Hainan | 685 | | 685 | | |
| 重 庆 | Chongqing | 131405 | | 131152 | 253 | |
| 四 川 | Sichuan | 195579 | 419 | 189992 | 729 | 4439 |
| 贵 州 | Guizhou | | | | | |
| 云 南 | Yunnan | 50123 | | 50123 | | |
| 西 藏 | Tibet | | | | | |
| 陕 西 | Shaanxi | 106657 | 142 | 98634 | 101 | 7781 |
| 甘 肃 | Gansu | 26434 | | 26434 | | |
| 青 海 | Qinghai | | | | | |
| 宁 夏 | Ningxia | 1610 | | 1610 | | |
| 新 疆 | Xinjiang | 22311 | | 22311 | | |

# 4-2-7 各地区限额以上餐饮业企业经营情况(按国民经济行业分)

# Business of Enterprises above Designated Size of Catering Services by Region and Sector

正餐服务
Dinner

单位：万元
Unit: 10000 yuan

| 地　区 | Region | 营业额 Business Revenue | 客房收入 from Hotel Rooms | 餐费收入 from Meals | 商品销售额 from Commodities | 其他收入 Others |
|---|---|---|---|---|---|---|
| **全　国** | **National Total** | **35474134** | **2844127** | **30686078** | **1311189** | **587940** |
| 北　京 | Beijing | 3473713 | 36242 | 3313879 | 157425 | 130847 |
| 天　津 | Tianjin | 462368 | 27162 | 401554 | 5212 | 998 |
| 河　北 | Hebei | 354914 | 55629 | 278503 | 12347 | 8436 |
| 山　西 | Shanxi | 400985 | 85624 | 293139 | 13695 | 8528 |
| 内蒙古 | Inner Mongolia | 518783 | 79879 | 411544 | 14640 | 12720 |
| 辽　宁 | Liaoning | 614031 | 51214 | 533429 | 11461 | 1561 |
| 吉　林 | Jilin | 248531 | 45189 | 195486 | 3675 | 4181 |
| 黑龙江 | Heilongjiang | 142359 | 14136 | 113407 | 12625 | 2190 |
| 上　海 | Shanghai | 4204789 | 70190 | 4016199 | 109931 | 42648 |
| 江　苏 | Jiangsu | 2524876 | 334338 | 2047796 | 37428 | 9428 |
| 浙　江 | Zhejiang | 2084856 | 217294 | 1780171 | 30426 | 56966 |
| 安　徽 | Anhui | 1005957 | 122897 | 814133 | 21825 | 5375 |
| 福　建 | Fujian | 1043505 | 71030 | 933855 | 26571 | 12048 |
| 江　西 | Jiangxi | 577262 | 44471 | 509071 | 21142 | 2578 |
| 山　东 | Shandong | 2850166 | 337734 | 2302526 | 157351 | 52555 |
| 河　南 | Henan | 1398161 | 151848 | 1177159 | 46493 | 22661 |
| 湖　北 | Hubei | 2207455 | 212799 | 1831972 | 121094 | 41591 |
| 湖　南 | Hunan | 968330 | 129983 | 783673 | 40116 | 14558 |
| 广　东 | Guangdong | 4003732 | 247204 | 3553972 | 117142 | 23172 |
| 广　西 | Guangxi | 240648 | 24971 | 203094 | 6346 | 6237 |
| 海　南 | Hainan | 54405 | 2070 | 46158 | 595 | 5582 |
| 重　庆 | Chongqing | 1960361 | 103327 | 1757358 | 79508 | 20168 |
| 四　川 | Sichuan | 1650639 | 147064 | 1333791 | 121943 | 47841 |
| 贵　州 | Guizhou | 232073 | 23047 | 192929 | 9418 | 6679 |
| 云　南 | Yunnan | 385968 | 17977 | 330190 | 18650 | 19151 |
| 西　藏 | Tibet | 4491 | 72 | 4310 | 2 | 107 |
| 陕　西 | Shaanxi | 1338582 | 122814 | 1087604 | 105248 | 22917 |
| 甘　肃 | Gansu | 293718 | 32647 | 253895 | 4753 | 2423 |
| 青　海 | Qinghai | 51950 | 9224 | 41717 | 207 | 802 |
| 宁　夏 | Ningxia | 77539 | 9580 | 64295 | 2465 | 1200 |
| 新　疆 | Xinjiang | 98987 | 16471 | 79269 | 1455 | 1792 |

4-2-7 续表 1 Continued 1

快餐服务
Snack

单位：万元
Unit: 10000 yuan

| 地 区 | Region | 营业额 Business Revenue | 客房收入 from Hotel Rooms | 餐费收入 from Meals | 商品销售额 from Commodities | 其他收入 Others |
|---|---|---|---|---|---|---|
| **全 国** | **National Total** | **9775751** | **11661** | **9566144** | **244120** | **153506** |
| 北 京 | Beijing | 1453530 | | 1428251 | 56277 | 40210 |
| 天 津 | Tianjin | 439668 | | 430366 | 2891 | 10 |
| 河 北 | Hebei | 2260 | | 2233 | 27 | |
| 山 西 | Shanxi | 75451 | | 75342 | 101 | 8 |
| 内蒙古 | Inner Mongolia | 11922 | 341 | 7429 | 4153 | |
| 辽 宁 | Liaoning | 563166 | 26 | 552176 | 458 | |
| 吉 林 | Jilin | 33431 | | 33422 | | 9 |
| 黑龙江 | Heilongjiang | 16317 | | 16299 | 19 | |
| 上 海 | Shanghai | 950000 | 2237 | 943596 | 5163 | 1364 |
| 江 苏 | Jiangsu | 973617 | 798 | 949219 | 59891 | 50372 |
| 浙 江 | Zhejiang | 656578 | 1093 | 631431 | 14624 | 9430 |
| 安 徽 | Anhui | 172360 | 2969 | 165938 | 2559 | 2264 |
| 福 建 | Fujian | 404142 | | 384648 | 14949 | 4544 |
| 江 西 | Jiangxi | 64568 | | 64230 | 265 | 72 |
| 山 东 | Shandong | 373259 | 877 | 366800 | 4715 | 867 |
| 河 南 | Henan | 172902 | 733 | 155871 | 2924 | 13374 |
| 湖 北 | Hubei | 351681 | 381 | 350576 | 713 | 12 |
| 湖 南 | Hunan | 192297 | 446 | 187885 | 1537 | 2429 |
| 广 东 | Guangdong | 2156618 | 50 | 2134342 | 60596 | 16612 |
| 广 西 | Guangxi | 110723 | | 110667 | | 56 |
| 海 南 | Hainan | 7087 | | 7087 | | |
| 重 庆 | Chongqing | 124569 | 1 | 122456 | 2082 | 30 |
| 四 川 | Sichuan | 255929 | 999 | 247071 | 7809 | 51 |
| 贵 州 | Guizhou | 1814 | | 1814 | | |
| 云 南 | Yunnan | 76159 | | 73084 | 186 | 2890 |
| 西 藏 | Tibet | 588 | 24 | 564 | | |
| 陕 西 | Shaanxi | 56611 | | 47545 | 888 | 8178 |
| 甘 肃 | Gansu | 31857 | 686 | 31171 | | |
| 青 海 | Qinghai | | | | | |
| 宁 夏 | Ningxia | | | | | |
| 新 疆 | Xinjiang | 46647 | | 44631 | 1293 | 724 |

4-2-7 续表 2 Continued 2

饮料及冷饮服务
Beverage and Cold Drink

单位：万元
Unit: 10000 yuan

| 地 区 | Region | 营业额 Business Revenue | 客房收入 from Hotel Rooms | 餐费收入 from Meals | 商品销售额 from Commodities | 其他收入 Others |
|---|---|---|---|---|---|---|
| **全 国** | **National Total** | **1519318** | **1528** | **1473925** | **10104** | **4066** |
| 北 京 | Beijing | 229083 | | 205558 | 513 | 503 |
| 天 津 | Tianjin | | | | | |
| 河 北 | Hebei | 391 | | 391 | | |
| 山 西 | Shanxi | | | | | |
| 内蒙古 | Inner Mongolia | | | | | |
| 辽 宁 | Liaoning | 21625 | | 18362 | 312 | 12 |
| 吉 林 | Jilin | | | | | |
| 黑龙江 | Heilongjiang | 516 | | 500 | | 16 |
| 上 海 | Shanghai | 796144 | | 795587 | 31 | |
| 江 苏 | Jiangsu | 23294 | | 21094 | 1006 | 137 |
| 浙 江 | Zhejiang | 19754 | | 19012 | 216 | 526 |
| 安 徽 | Anhui | 4059 | | 3597 | 197 | 6 |
| 福 建 | Fujian | 15680 | 997 | 13252 | 1402 | 29 |
| 江 西 | Jiangxi | | | | | |
| 山 东 | Shandong | 9925 | | 9024 | 901 | |
| 河 南 | Henan | 760 | | 719 | 38 | 4 |
| 湖 北 | Hubei | 58133 | 222 | 57302 | 609 | |
| 湖 南 | Hunan | 2892 | | 2744 | 118 | 30 |
| 广 东 | Guangdong | 246448 | 145 | 239537 | 3179 | 1181 |
| 广 西 | Guangxi | 2262 | | 704 | 7 | 1552 |
| 海 南 | Hainan | | | | | |
| 重 庆 | Chongqing | 6891 | | 6677 | 214 | |
| 四 川 | Sichuan | 74998 | 164 | 74198 | 566 | 70 |
| 贵 州 | Guizhou | 552 | | 552 | | |
| 云 南 | Yunnan | 2519 | | 2519 | | |
| 西 藏 | Tibet | | | | | |
| 陕 西 | Shaanxi | 3072 | | 2276 | 795 | |
| 甘 肃 | Gansu | 320 | | 320 | | |
| 青 海 | Qinghai | | | | | |
| 宁 夏 | Ningxia | | | | | |
| 新 疆 | Xinjiang | | | | | |

4-2-7 续表 3 Continued 3

其他餐饮业
Others

单位：万元
Unit: 10000 yuan

| 地 区 | Region | 营业额 Business Revenue | 客房收入 from Hotel Rooms | 餐费收入 from Meals | 商品销售额 from Commodities | 其他收入 Others |
|---|---|---|---|---|---|---|
| **全 国** | **National Total** | **1870937** | **27291** | **1708514** | **31192** | **21140** |
| 北 京 | Beijing | 249588 | | 226905 | 10305 | 10304 |
| 天 津 | Tianjin | 64949 | 4412 | 57581 | 412 | 24 |
| 河 北 | Hebei | 550 | | 468 | 82 | |
| 山 西 | Shanxi | 1460 | 412 | 840 | 209 | |
| 内蒙古 | Inner Mongolia | 431 | 350 | 34 | 10 | 37 |
| 辽 宁 | Liaoning | 18271 | 51 | 17323 | | |
| 吉 林 | Jilin | 2437 | 32 | 2405 | | |
| 黑龙江 | Heilongjiang | | | | | |
| 上 海 | Shanghai | 304748 | 2212 | 289405 | 4153 | 62 |
| 江 苏 | Jiangsu | 186792 | 5377 | 169981 | 1630 | 322 |
| 浙 江 | Zhejiang | 108867 | 105 | 105862 | 1104 | 1796 |
| 安 徽 | Anhui | 6694 | | 6694 | | |
| 福 建 | Fujian | 63197 | 435 | 60811 | 983 | 969 |
| 江 西 | Jiangxi | 123 | | 123 | | |
| 山 东 | Shandong | 48792 | 963 | 38900 | 5585 | 3344 |
| 河 南 | Henan | 45244 | 1184 | 41615 | 373 | 2072 |
| 湖 北 | Hubei | 56303 | 849 | 55285 | 104 | 65 |
| 湖 南 | Hunan | 13778 | 135 | 13420 | 51 | 172 |
| 广 东 | Guangdong | 292869 | 3017 | 229143 | 1696 | 100 |
| 广 西 | Guangxi | 1588 | 172 | 1192 | 221 | 3 |
| 海 南 | Hainan | | | | | |
| 重 庆 | Chongqing | 60188 | 4734 | 50324 | 3306 | 1824 |
| 四 川 | Sichuan | 306367 | | 305534 | 789 | 43 |
| 贵 州 | Guizhou | 2250 | | 2221 | 29 | |
| 云 南 | Yunnan | 12360 | | 12304 | 56 | |
| 西 藏 | Tibet | | | | | |
| 陕 西 | Shaanxi | 22673 | 2851 | 19726 | 94 | 3 |
| 甘 肃 | Gansu | 418 | | 418 | | |
| 青 海 | Qinghai | | | | | |
| 宁 夏 | Ningxia | | | | | |
| 新 疆 | Xinjiang | | | | | |

# 4-3-1 限额以上住宿和餐饮业企业年末资产负债

# Assets and Liabilities of Enterprises above Designated Size of Hotels and Catering Services at the Year-end

| 项目 | Item | 流动资产合计 Total Working Capitals | #存货 Stock | 固定资产原价 Original Value of Fixed Assets |
|---|---|---|---|---|
| **总计** | **Total** | **62250289** | **4268962** | **98406271** |
| **一、住宿业** | **Hotels** | **40922269** | **2390092** | **75787773** |
| #国有控股 | State-controlled Enterprises | 9246339 | 560227 | 26362579 |
| **(一)按登记注册类型分** | **by Type of Registration** | | | |
| **1.内资企业** | **Domestic Funded Enterprises** | **33585514** | **1873636** | **59499046** |
| 国有企业 | State-owned Enterprises | 3184644 | 180719 | 10436192 |
| 集体企业 | Collective-owned Enterprises | 360868 | 19527 | 962721 |
| 股份合作企业 | Cooperative Enterprises | 66220 | 3825 | 131076 |
| 联营企业 | Joint Ownership Enterprises | 45178 | 1254 | 117481 |
| 国有联营企业 | State Joint Ownership Enterprises | 27878 | 773 | 85618 |
| 集体联营企业 | Collective Joint Ownership Enterprises | 3098 | 250 | 17928 |
| 国有与集体联营企业 | Joint State-collective Enterprises | 12663 | 94 | 10291 |
| 其他联营企业 | Other Joint Ownership Enterprises | 1540 | 137 | 3645 |
| 有限责任公司 | Limited Liability Corporations | 17537840 | 1014575 | 30943456 |
| 国有独资公司 | State Sole Funded Corporations | 1086972 | 63277 | 3570321 |
| 其他有限责任公司 | Other Limited Liability Corporations | 16450870 | 951298 | 27373141 |
| 股份有限公司 | Share-holding Corporations Ltd. | 1620547 | 73882 | 2463958 |
| 私营企业 | Private Enterprises | 10607434 | 568978 | 14144536 |
| 私营独资企业 | Private-funded Enterprises | 479098 | 32834 | 1020535 |
| 私营合伙企业 | Private Partnership Enterprises | 84949 | 9015 | 212657 |
| 私营有限责任公司 | Private Limited Liability Corporations | 9404562 | 496992 | 12149347 |
| 私营股份有限公司 | Private Share-holding Corporations Ltd. | 638823 | 30144 | 762001 |
| 其他企业 | Other Enterprises | 162788 | 10886 | 299639 |
| **2.港、澳、台商投资企业** | **Enterprises with Funds from Hongkong, Macao and Taiwan** | **4791008** | **403177** | **10429793** |
| 合资经营企业 | Joint-venture Enterprises | 2050899 | 97878 | 4356717 |
| 合作经营企业 | Cooperative Enterprises | 689782 | 57469 | 1410151 |
| 独资经营企业 | Enterprises with Sole Investment | 1921332 | 224993 | 4408542 |
| 投资股份有限公司 | Share-holding Corporations Ltd. with Investment | 92273 | 3575 | 186808 |
| 其他港澳台商投资企业 | Other Enterprises with Funds from Hongkong, Macao and Taiwan | 36721 | 19262 | 67574 |
| **3.外商投资企业** | **Foreign Funded Enterprises** | **2545755** | **113284** | **5858932** |
| 中外合资经营企业 | Joint-venture Enterprises | 1306141 | 69425 | 2564479 |
| 中外合作经营企业 | Cooperative Enterprises | 258920 | 21145 | 605721 |
| 外资企业 | Enterprises with Sole Foreign Investment | 928871 | 20278 | 2241862 |
| 外商投资股份有限公司 | Share-holding Corporations Ltd. with Foreign Investment | 21466 | 1235 | 354197 |
| 其他外商投资企业 | Other Foreign Funded Enterprises | 30358 | 1201 | 92674 |
| **(二)按国民经济行业分** | **by Sector** | | | |
| 旅游饭店 | Tourist Hotel | 34587574 | 2092164 | 67768902 |
| 一般旅馆 | Fonda | 5031634 | 256074 | 6687178 |
| 其他住宿业 | Others | 1303064 | 41853 | 1331695 |

4-3-1 续表 1

| 项　目 | Item | 累计折旧 Accumulated Depreciation | #本年折旧 Current Year Depreciation |
|---|---|---|---|
| **总　计** | **Total** | **37476714** | **5023574** |
| **一、住宿业** | **Hotels** | **29863532** | **3590104** |
| #国有控股 | State-controlled Enterprises | 11074142 | 1042649 |
| **(一)按登记注册类型分** | **by Type of Registration** | | |
| **1.内资企业** | **Domestic Funded Enterprises** | **22338871** | **2906774** |
| 国有企业 | State-owned Enterprises | 4585368 | 429102 |
| 集体企业 | Collective-owned Enterprises | 471237 | 41388 |
| 股份合作企业 | Cooperative Enterprises | 63512 | 6159 |
| 联营企业 | Joint Ownership Enterprises | 69300 | 3963 |
| 国有联营企业 | State Joint Ownership Enterprises | 50976 | 3247 |
| 集体联营企业 | Collective Joint Ownership Enterprises | 7305 | 301 |
| 国有与集体联营企业 | Joint State-collective Enterprises | 8256 | 264 |
| 其他联营企业 | Other Joint Ownership Enterprises | 2764 | 152 |
| 有限责任公司 | Limited Liability Corporations | 11101636 | 1478227 |
| 国有独资公司 | State Sole Funded Corporations | 1431688 | 127173 |
| 其他有限责任公司 | Other Limited Liability Corporations | 9669948 | 1351056 |
| 股份有限公司 | Share-holding Corporations Ltd. | 1051760 | 108552 |
| 私营企业 | Private Enterprises | 4870231 | 822450 |
| 私营独资企业 | Private-funded Enterprises | 297025 | 47722 |
| 私营合伙企业 | Private Partnership Enterprises | 70063 | 13399 |
| 私营有限责任公司 | Private Limited Liability Corporations | 4254196 | 719420 |
| 私营股份有限公司 | Private Share-holding Corporations Ltd. | 248952 | 41915 |
| 其他企业 | Other Enterprises | 125837 | 16941 |
| **2.港、澳、台商投资企业** | **Enterprises with Funds from Hongkong, Macao and Taiwan** | **4809166** | **404155** |
| 合资经营企业 | Joint-venture Enterprises | 2252108 | 157275 |
| 合作经营企业 | Cooperative Enterprises | 844025 | 45953 |
| 独资经营企业 | Enterprises with Sole Investment | 1619553 | 189770 |
| 投资股份有限公司 | Share-holding Corporations Ltd. with Investment | 75215 | 5850 |
| 其他港澳台商投资企业 | Other Enterprises with Funds from Hongkong, Macao and Taiwan | 18270 | 5311 |
| **3.外商投资企业** | **Foreign Funded Enterprises** | **2715499** | **279181** |
| 中外合资经营企业 | Joint-venture Enterprises | 1354674 | 95196 |
| 中外合作经营企业 | Cooperative Enterprises | 362493 | 35517 |
| 外资企业 | Enterprises with Sole Foreign Investment | 889687 | 133565 |
| 外商投资股份有限公司 | Share-holding Corporations Ltd. with Foreign Investment | 82002 | 11485 |
| 其他外商投资企业 | Other Foreign Funded Enterprises | 26643 | 3418 |
| **(二)按国民经济行业分** | **by Sector** | | |
| 旅游饭店 | Tourist Hotel | 27158868 | 3161452 |
| 一般旅馆 | Fonda | 2231878 | 371277 |
| 其他住宿业 | Others | 472792 | 57376 |

4-3-1 Continued 1

单位：万元
Unit:10000 yuan

| 资产合计<br>Total Assets | 负债合计<br>Total Liabilities | 所有者权益合计<br>Total Owners' Equities | 实收资本<br>Paicl-up Capitals | #国家资本<br>State-owned Capitals | # 港澳台资本<br>Capitals from Hongkong, Macao and Taiwan | # 外商资本<br>Foreign Capitals |
|---|---|---|---|---|---|---|
| **165958719** | **119512517** | **46445561** | **52056511** | **10352898** | **5111832** | **2922479** |
| **116401634** | **84518903** | **31883109** | **37326553** | **9503079** | **4220079** | **1922269** |
| 32509087 | 18976567 | 13532525 | 12452540 | 8847944 | 103458 | 98780 |
| **95000784** | **69241384** | **25759785** | **28959383** | **9027201** | **16938** | **14205** |
| 11640729 | 6628180 | 5012552 | 4192921 | 3691457 | 1075 | |
| 1055686 | 773000 | 282691 | 227852 | 8034 | 9 | |
| 205113 | 147870 | 57246 | 46854 | 5077 | | |
| 110284 | 42574 | 67708 | 79056 | 31654 | | |
| 74586 | 37378 | 37206 | 34699 | 23011 | | |
| 16958 | 5997 | 10959 | 5063 | | | |
| 16184 | -6436 | 22619 | 37049 | 8511 | | |
| 2559 | 5635 | -3076 | 2245 | 132 | | |
| 50267889 | 37662287 | 12606056 | 15115394 | 4835178 | 9458 | 12469 |
| 4326743 | 2435147 | 1891597 | 1643401 | 1304171 | | 2800 |
| 45941146 | 35227138 | 10714460 | 13471994 | 3531006 | 9458 | 9669 |
| 4271737 | 2824846 | 1446789 | 1195247 | 411745 | 30 | 1430 |
| 27060035 | 20899825 | 6160244 | 7971817 | 19450 | 6053 | 296 |
| 1443228 | 709639 | 733594 | 710763 | 2830 | 906 | 6 |
| 311508 | 149092 | 162417 | 133787 | | | |
| 23735596 | 18935912 | 4799719 | 6726641 | 16614 | 5146 | 290 |
| 1569704 | 1105187 | 464519 | 400633 | 6 | 1 | |
| 389321 | 262808 | 126514 | 130256 | 24612 | 314 | 10 |
| **14184503** | **10311799** | **3872699** | **5402708** | **307912** | **4067721** | **53005** |
| 5754350 | 4552824 | 1201532 | 1755808 | 210060 | 973967 | 20983 |
| 1446820 | 1085801 | 361019 | 548278 | 86734 | 306249 | 30803 |
| 6655870 | 4453642 | 2202226 | 2885547 | 308 | 2600027 | 1120 |
| 230866 | 173407 | 57458 | 159630 | 10380 | 140021 | 100 |
| 96598 | 46133 | 50465 | 53445 | 430 | 47457 | |
| **7216349** | **4965721** | **2250625** | **2964461** | **167966** | **135419** | **1855059** |
| 3435255 | 2159445 | 1275811 | 1190183 | 164705 | 50123 | 529032 |
| 569895 | 714850 | -144954 | 252298 | 3261 | 35163 | 100851 |
| 2740241 | 1677010 | 1063229 | 1309444 | | 41508 | 1091583 |
| 371468 | 421786 | -50318 | 107922 | | 8626 | 42483 |
| 99494 | -7369 | 106863 | 104618 | | | 91112 |
| 99822215 | 73233214 | 26589459 | 32295226 | 8772872 | 3998112 | 1728714 |
| 13821329 | 9316706 | 4504554 | 4355018 | 485030 | 199465 | 187187 |
| 2758089 | 1968988 | 789102 | 676309 | 245180 | 22503 | 6372 |

| 项 目 | Item | 流动资产合 计 Working Assets | #存 货 Stock | 固定资产原 价 Original Value of Fixed Assets |
|---|---|---|---|---|
| **二、餐饮业** | **Catering Services** | **21328021** | **1878876** | **22618498** |
| #国有控股 | State-controlled Enterprises | 1697023 | 187328 | 2407226 |
| **(一)按登记注册类型分** | **by Type of Registration** | | | |
| **1.内资企业** | **Domestic Funded Enterprises** | **18166216** | **1556124** | **19206814** |
| 国有企业 | State-owned Enterprises | 331970 | 26227 | 842170 |
| 集体企业 | Collective-owned Enterprises | 76738 | 5711 | 82211 |
| 股份合作企业 | Cooperative Enterprises | 82649 | 29639 | 60388 |
| 联营企业 | Joint Ownership Enterprises | 5417 | 2083 | 11127 |
| 国有联营企业 | State Joint Ownership Enterprises | | | |
| 集体联营企业 | Collective Joint Ownership Enterprises | 5417 | 2083 | 11127 |
| 国有与集体联营企业 | Joint State-collective Enterprises | | | |
| 其他联营企业 | Other Joint Ownership Enterprises | | | |
| 有限责任公司 | Limited Liability Corporations | 6975988 | 548717 | 7144285 |
| 国有独资公司 | State Sole Funded Corporations | 247089 | 13566 | 440186 |
| 其他有限责任公司 | Other Limited Liability Corporations | 6728900 | 535151 | 6704099 |
| 股份有限公司 | Share-holding Corporations Ltd. | 1105186 | 60342 | 679858 |
| 私营企业 | Private Enterprises | 9447046 | 867959 | 10166594 |
| 私营独资企业 | Private-funded Enterprises | 706395 | 85973 | 1277037 |
| 私营合伙企业 | Private Partnership Enterprises | 90079 | 10375 | 188711 |
| 私营有限责任公司 | Private Limited Liability Corporations | 8024960 | 735969 | 8296371 |
| 私营股份有限公司 | Private Share-holding Corporations Ltd. | 625616 | 35636 | 404478 |
| 其他企业 | Other Enterprises | 141236 | 15460 | 220199 |
| **2.港、澳、台商投资企业** | **Enterprises with Funds from Hongkong, Macao and Taiwan** | **1789150** | **105406** | **1490796** |
| 合资经营企业 | Joint-venture Enterprises | 321060 | 19046 | 343759 |
| 合作经营企业 | Cooperative Enterprises | 104621 | 4825 | 105806 |
| 独资经营企业 | Enterprises with Sole Investment | 1282346 | 80050 | 1020253 |
| 投资股份有限公司 | Share-holding Corporations Ltd. with Investment | 65935 | 481 | 18901 |
| 其他港澳台商投资企业 | Other Enterprises with Funds from Hongkong, Macao and Taiwan | 15189 | 1005 | 2076 |
| **3.外商投资企业** | **Foreign Funded Enterprises** | **1372658** | **217349** | **1920890** |
| 中外合资经营企业 | Joint-venture Enterprises | 280237 | 43881 | 663104 |
| 中外合作经营企业 | Cooperative Enterprises | 26902 | 1271 | 13412 |
| 外资企业 | Enterprises with Sole Foreign Investment | 1050008 | 170115 | 1227015 |
| 外商投资股份有限公司 | Share-holding Corporations Ltd. with Foreign Investment | 12959 | 1961 | 16609 |
| 其他外商投资企业 | Other Foreign Funded Enterprises | 2551 | 121 | 753 |
| **(二)按国民经济行业分** | **by Sector** | | | |
| 正餐服务 | Dinner | 18161779 | 1563506 | 19895417 |
| 快餐服务 | Snack | 1891369 | 237817 | 2068854 |
| 饮料及冷饮服务 | Beverage and Cold Drink | 451421 | 31076 | 265248 |
| 其他餐饮业 | Others | 823460 | 46476 | 388987 |

4-3-1 Continued 2

单位：万元
Unit:10000 yuan

| 累计折旧 Accumulation Depreciation | #本年折旧 Current Year Depreciation | 资产合计 Total Assets | 负债合计 Total liabilities | 所有者权益合计 Total Owners' Equities | 实收资本 Paid-up Capitals | #国家资本 State-owned Capitals | #港澳台资本 Capitals from Hongkong, Macao and Taiwan | #外商资本 Foreign Capitals |
|---|---|---|---|---|---|---|---|---|
| **7613183** | **1433470** | **49557088** | **34993618** | **14562450** | **14729966** | **849824** | **891750** | **1000210** |
| 838912 | 121729 | 4304161 | 2730085 | 1574081 | 1157897 | 749975 | 3712 | 4724 |
| **6015497** | **1105839** | **41892572** | **29718148** | **12173401** | **12286756** | **835988** | **16644** | **4371** |
| 323943 | 35800 | 1143190 | 610106 | 533086 | 330963 | 302449 | | |
| 35578 | 4052 | 146330 | 94697 | 51629 | 35428 | | | |
| 27667 | 3368 | 133357 | 94585 | 38774 | 17241 | 5000 | 58 | |
| 1706 | 144 | 15430 | 5464 | 9966 | 10396 | | | |
| 1706 | 144 | 15430 | 5464 | 9966 | 10396 | | | |
| 2320595 | 447794 | 15936780 | 12236520 | 3701333 | 3984008 | 411552 | 13902 | 2958 |
| 146109 | 29580 | 700532 | 521735 | 178798 | 228451 | 154486 | | |
| 2174489 | 418214 | 15236251 | 11714783 | 3522538 | 3755555 | 257066 | 13902 | 2958 |
| 233467 | 29922 | 2326757 | 1434242 | 892515 | 427200 | 98443 | 500 | |
| 3005679 | 573217 | 21834964 | 15043064 | 6789809 | 7376892 | 16006 | 1639 | 1312 |
| 356495 | 70897 | 2000830 | 862389 | 1138444 | 810612 | 594 | 543 | 42 |
| 45194 | 9214 | 274265 | 167030 | 107195 | 102618 | 32 | 12 | 15 |
| 2467414 | 467947 | 18387337 | 13233644 | 5151641 | 6163108 | 12060 | 809 | 1255 |
| 136578 | 25161 | 1172535 | 780009 | 392533 | 300557 | 3319 | 276 | |
| 66873 | 11545 | 355770 | 199476 | 156297 | 104630 | 2539 | 545 | 100 |
| **677510** | **136766** | **3437425** | **2264742** | **1172684** | **1114315** | **6167** | **844240** | **4444** |
| 152093 | 19825 | 699946 | 464835 | 235113 | 256665 | 4378 | 111725 | 2692 |
| 66623 | 7783 | 182742 | 208353 | -25611 | 67091 | 1788 | 18526 | 1363 |
| 450966 | 108289 | 2448915 | 1534278 | 914640 | 753639 | 1 | 697185 | 290 |
| 7011 | 656 | 84978 | 43510 | 41470 | 32626 | | 14299 | |
| 815 | 216 | 20844 | 13770 | 7073 | 4295 | | 2508 | 100 |
| **920180** | **190868** | **4227094** | **3010728** | **1216369** | **1328898** | **7669** | **30867** | **991397** |
| 323052 | 57636 | 993183 | 613347 | 379835 | 312741 | 7657 | 20506 | 108747 |
| 8701 | 512 | 36272 | 26173 | 10100 | 16218 | | 320 | 13369 |
| 580066 | 130013 | 3112363 | 2321417 | 790949 | 957052 | 12 | 211 | 838908 |
| 7747 | 2598 | 80907 | 43277 | 37633 | 39878 | | 9489 | 28955 |
| 617 | 113 | 4376 | 6522 | -2146 | 3010 | | 340 | 1420 |
| 6367039 | 1131443 | 42455806 | 30274691 | 12180095 | 12850564 | 814011 | 571541 | 430313 |
| 988171 | 243444 | 4959731 | 3417924 | 1541809 | 1192104 | 19034 | 228024 | 499485 |
| 112965 | 28777 | 904969 | 506934 | 398035 | 394236 | 3789 | 54035 | 56258 |
| 145008 | 29810 | 1236583 | 794072 | 442514 | 293060 | 12991 | 38149 | 14158 |

# 4-3-2 各地区限额以上住宿和餐饮业企业年末资产负债

# Assets and Liabilities of Enterprises above Designated Size of Hotels and Catering Services by Region at the Year-end

单位：万元

Unit: 10000 yuan

| 地　区 | Region | 资产总计 Total Assets | #流动资产合计 Total Working Capitals | #固定资产合计 Total Fixed Assets | 负债合计 Total Liabilities | 所有者权益合计 Total Owners' Equities |
|---|---|---|---|---|---|---|
| **全　国** | **National Total** | **165958719** | **62250289** | **62041670** | **119512517** | **46445561** |
| 北　京 | Beijing | 17410988 | 7078507 | 5608955 | 13491041 | 3919947 |
| 天　津 | Tianjin | 2232910 | 857977 | 803579 | 1909163 | 323747 |
| 河　北 | Hebei | 3594012 | 1508826 | 1502532 | 2886952 | 707061 |
| 山　西 | Shanxi | 2596497 | 855767 | 1085935 | 2165852 | 430644 |
| 内蒙古 | Inner Mongolia | 2588437 | 932441 | 1110446 | 1778769 | 809667 |
| 辽　宁 | Liaoning | 4493333 | 1723293 | 1793385 | 3404386 | 1088947 |
| 吉　林 | Jilin | 1367202 | 483372 | 675382 | 862369 | 504834 |
| 黑龙江 | Heilongjiang | 1151289 | 347388 | 631829 | 729464 | 421825 |
| 上　海 | Shanghai | 12128731 | 5349527 | 3543275 | 7737514 | 4391218 |
| 江　苏 | Jiangsu | 12110432 | 4255835 | 4601305 | 8889229 | 3221203 |
| 浙　江 | Zhejiang | 12542937 | 4547873 | 4855401 | 9777834 | 2765102 |
| 安　徽 | Anhui | 5051744 | 1615672 | 1739073 | 3619488 | 1432290 |
| 福　建 | Fujian | 5690187 | 2099611 | 2013484 | 3617210 | 2072978 |
| 江　西 | Jiangxi | 2876001 | 930202 | 1009804 | 1812228 | 1063773 |
| 山　东 | Shandong | 8751827 | 3073763 | 3742250 | 6166778 | 2585049 |
| 河　南 | Henan | 5148794 | 2141890 | 1894309 | 3380107 | 1768583 |
| 湖　北 | Hubei | 6263985 | 1790502 | 2938936 | 3878920 | 2384794 |
| 湖　南 | Hunan | 5517875 | 1616559 | 2175802 | 3353409 | 2164467 |
| 广　东 | Guangdong | 20315659 | 8344963 | 6694601 | 16403252 | 3912421 |
| 广　西 | Guangxi | 2557003 | 958720 | 973373 | 1985213 | 571790 |
| 海　南 | Hainan | 3456148 | 1525812 | 1261398 | 2607252 | 849346 |
| 重　庆 | Chongqing | 3791338 | 1592721 | 1347258 | 2786475 | 1004863 |
| 四　川 | Sichuan | 7808168 | 3283681 | 2840248 | 5734242 | 2072926 |
| 贵　州 | Guizhou | 1882452 | 705731 | 809985 | 1310712 | 571740 |
| 云　南 | Yunnan | 4625880 | 1699049 | 1769954 | 3075519 | 1550361 |
| 西　藏 | Tibet | 383427 | 85220 | 263224 | 114842 | 268584 |
| 陕　西 | Shaanxi | 5433361 | 1471192 | 2534826 | 3404458 | 2029138 |
| 甘　肃 | Gansu | 1543790 | 470523 | 677126 | 831223 | 712568 |
| 青　海 | Qinghai | 481916 | 186488 | 220551 | 236073 | 245842 |
| 宁　夏 | Ningxia | 617377 | 272386 | 273103 | 539289 | 78088 |
| 新　疆 | Xinjiang | 1545019 | 444798 | 650341 | 1023254 | 521765 |

# 4-3-3 各地区限额以上住宿业企业年末资产负债
# Assets and Liabilities of Enterprises above Designated Size of Hotels by Region at the Year-end

单位：万元
Unit: 10000 yuan

| 地区 | Region | 资产总计 Total Assets | #流动资产合计 Total Working Capitals | #固定资产合计 Total Fixed Assets | 负债合计 Total Liabilities | 所有者权益合计 Total Owners' Equities |
|---|---|---|---|---|---|---|
| **全国** | **National Total** | **116401634** | **40922269** | **46731007** | **84518903** | **31883109** |
| 北京 | Beijing | 13457707 | 4763144 | 5033045 | 10174554 | 3283153 |
| 天津 | Tianjin | 1344399 | 423261 | 572283 | 1199050 | 145349 |
| 河北 | Hebei | 2951352 | 1224101 | 1281806 | 2377877 | 573475 |
| 山西 | Shanxi | 1320083 | 448641 | 564853 | 1092713 | 227369 |
| 内蒙古 | Inner Mongolia | 1392551 | 421425 | 679314 | 862342 | 530208 |
| 辽宁 | Liaoning | 3126168 | 1183517 | 1413888 | 2335173 | 790995 |
| 吉林 | Jilin | 943205 | 350787 | 470841 | 688053 | 255152 |
| 黑龙江 | Heilongjiang | 959677 | 259279 | 553588 | 608943 | 350734 |
| 上海 | Shanghai | 8097463 | 3087848 | 2799301 | 4681646 | 3415817 |
| 江苏 | Jiangsu | 7545608 | 2317087 | 3077609 | 5457016 | 2088592 |
| 浙江 | Zhejiang | 9138353 | 3251065 | 3647239 | 7106052 | 2032301 |
| 安徽 | Anhui | 2866540 | 739667 | 1115396 | 2114254 | 752320 |
| 福建 | Fujian | 4643544 | 1615730 | 1734500 | 2997644 | 1645900 |
| 江西 | Jiangxi | 2144831 | 732892 | 825929 | 1455743 | 689088 |
| 山东 | Shandong | 4865100 | 1741813 | 2200068 | 3521484 | 1343616 |
| 河南 | Henan | 3756779 | 1600441 | 1407264 | 2645061 | 1111613 |
| 湖北 | Hubei | 3230134 | 876303 | 1511038 | 2062857 | 1167278 |
| 湖南 | Hunan | 4303006 | 1221961 | 1678748 | 2666393 | 1636613 |
| 广东 | Guangdong | 15231786 | 5922436 | 5505590 | 12748479 | 2483307 |
| 广西 | Guangxi | 2132142 | 738750 | 855217 | 1661498 | 470644 |
| 海南 | Hainan | 3365759 | 1482972 | 1236438 | 2524695 | 841514 |
| 重庆 | Chongqing | 2386813 | 1032747 | 852050 | 1953579 | 433234 |
| 四川 | Sichuan | 4599046 | 1813010 | 1910864 | 3475917 | 1123128 |
| 贵州 | Guizhou | 1527560 | 547993 | 688495 | 1073770 | 453790 |
| 云南 | Yunnan | 3778752 | 1212612 | 1518110 | 2559117 | 1219635 |
| 西藏 | Tibet | 372698 | 76653 | 261379 | 108443 | 264255 |
| 陕西 | Shaanxi | 3902260 | 901292 | 1930239 | 2429071 | 1473189 |
| 甘肃 | Gansu | 1118230 | 301708 | 510223 | 622690 | 495541 |
| 青海 | Qinghai | 329365 | 143393 | 154436 | 131128 | 198237 |
| 宁夏 | Ningxia | 385260 | 147874 | 203611 | 337354 | 47906 |
| 新疆 | Xinjiang | 1185463 | 341867 | 537645 | 846307 | 339156 |

4-3-3 续表 Continued

国有控股　　　　单位：万元

State-controlled Enterprises　　　　Unit: 10000 yuan

| 地　区 | Region | 资产总计 Total Assets | #流动资产合计 Total Working Capitals | #固定资产合计 Total Fixed Assets | 负债合计 Total Liabilities | 所有者权益合计 Total Owners' Equities |
|---|---|---|---|---|---|---|
| **全　国** | **National Total** | **32509087** | **9246339** | **15687940** | **18976567** | **13532525** |
| 北　京 | Beijing | 6220244 | 1742584 | 2930522 | 4248587 | 1971657 |
| 天　津 | Tianjin | 703255 | 149182 | 356969 | 629118 | 74137 |
| 河　北 | Hebei | 749410 | 207859 | 437593 | 399141 | 350269 |
| 山　西 | Shanxi | 411759 | 130642 | 211600 | 290227 | 121532 |
| 内蒙古 | Inner Mongolia | 317466 | 73615 | 185179 | 141285 | 176181 |
| 辽　宁 | Liaoning | 700835 | 209991 | 387218 | 374078 | 326758 |
| 吉　林 | Jilin | 368377 | 68014 | 233574 | 237993 | 130384 |
| 黑龙江 | Heilongjiang | 355488 | 65799 | 229405 | 155545 | 199943 |
| 上　海 | Shanghai | 2696283 | 860548 | 1110847 | 1023570 | 1672713 |
| 江　苏 | Jiangsu | 3072903 | 778433 | 1252066 | 1757191 | 1315712 |
| 浙　江 | Zhejiang | 1877527 | 523851 | 849181 | 1004392 | 873136 |
| 安　徽 | Anhui | 394682 | 105026 | 216804 | 227064 | 167617 |
| 福　建 | Fujian | 926921 | 287005 | 399285 | 346587 | 580335 |
| 江　西 | Jiangxi | 535552 | 120457 | 244057 | 275489 | 260063 |
| 山　东 | Shandong | 1565133 | 585847 | 747268 | 1009816 | 555317 |
| 河　南 | Henan | 643184 | 221299 | 323507 | 429201 | 213983 |
| 湖　北 | Hubei | 750881 | 119477 | 329944 | 376738 | 374144 |
| 湖　南 | Hunan | 1295130 | 535147 | 472668 | 803220 | 491910 |
| 广　东 | Guangdong | 2831721 | 921313 | 1216464 | 1531471 | 1300251 |
| 广　西 | Guangxi | 390228 | 83862 | 211548 | 273290 | 116938 |
| 海　南 | Hainan | 679577 | 237362 | 298621 | 307433 | 372145 |
| 重　庆 | Chongqing | 455452 | 117340 | 251315 | 340649 | 114804 |
| 四　川 | Sichuan | 889424 | 245022 | 476527 | 538560 | 350864 |
| 贵　州 | Guizhou | 262388 | 64658 | 169714 | 209604 | 52784 |
| 云　南 | Yunnan | 1032407 | 284109 | 600754 | 644065 | 388342 |
| 西　藏 | Tibet | 182247 | 46423 | 117420 | 37812 | 144435 |
| 陕　西 | Shaanxi | 998916 | 144128 | 695513 | 650214 | 348702 |
| 甘　肃 | Gansu | 384595 | 103036 | 218068 | 256503 | 128092 |
| 青　海 | Qinghai | 111218 | 31605 | 74891 | 25884 | 85334 |
| 宁　夏 | Ningxia | 134231 | 13423 | 115571 | 142733 | -8503 |
| 新　疆 | Xinjiang | 571653 | 169282 | 323847 | 289107 | 282546 |

# 4-3-4 各地区限额以上住宿业企业年末资产负债(按登记注册类型分)

## Assets and Liabilities of Enterprises above Designated Size of Hotels by Region and Type of Registration at the Year-end

内资企业
Domestic Funded Enterprises

单位：万元
Unit: 10000 yuan

| 地区 | Region | 资产总计 Total Assets | #流动资产合计 Total Working Capitals | #固定资产合计 Total Fixed Assets | 负债合计 Total Liabilities | 所有者权益合计 Total Owners' Equities |
|---|---|---|---|---|---|---|
| **全国** | **National Total** | **95000784** | **33585514** | **37964640** | **69241384** | **25759785** |
| 北京 | Beijing | 9530901 | 3443411 | 3799721 | 7799499 | 1731402 |
| 天津 | Tianjin | 1145329 | 388793 | 464470 | 1030439 | 114891 |
| 河北 | Hebei | 2756452 | 1198224 | 1136011 | 2202533 | 553919 |
| 山西 | Shanxi | 1315909 | 447859 | 563184 | 1088287 | 227622 |
| 内蒙古 | Inner Mongolia | 1259947 | 410576 | 566448 | 789046 | 470901 |
| 辽宁 | Liaoning | 2356851 | 945412 | 1016367 | 1794012 | 562839 |
| 吉林 | Jilin | 861033 | 311573 | 432959 | 635576 | 225456 |
| 黑龙江 | Heilongjiang | 759183 | 214261 | 421360 | 453839 | 305344 |
| 上海 | Shanghai | 5258266 | 2124024 | 1773149 | 2914147 | 2344119 |
| 江苏 | Jiangsu | 6428236 | 2011736 | 2531924 | 4586243 | 1841993 |
| 浙江 | Zhejiang | 7587434 | 2636445 | 2949049 | 5943323 | 1644111 |
| 安徽 | Anhui | 2399501 | 679013 | 892711 | 1746001 | 653536 |
| 福建 | Fujian | 3571671 | 1314538 | 1323433 | 2221147 | 1350524 |
| 江西 | Jiangxi | 2044962 | 709358 | 775065 | 1388839 | 656123 |
| 山东 | Shandong | 4353255 | 1655675 | 1819073 | 3145429 | 1207826 |
| 河南 | Henan | 3364891 | 1372221 | 1305018 | 2248266 | 1116521 |
| 湖北 | Hubei | 3023878 | 826530 | 1385523 | 1893403 | 1130475 |
| 湖南 | Hunan | 4051404 | 1170177 | 1540578 | 2442230 | 1609174 |
| 广东 | Guangdong | 10832528 | 4067738 | 3928624 | 9312424 | 1520104 |
| 广西 | Guangxi | 1634498 | 575696 | 614722 | 1218165 | 416333 |
| 海南 | Hainan | 2398491 | 1071811 | 958133 | 1902201 | 496740 |
| 重庆 | Chongqing | 2096713 | 890496 | 761481 | 1734824 | 361889 |
| 四川 | Sichuan | 4281920 | 1732190 | 1711883 | 3249416 | 1032504 |
| 贵州 | Guizhou | 1501348 | 545274 | 669509 | 1061457 | 439892 |
| 云南 | Yunnan | 3452805 | 1107714 | 1361616 | 2392378 | 1060427 |
| 西藏 | Tibet | 296951 | 68971 | 193695 | 101375 | 195577 |
| 陕西 | Shaanxi | 3533692 | 789395 | 1705704 | 2066559 | 1467133 |
| 甘肃 | Gansu | 1097996 | 298040 | 493657 | 608984 | 489012 |
| 青海 | Qinghai | 282857 | 132247 | 130842 | 122187 | 160670 |
| 宁夏 | Ningxia | 337072 | 104542 | 201446 | 302789 | 34284 |
| 新疆 | Xinjiang | 1184810 | 341574 | 537285 | 846366 | 338444 |

4-3-4 续表 1 Continued 1

国有企业 单位：万元

State-owned Enterprises Unit: 10000 yuan

| 地 区 | Region | 资产总计 Total Assets | #流动资产合计 Total Working Capitals | #固定资产合计 Total Fixed Assets | 负债合计 Total Liabilities | 所有者权益合计 Total Owners' Equities |
|---|---|---|---|---|---|---|
| **全 国** | **National Total** | **11640729** | **3184644** | **6241305** | **6628180** | **5012552** |
| 北 京 | Beijing | 2569427 | 619819 | 1473918 | 1808693 | 760734 |
| 天 津 | Tianjin | 112475 | 23866 | 44447 | 91621 | 20854 |
| 河 北 | Hebei | 479180 | 129008 | 286131 | 315175 | 164005 |
| 山 西 | Shanxi | 327687 | 114308 | 154218 | 260222 | 67466 |
| 内 蒙 古 | Inner Mongolia | 148946 | 31003 | 71409 | 58961 | 89985 |
| 辽 宁 | Liaoning | 289352 | 81663 | 164579 | 136773 | 152579 |
| 吉 林 | Jilin | 228557 | 52487 | 132565 | 138720 | 89837 |
| 黑 龙 江 | Heilongjiang | 216754 | 38891 | 155866 | 91971 | 124783 |
| 上 海 | Shanghai | 931267 | 330411 | 387393 | 320045 | 611222 |
| 江 苏 | Jiangsu | 1072546 | 255600 | 548730 | 639421 | 433125 |
| 浙 江 | Zhejiang | 353814 | 151167 | 145451 | 131382 | 222432 |
| 安 徽 | Anhui | 52696 | 15951 | 30715 | 41081 | 11615 |
| 福 建 | Fujian | 327393 | 84318 | 170644 | 148555 | 178838 |
| 江 西 | Jiangxi | 258986 | 66567 | 164167 | 101858 | 157128 |
| 山 东 | Shandong | 806953 | 232307 | 473516 | 366669 | 440285 |
| 河 南 | Henan | 360036 | 102994 | 199800 | 234756 | 125280 |
| 湖 北 | Hubei | 171885 | 40716 | 100956 | 94964 | 76921 |
| 湖 南 | Hunan | 232350 | 61955 | 112715 | 135389 | 96961 |
| 广 东 | Guangdong | 886193 | 243225 | 380883 | 524733 | 361461 |
| 广 西 | Guangxi | 232531 | 44618 | 109273 | 135168 | 97363 |
| 海 南 | Hainan | 26492 | 11822 | 12311 | 30162 | -3671 |
| 重 庆 | Chongqing | 100233 | 11063 | 82215 | 76350 | 23884 |
| 四 川 | Sichuan | 187513 | 69781 | 89303 | 73955 | 113558 |
| 贵 州 | Guizhou | 56367 | 14855 | 33718 | 39709 | 16658 |
| 云 南 | Yunnan | 248448 | 105318 | 117495 | 104750 | 143698 |
| 西 藏 | Tibet | 154967 | 43467 | 93420 | 33200 | 121767 |
| 陕 西 | Shaanxi | 254405 | 51797 | 161935 | 155642 | 98763 |
| 甘 肃 | Gansu | 172643 | 60670 | 85625 | 97312 | 75331 |
| 青 海 | Qinghai | 42894 | 7774 | 34007 | 7717 | 35177 |
| 宁 夏 | Ningxia | 95856 | 7775 | 86491 | 107377 | -11521 |
| 新 疆 | Xinjiang | 241883 | 79448 | 137409 | 125849 | 116034 |

4-3-4 续表 2 Continued 2

集体企业 单位：万元

Collective-owned Enterprises Unit: 10000 yuan

| 地 区 | Region | 资产总计 Total Assets | #流动资产合计 Total Working Capitals | #固定资产合计 Total Fixed Assets | 负债合计 Total Liabilities | 所有者权益合计 Total Owners' Equities |
|---|---|---|---|---|---|---|
| **全 国** | **National Total** | **1055686** | **360868** | **497477** | **773000** | **282691** |
| 北 京 | Beijing | 245772 | 59495 | 158355 | 168579 | 77194 |
| 天 津 | Tianjin | 55991 | 33536 | 19626 | 45897 | 10094 |
| 河 北 | Hebei | 17290 | 4428 | 9997 | 8910 | 8380 |
| 山 西 | Shanxi | 34068 | 8534 | 14511 | 30595 | 3472 |
| 内蒙古 | Inner Mongolia | 3740 | 570 | 2383 | 3252 | 488 |
| 辽 宁 | Liaoning | 38736 | 15073 | 14147 | 28072 | 10664 |
| 吉 林 | Jilin | 6735 | 6089 | 494 | 4864 | 1871 |
| 黑龙江 | Heilongjiang | 5420 | 1984 | 2834 | 7392 | -1972 |
| 上 海 | Shanghai | 38986 | 8535 | 23011 | 19746 | 19240 |
| 江 苏 | Jiangsu | 79327 | 33162 | 26097 | 64498 | 14829 |
| 浙 江 | Zhejiang | 83833 | 26152 | 37879 | 66674 | 17159 |
| 安 徽 | Anhui | 4213 | 1642 | 2157 | 1164 | 3049 |
| 福 建 | Fujian | 12300 | 5331 | 6519 | 7838 | 4463 |
| 江 西 | Jiangxi | 1091 | 146 | 945 | 655 | 437 |
| 山 东 | Shandong | 60018 | 20296 | 35776 | 27965 | 32053 |
| 河 南 | Henan | 64218 | 25920 | 25689 | 63357 | 861 |
| 湖 北 | Hubei | 46024 | 17382 | 25245 | 20177 | 25847 |
| 湖 南 | Hunan | 38572 | 22117 | 14754 | 11436 | 27136 |
| 广 东 | Guangdong | 54263 | 19194 | 19551 | 59308 | -5044 |
| 广 西 | Guangxi | 8396 | 3430 | 4097 | 5512 | 2884 |
| 海 南 | Hainan | 230 | 155 | 20 | 302 | -73 |
| 重 庆 | Chongqing | 9524 | 2599 | 5500 | 9046 | 479 |
| 四 川 | Sichuan | 16404 | 5685 | 3047 | 15059 | 1345 |
| 贵 州 | Guizhou | 14914 | 795 | 14068 | 1630 | 13285 |
| 云 南 | Yunnan | 37666 | 22776 | 12594 | 19285 | 18381 |
| 西 藏 | Tibet | 2899 | 423 | 2468 | 975 | 1925 |
| 陕 西 | Shaanxi | 19985 | 10024 | 7577 | 25094 | -5109 |
| 甘 肃 | Gansu | 7019 | 2768 | 4074 | 3440 | 3579 |
| 青 海 | Qinghai | 2825 | 925 | 1638 | 2218 | 607 |
| 宁 夏 | Ningxia | 150 | 144 | 6 | 45 | 105 |
| 新 疆 | Xinjiang | 45077 | 1558 | 2418 | 50015 | -4938 |

4-3-4 续表 3 Continued 3

股份合作企业 单位：万元

Cooperative Enterprises Unit: 10000 yuan

| 地 区 | Region | 资产总计 Total Assets | #流动资产合计 Total Working Capitals | #固定资产合计 Total Fixed Assets | 负债合计 Total Liabilities | 所有者权益合计 Total Owners' Equities |
|---|---|---|---|---|---|---|
| **全 国** | **National Total** | **205113** | **66220** | **70471** | **147870** | **57246** |
| 北 京 | Beijing | 87896 | 31954 | 24013 | 69374 | 18523 |
| 天 津 | Tianjin | 9145 | 5753 | 2672 | 2232 | 6913 |
| 河 北 | Hebei | 38 | | | 26 | 12 |
| 山 西 | Shanxi | | | | | |
| 内蒙古 | Inner Mongolia | 1861 | 228 | 174 | 241 | 1620 |
| 辽 宁 | Liaoning | 278 | 65 | 213 | 150 | 128 |
| 吉 林 | Jilin | 1248 | 47 | 862 | 596 | 652 |
| 黑龙江 | Heilongjiang | 19763 | 6840 | 9521 | 12878 | 6885 |
| 上 海 | Shanghai | | | | | |
| 江 苏 | Jiangsu | | | | | |
| 浙 江 | Zhejiang | 18581 | 7385 | 9578 | 11849 | 6732 |
| 安 徽 | Anhui | 469 | 416 | 10 | 5 | 465 |
| 福 建 | Fujian | 1137 | 426 | 618 | 127 | 1009 |
| 江 西 | Jiangxi | 2849 | 447 | 2346 | 2597 | 252 |
| 山 东 | Shandong | 9397 | 3028 | 1370 | 7396 | 2001 |
| 河 南 | Henan | 17854 | 1499 | 3884 | 6957 | 10897 |
| 湖 北 | Hubei | 7626 | 723 | 6405 | 7395 | 232 |
| 湖 南 | Hunan | 802 | 138 | 333 | 37 | 765 |
| 广 东 | Guangdong | 12525 | 3803 | 2335 | 4289 | 8236 |
| 广 西 | Guangxi | 4360 | 1224 | 2650 | 3722 | 638 |
| 海 南 | Hainan | 749 | 137 | 582 | 13314 | -12565 |
| 重 庆 | Chongqing | 2971 | 67 | 1127 | 1766 | 1206 |
| 四 川 | Sichuan | 2680 | 802 | 1252 | 1607 | 1073 |
| 贵 州 | Guizhou | | | | | |
| 云 南 | Yunnan | 1351 | 959 | 43 | 386 | 965 |
| 西 藏 | Tibet | | | | | |
| 陕 西 | Shaanxi | 1533 | 279 | 483 | 926 | 607 |
| 甘 肃 | Gansu | | | | | |
| 青 海 | Qinghai | | | | | |
| 宁 夏 | Ningxia | | | | | |
| 新 疆 | Xinjiang | | | | | |

4-3-4 续表 4 Continued 4

联营企业
Joint Ownership Enterprises

单位：万元
Unit: 10000 yuan

| 地 区 | Region | 资产总计 Total Assets | #流动资产合计 Total Working Capitals | #固定资产合计 Total Fixed Assets | 负债合计 Total Liabilities | 所有者权益合计 Total Owners' Equities |
|---|---|---|---|---|---|---|
| **全 国** | **National Total** | **110284** | **45178** | **48227** | **42574** | **67708** |
| 北 京 | Beijing | 4440 | 3851 | 529 | 7777 | -3336 |
| 天 津 | Tianjin | | | | | |
| 河 北 | Hebei | | | | | |
| 山 西 | Shanxi | | | | | |
| 内蒙古 | Inner Mongolia | 991 | 53 | 502 | 2485 | -1495 |
| 辽 宁 | Liaoning | 3155 | 1361 | 123 | 913 | 2242 |
| 吉 林 | Jilin | | | | | |
| 黑龙江 | Heilongjiang | | | | | |
| 上 海 | Shanghai | 16218 | 3823 | 10117 | -4849 | 21066 |
| 江 苏 | Jiangsu | 1210 | 688 | 233 | 1868 | -659 |
| 浙 江 | Zhejiang | 10275 | 6840 | 3339 | 2295 | 7980 |
| 安 徽 | Anhui | | | | | |
| 福 建 | Fujian | 49489 | 15821 | 25120 | 22084 | 27405 |
| 江 西 | Jiangxi | | | | | |
| 山 东 | Shandong | | | | | |
| 河 南 | Henan | | | | | |
| 湖 北 | Hubei | | | | | |
| 湖 南 | Hunan | 247 | 85 | 161 | 28 | 219 |
| 广 东 | Guangdong | 17770 | 10153 | 4979 | 6567 | 11203 |
| 广 西 | Guangxi | | | | | |
| 海 南 | Hainan | | | | | |
| 重 庆 | Chongqing | | | | | |
| 四 川 | Sichuan | 2531 | 494 | 2001 | 1894 | 637 |
| 贵 州 | Guizhou | | | | | |
| 云 南 | Yunnan | 1721 | 581 | 314 | 225 | 1496 |
| 西 藏 | Tibet | | | | | |
| 陕 西 | Shaanxi | | | | | |
| 甘 肃 | Gansu | | | | | |
| 青 海 | Qinghai | | | | | |
| 宁 夏 | Ningxia | | | | | |
| 新 疆 | Xinjiang | 2237 | 1428 | 809 | 1287 | 950 |

4-3-4 续表 5 Continued 5

有限责任公司 单位: 万元

Limited Liability Corporations Unit: 10000 yuan

| 地 区 | Region | 资产总计 Total Assets | #流动资产合计 Total Working Capitals | #固定资产合计 Total Fixed Assets | 负债合计 Total Liabilities | 所有者权益合计 Total Owners' Equities |
|---|---|---|---|---|---|---|
| **全 国** | **National Total** | **50267889** | **17537840** | **20013512** | **37662287** | **12606056** |
| 北 京 | Beijing | 5285689 | 1969238 | 1853600 | 4373139 | 912551 |
| 天 津 | Tianjin | 707332 | 205412 | 317709 | 646331 | 61000 |
| 河 北 | Hebei | 1416899 | 724245 | 506174 | 1094254 | 322646 |
| 山 西 | Shanxi | 221718 | 66500 | 115030 | 183717 | 38001 |
| 内蒙古 | Inner Mongolia | 660844 | 163476 | 334459 | 390380 | 270464 |
| 辽 宁 | Liaoning | 909116 | 346645 | 422787 | 710728 | 198388 |
| 吉 林 | Jilin | 389259 | 136752 | 201826 | 314427 | 74832 |
| 黑龙江 | Heilongjiang | 302651 | 117991 | 129204 | 198129 | 104522 |
| 上 海 | Shanghai | 2682887 | 939023 | 1085537 | 1342611 | 1340276 |
| 江 苏 | Jiangsu | 3163644 | 966610 | 1234913 | 2214514 | 949131 |
| 浙 江 | Zhejiang | 4049487 | 1268441 | 1776066 | 3060825 | 988662 |
| 安 徽 | Anhui | 1128201 | 311846 | 424696 | 886310 | 241891 |
| 福 建 | Fujian | 2092232 | 802580 | 706388 | 1414001 | 678232 |
| 江 西 | Jiangxi | 1113461 | 419666 | 331532 | 821094 | 292366 |
| 山 东 | Shandong | 1989474 | 805629 | 780914 | 1643312 | 346162 |
| 河 南 | Henan | 1620202 | 663460 | 587629 | 1133244 | 486958 |
| 湖 北 | Hubei | 1671522 | 385490 | 757642 | 1058069 | 613454 |
| 湖 南 | Hunan | 2033195 | 344464 | 836038 | 1207183 | 826012 |
| 广 东 | Guangdong | 6928721 | 2605481 | 2495677 | 5971853 | 956868 |
| 广 西 | Guangxi | 608959 | 222482 | 241699 | 453612 | 155347 |
| 海 南 | Hainan | 1975081 | 903571 | 767815 | 1523459 | 452072 |
| 重 庆 | Chongqing | 1192730 | 466883 | 468251 | 992454 | 200275 |
| 四 川 | Sichuan | 2190792 | 869337 | 840708 | 1649461 | 541331 |
| 贵 州 | Guizhou | 861139 | 316886 | 398300 | 670854 | 190285 |
| 云 南 | Yunnan | 1798049 | 646538 | 783212 | 1310840 | 487209 |
| 西 藏 | Tibet | 71813 | 10937 | 53049 | 29877 | 41936 |
| 陕 西 | Shaanxi | 1841593 | 502147 | 945442 | 1522223 | 319370 |
| 甘 肃 | Gansu | 629959 | 131089 | 287036 | 341487 | 288473 |
| 青 海 | Qinghai | 81341 | 27068 | 42524 | 46233 | 35108 |
| 宁 夏 | Ningxia | 83887 | 35345 | 36669 | 63732 | 20156 |
| 新 疆 | Xinjiang | 566012 | 162608 | 250986 | 393934 | 172078 |

股份有限公司
Share-holding Corporations Ltd.

单位：万元
Unit: 10000 yuan

| 地 区 | Region | 资产总计 Total Assets | #流动资产合计 Total Working Capitals | #固定资产合计 Total Fixed Assets | 负债合计 Total Liabilities | 所有者权益合计 Total Owners' Equities |
|---|---|---|---|---|---|---|
| **全 国** | **National Total** | **4271737** | **1620547** | **1421449** | **2824846** | **1446789** |
| 北 京 | Beijing | 324936 | 157372 | 67825 | 292629 | 32307 |
| 天 津 | Tianjin | 35499 | 26794 | 3783 | 27873 | 7627 |
| 河 北 | Hebei | 216732 | 60304 | 76256 | 166848 | 49885 |
| 山 西 | Shanxi | 28648 | 6108 | 18717 | 15327 | 13321 |
| 内蒙古 | Inner Mongolia | 48787 | 15797 | 21212 | 18728 | 30059 |
| 辽 宁 | Liaoning | 36977 | 7420 | 15685 | 20216 | 16761 |
| 吉 林 | Jilin | 26080 | 3631 | 17735 | 11373 | 14707 |
| 黑龙江 | Heilongjiang | 77084 | 11105 | 49991 | 55469 | 21615 |
| 上 海 | Shanghai | 28773 | 12714 | 9568 | 18117 | 10655 |
| 江 苏 | Jiangsu | 495554 | 143918 | 149961 | 275865 | 219689 |
| 浙 江 | Zhejiang | 260539 | 106442 | 62160 | 154923 | 105616 |
| 安 徽 | Anhui | 108338 | 9180 | 77087 | 71577 | 36761 |
| 福 建 | Fujian | 63611 | 23805 | 26154 | 19076 | 44535 |
| 江 西 | Jiangxi | 136969 | 32492 | 64532 | 107842 | 29127 |
| 山 东 | Shandong | 270060 | 53381 | 108276 | 209872 | 60188 |
| 河 南 | Henan | 169356 | 86234 | 51368 | 106632 | 62620 |
| 湖 北 | Hubei | 156809 | 68879 | 58943 | 94554 | 62255 |
| 湖 南 | Hunan | 703606 | 421918 | 88981 | 420414 | 283192 |
| 广 东 | Guangdong | 315083 | 121729 | 111517 | 232346 | 82737 |
| 广 西 | Guangxi | 111711 | 15721 | 60713 | 75580 | 36131 |
| 海 南 | Hainan | 84479 | 35719 | 20637 | 57649 | 26830 |
| 重 庆 | Chongqing | 56634 | 23965 | 15474 | 41215 | 15419 |
| 四 川 | Sichuan | 311959 | 119273 | 143178 | 226861 | 85098 |
| 贵 州 | Guizhou | 12925 | 1057 | 6177 | 3092 | 9834 |
| 云 南 | Yunnan | 67427 | 23015 | 29700 | 40087 | 27340 |
| 西 藏 | Tibet | 6053 | 1132 | 4290 | 4426 | 1627 |
| 陕 西 | Shaanxi | 44166 | 7467 | 32682 | 33153 | 11013 |
| 甘 肃 | Gansu | 14531 | 7445 | 5908 | 4720 | 9811 |
| 青 海 | Qinghai | 21234 | 11902 | 7490 | 6396 | 14838 |
| 宁 夏 | Ningxia | 96 | 57 | 2 | 91 | 5 |
| 新 疆 | Xinjiang | 37081 | 4571 | 15447 | 11895 | 25186 |

4-3-4 续表 7 Continued 7

私营企业 单位：万元
Private Enterprises Unit: 10000 yuan

| 地区 | Region | 资产总计 Total Assets | #流动资产合计 Total Working Capitals | #固定资产合计 Total Fixed Assets | 负债合计 Total Liabilities | 所有者权益合计 Total Owners' Equities |
|---|---|---|---|---|---|---|
| **全国** | **National Total** | **27060035** | **10607434** | **9496436** | **20899825** | **6160244** |
| 北京 | Beijing | 1012741 | 601683 | 221482 | 1079311 | -66570 |
| 天津 | Tianjin | 222632 | 92361 | 75050 | 212897 | 9735 |
| 河北 | Hebei | 622424 | 279057 | 256030 | 614451 | 7972 |
| 山西 | Shanxi | 690999 | 248491 | 251907 | 588065 | 102934 |
| 内蒙古 | Inner Mongolia | 385262 | 197783 | 130549 | 309390 | 75871 |
| 辽宁 | Liaoning | 1042830 | 470477 | 387441 | 858070 | 184760 |
| 吉林 | Jilin | 204183 | 111231 | 75992 | 164349 | 39834 |
| 黑龙江 | Heilongjiang | 136827 | 37139 | 73736 | 87571 | 49256 |
| 上海 | Shanghai | 1536775 | 812850 | 252884 | 1197714 | 339061 |
| 江苏 | Jiangsu | 1608792 | 607551 | 569953 | 1383859 | 224934 |
| 浙江 | Zhejiang | 2807131 | 1069604 | 911582 | 2510454 | 296677 |
| 安徽 | Anhui | 1093476 | 336221 | 352438 | 738287 | 355223 |
| 福建 | Fujian | 1012104 | 374691 | 384973 | 599784 | 412320 |
| 江西 | Jiangxi | 520169 | 185929 | 207556 | 347119 | 173050 |
| 山东 | Shandong | 1180862 | 517230 | 408599 | 870968 | 309894 |
| 河南 | Henan | 1125174 | 490521 | 432063 | 700231 | 424943 |
| 湖北 | Hubei | 960257 | 309815 | 431351 | 615235 | 345023 |
| 湖南 | Hunan | 1035360 | 317447 | 483652 | 665022 | 370339 |
| 广东 | Guangdong | 2534789 | 1033273 | 870710 | 2454730 | 80059 |
| 广西 | Guangxi | 649660 | 281910 | 184888 | 538882 | 110778 |
| 海南 | Hainan | 307329 | 118438 | 154790 | 273168 | 34161 |
| 重庆 | Chongqing | 730448 | 384779 | 185929 | 613090 | 117359 |
| 四川 | Sichuan | 1548409 | 661959 | 620043 | 1271783 | 276625 |
| 贵州 | Guizhou | 549531 | 210344 | 212691 | 344328 | 205203 |
| 云南 | Yunnan | 1279735 | 297243 | 414018 | 900370 | 379365 |
| 西藏 | Tibet | 60953 | 12809 | 40468 | 32629 | 28324 |
| 陕西 | Shaanxi | 1346055 | 213379 | 543068 | 313795 | 1032260 |
| 甘肃 | Gansu | 272163 | 95676 | 109876 | 160628 | 111535 |
| 青海 | Qinghai | 133737 | 84440 | 44518 | 58977 | 74759 |
| 宁夏 | Ningxia | 157084 | 61222 | 78278 | 131545 | 25539 |
| 新疆 | Xinjiang | 292144 | 91881 | 129921 | 263123 | 29021 |

其他内资企业 单位：万元

Other Domestic Funded Enterprises Unit: 10000 yuan

| 地区 | Region | 资产总计 Total Assets | #流动资产合计 Total Working Capitals | #固定资产合计 Total Fixed Assets | 负债合计 Total Liabilities | 所有者权益合计 Total Owners' Equities |
|---|---|---|---|---|---|---|
| **全国** | **National Total** | **389321** | **162788** | **175775** | **262808** | **126514** |
| 北京 | Beijing | | | | | |
| 天津 | Tianjin | 2255 | 1072 | 1183 | 3587 | -1332 |
| 河北 | Hebei | 3889 | 1182 | 1423 | 2871 | 1019 |
| 山西 | Shanxi | 12790 | 3919 | 8801 | 10361 | 2429 |
| 内蒙古 | Inner Mongolia | 9517 | 1666 | 5760 | 5609 | 3908 |
| 辽宁 | Liaoning | 36408 | 22708 | 11393 | 39090 | -2682 |
| 吉林 | Jilin | 4972 | 1336 | 3485 | 1249 | 3724 |
| 黑龙江 | Heilongjiang | 685 | 312 | 209 | 429 | 256 |
| 上海 | Shanghai | 23361 | 16669 | 4640 | 20762 | 2599 |
| 江苏 | Jiangsu | 7163 | 4207 | 2037 | 6218 | 945 |
| 浙江 | Zhejiang | 3773 | 413 | 2996 | 4920 | -1147 |
| 安徽 | Anhui | 12109 | 3758 | 5609 | 7577 | 4533 |
| 福建 | Fujian | 13405 | 7566 | 3019 | 9682 | 3723 |
| 江西 | Jiangxi | 11436 | 4111 | 3986 | 7673 | 3763 |
| 山东 | Shandong | 36491 | 23804 | 10622 | 19248 | 17243 |
| 河南 | Henan | 8052 | 1593 | 4585 | 3089 | 4963 |
| 湖北 | Hubei | 9754 | 3524 | 4981 | 3009 | 6745 |
| 湖南 | Hunan | 7272 | 2054 | 3944 | 2723 | 4550 |
| 广东 | Guangdong | 83183 | 30879 | 42973 | 58599 | 24584 |
| 广西 | Guangxi | 18881 | 6310 | 11403 | 5688 | 13193 |
| 海南 | Hainan | 4133 | 1969 | 1979 | 4147 | -14 |
| 重庆 | Chongqing | 4173 | 1140 | 2985 | 904 | 3268 |
| 四川 | Sichuan | 21633 | 4858 | 12352 | 8795 | 12838 |
| 贵州 | Guizhou | 6472 | 1337 | 4555 | 1844 | 4628 |
| 云南 | Yunnan | 18409 | 11286 | 4240 | 16434 | 1975 |
| 西藏 | Tibet | 265 | 203 | | 268 | -3 |
| 陕西 | Shaanxi | 25955 | 4302 | 14516 | 15726 | 10229 |
| 甘肃 | Gansu | 1682 | 392 | 1139 | 1397 | 284 |
| 青海 | Qinghai | 827 | 138 | 664 | 647 | 180 |
| 宁夏 | Ningxia | | | | | |
| 新疆 | Xinjiang | 376 | 80 | 296 | 262 | 113 |

4-3-4 续表 9 Continued 9

港、澳、台商投资企业　　　　　　　　　　　　　　　　　　　　　　　　　单位：万元

Enterprises with Funds from Hongkong, Macao and Taiwan　　　　　　　　Unit: 10000 yuan

| 地　区 | Region | 资产总计 Total Assets | #流动资产合计 Total Working Capitals | #固定资产合计 Total Fixed Assets | 负债合计 Total Liabilities | 所有者权益合计 Total Owners' Equities |
|---|---|---|---|---|---|---|
| **全　国** | **National Total** | **14184503** | **4791008** | **5634991** | **10311799** | **3872699** |
| 北　京 | Beijing | 2445399 | 815314 | 805508 | 1600452 | 844946 |
| 天　津 | Tianjin | 137906 | 6021 | 93084 | 101776 | 36130 |
| 河　北 | Hebei | 149202 | 18954 | 108765 | 113877 | 35324 |
| 山　西 | Shanxi | 4173 | 783 | 1669 | 4426 | -253 |
| 内蒙古 | Inner Mongolia | 87758 | 7011 | 77340 | 50240 | 37517 |
| 辽　宁 | Liaoning | 514944 | 134847 | 279946 | 263626 | 251317 |
| 吉　林 | Jilin | 13870 | 9788 | 1827 | 18260 | -4391 |
| 黑龙江 | Heilongjiang | 125388 | 21323 | 89888 | 118942 | 6446 |
| 上　海 | Shanghai | 2397940 | 782935 | 838769 | 1454033 | 943907 |
| 江　苏 | Jiangsu | 542102 | 174696 | 193012 | 464061 | 78042 |
| 浙　江 | Zhejiang | 1131969 | 445553 | 549836 | 768632 | 363337 |
| 安　徽 | Anhui | 416560 | 57774 | 200720 | 320513 | 96047 |
| 福　建 | Fujian | 690022 | 204321 | 221000 | 522936 | 167086 |
| 江　西 | Jiangxi | 65646 | 10406 | 33772 | 40090 | 25556 |
| 山　东 | Shandong | 406390 | 36358 | 333673 | 284970 | 121420 |
| 河　南 | Henan | 323573 | 184420 | 89942 | 355296 | -31723 |
| 湖　北 | Hubei | 173236 | 37045 | 107172 | 143672 | 29564 |
| 湖　南 | Hunan | 170278 | 43262 | 66471 | 135623 | 34655 |
| 广　东 | Guangdong | 2568502 | 1143290 | 812834 | 2075964 | 492538 |
| 广　西 | Guangxi | 495105 | 161252 | 240359 | 444189 | 50916 |
| 海　南 | Hainan | 802446 | 355219 | 192312 | 521720 | 280725 |
| 重　庆 | Chongqing | 53691 | 2894 | 43003 | 66753 | -13062 |
| 四　川 | Sichuan | 73880 | 26921 | 28662 | 174792 | -100912 |
| 贵　州 | Guizhou | 15297 | 1752 | 11727 | 9918 | 5379 |
| 云　南 | Yunnan | 163174 | 48447 | 80768 | 89021 | 74153 |
| 西　藏 | Tibet | 2689 | 2689 | | 2269 | 420 |
| 陕　西 | Shaanxi | 207529 | 55148 | 129684 | 165058 | 42470 |
| 甘　肃 | Gansu | 5290 | 2399 | 2890 | 616 | 4674 |
| 青　海 | Qinghai | | | | | |
| 宁　夏 | Ningxia | | | | | |
| 新　疆 | Xinjiang | 544 | 186 | 358 | 74 | 471 |

4-3-4 续表 10 Continued 10

外商投资企业 单位：万元

Foreign Funded Enterprises Unit: 10000 yuan

| 地　区 | Region | 资产总计 Total Assets | #流动资产合计 Total Working Capitals | #固定资产合计 Total Fixed Assets | 负债合计 Total Liabilities | 所有者权益合计 Total Owners' Equities |
|---|---|---|---|---|---|---|
| **全　国** | **National Total** | **7216349** | **2545755** | **3131377** | **4965721** | **2250625** |
| 北　京 | Beijing | 1481407 | 504420 | 427815 | 774602 | 706805 |
| 天　津 | Tianjin | 61164 | 28447 | 14729 | 66836 | -5672 |
| 河　北 | Hebei | 45699 | 6923 | 37031 | 61467 | -15768 |
| 山　西 | Shanxi | | | | | |
| 内蒙古 | Inner Mongolia | 44846 | 3838 | 35526 | 23056 | 21790 |
| 辽　宁 | Liaoning | 254373 | 103258 | 117575 | 277535 | -23162 |
| 吉　林 | Jilin | 68303 | 29426 | 36055 | 34216 | 34086 |
| 黑龙江 | Heilongjiang | 75106 | 23694 | 42340 | 36162 | 38944 |
| 上　海 | Shanghai | 441257 | 180889 | 187383 | 313466 | 127791 |
| 江　苏 | Jiangsu | 575270 | 130655 | 352673 | 406712 | 168557 |
| 浙　江 | Zhejiang | 418950 | 169068 | 148353 | 394096 | 24853 |
| 安　徽 | Anhui | 50479 | 2881 | 21965 | 47741 | 2738 |
| 福　建 | Fujian | 381850 | 96871 | 190067 | 253560 | 128290 |
| 江　西 | Jiangxi | 34223 | 13128 | 17092 | 26814 | 7409 |
| 山　东 | Shandong | 105455 | 49780 | 47322 | 91085 | 14370 |
| 河　南 | Henan | 68315 | 43800 | 12305 | 41499 | 26816 |
| 湖　北 | Hubei | 33020 | 12729 | 18343 | 25782 | 7239 |
| 湖　南 | Hunan | 81324 | 8522 | 71699 | 88540 | -7216 |
| 广　东 | Guangdong | 1830756 | 711409 | 764133 | 1360091 | 470665 |
| 广　西 | Guangxi | 2539 | 1803 | 137 | -856 | 3395 |
| 海　南 | Hainan | 164822 | 55943 | 85993 | 100774 | 64048 |
| 重　庆 | Chongqing | 236409 | 139357 | 47566 | 152001 | 84407 |
| 四　川 | Sichuan | 243247 | 53899 | 170319 | 51710 | 191536 |
| 贵　州 | Guizhou | 10914 | 968 | 7259 | 2395 | 8519 |
| 云　南 | Yunnan | 162774 | 56451 | 75725 | 77719 | 85055 |
| 西　藏 | Tibet | 73058 | 4993 | 67683 | 4800 | 68258 |
| 陕　西 | Shaanxi | 161039 | 56749 | 94852 | 197454 | -36414 |
| 甘　肃 | Gansu | 14945 | 1269 | 13676 | 13090 | 1855 |
| 青　海 | Qinghai | 46508 | 11146 | 23594 | 8941 | 37567 |
| 宁　夏 | Ningxia | 48188 | 43332 | 2165 | 34565 | 13623 |
| 新　疆 | Xinjiang | 109 | 107 | 2 | -132 | 241 |

# 4-3-5 各地区限额以上住宿业企业年末资产负债(按国民经济行业分)

# Assets and Liabilities of Enterprises above Designated Size of Hotels by Region and Sector at the Year-end

旅游饭店 Tourist Hotel

单位：万元 Unit: 10000 yuan

| 地区 | Region | 资产总计 Total Assets | #流动资产合计 Total Current Assets | #固定资产合计 Total Fixed Assets | 负债合计 Total Liabilities | 所有者权益合计 Total Owners' Equities |
|---|---|---|---|---|---|---|
| **全国** | **National Total** | **99822215** | **34587574** | **41329961** | **73233214** | **26589459** |
| 北京 | Beijing | 11088076 | 3662705 | 4617488 | 8524890 | 2563186 |
| 天津 | Tianjin | 1015425 | 319271 | 417349 | 902725 | 112700 |
| 河北 | Hebei | 2185114 | 817429 | 1025452 | 1811304 | 373810 |
| 山西 | Shanxi | 1045899 | 343128 | 426185 | 861824 | 184076 |
| 内蒙古 | Inner Mongolia | 1153743 | 328540 | 571238 | 678540 | 475203 |
| 辽宁 | Liaoning | 2790963 | 1020873 | 1282299 | 2069750 | 721213 |
| 吉林 | Jilin | 882583 | 326673 | 438678 | 642236 | 240348 |
| 黑龙江 | Heilongjiang | 837347 | 220531 | 494448 | 486086 | 351261 |
| 上海 | Shanghai | 6741838 | 2475512 | 2609783 | 3741547 | 3000291 |
| 江苏 | Jiangsu | 7063833 | 2127891 | 2931228 | 5072586 | 1991247 |
| 浙江 | Zhejiang | 8298817 | 2967676 | 3341448 | 6448805 | 1850012 |
| 安徽 | Anhui | 2459452 | 586024 | 961150 | 1822301 | 637151 |
| 福建 | Fujian | 4108260 | 1426220 | 1590150 | 2660129 | 1448132 |
| 江西 | Jiangxi | 1797701 | 615459 | 667624 | 1248883 | 548819 |
| 山东 | Shandong | 4169103 | 1514677 | 1909131 | 2975034 | 1194069 |
| 河南 | Henan | 2930604 | 1347204 | 1052892 | 2212747 | 717857 |
| 湖北 | Hubei | 2622881 | 663727 | 1255563 | 1713542 | 909340 |
| 湖南 | Hunan | 2878981 | 749194 | 1461498 | 2077951 | 801030 |
| 广东 | Guangdong | 13680500 | 5330790 | 4928444 | 11558133 | 2122367 |
| 广西 | Guangxi | 1826628 | 604044 | 781649 | 1402449 | 424179 |
| 海南 | Hainan | 3206764 | 1472402 | 1090562 | 2441635 | 765579 |
| 重庆 | Chongqing | 2059857 | 920076 | 714985 | 1692672 | 367185 |
| 四川 | Sichuan | 3859867 | 1543141 | 1603261 | 2943306 | 916562 |
| 贵州 | Guizhou | 1286783 | 473488 | 575910 | 951651 | 335132 |
| 云南 | Yunnan | 3375073 | 1067473 | 1334742 | 2287975 | 1087098 |
| 西藏 | Tibet | 370578 | 76063 | 259849 | 108194 | 262385 |
| 陕西 | Shaanxi | 3463843 | 744081 | 1745892 | 2149863 | 1313981 |
| 甘肃 | Gansu | 873761 | 256516 | 432499 | 540644 | 333117 |
| 青海 | Qinghai | 306908 | 139003 | 138684 | 122148 | 184760 |
| 宁夏 | Ningxia | 361218 | 138894 | 190472 | 317132 | 44086 |
| 新疆 | Xinjiang | 1079815 | 308869 | 479408 | 766532 | 313283 |

4-3-5 续表 1 Continued 1

一般旅馆
Fonda

单位：万元
Unit: 10000 yuan

| 地 区 | Region | 资产总计 Total Assets | #流动资产合计 Total Current Assets | #固定资产合计 Total Fixed Assets | 负债合计 Total Liabilities | 所有者权益合计 Total Owners' Equities |
|---|---|---|---|---|---|---|
| **全 国** | **National Total** | **13821329** | **5031634** | **4535455** | **9316706** | **4504554** |
| 北 京 | Beijing | 1788948 | 744243 | 311219 | 1098759 | 690189 |
| 天 津 | Tianjin | 199383 | 83526 | 92291 | 212742 | -13359 |
| 河 北 | Hebei | 595019 | 346214 | 179128 | 401742 | 193277 |
| 山 西 | Shanxi | 239948 | 97468 | 115490 | 201340 | 38608 |
| 内蒙古 | Inner Mongolia | 223555 | 86679 | 103701 | 171485 | 52070 |
| 辽 宁 | Liaoning | 283748 | 142876 | 102929 | 233730 | 50017 |
| 吉 林 | Jilin | 47628 | 13259 | 30358 | 31721 | 15907 |
| 黑龙江 | Heilongjiang | 100999 | 33420 | 48356 | 64256 | 36743 |
| 上 海 | Shanghai | 1217854 | 527752 | 153924 | 856318 | 361536 |
| 江 苏 | Jiangsu | 438714 | 171266 | 134069 | 343147 | 95567 |
| 浙 江 | Zhejiang | 829252 | 278858 | 303071 | 649751 | 179501 |
| 安 徽 | Anhui | 351360 | 145648 | 121577 | 239274 | 112121 |
| 福 建 | Fujian | 464646 | 157565 | 117687 | 279097 | 185549 |
| 江 西 | Jiangxi | 329561 | 112608 | 153628 | 201022 | 128539 |
| 山 东 | Shandong | 617405 | 192756 | 254767 | 498888 | 118517 |
| 河 南 | Henan | 773909 | 218143 | 340947 | 418720 | 355084 |
| 湖 北 | Hubei | 509997 | 180750 | 212045 | 284578 | 225419 |
| 湖 南 | Hunan | 796072 | 69983 | 182144 | 260236 | 535837 |
| 广 东 | Guangdong | 1390569 | 536772 | 508566 | 1085822 | 304747 |
| 广 西 | Guangxi | 287765 | 123238 | 71248 | 247252 | 40514 |
| 海 南 | Hainan | 62224 | 7727 | 51963 | 56581 | 5642 |
| 重 庆 | Chongqing | 295880 | 98837 | 123527 | 225873 | 70007 |
| 四 川 | Sichuan | 702869 | 260088 | 288969 | 517464 | 185405 |
| 贵 州 | Guizhou | 227258 | 70863 | 103564 | 112700 | 114558 |
| 云 南 | Yunnan | 361154 | 130094 | 162378 | 238938 | 122216 |
| 西 藏 | Tibet | | | | | |
| 陕 西 | Shaanxi | 319612 | 115849 | 125239 | 208390 | 111222 |
| 甘 肃 | Gansu | 228131 | 41064 | 66180 | 73271 | 154860 |
| 青 海 | Qinghai | 11218 | 3298 | 6661 | 6501 | 4717 |
| 宁 夏 | Ningxia | 21160 | 7837 | 11647 | 18283 | 2878 |
| 新 疆 | Xinjiang | 105491 | 32953 | 58182 | 78825 | 26666 |

4-3-5 续表 2 Continued 2

其他住宿业

Others

单位：万元

Unit: 10000 yuan

| 地　区 | Region | 资产总计 Total Assets | #流动资产合计 Total Current Assets | #固定资产合计 Total Fixed Assets | 负债合计 Total Liabilities | 所有者权益合计 Total Owners' Equities |
|---|---|---|---|---|---|---|
| **全　国** | **National Total** | **2758089** | **1303064** | **865592** | **1968988** | **789102** |
| 北　京 | Beijing | 580682 | 356196 | 104338 | 550905 | 29777 |
| 天　津 | Tianjin | 129591 | 20464 | 62643 | 83583 | 46008 |
| 河　北 | Hebei | 171219 | 60458 | 77226 | 164831 | 6388 |
| 山　西 | Shanxi | 34235 | 8046 | 23178 | 29550 | 4685 |
| 内蒙古 | Inner Mongolia | 15253 | 6206 | 4375 | 12317 | 2936 |
| 辽　宁 | Liaoning | 51457 | 19768 | 28660 | 31693 | 19764 |
| 吉　林 | Jilin | 12994 | 10855 | 1805 | 14096 | -1103 |
| 黑龙江 | Heilongjiang | 21331 | 5328 | 10784 | 58601 | -37270 |
| 上　海 | Shanghai | 137771 | 84584 | 35594 | 83780 | 53991 |
| 江　苏 | Jiangsu | 43061 | 17929 | 12313 | 41283 | 1778 |
| 浙　江 | Zhejiang | 10284 | 4531 | 2720 | 7496 | 2788 |
| 安　徽 | Anhui | 55728 | 7996 | 32669 | 52680 | 3048 |
| 福　建 | Fujian | 70638 | 31944 | 26663 | 58418 | 12220 |
| 江　西 | Jiangxi | 17569 | 4825 | 4677 | 5838 | 11730 |
| 山　东 | Shandong | 78592 | 34379 | 36170 | 47562 | 31031 |
| 河　南 | Henan | 52266 | 35094 | 13424 | 13594 | 38672 |
| 湖　北 | Hubei | 97256 | 31827 | 43430 | 64737 | 32519 |
| 湖　南 | Hunan | 627953 | 402784 | 35107 | 328207 | 299746 |
| 广　东 | Guangdong | 160716 | 54875 | 68580 | 104524 | 56193 |
| 广　西 | Guangxi | 17749 | 11469 | 2320 | 11797 | 5952 |
| 海　南 | Hainan | 96772 | 2844 | 93913 | 26479 | 70293 |
| 重　庆 | Chongqing | 31076 | 13835 | 13538 | 35034 | -3958 |
| 四　川 | Sichuan | 36310 | 9781 | 18635 | 15148 | 21162 |
| 贵　州 | Guizhou | 13519 | 3642 | 9021 | 9419 | 4100 |
| 云　南 | Yunnan | 42525 | 15045 | 20990 | 32204 | 10321 |
| 西　藏 | Tibet | 2120 | 589 | 1530 | 250 | 1870 |
| 陕　西 | Shaanxi | 118805 | 41362 | 59108 | 70819 | 47986 |
| 甘　肃 | Gansu | 16339 | 4127 | 11544 | 8775 | 7565 |
| 青　海 | Qinghai | 11239 | 1092 | 9091 | 2480 | 8760 |
| 宁　夏 | Ningxia | 2883 | 1143 | 1492 | 1939 | 943 |
| 新　疆 | Xinjiang | 156 | 46 | 54 | 949 | -793 |

# 4-3-6 各地区限额以上餐饮业企业年末资产负债
# Assets and Liabilitiest of Enterprises above Designated Size of Catering Services by Region at the Year-end

单位：万元

Unit: 10000 yuan

| 地 区 | Region | 资产总计 Total Assets | #流动资产合计 Total Current Assets | #固定资产合计 Total Fixed Assets | 负债合计 Total Liabilities | 所有者权益合计 Total Owners' Equities |
|---|---|---|---|---|---|---|
| **全 国** | **National Total** | **49557088** | **21328021** | **15310667** | **34993618** | **14562450** |
| 北 京 | Beijing | 3953281 | 2315364 | 575910 | 3316488 | 636794 |
| 天 津 | Tianjin | 888512 | 434715 | 231295 | 710113 | 178398 |
| 河 北 | Hebei | 642660 | 284725 | 220727 | 509075 | 133586 |
| 山 西 | Shanxi | 1276414 | 407126 | 521082 | 1073139 | 203275 |
| 内蒙古 | Inner Mongolia | 1195886 | 511016 | 431132 | 916427 | 279459 |
| 辽 宁 | Liaoning | 1367165 | 539776 | 379498 | 1069213 | 297953 |
| 吉 林 | Jilin | 423997 | 132585 | 204541 | 174316 | 249682 |
| 黑龙江 | Heilongjiang | 191612 | 88110 | 78242 | 120521 | 71091 |
| 上 海 | Shanghai | 4031268 | 2261679 | 743974 | 3055868 | 975401 |
| 江 苏 | Jiangsu | 4564824 | 1938749 | 1523695 | 3432214 | 1132611 |
| 浙 江 | Zhejiang | 3404584 | 1296808 | 1208163 | 2671783 | 732801 |
| 安 徽 | Anhui | 2185204 | 876005 | 623677 | 1505234 | 679970 |
| 福 建 | Fujian | 1046644 | 483882 | 278984 | 619566 | 427078 |
| 江 西 | Jiangxi | 731170 | 197311 | 183876 | 356486 | 374684 |
| 山 东 | Shandong | 3886727 | 1331950 | 1542182 | 2645294 | 1241433 |
| 河 南 | Henan | 1392016 | 541448 | 487046 | 735046 | 656970 |
| 湖 北 | Hubei | 3033851 | 914199 | 1427898 | 1816063 | 1217516 |
| 湖 南 | Hunan | 1214869 | 394597 | 497054 | 687016 | 527854 |
| 广 东 | Guangdong | 5083873 | 2422526 | 1189011 | 3654773 | 1429114 |
| 广 西 | Guangxi | 424861 | 219970 | 118156 | 323715 | 101146 |
| 海 南 | Hainan | 90389 | 42840 | 24960 | 82557 | 7832 |
| 重 庆 | Chongqing | 1404525 | 559973 | 495208 | 832896 | 571629 |
| 四 川 | Sichuan | 3209122 | 1470671 | 929384 | 2258324 | 949797 |
| 贵 州 | Guizhou | 354893 | 157738 | 121490 | 236943 | 117950 |
| 云 南 | Yunnan | 847127 | 486437 | 251844 | 516402 | 330725 |
| 西 藏 | Tibet | 10728 | 8567 | 1845 | 6399 | 4329 |
| 陕 西 | Shaanxi | 1531101 | 569900 | 604587 | 975386 | 555950 |
| 甘 肃 | Gansu | 425560 | 168816 | 166903 | 208533 | 217027 |
| 青 海 | Qinghai | 152551 | 43095 | 66115 | 104945 | 47605 |
| 宁 夏 | Ningxia | 232117 | 124512 | 69492 | 201935 | 30181 |
| 新 疆 | Xinjiang | 359557 | 102931 | 112696 | 176948 | 182609 |

4-3-6 续表 Continued

国有控股
State-controlled Enterprises

单位：万元
Unit: 10000 yuan

| 地 区 | Region | 资产总计 Total Assets | #流动资产合计 Total Current Assets | #固定资产合计 Total Fixed Assets | 负债合计 Total Liabilities | 所有者权益合计 Total Owners' Equities |
|---|---|---|---|---|---|---|
| **全 国** | **National Total** | **4304161** | **1697023** | **1572253** | **2730085** | **1574081** |
| 北 京 | Beijing | 571112 | 294850 | 135410 | 290089 | 281022 |
| 天 津 | Tianjin | 36347 | 17187 | 11266 | 43077 | -6731 |
| 河 北 | Hebei | 66944 | 15923 | 46613 | 48388 | 18556 |
| 山 西 | Shanxi | 234217 | 26192 | 131472 | 133407 | 100810 |
| 内蒙古 | Inner Mongolia | 68269 | 15220 | 30699 | 44486 | 23783 |
| 辽 宁 | Liaoning | 56412 | 22997 | 22223 | 41587 | 14825 |
| 吉 林 | Jilin | 87998 | 11432 | 59105 | 32668 | 55330 |
| 黑龙江 | Heilongjiang | 21086 | 3773 | 19852 | 22472 | -1385 |
| 上 海 | Shanghai | 482352 | 271081 | 96266 | 368880 | 113472 |
| 江 苏 | Jiangsu | 458451 | 215370 | 172532 | 372613 | 85838 |
| 浙 江 | Zhejiang | 298629 | 116140 | 99568 | 169426 | 129204 |
| 安 徽 | Anhui | 78070 | 21313 | 37025 | 68594 | 9476 |
| 福 建 | Fujian | 32183 | 21269 | 7205 | 25796 | 6387 |
| 江 西 | Jiangxi | 29413 | 9007 | 12727 | 17063 | 12350 |
| 山 东 | Shandong | 443110 | 122810 | 226802 | 283945 | 159165 |
| 河 南 | Henan | 13878 | 4049 | 7051 | 10805 | 3073 |
| 湖 北 | Hubei | 170563 | 64475 | 73678 | 98216 | 72347 |
| 湖 南 | Hunan | 89075 | 29792 | 17740 | 47510 | 41566 |
| 广 东 | Guangdong | 315682 | 138360 | 121502 | 234168 | 81514 |
| 广 西 | Guangxi | 14564 | 2969 | 6928 | 16026 | -1461 |
| 海 南 | Hainan | 1572 | 361 | 1212 | 1647 | -74 |
| 重 庆 | Chongqing | 96503 | 38452 | 42148 | 64339 | 32165 |
| 四 川 | Sichuan | 171489 | 84511 | 48158 | 105505 | 65984 |
| 贵 州 | Guizhou | 30842 | 16942 | 5186 | 23530 | 7312 |
| 云 南 | Yunnan | 55559 | 27273 | 16818 | 24499 | 31060 |
| 西 藏 | Tibet | | | | | |
| 陕 西 | Shaanxi | 198283 | 78022 | 54217 | 97882 | 100401 |
| 甘 肃 | Gansu | 29112 | 11899 | 16951 | 17348 | 11764 |
| 青 海 | Qinghai | 8500 | 1408 | 7076 | 9052 | -551 |
| 宁 夏 | Ningxia | 5743 | 619 | 4581 | 3456 | 2287 |
| 新 疆 | Xinjiang | 138203 | 13327 | 40242 | 13611 | 124592 |

# 4-3-7 各地区限额以上餐饮业企业年末资产负债(按登记注册类型分)

# Assets and Liabilities of Enterprises above Designated Size of Catering Services by Region and Type of Registration at the Year-end

内资企业
Domestic Funded Enterprises

单位：万元
Unit: 10000 yuan

| 地 区 | Region | 资产总计 Total Assets | #流动资产合计 Total Current Assets | #固定资产合计 Total Fixed Assets | 负债合计 Total Liabilities | 所有者权益合计 Total Owners' Equities |
|---|---|---|---|---|---|---|
| **全 国** | **National Total** | **41892572** | **18166216** | **13423292** | **29718148** | **12173401** |
| 北 京 | Beijing | 2784091 | 1735271 | 383356 | 2527261 | 256830 |
| 天 津 | Tianjin | 691999 | 378601 | 176272 | 559998 | 132000 |
| 河 北 | Hebei | 638722 | 283199 | 218832 | 507846 | 130877 |
| 山 西 | Shanxi | 1256194 | 403219 | 517016 | 1059695 | 196500 |
| 内蒙古 | Inner Mongolia | 1043377 | 393163 | 418223 | 819619 | 223758 |
| 辽 宁 | Liaoning | 1090248 | 457186 | 339262 | 843936 | 246312 |
| 吉 林 | Jilin | 423585 | 132492 | 204222 | 173663 | 249923 |
| 黑龙江 | Heilongjiang | 158136 | 67577 | 73975 | 109975 | 48161 |
| 上 海 | Shanghai | 2299341 | 1414947 | 407330 | 1846333 | 453008 |
| 江 苏 | Jiangsu | 4012759 | 1760949 | 1361477 | 3073983 | 938776 |
| 浙 江 | Zhejiang | 2982921 | 1204032 | 1010252 | 2318145 | 664776 |
| 安 徽 | Anhui | 2122105 | 872622 | 613922 | 1462727 | 659378 |
| 福 建 | Fujian | 772064 | 385104 | 208555 | 407782 | 364283 |
| 江 西 | Jiangxi | 646172 | 172825 | 146060 | 283697 | 362474 |
| 山 东 | Shandong | 3641517 | 1273616 | 1447040 | 2421561 | 1219956 |
| 河 南 | Henan | 1319571 | 523220 | 457346 | 664236 | 655335 |
| 湖 北 | Hubei | 2789124 | 856430 | 1337314 | 1612989 | 1175863 |
| 湖 南 | Hunan | 1166156 | 381323 | 478831 | 661478 | 504677 |
| 广 东 | Guangdong | 3606921 | 1756629 | 843544 | 2800052 | 806883 |
| 广 西 | Guangxi | 385871 | 200979 | 112748 | 302548 | 83323 |
| 海 南 | Hainan | 60732 | 33724 | 8942 | 54351 | 6381 |
| 重 庆 | Chongqing | 1293093 | 508287 | 450676 | 790865 | 502228 |
| 四 川 | Sichuan | 2972164 | 1383977 | 854814 | 2116984 | 854180 |
| 贵 州 | Guizhou | 354893 | 157738 | 121490 | 236943 | 117950 |
| 云 南 | Yunnan | 810176 | 466842 | 244347 | 496823 | 313353 |
| 西 藏 | Tibet | 10728 | 8567 | 1845 | 6399 | 4329 |
| 陕 西 | Shaanxi | 1436370 | 539982 | 575829 | 901689 | 534916 |
| 甘 肃 | Gansu | 414118 | 163389 | 165595 | 203112 | 211005 |
| 青 海 | Qinghai | 152551 | 43095 | 66115 | 104945 | 47605 |
| 宁 夏 | Ningxia | 205686 | 106678 | 66541 | 178272 | 27415 |
| 新 疆 | Xinjiang | 351187 | 100553 | 111521 | 170241 | 180946 |

4-3-7 续表 1 Continued 1

国有企业 单位：万元

State-owned Enterprises Unit: 10000 yuan

| 地区 | Region | 资产总计 Total Assets | #流动资产合计 Total Current Assets | #固定资产合计 Total Fixed Assets | 负债合计 Total Liabilities | 所有者权益合计 Total Owners' Equities |
|---|---|---|---|---|---|---|
| **全国** | **National Total** | **1143190** | **331970** | **521960** | **610106** | **533086** |
| 北京 | Beijing | 46572 | 31624 | 6931 | 30334 | 16238 |
| 天津 | Tianjin | 15060 | 4780 | 6191 | 13696 | 1364 |
| 河北 | Hebei | 38877 | 6197 | 32567 | 16653 | 22225 |
| 山西 | Shanxi | 24210 | 6424 | 14276 | 19486 | 4725 |
| 内蒙古 | Inner Mongolia | 41712 | 7786 | 19137 | 10669 | 31044 |
| 辽宁 | Liaoning | 41664 | 12497 | 20206 | 36897 | 4767 |
| 吉林 | Jilin | 74306 | 6561 | 58426 | 22077 | 52229 |
| 黑龙江 | Heilongjiang | 18530 | 2595 | 19005 | 21256 | -2726 |
| 上海 | Shanghai | 13624 | 11682 | 825 | 9202 | 4422 |
| 江苏 | Jiangsu | 89345 | 24549 | 55567 | 77821 | 11524 |
| 浙江 | Zhejiang | 8568 | 6499 | 1015 | 4889 | 3679 |
| 安徽 | Anhui | 14429 | 6869 | 5606 | 13881 | 548 |
| 福建 | Fujian | 6494 | 4520 | 1805 | 2982 | 3512 |
| 江西 | Jiangxi | 15599 | 4361 | 6077 | 6195 | 9404 |
| 山东 | Shandong | 244878 | 57957 | 136829 | 126808 | 118070 |
| 河南 | Henan | 9520 | 2925 | 5965 | 5419 | 4101 |
| 湖北 | Hubei | 20452 | 6248 | 12284 | 10790 | 9661 |
| 湖南 | Hunan | 70744 | 27126 | 5514 | 42086 | 28657 |
| 广东 | Guangdong | 77266 | 30782 | 21184 | 41939 | 35327 |
| 广西 | Guangxi | 9202 | 2518 | 6133 | 7652 | 1550 |
| 海南 | Hainan | 1572 | 361 | 1212 | 1647 | -74 |
| 重庆 | Chongqing | 1148 | 370 | 611 | 895 | 253 |
| 四川 | Sichuan | 83684 | 40071 | 20787 | 53859 | 29825 |
| 贵州 | Guizhou | 858 | 369 | 459 | 438 | 420 |
| 云南 | Yunnan | 7967 | 3084 | 4685 | 5700 | 2267 |
| 西藏 | Tibet | | | | | |
| 陕西 | Shaanxi | 20357 | 5824 | 11381 | 9267 | 11090 |
| 甘肃 | Gansu | 17095 | 6390 | 10660 | 7882 | 9213 |
| 青海 | Qinghai | | | | | |
| 宁夏 | Ningxia | 1821 | 453 | 1368 | 507 | 1314 |
| 新疆 | Xinjiang | 127636 | 10548 | 35254 | 9179 | 118457 |

4-3-7 续表 2 Continued 2

集体企业
Collective-owned Enterprises

单位：万元
Unit: 10000 yuan

| 地 区 | Region | 资产总计 Total Assets | #流动资产合计 Total Current Assets | #固定资产合计 Total Fixed Assets | 负债合计 Total Liabilities | 所有者权益合计 Total Owners' Equities |
|---|---|---|---|---|---|---|
| **全 国** | **National Total** | **146330** | **76738** | **46718** | **94697** | **51629** |
| 北 京 | Beijing | 11708 | 3717 | 3702 | 12017 | -309 |
| 天 津 | Tianjin | 367 | 311 | 56 | 576 | -209 |
| 河 北 | Hebei | 1525 | 899 | 272 | 669 | 856 |
| 山 西 | Shanxi | 3367 | 1335 | 1806 | 1126 | 2241 |
| 内蒙古 | Inner Mongolia | 737 | 565 | 27 | 1138 | -401 |
| 辽 宁 | Liaoning | 723 | 369 | 183 | 536 | 187 |
| 吉 林 | Jilin | 2533 | 823 | 1008 | 1510 | 1022 |
| 黑龙江 | Heilongjiang | 176 | 10 | 67 | 125 | 50 |
| 上 海 | Shanghai | 22838 | 11910 | 9262 | 10168 | 12670 |
| 江 苏 | Jiangsu | 19105 | 10185 | 6230 | 17762 | 1343 |
| 浙 江 | Zhejiang | 57 | 46 | 10 | 162 | -104 |
| 安 徽 | Anhui | 2361 | 905 | 1142 | 7254 | -4894 |
| 福 建 | Fujian | 7830 | 5820 | 653 | 1412 | 6418 |
| 江 西 | Jiangxi | | | | | |
| 山 东 | Shandong | 20023 | 6886 | 8419 | 10528 | 9495 |
| 河 南 | Henan | 7572 | 872 | 3552 | 1171 | 6401 |
| 湖 北 | Hubei | 5269 | 606 | 4417 | 5489 | -220 |
| 湖 南 | Hunan | 621 | 24 | 597 | 397 | 224 |
| 广 东 | Guangdong | 30427 | 27008 | 1859 | 15718 | 14709 |
| 广 西 | Guangxi | 146 | 67 | 79 | 97 | 49 |
| 海 南 | Hainan | | | | | |
| 重 庆 | Chongqing | 3672 | 2012 | 783 | 2218 | 1454 |
| 四 川 | Sichuan | 865 | 661 | 198 | 957 | -93 |
| 贵 州 | Guizhou | 523 | 80 | 398 | 961 | -438 |
| 云 南 | Yunnan | 1112 | 583 | 513 | 735 | 377 |
| 西 藏 | Tibet | | | | | |
| 陕 西 | Shaanxi | 2773 | 1044 | 1485 | 1971 | 801 |
| 甘 肃 | Gansu | | | | | |
| 青 海 | Qinghai | | | | | |
| 宁 夏 | Ningxia | | | | | |
| 新 疆 | Xinjiang | | | | | |

4-3-7 续表 3 Continued 3

股份合作企业 单位：万元

Cooperative Enterprises Unit: 10000 yuan

| 地 区 | Region | 资产总计 Total Assets | #流动资产合计 Total Current Assets | #固定资产合计 Total Fixed Assets | 负债合计 Total Liabilities | 所有者权益合计 Total Owners' Equities |
|---|---|---|---|---|---|---|
| **全 国** | **National Total** | **133357** | **82649** | **35300** | **94585** | **38774** |
| 北 京 | Beijing | 21143 | 15968 | 1736 | 20068 | 1075 |
| 天 津 | Tianjin | | | | | |
| 河 北 | Hebei | 9812 | 1265 | 7080 | 8616 | 1196 |
| 山 西 | Shanxi | 222 | 173 | 49 | 53 | 169 |
| 内 蒙 古 | Inner Mongolia | | | | | |
| 辽 宁 | Liaoning | 92 | 92 | | 1 | 91 |
| 吉 林 | Jilin | | | | | |
| 黑 龙 江 | Heilongjiang | 361 | 327 | 34 | 1 | 360 |
| 上 海 | Shanghai | 5561 | 4005 | 666 | 2311 | 3250 |
| 江 苏 | Jiangsu | 1254 | 526 | 690 | 604 | 650 |
| 浙 江 | Zhejiang | 1803 | 1288 | 383 | 457 | 1346 |
| 安 徽 | Anhui | 95 | 58 | 7 | 65 | 30 |
| 福 建 | Fujian | 33 | 9 | 24 | 8 | 25 |
| 江 西 | Jiangxi | 3934 | 3513 | 131 | 4616 | -682 |
| 山 东 | Shandong | 1509 | 529 | 979 | 600 | 909 |
| 河 南 | Henan | 2320 | 139 | 778 | 787 | 1533 |
| 湖 北 | Hubei | 983 | 156 | 280 | 115 | 868 |
| 湖 南 | Hunan | | | | | |
| 广 东 | Guangdong | 14060 | 8357 | 3220 | 13242 | 819 |
| 广 西 | Guangxi | 3153 | 2435 | 717 | 1030 | 2122 |
| 海 南 | Hainan | | | | | |
| 重 庆 | Chongqing | 1090 | 393 | 400 | 139 | 952 |
| 四 川 | Sichuan | 62882 | 42828 | 17495 | 39681 | 23201 |
| 贵 州 | Guizhou | 1480 | 388 | 157 | 681 | 800 |
| 云 南 | Yunnan | | | | | |
| 西 藏 | Tibet | | | | | |
| 陕 西 | Shaanxi | 1570 | 200 | 474 | 1510 | 60 |
| 甘 肃 | Gansu | | | | | |
| 青 海 | Qinghai | | | | | |
| 宁 夏 | Ningxia | | | | | |
| 新 疆 | Xinjiang | | | | | |

4-3-7 续表 4 Continued 4

联营企业　　　　单位：万元

Joint Ownership Enterprises　　　　Unit: 10000 yuan

| 地　区 | Region | 资产总计 Total Assets | #流动资产合计 Total Current Assets | #固定资产合计 Total Fixed Assets | 负债合计 Total Liabilities | 所有者权益合计 Total Owners' Equities |
|---|---|---|---|---|---|---|
| **全　国** | **National Total** | **15430** | **5417** | **9420** | **5464** | **9966** |
| 北　京 | Beijing | | | | | |
| 天　津 | Tianjin | | | | | |
| 河　北 | Hebei | | | | | |
| 山　西 | Shanxi | | | | | |
| 内蒙古 | Inner Mongolia | | | | | |
| 辽　宁 | Liaoning | | | | | |
| 吉　林 | Jilin | | | | | |
| 黑龙江 | Heilongjiang | | | | | |
| 上　海 | Shanghai | 2201 | 92 | 2109 | 779 | 1422 |
| 江　苏 | Jiangsu | | | | | |
| 浙　江 | Zhejiang | 212 | 93 | 116 | 12 | 200 |
| 安　徽 | Anhui | | | | | |
| 福　建 | Fujian | | | | | |
| 江　西 | Jiangxi | | | | | |
| 山　东 | Shandong | 631 | 543 | 88 | 2117 | -1486 |
| 河　南 | Henan | 561 | 210 | 145 | 310 | 251 |
| 湖　北 | Hubei | 11401 | 4261 | 6770 | 2203 | 9198 |
| 湖　南 | Hunan | | | | | |
| 广　东 | Guangdong | | | | | |
| 广　西 | Guangxi | | | | | |
| 海　南 | Hainan | | | | | |
| 重　庆 | Chongqing | | | | | |
| 四　川 | Sichuan | | | | | |
| 贵　州 | Guizhou | | | | | |
| 云　南 | Yunnan | | | | | |
| 西　藏 | Tibet | | | | | |
| 陕　西 | Shaanxi | 56 | 33 | 10 | 16 | 40 |
| 甘　肃 | Gansu | 368 | 185 | 182 | 27 | 341 |
| 青　海 | Qinghai | | | | | |
| 宁　夏 | Ningxia | | | | | |
| 新　疆 | Xinjiang | | | | | |

4-3-7 续表 5 Continued 5

有限责任公司 单位：万元

Limited Liability Corporations Unit: 10000 yuan

| 地 区 | Region | 资产总计 Total Assets | #流动资产合计 Total Current Assets | #固定资产合计 Total Fixed Assets | 负债合计 Total Liabilities | 所有者权益合计 Total Owners' Equities |
|---|---|---|---|---|---|---|
| **全 国** | **National Total** | **15936780** | **6975988** | **4944643** | **12236520** | **3701333** |
| 北 京 | Beijing | 1201252 | 713278 | 204236 | 1116048 | 85205 |
| 天 津 | Tianjin | 249688 | 152389 | 39746 | 242597 | 7091 |
| 河 北 | Hebei | 237196 | 101880 | 77326 | 185448 | 51748 |
| 山 西 | Shanxi | 317729 | 60093 | 150435 | 240981 | 76748 |
| 内蒙古 | Inner Mongolia | 465707 | 162296 | 190823 | 437505 | 28202 |
| 辽 宁 | Liaoning | 308259 | 118689 | 101349 | 243539 | 64721 |
| 吉 林 | Jilin | 160341 | 50559 | 64198 | 65815 | 94526 |
| 黑龙江 | Heilongjiang | 66332 | 40442 | 16825 | 46755 | 19578 |
| 上 海 | Shanghai | 546596 | 348180 | 105864 | 432027 | 114569 |
| 江 苏 | Jiangsu | 1561119 | 732989 | 485666 | 1241425 | 319695 |
| 浙 江 | Zhejiang | 873023 | 344132 | 333460 | 730132 | 142891 |
| 安 徽 | Anhui | 637989 | 251908 | 184759 | 464750 | 173239 |
| 福 建 | Fujian | 319832 | 158021 | 87038 | 210431 | 109402 |
| 江 西 | Jiangxi | 230337 | 91525 | 59444 | 155909 | 74428 |
| 山 东 | Shandong | 1471154 | 423507 | 716589 | 960422 | 510732 |
| 河 南 | Henan | 595789 | 275528 | 177754 | 371210 | 224579 |
| 湖 北 | Hubei | 1358894 | 516632 | 453332 | 1095242 | 263380 |
| 湖 南 | Hunan | 273868 | 110438 | 93228 | 170436 | 103431 |
| 广 东 | Guangdong | 1897068 | 908816 | 398913 | 1554120 | 344053 |
| 广 西 | Guangxi | 104645 | 48303 | 28508 | 95544 | 9101 |
| 海 南 | Hainan | 23275 | 14330 | 2530 | 26699 | -3424 |
| 重 庆 | Chongqing | 433700 | 208796 | 134203 | 278366 | 155334 |
| 四 川 | Sichuan | 1099660 | 536354 | 267756 | 856662 | 242999 |
| 贵 州 | Guizhou | 106988 | 51714 | 30378 | 75137 | 31851 |
| 云 南 | Yunnan | 227120 | 105795 | 81860 | 134868 | 92251 |
| 西 藏 | Tibet | 244 | 43 | 184 | 279 | -35 |
| 陕 西 | Shaanxi | 823729 | 314310 | 329857 | 578950 | 245015 |
| 甘 肃 | Gansu | 160231 | 62176 | 60084 | 82908 | 77323 |
| 青 海 | Qinghai | 55714 | 7051 | 28230 | 41547 | 14167 |
| 宁 夏 | Ningxia | 66273 | 42638 | 15140 | 64745 | 1528 |
| 新 疆 | Xinjiang | 63028 | 23176 | 24928 | 36023 | 27005 |

4-3-7 续表 6 Continued 6

股份有限公司

Share-holding Corporations Ltd.

单位：万元

Unit: 10000 yuan

| 地 区 | Region | 资产总计 Total Assets | #流动资产合计 Total Current Assets | #固定资产合计 Total Fixed Assets | 负债合计 Total Liabilities | 所有者权益合计 Total Owners' Equities |
|---|---|---|---|---|---|---|
| **全 国** | **National Total** | **2326757** | **1105186** | **452707** | **1434242** | **892515** |
| 北 京 | Beijing | 473239 | 325798 | 51300 | 301996 | 171243 |
| 天 津 | Tianjin | 118036 | 56024 | 48027 | 64908 | 53128 |
| 河 北 | Hebei | 25119 | 11780 | 9829 | 25105 | 14 |
| 山 西 | Shanxi | 18223 | 12300 | 387 | 19011 | -788 |
| 内蒙古 | Inner Mongolia | 106209 | 47092 | 50417 | 52862 | 53348 |
| 辽 宁 | Liaoning | 23220 | 14689 | 8289 | 17853 | 5367 |
| 吉 林 | Jilin | 27058 | 9532 | 5150 | 23895 | 3163 |
| 黑龙江 | Heilongjiang | 3126 | 712 | 1491 | 2018 | 1108 |
| 上 海 | Shanghai | 224147 | 116268 | 9034 | 135137 | 89009 |
| 江 苏 | Jiangsu | 124370 | 78158 | 21514 | 91948 | 32422 |
| 浙 江 | Zhejiang | 111878 | 36138 | 25840 | 48929 | 62949 |
| 安 徽 | Anhui | 56859 | 17462 | 9565 | 44126 | 12732 |
| 福 建 | Fujian | 4871 | 318 | 2836 | 441 | 4430 |
| 江 西 | Jiangxi | 20818 | 4544 | 3925 | 7688 | 13129 |
| 山 东 | Shandong | 299841 | 113532 | 38282 | 261295 | 38546 |
| 河 南 | Henan | 93727 | 22511 | 16508 | 31763 | 61964 |
| 湖 北 | Hubei | 17747 | 7953 | 4934 | 9495 | 8251 |
| 湖 南 | Hunan | 18933 | 1443 | 11858 | 4010 | 14924 |
| 广 东 | Guangdong | 103007 | 67826 | 10130 | 32507 | 70500 |
| 广 西 | Guangxi | 18240 | 4748 | 11653 | 16158 | 2082 |
| 海 南 | Hainan | 15657 | 10172 | 2763 | 9506 | 6151 |
| 重 庆 | Chongqing | 139476 | 23634 | 42021 | 81202 | 58274 |
| 四 川 | Sichuan | 59392 | 29515 | 18043 | 42391 | 17002 |
| 贵 州 | Guizhou | 9713 | 7935 | 427 | 8565 | 1148 |
| 云 南 | Yunnan | 1022 | 261 | 760 | 372 | 650 |
| 西 藏 | Tibet | | | | | |
| 陕 西 | Shaanxi | 133187 | 49266 | 30405 | 48507 | 84681 |
| 甘 肃 | Gansu | 17625 | 6681 | 2982 | 7032 | 10593 |
| 青 海 | Qinghai | 18990 | 4775 | 10378 | 12226 | 6763 |
| 宁 夏 | Ningxia | 11463 | 9293 | 1645 | 10396 | 1067 |
| 新 疆 | Xinjiang | 31564 | 14826 | 2314 | 22900 | 8665 |

4-3-7 续表 7 Continued 7

私营企业
Private Enterprises

单位：万元
Unit: 10000 yuan

| 地 区 | Region | 资产总计 Total Assets | #流动资产合计 Total Current Assets | #固定资产合计 Total Fixed Assets | 负债合计 Total Liabilities | 所有者权益合计 Total Owners' Equities |
|---|---|---|---|---|---|---|
| **全 国** | **National Total** | **21834964** | **9447046** | **7252186** | **15043064** | **6789809** |
| 北 京 | Beijing | 1030177 | 644887 | 115451 | 1046798 | -16621 |
| 天 津 | Tianjin | 298038 | 162417 | 81417 | 229591 | 68447 |
| 河 北 | Hebei | 324156 | 160328 | 90606 | 270066 | 54091 |
| 山 西 | Shanxi | 888614 | 321687 | 347996 | 773205 | 115409 |
| 内蒙古 | Inner Mongolia | 423155 | 174767 | 154857 | 313418 | 109736 |
| 辽 宁 | Liaoning | 702054 | 304749 | 203580 | 534891 | 167163 |
| 吉 林 | Jilin | 147876 | 59079 | 70023 | 52352 | 95524 |
| 黑龙江 | Heilongjiang | 68248 | 22943 | 35743 | 39134 | 29114 |
| 上 海 | Shanghai | 1472805 | 916003 | 275775 | 1246942 | 225863 |
| 江 苏 | Jiangsu | 2172540 | 903899 | 761570 | 1614847 | 557693 |
| 浙 江 | Zhejiang | 1982683 | 814245 | 646354 | 1532947 | 449737 |
| 安 徽 | Anhui | 1409234 | 594853 | 412298 | 931695 | 477539 |
| 福 建 | Fujian | 423104 | 212989 | 111371 | 189516 | 233588 |
| 江 西 | Jiangxi | 372938 | 67236 | 75858 | 109162 | 263776 |
| 山 东 | Shandong | 1562498 | 639873 | 539351 | 1028706 | 533792 |
| 河 南 | Henan | 603858 | 218043 | 250398 | 252096 | 351762 |
| 湖 北 | Hubei | 1336345 | 311394 | 833577 | 481640 | 854705 |
| 湖 南 | Hunan | 788958 | 238887 | 358308 | 442525 | 346433 |
| 广 东 | Guangdong | 1444361 | 697431 | 391722 | 1117554 | 325714 |
| 广 西 | Guangxi | 243497 | 139367 | 62707 | 179119 | 64378 |
| 海 南 | Hainan | 17503 | 6895 | 2067 | 16472 | 1031 |
| 重 庆 | Chongqing | 702427 | 270467 | 266580 | 424120 | 278307 |
| 四 川 | Sichuan | 1651566 | 729843 | 524308 | 1118838 | 531728 |
| 贵 州 | Guizhou | 233740 | 96838 | 88508 | 150656 | 83085 |
| 云 南 | Yunnan | 566699 | 354877 | 153997 | 352296 | 214403 |
| 西 藏 | Tibet | 10484 | 8525 | 1661 | 6120 | 4364 |
| 陕 西 | Shaanxi | 411333 | 151189 | 180761 | 229891 | 181442 |
| 甘 肃 | Gansu | 213242 | 85856 | 90435 | 102594 | 110648 |
| 青 海 | Qinghai | 77847 | 31270 | 27507 | 51172 | 26675 |
| 宁 夏 | Ningxia | 126129 | 54295 | 48388 | 102623 | 23506 |
| 新 疆 | Xinjiang | 128855 | 51914 | 49012 | 102078 | 26777 |

4-3-7 续表 8 Continued 8

其他企业 单位：万元

Other Enterprises Unit: 10000 yuan

| 地 区 | Region | 资产总计 Total Assets | #流动资产合计 Total Current Assets | #固定资产合计 Total Fixed Assets | 负债合计 Total Liabilities | 所有者权益合计 Total Owners' Equities |
|---|---|---|---|---|---|---|
| **全 国** | **National Total** | **355770** | **141236** | **160372** | **199476** | **156297** |
| 北 京 | Beijing | | | | | |
| 天 津 | Tianjin | 10811 | 2681 | 836 | 8632 | 2179 |
| 河 北 | Hebei | 2037 | 851 | 1153 | 1289 | 748 |
| 山 西 | Shanxi | 3829 | 1208 | 2067 | 5833 | -2004 |
| 内蒙古 | Inner Mongolia | 5857 | 658 | 2962 | 4027 | 1830 |
| 辽 宁 | Liaoning | 14236 | 6101 | 5655 | 10220 | 4016 |
| 吉 林 | Jilin | 11472 | 5938 | 5418 | 8013 | 3459 |
| 黑龙江 | Heilongjiang | 1363 | 548 | 810 | 686 | 677 |
| 上 海 | Shanghai | 11569 | 6807 | 3794 | 9765 | 1804 |
| 江 苏 | Jiangsu | 45026 | 10642 | 30241 | 29576 | 15450 |
| 浙 江 | Zhejiang | 4695 | 1591 | 3074 | 618 | 4078 |
| 安 徽 | Anhui | 1139 | 568 | 546 | 956 | 183 |
| 福 建 | Fujian | 9901 | 3428 | 4829 | 2992 | 6909 |
| 江 西 | Jiangxi | 2546 | 1646 | 624 | 128 | 2418 |
| 山 东 | Shandong | 40985 | 30789 | 6504 | 31085 | 9900 |
| 河 南 | Henan | 6224 | 2992 | 2247 | 1480 | 4744 |
| 湖 北 | Hubei | 38034 | 9182 | 21720 | 8014 | 30020 |
| 湖 南 | Hunan | 13033 | 3405 | 9327 | 2025 | 11008 |
| 广 东 | Guangdong | 40733 | 16409 | 16517 | 24972 | 15761 |
| 广 西 | Guangxi | 6990 | 3541 | 2951 | 2948 | 4042 |
| 海 南 | Hainan | 2725 | 1966 | 371 | 29 | 2696 |
| 重 庆 | Chongqing | 11578 | 2614 | 6079 | 3925 | 7654 |
| 四 川 | Sichuan | 14115 | 4706 | 6228 | 4596 | 9518 |
| 贵 州 | Guizhou | 1590 | 414 | 1163 | 506 | 1084 |
| 云 南 | Yunnan | 6257 | 2243 | 2532 | 2851 | 3406 |
| 西 藏 | Tibet | | | | | |
| 陕 西 | Shaanxi | 43365 | 18117 | 21457 | 31578 | 11788 |
| 甘 肃 | Gansu | 5556 | 2101 | 1253 | 2670 | 2887 |
| 青 海 | Qinghai | | | | | |
| 宁 夏 | Ningxia | | | | | |
| 新 疆 | Xinjiang | 104 | 90 | 14 | 62 | 42 |

4-3-7 续表 9 Continued 9

港、澳、台商投资企业 单位：万元

Enterprises with Funds from Hongkong,Macao and Taiwan Unit: 10000 yuan

| 地 区 | Region | 资产总计 Total Assets | #流动资产合计 Total Current Assets | #固定资产合计 Total Fixed Assets | 负债合计 Total Liabilities | 所有者权益合计 Total Owners' Equities |
|---|---|---|---|---|---|---|
| **全 国** | **National Total** | **3437425** | **1789150** | **817988** | **2264742** | **1172684** |
| 北 京 | Beijing | 568079 | 384667 | 65405 | 329149 | 238930 |
| 天 津 | Tianjin | 10132 | 5741 | 1846 | 11397 | -1265 |
| 河 北 | Hebei | | | | | |
| 山 西 | Shanxi | 413 | 62 | 162 | 355 | 58 |
| 内蒙古 | Inner Mongolia | 1823 | 1173 | 335 | 413 | 1410 |
| 辽 宁 | Liaoning | 36648 | 23641 | 4970 | 21921 | 14726 |
| 吉 林 | Jilin | | | | | |
| 黑龙江 | Heilongjiang | 27971 | 17231 | 2284 | 8511 | 19460 |
| 上 海 | Shanghai | 845677 | 476878 | 161102 | 565297 | 280380 |
| 江 苏 | Jiangsu | 221936 | 84842 | 73804 | 119154 | 102783 |
| 浙 江 | Zhejiang | 106861 | 29302 | 52390 | 84768 | 22093 |
| 安 徽 | Anhui | 19538 | 2053 | 8232 | 15613 | 3925 |
| 福 建 | Fujian | 168353 | 75614 | 35759 | 125089 | 43265 |
| 江 西 | Jiangxi | 64750 | 22749 | 32390 | 60211 | 4539 |
| 山 东 | Shandong | 145265 | 31647 | 64823 | 160321 | -15056 |
| 河 南 | Henan | 13750 | 2198 | 5799 | 19042 | -5292 |
| 湖 北 | Hubei | 72721 | 22679 | 29240 | 59677 | 13044 |
| 湖 南 | Hunan | 3122 | 2295 | 661 | 1114 | 2008 |
| 广 东 | Guangdong | 880506 | 506609 | 192785 | 515804 | 364702 |
| 广 西 | Guangxi | 6331 | 4895 | 793 | 3252 | 3079 |
| 海 南 | Hainan | 28736 | 8274 | 15939 | 27816 | 920 |
| 重 庆 | Chongqing | 33333 | 11957 | 18939 | 21618 | 11715 |
| 四 川 | Sichuan | 124016 | 47004 | 32424 | 70180 | 53836 |
| 贵 州 | Guizhou | | | | | |
| 云 南 | Yunnan | 21307 | 16310 | 4112 | 9632 | 11675 |
| 西 藏 | Tibet | | | | | |
| 陕 西 | Shaanxi | 35706 | 10902 | 13782 | 32569 | 3137 |
| 甘 肃 | Gansu | 144 | 126 | 6 | 3 | 141 |
| 青 海 | Qinghai | | | | | |
| 宁 夏 | Ningxia | | | | | |
| 新 疆 | Xinjiang | 307 | 301 | 6 | 1836 | -1529 |

4-3-7 续表 10 Continued 10

外商投资企业 单位：万元

Foreign Funded Enterprises Unit: 10000 yuan

| 地区 | Region | 资产总计 Total Assets | #流动资产合计 Total Current Assets | #固定资产合计 Total Fixed Assets | 负债合计 Total Liabilities | 所有者权益合计 Total Owners' Equities |
|---|---|---|---|---|---|---|
| **全国** | **National Total** | **4227094** | **1372658** | **1069382** | **3010728** | **1216369** |
| 北京 | Beijing | 601111 | 195426 | 127149 | 460078 | 141034 |
| 天津 | Tianjin | 186381 | 50373 | 53177 | 138718 | 47663 |
| 河北 | Hebei | 3938 | 1526 | 1894 | 1229 | 2709 |
| 山西 | Shanxi | 19807 | 3845 | 3904 | 13090 | 6718 |
| 内蒙古 | Inner Mongolia | 150685 | 116679 | 12574 | 96395 | 54291 |
| 辽宁 | Liaoning | 240270 | 58949 | 35266 | 203356 | 36915 |
| 吉林 | Jilin | 412 | 93 | 319 | 653 | -241 |
| 黑龙江 | Heilongjiang | 5505 | 3302 | 1983 | 2035 | 3470 |
| 上海 | Shanghai | 886251 | 369855 | 175542 | 644237 | 242014 |
| 江苏 | Jiangsu | 330129 | 92958 | 88414 | 239077 | 91052 |
| 浙江 | Zhejiang | 314802 | 63474 | 145521 | 268870 | 45933 |
| 安徽 | Anhui | 43561 | 1329 | 1522 | 26894 | 16667 |
| 福建 | Fujian | 106226 | 23164 | 34670 | 86695 | 19530 |
| 江西 | Jiangxi | 20248 | 1737 | 5425 | 12577 | 7671 |
| 山东 | Shandong | 99945 | 26687 | 30319 | 63413 | 36533 |
| 河南 | Henan | 58696 | 16030 | 23901 | 51768 | 6927 |
| 湖北 | Hubei | 172006 | 35091 | 61344 | 143397 | 28609 |
| 湖南 | Hunan | 45591 | 10980 | 17561 | 24423 | 21168 |
| 广东 | Guangdong | 596446 | 159289 | 152682 | 338917 | 257529 |
| 广西 | Guangxi | 32659 | 14096 | 4615 | 17915 | 14744 |
| 海南 | Hainan | 921 | 842 | 79 | 389 | 532 |
| 重庆 | Chongqing | 78100 | 39730 | 25593 | 20413 | 57687 |
| 四川 | Sichuan | 112942 | 39689 | 42145 | 71161 | 41781 |
| 贵州 | Guizhou | | | | | |
| 云南 | Yunnan | 15644 | 3286 | 3385 | 9947 | 5697 |
| 西藏 | Tibet | | | | | |
| 陕西 | Shaanxi | 59025 | 19017 | 14975 | 41128 | 17896 |
| 甘肃 | Gansu | 11299 | 5301 | 1303 | 5418 | 5881 |
| 青海 | Qinghai | | | | | |
| 宁夏 | Ningxia | 26431 | 17833 | 2951 | 23664 | 2767 |
| 新疆 | Xinjiang | 8063 | 2077 | 1169 | 4871 | 3192 |

# 4-3-8 各地区限额以上餐饮业企业年末资产负债(按国民经济行业)

## Assets and Liabilities of Enterprises above Designated Size of Catering Services by Region and Sector at the Year-end

正餐服务 单位：万元

Dinner Unit: 10000 yuan

| 地 区 | Region | 资产总计 Total Assets | #流动资产合计 Total Current Assets | #固定资产合计 Total Fixed Assets | 负债合计 Total Liabilities | 所有者权益合计 Total Owners' Equities |
|---|---|---|---|---|---|---|
| **全 国** | **National Total** | **42455806** | **18161779** | **13804820** | **30274691** | **12180095** |
| 北 京 | Beijing | 2985909 | 1785273 | 420076 | 2629477 | 356432 |
| 天 津 | Tianjin | 642387 | 344494 | 164463 | 531210 | 111178 |
| 河 北 | Hebei | 640664 | 283368 | 220516 | 508239 | 132425 |
| 山 西 | Shanxi | 1237794 | 396520 | 508275 | 1050147 | 187648 |
| 内 蒙 古 | Inner Mongolia | 1180760 | 501409 | 426532 | 902014 | 278746 |
| 辽 宁 | Liaoning | 1071988 | 447221 | 331365 | 858309 | 213679 |
| 吉 林 | Jilin | 406015 | 127691 | 197250 | 168678 | 237337 |
| 黑 龙 江 | Heilongjiang | 174170 | 79868 | 73609 | 109316 | 64853 |
| 上 海 | Shanghai | 2989673 | 1729432 | 545191 | 2330277 | 659396 |
| 江 苏 | Jiangsu | 4064738 | 1739185 | 1406877 | 3118753 | 945985 |
| 浙 江 | Zhejiang | 2984332 | 1129437 | 1112816 | 2351667 | 632665 |
| 安 徽 | Anhui | 2039555 | 797170 | 588968 | 1425511 | 614044 |
| 福 建 | Fujian | 827363 | 401636 | 225509 | 481548 | 345815 |
| 江 西 | Jiangxi | 705846 | 193065 | 176726 | 342151 | 363696 |
| 山 东 | Shandong | 3687563 | 1266445 | 1489271 | 2495749 | 1191814 |
| 河 南 | Henan | 1262744 | 497459 | 434865 | 637376 | 625368 |
| 湖 北 | Hubei | 2829232 | 854331 | 1370730 | 1671399 | 1157562 |
| 湖 南 | Hunan | 1117602 | 371305 | 461588 | 631046 | 486556 |
| 广 东 | Guangdong | 3475684 | 1721129 | 898733 | 2631851 | 843847 |
| 广 西 | Guangxi | 348276 | 181549 | 101816 | 274087 | 74190 |
| 海 南 | Hainan | 85612 | 38642 | 24408 | 80157 | 5455 |
| 重 庆 | Chongqing | 1219770 | 480564 | 437534 | 696813 | 522957 |
| 四 川 | Sichuan | 2763722 | 1208354 | 867094 | 2038418 | 724304 |
| 贵 州 | Guizhou | 351013 | 154722 | 120884 | 235663 | 115350 |
| 云 南 | Yunnan | 788765 | 456739 | 239142 | 481757 | 307008 |
| 西 藏 | Tibet | 10287 | 8486 | 1728 | 6261 | 4026 |
| 陕 西 | Shaanxi | 1440241 | 544479 | 556144 | 915976 | 524501 |
| 甘 肃 | Gansu | 409216 | 159958 | 164746 | 199070 | 210146 |
| 青 海 | Qinghai | 152551 | 43095 | 66115 | 104945 | 47605 |
| 宁 夏 | Ningxia | 232117 | 124512 | 69492 | 201935 | 30181 |
| 新 疆 | Xinjiang | 330217 | 94241 | 102357 | 164891 | 165326 |

快餐服务
Snack

单位：万元
Unit: 10000 yuan

| 地 区 | Region | 资产总计 Total Assets | #流动资产合计 Total Current Assets | #固定资产合计 Total Fixed Assets | 负债合计 Total Liabilities | 所有者权益合计 Total Owners' Equities |
|---|---|---|---|---|---|---|
| **全 国** | **National Total** | **4959731** | **1891369** | **1109184** | **3417924** | **1541809** |
| 北 京 | Beijing | 674095 | 320156 | 125328 | 425092 | 249003 |
| 天 津 | Tianjin | 196859 | 53500 | 58277 | 145609 | 51250 |
| 河 北 | Hebei | 909 | 309 | 171 | 169 | 740 |
| 山 西 | Shanxi | 29743 | 9843 | 5123 | 20205 | 9538 |
| 内蒙古 | Inner Mongolia | 12959 | 7712 | 4346 | 10981 | 1977 |
| 辽 宁 | Liaoning | 246549 | 65721 | 34806 | 195913 | 50636 |
| 吉 林 | Jilin | 15151 | 3260 | 6094 | 4647 | 10505 |
| 黑龙江 | Heilongjiang | 16767 | 7775 | 4425 | 10851 | 5916 |
| 上 海 | Shanghai | 456865 | 225131 | 101292 | 332600 | 124265 |
| 江 苏 | Jiangsu | 378070 | 132840 | 90330 | 252329 | 125741 |
| 浙 江 | Zhejiang | 344457 | 110888 | 83863 | 274398 | 70059 |
| 安 徽 | Anhui | 134948 | 73904 | 31151 | 75886 | 59062 |
| 福 建 | Fujian | 185140 | 60439 | 47142 | 127279 | 57861 |
| 江 西 | Jiangxi | 25142 | 4210 | 7003 | 14320 | 10822 |
| 山 东 | Shandong | 159708 | 44295 | 45409 | 128086 | 31622 |
| 河 南 | Henan | 91180 | 25608 | 36114 | 74295 | 16885 |
| 湖 北 | Hubei | 147316 | 28932 | 45736 | 113627 | 33689 |
| 湖 南 | Hunan | 89809 | 22675 | 32660 | 53482 | 36327 |
| 广 东 | Guangdong | 1327085 | 515298 | 255697 | 895305 | 431780 |
| 广 西 | Guangxi | 52673 | 23592 | 10082 | 32416 | 20257 |
| 海 南 | Hainan | 4777 | 4199 | 553 | 2400 | 2377 |
| 重 庆 | Chongqing | 111766 | 54236 | 19114 | 77570 | 34196 |
| 四 川 | Sichuan | 135900 | 51221 | 30113 | 81530 | 54370 |
| 贵 州 | Guizhou | 971 | 735 | 236 | 140 | 832 |
| 云 南 | Yunnan | 35379 | 11300 | 10230 | 21990 | 13389 |
| 西 藏 | Tibet | 442 | 81 | 117 | 138 | 304 |
| 陕 西 | Shaanxi | 40729 | 16324 | 12037 | 25761 | 14968 |
| 甘 肃 | Gansu | 15002 | 8495 | 1396 | 8848 | 6155 |
| 青 海 | Qinghai | | | | | |
| 宁 夏 | Ningxia | | | | | |
| 新 疆 | Xinjiang | 29340 | 8690 | 10339 | 12057 | 17283 |

4-3-8 续表 2 Continued 2

饮料及冷饮服务 单位：万元

Beverage and Cold Drink Unit: 10000 yuan

| 地 区 | Region | 资产总计 Total Assets | #流动资产合计 Total Current Assets | #固定资产合计 Total Fixed Assets | 负债合计 Total Liabilities | 所有者权益合计 Total Owners' Equities |
|---|---|---|---|---|---|---|
| **全 国** | **National Total** | **904969** | **451421** | **152284** | **506934** | **398035** |
| 北 京 | Beijing | 136935 | 78398 | 16868 | 90528 | 46406 |
| 天 津 | Tianjin | | | | | |
| 河 北 | Hebei | 37 | 27 | 10 | 3 | 34 |
| 山 西 | Shanxi | | | | | |
| 内 蒙 古 | Inner Mongolia | | | | | |
| 辽 宁 | Liaoning | 15159 | 7562 | 2140 | 5734 | 9425 |
| 吉 林 | Jilin | | | | | |
| 黑 龙 江 | Heilongjiang | 675 | 467 | 208 | 353 | 322 |
| 上 海 | Shanghai | 438216 | 201057 | 77953 | 270774 | 167442 |
| 江 苏 | Jiangsu | 45163 | 20582 | 8489 | 22016 | 23147 |
| 浙 江 | Zhejiang | 10441 | 7631 | 1025 | 3644 | 6797 |
| 安 徽 | Anhui | 3621 | 1246 | 634 | 1508 | 2113 |
| 福 建 | Fujian | 6936 | 2369 | 2935 | 2055 | 4882 |
| 江 西 | Jiangxi | | | | | |
| 山 东 | Shandong | 6627 | 3419 | 734 | 1912 | 4716 |
| 河 南 | Henan | 2233 | 342 | 1891 | 536 | 1697 |
| 湖 北 | Hubei | 30744 | 9340 | 7516 | 12449 | 18295 |
| 湖 南 | Hunan | 1892 | 390 | 1189 | 627 | 1265 |
| 广 东 | Guangdong | 132188 | 77371 | 18439 | 50241 | 81947 |
| 广 西 | Guangxi | 18073 | 13489 | 4000 | 14833 | 3240 |
| 海 南 | Hainan | | | | | |
| 重 庆 | Chongqing | 704 | 384 | 176 | 398 | 306 |
| 四 川 | Sichuan | 43673 | 18923 | 6690 | 20431 | 23243 |
| 贵 州 | Guizhou | 427 | 427 | 1 | 173 | 254 |
| 云 南 | Yunnan | 8925 | 7539 | 93 | 7555 | 1369 |
| 西 藏 | Tibet | | | | | |
| 陕 西 | Shaanxi | 1526 | 217 | 978 | 590 | 935 |
| 甘 肃 | Gansu | 774 | 241 | 315 | 574 | 200 |
| 青 海 | Qinghai | | | | | |
| 宁 夏 | Ningxia | | | | | |
| 新 疆 | Xinjiang | | | | | |

4-3-8 续表 3 Continued 3

其他餐饮业
Others

单位：万元
Unit: 10000 yuan

| 地　区 | Region | 资产总计 Total Assets | #流动资产合计 Total Current Assets | #固定资产合计 Total Fixed Assets | 负债合计 Total Liabilities | 所有者权益合计 Total Owners' Equities |
|---|---|---|---|---|---|---|
| **全　国** | **National Total** | **1236583** | **823460** | **244380** | **794072** | **442514** |
| 北　京 | Beijing | 156343 | 131536 | 13639 | 171391 | -15048 |
| 天　津 | Tianjin | 49265 | 36721 | 8555 | 33294 | 15971 |
| 河　北 | Hebei | 1050 | 1021 | 29 | 664 | 386 |
| 山　西 | Shanxi | 8877 | 763 | 7685 | 2787 | 6090 |
| 内蒙古 | Inner Mongolia | 2167 | 1895 | 254 | 3431 | -1264 |
| 辽　宁 | Liaoning | 33469 | 19273 | 11187 | 9257 | 24212 |
| 吉　林 | Jilin | 2831 | 1634 | 1197 | 991 | 1840 |
| 黑龙江 | Heilongjiang | | | | | |
| 上　海 | Shanghai | 146514 | 106059 | 19537 | 122217 | 24297 |
| 江　苏 | Jiangsu | 76854 | 46143 | 17999 | 39115 | 37738 |
| 浙　江 | Zhejiang | 65355 | 48853 | 10458 | 42073 | 23282 |
| 安　徽 | Anhui | 7080 | 3686 | 2924 | 2329 | 4751 |
| 福　建 | Fujian | 27204 | 19438 | 3399 | 8684 | 18520 |
| 江　西 | Jiangxi | 182 | 36 | 147 | 16 | 167 |
| 山　东 | Shandong | 32829 | 17792 | 6768 | 19548 | 13281 |
| 河　南 | Henan | 35859 | 18039 | 14176 | 22839 | 13020 |
| 湖　北 | Hubei | 26559 | 21597 | 3917 | 18589 | 7970 |
| 湖　南 | Hunan | 5565 | 228 | 1617 | 1861 | 3705 |
| 广　东 | Guangdong | 148917 | 108728 | 16142 | 77377 | 71540 |
| 广　西 | Guangxi | 5839 | 1340 | 2259 | 2379 | 3460 |
| 海　南 | Hainan | | | | | |
| 重　庆 | Chongqing | 72285 | 24790 | 38383 | 58115 | 14170 |
| 四　川 | Sichuan | 265826 | 192172 | 25486 | 117946 | 147881 |
| 贵　州 | Guizhou | 2481 | 1855 | 370 | 967 | 1514 |
| 云　南 | Yunnan | 14059 | 10859 | 2378 | 5100 | 8959 |
| 西　藏 | Tibet | | | | | |
| 陕　西 | Shaanxi | 48605 | 8880 | 35428 | 33060 | 15546 |
| 甘　肃 | Gansu | 568 | 122 | 446 | 42 | 526 |
| 青　海 | Qinghai | | | | | |
| 宁　夏 | Ningxia | | | | | |
| 新　疆 | Xinjiang | | | | | |

# 4-4-1 限额以上住宿和餐饮业企业损益及分配

| 项　目 | Item | 主营业务收入 Revenue from Principal Business | 主营业务成本 Cost of Principal Business |
|---|---|---|---|
| **总　计** | **Total** | **84216799** | **38802416** |
| **一、住宿业** | **Hotels** | **36022137** | **14055963** |
| #国有控股 | State-controlled Enterprises | 9485965 | 3441996 |
| **(一)按登记注册类型分** | **by Type of Registration** | | |
| **1.内资企业** | **Domestic Funded Enterprises** | **30600986** | **12367663** |
| 国有企业 | State-owned Enterprises | 4051975 | 1530263 |
| 集体企业 | Collective-owned Enterprises | 483435 | 194105 |
| 股份合作企业 | Cooperative Enterprises | 100756 | 39444 |
| 联营企业 | Joint Ownership Enterprises | 57573 | 21633 |
| 国有联营企业 | State Joint Ownership Enterprises | 39018 | 15515 |
| 集体联营企业 | Collective Joint Ownership Enterprises | 5587 | 2493 |
| 国有与集体联营企业 | Joint State-collective Enterprises | 7048 | 1145 |
| 其他联营企业 | Other Joint Ownership Enterprises | 5920 | 2480 |
| 有限责任公司 | Limited Liability Corporations | 13981704 | 5178025 |
| 国有独资公司 | State Sole Funded Corporations | 1167324 | 453928 |
| 其他有限责任公司 | Other Limited Liability Corporations | 12814385 | 4724100 |
| 股份有限公司 | Share-holding Corporations Ltd. | 1192551 | 549678 |
| 私营企业 | Private Enterprises | 10447655 | 4706427 |
| 私营独资企业 | Private-funded Enterprises | 1015289 | 598984 |
| 私营合伙企业 | Private Partnership Enterprises | 251254 | 144255 |
| 私营有限责任公司 | Private Limited Liability Corporations | 8620595 | 3680801 |
| 私营股份有限公司 | Private Share-holding Corporations Ltd. | 560515 | 282394 |
| 其他企业 | Other Enterprises | 285352 | 148094 |
| **2.港、澳、台商投资企业** | **Enterprises with Funds from Hongkong, Macao and Taiwan** | **3447387** | **1136148** |
| 合资经营企业 | Joint-venture Enterprises | 1504799 | 419736 |
| 合作经营企业 | Cooperative Enterprises | 439423 | 170729 |
| 独资经营企业 | Enterprises with Sole Investment | 1364383 | 486106 |
| 投资股份有限公司 | Share-holding Corporations Ltd. with Investment | 80685 | 25494 |
| 其他港澳台商投资企业 | Other Enterprises with Funds from Hongkong, Macao and Taiwan | 58098 | 34087 |
| **3.外商投资企业** | **Foreign Funded Enterprises** | **1973766** | **552155** |
| 中外合资经营企业 | Joint-venture Enterprises | 967238 | 231733 |
| 中外合作经营企业 | Cooperative Enterprises | 225412 | 76907 |
| 外资企业 | Enterprises with Sole Foreign Investment | 660343 | 199611 |
| 外商投资股份有限公司 | Share-holding Corporations Ltd. with Foreign Investment | 51041 | 9544 |
| 其他外商投资企业 | Other Foreign Funded Enterprises | 69737 | 34361 |
| **(二)按国民经济行业分** | **by Sector** | | |
| 旅游饭店 | Tourist Hotel | 28767852 | 10747943 |
| 一般旅馆 | Fonda | 6441498 | 2961164 |
| 其他住宿业 | Others | 812791 | 346850 |

# Income and Distribution of Enterprises above Designated Size of Hotels and Catering Services

单位：万元

Unit: 10000 yuan

| 主营业务税金及附加<br>Taxes and Other Charges on Principal Business | 主营业务利润<br>Profits from Principal Business | 其他业务利润<br>Profits from Other Business | 销售费用<br>Selling Expenses | 管理费用<br>Administrative Expenses | #税 金<br>Taxes |
|---|---|---|---|---|---|
| **4371414** | **41042969** | **1368481** | **23716337** | **15476148** | **573209** |
| **1900117** | **20066057** | **725874** | **10092945** | **9969619** | **411980** |
| 501985 | 5541984 | 248892 | 2902391 | 3101321 | 150261 |
| **1605011** | **16628312** | **618749** | **8743584** | **8164770** | **332597** |
| 214020 | 2307692 | 122866 | 1300693 | 1271715 | 50949 |
| 24962 | 264368 | 5439 | 143109 | 112663 | 5904 |
| 4930 | 56382 | 2801 | 29433 | 21807 | 530 |
| 3281 | 32659 | 213 | 17195 | 15156 | 674 |
| 2290 | 21213 | 184 | 11914 | 7211 | 587 |
| 276 | 2818 | 29 | 1725 | 1119 | 42 |
| 394 | 5509 | | 2326 | 5214 | 41 |
| 320 | 3120 | | 1230 | 1612 | 4 |
| 758538 | 8045141 | 297725 | 4137570 | 4172957 | 185665 |
| 61070 | 652326 | 33563 | 313557 | 411414 | 17852 |
| 697464 | 7392821 | 264161 | 3824016 | 3761545 | 167815 |
| 60644 | 582229 | 20960 | 298018 | 279972 | 12627 |
| 525450 | 5215778 | 159656 | 2767594 | 2237443 | 74754 |
| 44316 | 371989 | 4657 | 129593 | 120122 | 7386 |
| 11328 | 95671 | 7572 | 42804 | 32841 | 1486 |
| 443607 | 4496187 | 139806 | 2479169 | 1979104 | 61513 |
| 26207 | 251914 | 7627 | 116032 | 105380 | 4372 |
| 13200 | 124058 | 9096 | 49984 | 53067 | 1501 |
| **185890** | **2125349** | **62104** | **798146** | **1128490** | **46494** |
| 83194 | 1001869 | 29328 | 377237 | 510132 | 24137 |
| 23876 | 244818 | 4906 | 94782 | 111298 | 3985 |
| 70499 | 807778 | 26918 | 299798 | 473249 | 16571 |
| 4516 | 50675 | 634 | 22815 | 26657 | 1581 |
| 3807 | 20204 | 319 | 3519 | 7152 | 220 |
| **109218** | **1312393** | **45023** | **551224** | **676360** | **32890** |
| 53521 | 681984 | 13693 | 267402 | 342878 | 17612 |
| 13037 | 135468 | 6759 | 78154 | 60523 | 2052 |
| 36556 | 424176 | 9016 | 178636 | 236875 | 11291 |
| 2164 | 39333 | 84 | 18963 | 20255 | 1837 |
| 3943 | 31433 | 15476 | 8070 | 15833 | 100 |
| 1540396 | 16479513 | 617690 | 8317503 | 8409173 | 347626 |
| 318889 | 3161445 | 96935 | 1585816 | 1353501 | 57824 |
| 40834 | 425107 | 11256 | 189635 | 206940 | 6532 |

| 项　目 | Item | 财务费用 Financial Expenses | #利息支出 Interest Expenses |
|---|---|---|---|
| **总　计** | **Total** | **2804957** | **1820056** |
| **一、住宿业** | **Hotels** | **2058147** | **1455451** |
| #国有控股 | State-controlled Enterprises | 300046 | 280363 |
| **(一)按登记注册类型分** | **by Type of Registration** | | |
| **1.内资企业** | **Domestic Funded Enterprises** | **1624542** | **1170857** |
| 国有企业 | State-owned Enterprises | 54956 | 53850 |
| 集体企业 | Collective-owned Enterprises | 7387 | 4296 |
| 股份合作企业 | Cooperative Enterprises | 2484 | 2195 |
| 联营企业 | Joint Ownership Enterprises | 1123 | 1064 |
| 国有联营企业 | State Joint Ownership Enterprises | 1207 | 1046 |
| 集体联营企业 | Collective Joint Ownership Enterprises | 7 | 3 |
| 国有与集体联营企业 | Joint State-collective Enterprises | -106 | |
| 其他联营企业 | Other Joint Ownership Enterprises | 16 | 15 |
| 有限责任公司 | Limited Liability Corporations | 912950 | 708346 |
| 国有独资公司 | State Sole Funded Corporations | 29029 | 28540 |
| 其他有限责任公司 | Other Limited Liability Corporations | 883922 | 679804 |
| 股份有限公司 | Share-holding Corporations Ltd. | 59776 | 46298 |
| 私营企业 | Private Enterprises | 577655 | 349007 |
| 私营独资企业 | Private-funded Enterprises | 25065 | 14369 |
| 私营合伙企业 | Private Partnership Enterprises | 6477 | 3628 |
| 私营有限责任公司 | Private Limited Liability Corporations | 509695 | 305777 |
| 私营股份有限公司 | Private Share-holding Corporations Ltd. | 36425 | 25238 |
| 其他企业 | Other Enterprises | 8218 | 5814 |
| **2.港、澳、台商投资企业** | **Enterprises with Funds from Hongkong, Macao and Taiwan** | **309011** | **207184** |
| 合资经营企业 | Joint-venture Enterprises | 140058 | 98104 |
| 合作经营企业 | Cooperative Enterprises | 14180 | 11608 |
| 独资经营企业 | Enterprises with Sole Investment | 150469 | 95840 |
| 投资股份有限公司 | Share-holding Corporations Ltd. with Investment | 3894 | 1222 |
| 其他港澳台商投资企业 | Other Enterprises with Funds from Hongkong, Macao and Taiwan | 408 | 410 |
| **3.外商投资企业** | **Foreign Funded Enterprises** | **124601** | **77412** |
| 中外合资经营企业 | Joint-venture Enterprises | 73514 | 43490 |
| 中外合作经营企业 | Cooperative Enterprises | 14848 | 12983 |
| 外资企业 | Enterprises with Sole Foreign Investment | 34589 | 20010 |
| 外商投资股份有限公司 | Share-holding Corporations Ltd. with Foreign Investment | 695 | 554 |
| 其他外商投资企业 | Other Foreign Funded Enterprises | 957 | 376 |
| **(二)按国民经济行业分** | **by Sector** | | |
| 旅游饭店 | Tourist Hotel | 1814869 | 1312746 |
| 一般旅馆 | Fonda | 198967 | 108007 |
| 其他住宿业 | Others | 44316 | 34702 |

4-4-1 Continued 1

单位：万元
Unit: 10000 yuan

| 营业利润 Operating Profits | 利润总额 Total Profits | 应交所得税 Income Tax Payable | 应付职工薪酬 Payables to Employees |
|---:|---:|---:|---:|
| **305461** | **472498** | **856638** | **17763681** |
| **-1486434** | **-1176925** | **325965** | **8535699** |
| -543609 | -374941 | 102749 | 2872667 |
| | | | |
| **-1432020** | **-1139767** | **229948** | **7300117** |
| -210069 | -106609 | 28575 | 1343618 |
| 5077 | 3063 | 4275 | 117379 |
| 7044 | 5319 | 2133 | 25088 |
| 170 | 318 | 699 | 19374 |
| 1616 | 1622 | 433 | 12427 |
| 217 | 351 | 23 | 1816 |
| -1924 | -1905 | 211 | 4128 |
| 262 | 248 | 31 | 1005 |
| -988154 | -849698 | 100006 | 3443557 |
| -78317 | -61904 | 17946 | 341942 |
| -909841 | -787799 | 82061 | 3101615 |
| -25638 | -23511 | 10827 | 269920 |
| -234989 | -181393 | 81407 | 2018003 |
| 99435 | 93723 | 7323 | 151355 |
| 16497 | 17380 | 1944 | 41625 |
| -352433 | -290190 | 68575 | 1726845 |
| 1515 | -2307 | 3570 | 98188 |
| 14547 | 12741 | 2033 | 63183 |
| **-40760** | **-16509** | **62923** | **769265** |
| 804 | 16610 | 25378 | 360746 |
| 26850 | 31722 | 14300 | 86023 |
| -71438 | -74738 | 22279 | 300633 |
| -3164 | 5675 | 967 | 18656 |
| 6184 | 4223 | | 3206 |
| | | | |
| **-13647** | **-20646** | **33096** | **466318** |
| 6018 | 2280 | 17852 | 220541 |
| -12338 | -27643 | 1965 | 60112 |
| -13548 | -5078 | 12342 | 148127 |
| -474 | 3078 | 935 | 17608 |
| 6690 | 6717 | 3 | 19942 |
| | | | |
| -1585220 | -1276103 | 253655 | 7100754 |
| 107528 | 101350 | 63982 | 1265307 |
| -8741 | -2172 | 8334 | 169640 |

| 项 目 | Item | 主营业务收入 Revenue from Principal Business | 主营业务成本 Cost of Principal Business |
|---|---|---|---|
| **二、餐饮业** | **Catering Services** | **48194664** | **24746456** |
| #国有控股 | State-controlled Enterprises | 2286862 | 1185377 |
| **(一)按登记注册类型分** | **by Type of Registration** | | |
| **1.内资企业** | **Domestic Funded Enterprises** | **35141394** | **19226839** |
| 国有企业 | State-owned Enterprises | 632087 | 338411 |
| 集体企业 | Collective-owned Enterprises | 226193 | 144293 |
| 股份合作企业 | Cooperative Enterprises | 140121 | 72847 |
| 联营企业 | Joint Ownership Enterprises | 9843 | 7384 |
| 国有联营企业 | State Joint Ownership Enterprises | | |
| 集体联营企业 | Collective Joint Ownership Enterprises | 9843 | 7384 |
| 国有与集体联营企业 | Joint State-collective Enterprises | | |
| 其他联营企业 | Other Joint Ownership Enterprises | | |
| 有限责任公司 | Limited Liability Corporations | 10735716 | 5401091 |
| 国有独资公司 | State Sole Funded Corporations | 375494 | 214853 |
| 其他有限责任公司 | Other Limited Liability Corporations | 10360221 | 5186240 |
| 股份有限公司 | Share-holding Corporations Ltd. | 1178041 | 660104 |
| 私营企业 | Private Enterprises | 21711092 | 12295759 |
| 私营独资企业 | Private-funded Enterprises | 3540109 | 2254946 |
| 私营合伙企业 | Private Partnership Enterprises | 399830 | 246554 |
| 私营有限责任公司 | Private Limited Liability Corporations | 16696491 | 9222219 |
| 私营股份有限公司 | Private Share-holding Corporations Ltd. | 1074663 | 572041 |
| 其他企业 | Other Enterprises | 508316 | 306962 |
| **2.港、澳、台商投资企业** | **Enterprises with Funds from Hongkong, Macao and Taiwan** | **4302996** | **1595527** |
| 合资经营企业 | Joint-venture Enterprises | 732546 | 343255 |
| 合作经营企业 | Cooperative Enterprises | 177304 | 64904 |
| 独资经营企业 | Enterprises with Sole Investment | 3331883 | 1158495 |
| 投资股份有限公司 | Share-holding Corporations Ltd. with Investment | 29471 | 13966 |
| 其他港澳台商投资企业 | Other Enterprises with Funds from Hongkong, Macao and Taiwan | 31797 | 14904 |
| **3.外商投资企业** | **Foreign Funded Enterprises** | **8750271** | **3924093** |
| 中外合资经营企业 | Joint-venture Enterprises | 1948601 | 855883 |
| 中外合作经营企业 | Cooperative Enterprises | 80065 | 53237 |
| 外资企业 | Enterprises with Sole Foreign Investment | 6672285 | 2994629 |
| 外商投资股份有限公司 | Share-holding Corporations Ltd. with Foreign Investment | 39980 | 15347 |
| 其他外商投资企业 | Other Foreign Funded Enterprises | 9342 | 4995 |
| **(二)按国民经济行业分** | **by Sector** | | |
| 正餐服务 | Dinner | 35177865 | 18847030 |
| 快餐服务 | Snack | 9693526 | 4381328 |
| 饮料及冷饮服务 | Beverage and Cold Drink | 1462948 | 445266 |
| 其他餐饮业 | Others | 1860325 | 1072832 |

单位：万元
Unit: 10000 yuan

| 主营业务税金及附加 Taxes and Other Charges on Principal Business | 主营业务利润 Profits from Principal Business | 其他业务利润 Profits from Other Business | 销售费用 Selling Expenses | 管理费用 Administrative Expenses | #税　金 Taxes |
|---|---|---|---|---|---|
| **2471298** | **20976910** | **642608** | **13623392** | **5506532** | **161230** |
| 105046 | 996439 | 43586 | 606071 | 410211 | 13679 |
| | | | | | |
| **1784322** | **14130233** | **369025** | **8519456** | **4234990** | **150237** |
| 29075 | 264601 | 8975 | 152740 | 122875 | 3874 |
| 9838 | 72062 | 665 | 34593 | 23213 | 1576 |
| 7467 | 59807 | 402 | 38734 | 14248 | 1064 |
| 268 | 2191 | | 586 | 629 | 64 |
| | | | | | |
| 268 | 2191 | | 586 | 629 | 64 |
| | | | | | |
| | | | | | |
| 615938 | 4718687 | 142820 | 3098709 | 1458625 | 46438 |
| 16987 | 143654 | -167 | 81991 | 75177 | 3196 |
| 598954 | 4575027 | 142986 | 3016716 | 1383454 | 43244 |
| 51398 | 466539 | 15231 | 276505 | 134677 | 4439 |
| 1045303 | 8370030 | 194958 | 4843907 | 2438650 | 90456 |
| 158452 | 1126711 | 12598 | 342000 | 266465 | 22302 |
| 17324 | 135952 | 4108 | 59784 | 40955 | 2825 |
| 819064 | 6655208 | 157849 | 4149903 | 2014583 | 62013 |
| 50465 | 452157 | 20406 | 292221 | 116647 | 3323 |
| 25042 | 176312 | 5972 | 73696 | 42083 | 2328 |
| **224101** | **2483368** | **36140** | **1877191** | **449718** | **7198** |
| 37265 | 352026 | 2899 | 231787 | 88052 | 2234 |
| 8302 | 104098 | 8553 | 80065 | 29908 | 605 |
| 175286 | 1998102 | 24685 | 1546095 | 323032 | 3822 |
| 1677 | 13828 | 4 | 9998 | 5266 | 99 |
| 1574 | 15319 | | 9246 | 3461 | 437 |
| | | | | | |
| **462880** | **4363298** | **237443** | **3226748** | **821825** | **3798** |
| 101041 | 991677 | 4438 | 741416 | 163068 | 978 |
| 4384 | 22444 | 11 | 9282 | 11990 | 393 |
| 354748 | 3322908 | 232076 | 2454199 | 640887 | 2204 |
| 2155 | 22478 | 918 | 17727 | 5223 | 126 |
| 554 | 3793 | | 4124 | 665 | 96 |
| | | | | | |
| 1824196 | 14506639 | 355194 | 8943297 | 4372069 | 149999 |
| 495819 | 4816379 | 271945 | 3592058 | 846934 | 6213 |
| 75170 | 942512 | 2219 | 671959 | 93193 | 800 |
| 76118 | 711375 | 13253 | 416077 | 194342 | 4222 |

| 项　目 | Item | 财务费用 Financial Expenses | #利息支出 Interest Expenses |
|---|---|---|---|
| **二、餐饮业** | **Catering Services** | **746811** | **364603** |
| #国有控股 | State-controlled Enterprises | 29158 | 18299 |
| **(一)按登记注册类型分** | **by Type of Registration** | | |
| **1.内资企业** | **Domestic Funded Enterprises** | **666294** | **334430** |
| 国有企业 | State-owned Enterprises | 6575 | 2196 |
| 集体企业 | Collective-owned Enterprises | 1642 | 429 |
| 股份合作企业 | Cooperative Enterprises | 1799 | 1517 |
| 联营企业 | Joint Ownership Enterprises | 125 | |
| 国有联营企业 | State Joint Ownership Enterprises | | |
| 集体联营企业 | Collective Joint Ownership Enterprises | 125 | |
| 国有与集体联营企业 | Joint State-collective Enterprises | | |
| 其他联营企业 | Other Joint Ownership Enterprises | | |
| 有限责任公司 | Limited Liability Corporations | 217945 | 123236 |
| 国有独资公司 | State Sole Funded Corporations | 7077 | 6045 |
| 其他有限责任公司 | Other Limited Liability Corporations | 210869 | 117191 |
| 股份有限公司 | Share-holding Corporations Ltd. | 38365 | 17547 |
| 私营企业 | Private Enterprises | 393572 | 187464 |
| 私营独资企业 | Private-funded Enterprises | 46504 | 16062 |
| 私营合伙企业 | Private Partnership Enterprises | 10507 | 5565 |
| 私营有限责任公司 | Private Limited Liability Corporations | 312042 | 155950 |
| 私营股份有限公司 | Private Share-holding Corporations Ltd. | 24519 | 9896 |
| 其他企业 | Other Enterprises | 6269 | 2048 |
| **2.港、澳、台商投资企业** | **Enterprises with Funds from Hongkong, Macao and Taiwan** | **37708** | **15765** |
| 合资经营企业 | Joint-venture Enterprises | 9558 | 4978 |
| 合作经营企业 | Cooperative Enterprises | 2122 | 285 |
| 独资经营企业 | Enterprises with Sole Investment | 25813 | 10499 |
| 投资股份有限公司 | Share-holding Corporations Ltd. with Investment | 214 | 1 |
| 其他港澳台商投资企业 | Other Enterprises with Funds from Hongkong, Macao and Taiwan | 3 | 2 |
| **3.外商投资企业** | **Foreign Funded Enterprises** | **42815** | **14411** |
| 中外合资经营企业 | Joint-venture Enterprises | 9651 | 4659 |
| 中外合作经营企业 | Cooperative Enterprises | 504 | 69 |
| 外资企业 | Enterprises with Sole Foreign Investment | 32615 | 9848 |
| 外商投资股份有限公司 | Share-holding Corporations Ltd. with Foreign Investment | -1 | -165 |
| 其他外商投资企业 | Other Foreign Funded Enterprises | 49 | 1 |
| **(二)按国民经济行业分** | **by Sector** | | |
| 正餐服务 | Dinner | 678328 | 337913 |
| 快餐服务 | Snack | 53029 | 19856 |
| 饮料及冷饮服务 | Beverage and Cold Drink | 4366 | 1483 |
| 其他餐饮业 | Others | 11087 | 5355 |

4-4-1 Continued 3

单位：万元

Unit: 10000 yuan

| 营业利润<br>Operating<br>Profits | 利润总额<br>Total<br>Profits | 应交所得税<br>Income Tax<br>Payable | 应付职工薪酬<br>Payables to<br>Employees |
|---:|---:|---:|---:|
| **1791893** | **1649421** | **530676** | **9227985** |
| 40065 | 77549 | 24305 | 604333 |
| | | | |
| **1332893** | **1202235** | **388564** | **6875667** |
| -9602 | 4962 | 4267 | 154489 |
| 12277 | 11099 | 2843 | 37433 |
| 5532 | 5437 | 1653 | 24456 |
| 850 | 855 | 82 | 850 |
| | | | |
| 850 | 855 | 82 | 850 |
| | | | |
| 363740 | 420523 | 171040 | 2517982 |
| -15627 | -11056 | 2804 | 85997 |
| 379372 | 431580 | 168237 | 2431988 |
| 91320 | 82694 | 8231 | 229061 |
| 814878 | 634318 | 195905 | 3838893 |
| 469401 | 420498 | 43695 | 423442 |
| 24697 | 20215 | 3076 | 64029 |
| 285126 | 161531 | 137262 | 3145591 |
| 35655 | 32078 | 11875 | 205834 |
| 53900 | 42351 | 4541 | 72508 |
| **196775** | **185944** | **56554** | **891791** |
| 22692 | 1961 | 5397 | 150106 |
| -5815 | -4159 | 1975 | 39822 |
| 178722 | 183636 | 48850 | 688213 |
| -1449 | 1608 | 42 | 6583 |
| 2624 | 2899 | 293 | 7069 |
| | | | |
| **262225** | **261243** | **85559** | **1460529** |
| 73358 | 70912 | 23199 | 379339 |
| 649 | 658 | 543 | 27894 |
| 188457 | 189205 | 61522 | 1044161 |
| 851 | 307 | 252 | 6881 |
| -1094 | 159 | 46 | 2255 |
| | | | |
| 1188081 | 1080819 | 390502 | 6911760 |
| 358040 | 345841 | 78095 | 1629180 |
| 175506 | 153199 | 45911 | 309316 |
| 70265 | 69559 | 16170 | 377733 |

# 4-4-2 各地区限额以上住宿和餐饮业企业损益及分配

| 地　区 | Region | 主营业务收入 Revenue from Principal Busines | 主营业务成本 Cost of Principal Business | 主营业务税金及附加 Taxes and Other Charges on Principal Business | 主营业务利润 Profits from Principal Business | 其他业务利润 Profits from Other Business | 销售费用 Selling Expenses | 管理费用 Administr-ative Expenses |
|---|---|---|---|---|---|---|---|---|
| **全　国** | **National Total** | **84216799** | **38802416** | **4371414** | **41042969** | **1368481** | **23716337** | **15476148** |
| 北　京 | Beijing | 8831548 | 3137628 | 477016 | 5216904 | 82078 | 3311414 | 1859546 |
| 天　津 | Tianjin | 1332150 | 614480 | 69389 | 648281 | 12045 | 456566 | 266474 |
| 河　北 | Hebei | 995593 | 454062 | 54519 | 487012 | 15425 | 346872 | 269442 |
| 山　西 | Shanxi | 800724 | 374635 | 42580 | 383509 | 14104 | 300411 | 207709 |
| 内蒙古 | Inner Mongolia | 885894 | 451714 | 38087 | 396093 | 18031 | 231613 | 201368 |
| 辽　宁 | Liaoning | 2180976 | 1083749 | 106958 | 990269 | 235887 | 572292 | 386723 |
| 吉　林 | Jilin | 588851 | 286951 | 25786 | 276114 | 10727 | 145785 | 132907 |
| 黑龙江 | Heilongjiang | 514001 | 234694 | 26890 | 252417 | 7042 | 137266 | 116639 |
| 上　海 | Shanghai | 8729688 | 3420639 | 466064 | 4842985 | 212247 | 3078340 | 1494280 |
| 江　苏 | Jiangsu | 5765708 | 2713518 | 292912 | 2759278 | 42484 | 1578774 | 1169037 |
| 浙　江 | Zhejiang | 5679368 | 2350485 | 308583 | 3020300 | 94501 | 1754830 | 1237800 |
| 安　徽 | Anhui | 1905651 | 1011728 | 93257 | 800666 | 19332 | 451702 | 317467 |
| 福　建 | Fujian | 3134021 | 1576434 | 150525 | 1407062 | 22665 | 790191 | 547092 |
| 江　西 | Jiangxi | 1419805 | 769275 | 73866 | 576664 | 14613 | 377665 | 208247 |
| 山　东 | Shandong | 5436836 | 2970392 | 252158 | 2214286 | 57908 | 1030789 | 781939 |
| 河　南 | Henan | 3193778 | 1832906 | 139238 | 1221634 | 34872 | 495578 | 417150 |
| 湖　北 | Hubei | 3630052 | 1908188 | 263123 | 1458741 | 52763 | 769645 | 481326 |
| 湖　南 | Hunan | 2634706 | 1360406 | 126638 | 1147662 | 34764 | 545295 | 479061 |
| 广　东 | Guangdong | 11642106 | 5039734 | 616666 | 5985706 | 147579 | 3661458 | 1984449 |
| 广　西 | Guangxi | 983992 | 397514 | 53747 | 532731 | 15872 | 338039 | 234292 |
| 海　南 | Hainan | 1099130 | 287642 | 61660 | 749828 | 24255 | 310358 | 407916 |
| 重　庆 | Chongqing | 3224457 | 1826581 | 140319 | 1257557 | 15648 | 605166 | 406286 |
| 四　川 | Sichuan | 3719028 | 1781336 | 185500 | 1752192 | 67670 | 949282 | 643044 |
| 贵　州 | Guizhou | 730986 | 360609 | 38638 | 331739 | 16726 | 143008 | 159563 |
| 云　南 | Yunnan | 1225845 | 587636 | 62610 | 575599 | 24300 | 300268 | 321163 |
| 西　藏 | Tibet | 73331 | 22395 | 4252 | 46684 | 1732 | 33445 | 31339 |
| 陕　西 | Shaanxi | 2406536 | 1242552 | 124723 | 1039261 | 40622 | 591379 | 415435 |
| 甘　肃 | Gansu | 699297 | 362106 | 35364 | 301827 | 19181 | 155995 | 109042 |
| 青　海 | Qinghai | 131231 | 59324 | 6127 | 65780 | 3860 | 41413 | 28725 |
| 宁　夏 | Ningxia | 155543 | 68091 | 8185 | 79267 | 4026 | 58536 | 43699 |
| 新　疆 | Xinjiang | 465967 | 215012 | 26034 | 224921 | 5522 | 152962 | 116988 |

# Income and Distribution of Enterprises above Designated Size of Hotels and Catering Services by Region

单位：万元

Unit: 10000 yuan

| #税金 Taxes | 财务费用 Financial Expenses | #利息支出 Interest Expenses | 营业利润 Operating Profits | 利润总额 Total Profits | 应交所得税 Income Tax Payable | 应付职工薪酬 Payables to Employees |
|---|---|---|---|---|---|---|
| **573209** | **2804957** | **1820056** | **305461** | **472498** | **856638** | **17763681** |
| 89336 | 258581 | 240614 | -58787 | -19116 | 102552 | 2329377 |
| 15927 | 33384 | 22366 | -105768 | -98708 | 9021 | 304645 |
| 9692 | 66428 | 32131 | -183377 | -154788 | 5774 | 287171 |
| 4816 | 31765 | 19976 | -147650 | -122834 | 2808 | 223462 |
| 8604 | 23575 | 8697 | -50600 | -65008 | 4162 | 212056 |
| 17358 | 63345 | 30993 | -32505 | -16246 | 11099 | 328311 |
| 3960 | 20951 | 14178 | -15389 | -19410 | 3507 | 102329 |
| 3697 | 10635 | 7231 | 62 | -8210 | 14672 | 118235 |
| 21957 | 177997 | 88598 | 204169 | 258034 | 121130 | 1564083 |
| 38351 | 191846 | 108953 | 159613 | 186387 | 125090 | 1127666 |
| 41208 | 282206 | 216541 | -164036 | -113187 | 45209 | 1187294 |
| 18076 | 80663 | 58461 | -29032 | -20711 | 11765 | 408908 |
| 24236 | 88282 | 56826 | 4673 | 5193 | 24709 | 629603 |
| 6547 | 52086 | 29473 | -56679 | -70540 | 17824 | 397104 |
| 37289 | 148127 | 70999 | 271155 | 258604 | 75399 | 871336 |
| 23677 | 93816 | 39941 | 228723 | 247561 | 19405 | 507990 |
| 20111 | 90259 | 49991 | 142169 | 112916 | 32374 | 803680 |
| 19970 | 109266 | 74752 | 25186 | -4389 | 11194 | 472233 |
| 54451 | 425657 | 292076 | 27525 | 46249 | 103102 | 2621870 |
| 8942 | 54358 | 37980 | -70036 | -72213 | 3720 | 233618 |
| 13091 | 53094 | 28061 | -3008 | 3288 | 14704 | 299925 |
| 15991 | 71231 | 45915 | 251127 | 155308 | 25265 | 543834 |
| 20721 | 134208 | 100251 | 94986 | 89834 | 31835 | 664421 |
| 6889 | 44452 | 32634 | -5400 | 2281 | 4739 | 155087 |
| 13917 | 81682 | 44676 | -86191 | 2754 | 6504 | 299830 |
| 112 | 475 | 312 | -14234 | -13056 | 221 | 26742 |
| 20364 | 69133 | 32187 | -19218 | -37925 | 10880 | 515440 |
| 4426 | 17214 | 13222 | 21132 | 14038 | 14551 | 283461 |
| 789 | 5668 | 2530 | -9108 | -8131 | 248 | 44323 |
| 1489 | 8797 | 5617 | -29126 | -27913 | 414 | 43659 |
| 7215 | 15776 | 13874 | -44915 | -37564 | 2761 | 155988 |

# 4-4-3 各地区限额以上住宿业企业损益及分配

| 地区 | Region | 主营业务收入 Revenue from Principal Business | 主营业务成本 Cost of Principal Business | 主营业务税金及附加 Taxes and Other Charges on Principal Business | 主营业务利润 Profits from Principal Business | 其他业务利润 Profits from Other Business | 销售费用 Selling Expenses | 管理费用 Administrative Expenses |
|---|---|---|---|---|---|---|---|---|
| **全国** | **National Total** | **36022137** | **14055963** | **1900117** | **20066057** | **725874** | **10092945** | **9969619** |
| 北京 | Beijing | 3436774 | 915402 | 190663 | 2330709 | 38668 | 1085531 | 1214394 |
| 天津 | Tianjin | 376427 | 149062 | 19417 | 207948 | 4407 | 133250 | 149753 |
| 河北 | Hebei | 645377 | 276326 | 36655 | 332396 | 12432 | 237535 | 205342 |
| 山西 | Shanxi | 326041 | 126824 | 19058 | 180159 | 3355 | 138092 | 108674 |
| 内蒙古 | Inner Mongolia | 360906 | 156132 | 19488 | 185286 | 14059 | 109972 | 112091 |
| 辽宁 | Liaoning | 972504 | 451814 | 44145 | 476545 | 30288 | 251458 | 256144 |
| 吉林 | Jilin | 308264 | 136297 | 14954 | 157013 | 8121 | 79698 | 85224 |
| 黑龙江 | Heilongjiang | 354011 | 145596 | 17496 | 190919 | 3149 | 96799 | 101681 |
| 上海 | Shanghai | 2608264 | 794465 | 138176 | 1675623 | 126574 | 711329 | 808575 |
| 江苏 | Jiangsu | 2146797 | 842780 | 109939 | 1194078 | 21186 | 644103 | 653350 |
| 浙江 | Zhejiang | 2865139 | 930530 | 166068 | 1768541 | 73407 | 935377 | 855829 |
| 安徽 | Anhui | 713061 | 335362 | 37544 | 340155 | 11542 | 183846 | 192114 |
| 福建 | Fujian | 1638887 | 682494 | 85246 | 871147 | 18022 | 470918 | 394267 |
| 江西 | Jiangxi | 594573 | 256458 | 30772 | 307343 | 8662 | 153648 | 153279 |
| 山东 | Shandong | 2156519 | 1022270 | 104366 | 1029883 | 42871 | 507895 | 426484 |
| 河南 | Henan | 1618992 | 858834 | 72818 | 687340 | 25399 | 301973 | 297489 |
| 湖北 | Hubei | 1259623 | 586757 | 70500 | 602366 | 42917 | 275100 | 258990 |
| 湖南 | Hunan | 1461300 | 693962 | 71196 | 696142 | 15250 | 303426 | 358323 |
| 广东 | Guangdong | 4976156 | 1860463 | 265732 | 2849961 | 86699 | 1448266 | 1274557 |
| 广西 | Guangxi | 634450 | 223054 | 34510 | 376886 | 13743 | 234217 | 187959 |
| 海南 | Hainan | 1037940 | 260324 | 58443 | 719173 | 20135 | 283119 | 391829 |
| 重庆 | Chongqing | 869502 | 384819 | 42828 | 441855 | 4721 | 198944 | 206409 |
| 四川 | Sichuan | 1446626 | 565630 | 76458 | 804538 | 33635 | 416892 | 375793 |
| 贵州 | Guizhou | 498711 | 228385 | 27246 | 243080 | 10962 | 107010 | 120652 |
| 云南 | Yunnan | 765309 | 321297 | 40834 | 403178 | 16519 | 203623 | 272428 |
| 西藏 | Tibet | 68358 | 20116 | 3995 | 44247 | 1732 | 31882 | 30396 |
| 陕西 | Shaanxi | 1022260 | 433524 | 54290 | 534446 | 18132 | 289552 | 266874 |
| 甘肃 | Gansu | 379573 | 186361 | 20115 | 173097 | 8829 | 91018 | 77625 |
| 青海 | Qinghai | 79378 | 32161 | 4232 | 42985 | 3830 | 26692 | 20662 |
| 宁夏 | Ningxia | 78628 | 30301 | 4519 | 43808 | 2079 | 34842 | 25299 |
| 新疆 | Xinjiang | 321787 | 148163 | 18414 | 155210 | 4549 | 106938 | 87133 |

# Income and Distribution of Enterprises above Designated Size of Hotels by Region

单位：万元
Unit: 10000 yuan

| #税金<br>Taxes | 财务费用<br>Financial Expenses | #利息支出<br>Interest Expenses | 营业利润<br>Operating Profits | 利润总额<br>Total Profits | 应交所得税<br>Income Tax Payable | 应付职工薪酬<br>Payables to Employees |
|---|---|---|---|---|---|---|
| **411980** | **2058147** | **1455451** | **-1486434** | **-1176925** | **325965** | **8535699** |
| 81048 | 207756 | 217487 | -69472 | -43715 | 56628 | 1037237 |
| 14697 | 24737 | 19018 | -105976 | -99617 | 808 | 111270 |
| 8034 | 52485 | 26188 | -154609 | -139276 | 4315 | 196357 |
| 2411 | 16731 | 10269 | -78544 | -63726 | 800 | 113017 |
| 4968 | 12750 | 5185 | -44454 | -45863 | 1602 | 119610 |
| 11834 | 44213 | 26156 | -73380 | -58859 | 4239 | 150043 |
| 3301 | 17728 | 12387 | -19495 | -21108 | 2170 | 53091 |
| 2738 | 7836 | 5943 | -4375 | -8401 | 13660 | 67196 |
| 16355 | 116433 | 62386 | 100108 | 125757 | 55315 | 505480 |
| 26374 | 118112 | 70607 | -199093 | -168628 | 11531 | 487563 |
| 29455 | 217942 | 168860 | -187900 | -143474 | 18645 | 662516 |
| 11174 | 48021 | 41485 | -73282 | -63728 | 2670 | 167650 |
| 19477 | 74949 | 50420 | -44714 | -34927 | 12715 | 386424 |
| 4764 | 40796 | 25323 | -36068 | -32776 | 3333 | 245722 |
| 18054 | 73266 | 43232 | 30392 | 29803 | 21562 | 409979 |
| 15034 | 64766 | 30728 | 37754 | 53942 | 10056 | 298680 |
| 9851 | 51667 | 35930 | -10815 | -9098 | 7763 | 228602 |
| 14818 | 84108 | 63688 | -35863 | -45198 | 5599 | 278764 |
| 39050 | 359778 | 262546 | -139472 | -98366 | 43938 | 1286017 |
| 7810 | 43523 | 29784 | -66145 | -69455 | 2002 | 159354 |
| 12531 | 52705 | 27990 | 3298 | 9305 | 14227 | 283471 |
| 7111 | 51663 | 35814 | -9276 | -8188 | 6187 | 175274 |
| 12156 | 84639 | 69946 | -42013 | -39106 | 7989 | 285256 |
| 5345 | 38968 | 29309 | -14860 | -11768 | 3981 | 108964 |
| 11550 | 72501 | 39287 | -105190 | -55274 | 3359 | 202666 |
| 109 | 465 | 301 | -14157 | -13090 | 212 | 25254 |
| 10859 | 48386 | 21527 | -57760 | -55334 | 4558 | 247926 |
| 3156 | 12656 | 9944 | -5743 | -6354 | 4019 | 72836 |
| 508 | 3330 | 919 | -7175 | -8319 | 156 | 29624 |
| 1028 | 3934 | 2784 | -17913 | -16043 | 133 | 23073 |
| 6380 | 11303 | 10008 | -40242 | -36041 | 1793 | 116783 |

国有控股

State-controlled Enterprises

| 地 区 | Region | 主营业务收入 Revenue from Principal Business | 主营业务成本 Cost of Principal Business | 主营业务税金及附加 Taxes and Other Charges on Principal Business | 主营业务利润 Profits from Principal Business | 其他业务利润 Profits from Other Business | 销售费用 Selling Expenses | 管理费用 Administrative Expenses |
|---|---|---|---|---|---|---|---|---|
| **全 国** | **National Total** | **9485965** | **3441996** | **501985** | **5541984** | **248892** | **2902391** | **3101321** |
| 北 京 | Beijing | 1731232 | 443696 | 95455 | 1192081 | 17159 | 537430 | 685326 |
| 天 津 | Tianjin | 139746 | 56691 | 7585 | 75470 | 3385 | 47606 | 79277 |
| 河 北 | Hebei | 223965 | 103112 | 12767 | 108086 | 2061 | 81912 | 74007 |
| 山 西 | Shanxi | 116161 | 41493 | 7647 | 67021 | 793 | 48590 | 39152 |
| 内蒙古 | Inner Mongolia | 81065 | 45061 | 4676 | 31328 | 1299 | 20635 | 24945 |
| 辽 宁 | Liaoning | 287895 | 164364 | 12456 | 111075 | 18022 | 59891 | 74917 |
| 吉 林 | Jilin | 104665 | 44140 | 5470 | 55055 | 514 | 31886 | 30180 |
| 黑龙江 | Heilongjiang | 117130 | 51240 | 5649 | 60241 | 560 | 33141 | 39074 |
| 上 海 | Shanghai | 1000564 | 272317 | 49905 | 678342 | 100895 | 315410 | 323571 |
| 江 苏 | Jiangsu | 611410 | 248674 | 29464 | 333272 | 10231 | 184111 | 217442 |
| 浙 江 | Zhejiang | 542051 | 164739 | 30238 | 347074 | 9072 | 181507 | 183246 |
| 安 徽 | Anhui | 163231 | 76312 | 8890 | 78029 | 891 | 44053 | 41513 |
| 福 建 | Fujian | 341665 | 116958 | 19627 | 205080 | 3687 | 123943 | 91907 |
| 江 西 | Jiangxi | 120745 | 47556 | 6649 | 66540 | 778 | 40348 | 34805 |
| 山 东 | Shandong | 551522 | 227381 | 26264 | 297877 | 23204 | 183498 | 137875 |
| 河 南 | Henan | 286029 | 132651 | 15266 | 138112 | 3234 | 73178 | 72609 |
| 湖 北 | Hubei | 194295 | 104854 | 7929 | 81512 | 3145 | 46370 | 43671 |
| 湖 南 | Hunan | 268608 | 113991 | 13578 | 141039 | 3981 | 53477 | 96943 |
| 广 东 | Guangdong | 911822 | 273846 | 51246 | 586730 | 13389 | 298303 | 267937 |
| 广 西 | Guangxi | 119356 | 48086 | 6253 | 65017 | 2794 | 41362 | 39517 |
| 海 南 | Hainan | 160349 | 41068 | 8996 | 110285 | 749 | 38446 | 58561 |
| 重 庆 | Chongqing | 157788 | 74704 | 6863 | 76221 | 411 | 42321 | 53796 |
| 四 川 | Sichuan | 243171 | 88685 | 13263 | 141223 | 6984 | 85630 | 70759 |
| 贵 州 | Guizhou | 103724 | 52660 | 5798 | 45266 | 6025 | 23851 | 30461 |
| 云 南 | Yunnan | 227071 | 89182 | 12526 | 125363 | 7176 | 66549 | 104560 |
| 西 藏 | Tibet | 27027 | 6758 | 1650 | 18619 | 267 | 15950 | 9175 |
| 陕 西 | Shaanxi | 226734 | 94114 | 12271 | 120349 | 2008 | 66304 | 74399 |
| 甘 肃 | Gansu | 177785 | 90137 | 9708 | 77940 | 2787 | 44654 | 36895 |
| 青 海 | Qinghai | 34596 | 15722 | 1738 | 17136 | 1862 | 11806 | 10081 |
| 宁 夏 | Ningxia | 22643 | 13086 | 1293 | 8264 | 53 | 8707 | 6971 |
| 新 疆 | Xinjiang | 191920 | 98718 | 10865 | 82337 | 1476 | 51522 | 47749 |

4-4-3 Continued

单位：万元

Unit: 10000 yuan

| #税金<br>Taxes | 财务费用<br>Financial Expenses | #利息支出<br>Interest Expenses | 营业利润<br>Operating Profits | 利润总额<br>Total Profits | 应交所得税<br>Income Tax Payable | 应付职工薪酬<br>Payables to Employees |
|---|---|---|---|---|---|---|
| **150261** | **300046** | **280363** | **-543609** | **-374941** | **102749** | **2872667** |
| 41370 | 73146 | 75451 | -43189 | -22860 | 29613 | 604256 |
| 13094 | 18133 | 15608 | -77020 | -75181 | 105 | 47013 |
| 3014 | 4195 | 5757 | -45691 | -34833 | 569 | 80347 |
| 897 | 1936 | 1941 | -21039 | -16405 | 227 | 48955 |
| 1000 | 476 | 263 | -13009 | -9963 | 423 | 26436 |
| 4004 | 1248 | 1004 | -21889 | -17408 | 595 | 53319 |
| 1486 | 3723 | 2020 | -7452 | -12375 | 5 | 21979 |
| 1842 | 1238 | 867 | -8225 | -7859 | 1394 | 31144 |
| 8194 | 5865 | 7867 | 55089 | 63250 | 21859 | 230529 |
| 9657 | 22365 | 22162 | -75593 | -62661 | 3565 | 165415 |
| 6267 | 22664 | 22412 | -29234 | -20672 | 4719 | 164853 |
| 2260 | 1983 | 1506 | -5078 | -1907 | 345 | 42904 |
| 3654 | 3195 | 2146 | -4085 | 3144 | 3964 | 110449 |
| 1772 | 3326 | 3124 | -11042 | -7468 | 433 | 143962 |
| 4859 | 12127 | 15773 | -30762 | -22840 | 3105 | 131208 |
| 3444 | 7092 | 4239 | -12414 | -6500 | 758 | 72831 |
| 2766 | 6735 | 7829 | -12153 | -8036 | 1302 | 45088 |
| 3859 | 21155 | 19931 | -30153 | -26899 | 1104 | 63768 |
| 12241 | 27451 | 22975 | 16279 | 21922 | 13299 | 287617 |
| 2348 | 5044 | 4064 | -16315 | -13733 | 760 | 46494 |
| 2518 | 2145 | 213 | 13654 | 13901 | 5146 | 45021 |
| 1752 | 6302 | 4745 | -24753 | -21525 | 615 | 41911 |
| 3425 | 5581 | 5698 | -13210 | -9389 | 2171 | 66164 |
| 1382 | 7416 | 6907 | -10024 | -7602 | 731 | 28545 |
| 4620 | 23926 | 16983 | -54000 | -19709 | 1176 | 71250 |
| 48 | -25 | -59 | -3666 | -2653 | 144 | 10924 |
| 2570 | 6167 | 3163 | -25128 | -22849 | 634 | 69193 |
| 1288 | 4796 | 4590 | -7602 | -6793 | 2639 | 30003 |
| 296 | -75 | 7 | -4322 | -3592 | 88 | 15087 |
| 534 | 80 | 27 | -6940 | -6818 | -9 | 7745 |
| 3800 | 636 | 1150 | -14643 | -8628 | 1270 | 68257 |

# 4-4-4 各地区限额以上住宿业企业损益及分配(按登记注册类型分)

内资企业

Domestic Funded Enterprises

| 地 区 | Region | 主营业务收入 Revenue from Principal Business | 主营业务成本 Cost of Principal Business | 主营业务税金及附加 Taxes and Other Charges on Principal Business | 主营业务利润 Profits from Principal Business | 其他业务利润 Profits from Other Business | 销售费用 Selling Expenses | 管理费用 Administrative Expenses |
|---|---|---|---|---|---|---|---|---|
| **全 国** | **National Total** | **30600986** | **12367663** | **1605011** | **16628312** | **618749** | **8743584** | **8164770** |
| 北 京 | Beijing | 2465269 | 641459 | 136616 | 1687194 | 29835 | 879300 | 902680 |
| 天 津 | Tianjin | 324848 | 128937 | 16520 | 179391 | 1014 | 118343 | 129197 |
| 河 北 | Hebei | 616886 | 265847 | 35066 | 315973 | 12430 | 232577 | 189469 |
| 山 西 | Shanxi | 325433 | 126558 | 19005 | 179870 | 3355 | 137783 | 108420 |
| 内 蒙 古 | Inner Mongolia | 335410 | 138794 | 18098 | 178518 | 14059 | 105034 | 103861 |
| 辽 宁 | Liaoning | 798162 | 403584 | 36482 | 358096 | 13198 | 195853 | 176147 |
| 吉 林 | Jilin | 279363 | 126490 | 13426 | 139447 | 8121 | 73060 | 76331 |
| 黑 龙 江 | Heilongjiang | 301888 | 132764 | 14606 | 154518 | 3048 | 83065 | 78788 |
| 上 海 | Shanghai | 1936440 | 578010 | 101061 | 1257369 | 125823 | 589104 | 608398 |
| 江 苏 | Jiangsu | 1894097 | 762711 | 96169 | 1035217 | 19763 | 558512 | 548363 |
| 浙 江 | Zhejiang | 2428698 | 793771 | 140265 | 1494662 | 54864 | 834624 | 734450 |
| 安 徽 | Anhui | 665293 | 319839 | 34946 | 310508 | 6401 | 172175 | 157532 |
| 福 建 | Fujian | 1290088 | 559548 | 67019 | 663521 | 16428 | 379009 | 288344 |
| 江 西 | Jiangxi | 563194 | 246533 | 29078 | 287583 | 8641 | 143692 | 142531 |
| 山 东 | Shandong | 2034794 | 981976 | 97657 | 955161 | 39347 | 480880 | 384466 |
| 河 南 | Henan | 1546658 | 831003 | 68511 | 647144 | 24708 | 282559 | 265289 |
| 湖 北 | Hubei | 1164522 | 561432 | 65223 | 537867 | 37044 | 242470 | 226535 |
| 湖 南 | Hunan | 1396142 | 672644 | 67557 | 655941 | 15250 | 276885 | 344324 |
| 广 东 | Guangdong | 3771145 | 1450444 | 202553 | 2118148 | 56754 | 1123291 | 922129 |
| 广 西 | Guangxi | 549379 | 204608 | 29920 | 314851 | 12049 | 204270 | 144333 |
| 海 南 | Hainan | 748309 | 197818 | 41921 | 508570 | 19064 | 225510 | 285027 |
| 重 庆 | Chongqing | 816365 | 372502 | 39912 | 403951 | 4432 | 182112 | 190271 |
| 四 川 | Sichuan | 1359345 | 545707 | 71934 | 741704 | 33520 | 392191 | 338712 |
| 贵 州 | Guizhou | 487449 | 223979 | 26512 | 236958 | 10962 | 105360 | 117530 |
| 云 南 | Yunnan | 696260 | 300638 | 36875 | 358747 | 12882 | 184283 | 244173 |
| 西 藏 | Tibet | 55580 | 16685 | 3248 | 35647 | 1540 | 29470 | 18978 |
| 陕 西 | Shaanxi | 910977 | 391137 | 48414 | 471426 | 16586 | 259977 | 235661 |
| 甘 肃 | Gansu | 365728 | 182365 | 19610 | 163753 | 8829 | 87245 | 71820 |
| 青 海 | Qinghai | 73887 | 31548 | 3942 | 38397 | 2175 | 23828 | 18996 |
| 宁 夏 | Ningxia | 78046 | 30172 | 4476 | 43398 | 2079 | 34426 | 25019 |
| 新 疆 | Xinjiang | 321331 | 148160 | 18389 | 154782 | 4548 | 106696 | 86996 |

# Income and Distribution of Enterprises above Designated Size of Hotels by Region and Type of Registration

单位：万元

Unit: 10000 yuan

| #税金 Taxes | 财务费用 Financial Expense | #利息支出 Interest Expense | 营业利润 Operating Profit | 利润总额 Total Profit | 应交所得税 Income Tax Payable | 应付职工薪酬 Payables to Employees |
|---|---|---|---|---|---|---|
| **332597** | **1624542** | **1170857** | **-1432020** | **-1139767** | **229948** | **7300117** |
| 54947 | 134378 | 138590 | -151354 | -124640 | 27675 | 764225 |
| 14671 | 22631 | 18958 | -97339 | -93308 | 740 | 94110 |
| 7660 | 45810 | 25633 | -143705 | -130172 | 4281 | 188175 |
| 2411 | 16621 | 10159 | -78160 | -63395 | 800 | 112736 |
| 4399 | 8672 | 5185 | -33974 | -34967 | 1602 | 112866 |
| 8417 | 36538 | 23408 | -47872 | -34295 | 3695 | 123911 |
| 2891 | 16237 | 12306 | -20066 | -25084 | 343 | 50895 |
| 2652 | 5222 | 3030 | -6083 | -5040 | 12357 | 62476 |
| 13118 | 51467 | 23084 | 51347 | 70374 | 32024 | 400388 |
| 19286 | 84988 | 59447 | -134888 | -111453 | 11048 | 428879 |
| 22560 | 165484 | 129991 | -192547 | -148191 | 11461 | 579652 |
| 10904 | 35886 | 31863 | -47399 | -40395 | 2630 | 155065 |
| 14028 | 44795 | 29085 | -28392 | -19795 | 8349 | 307968 |
| 4723 | 37936 | 25308 | -35532 | -31144 | 3288 | 237581 |
| 16830 | 65914 | 39382 | 34810 | 43407 | 20900 | 381476 |
| 14157 | 57926 | 24955 | 55182 | 70743 | 9849 | 286502 |
| 9202 | 47073 | 33437 | -6306 | -5326 | 7668 | 205173 |
| 14007 | 77183 | 57022 | -28237 | -36417 | 5381 | 264044 |
| 28784 | 294096 | 224525 | -149652 | -108509 | 28431 | 989488 |
| 5049 | 30148 | 22198 | -41575 | -46480 | 1916 | 139836 |
| 8563 | 38852 | 18943 | -32473 | -28541 | 7898 | 214361 |
| 6320 | 45633 | 34885 | -9562 | -8903 | 5882 | 161742 |
| 11789 | 83758 | 69144 | -42070 | -42350 | 5588 | 267996 |
| 5241 | 38330 | 28720 | -15760 | -12447 | 3698 | 106983 |
| 9746 | 67312 | 38578 | -97531 | -47664 | 3360 | 182169 |
| 109 | 394 | 211 | -9048 | -7901 | 212 | 21899 |
| 9328 | 41442 | 19143 | -54470 | -52734 | 2859 | 220737 |
| 2954 | 12625 | 9944 | -5478 | -6111 | 3976 | 70026 |
| 494 | 1947 | 931 | -5960 | -7171 | 118 | 29176 |
| 985 | 3939 | 2784 | -17633 | -15762 | 133 | 22951 |
| 6372 | 11305 | 10008 | -40293 | -36096 | 1786 | 116631 |

4-4-4 续表 1

国有企业

State-owned Enterprises

| 地 区 | Region | 主营业务收入 Revenue from Principal Business | 主营业务成本 Cost of Principal Business | 主营业务税金及附加 Taxes and Other Charges on Principal Business | 主营业务利润 Profits from Principal Business | 其他业务利润 Profits from Other Business | 销售费用 Selling Expenses | 管理费用 Administrative Expenses |
|---|---|---|---|---|---|---|---|---|
| **全 国** | **National Total** | **4051975** | **1530263** | **214020** | **2307692** | **122866** | **1300693** | **1271715** |
| 北 京 | Beijing | 697989 | 192224 | 38050 | 467715 | 5666 | 222730 | 281742 |
| 天 津 | Tianjin | 38527 | 16453 | 2124 | 19950 | 14 | 12901 | 13121 |
| 河 北 | Hebei | 164094 | 79452 | 9209 | 75433 | 1359 | 63859 | 48038 |
| 山 西 | Shanxi | 87877 | 30661 | 6069 | 51147 | 665 | 38399 | 28302 |
| 内蒙古 | Inner Mongolia | 35231 | 18682 | 2002 | 14547 | -480 | 7772 | 15804 |
| 辽 宁 | Liaoning | 135563 | 71232 | 7092 | 57239 | 421 | 28232 | 39998 |
| 吉 林 | Jilin | 85379 | 38776 | 4317 | 42286 | 427 | 24271 | 21454 |
| 黑龙江 | Heilongjiang | 76442 | 33209 | 3824 | 39409 | 271 | 23736 | 23929 |
| 上 海 | Shanghai | 294617 | 69632 | 15875 | 209110 | 55861 | 101987 | 114702 |
| 江 苏 | Jiangsu | 218109 | 83547 | 10833 | 123729 | 8036 | 71935 | 77929 |
| 浙 江 | Zhejiang | 167273 | 53477 | 9210 | 104586 | 1623 | 58090 | 53798 |
| 安 徽 | Anhui | 34368 | 18653 | 1776 | 13939 | 488 | 10912 | 8519 |
| 福 建 | Fujian | 123702 | 41484 | 6817 | 75401 | 2300 | 45455 | 32724 |
| 江 西 | Jiangxi | 73896 | 31356 | 4368 | 38172 | 584 | 23134 | 19302 |
| 山 东 | Shandong | 383559 | 179704 | 17203 | 186652 | 18940 | 104951 | 91499 |
| 河 南 | Henan | 185478 | 88988 | 9550 | 86940 | 3018 | 47210 | 40132 |
| 湖 北 | Hubei | 88228 | 51251 | 3181 | 33796 | 29 | 23746 | 14667 |
| 湖 南 | Hunan | 135317 | 60853 | 6127 | 68337 | 1439 | 31547 | 33015 |
| 广 东 | Guangdong | 353416 | 86156 | 19181 | 248079 | 7609 | 134534 | 119747 |
| 广 西 | Guangxi | 70154 | 26193 | 3611 | 40350 | 2244 | 29396 | 20733 |
| 海 南 | Hainan | 12728 | 2552 | 678 | 9498 | 35 | 6255 | 4291 |
| 重 庆 | Chongqing | 33609 | 15456 | 1587 | 16566 | 221 | 9941 | 9180 |
| 四 川 | Sichuan | 77601 | 32507 | 4552 | 40542 | 2236 | 26587 | 18907 |
| 贵 州 | Guizhou | 38693 | 17169 | 2297 | 19227 | 417 | 11353 | 9767 |
| 云 南 | Yunnan | 77638 | 31347 | 4077 | 42214 | 2816 | 23616 | 38876 |
| 西 藏 | Tibet | 23055 | 4570 | 1424 | 17061 | 267 | 15030 | 6409 |
| 陕 西 | Shaanxi | 102852 | 43185 | 5652 | 54015 | 1919 | 27502 | 28012 |
| 甘 肃 | Gansu | 106359 | 52197 | 6073 | 48089 | 2087 | 27426 | 23218 |
| 青 海 | Qinghai | 14529 | 8123 | 708 | 5698 | 1862 | 6243 | 4107 |
| 宁 夏 | Ningxia | 11807 | 3831 | 683 | 7293 | | 8480 | 4413 |
| 新 疆 | Xinjiang | 103885 | 47343 | 5870 | 50672 | 492 | 33463 | 25380 |

4-4-4 Continued 1

单位：万元

Unit: 10000 yuan

| #税金<br>Taxes | 财务费用<br>Financial Expenses | #利息支出<br>Interest Expenses | 营业利润<br>Operating Profits | 利润总额<br>Total Profits | 应交所得税<br>Income Tax Payable | 应付职工薪酬<br>Payables to Employees |
|---|---|---|---|---|---|---|
| **50949** | **54956** | **53850** | **-210069** | **-106609** | **28575** | **1343618** |
| | | | | | | |
| 13879 | 19744 | 22046 | -18587 | -8946 | 8480 | 264627 |
| 355 | 355 | -19 | -6550 | -6098 | 95 | 14539 |
| 1836 | 2567 | 4510 | -34301 | -24220 | 247 | 61778 |
| 450 | 1810 | 1826 | -16298 | -11413 | 94 | 37697 |
| 635 | 394 | 228 | -7952 | -5609 | 9 | 11801 |
| | | | | | | |
| 1392 | 570 | 223 | -9003 | -4661 | 130 | 30235 |
| 967 | 1910 | 257 | -3917 | -8953 | 4 | 17274 |
| 1198 | 844 | 582 | -8440 | -6433 | 180 | 21499 |
| | | | | | | |
| 2229 | -4319 | 511 | 9803 | 10939 | 3310 | 85585 |
| 3793 | 4789 | 4558 | -25876 | -21671 | 778 | 59555 |
| 1243 | 389 | 1048 | -5910 | -3867 | 1700 | 50605 |
| 381 | 45 | 30 | -3963 | -3078 | 59 | 8534 |
| 1454 | 585 | 585 | 566 | 1140 | 1230 | 39460 |
| 1066 | 592 | 623 | -4777 | -896 | 343 | 133563 |
| 1963 | 2246 | 1608 | -9222 | -2266 | 2469 | 84887 |
| | | | | | | |
| 1852 | 4392 | 1614 | -3083 | -941 | 494 | 47322 |
| 906 | 232 | 256 | -4455 | -2771 | 364 | 22479 |
| 1417 | 754 | 567 | 2220 | 3122 | 1050 | 30438 |
| 4692 | 6769 | 6105 | -6677 | 1379 | 4202 | 121312 |
| 1129 | 2626 | 1532 | -8861 | -8621 | 238 | 25025 |
| 159 | 192 | 175 | -1109 | -635 | 80 | 4715 |
| | | | | | | |
| 682 | 2424 | 1974 | -4855 | -2715 | 446 | 9917 |
| 511 | 563 | 735 | -3018 | -4191 | 201 | 21830 |
| 342 | 489 | 297 | -1156 | -1637 | 288 | 9958 |
| 2426 | 758 | 1075 | -9605 | 24010 | 507 | 25236 |
| 48 | 7 | -59 | -1647 | -693 | 144 | 9471 |
| | | | | | | |
| 920 | 3147 | 720 | -4139 | -3149 | 424 | 26867 |
| 802 | 380 | 74 | -2207 | -1638 | 303 | 18525 |
| 266 | 11 | | -4420 | -3701 | 12 | 8443 |
| 43 | 70 | 18 | -5435 | -5111 | | 4965 |
| 1913 | -379 | 151 | -7195 | -3285 | 694 | 35476 |

4-4-4 续表 2

集体企业

Collective-owned Enterprises

| 地 区 | Region | 主营业务收入 Revenue from Principal Business | 主营业务成本 Cost of Principal Business | 主营业务税金及附加 Taxes and Other Charges on Principal Business | 主营业务利润 Profits from Principal Business | 其他业务利润 Profits from Other Business | 销售费用 Selling Expenses | 管理费用 Administr-ative Expenses |
|---|---|---|---|---|---|---|---|---|
| **全 国** | **National Total** | **483435** | **194105** | **24962** | **264368** | **5439** | **143109** | **112663** |
| 北 京 | Beijing | 89663 | 13643 | 5016 | 71004 | 662 | 42868 | 25735 |
| 天 津 | Tianjin | 20755 | 9894 | 566 | 10295 | 4 | 2189 | 3927 |
| 河 北 | Hebei | 9898 | 3588 | 522 | 5788 | | 3019 | 2717 |
| 山 西 | Shanxi | 9835 | 4958 | 442 | 4435 | 81 | 2784 | 2874 |
| 内蒙古 | Inner Mongolia | 1994 | 844 | 110 | 1040 | | 205 | 909 |
| 辽 宁 | Liaoning | 19487 | 11560 | 1090 | 6837 | 524 | 4497 | 3272 |
| 吉 林 | Jilin | 9248 | 4671 | 518 | 4059 | | 1266 | 2670 |
| 黑龙江 | Heilongjiang | 6193 | 3324 | 217 | 2652 | | 1107 | 1752 |
| 上 海 | Shanghai | 19191 | 8916 | 1065 | 9210 | 244 | 8186 | 5597 |
| 江 苏 | Jiangsu | 30747 | 13136 | 1639 | 15972 | 541 | 12280 | 4070 |
| 浙 江 | Zhejiang | 31870 | 8300 | 1918 | 21652 | 507 | 12867 | 9682 |
| 安 徽 | Anhui | 2538 | 1639 | 143 | 756 | 6 | 316 | 440 |
| 福 建 | Fujian | 14036 | 9702 | 615 | 3719 | | 2021 | 1037 |
| 江 西 | Jiangxi | 817 | 488 | 24 | 305 | | 12 | 12 |
| 山 东 | Shandong | 37854 | 21040 | 1810 | 15004 | | 6561 | 5726 |
| 河 南 | Henan | 39388 | 22209 | 1460 | 15719 | 41 | 6378 | 4918 |
| 湖 北 | Hubei | 17647 | 6093 | 1099 | 10455 | 691 | 3602 | 6300 |
| 湖 南 | Hunan | 25424 | 8323 | 1274 | 15827 | | 5057 | 8827 |
| 广 东 | Guangdong | 29604 | 12917 | 1670 | 15017 | 901 | 10463 | 6478 |
| 广 西 | Guangxi | 5439 | 1573 | 325 | 3541 | 852 | 2080 | 1438 |
| 海 南 | Hainan | 576 | | 32 | 544 | | 480 | 96 |
| 重 庆 | Chongqing | 14161 | 6504 | 754 | 6903 | 66 | 4060 | 2251 |
| 四 川 | Sichuan | 8240 | 2246 | 467 | 5527 | 271 | 3201 | 1975 |
| 贵 州 | Guizhou | 8092 | 4273 | 431 | 3388 | | 15 | 532 |
| 云 南 | Yunnan | 11326 | 5244 | 646 | 5436 | 48 | 2345 | 2911 |
| 西 藏 | Tibet | 786 | 441 | 44 | 301 | | 6 | 158 |
| 陕 西 | Shaanxi | 8529 | 5137 | 568 | 2824 | | 1268 | 1682 |
| 甘 肃 | Gansu | 3343 | 1351 | 161 | 1831 | | 865 | 1225 |
| 青 海 | Qinghai | 1100 | 349 | 63 | 688 | | 276 | 610 |
| 宁 夏 | Ningxia | 272 | 105 | 16 | 151 | | 144 | 91 |
| 新 疆 | Xinjiang | 5382 | 1637 | 257 | 3488 | | 2691 | 2751 |

4-4-4 Continued 2

单位：万元

Unit: 10000 yuan

| #税金 Taxes | 财务费用 Financial Expenses | #利息支出 Interest Expenses | 营业利润 Operating Profits | 利润总额 Total Profits | 应交所得税 Income Tax Payable | 应付职工薪酬 Payables to Employees |
|---|---|---|---|---|---|---|
| **5904** | **7387** | **4296** | **5077** | **3063** | **4275** | **117379** |
| 2497 | 149 | 34 | 2933 | 2905 | 1298 | 31367 |
|  | 406 |  | 3084 | 1538 | 52 | 2840 |
| 22 | 133 |  | -165 | -108 | 1 | 2815 |
| 133 | 193 | 62 | -1332 | -1056 | 6 | 2839 |
| 105 | 5 |  | -79 | -79 |  | 986 |
| 107 | 179 | 220 | -894 | -802 | 91 | 3423 |
|  | 4 |  | 119 | 122 | 18 | 629 |
| 36 | -14 | -16 | -174 | -283 | 37 | 746 |
| 7 | 99 |  | -4470 | -4361 | 28 | 4253 |
| 93 | 573 | 56 | -805 | -822 | 202 | 6493 |
| 420 | 484 | 415 | -1083 | -1000 | 130 | 8264 |
| 68 | 13 |  | -10 | -34 | 1 | 599 |
| 29 | 59 | 37 | 594 | 575 | 35 | 1478 |
| 11 | 12 |  | 271 | 66 |  | 66 |
| 401 | 454 | 93 | 2455 | 2348 | 726 | 6259 |
| 428 | 1569 | 899 | 2963 | 3012 | 207 | 9123 |
| 285 | 711 | 512 | -269 | -228 |  | 4578 |
| 611 | 293 | 279 | 1687 | 1399 | 327 | 3647 |
| 217 | 778 | 616 | -1712 | -1776 | 345 | 10042 |
|  | 44 | 50 | -4 | -6 | 23 | 1238 |
| 21 | 3 |  | -35 | -35 |  | 225 |
| 95 | 150 | 97 | 655 | 623 | 189 | 2191 |
| 22 | 188 | 132 | 274 | 694 |  | 2135 |
| 30 | 50 | 40 | 3198 | 2025 | 484 | 492 |
| 53 | 46 | -15 | 409 | 522 | 46 | 3681 |
|  |  |  | 138 | 133 |  | 225 |
|  | 459 | 455 | -580 | -536 | 3 | 1784 |
| 197 | 6 |  | -265 | -265 |  | 960 |
|  | 3 | 1 | -200 | 80 | 19 | 1296 |
|  |  | 1 |  | 32 |  | 105 |
| 16 | 338 | 328 | -1626 | -1620 | 7 | 2600 |

股份合作企业

Cooperative Enterprises

| 地 区 | Region | 主营业务收入 Revenue from Principal Business | 主营业务成本 Cost of Principal Business | 主营业务税金及附加 Taxes and Other Charges on Principal Business | 主营业务利润 Profits from Principal Business | 其他业务利润 Profits from Other Business | 销售费用 Selling Expenses | 管理费用 Administr-ative Expenses |
|---|---|---|---|---|---|---|---|---|
| **全 国** | **National Total** | **100756** | **39444** | **4930** | **56382** | **2801** | **29433** | **21807** |
| 北 京 | Beijing | 33062 | 9635 | 1815 | 21612 | 42 | 11631 | 9936 |
| 天 津 | Tianjin | 12023 | 3857 | 187 | 7979 | | 5365 | 1659 |
| 河 北 | Hebei | 1012 | 839 | 83 | 90 | | | 2 |
| 山 西 | Shanxi | | | | | | | |
| 内蒙古 | Inner Mongolia | 263 | 124 | 14 | 125 | 1 | 58 | 93 |
| 辽 宁 | Liaoning | 714 | 565 | 21 | 128 | | 96 | 23 |
| 吉 林 | Jilin | 340 | 143 | 31 | 166 | | 171 | 200 |
| 黑龙江 | Heilongjiang | 9164 | 3036 | 326 | 5802 | | 2577 | 2548 |
| 上 海 | Shanghai | | | | | | | |
| 江 苏 | Jiangsu | | | | | | | |
| 浙 江 | Zhejiang | 5791 | 1665 | 293 | 3833 | 415 | 2357 | 1466 |
| 安 徽 | Anhui | 88 | 44 | 5 | 39 | | | 56 |
| 福 建 | Fujian | 1069 | 521 | 140 | 408 | | 489 | 175 |
| 江 西 | Jiangxi | 3464 | 1142 | 174 | 2148 | | 819 | 560 |
| 山 东 | Shandong | 5053 | 2149 | 292 | 2612 | 2204 | 1070 | 1582 |
| 河 南 | Henan | 4555 | 2696 | 233 | 1626 | 129 | 821 | 473 |
| 湖 北 | Hubei | 913 | 649 | 36 | 228 | | 52 | 182 |
| 湖 南 | Hunan | 2450 | 1641 | 196 | 613 | | 136 | 98 |
| 广 东 | Guangdong | 8456 | 3081 | 371 | 5004 | 10 | 1793 | 1466 |
| 广 西 | Guangxi | 1251 | 994 | 99 | 158 | | 223 | 546 |
| 海 南 | Hainan | 1254 | 299 | 70 | 885 | | 1101 | 198 |
| 重 庆 | Chongqing | 1100 | 773 | 113 | 214 | | | 138 |
| 四 川 | Sichuan | 1371 | 656 | 102 | 613 | | 330 | 249 |
| 贵 州 | Guizhou | | | | | | | |
| 云 南 | Yunnan | 1227 | 476 | 278 | 473 | | 145 | 78 |
| 西 藏 | Tibet | | | | | | | |
| 陕 西 | Shaanxi | 6136 | 4459 | 51 | 1626 | | 199 | 79 |
| 甘 肃 | Gansu | | | | | | | |
| 青 海 | Qinghai | | | | | | | |
| 宁 夏 | Ningxia | | | | | | | |
| 新 疆 | Xinjiang | | | | | | | |

4-4-4 Continued 3

单位：万元

Unit: 10000 yuan

| #税金<br>Taxes | 财务费用<br>Financial Expenses | #利息支出<br>Interest Expense | 营业利润<br>Operating Profits | 利润总额<br>Total Profits | 应交所得税<br>Income Tax Payable | 应付职工薪酬<br>Payables to Employees |
|---|---|---|---|---|---|---|
| **530** | **2484** | **2195** | **7044** | **5319** | **2133** | **25088** |
| | | | | | | |
| 342 | 344 | 595 | -258 | 26 | 362 | 10736 |
| | 85 | | 900 | 947 | 274 | 2950 |
| 2 | | | 86 | 60 | | 104 |
| | | | | | | |
| 5 | 1 | 1 | -26 | -1 | | 22 |
| | | | | | | |
| | 3 | | 6 | 6 | | 72 |
| | | | -205 | -196 | | 200 |
| 74 | 270 | 270 | 4638 | 4820 | 1167 | 2622 |
| | | | | | | |
| | | | | | | |
| | | | | | | |
| 19 | 439 | 426 | -420 | -414 | 64 | 1462 |
| 6 | | | -17 | -17 | | 66 |
| 9 | 13 | | -269 | | | 533 |
| | 29 | | 740 | 740 | 1 | 98 |
| | 26 | | -66 | -37 | | 1049 |
| | | | | | | |
| 31 | 67 | | 399 | 329 | | 838 |
| | 4 | 2 | -3 | -4 | | 255 |
| | 75 | | 305 | | | 375 |
| 13 | 37 | 3 | 1734 | 243 | 250 | 1619 |
| | 64 | | 18 | -86 | | 410 |
| 28 | 846 | 845 | -1260 | -1291 | | 492 |
| | | | | | | |
| | | | 76 | | | 70 |
| | 51 | 49 | 48 | 57 | 10 | 219 |
| | | | | | | |
| 1 | 1 | | 127 | 137 | 5 | 392 |
| | | | | | | |
| | | | | | | |
| | 129 | 4 | 491 | | | 504 |

联营企业

Joint Ownership Enterprises

| 地 区 | Region | 主营业务收入 Revenue from Principal Business | 主营业务成本 Cost of Principal Business | 主营业务税金及附加 Taxes and Other Charges on Principal Business | 主营业务利润 Profits from Principal Business | 其他业务利润 Profits from Other Business | 销售费用 Selling Expenses | 管理费用 Administr-ative Expenses |
|---|---|---|---|---|---|---|---|---|
| **全 国** | **National Total** | **57573** | **21633** | **3281** | **32659** | **213** | **17195** | **15156** |
| 北 京 | Beijing | 4903 | 1355 | 311 | 3237 | | 1038 | 2350 |
| 天 津 | Tianjin | | | | | | | |
| 河 北 | Hebei | | | | | | | |
| 山 西 | Shanxi | | | | | | | |
| 内蒙古 | Inner Mongolia | 702 | 337 | 39 | 326 | | 307 | 132 |
| 辽 宁 | Liaoning | 1221 | 374 | 84 | 763 | | 293 | 386 |
| 吉 林 | Jilin | | | | | | | |
| 黑龙江 | Heilongjiang | | | | | | | |
| 上 海 | Shanghai | 6371 | 1312 | 356 | 4703 | 3 | 2764 | 4328 |
| 江 苏 | Jiangsu | 4241 | 1019 | 237 | 2985 | 29 | 2239 | 557 |
| 浙 江 | Zhejiang | 6469 | 1896 | 328 | 4245 | | 2019 | 1719 |
| 安 徽 | Anhui | | | | | | | |
| 福 建 | Fujian | 21386 | 11518 | 1294 | 8574 | 177 | 5675 | 2156 |
| 江 西 | Jiangxi | | | | | | | |
| 山 东 | Shandong | | | | | | | |
| 河 南 | Henan | | | | | | | |
| 湖 北 | Hubei | | | | | | | |
| 湖 南 | Hunan | 1287 | 972 | 17 | 298 | | 20 | 29 |
| 广 东 | Guangdong | 7039 | 1433 | 388 | 5218 | 4 | 1926 | 2266 |
| 广 西 | Guangxi | | | | | | | |
| 海 南 | Hainan | | | | | | | |
| 重 庆 | Chongqing | | | | | | | |
| 四 川 | Sichuan | 1337 | 830 | 63 | 444 | | | 310 |
| 贵 州 | Guizhou | | | | | | | |
| 云 南 | Yunnan | 2400 | 571 | 133 | 1696 | | 732 | 876 |
| 西 藏 | Tibet | | | | | | | |
| 陕 西 | Shaanxi | | | | | | | |
| 甘 肃 | Gansu | | | | | | | |
| 青 海 | Qinghai | | | | | | | |
| 宁 夏 | Ningxia | | | | | | | |
| 新 疆 | Xinjiang | 217 | 16 | 31 | 170 | | 182 | 47 |

4-4-4 Continued 4

单位：万元

Unit: 10000 yuan

| #税金<br>Taxes | 财务费用<br>Financial Expenses | #利息支出<br>Interest Expenses | 营业利润<br>Operating Profits | 利润总额<br>Total Profits | 应交所得税<br>Income Tax Payable | 应付职工薪酬<br>Payables to Employees |
|---|---|---|---|---|---|---|
| **674** | **1123** | **1064** | **170** | **318** | **699** | **19374** |
| 1 | 13 | 12 | -164 | -172 | | 1127 |
| | | | -113 | | | 196 |
| 31 | | | 85 | 72 | 13 | 306 |
| 149 | 253 | 277 | -2211 | -2156 | 76 | 3737 |
| 1 | 22 | | 204 | 202 | 51 | 1074 |
| 45 | -98 | | 831 | 847 | 104 | 2451 |
| 393 | 892 | 770 | 28 | 66 | 117 | 7042 |
| 4 | 3 | 3 | 246 | 246 | 33 | 99 |
| | 29 | -8 | 1122 | 1069 | 272 | 2033 |
| 14 | 2 | 3 | 121 | 122 | 23 | 446 |
| 36 | 6 | 6 | 81 | 83 | 10 | 752 |
| | 1 | 1 | -60 | -61 | | 111 |

4-4-4 续表 5

有限责任公司

Limited Liability Corporations

| 地　区 | Region | 主营业务收入 Revenue from Principal Business | 主营业务成本 Cost of Principal Business | 主营业务税金及附加 Taxes and Other Charges on Principal Business | 主营业务利润 Profits from Principal Business | 其他业务利润 Profits from Other Business | 销售费用 Selling Expenses | 管理费用 Administrative Expenses |
|---|---|---|---|---|---|---|---|---|
| **全　国** | **National Total** | **13981704** | **5178025** | **758538** | **8045141** | **297725** | **4137570** | **4172957** |
| 北　京 | Beijing | 1245863 | 309572 | 69447 | 866844 | 18263 | 442369 | 463665 |
| 天　津 | Tianjin | 160362 | 66419 | 8276 | 85667 | 582 | 60153 | 80807 |
| 河　北 | Hebei | 257362 | 104829 | 13923 | 138610 | 9754 | 96622 | 89409 |
| 山　西 | Shanxi | 65780 | 25520 | 3674 | 36586 | 618 | 27603 | 22937 |
| 内蒙古 | Inner Mongolia | 167654 | 67856 | 9834 | 89964 | 12438 | 57244 | 49089 |
| 辽　宁 | Liaoning | 273076 | 124498 | 12155 | 136423 | 4471 | 83214 | 73190 |
| 吉　林 | Jilin | 107414 | 43171 | 5363 | 58880 | 6045 | 32359 | 33150 |
| 黑龙江 | Heilongjiang | 97222 | 33843 | 5736 | 57643 | 2750 | 29195 | 30766 |
| 上　海 | Shanghai | 934411 | 280886 | 46905 | 606620 | 51734 | 257168 | 289733 |
| 江　苏 | Jiangsu | 768620 | 283168 | 41215 | 444237 | 6538 | 235912 | 262158 |
| 浙　江 | Zhejiang | 1153835 | 358308 | 68303 | 727224 | 18670 | 389919 | 368111 |
| 安　徽 | Anhui | 289843 | 123142 | 16121 | 150580 | 2626 | 94284 | 87568 |
| 福　建 | Fujian | 573564 | 220856 | 32414 | 320294 | 10103 | 184671 | 152001 |
| 江　西 | Jiangxi | 274413 | 108340 | 14024 | 152049 | 4883 | 81954 | 74531 |
| 山　东 | Shandong | 724862 | 293712 | 37045 | 394105 | 9004 | 221818 | 169758 |
| 河　南 | Henan | 622164 | 302768 | 29715 | 289681 | 17065 | 139014 | 145205 |
| 湖　北 | Hubei | 534164 | 215015 | 36640 | 282509 | 31292 | 118968 | 118218 |
| 湖　南 | Hunan | 523594 | 218771 | 27703 | 277120 | 3421 | 119319 | 171471 |
| 广　东 | Guangdong | 2036073 | 802988 | 109447 | 1123638 | 31004 | 553299 | 496871 |
| 广　西 | Guangxi | 187465 | 68025 | 10281 | 109159 | 3656 | 69087 | 55190 |
| 海　南 | Hainan | 559986 | 133437 | 31583 | 394966 | 5434 | 159850 | 229535 |
| 重　庆 | Chongqing | 405765 | 176385 | 18626 | 210754 | 602 | 98829 | 111745 |
| 四　川 | Sichuan | 591767 | 215182 | 30475 | 346110 | 12569 | 176040 | 168352 |
| 贵　州 | Guizhou | 235265 | 106996 | 13544 | 114725 | 7832 | 50662 | 62055 |
| 云　南 | Yunnan | 350609 | 134305 | 19558 | 196746 | 7231 | 102292 | 129144 |
| 西　藏 | Tibet | 16674 | 5900 | 929 | 9845 | 1150 | 7211 | 7857 |
| 陕　西 | Shaanxi | 485739 | 183266 | 26848 | 275625 | 10923 | 161035 | 149946 |
| 甘　肃 | Gansu | 164500 | 82541 | 8891 | 73068 | 3459 | 40326 | 32681 |
| 青　海 | Qinghai | 20063 | 10912 | 1084 | 8067 | 54 | 3674 | 5602 |
| 宁　夏 | Ningxia | 32524 | 15576 | 1790 | 15158 | 1793 | 10586 | 8200 |
| 新　疆 | Xinjiang | 121071 | 61838 | 6989 | 52244 | 1761 | 32893 | 34012 |

4-4-4 Continued 5

单位：万元
Unit: 10000 yuan

| #税金 Taxes | 财务费用 Financial Expenses | #利息支出 Interest Expenses | 营业利润 Operating Profits | 利润总额 Total Profits | 应交所得税 Income Tax Payable | 应付职工薪酬 Payables to Employees |
|---|---|---|---|---|---|---|
| **185665** | **912950** | **708346** | **-988154** | **-849698** | **100006** | **3443557** |
| 34615 | 90976 | 95040 | -96385 | -83479 | 15780 | 366056 |
| 13512 | 17596 | 16743 | -80112 | -77898 | 231 | 47358 |
| 5059 | 21413 | 9533 | -66539 | -61364 | 686 | 74252 |
| 883 | 3907 | 2211 | -16795 | -14175 | 190 | 29106 |
| 2128 | 3457 | 1734 | -16939 | -18766 | 970 | 66476 |
| 3348 | 11761 | 7852 | -31301 | -28092 | 355 | 47924 |
| 1537 | 10693 | 9142 | -15878 | -13519 | 208 | 21060 |
| 1013 | 1871 | 656 | -4253 | -5161 | 681 | 24390 |
| 8891 | 18996 | 10844 | 51413 | 61168 | 21262 | 183974 |
| 8732 | 42656 | 30593 | -87395 | -77952 | 3132 | 187950 |
| 11531 | 86949 | 72418 | -94918 | -67479 | 5339 | 280614 |
| 6065 | 15244 | 18893 | -41578 | -36665 | 894 | 74995 |
| 7101 | 24516 | 15845 | -30049 | -20328 | 4024 | 149936 |
| 2057 | 21324 | 12510 | -24663 | -24911 | 1646 | 60508 |
| 8185 | 34961 | 28193 | -28197 | -20359 | 4178 | 162924 |
| 6809 | 25352 | 9035 | -12420 | -1636 | 4580 | 131218 |
| 4883 | 20705 | 15405 | -9926 | -10857 | 2972 | 99736 |
| 7649 | 37762 | 30043 | -44046 | -40183 | 466 | 111744 |
| 15083 | 212104 | 171952 | -96414 | -80622 | 13646 | 520794 |
| 2084 | 11366 | 7460 | -15420 | -20355 | 1099 | 48095 |
| 7437 | 27529 | 14674 | -16118 | -13109 | 4558 | 163550 |
| 3078 | 25583 | 20026 | -25482 | -20967 | 2556 | 83738 |
| 6199 | 36763 | 32356 | -16428 | -17227 | 2512 | 128432 |
| 3527 | 28308 | 22018 | -21223 | -14985 | 1657 | 54575 |
| 4864 | 37583 | 27934 | -65021 | -62655 | 2034 | 93238 |
|  | 46 | 21 | -4051 | -4116 | 60 | 7568 |
| 5026 | 29162 | 13396 | -53356 | -49856 | 940 | 130025 |
| 1297 | 7622 | 6963 | -7149 | -6693 | 2541 | 33412 |
| 30 | 694 | 336 | -1427 | -1399 | 47 | 7194 |
| 617 | 263 | 78 | -1960 | -1874 | 55 | 7655 |
| 2425 | 5788 | 4442 | -14124 | -14184 | 707 | 45060 |

4-4-4 续表 6

股份有限公司

Share-holding Corporations Ltd.

| 地　区 | Region | 主营业务收入 Revenue from Principal Business | 主营业务成本 Cost of Principal Business | 主营业务税金及附加 Taxes and Other Charges on Principal Business | 主营业务利润 Profits from Principal Business | 其他业务利润 Profits from Other Business | 销售费用 Selling Expenses | 管理费用 Administrative Expenses |
|---|---|---|---|---|---|---|---|---|
| **全　国** | **National Total** | **1192551** | **549678** | **60644** | **582229** | **20960** | **298018** | **279972** |
| 北　京 | Beijing | 36488 | 26091 | 2147 | 8250 | 1749 | 4940 | 7759 |
| 天　津 | Tianjin | 9984 | 1630 | 579 | 7775 | | 3556 | 4983 |
| 河　北 | Hebei | 29196 | 11586 | 1958 | 15652 | 10 | 8350 | 7993 |
| 山　西 | Shanxi | 8331 | 3471 | 321 | 4539 | 302 | 2651 | 2723 |
| 内蒙古 | Inner Mongolia | 12834 | 5327 | 613 | 6894 | | 3822 | 4475 |
| 辽　宁 | Liaoning | 39051 | 28905 | 702 | 9444 | 835 | 5418 | 3018 |
| 吉　林 | Jilin | 9181 | 4287 | 565 | 4329 | | 1839 | 2354 |
| 黑龙江 | Heilongjiang | 26761 | 8659 | 1187 | 16915 | 4 | 9217 | 6319 |
| 上　海 | Shanghai | 20825 | 5975 | 1284 | 13566 | 2928 | 7076 | 5718 |
| 江　苏 | Jiangsu | 182051 | 90737 | 7324 | 83990 | 175 | 40750 | 38129 |
| 浙　江 | Zhejiang | 58939 | 17186 | 3186 | 38567 | 1571 | 22806 | 18879 |
| 安　徽 | Anhui | 49194 | 27561 | 2768 | 18865 | 314 | 2396 | 8342 |
| 福　建 | Fujian | 32077 | 11778 | 1779 | 18520 | 257 | 11216 | 8753 |
| 江　西 | Jiangxi | 34883 | 18702 | 1748 | 14433 | 530 | 4755 | 10575 |
| 山　东 | Shandong | 89580 | 44541 | 5652 | 39387 | 3689 | 20667 | 13537 |
| 河　南 | Henan | 80627 | 44382 | 3249 | 32996 | 723 | 13990 | 11346 |
| 湖　北 | Hubei | 37322 | 14747 | 1655 | 20920 | 108 | 10652 | 8493 |
| 湖　南 | Hunan | 78601 | 39882 | 4368 | 34351 | 2069 | 15167 | 20646 |
| 广　东 | Guangdong | 106094 | 33487 | 6110 | 66497 | 101 | 36196 | 32421 |
| 广　西 | Guangxi | 40295 | 15938 | 2089 | 22268 | 2648 | 11501 | 12331 |
| 海　南 | Hainan | 25673 | 12601 | 1559 | 11513 | 1801 | 8412 | 6528 |
| 重　庆 | Chongqing | 24111 | 13607 | 1416 | 9088 | 81 | 3717 | 4802 |
| 四　川 | Sichuan | 81218 | 33476 | 4275 | 43467 | 123 | 24987 | 21279 |
| 贵　州 | Guizhou | 10778 | 5246 | 554 | 4978 | | 1165 | 1368 |
| 云　南 | Yunnan | 24490 | 11170 | 1207 | 12113 | 141 | 8168 | 7889 |
| 西　藏 | Tibet | 1121 | 198 | 63 | 860 | | 394 | 606 |
| 陕　西 | Shaanxi | 21152 | 9899 | 1180 | 10073 | 19 | 4819 | 2733 |
| 甘　肃 | Gansu | 5271 | 1920 | 234 | 3117 | 750 | 1847 | 1147 |
| 青　海 | Qinghai | 9017 | 1811 | 455 | 6751 | | 4101 | 2783 |
| 宁　夏 | Ningxia | 537 | 22 | 30 | 485 | 2 | 307 | 125 |
| 新　疆 | Xinjiang | 6869 | 4856 | 387 | 1626 | 30 | 3136 | 1918 |

4-4-4 Continued 6

单位：万元
Unit: 10000 yuan

| #税金 Taxes | 财务费用 Financial Expenses | #利息支出 Interest Expenses | 营业利润 Operating Profits | 利润总额 Total Profits | 应交所得税 Income Tax Payable | 应付职工薪酬 Payables to Employees |
|---|---|---|---|---|---|---|
| **12627** | **59776** | **46298** | **-25638** | **-23511** | **10827** | **269920** |
| 1016 | 7127 | 6696 | -9651 | -9192 | 194 | 10909 |
| 69 | 11 | | -554 | -564 | | 3771 |
| 111 | 2247 | 1346 | -2443 | -1670 | 2896 | 7167 |
| 17 | 25 | 2 | -770 | -757 | 10 | 1724 |
| 190 | 67 | 40 | -1410 | -1163 | 75 | 3238 |
| 55 | 996 | | -19 | 62 | 453 | 1595 |
| 150 | 32 | 24 | 684 | 232 | 13 | 1840 |
| 88 | 111 | 1 | 1350 | 347 | 199 | 3974 |
| 102 | 18 | 18 | 2192 | 2628 | 566 | 5866 |
| 1262 | 3414 | 2126 | 6550 | 7592 | 1694 | 31295 |
| 788 | 5448 | 6042 | -5722 | -5274 | 172 | 20354 |
| 508 | 1523 | 1276 | 7129 | 6130 | 32 | 11272 |
| 178 | 459 | 42 | -1153 | -655 | 193 | 9771 |
| 545 | 4154 | 2509 | -4726 | -2129 | 159 | 6029 |
| 912 | 4070 | 1395 | 2757 | 3309 | 583 | 15008 |
| 459 | 2559 | 1912 | 6879 | 6481 | 437 | 12832 |
| 230 | 908 | 328 | 851 | 1715 | 292 | 8043 |
| 533 | 12553 | 11017 | -14422 | -16231 | 268 | 17247 |
| 2069 | 4821 | 3645 | 3518 | 3305 | 1578 | 38732 |
| 254 | 1548 | 1282 | -2747 | -1766 | 185 | 11211 |
| 299 | 693 | 558 | -3495 | -3387 | 39 | 9285 |
| 682 | 877 | 852 | -216 | -180 | 13 | 3908 |
| 1199 | 4643 | 4080 | -6757 | -8366 | 483 | 14593 |
| 52 | 276 | 196 | 2128 | 2211 | 93 | 889 |
| 218 | 208 | 124 | -3858 | -3913 | 20 | 7133 |
| | 36 | 34 | -176 | -182 | | 335 |
| 427 | 422 | 77 | 1868 | 1429 | 86 | 4863 |
| 48 | 305 | 285 | 148 | -107 | 51 | 876 |
| | -192 | | 57 | 76 | 30 | 2756 |
| 30 | 3 | | 52 | 52 | 13 | 61 |
| 136 | 414 | 391 | -3682 | -3544 | | 3343 |

私营企业

Private Enterprises

| 地 区 | Region | 主营业务收入 Revenue from Principal Business | 主营业务成本 Cost of Principal Business | 主营业务税金及附加 Taxes and Other Charges on Principal Business | 主营业务利润 Profits from Principal Business | 其他业务利润 Profits from Other Business | 销售费用 Selling Expenses | 管理费用 Administrative Expenses |
|---|---|---|---|---|---|---|---|---|
| **全 国** | **National Total** | **10447655** | **4706427** | **525450** | **5215778** | **159656** | **2767594** | **2237443** |
| 北 京 | Beijing | 357301 | 88939 | 19831 | 248531 | 3453 | 153723 | 111493 |
| 天 津 | Tianjin | 78946 | 28260 | 4523 | 46163 | 414 | 33547 | 23475 |
| 河 北 | Hebei | 153317 | 64408 | 9321 | 79588 | 1307 | 60081 | 41086 |
| 山 西 | Shanxi | 149124 | 59749 | 8239 | 81136 | 1550 | 64841 | 49326 |
| 内蒙古 | Inner Mongolia | 112004 | 43427 | 5207 | 63370 | 1458 | 34318 | 32663 |
| 辽 宁 | Liaoning | 317203 | 155595 | 15173 | 146435 | 6827 | 73935 | 55237 |
| 吉 林 | Jilin | 63319 | 32515 | 2493 | 28311 | 1634 | 13081 | 16334 |
| 黑龙江 | Heilongjiang | 85051 | 50165 | 3262 | 31624 | 23 | 17040 | 13323 |
| 上 海 | Shanghai | 621965 | 198431 | 33363 | 390171 | 11301 | 207980 | 178247 |
| 江 苏 | Jiangsu | 685487 | 289471 | 34677 | 361339 | 4301 | 193231 | 164447 |
| 浙 江 | Zhejiang | 1004455 | 352928 | 57024 | 594503 | 32078 | 346461 | 280767 |
| 安 徽 | Anhui | 286695 | 146887 | 13988 | 125820 | 2966 | 63696 | 51684 |
| 福 建 | Fujian | 517127 | 259748 | 23602 | 233777 | 3592 | 127613 | 90923 |
| 江 西 | Jiangxi | 167691 | 81729 | 8354 | 77608 | 2644 | 32130 | 36885 |
| 山 东 | Shandong | 769146 | 427458 | 34525 | 307163 | 3982 | 121839 | 97378 |
| 河 南 | Henan | 605021 | 362379 | 23973 | 218669 | 3732 | 74758 | 62745 |
| 湖 北 | Hubei | 461993 | 254240 | 21890 | 185863 | 4924 | 84100 | 77904 |
| 湖 南 | Hunan | 622786 | 338674 | 27556 | 256556 | 7848 | 104976 | 108668 |
| 广 东 | Guangdong | 1174559 | 489756 | 62862 | 621941 | 16974 | 367950 | 251566 |
| 广 西 | Guangxi | 234109 | 85821 | 12884 | 135404 | 2650 | 89744 | 52645 |
| 海 南 | Hainan | 140006 | 45584 | 7498 | 86924 | 11656 | 47460 | 40688 |
| 重 庆 | Chongqing | 330305 | 154438 | 17007 | 158860 | 3434 | 65402 | 61407 |
| 四 川 | Sichuan | 586021 | 254589 | 31363 | 300069 | 17678 | 158815 | 125938 |
| 贵 州 | Guizhou | 188065 | 87857 | 9436 | 90772 | 2165 | 41111 | 43017 |
| 云 南 | Yunnan | 217162 | 112170 | 10488 | 94504 | 2535 | 44764 | 61651 |
| 西 藏 | Tibet | 13518 | 5576 | 764 | 7178 | 123 | 6413 | 3929 |
| 陕 西 | Shaanxi | 274855 | 138976 | 13574 | 122305 | 3066 | 63381 | 49712 |
| 甘 肃 | Gansu | 85234 | 43592 | 4173 | 37469 | 2533 | 16665 | 13438 |
| 青 海 | Qinghai | 28800 | 10113 | 1611 | 17076 | 258 | 9487 | 5847 |
| 宁 夏 | Ningxia | 32904 | 10638 | 1958 | 20308 | 285 | 14909 | 12190 |
| 新 疆 | Xinjiang | 83486 | 32314 | 4831 | 46341 | 2265 | 34143 | 22830 |

4-4-4 Continued 7

单位：万元
Unit: 10000 yuan

| #税金 Taxes | 财务费用 Financial Expenses | #利息支出 Interest Expenses | 营业利润 Operating Profits | 利润总额 Total Profits | 应交所得税 Income Tax Payable | 应付职工薪酬 Payables to Employees |
|---|---|---|---|---|---|---|
| **74754** | **577655** | **349007** | **-234989** | **-181393** | **81407** | **2018003** |
| 2598 | 16025 | 14168 | -29242 | -25782 | 1562 | 79403 |
| 734 | 4157 | 2234 | -13916 | -11044 | 80 | 20614 |
| 630 | 19444 | 10239 | -40281 | -42808 | 451 | 41650 |
| 927 | 10640 | 6053 | -41180 | -34474 | 499 | 39334 |
| 1327 | 4557 | 3114 | -7382 | -9628 | 542 | 28997 |
| 3441 | 22634 | 15112 | -5984 | -158 | 2652 | 39926 |
| 218 | 3583 | 2884 | -2026 | -2673 | 101 | 9413 |
| 236 | 2118 | 1534 | 692 | 1566 | 10093 | 9083 |
| 1647 | 36142 | 11409 | -15162 | -6934 | 6384 | 107102 |
| 5369 | 33226 | 22112 | -27052 | -18400 | 5185 | 141187 |
| 8514 | 71873 | 49641 | -85245 | -70925 | 3953 | 215877 |
| 3794 | 19050 | 11664 | -7971 | -5743 | 1644 | 59029 |
| 4848 | 18064 | 11615 | 1502 | -979 | 2720 | 97105 |
| 1045 | 11570 | 9413 | -3354 | -4730 | 1022 | 33402 |
| 4998 | 23547 | 7895 | 65877 | 59566 | 12730 | 106422 |
| 4524 | 23909 | 11445 | 59866 | 62974 | 4068 | 84500 |
| 2757 | 24333 | 16843 | 5565 | 4852 | 3957 | 68328 |
| 3752 | 25632 | 15041 | 25296 | 14770 | 3232 | 98876 |
| 6433 | 65767 | 38643 | -52551 | -33898 | 7396 | 280702 |
| 1484 | 14410 | 11827 | -14704 | -15867 | 271 | 50907 |
| 612 | 9543 | 2681 | -9003 | -8804 | 3218 | 33240 |
| 1773 | 16557 | 11930 | 19730 | 13821 | 2678 | 61375 |
| 3776 | 41350 | 31688 | -16699 | -14209 | 2220 | 97695 |
| 1264 | 9061 | 6078 | -554 | -1005 | 1160 | 40510 |
| 2109 | 28443 | 9254 | -20337 | -6585 | 644 | 49964 |
| 61 | 306 | 215 | -3279 | -3012 | 7 | 4179 |
| 2934 | 7254 | 3703 | 2446 | 679 | 1402 | 53808 |
| 575 | 4284 | 2596 | 3840 | 2542 | 1081 | 15997 |
| 198 | 1430 | 594 | 11 | -2246 | 11 | 9327 |
| 295 | 3603 | 2688 | -10289 | -8861 | 65 | 10165 |
| 1881 | 5143 | 4694 | -13603 | -13398 | 379 | 29886 |

4-4-4 续表 8

其他内资企业

Other Domestic Funded Enterprises

| 地 区 | Region | 主营业务收入 Revenue from Principal Business | 主营业务成本 Cost of Principal Business | 主营业务税金及附加 Taxes and Other Charges on Principal Business | 主营业务利润 Profits from Principal Business | 其他业务利润 Profits from Other Business | 销售费用 Selling Expenses | 管理费用 Administrative Expenses |
|---|---|---|---|---|---|---|---|---|
| **全 国** | **National Total** | **285352** | **148094** | **13200** | **124058** | **9096** | **49984** | **53067** |
| 北 京 | Beijing | | | | | | | |
| 天 津 | Tianjin | 4252 | 2424 | 266 | 1562 | | 630 | 1224 |
| 河 北 | Hebei | 2007 | 1144 | 49 | 814 | | 647 | 224 |
| 山 西 | Shanxi | 4488 | 2200 | 262 | 2026 | 140 | 1506 | 2258 |
| 内蒙古 | Inner Mongolia | 4728 | 2196 | 280 | 2252 | 642 | 1309 | 697 |
| 辽 宁 | Liaoning | 11847 | 10856 | 166 | 825 | 120 | 168 | 1024 |
| 吉 林 | Jilin | 4482 | 2926 | 140 | 1416 | 15 | 73 | 169 |
| 黑龙江 | Heilongjiang | 1055 | 529 | 55 | 471 | | 193 | 152 |
| 上 海 | Shanghai | 39060 | 12858 | 2212 | 23990 | 3751 | 3944 | 10074 |
| 江 苏 | Jiangsu | 4842 | 1634 | 246 | 2962 | 145 | 2165 | 1073 |
| 浙 江 | Zhejiang | 66 | 10 | 4 | 52 | | 104 | 28 |
| 安 徽 | Anhui | 2567 | 1914 | 145 | 508 | | 571 | 923 |
| 福 建 | Fujian | 7128 | 3942 | 358 | 2828 | | 1871 | 575 |
| 江 西 | Jiangxi | 8031 | 4776 | 386 | 2869 | | 888 | 667 |
| 山 东 | Shandong | 24741 | 13372 | 1130 | 10239 | 1528 | 3974 | 4987 |
| 河 南 | Henan | 9425 | 7580 | 331 | 1514 | | 388 | 469 |
| 湖 北 | Hubei | 24256 | 19438 | 722 | 4096 | | 1350 | 772 |
| 湖 南 | Hunan | 6682 | 3528 | 315 | 2839 | 473 | 665 | 1571 |
| 广 东 | Guangdong | 55905 | 20626 | 2525 | 32754 | 151 | 17131 | 11315 |
| 广 西 | Guangxi | 10667 | 6064 | 631 | 3972 | | 2240 | 1451 |
| 海 南 | Hainan | 8087 | 3346 | 501 | 4240 | 139 | 1953 | 3691 |
| 重 庆 | Chongqing | 7315 | 5339 | 409 | 1567 | 30 | 164 | 748 |
| 四 川 | Sichuan | 11790 | 6222 | 638 | 4930 | 643 | 2231 | 1703 |
| 贵 州 | Guizhou | 6557 | 2439 | 250 | 3868 | 547 | 1053 | 791 |
| 云 南 | Yunnan | 11409 | 5355 | 489 | 5565 | 112 | 2222 | 2748 |
| 西 藏 | Tibet | 426 | | 24 | 402 | | 416 | 18 |
| 陕 西 | Shaanxi | 11715 | 6216 | 541 | 4958 | 660 | 1774 | 3497 |
| 甘 肃 | Gansu | 1022 | 764 | 79 | 179 | | 116 | 111 |
| 青 海 | Qinghai | 379 | 240 | 22 | 117 | | 49 | 48 |
| 宁 夏 | Ningxia | | | | | | | |
| 新 疆 | Xinjiang | 423 | 156 | 24 | 243 | | 189 | 59 |

4-4-4 Continued 8

单位：万元
Unit: 10000 yuan

| #税金 Taxes | 财务费用 Financial Expenses | | 营业利润 Operating Profits | 利润总额 Total Profits | 应交所得税 Income Tax Payable | 应付职工薪酬 Payables to Employees |
|---|---|---|---|---|---|---|
| | | #利息支出 Interest Expenses | | | | |
| **1501** | **8218** | **5814** | **14547** | **12741** | **2033** | **63183** |
| | 20 | | -191 | -190 | 9 | 2037 |
| | 6 | 5 | -63 | -63 | | 409 |
| | 46 | 5 | -1784 | -1520 | | 2036 |
| 10 | 191 | 69 | -74 | 277 | 5 | 1150 |
| 43 | 395 | | -761 | -724 | | 430 |
| 20 | 15 | | 1159 | -97 | | 481 |
| 9 | 22 | 5 | 105 | 105 | | 161 |
| 94 | 279 | 25 | 9782 | 9090 | 398 | 9872 |
| 36 | 307 | 3 | -514 | -402 | 6 | 1325 |
| | | | -80 | -80 | | 25 |
| 81 | 11 | | -988 | -988 | | 571 |
| 16 | 205 | 192 | 390 | 387 | 29 | 2643 |
| 1 | 256 | 255 | 977 | 715 | 118 | 3915 |
| 372 | 611 | 199 | 1207 | 846 | 214 | 4928 |
| 55 | 79 | 51 | 578 | 523 | 64 | 670 |
| 140 | 180 | 91 | 1931 | 1966 | 84 | 1754 |
| 42 | 113 | 74 | 479 | 461 | 4 | 1618 |
| 277 | 3791 | 3569 | 1329 | 1793 | 743 | 14254 |
| 98 | 91 | 48 | 143 | 220 | 101 | 2951 |
| 5 | 48 | 10 | -1453 | -1278 | 3 | 2855 |
| 10 | 43 | 7 | 530 | 515 | | 543 |
| 67 | 199 | 102 | 387 | 770 | 140 | 2646 |
| 28 | 146 | 91 | 1847 | 944 | 16 | 559 |
| 40 | 267 | 199 | 674 | 738 | 94 | 1772 |
| | | | -32 | -32 | | 122 |
| 21 | 869 | 787 | -1201 | -1301 | 4 | 2887 |
| 35 | 28 | 27 | 154 | 50 | 1 | 255 |
| 1 | | | 20 | 20 | | 159 |
| | | | -4 | -4 | | 155 |

4-4-4 续表 9

港、澳、台商投资企业

Enterprises with Funds from Hongkong, Macao and Taiwan

| 地 区 | Region | 主营业务收入 Revenue from Principal Business | 主营业务成本 Cost of Principal Business | 主营业务税金及附加 Taxes and Other Charges on Principal Business | 主营业务利润 Profits from Principal Business | 其他业务利润 Profits from Other Business | 销售费用 Selling Expenses | 管理费用 Administrative Expenses |
|---|---|---|---|---|---|---|---|---|
| **全 国** | **National Total** | **3447387** | **1136148** | **185890** | **2125349** | **62104** | **798146** | **1128490** |
| 北 京 | Beijing | 643021 | 201991 | 35584 | 405446 | 914 | 136614 | 200115 |
| 天 津 | Tianjin | 8879 | 5779 | 512 | 2588 | 29 | 927 | 6184 |
| 河 北 | Hebei | 20157 | 8972 | 1112 | 10073 | 2 | 4726 | 7536 |
| 山 西 | Shanxi | 608 | 265 | 53 | 290 | | 310 | 254 |
| 内蒙古 | Inner Mongolia | 14292 | 11280 | 785 | 2227 | | 4157 | 2577 |
| 辽 宁 | Liaoning | 102124 | 23619 | 4106 | 74399 | 13839 | 29780 | 51801 |
| 吉 林 | Jilin | 6095 | 1513 | 349 | 4233 | | 2074 | 2856 |
| 黑龙江 | Heilongjiang | 24734 | 8660 | 1367 | 14707 | 33 | 5978 | 11819 |
| 上 海 | Shanghai | 520639 | 195630 | 28647 | 296362 | 203 | 76540 | 123424 |
| 江 苏 | Jiangsu | 121054 | 33972 | 6705 | 80377 | 123 | 40828 | 57255 |
| 浙 江 | Zhejiang | 344833 | 102747 | 20634 | 221452 | 18136 | 77904 | 91121 |
| 安 徽 | Anhui | 33489 | 8156 | 1914 | 23419 | | 8508 | 29704 |
| 福 建 | Fujian | 228919 | 87005 | 11282 | 130632 | 868 | 51297 | 63017 |
| 江 西 | Jiangxi | 17946 | 6721 | 942 | 10283 | 22 | 5557 | 5822 |
| 山 东 | Shandong | 70792 | 24461 | 3981 | 42350 | 2467 | 14360 | 26794 |
| 河 南 | Henan | 35767 | 10723 | 1967 | 23077 | 692 | 14639 | 24302 |
| 湖 北 | Hubei | 88822 | 23358 | 4923 | 60541 | 5873 | 30721 | 29331 |
| 湖 南 | Hunan | 52917 | 15118 | 2912 | 34887 | | 21926 | 12211 |
| 广 东 | Guangdong | 685382 | 255709 | 34234 | 395439 | 11599 | 169685 | 206863 |
| 广 西 | Guangxi | 82230 | 17992 | 4421 | 59817 | 1579 | 28324 | 43032 |
| 海 南 | Hainan | 187816 | 38372 | 10790 | 138654 | 838 | 31826 | 76619 |
| 重 庆 | Chongqing | 16443 | 2612 | 911 | 12920 | | 4915 | 9481 |
| 四 川 | Sichuan | 27377 | 10507 | 1604 | 15266 | | 9106 | 8815 |
| 贵 州 | Guizhou | 8136 | 3953 | 444 | 3739 | | 979 | 1366 |
| 云 南 | Yunnan | 39230 | 8949 | 2319 | 27962 | 3397 | 11546 | 17554 |
| 西 藏 | Tibet | 5985 | 660 | 361 | 4964 | | 1836 | 2447 |
| 陕 西 | Shaanxi | 55529 | 25416 | 2801 | 27312 | 1489 | 12366 | 15280 |
| 甘 肃 | Gansu | 3891 | 2005 | 214 | 1672 | | 549 | 837 |
| 青 海 | Qinghai | | | | | | | |
| 宁 夏 | Ningxia | | | | | | | |
| 新 疆 | Xinjiang | 280 | 3 | 16 | 261 | 1 | 168 | 73 |

4-4-4 Continued 9

单位：万元
Unit: 10000 yuan

| #税金 Taxes | 财务费用 Financial Expenses | #利息支出 Interest Expenses | 营业利润 Operating Profits | 利润总额 Total Profits | 应交所得税 Income Tax Payable | 应付职工薪酬 Payables to Employees |
|---|---|---|---|---|---|---|
| **46494** | **309011** | **207184** | **-40760** | **-16509** | **62923** | **769265** |
| 15622 | 53260 | 53303 | 40130 | 39439 | 14575 | 180510 |
| 26 | 400 | -32 | -4894 | -1991 | 63 | 2633 |
| 35 | 6613 | 555 | -8783 | -8890 | 34 | 5632 |
| | 110 | 110 | -384 | -330 | | 281 |
| | 2840 | | -7347 | -7315 | | 3055 |
| 1832 | 4726 | 1460 | -13047 | -13778 | 42 | 13188 |
| 55 | 920 | | -1589 | -1574 | | 916 |
| 84 | 3126 | 2808 | -1699 | -6460 | | 3291 |
| 2992 | 53127 | 37907 | 56667 | 61240 | 20151 | 74889 |
| 3345 | 17189 | 3345 | -34465 | -28910 | 86 | 30275 |
| 5665 | 39975 | 32047 | 16600 | 15939 | 6897 | 61010 |
| | 11996 | 9507 | -23954 | -23095 | | 10245 |
| 2863 | 20902 | 14176 | -3055 | -2240 | 3231 | 46205 |
| 41 | 309 | 14 | -425 | -1415 | 29 | 4714 |
| 431 | 2850 | 2387 | -5471 | -14605 | 168 | 16756 |
| 598 | 5881 | 4847 | -20915 | -20375 | 181 | 9800 |
| 484 | 4559 | 2493 | -3458 | -2696 | 90 | 21578 |
| 641 | 3233 | 2998 | -2920 | -4075 | 210 | 10673 |
| 4755 | 39051 | 19636 | -2873 | 16604 | 11457 | 165440 |
| 2762 | 13356 | 7586 | -24667 | -23560 | 49 | 18783 |
| 2618 | 13638 | 8936 | 20597 | 24489 | 4986 | 46226 |
| 30 | 4155 | 144 | -5619 | -6534 | | 4203 |
| 183 | 845 | 802 | -4554 | -1993 | 311 | 8823 |
| 104 | 621 | 589 | 962 | 741 | 283 | 1457 |
| 533 | 44 | 94 | -1141 | -1174 | 13 | 12477 |
| | | | 681 | 681 | | 1671 |
| 779 | 5288 | 1472 | -5446 | -4944 | 21 | 13757 |
| 8 | | | 286 | 286 | 43 | 691 |
| 8 | -3 | | 23 | 26 | 3 | 86 |

4-4-4 续表 10

外商投资企业

Foreign Funded Enterprises

| 地 区 | Region | 主营业务收入 Revenue from Principal Business | 主营业务成本 Cost of Principal Business | 主营业务税金及附加 Taxes and Other Charges on Principal Business | 主营业务利润 Profits from Principal Business | 其他业务利润 Profits from Other Business | 销售费用 Selling Expenses | 管理费用 Administr-ative Expenses |
|---|---|---|---|---|---|---|---|---|
| **全 国** | **National Total** | **1973766** | **552155** | **109218** | **1312393** | **45023** | **551224** | **676360** |
| 北 京 | Beijing | 328483 | 71952 | 18463 | 238068 | 7919 | 69617 | 111599 |
| 天 津 | Tianjin | 42700 | 14346 | 2384 | 25970 | 3364 | 13981 | 14373 |
| 河 北 | Hebei | 8335 | 1507 | 477 | 6351 | | 232 | 8337 |
| 山 西 | Shanxi | | | | | | | |
| 内蒙古 | Inner Mongolia | 11204 | 6059 | 605 | 4540 | | 781 | 5654 |
| 辽 宁 | Liaoning | 72218 | 24611 | 3557 | 44050 | 3251 | 25825 | 28197 |
| 吉 林 | Jilin | 22805 | 8294 | 1179 | 13332 | | 4564 | 6037 |
| 黑龙江 | Heilongjiang | 27390 | 4171 | 1524 | 21695 | 68 | 7756 | 11074 |
| 上 海 | Shanghai | 151185 | 20826 | 8468 | 121891 | 548 | 45685 | 76753 |
| 江 苏 | Jiangsu | 131646 | 46098 | 7065 | 78483 | 1299 | 44762 | 47733 |
| 浙 江 | Zhejiang | 91608 | 34013 | 5169 | 52426 | 406 | 22850 | 30258 |
| 安 徽 | Anhui | 14279 | 7367 | 685 | 6227 | 5141 | 3162 | 4879 |
| 福 建 | Fujian | 119879 | 35941 | 6945 | 76993 | 726 | 40612 | 42906 |
| 江 西 | Jiangxi | 13433 | 3204 | 752 | 9477 | | 4399 | 4926 |
| 山 东 | Shandong | 50933 | 15833 | 2728 | 32372 | 1058 | 12655 | 15224 |
| 河 南 | Henan | 36567 | 17107 | 2340 | 17120 | | 4775 | 7898 |
| 湖 北 | Hubei | 6279 | 1967 | 354 | 3958 | | 1910 | 3123 |
| 湖 南 | Hunan | 12241 | 6200 | 727 | 5314 | | 4615 | 1788 |
| 广 东 | Guangdong | 519630 | 154310 | 28945 | 336375 | 18346 | 155290 | 145565 |
| 广 西 | Guangxi | 2841 | 455 | 168 | 2218 | 115 | 1624 | 593 |
| 海 南 | Hainan | 101815 | 24134 | 5732 | 71949 | 233 | 25784 | 30182 |
| 重 庆 | Chongqing | 36694 | 9705 | 2005 | 24984 | 289 | 11918 | 6657 |
| 四 川 | Sichuan | 59904 | 9416 | 2921 | 47567 | 115 | 15595 | 28266 |
| 贵 州 | Guizhou | 3126 | 453 | 290 | 2383 | | 672 | 1757 |
| 云 南 | Yunnan | 29820 | 11711 | 1641 | 16468 | 240 | 7795 | 10701 |
| 西 藏 | Tibet | 6794 | 2771 | 386 | 3637 | 192 | 577 | 8971 |
| 陕 西 | Shaanxi | 55754 | 16971 | 3075 | 35708 | 57 | 17209 | 15933 |
| 甘 肃 | Gansu | 9953 | 1991 | 290 | 7672 | | 3224 | 4967 |
| 青 海 | Qinghai | 5492 | 613 | 290 | 4589 | 1656 | 2865 | 1666 |
| 宁 夏 | Ningxia | 582 | 129 | 43 | 410 | | 416 | 280 |
| 新 疆 | Xinjiang | 176 | | 10 | 166 | | 74 | 63 |

4-4-4 Continued 10

单位：万元
Unit: 10000 yuan

| #税金 Taxes | 财务费用 Financial Expenses | #利息支出 Interest Expenses | 营业利润 Operating Profits | 利润总额 Total Profits | 应交所得税 Income Tax Payable | 应付职工薪酬 Payables to Employees |
|---|---|---|---|---|---|---|
| **32890** | **124601** | **77412** | **-13647** | **-20646** | **33096** | **466318** |
| 10479 | 20118 | 25595 | 41752 | 41485 | 14378 | 92502 |
|  | 1706 | 92 | -3743 | -4318 | 5 | 14527 |
| 339 | 63 |  | -2121 | -214 |  | 2550 |
| 569 | 1238 |  | -3133 | -3581 |  | 3690 |
| 1585 | 2950 | 1288 | -12461 | -10786 | 502 | 12944 |
| 355 | 571 | 80 | 2160 | 5550 | 1827 | 1279 |
| 2 | -512 | 104 | 3408 | 3100 | 1303 | 1429 |
| 245 | 11839 | 1396 | -7905 | -5856 | 3140 | 30204 |
| 3743 | 15936 | 7814 | -29740 | -28265 | 397 | 28409 |
| 1231 | 12483 | 6823 | -11953 | -11221 | 287 | 21854 |
| 270 | 139 | 115 | -1928 | -237 | 40 | 2340 |
| 2586 | 9253 | 7159 | -13267 | -12892 | 1136 | 32251 |
|  | 2551 |  | -110 | -217 | 16 | 3427 |
| 792 | 4503 | 1464 | 1053 | 1001 | 494 | 11747 |
| 279 | 959 | 926 | 3487 | 3574 | 25 | 2377 |
| 165 | 36 |  | -1051 | -1077 | 5 | 1851 |
| 170 | 3692 | 3668 | -4706 | -4706 | 9 | 4047 |
| 5511 | 26631 | 18385 | 13052 | -6461 | 4050 | 131089 |
|  | 19 |  | 97 | 584 | 37 | 735 |
| 1350 | 214 | 112 | 15175 | 13357 | 1343 | 22885 |
| 761 | 1875 | 785 | 5905 | 7249 | 305 | 9329 |
| 184 | 37 |  | 4612 | 5237 | 2091 | 8437 |
|  | 16 |  | -61 | -62 |  | 524 |
| 1272 | 5146 | 615 | -6519 | -6437 | -14 | 8020 |
|  | 72 | 90 | -5790 | -5869 |  | 1683 |
| 752 | 1657 | 913 | 2156 | 2343 | 1678 | 13432 |
| 194 | 31 |  | -550 | -528 |  | 2119 |
| 13 | 1383 | -12 | -1215 | -1148 | 38 | 448 |
| 43 | -5 |  | -280 | -280 |  | 122 |
|  |  |  | 29 | 29 | 4 | 67 |

# 4-4-5 各地区限额以上住宿业企业损益及分配(按国民经济行业分)

旅游饭店

Tourist Hotel

| 地 区 | Region | 主营业务收入 Revenue from Principal Business | 主营业务成本 Cost of Principal Business | 主营业务税金及附加 Taxes and Other Charges on Principal Business | 主营业务利润 Profits from Principal Business | 其他业务利润 Profits from Other Business | 销售费用 Selling Expenses | 管理费用 Administr-ative Expenses |
|---|---|---|---|---|---|---|---|---|
| **全 国** | **National Total** | **28767852** | **10747943** | **1540396** | **16479513** | **617690** | **8317503** | **8409173** |
| 北 京 | Beijing | 2740277 | 718448 | 151815 | 1870014 | 26056 | 852404 | 1006311 |
| 天 津 | Tianjin | 266621 | 108389 | 14047 | 144185 | 3831 | 90127 | 104994 |
| 河 北 | Hebei | 459216 | 181338 | 26292 | 251586 | 11928 | 187667 | 157841 |
| 山 西 | Shanxi | 240645 | 90042 | 14264 | 136339 | 1953 | 106234 | 81466 |
| 内蒙古 | Inner Mongolia | 262418 | 118305 | 14789 | 129324 | 13396 | 79304 | 86749 |
| 辽 宁 | Liaoning | 813723 | 361027 | 37953 | 414743 | 28487 | 218542 | 231580 |
| 吉 林 | Jilin | 262502 | 110803 | 12809 | 138890 | 6729 | 72357 | 75121 |
| 黑龙江 | Heilongjiang | 271840 | 103970 | 13190 | 154680 | 1633 | 76644 | 83077 |
| 上 海 | Shanghai | 1945972 | 609786 | 102737 | 1233449 | 109571 | 511344 | 600295 |
| 江 苏 | Jiangsu | 1849126 | 708702 | 95249 | 1045175 | 17293 | 564723 | 584095 |
| 浙 江 | Zhejiang | 2482302 | 803481 | 144584 | 1534237 | 64418 | 805454 | 743296 |
| 安 徽 | Anhui | 557824 | 246437 | 30556 | 280831 | 10638 | 153541 | 169466 |
| 福 建 | Fujian | 1335332 | 543380 | 70220 | 721732 | 13838 | 397202 | 332395 |
| 江 西 | Jiangxi | 469995 | 193333 | 24579 | 252083 | 8311 | 125501 | 130919 |
| 山 东 | Shandong | 1598030 | 710147 | 80677 | 807206 | 37994 | 403057 | 370226 |
| 河 南 | Henan | 995548 | 484824 | 48391 | 462333 | 22984 | 225651 | 234571 |
| 湖 北 | Hubei | 873291 | 370773 | 53866 | 448652 | 38386 | 212769 | 204242 |
| 湖 南 | Hunan | 1124013 | 491584 | 56293 | 576136 | 9281 | 261363 | 310880 |
| 广 东 | Guangdong | 4268172 | 1560587 | 228748 | 2478837 | 72130 | 1246040 | 1101914 |
| 广 西 | Guangxi | 518569 | 187195 | 28440 | 302934 | 12014 | 186241 | 161047 |
| 海 南 | Hainan | 1020672 | 256079 | 57587 | 707006 | 18309 | 274718 | 379801 |
| 重 庆 | Chongqing | 700073 | 293302 | 33992 | 372779 | 4285 | 172528 | 171330 |
| 四 川 | Sichuan | 1100381 | 409091 | 56350 | 634940 | 27964 | 327511 | 304481 |
| 贵 州 | Guizhou | 411060 | 186995 | 22729 | 201336 | 8827 | 91612 | 99670 |
| 云 南 | Yunnan | 613812 | 234063 | 33250 | 346499 | 15372 | 179657 | 245757 |
| 西 藏 | Tibet | 67613 | 19961 | 3954 | 43698 | 1732 | 31594 | 30289 |
| 陕 西 | Shaanxi | 785965 | 316912 | 42365 | 426688 | 13977 | 233900 | 220984 |
| 甘 肃 | Gansu | 321134 | 158429 | 17328 | 145377 | 7065 | 77108 | 68827 |
| 青 海 | Qinghai | 72392 | 26484 | 3920 | 41988 | 3636 | 25333 | 18801 |
| 宁 夏 | Ningxia | 69389 | 27193 | 4049 | 38147 | 2013 | 31998 | 21708 |
| 新 疆 | Xinjiang | 269945 | 116883 | 15373 | 137689 | 3639 | 95379 | 77040 |

# Income and Distribution of Enterprises above Designated Size of Hotels by Region and Sector

单位：万元

Unit: 10000 yuan

| #税金 Taxes | 财务费用 Financial Expenses | #利息支出 Interest Expenses | 营业利润 Operating Profits | 利润总额 Total Profits | 应交所得税 Income Tax Payable | 应付职工薪酬 Payables to Employees |
|---|---|---|---|---|---|---|
| **347626** | **1814869** | **1312746** | **-1585220** | **-1276103** | **253655** | **7100754** |
| 73719 | 175456 | 182775 | -77327 | -53374 | 46762 | 869188 |
| 2269 | 23120 | 18828 | -81583 | -79782 | 334 | 81658 |
| 5472 | 45613 | 23521 | -133240 | -119706 | 3751 | 147515 |
| 1992 | 14086 | 9084 | -61601 | -49843 | 317 | 85039 |
| 3641 | 8874 | 3377 | -40728 | -45297 | 648 | 93121 |
| 10615 | 40232 | 23803 | -74045 | -61939 | 2722 | 131680 |
| 2891 | 16703 | 11687 | -19110 | -20752 | 2040 | 45377 |
| 2181 | 7348 | 5707 | -1222 | -5806 | 13283 | 56008 |
| 14498 | 92933 | 56745 | 68081 | 88029 | 39247 | 395883 |
| 24649 | 113170 | 68754 | -196766 | -166666 | 8188 | 428835 |
| 27221 | 201778 | 158882 | -172736 | -131275 | 17035 | 579361 |
| 9438 | 41079 | 38705 | -72920 | -64101 | 1699 | 139043 |
| 17171 | 67693 | 46931 | -51451 | -39314 | 10173 | 320800 |
| 4051 | 35856 | 20879 | -34934 | -30207 | 2229 | 212697 |
| 13863 | 59904 | 35861 | -17870 | -17525 | 12134 | 329789 |
| 10019 | 51500 | 28031 | -38206 | -17398 | 5465 | 209152 |
| 7082 | 41278 | 32033 | -41119 | -33130 | 3546 | 166409 |
| 13302 | 66150 | 49457 | -50863 | -49516 | 3972 | 229846 |
| 34914 | 335972 | 245055 | -113813 | -77262 | 38158 | 1104513 |
| 7431 | 38503 | 26285 | -62028 | -64928 | 1495 | 136527 |
| 12114 | 52761 | 28118 | 10120 | 15909 | 14174 | 276585 |
| 5962 | 49347 | 34524 | -16931 | -16022 | 4404 | 144568 |
| 9978 | 71980 | 62015 | -46733 | -40797 | 6728 | 225522 |
| 4745 | 34829 | 26433 | -16426 | -12381 | 3567 | 89729 |
| 8959 | 62518 | 34594 | -101829 | -52119 | 2833 | 171573 |
| 109 | 467 | 301 | -14313 | -13249 | 188 | 24987 |
| 9487 | 38551 | 18684 | -60514 | -56767 | 3638 | 198709 |
| 2553 | 11068 | 9015 | -8553 | -7815 | 3073 | 61378 |
| 494 | 3038 | 719 | -4736 | -5831 | 141 | 26156 |
| 896 | 3643 | 2729 | -16703 | -14948 | 110 | 20738 |
| 5910 | 9419 | 1336 | 9214 | -1 | 4531 | 98368 |

4-4-5 续表 1

一般旅馆

Fonda

| 地　区 | Region | 主营业务收入 Revenue from Principal Business | 主营业务成本 Cost of Principal Business | 主营业务税金及附加 Taxes and Other Charges on Principal Business | 主营业务利润 Profits from Principal Business | 其他业务利润 Profits from Other Business | 销售费用 Selling Expenses | 管理费用 Administrative Expenses |
|---|---|---|---|---|---|---|---|---|
| **全　国** | **National Total** | **6441498** | **2961164** | **318889** | **3161445** | **96935** | **1585816** | **1353501** |
| 北　京 | Beijing | 603084 | 180270 | 33944 | 388870 | 12116 | 205549 | 175891 |
| 天　津 | Tianjin | 80638 | 28829 | 4178 | 47631 | 188 | 32612 | 36296 |
| 河　北 | Hebei | 146919 | 81154 | 8071 | 57694 | 166 | 41776 | 28501 |
| 山　西 | Shanxi | 80244 | 34522 | 4517 | 41205 | 915 | 29238 | 25759 |
| 内蒙古 | Inner Mongolia | 89732 | 34317 | 4335 | 51080 | 688 | 28786 | 22933 |
| 辽　宁 | Liaoning | 143202 | 83370 | 5501 | 54331 | 1499 | 28786 | 20961 |
| 吉　林 | Jilin | 30914 | 20263 | 1417 | 9234 | 591 | 3764 | 4874 |
| 黑龙江 | Heilongjiang | 73128 | 38185 | 3574 | 31369 | 1516 | 17137 | 14558 |
| 上　海 | Shanghai | 587999 | 161134 | 31457 | 395408 | 12016 | 176283 | 189911 |
| 江　苏 | Jiangsu | 259046 | 120144 | 12826 | 126076 | 3889 | 67582 | 60672 |
| 浙　江 | Zhejiang | 370854 | 122813 | 20836 | 227205 | 8988 | 125279 | 110831 |
| 安　徽 | Anhui | 139511 | 80786 | 6313 | 52412 | 789 | 27303 | 19134 |
| 福　建 | Fujian | 254571 | 113634 | 12494 | 128443 | 4084 | 66348 | 55146 |
| 江　西 | Jiangxi | 118220 | 60708 | 5838 | 51674 | 345 | 26101 | 20985 |
| 山　东 | Shandong | 529553 | 293492 | 22480 | 213581 | 4878 | 100637 | 53167 |
| 河　南 | Henan | 560227 | 337343 | 21688 | 201196 | 2416 | 70466 | 59433 |
| 湖　北 | Hubei | 345694 | 186928 | 14984 | 143782 | 2824 | 59728 | 50415 |
| 湖　南 | Hunan | 291512 | 174504 | 12846 | 104162 | 5969 | 39647 | 37324 |
| 广　东 | Guangdong | 617856 | 265995 | 31818 | 320043 | 14226 | 176067 | 141339 |
| 广　西 | Guangxi | 103630 | 33849 | 5339 | 64442 | 1727 | 44811 | 23516 |
| 海　南 | Hainan | 12623 | 3340 | 612 | 8671 | 1826 | 6439 | 6314 |
| 重　庆 | Chongqing | 144172 | 78153 | 7659 | 58360 | 363 | 22747 | 28818 |
| 四　川 | Sichuan | 326293 | 149819 | 19026 | 157448 | 4895 | 79832 | 67852 |
| 贵　州 | Guizhou | 80161 | 37346 | 4086 | 38729 | 2133 | 14154 | 18233 |
| 云　南 | Yunnan | 138211 | 80087 | 6825 | 51299 | 1138 | 21751 | 23033 |
| 西　藏 | Tibet | | | | | | | |
| 陕　西 | Shaanxi | 197027 | 101658 | 10001 | 85368 | 4092 | 44735 | 34451 |
| 甘　肃 | Gansu | 51402 | 22582 | 2568 | 26252 | 1509 | 12673 | 8289 |
| 青　海 | Qinghai | 5702 | 2413 | 252 | 3037 | 194 | 1336 | 1812 |
| 宁　夏 | Ningxia | 7893 | 2371 | 394 | 5128 | 67 | 2689 | 3423 |
| 新　疆 | Xinjiang | 51480 | 31155 | 3010 | 17315 | 888 | 11560 | 9630 |

4-4-5 Continued 1

单位：万元
Unit: 10000 yuan

| #税金 Taxes | 财务费用 Financial Expenses | #利息支出 Interest Expenses | 营业利润 Operating Profits | 利润总额 Total Profits | 应交所得税 Income Tax Payable | 应付职工薪酬 Payables to Employees |
|---|---|---|---|---|---|---|
| **57824** | **198967** | **108007** | **107528** | **101350** | **63982** | **1265307** |
| 5739 | 12732 | 15637 | 14869 | 16860 | 9097 | 145179 |
| 12284 | 721 | 186 | -21088 | -19660 | 132 | 22575 |
| 1821 | 4522 | 2470 | -15839 | -16412 | 481 | 37509 |
| 396 | 2555 | 1163 | -15933 | -13508 | 466 | 26485 |
| 1324 | 3786 | 1808 | -4265 | -1077 | 952 | 24354 |
| 1160 | 2631 | 1001 | 1928 | 3203 | 1444 | 16823 |
| 158 | 874 | 581 | -357 | -354 | 119 | 4615 |
| 543 | 484 | 236 | -798 | 330 | 300 | 9572 |
| 1638 | 22449 | 5054 | 27810 | 32517 | 13878 | 97485 |
| 1451 | 4710 | 1681 | -2714 | -2403 | 2958 | 52050 |
| 2172 | 16014 | 9912 | -15614 | -12793 | 1471 | 80238 |
| 1031 | 6548 | 2449 | -336 | 266 | 823 | 25536 |
| 2030 | 5369 | 3026 | 1333 | -883 | 2059 | 57240 |
| 696 | 4846 | 4356 | -1199 | -2644 | 1104 | 31510 |
| 3741 | 12927 | 7208 | 46783 | 46386 | 9137 | 74505 |
| 4733 | 12744 | 2554 | 61980 | 57553 | 2630 | 82235 |
| 2631 | 9252 | 3659 | 28380 | 23299 | 4144 | 57714 |
| 1281 | 7896 | 4361 | 21240 | 11205 | 1498 | 39710 |
| 3631 | 22381 | 16709 | -19153 | -16867 | 5192 | 154231 |
| 348 | 4634 | 3326 | -6913 | -7480 | 221 | 21062 |
| 417 | 235 | 174 | -2944 | -2730 | 37 | 5306 |
| 1093 | 2169 | 1203 | 6828 | 6854 | 1688 | 24673 |
| 2169 | 12345 | 7771 | 4536 | 1809 | 1229 | 56021 |
| 533 | 3949 | 2774 | 2426 | 1569 | 395 | 16856 |
| 2515 | 9249 | 4037 | -2298 | -2362 | 468 | 27683 |
| 1085 | 9316 | 2768 | 1806 | 1158 | 902 | 42209 |
| 589 | 1275 | 896 | 3380 | 2396 | 934 | 10344 |
| 14 | 225 | 200 | -261 | -311 | 15 | 1393 |
| 132 | 249 | 13 | -1227 | -1111 | 17 | 1969 |
| 469 | 1880 | 794 | -4832 | -3460 | 191 | 18225 |

其他住宿业

Others

| 地 区 | Region | 主营业务收入 Revenue from Principal Business | 主营业务成本 Cost of Principal Business | 主营业务税金及附加 Taxes and Other Charges on Principal Business | 主营业务利润 Profits from Principal Business | 其他业务利润 Profits from Other Business | 销售费用 Selling Expenses | 管理费用 Administr-ative Expenses |
|---|---|---|---|---|---|---|---|---|
| **全 国** | **National Total** | **812791** | **346850** | **40834** | **425107** | **11256** | **189635** | **206940** |
| 北 京 | Beijing | 93413 | 16684 | 4903 | 71826 | 496 | 27577 | 32192 |
| 天 津 | Tianjin | 29169 | 11844 | 1192 | 16133 | 389 | 10511 | 8463 |
| 河 北 | Hebei | 39242 | 13833 | 2292 | 23117 | 338 | 8093 | 19000 |
| 山 西 | Shanxi | 5152 | 2259 | 277 | 2616 | 488 | 2620 | 1449 |
| 内 蒙 古 | Inner Mongolia | 8756 | 3511 | 365 | 4880 | -24 | 1883 | 2409 |
| 辽 宁 | Liaoning | 15580 | 7417 | 691 | 7472 | 302 | 4130 | 3603 |
| 吉 林 | Jilin | 14848 | 5232 | 728 | 8888 | 801 | 3577 | 5229 |
| 黑 龙 江 | Heilongjiang | 9043 | 3440 | 733 | 4870 | | 3018 | 4046 |
| 上 海 | Shanghai | 74294 | 23545 | 3982 | 46767 | 4987 | 23702 | 18369 |
| 江 苏 | Jiangsu | 38625 | 13934 | 1864 | 22827 | 5 | 11798 | 8583 |
| 浙 江 | Zhejiang | 11983 | 4235 | 649 | 7099 | | 4644 | 1702 |
| 安 徽 | Anhui | 15726 | 8139 | 676 | 6911 | 115 | 3002 | 3514 |
| 福 建 | Fujian | 48983 | 25480 | 2532 | 20971 | 100 | 7368 | 6726 |
| 江 西 | Jiangxi | 6357 | 2417 | 355 | 3585 | 7 | 2046 | 1374 |
| 山 东 | Shandong | 28936 | 18631 | 1210 | 9095 | | 4202 | 3091 |
| 河 南 | Henan | 63217 | 36667 | 2739 | 23811 | | 5856 | 3485 |
| 湖 北 | Hubei | 40639 | 29056 | 1650 | 9933 | 1707 | 2604 | 4333 |
| 湖 南 | Hunan | 45775 | 27874 | 2057 | 15844 | | 2417 | 10119 |
| 广 东 | Guangdong | 90128 | 33880 | 5165 | 51083 | 343 | 26159 | 31304 |
| 广 西 | Guangxi | 12251 | 2011 | 730 | 9510 | 2 | 3165 | 3395 |
| 海 南 | Hainan | 4645 | 904 | 245 | 3496 | | 1962 | 5714 |
| 重 庆 | Chongqing | 25257 | 13364 | 1177 | 10716 | 72 | 3670 | 6260 |
| 四 川 | Sichuan | 19952 | 6719 | 1082 | 12151 | 775 | 9549 | 3460 |
| 贵 州 | Guizhou | 7490 | 4044 | 431 | 3015 | 2 | 1245 | 2749 |
| 云 南 | Yunnan | 13286 | 7147 | 759 | 5380 | 9 | 2215 | 3637 |
| 西 藏 | Tibet | 746 | 155 | 41 | 550 | | 288 | 107 |
| 陕 西 | Shaanxi | 39269 | 14954 | 1924 | 22391 | 64 | 10918 | 11439 |
| 甘 肃 | Gansu | 7037 | 5350 | 218 | 1469 | 256 | 1238 | 509 |
| 青 海 | Qinghai | 1284 | 3263 | 60 | -2039 | | 23 | 49 |
| 宁 夏 | Ningxia | 1346 | 737 | 75 | 534 | | 155 | 168 |
| 新 疆 | Xinjiang | 362 | 124 | 32 | 206 | 22 | | 462 |

4-4-5 Continued 2

单位：万元
Unit: 10000 yuan

| #税金 Taxes | 财务费用 Financial Expenses | #利息支出 Interest Expenses | 营业利润 Operating Profits | 利润总额 Total Profits | 应交所得税 Income Tax Payable | 应付职工薪酬 Payables to Employees |
|---|---|---|---|---|---|---|
| **6532** | **44316** | **34702** | **-8741** | **-2172** | **8334** | **169640** |
| 1589 | 19568 | 19076 | -7013 | -7201 | 769 | 22869 |
| 144 | 896 | 4 | -3306 | -174 | 342 | 7037 |
| 742 | 2351 | 198 | -5530 | -3158 | 82 | 11333 |
| 24 | 90 | 22 | -1009 | -374 | 18 | 1492 |
| 4 | 90 | | 539 | 511 | 2 | 2136 |
| 58 | 1350 | 1352 | -1263 | -124 | 73 | 1540 |
| 252 | 152 | 119 | -28 | -3 | 12 | 3099 |
| 13 | 4 | | -2355 | -2924 | 76 | 1616 |
| 219 | 1051 | 587 | 4217 | 5211 | 2190 | 12112 |
| 273 | 232 | 171 | 387 | 442 | 385 | 6679 |
| 63 | 151 | 67 | 449 | 594 | 139 | 2917 |
| 705 | 395 | 331 | -25 | 108 | 148 | 3072 |
| 276 | 1888 | 463 | 5404 | 5270 | 483 | 8383 |
| 17 | 94 | 88 | 65 | 76 | | 1516 |
| 450 | 435 | 164 | 1479 | 941 | 292 | 5685 |
| 282 | 522 | 143 | 13979 | 13786 | 1961 | 7293 |
| 139 | 1137 | 238 | 1924 | 733 | 73 | 4479 |
| 235 | 10063 | 9870 | -6240 | -6887 | 130 | 9208 |
| 505 | 1426 | 781 | -6506 | -4237 | 589 | 27273 |
| 32 | 386 | 173 | 2796 | 2953 | 286 | 1766 |
| | -292 | -302 | -3877 | -3874 | 17 | 1581 |
| 56 | 147 | 88 | 826 | 980 | 95 | 6034 |
| 9 | 314 | 160 | 184 | -118 | 33 | 3712 |
| 67 | 190 | 103 | -860 | -956 | 19 | 2379 |
| 77 | 734 | 656 | -1063 | -794 | 58 | 3411 |
| | -2 | | 156 | 159 | 24 | 266 |
| 287 | 518 | 75 | 948 | 275 | 19 | 7008 |
| 14 | 312 | 33 | -569 | -935 | 12 | 1114 |
| | 67 | | -2178 | -2178 | | 2075 |
| | 42 | 42 | 17 | 16 | 6 | 365 |
| | 5 | | -289 | -290 | 1 | 190 |

# 4-4-6 各地区限额以上餐饮业企业损益及分配

| 地　区 | Region | 主营业务收　入 Revenue from Principal Business | 主营业务成　本 Cost of Principal Business | 主营业务税金及附加 Taxes and Other Charges on Principal Business | 主营业务利　润 Profits from Principal Business | 其他业务利　润 Profits from Other Business | 销售费用 Selling Expenses | 管理费用 Administrative Expenses |
|---|---|---|---|---|---|---|---|---|
| **全　国** | **National Total** | **48194664** | **24746456** | **2471298** | **20976910** | **642608** | **13623392** | **5506532** |
| 北　京 | Beijing | 5394774 | 2222225 | 286353 | 2886196 | 43411 | 2225883 | 645152 |
| 天　津 | Tianjin | 955723 | 465418 | 49972 | 440333 | 7637 | 323316 | 116721 |
| 河　北 | Hebei | 350216 | 177736 | 17864 | 154616 | 2993 | 109337 | 64100 |
| 山　西 | Shanxi | 474683 | 247811 | 23522 | 203350 | 10748 | 162319 | 99035 |
| 内蒙古 | Inner Mongolia | 524988 | 295582 | 18599 | 210807 | 3971 | 121641 | 89277 |
| 辽　宁 | Liaoning | 1208471 | 631935 | 62813 | 513723 | 205599 | 320835 | 130579 |
| 吉　林 | Jilin | 280588 | 150654 | 10832 | 119102 | 2606 | 66088 | 47683 |
| 黑龙江 | Heilongjiang | 159989 | 89098 | 9393 | 61498 | 3893 | 40467 | 14958 |
| 上　海 | Shanghai | 6121424 | 2626175 | 327887 | 3167362 | 85673 | 2367011 | 685706 |
| 江　苏 | Jiangsu | 3618911 | 1870738 | 182973 | 1565200 | 21298 | 934672 | 515686 |
| 浙　江 | Zhejiang | 2814229 | 1419955 | 142515 | 1251759 | 21095 | 819453 | 381971 |
| 安　徽 | Anhui | 1192590 | 676366 | 55712 | 460512 | 7791 | 267857 | 125353 |
| 福　建 | Fujian | 1495134 | 893939 | 65279 | 535916 | 4644 | 319272 | 152825 |
| 江　西 | Jiangxi | 825232 | 512817 | 43094 | 269321 | 5951 | 224018 | 54968 |
| 山　东 | Shandong | 3280317 | 1948123 | 147792 | 1184402 | 15037 | 522894 | 355455 |
| 河　南 | Henan | 1574786 | 974072 | 66421 | 534293 | 9472 | 193605 | 119660 |
| 湖　北 | Hubei | 2370429 | 1321432 | 192622 | 856375 | 9846 | 494545 | 222336 |
| 湖　南 | Hunan | 1173406 | 666444 | 55443 | 451519 | 19514 | 241868 | 120738 |
| 广　东 | Guangdong | 6665950 | 3179272 | 350934 | 3135744 | 60880 | 2213191 | 709892 |
| 广　西 | Guangxi | 349542 | 174460 | 19238 | 155844 | 2129 | 103822 | 46333 |
| 海　南 | Hainan | 61191 | 27318 | 3218 | 30655 | 4121 | 27238 | 16087 |
| 重　庆 | Chongqing | 2354955 | 1441762 | 97492 | 815701 | 10927 | 406222 | 199878 |
| 四　川 | Sichuan | 2272403 | 1215706 | 109041 | 947656 | 34035 | 532390 | 267251 |
| 贵　州 | Guizhou | 232275 | 132224 | 11392 | 88659 | 5764 | 35998 | 38911 |
| 云　南 | Yunnan | 460536 | 266339 | 21776 | 172421 | 7781 | 96645 | 48736 |
| 西　藏 | Tibet | 4973 | 2279 | 257 | 2437 |  | 1563 | 943 |
| 陕　西 | Shaanxi | 1384276 | 809028 | 70433 | 504815 | 22490 | 301827 | 148561 |
| 甘　肃 | Gansu | 319725 | 175745 | 15250 | 128730 | 10352 | 64977 | 31417 |
| 青　海 | Qinghai | 51852 | 27164 | 1895 | 22793 | 30 | 14720 | 8064 |
| 宁　夏 | Ningxia | 76915 | 37790 | 3666 | 35459 | 1947 | 23694 | 18400 |
| 新　疆 | Xinjiang | 144181 | 66849 | 7620 | 69712 | 973 | 46024 | 29856 |

# Income and Distribution of Enterprises above Designated Size of Catering Services by Region

单位：万元
Unit: 10000 yuan

| #税金 Taxes | 财务费用 Financial Expenses | #利息支出 Interest Expenses | 营业利润 Operating Profits | 利润总额 Total Profits | 应交所得税 Income Tax Payable | 应付职工薪酬 Payables to Employees |
|---|---|---|---|---|---|---|
| **161230** | **746811** | **364603** | **1791893** | **1649421** | **530676** | **9227985** |
| 8288 | 50825 | 23127 | 10685 | 24599 | 45924 | 1292141 |
| 1230 | 8647 | 3348 | 208 | 909 | 8213 | 193376 |
| 1657 | 13943 | 5943 | -28768 | -15512 | 1459 | 90814 |
| 2404 | 15034 | 9707 | -69107 | -59108 | 2008 | 110445 |
| 3636 | 10825 | 3512 | -6145 | -19145 | 2560 | 92446 |
| 5524 | 19133 | 4836 | 40875 | 42613 | 6860 | 178268 |
| 659 | 3223 | 1792 | 4106 | 1698 | 1337 | 49238 |
| 959 | 2799 | 1288 | 4436 | 191 | 1012 | 51039 |
| 5602 | 61564 | 26212 | 104061 | 132277 | 65815 | 1058602 |
| 11977 | 73734 | 38346 | 358706 | 355014 | 113560 | 640103 |
| 11753 | 64264 | 47681 | 23864 | 30286 | 26564 | 524778 |
| 6902 | 32642 | 16976 | 44250 | 43017 | 9095 | 241257 |
| 4759 | 13332 | 6406 | 49387 | 40120 | 11994 | 243180 |
| 1784 | 11290 | 4150 | -20611 | -37764 | 14491 | 151381 |
| 19236 | 74860 | 27766 | 240762 | 228801 | 53837 | 461357 |
| 8643 | 29050 | 9213 | 190970 | 193619 | 9349 | 209311 |
| 10259 | 38592 | 14061 | 152983 | 122014 | 24611 | 575079 |
| 5152 | 25158 | 11064 | 61049 | 40809 | 5595 | 193469 |
| 15402 | 65878 | 29530 | 166998 | 144614 | 59164 | 1335853 |
| 1132 | 10835 | 8195 | -3892 | -2757 | 1718 | 74264 |
| 560 | 390 | 71 | -6306 | -6016 | 477 | 16454 |
| 8880 | 19568 | 10101 | 260404 | 163496 | 19079 | 368561 |
| 8564 | 49568 | 30305 | 136999 | 128940 | 23846 | 379165 |
| 1544 | 5484 | 3325 | 9460 | 14049 | 758 | 46123 |
| 2367 | 9181 | 5389 | 18999 | 58028 | 3145 | 97163 |
| 3 | 10 | 11 | -77 | 33 | 10 | 1488 |
| 9505 | 20748 | 10660 | 38542 | 17410 | 6322 | 267514 |
| 1270 | 4559 | 3278 | 26875 | 20392 | 10532 | 210625 |
| 282 | 2338 | 1611 | -1934 | 188 | 93 | 14700 |
| 461 | 4864 | 2833 | -11213 | -11871 | 281 | 20586 |
| 836 | 4473 | 88 | 3866 | -2 | 3055 | 39205 |

4-4-6 续表

国有控股

State-controlled Enterprises

| 地　区 | Region | 主营业务收入 Revenue from Principal Business | 主营业务成本 Cost of Principal Business | 主营业务税金及附加 Taxes and Other Charges on Principal Business | 主营业务利润 Profits from Principal Business | 其他业务利润 Profits from Other Business | 销售费用 Selling Expenses | 管理费用 Administr-ative Expenses |
|---|---|---|---|---|---|---|---|---|
| **全　国** | **National Total** | **2286862** | **1185377** | **105046** | **996439** | **43586** | **606071** | **410211** |
| 北　京 | Beijing | 461327 | 182189 | 24295 | 254843 | 13565 | 169106 | 77027 |
| 天　津 | Tianjin | 42590 | 24348 | 2228 | 16014 | 971 | 11925 | 6980 |
| 河　北 | Hebei | 24748 | 10215 | 1206 | 13327 | -42 | 8846 | 8022 |
| 山　西 | Shanxi | 27801 | 13276 | 1691 | 12834 | 192 | 9543 | 14171 |
| 内蒙古 | Inner Mongolia | 16180 | 6179 | 1032 | 8969 | 8 | 5534 | 6969 |
| 辽　宁 | Liaoning | 33720 | 19258 | 1851 | 12611 | 803 | 4268 | 5401 |
| 吉　林 | Jilin | 34592 | 13168 | 455 | 20969 | | 7512 | 13659 |
| 黑龙江 | Heilongjiang | 16959 | 11412 | 954 | 4593 | 639 | 2169 | 2541 |
| 上　海 | Shanghai | 238174 | 110933 | 10997 | 116244 | 19413 | 75199 | 42902 |
| 江　苏 | Jiangsu | 162487 | 69945 | 8544 | 83998 | 1025 | 50082 | 49095 |
| 浙　江 | Zhejiang | 140253 | 68185 | 6213 | 65855 | 1071 | 46355 | 18245 |
| 安　徽 | Anhui | 72208 | 53946 | 4086 | 14176 | 165 | 6355 | 7591 |
| 福　建 | Fujian | 47458 | 30057 | 1521 | 15880 | 296 | 8008 | 5872 |
| 江　西 | Jiangxi | 18942 | 9194 | 1017 | 8731 | 1041 | 5161 | 3367 |
| 山　东 | Shandong | 258555 | 164251 | 9029 | 85275 | -2273 | 56291 | 38305 |
| 河　南 | Henan | 23677 | 15261 | 810 | 7606 | 47 | 2821 | 3393 |
| 湖　北 | Hubei | 58658 | 36468 | 1832 | 20358 | 191 | 11024 | 8200 |
| 湖　南 | Hunan | 18727 | 9183 | 886 | 8658 | 4 | 3939 | 4576 |
| 广　东 | Guangdong | 267269 | 148707 | 12530 | 106032 | 2044 | 51852 | 43267 |
| 广　西 | Guangxi | 8830 | 4447 | 400 | 3983 | 4 | 2991 | 1958 |
| 海　南 | Hainan | 652 | 417 | 28 | 207 | | | 346 |
| 重　庆 | Chongqing | 57567 | 35961 | 2287 | 19319 | 1039 | 7409 | 7165 |
| 四　川 | Sichuan | 49384 | 21220 | 2152 | 26012 | 593 | 15030 | 10550 |
| 贵　州 | Guizhou | 13979 | 10500 | 516 | 2963 | 228 | 869 | 2418 |
| 云　南 | Yunnan | 46210 | 33253 | 1200 | 11757 | 270 | 3098 | 6329 |
| 西　藏 | Tibet | | | | | | | |
| 陕　西 | Shaanxi | 101702 | 60337 | 5114 | 36251 | 300 | 25715 | 11758 |
| 甘　肃 | Gansu | 27186 | 13758 | 1295 | 12133 | 1351 | 8617 | 4696 |
| 青　海 | Qinghai | 2632 | 2418 | 85 | 129 | -1 | 21 | 626 |
| 宁　夏 | Ningxia | 3559 | 1859 | 206 | 1494 | | 1682 | 329 |
| 新　疆 | Xinjiang | 10836 | 5032 | 586 | 5218 | 642 | 4649 | 4453 |

4-4-6 Continued

单位：万元

Unit: 10000 yuan

| #税金 Taxes | 财务费用 Financial Expenses | #利息支出 Interest Expenses | 营业利润 Operating Profits | 利润总额 Total Profits | 应交所得税 Income Tax Payable | 应付职工薪酬 Payables to Employees |
|---|---|---|---|---|---|---|
| **13679** | **29158** | **18299** | **40065** | **77549** | **24305** | **604333** |
| 2192 | 1776 | 2039 | 32303 | 37353 | 10266 | 156461 |
| 2 | 390 | 30 | -4516 | -3758 | 132 | 9467 |
| 264 | 746 | 669 | -4331 | -3446 | 5 | 6344 |
| 192 | 1022 | 767 | -10084 | -7497 | 34 | 8964 |
| 243 | 246 | 177 | -2921 | -2825 | 2 | 4739 |
| 98 | 1030 | 94 | 2853 | 3015 | 674 | 4548 |
| 26 | 144 | 3 | -2433 | -1954 | 97 | 4984 |
| 167 | 67 |  | 453 | -856 | 78 | 4404 |
| 658 | 7879 | 2789 | 3918 | 7459 | 1313 | 55680 |
| 1839 | 3515 | 1882 | -17707 | -14102 | 1064 | 44439 |
| 968 | 720 | 632 | 20005 | 21130 | 1114 | 43537 |
| 511 | 170 | 49 | 381 | 1279 | 216 | 7388 |
| 79 | -76 |  | 267 | 1246 | 558 | 14004 |
| 7 | 270 | 121 | 436 | -136 | 25 | 3199 |
| 1897 | 2964 | 674 | -9743 | -2178 | 1736 | 48837 |
| 86 | 114 | 15 | 1330 | 1340 | 278 | 2948 |
| 226 | 1698 | 1528 | -420 | 1116 | 569 | 10432 |
| 228 | 410 | 21 | -251 | 19 | 73 | 4671 |
| 1340 | 3772 | 3992 | 28342 | 31499 | 2864 | 84354 |
| 27 | 507 | 489 | -1163 | -913 | 8 | 1977 |
|  | -6 |  | -133 | -130 |  | 307 |
| 402 | -59 | 59 | 7178 | 6655 | 1083 | 11268 |
| 460 | 1025 | 711 | 642 | 543 | 385 | 10664 |
| 175 | 324 | 57 | -61 | 3819 | 24 | 6694 |
| 85 | 244 | 220 | 1878 | 1705 | 670 | 12119 |
| 1119 | 6 | 1079 | -783 | 325 | 1001 | 26546 |
| 214 | 43 | 16 | -844 | -898 | 15 | 6658 |
| 30 | 7 |  | -600 | -602 | 3 | 1103 |
| 1 | 11 | 5 | -526 | -525 | 5 | 1129 |
| 143 | 199 | 181 | -3405 | -1134 | 13 | 6468 |

## 4-4-7 各地区限额以上餐饮业企业损益及分配(按登记注册类型分)

内资企业
Domestic Funded Enterprises

| 地　区 | Region | 主营业务收入 Revenue from Principal Business | 主营业务成本 Cost of Principal Business | 主营业务税金及附加 Taxes and Other Charges on Principal Business | 主营业务利润 Profits from Principal Business | 其他业务利润 Profits from Other Business | 销售费用 Selling Expenses | 管理费用 Administr-ative Expenses |
|---|---|---|---|---|---|---|---|---|
| **全　国** | **National Total** | **35141394** | **19226839** | **1784322** | **14130233** | **369025** | **8519456** | **4234990** |
| 北　京 | Beijing | 3223226 | 1354310 | 174013 | 1694903 | 35487 | 1308200 | 431137 |
| 天　津 | Tianjin | 532504 | 275707 | 27948 | 228849 | 7472 | 163444 | 73733 |
| 河　北 | Hebei | 348478 | 177179 | 17768 | 153531 | 2754 | 108683 | 63623 |
| 山　西 | Shanxi | 414915 | 219539 | 20273 | 175103 | 10748 | 143268 | 94124 |
| 内蒙古 | Inner Mongolia | 483802 | 270353 | 16812 | 196637 | 3907 | 112647 | 81890 |
| 辽　宁 | Liaoning | 618249 | 370612 | 32265 | 215372 | 13976 | 106368 | 76050 |
| 吉　林 | Jilin | 280298 | 150516 | 10815 | 118967 | 2606 | 65946 | 47631 |
| 黑龙江 | Heilongjiang | 120547 | 70262 | 7145 | 43140 | 1510 | 27322 | 11997 |
| 上　海 | Shanghai | 2852921 | 1373314 | 149594 | 1330013 | 71398 | 952917 | 364624 |
| 江　苏 | Jiangsu | 2592150 | 1395627 | 131277 | 1065246 | 18644 | 591466 | 405019 |
| 浙　江 | Zhejiang | 2210108 | 1158129 | 109943 | 942036 | 13129 | 616086 | 310228 |
| 安　徽 | Anhui | 1161401 | 664264 | 53979 | 443158 | 7791 | 250469 | 122821 |
| 福　建 | Fujian | 1059926 | 690288 | 42897 | 326741 | 1334 | 160622 | 111619 |
| 江　西 | Jiangxi | 752766 | 477146 | 38893 | 236727 | 5951 | 201831 | 47764 |
| 山　东 | Shandong | 2999690 | 1815527 | 132517 | 1051646 | 11175 | 433870 | 324353 |
| 河　南 | Henan | 1485239 | 932309 | 61572 | 491358 | 9483 | 157951 | 105701 |
| 湖　北 | Hubei | 1928272 | 1128433 | 168978 | 630861 | 9808 | 326707 | 181962 |
| 湖　南 | Hunan | 1032398 | 595806 | 47643 | 388949 | 19509 | 202011 | 108795 |
| 广　东 | Guangdong | 4174836 | 2152024 | 222815 | 1799997 | 48768 | 1159647 | 505025 |
| 广　西 | Guangxi | 266811 | 135624 | 14659 | 116528 | 1925 | 80556 | 40566 |
| 海　南 | Hainan | 44546 | 22275 | 2286 | 19985 | 24 | 20326 | 9386 |
| 重　庆 | Chongqing | 2206838 | 1338415 | 89372 | 779051 | 5748 | 388950 | 185749 |
| 四　川 | Sichuan | 1937539 | 1069138 | 91984 | 776417 | 28260 | 437728 | 235558 |
| 贵　州 | Guizhou | 232275 | 132224 | 11392 | 88659 | 5764 | 35998 | 38911 |
| 云　南 | Yunnan | 387729 | 227948 | 18457 | 141324 | 3613 | 78333 | 41110 |
| 西　藏 | Tibet | 4973 | 2279 | 257 | 2437 |  | 1563 | 943 |
| 陕　西 | Shaanxi | 1248253 | 744212 | 63174 | 440867 | 14939 | 250735 | 131713 |
| 甘　肃 | Gansu | 292442 | 163752 | 13795 | 114895 | 10352 | 57896 | 29356 |
| 青　海 | Qinghai | 51852 | 27164 | 1895 | 22793 | 30 | 14720 | 8064 |
| 宁　夏 | Ningxia | 75306 | 37078 | 3576 | 34652 | 1947 | 22882 | 17876 |
| 新　疆 | Xinjiang | 121104 | 55385 | 6328 | 59391 | 973 | 40314 | 27662 |

# Income and Distribution of Enterprises above Designated Size of Catering Services by Region and Type of Registration

单位：万元

Unit: 10000 yuan

| #税金 Taxes | 财务费用 Financial Expenses | #利息支出 Interest Expenses | 营业利润 Operating Profits | 利润总额 Total Profits | 应交所得税 Income Tax Payable | 应付职工薪酬 Payables to Employees |
|---|---|---|---|---|---|---|
| **150237** | **666294** | **334430** | **1332893** | **1202235** | **388564** | **6875667** |
| 7183 | 44016 | 19653 | -46152 | -36219 | 23546 | 774640 |
| 1152 | 7122 | 3214 | -9436 | -7507 | 3987 | 125493 |
| 1651 | 13940 | 5943 | -28717 | -15455 | 1453 | 90060 |
| 2404 | 14970 | 9684 | -72392 | -62046 | 1232 | 102280 |
| 3525 | 10706 | 3358 | -238 | -7316 | 2560 | 86160 |
| 5339 | 14985 | 3436 | 19607 | 23102 | 5901 | 94842 |
| 658 | 3202 | 1792 | 4184 | 1777 | 1334 | 49128 |
| 832 | 2522 | 1275 | 2450 | -348 | 558 | 42057 |
| 3451 | 45844 | 23811 | -7775 | 19735 | 24761 | 515902 |
| 10410 | 63572 | 32431 | 320437 | 318620 | 97524 | 482600 |
| 10975 | 57180 | 41510 | -11817 | -3037 | 13330 | 411054 |
| 6655 | 32269 | 16944 | 47188 | 46114 | 9091 | 240254 |
| 4232 | 8437 | 3640 | 43853 | 35934 | 8875 | 158139 |
| 1751 | 9879 | 3944 | -22239 | -40215 | 14482 | 147403 |
| 18182 | 67435 | 25342 | 237425 | 225233 | 50079 | 436928 |
| 8607 | 28510 | 9213 | 199281 | 197918 | 9867 | 188407 |
| 9975 | 33973 | 13673 | 140932 | 112352 | 21463 | 517891 |
| 5132 | 24511 | 11007 | 50988 | 30600 | 5546 | 168649 |
| 13914 | 57425 | 27303 | 86997 | 75000 | 38246 | 835670 |
| 1130 | 10970 | 8346 | -14297 | -13309 | 1409 | 62800 |
| 110 | 279 | 71 | -3282 | -3085 | 302 | 12878 |
| 8745 | 20201 | 9421 | 251785 | 156129 | 17318 | 342503 |
| 8538 | 44292 | 29477 | 80647 | 63626 | 16564 | 339885 |
| 1544 | 5484 | 3325 | 9460 | 14049 | 758 | 46123 |
| 2366 | 9215 | 5332 | 11747 | 50831 | 2621 | 83543 |
| 3 | 10 | 11 | -77 | 33 | 10 | 1488 |
| 8948 | 19702 | 9788 | 39269 | 18435 | 5511 | 241146 |
| 1270 | 4652 | 3278 | 22089 | 15632 | 9336 | 207592 |
| 282 | 2338 | 1611 | -1934 | 188 | 93 | 14700 |
| 450 | 4200 | 2732 | -10021 | -10679 | 281 | 20069 |
| 823 | 4453 | 3865 | -7069 | -3857 | 526 | 35383 |

4-4-7 续表 1

国有企业
State-owned Enterprises

| 地区 | Region | 主营业务收入 Revenue from Principal Business | 主营业务成本 Cost of Principal Business | 主营业务税金及附加 Taxes and Other Charges on Principal Business | 主营业务利润 Profits from Principal Business | 其他业务利润 Profits from Other Business | 销售费用 Selling Expenses | 管理费用 Administrative Expenses |
|---|---|---|---|---|---|---|---|---|
| **全国** | **National Total** | **632087** | **338411** | **29075** | **264601** | **8975** | **152740** | **122875** |
| 北京 | Beijing | 49872 | 22813 | 2598 | 24461 | 3345 | 17857 | 9513 |
| 天津 | Tianjin | 13763 | 5097 | 776 | 7890 | 776 | 5861 | 2554 |
| 河北 | Hebei | 11407 | 5812 | 539 | 5056 | | 4455 | 2423 |
| 山西 | Shanxi | 11839 | 5943 | 709 | 5187 | 41 | 3158 | 5001 |
| 内蒙古 | Inner Mongolia | 8583 | 4435 | 423 | 3725 | | 2644 | 3109 |
| 辽宁 | Liaoning | 19614 | 10483 | 1367 | 7764 | | 2718 | 3755 |
| 吉林 | Jilin | 30621 | 11603 | 225 | 18793 | | 6566 | 11773 |
| 黑龙江 | Heilongjiang | 7964 | 6663 | 422 | 879 | 131 | 229 | 1194 |
| 上海 | Shanghai | 26435 | 15914 | 957 | 9564 | 677 | 6996 | 2900 |
| 江苏 | Jiangsu | 50145 | 24578 | 2495 | 23072 | 139 | 13352 | 11472 |
| 浙江 | Zhejiang | 12808 | 5333 | 707 | 6768 | | 4713 | 1541 |
| 安徽 | Anhui | 11716 | 6626 | 597 | 4493 | 36 | 2740 | 1708 |
| 福建 | Fujian | 10519 | 6556 | 188 | 3775 | | 892 | 1174 |
| 江西 | Jiangxi | 13371 | 7310 | 687 | 5374 | 1041 | 3096 | 2029 |
| 山东 | Shandong | 140802 | 77545 | 6128 | 57129 | 159 | 34536 | 23218 |
| 河南 | Henan | 18854 | 12647 | 553 | 5654 | | 1283 | 2704 |
| 湖北 | Hubei | 21818 | 14586 | 811 | 6421 | 147 | 3352 | 3300 |
| 湖南 | Hunan | 11276 | 6103 | 528 | 4645 | 4 | 2096 | 2462 |
| 广东 | Guangdong | 64928 | 36333 | 3661 | 24934 | | 13495 | 11518 |
| 广西 | Guangxi | 8707 | 4405 | 393 | 3909 | 4 | 2849 | 1647 |
| 海南 | Hainan | 652 | 417 | 28 | 207 | | | 346 |
| 重庆 | Chongqing | 4600 | 3849 | 165 | 586 | 4 | 4 | 7 |
| 四川 | Sichuan | 26127 | 11906 | 1174 | 13047 | -9 | 7112 | 6519 |
| 贵州 | Guizhou | 2254 | 1114 | 140 | 1000 | 228 | 567 | 777 |
| 云南 | Yunnan | 9329 | 5489 | 412 | 3428 | 185 | 1409 | 1868 |
| 西藏 | Tibet | | | | | | | |
| 陕西 | Shaanxi | 21623 | 12244 | 1306 | 8073 | 74 | 3594 | 2702 |
| 甘肃 | Gansu | 12192 | 7764 | 507 | 3921 | 1351 | 2071 | 1664 |
| 青海 | Qinghai | | | | | | | |
| 宁夏 | Ningxia | 2925 | 1512 | 160 | 1253 | | 1065 | 200 |
| 新疆 | Xinjiang | 7343 | 3331 | 419 | 3593 | 642 | 4030 | 3797 |

4-4-7 Continued 1

单位：万元
Unit: 10000 yuan

| #税金 Taxes | 财务费用 Financial Expenses | #利息支出 Interest Expenses | 营业利润 Operating Profits | 利润总额 Total Profits | 应交所得税 Income Tax Payable | 应付职工薪酬 Payables to Employees |
|---|---|---|---|---|---|---|
| **3874** | **6575** | **2196** | **-9602** | **4962** | **4267** | **154489** |
| 287 | 77 | 6 | 1531 | 1854 | 597 | 20927 |
|  | 347 | 23 | -744 | -95 | 51 | 4036 |
| 6 | 361 | 287 | -2182 | -1288 | 5 | 3422 |
| 100 | 501 | 411 | -3369 | -1360 | 1 | 4428 |
| 106 | 48 | 19 | -1193 | -1355 | 1 | 3692 |
| 94 | 1051 | 94 | 1171 | 1307 | 230 | 2981 |
| 11 | 188 | 3 | -1970 | -1572 | 64 | 3891 |
| 62 | 29 |  | -444 | -963 | 22 | 2813 |
| 5 | 56 |  | 640 | 846 | 113 | 6817 |
| 103 | 180 | 131 | -1190 | -1148 | 314 | 10131 |
|  | 35 |  | 497 | 524 | 168 | 3703 |
| 34 | -1 | 11 | 149 | 367 | 10 | 2155 |
| 8 | 2 |  | -383 | 308 |  | 3249 |
| 7 | 157 | 121 | 596 | 59 |  | 1877 |
| 1544 | 1530 | 167 | -1714 | 3674 | 1245 | 30921 |
| 85 | 94 | 15 | 1578 | 1571 | 232 | 1737 |
| 71 | 196 | 43 | -306 | 174 | 35 | 2972 |
| 198 | 250 | 21 | -147 | 20 | 4 | 3061 |
| 532 | 509 | 347 | -623 | 2352 | 632 | 18356 |
| 27 | 160 | 142 | -438 | -188 | 8 | 1733 |
|  | -6 |  | -133 | -130 |  | 307 |
|  | 3 | 2 | 572 | 2 |  | 495 |
| 223 | 442 | 136 | 142 | -49 | 10 | 4944 |
| 29 | 1 |  | 29 | 29 |  | 1216 |
| 80 | 56 | 2 | 18 | -212 | 25 | 1914 |
| 134 | 56 | 25 | 1982 | 1643 | 492 | 3570 |
| 91 | 54 | 12 | 147 | 91 |  | 2920 |
| 1 | 7 | 5 | -17 | 24 | 5 | 627 |
| 36 | 192 | 173 | -3801 | -1523 | 3 | 5594 |

集体企业
Collective-owned Enterprises

| 地 区 | Region | 主营业务收入 Revenue from Principal Business | 主营业务成本 Cost of Principal Business | 主营业务税金及附加 Taxes and Other Charges on Principal Business | 主营业务利润 Profits from Principal Business | 其他业务利润 Profits from Other Business | 销售费用 Selling Expenses | 管理费用 Administrative Expenses |
|---|---|---|---|---|---|---|---|---|
| **全 国** | **National Total** | **226193** | **144293** | **9838** | **72062** | **665** | **34593** | **23213** |
| 北 京 | Beijing | 16387 | 8982 | 922 | 6483 | 32 | 4660 | 1912 |
| 天 津 | Tianjin | 1678 | 852 | 45 | 781 | | 164 | 589 |
| 河 北 | Hebei | 1107 | 666 | 78 | 363 | | 269 | 70 |
| 山 西 | Shanxi | 1483 | 356 | 76 | 1051 | | 1109 | 401 |
| 内蒙古 | Inner Mongolia | 729 | 313 | 43 | 373 | | 157 | 230 |
| 辽 宁 | Liaoning | 8015 | 5322 | 499 | 2194 | | 380 | 292 |
| 吉 林 | Jilin | 3506 | 2158 | 154 | 1194 | 58 | 764 | 232 |
| 黑龙江 | Heilongjiang | 381 | 248 | 33 | 100 | | 97 | 1 |
| 上 海 | Shanghai | 24940 | 11604 | 1400 | 11936 | 74 | 7164 | 3195 |
| 江 苏 | Jiangsu | 13160 | 6862 | 696 | 5602 | | 2864 | 3670 |
| 浙 江 | Zhejiang | 781 | 434 | 44 | 303 | | 192 | 133 |
| 安 徽 | Anhui | 3787 | 2296 | 226 | 1265 | 472 | 1459 | 505 |
| 福 建 | Fujian | 11082 | 5839 | 269 | 4974 | | 1858 | 1903 |
| 江 西 | Jiangxi | | | | | | | |
| 山 东 | Shandong | 22826 | 14637 | 1214 | 6975 | | 2319 | 2428 |
| 河 南 | Henan | 12589 | 9265 | 486 | 2838 | | 940 | 825 |
| 湖 北 | Hubei | 8366 | 5935 | 555 | 1876 | | 721 | 466 |
| 湖 南 | Hunan | 1178 | 837 | 71 | 270 | | 18 | 13 |
| 广 东 | Guangdong | 48435 | 32097 | 1868 | 14470 | 20 | 6502 | 3421 |
| 广 西 | Guangxi | 1080 | 533 | 61 | 486 | 1 | 263 | 135 |
| 海 南 | Hainan | | | | | | | |
| 重 庆 | Chongqing | 25651 | 21154 | 523 | 3974 | 8 | 563 | 1180 |
| 四 川 | Sichuan | 4712 | 2497 | 252 | 1963 | | 1334 | 683 |
| 贵 州 | Guizhou | 228 | 92 | 13 | 123 | | | 137 |
| 云 南 | Yunnan | 1884 | 1317 | 60 | 507 | | 473 | 118 |
| 西 藏 | Tibet | | | | | | | |
| 陕 西 | Shaanxi | 12208 | 9997 | 250 | 1961 | | 323 | 674 |
| 甘 肃 | Gansu | | | | | | | |
| 青 海 | Qinghai | | | | | | | |
| 宁 夏 | Ningxia | | | | | | | |
| 新 疆 | Xinjiang | | | | | | | |

4-4-7 Continued 2

单位：万元
Unit: 10000 yuan

| | 财务费用 Financial Expenses | | 营业利润 Operating Profits | 利润总额 Total Profits | 应交所得税 Income Tax Payable | 应付职工薪酬 Payables to Employees |
|---|---|---|---|---|---|---|
| #税金 Taxes | | #利息支出 Interest Expenses | | | | |
| **1576** | **1642** | **429** | **12277** | **11099** | **2843** | **37433** |
| 11 | 58 | | -126 | 27 | 93 | 3849 |
| 16 | 14 | | 14 | 21 | 1 | 525 |
| 6 | 5 | | 15 | 15 | 2 | 503 |
| 9 | 8 | 4 | -451 | -397 | 1 | 465 |
| | 1 | | -15 | 19 | | 295 |
| 7 | 51 | | 1472 | 1983 | | 251 |
| 7 | 5 | 5 | 118 | 60 | 26 | 675 |
| 1 | | | 3 | 3 | | 47 |
| | 7 | 9 | 2100 | 2141 | 555 | 6081 |
| 28 | 231 | 207 | -1162 | -1255 | 26 | 2405 |
| 1 | 3 | 3 | -21 | 1 | 4 | 200 |
| 4 | 12 | | -697 | -695 | 44 | 1062 |
| 30 | 1 | | 1259 | 1044 | 259 | 2916 |
| 102 | 202 | 160 | 2034 | 2034 | 555 | 3658 |
| 454 | 756 | 3 | -100 | -90 | 26 | 1108 |
| 43 | 36 | 13 | 615 | -397 | 10 | 517 |
| 2 | 17 | 7 | 222 | 222 | | 63 |
| 474 | 84 | 15 | 4303 | 3884 | 1227 | 8272 |
| | 1 | | 88 | 3 | | 253 |
| 16 | 46 | 3 | 1918 | 1975 | 12 | 2180 |
| | 8 | | -61 | -61 | 2 | 962 |
| | | | -13 | -13 | | 89 |
| 1 | 2 | | -87 | -85 | | 279 |
| 364 | 94 | | 849 | 660 | | 778 |

股份合作企业
Cooperative Enterprises

| 地 区 | Region | 主营业务收入 Revenue from Principal Business | 主营业务成本 Cost of Principal Business | 主营业务税金及附加 Taxes and Other Charges on Principal Business | 主营业务利润 Profits from Principal Business | 其他业务利润 Profits from Other Business | 销售费用 Selling Expenses | 管理费用 Administrative Expenses |
|---|---|---|---|---|---|---|---|---|
| **全 国** | **National Total** | **140121** | **72847** | **7467** | **59807** | **402** | **38734** | **14248** |
| 北 京 | Beijing | 28700 | 14901 | 1592 | 12207 | 247 | 10802 | 1647 |
| 天 津 | Tianjin | | | | | | | |
| 河 北 | Hebei | 7240 | 3698 | 392 | 3150 | | 2082 | 790 |
| 山 西 | Shanxi | 379 | 161 | 22 | 196 | | 145 | 52 |
| 内蒙古 | Inner Mongolia | | | | | | | |
| 辽 宁 | Liaoning | 68 | 48 | 8 | 12 | | | 12 |
| 吉 林 | Jilin | | | | | | | |
| 黑龙江 | Heilongjiang | 89 | 34 | 7 | 48 | | 47 | 1 |
| 上 海 | Shanghai | 5461 | 2302 | 325 | 2834 | | 1622 | 1576 |
| 江 苏 | Jiangsu | 1005 | 576 | 55 | 374 | 17 | 174 | 88 |
| 浙 江 | Zhejiang | 9712 | 6624 | 502 | 2586 | | 1085 | 542 |
| 安 徽 | Anhui | 195 | 135 | 11 | 49 | | | 31 |
| 福 建 | Fujian | 125 | 75 | 6 | 44 | | | 38 |
| 江 西 | Jiangxi | 2143 | 1025 | 84 | 1034 | | 958 | 8 |
| 山 东 | Shandong | 2353 | 1328 | 101 | 924 | | 587 | 702 |
| 河 南 | Henan | 2459 | 1735 | 101 | 623 | 5 | 276 | 190 |
| 湖 北 | Hubei | 2477 | 1103 | 444 | 930 | | 60 | 192 |
| 湖 南 | Hunan | | | | | | | |
| 广 东 | Guangdong | 37580 | 18964 | 1973 | 16643 | 133 | 11361 | 3617 |
| 广 西 | Guangxi | 1099 | 521 | 61 | 517 | | 340 | 198 |
| 海 南 | Hainan | | | | | | | |
| 重 庆 | Chongqing | 4478 | 2641 | 195 | 1642 | | 21 | 124 |
| 四 川 | Sichuan | 29607 | 13716 | 1347 | 14544 | | 8708 | 3945 |
| 贵 州 | Guizhou | 893 | 325 | 35 | 533 | | 293 | 213 |
| 云 南 | Yunnan | | | | | | | |
| 西 藏 | Tibet | | | | | | | |
| 陕 西 | Shaanxi | 4058 | 2935 | 206 | 917 | | 173 | 282 |
| 甘 肃 | Gansu | | | | | | | |
| 青 海 | Qinghai | | | | | | | |
| 宁 夏 | Ningxia | | | | | | | |
| 新 疆 | Xinjiang | | | | | | | |

4-4-7 Continued 3

单位：万元

Unit: 10000 yuan

| #税金<br>Taxes | 财务费用<br>Financial Expenses | #利息支出<br>Interest Expenses | 营业利润<br>Operating Profits | 利润总额<br>Total Profits | 应交所得税<br>Income Tax Payable | 应付职工薪酬<br>Payables to Employees |
|---|---|---|---|---|---|---|
| **1064** | **1799** | **1517** | **5532** | **5437** | **1653** | **24456** |
| 70 | 131 | 41 | -292 | -298 | 68 | 5840 |
|  | 239 | 238 | 44 | 38 | 18 | 998 |
|  | 2 |  | -7 | -7 | 11 | 177 |
|  |  |  |  |  | 4 | 22 |
|  |  |  |  |  |  | 31 |
|  | 4 |  | -274 | 93 | 1 | 1922 |
| 2 | 2 |  | 106 | 106 | 3 | 253 |
| 59 | 189 | 190 | 771 | 703 | 216 | 1350 |
|  |  |  | 20 | 20 |  | 34 |
| 4 |  |  |  |  |  | 170 |
|  | 11 | 1 | 58 | 15 | 43 | 554 |
| 13 | 1 |  | -365 | -359 |  | 702 |
| 36 | 4 |  | 155 | 170 | 1 | 511 |
| 150 | 3 | 3 | 676 | 676 | 171 | 660 |
| 69 | 770 | 536 | 920 | 759 | 492 | 6782 |
| 4 |  |  | -21 | -18 | 1 | 332 |
| 10 | 17 | 4 | 1479 | 1475 |  | 320 |
| 488 | 392 | 470 | 1563 | 1579 | 620 | 3509 |
|  |  |  | 271 | 57 | 4 | 210 |
| 159 | 34 | 34 | 428 | 428 |  | 79 |

4-4-7 续表 4

联营企业

Joint Ownership Enterprises

| 地 区 | Region | 主营业务收入 Revenue from Principal Business | 主营业务成本 Cost of Principal Business | 主营业务税金及附加 Taxes and Other Charges on Principal Business | 主营业务利润 Profits from Principal Business | 其他业务利润 Profits from Other Business | 销售费用 Selling Expenses | 管理费用 Administrative Expenses |
|---|---|---|---|---|---|---|---|---|
| **全 国** | **National Total** | **9843** | **7384** | **268** | **2191** | | **586** | **629** |
| 北 京 | Beijing | | | | | | | |
| 天 津 | Tianjin | | | | | | | |
| 河 北 | Hebei | | | | | | | |
| 山 西 | Shanxi | | | | | | | |
| 内蒙古 | Inner Mongolia | | | | | | | |
| 辽 宁 | Liaoning | | | | | | | |
| 吉 林 | Jilin | | | | | | | |
| 黑龙江 | Heilongjiang | | | | | | | |
| 上 海 | Shanghai | 459 | 277 | 25 | 157 | | 89 | 81 |
| 江 苏 | Jiangsu | | | | | | | |
| 浙 江 | Zhejiang | 482 | 378 | 17 | 87 | | | 73 |
| 安 徽 | Anhui | | | | | | | |
| 福 建 | Fujian | | | | | | | |
| 江 西 | Jiangxi | | | | | | | |
| 山 东 | Shandong | 437 | 344 | 29 | 64 | | 233 | 73 |
| 河 南 | Henan | 1825 | 1123 | 27 | 675 | | 102 | 97 |
| 湖 北 | Hubei | 4969 | 4062 | 136 | 771 | | 101 | 259 |
| 湖 南 | Hunan | | | | | | | |
| 广 东 | Guangdong | | | | | | | |
| 广 西 | Guangxi | | | | | | | |
| 海 南 | Hainan | | | | | | | |
| 重 庆 | Chongqing | | | | | | | |
| 四 川 | Sichuan | | | | | | | |
| 贵 州 | Guizhou | | | | | | | |
| 云 南 | Yunnan | | | | | | | |
| 西 藏 | Tibet | | | | | | | |
| 陕 西 | Shaanxi | 1186 | 860 | 5 | 321 | | | 11 |
| 甘 肃 | Gansu | 485 | 340 | 29 | 116 | | 61 | 35 |
| 青 海 | Qinghai | | | | | | | |
| 宁 夏 | Ningxia | | | | | | | |
| 新 疆 | Xinjiang | | | | | | | |

4-4-7 Continued 4

单位：万元

Unit: 10000 yuan

| #税金<br>Taxes | 财务费用<br>Financial Expenses | #利息支出<br>Interest Expenses | 营业利润<br>Operating Profits | 利润总额<br>Total Profits | 应交所得税<br>Income Tax Payable | 应付职工薪酬<br>Payables to Employees |
|---|---|---|---|---|---|---|
| **64** | **125** | | **850** | **855** | **82** | **850** |
| | 4 | | -19 | 1 | | 110 |
| | | | 15 | 15 | | 139 |
| | 1 | | -243 | -241 | | 147 |
| 30 | 5 | | 471 | 471 | 5 | 146 |
| | 105 | | 306 | 306 | 77 | 148 |
| 5 | 7 | | 303 | 303 | | 95 |
| 29 | 3 | | 17 | | | 65 |

有限责任公司

Limited Liability Corporations

| 地 区 | Region | 主营业务收入 Revenue from Principal Business | 主营业务成本 Cost of Principal Business | 主营业务税金及附加 Taxes and Other Charges on Principal Business | 主营业务利润 Profits from Principal Business | 其他业务利润 Profits from Other Business | 销售费用 Selling Expenses | 管理费用 Administrative Expenses |
|---|---|---|---|---|---|---|---|---|
| **全 国** | **National Total** | **10735716** | **5401091** | **615938** | **4718687** | **142820** | **3098709** | **1458625** |
| 北 京 | Beijing | 1446161 | 567355 | 77887 | 800919 | 14770 | 610371 | 198144 |
| 天 津 | Tianjin | 231152 | 109394 | 11660 | 110098 | 2179 | 83053 | 34182 |
| 河 北 | Hebei | 128701 | 62319 | 6581 | 59801 | 1903 | 42386 | 27676 |
| 山 西 | Shanxi | 78114 | 42993 | 4160 | 30961 | 783 | 25051 | 20026 |
| 内蒙古 | Inner Mongolia | 144982 | 66640 | 6492 | 71850 | 1838 | 50461 | 37167 |
| 辽 宁 | Liaoning | 113015 | 58190 | 5460 | 49365 | 8073 | 33071 | 23311 |
| 吉 林 | Jilin | 158100 | 86458 | 6342 | 65300 | 963 | 42056 | 24066 |
| 黑龙江 | Heilongjiang | 39676 | 21937 | 2350 | 15389 | 547 | 9002 | 5065 |
| 上 海 | Shanghai | 537715 | 222078 | 28467 | 287170 | 24626 | 193707 | 80605 |
| 江 苏 | Jiangsu | 683422 | 328829 | 36818 | 317775 | 7366 | 195185 | 141038 |
| 浙 江 | Zhejiang | 506784 | 242668 | 25429 | 238687 | 2333 | 169045 | 74120 |
| 安 徽 | Anhui | 365694 | 206605 | 18629 | 140460 | 1507 | 93172 | 38085 |
| 福 建 | Fujian | 279242 | 162335 | 12697 | 104210 | 534 | 54332 | 37935 |
| 江 西 | Jiangxi | 123947 | 62390 | 6062 | 55495 | 3328 | 35216 | 17452 |
| 山 东 | Shandong | 731028 | 414038 | 33291 | 283699 | 5743 | 155870 | 104452 |
| 河 南 | Henan | 417851 | 242587 | 18128 | 157136 | 3349 | 72795 | 43304 |
| 湖 北 | Hubei | 783221 | 414739 | 114678 | 253804 | 4404 | 180248 | 90978 |
| 湖 南 | Hunan | 259169 | 145431 | 12104 | 101634 | 576 | 54234 | 34995 |
| 广 东 | Guangdong | 1454542 | 681795 | 79474 | 693273 | 31149 | 475769 | 157199 |
| 广 西 | Guangxi | 97265 | 49935 | 5173 | 42157 | 1208 | 33891 | 12712 |
| 海 南 | Hainan | 28187 | 13459 | 1505 | 13223 | 4 | 10089 | 6651 |
| 重 庆 | Chongqing | 542204 | 311557 | 21342 | 209305 | 2107 | 112979 | 38456 |
| 四 川 | Sichuan | 595836 | 329657 | 28872 | 237307 | 8001 | 139534 | 80748 |
| 贵 州 | Guizhou | 78707 | 45587 | 3665 | 29455 | 505 | 10441 | 13429 |
| 云 南 | Yunnan | 147403 | 83658 | 6400 | 57345 | 1351 | 32015 | 16748 |
| 西 藏 | Tibet | 1613 | 1027 | 90 | 496 |  | 373 | 151 |
| 陕 西 | Shaanxi | 606162 | 347433 | 33951 | 224778 | 8702 | 144417 | 71404 |
| 甘 肃 | Gansu | 106863 | 59458 | 5595 | 41810 | 4693 | 24130 | 12521 |
| 青 海 | Qinghai | 8128 | 3074 | 438 | 4616 | 6 | 2689 | 2762 |
| 宁 夏 | Ningxia | 13641 | 6004 | 783 | 6854 | 271 | 3764 | 7674 |
| 新 疆 | Xinjiang | 27191 | 11461 | 1415 | 14315 | 1 | 9363 | 5569 |

4-4-7 Continued 5

单位：万元
Unit: 10000 yuan

| #税金 Taxes | 财务费用 Financial Expenses | #利息支出 Interest Expenses | 营业利润 Operating Profits | 利润总额 Total Profits | 应交所得税 Income Tax Payable | 应付职工薪酬 Payables to Employees |
|---|---|---|---|---|---|---|
| **46438** | **217945** | **123236** | **363740** | **420523** | **171040** | **2517982** |
| 3120 | 13382 | 6569 | -7552 | -1268 | 14186 | 357820 |
| 543 | 3711 | 918 | -12134 | -11386 | 2546 | 49323 |
| 773 | 6689 | 3174 | -17630 | -6615 | 534 | 35781 |
| 336 | 2510 | 1997 | -13254 | -10637 | 204 | 16937 |
| 1599 | 3275 | 1416 | -16759 | -7836 | 2031 | 37014 |
| 831 | 3840 | 2034 | -9216 | -8267 | 1657 | 19397 |
| 297 | 1623 | 605 | 2612 | 2048 | 542 | 32265 |
| 364 | 1389 | 1208 | 534 | -631 | 180 | 28871 |
| 973 | 6325 | 3619 | 20871 | 27454 | 7607 | 119136 |
| 4662 | 20527 | 13734 | 272614 | 278527 | 79634 | 149264 |
| 3134 | 14095 | 10887 | -15594 | -12297 | 2508 | 101460 |
| 1462 | 9447 | 3679 | 6617 | 8970 | 3356 | 65498 |
| 798 | 3476 | 638 | 8922 | 5986 | 2709 | 52589 |
| 597 | 2869 | 1962 | -310 | -2732 | 389 | 24810 |
| 5381 | 23805 | 13598 | 6396 | 4202 | 7335 | 133051 |
| 2246 | 12665 | 5762 | 29713 | 31457 | 3069 | 76030 |
| 4190 | 15042 | 6600 | 17381 | 14466 | 8266 | 351984 |
| 1640 | 4351 | 1714 | 5288 | 563 | 1261 | 46146 |
| 2929 | 27587 | 15983 | 21368 | 23988 | 12182 | 293989 |
| 526 | 2699 | 1987 | -5821 | -4932 | 624 | 22595 |
| 102 | 151 | 35 | -3044 | -3050 | 205 | 8316 |
| 2131 | 4640 | 2076 | 58060 | 49444 | 4291 | 70437 |
| 2522 | 15453 | 12170 | 6931 | -409 | 3447 | 109323 |
| 623 | 1258 | 787 | 4343 | 8601 | 161 | 17198 |
| 1097 | 2233 | 1844 | 4503 | 43272 | 1285 | 35141 |
| 3 | 2 | 1 | -31 | -11 |  | 411 |
| 2572 | 10585 | 4705 | -1045 | -7435 | 2033 | 140780 |
| 663 | 1302 | 753 | 3335 | 1789 | 8664 | 108173 |
| 28 | 748 | 740 | -1451 | -878 |  | 1994 |
| 33 | 1401 | 1237 | -5962 | -6019 | 17 | 4858 |
| 263 | 865 | 804 | 4055 | 4159 | 117 | 7391 |

股份有限公司

Share-holding Corporations Ltd.

| 地区 | Region | 主营业务收入 Revenue from Principal Business | 主营业务成本 Cost of Principal Business | 主营业务税金及附加 Taxes and Other Charges on Principal Business | 主营业务利润 Profits from Principal Business | 其他业务利润 Profits from Other Business | 销售费用 Selling Expenses | 管理费用 Administr-ative Expenses |
|---|---|---|---|---|---|---|---|---|
| **全国** | **National Total** | **1178041** | **660104** | **51398** | **466539** | **15231** | **276505** | **134677** |
| 北京 | Beijing | 134255 | 44522 | 7013 | 82720 | 5891 | 61262 | 20468 |
| 天津 | Tianjin | 19010 | 5863 | 990 | 12157 | 664 | 9394 | 5250 |
| 河北 | Hebei | 20871 | 9167 | 1012 | 10692 | | 8143 | 2903 |
| 山西 | Shanxi | 3719 | 1870 | 159 | 1690 | 131 | 1467 | 1060 |
| 内蒙古 | Inner Mongolia | 145171 | 109579 | 1370 | 34222 | 344 | 11062 | 4313 |
| 辽宁 | Liaoning | 33665 | 27503 | 1210 | 4952 | | 2542 | 929 |
| 吉林 | Jilin | 10380 | 5619 | 403 | 4358 | | 2282 | 2065 |
| 黑龙江 | Heilongjiang | 2468 | 1595 | 263 | 610 | 123 | 422 | 138 |
| 上海 | Shanghai | 65672 | 35264 | 2208 | 28200 | | 15561 | 9236 |
| 江苏 | Jiangsu | 68122 | 34384 | 3572 | 30166 | 467 | 16997 | 8580 |
| 浙江 | Zhejiang | 85414 | 40564 | 4028 | 40822 | 214 | 27885 | 11017 |
| 安徽 | Anhui | 13730 | 9074 | 724 | 3932 | | 2094 | 2123 |
| 福建 | Fujian | 3391 | 2402 | 121 | 868 | | 214 | 337 |
| 江西 | Jiangxi | 9368 | 5634 | 524 | 3210 | 4 | 1463 | 1163 |
| 山东 | Shandong | 106678 | 60253 | 5648 | 40777 | 1537 | 24382 | 15549 |
| 河南 | Henan | 41856 | 26529 | 2223 | 13104 | 504 | 5968 | 3336 |
| 湖北 | Hubei | 19870 | 10096 | 1328 | 8446 | 60 | 4000 | 2067 |
| 湖南 | Hunan | 24074 | 14958 | 1673 | 7443 | 109 | 3031 | 1612 |
| 广东 | Guangdong | 85209 | 41969 | 3580 | 39660 | 2042 | 22635 | 10378 |
| 广西 | Guangxi | 9891 | 5606 | 528 | 3757 | | 2173 | 2206 |
| 海南 | Hainan | 6946 | 3682 | 327 | 2937 | 20 | 1786 | 1100 |
| 重庆 | Chongqing | 86193 | 40412 | 4559 | 41222 | | 21146 | 12748 |
| 四川 | Sichuan | 43793 | 26580 | 1437 | 15776 | 662 | 9098 | 6289 |
| 贵州 | Guizhou | 5201 | 1330 | 192 | 3679 | | 1320 | 386 |
| 云南 | Yunnan | 1113 | 749 | 45 | 319 | | 240 | 216 |
| 西藏 | Tibet | | | | | | | |
| 陕西 | Shaanxi | 107226 | 79682 | 5540 | 22004 | 476 | 13106 | 6430 |
| 甘肃 | Gansu | 15179 | 9247 | 395 | 5537 | 1984 | 4173 | 1011 |
| 青海 | Qinghai | 6370 | 4923 | 213 | 1234 | -1 | 1169 | 773 |
| 宁夏 | Ningxia | 2216 | 831 | 70 | 1315 | | 853 | 189 |
| 新疆 | Xinjiang | 990 | 217 | 43 | 730 | | 637 | 805 |

4-4-7 Continued 6

单位：万元

Unit: 10000 yuan

| #税金 Taxes | 财务费用 Financial Expenses | #利息支出 Interest Expenses | 营业利润 Operating Profits | 利润总额 Total Profits | 应交所得税 Income Tax Payable | 应付职工薪酬 Payables to Employees |
|---|---|---|---|---|---|---|
| **4439** | **38365** | **17547** | **91320** | **82694** | **8231** | **229061** |
| 903 | 11674 | 5476 | 5332 | 5287 | 2892 | 43531 |
| 55 | 2175 | 2127 | 725 | 1237 | 38 | 5114 |
| 45 | 189 | | -583 | -975 | 49 | 6013 |
| 1 | 310 | 1 | -1168 | -766 | 2 | 996 |
| 462 | 3225 | 1 | 15310 | 4797 | 5 | 4056 |
| 37 | 81 | | 1400 | 1401 | 382 | 1502 |
| 4 | 657 | 121 | -560 | -779 | 101 | 1682 |
| 52 | 2 | | 49 | 47 | 30 | 544 |
| | 4696 | | 9183 | 9219 | 152 | 8038 |
| 93 | 2177 | 1177 | 5662 | 5667 | 560 | 14177 |
| 178 | 492 | 487 | 19316 | 19957 | 749 | 21808 |
| 105 | 880 | 826 | -1161 | -1052 | 29 | 2555 |
| 3 | 14 | 9 | 303 | 42 | 16 | 896 |
| 160 | 77 | 51 | 211 | 205 | 31 | 3157 |
| 205 | 4393 | 419 | -3352 | -1747 | 859 | 29864 |
| 185 | 1610 | 1228 | 2171 | 2343 | 396 | 7303 |
| 215 | 715 | 119 | 1451 | 1547 | 63 | 3418 |
| 99 | 469 | 15 | 2435 | 552 | 61 | 2292 |
| 336 | -238 | 198 | 26853 | 27187 | 1183 | 18500 |
| 34 | 130 | 11 | -986 | -387 | 23 | 2817 |
| | 47 | 4 | 23 | 23 | 62 | 2264 |
| 129 | 2893 | 2989 | 6608 | 6655 | 92 | 18194 |
| 212 | 374 | 504 | -217 | -70 | 354 | 7246 |
| | 419 | 419 | 1554 | 1539 | 10 | 511 |
| 1 | 5 | 1 | -41 | -126 | | 245 |
| 872 | 431 | 1016 | 2050 | 1733 | 32 | 17116 |
| 13 | 8 | 1 | 261 | 226 | 57 | 1946 |
| 33 | 116 | 3 | -726 | -694 | 3 | 2082 |
| | 339 | 339 | -67 | -61 | | 483 |
| 7 | 5 | 5 | -716 | -313 | | 711 |

4-4-7 续表 7

私营企业

Private Enterprises

| 地　区 | Region | 主营业务收入 Revenue from Principal Business | 主营业务成本 Cost of Principal Business | 主营业务税金及附加 Taxes and Other Charges on Principal Business | 主营业务利润 Profits from Principal Business | 其他业务利润 Profits from Other Business | 销售费用 Selling Expenses | 管理费用 Administrative Expenses |
|---|---|---|---|---|---|---|---|---|
| **全　国** | **National Total** | **21711092** | **12295759** | **1045303** | **8370030** | **194958** | **4843907** | **2438650** |
| 北　京 | Beijing | 1547852 | 695737 | 84002 | 768113 | 11202 | 603249 | 199454 |
| 天　津 | Tianjin | 257916 | 149001 | 13579 | 95336 | 3849 | 64659 | 30713 |
| 河　北 | Hebei | 177991 | 94617 | 9122 | 74252 | 851 | 51212 | 29674 |
| 山　西 | Shanxi | 317744 | 167422 | 15047 | 135275 | 9794 | 111530 | 67103 |
| 内蒙古 | Inner Mongolia | 181520 | 87708 | 8340 | 85472 | 1726 | 47949 | 36640 |
| 辽　宁 | Liaoning | 429617 | 259657 | 22870 | 147090 | 5903 | 66556 | 47038 |
| 吉　林 | Jilin | 73437 | 42903 | 3366 | 27168 | 1585 | 13235 | 8998 |
| 黑龙江 | Heilongjiang | 66875 | 38253 | 3767 | 24855 | 710 | 16664 | 5150 |
| 上　海 | Shanghai | 2175152 | 1075931 | 115283 | 983938 | 45981 | 722738 | 266200 |
| 江　苏 | Jiangsu | 1727885 | 980165 | 84954 | 662766 | 10655 | 347886 | 235050 |
| 浙　江 | Zhejiang | 1592596 | 861223 | 79126 | 652247 | 10582 | 412817 | 221734 |
| 安　徽 | Anhui | 764266 | 438688 | 33655 | 291923 | 5776 | 150278 | 79345 |
| 福　建 | Fujian | 739747 | 503025 | 28603 | 208119 | 781 | 100610 | 69104 |
| 江　西 | Jiangxi | 600193 | 398181 | 31314 | 170698 | 1577 | 160793 | 26883 |
| 山　东 | Shandong | 1927754 | 1202417 | 84129 | 641208 | 3702 | 209281 | 172036 |
| 河　南 | Henan | 965156 | 620279 | 39444 | 305433 | 5627 | 74938 | 54433 |
| 湖　北 | Hubei | 1029607 | 639006 | 47409 | 343192 | 5197 | 136232 | 82678 |
| 湖　南 | Hunan | 727557 | 423674 | 32880 | 271003 | 18810 | 141003 | 68533 |
| 广　东 | Guangdong | 2395629 | 1289357 | 127155 | 979117 | 13805 | 611583 | 311356 |
| 广　西 | Guangxi | 140793 | 69852 | 8077 | 62864 | 705 | 39809 | 22689 |
| 海　南 | Hainan | 7902 | 4247 | 422 | 3233 | | 8448 | 1003 |
| 重　庆 | Chongqing | 1506126 | 934816 | 61070 | 510240 | 1777 | 249881 | 131371 |
| 四　川 | Sichuan | 1218442 | 673735 | 57761 | 486946 | 17686 | 269448 | 135603 |
| 贵　州 | Guizhou | 142289 | 82178 | 7170 | 52941 | 5031 | 23278 | 23529 |
| 云　南 | Yunnan | 222349 | 133242 | 11250 | 77857 | 1792 | 43368 | 21430 |
| 西　藏 | Tibet | 3360 | 1253 | 167 | 1940 | | 1190 | 792 |
| 陕　西 | Shaanxi | 441099 | 256495 | 20045 | 164559 | 5667 | 83742 | 45393 |
| 甘　肃 | Gansu | 152842 | 85324 | 7152 | 60366 | 2324 | 27183 | 14076 |
| 青　海 | Qinghai | 37355 | 19167 | 1244 | 16944 | 25 | 10863 | 4529 |
| 宁　夏 | Ningxia | 56523 | 28730 | 2564 | 25229 | 1675 | 17200 | 9813 |
| 新　疆 | Xinjiang | 83518 | 39476 | 4336 | 39706 | 163 | 26284 | 16300 |

4-4-7 Continued 7

单位：万元

Unit: 10000 yuan

| #税金 Taxes | 财务费用 Financial Expenses | #利息支出 Interest Expenses | 营业利润 Operating Profits | 利润总额 Total Profits | 应交所得税 Income Tax Payable | 应付职工薪酬 Payables to Employees |
|---|---|---|---|---|---|---|
| **90456** | **393572** | **187464** | **814878** | **634318** | **195905** | **3838893** |
| | | | | | | |
| 2791 | 18693 | 7562 | -45046 | -41822 | 5710 | 342674 |
| 504 | 855 | 145 | 961 | 1464 | 1350 | 64783 |
| 803 | 6450 | 2241 | -8370 | -6553 | 839 | 42906 |
| 1946 | 11634 | 7271 | -53591 | -48341 | 1013 | 78856 |
| 1341 | 4147 | 1917 | 2248 | -3116 | 509 | 39906 |
| | | | | | | |
| 4148 | 9897 | 1303 | 22664 | 24519 | 3551 | 68998 |
| 310 | 405 | 1058 | 3729 | 1720 | 516 | 10027 |
| 308 | 1102 | 66 | 2359 | 1371 | 325 | 9206 |
| | | | | | | |
| 2471 | 34627 | 20113 | -40538 | -20319 | 16131 | 369673 |
| 5498 | 40042 | 17051 | 39522 | 31812 | 15844 | 299757 |
| 7604 | 42379 | 29943 | -15929 | -12305 | 9662 | 281139 |
| 5041 | 21892 | 12420 | 43020 | 39267 | 5648 | 168482 |
| 3363 | 4895 | 2954 | 33009 | 27967 | 5842 | 94525 |
| 978 | 6754 | 1804 | -23130 | -38060 | 14018 | 116693 |
| 10639 | 36612 | 10909 | 227387 | 210579 | 38802 | 229975 |
| | | | | | | |
| 5510 | 13135 | 2199 | 162218 | 158922 | 6132 | 99187 |
| 4994 | 17447 | 6743 | 109991 | 86988 | 12372 | 153037 |
| 3188 | 19260 | 9138 | 42200 | 28529 | 4209 | 116264 |
| 9011 | 27663 | 9817 | 29340 | 13348 | 21794 | 473754 |
| 503 | 7823 | 6096 | -7868 | -8318 | 741 | 33240 |
| 8 | 81 | 31 | -221 | -20 | 23 | 1818 |
| | | | | | | |
| 6249 | 12325 | 4243 | 177534 | 92064 | 12811 | 246493 |
| 4933 | 27349 | 15946 | 69749 | 61407 | 11956 | 211611 |
| 822 | 3751 | 2102 | 2945 | 3518 | 584 | 26463 |
| 1168 | 6888 | 3476 | 7047 | 7806 | 1289 | 44722 |
| | 8 | 10 | -47 | 44 | 10 | 1077 |
| | | | | | | |
| 4706 | 6948 | 3565 | 28449 | 19935 | 2867 | 73715 |
| 466 | 3213 | 2460 | 15586 | 10965 | 615 | 94142 |
| 221 | 1474 | 868 | 243 | 1761 | 89 | 10624 |
| 416 | 2453 | 1151 | -3975 | -4623 | 259 | 14101 |
| 516 | 3370 | 2862 | -6608 | -6191 | 394 | 21045 |

其他内资企业

Other Domestic Funded Enterprises

| 地 区 | Region | 主营业务收入 Revenue from Principal Business | 主营业务成本 Cost of Principal Business | 主营业务税金及附加 Taxes and Other Charges on Principal Business | 主营业务利润 Profits from Principal Business | 其他业务利润 Profits from Other Business | 销售费用 Selling Expenses | 管理费用 Administrative Expenses |
|---|---|---|---|---|---|---|---|---|
| **全 国** | **National Total** | **508316** | **306962** | **25042** | **176312** | **5972** | **73696** | **42083** |
| 北 京 | Beijing | | | | | | | |
| 天 津 | Tianjin | 8985 | 5500 | 897 | 2588 | 5 | 315 | 445 |
| 河 北 | Hebei | 1161 | 900 | 43 | 218 | | 136 | 87 |
| 山 西 | Shanxi | 1638 | 795 | 100 | 743 | | 810 | 481 |
| 内蒙古 | Inner Mongolia | 2817 | 1679 | 145 | 993 | | 374 | 431 |
| 辽 宁 | Liaoning | 14254 | 9409 | 851 | 3994 | | 1101 | 714 |
| 吉 林 | Jilin | 4254 | 1774 | 324 | 2156 | | 1045 | 498 |
| 黑龙江 | Heilongjiang | 3094 | 1533 | 303 | 1258 | | 860 | 449 |
| 上 海 | Shanghai | 17088 | 9945 | 929 | 6214 | 40 | 5040 | 830 |
| 江 苏 | Jiangsu | 48411 | 20234 | 2687 | 25490 | | 15008 | 5122 |
| 浙 江 | Zhejiang | 1531 | 906 | 90 | 535 | | 349 | 1070 |
| 安 徽 | Anhui | 2012 | 840 | 137 | 1035 | | 728 | 1025 |
| 福 建 | Fujian | 15820 | 10057 | 1013 | 4750 | 18 | 2716 | 1129 |
| 江 西 | Jiangxi | 3745 | 2607 | 223 | 915 | | 306 | 230 |
| 山 东 | Shandong | 67814 | 44967 | 1978 | 20869 | 34 | 6662 | 5895 |
| 河 南 | Henan | 24650 | 18144 | 610 | 5896 | | 1649 | 813 |
| 湖 北 | Hubei | 57944 | 38906 | 3618 | 15420 | | 1995 | 2023 |
| 湖 南 | Hunan | 9144 | 4804 | 388 | 3952 | 10 | 1629 | 1179 |
| 广 东 | Guangdong | 88513 | 51510 | 5105 | 31898 | 1618 | 18304 | 7536 |
| 广 西 | Guangxi | 7977 | 4772 | 366 | 2839 | 6 | 1230 | 979 |
| 海 南 | Hainan | 861 | 469 | 4 | 388 | | 4 | 286 |
| 重 庆 | Chongqing | 37587 | 23985 | 1517 | 12085 | 1851 | 4356 | 1864 |
| 四 川 | Sichuan | 19023 | 11048 | 1141 | 6834 | 1919 | 2494 | 1772 |
| 贵 州 | Guizhou | 2703 | 1599 | 176 | 928 | | 99 | 439 |
| 云 南 | Yunnan | 5653 | 3493 | 291 | 1869 | 285 | 828 | 729 |
| 西 藏 | Tibet | | | | | | | |
| 陕 西 | Shaanxi | 54693 | 34566 | 1872 | 18255 | 20 | 5380 | 4817 |
| 甘 肃 | Gansu | 4880 | 1620 | 118 | 3142 | | 278 | 49 |
| 青 海 | Qinghai | | | | | | | |
| 宁 夏 | Ningxia | | | | | | | |
| 新 疆 | Xinjiang | 2064 | 900 | 116 | 1048 | 166 | | 1191 |

4-4-7 Continued 8

单位：万元

Unit: 10000 yuan

| #税金 Taxes | 财务费用 Financial Expenses | #利息支出 Interest Expenses | 营业利润 Operating Profits | 利润总额 Total Profits | 应交所得税 Income Tax Payable | 应付职工薪酬 Payables to Employees |
|---|---|---|---|---|---|---|
| **2328** | **6269** | **2048** | **53900** | **42351** | **4541** | **72508** |
| 34 | 20 | | 1742 | 1252 | 2 | 1711 |
| 17 | 7 | 3 | -12 | -77 | 6 | 437 |
| 12 | 5 | | -552 | -538 | | 421 |
| 17 | 10 | 5 | 172 | 176 | 15 | 1197 |
| 222 | 64 | 6 | 2115 | 2159 | 77 | 1691 |
| 30 | 324 | | 255 | 300 | 86 | 589 |
| 46 | 1 | 1 | -50 | -174 | | 546 |
| 3 | 126 | 71 | 263 | 299 | 201 | 4124 |
| 25 | 413 | 131 | 4883 | 4911 | 1142 | 6613 |
| | -14 | | -871 | 366 | 23 | 1256 |
| 9 | 39 | 7 | -759 | -762 | 4 | 468 |
| 25 | 49 | 40 | 745 | 588 | 48 | 3793 |
| 9 | 11 | 6 | 336 | 298 | | 313 |
| 298 | 892 | 89 | 7281 | 7092 | 1283 | 8610 |
| 60 | 241 | 7 | 3074 | 3073 | 6 | 2385 |
| 312 | 428 | 152 | 10818 | 8593 | 470 | 5156 |
| 5 | 163 | 113 | 990 | 714 | 11 | 824 |
| 564 | 1050 | 408 | 4837 | 3482 | 736 | 16017 |
| 37 | 158 | 110 | 749 | 530 | 11 | 1830 |
| | 6 | | 92 | 92 | 12 | 173 |
| 210 | 276 | 105 | 5614 | 4515 | 112 | 4384 |
| 160 | 274 | 252 | 2541 | 1228 | 174 | 2289 |
| 70 | 56 | 17 | 332 | 318 | | 437 |
| 20 | 30 | 9 | 308 | 175 | 23 | 1242 |
| 135 | 1547 | 442 | 6253 | 1168 | 87 | 5014 |
| 8 | 72 | 52 | 2743 | 2561 | | 346 |
| | 21 | 22 | 1 | 12 | 12 | 642 |

港、澳、台商投资企业

Enterprises with Funds from Hongkong, Macao and Taiwan

| 地 区 | Region | 主营业务收入 Revenue from Principal Business | 主营业务成本 Cost of Principal Business | 主营业务税金及附加 Taxes and Other Charges on Principal Business | 主营业务利润 Profits from Principal Business | 其他业务利润 Profits from Other Business | 销售费用 Selling Expenses | 管理费用 Administrative Expenses |
|---|---|---|---|---|---|---|---|---|
| **全 国** | **National Total** | **4302996** | **1595527** | **224101** | **2483368** | **36140** | **1877191** | **449718** |
| 北 京 | Beijing | 791325 | 262161 | 41292 | 487872 | 568 | 366843 | 74160 |
| 天 津 | Tianjin | 15884 | 5953 | 820 | 9111 | 119 | 7128 | 2422 |
| 河 北 | Hebei | | | | | | | |
| 山 西 | Shanxi | 551 | 142 | 31 | 378 | | 423 | 76 |
| 内蒙古 | Inner Mongolia | 3431 | 1216 | 169 | 2046 | | 1840 | 256 |
| 辽 宁 | Liaoning | 69065 | 26563 | 3014 | 39488 | 1 | 29871 | 6638 |
| 吉 林 | Jilin | | | | | | | |
| 黑龙江 | Heilongjiang | 29018 | 13255 | 1592 | 14171 | 2382 | 10848 | 2408 |
| 上 海 | Shanghai | 1367237 | 517105 | 75454 | 774678 | 4635 | 581748 | 157890 |
| 江 苏 | Jiangsu | 201200 | 77476 | 8475 | 115249 | 213 | 86799 | 32697 |
| 浙 江 | Zhejiang | 73749 | 25321 | 4024 | 44404 | 2048 | 31247 | 10869 |
| 安 徽 | Anhui | 29632 | 11302 | 1650 | 16680 | | 17338 | 1441 |
| 福 建 | Fujian | 214667 | 93328 | 10078 | 111261 | 1043 | 87422 | 16212 |
| 江 西 | Jiangxi | 14521 | 8310 | 1036 | 5175 | | 4508 | 1970 |
| 山 东 | Shandong | 62370 | 25469 | 3609 | 33292 | 99 | 27961 | 7462 |
| 河 南 | Henan | 20943 | 7431 | 1095 | 12417 | | 12506 | 939 |
| 湖 北 | Hubei | 85889 | 26200 | 4551 | 55138 | 39 | 40505 | 6365 |
| 湖 南 | Hunan | 4072 | 2595 | 173 | 1304 | 5 | 642 | 404 |
| 广 东 | Guangdong | 1073439 | 402365 | 54948 | 616126 | 9423 | 484033 | 95184 |
| 广 西 | Guangxi | 8349 | 3188 | 492 | 4669 | | 4189 | 516 |
| 海 南 | Hainan | 15959 | 4501 | 884 | 10574 | 4001 | 6686 | 6647 |
| 重 庆 | Chongqing | 16413 | 4221 | 913 | 11279 | 5140 | 6045 | 7247 |
| 四 川 | Sichuan | 140370 | 41872 | 6957 | 91541 | 11 | 45372 | 10622 |
| 贵 州 | Guizhou | | | | | | | |
| 云 南 | Yunnan | 22776 | 14682 | 707 | 7387 | 4168 | 4604 | 3348 |
| 西 藏 | Tibet | | | | | | | |
| 陕 西 | Shaanxi | 40522 | 19968 | 2055 | 18499 | 2245 | 17962 | 3578 |
| 甘 肃 | Gansu | 849 | 385 | 39 | 425 | | 320 | 118 |
| 青 海 | Qinghai | | | | | | | |
| 宁 夏 | Ningxia | | | | | | | |
| 新 疆 | Xinjiang | 765 | 518 | 43 | 204 | | 351 | 249 |

4-4-7 Continued 9

单位：万元
Unit: 10000 yuan

| #税金 Taxes | 财务费用 Financial Expenses | #利息支出 Interest Expenses | 营业利润 Operating Profits | 利润总额 Total Profits | 应交所得税 Income Tax Payable | 应付职工薪酬 Payables to Employees |
|---|---|---|---|---|---|---|
| **7198** | **37708** | **15765** | **196775** | **185944** | **56554** | **891791** |
| 578 | 3400 | 872 | 44928 | 50075 | 15336 | 220162 |
| 1 | 23 | 2 | -343 | -325 | 116 | 3538 |
|  | 5 |  | -126 | -126 |  | 198 |
| 1 | -14 | 1 | -36 | -37 |  | 606 |
| 22 | -125 | 185 | 1897 | 1492 | 850 | 16634 |
| 101 | 256 | 13 | 670 | -300 | 175 | 7788 |
| 1792 | 6012 | 1336 | 57388 | 45220 | 13154 | 280157 |
| 929 | 4029 | 2826 | -5620 | -5846 | 1908 | 33489 |
| 316 | 3300 | 3240 | 1037 | 368 | 689 | 15248 |
| 159 | 367 | 32 | -2465 | -2623 | 4 | 703 |
| 323 | 3380 | 1436 | 5302 | 5172 | 1010 | 33387 |
| 32 | 1302 | 206 | -2650 | -1822 | 9 | 2993 |
| 973 | 6050 | 1925 | -8061 | -8034 | 414 | 15043 |
|  | 5 |  | -1034 | -272 |  | 3262 |
| 8 | 1856 | 383 | 6413 | 6301 | 2502 | 13601 |
| 7 | 105 | 41 | 152 | 208 |  | 732 |
| 1066 | 2513 | 1213 | 57112 | 52536 | 15768 | 215787 |
| 2 | 24 |  | -71 | 3 | 69 | 1616 |
| 450 | 104 |  | -2832 | -2740 | 158 | 3431 |
| 96 | 611 | 368 | 815 | 153 | 628 | 2327 |
| 6 | 3613 | 1066 | 47076 | 48998 | 3221 | 4823 |
|  | -44 | 57 | 1673 | 1696 | 524 | 6632 |
| 327 | 909 | 562 | -4014 | -3719 | 19 | 9262 |
|  |  |  | -14 | -14 |  | 207 |
| 9 | 27 | 1 | -422 | -420 |  | 165 |

## 4-4-7 续表 10

外商投资企业

Foreign Funded Enterprises

| 地 区 | Region | 主营业务收入 Revenue from Principal Business | 主营业务成本 Cost of Principal Business | 主营业务税金及附加 Taxes and Other Charges on Principal Business | 主营业务利润 Profits from Principal Business | 其他业务利润 Profits from Other Business | 销售费用 Selling Expenses | 管理费用 Administr-ative Expenses |
|---|---|---|---|---|---|---|---|---|
| **全 国** | **National Total** | **8750271** | **3924093** | **462880** | **4363298** | **237443** | **3226748** | **821825** |
| 北 京 | Beijing | 1380223 | 605754 | 71049 | 703420 | 7356 | 550840 | 139856 |
| 天 津 | Tianjin | 407335 | 183759 | 21204 | 202372 | 46 | 152744 | 40566 |
| 河 北 | Hebei | 1737 | 557 | 97 | 1083 | 239 | 655 | 477 |
| 山 西 | Shanxi | 59217 | 28130 | 3218 | 27869 | | 18628 | 4835 |
| 内蒙古 | Inner Mongolia | 37755 | 24013 | 1618 | 12124 | 64 | 7154 | 7131 |
| 辽 宁 | Liaoning | 521158 | 234760 | 27534 | 258864 | 191622 | 184595 | 47892 |
| 吉 林 | Jilin | 290 | 138 | 16 | 136 | | 141 | 52 |
| 黑龙江 | Heilongjiang | 10424 | 5581 | 657 | 4186 | | 2298 | 554 |
| 上 海 | Shanghai | 1901266 | 735756 | 102839 | 1062671 | 9640 | 832346 | 163192 |
| 江 苏 | Jiangsu | 825562 | 397635 | 43221 | 384706 | 2441 | 256407 | 77971 |
| 浙 江 | Zhejiang | 530372 | 236505 | 28548 | 265319 | 5918 | 172120 | 60874 |
| 安 徽 | Anhui | 1558 | 799 | 84 | 675 | | 50 | 1091 |
| 福 建 | Fujian | 220541 | 110323 | 12304 | 97914 | 2267 | 71229 | 24993 |
| 江 西 | Jiangxi | 57945 | 27361 | 3166 | 27418 | | 17679 | 5234 |
| 山 东 | Shandong | 218257 | 107127 | 11666 | 99464 | 3763 | 61062 | 23640 |
| 河 南 | Henan | 68604 | 34332 | 3753 | 30519 | -11 | 23149 | 13020 |
| 湖 北 | Hubei | 356267 | 166800 | 19094 | 170373 | -1 | 127333 | 34009 |
| 湖 南 | Hunan | 136936 | 68043 | 7627 | 61266 | | 39215 | 11539 |
| 广 东 | Guangdong | 1417674 | 624882 | 73171 | 719621 | 2690 | 569511 | 109682 |
| 广 西 | Guangxi | 74382 | 35648 | 4087 | 34647 | 204 | 19078 | 5251 |
| 海 南 | Hainan | 685 | 542 | 48 | 95 | 95 | 226 | 54 |
| 重 庆 | Chongqing | 131704 | 99126 | 7207 | 25371 | 39 | 11227 | 6882 |
| 四 川 | Sichuan | 194493 | 104696 | 10101 | 79696 | 5765 | 49290 | 21072 |
| 贵 州 | Guizhou | | | | | | | |
| 云 南 | Yunnan | 50031 | 23710 | 2612 | 23709 | | 13709 | 4277 |
| 西 藏 | Tibet | | | | | | | |
| 陕 西 | Shaanxi | 95500 | 44849 | 5204 | 45447 | 5306 | 33130 | 13270 |
| 甘 肃 | Gansu | 26434 | 11608 | 1416 | 13410 | | 6760 | 1943 |
| 青 海 | Qinghai | | | | | | | |
| 宁 夏 | Ningxia | 1610 | 713 | 89 | 808 | | 813 | 524 |
| 新 疆 | Xinjiang | 22311 | 10946 | 1250 | 10115 | | 5359 | 1944 |

4-4-7 Continued 10

单位：万元
Unit: 10000 yuan

| #税金 Taxes | 财务费用 Financial Expenses | #利息支出 Interest Expenses | 营业利润 Operating Profits | 利润总额 Total Profits | 应交所得税 Income Tax Payable | 应付职工薪酬 Payables to Employees |
|---:|---:|---:|---:|---:|---:|---:|
| **3798** | **42815** | **14411** | **262225** | **261243** | **85559** | **1460529** |
| 528 | 3409 | 2601 | 11909 | 10743 | 7042 | 297339 |
| 77 | 1503 | 133 | 9987 | 8741 | 4110 | 64345 |
| 7 | 4 | | -52 | -57 | 6 | 754 |
| | 59 | 23 | 3412 | 3064 | 777 | 7967 |
| 111 | 132 | 154 | -5871 | -11793 | | 5680 |
| 164 | 4274 | 1215 | 19371 | 18020 | 110 | 66792 |
| 1 | 21 | | -79 | -79 | 3 | 110 |
| 26 | 22 | 1 | 1317 | 839 | 279 | 1194 |
| 359 | 9708 | 1065 | 54448 | 67322 | 27900 | 262544 |
| 638 | 6133 | 3089 | 43888 | 42241 | 14127 | 124015 |
| 462 | 3784 | 2931 | 34644 | 32955 | 12545 | 98476 |
| 88 | 6 | | -473 | -475 | | 301 |
| 205 | 1515 | 1330 | 232 | -987 | 2109 | 51654 |
| | 110 | | 4277 | 4273 | 1 | 986 |
| 80 | 1376 | 499 | 11399 | 11603 | 3344 | 9387 |
| 36 | 535 | | -7277 | -4026 | -518 | 17641 |
| 276 | 2763 | 5 | 5639 | 3361 | 645 | 43587 |
| 13 | 542 | 17 | 9909 | 10001 | 49 | 24089 |
| 421 | 5940 | 1014 | 22889 | 17079 | 5150 | 284396 |
| | -159 | -151 | 10477 | 10549 | 240 | 9847 |
| | 7 | | -192 | -191 | 17 | 145 |
| 40 | -1243 | 312 | 7803 | 7213 | 1133 | 23730 |
| 20 | 1664 | -238 | 9276 | 16316 | 4061 | 34457 |
| | 11 | | 5579 | 5501 | | 6988 |
| 231 | 136 | 310 | 3288 | 2694 | 791 | 17105 |
| | -94 | | 4800 | 4774 | 1197 | 2826 |
| 11 | 664 | 101 | -1192 | -1192 | | 517 |
| 4 | -7 | | 2817 | 2754 | 441 | 3657 |

# 4-4-8 各地区限额以上餐饮业企业损益及分配(按国民经济行业分)

正餐服务

Dinner

| 地 区 | Region | 主营业务收入 Revenue from Principal Business | 主营业务成本 Cost of Principal Business | 主营业务税金及附加 Taxes and Other Charges on Principal Business | 主营业务利润 Profits from Principal Business | 其他业务利润 Profits from Other Business | 销售费用 Selling Expenses | 管理费用 Administrative Expenses |
|---|---|---|---|---|---|---|---|---|
| **全 国** | **National Total** | **35177865** | **18847030** | **1824196** | **14506639** | **355194** | **8943297** | **4372069** |
| 北 京 | Beijing | 3490816 | 1450419 | 191041 | 1849356 | 28197 | 1405518 | 465398 |
| 天 津 | Tianjin | 459885 | 234760 | 24527 | 200598 | 5650 | 146067 | 64384 |
| 河 北 | Hebei | 347015 | 176273 | 17701 | 153041 | 2993 | 108842 | 63333 |
| 山 西 | Shanxi | 398177 | 208903 | 19443 | 169831 | 10769 | 139130 | 93161 |
| 内蒙古 | Inner Mongolia | 512635 | 289660 | 18213 | 204762 | 3950 | 117386 | 87341 |
| 辽 宁 | Liaoning | 608590 | 363989 | 32128 | 212473 | 9908 | 105777 | 76677 |
| 吉 林 | Jilin | 244719 | 131277 | 10010 | 103432 | 2606 | 55515 | 44011 |
| 黑龙江 | Heilongjiang | 143172 | 83022 | 8606 | 51544 | 3893 | 30575 | 14118 |
| 上 海 | Shanghai | 4125127 | 1786366 | 225115 | 2113646 | 79727 | 1571811 | 520253 |
| 江 苏 | Jiangsu | 2440844 | 1290878 | 125318 | 1024648 | 14298 | 571411 | 406864 |
| 浙 江 | Zhejiang | 2038795 | 1038859 | 104413 | 895523 | 14402 | 581505 | 313017 |
| 安 徽 | Anhui | 992263 | 585713 | 46007 | 360543 | 7778 | 184400 | 113695 |
| 福 建 | Fujian | 1025251 | 640420 | 45350 | 339481 | 1319 | 176336 | 110849 |
| 江 西 | Jiangxi | 760631 | 482053 | 39656 | 238922 | 5788 | 204710 | 49395 |
| 山 东 | Shandong | 2849283 | 1725189 | 127486 | 996608 | 10925 | 404020 | 317783 |
| 河 南 | Henan | 1368166 | 857020 | 55683 | 455463 | 8995 | 148325 | 97590 |
| 湖 北 | Hubei | 1891647 | 1124195 | 169186 | 598266 | 9849 | 326802 | 184007 |
| 湖 南 | Hunan | 963762 | 565412 | 44353 | 353997 | 19503 | 174031 | 106271 |
| 广 东 | Guangdong | 3995527 | 2019626 | 215922 | 1759979 | 43518 | 1175171 | 501270 |
| 广 西 | Guangxi | 236213 | 123465 | 13267 | 99481 | 956 | 67408 | 37034 |
| 海 南 | Hainan | 54104 | 25159 | 2831 | 26114 | 4121 | 25701 | 13355 |
| 重 庆 | Chongqing | 2163041 | 1342863 | 89262 | 730916 | 6490 | 352237 | 179288 |
| 四 川 | Sichuan | 1640544 | 909201 | 78175 | 653168 | 17830 | 358226 | 214913 |
| 贵 州 | Guizhou | 227659 | 129044 | 11249 | 87366 | 5764 | 35512 | 38127 |
| 云 南 | Yunnan | 368046 | 219884 | 17778 | 130384 | 5792 | 68932 | 39966 |
| 西 藏 | Tibet | 4385 | 2008 | 235 | 2142 |  | 1347 | 914 |
| 陕 西 | Shaanxi | 1313202 | 768893 | 66946 | 477363 | 16993 | 282421 | 138187 |
| 甘 肃 | Gansu | 287130 | 160811 | 13571 | 112748 | 10234 | 55383 | 28499 |
| 青 海 | Qinghai | 51852 | 27164 | 1895 | 22793 | 30 | 14720 | 8064 |
| 宁 夏 | Ningxia | 76915 | 37790 | 3666 | 35459 | 1947 | 23694 | 18400 |
| 新 疆 | Xinjiang | 98469 | 46714 | 5163 | 46592 | 969 | 30384 | 25905 |

# Income and Distribution of Enterprises above Designated Size of Catering Services by Region and Sector

单位：万元

Unit: 10000 yuan

| #税金 Taxes | 财务费用 Financial Expenses | #利息支出 Interest Expenses | 营业利润 Operating Profits | 利润总额 Total Profits | 应交所得税 Income Tax Payable | 应付职工薪酬 Payables to Employees |
|---|---|---|---|---|---|---|
| **149999** | **678328** | **337913** | **1188081** | **1080819** | **390502** | **6911760** |
| 7176 | 43404 | 19292 | -32291 | -20235 | 26057 | 838534 |
| 1114 | 6917 | 3203 | -10676 | -8565 | 3460 | 94361 |
| 1653 | 13935 | 5943 | -29063 | -15796 | 1451 | 89969 |
| 2363 | 14939 | 9678 | -72684 | -61835 | 1150 | 100073 |
| 3617 | 10260 | 3189 | -5438 | -18412 | 2409 | 89841 |
| 5313 | 15760 | 3493 | 13083 | 16132 | 5414 | 121549 |
| 649 | 2971 | 1772 | 2929 | 892 | 1274 | 44446 |
| 932 | 2199 | 1288 | 5815 | 1574 | 1012 | 48308 |
| 4611 | 54825 | 24585 | 5500 | 45370 | 37497 | 700636 |
| 10968 | 66776 | 34774 | 297193 | 295730 | 95929 | 460441 |
| 10745 | 58186 | 42079 | -24909 | -16524 | 11956 | 384619 |
| 6569 | 30943 | 15807 | 35415 | 32096 | 7051 | 197626 |
| 4425 | 10730 | 5098 | 39122 | 31940 | 8674 | 162279 |
| 1767 | 11155 | 4126 | -25436 | -42489 | 14473 | 149107 |
| 18859 | 71435 | 27091 | 214120 | 203201 | 47894 | 409207 |
| 7772 | 27184 | 8629 | 182142 | 179646 | 9156 | 179183 |
| 10106 | 35184 | 14025 | 137956 | 108566 | 21871 | 517699 |
| 4860 | 22462 | 10256 | 48347 | 30549 | 5440 | 158059 |
| 13127 | 55097 | 26596 | 78122 | 70980 | 38548 | 837202 |
| 1066 | 10035 | 7747 | -14721 | -12729 | 1088 | 55668 |
| 560 | 362 | 71 | -6550 | -6302 | 387 | 15666 |
| 7887 | 17420 | 8605 | 243824 | 150435 | 17915 | 346944 |
| 8232 | 45026 | 29750 | 47538 | 35392 | 11335 | 278706 |
| 1509 | 5460 | 3315 | 9518 | 13988 | 727 | 45258 |
| 2268 | 9222 | 5339 | 11448 | 50139 | 2587 | 79563 |
| 3 | 7 | 5 | -124 | -13 | 4 | 1300 |
| 9096 | 20177 | 10640 | 35881 | 17291 | 5688 | 234678 |
| 1205 | 4648 | 3277 | 23315 | 16736 | 9312 | 205558 |
| 282 | 2338 | 1611 | -1934 | 188 | 93 | 14700 |
| 461 | 4864 | 2833 | -11213 | -11871 | 281 | 20586 |
| 804 | 4407 | 3796 | -8148 | -5255 | 369 | 29994 |

4-4-8 续表 1

快餐服务

Snack

| 地　区 | Region | 主营业务收　入 Revenue from Principal Business | 主营业务成　本 Cost of Principal Business | 主营业务税金及附加 Taxes and Other Charges on Principal Business | 主营业务利　润 Profits from Principal Business | 其他业务利　润 Profits from Other Business | 销售费用 Selling Expenses | 管理费用 Administrative Expenses |
|---|---|---|---|---|---|---|---|---|
| **全　国** | **National Total** | **9693526** | **4381328** | **495819** | **4816379** | **271945** | **3592058** | **846934** |
| 北　京 | Beijing | 1429400 | 569148 | 72741 | 787511 | 14649 | 631144 | 137674 |
| 天　津 | Tianjin | 430846 | 194114 | 22547 | 214185 | 1974 | 163146 | 41967 |
| 河　北 | Hebei | 2260 | 1227 | 96 | 937 | | 387 | 288 |
| 山　西 | Shanxi | 75316 | 38232 | 4012 | 33072 | | 22876 | 5489 |
| 内蒙古 | Inner Mongolia | 11922 | 5880 | 361 | 5681 | 22 | 4006 | 1795 |
| 辽　宁 | Liaoning | 560621 | 249641 | 29149 | 281831 | 195654 | 204657 | 48590 |
| 吉　林 | Jilin | 33431 | 17667 | 799 | 14965 | | 10279 | 3526 |
| 黑龙江 | Heilongjiang | 16317 | 5938 | 759 | 9620 | | 9601 | 743 |
| 上　海 | Shanghai | 950266 | 429113 | 51659 | 469494 | 5473 | 372719 | 88505 |
| 江　苏 | Jiangsu | 970264 | 466779 | 49216 | 454269 | 6577 | 304068 | 94387 |
| 浙　江 | Zhejiang | 650781 | 298001 | 33567 | 319213 | 4651 | 214868 | 56208 |
| 安　徽 | Anhui | 189697 | 84003 | 9335 | 96359 | | 81729 | 10960 |
| 福　建 | Fujian | 390997 | 205094 | 16989 | 168914 | 3186 | 127313 | 35836 |
| 江　西 | Jiangxi | 64436 | 30652 | 3437 | 30347 | 163 | 19308 | 5564 |
| 山　东 | Shandong | 372656 | 188200 | 17770 | 166686 | 4107 | 109531 | 31317 |
| 河　南 | Henan | 157278 | 84274 | 8460 | 64544 | 372 | 41704 | 17735 |
| 湖　北 | Hubei | 366468 | 172233 | 19086 | 175149 | -1 | 131114 | 33749 |
| 湖　南 | Hunan | 193214 | 89361 | 10099 | 93754 | | 67148 | 13802 |
| 广　东 | Guangdong | 2136070 | 913243 | 109898 | 1112929 | 17109 | 883283 | 156995 |
| 广　西 | Guangxi | 110544 | 49529 | 5855 | 55160 | 234 | 35399 | 8537 |
| 海　南 | Hainan | 7087 | 2159 | 387 | 4541 | | 1537 | 2732 |
| 重　庆 | Chongqing | 125337 | 59726 | 6928 | 58683 | 4437 | 43516 | 9801 |
| 四　川 | Sichuan | 249320 | 132291 | 12329 | 104700 | 6037 | 45250 | 22534 |
| 贵　州 | Guizhou | 1814 | 1054 | 86 | 674 | | 362 | 272 |
| 云　南 | Yunnan | 72970 | 32595 | 3717 | 36658 | 1989 | 25978 | 6065 |
| 西　藏 | Tibet | 588 | 271 | 22 | 295 | | 216 | 29 |
| 陕　西 | Shaanxi | 46057 | 26302 | 2415 | 17340 | 5308 | 15916 | 5076 |
| 甘　肃 | Gansu | 31857 | 14465 | 1643 | 15749 | | 9363 | 2808 |
| 青　海 | Qinghai | | | | | | | |
| 宁　夏 | Ningxia | | | | | | | |
| 新　疆 | Xinjiang | 45712 | 20136 | 2457 | 23119 | 4 | 15640 | 3950 |

4-4-8 Continued 1

单位：万元
Unit: 10000 yuan

| #税金 Taxes | 财务费用 Financial Expenses | #利息支出 Interest Expenses | 营业利润 Operating Profits | 利润总额 Total Profits | 应交所得税 Income Tax Payable | 应付职工薪酬 Payables to Employees |
|---|---|---|---|---|---|---|
| **6213** | **53029** | **19856** | **358040** | **345841** | **78095** | **1629180** |
| | | | | | | |
| 796 | 4802 | 3093 | 26844 | 29005 | 11406 | 292539 |
| 104 | 1511 | 137 | 10041 | 8906 | 4131 | 68055 |
| 5 | 4 | | 248 | 232 | 2 | 513 |
| 4 | 92 | 29 | 3625 | 3170 | 858 | 10211 |
| 19 | 242 | 1 | -358 | -384 | 152 | 2538 |
| | | | | | | |
| 145 | 3321 | 1344 | 23781 | 22838 | 422 | 35359 |
| 3 | 231 | | 922 | 572 | 4 | 4447 |
| | 601 | | -1325 | -1346 | | 2501 |
| | | | | | | |
| 428 | 4174 | 347 | 14991 | 21585 | 5236 | 178160 |
| 846 | 5737 | 3256 | 49680 | 47624 | 15575 | 154934 |
| 164 | 5285 | 5046 | 46095 | 43701 | 13695 | 116783 |
| 281 | 1615 | 1151 | 7804 | 10192 | 1973 | 39677 |
| 228 | 2648 | 1308 | 4501 | 2203 | 2668 | 69052 |
| 16 | 135 | 23 | 4825 | 4689 | 14 | 2124 |
| 352 | 2948 | 446 | 20863 | 20829 | 4983 | 37277 |
| | | | | | | |
| 323 | 1382 | 174 | 2907 | 6753 | -265 | 25511 |
| 93 | 2972 | 9 | 6508 | 4391 | 709 | 45586 |
| 253 | 2441 | 775 | 10532 | 9776 | 139 | 34283 |
| 1484 | 10000 | 2690 | 37852 | 22758 | 8121 | 408800 |
| | 373 | 22 | 10893 | 10034 | 619 | 17738 |
| | 28 | | 244 | 285 | 90 | 788 |
| | | | | | | |
| 343 | 599 | -65 | 11206 | 10754 | 753 | 11629 |
| 62 | 1666 | -62 | 50079 | 53549 | 4049 | 34467 |
| 8 | 13 | | 28 | 26 | | 351 |
| 21 | -22 | 50 | 6499 | 6769 | 317 | 11942 |
| | 3 | 6 | 47 | 47 | 5 | 188 |
| | | | | | | |
| 164 | 253 | 6 | 1563 | -493 | 631 | 9605 |
| 39 | -91 | | 3670 | 3644 | 1210 | 4911 |
| | | | | | | |
| 32 | 66 | 70 | 3475 | 3732 | 598 | 9211 |

4-4-8 续表 2

饮料及冷饮服务

Beverage and Cold Drink

| 地 区 | Region | 主营业务收入 Revenue from Principal Business | 主营业务成本 Cost of Principal Business | 主营业务税金及附加 Taxes and Other Charges on Principal Business | 主营业务利润 Profits from Principal Business | 其他业务利润 Profits from Other Business | 销售费用 Selling Expenses | 管理费用 Administr-ative Expenses |
|---|---|---|---|---|---|---|---|---|
| **全 国** | **National Total** | **1462948** | **445266** | **75170** | **942512** | **2219** | **671959** | **93193** |
| 北 京 | Beijing | 227464 | 61419 | 11770 | 154275 | 195 | 114252 | 19143 |
| 天 津 | Tianjin | | | | | | | |
| 河 北 | Hebei | 391 | 195 | 27 | 169 | | 44 | 101 |
| 山 西 | Shanxi | | | | | | | |
| 内蒙古 | Inner Mongolia | | | | | | | |
| 辽 宁 | Liaoning | 20847 | 6515 | 1038 | 13294 | | 9733 | 1538 |
| 吉 林 | Jilin | | | | | | | |
| 黑龙江 | Heilongjiang | 500 | 138 | 28 | 334 | | 291 | 98 |
| 上 海 | Shanghai | 744187 | 219221 | 37980 | 486986 | 333 | 356335 | 38420 |
| 江 苏 | Jiangsu | 23702 | 10571 | 800 | 12331 | 4 | 8050 | 3762 |
| 浙 江 | Zhejiang | 18673 | 8408 | 969 | 9296 | 333 | 5630 | 3391 |
| 安 徽 | Anhui | 4036 | 2549 | 151 | 1336 | 13 | 507 | 163 |
| 福 建 | Fujian | 15703 | 7348 | 654 | 7701 | | 5769 | 2101 |
| 江 西 | Jiangxi | | | | | | | |
| 山 东 | Shandong | 9856 | 2515 | 510 | 6831 | | 5099 | 331 |
| 河 南 | Henan | 760 | 481 | 16 | 263 | | 50 | 64 |
| 湖 北 | Hubei | 58143 | 15393 | 3019 | 39731 | | 27220 | 3150 |
| 湖 南 | Hunan | 2652 | 1892 | 70 | 690 | 11 | 256 | 219 |
| 广 东 | Guangdong | 246137 | 79883 | 13495 | 152759 | | 103279 | 14634 |
| 广 西 | Guangxi | 1269 | 409 | 78 | 782 | 936 | 813 | 447 |
| 海 南 | Hainan | | | | | | | |
| 重 庆 | Chongqing | 6891 | 4356 | 180 | 2355 | | 14 | 267 |
| 四 川 | Sichuan | 74864 | 19800 | 4050 | 51014 | 276 | 33339 | 4928 |
| 贵 州 | Guizhou | 552 | 419 | 28 | 105 | | 101 | 36 |
| 云 南 | Yunnan | 2929 | 1612 | 102 | 1215 | | 703 | 316 |
| 西 藏 | Tibet | | | | | | | |
| 陕 西 | Shaanxi | 3072 | 1958 | 187 | 927 | | 243 | 77 |
| 甘 肃 | Gansu | 320 | 184 | 18 | 118 | 118 | 231 | 7 |
| 青 海 | Qinghai | | | | | | | |
| 宁 夏 | Ningxia | | | | | | | |
| 新 疆 | Xinjiang | | | | | | | |

4-4-8 Continued 2

单位：万元
Unit: 10000 yuan

| #税金 Taxes | 财务费用 Financial Expenses | #利息支出 Interest Expenses | 营业利润 Operating Profits | 利润总额 Total Profits | 应交所得税 Income Tax Payable | 应付职工薪酬 Payables to Employees |
|---|---|---|---|---|---|---|
| **800** | **4366** | **1483** | **175506** | **153199** | **45911** | **309316** |
| 56 | 740 | 102 | 20736 | 20106 | 7515 | 99220 |
| | | | 24 | 24 | | 93 |
| 18 | 101 | | 2232 | 2016 | 558 | 8586 |
| 27 | -1 | | -54 | -38 | | 231 |
| 258 | 1906 | 873 | 90253 | 70268 | 22211 | 118313 |
| 39 | 481 | 79 | 66 | 507 | 157 | 5205 |
| 58 | 31 | 6 | 590 | 586 | 130 | 3750 |
| 10 | 53 | 18 | 487 | 390 | 33 | 970 |
| 59 | 19 | | -226 | -227 | 173 | 2081 |
| 3 | 23 | | 1378 | 1320 | 333 | 4000 |
| 3 | 4 | 4 | 146 | 146 | 2 | 186 |
| 24 | 296 | 7 | 9089 | 8979 | 2026 | 8325 |
| 5 | 34 | 1 | 192 | 126 | 1 | 783 |
| 147 | 164 | 26 | 35032 | 34355 | 9474 | 34854 |
| 66 | 317 | 316 | 142 | 142 | | 466 |
| 10 | 46 | 41 | 2027 | 1203 | 120 | 215 |
| 1 | 141 | 9 | 12705 | 12373 | 3174 | 1262 |
| | | | -32 | -32 | | 136 |
| | | | 145 | 260 | | 532 |
| 14 | 10 | | 695 | 695 | | 20032 |
| 2 | 1 | 1 | -121 | | 4 | 76 |

其他餐饮业
Others

| 地　区 | Region | 主营业务收入 Revenue from Principal Business | 主营业务成本 Cost of Principal Business | 主营业务税金及附加 Taxes and Other Charges on Principal Business | 主营业务利润 Profits from Principal Business | 其他业务利润 Profits from Other Business | 销售费用 Selling Expenses | 管理费用 Administr-ative Expenses |
|---|---|---|---|---|---|---|---|---|
| **全　国** | **National Total** | **1860325** | **1072832** | **76118** | **711375** | **13253** | **416077** | **194342** |
| 北　京 | Beijing | 247094 | 141239 | 10802 | 95053 | 370 | 74969 | 22937 |
| 天　津 | Tianjin | 64991 | 36544 | 2898 | 25549 | 13 | 14103 | 10371 |
| 河　北 | Hebei | 550 | 41 | 40 | 469 | | 64 | 378 |
| 山　西 | Shanxi | 1191 | 676 | 68 | 447 | -21 | 313 | 386 |
| 内蒙古 | Inner Mongolia | 431 | 42 | 25 | 364 | | 249 | 141 |
| 辽　宁 | Liaoning | 18414 | 11790 | 498 | 6126 | 37 | 668 | 3774 |
| 吉　林 | Jilin | 2437 | 1710 | 22 | 705 | | 294 | 146 |
| 黑龙江 | Heilongjiang | | | | | | | |
| 上　海 | Shanghai | 301843 | 191475 | 13134 | 97234 | 140 | 66146 | 38528 |
| 江　苏 | Jiangsu | 184101 | 102510 | 7638 | 73953 | 419 | 51142 | 10674 |
| 浙　江 | Zhejiang | 105980 | 74687 | 3567 | 27726 | 1708 | 17449 | 9355 |
| 安　徽 | Anhui | 6595 | 4100 | 219 | 2276 | | 1221 | 534 |
| 福　建 | Fujian | 63183 | 41078 | 2287 | 19818 | 139 | 9854 | 4039 |
| 江　西 | Jiangxi | 165 | 112 | 1 | 52 | | | 9 |
| 山　东 | Shandong | 48522 | 32218 | 2026 | 14278 | 6 | 4244 | 6024 |
| 河　南 | Henan | 48582 | 32297 | 2262 | 14023 | 106 | 3526 | 4272 |
| 湖　北 | Hubei | 54171 | 9612 | 1332 | 43227 | -2 | 9408 | 1431 |
| 湖　南 | Hunan | 13778 | 9778 | 922 | 3078 | | 433 | 446 |
| 广　东 | Guangdong | 288217 | 166520 | 11619 | 110078 | 253 | 51458 | 36994 |
| 广　西 | Guangxi | 1515 | 1056 | 39 | 420 | 3 | 202 | 316 |
| 海　南 | Hainan | | | | | | | |
| 重　庆 | Chongqing | 59686 | 34817 | 1122 | 23747 | | 10455 | 10522 |
| 四　川 | Sichuan | 307675 | 154413 | 14487 | 138775 | 9893 | 95576 | 24877 |
| 贵　州 | Guizhou | 2250 | 1708 | 29 | 513 | | 23 | 476 |
| 云　南 | Yunnan | 16591 | 12248 | 179 | 4164 | | 1033 | 2389 |
| 西　藏 | Tibet | | | | | | | |
| 陕　西 | Shaanxi | 21945 | 11875 | 884 | 9186 | 189 | 3247 | 5220 |
| 甘　肃 | Gansu | 418 | 286 | 18 | 114 | | | 103 |
| 青　海 | Qinghai | | | | | | | |
| 宁　夏 | Ningxia | | | | | | | |
| 新　疆 | Xinjiang | | | | | | | |

4-4-8 Continued 3

单位：万元

Unit: 10000 yuan

| #税金 Taxes | 财务费用 Financial Expenses | #利息支出 Interest Expenses | 营业利润 Operating Profits | 利润总额 Total Profits | 应交所得税 Income Tax Payable | 应付职工薪酬 Payables to Employees |
|---|---|---|---|---|---|---|
| **4222** | **11087** | **5355** | **70265** | **69559** | **16170** | **377733** |
| 262 | 1879 | 641 | -4605 | -4277 | 946 | 61848 |
| 12 | 219 | 9 | 844 | 568 | 622 | 30960 |
| | 4 | | 23 | 27 | 6 | 239 |
| 38 | 3 | | -48 | -443 | | 161 |
| | 322 | 322 | -349 | -349 | | 67 |
| 48 | -49 | | 1778 | 1627 | 467 | 12774 |
| 8 | 20 | 20 | 255 | 234 | 58 | 345 |
| 305 | 659 | 406 | -6684 | -4946 | 870 | 61493 |
| 124 | 740 | 237 | 11767 | 11154 | 1898 | 19524 |
| 786 | 762 | 550 | 2088 | 2523 | 783 | 19626 |
| 42 | 31 | | 543 | 339 | 39 | 2985 |
| 47 | -65 | 1 | 5991 | 6205 | 479 | 9769 |
| | | | | 35 | 4 | 150 |
| 21 | 455 | 229 | 4401 | 3452 | 628 | 10873 |
| 546 | 480 | 406 | 5775 | 7074 | 456 | 4431 |
| 36 | 141 | 21 | -570 | 77 | 6 | 3468 |
| 35 | 221 | 33 | 1978 | 358 | 16 | 345 |
| 644 | 617 | 217 | 15992 | 16521 | 3021 | 54998 |
| | 110 | 110 | -205 | -204 | 10 | 393 |
| 639 | 1503 | 1521 | 3347 | 1105 | 291 | 9772 |
| 269 | 2735 | 608 | 26677 | 27625 | 5289 | 64730 |
| 27 | 12 | 10 | -55 | 67 | 32 | 378 |
| 77 | -19 | | 908 | 860 | 241 | 5127 |
| 231 | 307 | 14 | 403 | -84 | 3 | 3198 |
| 25 | | | 11 | 11 | 5 | 79 |

# 4-5-1 限额以上住宿和餐饮业产业活动单位和个体经营户基本情况

# Basic Conditions of Establishments and Getihus above Designated Size of Hotels and Catering Services

| 项　目 | Item | 单位数 (个) Number of Units (unit) | 年末从业人数 (人) Engaged Persons at the Year-end (person) |
|---|---|---|---|
| **总　计** | **Total** | **36934** | **1132071** |
| **一、住宿业** | **Hotels** | **4929** | **288883** |
| **(一)按登记注册类型分** | **by Type of Registration** | | |
| **1.内资企业** | **Domestic Funded Enterprises** | **978** | **163717** |
| 国有企业 | State-owned Enterprises | 231 | 26960 |
| 集体企业 | Collective-owned Enterprises | 23 | 1530 |
| 股份合作企业 | Cooperative Enterprises | 6 | 2831 |
| 联营企业 | Joint Ownership Enterprises | 5 | 543 |
| 国有联营企业 | State Joint Ownership Enterprises | 1 | 33 |
| 集体联营企业 | Collective Joint Ownership Enterprises | | |
| 国有与集体联营企业 | Joint State-collective Enterprises | | |
| 其他联营企业 | Other Joint Ownership Enterprises | 4 | 510 |
| 有限责任公司 | Limited Liability Corporations | 374 | 71693 |
| 国有独资公司 | State Sole Funded Corporations | 14 | 2175 |
| 其他有限责任公司 | Other Limited Liability Corporations | 360 | 69518 |
| 股份有限公司 | Share-holding Corporations Ltd. | 64 | 12568 |
| 私营企业 | Private Enterprises | 235 | 41457 |
| 私营独资企业 | Private-funded Enterprises | 22 | 2763 |
| 私营合伙企业 | Private Partnership Enterprises | 4 | 106 |
| 私营有限责任公司 | Private Limited Liability Corporations | 196 | 36895 |
| 私营股份有限公司 | Private Share-holding Corporations Ltd. | 13 | 1693 |
| 其他内资企业 | Other Domestic Funded Enterprises | 40 | 6135 |
| **2.港、澳、台商投资企业** | **Enterprises with Funds from Hongkong, Macao and Taiwan** | **44** | **14640** |
| 合资经营企业 | Joint-venture Enterprises | 18 | 7247 |
| 合作经营企业 | Cooperative Enterprises | | |
| 独资经营企业 | Enterprises with Sole Investment | 22 | 5766 |
| 投资股份有限公司 | Share-holding Corporations Ltd. with Investment | 2 | 600 |
| 其他港澳台商投资企业 | Other Enterprises with Funds from Hongkong, Macao and Taiwan | | |
| **3.外商投资企业** | **Foreign Funded Enterprises** | **39** | **13576** |
| 中外合资经营企业 | Joint-venture Enterprises | 18 | 6361 |
| 中外合作经营企业 | Cooperative Enterprises | 3 | 1480 |
| 外资企业 | Enterprises with Sole Foreign Investment | 15 | 4374 |
| 外商投资股份有限公司 | Share-holding Corporations Ltd. With Foreign Investment | 1 | 318 |
| 其他外商投资企业 | Other Foreign Funded Enterprises | | |
| **4.个体经营户** | **Getihus** | **3867** | **96936** |
| **(二)按国民经济行业分** | **by Sector** | | |
| 旅游饭店 | Tourist Hotel | 1703 | 196276 |
| 一般旅馆 | Fonda | 3055 | 85643 |
| 其他住宿业 | Others | 171 | 6964 |

4-5-1 续表 1 Continued 1

| 项　目 | Item | 单位数(个) Number of Units (unit) | 年末从业人数(人) Engaged Persons at the Year-end (person) | 年末餐饮营业面积(平方米) Business Area of Catering Services at the Year-end (㎡) |
|---|---|---|---|---|
| **二、餐饮业** | **Catering Services** | **32005** | **843188** | **26775561** |
| **(一)按登记注册类型分** | **by Type of Registration** | | | |
| **1.内资企业** | **Domestic Funded Enterprises** | **614** | **62449** | **1991255** |
| 国有企业 | State-owned Enterprises | 112 | 10286 | 337607 |
| 集体企业 | Collective-owned Enterprises | 33 | 2107 | 86913 |
| 股份合作企业 | Cooperative Enterprises | 5 | 675 | 11809 |
| 联营企业 | Joint Ownership Enterprises | 3 | 142 | 11690 |
| 国有联营企业 | State Joint Ownership Enterprises | 1 | 67 | 9640 |
| 集体联营企业 | Collective Joint Ownership Enterprises | | | |
| 国有与集体联营企业 | Joint State-collective Enterprises | | | |
| 其他联营企业 | Other Joint Ownership Enterprises | 2 | 75 | 2050 |
| 有限责任公司 | Limited Liability Corporations | 183 | 20770 | 651099 |
| 国有独资公司 | State Sole Funded Corporations | 4 | 132 | 2900 |
| 其他有限责任公司 | Other Limited Liability Corporations | 179 | 20638 | 648199 |
| 股份有限公司 | Share-holding Corporations Ltd. | 28 | 5826 | 149991 |
| 私营企业 | Private Enterprises | 191 | 17596 | 499579 |
| 私营独资企业 | Private-funded Enterprises | 53 | 3652 | 126506 |
| 私营合伙企业 | Private Partnership Enterprises | 11 | 577 | 11688 |
| 私营有限责任公司 | Private Limited Liability Corporations | 120 | 12539 | 340269 |
| 私营股份有限公司 | Private Share-holding Corporations Ltd. | 7 | 828 | 21116 |
| 其他企业 | Other Enterprises | 59 | 5047 | 242567 |

4-5-1 续表 2 continued 2

| 项 目 | Item | 单位数 (个) Number of Units (unit) | 年末从业人数 (人) Engaged Persons at the Year-end (person) | 年末餐饮营业面积 (平方米) Business Area of Catering Services at the Year-end (m²) |
|---|---|---|---|---|
| **2.港、澳、台商投资企业** | **Enterprises with Funds from Hongkong, Macao and Taiwan** | **25** | **4206** | **54939** |
| 合资经营企业 | Joint-venture Enterprises | 4 | 790 | 22500 |
| 合作经营企业 | Cooperative Enterprises | 1 | 57 | 547 |
| 独资经营企业 | Enterprises with Sole Investment | 18 | 3154 | 29742 |
| 投资股份有限公司 | Share-holding Corporations Ltd. with Investment | | | |
| 其他港澳台商投资企业 | Other Enterprises with Funds from Hongkong, Macao and Taiwan | 2 | 205 | 2150 |
| **3.外商投资企业** | **Foreign Funded Enterprises** | **45** | **4405** | **65847** |
| 中外合资经营企业 | Joint-venture Enterprises | 3 | 507 | 8310 |
| 中外合作经营企业 | Cooperative Enterprises | 2 | 461 | 7457 |
| 外资企业 | Enterprises with Sole Foreign Investment | 37 | 3034 | 38060 |
| 外商投资股份有限公司 | Share-holding Corporations Ltd. With Foreign Investment | 2 | 320 | 10220 |
| 其他外商投资企业 | Other Foreign Funded Enterprises | | | |
| **4.个体经营户** | **Getihus** | **31321** | **772128** | **24663520** |
| **(二)按国民经济行业分** | **by Sector** | | | |
| 正餐服务 | Dinner | 30320 | 797205 | 25538444 |
| 快餐服务 | Snack | 925 | 26620 | 695538 |
| 饮料及冷饮服务 | Beverage and Cold Drink | 260 | 6476 | 156553 |
| 其他餐饮业 | Others | 500 | 12887 | 385026 |

# 4-5-2 各地区限额以上住宿和餐饮业产业活动单位和个体经营户基本情况

# Basic Conditions of Establishments and Getihus above Designated Size of Hotels and Catering Services by Region

| 地区 | Region | 住宿业 Hotels | | 餐饮业 Catering Services | |
|---|---|---|---|---|---|
| | | 单位数（个）Number of Units (unit) | 年末从业人数（人）Engaged Persons at the Year-end (person) | 单位数（个）Number of Units (unit) | 年末从业人数（人）Engaged Persons at the Year-end (person) |
| **全国** | **National Total** | **4929** | **288883** | **32005** | **843188** |
| 北京 | Beijing | 129 | 25665 | 58 | 3182 |
| 天津 | Tianjin | 29 | 3845 | 341 | 7919 |
| 河北 | Hebei | 69 | 8213 | 426 | 15813 |
| 山西 | Shanxi | 55 | 7170 | 318 | 14428 |
| 内蒙古 | Inner Mongolia | 148 | 5031 | 619 | 21154 |
| 辽宁 | Liaoning | 194 | 13570 | 1925 | 45000 |
| 吉林 | Jilin | 162 | 6338 | 1097 | 22575 |
| 黑龙江 | Heilongjiang | 171 | 4443 | 763 | 16865 |
| 上海 | Shanghai | 42 | 12455 | 7 | 1812 |
| 江苏 | Jiangsu | 363 | 22230 | 3959 | 85690 |
| 浙江 | Zhejiang | 225 | 23106 | 1414 | 46342 |
| 安徽 | Anhui | 130 | 6714 | 1082 | 27350 |
| 福建 | Fujian | 82 | 6844 | 868 | 17876 |
| 江西 | Jiangxi | 148 | 7571 | 618 | 22032 |
| 山东 | Shandong | 327 | 8555 | 3297 | 65798 |
| 河南 | Henan | 493 | 13622 | 2733 | 62739 |
| 湖北 | Hubei | 242 | 6855 | 1661 | 39610 |
| 湖南 | Hunan | 252 | 11784 | 1014 | 32824 |
| 广东 | Guangdong | 447 | 22124 | 3196 | 99953 |
| 广西 | Guangxi | 120 | 5512 | 488 | 18609 |
| 海南 | Hainan | 40 | 2106 | 121 | 5274 |
| 重庆 | Chongqing | 134 | 6894 | 1856 | 40193 |
| 四川 | Sichuan | 285 | 16622 | 2198 | 63228 |
| 贵州 | Guizhou | 116 | 6400 | 253 | 8891 |
| 云南 | Yunnan | 205 | 13447 | 528 | 17571 |
| 西藏 | Tibet | 4 | 161 | 6 | 195 |
| 陕西 | Shaanxi | 88 | 6748 | 439 | 15669 |
| 甘肃 | Gansu | 39 | 1633 | 160 | 6315 |
| 青海 | Qinghai | 10 | 1007 | 9 | 685 |
| 宁夏 | Ningxia | 15 | 2321 | 9 | 397 |
| 新疆 | Xinjiang | 165 | 9897 | 542 | 17199 |

# 4-5-3 限额以上住宿和餐饮业产业活动单位和个体经营户经营情况

| 项　目 | Item | 营业额 Business Revenue | 客房收入 from Hotel Rooms |
|---|---|---|---|
| **总　计** | **Total** | **36430892** | **5133676** |
| **一、住宿业** | **Hotels** | **7343060** | **4224021** |
| **(一)按登记注册类型分** | **by Type of Registration** | | |
| **1.内资企业** | **Domestic Funded Enterprises** | **3452639** | **1754459** |
| 国有企业 | State-owned Enterprises | 557316 | 261711 |
| 集体企业 | Collective-owned Enterprises | 30844 | 13620 |
| 股份合作企业 | Cooperative Enterprises | 38032 | 17380 |
| 联营企业 | Joint Ownership Enterprises | 9542 | 5293 |
| 国有联营企业 | State Joint Ownership Enterprises | 742 | 414 |
| 集体联营企业 | Collective Joint Ownership Enterprises | | |
| 国有与集体联营企业 | Joint State-collective Enterprises | | |
| 其他联营企业 | Other Joint Ownership Enterprises | 8799 | 4879 |
| 有限责任公司 | Limited Liability Corporations | 1538090 | 796954 |
| 国有独资公司 | State Sole Funded Corporations | 59503 | 34272 |
| 其他有限责任公司 | Other Limited Liability Corporations | 1478587 | 762682 |
| 股份有限公司 | Share-holding Corporations Ltd. | 272503 | 152580 |
| 私营企业 | Private Enterprises | 893288 | 451013 |
| 私营独资企业 | Private-funded Enterprises | 85239 | 38855 |
| 私营合伙企业 | Private Partnership Enterprises | 1665 | 1148 |
| 私营有限责任公司 | Private Limited Liability Corporations | 775166 | 394961 |
| 私营股份有限公司 | Private Share-holding Corporations Ltd. | 31218 | 16049 |
| 其他企业 | Other Enterprises | 113025 | 55909 |
| **2.港、澳、台商投资企业** | **Enterprises with Funds from Hongkong, Macao and Taiwan** | **442148** | **211110** |
| 合资经营企业 | Joint-venture Enterprises | 195834 | 80866 |
| 合作经营企业 | Cooperative Enterprises | | |
| 独资经营企业 | Enterprises with Sole Investment | 192762 | 98210 |
| 投资股份有限公司 | Share-holding Corporations Ltd. with Investment | 4566 | 1794 |
| 其他港澳台商投资企业 | Other Enterprises with Funds from Hongkong, Macao and Taiwan | | |
| **3.外商投资企业** | **Foreign Funded Enterprises** | **475482** | **241857** |
| 中外合资经营企业 | Joint-venture Enterprises | 209037 | 103528 |
| 中外合作经营企业 | Cooperative Enterprises | 68130 | 34504 |
| 外资企业 | Enterprises with Sole Foreign Investment | 129672 | 72250 |
| 外商投资股份有限公司 | Share-holding Corporations Ltd. With Foreign Investment | 6807 | 3109 |
| 其他外商投资企业 | Other Foreign Funded Enterprises | | |
| **4.个体经营户** | **Getihus** | **2972530** | **2016333** |
| **(二)按国民经济行业分** | **by Sector** | | |
| 旅游饭店 | Tourist Hotel | 4687469 | 2399167 |
| 一般旅馆 | Fonda | 2481422 | 1727914 |
| 其他住宿业 | Others | 174169 | 96940 |

# Business of Establishments and Getihus above Designated Size of Hotels and Catering Services

单位：万元

Unit: 10000 yuan

| 餐费收入 from Meals | 商品销售额 from Commodities | 其他收入 Others | 客房数 (间) Hotel Rooms (unit) | 床位数 (个) Hotel Beds (unit) | 餐位数 (位) Seats for Meal (unit) |
|---|---|---|---|---|---|
| **29137369** | **1700454** | **459393** | **669308** | **1144507** | **9235497** |
| **2621630** | **198764** | **298644** | **540760** | **911256** | **988260** |
| **1417398** | **77854** | **202928** | **265104** | **420232** | **500058** |
| 230526 | 30273 | 34807 | 31987 | 54477 | 83426 |
| 14726 | 289 | 2209 | 1805 | 3242 | 5437 |
| 16436 | 125 | 4093 | 3342 | 4522 | 4626 |
| 3490 | 15 | 744 | 809 | 1257 | 1708 |
| 328 | | | 150 | 270 | 800 |
| 3162 | 15 | 744 | 659 | 987 | 908 |
| 612500 | 24351 | 104285 | 84795 | 131848 | 202725 |
| 18807 | 32 | 6392 | 2255 | 3579 | 3998 |
| 593693 | 24319 | 97893 | 82540 | 128269 | 198727 |
| 98346 | 8587 | 12989 | 14515 | 25740 | 30432 |
| 388896 | 11853 | 41526 | 90087 | 140192 | 139415 |
| 39658 | 3262 | 3464 | 3074 | 4951 | 8472 |
| 484 | | | 310 | 539 | 908 |
| 335010 | 8036 | 37159 | 84521 | 131279 | 125020 |
| 13744 | 534 | 890 | 2182 | 3423 | 5015 |
| 52480 | 2360 | 2275 | 37764 | 58954 | 32289 |
| **211253** | **2712** | **17072** | **13445** | **18690** | **26985** |
| 105342 | 1099 | 8527 | 6016 | 8127 | 12875 |
| 86886 | 1335 | 6331 | 5563 | 8008 | 11734 |
| 2170 | 278 | 324 | 451 | 818 | 1150 |
| **204258** | **492** | **28874** | **12758** | **17280** | **21146** |
| 91462 | 401 | 13647 | 6059 | 8797 | 10800 |
| 30743 | | 2883 | 1253 | 1582 | 1658 |
| 47867 | 57 | 9498 | 4384 | 5454 | 6044 |
| 3331 | | 367 | 453 | 627 | 886 |
| **788721** | **117705** | **49771** | **249403** | **454969** | **440071** |
| 1935218 | 111376 | 241708 | 297022 | 478318 | 631297 |
| 624355 | 81531 | 47622 | 233062 | 413226 | 325355 |
| 62057 | 5857 | 9315 | 10676 | 19712 | 31608 |

| 项　目 | Item | 营业额 Business Revenue | 客房收入 from Hotel Rooms |
|---|---|---|---|
| **二、餐饮业** | **Catering Services** | **29087833** | **909655** |
| **(一)按登记注册类型分** | **by Type of Registration** | | |
| **1.内资企业** | **Domestic Funded Enterprises** | **1270520** | **228140** |
| 国有企业 | State-owned Enterprises | 212479 | 25041 |
| 集体企业 | Collective-owned Enterprises | 40189 | 6322 |
| 股份合作企业 | Cooperative Enterprises | 25430 | 10486 |
| 联营企业 | Joint Ownership Enterprises | 5537 | 1145 |
| 国有联营企业 | State Joint Ownership Enterprises | 3524 | 814 |
| 集体联营企业 | Collective Joint Ownership Enterprises | | |
| 国有与集体联营企业 | Joint State-collective Enterprises | | |
| 其他联营企业 | Other Joint Ownership Enterprises | 2013 | |
| 有限责任公司 | Limited Liability Corporations | 392486 | 98292 |
| 国有独资公司 | State Sole Funded Corporations | 6595 | 865 |
| 其他有限责任公司 | Other Limited Liability Corporations | 385891 | 97427 |
| 股份有限公司 | Share-holding Corporations Ltd. | 117314 | 12604 |
| 私营企业 | Private Enterprises | 355826 | 54411 |
| 私营独资企业 | Private-funded Enterprises | 85123 | 14011 |
| 私营合伙企业 | Private Partnership Enterprises | 12766 | 301 |
| 私营有限责任公司 | Private Limited Liability Corporations | 229228 | 38033 |
| 私营股份有限公司 | Private Share-holding Corporations Ltd. | 28710 | 2067 |
| 其他内资企业 | Other Domestic Funded Enterprises | 121259 | 19839 |
| **2.港、澳、台商投资企业** | **Enterprises with Funds from Hongkong, Macao and Taiwan** | **89310** | **12022** |
| 合资经营企业 | Joint-venture Enterprises | 24612 | 4833 |
| 合作经营企业 | Cooperative Enterprises | 1475 | |
| 独资经营企业 | Enterprises with Sole Investment | 57239 | 6878 |
| 投资股份有限公司 | Share-holding Corporations Ltd. with Investment | | |
| 其他港澳台商投资企业 | Other Enterprises with Funds from Hongkong, Macao and Taiwan | 5984 | 311 |
| **3.外商投资企业** | **Foreign Funded Enterprises** | **142638** | |
| 中外合资经营企业 | Joint-venture Enterprises | 15689 | |
| 中外合作经营企业 | Cooperative Enterprises | 11992 | |
| 外资企业 | Enterprises with Sole Foreign Investment | 109516 | |
| 外商投资股份有限公司 | Share-holding Corporations Ltd. With Foreign Investment | 4823 | |
| 其他外商投资企业 | Other Foreign Funded Enterprises | | |
| **4.个体经营户** | **Getihus** | **27585365** | **634246** |
| **(二)按国民经济行业分** | **by Sector** | | |
| 正餐服务 | Restaurant | 27597002 | 898500 |
| 快餐服务 | Snack Counter | 848236 | 5654 |
| 饮料及冷饮服务 | Beverage and Cold Drink | 283481 | 1290 |
| 其他餐饮业 | Others | 359114 | 4211 |

4-5-3 Continued

单位：万元
Unit: 10000 yuan

| 餐费收入<br>from<br>Meals | 商品销售额<br>from<br>Commodities | 其他收入<br>Others | 客房数<br>(间)<br>Hotel Rooms<br>(unit) | 床位数<br>(个)<br>Hotel Beds<br>(unit) | 餐位数<br>(位)<br>Seats for Meal<br>(unit) |
|---|---|---|---|---|---|
| **26515739** | **1501690** | **160748** | **128548** | **233251** | **8247237** |
| | | | | | |
| **922691** | **66556** | **53133** | **34780** | **58083** | **453195** |
| 166416 | 8947 | 12076 | 3641 | 6311 | 107539 |
| 31745 | 1806 | 316 | 1770 | 3346 | 23497 |
| 14494 | 25 | | 550 | 838 | 3652 |
| 4164 | 228 | | 429 | 1213 | 2766 |
| 2482 | 228 | | 382 | 1128 | 2386 |
| | | | | | |
| | | | | | |
| 1682 | | | | | 380 |
| 246384 | 36571 | 11239 | 14616 | 23379 | 96910 |
| 5652 | | | 123 | 240 | 800 |
| 240732 | 36569 | 11163 | 14493 | 23139 | 96110 |
| 100145 | 1417 | 3147 | 1395 | 2265 | 33357 |
| 272888 | 9056 | 19472 | 9786 | 16036 | 111121 |
| 62947 | 6354 | 1811 | 1738 | 2989 | 24295 |
| 11523 | 925 | 17 | 102 | 204 | 5454 |
| 186639 | 1461 | 3095 | 7309 | 11720 | 78795 |
| 11779 | 315 | 14550 | 637 | 1123 | 2577 |
| 86455 | 8507 | 6457 | 2593 | 4695 | 74353 |
| **69211** | **7367** | **710** | **1868** | **3017** | **12751** |
| | | | | | |
| 15033 | 4705 | 41 | 581 | 937 | 3348 |
| 1475 | | | | | 208 |
| 47030 | 2661 | 669 | 1041 | 1594 | 8195 |
| | | | | | |
| 5673 | | | 246 | 486 | 1000 |
| | | | | | |
| **102674** | **1582** | **3135** | | | **16767** |
| 11252 | | | | | 2189 |
| 11992 | | | | | 1743 |
| 74416 | 1448 | | | | 11291 |
| 4696 | | 127 | | | 1364 |
| | | | | | |
| | | | | | |
| **25421164** | **1426186** | **103770** | **89916** | **169300** | **7764524** |
| | | | | | |
| 25144894 | 1415412 | 138196 | 127011 | 230611 | 7839510 |
| 775845 | 47799 | 18938 | 786 | 1439 | 241224 |
| 257302 | 21888 | 3001 | 162 | 316 | 46742 |
| 337698 | 16591 | 614 | 589 | 885 | 119761 |

# 4-5-4 各地区限额以上住宿业产业活动单位和个体经营户经营情况

# Business of Establishments and Getihus above Designated Size of Hotels by Region

单位：万元
Unit: 10000 yuan

| 地　区 | Region | 营业额 Business Revenue | 客房收入 from Hotel Rooms | 餐费收入 from Meals | 商品销售额 from Commodities | 其他收入 Others |
|---|---|---|---|---|---|---|
| **全　国** | **National Total** | **29087833** | **4224021** | **2621630** | **198764** | **298644** |
| 北　京 | Beijing | 845427 | 481070 | 296853 | 2703 | 64802 |
| 天　津 | Tianjin | 77130 | 39679 | 30035 | 532 | 6884 |
| 河　北 | Hebei | 105772 | 44050 | 50161 | 4187 | 7374 |
| 山　西 | Shanxi | 87051 | 34766 | 37351 | 11281 | 3653 |
| 内蒙古 | Inner Mongolia | 100787 | 62611 | 35617 | 921 | 1639 |
| 辽　宁 | Liaoning | 330953 | 172695 | 138562 | 8403 | 11292 |
| 吉　林 | Jilin | 201715 | 117025 | 72801 | 4633 | 7256 |
| 黑龙江 | Heilongjiang | 204736 | 172366 | 21875 | 8585 | 1910 |
| 上　海 | Shanghai | 510326 | 273480 | 201342 | 2534 | 32970 |
| 江　苏 | Jiangsu | 591825 | 345174 | 212714 | 11470 | 22467 |
| 浙　江 | Zhejiang | 494895 | 247931 | 222887 | 3647 | 20430 |
| 安　徽 | Anhui | 123962 | 70219 | 45848 | 4533 | 3362 |
| 福　建 | Fujian | 158216 | 75380 | 73208 | 2867 | 6761 |
| 江　西 | Jiangxi | 178546 | 93585 | 66217 | 13914 | 4830 |
| 山　东 | Shandong | 343755 | 195055 | 118908 | 24199 | 5592 |
| 河　南 | Henan | 393938 | 263388 | 112184 | 11182 | 7184 |
| 湖　北 | Hubei | 213794 | 137981 | 64731 | 7488 | 3595 |
| 湖　南 | Hunan | 342452 | 190959 | 131428 | 13074 | 6991 |
| 广　东 | Guangdong | 634286 | 416013 | 186769 | 8568 | 22937 |
| 广　西 | Guangxi | 72781 | 47038 | 22696 | 600 | 2448 |
| 海　南 | Hainan | 28885 | 15131 | 12464 | 663 | 629 |
| 重　庆 | Chongqing | 245954 | 145097 | 87204 | 7999 | 5655 |
| 四　川 | Sichuan | 369940 | 227378 | 117212 | 13545 | 11806 |
| 贵　州 | Guizhou | 103321 | 67243 | 31494 | 1428 | 3156 |
| 云　南 | Yunnan | 190768 | 116113 | 53790 | 4845 | 16020 |
| 西　藏 | Tibet | 1095 | 941 | 144 | 2 | 8 |
| 陕　西 | Shaanxi | 161484 | 58822 | 75717 | 22708 | 4237 |
| 甘　肃 | Gansu | 20475 | 14829 | 5244 | 234 | 168 |
| 青　海 | Qinghai | 9021 | 4914 | 3966 | 9 | 132 |
| 宁　夏 | Ningxia | 33737 | 13798 | 16852 | 156 | 2931 |
| 新　疆 | Xinjiang | 166032 | 79292 | 75357 | 1856 | 9527 |

# 4-5-5 各地区限额以上餐饮业产业活动单位和个体经营户经营情况
# Business of Establishments and Getihus above Designated Size of Catering Services by Region

单位：万元
Unit: 10000 yuan

| 地　区 | Region | 营业额 Business Revenue | 客房收入 from Hotel Rooms | 餐费收入 from Meals | 商品销售额 from Commodities | 其他收入 Others |
|---|---|---|---|---|---|---|
| **全　国** | **National Total** | **29087833** | **909655** | **26515739** | **1501690** | **160748** |
| 北　京 | Beijing | 62276 | 658 | 60895 | 422 | 302 |
| 天　津 | Tianjin | 186032 | 1053 | 175837 | 4721 | 4422 |
| 河　北 | Hebei | 245109 | 16269 | 220568 | 7078 | 1194 |
| 山　西 | Shanxi | 196863 | 21419 | 167619 | 4451 | 3373 |
| 内蒙古 | Inner Mongolia | 426846 | 38855 | 376798 | 10578 | 615 |
| 辽　宁 | Liaoning | 1585327 | 23328 | 1536368 | 22794 | 2837 |
| 吉　林 | Jilin | 1190449 | 24031 | 1097137 | 66105 | 3176 |
| 黑龙江 | Heilongjiang | 655751 | 18392 | 567285 | 66542 | 3532 |
| 上　海 | Shanghai | 66447 | 36464 | 27537 | 11 | 2434 |
| 江　苏 | Jiangsu | 3659975 | 106760 | 3285030 | 238137 | 30048 |
| 浙　江 | Zhejiang | 1568343 | 121389 | 1202384 | 224396 | 20174 |
| 安　徽 | Anhui | 614229 | 20472 | 573457 | 19139 | 1160 |
| 福　建 | Fujian | 643849 | 8871 | 615597 | 17406 | 1976 |
| 江　西 | Jiangxi | 514129 | 23116 | 429727 | 57767 | 3518 |
| 山　东 | Shandong | 3528953 | 47851 | 3164637 | 292595 | 23870 |
| 河　南 | Henan | 1942939 | 57960 | 1782473 | 95270 | 7236 |
| 湖　北 | Hubei | 1725587 | 87990 | 1552701 | 74923 | 9973 |
| 湖　南 | Hunan | 1312215 | 81279 | 1180112 | 41697 | 9127 |
| 广　东 | Guangdong | 3558153 | 25873 | 3506658 | 19440 | 6181 |
| 广　西 | Guangxi | 236856 | 6955 | 223604 | 4859 | 1439 |
| 海　南 | Hainan | 119028 | 959 | 111792 | 5663 | 614 |
| 重　庆 | Chongqing | 2200847 | 33670 | 2082673 | 79773 | 4732 |
| 四　川 | Sichuan | 1605538 | 50577 | 1443142 | 99522 | 12297 |
| 贵　州 | Guizhou | 144341 | 3058 | 136911 | 3132 | 1239 |
| 云　南 | Yunnan | 342293 | 6314 | 319960 | 12935 | 3085 |
| 西　藏 | Tibet | 2059 | 774 | 1283 | | 1 |
| 陕　西 | Shaanxi | 362916 | 28384 | 312288 | 20769 | 1475 |
| 甘　肃 | Gansu | 75511 | 2396 | 72122 | 937 | 56 |
| 青　海 | Qinghai | 3663 | | 3663 | | |
| 宁　夏 | Ningxia | 13460 | | 13184 | 276 | |
| 新　疆 | Xinjiang | 297853 | 14539 | 272298 | 10352 | 663 |

# 4-6-1 按登记注册类型分连锁餐饮企业基本情况
# Basic Conditions of Chain Catering Enterprises by Status of Registration

| 项　目 | Item | 门店总数（个）Number of Stores (unit) | 从业人员（万人）Employed Person (10000 person) | 营业面积（万平方米）Operational Area (10000 sq.m) |
|---|---|---|---|---|
| **合　计** | **Total** | **23721** | **71.4** | **970.9** |
| **内资企业** | **Domestic Funded Enterprises** | **8037** | **29.8** | **503.1** |
| 国有企业 | State-owned Enterprises | 89 | 0.3 | 2.7 |
| 集体企业 | Collective-owned Enterprises | 11 | 0.1 | 1.3 |
| 股份合作企业 | Cooperative Enterprises | 8 | 0.0 | 0.5 |
| 联营企业 | Joint Ownership Enterprises | | | |
| 国有联营企业 | State Joint Ownership Enterprises | | | |
| 集体联营企业 | Collective Joint Ownership Enterprises | | | |
| 国有与集体联营企业 | Joint State-collective Enterprises | | | |
| 其他联营企业 | Other Joint Ownership Enterprises | | | |
| 有限责任公司 | Limited Liability Corporations | 3429 | 9.9 | 184.7 |
| 国有独资公司 | State Sole Funded Corporations | 63 | 0.2 | 2.5 |
| 其他有限责任公司 | Other Limited Liability Corporations | 3366 | 9.7 | 182.2 |
| 股份有限公司 | Share-holding Corporations Ltd. | 1057 | 7.2 | 110.7 |
| 私营企业 | Private Enterprises | 3432 | 12.2 | 202.8 |
| 私营独资企业 | Private-funded Enterprises | 91 | 0.4 | 7.8 |
| 私营合伙企业 | Private Partnership Enterprises | | | |
| 私营有限责任公司 | Private Limited Liability Corporations | 3159 | 11.2 | 170.7 |
| 私营股份有限公司 | Private Share-holding Corporations Ltd. | 182 | 0.6 | 24.3 |
| 其他企业 | Other Enterprises | 11 | 0.0 | 0.4 |
| **港、澳、台商投资企业** | **Enterprises with Funds from Hong Kong, Macao and Taiwan** | **3992** | **11.3** | **96.6** |
| 港、澳、台商合资经营企业 | Joint-venture Enterprises | 609 | 2.5 | 23.1 |
| 港、澳、台商合作经营企业 | Cooperative Enterprises | 4 | 0.1 | 1.7 |
| 港、澳、台商独资经营企业 | Enterprises with Sole Investment | 3378 | 8.7 | 71.6 |
| 港、澳、台商投资股份有限公司 | Share-holding Corporations Ltd. with Investment | 1 | 0.0 | 0.2 |
| 其他港澳台商投资企业 | Other Enterprises with Funds from Hongkong, Macao and Taiwan | | | |
| **外商投资企业** | **Foreign Funded Enterprises** | **11692** | **30.3** | **371.2** |
| 中外合资经营企业 | Joint-venture Enterprises | 2079 | 6.6 | 62.4 |
| 中外合作经营企业 | Cooperative Enterprises | 47 | 0.1 | 2.0 |
| 外资企业 | Enterprises with Sole Foreign Investment | 9224 | 22.9 | 283.9 |
| 外商投资股份有限公司 | Share-holding Corporations Ltd. With Foreign Investment | 1 | 0.0 | |
| 其他外商投资企业 | Other Foreign Funded Enterprises | 341 | 0.7 | 22.9 |

| 项 目 | Item | 餐位数（万个）Number of Dining-seats (10000 units) | 营业额（亿元）Business Revenue (100 million yuan) | #餐费收入及商品销售额 From Meals and Commodities |
|---|---|---|---|---|
| **合 计** | **Total** | **333.6** | **1526.6** | **1505.2** |
| **内资企业** | **Domestic Funded Enterprises** | **157.8** | **517.4** | **509.4** |
| 国有企业 | State-owned Enterprises | 0.8 | 6.4 | 6.1 |
| 集体企业 | Collective-owned Enterprises | 0.3 | 1.0 | 0.9 |
| 股份合作企业 | Cooperative Enterprises | 0.2 | 0.4 | 0.4 |
| 联营企业 | Joint Ownership Enterprises | | | |
| 国有联营企业 | State Joint Ownership Enterprises | | | |
| 集体联营企业 | Collective Joint Ownership Enterprises | | | |
| 国有与集体联营企业 | Joint State-collective Enterprises | | | |
| 其他联营企业 | Other Joint Ownership Enterprises | | | |
| 有限责任公司 | Limited Liability Corporations | 58.7 | 194.5 | 193.9 |
| 国有独资公司 | State Sole Funded Corporations | 1.0 | 3.4 | 3.4 |
| 其他有限责任公司 | Other Limited Liability Corporations | 57.8 | 191.1 | 190.4 |
| 股份有限公司 | Share-holding Corporations Ltd. | 26.2 | 156.0 | 151.2 |
| 私营企业 | Private Enterprises | 71.3 | 158.8 | 156.8 |
| 私营独资企业 | Private-funded Enterprises | 1.8 | 6.8 | 6.5 |
| 私营合伙企业 | Private Partnership Enterprises | | | |
| 私营有限责任公司 | Private Limited Liability Corporations | 65.2 | 143.4 | 141.9 |
| 私营股份有限公司 | Private Share-holding Corporations Ltd. | 4.3 | 8.6 | 8.4 |
| 其他企业 | Other Enterprises | 0.3 | 0.3 | 0.2 |
| **港、澳、台商投资企业** | **Enterprises with Funds from Hong Kong, Macao and Taiwan** | **40.9** | **233.7** | **233.6** |
| 港、澳、台商合资经营企业 | Joint-venture Enterprises | 6.3 | 43.5 | 43.5 |
| 港、澳、台商合作经营企业 | Cooperative Enterprises | 0.2 | 2.0 | 2.0 |
| 港、澳、台商独资经营企业 | Enterprises with Sole Investment | 34.3 | 188.0 | 187.9 |
| 港、澳、台商投资股份有限公司 | Share-holding Corporations Ltd. with Investment | 0.0 | 0.2 | 0.2 |
| 其他港、澳、台商投资企业 | Other Enterprises with Funds from Hongkong, Macao and Taiwan | | | |
| **外商投资企业** | **Foreign Funded Enterprises** | **135.0** | **775.4** | **762.2** |
| 中外合资经营企业 | Joint-venture Enterprises | 26.2 | 173.7 | 173.6 |
| 中外合作经营企业 | Cooperative Enterprises | 0.6 | 3.5 | 3.5 |
| 外资企业 | Enterprises with Sole Foreign Investment | 97.6 | 581.4 | 568.4 |
| 外商投资股份有限公司 | Share-holding Corporations Ltd. with Foreign Investment | | 0.2 | 0.1 |
| 其他外商投资企业 | Other Foreign Funded Enterprises | 10.6 | 16.6 | 16.6 |

# 4-6-2 按行业分连锁餐饮企业基本情况
## Basic Conditions of Chain Catering Enterprises by Sector

| 行　业 | Sector | 门店总数（个）Number of Stores (unit) | 从业人数（万人）Engaged Persons (10 000 persons) | 营业面积（万平方米）Operating Area (10 000 sq.m) |
|---|---|---|---|---|
| **总　计** | **Total** | **23721** | **71.4** | **970.9** |
| 正餐服务 | Restaurant | 6570 | 29.5 | 515.6 |
| 快餐服务 | Snack Counter | 13911 | 37.9 | 406.8 |
| 饮料及冷饮服务 | Beverages and Cold Drinks | 2628 | 3.1 | 40.7 |
| 其他餐饮业 | Others | 612 | 0.8 | 7.8 |

4-6-2 续表 Continued

| 行　业 | Sector | 餐位数（万个）Number of Dining-seats (10 000 units) | 营业额（亿元）Business Revenue (100 million yuan) | #餐费收入及商品销售额 From Meals and Commodities |
|---|---|---|---|---|
| **总　计** | **Total** | **333.6** | **1526.6** | **1505.2** |
| 正餐服务 | Restaurant | 164.1 | 518.5 | 512.0 |
| 快餐服务 | Snack Counter | 152.9 | 883.7 | 868.9 |
| 饮料及冷饮服务 | Beverages and Cold Drinks | 11.9 | 106.5 | 106.4 |
| 其他餐饮业 | Others | 4.7 | 17.9 | 17.9 |

# 4-6-3 各地区连锁餐饮企业基本情况

## Basic Conditions of Chain Catering Enterprises by Region

| 年份 Year | 地区 Region | 门店总数（个）Number of Stores (unit) | 从业人数（万人）Employed Person (10000 persons) | 营业面积（万平方米）Operational Area (10000 sq.m) | 餐位数（万个）Number of dining-seat (10000 unit) | 营业额（亿元）Business Revenue (100 million yuan) |
|---|---|---|---|---|---|---|
| | 2004 | 7578 | 37.9 | 352.6 | 180.1 | 348.2 |
| | 2005 | 9748 | 50.1 | 478.1 | 245.8 | 454.4 |
| | 2006 | 11360 | 55.7 | 588.2 | 274.8 | 563.8 |
| | 2007 | 12743 | 62.6 | 629.2 | 280.0 | 640.0 |
| | 2008 | 12561 | 66.1 | 651.9 | 253.1 | 806.9 |
| | 2009 | 13739 | 65.2 | 691.6 | 248.9 | 879.3 |
| | 2010 | 15333 | 70.6 | 742.6 | 263.8 | 955.4 |
| | 2011 | 16285 | 83.3 | 821.4 | 277.1 | 1120.4 |
| | 2012 | 18153 | 80.6 | 869.2 | 286.5 | 1283.3 |
| | 2013 | 20554 | 80.3 | 937.1 | 319.5 | 1319.6 |
| | 2014 | 22494 | 78.0 | 1020.0 | 338.6 | 1391.0 |
| | 2015 | 23721 | 71.4 | 970.9 | 333.6 | 1526.6 |
| 北京 | Beijing | 4239 | 12.0 | 174.9 | 55.4 | 302.0 |
| 天津 | Tianjin | 497 | 1.6 | 20.1 | 6.0 | 38.9 |
| 河北 | Hebei | 6 | 0.1 | 2.5 | 0.5 | 0.6 |
| 山西 | Shanxi | 109 | 0.5 | 6.4 | 2.0 | 7.5 |
| 内蒙古 | Inner Mongolia | 162 | 0.3 | 8.1 | 2.7 | 12.7 |
| 辽宁 | Liaoning | 706 | 1.0 | 26.6 | 8.1 | 58.5 |
| 吉林 | Jilin | 23 | 0.1 | 1.3 | 0.4 | 0.9 |
| 黑龙江 | Heilongjiang | 67 | 0.2 | 3.2 | 1.1 | 3.7 |
| 上海 | Shanghai | 3127 | 6.8 | 89.7 | 30.0 | 191.3 |
| 江苏 | Jiangsu | 1491 | 4.5 | 49.7 | 16.1 | 91.3 |
| 浙江 | Zhejiang | 1736 | 4.3 | 81.9 | 22.9 | 93.7 |
| 安徽 | Anhui | 650 | 1.2 | 40.5 | 6.8 | 16.6 |
| 福建 | Fujian | 548 | 1.7 | 15.4 | 4.4 | 22.5 |
| 江西 | Jiangxi | 113 | 0.6 | 5.9 | 1.9 | 8.3 |
| 山东 | Shandong | 466 | 1.7 | 25.0 | 7.2 | 43.2 |
| 河南 | Henan | 205 | 0.7 | 9.7 | 3.3 | 10.6 |
| 湖北 | Hubei | 784 | 3.6 | 36.5 | 13.6 | 55.4 |
| 湖南 | Hunan | 844 | 3.9 | 56.4 | 23.0 | 52.8 |
| 广东 | Guangdong | 3706 | 9.9 | 102.7 | 39.5 | 247.4 |
| 广西 | Guangxi | 176 | 0.6 | 4.0 | 1.6 | 9.8 |
| 海南 | Hainan | 5 | 0.0 | 0.2 | 0.1 | 0.6 |
| 重庆 | Chongqing | 2360 | 9.2 | 129.7 | 51.9 | 115.8 |
| 四川 | Sichuan | 959 | 3.9 | 45.8 | 18.1 | 98.1 |
| 贵州 | Guizhou | 17 | 0.1 | 2.2 | 0.4 | 0.9 |
| 云南 | Yunnan | 319 | 1.3 | 17.7 | 9.4 | 22.7 |
| 西藏 | Tibet | 3 | 0.0 | 0.0 | 0.0 | 0.1 |
| 陕西 | Shaanxi | 199 | 1.0 | 9.0 | 5.7 | 12.6 |
| 甘肃 | Gansu | 35 | 0.2 | 1.1 | 0.4 | 3.0 |
| 青海 | Qinghai | | | | | |
| 宁夏 | Ningxia | | | | | |
| 新疆 | Xinjiang | 169 | 0.3 | 4.6 | 1.4 | 5.3 |

4-6-3 续表 Continued

| 年 份 地 区<br>Year Region | | #餐费收入及商品销售额<br>From Meals and Commodities | 商品购进总额 (亿元)<br>Total Purchases Value (100 million yuan) | 统一配送商品购进额 (亿元)<br>Centralized Purchase and Delivery (100 million yuan) | #自有配送中心配送商品购进额<br>Self Centralized Purchase and Delivery | #非自有配送中心配送商品购进额<br>Non-self Centralized Purchase and Delivery |
|---|---|---|---|---|---|---|
| | 2004 | 345.3 | 124.6 | 89.3 | 64.7 | 24.6 |
| | 2005 | 447.2 | 171.5 | 109.1 | 77.9 | 31.0 |
| | 2006 | 563.2 | 201.2 | 127.5 | 93.6 | 33.7 |
| | 2007 | 639.3 | 274.9 | 168.8 | 110.0 | 30.9 |
| | 2008 | 796.2 | 271.6 | 192.5 | 118.7 | 35.3 |
| | 2009 | 878.5 | 362.0 | 239.8 | 138.0 | 50.7 |
| | 2010 | 952.9 | 455.8 | 298.8 | 159.5 | 51.4 |
| | 2011 | 1098.7 | 518.9 | 343.1 | 190.0 | 65.1 |
| | 2012 | 1280.3 | 561.4 | 388.5 | 202.3 | 86.0 |
| | 2013 | 1316.0 | 571.2 | 400.7 | 183.0 | 80.8 |
| | 2014 | 1387.0 | 583.4 | 413.9 | 193.4 | 68.8 |
| | 2015 | 1505.2 | 577.0 | 462.5 | 212.1 | 68.2 |
| 北 京 | Beijing | 299.5 | 99.4 | 79.3 | 46.8 | 11.4 |
| 天 津 | Tianjin | 38.9 | 17.4 | 4.1 | 0.3 | |
| 河 北 | Hebei | 0.6 | 1.0 | 1.0 | 1.0 | |
| 山 西 | Shanxi | 7.5 | 4.7 | 3.8 | 3.8 | |
| 内蒙古 | Inner Mongolia | 12.7 | 8.8 | 0.3 | 0.2 | 0.0 |
| 辽 宁 | Liaoning | 58.5 | 48.7 | 42.4 | 3.3 | |
| 吉 林 | Jilin | 0.9 | 0.4 | 0.4 | 0.4 | |
| 黑龙江 | Heilongjiang | 3.7 | 1.6 | 1.6 | 0.8 | 0.8 |
| 上 海 | Shanghai | 191.2 | 61.3 | 49.2 | 20.7 | 10.6 |
| 江 苏 | Jiangsu | 91.3 | 34.2 | 31.6 | 17.5 | 13.6 |
| 浙 江 | Zhejiang | 93.7 | 33.1 | 31.2 | 19.8 | 7.0 |
| 安 徽 | Anhui | 16.3 | 6.2 | 5.9 | 3.8 | 0.2 |
| 福 建 | Fujian | 22.5 | 12.2 | 11.6 | 8.2 | 1.6 |
| 江 西 | Jiangxi | 8.3 | 4.3 | 3.7 | 0.1 | |
| 山 东 | Shandong | 39.0 | 13.7 | 12.6 | 11.2 | |
| 河 南 | Henan | 10.6 | 5.2 | 4.0 | | 0.2 |
| 湖 北 | Hubei | 55.3 | 10.9 | 9.0 | 1.9 | 4.0 |
| 湖 南 | Hunan | 52.1 | 18.0 | 11.6 | 9.1 | 2.1 |
| 广 东 | Guangdong | 247.2 | 85.3 | 79.7 | 37.7 | 4.0 |
| 广 西 | Guangxi | 9.8 | 3.7 | 3.7 | 0.8 | 2.0 |
| 海 南 | Hainan | 0.6 | 0.2 | 0.2 | | 0.2 |
| 重 庆 | Chongqing | 115.8 | 54.6 | 25.9 | 16.3 | 6.9 |
| 四 川 | Sichuan | 85.3 | 34.8 | 33.2 | 1.7 | 1.1 |
| 贵 州 | Guizhou | 0.9 | 0.5 | 0.5 | | |
| 云 南 | Yunnan | 22.5 | 8.3 | 7.9 | | 1.7 |
| 西 藏 | Tibet | 0.1 | 0.0 | | | |
| 陕 西 | Shaanxi | 12.6 | 5.6 | 5.4 | 4.6 | 0.4 |
| 甘 肃 | Gansu | 3.0 | 1.3 | 1.2 | 1.2 | |
| 青 海 | Qinghai | | | | | |
| 宁 夏 | Ningxia | | | | | |
| 新 疆 | Xinjiang | 5.1 | 1.7 | 1.5 | 0.9 | 0.6 |

# 国际收支

## BALANCE OF PAYMENTS

第5篇

# 5-1 国际收支概况
## Brief Table of BOP of China

单位：亿美元
Unit: USD 100 million

| 年份 Year | 经常项目差额 Current Account Balance | 资本和金融项目差额 Capital and Financial Account Balance | 净误差与遗漏 Net Errors and Omissions |
|---|---|---|---|
| 1982 | 56.74 | -59.53 | 2.79 |
| 1983 | 42.40 | -40.67 | -1.73 |
| 1984 | 20.30 | -32.21 | 11.91 |
| 1985 | -114.17 | 139.07 | -24.90 |
| 1986 | -70.35 | 82.67 | -12.32 |
| 1987 | 3.00 | 10.71 | -13.71 |
| 1988 | -38.03 | 48.14 | -10.11 |
| 1989 | -43.18 | 42.26 | 0.92 |
| 1990 | 119.97 | -88.63 | -31.34 |
| 1991 | 132.71 | -65.10 | -67.61 |
| 1992 | 64.01 | 18.51 | -82.52 |
| 1993 | -119.04 | 217.07 | -98.03 |
| 1994 | 76.58 | 21.17 | -97.75 |
| 1995 | 16.18 | 162.12 | -178.30 |
| 1996 | 72.42 | 83.05 | -155.47 |
| 1997 | 369.63 | -146.67 | -222.54 |
| 1998 | 314.71 | -127.47 | -187.24 |
| 1999 | 211.14 | -33.26 | -177.88 |
| 2000 | 205.19 | -86.26 | -118.93 |
| 2001 | 174.05 | -125.50 | -48.56 |
| 2002 | 354.22 | -432.16 | 77.94 |
| 2003 | 430.52 | -512.75 | 82.24 |
| 2004 | 689.41 | -819.08 | 129.67 |
| 2005 | 1323.78 | -1553.00 | 229.21 |
| 2006 | 2318.43 | -2354.71 | 36.28 |
| 2007 | 3531.83 | -3664.73 | 132.90 |
| 2008 | 4205.69 | -4394.13 | 188.44 |
| 2009 | 2432.57 | -2018.74 | -413.83 |
| 2010 | 2378.10 | -1848.74 | -529.36 |
| 2011 | 1360.97 | -1223.31 | -137.66 |
| 2012 | 2153.92 | -1283.17 | -870.74 |
| 2013 | 1482.04 | -852.79 | -629.25 |
| 2014 | 2774.34 | -1691.74 | -1082.60 |
| 2015 | 3306.02 | -1423.59 | -1882.44 |

注：根据《国际收支和国际投资头寸手册》(第六版)编制，资本和金融账户中包含储备资产。
Note: The table is compiled according to BPM6. Reserve asstes are included in capital and financial account.

# 5-2 国际收支平衡表
# Balance of Payments

单位：万美元
Unit: USD 10000

| 项　目 | Item | 2014 | 2015 |
|---|---|---|---|
| **1. 经常账户** | **Current account** | **27743390** | **33060221** |
| 贷方 | Credit | 280473734 | 269303635 |
| 借方 | Debit | -252730344 | -236243414 |
| 1.A货物和服务 | Goods and services | 26268657 | 38464172 |
| 贷方 | Credit | 252423835 | 242929323 |
| 借方 | Debit | -226155178 | -204465151 |
| 1.A.a 货物 | Goods | 43504162 | 56699794 |
| 贷方 | Credit | 224376128 | 214275351 |
| 借方 | Debit | -180871966 | -157575558 |
| 1.A.b 服务 | Services | -17235505 | -18235622 |
| 贷方 | Credit | 28047707 | 28653971 |
| 借方 | Debit | -45283212 | -46889594 |
| 1.A.b.1 加工服务 | Manufacturing services on physical inputs owned by others | 2130500 | 2027495 |
| 贷方 | Credit | 2142074 | 2043578 |
| 借方 | Debit | -11573 | -16083 |
| 1.A.b.2 维护和维修服务 | Maintenance and repair services n.i.e | | 228623 |
| 贷方 | Credit | | 360504 |
| 借方 | Debit | | -131882 |
| 1.A.b.3 运输 | Transport | -5791502 | -3702011 |
| 贷方 | Credit | 3824278 | 3859433 |
| 借方 | Debit | -9615780 | -7561444 |
| 1.A.b.4 旅行 | Travel | -12928176 | -17809051 |
| 贷方 | Credit | 10538000 | 11410940 |
| 借方 | Debit | -23466176 | -29219991 |
| 1.A.b.5 建设 | Construction | 1048532 | 645517 |
| 贷方 | Credit | 1535497 | 1665246 |
| 借方 | Debit | -486964 | -1019729 |
| 1.A.b.6 保险和养老金服务 | Insurance and pension services | -1787994 | -435044 |
| 贷方 | Credit | 457415 | 497630 |
| 借方 | Debit | -2245409 | -932673 |
| 1.A.b.7 金融服务 | Financial services | -40924 | -31032 |
| 贷方 | Credit | 453092 | 233441 |
| 借方 | Debit | -494016 | -264472 |
| 1.A.b.8 知识产权使用费 | Charges for the use of intellectual property | -2193742 | -2093777 |
| 贷方 | Credit | 67638 | 108460 |

注：1.根据《国际收支和国际投资头寸手册》(第六版)编制。
2."贷方"按正值列示，"借方"按负值列示，差额等于"贷方"加上"借方"，本表除标注"贷方"和"借方"的项目外，其他项目均指差额。

Note: 1. The table is compiled according to BPM6.
2. "Credit" is presented as positive value while "debit" as negative value; the difference is the sume of the "Credit" and the "Debit"; all items herein refer to difference, unless marked with "Credit" or "Debit".

5-2 续表 1 continued

单位：万美元
Unit: USD 10000

| 项　目 | Item | 2014 | 2015 |
|---|---|---|---|
| 借方 | Debit | -2261380 | -2202237 |
| 1.A.b.9 电信、计算机和信息服务 | Telecommunications, computer, and information services | 942465 | 1314025 |
| 贷方 | Credit | 2017291 | 2454894 |
| 借方 | Debit | -1074827 | -1140869 |
| 1.A.b.10 其他商业服务 | Other business services | 1552480 | 1886075 |
| 贷方 | Credit | 6889510 | 5840286 |
| 借方 | Debit | -5337030 | -3954211 |
| 1.A.b.11 个人、文化和娱乐服务 | Personal, cultural, and recreational services | -69865 | -116294 |
| 贷方 | Credit | 17484 | 73142 |
| 借方 | Debit | -87349 | -189436 |
| 1.A.b.12 别处未提及的政府服务 | Government goods and services n.i.e | -97278 | -150149 |
| 贷方 | Credit | 105429 | 106417 |
| 借方 | Debit | -202707 | -256566 |
| 1.B 初次收入 | Primary income | 1330121 | -4536264 |
| 贷方 | Credit | 23937229 | 22780476 |
| 借方 | Debit | -22607108 | -27316739 |
| 1.B.1 雇员报酬 | Compensation of employees | 2575520 | 2738648 |
| 贷方 | Credit | 2991050 | 3310468 |
| 借方 | Debit | -415530 | -571819 |
| 1.B.2 投资收益 | Investment income | -1245398 | -7341755 |
| 贷方 | Credit | 20946179 | 19387369 |
| 借方 | Debit | -22191577 | -26729124 |
| 1.B.3 其他初次收入 | Other primary income | | 66843 |
| 贷方 | Credit | | 82639 |
| 借方 | Debit | | -15796 |
| 1.C 二次收入 | Secondary income | 144612 | -867687 |
| 贷方 | Credit | 4112670 | 3593836 |
| 借方 | Debit | -3968058 | -4461524 |
| **2. 资本和金融账户** | **Capital and financial account** | **-16917391** | **-14235866** |
| 2.1 资本账户 | Capital account | -3275 | 31609 |
| 贷方 | Credit | 193950 | 51226 |
| 借方 | Debit | -197225 | -19616 |
| 2.2 金融账户 | Financial account | -16914116 | -14267475 |
| 资产 | Assets | -58063391 | -4906712 |
| 负债 | Liabilities | 41149275 | -9360763 |
| 2.2.1 非储备性质的金融账户 | Financial account excluding reserve assets | -5136104 | -48561399 |
| 资产 | Financial assets excluding reserve assets | -46285379 | -39200636 |
| 负债 | Liabilities | 41149275 | -9360763 |
| 2.2.1.1 直接投资 | Direct investment | 14496763 | 6205834 |
| 2.2.1.1.1 资产 | Assets | -12312955 | -18780058 |

5-2 续表 2 continued

单位：万美元

Unit: USD 10000

| 项　　目 | Item | 2014 | 2015 |
| --- | --- | --- | --- |
| 2.2.1.1.1.1 股权 | Equity and investment fund shares | -14232955 | -14518697 |
| 2.2.1.1.1.2 关联企业债务 | Debt instruments | 1920000 | -4261360 |
| 2.2.1.1.2负债 | Liabilities | 26809718 | 24985892 |
| 2.2.1.1.2.1 股权 | Equity and investment fund shares | 21089718 | 21962651 |
| 2.2.1.1.2.2 关联企业债务 | Debt instruments | 5720000 | 3023241 |
| 2.2.1.2 证券投资 | Portfolio investment | 8242945 | -6647006 |
| 2.2.1.2.1 资产 | Assets | -1081474 | -7320898 |
| 2.2.1.2.1.1 股权 | Equity and investment fund shares | -140154 | -3967880 |
| 2.2.1.2.1.2 债券 | Debt securities | -941320 | -3353018 |
| 2.2.1.2.2 负债 | Liabilities | 9324419 | 673892 |
| 2.2.1.2.2.1 股权 | Equity and investment fund shares | 5191579 | 1496450 |
| 2.2.1.2.2.2 债券 | Debt securities | 4132840 | -822557 |
| 2.2.1.3 金融衍生工具 | Financial derivatives (other than reserves) and employee stock options |  | -208712 |
| 2.2.1.3.1 资产 | Assets |  | -341998 |
| 2.2.1.3.2 负债 | Liabilities |  | 133286 |
| 2.2.1.4 其他投资 | Other investment | -27875811 | -47911515 |
| 2.2.1.4.1 资产 | Assets | -32890949 | -12757682 |
| 2.2.1.4.1.1 其他股权 | Other equity |  | -1226 |
| 2.2.1.4.1.2 货币和存款 | Currency and deposits | -18560409 | -10012199 |
| 2.2.1.4.1.3 贷款 | Loans | -7378738 | -4746430 |
| 2.2.1.4.1.4 保险和养老金 | Insurance, pension, and standardized guarantee schemes |  | -319785 |
| 2.2.1.4.1.5 贸易信贷 | Trade credit and advances | -6875562 | -4596623 |
| 2.2.1.4.1.6 其他 | Other accounts receivable | -76240 | 6918582 |
| 2.2.1.4.2 负债 | Liabilities | 5015138 | -35153833 |
| 2.2.1.4.2.1 其他股权 | Other equity |  |  |
| 2.2.1.4.2.2 货币和存款 | Currency and deposits | 8137907 | -12255233 |
| 2.2.1.4.2.3 贷款 | Loans | -3432928 | -16666721 |
| 2.2.1.4.2.4 保险和养老金 | Insurance, pension, and standardized guarantee schemes |  | 239257 |
| 2.2.1.4.2.5 贸易信贷 | Trade credit and advances | -207938 | -6228316 |
| 2.2.1.4.2.6 其他 | Other accounts payable | 518097 | -242820 |
| 2.2.1.4.2.7 特别提款权 | Special drawing rights |  | 0 |
| 2.2.2 储备资产 | Reserve assets | -11778012 | 34293924 |
| 2.2.2.1 货币黄金 | Monetary gold |  |  |
| 2.2.2.2 特别提款权 | Special drawing rights | 6066 | -28749 |
| 2.2.2.3 在国际货币基金组织的储备头寸 | Reserve position in the IMF | 97714 | 91086 |
| 2.2.2.4 外汇储备 | Foreign exchange reserves | -11881792 | 34231587 |
| 2.2.2.5 其他储备资产 | Other reserve assets |  |  |
| **3.净误差与遗漏** | **Net errors and omissions** | **-10826000** | **-18824355** |

# 5-3 外债概况
# Notes of China's External Debt at the Year-end

单位：亿美元

Unit: USD 100 million

| 年　份<br>Year | 合　计<br>Outstanding Debt | 中长期外债<br>Long-term Debt | 短期外债<br>Short-term Debt |
|---|---|---|---|
| 1985 | 158.3 | 94.1 | 64.2 |
| 1986 | 214.8 | 167.1 | 47.7 |
| 1987 | 302.1 | 244.8 | 57.3 |
| 1988 | 400.0 | 326.9 | 73.1 |
| 1989 | 413.0 | 370.3 | 42.7 |
| 1990 | 525.5 | 457.8 | 67.7 |
| 1991 | 605.6 | 502.6 | 103.0 |
| 1992 | 693.2 | 584.7 | 108.5 |
| 1993 | 835.7 | 700.2 | 135.5 |
| 1994 | 928.1 | 823.9 | 104.2 |
| 1995 | 1065.9 | 946.8 | 119.1 |
| 1996 | 1162.8 | 1021.7 | 141.1 |
| 1997 | 1309.6 | 1128.2 | 181.4 |
| 1998 | 1460.4 | 1287.0 | 173.4 |
| 1999 | 1518.3 | 1366.5 | 151.8 |
| 2000 | 1457.3 | 1326.5 | 130.8 |
| 2001 | 2033.0 | 1195.3 | 837.7 |
| 2002 | 2026.3 | 1155.5 | 870.8 |
| 2003 | 2193.6 | 1165.9 | 1027.7 |
| 2004 | 2629.9 | 1242.9 | 1387.0 |
| 2005 | 2965.4 | 1249.0 | 1716.4 |
| 2006 | 3385.9 | 1393.6 | 1992.3 |
| 2007 | 3892.2 | 1535.3 | 2356.9 |
| 2008 | 3901.6 | 1638.8 | 2262.8 |
| 2009 | 4286.5 | 1693.9 | 2592.6 |
| 2010 | 5489.4 | 1732.4 | 3757.0 |
| 2011 | 6950.0 | 1941.0 | 5009.0 |
| 2012 | 7369.9 | 1960.6 | 5409.3 |
| 2013 | 8631.7 | 1865.4 | 6766.3 |
| 2014 | 17799.0 | 4817.0 | 12982.0 |
| 2015 | 14162.0 | 4956.0 | 9206.0 |
| **构成　Proportion (%)** | | | |
| 1985 | 100.0 | 59.4 | 40.6 |
| 1986 | 100.0 | 77.8 | 22.2 |
| 1987 | 100.0 | 81.1 | 18.9 |
| 1988 | 100.0 | 81.7 | 18.3 |
| 1989 | 100.0 | 89.7 | 10.3 |
| 1990 | 100.0 | 87.1 | 12.9 |
| 1991 | 100.0 | 83.0 | 17.0 |
| 1992 | 100.0 | 84.4 | 15.6 |
| 1993 | 100.0 | 83.8 | 16.2 |
| 1994 | 100.0 | 88.8 | 11.2 |
| 1995 | 100.0 | 88.8 | 11.2 |
| 1996 | 100.0 | 87.9 | 12.1 |
| 1997 | 100.0 | 86.1 | 13.9 |
| 1998 | 100.0 | 88.1 | 11.9 |
| 1999 | 100.0 | 90.0 | 10.0 |
| 2000 | 100.0 | 91.0 | 9.0 |
| 2001 | 100.0 | 58.8 | 41.2 |
| 2002 | 100.0 | 57.0 | 43.0 |
| 2003 | 100.0 | 53.2 | 46.8 |
| 2004 | 100.0 | 47.3 | 52.7 |
| 2005 | 100.0 | 42.1 | 57.9 |
| 2006 | 100.0 | 41.2 | 58.8 |
| 2007 | 100.0 | 39.4 | 60.6 |
| 2008 | 100.0 | 42.0 | 58.0 |
| 2009 | 100.0 | 39.5 | 60.5 |
| 2010 | 100.0 | 31.6 | 68.4 |
| 2011 | 100.0 | 27.9 | 72.1 |
| 2012 | 100.0 | 26.6 | 73.4 |
| 2013 | 100.0 | 21.6 | 78.4 |
| 2014 | 100.0 | 27.1 | 72.9 |
| 2015 | 100.0 | 35.0 | 65.0 |

注：2015年，中国按照国际货币基金组织的数据公布特殊标准(SDDS)调整了外债统计口径并对外公布全口径外债统计口径并对外公布全口径外债数据，将人民币外债纳入统计，并按签约期限划分中长期和短期外债。为保证数据的可比性，将2014年末外债数据相应调整为全口径外债数据(下同)。

Note: In accordance with the Special Data Dissemination Standard(SDDS) of the IMF, China adjusted the statistical coverage of external debt and disseminatied the full-scale data on China's external debt in 2015,including RMB-denominated external debt, which wa classified into medium-and long-term external debt and short-term external debt by contract term. To ensure data comparability, the external debt data at the end of 2014 have been adjusted to the full-scale data.

# 5-4 外债风险指标
# Risk Indicators on Foreign Debts

单位: %
Unit: %

| 年 份<br>Year | 偿债率<br>Debt Service Ratio | 负债率<br>Liability Ratio | 债务率<br>Foreign Debt Ratio |
|---|---|---|---|
| 1985 | 2.7 | 5.1 | 56.0 |
| 1986 | 15.4 | 7.2 | 72.1 |
| 1987 | 9.0 | 9.3 | 77.1 |
| 1988 | 6.5 | 9.9 | 87.1 |
| 1989 | 8.3 | 9.1 | 86.4 |
| 1990 | 8.7 | 13.4 | 91.6 |
| 1991 | 8.5 | 14.7 | 91.9 |
| 1992 | 7.1 | 14.1 | 87.9 |
| 1993 | 10.2 | 13.6 | 96.5 |
| 1994 | 9.1 | 16.5 | 78.0 |
| 1995 | 7.6 | 14.6 | 72.4 |
| 1996 | 6.0 | 13.5 | 67.7 |
| 1997 | 7.3 | 13.7 | 63.2 |
| 1998 | 10.9 | 14.2 | 70.4 |
| 1999 | 11.2 | 13.9 | 68.7 |
| 2000 | 9.2 | 12.1 | 52.1 |
| 2001 | 7.5 | 15.3 | 67.9 |
| 2002 | 7.9 | 13.9 | 55.5 |
| 2003 | 6.9 | 13.3 | 45.2 |
| 2004 | 3.2 | 13.5 | 40.2 |
| 2005 | 3.1 | 13.1 | 35.4 |
| 2006 | 2.1 | 12.4 | 31.9 |
| 2007 | 2.0 | 11.0 | 29.0 |
| 2008 | 1.8 | 8.6 | 24.7 |
| 2009 | 2.9 | 8.5 | 32.2 |
| 2010 | 1.6 | 9.1 | 29.2 |
| 2011 | 1.7 | 9.3 | 33.3 |
| 2012 | 1.6 | 8.7 | 32.8 |
| 2013 | 1.6 | 9.1 | 35.6 |
| 2014 | 2.6 | 17.2 | 69.9 |
| 2015 | 5.0 | 13.0 | 58.3 |

注: 1.偿债率指偿还外债本息与当年贸易和非贸易外汇收入(国际收支口径)之比。
2.负债率指外债余额与当年国民生产总值之比。
3.债务率指外债余额与当年贸易和非贸易外汇收入(国际收支口径)之比。
4.国家外汇管理局根据调整后的国内生产总值数据对负债率指标的数据进行了相应的调整。

Note: a) Debt service ratio refers to the ratio of the payment of principal and interest of foreign debts to the foreign exchange receipts from foreign trade and non-trade services of the current year.
b) Liability ratio refers to the ratio of the balance of foreign debts to the gross national product of the current year.
c) Foreign debt ratio refers to the ratio of the balance of foreign debts to the foreign exchange receipts from foreign trade and non-trade services of the current year.
d) According to the adjusted 1993-2004 annual GDP data ,liability ratio data is adjusted accordingly by State Administration of Foreign Exchange.

# 5-5 人民币市场汇率(年平均汇价)

# Reference Exchange Rate of Renminbi(Period Average)

单位：人民币元

Unit: RMB yuan

| 年 份<br>Year | 美 元<br>US Dollar<br>(100) | 欧 元<br>EURO<br>(100) | 日 元<br>Japanese Yen<br>(100) | 港 币<br>Hong Kong Dollar<br>(100) | 英 镑<br>Pound<br>(100) |
|---|---|---|---|---|---|
| 1981 | 170.50 | | 0.77 | 30.41 | |
| 1982 | 189.25 | | 0.76 | 31.15 | |
| 1983 | 197.57 | | 0.83 | 27.36 | |
| 1984 | 232.70 | | 0.98 | 29.71 | |
| 1985 | 293.67 | | 1.25 | 37.57 | |
| 1986 | 345.28 | | 2.07 | 44.22 | |
| 1987 | 372.21 | | 2.58 | 47.74 | |
| 1988 | 372.21 | | 2.91 | 47.70 | |
| 1989 | 376.51 | | 2.74 | 48.28 | |
| 1990 | 478.32 | | 3.32 | 61.39 | |
| 1991 | 532.33 | | 3.96 | 68.45 | |
| 1992 | 551.46 | | 4.36 | 71.24 | |
| 1993 | 576.20 | | 5.20 | 74.41 | |
| 1994 | 861.87 | | 8.44 | 111.53 | |
| 1995 | 835.10 | | 8.92 | 107.96 | |
| 1996 | 831.42 | | 7.64 | 107.51 | |
| 1997 | 828.98 | | 6.86 | 107.09 | |
| 1998 | 827.91 | | 6.35 | 106.88 | |
| 1999 | 827.83 | | 7.29 | 106.66 | |
| 2000 | 827.84 | | 7.69 | 106.18 | |
| 2001 | 827.70 | | 6.81 | 106.08 | |
| 2002 | 827.70 | 800.58 | 6.62 | 106.07 | |
| 2003 | 827.70 | 936.13 | 7.15 | 106.24 | |
| 2004 | 827.68 | 1029.00 | 7.66 | 106.23 | |
| 2005 | 819.17 | 1019.53 | 7.45 | 105.30 | |
| 2006 | 797.18 | 1001.90 | 6.86 | 102.62 | |
| 2007 | 760.40 | 1041.75 | 6.46 | 97.46 | 1522.13 |
| 2008 | 694.51 | 1022.27 | 6.74 | 89.19 | 1286.64 |
| 2009 | 683.1 | 952.7 | 7.30 | 88.12 | 1071.97 |
| 2010 | 676.95 | 897.25 | 7.73 | 87.13 | 1045.72 |
| 2011 | 645.88 | 900.11 | 8.11 | 82.97 | 1036.39 |
| 2012 | 631.25 | 810.67 | 7.90 | 81.38 | 1000.12 |
| 2013 | 619.32 | 822.19 | 6.33 | 79.85 | 967.93 |
| 2014 | 614.28 | 816.51 | 5.82 | 79.22 | 1012.91 |
| 2015 | 622.84 | 691.41 | 5.15 | 80.34 | 953.44 |

# 5-6 人民币市场汇率(年末价)
# Reference Exchange Rate of Renminbi(End of Period)

单位：人民币元
Unit: RMB yuan

| 年 份 Year | 美 元 US Dollar (100) | 欧 元 EURO (100) | 日 元 Japanese Yen (100) | 港 币 Hong Kong Dollar (100) | 英镑 Pound (100) |
|---|---|---|---|---|---|
| 1981 | 174.55 | | 0.79 | 30.80 | |
| 1982 | 192.27 | | 0.82 | 29.80 | |
| 1983 | 198.09 | | 0.85 | 25.30 | |
| 1984 | 257.55 | | 1.13 | 35.90 | |
| 1985 | 320.15 | | 1.59 | 40.79 | |
| 1986 | 372.21 | | 2.33 | 47.68 | |
| 1987 | 372.21 | | 3.01 | 47.90 | |
| 1988 | 372.21 | | 2.98 | 47.61 | |
| 1989 | 472.21 | | 3.29 | 60.48 | |
| 1990 | 522.21 | | 3.87 | 67.00 | |
| 1991 | 543.42 | | 4.32 | 69.42 | |
| 1992 | 575.18 | | 4.61 | 74.31 | |
| 1993 | 580.00 | | 5.21 | 75.09 | |
| 1994 | 844.62 | | 8.48 | 109.14 | |
| 1995 | 831.74 | | 8.05 | 107.96 | |
| 1996 | 829.84 | | 7.20 | 107.24 | |
| 1997 | 827.96 | | 6.35 | 106.99 | |
| 1998 | 827.87 | | 7.17 | 106.78 | |
| 1999 | 827.93 | | 8.09 | 106.51 | |
| 2000 | 827.81 | | 7.24 | 106.06 | |
| 2001 | 827.66 | | 6.30 | 106.06 | |
| 2002 | 827.73 | 863.60 | 6.90 | 106.11 | |
| 2003 | 827.67 | 1033.83 | 7.73 | 106.57 | |
| 2004 | 827.65 | 1126.27 | 7.97 | 106.37 | |
| 2005 | 807.02 | 957.97 | 6.87 | 104.03 | |
| 2006 | 780.87 | 1026.65 | 6.56 | 100.47 | |
| 2007 | 730.46 | 1066.69 | 6.11 | 93.64 | 1458.07 |
| 2008 | 683.46 | 965.90 | 7.57 | 88.19 | 987.98 |
| 2009 | 682.82 | 979.71 | 7.38 | 88.05 | 1097.8 |
| 2010 | 662.27 | 880.65 | 8.13 | 85.09 | 1021.82 |
| 2011 | 630.09 | 816.25 | 8.11 | 81.07 | 971.16 |
| 2012 | 628.55 | 831.76 | 7.30 | 81.09 | 1016.11 |
| 2013 | 609.69 | 841.89 | 5.78 | 78.62 | 1005.56 |
| 2014 | 611.90 | 745.56 | 5.14 | 78.89 | 954.37 |
| 2015 | 649.36 | 709.52 | 5.39 | 83.78 | 961.59 |

# 5-7 国家外汇储备和外债余额
# Foreign Exchange Reserves and Outstanding External Debt

| 年 份<br>Year | 黄金储备<br>(万盎司)<br>Gold Reserves<br>(10000 Ounces) | 外汇储备<br>(亿美元)<br>Foreign Exchange Reserves<br>(USD 100 millions) | 外债余额<br>(亿美元)<br>Outstanding External Debt<br>(USD 100 millions) |
|---|---|---|---|
| 1979 | 1280 | 8.4 | |
| 1980 | 1280 | -13.0 | |
| 1981 | 1267 | 27.1 | |
| 1982 | 1267 | 69.9 | |
| 1983 | 1267 | 89.0 | |
| 1984 | 1267 | 82.2 | |
| 1985 | 1267 | 26.4 | 158.3 |
| 1986 | 1267 | 20.7 | 214.8 |
| 1987 | 1267 | 29.2 | 302.1 |
| 1988 | 1267 | 33.7 | 400.0 |
| 1989 | 1267 | 55.5 | 413.0 |
| 1990 | 1267 | 110.9 | 525.5 |
| 1991 | 1267 | 217.1 | 605.6 |
| 1992 | 1267 | 194.4 | 693.2 |
| 1993 | 1267 | 212.0 | 835.7 |
| 1994 | 1267 | 516.2 | 928.1 |
| 1995 | 1267 | 736.0 | 1065.9 |
| 1996 | 1267 | 1050.5 | 1162.8 |
| 1997 | 1267 | 1398.9 | 1309.6 |
| 1998 | 1267 | 1449.6 | 1460.4 |
| 1999 | 1267 | 1546.8 | 1518.3 |
| 2000 | 1267 | 1655.7 | 1457.3 |
| 2001 | 1608 | 2121.7 | 1701.1 |
| 2002 | 1929 | 2864.1 | 1713.6 |
| 2003 | 1929 | 4032.5 | 1936.3 |
| 2004 | 1929 | 6099.3 | 2286.0 |
| 2005 | 1929 | 8188.7 | 2810.4 |
| 2006 | 1929 | 10663.4 | 3229.9 |
| 2007 | 1929 | 15282.5 | 3736.2 |
| 2008 | 1929 | 19460.3 | 3746.6 |
| 2009 | 3389 | 23991.5 | 4286.5 |
| 2010 | 3389 | 28473.4 | 5489.4 |
| 2011 | 3389 | 31811.5 | 6950.0 |
| 2012 | 3389 | 33115.9 | 7369.9 |
| 2013 | 3389 | 38213.2 | 8631.7 |
| 2014 | 3389 | 38430.2 | 17799.0 |
| 2015 | 5666 | 33303.6 | 14162.0 |

# 对外贸易

# FOREIGN TRADE

第6篇

# 6-1 进出口额(按人民币计算)
# Total Value of Imports and Exports by RMB

单位：亿元
Unit: RMB 100 million

| 年 份<br>Year | 进出口总额<br>Total | 出口额<br>Exports | 进口额<br>Imports | 差额(+顺差,-逆差)<br>Balance |
|---|---|---|---|---|
| 1950 | 41.3 | 20.0 | 21.3 | -1.3 |
| 1955 | 109.8 | 48.7 | 61.1 | -12.4 |
| 1960 | 128.4 | 63.3 | 65.1 | -1.8 |
| 1961 | 90.7 | 47.7 | 43.0 | 4.7 |
| 1962 | 80.9 | 47.1 | 33.8 | 13.3 |
| 1963 | 85.7 | 50.0 | 35.7 | 14.3 |
| 1964 | 97.5 | 55.4 | 42.1 | 13.3 |
| 1965 | 118.4 | 63.1 | 55.3 | 7.8 |
| 1966 | 127.1 | 66.0 | 61.1 | 4.9 |
| 1967 | 112.2 | 58.8 | 53.4 | 5.4 |
| 1968 | 108.5 | 57.6 | 50.9 | 6.7 |
| 1969 | 107.0 | 59.8 | 47.2 | 12.6 |
| 1970 | 112.9 | 56.8 | 56.1 | 0.7 |
| 1971 | 120.9 | 68.5 | 52.4 | 16.1 |
| 1972 | 146.9 | 82.9 | 64.0 | 18.9 |
| 1973 | 220.5 | 116.9 | 103.6 | 13.3 |
| 1974 | 292.2 | 139.4 | 152.8 | -13.4 |
| 1975 | 290.4 | 143.0 | 147.4 | -4.4 |
| 1976 | 264.1 | 134.8 | 129.3 | 5.5 |
| 1977 | 272.5 | 139.7 | 132.8 | 6.9 |
| 1978 | 355.0 | 167.6 | 187.4 | -19.8 |
| 1979 | 454.6 | 211.7 | 242.9 | -31.2 |
| 1980 | 570.0 | 271.2 | 298.8 | -27.6 |
| 1981 | 735.3 | 367.6 | 367.7 | -0.1 |
| 1982 | 771.3 | 413.8 | 357.5 | 56.3 |
| 1983 | 860.1 | 438.3 | 421.8 | 16.5 |
| 1984 | 1201.0 | 580.5 | 620.5 | -40.0 |
| 1985 | 2066.7 | 808.9 | 1257.8 | -448.9 |
| 1986 | 2580.4 | 1082.1 | 1498.3 | -416.2 |
| 1987 | 3084.2 | 1470.0 | 1614.2 | -144.2 |
| 1988 | 3821.8 | 1766.7 | 2055.1 | -288.4 |
| 1989 | 4155.9 | 1956.0 | 2199.9 | -243.9 |
| 1990 | 5560.1 | 2985.8 | 2574.3 | 411.5 |
| 1991 | 7225.8 | 3827.1 | 3398.7 | 428.4 |
| 1992 | 9119.6 | 4676.3 | 4443.3 | 233.0 |
| 1993 | 11271.0 | 5284.8 | 5986.2 | -701.4 |
| 1994 | 20381.9 | 10421.8 | 9960.1 | 461.7 |
| 1995 | 23499.9 | 12451.8 | 11048.1 | 1403.7 |
| 1996 | 24133.8 | 12576.4 | 11557.4 | 1019.0 |
| 1997 | 26967.2 | 15160.7 | 11806.5 | 3354.2 |
| 1998 | 26849.7 | 15223.6 | 11626.1 | 3597.5 |
| 1999 | 29896.3 | 16159.8 | 13736.5 | 2423.3 |
| 2000 | 39273.2 | 20634.4 | 18638.8 | 1995.6 |
| 2001 | 42183.6 | 22024.4 | 20159.2 | 1865.2 |
| 2002 | 51378.2 | 26947.9 | 24430.3 | 2517.6 |
| 2003 | 70483.5 | 36287.9 | 34195.6 | 2092.3 |
| 2004 | 95539.1 | 49103.3 | 46435.8 | 2667.5 |
| 2005 | 116921.8 | 62648.1 | 54273.7 | 8374.4 |
| 2006 | 140974.0 | 77597.2 | 63376.9 | 14220.3 |
| 2007 | 166924.1 | 93627.1 | 73296.9 | 20330.2 |
| 2008 | 179921.5 | 100394.9 | 79526.5 | 20868.4 |
| 2009 | 150648.1 | 82029.7 | 68618.4 | 13411.3 |
| 2010 | 201722.1 | 107022.8 | 94699.3 | 12323.5 |
| 2011 | 236402.0 | 123240.6 | 113161.4 | 10079.2 |
| 2012 | 244160.2 | 129359.3 | 114801.0 | 14558.3 |
| 2013 | 258168.9 | 137131.4 | 121037.5 | 16094.0 |
| 2014 | 264241.8 | 143883.7 | 120358.0 | 23525.7 |
| 2015 | 245502.9 | 141166.8 | 104336.1 | 36830.7 |

# 6-2 进出口额(按美元计算)
# Total Value of Imports and Exports By USD

单位：亿美元
Unit: USD 100 million

| 年 份<br>Year | 进出口总额<br>Total | 出口额<br>Exports | 进口额<br>Imports | 差额(+顺差,-逆差)<br>Balance |
|---|---|---|---|---|
| 1950 | 11.3 | 5.5 | 5.8 | -0.3 |
| 1955 | 31.4 | 14.1 | 17.3 | -3.2 |
| 1960 | 38.1 | 18.6 | 19.5 | -0.9 |
| 1961 | 29.4 | 14.9 | 14.5 | 0.4 |
| 1962 | 26.6 | 14.9 | 11.7 | 3.2 |
| 1963 | 29.2 | 16.5 | 12.7 | 3.8 |
| 1964 | 34.7 | 19.2 | 15.5 | 3.7 |
| 1965 | 42.5 | 22.3 | 20.2 | 2.1 |
| 1966 | 46.2 | 23.7 | 22.5 | 1.2 |
| 1967 | 41.6 | 21.4 | 20.2 | 1.2 |
| 1968 | 40.5 | 21.0 | 19.5 | 1.5 |
| 1969 | 40.3 | 22.0 | 18.3 | 3.7 |
| 1970 | 45.9 | 22.6 | 23.3 | -0.7 |
| 1971 | 48.4 | 26.4 | 22.0 | 4.4 |
| 1972 | 63.0 | 34.4 | 28.6 | 5.8 |
| 1973 | 109.8 | 58.2 | 51.6 | 6.6 |
| 1974 | 145.7 | 69.5 | 76.2 | -6.7 |
| 1975 | 147.5 | 72.6 | 74.9 | -2.3 |
| 1976 | 134.3 | 68.5 | 65.8 | 2.7 |
| 1977 | 148.0 | 75.9 | 72.1 | 3.8 |
| 1978 | 206.4 | 97.5 | 108.9 | -11.4 |
| 1979 | 293.3 | 136.6 | 156.7 | -20.1 |
| 1980 | 381.4 | 181.2 | 200.2 | -19.0 |
| 1981 | 440.2 | 220.1 | 220.2 | -0.1 |
| 1982 | 416.1 | 223.2 | 192.9 | 30.3 |
| 1983 | 436.2 | 222.3 | 213.9 | 8.4 |
| 1984 | 535.5 | 261.4 | 274.1 | -12.7 |
| 1985 | 696.0 | 273.5 | 422.5 | -149.0 |
| 1986 | 738.5 | 309.4 | 429.1 | -119.7 |
| 1987 | 826.5 | 394.4 | 432.1 | -37.7 |
| 1988 | 1027.9 | 475.2 | 552.7 | -77.5 |
| 1989 | 1116.8 | 525.4 | 591.4 | -66.0 |
| 1990 | 1154.4 | 620.9 | 533.5 | 87.4 |
| 1991 | 1356.3 | 718.4 | 637.9 | 80.5 |
| 1992 | 1655.3 | 849.4 | 805.9 | 43.5 |
| 1993 | 1957.0 | 917.4 | 1039.6 | -122.2 |
| 1994 | 2366.2 | 1210.1 | 1156.1 | 54.0 |
| 1995 | 2808.6 | 1487.8 | 1320.8 | 167.0 |
| 1996 | 2898.8 | 1510.5 | 1388.3 | 122.2 |
| 1997 | 3251.6 | 1827.9 | 1423.7 | 404.2 |
| 1998 | 3239.5 | 1837.1 | 1402.4 | 434.7 |
| 1999 | 3606.3 | 1949.3 | 1657.0 | 292.3 |
| 2000 | 4743.0 | 2492.0 | 2250.9 | 241.1 |
| 2001 | 5096.5 | 2661.0 | 2435.5 | 225.5 |
| 2002 | 6207.7 | 3256.0 | 2951.7 | 304.3 |
| 2003 | 8509.9 | 4382.3 | 4127.6 | 254.7 |
| 2004 | 11545.5 | 5933.3 | 5612.3 | 320.9 |
| 2005 | 14219.1 | 7619.5 | 6599.5 | 1020.0 |
| 2006 | 17604.4 | 9689.8 | 7914.6 | 1774.8 |
| 2007 | 21761.8 | 12200.6 | 9561.2 | 2639.4 |
| 2008 | 25632.6 | 14306.9 | 11325.7 | 2981.3 |
| 2009 | 22075.4 | 12016.1 | 10059.2 | 1956.9 |
| 2010 | 29740.0 | 15777.5 | 13962.4 | 1815.1 |
| 2011 | 36418.6 | 18983.8 | 17434.8 | 1549.0 |
| 2012 | 38671.2 | 20487.1 | 18184.1 | 2303.1 |
| 2013 | 41589.9 | 22090.0 | 19499.9 | 2590.1 |
| 2014 | 43015.3 | 23422.9 | 19592.3 | 3830.6 |
| 2015 | 39530.3 | 22734.7 | 16795.6 | 5939.0 |

注：1.本表1979年以前为外贸业务统计数，1980年以后为海关进出口统计数。以下诸表同。
2.进出口差额负数为入超。

Note: a) Figures before 1980 are recorded by the Ministry of Foreign Trade and figures since 1980 are recorded by General Administration of Customs. The same to the following tables.
b) Negative figures in balance refer to unfavourable positions.

## 6-3 进出口额指数(按美元计算)

## Indices of Total Value of Imports and Exports by USD

(1980年 =100)　　(Year of 1980 =100)

| 年份<br>Year | 进出口总额<br>Total | 出口额<br>Exports | 进口额<br>Imports |
|---|---|---|---|
| 1980 | 100.00 | 100.00 | 100.00 |
| 1981 | 115.44 | 121.47 | 109.99 |
| 1982 | 109.10 | 123.18 | 96.35 |
| 1983 | 114.37 | 122.68 | 106.84 |
| 1984 | 140.40 | 144.26 | 136.91 |
| 1985 | 182.49 | 150.94 | 211.04 |
| 1986 | 193.63 | 170.75 | 214.34 |
| 1987 | 216.70 | 217.66 | 215.83 |
| 1988 | 269.51 | 262.25 | 276.07 |
| 1989 | 292.82 | 289.96 | 295.40 |
| 1990 | 302.67 | 342.66 | 266.48 |
| 1991 | 355.79 | 396.85 | 318.63 |
| 1992 | 434.01 | 468.76 | 402.55 |
| 1993 | 513.11 | 506.29 | 519.28 |
| 1994 | 620.40 | 667.83 | 577.47 |
| 1995 | 736.39 | 821.08 | 659.74 |
| 1996 | 760.04 | 833.61 | 693.46 |
| 1997 | 852.54 | 1008.77 | 711.14 |
| 1998 | 849.37 | 1013.85 | 700.50 |
| 1999 | 945.54 | 1075.77 | 827.67 |
| 2000 | 1243.55 | 1375.28 | 1124.33 |
| 2001 | 1336.26 | 1468.54 | 1216.53 |
| 2002 | 1627.61 | 1796.91 | 1474.38 |
| 2003 | 2231.23 | 2418.49 | 2061.74 |
| 2004 | 3027.14 | 3274.39 | 2803.35 |
| 2005 | 3728.13 | 4205.02 | 3296.45 |
| 2006 | 4615.62 | 5347.33 | 3953.35 |
| 2007 | 5699.33 | 6720.62 | 4774.98 |
| 2008 | 6720.65 | 7895.66 | 5657.15 |
| 2009 | 5787.98 | 6631.41 | 5024.59 |
| 2010 | 7797.58 | 8707.25 | 6974.25 |
| 2011 | 9548.67 | 10476.72 | 8708.71 |
| 2012 | 10139.27 | 11306.37 | 9082.94 |
| 2013 | 10904.54 | 12190.95 | 9740.21 |
| 2014 | 11278.26 | 12926.56 | 9786.39 |
| 2015 | 10364.53 | 12546.73 | 8389.43 |

# 6-4 进出口额增长速度(按美元计算)
# Growth Rates of Import and Export Value by USD

(上年=100) (Percentage change over previous year)

| 年 份<br>Year | 进出口总额<br>Total<br>(%) | 出口额<br>Exports<br>(%) | 进口额<br>Imports<br>(%) |
|---|---|---|---|
| 1980 | 30.0 | 32.7 | 27.8 |
| 1981 | 15.4 | 21.5 | 10.0 |
| 1982 | -5.5 | 1.4 | -12.4 |
| 1983 | 4.8 | -0.4 | 10.9 |
| 1984 | 22.8 | 17.6 | 28.1 |
| 1985 | 30.0 | 4.6 | 54.1 |
| 1986 | 6.1 | 13.1 | 1.6 |
| 1987 | 11.9 | 27.5 | 0.7 |
| 1988 | 24.4 | 20.5 | 27.9 |
| 1989 | 8.6 | 10.6 | 7.0 |
| 1990 | 3.4 | 18.2 | -9.8 |
| 1991 | 17.6 | 15.8 | 19.6 |
| 1992 | 22.0 | 18.1 | 26.3 |
| 1993 | 18.2 | 8.0 | 29.0 |
| 1994 | 20.9 | 31.9 | 11.2 |
| 1995 | 18.7 | 22.9 | 14.2 |
| 1996 | 3.2 | 1.5 | 5.1 |
| 1997 | 12.2 | 21.0 | 2.5 |
| 1998 | -0.4 | 0.5 | -1.5 |
| 1999 | 11.3 | 6.1 | 18.2 |
| 2000 | 31.5 | 27.8 | 35.8 |
| 2001 | 7.5 | 6.8 | 8.2 |
| 2002 | 21.8 | 22.4 | 21.2 |
| 2003 | 37.1 | 34.6 | 39.8 |
| 2004 | 35.7 | 35.4 | 36.0 |
| 2005 | 23.2 | 28.4 | 17.6 |
| 2006 | 23.8 | 27.2 | 20.0 |
| 2007 | 23.5 | 25.7 | 20.8 |
| 2008 | 17.9 | 17.5 | 18.5 |
| 2009 | -13.9 | -16.0 | -11.2 |
| 2010 | 34.7 | 31.3 | 38.8 |
| 2011 | 22.5 | 20.3 | 24.9 |
| 2012 | 6.2 | 7.9 | 4.3 |
| 2013 | 7.5 | 7.8 | 7.2 |
| 2014 | 3.4 | 6.0 | 0.5 |
| 2015 | -8.1 | -2.9 | -14.3 |

# 6-5 中国出口额占国内生产总值的比重
# China's Export Proportion in GDP

单位：人民币亿元
Unit: RMB 100 million yuan

| 年 份<br>Year | 国内生产总值<br>GDP | 出 口 额<br>Exports | 出口占国内生产总值的比重(%)<br>Exports Proportion(%) |
|---|---|---|---|
| 1980 | 4551.6 | 271.2 | 6.0 |
| 1981 | 4898.1 | 367.6 | 7.5 |
| 1982 | 5333.0 | 413.8 | 7.8 |
| 1983 | 5975.6 | 438.3 | 7.3 |
| 1984 | 7226.3 | 580.5 | 8.0 |
| 1985 | 9039.9 | 808.9 | 8.9 |
| 1986 | 10308.8 | 1082.1 | 10.5 |
| 1987 | 12102.2 | 1470.0 | 12.1 |
| 1988 | 15101.1 | 1766.7 | 11.7 |
| 1989 | 17090.3 | 1956.0 | 11.4 |
| 1990 | 18774.3 | 2985.8 | 15.9 |
| 1991 | 21895.5 | 3827.1 | 17.5 |
| 1992 | 27068.3 | 4676.3 | 17.3 |
| 1993 | 35524.3 | 5284.8 | 14.9 |
| 1994 | 48459.6 | 10421.8 | 21.5 |
| 1995 | 61129.8 | 12451.8 | 20.4 |
| 1996 | 71572.3 | 12576.4 | 17.6 |
| 1997 | 79429.5 | 15160.7 | 19.1 |
| 1998 | 84883.7 | 15223.6 | 17.9 |
| 1999 | 90187.7 | 16159.8 | 17.9 |
| 2000 | 99776.3 | 20634.4 | 20.7 |
| 2001 | 110270.4 | 22024.4 | 20.0 |
| 2002 | 121002.0 | 26947.9 | 22.3 |
| 2003 | 136564.6 | 36287.9 | 26.6 |
| 2004 | 160714.4 | 49103.3 | 30.6 |
| 2005 | 185895.8 | 62648.1 | 33.7 |
| 2006 | 217656.6 | 77597.2 | 35.7 |
| 2007 | 268019.4 | 93563.6 | 34.9 |
| 2008 | 316751.7 | 100394.9 | 31.7 |
| 2009 | 345629.2 | 82029.7 | 23.7 |
| 2010 | 408903.0 | 107022.8 | 26.2 |
| 2011 | 484123.5 | 123240.6 | 25.5 |
| 2012 | 534123.0 | 129359.3 | 24.2 |
| 2013 | 588018.8 | 137131.4 | 23.3 |
| 2014 | 636138.7 | 143883.7 | 22.6 |
| 2015 | 685505.8 | 141166.8 | 20.6 |

# 6-6 中国出口额占世界出口总额的比重和位次

## China's Export Share and Ranking in the World

单位：亿美元

Unit: USD 100 million

| 年 份<br>Year | 世界出口总额<br>World Exports | 中国出口额<br>China Exports | 中国出口额占世界出口总额的比重(%)<br>China's Share (%) | 位 次<br>Ranking |
|---|---|---|---|---|
| 1980 | 20360 | 181 | 0.9 | 26 |
| 1981 | 20140 | 220 | 1.1 | 19 |
| 1982 | 18860 | 223 | 1.2 | 17 |
| 1983 | 18460 | 222 | 1.2 | 17 |
| 1984 | 19560 | 261 | 1.3 | 18 |
| 1985 | 19530 | 274 | 1.4 | 17 |
| 1986 | 21390 | 309 | 1.4 | 16 |
| 1987 | 25160 | 394 | 1.6 | 16 |
| 1988 | 28690 | 475 | 1.7 | 16 |
| 1989 | 30990 | 525 | 1.7 | 14 |
| 1990 | 34900 | 621 | 1.8 | 15 |
| 1991 | 35110 | 719 | 2.0 | 13 |
| 1992 | 37790 | 849 | 2.2 | 11 |
| 1993 | 37950 | 917 | 2.4 | 11 |
| 1994 | 43280 | 1210 | 2.8 | 11 |
| 1995 | 51680 | 1488 | 2.9 | 11 |
| 1996 | 54060 | 1511 | 2.8 | 11 |
| 1997 | 55920 | 1827 | 3.3 | 10 |
| 1998 | 55030 | 1837 | 3.3 | 9 |
| 1999 | 57190 | 1949 | 3.4 | 9 |
| 2000 | 64580 | 2492 | 3.9 | 7 |
| 2001 | 61950 | 2661 | 4.3 | 6 |
| 2002 | 64990 | 3256 | 5.0 | 5 |
| 2003 | 75900 | 4382 | 5.8 | 4 |
| 2004 | 92230 | 5933 | 6.4 | 3 |
| 2005 | 105090 | 7620 | 7.3 | 3 |
| 2006 | 121310 | 9690 | 8.0 | 3 |
| 2007 | 140230 | 12205 | 8.7 | 2 |
| 2008 | 161600 | 14307 | 8.9 | 2 |
| 2009 | 125550 | 12016 | 9.6 | 1 |
| 2010 | 153010 | 15778 | 10.3 | 1 |
| 2011 | 183380 | 18984 | 10.4 | 1 |
| 2012 | 184960 | 20487 | 11.1 | 1 |
| 2013 | 189480 | 22090 | 11.7 | 1 |
| 2014 | 189950 | 23423 | 12.3 | 1 |
| 2015 | 164820 | 22735 | 13.8 | 1 |

注：根据WTO网站公布的数据对历年“世界出口总额”进行了调整。

Note:"World Exports" from 1980 to 2014 is adjusted according to the statistics from WTO website.

# 6-7 分贸易方式进出口总额

# Imports and Exports by Customs Regime

单位：万美元

Unit: USD 10000

| 贸易方式 | Customs Regime | 2014 | | 2015 | |
|---|---|---|---|---|---|
| | | 出口 Exports | 进口 Imports | 出口 Exports | 进口 Imports |
| **合　计** | **Total** | **234229270** | **195923465** | **227346822** | **167956450** |
| 一般贸易 | Ordinary Trade | 120339050 | 110894046 | 121479190 | 92240167 |
| 国家间、国际组织无偿援助和赠送的物资 | Aid or Donation between Governments or by International Organizations | 47832 | 3835 | 49274 | 1505 |
| 其他捐赠物资 | Other Donation | 607 | 972 | 640 | 4802 |
| 补偿贸易 | Compensation Trade | 22 | | | |
| 来料加工装配贸易 | Processing and Assembling with Materials Provided Abroad | 9064209 | 9748188 | 8408207 | 9153094 |
| 进料加工贸易 | Processing with Imported Materials | 79357621 | 42660288 | 71344765 | 35507931 |
| 寄售代销贸易 | Goods on Consignment | | 12 | 18 | |
| 边境小额贸易 | Border Trade | 3720453 | 987740 | 3046421 | 716393 |
| 加工贸易进口设备 | Equipment Imported for Processing and Assembling | | 68672 | | 63482 |
| 对外承包工程出口货物 | Contracting Projects | 1634031 | | 1613545 | |
| 租赁贸易 | Goods on Lease | 32744 | 1021287 | 26511 | 826944 |
| 外商投资企业作为投资进口的设备、物品 | Equipment or Materials Invested by Foreign-invested Enterprises | | 910619 | | 615715 |
| 出料加工贸易 | Outward Processing | 23523 | 30719 | 20519 | 29977 |
| 易货贸易 | Barter Trade | 333 | 290 | 193 | 325 |
| 免税外汇商品 | Duty-free Commodities | | 1992 | | 1460 |
| 免税品 | Duty-free Goods | | 156113 | 4923447 | 8864883 |
| 保税监管场所进出境货物 | Customs Trade through Bonded Supervision Areas | 5326933 | 9980121 | 10941819 | 18176773 |
| 海关特殊监管区域物流货物 | Logistics Goods By Customs Special Control Area | 11038086 | 18668369 | | 654355 |
| 海关特殊监管区域进口设备 | Equipment Imported Into Customs Special Control Area | | 509622 | 5492275 | 936682 |
| 其他 | Others | 3643825 | 280581 | | 161962 |

注：自2014年起，免税品列入海关统计。

Note: Since 2014, "Duty-free Goods" is listed in the import and export statistics.

# 6-8 一般贸易与加工贸易进出口额
# Imports and Exports by Conventional Trade and Processing Trade

单位：亿美元
Unit: USD 100 million

| 年 份<br>Year | 一般贸易<br>Conventional Trade | | 加工贸易<br>Processing Trade | | 其他贸易<br>Other Trading Forms | |
|---|---|---|---|---|---|---|
| | 出 口<br>Exports | 进 口<br>Imports | 出 口<br>Exports | 进 口<br>Imports | 出 口<br>Exports | 进 口<br>Imports |
| 1981 | 208.00 | 203.66 | 11.31 | 15.04 | 0.79 | 1.50 |
| 1982 | 206.69 | 170.17 | 15.77 | 21.28 | 0.74 | 1.45 |
| 1983 | 201.60 | 187.68 | 20.01 | 24.01 | 0.69 | 2.21 |
| 1984 | 231.62 | 238.49 | 29.29 | 31.47 | 0.49 | 4.14 |
| 1985 | 237.30 | 372.72 | 33.16 | 42.74 | 3.04 | 7.04 |
| 1986 | 250.95 | 352.07 | 51.41 | 63.90 | 7.04 | 13.13 |
| 1987 | 296.43 | 287.72 | 81.38 | 95.02 | 16.59 | 49.36 |
| 1988 | 325.96 | 352.08 | 128.33 | 137.46 | 20.91 | 63.16 |
| 1989 | 315.52 | 356.14 | 188.04 | 156.78 | 21.84 | 78.48 |
| 1990 | 354.60 | 262.00 | 254.20 | 187.60 | 12.10 | 83.90 |
| 1991 | 381.20 | 295.40 | 324.30 | 250.30 | 13.60 | 92.20 |
| 1992 | 436.80 | 336.20 | 396.07 | 315.14 | 16.53 | 154.56 |
| 1993 | 432.00 | 380.45 | 442.36 | 363.60 | 43.04 | 295.55 |
| 1994 | 615.60 | 355.20 | 569.80 | 475.70 | 24.70 | 325.20 |
| 1995 | 713.61 | 433.81 | 737.18 | 583.59 | 37.01 | 303.40 |
| 1996 | 628.24 | 393.63 | 843.27 | 622.75 | 38.99 | 371.92 |
| 1997 | 779.74 | 390.30 | 996.02 | 702.06 | 52.14 | 331.34 |
| 1998 | 742.35 | 436.80 | 1044.54 | 685.99 | 50.22 | 279.58 |
| 1999 | 791.35 | 670.40 | 1108.82 | 735.78 | 49.14 | 250.81 |
| 2000 | 1051.81 | 1000.79 | 1376.52 | 925.58 | 63.70 | 324.57 |
| 2001 | 1118.81 | 1134.56 | 1474.34 | 939.74 | 67.83 | 361.23 |
| 2002 | 1361.87 | 1291.11 | 1799.27 | 1222.00 | 94.82 | 438.59 |
| 2003 | 1820.34 | 1877.00 | 2418.49 | 1629.35 | 143.45 | 621.22 |
| 2004 | 2436.06 | 2481.45 | 3279.70 | 2216.95 | 217.50 | 913.89 |
| 2005 | 3150.63 | 2796.33 | 4164.67 | 2740.12 | 304.23 | 1063.08 |
| 2006 | 4162.33 | 3330.74 | 5103.55 | 3214.72 | 423.81 | 1369.15 |
| 2007 | 5393.55 | 4286.64 | 6175.60 | 3684.74 | 623.20 | 1590.20 |
| 2008 | 6628.62 | 5720.93 | 6751.14 | 3783.77 | 927.17 | 1820.92 |
| 2009 | 5298.12 | 5344.70 | 5868.62 | 3222.91 | 849.37 | 1491.62 |
| 2010 | 7206.12 | 7692.76 | 7402.79 | 4174.82 | 1168.63 | 2094.86 |
| 2011 | 9170.34 | 10076.21 | 8352.84 | 4697.56 | 1460.64 | 2661.07 |
| 2012 | 9878.99 | 10223.86 | 8626.77 | 4812.75 | 1981.38 | 3147.43 |
| 2013 | 10873.26 | 11098.59 | 8600.40 | 4966.62 | 2616.38 | 3434.68 |
| 2014 | 12033.91 | 11089.40 | 8842.18 | 5240.85 | 2546.84 | 3262.09 |
| 2015 | 12147.92 | 9224.02 | 7975.30 | 4466.10 | 2611.47 | 3105.53 |

# 6-9 一般贸易与加工贸易进出口增长速度
# Growth Rates of Imports and Exports by Conventional Trade and Processing Trade

(上年=100) (Percentage change over previous year)

| 年 份 Year | 一般贸易 Conventional Trade | | 加工贸易 Processing Trade | | 其他贸易 Other Trading Forms | |
|---|---|---|---|---|---|---|
| | 出 口(%) Exports | 进 口(%) Imports | 出 口(%) Exports | 进 口(%) Imports | 出 口(%) Exports | 进 口(%) Imports |
| 1982 | -0.6 | -16.4 | 39.4 | 41.5 | -6.3 | -3.3 |
| 1983 | -2.5 | 10.3 | 26.9 | 12.8 | -6.8 | 52.4 |
| 1984 | 14.9 | 27.1 | 46.4 | 31.1 | -29.0 | 87.3 |
| 1985 | 2.5 | 56.3 | 13.2 | 35.8 | 520.4 | 70.0 |
| 1986 | 5.8 | -5.5 | 55.0 | 49.5 | 131.6 | 86.5 |
| 1987 | 18.1 | -18.3 | 58.3 | 48.7 | 135.7 | 275.9 |
| 1988 | 10.0 | 22.4 | 57.7 | 44.7 | 26.0 | 28.0 |
| 1989 | -3.2 | 1.2 | 46.5 | 14.1 | 4.4 | 24.3 |
| 1990 | 12.4 | -26.4 | 35.2 | 19.7 | -44.6 | 6.9 |
| 1991 | 7.5 | 12.7 | 27.6 | 33.4 | 12.4 | 9.9 |
| 1992 | 14.6 | 13.8 | 22.1 | 25.9 | 21.5 | 67.6 |
| 1993 | -1.1 | 13.2 | 11.7 | 15.4 | 160.4 | 91.2 |
| 1994 | 42.5 | -6.6 | 28.8 | 30.8 | -42.6 | 10.0 |
| 1995 | 15.9 | 22.1 | 29.4 | 22.7 | 49.8 | -6.7 |
| 1996 | -12.0 | -9.3 | 14.4 | 6.7 | 5.3 | 22.6 |
| 1997 | 24.1 | -0.8 | 18.1 | 12.7 | 33.7 | -10.9 |
| 1998 | -4.8 | 11.9 | 4.9 | -2.3 | -3.7 | -15.6 |
| 1999 | 6.6 | 53.5 | 6.2 | 7.3 | -2.2 | -10.3 |
| 2000 | 32.9 | 49.3 | 24.1 | 25.8 | 29.6 | 29.4 |
| 2001 | 6.4 | 13.4 | 7.1 | 1.5 | 6.5 | 11.3 |
| 2002 | 21.7 | 13.8 | 22.0 | 30.0 | 39.8 | 21.4 |
| 2003 | 33.7 | 45.4 | 34.4 | 33.3 | 51.3 | 41.6 |
| 2004 | 33.8 | 32.2 | 35.6 | 36.1 | 51.6 | 47.1 |
| 2005 | 29.3 | 12.7 | 27.0 | 23.6 | 39.9 | 16.3 |
| 2006 | 32.1 | 19.1 | 22.5 | 17.3 | 39.3 | 28.8 |
| 2007 | 29.6 | 28.7 | 21.0 | 14.6 | 47.0 | 16.1 |
| 2008 | 23.1 | 33.5 | 9.3 | 2.7 | 50.1 | 14.6 |
| 2009 | -20.1 | -6.6 | -13.1 | -14.8 | -8.4 | -18.1 |
| 2010 | 36.0 | 43.9 | 26.1 | 29.5 | 37.6 | 40.4 |
| 2011 | 27.3 | 31.0 | 12.8 | 12.5 | 25.0 | 27.0 |
| 2012 | 7.7 | 1.5 | 3.3 | 2.5 | 35.7 | 18.3 |
| 2013 | 10.1 | 8.6 | -0.3 | 3.2 | 32.0 | 9.1 |
| 2014 | 10.7 | -0.1 | 2.8 | 5.5 | -2.7 | -5.0 |
| 2015 | 0.9 | -16.8 | -9.8 | -14.8 | 2.5 | -4.8 |

# 6-10 按国际贸易标准分类的进出口简表
# Brief Table of Imports and Exports by SITC

单位：亿美元
Unit: USD 100 million

| 年 份 Year | 初级产品 Primary Goods | | 工业制成品 Manufactured Goods | |
|---|---|---|---|---|
| | 出 口 Exports | 进 口 Imports | 出 口 Exports | 进 口 Imports |
| 1980 | 91.14 | 69.59 | 90.05 | 130.58 |
| 1981 | 102.48 | 80.44 | 117.59 | 139.71 |
| 1982 | 100.50 | 76.34 | 122.71 | 116.51 |
| 1983 | 96.20 | 58.08 | 126.06 | 155.82 |
| 1984 | 119.34 | 52.08 | 142.05 | 222.02 |
| 1985 | 138.28 | 52.89 | 135.22 | 369.63 |
| 1986 | 112.72 | 56.49 | 196.70 | 372.55 |
| 1987 | 132.31 | 69.15 | 262.06 | 363.01 |
| 1988 | 144.06 | 100.68 | 331.10 | 452.07 |
| 1989 | 150.78 | 117.54 | 374.60 | 473.86 |
| 1990 | 158.86 | 98.53 | 462.05 | 434.92 |
| 1991 | 161.45 | 108.34 | 556.98 | 529.57 |
| 1992 | 170.04 | 132.55 | 679.36 | 673.30 |
| 1993 | 166.66 | 142.10 | 750.78 | 897.49 |
| 1994 | 197.08 | 164.86 | 1012.98 | 991.28 |
| 1995 | 214.85 | 244.17 | 1272.95 | 1076.67 |
| 1996 | 219.25 | 254.41 | 1291.23 | 1133.92 |
| 1997 | 239.53 | 286.20 | 1588.39 | 1137.50 |
| 1998 | 204.89 | 229.49 | 1632.20 | 1172.88 |
| 1999 | 199.41 | 268.46 | 1749.90 | 1388.53 |
| 2000 | 254.60 | 467.39 | 2237.43 | 1783.55 |
| 2001 | 263.38 | 457.43 | 2397.60 | 1978.10 |
| 2002 | 285.40 | 492.71 | 2970.56 | 2458.99 |
| 2003 | 348.12 | 727.63 | 4034.16 | 3399.96 |
| 2004 | 405.49 | 1172.67 | 5527.77 | 4439.62 |
| 2005 | 490.37 | 1477.14 | 7129.16 | 5122.39 |
| 2006 | 529.19 | 1871.29 | 9160.17 | 6043.32 |
| 2007 | 615.09 | 2430.85 | 11562.67 | 7128.65 |
| 2008 | 779.57 | 3623.95 | 13527.36 | 7701.67 |
| 2009 | 631.12 | 2898.04 | 11384.83 | 7161.19 |
| 2010 | 816.86 | 4338.50 | 14960.69 | 9623.94 |
| 2011 | 1005.45 | 6042.69 | 17978.36 | 11392.15 |
| 2012 | 1005.58 | 6349.34 | 19481.56 | 11834.71 |
| 2013 | 1072.68 | 6580.81 | 21017.36 | 12919.09 |
| 2014 | 1126.92 | 6469.40 | 22296.01 | 13122.95 |
| 2015 | 1039.27 | 4720.57 | 21695.41 | 12075.07 |

# 6-11 按国际贸易标准分类的进出口增长速度
# Growth Rates of Imports and Exports by SITC

(上年=100) (Percentage change over previous year)

| 年 份<br>Year | 初级产品<br>Primary Goods | | 工业制成品<br>Manufactured Goods | |
|---|---|---|---|---|
| | 出 口<br>Exports<br>(%) | 进 口<br>Imports<br>(%) | 出 口<br>Exports<br>(%) | 进 口<br>Imports<br>(%) |
| 1981 | 12.4 | 15.6 | 30.6 | 7.0 |
| 1982 | -1.9 | -5.1 | 4.4 | -16.6 |
| 1983 | -4.3 | -23.9 | 2.7 | 33.7 |
| 1984 | 24.1 | -10.3 | 12.7 | 42.5 |
| 1985 | 15.9 | 1.6 | -4.8 | 66.5 |
| 1986 | -18.5 | 6.8 | 45.5 | 0.8 |
| 1987 | 17.4 | 22.4 | 33.2 | -2.6 |
| 1988 | 8.9 | 45.6 | 26.3 | 24.5 |
| 1989 | 4.7 | 16.7 | 13.1 | 4.8 |
| 1990 | 5.4 | -16.2 | 23.3 | -8.2 |
| 1991 | 1.6 | 10.0 | 20.5 | 21.8 |
| 1992 | 5.3 | 22.3 | 22.0 | 27.1 |
| 1993 | -2.0 | 7.2 | 10.5 | 33.3 |
| 1994 | 18.3 | 16.0 | 34.9 | 10.5 |
| 1995 | 9.0 | 48.1 | 25.7 | 8.6 |
| 1996 | 2.0 | 4.2 | 1.4 | 5.3 |
| 1997 | 9.2 | 12.5 | 23.0 | 0.3 |
| 1998 | -14.5 | -19.8 | 2.8 | 3.1 |
| 1999 | -2.7 | 17.0 | 7.2 | 18.4 |
| 2000 | 27.7 | 74.1 | 27.9 | 28.4 |
| 2001 | 3.4 | -2.1 | 7.2 | 10.9 |
| 2002 | 8.4 | 7.7 | 23.9 | 24.3 |
| 2003 | 22.0 | 47.7 | 35.8 | 38.3 |
| 2004 | 16.5 | 61.2 | 37.0 | 30.6 |
| 2005 | 20.9 | 26.0 | 29.0 | 15.4 |
| 2006 | 7.9 | 26.7 | 28.5 | 18.0 |
| 2007 | 16.2 | 29.9 | 26.2 | 18.0 |
| 2008 | 26.7 | 49.1 | 17.0 | 8.0 |
| 2009 | -19.0 | -20.0 | -15.8 | -7.0 |
| 2010 | 29.4 | 49.7 | 31.4 | 34.4 |
| 2011 | 23.1 | 39.3 | 20.2 | 18.4 |
| 2012 | 0.0 | 5.1 | 8.4 | 3.9 |
| 2013 | 6.7 | 3.6 | 7.9 | 9.2 |
| 2014 | 5.1 | -1.7 | 6.1 | 1.6 |
| 2015 | -7.8 | -27.0 | -2.7 | -8.0 |

# 6-12 按国际贸易标准分类的出口商品金额
## Value of Exports by SITC

单位：亿美元
Unit: USD 100 million

| 商品分类 | Category | 2013 | 2014 | 2015 |
|---|---|---|---|---|
| **总　额** | **Total** | **22090.04** | **23422.93** | **22734.68** |
| **一、初级产品** | **Primary Goods** | **1072.68** | **1126.92** | **1039.27** |
| 食品及主要供食用的活动物 | Food and Live Animals Chiefly for food | 557.26 | 589.14 | 581.54 |
| 饮料及烟类 | Beverages and Tobacco | 26.09 | 28.83 | 33.09 |
| 非食用原料 | Crude Materials,Inedible,Except Fuels | 145.63 | 158.26 | 139.17 |
| 矿物燃料、润滑油及有关原料 | Mineral Fuels, Lubricants and Related Materials | 337.86 | 344.46 | 279.02 |
| 动植物油、脂及蜡 | Animal and Vegetable Oils, Fats and Waxes | 5.84 | 6.23 | 6.45 |
| **二、工业制成品** | **Manufactured Goods** | **21017.36** | **22296.01** | **21695.41** |
| 化学成品及有关产品 | Chemicals and Related Products | 1196.18 | 1345.43 | 1295.80 |
| 轻纺产品、橡胶制品、矿冶产品及其制品 | Manufactured Goods Classified Chiefly by Material | 3606.06 | 4002.24 | 3910.18 |
| 机械及运输设备 | Machinery and Transport Equipment | 10385.34 | 10705.04 | 10591.18 |
| 杂项制品 | Miscellaneous Manufactured Articles | 5812.49 | 6220.62 | 5874.45 |
| 未分类的其他商品 | Products Not Classified Elsewhere | 17.29 | 22.67 | 23.81 |

# 6-13 按国际贸易标准分类的进口商品金额
## Value of Imports by SITC

单位：亿美元
Unit: USD 100 million

| 商品分类 | Category | 2013 | 2014 | 2015 |
|---|---|---|---|---|
| **总　额** | **Total** | **19499.89** | **19592.35** | **16795.64** |
| **一、初级产品** | **Primary Goods** | **6580.81** | **6469.40** | **4720.57** |
| 食品及主要供食用的活动物 | Food and Live Animals Chiefly for food | 417.01 | 468.27 | 505.01 |
| 饮料及烟类 | Beverages and Tobacco | 45.09 | 52.22 | 57.74 |
| 非食用原料 | Crude Materials,Inedible,Except Fuels | 2863.71 | 2696.42 | 2097.10 |
| 矿物燃料、润滑油及有关原料 | Mineral Fuels, Lubricants and Related Materials | 3151.60 | 3167.56 | 1985.89 |
| 动植物油、脂及蜡 | Animal and Vegetable Oils, Fats and Waxes | 103.39 | 84.93 | 74.83 |
| **二、工业制成品** | **Manufactured Goods** | **12919.09** | **13122.95** | **12075.07** |
| 化学成品及有关产品 | Chemicals and Related Products | 1903.04 | 1932.56 | 1712.66 |
| 轻纺产品、橡胶制品、矿冶产品及其制品 | Manufactured Goods Classified Chiefly by Material | 1478.72 | 1723.69 | 1330.11 |
| 机械及运输设备 | Machinery and Transport Equipment | 7101.41 | 7241.97 | 6824.18 |
| 杂项制品 | Miscellaneous Manufactured Articles | 1388.55 | 1397.08 | 1346.92 |
| 未分类的其他商品 | Products Not Classified Elsewhere | 1047.36 | 827.64 | 861.20 |

## 6-14 按国际贸易标准分类的出口商品构成
## Composition of Exports by SITC

单位：%
Unit: %

| 商品分类 | Category | 2013 | 2014 | 2015 |
|---|---|---|---|---|
| **总　额** | **Total** | **100.00** | **100.00** | **100.00** |
| **一、初级产品** | **Primary Goods** | **4.86** | **4.81** | **4.57** |
| 食品及主要供食用的活动物 | Food and Live Animals Chiefly for food | 2.52 | 2.52 | 2.56 |
| 饮料及烟类 | Beverages and Tobacco | 0.12 | 0.12 | 0.15 |
| 非食用原料 | Crude Materials,Inedible,Except Fuels | 0.66 | 0.68 | 0.61 |
| 矿物燃料、润滑油及有关原料 | Mineral Fuels, Lubricants and Related Materials | 1.53 | 1.47 | 1.23 |
| 动植物油、脂及蜡 | Animal and Vegetable Oils, Fats and Waxes | 0.03 | 0.03 | 0.03 |
| **二、工业制成品** | **Manufactured Goods** | **95.14** | **95.19** | **95.43** |
| 化学成品及有关产品 | Chemicals and Related Products | 5.41 | 5.74 | 5.70 |
| 轻纺产品、橡胶制品、矿冶产品及其制品 | Manufactured Goods Classified Chiefly by Material | 16.32 | 17.09 | 17.20 |
| 机械及运输设备 | Machinery and Transport Equipment | 47.01 | 45.70 | 46.59 |
| 杂项制品 | Miscellaneous Manufactured Articles | 26.31 | 26.56 | 25.84 |
| 未分类的其他商品 | Products Not Classified Elsewhere | 0.08 | 0.10 | 0.10 |

## 6-15 按国际贸易标准分类的进口商品构成
## Composition of Imports by SITC

单位：%
Unit: %

| 商品分类 | Category | 2013 | 2014 | 2015 |
|---|---|---|---|---|
| **总　额** | **Total** | **100.00** | **100.00** | **100.00** |
| **一、初级产品** | **Primary Goods** | **33.75** | **33.02** | **28.11** |
| 食品及主要供食用的活动物 | Food and Live Animals Chiefly for food | 2.14 | 2.39 | 3.01 |
| 饮料及烟类 | Beverages and Tobacco | 0.23 | 0.27 | 0.34 |
| 非食用原料 | Crude Materials,Inedible,Except Fuels | 14.69 | 13.76 | 12.49 |
| 矿物燃料、润滑油及有关原料 | Mineral Fuels, Lubricants and Related Materials | 16.16 | 16.17 | 11.82 |
| 动植物油、脂及蜡 | Animal and Vegetable Oils, Fats and Waxes | 0.53 | 0.43 | 0.45 |
| **二、工业制成品** | **Manufactured Goods** | **66.25** | **66.98** | **71.89** |
| 化学成品及有关产品 | Chemicals and Related Products | 9.76 | 9.86 | 10.20 |
| 轻纺产品、橡胶制品、矿冶产品及其制品 | Manufactured Goods Classified Chiefly by Material | 7.58 | 8.80 | 7.92 |
| 机械及运输设备 | Machinery and Transport Equipment | 36.42 | 36.96 | 40.63 |
| 杂项制品 | Miscellaneous Manufactured Articles | 7.12 | 7.13 | 8.02 |
| 未分类的其他商品 | Products Not Classified Elsewhere | 5.37 | 4.22 | 5.13 |

# 6-16 出口商品分类金额
## Value of Exports by HS

单位：亿元
Unit: 100 million

| 商品分类 | HS Section and Division | 2014 | | 2015 | |
|---|---|---|---|---|---|
| | | 人民币 RMB Yuan | 美元 USD | 人民币 RMB Yuan | 美元 USD |
| **总 额** | **Total** | **143883.75** | **23422.93** | **141166.83** | **22734.68** |
| **第一类 活动物；动物产品** | **LIVE ANIMALS; ANIMAL PRODUCTS** | **1150.17** | **187.21** | **1078.36** | **173.57** |
| 01章 活动物 | Live animals | 35.96 | 5.86 | 37.16 | 5.98 |
| 02章 肉及食用杂碎 | Meat and edible meat offal | 72.61 | 11.82 | 65.57 | 10.57 |
| 03章 鱼、甲壳动物、软体动物及其他水生无脊椎动物 | Fish and crustaceans molluscs and other aquatic invertebrates | 864.60 | 140.74 | 828.12 | 133.24 |
| 04章 乳品；蛋品；天然蜂蜜；其他食用动物产品 | Dairy produce; birds' eggs; natural honey; edible products of animal origin, not elsewhere specified or included | 36.00 | 5.86 | 37.62 | 6.06 |
| 05章 其他动物产品 | Products of animal origin, not elsewhere specified or included | 141.01 | 22.93 | 109.89 | 17.72 |
| **第二类 植物产品** | **VEGETABLE PRODUCTS** | **1289.04** | **209.88** | **1382.78** | **222.31** |
| 06章 活树及其他活植物；鳞茎、根及类似品；插花及装饰用簇叶 | Live tree and other plants; bulbs, roots and the like; cut flowers and ornamental foliage | 25.19 | 4.10 | 18.62 | 3.00 |
| 07章 食用蔬菜、根及块茎 | Edible vegetables and certain roots and tubers | 505.25 | 82.26 | 560.43 | 90.24 |
| 08章 食用水果及坚果；甜瓜或柑桔属水果的果皮 | Edible fruit and nuts; peel of citrus fruit or melons | 265.19 | 43.18 | 322.55 | 51.61 |
| 09章 咖啡、茶、马黛茶及调味香料 | Coffee, tea, mate and spices | 150.63 | 24.53 | 157.51 | 25.35 |
| 10章 谷物 | Cereals | 27.37 | 4.45 | 20.05 | 3.22 |
| 11章 制粉工业产品；麦芽；淀粉；菊粉；面筋 | Products of the milling industry; malt; starches; inulin; wheat gluten | 37.61 | 6.12 | 36.62 | 5.90 |
| 12章 含油子仁及果实；杂项子仁及果实；工业用或药用植物；稻草、秸秆及饲料 | Oil seeds and oleaginous fruits; miscellaneous grains, seeds and fruit; industrial or medicinal plants; straw and fodder | 191.22 | 31.14 | 180.29 | 29.03 |
| 13章 虫胶；树胶、树脂及其他植物液、汁 | Lac; gums, resins and other vegetable saps and extracts | 80.22 | 13.06 | 78.96 | 12.72 |
| 14章 编结用植物材料；其他植物产品 | Vegetable plaiting materials; vegetable products not elsewhere specified or included | 6.36 | 1.04 | 7.74 | 1.25 |
| **第三类 动、植物油、脂及其分解产品；精制的食用油脂；动、植物蜡** | **ANIMAL OR VEGETABLE FATS AND OILS AND THEIR CLEAVAGE PRODUCTS; PREPARED EDIBLE FATS; ANIMAL OR VEGETABLE WAXES** | **39.59** | **6.45** | **41.41** | **6.67** |
| 15章 动、植物油、脂及其分解产品；精制的食用油脂；动、植物蜡 | Animal or vegetable fats and oils and their cleavage products; prepared edible fats; animal or vegetable waxes | 39.59 | 6.45 | 41.41 | 6.67 |
| **第四类 食品；饮料、酒及醋；烟草、烟草及烟草代用品的制品** | **PREPARED FOODSTUFFS; BEVERAGES, SPIRITS AND VINEGAR; TOBACCO AND MANUFACTURED TOBACCO SUBSTITUTES** | **1781.98** | **290.09** | **1733.42** | **279.11** |
| 16章 肉、鱼、甲壳动物、软体动物及其他水生无脊椎动物的制品 | Preparations of meat, of fish or of crustaceans, molluscs or other aquatic invertebrates | 545.73 | 88.82 | 497.13 | 80.05 |
| 17章 糖及糖食 | Sugars and sugar confectionery | 94.60 | 15.40 | 97.03 | 15.62 |
| 18章 可可及可可制品 | Cocoa and cocoa preparations | 29.22 | 4.76 | 27.52 | 4.42 |
| 19章 谷物、粮食粉、淀粉或乳的制品；糕饼点心 | Preparations of cereals, flour, starch or milk; pastry-cooks' products | 96.65 | 15.73 | 94.86 | 15.28 |

6-16 续表 1 Continued 1

单位：亿元
Unit: 100 million

| 商品分类 | HS Section and Division | 2014 人民币 RMB Yuan | 2014 美元 USD | 2015 人民币 RMB Yuan | 2015 美元 USD |
|---|---|---|---|---|---|
| 20章 蔬菜、水果、坚果或植物其他部分的制品 | Preparations of vegetables, fruit, nuts or other parts of plants | 468.88 | 76.34 | 458.63 | 73.86 |
| 21章 杂项食品 | Miscellaneous edible preparations | 166.36 | 27.08 | 185.04 | 29.77 |
| 22章 饮料、酒及醋 | Beverages, spirits and vinegar | 101.46 | 16.51 | 124.06 | 19.94 |
| 23章 食品工业的残渣及废料；配制的动物饲料 | Residues and waste from the food industries; prepared animal fodder | 200.18 | 32.60 | 165.14 | 26.65 |
| 24章 烟草及烟草代用品的制品 | Tobacco and manufactured tobacco substitutes | 78.89 | 12.84 | 84.01 | 13.51 |
| **第五类 矿产品** | **MINERAL PRODUCTS** | **2374.79** | **386.74** | **1965.45** | **317.19** |
| 25章 盐；硫磺；泥土及石料；石膏料、石灰及水泥 | Salt; sulphur; earths and stone; plastering materials, lime and cement | 237.84 | 38.73 | 221.41 | 35.71 |
| 26章 矿砂、矿渣及矿灰 | Ores, slag and ash | 21.51 | 3.50 | 15.13 | 2.44 |
| 27章 矿物燃料、矿物油及其蒸馏产品；沥青物质；矿物蜡 | Mineral fuels, mineral oils and products of their distillation; bituminous substances; mineral waxes | 2115.44 | 344.52 | 1728.91 | 279.04 |
| **第六类 化学工业及其相关工业的产品** | **PRODUCTS OF THE CHEMICAL OR INDUSTRIES ALLIED** | **6719.72** | **1094.06** | **6581.94** | **1061.94** |
| 28章 无机化学品；贵金属、稀土金属、放射性元素及其同位素的有机及无机化合物 | Inorganic chemicals; organic or inorganic compounds of precious metals, of rare- earth metals, of radioactive elements or of isotopes | 922.85 | 150.26 | 833.37 | 134.46 |
| 29章 有机化学品 | Organic chemicals | 2790.66 | 454.43 | 2645.45 | 426.67 |
| 30章 药品 | Pharmaceutical products | 404.90 | 65.92 | 430.77 | 69.41 |
| 31章 肥料 | Fertilizers | 548.34 | 89.20 | 671.41 | 108.80 |
| 32章 鞣料浸膏及染料浸膏；鞣酸及其衍生物；染料、颜料及其他着色料；油漆及清漆；油灰及其他类似胶粘剂；墨水、油墨 | Tanning or dyeing extracts; tannins and their derivatives; dyes, pigments and other colouring matter; paints and varnishes; putty and other mastics; inks | 412.98 | 67.24 | 390.48 | 62.97 |
| 33章 精油及香膏；芳香料制品及化妆盥洗品 | Essential oils and retinoid; perfumery, cosmetic or toilet preparations | 257.24 | 41.87 | 291.32 | 46.94 |
| 34章 肥皂、有机表面活性剂、洗涤剂、润滑剂、人造蜡、调制蜡、光洁剂、蜡烛及类似品、塑型用膏、“牙科用蜡”及牙科用熟石膏制剂 | Soap, organic surface-active agents, washing preparations, lubricating preparations, artificial waxes, prepared waxes, polishing or scouring preparations, candles and similar articles, modelling pastes, “dental waxes” and dental preparations with a basis of plast | 211.79 | 34.48 | 203.47 | 32.78 |
| 35章 蛋白类物质；改性淀粉；胶；酶 | Albuminoidal substances; modified starches; glues; enzymes | 164.58 | 26.79 | 163.80 | 26.40 |
| 36章 炸药；烟火制品；火柴；引火合金；易燃材料制品 | Explosives; pyrotechnic products; matches; pyrophoric alloys; certain combustible preparations | 60.43 | 9.84 | 58.74 | 9.47 |
| 37章 照相及电影用品 | Photographic or cinematographic goods | 73.24 | 11.92 | 73.53 | 11.85 |
| 38章 杂项化学产品 | Miscellaneous chemical products | 872.70 | 142.11 | 819.60 | 132.21 |
| **第七类 塑料及其制品，橡胶及其制品** | **PLASTICS AND ARTICLES THEREOF RUBBER AND ARTICLES THEREOF** | **5551.97** | **903.87** | **5338.57** | **860.30** |
| 39章 塑料及其制品 | Plastics and articles thereof | 4102.37 | 667.89 | 4076.59 | 656.83 |
| 40章 橡胶及其制品 | Rubber and articles thereof | 1449.60 | 235.97 | 1261.99 | 203.48 |
| **第八类 生皮、皮革、毛皮及其制品；鞍具及挽具；旅行用品、手提包及类似品；动物肠线(蚕胶丝除外)制品** | **RAW HIDES AND SKINS, LEATHER, FUR SKINS AND ARTICLES THEREOF; SADDLERY AND HARNESS; TRAVEL GOODS, HANDBAGS AND SIMILAR CONTAINERS; ARTICLES OF ANIMAL GUT(OTHER THAN SILK-WORM GUT)** | **2155.51** | **350.84** | **2174.75** | **350.39** |
| 41章 生皮(毛皮除外)及皮革 | Raw hides and skins(other than fur skins) and leather | 34.61 | 5.63 | 41.33 | 6.66 |

6-16 续表 2 Continued 2

单位：亿元
Unit: 100 million

| 商品分类 | HS Section and Division | 2014 | | 2015 | |
|---|---|---|---|---|---|
| | | 人民币 RMB Yuan | 美元 USD | 人民币 RMB Yuan | 美元 USD |
| 42章 皮革制品；鞍具及挽具；旅行用品、手提包及类似容器；动物肠线(蚕胶丝除外)制品 | Articles of leather; saddlery and harness; travel goods, hand bags and similar containers; articles of animal gut (other than silk-worm gut) | 1865.42 | 303.66 | 1925.82 | 310.32 |
| 43章 毛皮、人造毛皮及其制品 | Fur skins and artificial fur; manufactures thereof | 255.48 | 41.55 | 207.61 | 33.41 |
| **第九类 木及木制品；木炭；软木及软木制品；稻草、秸秆、针茅或其他编结材料制品；篮筐及柳条编结品** | **WOOD AND ARTICLES OF WOOD; WOOD CHAR-COAL; CORK AND ARTICLES OF CORK; MANUFACTURES OF STRAW, OF ESPARTO OR OF OTHER PLAITING MATERIALS; BASKET WARE AND WICKERWORK** | **992.37** | **161.54** | **982.31** | **158.36** |
| 44章 木及木制品；木炭 | Wood and articles of wood; wood charcoal | 888.98 | 144.70 | 880.79 | 141.99 |
| 45章 软木及软木制品 | Cork and articles of cork | 1.21 | 0.20 | 1.39 | 0.22 |
| 46章 稻草、秸秆、针茅或其他编结材料制品；篮筐及柳条编结品 | Manufactures of straw, of esparto or of other plaiting Materials; basket ware and wickerwork | 102.18 | 16.64 | 100.13 | 16.14 |
| **第十类 木浆及其他纤维状纤维素浆；纸及纸板的废碎品；纸、纸板及其制品** | **PULP OF WOOD OR OF OTHER FIBROUS CELLULOSIC MATERIAL; WASTE AND SCRAP OF PAPER OR PAPERBOARD; PAPER AND PAPERBOARD AND ARTICLES THEREOF** | **1337.65** | **217.74** | **1413.42** | **227.64** |
| 47章 木浆及其他纤维状纤维素浆；纸及纸板的废碎品 | Pulp of wood or of other fibrous cellulosic material; waste and scrap of paper or paperboard | 7.22 | 1.18 | 7.02 | 1.13 |
| 48章 纸及纸板；纸浆、纸或纸板制品 | Paper and paperboard; articles of paper pulp, of paper or paperboard | 1094.63 | 178.19 | 1164.40 | 187.52 |
| 49章 书籍、报纸、印刷图画及其他印制品；手稿、打字稿及设计图纸 | Printed books, newspapers, pictures and other products of the printing industry; manuscripts, typescripts and plans | 235.79 | 38.38 | 242.00 | 38.99 |
| **第十一类 纺织原料及纺织制品** | **TEXTILES AND TEXTILE ARTICLES** | **17667.08** | **2875.84** | **16969.98** | **2733.93** |
| 50章 蚕丝 | Silk | 93.15 | 15.17 | 78.76 | 12.70 |
| 51章 羊毛、动物细毛或粗毛；马毛纱线及其机织物 | Wool, fine or coarse animal hair; horsehair yarn and woven fabric | 154.88 | 25.22 | 141.42 | 22.81 |
| 52章 棉花 | Cotton | 1001.27 | 163.04 | 981.25 | 157.99 |
| 53章 其他植物纺织纤维；纸纱线及其机织物 | Other vegetable textile fibres; paper yarn and woven fabrics of paper yarn | 91.30 | 14.86 | 97.50 | 15.68 |
| 54章 化学纤维长丝 | Man-made filaments | 1036.70 | 168.78 | 1016.43 | 163.76 |
| 55章 化学纤维短纤 | Man-made short fibres | 787.29 | 128.17 | 800.14 | 128.99 |
| 56章 絮胎、毡呢及无纺织物；特种纱线；线、绳、索、缆及其制品 | Wadding, felt and nonwoven; special yarns; twine, cordage, ropes and cables and articles thereof | 282.43 | 45.98 | 301.52 | 48.59 |
| 57章 地毯及纺织材料的其他铺地制品 | Carpets and other textile floor coverings | 164.64 | 26.80 | 163.16 | 26.29 |
| 58章 特种机织物；簇绒织物；花边；装饰毯；装饰带；刺绣品 | Special woven fabrics; tufted textile fabrics; lace; tapestries; trimmings; embroidery | 314.66 | 51.23 | 297.95 | 48.03 |
| 59章 浸渍、涂布、包覆或层压的纺织物；工业用纺织制品 | Impregnated, coated, covered or laminated textile fabrics; textile articles of a kind suitable for industrial use | 467.26 | 76.07 | 442.37 | 71.30 |
| 60章 针织物及钩编织物 | Knitted or crocheted fabrics | 868.68 | 141.42 | 907.24 | 146.24 |
| 61章 针织或钩编的服装及衣着附件 | Articles of apparel and clothing accessories, knitted or crocheted | 5652.02 | 919.92 | 5203.77 | 837.86 |
| 62章 非针织或非钩编的服装及衣着附件 | Articles of apparel and clothing accessories, not knitted or crocheted | 5003.94 | 814.45 | 4867.14 | 784.40 |

6-16 续表 3 Continued 3

单位：亿元
Unit: 100 million

| 商品分类 | HS Section and Division | 2014 人民币 RMB Yuan | 2014 美元 USD | 2015 人民币 RMB Yuan | 2015 美元 USD |
|---|---|---|---|---|---|
| 63章 其他纺织制成品；成套物品；旧衣着及旧纺织品；碎织物 | Other made up textile articles; sets; worn clothing and worn textile articles; rags articles; rags | 1748.87 | 284.73 | 1671.35 | 269.29 |
| **第十二类 鞋、帽、伞、杖、鞭及其零件；已加工的羽毛及其制品；人造花；人发制品** | **FOOTWEAR, HEADGEAR, UMBRELLAS, SUN UMBRELLAS, WALKING-STICKS, SEAT-STICKS, WHIPS, RIDING-CROPS AND PARTS THEREOF; PREPARED FEATHERS AND ARTICLES MADE THEREWITH; ARTIFICIAL FLOWERS; ARTICLES OF HUMAN HAIR** | **4333.27** | **705.45** | **4229.23** | **682.10** |
| 64章 鞋靴、护腿和类似品及其零件 | Footwear, gaiters and the like; parts of such articles | 3455.13 | 562.49 | 3317.78 | 535.09 |
| 65章 帽类及其零件 | Headgear and parts thereof | 279.06 | 45.42 | 296.91 | 47.85 |
| 66章 雨伞、阳伞、手杖、鞭子、马鞭及其零件 | Umbrellas, sun umbrellas, walking-sticks, seat-sticks, whips, riding-crops and parts thereof | 197.35 | 32.14 | 192.52 | 31.05 |
| 67章 已加工羽毛、羽绒及其制品；人造花；人发制品 | Prepared feathers and down and articles made of feathers or of down; artificial flowers; articles of human hair | 401.74 | 65.39 | 422.03 | 68.11 |
| **第十三类 石料、石膏、水泥、石棉、云母及类似材料的制品；陶瓷产品；玻璃及其制品** | **ARTICLES OF STONE, PLASTER, CEMENT, ASBESTOS, MICA OR SIMILAR MATERIALS; CERAMIC PRODUCTS; GLASS AND GLASSWARE** | **3017.14** | **491.13** | **3407.58** | **548.45** |
| 68章 石料、石膏、水泥、石棉、云母及类似材料的制品 | Articles of stone, plaster, cement, asbestos, mica or similar materials; ceramic products; glass and glassware | 681.55 | 110.95 | 807.70 | 130.05 |
| 69章 陶瓷产品 | Ceramic products | 1350.29 | 219.79 | 1618.54 | 260.29 |
| 70章 玻璃及其制品 | Glass and glassware | 985.30 | 160.40 | 981.34 | 158.12 |
| **第十四类 天然或养殖珍珠、宝石或半宝石、贵金属、包贵金属及其制品；仿首饰；硬币** | **NATURAL OR CULTURED PEARLS, PRECIOUS OR SEMI-PRECIOUS STONES, PRECIOUS METALS, METALS CLAD WITH PRECIOUS METAL AND STONES, PRECIOUS METALS, METALS CLAD WITH PRECIOUS METAL AND ARTICLES THEREOF; IMITATION JEWELLERY; COIN** | **3882.47** | **632.00** | **1915.29** | **307.09** |
| 71章 天然或养殖珍珠、宝石或半宝石、贵金属、包贵金属及其制品；仿首饰；硬币 | Natural or cultured pearls, precious or semi-precious stones, precious metals, metals clad with precious metal and articles thereof; imitation jewellery; coin | 3882.47 | 632.00 | 1915.29 | 307.09 |
| **第十五类 贱金属及其制品** | **BASE METALS AND ARTICLES OF BASE METAL** | **11319.18** | **1842.57** | **10947.17** | **1765.67** |
| 72章 钢铁 | Iron and steel | 3407.76 | 554.79 | 3045.71 | 491.97 |
| 73章 钢铁制品 | Articles of iron or steel | 3725.24 | 606.37 | 3755.00 | 605.23 |
| 74章 铜及其制品 | Copper and articles thereof | 428.86 | 69.83 | 348.35 | 56.21 |
| 75章 镍及其制品 | Nickel and articles thereof | 136.12 | 22.14 | 47.20 | 7.64 |
| 76章 铝及其制品 | Aluminium and articles thereof | 1389.29 | 226.15 | 1475.86 | 238.08 |
| 78章 铅及其制品 | Lead and articles thereof | 9.86 | 1.61 | 9.94 | 1.60 |
| 79章 锌及其制品 | Zinc and articles thereof | 35.20 | 5.73 | 32.43 | 5.24 |
| 80章 锡及其制品 | Tin and articles thereof | 8.69 | 1.41 | 3.75 | 0.60 |
| 81章 其他贱金属、金属陶瓷及其制品 | Other base metals; cermets; articles thereof | 214.20 | 34.88 | 175.35 | 28.31 |
| 82章 贱金属工具、器具、利口器、餐匙、餐叉及其零件 | Tools, implements, cutlery, spoons and forks, of base metal; parts thereof of base metal | 908.46 | 147.86 | 904.86 | 145.79 |
| 83章 贱金属杂项制品 | Miscellaneous articles of base metal | 1055.51 | 171.80 | 1148.73 | 184.98 |

6-16 续表 4 Continued 4

单位：亿元
Unit: 100 million

| 商品分类 | HS Section and Division | 2014 人民币 RMB Yuan | 2014 美元 USD | 2015 人民币 RMB Yuan | 2015 美元 USD |
|---|---|---|---|---|---|
| **第十六类 机器、机械器具、电气设备及其零件；录音机及放声机、电视图像、声音的录制和重放设备及其零件、附件** | **MACHINERY AND MECHANICAL APPLIANCES; ELECTRICAL EQUIPMENT; PARTS THEREOF; SOUND RECORDERS AND REPRODUCERS, TELEVISION IMAGE AND SOUND RECORDERS AND REPRODUCERS; AND PARTS AND ACCESSORIES OF RECORDERS AND REPRODUCERS; AND PARTS AND ACCESSORIES OF SUCH ARTICLES** | **59690.83** | **9717.59** | **59563.83** | **9586.02** |
| 84章 核反应堆、锅炉、机器、机械器具及其零件 | Nuclear reactors, boilers, machinery and mechanical appliances; parts thereof | 24620.48 | 4008.34 | 22607.69 | 3642.76 |
| 85章 电机、电气设备及其零件；录音机及放声机、电视图像、声音的录制和重放设备及其零件、附件 | Electrical machinery and equipment and parts thereof; sound recorders and reproducers, television image and sound recorders and reproducers, and parts and accessories of such articles | 35070.36 | 5709.24 | 36956.14 | 5943.25 |
| **第十七类 车辆、航空器、船舶及有关运输设备** | **VEHICLES, AIRCRAFT, VESSELS AND ASSOCIATED TRANSPORT EQUIPMENT** | **6436.40** | **1047.80** | **6649.16** | **1072.15** |
| 86章 铁道及电车道机车、车辆及其零件；铁道及电车轨道固定装置及其零件、附件；各种机械(包括电动机械)交通信号设备 | Railway or tramway locomotives, rolling-stock and parts thereof; railway or tramway track fixtures and fittings and parts thereof; mechanical(including electro-mechanical) traffic signalling equipment of all kinds | 782.53 | 127.37 | 763.52 | 123.31 |
| 87章 车辆及其零件、附件，但铁道及电车道车辆除外 | Vehicles other than railway or tramway rolling-stock, and parts and accessories thereof | 3943.72 | 641.93 | 3883.21 | 626.00 |
| 88章 航空器、航天器及其零件 | Aircraft, spacecraft, and parts thereof | 162.59 | 26.47 | 216.01 | 34.71 |
| 89章 船舶及浮动结构体 | Ships, boats and floating structures | 1547.56 | 252.02 | 1786.42 | 288.13 |
| **第十八类 光学、照相、电影、计量、检验、医疗或外科用仪器及设备、精密仪器及设备；钟表；乐器；上述物品的零件、附件** | **OPTICAL, PHOTOGRAPHIC, CINEMATOGRAPHIC, MEASURING, CHECKING, PRECISION, MEDICAL OR SURGICAL INSTRUMENTS AND APPARATUS; CLOCKS AND WATCHES; MUSICAL INSTRUMENTS; PARTS AND ACCESSORIES THEREOF** | **4980.26** | **810.35** | **5036.62** | **810.99** |
| 90章 光学、照相、电影、计量、检验、医疗或外科用仪器及设备、精密仪器及设备；上述物品的零件、附件 | Optical, photographic, cinematographic, measuring, checking, precision medical or surgical instruments and apparatus; parts and accessories thereof | 4545.75 | 740.01 | 4575.57 | 736.77 |
| 91章 钟表及其零件 | Clocks and watches and parts thereof | 329.40 | 53.23 | 356.20 | 57.33 |
| 92章 乐器及其零件、附件 | Musical instruments; parts and accessories of such articles | 105.11 | 17.11 | 104.85 | 16.89 |
| **第十九类 武器、弹药及其零件、附件** | **ARMS AND AMMUNITION; PARTS AND ACCESSORIES THEREOF** | **9.90** | **1.61** | **10.55** | **1.70** |
| 93章 武器、弹药及其零件、附件 | Arms and ammunition; parts and accessories thereof | 9.90 | 1.61 | 10.55 | 1.70 |
| **第二十类 杂项制品** | **MISCELLANEOUS MANUFACTURED ARTICLES** | **8978.48** | **1461.55** | **9678.01** | **1558.38** |
| 94章 家具；寝具、褥垫、弹簧床垫、软坐垫及类似的填充制品；未列名灯具及照明装置；发光标志、发光名牌及类似品；活动房屋 | Furniture; bedding, mattresses, mattress supports, cushions and similar stuffed furnishings; lamps and lighting fittings, not elsewhere specified or included; illuminated signs, illuminated | 5735.85 | 933.74 | 6116.73 | 985.31 |
| 95章 玩具、游戏品、运动用品及其零件、附件 | Toys, games and sports requisites; parts and accessories thereof | 2368.63 | 385.53 | 2649.79 | 426.27 |
| 96章 杂项制品 | Miscellaneous manufactured articles | 874.00 | 142.28 | 911.48 | 146.81 |
| **第二十一类 艺术品、收藏品及古物** | **WORKS OF ART, COLLECTORS' PIECES AND ANTIQUES** | **36.69** | **5.97** | **35.20** | **5.65** |
| 97章 艺术品、收藏品及古物 | Works of art, collectors' pieces and antiques | 36.69 | 5.97 | 35.20 | 5.65 |
| **第二十二类 特殊交易品及未分类商品** | **COMMODITIES AND TRANSACTIONS NOT CLASSIFIED ACCORDING TO KIND** | **139.25** | **22.66** | **31.80** | **5.07** |
| 98章 特殊交易品及未分类商品 | Commodities and transactions not classified according to kind | 139.25 | 22.66 | 31.80 | 5.07 |

# 6-17 进口商品分类金额
## Value of Imports by HS

单位：亿元
Unit: 100 million

| 商品分类 | HS Section and Division | 2014 人民币 RMB Yuan | 2014 美元 USD | 2015 人民币 RMB Yuan | 2015 美元 USD |
|---|---|---|---|---|---|
| **总　额** | **Total** | **120358.03** | **19592.35** | **104336.10** | **16795.64** |
| **第一类　活动物；动物产品** | **LIVE ANIMALS; ANIMAL PRODUCTS** | **1242.32** | **202.33** | **1084.63** | **174.48** |
| 01章　活动物 | Live animals | 51.37 | 8.35 | 34.09 | 5.49 |
| 02章　肉及食用杂碎 | Meat and edible meat offal | 358.88 | 58.44 | 423.17 | 68.01 |
| 03章　鱼、甲壳动物、软体动物及其他水生无脊椎动物 | Fish and crustaceans molluscs and other aquatic invertebrates | 404.39 | 65.83 | 393.57 | 63.28 |
| 04章　乳品；蛋品；天然蜂蜜；其他食用动物产品 | Dairy produce; birds' eggs; natural honey; edible products of animal origin, not elsewhere specified or included | 398.21 | 64.91 | 204.85 | 33.03 |
| 05章　其他动物产品 | Products of animal origin, not elsewhere specified or included | 29.48 | 4.79 | 28.96 | 4.67 |
| **第二类　植物产品** | **VEGETABLE PRODUCTS** | **3789.93** | **617.17** | **3700.15** | **596.90** |
| 06章　活树及其他活植物；鳞茎、根及类似品；插花及装饰用簇叶 | Live tree and other plants; bulbs, roots and the like; cut flowers and ornamental foliage | 11.69 | 1.89 | 13.50 | 2.17 |
| 07章　食用蔬菜、根及块茎 | Edible vegetables and certain roots and tubers | 158.27 | 25.80 | 161.88 | 26.21 |
| 08章　食用水果及坚果；甜瓜或柑桔属水果的果皮 | Edible fruit and nuts; peel of citrus fruit or melons | 315.88 | 51.45 | 372.26 | 60.17 |
| 09章　咖啡、茶、马黛茶及调味香料 | Coffee, tea, mate and spices | 21.03 | 3.42 | 24.74 | 3.97 |
| 10章　谷物 | Cereals | 379.06 | 61.75 | 579.11 | 93.48 |
| 11章　制粉工业产品；麦芽；淀粉；菊粉；面筋 | Products of the milling industry; malt; starches; inulin; wheat gluten | 59.17 | 9.64 | 59.08 | 9.52 |
| 12章　含油子仁及果实；杂项子仁及果实；工业用或药用植物；稻草、秸秆及饲料 | Oil seeds and oleaginous fruits; miscellaneous grains, seeds and fruit; industrial or medicinal plants; straw and fodder | 2818.15 | 458.88 | 2463.28 | 397.13 |
| 13章　虫胶；树胶、树脂及其他植物液、汁 | Lac; gums, resins and other vegetable saps and extracts | 14.41 | 2.35 | 14.11 | 2.27 |
| 14章　编结用植物材料；其他植物产品 | Vegetable plaiting materials; vegetable products not elsewhere specified or included | 12.25 | 2.00 | 12.20 | 1.97 |
| **第三类　动、植物油、脂及其分解产品；精制的食用油脂；动、植物蜡** | **ANIMAL OR VEGETABLE FATS AND OILS AND THEIR CLEAVAGE PRODUCTS; PREPARED EDIBLE FATS; ANIMAL OR VEGETABLE WAXES** | **559.84** | **91.19** | **489.79** | **78.92** |
| 15章　动、植物油、脂及其分解产品；精制的食用油脂；动、植物蜡 | Animal or vegetable fats and oils and their cleavage products; prepared edible fats; animal or vegetable waxes | 559.84 | 91.19 | 489.79 | 78.92 |
| **第四类　食品；饮料、酒及醋；烟草、烟草及烟草代用品的制品** | **PREPARED FOODSTUFFS; BEVERAGES, SPIRITS AND VINEGAR; TOBACCO AND MANUFACTURED TOBACCO SUBSTITUTES** | **1052.22** | **171.26** | **1260.65** | **202.63** |
| 16章　肉、鱼、甲壳动物、软体动物及其他水生无脊椎动物的制品 | Preparations of meat, of fish or of crustaceans, molluscs or other aquatic invertebrates | 15.29 | 2.49 | 14.81 | 2.39 |
| 17章　糖及糖食 | Sugars and sugar confectionery | 109.66 | 17.86 | 129.14 | 20.80 |
| 18章　可可及可可制品 | Cocoa and cocoa preparations | 53.54 | 8.71 | 54.46 | 8.73 |
| 19章　谷物、粮食粉、淀粉或乳的制品；糕饼点心 | Preparations of cereals, flour, starch or milk; pastry-cooks' products | 173.03 | 28.14 | 239.35 | 38.38 |

6-17 续表 1 Continued 1

单位：亿元
Unit: 100 million

| 商品分类 | HS Section and Division | 2014 人民币 RMB Yuan | 2014 美元 USD | 2015 人民币 RMB Yuan | 2015 美元 USD |
|---|---|---|---|---|---|
| 20章 蔬菜、水果、坚果或植物其他部分的制品 | Preparations of vegetables, fruit, nuts or other parts of plants | 47.07 | 7.66 | 54.51 | 8.76 |
| 21章 杂项食品 | Miscellaneous edible preparations | 86.45 | 14.07 | 111.35 | 17.86 |
| 22章 饮料、酒及醋 | Beverages, spirits and vinegar | 194.51 | 31.59 | 266.66 | 42.82 |
| 23章 食品工业的残渣及废料；配制的动物饲料 | Residues and waste from the food industries; prepared animal fodder | 244.38 | 39.81 | 274.74 | 44.26 |
| 24章 烟草及烟草代用品的制品 | Tobacco and manufactured tobacco substitutes | 128.30 | 20.93 | 115.63 | 18.64 |
| **第五类 矿产品** | **MINERAL PRODUCTS** | **28098.93** | **4576.93** | **18463.44** | **2977.91** |
| 25章 盐；硫磺；泥土及石料；石膏料、石灰及水泥 | Salt; sulphur; earths and stone; plastering materials, lime and cement | 383.55 | 62.44 | 339.53 | 54.70 |
| 26章 矿砂、矿渣及矿灰 | Ores, slag and ash | 8266.75 | 1346.61 | 5814.35 | 937.20 |
| 27章 矿物燃料、矿物油及其蒸馏产品；沥青物质；矿物蜡 | Mineral fuels, mineral oils and products of their distillation; bituminous substances; mineral waxes | 19448.62 | 3167.88 | 12309.56 | 1986.01 |
| **第六类 化学工业及其相关工业的产品** | **PRODUCTS OF THE CHEMICAL OR INDUSTRIES ALLIED** | **7743.08** | **1260.59** | **7018.11** | **1130.48** |
| 28章 无机化学品；贵金属、稀土金属、放射性元素及其同位素的有机及无机化合物 | Inorganic chemicals; organic or inorganic compounds of precious metals, of rare- earth metals, of radioactive elements or of isotopes | 637.98 | 103.85 | 616.25 | 99.19 |
| 29章 有机化学品 | Organic chemicals | 3703.00 | 603.13 | 2961.13 | 477.58 |
| 30章 药品 | Pharmaceutical products | 1090.71 | 177.52 | 1195.47 | 192.26 |
| 31章 肥料 | Fertilizers | 205.83 | 33.51 | 244.28 | 39.27 |
| 32章 鞣料浸膏及染料浸膏；鞣酸及其衍生物；染料、颜料及其他着色料；油漆及清漆；油灰及其他类似胶粘剂；墨水、油墨 | Tanning or dyeing extracts; tannins and their derivatives; dyes, pigments and other colouring matter; paints and varnishes; putty and other mastics; inks | 274.25 | 44.61 | 253.69 | 40.87 |
| 33章 精油及香膏；芳香料制品及化妆盥洗品 | Essential oils and retinoid; perfumery, cosmetic or toilet preparations | 207.26 | 33.72 | 280.50 | 45.10 |
| 34章 肥皂、有机表面活性剂、洗涤剂、润滑剂、人造蜡、调制蜡、光洁剂、蜡烛及类似品、塑型用膏、“牙科用蜡”及牙科用熟石膏制剂 | Soap, organic surface-active agents, washing preparations, lubricating preparations, artificial waxes, prepared waxes, polishing or scouring preparations, candles and similar articles, modelling pastes, “dental waxes” and dental preparations with a basis of plast | 243.01 | 39.53 | 236.73 | 38.11 |
| 35章 蛋白类物质；改性淀粉；胶；酶 | Albuminoidal substances; modified starches; glues; enzymes | 199.30 | 32.42 | 188.93 | 30.40 |
| 36章 炸药；烟火制品；火柴；引火合金；易燃材料制品 | Explosives; pyrotechnic products; matches; pyrophoric alloys; certain combustible preparations | 9.20 | 1.50 | 9.19 | 1.48 |
| 37章 照相及电影用品 | Photographic or cinematographic goods | 139.73 | 22.73 | 136.35 | 21.96 |
| 38章 杂项化学产品 | Miscellaneous chemical products | 1032.81 | 168.07 | 895.58 | 144.29 |
| **第七类 塑料及其制品，橡胶及其制品** | **PLASTICS AND ARTICLES THEREOF RUBBER AND ARTICLES THEREOF** | **5685.82** | **925.61** | **4946.72** | **797.04** |
| 39章 塑料及其制品 | Plastics and articles thereof | 4618.93 | 751.90 | 4068.01 | 655.51 |
| 40章 橡胶及其制品 | Rubber and articles thereof | 1066.90 | 173.71 | 878.71 | 141.53 |
| **第八类 生皮、皮革、毛皮及其制品；鞍具及挽具；旅行用品、手提包及类似品；动物肠线（蚕胶丝除外）制品** | **RAW HIDES AND SKINS, LEATHER, FUR SKINS AND ARTICLES THEREOF; SADDLERY AND HARNESS; TRAVEL GOODS, HANDBAGS AND SIMILAR CONTAINERS; ARTICLES OF ANIMAL GUT(OTHER THAN SILK-WORM GUT)** | **712.69** | **116.00** | **689.05** | **111.16** |
| 41章 生皮(毛皮除外)及皮革 | Raw hides and skins(other than fur skins) and leather | 507.38 | 82.61 | 464.95 | 74.99 |

6-17 续表 2 Continued 2

单位：亿元
Unit: 100 million

| 商品分类 | | HS Section and Division | 2014 | | 2015 | |
|---|---|---|---|---|---|---|
| | | | 人民币 RMB Yuan | 美元 USD | 人民币 RMB Yuan | 美元 USD |
| 42章 | 皮革制品；鞍具及挽具；旅行用品、手提包及类似容器；动物肠线(蚕胶丝除外)制品 | Articles of leather; saddlery and harness; travel goods, hand bags and similar containers; articles of animal gut (other than silk-worm gut) | 126.09 | 20.52 | 131.17 | 21.12 |
| 43章 | 毛皮、人造毛皮及其制品 | Fur skins and artificial fur; manufactures thereof | 79.21 | 12.87 | 92.93 | 15.04 |
| **第九类** | **木及木制品；木炭；软木及软木制品；稻草、秸秆、针茅或其他编结材料制品；篮筐及柳条编结品** | **WOOD AND ARTICLES OF WOOD; WOOD CHAR-COAL; CORK AND ARTICLES OF CORK; MANUFACTURES OF STRAW, OF ESPARTO OR OF OTHER PLAITING MATERIALS; BASKET WARE AND WICKERWORK** | **1403.55** | **228.50** | **1160.31** | **187.09** |
| 44章 | 木及木制品；木炭 | Wood and articles of wood; wood charcoal | 1400.31 | 227.98 | 1156.97 | 186.56 |
| 45章 | 软木及软木制品 | Cork and articles of cork | 2.54 | 0.41 | 2.54 | 0.41 |
| 46章 | 稻草、秸秆、针茅或其他编结材料制品；篮筐及柳条编结品 | Manufactures of straw, of esparto or of other plaiting Materials; basket ware and wickerwork | 0.70 | 0.11 | 0.80 | 0.13 |
| **第十类** | **木浆及其他纤维状纤维素浆；纸及纸板的废碎品；纸、纸板及其制品** | **PULP OF WOOD OR OF OTHER FIBROUS CELLULOSIC MATERIAL; WASTE AND SCRAP OF PAPER OR PAPERBOARD; PAPER AND PAPERBOARD AND ARTICLES THEREOF** | **1451.57** | **236.32** | **1475.32** | **237.59** |
| 47章 | 木浆及其他纤维状纤维素浆；纸及纸板的废碎品 | Pulp of wood or of other fibrous cellulosic material; waste and scrap of paper or paperboard | 1069.25 | 174.14 | 1119.88 | 180.40 |
| 48章 | 纸及纸板；纸浆、纸或纸板制品 | Paper and paperboard; articles of paper pulp, of paper or paperboard | 264.82 | 43.09 | 251.22 | 40.46 |
| 49章 | 书籍、报纸、印刷图画及其他印制品；手稿、打字稿及设计图纸 | Printed books, newspapers, pictures and other products of the printing industry; manuscripts, typescripts and plans | 117.49 | 19.10 | 104.22 | 16.73 |
| **第十一类** | **纺织原料及纺织制品** | **TEXTILES AND TEXTILE ARTICLES** | **2211.66** | **360.02** | **2007.87** | **323.68** |
| 50章 | 蚕丝 | Silk | 4.25 | 0.69 | 3.72 | 0.60 |
| 51章 | 羊毛、动物细毛或粗毛；马毛纱线及其机织物 | Wool, fine or coarse animal hair; horsehair yarn and woven fabric | 207.93 | 33.84 | 211.61 | 34.20 |
| 52章 | 棉花 | Cotton | 783.14 | 127.56 | 635.50 | 102.54 |
| 53章 | 其他植物纺织纤维；纸纱线及其机织物 | Other vegetable textile fibres; paper yarn and woven fabrics of paper yarn | 54.63 | 8.89 | 53.25 | 8.59 |
| 54章 | 化学纤维长丝 | Man-made filaments | 216.75 | 35.27 | 194.05 | 31.25 |
| 55章 | 化学纤维短纤 | Man-made short fibres | 188.44 | 30.67 | 161.47 | 26.03 |
| 56章 | 絮胎、毡呢及无纺织物；特种纱线；线、绳、索、缆及其制品 | Wadding, felt and nonwoven; special yarns; twine, cordage, ropes and cables and articles thereof | 80.60 | 13.11 | 73.02 | 11.76 |
| 57章 | 地毯及纺织材料的其他铺地制品 | Carpets and other textile floor coverings | 10.08 | 1.64 | 9.07 | 1.46 |
| 58章 | 特种机织物；簇绒织物；花边；装饰毯；装饰带；刺绣品 | Special woven fabrics; tufted textile fabrics; lace; tapestries; trimmings; embroidery | 41.23 | 6.71 | 36.41 | 5.86 |
| 59章 | 浸渍、涂布、包覆或层压的纺织物；工业用纺织制品 | Impregnated, coated, covered or laminated textile fabrics; textile articles of a kind suitable for industrial use | 123.92 | 20.16 | 111.81 | 18.00 |
| 60章 | 针织物及钩编织物 | Knitted or crocheted fabrics | 125.34 | 20.39 | 114.70 | 18.47 |
| 61章 | 针织或钩编的服装及衣着附件 | Articles of apparel and clothing accessories, knitted or crocheted | 126.92 | 20.66 | 143.37 | 23.09 |
| 62章 | 非针织或非钩编的服装及衣着附件 | Articles of apparel and clothing accessories, not knitted or crocheted | 218.74 | 35.59 | 231.20 | 37.20 |

6-17 续表 3 Continued 3

单位：亿元
Unit: 100 million

| 商品分类 | HS Section and Division | 2014 人民币 RMB Yuan | 2014 美元 USD | 2015 人民币 RMB Yuan | 2015 美元 USD |
|---|---|---|---|---|---|
| 63章 其他纺织制成品；成套物品；旧衣着及旧纺织品；碎织物 | Other made up textile articles; sets; worn clothing and worn textile articles; rags articles; rags | 29.70 | 4.83 | 28.71 | 4.62 |
| **第十二类 鞋、帽、伞、杖、鞭及其零件；已加工的羽毛及其制品；人造花；人发制品** | **FOOTWEAR, HEADGEAR, UMBRELLAS, SUN UMBRELLAS, WALKING-STICKS, SEAT-STICKS, WHIPS, RIDING-CROPS AND PARTS THEREOF; PREPARED FEATHERS AND ARTICLES MADE THEREWITH; ARTIFICIAL FLOWERS; ARTICLES OF HUMAN HAIR** | **162.78** | **26.49** | **191.58** | **30.88** |
| 64章 鞋靴、护腿和类似品及其零件 | Footwear, gaiters and the like; parts of such articles | 140.94 | 22.93 | 170.59 | 27.49 |
| 65章 帽类及其零件 | Headgear and parts thereof | 3.19 | 0.52 | 3.39 | 0.55 |
| 66章 雨伞、阳伞、手杖、鞭子、马鞭及其零件 | Umbrellas, sun umbrellas, walking-sticks, seat-sticks, whips, riding-crops and parts thereof | 1.35 | 0.22 | 0.87 | 0.14 |
| 67章 已加工羽毛、羽绒及其制品；人造花；人发制品 | Prepared feathers and down and articles made of feathers or of down; artificial flowers; articles of human hair | 17.29 | 2.82 | 16.71 | 2.70 |
| **第十三类 石料、石膏、水泥、石棉、云母及类似材料的制品；陶瓷产品；玻璃及其制品** | **ARTICLES OF STONE, PLASTER, CEMENT, ASBESTOS, MICA OR SIMILAR MATERIALS; CERAMIC PRODUCTS; GLASS AND GLASSWARE** | **601.50** | **97.77** | **547.79** | **88.15** |
| 68章 石料、石膏、水泥、石棉、云母及类似材料的制品 | Articles of stone, plaster, cement, asbestos, mica or similar materials; ceramic products; glass and glassware | 102.59 | 16.68 | 93.69 | 15.08 |
| 69章 陶瓷产品 | Ceramic products | 47.89 | 7.78 | 43.75 | 7.04 |
| 70章 玻璃及其制品 | Glass and glassware | 451.02 | 73.31 | 410.35 | 66.03 |
| **第十四类 天然或养殖珍珠、宝石或半宝石、贵金属、包贵金属及其制品；仿首饰；硬币** | **NATURAL OR CULTURED PEARLS, PRECIOUS OR SEMI-PRECIOUS STONES, PRECIOUS METALS, METALS CLAD WITH PRECIOUS METAL AND STONES, PRECIOUS METALS, METALS CLAD WITH PRECIOUS METAL AND ARTICLES THEREOF; IMITATION JEWELLERY; COIN** | **2601.34** | **423.33** | **6020.34** | **965.93** |
| 71章 天然或养殖珍珠、宝石或半宝石、贵金属、包贵金属及其制品；仿首饰；硬币 | Natural or cultured pearls, precious or semi-precious stones, precious metals, metals clad with precious metal and articles thereof; imitation jewellery; coin | 2601.34 | 423.33 | 6020.34 | 965.93 |
| **第十五类 贱金属及其制品** | **BASE METALS AND ARTICLES OF BASE METAL** | **6240.18** | **1015.68** | **5413.22** | **871.91** |
| 72章 钢铁 | Iron and steel | 1301.11 | 211.67 | 1125.36 | 181.52 |
| 73章 钢铁制品 | Articles of iron or steel | 725.31 | 117.87 | 626.11 | 100.77 |
| 74章 铜及其制品 | Copper and articles thereof | 2902.72 | 472.78 | 2369.06 | 381.47 |
| 75章 镍及其制品 | Nickel and articles thereof | 251.66 | 40.97 | 319.99 | 51.55 |
| 76章 铝及其制品 | Aluminium and articles thereof | 493.86 | 80.39 | 430.02 | 69.30 |
| 78章 铅及其制品 | Lead and articles thereof | 4.33 | 0.71 | 2.91 | 0.47 |
| 79章 锌及其制品 | Zinc and articles thereof | 100.64 | 16.39 | 90.02 | 14.45 |
| 80章 锡及其制品 | Tin and articles thereof | 26.32 | 4.29 | 20.19 | 3.25 |
| 81章 其他贱金属、金属陶瓷及其制品 | Other base metals; cermets; articles thereof | 96.20 | 15.66 | 110.82 | 17.85 |
| 82章 贱金属工具、器具、利口器、餐匙、餐叉及其零件 | Tools, implements, cutlery, spoons and forks, of base metal; parts thereof of base metal | 218.94 | 35.59 | 212.93 | 34.26 |
| 83章 贱金属杂项制品 | Miscellaneous articles of base metal | 119.09 | 19.35 | 105.80 | 17.02 |

6-17 续表 4 Continued 4

单位：亿元
Unit: 100 million

| 商品分类 | HS Section and Division | 2014 人民币 RMB Yuan | 2014 美元 USD | 2015 人民币 RMB Yuan | 2015 美元 USD |
|---|---|---|---|---|---|
| **第十六类 机器、机械器具、电气设备及其零件；录音机及放声机、电视图像、声音的录制和重放设备及其零件、附件** | **MACHINERY AND MECHANICAL APPLIANCES; ELECTRICAL EQUIPMENT; PARTS THEREOF; SOUND RECORDERS AND REPRODUCERS, TELEVISION IMAGE AND SOUND RECORDERS AND REPRODUCERS; AND PARTS AND ACCESSORIES OF RECORDERS AND REPRODUCERS; AND PARTS AND ACCESSORIES OF SUCH ARTICLES** | **37101.20** | **6036.97** | **36414.74** | **5857.37** |
| 84章 核反应堆、锅炉、机器、机械器具及其零件 | Nuclear reactors, boilers, machinery and mechanical appliances; parts thereof | 11033.44 | 1793.78 | 9755.48 | 1570.43 |
| 85章 电机、电气设备及其零件；录音机及放声机、电视图像、声音的录制和重放设备及其零件、附件 | Electrical machinery and equipment and parts thereof; sound recorders and reproducers, television image and sound recorders and reproducers, and parts and accessories of such articles | 26067.75 | 4243.19 | 26659.26 | 4286.94 |
| **第十七类 车辆、航空器、船舶及有关运输设备** | **VEHICLES, AIRCRAFT, VESSELS AND ASSOCIATED TRANSPORT EQUIPMENT** | **7433.69** | **1209.10** | **6085.04** | **979.33** |
| 86章 铁道及电车道机车、车辆及其零件；铁道及电车轨道固定装置及其零件、附件；各种机械(包括电动机械)交通信号设备 | Railway or tramway locomotives, rolling-stock and parts thereof; railway or tramway track fixtures and fittings and parts thereof; mechanical(including electro-mechanical) traffic signalling equipment of all kinds | 101.45 | 16.44 | 83.85 | 13.49 |
| 87章 车辆及其零件、附件，但铁道及电车道车辆除外 | Vehicles other than railway or tramway rolling-stock, and parts and accessories thereof | 5504.30 | 895.09 | 4325.79 | 696.29 |
| 88章 航空器、航天器及其零件 | Aircraft, spacecraft, and parts thereof | 1746.99 | 284.38 | 1613.64 | 259.52 |
| 89章 船舶及浮动结构体 | Ships, boats and floating structures | 80.96 | 13.18 | 61.76 | 10.03 |
| **第十八类 光学、照相、电影、计量、检验、医疗或外科用仪器及设备、精密仪器及设备；钟表；乐器；上述物品的零件、附件** | **OPTICAL, PHOTOGRAPHIC, CINEMATOGRAPHIC, MEASURING, CHECKING, PRECISION, MEDICAL OR SURGICAL INSTRUMENTS AND APPARATUS; CLOCKS AND WATCHES; MUSICAL INSTRUMENTS; PARTS AND ACCESSORIES THEREOF** | **6740.71** | **1096.85** | **6428.88** | **1034.57** |
| 90章 光学、照相、电影、计量、检验、医疗或外科用仪器及设备、精密仪器及设备；上述物品的零件、附件 | Optical, photographic, cinematographic, measuring, checking, precision medical or surgical instruments and apparatus; parts and accessories thereof | 6501.98 | 1058.06 | 6190.53 | 996.36 |
| 91章 钟表及其零件 | Clocks and watches and parts thereof | 219.15 | 35.61 | 217.29 | 34.82 |
| 92章 乐器及其零件、附件 | Musical instruments; parts and accessories of such articles | 19.58 | 3.18 | 21.06 | 3.39 |
| **第十九类 武器、弹药及其零件、附件** | **ARMS AND AMMUNITION; PARTS AND ACCESSORIES THEREOF** | **0.37** | **0.06** | **0.48** | **0.08** |
| 93章 武器、弹药及其零件、附件 | Arms and ammunition; parts and accessories thereof | 0.37 | 0.06 | 0.48 | 0.08 |
| **第二十类 杂项制品** | **MISCELLANEOUS MANUFACTURED ARTICLES** | **441.16** | **71.69** | **464.27** | **74.59** |
| 94章 家具；寝具、褥垫、弹簧床垫、软坐垫及类似的填充制品；未列名灯具及照明装置；发光标志、发光名牌及类似品；活动房屋 | Furniture; bedding, mattresses, mattress supports, cushions and similar stuffed furnishings; lamps and lighting fittings, not elsewhere specified or included; illuminated signs, illuminated | 207.63 | 33.74 | 201.15 | 32.33 |
| 95章 玩具、游戏品、运动用品及其零件、附件 | Toys, games and sports requisites; parts and accessories thereof | 127.45 | 20.72 | 117.01 | 18.78 |
| 96章 杂项制品 | Miscellaneous manufactured articles | 106.09 | 17.23 | 146.11 | 23.49 |
| **第二十一类 艺术品、收藏品及古物** | **WORKS OF ART, COLLECTORS' PIECES AND ANTIQUES** | **32.20** | **5.24** | **22.63** | **3.60** |
| 97章 艺术品、收藏品及古物 | Works of art, collectors' pieces and antiques | 32.20 | 5.24 | 22.63 | 3.60 |
| **第二十二类 特殊交易品及未分类商品** | **COMMODITIES AND TRANSACTIONS NOT CLASSIFIED ACCORDING TO KIND** | **5051.29** | **823.24** | **451.09** | **71.35** |
| 98章 特殊交易品及未分类商品 | Commodities and transactions not classified according to kind | 5051.29 | 823.24 | 451.09 | 71.35 |

# 6-18　一般贸易进出口商品分类金额

## Value of Imports and Exports in Ordinary by HS

单位：亿元

Unit: 100 million

| 商品分类 | HS Section and Division | 出口 Exports | | 进口 Imports | |
|---|---|---|---|---|---|
| | | 人民币 RMB Yuan | 美元 USD | 人民币 RMB Yuan | 美元 USD |
| **总　　额** | **Total** | **75398.76** | **12147.92** | **57273.60** | **9224.02** |
| **第一类　活动物；动物产品** | **LIVE ANIMALS; ANIMAL PRODUCTS** | **793.81** | **127.76** | **744.68** | **119.78** |
| 01章　活动物 | Live animals | 37.13 | 5.97 | 33.92 | 5.47 |
| 02章　肉及食用杂碎 | Meat and edible meat offal | 63.58 | 10.25 | 368.04 | 59.16 |
| 03章　鱼、甲壳动物、软体动物及其他水生无脊椎动物 | Fish and crustaceans molluscs and other aquatic invertebrates | 567.73 | 91.33 | 161.64 | 25.97 |
| 04章　乳品；蛋品；天然蜂蜜；其他食用动物产品 | Dairy produce; birds' eggs; natural honey; edible products of animal origin, not elsewhere specified or included | 36.98 | 5.96 | 169.00 | 27.24 |
| 05章　其他动物产品 | Products of animal origin, not elsewhere specified or included | 88.39 | 14.26 | 12.09 | 1.95 |
| **第二类　植物产品** | **VEGETABLE PRODUCTS** | **1206.36** | **193.95** | **3412.54** | **550.58** |
| 06章　活树及其他活植物；鳞茎、根及类似品；插花及装饰用簇叶 | Live tree and other plants; bulbs, roots and the like; cut flowers and ornamental foliage | 18.04 | 2.90 | 13.21 | 2.13 |
| 07章　食用蔬菜、根及块茎 | Edible vegetables and certain roots and tubers | 504.88 | 81.30 | 154.88 | 25.08 |
| 08章　食用水果及坚果；甜瓜或柑桔属水果的果皮 | Edible fruit and nuts; peel of citrus fruit or melons | 256.45 | 41.01 | 295.36 | 47.78 |
| 09章　咖啡、茶、马黛茶及调味香料 | Coffee, tea, mate and spices | 146.22 | 23.54 | 13.62 | 2.19 |
| 10章　谷物 | Cereals | 17.57 | 2.82 | 546.96 | 88.27 |
| 11章　制粉工业产品；麦芽；淀粉；菊粉；面筋 | Products of the milling industry; malt; starches; inulin; wheat gluten | 28.04 | 4.51 | 51.84 | 8.35 |
| 12章　含油子仁及果实；杂项子仁及果实；工业用或药用植物；稻草、秸秆及饲料 | Oil seeds and oleaginous fruits; miscellaneous grains, seeds and fruit; industrial or medicinal plants; straw and fodder | 169.28 | 27.25 | 2313.77 | 373.07 |
| 13章　虫胶；树胶、树脂及其他植物液、汁 | Lac; gums, resins and other vegetable saps and extracts | 58.35 | 9.40 | 11.70 | 1.89 |
| 14章　编结用植物材料；其他植物产品 | Vegetable plaiting materials; vegetable products not elsewhere specified or included | 7.51 | 1.21 | 11.20 | 1.81 |
| **第三类　动、植物油、脂及其分解产品；精制的食用油脂；动、植物蜡** | **ANIMAL OR VEGETABLE FATS AND OILS AND THEIR CLEAVAGE PRODUCTS; PREPARED EDIBLE FATS; ANIMAL OR VEGETABLE WAXES** | **30.49** | **4.91** | **400.53** | **64.54** |
| 15章　动、植物油、脂及其分解产品；精制的食用油脂；动、植物蜡 | Animal or vegetable fats and oils and their cleavage products; prepared edible fats; animal or vegetable waxes | 30.49 | 4.91 | 400.53 | 64.54 |
| **第四类　食品；饮料、酒及醋；烟草、烟草及烟草代用品的制品** | **PREPARED FOODSTUFFS; BEVERAGES, SPIRITS AND VINEGAR; TOBACCO AND MANUFACTURED TOBACCO SUBSTITUTES** | **1414.83** | **227.84** | **903.56** | **145.30** |
| 16章　肉、鱼、甲壳动物、软体动物及其他水生无脊椎动物的制品 | Preparations of meat, of fish or of crustaceans, molluscs or other aquatic invertebrates | 410.63 | 66.12 | 7.83 | 1.26 |
| 17章　糖及糖食 | Sugars and sugar confectionery | 83.73 | 13.49 | 76.55 | 12.39 |
| 18章　可可及可可制品 | Cocoa and cocoa preparations | 10.40 | 1.68 | 33.77 | 5.42 |
| 19章　谷物、粮食粉、淀粉或乳的制品；糕饼点心 | Preparations of cereals, flour, starch or milk; pastry-cooks' products | 71.87 | 11.57 | 172.63 | 27.65 |

6-18 续表 1 Continued 1

单位：亿元
Unit: 100 million

| 商品分类 | HS Section and Division | 出口 Exports | | 进口 Imports | |
|---|---|---|---|---|---|
| | | 人民币 RMB Yuan | 美元 USD | 人民币 RMB Yuan | 美元 USD |
| 20章 蔬菜、水果、坚果或植物其他部分的制品 | Preparations of vegetables, fruit, nuts or other parts of plants | 398.68 | 64.21 | 47.27 | 7.60 |
| 21章 杂项食品 | Miscellaneous edible preparations | 147.84 | 23.80 | 76.50 | 12.28 |
| 22章 饮料、酒及醋 | Beverages, spirits and vinegar | 88.92 | 14.30 | 133.13 | 21.37 |
| 23章 食品工业的残渣及废料；配制的动物饲料 | Residues and waste from the food industries; prepared animal fodder | 129.99 | 20.96 | 270.38 | 43.55 |
| 24章 烟草及烟草代用品的制品 | Tobacco and manufactured tobacco substitutes | 72.78 | 11.70 | 85.49 | 13.78 |
| **第五类 矿产品** | **MINERAL PRODUCTS** | **554.79** | **89.54** | **14403.25** | **2324.02** |
| 25章 盐；硫磺；泥土及石料；石膏料、石灰及水泥 | Salt; sulphur; earths and stone; plastering materials, lime and cement | 211.24 | 34.07 | 316.44 | 50.98 |
| 26章 矿砂、矿渣及矿灰 | Ores, slag and ash | 7.83 | 1.26 | 5159.85 | 831.94 |
| 27章 矿物燃料、矿物油及其蒸馏产品；沥青物质；矿物蜡 | Mineral fuels, mineral oils and products of their distillation; bituminous substances; mineral waxes | 335.72 | 54.21 | 8926.96 | 1441.09 |
| **第六类 化学工业及其相关工业的产品** | **PRODUCTS OF THE CHEMICAL OR INDUSTRIES ALLIED** | **5542.12** | **894.21** | **4566.76** | **735.46** |
| 28章 无机化学品；贵金属、稀土金属、放射性元素及其同位素的有机及无机化合物 | Inorganic chemicals; organic or inorganic compounds of precious metals, of rare- earth metals, of radioactive elements or of isotopes | 761.28 | 122.83 | 445.23 | 71.54 |
| 29章 有机化学品 | Organic chemicals | 2289.52 | 369.25 | 2053.19 | 330.99 |
| 30章 药品 | Pharmaceutical products | 269.33 | 43.39 | 551.49 | 88.74 |
| 31章 肥料 | Fertilizers | 628.38 | 101.83 | 211.64 | 34.02 |
| 32章 鞣料浸膏及染料浸膏；鞣酸及其衍生物；染料、颜料及其他着色料；油漆及清漆；油灰及其他类似胶粘剂；墨水、油墨 | Tanning or dyeing extracts; tannins and their derivatives; dyes, pigments and other colouring matter; paints and varnishes; putty and other mastics; inks | 361.64 | 58.32 | 172.31 | 27.76 |
| 33章 精油及香膏；芳香料制品及化妆盥洗品 | Essential oils and retinoid; perfumery, cosmetic or toilet preparations | 188.25 | 30.34 | 107.74 | 17.32 |
| 34章 肥皂、有机表面活性剂、洗涤剂、润滑剂、人造蜡、调制蜡、光洁剂、蜡烛及类似品、塑型用膏、"牙科用蜡"及牙科用熟石膏制剂 | Soap, organic surface-active agents, washing preparations, lubricating preparations, artificial waxes, prepared waxes, polishing or scouring preparations, candles and similar articles, modelling pastes, "dental waxes" and dental preparations with a basis of plast | 153.68 | 24.75 | 198.37 | 31.93 |
| 35章 蛋白类物质；改性淀粉；胶；酶 | Albuminoidal substances; modified starches; glues; enzymes | 127.87 | 20.61 | 111.31 | 17.91 |
| 36章 炸药；烟火制品；火柴；引火合金；易燃材料制品 | Explosives; pyrotechnic products; matches; pyrophoric alloys; certain combustible preparations | 58.20 | 9.38 | 5.87 | 0.94 |
| 37章 照相及电影用品 | Photographic or cinematographic goods | 41.43 | 6.68 | 80.59 | 12.97 |
| 38章 杂项化学产品 | Miscellaneous chemical products | 662.52 | 106.82 | 629.02 | 101.34 |
| **第七类 塑料及其制品．橡胶及其制品** | **PLASTICS AND ARTICLES THEREOF RUBBER AND ARTICLES THEREOF** | **2759.21** | **444.49** | **2859.19** | **460.61** |
| 39章 塑料及其制品 | Plastics and articles thereof | 2392.49 | 385.41 | 2361.83 | 380.52 |
| 40章 橡胶及其制品 | Rubber and articles thereof | 366.72 | 59.07 | 497.36 | 80.08 |
| **第八类 生皮、皮革、毛皮及其制品；鞍具及挽具；旅行用品、手提包及类似品；动物肠线（蚕胶丝除外）制品** | **RAW HIDES AND SKINS, LEATHER, FUR SKINS AND ARTICLES THEREOF; SADDLERY AND HARNESS; TRAVEL GOODS, HANDBAGS AND SIMILAR CONTAINERS; ARTICLES OF ANIMAL GUT(OTHER THAN SILK-WORM GUT)** | **1553.53** | **250.28** | **390.69** | **63.01** |
| 41章 生皮(毛皮除外)及皮革 | Raw hides and skins(other than fur skins) and leather | 9.38 | 1.51 | 233.33 | 37.62 |

6-18 续表 2 Continued 2

单位：亿元
Unit: 100 million

| 商品分类 | HS Section and Division | 出口 Exports 人民币 RMB Yuan | 出口 Exports 美元 USD | 进口 Imports 人民币 RMB Yuan | 进口 Imports 美元 USD |
|---|---|---|---|---|---|
| 42章 皮革制品；鞍具及挽具；旅行用品、手提包及类似容器；动物肠线(蚕胶丝除外)制品 | Articles of leather; saddlery and harness; travel goods, hand bags and similar containers; articles of animal gut (other than silk-worm gut) | 1388.75 | 223.82 | 98.38 | 15.85 |
| 43章 毛皮、人造毛皮及其制品 | Fur skins and artificial fur; manufactures thereof | 155.40 | 24.95 | 58.98 | 9.53 |
| **第九类 木及木制品；木炭；软木及软木制品；稻草、秸秆、针茅或其他编结材料制品；篮筐及柳条编结品** | **WOOD AND ARTICLES OF WOOD; WOOD CHAR-COAL; CORK AND ARTICLES OF CORK; MANUFACTURES OF STRAW, OF ESPARTO OR OF OTHER PLAITING MATERIALS ; BASKET WARE AND WICKERWORK** | **863.08** | **139.14** | **916.82** | **147.85** |
| 44章 木及木制品；木炭 | Wood and articles of wood; wood charcoal | 766.83 | 123.63 | 914.10 | 147.42 |
| 45章 软木及软木制品 | Cork and articles of cork | 1.30 | 0.21 | 2.39 | 0.38 |
| 46章 稻草、秸秆、针茅或其他编结材料制品；篮筐及柳条编结品 | Manufactures of straw, of esparto or of other plaiting Materials; basket ware and wickerwork | 94.95 | 15.30 | 0.34 | 0.05 |
| **第十类 木浆及其他纤维状纤维素浆；纸及纸板的废碎品；纸、纸板及其制品** | **PULP OF WOOD OR OF OTHER FIBROUS CELLULOSIC MATERIAL; WASTE AND SCRAP OF PAPER OR PAPERBOARD; PAPER AND PAPERBOARD AND ARTICLES THEREOF** | **828.20** | **133.32** | **1074.01** | **172.92** |
| 47章 木浆及其他纤维状纤维素浆；纸及纸板的废碎品 | Pulp of wood or of other fibrous cellulosic material; waste and scrap of paper or paperboard | 6.03 | 0.97 | 837.18 | 134.83 |
| 48章 纸及纸板；纸浆、纸或纸板制品 | Paper and paperboard; articles of paper pulp, of paper or paperboard | 693.93 | 111.69 | 168.94 | 27.20 |
| 49章 书籍、报纸、印刷图画及其他印制品；手稿、打字稿及设计图纸 | Printed books, newspapers, pictures and other products of the printing industry; manuscripts, typescripts and plans | 128.24 | 20.66 | 67.89 | 10.88 |
| **第十一类 纺织原料及纺织制品** | **TEXTILES AND TEXTILE ARTICLES** | **13037.50** | **2100.74** | **1060.61** | **171.00** |
| 50章 蚕丝 | Silk | 77.81 | 12.55 | 0.75 | 0.12 |
| 51章 羊毛、动物细毛或粗毛；马毛纱线及其机织物 | Wool, fine or coarse animal hair; horsehair yarn and woven fabric | 96.78 | 15.62 | 128.41 | 20.77 |
| 52章 棉花 | Cotton | 728.59 | 117.23 | 338.20 | 54.55 |
| 53章 其他植物纺织纤维；纸纱线及其机织物 | Other vegetable textile fibres; paper yarn and woven fabrics of paper yarn | 90.10 | 14.49 | 41.96 | 6.77 |
| 54章 化学纤维长丝 | Man-made filaments | 847.54 | 136.54 | 75.37 | 12.13 |
| 55章 化学纤维短纤 | Man-made short fibres | 553.21 | 89.19 | 88.12 | 14.22 |
| 56章 絮胎、毡呢及无纺织物；特种纱线；线、绳、索、缆及其制品 | Wadding, felt and nonwoven; special yarns; twine, cordage, ropes and cables and articles thereof | 239.55 | 38.61 | 40.05 | 6.45 |
| 57章 地毯及纺织材料的其他铺地制品 | Carpets and other textile floor coverings | 140.30 | 22.61 | 4.73 | 0.76 |
| 58章 特种机织物；簇绒织物；花边；装饰毯；装饰带；刺绣品 | Special woven fabrics; tufted textile fabrics; lace; tapestries; trimmings; embroidery | 248.73 | 40.10 | 7.65 | 1.23 |
| 59章 浸渍、涂布、包覆或层压的纺织物；工业用纺织制品 | Impregnated, coated, covered or laminated textile fabrics; textile articles of a kind suitable for industrial use | 382.10 | 61.58 | 46.42 | 7.47 |
| 60章 针织物及钩编织物 | Knitted or crocheted fabrics | 690.43 | 111.33 | 20.42 | 3.29 |
| 61章 针织或钩编的服装及衣着附件 | Articles of apparel and clothing accessories, Knitted or crocheted | 4098.01 | 660.06 | 98.53 | 15.87 |
| 62章 非针织或非钩编的服装及衣着附件 | Articles of apparel and clothing accessories, not knitted or crocheted | 3453.34 | 556.72 | 155.09 | 24.97 |

6-18 续表 3 Continued 3

单位：亿元
Unit: 100 million

| 商品分类 | HS Section and Division | 出口 Exports 人民币 RMB Yuan | 出口 Exports 美元 USD | 进口 Imports 人民币 RMB Yuan | 进口 Imports 美元 USD |
|---|---|---|---|---|---|
| 63章 其他纺织制成品；成套物品；旧衣着及旧纺织品；碎织物 | Other made up textile articles; sets; worn clothing and worn textile articles; rags articles; rags | 1391.00 | 224.11 | 14.92 | 2.40 |
| **第十二类 鞋、帽、伞、杖、鞭及其零件；已加工的羽毛及其制品；人造花；人发制品** | **FOOTWEAR, HEADGEAR, UMBRELLAS, SUN UMBRELLAS, WALKING-STICKS, SEAT-STICKS, WHIPS, RIDING-CROPS AND PARTS THEREOF; PREPARED FEATHERS AND ARTICLES MADE THEREWITH; ARTIFICIAL FLOWERS; ARTICLES OF HUMAN HAIR** | **2853.09** | **460.19** | **147.60** | **23.79** |
| 64章 鞋靴、护腿和类似品及其零件 | Footwear, gaiters and the like; parts of such articles | 2139.40 | 345.05 | 144.48 | 23.28 |
| 65章 帽类及其零件 | Headgear and parts thereof | 210.92 | 34.00 | 2.24 | 0.36 |
| 66章 雨伞、阳伞、手杖、鞭子、马鞭及其零件 | Umbrellas, sun umbrellas, walking-sticks, seat-sticks, whips, riding-crops and parts thereof | 163.55 | 26.38 | 0.45 | 0.07 |
| 67章 已加工羽毛、羽绒及其制品；人造花；人发制品 | Prepared feathers and down and articles made of feathers or of down; artificial flowers; articles of human hair | 339.22 | 54.76 | 0.43 | 0.07 |
| **第十三类 石料、石膏、水泥、石棉、云母及类似材料的制品；陶瓷产品；玻璃及其制品** | **ARTICLES OF STONE, PLASTER, CEMENT, ASBESTOS, MICA OR SIMILAR MATERIALS; CERAMIC PRODUCTS; GLASS AND GLASSWARE** | **2845.26** | **457.95** | **242.17** | **38.97** |
| 68章 石料、石膏、水泥、石棉、云母及类似材料的制品 | Articles of stone, plaster, cement, asbestos, mica or similar materials; ceramic products; glass and glassware | 716.15 | 115.30 | 53.36 | 8.59 |
| 69章 陶瓷产品 | Ceramic products | 1401.57 | 225.42 | 28.40 | 4.57 |
| 70章 玻璃及其制品 | Glass and glassware | 727.53 | 117.23 | 160.41 | 25.81 |
| **第十四类 天然或养殖珍珠、宝石或半宝石、贵金属、包贵金属及其制品；仿首饰；硬币** | **NATURAL OR CULTURED PEARLS, PRECIOUS OR SEMI-PRECIOUS STONES, PRECIOUS METALS, METALS CLAD WITH PRECIOUS METAL AND STONES, PRECIOUS METALS, METALS CLAD WITH PRECIOUS METAL AND ARTICLES THEREOF; IMITATION JEWELLERY; COIN** | **163.22** | **26.28** | **3828.61** | **614.59** |
| 71章 天然或养殖珍珠、宝石或半宝石、贵金属、包贵金属及其制品；仿首饰；硬币 | Natural or cultured pearls, precious or semi-precious stones, precious metals, metals clad with precious metal and articles thereof; imitation jewellery; coin | 163.22 | 26.28 | 3828.61 | 614.59 |
| **第十五类 贱金属及其制品** | **BASE METALS AND ARTICLES OF BASE METAL** | **8731.40** | **1408.42** | **3286.03** | **528.96** |
| 72章 钢铁 | Iron and steel | 2812.28 | 454.28 | 767.52 | 123.72 |
| 73章 钢铁制品 | Articles of iron or steel | 3028.57 | 488.21 | 381.30 | 61.32 |
| 74章 铜及其制品 | Copper and articles thereof | 111.40 | 17.96 | 1432.99 | 230.58 |
| 75章 镍及其制品 | Nickel and articles thereof | 6.13 | 0.99 | 148.05 | 23.83 |
| 76章 铝及其制品 | Aluminium and articles thereof | 1100.98 | 177.58 | 228.76 | 36.87 |
| 78章 铅及其制品 | Lead and articles thereof | 2.95 | 0.48 | 1.23 | 0.20 |
| 79章 锌及其制品 | Zinc and articles thereof | 17.25 | 2.78 | 48.46 | 7.74 |
| 80章 锡及其制品 | Tin and articles thereof | 1.00 | 0.16 | 5.52 | 0.89 |
| 81章 其他贱金属、金属陶瓷及其制品 | Other base metals; cermets; articles thereof | 163.26 | 26.36 | 52.77 | 8.52 |
| 82章 贱金属工具、器具、利口器、餐匙、餐叉及其零件 | Tools, implements, cutlery, spoons and forks, of base metal; parts thereof of base metal | 652.29 | 105.10 | 152.70 | 24.56 |
| 83章 贱金属杂项制品 | Miscellaneous articles of base metal | 835.29 | 134.53 | 66.72 | 10.72 |

6-18 续表 4 Continued 4

单位：亿元

Unit: 100 million

| 商品分类 | HS Section and Division | 出口 Exports 人民币 RMB Yuan | 出口 Exports 美元 USD | 进口 Imports 人民币 RMB Yuan | 进口 Imports 美元 USD |
|---|---|---|---|---|---|
| **第十六类 机器、机械器具、电气设备及其零件；录音机及放声机、电视图像、声音的录制和重放设备及其零件、附件** | **MACHINERY AND MECHANICAL APPLIANCES; ELECTRICAL EQUIPMENT; PARTS THEREOF; SOUND RECORDERS AND REPRODUCERS, TELEVISION IMAGE AND SOUND RECORDERS AND REPRODUCERS; AND PARTS AND ACCESSORIES OF RECORDERS AND REPRODUCERS; AND PARTS AND ACCESSORIES OF SUCH ARTICLES** | **20548.30** | **3308.19** | **11960.57** | **1924.35** |
| 84章 核反应堆、锅炉、机器、机械器具及其零件 | Nuclear reactors, boilers, machinery and mechanical appliances; parts thereof | 8030.25 | 1294.25 | 5248.29 | 844.50 |
| 85章 电机、电气设备及其零件；录音机及放声机、电视图像、声音的录制和重放设备及其零件、附件 | Electrical machinery and equipment and parts thereof; sound recorders and reproducers, television image and sound recorders and reproducers, and parts and accessories of such articles | 12518.04 | 2013.94 | 6712.28 | 1079.85 |
| **第十七类 车辆、航空器、船舶及有关运输设备** | **VEHICLES, AIRCRAFT, VESSELS AND ASSOCIATED TRANSPORT EQUIPMENT** | **3369.61** | **543.16** | **4482.95** | **721.29** |
| 86章 铁道及电车道机车、车辆及其零件；铁道及电车轨道固定装置及其零件、附件；各种机械(包括电动机械)交通信号设备 | Railway or tramway locomotives, rolling-stock and parts thereof; railway or tramway track fixtures and fittings and parts thereof; mechanical(including electro-mechanical) traffic signalling equipment of all kinds | 216.31 | 34.91 | 69.39 | 11.17 |
| 87章 车辆及其零件、附件，但铁道及电车道车辆除外 | Vehicles other than railway or tramway rolling-stock, and parts and accessories thereof | 2995.41 | 482.91 | 3951.44 | 635.91 |
| 88章 航空器、航天器及其零件 | Aircraft, spacecraft, and parts thereof | 83.27 | 13.32 | 426.17 | 68.38 |
| 89章 船舶及浮动结构体 | Ships, boats and floating structures | 74.62 | 12.02 | 35.95 | 5.83 |
| **第十八类 光学、照相、电影、计量、检验、医疗或外科用仪器及设备、精密仪器及设备；钟表；乐器；上述物品的零件、附件** | **OPTICAL, PHOTOGRAPHIC, CINEMATOGRAPHIC, MEASURING, CHECKING, PRECISION, MEDICAL OR SURGICAL INSTRUMENTS AND APPARATUS; CLOCKS AND WATCHES; MUSICAL INSTRUMENTS; PARTS AND ACCESSORIES THEREOF** | **1451.20** | **233.58** | **2320.01** | **373.16** |
| 90章 光学、照相、电影、计量、检验、医疗或外科用仪器及设备、精密仪器及设备；上述物品的零件、附件 | Optical, photographic, cinematographic, measuring, checking, precision medical or surgical instruments and apparatus; parts and accessories thereof | 1287.09 | 207.17 | 2244.51 | 361.06 |
| 91章 钟表及其零件 | Clocks and watches and parts thereof | 107.75 | 17.33 | 60.09 | 9.62 |
| 92章 乐器及其零件、附件 | Musical instruments; parts and accessories of such articles | 56.36 | 9.07 | 15.41 | 2.48 |
| **第十九类 武器、弹药及其零件、附件** | **ARMS AND AMMUNITION; PARTS AND ACCESSORIES THEREOF** | **10.14** | **1.64** | **0.48** | **0.08** |
| 93章 武器、弹药及其零件、附件 | Arms and ammunition; parts and accessories thereof | 10.14 | 1.64 | 0.48 | 0.08 |
| **第二十类 杂项制品** | **MISCELLANEOUS MANUFACTURED ARTICLES** | **6818.27** | **1098.41** | **265.78** | **42.71** |
| 94章 家具；寝具、褥垫、弹簧床垫、软坐垫及类似的填充制品；未列名灯具及照明装置；发光标志、发光名牌及类似品；活动房屋 | Furniture; bedding, mattresses, mattress supports, cushions and similar stuffed furnishings; lamps and lighting fittings, not elsewhere specified or included; illuminated signs, illuminated | 4966.74 | 800.12 | 121.01 | 19.44 |
| 95章 玩具、游戏品、运动用品及其零件、附件 | Toys, games and sports requisites; parts and accessories thereof | 1229.02 | 198.01 | 49.10 | 7.90 |
| 96章 杂项制品 | Miscellaneous manufactured articles | 622.51 | 100.28 | 95.67 | 15.37 |
| **第二十一类 艺术品、收藏品及古物** | **WORKS OF ART, COLLECTORS' PIECES AND ANTIQUES** | **22.49** | **3.62** | **2.60** | **0.42** |
| 97章 艺术品、收藏品及古物 | Works of art, collectors' pieces and antiques | 22.49 | 3.62 | 2.60 | 0.42 |
| **第二十二类 特殊交易品及未分类商品** | **COMMODITIES AND TRANSACTIONS NOT CLASSIFIED ACCORDING TO KIND** | **1.88** | **0.30** | **4.17** | **0.66** |
| 98章 特殊交易品及未分类商品 | Commodities and transactions not classified according to kind | 1.88 | 0.30 | 4.17 | 0.66 |

# 6-19 加工贸易进出口商品分类金额

## Value of Imports and Exports in Processing Trade by HS

单位：亿元

Unit: 100 million

| 商品分类 | HS Section and Division | 出口 Exports 人民币 RMB Yuan | 出口 Exports 美元 USD | 进口 Imports 人民币 RMB Yuan | 进口 Imports 美元 USD |
|---|---|---|---|---|---|
| **总　额** | **Total** | **49536.19** | **7975.30** | **27747.06** | **4466.10** |
| **第一类　活动物；动物产品** | **LIVE ANIMALS; ANIMAL PRODUCTS** | **271.64** | **43.72** | **150.15** | **24.20** |
| 01章　活动物 | Live animals | | | | |
| 02章　肉及食用杂碎 | Meat and edible meat offal | 0.77 | 0.13 | 5.05 | 0.82 |
| 03章　鱼、甲壳动物、软体动物及其他水生无脊椎动物 | Fish and crustaceans molluscs and other aquatic invertebrates | 249.80 | 40.21 | 129.35 | 20.84 |
| 04章　乳品；蛋品；天然蜂蜜；其他食用动物产品 | Dairy produce; birds' eggs; natural honey; edible products of animal origin, not elsewhere specified or included | 0.05 | 0.01 | 0.71 | 0.11 |
| 05章　其他动物产品 | Products of animal origin, not elsewhere specified or included | 21.01 | 3.38 | 15.03 | 2.42 |
| **第二类　植物产品** | **VEGETABLE PRODUCTS** | **58.21** | **9.38** | **122.09** | **19.70** |
| 06章　活树及其他活植物；鳞茎、根及类似品；插花及装饰用簇叶 | Live tree and other plants; bulbs, roots and the like; cut flowers and ornamental foliage | 0.24 | 0.04 | 0.00 | 0.00 |
| 07章　食用蔬菜、根及块茎 | Edible vegetables and certain roots and tubers | 1.52 | 0.25 | 1.24 | 0.20 |
| 08章　食用水果及坚果；甜瓜或柑桔属水果的果皮 | Edible fruit and nuts; peel of citrus fruit or melons | 21.79 | 3.51 | 27.37 | 4.42 |
| 09章　咖啡、茶、马黛茶及调味香料 | Coffee, tea, mate and spices | 6.16 | 0.99 | 1.94 | 0.31 |
| 10章　谷物 | Cereals | 0.40 | 0.06 | 22.64 | 3.68 |
| 11章　制粉工业产品；麦芽；淀粉；菊粉；面筋 | Products of the milling industry; malt; starches; inulin; wheat gluten | 7.71 | 1.24 | 5.90 | 0.95 |
| 12章　含油子仁及果实；杂项子仁及果实；工业用或药用植物；稻草、秸秆及饲料 | Oil seeds and oleaginous fruits; miscellaneous grains, seeds and fruit; industrial or medicinal plants; straw and fodder | 2.45 | 0.40 | 61.78 | 9.94 |
| 13章　虫胶；树胶、树脂及其他植物液、汁 | Lac; gums, resins and other vegetable saps and extracts | 17.87 | 2.88 | 0.86 | 0.14 |
| 14章　编结用植物材料；其他植物产品 | Vegetable plaiting materials; vegetable products not elsewhere specified or included | 0.06 | 0.01 | 0.36 | 0.06 |
| **第三类　动、植物油、脂及其分解产品；精制的食用油脂；动、植物蜡** | **ANIMAL OR VEGETABLE FATS AND OILS AND THEIR CLEAVAGE PRODUCTS; PREPARED EDIBLE FATS; ANIMAL OR VEGETABLE WAXES** | **7.83** | **1.26** | **13.60** | **2.19** |
| 15章　动、植物油、脂及其分解产品；精制的食用油脂；动、植物蜡 | Animal or vegetable fats and oils and their cleavage products; prepared edible fats; animal or vegetable waxes | 7.83 | 1.26 | 13.60 | 2.19 |
| **第四类　食品；饮料、酒及醋；烟草、烟草及烟草代用品的制品** | **PREPARED FOODSTUFFS; BEVERAGES, SPIRITS AND VINEGAR; TOBACCO AND MANUFACTURED TOBACCO SUBSTITUTES** | **234.71** | **37.81** | **19.30** | **3.10** |
| 16章　肉、鱼、甲壳动物、软体动物及其他水生无脊椎动物的制品 | Preparations of meat, of fish or of crustaceans, molluscs or other aquatic invertebrates | 84.96 | 13.68 | 3.96 | 0.64 |
| 17章　糖及糖食 | Sugars and sugar confectionery | 10.22 | 1.64 | 4.89 | 0.78 |
| 18章　可可及可可制品 | Cocoa and cocoa preparations | 15.08 | 2.42 | 5.43 | 0.87 |
| 19章　谷物、粮食粉、淀粉或乳的制品；糕饼点心 | Preparations of cereals, flour, starch or milk; pastry-cooks' products | 16.08 | 2.59 | 0.23 | 0.04 |

6-19 续表 1 Continued 1

单位: 亿元
Unit: 100 million

| 商品分类 | HS Section and Division | 出口 Exports 人民币 RMB Yuan | 出口 Exports 美元 USD | 进口 Imports 人民币 RMB Yuan | 进口 Imports 美元 USD |
|---|---|---|---|---|---|
| 20章 蔬菜、水果、坚果或植物其他部分的制品 | Preparations of vegetables, fruit, nuts or other parts of plants | 53.32 | 8.59 | 1.39 | 0.22 |
| 21章 杂项食品 | Miscellaneous edible preparations | 19.61 | 3.16 | 1.95 | 0.31 |
| 22章 饮料、酒及醋 | Beverages, spirits and vinegar | 2.43 | 0.39 | 0.14 | 0.02 |
| 23章 食品工业的残渣及废料；配制的动物饲料 | Residues and waste from the food industries; prepared animal fodder | 32.87 | 5.32 | 1.26 | 0.20 |
| 24章 烟草及烟草代用品的制品 | Tobacco and manufactured tobacco substitutes | 0.14 | 0.02 | 0.05 | 0.01 |
| **第五类 矿产品** | **MINERAL PRODUCTS** | **725.61** | **116.96** | **1787.70** | **287.82** |
| 25章 盐；硫磺；泥土及石料；石膏料、石灰及水泥 | Salt; sulphur; earths and stone; plastering materials, lime and cement | 0.00 | 0.00 | 11.40 | 1.84 |
| 26章 矿砂、矿渣及矿灰 | Ores, slag and ash | | | 243.73 | 39.23 |
| 27章 矿物燃料、矿物油及其蒸馏产品；沥青物质；矿物蜡 | Mineral fuels, mineral oils and products of their distillation; bituminous substances; mineral waxes | 725.61 | 116.96 | 1532.57 | 246.75 |
| **第六类 化学工业及其相关工业的产品** | **PRODUCTS OF THE CHEMICAL OR INDUSTRIES ALLIED** | **733.02** | **118.25** | **998.52** | **160.98** |
| 28章 无机化学品；贵金属、稀土金属、放射性元素及其同位素的有机及无机化合物 | Inorganic chemicals; organic or inorganic compounds of precious metals, of rare- earth metals, of radioactive elements or of isotopes | 50.19 | 8.10 | 88.32 | 14.28 |
| 29章 有机化学品 | Organic chemicals | 308.50 | 49.76 | 489.05 | 78.87 |
| 30章 药品 | Pharmaceutical products | 103.51 | 16.68 | 55.95 | 9.02 |
| 31章 肥料 | Fertilizers | | | 0.00 | 0.00 |
| 32章 鞣料浸膏及染料浸膏；鞣酸及其衍生物；染料、颜料及其他着色料；油漆及清漆；油灰及其他类似胶粘剂；墨水、油墨 | Tanning or dyeing extracts; tannins and their derivatives; dyes, pigments and other colouring matter; paints and varnishes; putty and other mastics; inks | 2.38 | 0.38 | 58.18 | 9.37 |
| 33章 精油及香膏； 芳香料制品及化妆盥洗品 | Essential oils and retinoid; perfumery, cosmetic or toilet preparations | 71.33 | 11.49 | 13.52 | 2.17 |
| 34章 肥皂、有机表面活性剂、洗涤剂、润滑剂、人造蜡、调制蜡、光洁剂、蜡烛及类似品、塑型用膏、"牙科用蜡"及牙科用熟石膏制剂 | Soap, organic surface-active agents, washing preparations, lubricating preparations, artificial waxes, prepared waxes, polishing or scouring preparations, candles and similar articles, modelling pastes, "dental waxes" and dental preparations with a basis of plast | 28.07 | 4.53 | 16.87 | 2.72 |
| 35章 蛋白类物质；改性淀粉；胶；酶 | Albuminoidal substances; modified starches; glues; enzymes | 20.14 | 3.24 | 54.91 | 8.83 |
| 36章 炸药；烟火制品；火柴；引火合金；易燃材料制品 | Explosives; pyrotechnic products; matches; pyrophoric alloys; certain combustible preparations | 0.44 | 0.07 | 3.32 | 0.54 |
| 37章 照相及电影用品 | Photographic or cinematographic goods | 24.33 | 3.92 | 49.36 | 7.95 |
| 38章 杂项化学产品 | Miscellaneous chemical products | 124.13 | 20.09 | 169.05 | 27.23 |
| **第七类 塑料及其制品，橡胶及其制品** | **PLASTICS AND ARTICLES THEREOF RUBBER AND ARTICLES THEREOF** | **1975.82** | **318.63** | **1567.72** | **252.72** |
| 39章 塑料及其制品 | Plastics and articles thereof | 1155.02 | 186.24 | 1303.00 | 210.05 |
| 40章 橡胶及其制品 | Rubber and articles thereof | 820.80 | 132.40 | 264.72 | 42.67 |
| **第八类 生皮、皮革、毛皮及其制品；鞍具及挽具；旅行用品、手提包及类似品；动物肠线(蚕胶丝除外)制品** | **RAW HIDES AND SKINS, LEATHER, FUR SKINS AND ARTICLES THEREOF; SADDLERY AND HARNESS; TRAVEL GOODS, HANDBAGS AND SIMILAR CONTAINERS; ARTICLES OF ANIMAL GUT(OTHER THAN SILK-WORM GUT)** | **337.80** | **54.48** | **253.08** | **40.86** |
| 41章 生皮(毛皮除外)及皮革 | Raw hides and skins(other than fur skins) and leather | 29.02 | 4.68 | 218.90 | 35.32 |

单位：亿元
Unit: 100 million

| 商品分类 | HS Section and Division | 出口 Exports | | 进口 Imports | |
|---|---|---|---|---|---|
| | | 人民币 RMB Yuan | 美元 USD | 人民币 RMB Yuan | 美元 USD |
| 42章 皮革制品；鞍具及挽具；旅行用品、手提包及类似容器；动物肠线(蚕胶丝除外)制品 | Articles of leather; saddlery and harness; travel goods, hand bags and similar containers; articles of animal gut (other than silk-worm gut) | 257.28 | 41.46 | 5.06 | 0.82 |
| 43章 毛皮、人造毛皮及其制品 | Fur skins and artificial fur; manufactures thereof | 51.50 | 8.34 | 29.12 | 4.73 |
| **第九类 木及木制品；木炭；软木及软木制品；稻草，秸秆、针茅或其他编结材料制品；篮筐及柳条编结品** | **WOOD AND ARTICLES OF WOOD; WOOD CHAR-COAL; CORK AND ARTICLES OF CORK; MANUFACTURES OF STRAW, OF ESPARTO OR OF OTHER PLAITING MATERIALS ; BASKET WARE AND WICKERWORK** | **92.15** | **14.86** | **55.26** | **8.91** |
| 44章 木及木制品；木炭 | Wood and articles of wood; wood charcoal | 89.24 | 14.39 | 55.09 | 8.88 |
| 45章 软木及软木制品 | Cork and articles of cork | 0.00 | 0.00 | 0.06 | 0.01 |
| 46章 稻草、秸秆、针茅或其他编结材料制品；篮筐及柳条编结品 | Manufactures of straw, of esparto or of other plaiting Materials; basket ware and wickerwork | 2.90 | 0.47 | 0.10 | 0.02 |
| **第十类 木浆及其他纤维状纤维素浆；纸及纸板的废碎品；纸、纸板及其制品** | **PULP OF WOOD OR OF OTHER FIBROUS CELLULOSIC MATERIAL; WASTE AND SCRAP OF PAPER OR PAPERBOARD; PAPER AND PAPERBOARD AND ARTICLES THEREOF** | **454.34** | **73.26** | **233.47** | **37.64** |
| 47章 木浆及其他纤维状纤维素浆；纸及纸板的废碎品 | Pulp of wood or of other fibrous cellulosic material; waste and scrap of paper or paperboard | | | 149.29 | 24.08 |
| 48章 纸及纸板；纸浆、纸或纸板制品 | Paper and paperboard; articles of paper pulp, of paper or paperboard | 364.43 | 58.77 | 68.61 | 11.05 |
| 49章 书籍、报纸、印刷图画及其他印制品；手稿、打字稿及设计图纸 | Printed books, newspapers, pictures and other products of the printing industry; manuscripts, typescripts and plans | 89.90 | 14.50 | 15.57 | 2.51 |
| **第十一类 纺织原料及纺织制品** | **TEXTILES AND TEXTILE ARTICLES** | **2059.50** | **332.07** | **678.21** | **109.31** |
| 50章 蚕丝 | Silk | 0.25 | 0.04 | 2.90 | 0.47 |
| 51章 羊毛、动物细毛或粗毛；马毛纱线及其机织物 | Wool, fine or coarse animal hair; horsehair yarn and woven fabric | 37.88 | 6.11 | 51.91 | 8.39 |
| 52章 棉花 | Cotton | 205.41 | 33.17 | 209.93 | 33.86 |
| 53章 其他植物纺织纤维；纸纱线及其机织物 | Other vegetable textile fibres; paper yarn and woven fabrics of paper yarn | 4.95 | 0.80 | 7.74 | 1.24 |
| 54章 化学纤维长丝 | Man-made filaments | 130.03 | 20.98 | 107.72 | 17.35 |
| 55章 化学纤维短纤 | Man-made short fibres | 102.70 | 16.60 | 63.49 | 10.23 |
| 56章 絮胎、毡呢及无纺织物；特种纱线；线、绳、索、缆及其制品 | Wadding, felt and nonwoven; special yarns; twine, cordage, ropes and cables and articles thereof | 38.14 | 6.15 | 28.85 | 4.65 |
| 57章 地毯及纺织材料的其他铺地制品 | Carpets and other textile floor coverings | 8.81 | 1.42 | 1.20 | 0.19 |
| 58章 特种机织物；簇绒织物；花边；装饰毯；装饰带；刺绣品 | Special woven fabrics; tufted textile fabrics; lace; tapestries; trimmings; embroidery | 21.60 | 3.48 | 27.89 | 4.49 |
| 59章 浸渍、涂布、包覆或层压的纺织物；工业用纺织制品 | Impregnated, coated, covered or laminated textile fabrics; textile articles of a kind suitable for industrial use | 44.04 | 7.11 | 60.65 | 9.77 |
| 60章 针织物及钩编织物 | Knitted or crocheted fabrics | 168.28 | 27.13 | 91.83 | 14.79 |
| 61章 针织或钩编的服装及衣着附件 | Articles of apparel and clothing accessories, Knitted or crocheted | 464.54 | 74.81 | 4.26 | 0.68 |
| 62章 非针织或非钩编的服装及衣着附件 | Articles of apparel and clothing accessories, not knitted or crocheted | 696.44 | 112.26 | 14.15 | 2.28 |

单位：亿元
Unit: 100 million

| 商品分类 | HS Section and Division | 出口 Exports 人民币 RMB Yuan | 出口 Exports 美元 USD | 进口 Imports 人民币 RMB Yuan | 进口 Imports 美元 USD |
|---|---|---|---|---|---|
| 63章 其他纺织制成品；成套物品；旧衣着及旧纺织品；碎织物 | Other made up textile articles; sets; worn clothing and worn textile articles; rags articles; rags | 136.43 | 22.02 | 5.68 | 0.91 |
| **第十二类 鞋、帽、伞、杖、鞭及其零件；已加工的羽毛及其制品；人造花；人发制品** | **FOOTWEAR, HEADGEAR, UMBRELLAS, SUN UMBRELLAS, WALKING-STICKS, SEAT-STICKS, WHIPS, RIDING-CROPS AND PARTS THEREOF; PREPARED FEATHERS AND ARTICLES MADE THEREWITH; ARTIFICIAL FLOWERS; ARTICLES OF HUMAN HAIR** | **762.62** | **123.03** | **32.60** | **5.26** |
| 64章 鞋靴、护腿和类似品及其零件 | Footwear, gaiters and the like; parts of such articles | 663.48 | 107.04 | 15.85 | 2.55 |
| 65章 帽类及其零件 | Headgear and parts thereof | 37.55 | 6.05 | 0.54 | 0.09 |
| 66章 雨伞、阳伞、手杖、鞭子、马鞭及其零件 | Umbrellas, sun umbrellas, walking-sticks, seat-sticks, whips, riding-crops and parts thereof | 11.48 | 1.85 | 0.18 | 0.03 |
| 67章 已加工羽毛、羽绒及其制品；人造花；人发制品 | Prepared feathers and down and articles made of feathers or of down; artificial flowers; articles of human hair | 50.10 | 8.08 | 16.02 | 2.59 |
| **第十三类 石料、石膏、水泥、石棉、云母及类似材料的制品；陶瓷产品；玻璃及其制品** | **ARTICLES OF STONE, PLASTER, CEMENT, ASBESTOS, MICA OR SIMILAR MATERIALS; CERAMIC PRODUCTS; GLASS AND GLASSWARE** | **152.81** | **24.63** | **235.01** | **37.86** |
| 68章 石料、石膏、水泥、石棉、云母及类似材料的制品 | Articles of stone, plaster, cement, asbestos, mica or similar materials; ceramic products; glass and glassware | 38.64 | 6.23 | 27.43 | 4.42 |
| 69章 陶瓷产品 | Ceramic products | 8.56 | 1.38 | 9.42 | 1.52 |
| 70章 玻璃及其制品 | Glass and glassware | 105.61 | 17.03 | 198.16 | 31.92 |
| **第十四类 天然或养殖珍珠、宝石或半宝石、贵金属、包贵金属及其制品；仿首饰；硬币** | **NATURAL OR CULTURED PEARLS, PRECIOUS OR SEMI-PRECIOUS STONES, PRECIOUS METALS, METALS CLAD WITH PRECIOUS METAL AND STONES, PRECIOUS METALS, METALS CLAD WITH PRECIOUS METAL AND ARTICLES THEREOF; IMITATION JEWELLERY; COIN** | **1596.27** | **255.75** | **1520.47** | **243.58** |
| 71章 天然或养殖珍珠、宝石或半宝石、贵金属、包贵金属及其制品；仿首饰；硬币 | Natural or cultured pearls, precious or semi-precious stones, precious metals, metals clad with precious metal and articles thereof; imitation jewellery; coin | 1596.27 | 255.75 | 1520.47 | 243.58 |
| **第十五类 贱金属及其制品** | **BASE METALS AND ARTICLES OF BASE METAL** | **1026.49** | **165.48** | **1268.69** | **204.63** |
| 72章 钢铁 | Iron and steel | 147.76 | 23.82 | 312.68 | 50.52 |
| 73章 钢铁制品 | Articles of iron or steel | 302.63 | 48.75 | 189.59 | 30.56 |
| 74章 铜及其制品 | Copper and articles thereof | 202.73 | 32.70 | 406.18 | 65.52 |
| 75章 镍及其制品 | Nickel and articles thereof | 18.90 | 3.06 | 59.82 | 9.64 |
| 76章 铝及其制品 | Aluminium and articles thereof | 148.13 | 23.88 | 179.61 | 28.94 |
| 78章 铅及其制品 | Lead and articles thereof | 6.81 | 1.10 | 1.00 | 0.16 |
| 79章 锌及其制品 | Zinc and articles thereof | 1.55 | 0.25 | 17.81 | 2.86 |
| 80章 锡及其制品 | Tin and articles thereof | 1.37 | 0.22 | 10.42 | 1.68 |
| 81章 其他贱金属、金属陶瓷及其制品 | Other base metals; cermets; articles thereof | 7.90 | 1.28 | 42.67 | 6.87 |
| 82章 贱金属工具、器具、利口器、餐匙、餐叉及其零件 | Tools, implements, cutlery, spoons and forks, of base metal; parts thereof of base metal | 85.85 | 13.84 | 18.93 | 3.05 |
| 83章 贱金属杂项制品 | Miscellaneous articles of base metal | 102.86 | 16.58 | 29.99 | 4.83 |

单位：亿元
Unit: 100 million

| 商品分类 | HS Section and Division | 出口 Exports 人民币 RMB Yuan | 出口 Exports 美元 USD | 进口 Imports 人民币 RMB Yuan | 进口 Imports 美元 USD |
|---|---|---|---|---|---|
| **第十六类 机器、机械器具、电气设备及其零件；录音机及放声机、电视图像、声音的录制和重放设备及其零件、附件** | **MACHINERY AND MECHANICAL APPLIANCES; ELECTRICAL EQUIPMENT; PARTS THEREOF; SOUND RECORDERS AND REPRODUCERS, TELEVISION IMAGE AND SOUND RECORDERS AND REPRODUCERS; AND PARTS AND ACCESSORIES OF RECORDERS AND REPRODUCERS; AND PARTS AND ACCESSORIES OF SUCH ARTICLES** | **31575.24** | **5081.34** | **15898.64** | **2558.08** |
| 84章 核反应堆、锅炉、机器、机械器具及其零件 | Nuclear reactors, boilers, machinery and mechanical appliances; parts thereof | 12103.81 | 1949.87 | 2143.03 | 345.28 |
| 85章 电机、电气设备及其零件；录音机及放声机、电视图像、声音的录制和重放设备及其零件、附件 | Electrical machinery and equipment and parts thereof; sound recorders and reproducers, television image and sound recorders and reproducers, and parts and accessories of such articles | 19471.43 | 3131.47 | 13755.60 | 2212.80 |
| **第十七类 车辆、航空器、船舶及有关运输设备** | **VEHICLES, AIRCRAFT, VESSELS AND ASSOCIATED TRANSPORT EQUIPMENT** | **2840.28** | **458.29** | **199.61** | **32.12** |
| 86章 铁道及电车道机车、车辆及其零件；铁道及电车轨道固定装置及其零件、附件；各种机械(包括电动机械)交通信号设备 | Railway or tramway locomotives, rolling-stock and parts thereof; railway or tramway track fixtures and fittings and parts thereof; mechanical(including electro-mechanical) traffic signalling equipment of all kinds | 511.77 | 82.68 | 10.80 | 1.73 |
| 87章 车辆及其零件、附件，但铁道及电车道车辆除外 | Vehicles other than railway or tramway rolling-stock, and parts and accessories thereof | 677.45 | 109.25 | 96.53 | 15.52 |
| 88章 航空器、航天器及其零件 | Aircraft, spacecraft, and parts thereof | 90.63 | 14.60 | 81.76 | 13.15 |
| 89章 船舶及浮动结构体 | Ships, boats and floating structures | 1560.43 | 251.75 | 10.52 | 1.72 |
| **第十八类 光学、照相、电影、计量、检验、医疗或外科用仪器及设备、精密仪器及设备；钟表；乐器；上述物品的零件、附件** | **OPTICAL, PHOTOGRAPHIC, CINEMATOGRAPHIC, MEASURING, CHECKING, PRECISION, MEDICAL OR SURGICAL INSTRUMENTS AND APPARATUS; CLOCKS AND WATCHES; MUSICAL INSTRUMENTS; PARTS AND ACCESSORIES THEREOF** | **2718.41** | **438.23** | **2640.47** | **425.47** |
| 90章 光学、照相、电影、计量、检验、医疗或外科用仪器及设备、精密仪器及设备；上述物品的零件、附件 | Optical, photographic, cinematographic, measuring, checking, precision medical or surgical instruments and apparatus; parts and accessories thereof | 2519.25 | 406.16 | 2572.34 | 414.50 |
| 91章 钟表及其零件 | Clocks and watches and parts thereof | 165.97 | 26.73 | 64.41 | 10.37 |
| 92章 乐器及其零件、附件 | Musical instruments; parts and accessories of such articles | 33.19 | 5.35 | 3.72 | 0.60 |
| **第十九类 武器、弹药及其零件、附件** | **ARMS AND AMMUNITION; PARTS AND ACCESSORIES THEREOF** | **0.01** | **0.00** | **0.00** | **0.00** |
| 93章 武器、弹药及其零件、附件 | Arms and ammunition; parts and accessories thereof | 0.01 | 0.00 | 0.00 | 0.00 |
| **第二十类 杂项制品** | **MISCELLANEOUS MANUFACTURED ARTICLES** | **1908.97** | **307.15** | **72.47** | **11.67** |
| 94章 家具；寝具、褥垫、弹簧床垫、软坐垫及类似的填充制品；未列名灯具及照明装置；发光标志、发光名牌及类似品；活动房屋 | Furniture; bedding, mattresses, mattress supports, cushions and similar stuffed furnishings; lamps and lighting fittings, not elsewhere specified or included; illuminated signs, illuminated | 664.73 | 107.18 | 25.81 | 4.16 |
| 95章 玩具、游戏品、运动用品及其零件、附件 | Toys, games and sports requisites; parts and accessories thereof | 1117.96 | 179.62 | 20.65 | 3.32 |
| 96章 杂项制品 | Miscellaneous manufactured articles | 126.28 | 20.34 | 26.00 | 4.19 |
| **第二十一类 艺术品、收藏品及古物** | **WORKS OF ART, COLLECTORS' PIECES AND ANTIQUES** | **0.09** | **0.01** | **0.00** | **0.00** |
| 97章 艺术品、收藏品及古物 | Works of art, collectors' pieces and antiques | 0.09 | 0.01 | 0.00 | 0.00 |
| **第二十二类 特殊交易品及未分类商品** | **COMMODITIES AND TRANSACTIONS NOT CLASSIFIED ACCORDING TO KIND** | **4.34** | **0.71** | | |
| 98章 特殊交易品及未分类商品 | Commodities and transactions not classified according to kind | 4.34 | 0.71 | | |

# 6-20 对香港地区进出口商品分类金额

## Value of Exports and Imports from Hongkong by HS

单位：亿美元

Unit: USD 100 million

| 商品分类 | HS Section and Division | 2014 出口 Exports | 2014 进口 Imports | 2015 出口 Exports | 2015 进口 Imports |
|---|---|---|---|---|---|
| **总　额** | **Total** | **3631.91** | **129.03** | **3304.63** | **127.46** |
| **第一类　活动物；动物产品** | **LIVE ANIMALS; ANIMAL PRODUCTS** | **32.52** | **0.02** | **29.02** | **0.03** |
| 01章　活动物 | Live animals | 0.01 | 0.00 | 5.07 | 0.01 |
| 02章　肉及食用杂碎 | Meat and edible meat offal | 7.56 | | 7.21 | |
| 03章　鱼、甲壳动物、软体动物及其他水生无脊椎动物 | Fish and crustaceans molluscs and other aquatic invertebrates | 17.95 | 0.02 | 14.56 | 0.03 |
| 04章　乳品；蛋品；天然蜂蜜；其他食用动物产品 | Dairy produce; birds' eggs; natural honey; edible products of animal origin, not elsewhere specified or included | 1.80 | | 1.75 | 0.00 |
| 05章　其他动物产品 | Products of animal origin, not elsewhere specified or included | 0.32 | 0.00 | 0.41 | 0.00 |
| **第二类　植物产品** | **VEGETABLE PRODUCTS** | **19.93** | **0.01** | **21.08** | **0.01** |
| 06章　活树及其他活植物；鳞茎、根及类似品；插花及装饰用簇叶 | Live tree and other plants; bulbs, roots and the like; cut flowers and ornamental foliage | 0.11 | | 0.08 | |
| 07章　食用蔬菜、根及块茎 | Edible vegetables and certain roots and tubers | 8.48 | 0.00 | 10.09 | 0.00 |
| 08章　食用水果及坚果；甜瓜或柑桔属水果的果皮 | Edible fruit and nuts; peel of citrus fruit or melons | 2.88 | 0.00 | 3.99 | 0.00 |
| 09章　咖啡、茶、马黛茶及调味香料 | Coffee, tea, mate and spices | 1.42 | 0.01 | 1.60 | 0.01 |
| 10章　谷物 | Cereals | 0.21 | | 0.18 | |
| 11章　制粉工业产品；麦芽；淀粉；菊粉；面筋 | Products of the milling industry; malt; starches; inulin; wheat gluten | 0.81 | | 0.72 | |
| 12章　含油子仁及果实；杂项子仁及果实；工业用或药用植物；稻草、秸秆及饲料 | Oil seeds and oleaginous fruits; miscellaneous grains, seeds and fruit; industrial or medicinal plants; straw and fodder | 5.47 | 0.00 | 3.77 | 0.00 |
| 13章　虫胶；树胶、树脂及其他植物液、汁 | Lac; gums, resins and other vegetable saps and extracts | 0.41 | 0.00 | 0.48 | 0.00 |
| 14章　编结用植物材料；其他植物产品 | Vegetable plaiting materials; vegetable products not elsewhere specified or included | 0.13 | 0.00 | 0.16 | |
| **第三类　动、植物油、脂及其分解产品；精制的食用油脂；动、植物蜡** | **ANIMAL OR VEGETABLE FATS AND OILS AND THEIR CLEAVAGE PRODUCTS; PREPARED EDIBLE FATS; ANIMAL OR VEGETABLE WAXES** | **0.68** | **0.02** | **0.64** | **0.03** |
| 15章　动、植物油、脂及其分解产品；精制的食用油脂；动、植物蜡 | Animal or vegetable fats and oils and their cleavage products; prepared edible fats; animal or vegetable waxes | 0.68 | 0.02 | 0.64 | 0.03 |
| **第四类　食品；饮料、酒及醋；烟草、烟草及烟草代用品的制品** | **PREPARED FOODSTUFFS; BEVERAGES, SPIRITS AND VINEGAR; TOBACCO AND MANUFACTURED TOBACCO SUBSTITUTES** | **32.88** | **2.38** | **37.25** | **2.76** |
| 16章　肉、鱼、甲壳动物、软体动物及其他水生无脊椎动物的制品 | Preparations of meat, of fish or of crustaceans, molluscs or other aquatic invertebrates | 10.80 | | 9.98 | 0.00 |
| 17章　糖及糖食 | Sugars and sugar confectionery | 0.51 | 0.05 | 0.50 | 0.08 |
| 18章　可可及可可制品 | Cocoa and cocoa preparations | 0.77 | 0.01 | 1.02 | 0.01 |
| 19章　谷物、粮食粉、淀粉或乳的制品；糕饼点心 | Preparations of cereals, flour, starch or milk; pastry-cooks' products | 3.29 | 0.91 | 3.55 | 1.13 |

6-20 续表 1 Continued 1

单位：亿美元
Unit: USD100 million

| 商品分类 | HS Section and Division | 2014 出口 Exports | 2014 进口 Imports | 2015 出口 Exports | 2015 进口 Imports |
|---|---|---|---|---|---|
| 20章 蔬菜、水果、坚果或植物其他部分的制品 | Preparations of vegetables, fruit, nuts or other parts of plants | 1.70 | 0.05 | 1.68 | 0.05 |
| 21章 杂项食品 | Miscellaneous edible preparations | 3.52 | 0.29 | 4.06 | 0.31 |
| 22章 饮料、酒及醋 | Beverages, spirits and vinegar | 9.54 | 0.22 | 13.27 | 0.38 |
| 23章 食品工业的残渣及废料；配制的动物饲料 | Residues and waste from the food industries; prepared animal fodder | 0.12 | 0.00 | 0.09 | 0.00 |
| 24章 烟草及烟草代用品的制品 | Tobacco and manufactured tobacco substitutes | 2.64 | 0.85 | 3.09 | 0.79 |
| **第五类 矿产品** | **MINERAL PRODUCTS** | **77.67** | **2.05** | **66.79** | **1.99** |
| 25章 盐；硫磺；泥土及石料；石膏料、石灰及水泥 | Salt; sulphur; earths and stone; plastering materials, lime and cement | 2.40 | 0.00 | 2.09 | 0.01 |
| 26章 矿砂、矿渣及矿灰 | Ores, slag and ash | 0.12 | | 0.13 | |
| 27章 矿物燃料、矿物油及其蒸馏产品；沥青物质；矿物蜡 | Mineral fuels, mineral oils and products of their distillation; bituminous substances; mineral waxes | 75.15 | 2.05 | 64.58 | 1.98 |
| **第六类 化学工业及其相关工业的产品** | **PRODUCTS OF THE CHEMICAL OR INDUSTRIES ALLIED** | **28.51** | **6.98** | **25.17** | **5.98** |
| 28章 无机化学品；贵金属、稀土金属、放射性元素及其同位素的有机及无机化合物 | Inorganic chemicals; organic or inorganic compounds of precious metals, of rare- earth metals, of radioactive elements or of isotopes | 4.75 | 0.69 | 2.16 | 0.64 |
| 29章 有机化学品 | Organic chemicals | 3.88 | 0.04 | 3.00 | 0.05 |
| 30章 药品 | Pharmaceutical products | 2.89 | 4.29 | 3.41 | 3.48 |
| 31章 肥料 | Fertilizers | 0.01 | | 0.02 | |
| 32章 鞣料浸膏及染料浸膏；鞣酸及其衍生物；染料、颜料及其他着色料；油漆及清漆；油灰及其他类似胶粘剂；墨水、油墨 | Tanning or dyeing extracts; tannins and their derivatives; dyes, pigments and other colouring matter; paints and varnishes; putty and other mastics; inks | 2.50 | 0.11 | 2.24 | 0.10 |
| 33章 精油及香膏； 芳香料制品及化妆盥洗品 | Essential oils and retinoid; perfumery, cosmetic or toilet preparations | 3.52 | 0.68 | 4.51 | 0.75 |
| 34章 肥皂、有机表面活性剂、洗涤剂、润滑剂、人造蜡、调制蜡、光洁剂、蜡烛及类似品、塑型用膏、"牙科用蜡"及牙科用熟石膏制剂 | Soap, organic surface-active agents, washing preparations, lubricating preparations, artificial waxes, prepared waxes, polishing or scouring preparations, candles and similar articles, modelling pastes, "dental waxes" and dental preparations with a basis of plast | 2.25 | 0.27 | 2.04 | 0.29 |
| 35章 蛋白类物质；改性淀粉；胶；酶 | Albuminoidal substances; modified starches; glues; enzymes | 2.52 | 0.05 | 2.22 | 0.03 |
| 36章 炸药；烟火制品；火柴；引火合金；易燃材料制品 | Explosives; pyrotechnic products; matches; pyrophoric alloys; certain combustible preparations | 0.03 | 0.00 | 0.03 | 0.00 |
| 37章 照相及电影用品 | Photographic or cinematographic goods | 1.59 | 0.03 | 1.30 | 0.03 |
| 38章 杂项化学产品 | Miscellaneous chemical products | 4.56 | 0.82 | 4.23 | 0.61 |
| **第七类 塑料及其制品．橡胶及其制品** | **PLASTICS AND ARTICLES THEREOF RUBBER AND ARTICLES THEREOF** | **54.57** | **15.33** | **49.54** | **12.87** |
| 39章 塑料及其制品 | Plastics and articles thereof | 51.02 | 15.17 | 45.90 | 12.71 |
| 40章 橡胶及其制品 | Rubber and articles thereof | 3.55 | 0.16 | 3.64 | 0.16 |
| **第八类 生皮、皮革、毛皮及其制品；鞍具及挽具；旅行用品、手提包及类似品；动物肠线（蚕胶丝除外）制品** | **RAW HIDES AND SKINS, LEATHER, FUR SKINS AND ARTICLES THEREOF; SADDLERY AND HARNESS; TRAVEL GOODS, HANDBAGS AND SIMILAR CONTAINERS; ARTICLES OF ANIMAL GUT(OTHER THAN SILK-WORM GUT)** | **30.01** | **1.85** | **27.60** | **1.77** |
| 41章 生皮(毛皮除外)及皮革 | Raw hides and skins(other than fur skins) and leather | 2.49 | 0.25 | 2.88 | 0.47 |

6-20 续表 2 Continued 2

单位：亿美元
Unit: USD100 million

| 商品分类 | HS Section and Division | 2014 出口 Exports | 2014 进口 Imports | 2015 出口 Exports | 2015 进口 Imports |
|---|---|---|---|---|---|
| 42章 皮革制品；鞍具及挽具；旅行用品、手提包及类似容器；动物肠线(蚕胶丝除外)制品 | Articles of leather; saddlery and harness; travel goods, hand bags and similar containers; articles of animal gut (other than silk-worm gut) | 22.05 | 0.04 | 19.52 | 0.05 |
| 43章 毛皮、人造毛皮及其制品 | Fur skins and artificial fur; manufactures thereof | 5.47 | 1.57 | 5.19 | 1.25 |
| **第九类 木及木制品；木炭；软木及软木制品；稻草、秸秆、针茅或其他编结材料制品；篮筐及柳条编结品** | **WOOD AND ARTICLES OF WOOD; WOOD CHAR-COAL; CORK AND ARTICLES OF CORK; MANUFACTURES OF STRAW, OF ESPARTO OR OF OTHER PLAITING MATERIALS ; BASKET WARE AND WICKERWORK** | **3.14** | **0.01** | **3.18** | **0.01** |
| 44章 木及木制品；木炭 | Wood and articles of wood; wood charcoal | 3.03 | 0.01 | 3.08 | 0.01 |
| 45章 软木及软木制品 | Cork and articles of cork | 0.00 | | 0.00 | |
| 46章 稻草、秸秆、针茅或其他编结材料制品；篮筐及柳条编结品 | Manufactures of straw, of esparto or of other plaiting Materials; basket ware and wickerwork | 0.10 | 0.00 | 0.10 | 0.00 |
| **第十类 木浆及其他纤维状纤维素浆；纸及纸板的废碎品；纸、纸板及其制品** | **PULP OF WOOD OR OF OTHER FIBROUS CELLULOSIC MATERIAL; WASTE AND SCRAP OF PAPER OR PAPERBOARD; PAPER AND PAPERBOARD AND ARTICLES THEREOF** | **22.89** | **3.02** | **22.20** | **2.84** |
| 47章 木浆及其他纤维状纤维素浆；纸及纸板的废碎品 | Pulp of wood or of other fibrous cellulosic material; waste and scrap of paper or paperboard | 0.01 | 1.80 | 0.00 | 1.59 |
| 48章 纸及纸板；纸浆、纸或纸板制品 | Paper and paperboard; articles of paper pulp, of paper or paperboard | 15.02 | 0.44 | 13.76 | 0.39 |
| 49章 书籍、报纸、印刷图画及其他印制品；手稿、打字稿及设计图纸 | Printed books, newspapers, pictures and other products of the printing industry; manuscripts, typescripts and plans | 7.86 | 0.77 | 8.43 | 0.86 |
| **第十一类 纺织原料及纺织制品** | **TEXTILES AND TEXTILE ARTICLES** | **159.77** | **3.35** | **133.52** | **1.86** |
| 50章 蚕丝 | Silk | 0.94 | 0.02 | 0.76 | 0.02 |
| 51章 羊毛、动物细毛或粗毛；马毛纱线及其机织物 | Wool, fine or coarse animal hair; horsehair yarn and woven fabric | 4.52 | 0.31 | 4.27 | 0.01 |
| 52章 棉花 | Cotton | 20.30 | 0.66 | 16.53 | 0.34 |
| 53章 其他植物纺织纤维；纸纱线及其机织物 | Other vegetable textile fibres; paper yarn and woven fabrics of paper yarn | 4.43 | 0.01 | 4.50 | 0.01 |
| 54章 化学纤维长丝 | Man-made filaments | 4.37 | 0.17 | 3.41 | 0.13 |
| 55章 化学纤维短纤 | Man-made short fibres | 4.38 | 0.09 | 3.83 | 0.07 |
| 56章 絮胎、毡呢及无纺织物；特种纱线；线、绳、索、缆及其制品 | Wadding, felt and nonwoven; special yarns; twine, cordage, ropes and cables and articles thereof | 2.05 | 0.10 | 1.92 | 0.10 |
| 57章 地毯及纺织材料的其他铺地制品 | Carpets and other textile floor coverings | 0.70 | 0.00 | 0.58 | 0.00 |
| 58章 特种机织物；簇绒织物；花边；装饰毯；装饰带；刺绣品 | Special woven fabrics; tufted textile fabrics; lace; tapestries; trimmings; embroidery | 5.42 | 0.28 | 5.52 | 0.22 |
| 59章 浸渍、涂布、包覆或层压的纺织物；工业用纺织制品 | Impregnated, coated, covered or laminated textile fabrics; textile articles of a kind suitable for industrial use | 4.73 | 0.16 | 3.67 | 0.16 |
| 60章 针织物及钩编织物 | Knitted or crocheted fabrics | 19.95 | 0.51 | 18.38 | 0.26 |
| 61章 针织或钩编的服装及衣着附件 | Articles of apparel and clothing accessories, knitted or crocheted | 51.94 | 0.27 | 35.64 | 0.19 |
| 62章 非针织或非钩编的服装及衣着附件 | Articles of apparel and clothing accessories, not knitted or crocheted | 31.68 | 0.75 | 30.87 | 0.33 |

6-20 续表 3 Continued 3

单位：亿美元
Unit: USD100 million

| 商品分类 | HS Section and Division | 2014 | | 2015 | |
|---|---|---|---|---|---|
| | | 出口 Exports | 进口 Imports | 出口 Exports | 进口 Imports |
| 63章 其他纺织制成品；成套物品；旧衣着及旧纺织品；碎织物 | Other made up textile articles; sets; worn clothing and worn textile articles; rags articles; rags | 4.38 | 0.02 | 3.65 | 0.01 |
| **第十二类 鞋、帽、伞、杖、鞭及其零件；已加工的羽毛及其制品；人造花；人发制品** | **FOOTWEAR, HEADGEAR, UMBRELLAS, SUN UMBRELLAS, WALKING-STICKS, SEAT-STICKS, WHIPS, RIDING-CROPS AND PARTS THEREOF; PREPARED FEATHERS AND ARTICLES MADE THEREWITH; ARTIFICIAL FLOWERS; ARTICLES OF HUMAN HAIR** | **23.04** | **0.12** | **20.16** | **0.12** |
| 64章 鞋靴、护腿和类似品及其零件 | Footwear, gaiters and the like; parts of such articles | 18.06 | 0.11 | 15.86 | 0.11 |
| 65章 帽类及其零件 | Headgear and parts thereof | 1.63 | 0.00 | 1.76 | 0.00 |
| 66章 雨伞、阳伞、手杖、鞭子、马鞭及其零件 | Umbrellas, sun umbrellas, walking-sticks, seat-sticks, whips, riding-crops and parts thereof | 1.30 | 0.00 | 0.86 | 0.00 |
| 67章 已加工羽毛、羽绒及其制品；人造花；人发制品 | Prepared feathers and down and articles made of feathers or of down; artificial flowers; articles of human hair | 2.05 | 0.01 | 1.68 | 0.00 |
| **第十三类 石料、石膏、水泥、石棉、云母及类似材料的制品；陶瓷产品；玻璃及其制品** | **ARTICLES OF STONE, PLASTER, CEMENT, ASBESTOS, MICA OR SIMILAR MATERIALS; CERAMIC PRODUCTS; GLASS AND GLASSWARE** | **25.02** | **0.18** | **20.18** | **0.21** |
| 68章 石料、石膏、水泥、石棉、云母及类似材料的制品 | Articles of stone, plaster, cement, asbestos, mica or similar materials; ceramic products; glass and glassware | 5.39 | 0.00 | 5.51 | 0.01 |
| 69章 陶瓷产品 | Ceramic products | 4.21 | 0.01 | 4.15 | 0.01 |
| 70章 玻璃及其制品 | Glass and glassware | 15.42 | 0.16 | 10.52 | 0.19 |
| **第十四类 天然或养殖珍珠、宝石或半宝石、贵金属、包贵金属及其制品；仿首饰；硬币** | **NATURAL OR CULTURED PEARLS, PRECIOUS OR SEMI-PRECIOUS STONES, PRECIOUS METALS, METALS CLAD WITH PRECIOUS METAL AND STONES, PRECIOUS METALS, METALS CLAD WITH PRECIOUS METAL AND ARTICLES THEREOF; IMITATION JEWELLERY; COIN** | **537.86** | **12.02** | **221.41** | **58.09** |
| 71章 天然或养殖珍珠、宝石或半宝石、贵金属、包贵金属及其制品；仿首饰；硬币 | Natural or cultured pearls, precious or semi-precious stones, precious metals, metals clad with precious metal and articles thereof; imitation jewellery; coin | 537.86 | 12.02 | 221.41 | 58.09 |
| **第十五类 贱金属及其制品** | **BASE METALS AND ARTICLES OF BASE METAL** | **64.19** | **22.13** | **54.54** | **15.79** |
| 72章 钢铁 | Iron and steel | 12.26 | 0.33 | 9.69 | 0.13 |
| 73章 钢铁制品 | Articles of iron or steel | 16.01 | 0.15 | 15.82 | 0.12 |
| 74章 铜及其制品 | Copper and articles thereof | 8.18 | 14.92 | 5.45 | 10.78 |
| 75章 镍及其制品 | Nickel and articles thereof | 4.32 | 0.00 | 0.61 | 0.00 |
| 76章 铝及其制品 | Aluminium and articles thereof | 11.38 | 6.46 | 11.44 | 4.50 |
| 78章 铅及其制品 | Lead and articles thereof | 0.01 | 0.00 | 0.07 | 0.01 |
| 79章 锌及其制品 | Zinc and articles thereof | 0.22 | 0.07 | 0.22 | 0.05 |
| 80章 锡及其制品 | Tin and articles thereof | 0.05 | 0.08 | 0.04 | 0.10 |
| 81章 其他贱金属、金属陶瓷及其制品 | Other base metals; cermets; articles thereof | 1.15 | 0.01 | 0.77 | 0.03 |
| 82章 贱金属工具、器具、利口器、餐匙、餐叉及其零件 | Tools, implements, cutlery, spoons and forks, of base metal; parts thereof of base metal | 3.85 | 0.04 | 3.64 | 0.01 |
| 83章 贱金属杂项制品 | Miscellaneous articles of base metal | 6.76 | 0.08 | 6.79 | 0.07 |

6-20 续表 4 Continued 4

单位：亿美元
Unit: USD100 million

| 商品分类 | HS Section and Division | 2014 出口 Exports | 2014 进口 Imports | 2015 出口 Exports | 2015 进口 Imports |
|---|---|---|---|---|---|
| **第十六类 机器、机械器具、电气设备及其零件；录音机及放声机、电视图像、声音的录制和重放设备及其零件、附件** | **MACHINERY AND MECHANICAL APPLIANCES; ELECTRICAL EQUIPMENT; PARTS THEREOF; SOUND RECORDERS AND REPRODUCERS, TELEVISION IMAGE AND SOUND RECORDERS AND REPRODUCERS; AND PARTS AND ACCESSORIES OF RECORDERS AND REPRODUCERS; AND PARTS AND ACCESSORIES OF SUCH ARTICLES** | **2109.63** | **20.22** | **2190.72** | **20.25** |
| 84章 核反应堆、锅炉、机器、机械器具及其零件 | Nuclear reactors, boilers, machinery and mechanical appliances; parts thereof | 530.56 | 4.82 | 470.44 | 4.36 |
| 85章 电机、电气设备及其零件；录音机及放声机、电视图像、声音的录制和重放设备及其零件、附件 | Electrical machinery and equipment and parts thereof; sound recorders and reproducers, television image and sound recorders and reproducers, and parts and accessories of such articles | 1579.07 | 15.40 | 1720.28 | 15.89 |
| **第十七类 车辆、航空器、船舶及有关运输设备** | **VEHICLES, AIRCRAFT, VESSELS AND ASSOCIATED TRANSPORT EQUIPMENT** | **104.12** | **0.14** | **103.50** | **0.15** |
| 86章 铁道及电车道机车、车辆及其零件；铁道及电车轨道固定装置及其零件、附件；各种机械(包括电动机械)交通信号设备 | Railway or tramway locomotives, rolling-stock and parts thereof; railway or tramway track fixtures and fittings and parts thereof; mechanical(including electro-mechanical) traffic signalling equipment of all kinds | 21.57 | 0.05 | 15.64 | 0.06 |
| 87章 车辆及其零件、附件，但铁道及电车道车辆除外 | Vehicles other than railway or tramway rolling-stock, and parts and accessories thereof | 7.18 | 0.04 | 9.45 | 0.03 |
| 88章 航空器、航天器及其零件 | Aircraft, spacecraft, and parts thereof | 3.04 | 0.01 | 10.11 | 0.03 |
| 89章 船舶及浮动结构体 | Ships, boats and floating structures | 72.32 | 0.04 | 68.30 | 0.03 |
| **第十八类 光学、照相、电影、计量、检验、医疗或外科用仪器及设备、精密仪器及设备；钟表；乐器；上述物品的零件、附件** | **OPTICAL, PHOTOGRAPHIC, CINEMATOGRAPHIC, MEASURING, CHECKING, PRECISION, MEDICAL OR SURGICAL INSTRUMENTS AND APPARATUS; CLOCKS AND WATCHES; MUSICAL INSTRUMENTS; PARTS AND ACCESSORIES THEREOF** | **222.95** | **1.85** | **218.23** | **2.23** |
| 90章 光学、照相、电影、计量、检验、医疗或外科用仪器及设备、精密仪器及设备；上述物品的零件、附件 | Optical, photographic, cinematographic, measuring, checking, precision medical or surgical instruments and apparatus; parts and accessories thereof | 197.77 | 1.50 | 189.39 | 1.81 |
| 91章 钟表及其零件 | Clocks and watches and parts thereof | 24.58 | 0.35 | 28.26 | 0.42 |
| 92章 乐器及其零件、附件 | Musical instruments; parts and accessories of such articles | 0.61 | 0.00 | 0.58 | 0.00 |
| **第十九类 武器、弹药及其零件、附件** | **ARMS AND AMMUNITION; PARTS AND ACCESSORIES THEREOF** | **0.15** | | **0.11** | |
| 93章 武器、弹药及其零件、附件 | Arms and ammunition; parts and accessories thereof | 0.15 | | 0.11 | |
| **第二十类 杂项制品** | **MISCELLANEOUS MANUFACTURED ARTICLES** | **59.63** | **0.50** | **58.06** | **0.42** |
| 94章 家具；寝具、褥垫、弹簧床垫、软坐垫及类似的填充制品；未列名灯具及照明装置；发光标志、发光名牌及类似品；活动房屋 | Furniture; bedding, mattresses, mattress supports, cushions and similar stuffed furnishings; lamps and lighting fittings, not elsewhere specified or included; illuminated signs, illuminated | 26.08 | 0.10 | 29.19 | 0.07 |
| 95章 玩具、游戏品、运动用品及其零件、附件 | Toys, games and sports requisites; parts and accessories thereof | 26.07 | 0.04 | 21.99 | 0.03 |
| 96章 杂项制品 | Miscellaneous manufactured articles | 7.48 | 0.37 | 6.88 | 0.32 |
| **第二十一类 艺术品、收藏品及古物** | **WORKS OF ART, COLLECTORS' PIECES AND ANTIQUES** | **2.24** | **1.24** | **1.72** | **0.05** |
| 97章 艺术品、收藏品及古物 | Works of art, collectors' pieces and antiques | 2.24 | 1.24 | 1.72 | 0.05 |
| **第二十二类 特殊交易品及未分类商品** | **COMMODITIES AND TRANSACTIONS NOT CLASSIFIED ACCORDING TO KIND** | **20.52** | **35.60** | **0.00** | |
| 98章 特殊交易品及未分类商品 | Commodities and transactions not classified according to kind | 20.52 | 35.60 | 0.00 | |

# 6-21 对台湾地区进出口商品分类金额
## Value of Exports and Imports from Taiwan Province by HS

单位：亿美元
Unit: USD100 million

| 商品分类 | HS Section and Division | 2014 出口 Exports | 2014 进口 Imports | 2015 出口 Exports | 2015 进口 Imports |
|---|---|---|---|---|---|
| **总　额** | **Total** | **462.85** | **1520.30** | **448.92** | **1432.04** |
| **第一类　活动物；动物产品** | **LIVE ANIMALS; ANIMAL PRODUCTS** | **11.62** | **1.96** | **10.44** | **2.15** |
| 01章　活动物 | Live animals | 0.00 | 0.01 | 0.00 | 0.01 |
| 02章　肉及食用杂碎 | Meat and edible meat offal | | | | |
| 03章　鱼、甲壳动物、软体动物及其他水生无脊椎动物 | Fish and crustaceans molluscs and other aquatic invertebrates | 9.08 | 1.60 | 9.72 | 1.84 |
| 04章　乳品；蛋品；天然蜂蜜；其他食用动物产品 | Dairy produce; birds' eggs; natural honey; edible products of animal origin, not elsewhere specified or included | 0.00 | 0.08 | 0.00 | 0.08 |
| 05章　其他动物产品 | Products of animal origin, not elsewhere specified or included | 2.54 | 0.27 | 0.72 | 0.22 |
| **第二类　植物产品** | **VEGETABLE PRODUCTS** | **2.89** | **0.85** | **3.04** | **1.44** |
| 06章　活树及其他活植物；鳞茎、根及类似品；插花及装饰用簇叶 | Live tree and other plants; bulbs, roots and the like; cut flowers and ornamental foliage | 0.01 | 0.04 | 0.01 | 0.03 |
| 07章　食用蔬菜、根及块茎 | Edible vegetables and certain roots and tubers | 0.52 | 0.02 | 0.57 | 0.03 |
| 08章　食用水果及坚果；甜瓜或柑桔属水果的果皮 | Edible fruit and nuts; peel of citrus fruit or melons | 0.30 | 0.56 | 0.34 | 1.02 |
| 09章　咖啡、茶、马黛茶及调味香料 | Coffee, tea, mate and spices | 0.26 | 0.14 | 0.35 | 0.27 |
| 10章　谷物 | Cereals | 0.04 | 0.02 | 0.04 | 0.01 |
| 11章　制粉工业产品；麦芽；淀粉；菊粉；面筋 | Products of the milling industry; malt; starches; inulin; wheat gluten | 0.08 | 0.00 | 0.05 | 0.02 |
| 12章　含油子仁及果实；杂项子仁及果实；工业用或药用植物；稻草、秸秆及饲料 | Oil seeds and oleaginous fruits; miscellaneous grains, seeds and fruit; industrial or medicinal plants; straw and fodder | 1.46 | 0.03 | 1.38 | 0.04 |
| 13章　虫胶；树胶、树脂及其他植物液、汁 | Lac; gums, resins and other vegetable saps and extracts | 0.17 | 0.02 | 0.23 | 0.02 |
| 14章　编结用植物材料；其他植物产品 | Vegetable plaiting materials; vegetable products not elsewhere specified or included | 0.06 | 0.02 | 0.07 | 0.01 |
| **第三类　动、植物油、脂及其分解产品；精制的食用油脂；动、植物蜡** | **ANIMAL OR VEGETABLE FATS AND OILS AND THEIR CLEAVAGE PRODUCTS; PREPARED EDIBLE FATS; ANIMAL OR VEGETABLE WAXES** | **0.06** | **0.12** | **0.04** | **0.08** |
| 15章　动、植物油、脂及其分解产品；精制的食用油脂；动、植物蜡 | Animal or vegetable fats and oils and their cleavage products; prepared edible fats; animal or vegetable waxes | 0.06 | 0.12 | 0.04 | 0.08 |
| **第四类　食品；饮料、酒及醋；烟草、烟草及烟草代用品的制品** | **PREPARED FOODSTUFFS; BEVERAGES, SPIRITS AND VINEGAR; TOBACCO AND MANUFACTURED TOBACCO SUBSTITUTES** | **8.24** | **3.01** | **7.90** | **4.50** |
| 16章　肉、鱼、甲壳动物、软体动物及其他水生无脊椎动物的制品 | Preparations of meat, of fish or of crustaceans, molluscs or other aquatic invertebrates | 5.34 | 0.05 | 5.01 | 0.08 |
| 17章　糖及糖食 | Sugars and sugar confectionery | 0.13 | 0.15 | 0.15 | 0.29 |
| 18章　可可及可可制品 | Cocoa and cocoa preparations | 0.10 | 0.01 | 0.08 | 0.03 |
| 19章　谷物、粮食粉、淀粉或乳的制品；糕饼点心 | Preparations of cereals, flour, starch or milk; pastry-cooks' products | 0.10 | 0.94 | 0.10 | 1.32 |

6-21 续表 1 Continued 1

单位：亿美元
Unit: USD100 million

| 商品分类 | HS Section and Division | 2014 出口 Exports | 2014 进口 Imports | 2015 出口 Exports | 2015 进口 Imports |
|---|---|---|---|---|---|
| 20章 蔬菜、水果、坚果或植物其他部分的制品 | Preparations of vegetables, fruit, nuts or other parts of plants | 1.54 | 0.12 | 1.59 | 0.17 |
| 21章 杂项食品 | Miscellaneous edible preparations | 0.29 | 0.88 | 0.28 | 1.18 |
| 22章 饮料、酒及醋 | Beverages, spirits and vinegar | 0.32 | 0.64 | 0.34 | 1.12 |
| 23章 食品工业的残渣及废料；配制的动物饲料 | Residues and waste from the food industries; prepared animal fodder | 0.29 | 0.07 | 0.28 | 0.11 |
| 24章 烟草及烟草代用品的制品 | Tobacco and manufactured tobacco substitutes | 0.12 | 0.14 | 0.07 | 0.20 |
| **第五类 矿产品** | **MINERAL PRODUCTS** | **4.12** | **13.90** | **5.33** | **8.53** |
| 25章 盐；硫磺；泥土及石料；石膏料、石灰及水泥 | Salt; sulphur; earths and stone; plastering materials, lime and cement | 1.82 | 0.55 | 1.94 | 0.37 |
| 26章 矿砂、矿渣及矿灰 | Ores, slag and ash | 0.12 | 1.33 | 0.07 | 1.48 |
| 27章 矿物燃料、矿物油及其蒸馏产品；沥青物质；矿物蜡 | Mineral fuels, mineral oils and products of their distillation; bituminous substances; mineral waxes | 2.18 | 12.02 | 3.32 | 6.68 |
| **第六类 化学工业及其相关工业的产品** | **PRODUCTS OF THE CHEMICAL OR INDUSTRIES ALLIED** | **47.92** | **109.66** | **44.72** | **85.99** |
| 28章 无机化学品；贵金属、稀土金属、放射性元素及其同位素的有机及无机化合物 | Inorganic chemicals; organic or inorganic compounds of precious metals, of rare- earth metals, of radioactive elements or of isotopes | 6.52 | 5.33 | 5.69 | 5.15 |
| 29章 有机化学品 | Organic chemicals | 14.52 | 75.61 | 12.49 | 54.46 |
| 30章 药品 | Pharmaceutical products | 0.26 | 1.41 | 0.36 | 1.15 |
| 31章 肥料 | Fertilizers | 0.83 | 0.01 | 0.75 | 0.00 |
| 32章 鞣料浸膏及染料浸膏；鞣酸及其衍生物；染料、颜料及其他着色料；油漆及清漆；油灰及其他类似胶粘剂；墨水、油墨 | Tanning or dyeing extracts; tannins and their derivatives; dyes, pigments and other colouring matter; paints and varnishes; putty and other mastics; inks | 3.22 | 4.80 | 2.91 | 4.20 |
| 33章 精油及香膏；芳香料制品及化妆盥洗品 | Essential oils and retinoid; perfumery, cosmetic or toilet preparations | 1.26 | 0.74 | 1.15 | 1.04 |
| 34章 肥皂、有机表面活性剂、洗涤剂、润滑剂、人造蜡、调制蜡、光洁剂、蜡烛及类似品、塑型用膏、"牙科用蜡"及牙科用熟石膏制剂 | Soap, organic surface-active agents, washing preparations, lubricating preparations, artificial waxes, prepared waxes, polishing or scouring preparations, candles and similar articles, modelling pastes, "dental waxes" and dental preparations with a basis of plast | 0.94 | 1.89 | 1.00 | 1.78 |
| 35章 蛋白类物质；改性淀粉；胶；酶 | Albuminoidal substances; modified starches; glues; enzymes | 0.94 | 2.27 | 1.07 | 2.28 |
| 36章 炸药；烟火制品；火柴；引火合金；易燃材料制品 | Explosives; pyrotechnic products; matches; pyrophoric alloys; certain combustible preparations | 0.25 | 0.00 | 0.21 | 0.00 |
| 37章 照相及电影用品 | Photographic or cinematographic goods | 0.81 | 1.62 | 0.74 | 1.56 |
| 38章 杂项化学产品 | Miscellaneous chemical products | 18.37 | 15.96 | 18.34 | 14.36 |
| **第七类 塑料及其制品，橡胶及其制品** | **PLASTICS AND ARTICLES THEREOF RUBBER AND ARTICLES THEREOF** | **13.04** | **104.48** | **12.71** | **87.76** |
| 39章 塑料及其制品 | Plastics and articles thereof | 11.07 | 100.52 | 10.78 | 84.28 |
| 40章 橡胶及其制品 | Rubber and articles thereof | 1.96 | 3.96 | 1.93 | 3.47 |
| **第八类 生皮、皮革、毛皮及其制品；鞍具及挽具；旅行用品、手提包及类似品；动物肠线（蚕胶丝除外）制品** | **RAW HIDES AND SKINS, LEATHER, FUR SKINS AND ARTICLES THEREOF; SADDLERY AND HARNESS; TRAVEL GOODS, HANDBAGS AND SIMILAR CONTAINERS; ARTICLES OF ANIMAL GUT(OTHER THAN SILK-WORM GUT)** | **2.15** | **3.15** | **2.33** | **2.59** |
| 41章 生皮(毛皮除外)及皮革 | Raw hides and skins(other than fur skins) and leather | 0.10 | 3.04 | 0.11 | 2.48 |

6-21 续表 2 Continued 2

单位：亿美元
Unit: USD100 million

| 商品分类 | HS Section and Division | 2014 | | 2015 | |
|---|---|---|---|---|---|
| | | 出口 Exports | 进口 Imports | 出口 Exports | 进口 Imports |
| 42章 皮革制品；鞍具及挽具；旅行用品、手提包及类似容器；动物肠线(蚕胶丝除外)制品 | Articles of leather; saddlery and harness; travel goods, hand bags and similar containers; articles of animal gut (other than silk-worm gut) | 2.03 | 0.11 | 2.20 | 0.11 |
| 43章 毛皮、人造毛皮及其制品 | Fur skins and artificial fur; manufactures thereof | 0.02 | 0.00 | 0.02 | 0.00 |
| **第九类 木及木制品；木炭；软木及软木制品；稻草、秸秆、针茅或其他编结材料制品；篮筐及柳条编结品** | **WOOD AND ARTICLES OF WOOD; WOOD CHAR-COAL; CORK AND ARTICLES OF CORK; MANUFACTURES OF STRAW, OF ESPARTO OR OF OTHER PLAITING MATERIALS ; BASKET WARE AND WICKERWORK** | **2.85** | **0.31** | **2.81** | **0.34** |
| 44章 木及木制品；木炭 | Wood and articles of wood; wood charcoal | 2.66 | 0.28 | 2.58 | 0.31 |
| 45章 软木及软木制品 | Cork and articles of cork | 0.00 | 0.00 | 0.00 | 0.00 |
| 46章 稻草、秸秆、针茅或其他编结材料制品；篮筐及柳条编结品 | Manufactures of straw, of esparto or of other plaiting Materials; basket ware and wickerwork | 0.19 | 0.03 | 0.23 | 0.03 |
| **第十类 木浆及其他纤维状纤维素浆；纸及纸板的废碎品；纸、纸板及其制品** | **PULP OF WOOD OR OF OTHER FIBROUS CELLULOSIC MATERIAL; WASTE AND SCRAP OF PAPER OR PAPERBOARD; PAPER AND PAPERBOARD AND ARTICLES THEREOF** | **4.34** | **4.34** | **4.22** | **3.98** |
| 47章 木浆及其他纤维状纤维素浆；纸及纸板的废碎品 | Pulp of wood or of other fibrous cellulosic material; waste and scrap of paper or paperboard | 0.02 | 0.27 | 0.00 | 0.37 |
| 48章 纸及纸板；纸浆、纸或纸板制品 | Paper and paperboard; articles of paper pulp, of paper or paperboard | 4.11 | 3.10 | 3.98 | 2.70 |
| 49章 书籍、报纸、印刷图画及其他印制品；手稿、打字稿及设计图纸 | Printed books, newspapers, pictures and other products of the printing industry; manuscripts, typescripts and plans | 0.21 | 0.96 | 0.24 | 0.90 |
| **第十一类 纺织原料及纺织制品** | **TEXTILES AND TEXTILE ARTICLES** | **14.66** | **29.55** | **15.84** | **26.97** |
| 50章 蚕丝 | Silk | 0.02 | 0.00 | 0.03 | 0.00 |
| 51章 羊毛、动物细毛或粗毛；马毛纱线及其机织物 | Wool, fine or coarse animal hair; horsehair yarn and woven fabric | 0.18 | 0.05 | 0.15 | 0.06 |
| 52章 棉花 | Cotton | 0.39 | 3.59 | 0.32 | 3.09 |
| 53章 其他植物纺织纤维；纸纱线及其机织物 | Other vegetable textile fibres; paper yarn and woven fabrics of paper yarn | 0.03 | 0.01 | 0.02 | 0.01 |
| 54章 化学纤维长丝 | Man-made filaments | 1.19 | 10.56 | 1.09 | 8.92 |
| 55章 化学纤维短纤 | Man-made short fibres | 0.81 | 2.74 | 0.63 | 2.58 |
| 56章 絮胎、毡呢及无纺织物；特种纱线；线、绳、索、缆及其制品 | Wadding, felt and nonwoven; special yarns; twine, cordage, ropes and cables and articles thereof | 0.73 | 1.47 | 0.71 | 1.45 |
| 57章 地毯及纺织材料的其他铺地制品 | Carpets and other textile floor coverings | 0.34 | 0.01 | 0.35 | 0.01 |
| 58章 特种机织物；簇绒织物；花边；装饰毯；装饰带；刺绣品 | Special woven fabrics; tufted textile fabrics; lace; tapestries; trimmings; embroidery | 0.25 | 1.12 | 0.24 | 1.01 |
| 59章 浸渍、涂布、包覆或层压的纺织物；工业用纺织制品 | Impregnated, coated, covered or laminated textile fabrics; textile articles of a kind suitable for industrial use | 0.68 | 3.81 | 0.62 | 3.65 |
| 60章 针织物及钩编织物 | Knitted or crocheted fabrics | 0.09 | 5.58 | 0.08 | 5.56 |
| 61章 针织或钩编的服装及衣着附件 | Articles of apparel and clothing accessories, knitted or crocheted | 4.10 | 0.21 | 5.01 | 0.16 |
| 62章 非针织或非钩编的服装及衣着附件 | Articles of apparel and clothing accessories, not knitted or crocheted | 4.20 | 0.13 | 4.77 | 0.19 |

单位：亿美元
Unit: USD100 million

| 商品分类 | HS Section and Division | 2014 出口 Exports | 2014 进口 Imports | 2015 出口 Exports | 2015 进口 Imports |
|---|---|---|---|---|---|
| 63章 其他纺织制成品；成套物品；旧衣着及旧纺织品；碎织物 | Other made up textile articles; sets; worn clothing and worn textile articles; rags articles; rags | 1.68 | 0.27 | 1.81 | 0.28 |
| **第十二类 鞋、帽、伞、杖、鞭及其零件；已加工的羽毛及其制品；人造花；人发制品** | **FOOTWEAR, HEADGEAR, UMBRELLAS, SUN UMBRELLAS, WALKING-STICKS, SEAT-STICKS, WHIPS, RIDING-CROPS AND PARTS THEREOF; PREPARED FEATHERS AND ARTICLES MADE THEREWITH; ARTIFICIAL FLOWERS; ARTICLES OF HUMAN HAIR** | **3.11** | **0.49** | **3.32** | **0.42** |
| 64章 鞋靴、护腿和类似品及其零件 | Footwear, gaiters and the like; parts of such articles | 2.35 | 0.33 | 2.54 | 0.34 |
| 65章 帽类及其零件 | Headgear and parts thereof | 0.19 | 0.04 | 0.21 | 0.03 |
| 66章 雨伞、阳伞、手杖、鞭子、马鞭及其零件 | Umbrellas, sun umbrellas, walking-sticks, seat-sticks, whips, riding-crops and parts thereof | 0.44 | 0.11 | 0.43 | 0.03 |
| 67章 已加工羽毛、羽绒及其制品；人造花；人发制品 | Prepared feathers and down and articles made of feathers or of down; artificial flowers; articles of human hair | 0.13 | 0.01 | 0.14 | 0.01 |
| **第十三类 石料、石膏、水泥、石棉、云母及类似材料的制品；陶瓷产品；玻璃及其制品** | **ARTICLES OF STONE, PLASTER, CEMENT, ASBESTOS, MICA OR SIMILAR MATERIALS; CERAMIC PRODUCTS; GLASS AND GLASSWARE** | **7.26** | **16.04** | **8.42** | **15.90** |
| 68章 石料、石膏、水泥、石棉、云母及类似材料的制品 | Articles of stone, plaster, cement, asbestos, mica or similar materials; ceramic products; glass and glassware | 2.36 | 1.71 | 2.92 | 1.27 |
| 69章 陶瓷产品 | Ceramic products | 1.98 | 0.40 | 2.14 | 0.40 |
| 70章 玻璃及其制品 | Glass and glassware | 2.92 | 13.93 | 3.36 | 14.23 |
| **第十四类 天然或养殖珍珠、宝石或半宝石、贵金属、包贵金属及其制品；仿首饰；硬币** | **NATURAL OR CULTURED PEARLS, PRECIOUS OR SEMI-PRECIOUS STONES, PRECIOUS METALS, METALS CLAD WITH PRECIOUS METAL AND STONES, PRECIOUS METALS, METALS CLAD WITH PRECIOUS METAL AND ARTICLES THEREOF; IMITATION JEWELLERY; COIN** | **1.49** | **2.01** | **1.85** | **7.54** |
| 71章 天然或养殖珍珠、宝石或半宝石、贵金属、包贵金属及其制品；仿首饰；硬币 | Natural or cultured pearls, precious or semi-precious stones, precious metals, metals clad with precious metal and articles thereof; imitation jewellery; coin | 1.49 | 2.01 | 1.85 | 7.54 |
| **第十五类 贱金属及其制品** | **BASE METALS AND ARTICLES OF BASE METAL** | **53.90** | **58.07** | **41.10** | **50.39** |
| 72章 钢铁 | Iron and steel | 29.56 | 18.42 | 19.60 | 13.88 |
| 73章 钢铁制品 | Articles of iron or steel | 5.54 | 5.28 | 5.56 | 5.26 |
| 74章 铜及其制品 | Copper and articles thereof | 9.05 | 23.86 | 6.58 | 20.44 |
| 75章 镍及其制品 | Nickel and articles thereof | 0.98 | 0.65 | 0.95 | 0.85 |
| 76章 铝及其制品 | Aluminium and articles thereof | 2.67 | 3.47 | 2.48 | 4.17 |
| 78章 铅及其制品 | Lead and articles thereof | 0.37 | 0.01 | 0.31 | 0.01 |
| 79章 锌及其制品 | Zinc and articles thereof | 0.69 | 0.16 | 0.91 | 0.13 |
| 80章 锡及其制品 | Tin and articles thereof | 0.20 | 0.49 | 0.02 | 0.34 |
| 81章 其他贱金属、金属陶瓷及其制品 | Other base metals; cermets; articles thereof | 1.55 | 0.47 | 1.19 | 0.37 |
| 82章 贱金属工具、器具、利口器、餐匙、餐叉及其零件 | Tools, implements, cutlery, spoons and forks, of base metal; parts thereof of base metal | 1.99 | 3.49 | 1.88 | 3.49 |
| 83章 贱金属杂项制品 | Miscellaneous articles of base metal | 1.31 | 1.77 | 1.62 | 1.46 |

6-21 续表 4 Continued 4

单位：亿美元
Unit: USD100 million

| 商品分类 | HS Section and Division | 2014 出口 Exports | 2014 进口 Imports | 2015 出口 Exports | 2015 进口 Imports |
|---|---|---|---|---|---|
| **第十六类 机器、机械器具、电气设备及其零件；录音机及放声机、电视图像、声音的录制和重放设备及其零件、附件** | **MACHINERY AND MECHANICAL APPLIANCES; ELECTRICAL EQUIPMENT; PARTS THEREOF; SOUND RECORDERS AND REPRODUCERS, TELEVISION IMAGE AND SOUND RECORDERS AND REPRODUCERS; AND PARTS AND ACCESSORIES OF RECORDERS AND REPRODUCERS; AND PARTS AND ACCESSORIES OF SUCH ARTICLES** | **235.75** | **979.72** | **236.25** | **966.95** |
| 84章 核反应堆、锅炉、机器、机械器具及其零件 | Nuclear reactors, boilers, machinery and mechanical appliances; parts thereof | 53.32 | 106.86 | 51.13 | 94.23 |
| 85章 电机、电气设备及其零件；录音机及放声机、电视图像、声音的录制和重放设备及其零件、附件 | Electrical machinery and equipment and parts thereof; sound recorders and reproducers, television image and sound recorders and reproducers, and parts and accessories of such articles | 182.43 | 872.86 | 185.12 | 872.72 |
| **第十七类 车辆、航空器、船舶及有关运输设备** | **VEHICLES, AIRCRAFT, VESSELS AND ASSOCIATED TRANSPORT EQUIPMENT** | **12.71** | **5.53** | **13.23** | **5.32** |
| 86章 铁道及电车道机车、车辆及其零件；铁道及电车轨道固定装置及其零件、附件；各种机械(包括电动机械)交通信号设备 | Railway or tramway locomotives, rolling-stock and parts thereof; railway or tramway track fixtures and fittings and parts thereof; mechanical(including electro-mechanical) traffic signalling equipment of all kinds | 2.77 | 0.02 | 2.70 | 0.07 |
| 87章 车辆及其零件、附件，但铁道及电车道车辆除外 | Vehicles other than railway or tramway rolling-stock, and parts and accessories thereof | 9.62 | 4.90 | 9.53 | 5.21 |
| 88章 航空器、航天器及其零件 | Aircraft, spacecraft, and parts thereof | 0.06 | 0.27 | 0.07 | 0.01 |
| 89章 船舶及浮动结构体 | Ships, boats and floating structures | 0.26 | 0.34 | 0.94 | 0.03 |
| **第十八类 光学、照相、电影、计量、检验、医疗或外科用仪器及设备、精密仪器及设备；钟表；乐器；上述物品的零件、附件** | **OPTICAL, PHOTOGRAPHIC, CINEMATOGRAPHIC, MEASURING, CHECKING, PRECISION, MEDICAL OR SURGICAL INSTRUMENTS AND APPARATUS; CLOCKS AND WATCHES; MUSICAL INSTRUMENTS; PARTS AND ACCESSORIES THEREOF** | **27.32** | **181.70** | **22.60** | **155.78** |
| 90章 光学、照相、电影、计量、检验、医疗或外科用仪器及设备、精密仪器及设备；上述物品的零件、附件 | Optical, photographic, cinematographic, measuring, checking, precision medical or surgical instruments and apparatus; parts and accessories thereof | 26.69 | 181.40 | 22.17 | 155.43 |
| 91章 钟表及其零件 | Clocks and watches and parts thereof | 0.46 | 0.13 | 0.26 | 0.17 |
| 92章 乐器及其零件、附件 | Musical instruments; parts and accessories of such articles | 0.18 | 0.17 | 0.17 | 0.19 |
| **第十九类 武器、弹药及其零件、附件** | **ARMS AND AMMUNITION; PARTS AND ACCESSORIES THEREOF** | **0.01** | **0.00** | **0.01** | **0.00** |
| 93章 武器、弹药及其零件、附件 | Arms and ammunition; parts and accessories thereof | 0.01 | 0.00 | 0.01 | 0.00 |
| **第二十类 杂项制品** | **MISCELLANEOUS MANUFACTURED ARTICLES** | **9.24** | **5.26** | **12.32** | **5.39** |
| 94章 家具；寝具、褥垫、弹簧床垫、软坐垫及类似的填充制品；未列名灯具及照明装置；发光标志、发光名牌及类似品；活动房屋 | Furniture; bedding, mattresses, mattress supports, cushions and similar stuffed furnishings; lamps and lighting fittings, not elsewhere specified or included; illuminated signs, illuminated | 5.88 | 1.36 | 8.65 | 2.12 |
| 95章 玩具、游戏品、运动用品及其零件、附件 | Toys, games and sports requisites; parts and accessories thereof | 1.64 | 2.82 | 1.91 | 2.18 |
| 96章 杂项制品 | Miscellaneous manufactured articles | 1.72 | 1.08 | 1.77 | 1.09 |
| **第二十一类 艺术品、收藏品及古物** | **WORKS OF ART, COLLECTORS' PIECES AND ANTIQUES** | **0.03** | **0.06** | **0.45** | **0.03** |
| 97章 艺术品、收藏品及古物 | Works of art, collectors' pieces and antiques | 0.03 | 0.06 | 0.45 | 0.03 |
| **第二十二类 特殊交易品及未分类商品** | **COMMODITIES AND TRANSACTIONS NOT CLASSIFIED ACCORDING TO KIND** | **0.14** | **0.07** | **0.00** | |
| 98章 特殊交易品及未分类商品 | Commodities and transactions not classified according to kind | 0.14 | 0.07 | 0.00 | |

# 6-22 对日本进出口商品分类金额

## Value of Exports and Imports from Japan by HS

单位：亿美元

Unit: USD100 million

| 商品分类 | HS Section and Division | 2014 出口 Exports | 2014 进口 Imports | 2015 出口 Exports | 2015 进口 Imports |
|---|---|---|---|---|---|
| **总　额** | **Total** | **1494.42** | **1629.97** | **1356.16** | **1429.03** |
| **第一类　活动物；动物产品** | **LIVE ANIMALS; ANIMAL PRODUCTS** | **23.41** | **2.53** | **21.61** | **2.59** |
| 01章　活动物 | Live animals | 0.06 | 0.05 | 0.06 | 0.03 |
| 02章　肉及食用杂碎 | Meat and edible meat offal | 0.01 | | 0.01 | |
| 03章　鱼、甲壳动物、软体动物及其他水生无脊椎动物 | Fish and crustaceans molluscs and other aquatic invertebrates | | 2.40 | 18.75 | 2.49 |
| 04章　乳品；蛋品；天然蜂蜜；其他食用动物产品 | Dairy produce; birds' eggs; natural honey; edible products of animal origin, not elsewhere specified or included | 0.90 | 0.00 | 0.87 | 0.00 |
| 05章　其他动物产品 | Products of animal origin, not elsewhere specified or included | 2.43 | 0.08 | 1.93 | 0.07 |
| **第二类　植物产品** | **VEGETABLE PRODUCTS** | **24.14** | **0.99** | **22.54** | **1.10** |
| 06章　活树及其他活植物；鳞茎、根及类似品；插花及装饰用簇叶 | Live tree and other plants; bulbs, roots and the like; cut flowers and ornamental foliage | 0.88 | 0.36 | 0.87 | 0.40 |
| 07章　食用蔬菜、根及块茎 | Edible vegetables and certain roots and tubers | 13.02 | 0.00 | 12.49 | 0.00 |
| 08章　食用水果及坚果；甜瓜或柑桔属水果的果皮 | Edible fruit and nuts; peel of citrus fruit or melons | 1.84 | 0.06 | 1.53 | 0.06 |
| 09章　咖啡、茶、马黛茶及调味香料 | Coffee, tea, mate and spices | 1.76 | 0.02 | 1.61 | 0.02 |
| 10章　谷物 | Cereals | 0.48 | 0.00 | 0.55 | 0.03 |
| 11章　制粉工业产品；麦芽；淀粉；菊粉；面筋 | Products of the milling industry; malt; starches; inulin; wheat gluten | 0.35 | 0.01 | 0.37 | 0.01 |
| 12章　含油子仁及果实；杂项子仁及果实；工业用或药用植物；稻草、秸秆及饲料 | Oil seeds and oleaginous fruits; miscellaneous grains, seeds and fruit; industrial or medicinal plants; straw and fodder | 3.86 | 0.49 | 3.18 | 0.53 |
| 13章　虫胶；树胶、树脂及其他植物液、汁 | Lac; gums, resins and other vegetable saps and extracts | 1.75 | 0.04 | 1.73 | 0.04 |
| 14章　编结用植物材料；其他植物产品 | Vegetable plaiting materials; vegetable products not elsewhere specified or included | 0.20 | 0.00 | 0.22 | 0.00 |
| **第三类　动、植物油、脂及其分解产品；精制的食用油脂；动、植物蜡** | **ANIMAL OR VEGETABLE FATS AND OILS AND THEIR CLEAVAGE PRODUCTS; PREPARED EDIBLE FATS; ANIMAL OR VEGETABLE WAXES** | **0.31** | **0.06** | **0.36** | **0.05** |
| 15章　动、植物油、脂及其分解产品；精制的食用油脂；动、植物蜡 | Animal or vegetable fats and oils and their cleavage products; prepared edible fats; animal or vegetable waxes | 0.31 | 0.06 | 0.36 | 0.05 |
| **第四类　食品；饮料、酒及醋；烟草、烟草及烟草代用品的制品** | **PREPARED FOODSTUFFS; BEVERAGES, SPIRITS AND VINEGAR; TOBACCO AND MANUFACTURED TOBACCO SUBSTITUTES** | **61.80** | **1.66** | **56.23** | **2.47** |
| 16章　肉、鱼、甲壳动物、软体动物及其他水生无脊椎动物的制品 | Preparations of meat, of fish or of crustaceans, molluscs or other aquatic invertebrates | 29.41 | 0.03 | 26.56 | 0.07 |
| 17章　糖及糖食 | Sugars and sugar confectionery | 0.15 | 0.07 | 0.13 | 0.10 |
| 18章　可可及可可制品 | Cocoa and cocoa preparations | 0.24 | 0.04 | 0.26 | 0.07 |
| 19章　谷物、粮食粉、淀粉或乳的制品；糕饼点心 | Preparations of cereals, flour, starch or milk; pastry-cooks' products | 2.86 | 0.18 | 2.39 | 0.35 |

单位：亿美元
Unit: USD100 million

| 商品分类 | HS Section and Division | 2014 出口 Exports | 2014 进口 Imports | 2015 出口 Exports | 2015 进口 Imports |
|---|---|---|---|---|---|
| 20章 蔬菜、水果、坚果或植物其他部分的制品 | Preparations of vegetables, fruit, nuts or other parts of plants | 17.88 | 0.01 | 16.78 | 0.03 |
| 21章 杂项食品 | Miscellaneous edible preparations | 2.23 | 0.61 | 2.21 | 0.95 |
| 22章 饮料、酒及醋 | Beverages, spirits and vinegar | 0.35 | 0.25 | 0.32 | 0.36 |
| 23章 食品工业的残渣及废料；配制的动物饲料 | Residues and waste from the food industries; prepared animal fodder | 8.37 | 0.12 | 7.25 | 0.11 |
| 24章 烟草及烟草代用品的制品 | Tobacco and manufactured tobacco substitutes | 0.30 | 0.34 | 0.32 | 0.43 |
| **第五类 矿产品** | **MINERAL PRODUCTS** | **20.01** | **19.86** | **20.32** | **14.03** |
| 25章 盐；硫磺；泥土及石料；石膏料、石灰及水泥 | Salt; sulphur; earths and stone; plastering materials, lime and cement | 5.31 | 2.66 | 4.87 | 2.34 |
| 26章 矿砂、矿渣及矿灰 | Ores, slag and ash | 0.25 | 0.12 | 0.23 | 0.07 |
| 27章 矿物燃料、矿物油及其蒸馏产品；沥青物质；矿物蜡 | Mineral fuels, mineral oils and products of their distillation; bituminous substances; mineral waxes | 14.46 | 17.08 | 15.23 | 11.62 |
| **第六类 化学工业及其相关工业的产品** | **PRODUCTS OF THE CHEMICAL OR INDUSTRIES ALLIED** | **74.95** | **168.47** | **70.82** | **144.63** |
| 28章 无机化学品；贵金属、稀土金属、放射性元素及其同位素的有机及无机化合物 | Inorganic chemicals; organic or inorganic compounds of precious metals, of rare- earth metals, of radioactive elements or of isotopes | 19.54 | 5.42 | 18.55 | 4.81 |
| 29章 有机化学品 | Organic chemicals | 29.78 | 84.40 | 28.71 | 65.95 |
| 30章 药品 | Pharmaceutical products | 2.44 | 7.33 | 2.61 | 7.17 |
| 31章 肥料 | Fertilizers | 2.18 | 0.06 | 2.50 | 0.06 |
| 32章 鞣料浸膏及染料浸膏；鞣酸及其衍生物；染料、颜料及其他着色料；油漆及清漆；油灰及其他类似胶粘剂；墨水、油墨 | Tanning or dyeing extracts; tannins and their derivatives; dyes, pigments and other colouring matter; paints and varnishes; putty and other mastics; inks | 2.76 | 8.60 | 2.44 | 7.70 |
| 33章 精油及香膏；芳香料制品及化妆盥洗品 | Essential oils and retinoid; perfumery, cosmetic or toilet preparations | 3.20 | 4.71 | 3.10 | 6.65 |
| 34章 肥皂、有机表面活性剂、洗涤剂、润滑剂、人造蜡、调制蜡、光洁剂、蜡烛及类似品、塑型用膏、"牙科用蜡"及牙科用熟石膏制剂 | Soap, organic surface-active agents, washing preparations, lubricating preparations, artificial waxes, prepared waxes, polishing or scouring preparations, candles and similar articles, modelling pastes, "dental waxes" and dental preparations with a basis of plast | 2.13 | 9.02 | 2.02 | 8.50 |
| 35章 蛋白类物质；改性淀粉；胶；酶 | Albuminoidal substances; modified starches; glues; enzymes | 1.85 | 8.60 | 1.52 | 7.67 |
| 36章 炸药；烟火制品；火柴；引火合金；易燃材料制品 | Explosives; pyrotechnic products; matches; pyrophoric alloys; certain combustible preparations | 0.25 | 0.13 | 0.22 | 0.09 |
| 37章 照相及电影用品 | Photographic or cinematographic goods | 0.64 | 10.17 | 0.54 | 9.39 |
| 38章 杂项化学产品 | Miscellaneous chemical products | 10.18 | 30.03 | 8.60 | 26.65 |
| **第七类 塑料及其制品，橡胶及其制品** | **PLASTICS AND ARTICLES THEREOF RUBBER AND ARTICLES THEREOF** | **50.93** | **118.29** | **47.20** | **102.87** |
| 39章 塑料及其制品 | Plastics and articles thereof | 43.87 | 99.86 | 40.63 | 87.00 |
| 40章 橡胶及其制品 | Rubber and articles thereof | 7.06 | 18.43 | 6.57 | 15.87 |
| **第八类 生皮、皮革、毛皮及其制品；鞍具及挽具；旅行用品、手提包及类似品；动物肠线(蚕胶丝除外)制品** | **RAW HIDES AND SKINS, LEATHER, FUR SKINS AND ARTICLES THEREOF; SADDLERY AND HARNESS; TRAVEL GOODS, HANDBAGS AND SIMILAR CONTAINERS; ARTICLES OF ANIMAL GUT(OTHER THAN SILK-WORM GUT)** | **20.78** | **0.62** | **19.77** | **0.56** |
| 41章 生皮(毛皮除外)及皮革 | Raw hides and skins(other than fur skins) and leather | 0.15 | 0.48 | 0.15 | 0.40 |

6-22 续表 2 Continued 2

单位：亿美元
Unit: USD100 million

| 商品分类 | HS Section and Division | 2014 | | 2015 | |
|---|---|---|---|---|---|
| | | 出口 Exports | 进口 Imports | 出口 Exports | 进口 Imports |
| 42章 皮革制品；鞍具及挽具；旅行用品、手提包及类似容器；动物肠线(蚕胶丝除外)制品 | Articles of leather; saddlery and harness; travel goods, hand bags and similar containers; articles of animal gut (other than silk-worm gut) | 19.98 | 0.13 | 19.12 | 0.16 |
| 43章 毛皮、人造毛皮及其制品 | Fur skins and artificial fur; manufactures thereof | 0.65 | 0.00 | 0.51 | 0.00 |
| **第九类 木及木制品；木炭；软木及软木制品；稻草，秸秆、针茅或其他编结材料制品；篮筐及柳条编结品** | **WOOD AND ARTICLES OF WOOD; WOOD CHAR-COAL; CORK AND ARTICLES OF CORK; MANUFACTURES OF STRAW, OF ESPARTO OR OF OTHER PLAITING MATERIALS; BASKET WARE AND WICKERWORK** | **18.16** | **0.74** | **15.30** | **0.83** |
| 44章 木及木制品；木炭 | Wood and articles of wood; wood charcoal | 14.99 | 0.73 | 12.83 | 0.82 |
| 45章 软木及软木制品 | Cork and articles of cork | 0.02 | 0.01 | 0.02 | 0.01 |
| 46章 稻草、秸秆、针茅或其他编结材料制品；篮筐及柳条编结品 | Manufactures of straw, of esparto or of other plaiting Materials; basket ware and wickerwork | 3.15 | 0.00 | 2.46 | 0.00 |
| **第十类 木浆及其他纤维状纤维素浆；纸及纸板的废碎品；纸、纸板及其制品** | **PULP OF WOOD OR OF OTHER FIBROUS CELLULOSIC MATERIAL; WASTE AND SCRAP OF PAPER OR PAPERBOARD; PAPER AND PAPERBOARD AND ARTICLES THEREOF** | **13.65** | **15.04** | **12.63** | **13.86** |
| 47章 木浆及其他纤维状纤维素浆；纸及纸板的废碎品 | Pulp of wood or of other fibrous cellulosic material; waste and scrap of paper or paperboard | 0.10 | 8.05 | 0.11 | 7.87 |
| 48章 纸及纸板；纸浆、纸或纸板制品 | Paper and paperboard; articles of paper pulp, of paper or paperboard | 12.33 | 5.66 | 11.48 | 4.90 |
| 49章 书籍、报纸、印刷图画及其他印制品；手稿、打字稿及设计图纸 | Printed books, newspapers, pictures and other products of the printing industry; manuscripts, typescripts and plans | 1.22 | 1.33 | 1.04 | 1.09 |
| **第十一类 纺织原料及纺织制品** | **TEXTILES AND TEXTILE ARTICLES** | **237.75** | **32.08** | **209.45** | **27.78** |
| 50章 蚕丝 | Silk | 1.15 | 0.06 | 0.88 | 0.05 |
| 51章 羊毛、动物细毛或粗毛；马毛纱线及其机织物 | Wool, fine or coarse animal hair; horsehair yarn and woven fabric | 2.42 | 1.67 | 2.34 | 1.47 |
| 52章 棉花 | Cotton | 1.71 | 2.90 | 1.34 | 2.42 |
| 53章 其他植物纺织纤维；纸纱线及其机织物 | Other vegetable textile fibres; paper yarn and woven fabrics of paper yarn | 0.47 | 0.13 | 0.45 | 0.12 |
| 54章 化学纤维长丝 | Man-made filaments | 2.17 | 7.61 | 2.01 | 6.82 |
| 55章 化学纤维短纤 | Man-made short fibres | 1.54 | 7.44 | 1.32 | 6.07 |
| 56章 絮胎、毡呢及无纺织物；特种纱线；线、绳、索、缆及其制品 | Wadding, felt and nonwoven; special yarns; twine, cordage, ropes and cables and articles thereof | 3.78 | 3.15 | 4.24 | 2.91 |
| 57章 地毯及纺织材料的其他铺地制品 | Carpets and other textile floor coverings | 3.82 | 0.08 | 3.26 | 0.08 |
| 58章 特种机织物；簇绒织物；花边；装饰毯；装饰带；刺绣品 | Special woven fabrics; tufted textile fabrics; lace; tapestries; trimmings; embroidery | 0.74 | 1.41 | 0.70 | 1.10 |
| 59章 浸渍、涂布、包覆或层压的纺织物；工业用纺织制品 | Impregnated, coated, covered or laminated textile fabrics; textile articles of a kind suitable for industrial use | 2.04 | 3.03 | 1.84 | 2.75 |
| 60章 针织物及钩编织物 | Knitted or crocheted fabrics | 0.59 | 3.21 | 0.49 | 2.76 |
| 61章 针织或钩编的服装及衣着附件 | Articles of apparel and clothing accessories, Knitted or crocheted | 101.09 | 0.40 | 88.27 | 0.38 |
| 62章 非针织或非钩编的服装及衣着附件 | Articles of apparel and clothing accessories, not knitted or crocheted | 87.80 | 0.64 | 77.16 | 0.52 |

6-22 续表 3 Continued 3

单位：亿美元
Unit: USD100 million

| 商品分类 | HS Section and Division | 2014 出口 Exports | 2014 进口 Imports | 2015 出口 Exports | 2015 进口 Imports |
|---|---|---|---|---|---|
| 63章 其他纺织制成品；成套物品；旧衣着及旧纺织品；碎织物 | Other made up textile articles; sets; worn clothing and worn textile articles; rags articles; rags | 28.42 | 0.35 | 25.16 | 0.34 |
| **第十二类 鞋、帽、伞、杖、鞭及其零件；已加工的羽毛及其制品；人造花；人发制品** | **FOOTWEAR, HEADGEAR, UMBRELLAS, SUN UMBRELLAS, WALKING-STICKS, SEAT-STICKS, WHIPS, RIDING-CROPS AND PARTS THEREOF; PREPARED FEATHERS AND ARTICLES MADE THEREWITH; ARTIFICIAL FLOWERS; ARTICLES OF HUMAN HAIR** | **34.33** | **0.43** | **32.21** | **0.44** |
| 64章 鞋靴、护腿和类似品及其零件 | Footwear, gaiters and the like; parts of such articles | 27.14 | 0.14 | 24.94 | 0.12 |
| 65章 帽类及其零件 | Headgear and parts thereof | 2.90 | 0.02 | 2.92 | 0.02 |
| 66章 雨伞、阳伞、手杖、鞭子、马鞭及其零件 | Umbrellas, sun umbrellas, walking-sticks, seat-sticks, whips, riding-crops and parts thereof | 2.76 | 0.00 | 2.93 | 0.00 |
| 67章 已加工羽毛、羽绒及其制品；人造花；人发制品 | Prepared feathers and down and articles made of feathers or of down; artificial flowers; articles of human hair | 1.53 | 0.26 | 1.42 | 0.30 |
| **第十三类 石料、石膏、水泥、石棉、云母及类似材料的制品；陶瓷产品；玻璃及其制品** | **ARTICLES OF STONE, PLASTER, CEMENT, ASBESTOS, MICA OR SIMILAR MATERIALS; CERAMIC PRODUCTS; GLASS AND GLASSWARE** | **20.80** | **27.53** | **18.79** | **22.50** |
| 68章 石料、石膏、水泥、石棉、云母及类似材料的制品 | Articles of stone, plaster, cement, asbestos, mica or similar materials; ceramic products; glass and glassware | 8.55 | 5.42 | 7.45 | 5.09 |
| 69章 陶瓷产品 | Ceramic products | 5.75 | 1.74 | 5.53 | 1.68 |
| 70章 玻璃及其制品 | Glass and glassware | 6.50 | 20.36 | 5.81 | 15.73 |
| **第十四类 天然或养殖珍珠、宝石或半宝石、贵金属、包贵金属及其制品；仿首饰；硬币** | **NATURAL OR CULTURED PEARLS, PRECIOUS OR SEMI-PRECIOUS STONES, PRECIOUS METALS, METALS CLAD WITH PRECIOUS METAL AND STONES, PRECIOUS METALS, METALS CLAD WITH PRECIOUS METAL AND ARTICLES THEREOF; IMITATION JEWELLERY; COIN** | **2.78** | **9.52** | **2.52** | **9.91** |
| 71章 天然或养殖珍珠、宝石或半宝石、贵金属、包贵金属及其制品；仿首饰；硬币 | Natural or cultured pearls, precious or semi-precious stones, precious metals, metals clad with precious metal and articles thereof; imitation jewellery; coin | 2.78 | 9.52 | 2.52 | 9.91 |
| **第十五类 贱金属及其制品** | **BASE METALS AND ARTICLES OF BASE METAL** | **85.00** | **165.47** | **74.94** | **135.49** |
| 72章 钢铁 | Iron and steel | 14.78 | 76.81 | 9.63 | 59.63 |
| 73章 钢铁制品 | Articles of iron or steel | 33.69 | 24.51 | 31.65 | 19.39 |
| 74章 铜及其制品 | Copper and articles thereof | 3.78 | 37.70 | 2.97 | 31.55 |
| 75章 镍及其制品 | Nickel and articles thereof | 0.55 | 2.28 | 0.27 | 2.46 |
| 76章 铝及其制品 | Aluminium and articles thereof | 16.55 | 9.09 | 15.71 | 8.49 |
| 78章 铅及其制品 | Lead and articles thereof | 0.06 | 0.06 | 0.05 | 0.04 |
| 79章 锌及其制品 | Zinc and articles thereof | 0.14 | 0.48 | 0.13 | 0.95 |
| 80章 锡及其制品 | Tin and articles thereof | 0.05 | 0.57 | 0.02 | 0.44 |
| 81章 其他贱金属、金属陶瓷及其制品 | Other base metals; cermets; articles thereof | 3.76 | 1.95 | 3.21 | 1.49 |
| 82章 贱金属工具、器具、利口器、餐匙、餐叉及其零件 | Tools, implements, cutlery, spoons and forks, of base metal; parts thereof of base metal | 5.24 | 9.60 | 5.30 | 8.99 |
| 83章 贱金属杂项制品 | Miscellaneous articles of base metal | 6.40 | 2.43 | 6.02 | 2.04 |

6-22 续表 4 Continued 4

单位：亿美元
Unit: USD100 million

| 商品分类 | HS Section and Division | 2014 出口 Exports | 2014 进口 Imports | 2015 出口 Exports | 2015 进口 Imports |
|---|---|---|---|---|---|
| **第十六类 机器、机械器具、电气设备及其零件；录音机及放声机、电视图像、声音的录制和重放设备及其零件、附件** | **MACHINERY AND MECHANICAL APPLIANCES; ELECTRICAL EQUIPMENT; PARTS THEREOF; SOUND RECORDERS AND REPRODUCERS, TELEVISION IMAGE AND SOUND RECORDERS AND REPRODUCERS; AND PARTS AND ACCESSORIES OF RECORDERS AND REPRODUCERS; AND PARTS AND ACCESSORIES OF SUCH ARTICLES** | **617.30** | **709.82** | **556.88** | **650.20** |
| 84章 核反应堆、锅炉、机器、机械器具及其零件 | Nuclear reactors, boilers, machinery and mechanical appliances; parts thereof | 259.74 | 303.84 | 220.16 | 263.07 |
| 85章 电机、电气设备及其零件；录音机及放声机、电视图像、声音的录制和重放设备及其零件、附件 | Electrical machinery and equipment and parts thereof; sound recorders and reproducers, television image and sound recorders and reproducers, and parts and accessories of such articles | 357.56 | 405.98 | 336.73 | 387.14 |
| **第十七类 车辆、航空器、船舶及有关运输设备** | **VEHICLES, AIRCRAFT, VESSELS AND ASSOCIATED TRANSPORT EQUIPMENT** | **46.51** | **165.40** | **44.55** | **129.71** |
| 86章 铁道及电车道机车、车辆及其零件；铁道及电车轨道固定装置及其零件、附件；各种机械(包括电动机械)交通信号设备 | Railway or tramway locomotives, rolling-stock and parts thereof; railway or tramway track fixtures and fittings and parts thereof; mechanical(including electro-mechanical) traffic signalling equipment of all kinds | 2.28 | 2.64 | 3.57 | 2.60 |
| 87章 车辆及其零件、附件，但铁道及电车道车辆除外 | Vehicles other than railway or tramway rolling-stock, and parts and accessories thereof | 41.81 | 159.71 | 38.69 | 123.76 |
| 88章 航空器、航天器及其零件 | Aircraft, spacecraft, and parts thereof | 1.27 | 0.09 | 0.77 | 0.12 |
| 89章 船舶及浮动结构体 | Ships, boats and floating structures | 1.15 | 2.97 | 1.51 | 3.23 |
| **第十八类 光学、照相、电影、计量、检验、医疗或外科用仪器及设备、精密仪器及设备；钟表；乐器；上述物品的零件、附件** | **OPTICAL, PHOTOGRAPHIC, CINEMATOGRAPHIC, MEASURING, CHECKING, PRECISION, MEDICAL OR SURGICAL INSTRUMENTS AND APPARATUS; CLOCKS AND WATCHES; MUSICAL INSTRUMENTS; PARTS AND ACCESSORIES THEREOF** | **55.87** | **171.53** | **52.56** | **150.70** |
| 90章 光学、照相、电影、计量、检验、医疗或外科用仪器及设备、精密仪器及设备；上述物品的零件、附件 | Optical, photographic, cinematographic, measuring, checking, precision medical or surgical instruments and apparatus; parts and accessories thereof | 51.45 | 165.50 | 48.28 | 144.64 |
| 91章 钟表及其零件 | Clocks and watches and parts thereof | 3.34 | 4.96 | 3.28 | 4.95 |
| 92章 乐器及其零件、附件 | Musical instruments; parts and accessories of such articles | 1.08 | 1.08 | 1.00 | 1.11 |
| **第十九类 武器、弹药及其零件、附件** | **ARMS AND AMMUNITION; PARTS AND ACCESSORIES THEREOF** | **0.01** | | **0.01** | **0.00** |
| 93章 武器、弹药及其零件、附件 | Arms and ammunition; parts and accessories thereof | 0.01 | | 0.01 | 0.00 |
| **第二十类 杂项制品** | **MISCELLANEOUS MANUFACTURED ARTICLES** | **83.85** | **14.87** | **77.13** | **19.02** |
| 94章 家具；寝具、褥垫、弹簧床垫、软坐垫及类似的填充制品；未列名灯具及照明装置；发光标志、发光名牌及类似品；活动房屋 | Furniture; bedding, mattresses, mattress supports, cushions and similar stuffed furnishings; lamps and lighting fittings, not elsewhere specified or included; illuminated signs, illuminated | 51.79 | 2.65 | 47.85 | 1.88 |
| 95章 玩具、游戏品、运动用品及其零件、附件 | Toys, games and sports requisites; parts and accessories thereof | 24.47 | 3.16 | 21.78 | 2.80 |
| 96章 杂项制品 | Miscellaneous manufactured articles | 7.60 | 9.06 | 7.50 | 14.35 |
| **第二十一类 艺术品、收藏品及古物** | **WORKS OF ART, COLLECTORS' PIECES AND ANTIQUES** | **2.06** | **0.07** | **0.33** | **0.17** |
| 97章 艺术品、收藏品及古物 | Works of art, collectors' pieces and antiques | 2.06 | 0.07 | 0.33 | 0.17 |
| **第二十二类 特殊交易品及未分类商品** | **COMMODITIES AND TRANSACTIONS NOT CLASSIFIED ACCORDING TO KIND** | **0.02** | **5.01** | **0.00** | **0.09** |
| 98章 特殊交易品及未分类商品 | Commodities and transactions not classified according to kind | 0.02 | 5.01 | 0.00 | 0.09 |

# 6-23 对欧洲联盟进出口商品分类金额
## Value of Exports to and Imports from EU by HS

单位：亿美元
Unit: USD100 million

| 商品分类 | HS Section and Division | 2014 出口 Exports | 2014 进口 Imports | 2015 出口 Exports | 2015 进口 Imports |
|---|---|---|---|---|---|
| **总　额** | **Total** | **3708.84** | **2442.55** | **3558.16** | **2087.66** |
| **第一类　活动物；动物产品** | **LIVE ANIMALS; ANIMAL PRODUCTS** | **28.27** | **31.04** | **26.64** | **32.90** |
| 01章　活动物 | Live animals | 0.03 | 0.71 | 0.02 | 0.68 |
| 02章　肉及食用杂碎 | Meat and edible meat offal | 0.38 | 14.50 | 0.22 | 20.10 |
| 03章　鱼、甲壳动物、软体动物及其他水生无脊椎动物 | Fish and crustaceans molluscs and other aquatic invertebrates | 18.75 | 3.05 | 18.33 | 2.43 |
| 04章　乳品；蛋品；天然蜂蜜；其他食用动物产品 | Dairy produce; birds' eggs; natural honey; edible products of animal origin, not elsewhere specified or included | 1.65 | 11.15 | 1.94 | 8.14 |
| 05章　其他动物产品 | Products of animal origin, not elsewhere specified or included | 7.46 | 1.64 | 6.12 | 1.54 |
| **第二类　植物产品** | **VEGETABLE PRODUCTS** | **23.39** | **7.82** | **23.09** | **17.21** |
| 06章　活树及其他活植物；鳞茎、根及类似品；插花及装饰用簇叶 | Live tree and other plants; bulbs, roots and the like; cut flowers and ornamental foliage | 0.46 | 0.97 | 0.42 | 1.17 |
| 07章　食用蔬菜、根及块茎 | Edible vegetables and certain roots and tubers | 6.18 | 0.09 | 5.52 | 0.09 |
| 08章　食用水果及坚果；甜瓜或柑桔属水果的果皮 | Edible fruit and nuts; peel of citrus fruit or melons | 3.38 | 1.10 | 3.78 | 0.82 |
| 09章　咖啡、茶、马黛茶及调味香料 | Coffee, tea, mate and spices | 4.53 | 0.27 | 4.19 | 0.36 |
| 10章　谷物 | Cereals | 0.06 | 2.69 | 0.06 | 11.54 |
| 11章　制粉工业产品；麦芽；淀粉；菊粉；面筋 | Products of the milling industry; malt; starches; inulin; wheat gluten | 0.40 | 0.56 | 0.68 | 0.77 |
| 12章　含油子仁及果实；杂项子仁及果实；工业用或药用植物；稻草、秸秆及饲料 | Oil seeds and oleaginous fruits; miscellaneous grains, seeds and fruit; industrial or medicinal plants; straw and fodder | 5.24 | 1.54 | 5.58 | 1.79 |
| 13章　虫胶；树胶、树脂及其他植物液、汁 | Lac; gums, resins and other vegetable saps and extracts | 2.82 | 0.60 | 2.34 | 0.68 |
| 14章　编结用植物材料；其他植物产品 | Vegetable plaiting materials; vegetable products not elsewhere specified or included | 0.33 | 0.01 | 0.52 | 0.00 |
| **第三类　动、植物油、脂及其分解产品；精制的食用油脂；动、植物蜡** | **ANIMAL OR VEGETABLE FATS AND OILS AND THEIR CLEAVAGE PRODUCTS; PREPARED EDIBLE FATS; ANIMAL OR VEGETABLE WAXES** | **1.25** | **3.01** | **1.33** | **3.21** |
| 15章　动、植物油、脂及其分解产品；精制的食用油脂；动、植物蜡 | Animal or vegetable fats and oils and their cleavage products; prepared edible fats; animal or vegetable waxes | 1.25 | 3.01 | 1.33 | 3.21 |
| **第四类　食品；饮料、酒及醋；烟草、烟草及烟草代用品的制品** | **PREPARED FOODSTUFFS; BEVERAGES, SPIRITS AND VINEGAR; TOBACCO AND MANUFACTURED TOBACCO SUBSTITUTES** | **28.11** | **46.30** | **27.11** | **57.46** |
| 16章　肉、鱼、甲壳动物、软体动物及其他水生无脊椎动物的制品 | Preparations of meat, of fish or of crustaceans, molluscs or other aquatic invertebrates | 5.68 | 0.03 | 4.40 | 0.08 |
| 17章　糖及糖食 | Sugars and sugar confectionery | 0.90 | 0.61 | 0.82 | 0.67 |
| 18章　可可及可可制品 | Cocoa and cocoa preparations | 1.30 | 3.68 | 0.91 | 3.82 |
| 19章　谷物、粮食粉、淀粉或乳的制品；糕饼点心 | Preparations of cereals, flour, starch or milk; pastry-cooks' products | 1.51 | 14.00 | 1.50 | 20.96 |

6-23 续表 1 Continued 1

单位：亿美元
Unit: USD100 million

| 商品分类 | HS Section and Division | 2014 出口 Exports | 2014 进口 Imports | 2015 出口 Exports | 2015 进口 Imports |
|---|---|---|---|---|---|
| 20章 蔬菜、水果、坚果或植物其他部分的制品 | Preparations of vegetables, fruit, nuts or other parts of plants | 9.36 | 1.08 | 9.15 | 1.27 |
| 21章 杂项食品 | Miscellaneous edible preparations | 2.08 | 3.56 | 2.51 | 3.79 |
| 22章 饮料、酒及醋 | Beverages, spirits and vinegar | 0.97 | 21.61 | 1.05 | 25.11 |
| 23章 食品工业的残渣及废料；配制的动物饲料 | Residues and waste from the food industries; prepared animal fodder | 4.59 | 1.13 | 4.62 | 1.34 |
| 24章 烟草及烟草代用品的制品 | Tobacco and manufactured tobacco substitutes | 1.72 | 0.59 | 2.15 | 0.43 |
| **第五类 矿产品** | **MINERAL PRODUCTS** | **20.36** | **56.26** | **15.71** | **39.27** |
| 25章 盐；硫磺；泥土及石料；石膏料、石灰及水泥 | Salt; sulphur; earths and stone; plastering materials, lime and cement | 4.32 | 8.21 | 3.53 | 5.89 |
| 26章 矿砂、矿渣及矿灰 | Ores, slag and ash | 0.55 | 15.76 | 0.11 | 10.76 |
| 27章 矿物燃料、矿物油及其蒸馏产品；沥青物质；矿物蜡 | Mineral fuels, mineral oils and products of their distillation; bituminous substances; mineral waxes | 15.49 | 32.29 | 12.07 | 22.63 |
| **第六类 化学工业及其相关工业的产品** | **PRODUCTS OF THE CHEMICAL OR INDUSTRIES ALLIED** | **169.52** | **260.19** | **162.42** | **264.76** |
| 28章 无机化学品；贵金属、稀土金属、放射性元素及其同位素的有机及无机化合物 | Inorganic chemicals; organic or inorganic compounds of precious metals, of rare- earth metals, of radioactive elements or of isotopes | 18.25 | 12.69 | 15.37 | 11.77 |
| 29章 有机化学品 | Organic chemicals | 95.94 | 51.21 | 94.06 | 49.00 |
| 30章 药品 | Pharmaceutical products | 14.22 | 114.15 | 13.97 | 124.60 |
| 31章 肥料 | Fertilizers | 0.74 | 3.13 | 0.49 | 3.89 |
| 32章 鞣料浸膏及染料浸膏；鞣酸及其衍生物；染料、颜料及其他着色料；油漆及清漆；油灰及其他类似胶粘剂；墨水、油墨 | Tanning or dyeing extracts; tannins and their derivatives; dyes, pigments and other colouring matter; paints and varnishes; putty and other mastics; inks | 9.43 | 12.27 | 8.45 | 10.70 |
| 33章 精油及香膏； 芳香料制品及化妆盥洗品 | Essential oils and retinoid; perfumery, cosmetic or toilet preparations | 7.86 | 15.37 | 8.24 | 16.97 |
| 34章 肥皂、有机表面活性剂、洗涤剂、润滑剂、人造蜡、调制蜡、光洁剂、蜡烛及类似品、塑型用膏、“牙科用蜡”及牙科用熟石膏制剂 | Soap, organic surface-active agents, washing preparations, lubricating preparations, artificial waxes, prepared waxes, polishing or scouring preparations, candles and similar articles, modelling pastes, “dental waxes” and dental preparations with a basis of plast | 4.19 | 11.87 | 4.21 | 11.36 |
| 35章 蛋白类物质；改性淀粉；胶；酶 | Albuminoidal substances; modified starches; glues; enzymes | 2.90 | 7.36 | 2.76 | 7.07 |
| 36章 炸药；烟火制品；火柴；引火合金；易燃材料制品 | Explosives; pyrotechnic products; matches; pyrophoric alloys; certain combustible preparations | 2.93 | 0.16 | 2.78 | 0.25 |
| 37章 照相及电影用品 | Photographic or cinematographic goods | 1.03 | 2.27 | 1.09 | 1.68 |
| 38章 杂项化学产品 | Miscellaneous chemical products | 12.03 | 29.72 | 10.98 | 27.46 |
| **第七类 塑料及其制品，橡胶及其制品** | **PLASTICS AND ARTICLES THEREOF RUBBER AND ARTICLES THEREOF** | **132.29** | **114.29** | **125.28** | **98.03** |
| 39章 塑料及其制品 | Plastics and articles thereof | 93.04 | 88.08 | 90.70 | 77.09 |
| 40章 橡胶及其制品 | Rubber and articles thereof | 39.26 | 26.21 | 34.58 | 20.94 |
| **第八类 生皮、皮革、毛皮及其制品；鞍具及挽具；旅行用品、手提包及类似品；动物肠线(蚕胶丝除外)制品** | **RAW HIDES AND SKINS, LEATHER, FUR SKINS AND ARTICLES THEREOF; SADDLERY AND HARNESS; TRAVEL GOODS, HANDBAGS AND SIMILAR CONTAINERS; ARTICLES OF ANIMAL GUT(OTHER THAN SILK-WORM GUT)** | **71.90** | **35.80** | **71.83** | **35.02** |
| 41章 生皮(毛皮除外)及皮革 | Raw hides and skins(other than fur skins) and leather | 0.59 | 13.69 | 0.49 | 13.06 |

6-23 续表 2 Continued 2

单位：亿美元
Unit: USD100 million

| 商品分类 | HS Section and Division | 2014 | | 2015 | |
|---|---|---|---|---|---|
| | | 出口 Exports | 进口 Imports | 出口 Exports | 进口 Imports |
| 42章 皮革制品；鞍具及挽具；旅行用品、手提包及类似容器；动物肠线(蚕胶丝除外)制品 | Articles of leather; saddlery and harness; travel goods, hand bags and similar containers; articles of animal gut (other than silk-worm gut) | 68.81 | 13.91 | 69.41 | 13.27 |
| 43章 毛皮、人造毛皮及其制品 | Fur skins and artificial fur; manufactures thereof | 2.50 | 8.20 | 1.93 | 8.69 |
| **第九类 木及木制品；木炭；软木及软木制品；稻草、秸秆、针茅或其他编结材料制品；篮筐及柳条编结品** | **WOOD AND ARTICLES OF WOOD; WOOD CHAR-COAL; CORK AND ARTICLES OF CORK; MANUFACTURES OF STRAW, OF ESPARTO OR OF OTHER PLAITING MATERIALS ; BASKET WARE AND WICKERWORK** | **31.25** | **13.87** | **30.26** | **12.46** |
| 44章 木及木制品；木炭 | Wood and articles of wood; wood charcoal | 25.65 | 13.48 | 24.51 | 12.08 |
| 45章 软木及软木制品 | Cork and articles of cork | 0.04 | 0.37 | 0.05 | 0.36 |
| 46章 稻草、秸秆、针茅或其他编结材料制品；篮筐及柳条编结品 | Manufactures of straw, of esparto or of other plaiting Materials; basket ware and wickerwork | 5.57 | 0.01 | 5.71 | 0.01 |
| **第十类 木浆及其他纤维状纤维素浆；纸及纸板的废碎品；纸、纸板及其制品** | **PULP OF WOOD OR OF OTHER FIBROUS CELLULOSIC MATERIAL; WASTE AND SCRAP OF PAPER OR PAPERBOARD; PAPER AND PAPERBOARD AND ARTICLES THEREOF** | **29.44** | **45.15** | **31.21** | **43.08** |
| 47章 木浆及其他纤维状纤维素浆；纸及纸板的废碎品 | Pulp of wood or of other fibrous cellulosic material; waste and scrap of paper or paperboard | 0.45 | 27.28 | 0.42 | 26.84 |
| 48章 纸及纸板；纸浆、纸或纸板制品 | Paper and paperboard; articles of paper pulp, of paper or paperboard | 21.02 | 13.17 | 22.70 | 12.17 |
| 49章 书籍、报纸、印刷图画及其他印制品；手稿、打字稿及设计图纸 | Printed books, newspapers, pictures and other products of the printing industry; manuscripts, typescripts and plans | 7.97 | 4.70 | 8.09 | 4.07 |
| **第十一类 纺织原料及纺织制品** | **TEXTILES AND TEXTILE ARTICLES** | **568.45** | **42.78** | **514.16** | **39.72** |
| 50章 蚕丝 | Silk | 3.82 | 0.12 | 3.03 | 0.10 |
| 51章 羊毛、动物细毛或粗毛；马毛纱线及其机织物 | Wool, fine or coarse animal hair; horsehair yarn and woven fabric | 6.33 | 4.49 | 5.19 | 4.15 |
| 52章 棉花 | Cotton | 6.81 | 1.28 | 5.29 | 0.97 |
| 53章 其他植物纺织纤维；纸纱线及其机织物 | Other vegetable textile fibres; paper yarn and woven fabrics of paper yarn | 1.69 | 4.44 | 1.45 | 4.25 |
| 54章 化学纤维长丝 | Man-made filaments | 20.17 | 2.73 | 19.17 | 2.57 |
| 55章 化学纤维短纤 | Man-made short fibres | 9.34 | 4.82 | 8.46 | 4.64 |
| 56章 絮胎、毡呢及无纺织物；特种纱线；线、绳、索、缆及其制品 | Wadding, felt and nonwoven; special yarns; twine, cordage, ropes and cables and articles thereof | 6.45 | 2.79 | 6.21 | 2.35 |
| 57章 地毯及纺织材料的其他铺地制品 | Carpets and other textile floor coverings | 4.25 | 0.31 | 3.95 | 0.27 |
| 58章 特种机织物；簇绒织物；花边；装饰毯；装饰带；刺绣品 | Special woven fabrics; tufted textile fabrics; lace; tapestries; trimmings; embroidery | 5.25 | 0.51 | 4.69 | 0.43 |
| 59章 浸渍、涂布、包覆或层压的纺织物；工业用纺织制品 | Impregnated , coated, covered or laminated textile fabrics; textile articles of a kind suitable for industrial use | 8.18 | 4.44 | 7.60 | 3.78 |
| 60章 针织物及钩编织物 | Knitted or crocheted fabrics | 9.13 | 1.06 | 9.01 | 0.91 |
| 61章 针织或钩编的服装及衣着附件 | Articles of apparel and clothing accessories, Knitted or crocheted | 213.12 | 4.51 | 187.20 | 4.59 |
| 62章 非针织或非钩编的服装及衣着附件 | Articles of apparel and clothing accessories, not knitted or crocheted | 222.00 | 10.75 | 202.28 | 10.14 |

6-23 续表 3 Continued 3

单位：亿美元
Unit: USD100 million

| 商品分类 | HS Section and Division | 2014 出口 Exports | 2014 进口 Imports | 2015 出口 Exports | 2015 进口 Imports |
|---|---|---|---|---|---|
| 63章 其他纺织制成品；成套物品；旧衣着及旧纺织品；碎织物 | Other made up textile articles; sets; worn clothing and worn textile articles; rags articles; rags | 51.91 | 0.53 | 50.65 | 0.55 |
| **第十二类 鞋、帽、伞、杖、鞭及其零件；已加工的羽毛及其制品；人造花；人发制品** | **FOOTWEAR, HEADGEAR, UMBRELLAS, SUN UMBRELLAS, WALKING-STICKS, SEAT-STICKS, WHIPS, RIDING-CROPS AND PARTS THEREOF; PREPARED FEATHERS AND ARTICLES MADE THEREWITH; ARTIFICIAL FLOWERS; ARTICLES OF HUMAN HAIR** | **146.77** | **7.79** | **139.23** | **7.35** |
| 64章 鞋靴、护腿和类似品及其零件 | Footwear, gaiters and the like; parts of such articles | 118.94 | 7.60 | 111.19 | 7.15 |
| 65章 帽类及其零件 | Headgear and parts thereof | 11.55 | 0.14 | 11.54 | 0.14 |
| 66章 雨伞、阳伞、手杖、鞭子、马鞭及其零件 | Umbrellas, sun umbrellas, walking-sticks, seat-sticks, whips, riding-crops and parts thereof | 7.26 | 0.02 | 6.67 | 0.02 |
| 67章 已加工羽毛、羽绒及其制品；人造花；人发制品 | Prepared feathers and down and articles made of feathers or of down; artificial flowers; articles of human hair | 9.03 | 0.04 | 9.83 | 0.03 |
| **第十三类 石料、石膏、水泥、石棉、云母及类似材料的制品；陶瓷产品；玻璃及其制品** | **ARTICLES OF STONE, PLASTER, CEMENT, ASBESTOS, MICA OR SIMILAR MATERIALS; CERAMIC PRODUCTS; GLASS AND GLASSWARE** | **64.63** | **16.98** | **72.68** | **14.79** |
| 68章 石料、石膏、水泥、石棉、云母及类似材料的制品 | Articles of stone, plaster, cement, asbestos, mica or similar materials; ceramic products; glass and glassware | 15.35 | 4.06 | 16.79 | 3.36 |
| 69章 陶瓷产品 | Ceramic products | 26.85 | 2.67 | 34.27 | 2.18 |
| 70章 玻璃及其制品 | Glass and glassware | 22.43 | 10.25 | 21.62 | 9.26 |
| **第十四类 天然或养殖珍珠、宝石或半宝石、贵金属、包贵金属及其制品；仿首饰；硬币** | **NATURAL OR CULTURED PEARLS, PRECIOUS OR SEMI-PRECIOUS STONES, PRECIOUS METALS, METALS CLAD WITH PRECIOUS METAL AND STONES, PRECIOUS METALS, METALS CLAD WITH PRECIOUS METAL AND ARTICLES THEREOF; IMITATION JEWELLERY; COIN** | **14.43** | **24.51** | **13.59** | **21.53** |
| 71章 天然或养殖珍珠、宝石或半宝石、贵金属、包贵金属及其制品；仿首饰；硬币 | Natural or cultured pearls, precious or semi-precious stones, precious metals, metals clad with precious metal and articles thereof; imitation jewellery; coin | 14.43 | 24.51 | 13.59 | 21.53 |
| **第十五类 贱金属及其制品** | **BASE METALS AND ARTICLES OF BASE METAL** | **250.12** | **169.41** | **241.65** | **134.05** |
| 72章 钢铁 | Iron and steel | 48.99 | 26.12 | 44.60 | 21.66 |
| 73章 钢铁制品 | Articles of iron or steel | 82.68 | 41.92 | 80.22 | 32.86 |
| 74章 铜及其制品 | Copper and articles thereof | 7.15 | 62.92 | 6.20 | 47.38 |
| 75章 镍及其制品 | Nickel and articles thereof | 2.68 | 3.36 | 2.08 | 2.43 |
| 76章 铝及其制品 | Aluminium and articles thereof | 30.40 | 11.76 | 31.15 | 10.58 |
| 78章 铅及其制品 | Lead and articles thereof | 0.00 | 0.07 | 0.01 | 0.11 |
| 79章 锌及其制品 | Zinc and articles thereof | 0.60 | 3.56 | 0.36 | 0.55 |
| 80章 锡及其制品 | Tin and articles thereof | 0.58 | 0.05 | 0.11 | 0.04 |
| 81章 其他贱金属、金属陶瓷及其制品 | Other base metals; cermets; articles thereof | 11.60 | 1.63 | 9.05 | 1.73 |
| 82章 贱金属工具、器具、利口器、餐匙、餐叉及其零件 | Tools, implements, cutlery, spoons and forks, of base metal; parts thereof of base metal | 33.25 | 10.70 | 33.36 | 10.71 |
| 83章 贱金属杂项制品 | Miscellaneous articles of base metal | 32.18 | 7.32 | 34.51 | 6.01 |

6-23 续表 4 Continued 4

单位：亿美元
Unit: USD100 million

| 商品分类 | HS Section and Division | 2014 出口 Exports | 2014 进口 Imports | 2015 出口 Exports | 2015 进口 Imports |
|---|---|---|---|---|---|
| **第十六类 机器、机械器具、电气设备及其零件；录音机及放声机、电视图像、声音的录制和重放设备及其零件、附件** | **MACHINERY AND MECHANICAL APPLIANCES; ELECTRICAL EQUIPMENT; PARTS THEREOF; SOUND RECORDERS AND REPRODUCERS, TELEVISION IMAGE AND SOUND RECORDERS AND REPRODUCERS; AND PARTS AND CCESSORIES OF RECORDERS AND EPRODUCERS; AND PARTS AND ACCESSORIES OF SUCH ARTICLES** | **1548.82** | **759.94** | **1461.16** | **647.46** |
| 84章 核反应堆、锅炉、机器、机械器具及其零件 | Nuclear reactors, boilers, machinery and mechanical appliances; parts thereof | 798.36 | 498.68 | 697.27 | 406.23 |
| 85章 电机、电气设备及其零件；录音机及放声机、电视图像、声音的录制和重放设备及其零件、附件 | Electrical machinery and equipment and parts thereof; sound recorders and reproducers, television image and sound recorders and reproducers, and parts and accessories of such articles | 750.47 | 261.26 | 763.89 | 241.23 |
| **第十七类 车辆、航空器、船舶及有关运输设备** | **VEHICLES, AIRCRAFT, VESSELS AND ASSOCIATED TRANSPORT EQUIPMENT** | **149.54** | **616.98** | **137.53** | **447.27** |
| 86章 铁道及电车道机车、车辆及其零件；铁道及电车轨道固定装置及其零件、附件；各种机械(包括电动机械)交通信号设备 | Railway or tramway locomotives, rolling-stock and parts thereof; railway or tramway track fixtures and fittings and parts thereof; mechanical(including electro- mechanical) traffic signalling equipment of all kinds | 21.48 | 11.60 | 23.47 | 9.27 |
| 87章 车辆及其零件、附件，但铁道及电车道车辆除外 | Vehicles other than railway or tramway rolling-stock, and parts and accessories thereof | 76.25 | 485.75 | 76.24 | 347.61 |
| 88章 航空器、航天器及其零件 | Aircraft, spacecraft, and parts thereof | 5.85 | 117.77 | 7.56 | 88.60 |
| 89章 船舶及浮动结构体 | Ships, boats and floating structures | 45.95 | 1.86 | 30.26 | 1.79 |
| **第十八类 光学、照相、电影、计量、检验、医疗或外科用仪器及设备、精密仪器及设备；钟表；乐器；上述物品的零件、附件** | **OPTICAL, PHOTOGRAPHIC, CINEMATOGRAPHIC, MEASURING, CHECKING, PRECISION, MEDICAL OR SURGICAL INSTRUMENTS AND APPARATUS; CLOCKS AND WATCHES; MUSICAL INSTRUMENTS; PARTS AND ACCESSORIES THEREOF** | **119.09** | **164.38** | **127.16** | **150.87** |
| 90章 光学、照相、电影、计量、检验、医疗或外科用仪器及设备、精密仪器及设备；上述物品的零件、附件 | Optical, photographic, cinematographic, measuring, checking, precision medical or surgical instruments and apparatus; parts and accessories thereof | 109.68 | 163.23 | 117.76 | 149.72 |
| 91章 钟表及其零件 | Clocks and watches and parts thereof | 5.34 | 0.57 | 5.48 | 0.58 |
| 92章 乐器及其零件、附件 | Musical instruments; parts and accessories of such articles | 4.06 | 0.57 | 3.92 | 0.57 |
| **第十九类 武器、弹药及其零件、附件** | **ARMS AND AMMUNITION; PARTS AND ACCESSORIES THEREOF** | **0.21** | **0.05** | **0.22** | **0.06** |
| 93章 武器、弹药及其零件、附件 | Arms and ammunition; parts and accessories thereof | 0.21 | 0.05 | 0.22 | 0.06 |
| **第二十类 杂项制品** | **MISCELLANEOUS MANUFACTURED ARTICLES** | **310.10** | **20.56** | **335.01** | **19.70** |
| 94章 家具；寝具、褥垫、弹簧床垫、软坐垫及类似的填充制品；未列名灯具及照明装置；发光标志、发光名牌及类似品；活动房屋 | Furniture; bedding, mattresses, mattress supports, cushions and similar stuffed furnishings; lamps and lighting fittings, not elsewhere specified or included; illuminated signs, illuminated | 197.36 | 16.49 | 208.70 | 15.15 |
| 95章 玩具、游戏品、运动用品及其零件、附件 | Toys, games and sports requisites; parts and accessories thereof | 88.94 | 2.27 | 102.47 | 2.69 |
| 96章 杂项制品 | Miscellaneous manufactured articles | 23.80 | 1.81 | 23.84 | 1.86 |
| **第二十一类 艺术品、收藏品及古物** | **WORKS OF ART, COLLECTORS' PIECES AND ANTIQUES** | **0.72** | **0.64** | **0.86** | **1.37** |
| 97章 艺术品、收藏品及古物 | Works of art, collectors' pieces and antiques | 0.72 | 0.64 | 0.86 | 1.37 |
| **第二十二类 特殊交易品及未分类商品** | **COMMODITIES AND TRANSACTIONS NOT CLASSIFIED ACCORDING TO KIND** | **0.15** | **4.81** | **0.02** | **0.10** |
| 98章 特殊交易品及未分类商品 | Commodities and transactions not classified according to kind | 0.15 | 4.81 | 0.02 | 0.10 |

# 6-24 对美国进出口商品分类金额

# Value of Exports and Imports from United States by HS

单位：亿美元

Unit: USD100 million

| 商品分类 | HS Section and Division | 2014 出口 Exports | 2014 进口 Imports | 2015 出口 Exports | 2015 进口 Imports |
|---|---|---|---|---|---|
| **总　额** | **Total** | **3960.82** | **1590.36** | **4092.14** | **1478.09** |
| **第一类　活动物；动物产品** | **LIVE ANIMALS; ANIMAL PRODUCTS** | **22.09** | **29.20** | **21.02** | **20.31** |
| 01章　活动物 | Live animals | 0.32 | 0.53 | 0.22 | 0.11 |
| 02章　肉及食用杂碎 | Meat and edible meat offal | 0.05 | 9.84 | 0.02 | 5.19 |
| 03章　鱼、甲壳动物、软体动物及其他水生无脊椎动物 | Fish and crustaceans molluscs and other aquatic invertebrates | 18.78 | 11.79 | 18.01 | 10.83 |
| 04章　乳品；蛋品；天然蜂蜜；其他食用动物产品 | Dairy produce; birds' eggs; natural honey; edible products of animal origin, not elsewhere specified or included | 0.14 | 5.87 | 0.15 | 2.99 |
| 05章　其他动物产品 | Products of animal origin, not elsewhere specified or included | 2.80 | 1.17 | 2.62 | 1.19 |
| **第二类　植物产品** | **VEGETABLE PRODUCTS** | **13.60** | **194.46** | **14.42** | **164.16** |
| 06章　活树及其他活植物；鳞茎、根及类似品；插花及装饰用簇叶 | Live tree and other plants; bulbs, roots and the like; cut flowers and ornamental foliage | 0.22 | 0.06 | 0.28 | 0.07 |
| 07章　食用蔬菜、根及块茎 | Edible vegetables and certain roots and tubers | 4.68 | 0.39 | 5.40 | 0.51 |
| 08章　食用水果及坚果；甜瓜或柑桔属水果的果皮 | Edible fruit and nuts; peel of citrus fruit or melons | 1.47 | 4.08 | 1.60 | 5.26 |
| 09章　咖啡、茶、马黛茶及调味香料 | Coffee, tea, mate and spices | 2.24 | 0.14 | 2.21 | 0.12 |
| 10章　谷物 | Cereals | 0.03 | 20.95 | 0.04 | 27.78 |
| 11章　制粉工业产品；麦芽；淀粉；菊粉；面筋 | Products of the milling industry; malt; starches; inulin; wheat gluten | 0.19 | 0.17 | 0.14 | 0.23 |
| 12章　含油子仁及果实；杂项子仁及果实；工业用或药用植物；稻草、秸秆及饲料 | Oil seeds and oleaginous fruits; miscellaneous grains, seeds and fruit; industrial or medicinal plants; straw and fodder | 2.26 | 168.33 | 2.03 | 129.83 |
| 13章　虫胶；树胶、树脂及其他植物液、汁 | Lac; gums, resins and other vegetable saps and extracts | 2.43 | 0.29 | 2.62 | 0.29 |
| 14章　编结用植物材料；其他植物产品 | Vegetable plaiting materials; vegetable products not elsewhere specified or included | 0.08 | 0.05 | 0.09 | 0.08 |
| **第三类　动、植物油、脂及其分解产品；精制的食用油脂；动、植物蜡** | **ANIMAL OR VEGETABLE FATS AND OILS AND THEIR CLEAVAGE PRODUCTS; PREPARED EDIBLE FATS; ANIMAL OR VEGETABLE WAXES** | **0.94** | **2.48** | **0.86** | **0.68** |
| 15章　动、植物油、脂及其分解产品；精制的食用油脂；动、植物蜡 | Animal or vegetable fats and oils and their cleavage products; prepared edible fats; animal or vegetable waxes | 0.94 | 2.48 | 0.86 | 0.68 |
| **第四类　食品；饮料、酒及醋；烟草、烟草及烟草代用品的制品** | **PREPARED FOODSTUFFS; BEVERAGES, SPIRITS AND VINEGAR; TOBACCO AND MANUFACTURED TOBACCO SUBSTITUTES** | **36.20** | **31.69** | **35.84** | **36.43** |
| 16章　肉、鱼、甲壳动物、软体动物及其他水生无脊椎动物的制品 | Preparations of meat, of fish or of crustaceans, molluscs or other aquatic invertebrates | 14.11 | 0.04 | 13.00 | 0.04 |
| 17章　糖及糖食 | Sugars and sugar confectionery | 1.84 | 1.02 | 1.63 | 0.72 |
| 18章　可可及可可制品 | Cocoa and cocoa preparations | 0.13 | 0.42 | 0.26 | 0.41 |
| 19章　谷物、粮食粉、淀粉或乳的制品；糕饼点心 | Preparations of cereals, flour, starch or milk; pastry-cooks' products | 1.67 | 0.76 | 1.70 | 1.33 |

6-24 续表 1 Continued 1

单位：亿美元
Unit: USD100 million

| 商品分类 | HS Section and Division | 2014 出口 Exports | 2014 进口 Imports | 2015 出口 Exports | 2015 进口 Imports |
|---|---|---|---|---|---|
| 20章 蔬菜、水果、坚果或植物其他部分的制品 | Preparations of vegetables, fruit, nuts or other parts of plants | 10.82 | 2.21 | 10.99 | 2.41 |
| 21章 杂项食品 | Miscellaneous edible preparations | 2.73 | 2.77 | 3.29 | 3.45 |
| 22章 饮料、酒及醋 | Beverages, spirits and vinegar | 0.46 | 1.41 | 0.50 | 2.79 |
| 23章 食品工业的残渣及废料；配制的动物饲料 | Residues and waste from the food industries; prepared animal fodder | 4.34 | 20.81 | 4.39 | 23.31 |
| 24章 烟草及烟草代用品的制品 | Tobacco and manufactured tobacco substitutes | 0.10 | 2.25 | 0.09 | 1.97 |
| **第五类 矿产品** | **MINERAL PRODUCTS** | **17.44** | **47.09** | **13.36** | **45.34** |
| 25章 盐；硫磺；泥土及石料；石膏料、石灰及水泥 | Salt; sulphur; earths and stone; plastering materials, lime and cement | 4.67 | 2.52 | 3.66 | 2.40 |
| 26章 矿砂、矿渣及矿灰 | Ores, slag and ash | 0.20 | 20.22 | 0.10 | 16.40 |
| 27章 矿物燃料、矿物油及其蒸馏产品；沥青物质；矿物蜡 | Mineral fuels, mineral oils and products of their distillation; bituminous substances; mineral waxes | 12.58 | 24.35 | 9.60 | 26.54 |
| **第六类 化学工业及其相关工业的产品** | **PRODUCTS OF THE CHEMICAL OR INDUSTRIES ALLIED** | **127.91** | **128.40** | **125.45** | **126.54** |
| 28章 无机化学品；贵金属、稀土金属、放射性元素及其同位素的有机及无机化合物 | Inorganic chemicals; organic or inorganic compounds of precious metals, of rare- earth metals, of radioactive elements or of isotopes | 14.70 | 10.11 | 10.91 | 9.64 |
| 29章 有机化学品 | Organic chemicals | 61.56 | 37.42 | 58.20 | 31.12 |
| 30章 药品 | Pharmaceutical products | 11.62 | 19.82 | 13.35 | 26.51 |
| 31章 肥料 | Fertilizers | 6.22 | 1.09 | 6.98 | 0.33 |
| 32章 鞣料浸膏及染料浸膏；鞣酸及其衍生物；染料、颜料及其他着色料；油漆及清漆；油灰及其他类似胶粘剂；墨水、油墨 | Tanning or dyeing extracts; tannins and their derivatives; dyes, pigments and other colouring matter; paints and varnishes; putty and other mastics; inks | 5.43 | 5.60 | 5.22 | 4.96 |
| 33章 精油及香膏； 芳香料制品及化妆盥洗品 | Essential oils and retinoid; perfumery, cosmetic or toilet preparations | 8.73 | 5.36 | 10.59 | 6.38 |
| 34章 肥皂、有机表面活性剂、洗涤剂、润滑剂、人造蜡、调制蜡、光洁剂、蜡烛及类似品、塑型用膏、"牙科用蜡"及牙科用熟石膏制剂 | Soap, organic surface-active agents, washing preparations, lubricating preparations, artificial waxes, prepared waxes, polishing or scouring preparations, candles and similar articles, modelling pastes, "dental waxes" and dental preparations with a basis of plast | 2.90 | 8.39 | 2.78 | 8.36 |
| 35章 蛋白类物质；改性淀粉；胶；酶 | Albuminoidal substances; modified starches; glues; enzymes | 2.80 | 4.07 | 2.70 | 4.13 |
| 36章 炸药；烟火制品；火柴；引火合金；易燃材料制品 | Explosives; pyrotechnic products; matches; pyrophoric alloys; certain combustible preparations | 2.96 | 0.79 | 3.35 | 0.81 |
| 37章 照相及电影用品 | Photographic or cinematographic goods | 0.56 | 5.41 | 0.45 | 5.86 |
| 38章 杂项化学产品 | Miscellaneous chemical products | 10.44 | 30.33 | 10.92 | 28.43 |
| **第七类 塑料及其制品，橡胶及其制品** | **PLASTICS AND ARTICLES THEREOF RUBBER AND ARTICLES THEREOF** | **179.33** | **80.85** | **179.57** | **74.42** |
| 39章 塑料及其制品 | Plastics and articles thereof | 127.44 | 68.10 | 139.93 | 62.94 |
| 40章 橡胶及其制品 | Rubber and articles thereof | 51.89 | 12.74 | 39.64 | 11.48 |
| **第八类 生皮、皮革、毛皮及其制品；鞍具及挽具；旅行用品、手提包及类似品；动物肠线（蚕胶丝除外）制品** | **RAW HIDES AND SKINS, LEATHER, FUR SKINS AND ARTICLES THEREOF; SADDLERY AND HARNESS; TRAVEL GOODS, HANDBAGS AND SIMILAR CONTAINERS; ARTICLES OF ANIMAL GUT(OTHER THAN SILK-WORM GUT)** | **69.22** | **18.25** | **79.03** | **16.71** |
| 41章 生皮(毛皮除外)及皮革 | Raw hides and skins(other than fur skins) and leather | 0.24 | 17.77 | 0.22 | 15.86 |

6-24 续表 2 Continued 2

单位：亿美元
Unit: USD100 million

| 商品分类 | HS Section and Division | 2014 出 口 Exports | 2014 进 口 Imports | 2015 出 口 Exports | 2015 进 口 Imports |
|---|---|---|---|---|---|
| 42章 皮革制品；鞍具及挽具；旅行用品、手提包及类似容器；动物肠线(蚕胶丝除外)制品 | Articles of leather; saddlery and harness; travel goods, hand bags and similar containers; articles of animal gut (other than silk-worm gut) | 68.37 | 0.14 | 78.07 | 0.15 |
| 43章 毛皮、人造毛皮及其制品 | Fur skins and artificial fur; manufactures thereof | 0.61 | 0.34 | 0.74 | 0.70 |
| **第九类 木及木制品；木炭；软木及软木制品；稻草，秸秆、针茅或其他编结材料制品；篮筐及柳条编结品** | **WOOD AND ARTICLES OF WOOD; WOOD CHAR-COAL; CORK AND ARTICLES OF CORK; MANUFACTURES OF STRAW, OF ESPARTO OR OF OTHER PLAITING MATERIALS ; BASKET WARE AND WICKERWORK** | **38.81** | **28.68** | **41.02** | **22.22** |
| 44章 木及木制品；木炭 | Wood and articles of wood; wood charcoal | 35.24 | 28.68 | 37.26 | 22.21 |
| 45章 软木及软木制品 | Cork and articles of cork | 0.07 | 0.00 | 0.08 | 0.00 |
| 46章 稻草、秸秆、针茅或其他编结材料制品；篮筐及柳条编结品 | Manufactures of straw, of esparto or of other plaiting Materials; basket ware and wickerwork | 3.50 | 0.00 | 3.68 | 0.00 |
| **第十类 木浆及其他纤维状纤维素浆；纸及纸板的废碎品；纸、纸板及其制品** | **PULP OF WOOD OR OF OTHER FIBROUS CELLULOSIC MATERIAL; WASTE AND SCRAP OF PAPER OR PAPERBOARD; PAPER AND PAPERBOARD AND ARTICLES THEREOF** | **36.02** | **53.45** | **45.21** | **53.09** |
| 47章 木浆及其他纤维状纤维素浆；纸及纸板的废碎品 | Pulp of wood or of other fibrous cellulosic material; waste and scrap of paper or paperboard | 0.02 | 39.44 | 0.01 | 39.27 |
| 48章 纸及纸板；纸浆、纸或纸板制品 | Paper and paperboard; articles of paper pulp, of paper or paperboard | 25.02 | 9.63 | 33.37 | 9.01 |
| 49章 书籍、报纸、印刷图画及其他印制品；手稿、打字稿及设计图纸 | Printed books, newspapers, pictures and other products of the printing industry; manuscripts, typescripts and plans | 10.99 | 4.38 | 11.83 | 4.81 |
| **第十一类 纺织原料及纺织制品** | **TEXTILES AND TEXTILE ARTICLES** | **418.79** | **25.25** | **447.68** | **19.81** |
| 50章 蚕丝 | Silk | 0.36 | 0.00 | 0.30 | 0.00 |
| 51章 羊毛、动物细毛或粗毛；马毛纱线及其机织物 | Wool, fine or coarse animal hair; horsehair yarn and woven fabric | 0.39 | 0.08 | 0.38 | 0.13 |
| 52章 棉花 | Cotton | 2.75 | 13.81 | 3.51 | 11.03 |
| 53章 其他植物纺织纤维；纸纱线及其机织物 | Other vegetable textile fibres; paper yarn and woven fabrics of paper yarn | 0.47 | 0.00 | 0.43 | 0.00 |
| 54章 化学纤维长丝 | Man-made filaments | 5.80 | 1.45 | 5.74 | 1.21 |
| 55章 化学纤维短纤 | Man-made short fibres | 5.06 | 5.30 | 5.25 | 3.22 |
| 56章 絮胎、毡呢及无纺织物；特种纱线；线、绳、索、缆及其制品 | Wadding, felt and nonwoven; special yarns; twine, cordage, ropes and cables and articles thereof | 5.73 | 2.06 | 6.64 | 1.90 |
| 57章 地毯及纺织材料的其他铺地制品 | Carpets and other textile floor coverings | 5.04 | 0.21 | 5.20 | 0.21 |
| 58章 特种机织物；簇绒织物；花边；装饰毯；装饰带；刺绣品 | Special woven fabrics; tufted textile fabrics; lace; tapestries; trimmings; embroidery | 4.24 | 0.25 | 4.10 | 0.24 |
| 59章 浸渍、涂布、包覆或层压的纺织物；工业用纺织制品 | Impregnated , coated, covered or laminated textile fabrics; textile articles of a kind suitable for industrial use | 5.18 | 1.20 | 5.35 | 1.11 |
| 60章 针织物及钩编织物 | Knitted or crocheted fabrics | 6.84 | 0.17 | 7.35 | 0.14 |
| 61章 针织或钩编的服装及衣着附件 | Articles of apparel and clothing accessories, Knitted or crocheted | 162.32 | 0.14 | 175.65 | 0.09 |
| 62章 非针织或非钩编的服装及衣着附件 | Articles of apparel and clothing accessories, not knitted or crocheted | 142.92 | 0.17 | 151.23 | 0.18 |

6-24 续表 3 Continued 3

单位：亿美元
Unit: USD100 million

| 商品分类 | HS Section and Division | 2014 出口 Exports | 2014 进口 Imports | 2015 出口 Exports | 2015 进口 Imports |
|---|---|---|---|---|---|
| 63章 其他纺织制成品；成套物品；旧衣着及旧纺织品；碎织物 | Other made up textile articles; sets; worn clothing and worn textile articles; rags articles; rags | 71.69 | 0.41 | 76.54 | 0.34 |
| **第十二类 鞋、帽、伞、杖、鞭及其零件；已加工的羽毛及其制品；人造花；人发制品** | **FOOTWEAR, HEADGEAR, UMBRELLAS, SUN UMBRELLAS, WALKING-STICKS, SEAT-STICKS, WHIPS, RIDING-CROPS AND PARTS THEREOF; PREPARED FEATHERS AND ARTICLES MADE THEREWITH; ARTIFICIAL FLOWERS; ARTICLES OF HUMAN HAIR** | **173.69** | **0.92** | **184.69** | **1.14** |
| 64章 鞋靴、护腿和类似品及其零件 | Footwear, gaiters and the like; parts of such articles | 138.41 | 0.74 | 140.59 | 0.89 |
| 65章 帽类及其零件 | Headgear and parts thereof | 11.17 | 0.04 | 12.81 | 0.04 |
| 66章 雨伞、阳伞、手杖、鞭子、马鞭及其零件 | Umbrellas, sun umbrellas, walking-sticks, seat-sticks, whips, riding-crops and parts thereof | 4.66 | 0.00 | 4.89 | 0.00 |
| 67章 已加工羽毛、羽绒及其制品；人造花；人发制品 | Prepared feathers and down and articles made of feathers or of down; artificial flowers; articles of human hair | 19.45 | 0.14 | 26.41 | 0.20 |
| **第十三类 石料、石膏、水泥、石棉、云母及类似材料的制品；陶瓷产品；玻璃及其制品** | **ARTICLES OF STONE, PLASTER, CEMENT, ASBESTOS, MICA OR SIMILAR MATERIALS; CERAMIC PRODUCTS; GLASS AND GLASSWARE** | **60.26** | **15.25** | **83.79** | **11.68** |
| 68章 石料、石膏、水泥、石棉、云母及类似材料的制品 | Articles of stone, plaster, cement, asbestos, mica or similar materials; ceramic products; glass and glassware | 11.10 | 1.63 | 18.69 | 1.90 |
| 69章 陶瓷产品 | Ceramic products | 25.62 | 1.00 | 37.43 | 0.92 |
| 70章 玻璃及其制品 | Glass and glassware | 23.55 | 12.61 | 27.67 | 8.85 |
| **第十四类 天然或养殖珍珠、宝石或半宝石、贵金属、包贵金属及其制品；仿首饰；硬币** | **NATURAL OR CULTURED PEARLS, PRECIOUS OR SEMI-PRECIOUS STONES, PRECIOUS METALS, METALS CLAD WITH PRECIOUS METAL AND STONES, PRECIOUS METALS, METALS CLAD WITH PRECIOUS METAL AND ARTICLES THEREOF; IMITATION JEWELLERY; COIN** | **43.92** | **3.50** | **42.07** | **59.96** |
| 71章 天然或养殖珍珠、宝石或半宝石、贵金属、包贵金属及其制品；仿首饰；硬币 | Natural or cultured pearls, precious or semi-precious stones, precious metals, metals clad with precious metal and articles thereof; imitation jewellery; coin | 43.92 | 3.50 | 42.07 | 59.96 |
| **第十五类 贱金属及其制品** | **BASE METALS AND ARTICLES OF BASE METAL** | **221.71** | **70.40** | **231.55** | **57.52** |
| 72章 钢铁 | Iron and steel | 24.85 | 3.45 | 14.95 | 2.85 |
| 73章 钢铁制品 | Articles of iron or steel | 92.70 | 13.19 | 104.86 | 11.89 |
| 74章 铜及其制品 | Copper and articles thereof | 5.32 | 27.27 | 4.15 | 19.24 |
| 75章 镍及其制品 | Nickel and articles thereof | 1.25 | 2.41 | 0.42 | 2.66 |
| 76章 铝及其制品 | Aluminium and articles thereof | 28.31 | 15.89 | 30.24 | 13.13 |
| 78章 铅及其制品 | Lead and articles thereof | 0.02 | 0.02 | 0.03 | 0.02 |
| 79章 锌及其制品 | Zinc and articles thereof | 0.41 | 0.48 | 0.48 | 0.35 |
| 80章 锡及其制品 | Tin and articles thereof | 0.11 | 0.05 | 0.07 | 0.03 |
| 81章 其他贱金属、金属陶瓷及其制品 | Other base metals; cermets; articles thereof | 5.58 | 2.61 | 3.85 | 2.89 |
| 82章 贱金属工具、器具、利口器、餐匙、餐叉及其零件 | Tools, implements, cutlery, spoons and forks, of base metal; parts thereof of base metal | 31.71 | 3.33 | 34.59 | 2.83 |
| 83章 贱金属杂项制品 | Miscellaneous articles of base metal | 31.45 | 1.70 | 37.91 | 1.64 |

6-24 续表 4 Continued 4

单位：亿美元
Unit: USD100 million

| 商品分类 | HS Section and Division | 2014 | | 2015 | |
|---|---|---|---|---|---|
| | | 出口 Exports | 进口 Imports | 出口 Exports | 进口 Imports |
| **第十六类 机器、机械器具、电气设备及其零件；录音机及放声机、电视图像、声音的录制和重放设备及其零件、附件** | **MACHINERY AND MECHANICAL APPLIANCES; ELECTRICAL EQUIPMENT; PARTS THEREOF; SOUND RECORDERS AND REPRODUCERS, TELEVISION IMAGE AND SOUND RECORDERS AND REPRODUCERS; AND PARTS AND CCESSORIES OF RECORDERS AND EPRODUCERS; AND PARTS AND ACCESSORIES OF SUCH ARTICLES** | **1828.45** | **382.50** | **1795.24** | **353.39** |
| 84章 核反应堆、锅炉、机器、机械器具及其零件 | Nuclear reactors, boilers, machinery and mechanical appliances; parts thereof | 907.96 | 167.05 | 843.50 | 158.22 |
| 85章 电机、电气设备及其零件；录音机及放声机、电视图像、声音的录制和重放设备及其零件、附件 | Electrical machinery and equipment and parts thereof; sound recorders and reproducers, television image and sound recorders and reproducers, and parts and accessories of such articles | 920.49 | 215.45 | 951.74 | 195.18 |
| **第十七类 车辆、航空器、船舶及有关运输设备** | **VEHICLES, AIRCRAFT, VESSELS AND ASSOCIATED TRANSPORT EQUIPMENT** | **169.75** | **298.50** | **169.51** | **294.71** |
| 86章 铁道及电车道机车、车辆及其零件；铁道及电车轨道固定装置及其零件、附件；各种机械(包括电动机械)交通信号设备 | Railway or tramway locomotives, rolling-stock and parts thereof; railway or tramway track fixtures and fittings and parts thereof; mechanical(including electro-mechanical) traffic signalling equipment of all kinds | 36.19 | 1.24 | 25.36 | 0.70 |
| 87章 车辆及其零件、附件，但铁道及电车道车辆除外 | Vehicles other than railway or tramway rolling-stock, and parts and accessories thereof | 123.24 | 141.69 | 132.35 | 132.00 |
| 88章 航空器、航天器及其零件 | Aircraft, spacecraft, and parts thereof | 8.61 | 155.18 | 8.88 | 161.47 |
| 89章 船舶及浮动结构体 | Ships, boats and floating structures | 1.71 | 0.39 | 2.91 | 0.54 |
| **第十八类 光学、照相、电影、计量、检验、医疗或外科用仪器及设备、精密仪器及设备；钟表；乐器；上述物品的零件、附件** | **OPTICAL, PHOTOGRAPHIC, CINEMATOGRAPHIC, MEASURING, CHECKING, PRECISION, MEDICAL OR SURGICAL INSTRUMENTS AND APPARATUS; CLOCKS AND WATCHES; MUSICAL INSTRUMENTS; PARTS AND ACCESSORIES THEREOF** | **103.86** | **114.02** | **109.99** | **113.35** |
| 90章 光学、照相、电影、计量、检验、医疗或外科用仪器及设备、精密仪器及设备；上述物品的零件、附件 | Optical, photographic, cinematographic, measuring, checking, precision medical or surgical instruments and apparatus; parts and accessories thereof | 93.70 | 113.85 | 99.14 | 113.13 |
| 91章 钟表及其零件 | Clocks and watches and parts thereof | 5.60 | 0.05 | 5.93 | 0.09 |
| 92章 乐器及其零件、附件 | Musical instruments; parts and accessories of such articles | 4.56 | 0.12 | 4.92 | 0.13 |
| **第十九类 武器、弹药及其零件、附件** | **ARMS AND AMMUNITION; PARTS AND ACCESSORIES THEREOF** | **0.91** | **0.00** | **1.09** | **0.00** |
| 93章 武器、弹药及其零件、附件 | Arms and ammunition; parts and accessories thereof | 0.91 | 0.00 | 1.09 | 0.00 |
| **第二十类 杂项制品** | **MISCELLANEOUS MANUFACTURED ARTICLES** | **397.06** | **4.89** | **469.49** | **6.05** |
| 94章 家具；寝具、褥垫、弹簧床垫、软坐垫及类似的填充制品；未列名灯具及照明装置；发光标志、发光名牌及类似品；活动房屋 | Furniture; bedding, mattresses, mattress supports, cushions and similar stuffed furnishings; lamps and lighting fittings, not elsewhere specified or included; illuminated signs, illuminated | 241.21 | 3.22 | 290.32 | 3.87 |
| 95章 玩具、游戏品、运动用品及其零件、附件 | Toys, games and sports requisites; parts and accessories thereof | 131.92 | 1.00 | 151.11 | 1.45 |
| 96章 杂项制品 | Miscellaneous manufactured articles | 23.94 | 0.67 | 28.06 | 0.73 |
| **第二十一类 艺术品、收藏品及古物** | **WORKS OF ART, COLLECTORS' PIECES AND ANTIQUES** | **0.70** | **0.35** | **1.21** | **0.16** |
| 97章 艺术品、收藏品及古物 | Works of art, collectors' pieces and antiques | 0.70 | 0.35 | 1.21 | 0.16 |
| **第二十二类 特殊交易品及未分类商品** | **COMMODITIES AND TRANSACTIONS NOT CLASSIFIED ACCORDING TO KIND** | **0.14** | **60.21** | **0.06** | **0.42** |
| 98章 特殊交易品及未分类商品 | Commodities and transactions not classified according to kind | 0.14 | 60.21 | 0.06 | 0.42 |

# 6-25 我国同各国(地区)海关进出口总额

## China's Foreign Trade with Related Countries and Territories

单位：万美元
Unit: USD 10000

| 国别(地区) | Region | 2014 出口总额 Exports | 2014 进口总额 Imports | 2015 出口总额 Exports | 2015 进口总额 Imports |
|---|---|---|---|---|---|
| **总　计** | **Total** | **234229270** | **195923465** | **227346822** | **167956450** |
| **亚洲** | **Asia** | **118838071** | **108509736** | **114009975** | **95430936** |
| 阿富汗 | Afghanistan | 39356 | 1737 | 36182 | 1177 |
| 巴林 | Bahrain | 123178 | 18396 | 101185 | 11154 |
| 孟加拉国 | Bangladesh | 1178227 | 76111 | 1389471 | 81685 |
| 不丹 | Bhutan | 1112 | 10 | 812 | 35 |
| 文莱 | Brunei | 174681 | 18972 | 140741 | 10116 |
| 缅甸 | Myanmar | 936765 | 1560128 | 965091 | 544930 |
| 柬埔寨 | Cambodia | 327474 | 48291 | 376339 | 66660 |
| 塞浦路斯 | Cyprus | 103758 | 6258 | 58967 | 4991 |
| 朝鲜 | Korea DPR | 351965 | 286793 | 294292 | 256769 |
| 中国香港 | Hong Kong, China | 36307714 | 1262137 | 33046279 | 1274581 |
| 印度 | India | 5421742 | 1635869 | 5822803 | 1336855 |
| 印度尼西亚 | Indonesia | 3905961 | 2448525 | 3434197 | 1988619 |
| 伊朗 | Iran | 2433849 | 2750385 | 1777011 | 1605745 |
| 伊拉克 | Iraq | 774384 | 2076124 | 790923 | 1267463 |
| 以色列 | Israel | 773911 | 314064 | 861595 | 280203 |
| 日本 | Japan | 14939134 | 16292051 | 13561644 | 14290257 |
| 约旦 | Jordan | 336453 | 26320 | 342440 | 28752 |
| 科威特 | Kuwait | 342872 | 1000496 | 377267 | 749707 |
| 老挝 | Laos | 183948 | 177788 | 122576 | 154734 |
| 黎巴嫩 | Lebanon | 260486 | 2539 | 228553 | 1732 |
| 中国澳门 | Macao, China | 359286 | 21241 | 459058 | 18536 |
| 马来西亚 | Malaysia | 4635339 | 5565224 | 4398039 | 5327733 |
| 马尔代夫 | Maldives | 10399 | 38 | 17265 | 18 |
| 蒙古 | Mongolia | 221638 | 510209 | 157070 | 379538 |
| 尼泊尔 | Nepal | 228358 | 4707 | 83271 | 3200 |
| 阿曼 | Oman | 206538 | 2379586 | 211639 | 1504742 |
| 巴基斯坦 | Pakistan | 1324448 | 275387 | 1644189 | 247476 |
| 巴勒斯坦 | Palestine | 7551 | 9 | 6925 | 44 |
| 菲律宾 | Philippines | 2347358 | 2098413 | 2667079 | 1896565 |
| 卡塔尔 | Qatar | 225401 | 833673 | 227564 | 461437 |
| 沙特阿拉伯 | Saudi Arabia | 2057524 | 4850803 | 2161293 | 3002105 |
| 新加坡 | Singapore | 4891117 | 3082873 | 5194244 | 2758076 |
| 韩国 | Korea Rep. | 10033345 | 19010877 | 10128638 | 17450608 |
| 斯里兰卡 | Sri Lanka | 379280 | 24827 | 430405 | 25852 |
| 叙利亚 | Syria | 98437 | 213 | 102257 | 359 |
| 泰国 | Thailand | 3428923 | 3833193 | 3829080 | 3716875 |
| 土耳其 | Turkey | 1930546 | 370540 | 1860784 | 294364 |
| 阿联酋 | United Arab Emirates | 3903451 | 1576336 | 3702016 | 1151403 |
| 也门共和国 | Republic of Yemen | 220131 | 293285 | 142997 | 89814 |
| 越南 | Vietnam | 6373001 | 1990640 | 6601702 | 2983175 |
| 中华人民共和国 | P. R. China | | 14488044 | | 14336931 |
| 中国台湾 | Taiwan, China | 4627662 | 15200713 | 4489247 | 14320422 |
| 东帝汶 | Timor Leste | 6034 | 10 | 10453 | 73 |
| 哈萨克斯坦 | Kazakhstan | 1270985 | 974182 | 844124 | 584895 |
| 吉尔吉斯斯坦 | Kirghizia | 524252 | 5542 | 428212 | 5857 |

6-25 续表 1 Continued 1

单位：万美元
Unit: USD 10000

| 国 别 (地 区) | Region | 2014 | | 2015 | |
|---|---|---|---|---|---|
| | | 出口总额 Exports | 进口总额 Imports | 出口总额 Exports | 进口总额 Imports |
| 塔吉克 | Tadzhikistan | 246824 | 4770 | 179539 | 5204 |
| 土库曼 | Turkmenistan | 95428 | 951616 | 81547 | 782766 |
| 乌兹别克 | Uzbekistan | 267821 | 159791 | 222876 | 126706 |
| 亚洲其他国家(地区) | Other Countries (Regions) in Asia | 24 | 0 | 97 | |
| **非洲** | **Africa** | **10603475** | **11563138** | **10854050** | **7025827** |
| 阿尔及利亚 | Algeria | 739518 | 131468 | 758335 | 76736 |
| 安哥拉 | Angola | 597500 | 3110602 | 371715 | 1600161 |
| 贝宁 | Benin | 348598 | 26663 | 298907 | 7785 |
| 博茨瓦那 | Botswana | 17615 | 21388 | 22484 | 13874 |
| 布隆迪 | Burundi | 5160 | 414 | 4009 | 282 |
| 喀麦隆 | Cameroon | 187758 | 68888 | 183330 | 78162 |
| 加那利群岛 | Canary Is. | 436 | | 344 | |
| 佛得角 | Cape Verde | 5122 | 0 | 4330 | 2 |
| 中非 | Central Africa | 721 | 2927 | 1352 | 2653 |
| 塞卜泰(休达) | Ceuta | 50 | | 83 | |
| 乍得 | Chad | 31771 | 10834 | 12355 | 9069 |
| 科摩罗 | Comoros | 4069 | 1 | 4570 | 2 |
| 刚果(布) | Congo | 98453 | 547902 | 103542 | 262386 |
| 吉布提 | Djibouti | 111218 | 168 | 198082 | 90 |
| 埃及 | Egypt | 1046051 | 115952 | 1195858 | 91784 |
| 赤道几内亚 | Eq. Guinea | 35252 | 321719 | 26139 | 116650 |
| 埃塞俄比亚 | Ethiopia | 292231 | 48995 | 344087 | 38035 |
| 加蓬 | Gabon | 43039 | 160793 | 66542 | 110019 |
| 冈比亚 | Gambia | 35069 | 3793 | 33010 | 5579 |
| 加纳 | Ghana | 413457 | 145260 | 530888 | 129647 |
| 几内亚 | Guinea | 110146 | 4134 | 127709 | 2593 |
| 几内亚比绍 | Guinea-Bissau | 1715 | 4996 | 1748 | 1781 |
| 科特迪瓦共和国 | Cote d'Ivoire | 122008 | 21627 | 155444 | 14411 |
| 肯尼亚 | Kenya | 493063 | 7704 | 591432 | 9874 |
| 利比里亚 | Liberia | 171133 | 28845 | 135688 | 17217 |
| 利比亚 | Libya | 215761 | 72637 | 189202 | 95155 |
| 马达加斯加 | Madagascar | 75268 | 11808 | 86524 | 17113 |
| 马拉维 | Malawi | 15712 | 3414 | 24596 | 2961 |
| 马里 | Mali | 29707 | 9565 | 27043 | 9299 |
| 毛里塔尼亚 | Mauritania | 75695 | 116813 | 80137 | 71807 |
| 毛里求斯 | Mauritius | 74518 | 1420 | 84110 | 1534 |
| 摩洛哥 | Morocco | 296299 | 51850 | 289718 | 52152 |
| 莫桑比克 | Mozambique | 196874 | 164982 | 193802 | 45262 |
| 纳米比亚 | Namibia | 54573 | 31734 | 48992 | 21163 |
| 尼日尔 | Niger | 24370 | 7912 | 17335 | 14099 |
| 尼日利亚 | Nigeria | 1539342 | 265604 | 1370124 | 124070 |
| 留尼汪 | Reunion | 16192 | 2 | 17204 | 1 |
| 卢旺达 | Rwanda | 11499 | 9189 | 12227 | 4354 |
| 圣多美和普林西比 | Sao Tome & Principe | 573 | 0 | 596 | 3 |
| 塞内加尔 | Senegal | 165023 | 4702 | 219053 | 11166 |
| 塞舌尔 | Seychelles | 4558 | 20 | 5763 | 10 |
| 塞拉利昂 | Sierra Leone | 16305 | 167870 | 27656 | 16482 |
| 索马里 | Somalia | 20608 | 2988 | 29812 | 2471 |
| 南非 | South Africa | 1569915 | 4456813 | 1585792 | 3015141 |
| 西撒哈拉 | Western Sahara | 31 | 1 | 40 | |

6-25 续表 2 Continued 2

单位：万美元
Unit: USD 10000

| 国 别（地区） | Region | 2014 | | 2015 | |
|---|---|---|---|---|---|
| | | 出口总额 Exports | 进口总额 Imports | 出口总额 Exports | 进口总额 Imports |
| 苏丹 | Sudan | 192869 | 152131 | 239450 | 72839 |
| 坦桑尼亚 | Tanzania | 384357 | 43510 | 427887 | 37784 |
| 多哥 | Togo | 249191 | 16644 | 218017 | 21471 |
| 突尼斯 | Tunisia | 123578 | 21192 | 123743 | 18380 |
| 乌干达 | Uganda | 48657 | 11157 | 55340 | 8558 |
| 布基纳法索 | Burkina Faso | 11797 | 12390 | 12384 | 4407 |
| 刚果(金) | Congo DR | 136218 | 281156 | 140868 | 262743 |
| 赞比亚 | Zambia | 72567 | 306075 | 55207 | 178648 |
| 津巴布韦 | Zimbabwe | 40380 | 83571 | 54332 | 76140 |
| 莱索托 | Lesotho | 8876 | 1208 | 8318 | 1200 |
| 梅利利亚 | Melilla | 903 | | 771 | |
| 斯威士兰 | Swaziland | 2653 | 4611 | 3057 | 29 |
| 厄立特里亚 | Eritrea | 8814 | 32169 | 13430 | 17873 |
| 马约特岛 | Mayotte | 1909 | 0 | 3815 | |
| 南苏丹共和国 | Republic of South Sudan | 6608 | 432924 | 15545 | 232689 |
| 非洲其他国家(地区) | Other Countries (Regions) in Africa | 125 | 1 | 181 | 31 |
| **欧洲** | **Europe** | **43882482** | **33613073** | **40324061** | **29306508** |
| 比利时 | Belgium | 1721641 | 1005922 | 1620831 | 700581 |
| 丹麦 | Denmark | 654783 | 405732 | 615113 | 409545 |
| 英国 | United Kingdom | 5714114 | 2372674 | 5956707 | 1893374 |
| 德国 | Germany | 7270305 | 10501277 | 6915483 | 8762336 |
| 法国 | France | 2870208 | 2706275 | 2674840 | 2462165 |
| 爱尔兰 | Ireland | 280168 | 373363 | 282316 | 428645 |
| 意大利 | Italy | 2875640 | 1928190 | 2783441 | 1681983 |
| 卢森堡 | Luxembourg | 194875 | 30380 | 232318 | 30907 |
| 荷兰 | Netherlands | 6492852 | 934013 | 5945338 | 877776 |
| 希腊 | Greece | 418561 | 34567 | 366498 | 28550 |
| 葡萄牙 | Portugal | 313707 | 166329 | 289492 | 146154 |
| 西班牙 | Spain | 2149728 | 620361 | 2185237 | 558717 |
| 阿尔巴尼亚 | Albania | 37827 | 18932 | 43019 | 12786 |
| 安道尔 | Andorra | 220 | 3 | 129 | 1 |
| 奥地利 | Austria | 239621 | 585170 | 249773 | 496804 |
| 保加利亚 | Bulgaria | 117806 | 98486 | 104326 | 74831 |
| 芬兰 | Finland | 509898 | 405118 | 354129 | 348495 |
| 直布罗陀 | Gibraltar | 828 | 0 | 19691 | 24 |
| 匈牙利 | Hungary | 576417 | 325990 | 519745 | 287555 |
| 冰岛 | Iceland | 14376 | 5976 | 12502 | 6607 |
| 列支敦士登 | Liechtenstein | 2138 | 10056 | 2817 | 10383 |
| 马耳他 | Malta | 319286 | 59142 | 237997 | 44109 |
| 摩纳哥 | Monaco | 1289 | 1161 | 809 | 1003 |
| 挪威 | Norway | 273144 | 446769 | 285680 | 414606 |
| 波兰 | Poland | 1425680 | 293474 | 1434487 | 274195 |
| 罗马尼亚 | Romania | 322318 | 152067 | 316224 | 129495 |
| 圣马力诺 | San Marino | 283 | 298 | 430 | 416 |
| 瑞典 | Sweden | 716760 | 679154 | 709855 | 641671 |
| 瑞士 | Switzerland | 308848 | 4044052 | 316716 | 4109633 |
| 爱沙尼亚 | Estonia | 114610 | 22550 | 95329 | 23496 |
| 拉脱维亚 | Latvia | 131670 | 14691 | 102251 | 14459 |
| 立陶宛 | Lithuania | 165829 | 15749 | 121090 | 13879 |
| 格鲁吉亚 | Georgia | 90868 | 5311 | 76868 | 4379 |

6-25 续表 3 Continued 3

单位：万美元
Unit: USD 10000

| 国 别（地 区） | Region | 2014 |  | 2015 |  |
|---|---|---|---|---|---|
|  |  | 出口总额 Exports | 进口总额 Imports | 出口总额 Exports | 进口总额 Imports |
| 亚美尼亚 | Armenia | 12281 | 16717 | 11240 | 20897 |
| 阿塞拜疆 | Azerbaijan | 64525 | 29706 | 43915 | 22290 |
| 白俄罗斯 | Byelorussia | 111059 | 73828 | 74890 | 101082 |
| 摩尔多瓦 | Moldavia | 11520 | 2479 | 9996 | 2147 |
| 俄罗斯 | Russia | 5367694 | 4159351 | 3475688 | 3325866 |
| 乌克兰 | Ukraine | 510623 | 348354 | 351571 | 355580 |
| 斯洛文尼亚 | Slovenia | 199194 | 33146 | 209174 | 28951 |
| 克罗地亚 | Croatia | 102733 | 10066 | 98556 | 11179 |
| 捷克 | Czech | 799290 | 298669 | 822613 | 278045 |
| 斯洛伐克 | Slovak | 282850 | 337608 | 279447 | 223732 |
| 马其顿 | Macedonia | 7666 | 9058 | 8653 | 13270 |
| 波黑 | Bosnia & Herzegovina | 28398 | 3724 | 5998 | 5373 |
| 梵蒂冈城国 | Vatican City State | 0 |  | 0 |  |
| 法罗群岛 | Faroe Islands | 188 | 10503 | 5916 | 12735 |
| 塞尔维亚 | Serbia | 42456 | 11274 | 41510 | 13374 |
| 黑山 | Montenegro | 15707 | 5356 | 13415 | 2427 |
| **拉丁美洲** | **Latin America** | **13622356** | **12705397** | **13209660** | **10379664** |
| 安提瓜和巴布达 | Antigua and Barbuda | 17236 | 4 | 5307 | 1 |
| 阿根廷 | Argentina | 767983 | 524694 | 880511 | 571748 |
| 阿鲁巴岛 | Aruba | 5357 | 18428 | 4828 | 1 |
| 巴哈马 | Bahamas | 74287 | 19 | 158537 | 2437 |
| 巴巴多斯 | Barbados | 7146 | 1480 | 6520 | 1883 |
| 伯利兹 | Belize | 9586 | 727 | 7850 | 179 |
| 玻利维亚 | Bolivia | 70594 | 49257 | 56885 | 44383 |
| 博内尔 | Bonaire | 29 | 4715 | 35 |  |
| 巴西 | Brazil | 3489013 | 5165322 | 2741223 | 4408936 |
| 开曼群岛 | Cayman Is. | 846 | 0 | 6094 | 0 |
| 智利 | Chile | 1301750 | 2098588 | 1329032 | 1843896 |
| 哥伦比亚 | Colombia | 804333 | 759889 | 758079 | 354514 |
| 多米尼克 | Dominica | 3704 | 57 | 3076 | 65 |
| 哥斯达黎加 | Costa Rica | 110954 | 418627 | 133068 | 82596 |
| 古巴 | Cuba | 106247 | 33302 | 188637 | 33000 |
| 库腊索岛 | Curacao | 2563 | 3 | 2761 | 14 |
| 多米尼加共和国 | Dominica Rep. | 127363 | 27380 | 155743 | 20801 |
| 厄瓜多尔 | Ecuador | 324514 | 106451 | 289142 | 123845 |
| 法属圭亚那 | French Guyana | 1294 | 1 | 1444 | 1 |
| 格林纳达 | Granada | 1486 | 0 | 993 | 1 |
| 瓜德罗普岛 | Guadeloupe | 3651 | 2 | 3316 | 0 |
| 危地马拉 | Guatemala | 186728 | 5140 | 205266 | 20110 |
| 圭亚那 | Guyana | 16729 | 4022 | 15895 | 4937 |
| 海地 | Haiti | 39138 | 1483 | 43422 | 1047 |
| 洪都拉斯 | Honduras | 68654 | 16166 | 85379 | 3549 |
| 牙买加 | Jamaica | 52304 | 3751 | 62537 | 3131 |
| 马提尼克岛 | Martinique | 2438 | 1 | 2455 | 1 |
| 墨西哥 | Mexico | 3225539 | 1117342 | 3379176 | 1002752 |
| 蒙特塞拉特 | Montserrat | 42 | 1 | 49 | 1 |
| 尼加拉瓜 | Nicaragua | 56813 | 4337 | 66625 | 3473 |
| 巴拿马 | Panama | 930739 | 12750 | 851888 | 31521 |
| 巴拉圭 | Paraguay | 139624 | 5563 | 126797 | 4178 |
| 秘鲁 | Peru | 610085 | 814087 | 635497 | 794992 |
| 波多黎各 | Puerto Rico | 103670 | 100352 | 76535 | 88398 |
| 萨巴 | Saba | 10 | 0 | 8 |  |

6-25 续表 4 Continued 4

单位：万美元
Unit: USD 10000

| 国别（地区） | Region | 2014 | | 2015 | |
|---|---|---|---|---|---|
| | | 出口总额 Exports | 进口总额 Imports | 出口总额 Exports | 进口总额 Imports |
| 圣卢西亚 | Saint Lucia | 2990 | 3 | 1829 | 7 |
| 圣马丁岛 | Saint Martin Is. | 598 | 0 | 1269 | |
| 圣文森特和格林纳丁斯 | Saint Vincent & Grenadines | 3729 | 0 | 3712 | 5 |
| 萨尔瓦多 | El Salvador | 60189 | 1047 | 72669 | 5376 |
| 苏里南 | Surinam | 17687 | 5267 | 19921 | 5085 |
| 特立尼达和多巴哥 | Trinidad and Tobago | 42798 | 10073 | 47831 | 3921 |
| 特克斯和 | Turks & Caicos Is. | 109 | 1 | 75 | 0 |
| 凯科斯群岛 | | | | 196057 | 241054 |
| 乌拉圭 | Uruguay | 245849 | 262909 | 531577 | 677771 |
| 委内瑞拉 | Venezuela | 565742 | 1132005 | 42418 | 1 |
| 英属维尔京群岛 | Virgin Is. (E) | 11497 | 1 | 1085 | 34 |
| 圣其茨-尼维斯 | St. Kitts-Nevis | 2666 | 42 | 12 | |
| 荷属安地列斯群岛 | Andreas Is. (N) | 5989 | 0 | 6368 | 16 |
| 拉美其他国家（地区） | Other Countries (Regions) in Latin America | 62 | 106 | 232 | 7 |
| **北美洲** | **North America** | **42625673** | **18430760** | **43900170** | **17411304** |
| 加拿大 | Canada | 3000368 | 2518201 | 2942264 | 2621375 |
| 美国 | United States | 39606255 | 15906100 | 40921390 | 14780907 |
| 格陵兰 | Greenland | 78 | 6452 | 8 | 8990 |
| 百慕大群岛 | Bermuda | 18873 | 1 | 36483 | 0 |
| 北美洲其他国家（地区） | Other Countries (Regions) in North America | 99 | 6 | 25 | 32 |
| **大洋洲及太平洋群岛** | **Oceanic and Pacific Islands** | **4657213** | **10946708** | **5048906** | **8286474** |
| 澳大利亚 | Australia | 3914595 | 9763089 | 4030651 | 7351011 |
| 库克群岛 | Cook Islands | 1942 | 170 | 1429 | 160 |
| 斐济 | Fiji | 28725 | 5288 | 32675 | 2139 |
| 盖比群岛 | Gambier Is. | 6 | | 5 | 0 |
| 瑙鲁 | Nauru | 275 | 1 | 181 | 9 |
| 新喀里多尼亚 | New Caledonia (Fr) | 9075 | 33419 | 10292 | 46545 |
| 瓦努阿图 | Vanuatu | 18024 | 692 | 7031 | 1201 |
| 新西兰 | New Zealand | 473794 | 950553 | 491906 | 658378 |
| 诺福克岛 | Norfolk Islands | 106 | | 65 | |
| 巴布亚新几内亚 | Papua New Guinea | 63646 | 140323 | 98700 | 177465 |
| 社会群岛 | Society Is. | 402 | | 375 | |
| 所罗门群岛 | Solomon Is. | 4944 | 47383 | 8061 | 46011 |
| 汤加 | Tonga | 2394 | 4 | 2701 | 2 |
| 萨摩亚 | Samoa | 5587 | 19 | 6227 | 98 |
| 基里巴斯 | Kiribati | 2062 | 290 | 4246 | 401 |
| 图瓦卢 | Tuvalu | 464 | 0 | 1187 | 99 |
| 密克罗尼西亚联邦 | Micronesia Commonwealth | 934 | 544 | 1211 | 134 |
| 马绍尔群岛共和国 | Marshall. Is. | 123692 | 4333 | 340316 | 2497 |
| 帕劳共和国 | Republic of Palau | 1046 | 6 | 1903 | 1 |
| 法属波利尼西亚 | Polynesia (F) | 4858 | 572 | 9089 | 267 |
| 瓦利斯和浮图纳 | Wallis and Futuna | 122 | 1 | 76 | |
| 大洋洲其他国家（地区） | Other Countries (Regions) in Oceania | 520 | 20 | 581 | 57 |
| **国别（地区）不详** | **Others** | | **154653** | | **115737** |
| **东南亚国家联盟** | **ASEAN** | **27204566** | **20824048** | **27729088** | **19447482** |
| **欧洲联盟** | **EU** | **37084299** | **24416420** | **35581577** | **20876619** |
| **亚太经济合作组织** | **APEC** | **149227962** | **122759295** | **144795193** | **112910599** |

# 6-26 主要出口商品数量和金额
## Major Export Commodities in Quantity and Value

单位：万美元
Unit: USD 10000

| 商 品 | Commodities | 单 位 | Unit | 数 量 Quantity 2014 | 2015 | 金 额 Value 2014 | 2015 |
|---|---|---|---|---|---|---|---|
| 活猪(种猪除外) | Live Hogs | 万头 | 10000 head | 173 | 169 | 45635 | 48250 |
| 活家禽 | Live Poultry | 万只 | 10000 head | 493 | 433 | 1851 | 1569 |
| 牛肉 | Beef | 万吨 | 10000 tn | 1 | 0 | 5927 | 4472 |
| 猪肉 | Pork | 万吨 | 10000 tn | 9 | 7 | 42269 | 32224 |
| 冻鸡 | Frozen Chicken | 万吨 | 10000 tn | 12 | 13 | 28197 | 27206 |
| 水海产品 | Aquatic Products | 万吨 | 10000 tn | 403 | 391 | 2086382 | 1956763 |
| 鲜蛋 | Fresh Eggs | 百万个 | million pc. | 1141 | 1207 | 12262 | 12093 |
| 谷物及谷物粉 | Cereals and Cereals Flour | 万吨 | 10000 tn | 71 | 48 | 55566 | 39507 |
| #稻谷和大米 | Rice | 万吨 | 10000 tn | 42 | 29 | 37840 | 26771 |
| 玉米 | Maize | 万吨 | 10000 tn | 2 | 1 | 769 | 490 |
| 蔬菜 | Vegetables | 万吨 | 10000 tn | 803 | 833 | 980042 | 1070829 |
| #鲜或冷藏蔬菜 | Fresh Vegetables | 万吨 | 10000 tn | 555 | 566 | 383362 | 444327 |
| 橘、橙 | Mandarins and Oranges | 吨 | tn | 836682 | 751323 | 102757 | 106245 |
| 苹果 | Apples | 吨 | tn | 865048 | 833021 | 102758 | 103123 |
| 松子仁 | Pine nut Kernels | 吨 | tn | 11428 | 13439 | 23407 | 25802 |
| 大豆 | Soybean | 万吨 | 10000 tn | 21 | 13 | 19908 | 12551 |
| 花生及花生仁 | Peanuts | 万吨 | 10000 tn | 14 | 13 | 20065 | 21502 |
| 食用植物油(含棕榈油) | Edible Vegetable Oil | 吨 | tn | 133858 | 135349 | 20033 | 18412 |
| 食糖 | Sugar | 吨 | tn | 46218 | 74979 | 3786 | 4657 |
| 天然蜂蜜 | Natural Honey | 吨 | tn | 129824 | 144756 | 26026 | 28866 |
| 茶叶 | Tea | 吨 | tn | 301484 | 324955 | 127266 | 138174 |
| 辣椒干 | Dried Chillies | 吨 | tn | 38392 | 51309 | 9803 | 11074 |
| 猪肉罐头 | Canned Pork | 吨 | tn | 50088 | 42028 | 15347 | 13033 |
| 蘑菇罐头 | Canned Mushroom | 吨 | tn | 265364 | 236777 | 52614 | 39211 |
| 啤酒 | Beer | 万升 | 10000 liters | 25821 | 26548 | 17704 | 18324 |
| 肠衣 | Casings | 吨 | tn | 90534 | 94249 | 102945 | 101367 |
| 填充用羽毛及羽绒 | Feathers and Dawn for Stuffing | 吨 | tn | 41407 | 39275 | 99655 | 51617 |
| 中药材及中式成药 | Medical Materials and Medicaments of Chinese Type | 吨 | tn | 203216 | 184454 | 152659 | 130471 |
| 烤烟 | Flue-cured Tobacco | 吨 | tn | 88043 | 101007 | 42040 | 44879 |

6-26 续表 1 Continued 1

单位：万美元
Unit: USD 10000

| 商品 | Commodities | 单位 | Unit | 数量 Quantity 2014 | 数量 Quantity 2015 | 金额 Value 2014 | 金额 Value 2015 |
|---|---|---|---|---|---|---|---|
| 纸烟 | Cigarette | 万条 | 10000 items | 12608 | 13159 | 51374 | 57265 |
| 锯材 | Wood Sawn | 万立方米 | 10000 cu.m | 40 | 27 | 29525 | 20524 |
| 生丝 | Raw Silk | 吨 | tn | 6359 | 6695 | 34017 | 31835 |
| 山羊绒 | Cashmere | 吨 | tn | 2374 | 2596 | 23025 | 21059 |
| 棉花 | Cotton | 吨 | tn | 13470 | 28916 | 3007 | 4889 |
| 天然石墨 | Natural Graphite | 万吨 | 10000 tn | 28 | 25 | 29811 | 24637 |
| 天然碳酸镁及氧化镁 | Magnesian Ores | 万吨 | 10000 tn | 228 | 214 | 61843 | 54041 |
| 萤石(氟石) | Fluorite | 万吨 | 10000 tn | 41 | 34 | 12020 | 8937 |
| 天然硫酸钡(重晶石) | Barite | 万吨 | 10000 tn | 267 | 207 | 34828 | 27254 |
| 滑石 | Talcum | 万吨 | 10000 tn | 67 | 63 | 16755 | 15495 |
| 氧化铝 | Aluminium Oxide | 吨 | tn | 118028 | 292591 | 10835 | 13946 |
| 煤及褐煤 | Coal and Lignite | 万吨 | 10000 tn | 574 | 533 | 69543 | 49875 |
| 焦炭及半焦炭 | Coke and Semi-coke | 万吨 | 10000 tn | 851 | 985 | 170915 | 153862 |
| 原油 | Crude Oil | 万吨 | 10000 tn | 60 | 287 | 49070 | 154564 |
| 成品油 | Petroleum Products Refined | 万吨 | 10000 tn | 2967 | 3615 | 2577675 | 1909548 |
| 石蜡 | Paraffin Wax | 万吨 | 10000 tn | 48 | 62 | 61947 | 65320 |
| 仲钨酸铵 | Tungstate | 吨 | tn | 3023 | 1672 | 9509 | 3425 |
| 氧化锌及过氧化锌 | Zinc Oxide and Zinc Peroxide | 吨 | tn | 12444 | 13414 | 2238 | 2540 |
| 合成有机染料 | Synthetic Organic Dyestuffs | 吨 | tn | 271374 | 252942 | 181285 | 158929 |
| 医药品 | Medical and Pharmaceutical Products | 吨 | tn | 874720 | 875948 | 1337811 | 1350553 |
| #中式成药 | Medicaments of Chinese Type | 吨 | tn | 12990 | 12369 | 24930 | 26301 |
| 医用敷料 | Pharmaceutical Goods | 吨 | tn | 183460 | 176079 | 139540 | 133529 |
| 洗衣粉 | Detergent | 吨 | tn | 454025 | 457081 | 37436 | 34124 |
| 烟花、爆竹 | Fireworks and Firecrackers | 吨 | tn | 334408 | 334265 | 84957 | 84676 |
| 松香及树脂酸 | Resin and Resin Acids | 吨 | tn | 122473 | 85822 | 29662 | 19561 |
| 新的充气橡胶轮胎 | Rubber Tyres | 万条 | 10000 pc. | 47587 | 44451 | 1644663 | 1384643 |
| 纸及纸板(未切成形的) | Paper and Paperboard in Rolls | 万吨 | 10000 tn | 630 | 593 | 758208 | 744683 |
| 棉纱线 | Cotton Yarn | 吨 | tn | 431379 | 343935 | 206262 | 166818 |
| 丝织物 | Silk and Satins | | | | | 90711 | 75618 |
| 棉机织物 | Cotton Cloth | | | | | 1461612 | 1443217 |
| 亚麻及苎麻机织物 | Flax or Ramie Cloth | 万米 | 10000 m | 29925 | 31779 | 110594 | 117938 |
| 合成短纤与棉混纺机织物 | Polyester Cotton Cloth | 万米 | 10000 m | 225039 | 215488 | 333260 | 317157 |
| 地毯 | Carpets | 万平方米 | 10 000 sq.m | 48639 | 49280 | 268021 | 262918 |

6-26 续表 2 Continued 2

单位：万美元

Unit: USD 10000

| 商　　品 | Commodities | 单 位 | Unit | 数量 Quantity | | 金额 Value | |
|---|---|---|---|---|---|---|---|
| | | | | 2014 | 2015 | 2014 | 2015 |
| 塑料编织袋 | Bags of PP or PE Strip | 万条 | 10001 pc. | 639398 | 677509 | 101923 | 106256 |
| 水泥及水泥熟料 | Cement | 万吨 | 10000 tn | 1391 | 1575 | 77243 | 77525 |
| 平板玻璃 | Plate Glass | 万平方米 | 0000 sq.m | 21896 | 21460 | 144228 | 117396 |
| 玻璃制品 | Glass Products | 万吨 | tn | 350 | 342 | 696563 | 683964 |
| 家用陶瓷器皿 | Porcelain and Pottery Ware for Household Use | 万吨 | 10000 tn | 316 | 335 | 814526 | 1162790 |
| 生铁及镜铁 | Pig Iron and Spiegel | 万吨 | 10000 tn | 24 | 17 | 9752 | 4716 |
| 钢坯及粗锻件 | Billet and Crude Forgings | 万吨 | 10000 tn | 1 | 1 | 614 | 512 |
| 钢材 | Rolled Steel | 万吨 | 10000 tn | 9378 | 11240 | 7081210 | 6281471 |
| 未锻轧铜及铜合金 | Unwrought Copper an its Alloys | 吨 | tn | 268719 | 218363 | 189384 | 127971 |
| 铜材 | Rolled Copper | 吨 | tn | 507858 | 466077 | 423092 | 355910 |
| 未锻轧铝及铝合金 | Unwrought Aluminium and its Alloys | 万吨 | tn | 67 | 57 | 143278 | 117552 |
| 铝材 | Rolled Aluminium | 万吨 | 10000 tn | 367 | 420 | 1194805 | 1297653 |
| 未锻轧的锌及锌合金 | Zinc and Zinc Alloys | 吨 | tn | 132719 | 96683 | 29320 | 21443 |
| 未锻轧的锡及锡合金 | Tin and Tin Alloys | 吨 | tn | 941 | 562 | 2148 | 918 |
| 未锻轧的锑、粉末及废碎料 | Antimony | 吨 | tn | 1444 | 4106 | 1289 | 2996 |
| 未锻轧的锰 | Manganese | 吨 | tn | 308697 | 295131 | 64941 | 53922 |
| 钢铁或铜制标准紧固件 | Nails, Bolts,etc | 万吨 | 10000 tn | 279 | 272 | 519052 | 502546 |
| 手用或机用工具 | Hand Tools and Tools for Machines | 万吨 | 10000 tn | 158 | 151 | 987959 | 972558 |
| 电扇 | Fans | 万台 | 10000 set | 57919 | 56748 | 442195 | 448326 |
| 纺织机械及零件 | Textile Machinery | | | | | 314635 | 307841 |
| 缝纫机(包括工业用) | Sewing Machines (Including Industrial Use) | 万台 | 10000 set | 1340 | 1147 | 145325 | 129219 |
| 金属加工机床 | Machine Tools | 万台 | 10000 set | 829 | 841 | 339537 | 316202 |
| 电子计算器 | Electric calculator | 万台 | 10000 set | 29134 | 23541 | 63789 | 49035 |
| 自动数据处理设备及其部件 | Automatic Data Processing Machines and Components | 万台 | 10000 set | 191812 | 171508 | 18171698 | 15231373 |
| 自动数据处理设备的零件 | Parts for Auto Data Processing Equipment | 万吨 | 10000 tn | 68 | 54 | 3044976 | 2806509 |
| 轴承 | Bearings | 万套 | 10000 pc. | 536892 | 519397 | 376484 | 358943 |
| 电动机及发电机 | Electric Motors and Generators | 万台 | 10000 set | 297003 | 305499 | 1072644 | 1057487 |
| 静止式变流器 | Static Converters | 万个 | 10000 pc. | 532843 | 508837 | 1824437 | 1779087 |
| 原电池 | Primary Cells and Batteries | 百万个 | million pc. | 27651 | 28206 | 207886 | 226767 |
| 蓄电池 | Electric Accumulators | 万个 | 10000 pc. | 219825 | 234924 | 889380 | 1013837 |
| 电话机 | Telephone Sets | 万台 | 10000 set | 142123 | 144557 | 11725953 | 12550951 |
| 收音设备(包括收录音组合机及整套散件) | Radio Sets(Including Sound Recording Apparatus) | 万台 | 10000 set | 23157 | 22008 | 462187 | 499860 |

6-26 续表 3 Continued 3

单位：万美元
Unit: USD 10000

| 商品 | Commodities | 单位 | Unit | 数量 Quantity 2014 | 数量 Quantity 2015 | 金额 Value 2014 | 金额 Value 2015 |
|---|---|---|---|---|---|---|---|
| 彩色电视机 | TV Sets | 万台 | 10000 set | 7406 | 7183 | 1355235 | 1250948 |
| 电容器 | Electrical Capacitors | | | | | 754091 | 768035 |
| 通断保护电路装置及零件 | Electrical apparatus for switching or protecting electrical circuits | | | | | 2457992 | 2442648 |
| 二极管及类似半导体器件 | Semi Conductors | 百万个 | million pc. | 566569 | 722410 | 2833878 | 2948416 |
| 电线和电缆 | Insulated Wire or Cable | 万吨 | 10000 tn | 217 | 217 | 2096662 | 2008732 |
| 集装箱 | Containers | 万个 | 10000 unit | 302 | 272 | 900109 | 767493 |
| 汽车 | Motor Vehicles | 万辆 | 10000 unit | 90 | 72 | 1252399 | 1123139 |
| 自行车 | Bicycles | 万辆 | 10000 unit | 6265 | 5781 | 353766 | 346101 |
| 照相机 | Cameras | 万架 | 10000 set | 5676 | 5159 | 375784 | 310062 |
| 医疗仪器及器械 | Medical Instruments and Appliances | | | | | 884764 | 938568 |
| 手表 | Wrist Watches | 万只 | 10000 pc. | 66790 | 68151 | 256004 | 288255 |
| 日用钟 | Clocks | 万只 | 10000 set | 32699 | 29580 | 100435 | 101470 |
| 家具及其零件 | Furniture | | | | | 5202083 | 5280303 |
| 非针织钩编织物服装 | Garments (Excluding Knitwear and Crochet) | | | | | 7342907 | 7069997 |
| 针织或钩编的服装 | Garments, Knitted or Crocheted | | | | | 8171923 | 7376653 |
| 皮面鞋 | Leather Shoes | 万双 | 10000 pair | 96480 | 83900 | 1374993 | 1212824 |
| 橡胶或塑料底纺织材料为面的鞋 | Cloth Shoes With Outer of Rubber or Artificial Plastic Materials(including Gym Shoes) | 万双 | 10000 pair | 258235 | 266305 | 1189132 | 1287079 |
| 塑料制品 | Plastic Articles | 万吨 | 10000 tn | 951 | 973 | 3708468 | 3776344 |
| 玩具 | Toys | | | | | 1413479 | 1566440 |
| 足球、篮球、排球 | Footballs、Basketballs and Volleyballs | 万个 | 10000 pc. | 24545 | 23122 | 55696 | 51962 |
| 伞 | Umbrellas | 万把 | 10000 pc. | 47866 | 45928 | 289585 | 281861 |
| 竹编结品 | Bamboo Products | 吨 | tn | 24167 | 24600 | 15463 | 15082 |
| 藤编结品 | Rattan Products | 吨 | tn | 10060 | 8740 | 8616 | 7514 |
| 草编结品 | Straw Products | 吨 | tn | 17968 | 17464 | 12689 | 14177 |
| 柳编结品 | Wickerwork | 吨 | tn | 53425 | 50007 | 43724 | 45222 |
| **机电产品** | **Mechanical and Electrical Products** | | | | | **131075739** | **131071504** |
| **高新技术产品** | **High and New-technology Products** | | | | | **66049044** | **65521165** |

# 6-27 主要进口商品数量和金额
# Major Import Commodities in Quantity and Value

单位：万美元
Unit: USD 10000

| 商品 | Commodities | 单位 | Unit | 数量 Quantity | | 金额 Value | |
|---|---|---|---|---|---|---|---|
| | | | | 2014 | 2015 | 2014 | 2015 |
| 谷物及谷物粉 | Cereals and Cereals Flour | 万吨 | 10000 tn | 1951 | 3270 | 621731 | 939146 |
| #玉米 | Maize | 万吨 | 10000 tn | 260 | 473 | 72984 | 110852 |
| 小麦 | Wheat | 万吨 | 10000 tn | 300 | 301 | 97855 | 90154 |
| 稻谷和大米 | Rice | 万吨 | 10000 tn | 258 | 338 | 125424 | 149776 |
| 大豆 | Soybean | 万吨 | 10000 tn | 7140 | 8169 | 4026172 | 3476908 |
| 食用植物油(含棕榈油) | Edible Vegetable Oil | 万吨 | 10000 tn | 650 | 676 | 593153 | 501065 |
| 食糖 | Sugar | 万吨 | 10000 tn | 349 | 485 | 149424 | 177407 |
| 天然橡胶(包括胶乳) | Natural Rubber | 万吨 | 10000 tn | 261 | 274 | 495142 | 391619 |
| 合成橡胶(包括胶乳) | Synthetic Rubber | 万吨 | 10000 tn | 148 | 198 | 397306 | 389360 |
| 原木 | Logs | 万立方米 | 10000 cu.m | 5119 | 4457 | 1178223 | 806262 |
| 锯材 | Wood Sawn | 万立方米 | 10000 cu.m | 2565 | 2658 | 808622 | 750383 |
| 纸浆 | Paper Pulp | 万吨 | 10000 tn | 1796 | 1984 | 1206592 | 1275461 |
| 羊毛及毛条 | Wool and Wool Tops | 万吨 | 10000 tn | 34 | 37 | 250802 | 257377 |
| 棉花 | Cotton, not Carded or Combed | 万吨 | 10000 tn | 244 | 147 | 499148 | 257212 |
| 纺织用合成纤维 | Synthetic Fiber Suitable for Spinning | 万吨 | 10000 tn | 34 | 34 | 104543 | 88006 |
| #聚酯纤维 | Polyester Fiber | 万吨 | 10000 tn | 13 | 13 | 24007 | 18991 |
| 聚丙烯腈纤维 | Polyacrylonitrile Fiber | 万吨 | 10000 tn | 16 | 16 | 52018 | 42548 |
| 铁矿砂及其精矿 | Iron Ore | 万吨 | 10000 tn | 93234 | 95272 | 9343915 | 5762030 |
| 锰矿砂及其精矿 | Manganese Ores | 万吨 | 10000 tn | 1621 | 1576 | 271887 | 199360 |
| 铜矿砂及其精矿 | Copper Ores | 万吨 | 10000 tn | 1181 | 1329 | 2146393 | 1920368 |
| 铬矿砂及其精矿 | Chromium Ores | 万吨 | 10000 tn | 938 | 1039 | 183092 | 178807 |
| 氧化铝 | Aluminium Oxide | 万吨 | 10000 tn | 528 | 465 | 192450 | 163090 |
| 煤及褐煤 | Coal and Lignite | 万吨 | 10000 tn | 29120 | 20406 | 2225721 | 1210133 |
| 原油 | Crude Oil | 万吨 | 10000 tn | 30837 | 33550 | 22828847 | 13445122 |
| 成品油 | Petroleum Products Refined | 万吨 | 10000 tn | 3000 | 2990 | 2345296 | 1430344 |
| 乙二醇 | Ethylene Glycol | 万吨 | 10000 tn | 839 | 872 | 789212 | 694200 |
| 对苯二甲酸 | Terephthalic Acid | 万吨 | 10000 tn | 116 | 75 | 107301 | 47864 |
| 己内酰胺 | CPL | 万吨 | 10000 tn | 22 | 22 | 50420 | 36071 |
| 医药品 | Pharmaceutical Products | 吨 | tn | 112385 | 106064 | 1909522 | 2034630 |
| 肥料 | Fertilizer | 万吨 | 10000 tn | 959 | 1116 | 336721 | 393389 |

6-27 续表 Continued

单位：万美元
Unit: USD 10000

| 商　　品 | Commodities | 单 位 | Unit | 数量 Quantity 2014 | 数量 Quantity 2015 | 金额 Value 2014 | 金额 Value 2015 |
|---|---|---|---|---|---|---|---|
| #尿素 | Urea | 吨 | tn | 6358 | 7640 | 305 | 369 |
| 氮、磷、钾复合肥 | Compound Fertilizers of Nitrogen, Phosphor and Kalium | 万吨 | 10000 tn | 111 | 146 | 64007 | 82632 |
| 磷酸氢二胺 | Diammonium Phosphate | 万吨 | 10000 tn | 23 | 8 | 9985 | 4259 |
| 氯化钾 | Potassium Chloride | 万吨 | 10000 tn | 803 | 942 | 252128 | 297077 |
| 初级形状的聚乙烯 | Polyethylene in primary Forms | 万吨 | 10000 tn | 665 | 731 | 1037827 | 932588 |
| 初级形状的聚丙烯 | Polypropylene in Primary Forms | 万吨 | 10000 tn | 364 | 340 | 582183 | 443878 |
| 初级形状的苯乙烯聚合物 | Polystyrene in Primary Forms | 万吨 | 10000 tn | 301 | 288 | 622611 | 504586 |
| #ABS树脂 | A BS Copolymers | 万吨 | 10000 tn | 167 | 162 | 357474 | 299103 |
| 初级形状的聚氯乙烯 | Polyvinyl Chloride in Primary Forms | 万吨 | 10000 tn | 93 | 93 | 111148 | 93968 |
| 聚酯切片 | Slices or Chips of Polyethylene Terephthalate | 万吨 | 10000 tn | 18 | 17 | 32886 | 26291 |
| 杀虫剂、除草剂及类似品 | Pesticides | 吨 | tn | 92551 | 89975 | 77063 | 74844 |
| 纸及纸板(未切成形的) | Paper and Paperboard | 万吨 | 10000 tn | 282 | 286 | 358897 | 334878 |
| 钢材 | Rolled Steel | 万吨 | 10000 tn | 1443 | 1278 | 1791374 | 1433480 |
| 未锻轧的铜及铜合金 | Copper and Copper Alloys | 万吨 | 10000 tn | 422 | 425 | 2955239 | 2396890 |
| 铜材 | Rolled Copper | 万吨 | 10000 tn | 60 | 56 | 603646 | 506169 |
| 未锻轧的铝及铝合金 | Aluminium and Aluminium Alloys | 万吨 | 10000 tn | 35 | 22 | 74437 | 46090 |
| 铝材 | Rolled Aluminium | 万吨 | 10000 tn | 50 | 47 | 301716 | 280336 |
| 蒸汽锅炉及过热水锅炉 | Boilers | 台 | set | 253 | 219 | 3369 | 2506 |
| 制冷设备用压缩机 | Compressors for Refrigerating Equipment | 万台 | 10000 set | 1197 | 1014 | 116445 | 99439 |
| 金属加工机床 | Machine Tools | 台 | set | 106132 | 90910 | 1081808 | 861487 |
| 阀门 | Valves | 万套 | 10000 set | 74842 | 72378 | 641790 | 566305 |
| 自动数据处理设备及其部件 | Automatic Data Processing Machines | 万台 | 10000 set | 76511 | 72032 | 3054643 | 2766067 |
| 电话机 | Line Telephonic or Telegraphic Switching Apparatus | 万台 | 10000 set | 1188 | 1849 | 184377 | 305877 |
| 收音设备(包括收录音组合机及整套散件) | Sound Recording Apparatus | 万台 | 10000 set | 166 | 173 | 35942 | 30300 |
| 彩色电视机 | TV Sets | 万台 | 10000 set | 6 | 6 | 1853 | 1961 |
| 电视显像管 | Cathode-ray TV Picture Tube | 万只 | 10000 set | 21 | 0 | 471 | 35 |
| 汽车 | Motor Vehicles and Chassis | 辆 | unit | 1422717 | 1097418 | 6063019 | 4466641 |
| #小轿车 | Cars | 辆 | unit | 469617 | 352461 | 2103755 | 1379697 |
| 货车 | Trucks | 辆 | unit | 9589 | 4883 | 64112 | 29905 |
| 非公路用自卸车 | Dump Trucks | 辆 | unit | 107 | 39 | 6468 | 1377 |
| 装有引擎的汽车底盘 | Chassis with Engines | 台 | unit | 1455 | 2208 | 15092 | 23161 |
| 飞机及其他航空器 | Aircraft | 架 | unit | 10771 | 68274 | 2596256 | 2444193 |
| 医疗仪器及器械 | Medical Instruments and Appliances | | | | | 830026 | 816902 |
| **机电产品** | **Mechanical and Electrical Products** | | | | | **85408610** | **80613915** |
| **高新技术产品** | **High and New-technology Products** | | | | | **55123626** | **54805799** |

# 6-28 各地区进出口总额(按境内目的地、货源地分)
# Import and Export Value by Region in Border According to Destination or Source of Goods

单位：万美元
Unit: USD 10000

| 地区 | Region | 2014 | | 2015 | |
|---|---|---|---|---|---|
| | | 出口 Exports | 进口 Imports | 出口 Exports | 进口 Imports |
| **全　国** | **Total** | **234229270** | **195923465** | **227346822** | **167956450** |
| 北　京 | Beijing | 3164897 | 11146169 | 2900145 | 10177399 |
| 天　津 | Tianjin | 5201145 | 9240923 | 4835967 | 7060037 |
| 河　北 | Hebei | 4913785 | 4513091 | 4765576 | 3259342 |
| 山　西 | Shanxi | 1160944 | 690216 | 1143866 | 600825 |
| 内蒙古 | Inner Mongolia | 640018 | 889460 | 613404 | 777202 |
| 辽　宁 | Liaoning | 5566061 | 6972816 | 5110024 | 5597295 |
| 吉　林 | Jilin | 624616 | 2079065 | 536326 | 1461563 |
| 黑龙江 | Heilongjiang | 1216656 | 1725737 | 631721 | 1000630 |
| 上　海 | Shanghai | 19194665 | 26065608 | 17869857 | 24433852 |
| 江　苏 | Jiangsu | 35055845 | 25857102 | 34883336 | 23213986 |
| 浙　江 | Zhejiang | 28110404 | 9716552 | 28300253 | 7605630 |
| 安　徽 | Anhui | 2650946 | 1669316 | 2765407 | 1483881 |
| 福　建 | Fujian | 9758460 | 6691912 | 9379516 | 5377123 |
| 江　西 | Jiangxi | 2708856 | 1202460 | 3014050 | 1051028 |
| 山　东 | Shandong | 15499712 | 17341301 | 14849436 | 12988004 |
| 河　南 | Henan | 4253352 | 2594162 | 4577870 | 3117785 |
| 湖　北 | Hubei | 2398034 | 1686684 | 2709819 | 1746461 |
| 湖　南 | Hunan | 1709068 | 1120946 | 1908535 | 1021876 |
| 广　东 | Guangdong | 74530955 | 49663299 | 73018796 | 43500052 |
| 广　西 | Guangxi | 1304259 | 3184493 | 1405562 | 3215686 |
| 海　南 | Hainan | 418531 | 1274251 | 426793 | 1124726 |
| 重　庆 | Chongqing | 5190301 | 3065556 | 3993808 | 1877375 |
| 四　川 | Sichuan | 3668402 | 2455287 | 2838678 | 1855499 |
| 贵　州 | Guizhou | 358005 | 155804 | 544979 | 237995 |
| 云　南 | Yunnan | 1051669 | 939709 | 1066471 | 832599 |
| 西　藏 | Tibet | 204719 | 8842 | 52714 | 13778 |
| 陕　西 | Shaanxi | 1413742 | 1355092 | 1462161 | 1525548 |
| 甘　肃 | Gansu | 208026 | 318646 | 215921 | 220369 |
| 青　海 | Qinghai | 31555 | 30450 | 36670 | 22434 |
| 宁　夏 | Ningxia | 266659 | 134633 | 236899 | 101967 |
| 新　疆 | Xinjiang | 1754986 | 2133881 | 1252263 | 1454503 |

# 6-29 各地区进出口总额(按经营单位所在地分)

## Import and Export Value by Location of Importers and Exporters

单位：万美元

Unit: USD 10000

| 地 区 | Region | 2014 | | 2015 | |
|---|---|---|---|---|---|
| | | 出口 Exports | 进口 Imports | 出口 Exports | 进口 Imports |
| **全 国** | **Total** | **234229270** | **195923465** | **227346822** | **167956450** |
| 北 京 | Beijing | 6233842 | 35318018 | 5466682 | 26477375 |
| 天 津 | Tianjin | 5259066 | 8129542 | 5116293 | 6311988 |
| 河 北 | Hebei | 3571020 | 2416716 | 3293276 | 1858099 |
| 山 西 | Shanxi | 894087 | 729194 | 842077 | 626055 |
| 内蒙古 | Inner Mongolia | 639355 | 816277 | 565001 | 708114 |
| 辽 宁 | Liaoning | 5874518 | 5525307 | 5071098 | 4523614 |
| 吉 林 | Jilin | 577759 | 2060320 | 461375 | 1426364 |
| 黑龙江 | Heilongjiang | 1733524 | 2156569 | 803541 | 1297662 |
| 上 海 | Shanghai | 21013386 | 25626598 | 19591321 | 25332751 |
| 江 苏 | Jiangsu | 34183250 | 22172058 | 33864478 | 20691567 |
| 浙 江 | Zhejiang | 27332705 | 8171272 | 27633211 | 7045171 |
| 安 徽 | Anhui | 3148537 | 1769193 | 3227017 | 1557436 |
| 福 建 | Fujian | 11345229 | 6395555 | 11268011 | 5616582 |
| 江 西 | Jiangxi | 3202532 | 1070550 | 3311674 | 928287 |
| 山 东 | Shandong | 14470865 | 13222074 | 14392568 | 9668212 |
| 河 南 | Henan | 3938303 | 2558918 | 4306137 | 3071920 |
| 湖 北 | Hubei | 2664242 | 1639720 | 2921182 | 1634076 |
| 湖 南 | Hunan | 1994300 | 1088860 | 1913709 | 1016471 |
| 广 东 | Guangdong | 64608701 | 43049746 | 64317208 | 37932360 |
| 广 西 | Guangxi | 2432743 | 1622143 | 2793398 | 2315657 |
| 海 南 | Hainan | 441674 | 1144592 | 374304 | 1022393 |
| 重 庆 | Chongqing | 6340080 | 3203078 | 5518683 | 1928001 |
| 四 川 | Sichuan | 4483913 | 2536384 | 3309290 | 1809566 |
| 贵 州 | Guizhou | 939726 | 137407 | 994862 | 227279 |
| 云 南 | Yunnan | 1878747 | 1081996 | 1661563 | 787565 |
| 西 藏 | Tibet | 210087 | 15408 | 58691 | 32693 |
| 陕 西 | Shaanxi | 1392980 | 1343469 | 1478876 | 1570975 |
| 甘 肃 | Gansu | 532948 | 331113 | 581181 | 214021 |
| 青 海 | Qinghai | 112790 | 58999 | 164197 | 29251 |
| 宁 夏 | Ningxia | 430285 | 113236 | 296311 | 77615 |
| 新 疆 | Xinjiang | 2348076 | 419155 | 1749608 | 217332 |

# 6-30 外商投资企业出口额
# Exports of Foreign-funded Enterprises

单位：万美元
Unit: USD 10000

| 年 份<br>Year | 合计<br>Total | 中外合资经营企业<br>Equity Joint Venture | 中外合作经营企业<br>Contractual Joint Venture | 外商独资经营企业<br>Wholly Foreignowned Enterprises |
|---|---|---|---|---|
| 1980 | 824 | 824 | | |
| 1981 | 3235 | 3022 | | 213 |
| 1982 | 5287 | 2925 | | 2362 |
| 1983 | 33036 | 3815 | | 29221 |
| 1984 | 6894 | 5994 | | 900 |
| 1985 | 29670 | 21825 | | 7845 |
| 1986 | 58203 | 47865 | | 10338 |
| 1987 | 120809 | 103793 | | 17016 |
| 1988 | 245642 | 215391 | | 30251 |
| 1989 | 491320 | 343596 | 79470 | 68254 |
| 1990 | 781379 | 526405 | 132135 | 122839 |
| 1991 | 1204725 | 769116 | 188447 | 247162 |
| 1992 | 1735619 | 1046465 | 261462 | 427692 |
| 1993 | 2523717 | 1411653 | 387817 | 724247 |
| 1994 | 3471297 | 1807458 | 535529 | 1128310 |
| 1995 | 4687587 | 2268886 | 679095 | 1739606 |
| 1996 | 6150636 | 2975031 | 794900 | 2380705 |
| 1997 | 7489986 | 3468059 | 898836 | 3123091 |
| 1998 | 8096189 | 3557015 | 872930 | 3666244 |
| 1999 | 8862766 | 3712097 | 814642 | 4336027 |
| 2000 | 11944121 | 5031107 | 992921 | 5920093 |
| 2001 | 13321810 | 5407673 | 1017667 | 6896470 |
| 2002 | 16998509 | 6207651 | 1169507 | 9621351 |
| 2003 | 24030598 | 8101382 | 1324353 | 14604863 |
| 2004 | 33859184 | 10962004 | 1478119 | 21419061 |
| 2005 | 44418252 | 13598693 | 1566396 | 29253163 |
| 2006 | 56377905 | 16372461 | 1771238 | 38234206 |
| 2007 | 69537077 | 19875818 | 1811744 | 47849515 |
| 2008 | 79049270 | 22674411 | 1833782 | 54541078 |
| 2009 | 67207409 | 18232943 | 1458524 | 47515943 |
| 2010 | 86222882 | 23758160 | 1647020 | 60817702 |
| 2011 | 99522704 | 27301423 | 1766749 | 70454532 |
| 2012 | 102262008 | 28726066 | 1616005 | 71919937 |
| 2013 | 104372410 | 30049934 | 1568839 | 72753637 |
| 2014 | 107461992 | 30549336 | 1364473 | 75548183 |
| 2015 | 100461441 | 28244922 | 1138024 | 71078495 |

注：1989年以前中外合资数据包含了合作企业数据(下表同)。
Note: Figures of equity joint venture before 1989 include contractual joint ventures.The some applies to the table folloming.

# 6-31 外商投资企业进口额
# Imports of Foreign-funded Enterprises

单位：万美元
Unit: USD 10000

| 年 份<br>Year | 合计<br>Total | 中外合资经营企业<br>Equity Joint Venture | 中外合作经营企业<br>Contractual Joint Venture | 外商独资经营企业<br>Wholly Foreignowned Enterprises |
|---|---|---|---|---|
| 1980 | 3441 | 3412 | | 29 |
| 1981 | 11087 | 10089 | | 998 |
| 1982 | 27642 | 23999 | | 3643 |
| 1983 | 28801 | 6159 | | 22642 |
| 1984 | 39921 | 11720 | | 28201 |
| 1985 | 206410 | 188594 | | 17816 |
| 1986 | 243031 | 223568 | | 19463 |
| 1987 | 312218 | 289851 | | 22367 |
| 1988 | 574671 | 534534 | | 40137 |
| 1989 | 879617 | 653242 | 142478 | 83897 |
| 1990 | 1230633 | 885345 | 177366 | 167922 |
| 1991 | 1690700 | 1140857 | 245268 | 304575 |
| 1992 | 2637070 | 1720559 | 381398 | 535113 |
| 1993 | 4183320 | 2590434 | 703739 | 889147 |
| 1994 | 5293418 | 2988082 | 920002 | 1385334 |
| 1995 | 6294271 | 3481818 | 901023 | 1911430 |
| 1996 | 7560380 | 4109442 | 929004 | 2521934 |
| 1997 | 7772135 | 4019173 | 913914 | 2839048 |
| 1998 | 7671749 | 3744447 | 795342 | 3131960 |
| 1999 | 8588361 | 4112889 | 690888 | 3784584 |
| 2000 | 11727269 | 5433175 | 851674 | 5442420 |
| 2001 | 12584296 | 5635689 | 773729 | 6174878 |
| 2002 | 16025439 | 6079503 | 840325 | 9105611 |
| 2003 | 23186398 | 8081936 | 995078 | 14109384 |
| 2004 | 32444849 | 10914713 | 1072630 | 20457506 |
| 2005 | 38745612 | 11834619 | 958539 | 25952453 |
| 2006 | 47248045 | 13552683 | 992681 | 32702680 |
| 2007 | 55979304 | 15495775 | 885985 | 39597544 |
| 2008 | 61942848 | 18128172 | 880413 | 42934264 |
| 2009 | 54540486 | 15886071 | 663684 | 37990732 |
| 2010 | 75485663 | 20978710 | 2385128 | 52121824 |
| 2011 | 86467170 | 25581427 | 856855 | 60028888 |
| 2012 | 87150012 | 27493460 | 824107 | 58832446 |
| 2013 | 87459048 | 28406594 | 828521 | 58223933 |
| 2014 | 90893776 | 28557893 | 864891 | 61470992 |
| 2015 | 82886624 | 24507116 | 623416 | 57756092 |

# 6-32 各地区外商投资企业进出口额

# Exports and Imports of Foreign-funded Enterprises by Region in Border

单位：万美元

Unit: USD 10000

| 地区 | Region | 2014 出口 Exports | 2014 进口 Imports | 2015 出口 Exports | 2015 进口 Imports |
|---|---|---|---|---|---|
| **全国** | **Total** | **107461992** | **90893776** | **100461441** | **82886624** |
| 北京 | Beijing | 2074065 | 5861721 | 1475411 | 5040768 |
| 天津 | Tianjin | 3367803 | 4372526 | 3212814 | 3510704 |
| 河北 | Hebei | 893742 | 749656 | 768925 | 629437 |
| 山西 | Shanxi | 419516 | 271644 | 442045 | 318608 |
| 内蒙古 | Inner Mongolia | 85410 | 77727 | 70123 | 61721 |
| 辽宁 | Liaoning | 2173048 | 2684843 | 1873028 | 2260531 |
| 吉林 | Jilin | 154491 | 1080368 | 139875 | 796345 |
| 黑龙江 | Heilongjiang | 59071 | 73974 | 64321 | 57177 |
| 上海 | Shanghai | 14144621 | 16866892 | 13103107 | 16967153 |
| 江苏 | Jiangsu | 19878022 | 15102298 | 19388053 | 14341715 |
| 浙江 | Zhejiang | 6257983 | 3419183 | 5664970 | 2749261 |
| 安徽 | Anhui | 835564 | 558295 | 811879 | 465486 |
| 福建 | Fujian | 4259253 | 3198466 | 3995657 | 2656054 |
| 江西 | Jiangxi | 685094 | 631212 | 697301 | 579257 |
| 山东 | Shandong | 6228652 | 4475551 | 5612931 | 3649206 |
| 河南 | Henan | 2452909 | 1927452 | 2944767 | 2264320 |
| 湖北 | Hubei | 771928 | 681010 | 674716 | 553848 |
| 湖南 | Hunan | 344109 | 330556 | 355791 | 267994 |
| 广东 | Guangdong | 35607492 | 23277145 | 33299632 | 20975151 |
| 广西 | Guangxi | 437073 | 623135 | 442938 | 591198 |
| 海南 | Hainan | 285065 | 983351 | 242688 | 811586 |
| 重庆 | Chongqing | 3143386 | 1166848 | 2641888 | 967174 |
| 四川 | Sichuan | 2040785 | 1393679 | 1528028 | 1145724 |
| 贵州 | Guizhou | 8973 | 9803 | 14130 | 12525 |
| 云南 | Yunnan | 33931 | 30861 | 32185 | 18181 |
| 西藏 | Tibet | 16 | | | |
| 陕西 | Shaanxi | 787891 | 1015121 | 927972 | 1164243 |
| 甘肃 | Gansu | 2414 | 1675 | 2427 | 1319 |
| 青海 | Qinghai | 72 | 1629 | 300 | 1028 |
| 宁夏 | Ningxia | 20750 | 14799 | 26116 | 11192 |
| 新疆 | Xinjiang | 8863 | 12356 | 7426 | 17717 |

# 6-33 各地区中外合资企业进出口额
# Exports and Imports of Equity Joint Ventures by Region in Border

单位：万美元
Unit: USD 10000

| 地区 | Region | 2014 | | 2015 | |
|---|---|---|---|---|---|
| | | 出口 Exports | 进口 Imports | 出口 Exports | 进口 Imports |
| **全国** | **Total** | **30549336** | **28557893** | **28244922** | **24507116** |
| 北京 | Beijing | 1223146 | 1208553 | 668794 | 1011330 |
| 天津 | Tianjin | 1559419 | 1950259 | 1582535 | 1649096 |
| 河北 | Hebei | 472809 | 322428 | 385700 | 307928 |
| 山西 | Shanxi | 405932 | 253191 | 425465 | 307710 |
| 内蒙古 | Inner Mongolia | 23116 | 59818 | 21346 | 46539 |
| 辽宁 | Liaoning | 1043262 | 1840131 | 846364 | 1519639 |
| 吉林 | Jilin | 60554 | 971807 | 52528 | 701694 |
| 黑龙江 | Heilongjiang | 38512 | 35901 | 41137 | 24940 |
| 上海 | Shanghai | 2195680 | 2529917 | 2036253 | 2045530 |
| 江苏 | Jiangsu | 4466530 | 3351902 | 4010988 | 3259218 |
| 浙江 | Zhejiang | 3193681 | 1774201 | 2832347 | 1336058 |
| 安徽 | Anhui | 313771 | 405403 | 359456 | 330635 |
| 福建 | Fujian | 1102197 | 1394618 | 983752 | 991354 |
| 江西 | Jiangxi | 155841 | 379790 | 148995 | 335485 |
| 山东 | Shandong | 2821859 | 2192820 | 2533898 | 1640431 |
| 河南 | Henan | 2319054 | 1866962 | 2815576 | 2211058 |
| 湖北 | Hubei | 558277 | 566841 | 452589 | 445418 |
| 湖南 | Hunan | 189068 | 247935 | 205276 | 176881 |
| 广东 | Guangdong | 7660933 | 4989655 | 7123314 | 4479716 |
| 广西 | Guangxi | 217059 | 364397 | 240400 | 342976 |
| 海南 | Hainan | 133197 | 956956 | 93398 | 762000 |
| 重庆 | Chongqing | 157551 | 404172 | 154328 | 307024 |
| 四川 | Sichuan | 114641 | 157313 | 110662 | 153309 |
| 贵州 | Guizhou | 3727 | 8170 | 3606 | 4047 |
| 云南 | Yunnan | 9708 | 22715 | 8886 | 11090 |
| 西藏 | Tibet | 5 | | | |
| 陕西 | Shaanxi | 92926 | 294271 | 83237 | 93953 |
| 甘肃 | Gansu | 1154 | 720 | 1660 | 413 |
| 青海 | Qinghai | 71 | 1172 | 242 | 1010 |
| 宁夏 | Ningxia | 10281 | 3605 | 17574 | 1390 |
| 新疆 | Xinjiang | 5373 | 2269 | 4615 | 9243 |

# 6-34 各地区中外合作企业进出口额

# Exports and Imports of Contractual Joint Ventures by Region in Border

单位：万美元

Unit: USD 10000

| 地区 | Region | 2014 出口 Exports | 2014 进口 Imports | 2015 出口 Exports | 2015 进口 Imports |
|---|---|---|---|---|---|
| **全国** | **Total** | **1364473** | **864891** | **1138024** | **623416** |
| 北京 | Beijing | 5661 | 7420 | 4571 | 5405 |
| 天津 | Tianjin | 10610 | 18476 | 7652 | 16133 |
| 河北 | Hebei | 18279 | 85541 | 20409 | 67198 |
| 山西 | Shanxi | 1468 | 16 | 1899 | 92 |
| 内蒙古 | Inner Mongolia | 180 | | 41 | |
| 辽宁 | Liaoning | 35481 | 10296 | 27096 | 7258 |
| 吉林 | Jilin | 7574 | 2292 | 8227 | 2638 |
| 黑龙江 | Heilongjiang | 13 | 0 | 8 | |
| 上海 | Shanghai | 220624 | 114604 | 172084 | 87642 |
| 江苏 | Jiangsu | 104072 | 188515 | 100879 | 166033 |
| 浙江 | Zhejiang | 46476 | 29194 | 40187 | 24522 |
| 安徽 | Anhui | 4225 | 338 | 4018 | 361 |
| 福建 | Fujian | 13368 | 15004 | 12396 | 12782 |
| 江西 | Jiangxi | 6681 | 369 | 4072 | 834 |
| 山东 | Shandong | 59349 | 19531 | 46577 | 17963 |
| 河南 | Henan | 2069 | 8414 | 2011 | 6110 |
| 湖北 | Hubei | 10046 | 316 | 18619 | 861 |
| 湖南 | Hunan | 690 | 1297 | 245 | 823 |
| 广东 | Guangdong | 789028 | 354333 | 641227 | 195473 |
| 广西 | Guangxi | 2533 | 544 | 1864 | 822 |
| 海南 | Hainan | 17534 | 105 | 12204 | 75 |
| 重庆 | Chongqing | 4521 | 31 | 5224 | 44 |
| 四川 | Sichuan | 1164 | 2791 | 1051 | 1798 |
| 贵州 | Guizhou | 412 | 22 | 434 | 19 |
| 云南 | Yunnan | 1998 | 2688 | 4536 | 4574 |
| 西藏 | Tibet | | | | |
| 陕西 | Shaanxi | 358 | 22 | 287 | 26 |
| 甘肃 | Gansu | 60 | | 65 | |
| 青海 | Qinghai | 0 | 16 | 29 | 16 |
| 宁夏 | Ningxia | | 0 | 102 | |
| 新疆 | Xinjiang | | 2718 | 10 | 3914 |

# 6-35 各地区外商独资企业进出口额

# Exports and Imports of Wholly Foreign-owned Enterprises by Region in Border

单位：万美元

Unit: USD 10000

| 地 区 | Region | 2014 | | 2015 | |
|---|---|---|---|---|---|
| | | 出口 Exports | 进口 Imports | 出口 Exports | 进口 Imports |
| **全 国** | **Total** | **75548183** | **61470992** | **71078495** | **57756092** |
| 北 京 | Beijing | 845258 | 4645748 | 802046 | 4024034 |
| 天 津 | Tianjin | 1797774 | 2403792 | 1622627 | 1845476 |
| 河 北 | Hebei | 402654 | 341687 | 362816 | 254311 |
| 山 西 | Shanxi | 12115 | 18437 | 14681 | 10806 |
| 内蒙古 | Inner Mongolia | 62114 | 17909 | 48736 | 15182 |
| 辽 宁 | Liaoning | 1094306 | 834416 | 999568 | 733634 |
| 吉 林 | Jilin | 86364 | 106269 | 79120 | 92013 |
| 黑龙江 | Heilongjiang | 20546 | 38072 | 23175 | 32237 |
| 上 海 | Shanghai | 11728318 | 14222372 | 10894770 | 14833981 |
| 江 苏 | Jiangsu | 15307420 | 11561880 | 15276187 | 10916465 |
| 浙 江 | Zhejiang | 3017827 | 1615788 | 2792435 | 1388681 |
| 安 徽 | Anhui | 517567 | 152554 | 448404 | 134490 |
| 福 建 | Fujian | 3143688 | 1788844 | 2999509 | 1651918 |
| 江 西 | Jiangxi | 522572 | 251053 | 544234 | 242937 |
| 山 东 | Shandong | 3347444 | 2263201 | 3032456 | 1990812 |
| 河 南 | Henan | 131786 | 52077 | 127180 | 47152 |
| 湖 北 | Hubei | 203604 | 113853 | 203508 | 107569 |
| 湖 南 | Hunan | 154351 | 81325 | 150270 | 90290 |
| 广 东 | Guangdong | 27157531 | 17933157 | 25535090 | 16299962 |
| 广 西 | Guangxi | 217481 | 258194 | 200674 | 247400 |
| 海 南 | Hainan | 134334 | 26290 | 137086 | 49511 |
| 重 庆 | Chongqing | 2981315 | 762645 | 2482335 | 660107 |
| 四 川 | Sichuan | 1924979 | 1233575 | 1416316 | 990617 |
| 贵 州 | Guizhou | 4834 | 1612 | 10090 | 8459 |
| 云 南 | Yunnan | 22226 | 5458 | 18764 | 2517 |
| 西 藏 | Tibet | 11 | | | |
| 陕 西 | Shaanxi | 694606 | 720828 | 844448 | 1070264 |
| 甘 肃 | Gansu | 1200 | 955 | 702 | 906 |
| 青 海 | Qinghai | 1 | 441 | 29 | 2 |
| 宁 夏 | Ningxia | 10469 | 11194 | 8440 | 9802 |
| 新 疆 | Xinjiang | 3490 | 7369 | 2801 | 4560 |

## 6-36 经济特区中外合资企业进出口额
## Exports and Imports of Equity Joint Ventures in Special Economic Zone

单位：万美元
Unit: USD 10000

| 地 区 | Region | 2014 | | 2015 | |
|---|---|---|---|---|---|
| | | 出口 Exports | 进口 Imports | 出口 Exports | 进口 Imports |
| **合 计** | **Total** | **3455383** | **3117298** | **3024896** | **2802530** |
| 深 圳 | Shenzhen | 2604599 | 1572206 | 2279955 | 1506019 |
| 珠 海 | Zhuhai | 166146 | 213328 | 170649 | 178368 |
| 汕 头 | Shantou | 87222 | 21529 | 55543 | 15228 |
| 厦 门 | Xiamen | 464219 | 353278 | 425350 | 340914 |
| 海 南 | Hainan | 133197 | 956956 | 93398 | 762000 |

## 6-37 经济特区中外合作企业进出口额
## Exports and Imports of Contractual Joint Ventures in Special Economic Zone

单位：万美元
Unit: USD 10000

| 地 区 | Region | 2014 | | 2015 | |
|---|---|---|---|---|---|
| | | 出口 Exports | 进口 Imports | 出口 Exports | 进口 Imports |
| **合 计** | **Total** | **444381** | **76910** | **346306** | **62866** |
| 深 圳 | Shenzhen | 392218 | 51087 | 303704 | 40569 |
| 珠 海 | Zhuhai | 9288 | 7816 | 6392 | 5185 |
| 汕 头 | Shantou | 16276 | 3249 | 15073 | 4469 |
| 厦 门 | Xiamen | 9065 | 14653 | 8933 | 12568 |
| 海 南 | Hainan | 17534 | 105 | 12204 | 75 |

## 6-38 经济特区外商独资企业进出口额
## Exports and Imports of Wholly Foreign-owned Enterprises in Special Economic Zone

单位：万美元
Unit: USD 10000

| 地 区 | Region | 2014 | | 2015 | |
|---|---|---|---|---|---|
| | | 出口 Exports | 进口 Imports | 出口 Exports | 进口 Imports |
| **合 计** | **Total** | **14481492** | **9863130** | **13557824** | **9185090** |
| 深 圳 | Shenzhen | 11144134 | 7936041 | 10330601 | 7224315 |
| 珠 海 | Zhuhai | 1400960 | 667154 | 1324825 | 724120 |
| 汕 头 | Shantou | 100288 | 61356 | 81037 | 64284 |
| 厦 门 | Xiamen | 1701777 | 1172289 | 1684275 | 1122859 |
| 海 南 | Hainan | 134334 | 26290 | 137086 | 49511 |

# 外资

# *FOREIGN CAPITAL*

第7篇

# 7-1 利用外资合同金额
# Contractual Amount of Foreign Capital

单位：亿美元
Unit: USD 100 million

| 年 份 Year | 总 计 Total | | 对外借款 Foreign Loans | | 外商直接投资 Direct Foreign Investment | | 外商其他投资 Other Foreign Investment |
|---|---|---|---|---|---|---|---|
| | 项目(个) Number of Contracts (unit) | 金 额 Amount | 项目(个) Number of Contracts (unit) | 金 额 Amount | 项目(个) Number of Contracts (unit) | 金 额 Amount | 金 额 Amount |
| 1979-1982 | 947 | 194.96 | 27 | 135.49 | 920 | 49.58 | 9.89 |
| 1983 | 690 | 36.15 | 52 | 15.13 | 638 | 19.17 | 1.85 |
| 1984 | 2204 | 50.15 | 38 | 19.16 | 2166 | 28.75 | 2.24 |
| 1985 | 3145 | 102.69 | 72 | 35.34 | 3073 | 63.33 | 4.02 |
| 1986 | 1551 | 122.33 | 53 | 84.07 | 1498 | 33.30 | 4.96 |
| 1987 | 2289 | 121.36 | 56 | 78.17 | 2233 | 37.09 | 6.10 |
| 1988 | 6063 | 160.04 | 118 | 98.13 | 5945 | 52.97 | 8.94 |
| 1989 | 5909 | 114.79 | 130 | 51.85 | 5779 | 56.00 | 6.94 |
| 1990 | 7371 | 120.86 | 98 | 50.99 | 7273 | 65.96 | 3.91 |
| 1991 | 13086 | 195.83 | 108 | 71.61 | 12978 | 119.77 | 4.45 |
| 1992 | 48858 | 694.39 | 94 | 107.03 | 48764 | 581.24 | 6.12 |
| 1993 | 83595 | 1232.73 | 158 | 113.06 | 83437 | 1114.36 | 5.31 |
| 1994 | 47646 | 937.56 | 97 | 106.68 | 47549 | 826.80 | 4.08 |
| 1995 | 37184 | 1032.05 | 173 | 112.88 | 37011 | 912.82 | 6.35 |
| 1996 | 24673 | 816.10 | 117 | 79.62 | 24556 | 732.76 | 3.71 |
| 1997 | 21138 | 610.58 | 137 | 58.72 | 21001 | 510.03 | 41.82 |
| 1998 | 19850 | 632.01 | 51 | 83.85 | 19799 | 521.02 | 27.14 |
| 1999 | 17022 | 520.09 | 104 | 83.60 | 16918 | 412.23 | 24.26 |
| 2000 | 22347 | 711.30 | | | 22347 | 623.80 | 87.50 |
| 2001 | 26140 | 719.76 | | | 26140 | 691.95 | 27.81 |
| 2002 | 34171 | 847.51 | | | 34171 | 827.68 | 19.82 |
| 2003 | 41081 | 1169.01 | | | 41081 | 1150.69 | 18.32 |
| 2004 | 43664 | 1565.88 | | | 43664 | 1534.79 | 31.09 |
| 2005 | 44001 | 1925.93 | | | 44001 | 1890.65 | 35.28 |
| 2006 | 41473 | 1982.16 | | | 41473 | 1937.27 | 44.89 |
| 2007 | 37871 | | | | 37871 | | |
| 2008 | 27514 | | | | 27514 | | |
| 2009 | 23435 | | | | 23435 | | |
| 2010 | 27406 | | | | 27406 | | |
| 2011 | 27712 | | | | 27712 | | |
| 2012 | 24925 | | | | 24925 | | |
| 2013 | 22773 | | | | 22773 | | |
| 2014 | 23778 | | | | 23778 | | |
| 2015 | 26575 | | | | 26575 | | |

注：本数据来自商务部，从2007年起商务部不公布合同外资金额。
Note: Ministry of Commerce did not issue the Relative Data since 2007.

# 7-2 实际利用外资额
# Amount of Foreign Capital Used

单位：亿美元

Unit: USD 100 million

| 年 份<br>Year | 总 计<br>Total | 对外借款<br>Foreign Loans | 外商直接投资<br>Foreign Direct Investment | 外商其他投资<br>Other Foreign Investment |
|---|---|---|---|---|
| **1979-2012** | **14814.35** | | **12761.08** | **581.71** |
| 1979-1982 | 130.60 | 106.90 | 17.69 | 6.01 |
| 1983 | 22.61 | 10.65 | 9.16 | 2.80 |
| 1984 | 28.66 | 12.86 | 14.19 | 1.61 |
| 1985 | 47.60 | 25.06 | 19.56 | 2.98 |
| 1986 | 76.28 | 50.14 | 22.44 | 3.70 |
| 1987 | 84.52 | 58.05 | 23.14 | 3.33 |
| 1988 | 102.26 | 64.87 | 31.94 | 5.45 |
| 1989 | 100.60 | 62.86 | 33.92 | 3.81 |
| 1990 | 102.89 | 65.34 | 34.87 | 2.68 |
| 1991 | 115.54 | 68.88 | 43.66 | 3.00 |
| 1992 | 192.03 | 79.11 | 110.08 | 2.84 |
| 1993 | 389.60 | 111.89 | 275.15 | 2.56 |
| 1994 | 432.13 | 92.67 | 337.67 | 1.79 |
| 1995 | 481.33 | 103.27 | 375.21 | 2.85 |
| 1996 | 548.05 | 126.69 | 417.26 | 4.10 |
| 1997 | 644.08 | 120.21 | 452.57 | 71.30 |
| 1998 | 585.57 | 110.00 | 454.63 | 20.94 |
| 1999 | 526.59 | 102.12 | 403.19 | 21.28 |
| 2000 | 593.56 | 100.00 | 407.15 | 86.41 |
| 2001 | 496.72 | | 468.78 | 27.94 |
| 2002 | 550.11 | | 527.43 | 22.68 |
| 2003 | 561.40 | | 535.05 | 26.35 |
| 2004 | 640.72 | | 606.30 | 34.43 |
| 2005 | 638.05 | | 603.25 | 34.80 |
| 2006 | 670.76 | | 630.21 | 40.55 |
| 2007 | 783.39 | | 747.68 | 35.72 |
| 2008 | 952.53 | | 923.95 | 28.58 |
| 2009 | 918.04 | | 900.33 | 17.71 |
| 2010 | 1088.21 | | 1057.35 | 30.86 |
| 2011 | 1176.98 | | 1160.11 | 16.87 |
| 2012 | 1132.94 | | 1117.16 | 15.78 |
| 2013 | 1187.21 | | 1175.86 | 11.34 |
| 2014 | 1197.05 | | 1195.62 | 1.44 |
| 2015 | 1262.67 | | 1262.67 | |

# 7-3 分方式外商投资
# Foreign Direct and Other Investment by Form

单位：亿美元
unit: USD 100 million

| 方式 | Form | 2013 | | 2014 | | 2015 | |
|---|---|---|---|---|---|---|---|
| | | 项目(个) Nunber of Contracts (unit) | 金额 Amount | 项目(个) Nunber of Contracts (unit) | 金额 Amount | 项目(个) Nunber of Contracts (unit) | 金额 Amount |
| **总计** | **Total** | **22773** | **1187.21** | **23778** | **1197.05** | **26575** | **1262.67** |
| **一、外商直接投资** | **Direct Foreign Investment** | **22773** | **1175.86** | **23778** | **1195.62** | **26575** | **1262.67** |
| 合资经营 | Equity Joint Venture | 4476 | 237.72 | 4824 | 210.02 | 5989 | 258.85 |
| 合作经营 | Contractual Joint Venture | 142 | 19.44 | 104 | 16.33 | 110 | 18.45 |
| 独资经营 | Wholly Foreign-owned Enterprise | 18125 | 895.89 | 18809 | 947.37 | 20398 | 952.85 |
| 外商投资股份制企业 | FDI Share- holding Inc. | 30 | 22.81 | 41 | 21.89 | 78 | 32.51 |
| 合作开发 | Joint Exploration | | | | | | |
| 其他 | Other | | | | | | |
| **二、外商其他投资** | **Other Foreign Investment** | | **11.34** | | **1.44** | | |
| 对外发行股票 | Shares Issued to Foreign Countries | | 3.26 | | | | |
| 国际租赁 | International Leasing | | | | | | |
| 补偿贸易 | Compensation Trade | | | | | | |
| 加工装配 | Processing Assembly | | 8.08 | | 1.44 | | |

# 7-4 外商直接投资行业分布(2015年)
# Foreign Direct Investment by Sector

单位：万美元
Unit:USD 10000

| 行　业 | Sector | 合同项目(个) Number of Contracts (unit) | 实际使用金额 Actually Utilized Value |
|---|---|---|---|
| **总　计** | **Total** | **26575** | **12626660** |
| 农、林、牧、渔业 | Agriculture,Forestry,Animal Husbandry and Fishing | 609 | 153386 |
| 农业 | Agriculture | 389 | 71146 |
| 采矿业 | Mining | 34 | 24292 |
| 石油和天然气开采业 | Petroleum and Natural Gas Mining | 11 | 9921 |
| 制造业 | Manufacturing | 4507 | 3954290 |
| 纺织业 | Textile | 110 | 79230 |
| 化学原料及化学制品制造业 | Chemistry Raw Material and Chemical Product Manufacturing | 182 | 263439 |
| 医药制造业 | Medicine Manufacturing | 90 | 138746 |
| 通用设备制造业 | General Purpose Equipment Manufacturing | 443 | 284894 |
| 专用设备制造业 | Special Purpose Equipment Manufacturing | 438 | 250236 |
| 通信设备、计算机及其他电子设备制造业 | Communication Facility, Computer and other Electronic Installation Manufacturing | 507 | 685549 |
| 电力、燃气及水的生产和供应业 | Production and Distribution of Electricity ,Gas and Water | 264 | 225022 |
| 建筑业 | Construction | 176 | 155876 |
| 交通运输、仓储和邮政业 | Transport, Storage and Post | 449 | 418607 |
| 信息传输、计算机服务和软件业 | Information Transmission, Computer Services and Software | 1311 | 383556 |
| 批发和零售业 | Wholesale and Retail Trade | 9156 | 1202313 |
| 住宿和餐饮业 | Hotel and Restaurants | 611 | 43398 |
| 旅游饭店 | Traveling Hotel | 4 | 14683 |
| 金融业 | Financial Intermediation | 2003 | 1496889 |
| 房地产业 | Real Estate | 387 | 2899484 |
| 房地产开发经营 | Property Development Management | 187 | 2850756 |
| 租赁和商务服务业 | Leasing and Business Services | 4465 | 1004973 |
| 科学研究、技术服务和地质勘查业 | Scientific Research, Technical Service and Geologic Prospecting | 1970 | 452936 |
| 水利、环境和公共设施管理业 | Management of Water Conservancy, Environment and Public Facili | 84 | 43334 |
| 居民服务和其他服务业 | Services to Households and Other Services | 217 | 72131 |
| 教育 | Education | 38 | 2894 |
| 卫生、社会保障和社会福利业 | Health, Social Security and Social Welfare | 51 | 14338 |
| 文化、体育和娱乐业 | Culture, Sports and Entertainment | 238 | 78941 |
| 公共管理和社会组织 | Public Management and Social Organizations | 5 | |

# 7-5 分国别(地区)外商实际投资

# Utilization of Foreign Direct and Other Investment by Country or Region

单位：万美元

Unit: USD 10000

| 国别(地区) | Country/Region | 2014 外商直接投资合同项目 Number of FDI Contracts (unit) | 2014 外商直接投资 Foreign Direct Investment | 2014 外商其他投资 Other Foreign Investment | 2015 外商直接投资合同项目 Number of FDI Contracts (unit) | 2015 外商直接投资 Foreign Direct Investment | 2015 外商其他投资 Other Foreign Investment |
|---|---|---|---|---|---|---|---|
| **总　计** | **Total** | **23778** | **11956156** | **14377** | **26575** | **12626660** | |
| **亚洲** | **Asia** | **18709** | **9864918** | **11777** | **21179** | **10415946** | |
| 阿富汗 | Afghanistan | 13 | 100 | | 42 | 50 | |
| 巴林 | Bahrain | | 15 | | | | |
| 孟加拉国 | Bangladesh | 28 | 15 | | 24 | 24 | |
| 文莱 | Brunei | 27 | 7094 | | 12 | 7258 | |
| 缅甸 | Myanmar | 2 | 585 | | 5 | | |
| 柬埔寨 | Cambodia | 2 | 312 | | | 1000 | |
| 塞浦路斯 | Cyprus | 4 | 673 | | 12 | 195 | |
| 朝鲜 | Korea DPR | 17 | 29 | | 15 | 7 | |
| 中国香港 | Hong Kong, China | 12169 | 8126820 | 11777 | 13146 | 8638672 | |
| 印度 | India | 86 | 5075 | | 140 | 8080 | |
| 印度尼西亚 | Indonesia | 35 | 7802 | | 49 | 10754 | |
| 伊朗 | Iran | 57 | 380 | | 74 | 246 | |
| 伊拉克 | Iraq | 16 | 16 | | 25 | 102 | |
| 以色列 | Israel | 40 | 1342 | | 50 | 523 | |
| 日本 | Japan | 653 | 432530 | | 643 | 319496 | |
| 约旦 | Jordan | 15 | 116 | | 25 | 5 | |
| 科威特 | Kuwait | 4 | 694 | | 3 | 220 | |
| 老挝 | LaoPDR | 1 | | | | | |
| 黎巴嫩 | Lebanon | 12 | 91 | | 20 | 1114 | |
| 中国澳门 | Macao, China | 380 | 55057 | | 566 | 88540 | |
| 马来西亚 | Malaysia | 166 | 15749 | | 224 | 48048 | |
| 蒙古 | Mongolia | 4 | 16 | | 7 | | |
| 尼泊尔 | Nepal | 10 | 22 | | 6 | | |
| 阿曼 | Oman | | | | 1 | | |
| 巴基斯坦 | Pakistan | 66 | 2323 | | 66 | 65 | |
| 巴勒斯坦 | Palestine | 4 | 70 | | 8 | | |
| 菲律宾 | Philippines | 30 | 9707 | | 33 | 3867 | |
| 卡塔尔 | Qatar | 1 | | | 3 | 90 | |
| 沙特阿拉伯 | Saudi Arabia | 16 | 3061 | | 26 | 27774 | |
| 新加坡 | Singapore | 757 | 582668 | | 762 | 690407 | |
| 韩国 | Korea | 1558 | 396564 | | 1958 | 403401 | |
| 斯里兰卡 | Sri Lanka | 13 | | | 8 | 3 | |
| 叙利亚 | Syria | 22 | 173 | | 44 | 55 | |
| 泰国 | Thailand | 49 | 6052 | | 56 | 4438 | |
| 土耳其 | Turkey | 58 | 1272 | | 56 | 2701 | |
| 阿联酋 | United Arab Emirates | 33 | 2855 | | 30 | 3899 | |
| 也门共和国 | Yemen Rep. | 14 | 94 | | 42 | 249 | |
| 越南 | Vietnam | 7 | 7 | | 4 | | |
| 中国台湾 | Taiwan, China | 2318 | 201812 | | 2962 | 153710 | |
| 哈萨克斯坦 | Kazakhstan | 17 | 3655 | | 17 | 953 | |
| 吉尔吉斯斯坦 | Kirghizia | | 5 | | 5 | | |
| 塔吉克斯坦 | Tadzhikistan | 1 | | | 2 | | |
| 土库曼斯坦 | Turkmenistan | | | | 4 | | |
| 乌兹别克斯坦 | Uzbekstan | 4 | 37 | | 4 | | |
| 亚洲其他国家 | Oth.Asia.nes | | 30 | | | | |
| **非洲** | **Africa** | **383** | **101826** | | **551** | **58507** | |
| 阿尔及利亚 | Algeria | 7 | | | 5 | | |

7-5 续表 1 Continued 1

单位：万美元

Unit: USD 10000

| 国别(地区) | Country/Region | 2014 外商直接投资合同项目 Number of FDI Contracts(unit) | 2014 外商直接投资 Foreign Direct Investment | 2014 外商其他投资 Other Foreign Investment | 2015 外商直接投资合同项目 Number of FDI Contracts(unit) | 2015 外商直接投资 Foreign Direct Investment | 2015 外商其他投资 Other Foreign Investment |
|---|---|---|---|---|---|---|---|
| 安哥拉 | Angola | 4 | 712 | | 10 | 90 | |
| 贝宁 | Benin | 3 | | | 3 | 17 | |
| 博茨瓦纳 | Botswana | | | | 1 | 4 | |
| 布隆迪 | Burundi | 1 | 8 | | 1 | | |
| 喀麦隆 | Cameroon | 6 | 2 | | 11 | 5 | |
| 中非 | Central Africa | | | | 1 | | |
| 乍得 | Chad | | | | 1 | | |
| 刚果 | Congo | 3 | 12 | | 8 | | |
| 埃及 | Egypt | 26 | 126 | | 54 | 50 | |
| 埃塞俄比亚 | Ethiopia | 2 | 4 | | 8 | | |
| 加蓬 | Gabon | | | | 1 | | |
| 冈比亚 | Gambia | | | | 1 | | |
| 加纳 | Ghana | 8 | 36 | | 24 | 6 | |
| 几内亚 | Guinea | 1 | 1 | | 11 | | |
| 科特迪瓦共和国 | Cote d'lvoire | 1 | | | 2 | | |
| 肯尼亚 | Kenya | 2 | | | 9 | 2 | |
| 利比亚 | Libya | 5 | 12 | | 4 | 10 | |
| 马达加斯加 | Madagascar | | | | 2 | 1 | |
| 马里 | Mali | 5 | | | 7 | 8 | |
| 毛里求斯 | Mauritius | 30 | 59128 | | 24 | 34601 | |
| 摩洛哥 | Morocco | 4 | | | 7 | | |
| 莫桑比克 | Mozambique | | | | 1 | | |
| 纳米比亚 | Namibia | 2 | | | | | |
| 尼日尔 | Niger | 3 | | | 3 | | |
| 尼日利亚 | Nigeria | 19 | 3008 | | 43 | 300 | |
| 卢旺达 | Rwanda | | | | 1 | | |
| 塞内加尔 | Senegal | 1 | | | 3 | | |
| 塞舌尔 | Seychelles | 230 | 35904 | | 247 | 22600 | |
| 塞拉利昂 | Sierra Leone | | 2 | | 3 | | |
| 索马里 | Somalia | | 13 | | 2 | | |
| 南非 | S. Africa | 10 | 589 | | 22 | 198 | |
| 苏丹 | Sudan | 1 | | | 5 | | |
| 坦桑尼亚 | Tanzania | 3 | 1627 | | 3 | 25 | |
| 多哥 | Togo | 2 | | | 5 | | |
| 突尼斯 | Tunisia | | 2 | | 6 | 13 | |
| 乌干达 | Uganda | 2 | 100 | | 5 | | |
| 布基纳法索 | Burkina Faso | | | | 1 | | |
| 赞比亚 | Zambia | | | | 1 | 512 | |
| 津巴布韦 | Zimbabwe | 1 | | | 4 | 65 | |
| 厄立特里亚 | Eritrea | 1 | | | | | |
| 非洲其他国家 | Oth. Afr. Nes | | 540 | | 1 | | |
| **欧洲** | **Europe** | **1721** | **669165** | | **1915** | **689705** | |
| 比利时 | Belgium | 18 | 10823 | | 30 | 7629 | |
| 丹麦 | Denmark | 41 | 29054 | | 42 | 10466 | |
| 英国 | United Kingdom | 287 | 73534 | | 342 | 49648 | |
| 德国 | Germany | 384 | 207056 | | 425 | 155636 | |
| 法国 | France | 159 | 71207 | | 208 | 122390 | |
| 爱尔兰 | Ireland | 18 | 40400 | | 22 | 45157 | |
| 意大利 | Italy | 205 | 37200 | | 204 | 24519 | |
| 卢森堡 | Luxembourg | 23 | 12829 | | 26 | 63011 | |
| 荷兰 | Netherlands | 122 | 63873 | | 121 | 75179 | |
| 希腊 | Greece | 8 | 147 | | 3 | 7 | |
| 葡萄牙 | Portugal | 7 | 444 | | 8 | 202 | |

7-5 续表 2 Continued 2

单位：万美元

Unit: USD 10000

| 国别(地区) | Country/Region | 2014 | | | 2015 | | |
|---|---|---|---|---|---|---|---|
| | | 外商直接投资合同项目 Number of FDI Contracts (unit) | 外商直接投资 Foreign Direct Investment | 外商其他投资 Other Foreign Investment | 外商直接投资合同项目 Number of FDI Contracts (unit) | 外商直接投资 Foreign Direct Investment | 外商其他投资 Other Foreign Investment |
| 西班牙 | Spain | 62 | 17638 | | 80 | 19726 | |
| 阿尔巴尼亚 | Albania | 1 | | | 1 | | |
| 奥地利 | Austria | 38 | 10625 | | 35 | 7842 | |
| 保加利亚 | Bulgaria | 3 | 219 | | 4 | 14 | |
| 芬兰 | Finland | 18 | 6722 | | 14 | 5432 | |
| 匈牙利 | Hungary | 6 | 45 | | 12 | 317 | |
| 冰岛 | Iceland | 4 | | | | 735 | |
| 列支敦士登 | Liechtenstein | | 259 | | | 331 | |
| 马耳他 | Malta | 3 | | | 2 | 177 | |
| 挪威 | Norway | 20 | 2192 | | 17 | 12798 | |
| 波兰 | Poland | 15 | 219 | | 19 | 8277 | |
| 罗马尼亚 | Romania | 4 | 21 | | 6 | | |
| 圣马力诺 | San Marino | | | | | 134 | |
| 瑞典 | Sweden | 52 | 36194 | | 52 | 52721 | |
| 瑞士 | Switzerland | 79 | 33953 | | 61 | 21885 | |
| 爱沙尼亚 | Estonia | 1 | 8 | | 3 | 7 | |
| 拉脱维亚 | Latvia | 4 | 2 | | 3 | | |
| 立陶宛 | Lithuania | 1 | | | 3 | 22 | |
| 格鲁吉亚 | Georgia | | | | 1 | 10 | |
| 亚美尼亚 | Armenia | 1 | 5 | | 1 | 2 | |
| 阿塞拜疆 | Azerbaijan | 5 | 133 | | 8 | 8 | |
| 白俄罗斯 | Belarus | 2 | 4 | | 3 | | |
| 摩尔多瓦 | Moldavia | 2 | | | | | |
| 俄罗斯 | Russia | 90 | 4088 | | 109 | 1312 | |
| 乌克兰 | Ukraine | 20 | 38 | | 19 | 50 | |
| 斯洛文尼亚 | Slovenia | 6 | 6 | | 5 | 3 | |
| 克罗地亚 | Croatia | 1 | 2 | | 2 | 10 | |
| 捷克 | Czech | 5 | 3371 | | 15 | 1627 | |
| 斯洛伐克 | Slovak | 4 | 360 | | 6 | 1071 | |
| 马其顿 | Macedonia | | | | 1 | | |
| 欧洲其他国家 | Oth. Eur. Nes | 2 | 6494 | | 2 | 1350 | |
| **拉丁美洲** | **Latin America** | **637** | **771545** | | **616** | **913768** | |
| 安提瓜和巴布达 | Antigua and Barbuda | | 400 | | 1 | | |
| 阿根廷 | Argentina | 4 | 305 | | 4 | | |
| 巴哈马 | Bahamas | 2 | 8412 | | 6 | 14895 | |
| 巴巴多斯 | Barbados | 1 | 7074 | | 1 | 3911 | |
| 伯利兹 | Belize | 7 | 2208 | | 9 | 3180 | |
| 玻利维亚 | Bolivia | 2 | | | | | |
| 巴西 | Brazil | 26 | 2811 | | 23 | 5084 | |
| 开曼群岛 | Cayman Is. | 111 | 125509 | | 112 | 144446 | |
| 智利 | Chile | 7 | 625 | | 8 | 526 | |
| 哥伦比亚 | Colombia | 8 | | | 15 | 12 | |
| 多米尼克 | Dominica | | 60 | | 3 | | |
| 哥斯达黎加 | Costa Rica | | | | 3 | | |
| 古巴 | Cuba | | 287 | | | | |
| 多米尼加共和国 | Dominica Rep. | | | | 1 | | |
| 厄瓜多尔 | Ecuador | 1 | | | 5 | | |
| 格林纳达 | Granada | 1 | | | | | |
| 危地马拉 | Guatemala | 1 | 3 | | 2 | | |
| 圭亚那 | Guyana | | | | 1 | | |
| 洪都拉斯 | Honduras | | | | 2 | | |
| 牙买加 | Jamaica | | | | 1 | | |
| 墨西哥 | Mexico | 13 | 319 | | 12 | 731 | |

7-5 续表 3 Continued 3

单位：万美元

Unit: USD 10000

| 国别(地区) | Country/Region | 2014 外商直接投资合同项目 Number of FDI Contracts (unit) | 2014 外商直接投资 Foreign Direct Investment | 2014 外商其他投资 Other Foreign Investment | 2015 外商直接投资合同项目 Number of FDI Contracts (unit) | 2015 外商直接投资 Foreign Direct Investment | 2015 外商其他投资 Other Foreign Investment |
|---|---|---|---|---|---|---|---|
| 巴拿马 | Panama | 3 | 600 | | 7 | 2064 | |
| 秘鲁 | Peru | 3 | 39 | | 10 | 28 | |
| 波多黎各 | Puerto Rico | | | | 1 | | |
| 圣文森特和格林纳丁斯 | SaintVincent & Grenadines | | | | | 18 | |
| 特克斯和凯科斯群岛 | Turks & Caicos Is. | | 17 | | | | |
| 乌拉圭 | Uruguay | 1 | 215 | | 1 | 12 | |
| 委内瑞拉 | Venezuela | 5 | 45 | | 14 | 6 | |
| 维尔京群岛 | Virgin Is. | 436 | 622566 | | 373 | 738778 | |
| 圣其茨--尼维斯 | St. Kitts-Nevis | 5 | 50 | | 1 | 52 | |
| 拉美洲其他国家 | Oth. L. Amer. Nes | | | | | 25 | |
| **北美洲** | **North America** | **1585** | **325619** | | **1629** | **304272** | |
| 加拿大 | Canada | 399 | 35346 | | 378 | 22392 | |
| 美国 | United States | 1176 | 237074 | | 1241 | 208889 | |
| 百慕大 | Bermuda | 10 | 53080 | | 9 | 71018 | |
| 北美洲其他国家 | Oth. N. Amer. nes | | 119 | | 1 | 1973 | |
| **大洋洲及太平洋岛屿** | **Oceania and Pacific Is.** | **741** | **189251** | | **801** | **244357** | |
| 澳大利亚 | Australia | 276 | 23853 | | 371 | 30689 | |
| 库克群岛 | Cook Is. | 1 | 82 | | | | |
| 斐济 | Fiji | 1 | 7 | | | | |
| 瓦努阿图 | Vanuatu | | 16 | | | 624 | |
| 新西兰 | New Zealand | 62 | 4748 | | 68 | 2247 | |
| 巴布亚新几内亚 | Papua New Guinea | | | | 1 | | |
| 萨摩亚 | Samoa | 372 | 156383 | | 340 | 199109 | |
| 马绍尔群岛 | Marshall Is. | 8 | 3412 | | 15 | 7189 | |
| 安奎拉 | Anguilla | 21 | 176 | | 6 | 3416 | |
| 其他太平洋岛屿 | Oth. Pacific Is. | | 545 | | | | |
| 大洋洲其他国家 | Oth. Ocean. Nes | | 29 | | | 1083 | |
| **其他** | **Others** | **3** | **33832** | **2600** | **2** | | |
| **东南亚国家联盟** | **Association of Southeast Asian Nations** | **1076** | **629976** | | **432** | **213668** | |
| **欧洲联盟** | **European Union** | **1499** | **622672** | | **5683** | **2049817** | |

注：1. 东南亚国家联盟包括：文莱、缅甸、柬埔寨、印度尼西亚、老挝、马来西亚、菲律宾、新加坡、泰国、越南。

2. 欧洲联盟包括：比利时、丹麦、英国、德国、法国、爱尔兰、意大利、卢森堡、荷兰、希腊、葡萄牙、西班牙、奥地利、芬兰、瑞
塞浦路斯、匈牙利、马耳他、波兰、爱沙尼亚、拉脱维亚、立陶宛、斯洛文尼亚、捷克、斯洛伐克、保加利亚、罗马尼亚、克罗地亚

a) Association of Southeast Asian Nations include Brunei, Myanmar,Cambodia,Indonesia,Laos,Malaysia,Philippines,Singapore,Thailand,Vietnam.

b) European Union include Belgium,Denmark,United Kingdom,Germany,France,Ireland,Italy,Luxembourg,Netherlands,Greece,Portugal,Spain, Austria,Finland,Sweden,Cyprus,Hungary,Malta,Poland,Estonia,Latvia,Lithuania,Slovenia,Czech,Slovak,Croatia.

# 7-6 历年外商投资企业登记概况

# Status of Registered Enterprises with Foreign Capital

| 年 份<br>Year | 企业数<br>(户)<br>Number of Enterprise<br>(unit) | 投资总额<br>(万美元)<br>Total Investment<br>(USD 10000) | 注册资本(万美元)<br>Registered Capital(USD 10000) | |
|---|---|---|---|---|
| | | | 小 计<br>Subtotal | #外 方<br>Foreign Partner |
| 1980 | 7 | 470 | 432 | 179 |
| 1981 | 82 | 13248 | 11411 | 6646 |
| 1982 | 330 | 65085 | 60697 | 44201 |
| 1983 | 616 | 176747 | 143037 | 89589 |
| 1984 | 1999 | 434644 | 325086 | 207109 |
| 1985 | 4912 | 1641154 | 834410 | 508846 |
| 1986 | 6524 | 2140438 | 1163741 | 582717 |
| 1987 | 8546 | 2641308 | 1466820 | 827307 |
| 1988 | 13747 | 3780628 | 2154354 | 1169072 |
| 1989 | 18968 | 4690829 | 2759003 | 1501813 |
| 1990 | 25389 | 5457370 | 3304208 | 1866511 |
| 1991 | 37215 | 7178332 | 4465808 | 2577358 |
| 1992 | 84371 | 17845550 | 11598693 | 6866484 |
| 1993 | 167507 | 38238877 | 24563127 | 15018236 |
| 1994 | 206096 | 49072446 | 31227534 | 19631486 |
| 1995 | 233564 | 63900854 | 39912302 | 25688422 |
| 1996 | 240447 | 71532202 | 44148483 | 28979610 |
| 1997 | 235681 | 75347010 | 45981372 | 30298675 |
| 1998 | 227807 | 77422942 | 46728674 | 31371224 |
| 1999 | 212436 | 77856752 | 46354938 | 31668255 |
| 2000 | 203208 | 82467505 | 48394975 | 33719912 |
| 2001 | 202306 | 87501079 | 50579271 | 35968275 |
| 2002 | 208056 | 98189328 | 55211904 | 40199985 |
| 2003 | 226373 | 111735062 | 62264052 | 46577863 |
| 2004 | 242284 | 131118108 | 72848575 | 55799291 |
| 2005 | 260000 | 146399267 | 81203319 | 63193522 |
| 2006 | 274863 | 170756477 | 94647381 | 74062533 |
| 2007 | 286232 | 210878940 | 115541864 | 92114807 |
| 2008 | 434937 | 232413047 | 130055348 | 103885057 |
| 2009 | 434248 | 249996531 | 140348130 | 113694532 |
| 2010 | 445244 | 270593108 | 157384290 | 125896928 |
| 2011 | 446487 | 299312402 | 172942962 | 138102850 |
| 2012 | 440609 | 326104777 | 188141484 | 149034975 |
| 2013 | 445962 | 351760847 | 202802980 | 160771193 |
| 2014 | 460699 | 379772862 | 218351038 | 174138864 |
| 2015 | 481179 | 453902025 | 266815811 | 207567406 |

注：1.本数据来源于国家工商管理总局，从2008年起企业户数包含分支机构.

2.自2013年起,国家工商总局不再公布法人企业数.

Note: a.Data in this table are from State Administration for Industry & Commerce. The number of enterprise includes branch Since 2008.

b.Since 2013,State Administration for Industry & Commerce do not publish the number of corporation enterprise.

# 7-7 年末登记外商投资企业行业分布情况(2015年)

# Registered Foreign-funded Enterprises by Sector at the Year-end

| 行业 | Sector | 企业数(户) Number of Enterprises (unit) | 投资额(万美元) Total Investment (USD 10000) | 注册资本(万美元) Registered Capital (USD 10000) 小计 Subtotal | #外方 Foreign Partner |
|---|---|---|---|---|---|
| **总计** | **Total** | **481179** | **453902025** | **266815811** | **207567406** |
| 农、林、牧、渔业 | Agriculture, Forestry, Animal Husbandry and Fishery | 6937 | 6086433 | 3629321 | 2997780 |
| 采矿业 | Mining | 833 | 1952609 | 1192271 | 869182 |
| 制造业 | Manufacturing | 158256 | 199042779 | 102534598 | 81526907 |
| 电力、热力、燃气及水生产和供应业 | Production and Supply of Electricity, Heat, Gas and Water | 4594 | 21345238 | 8864681 | 5142779 |
| 建筑业 | Construction | 5181 | 8877886 | 5654860 | 3079112 |
| 批发和零售业 | Wholesale and Retail Trades | 109833 | 30839749 | 16781204 | 14035316 |
| 交通运输、仓储和邮政业 | Transport, Storage and Post | 11791 | 15925828 | 9037856 | 5051146 |
| 住宿和餐饮业 | Hotels and Catering Services | 27229 | 4113682 | 2346086 | 1848569 |
| 信息传输、软件和信息技术服务业 | Information Transmission, Software and Information Technology | 42435 | 14174669 | 8195403 | 7391133 |
| 金融业 | Financial Intermediation | 11708 | 15428640 | 14768441 | 9516454 |
| 房地产业 | Real Estate | 17668 | 59974078 | 37882742 | 32049815 |
| 租赁和商务服务业 | Leasing and Business Services | 50673 | 45049004 | 38347228 | 30287432 |
| 科学研究和技术服务业 | Scientific Research and Technical Services | 24064 | 22832153 | 12981075 | 10154335 |
| 水利、环境和公共设施管理业 | Management of Water Conservancy, Environment and | 1120 | 2751968 | 1410118 | 1124134 |
| 居民服务、修理和其他服务业 | Service to Households, Repair and Other Services | 4626 | 1616713 | 957748 | 792134 |
| 教育 | Education | 463 | 104045 | 58251 | 51961 |
| 卫生和社会工作 | Health and Social Service | 277 | 781827 | 356153 | 280348 |
| 文化、体育和娱乐业 | Culture, Sports and Entertainment | 3229 | 2767147 | 1658924 | 1267027 |
| 其他 | Others | 262 | 237576 | 158849 | 101843 |

# 7-8 各地区年末登记的外商投资企业数及投资额

# Number and Investment of Registered Enterprise with Foreign Capital by Region or Department at the Year-end

| 地区、部门 | Region/Department | 企业数 (户) Number of Enterprise (unit) | | 投资总额 (万美元) Total Investment (USD 10000) | |
|---|---|---|---|---|---|
| | | 2014 | 2015 | 2014 | 2015 |
| **总　计** | **Total** | **460699** | **481179** | **379772862** | **453902025** |
| **一、地区合计** | **Subtotal of Regions** | **460697** | **481179** | **379769844** | **453902025** |
| 北　京 | Beijing | 28041 | 29396 | 20102652 | 38096260 |
| 天　津 | Tianjin | 11507 | 12278 | 14414556 | 18132793 |
| 河　北 | Hebei | 6811 | 6867 | 6213456 | 7362413 |
| 山　西 | Shanxi | 3531 | 3606 | 3911919 | 4110684 |
| 内蒙古 | Inner Mongolia | 3036 | 2967 | 2644933 | 3514212 |
| 辽　宁 | Liaoning | 17091 | 17745 | 19864118 | 20663948 |
| 吉　林 | Jilin | 4370 | 4437 | 3332757 | 3523028 |
| 黑龙江 | Heilongjiang | 5016 | 4149 | 2398346 | 2230199 |
| 上　海 | Shanghai | 68952 | 74885 | 53046708 | 66127346 |
| 江　苏 | Jiangsu | 51634 | 53551 | 71813116 | 78215363 |
| 浙　江 | Zhejiang | 31005 | 32778 | 26288101 | 29181344 |
| 安　徽 | Anhui | 4721 | 5063 | 4802629 | 10648647 |
| 福　建 | Fujian | 24322 | 25895 | 17324503 | 19671281 |
| 江　西 | Jiangxi | 7020 | 7094 | 6702478 | 7257823 |
| 山　东 | Shandong | 26023 | 27240 | 19922719 | 21933354 |
| 河　南 | Henan | 10056 | 8316 | 5887807 | 6870993 |
| 湖　北 | Hubei | 8160 | 8646 | 7767141 | 8923134 |
| 湖　南 | Hunan | 5353 | 5865 | 4630680 | 5214719 |
| 广　东 | Guangdong | 104555 | 111169 | 56206327 | 64430951 |
| 广　西 | Guangxi | 3949 | 4215 | 3739588 | 4252947 |
| 海　南 | Hainan | 3038 | 3111 | 2788800 | 3117354 |
| 重　庆 | Chongqing | 5147 | 5009 | 6751691 | 7884459 |
| 四　川 | Sichuan | 10253 | 10594 | 8275197 | 8840938 |
| 贵　州 | Guizhou | 1515 | 1662 | 1547158 | 1814689 |
| 云　南 | Yunnan | 4046 | 3901 | 2525272 | 3271964 |
| 西　藏 | Tibet | 255 | 221 | 132836 | 199734 |
| 陕　西 | Shaanxi | 6782 | 6017 | 4473422 | 5157080 |
| 甘　肃 | Gansu | 2282 | 2130 | 676434 | 765703 |
| 青　海 | Qinghai | 363 | 404 | 309527 | 739602 |
| 宁　夏 | Ningxia | 538 | 584 | 516377 | 897222 |
| 新　疆 | Xinjiang | 1325 | 1384 | 758597 | 851840 |
| **二、部门合计** | **Subtotal of Departments** | **2** | | **3019** | |

# 7-9 各地区外商投资企业年末注册资本

# Registered Capital of Foreign-funded Enterprise by Region or Department at the Year-end

单位：万美元

Unit: USD 10000

| 地区、部门 | Region/Department | 注册资本 Registered Capital | | 外方注册资本 Registered Foreign Capital | |
|---|---|---|---|---|---|
| | | 2014 | 2015 | 2014 | 2015 |
| **总　计** | **Total** | **218351038** | **266815811** | **174138864** | **207567406** |
| **一、地区合计** | **Subtotal of Regions** | **218348025** | **266815811** | **174135853** | **207567406** |
| 北　京 | Beijing | 11916114 | 24565770 | 9234772 | 17223379 |
| 天　津 | Tianjin | 8248566 | 11201773 | 6744596 | 8810647 |
| 河　北 | Hebei | 3106533 | 3803418 | 2254586 | 2802933 |
| 山　西 | Shanxi | 2229580 | 2276333 | 1017861 | 1085806 |
| 内蒙古 | Inner Mongolia | 1228567 | 1730106 | 834129 | 1061594 |
| 辽　宁 | Liaoning | 12035375 | 12635204 | 9861306 | 10289991 |
| 吉　林 | Jilin | 1578311 | 1669239 | 966685 | 1035404 |
| 黑龙江 | Heilongjiang | 1434313 | 1268523 | 1095037 | 965118 |
| 上　海 | Shanghai | 33595567 | 44973251 | 27068425 | 35146037 |
| 江　苏 | Jiangsu | 38393366 | 42290126 | 32563823 | 35726614 |
| 浙　江 | Zhejiang | 15268073 | 17139934 | 11959334 | 13643720 |
| 安　徽 | Anhui | 2607476 | 3091647 | 1880884 | 2234387 |
| 福　建 | Fujian | 9448456 | 11090110 | 7791319 | 9000744 |
| 江　西 | Jiangxi | 4376938 | 4809521 | 3798486 | 4162991 |
| 山　东 | Shandong | 11313078 | 12724577 | 8707114 | 9926601 |
| 河　南 | Henan | 2969242 | 3481640 | 2232618 | 2484386 |
| 湖　北 | Hubei | 4101570 | 4816564 | 2992149 | 3587783 |
| 湖　南 | Hunan | 2419023 | 2810520 | 1839349 | 2011578 |
| 广　东 | Guangdong | 33773734 | 39061397 | 27329427 | 30809083 |
| 广　西 | Guangxi | 1937381 | 2146521 | 1572659 | 1755229 |
| 海　南 | Hainan | 1571897 | 1801534 | 1165938 | 1172248 |
| 重　庆 | Chongqing | 4254275 | 4935976 | 3342948 | 3878695 |
| 四　川 | Sichuan | 4671597 | 5096561 | 3571299 | 3853419 |
| 贵　州 | Guizhou | 775630 | 1018034 | 612199 | 829752 |
| 云　南 | Yunnan | 1444571 | 1767700 | 1089115 | 1034179 |
| 西　藏 | Tibet | 82822 | 158530 | 35606 | 104481 |
| 陕　西 | Shaanxi | 2411131 | 2836720 | 1811183 | 1939005 |
| 甘　肃 | Gansu | 296667 | 331937 | 193027 | 231589 |
| 青　海 | Qinghai | 129964 | 283094 | 79251 | 133425 |
| 宁　夏 | Ningxia | 321996 | 517528 | 186244 | 270023 |
| 新　疆 | Xinjiang | 406212 | 482021 | 304485 | 356566 |
| **二、部门合计** | **Subtotal of Departments** | **3013** | | **3011** | |

# 对外合作

# INTERNATIONAL COOPERATION

第8篇

# 8-1 对外经济合作概况
# Foreign Economic Cooperation

| 年 份<br>Year | 对外承包工程<br>Foreign Engineering Projects | | | | 对外劳务合作<br>Foreign Labour Services | |
|---|---|---|---|---|---|---|
| | 合同数<br>(份)<br>Contract Number<br>(unit) | 合同金额<br>(亿美元)<br>Contract Value<br>(USD 100 million) | 完成营业额<br>(亿美元)<br>Turnover<br>(USD 100 million) | 年末在外人数<br>(万人)<br>Persons Abroad by the End of Year<br>(10000 person ) | 派出劳务人数<br>(万人)<br>Dispatched Labor<br>(10000 person ) | 年末在外人数<br>(万人)<br>Persons Abroad by the End of Year<br>(10000 person ) |
| 1979 | 27 | 0.33 | } | | | |
| 1980 | 138 | 1.40 | } 1.23 | | | |
| 1981 | 250 | 2.76 | } | | | |
| 1982 | 195 | 3.46 | 1.00 | | | |
| 1983 | 280 | 7.99 | 1.89 | | | |
| 1984 | 344 | 15.38 | 4.94 | 2.19 | | 2.76 |
| 1985 | 465 | 11.16 | 6.63 | 3.06 | | 2.49 |
| 1986 | 486 | 11.89 | 8.19 | 2.74 | | 1.90 |
| 1987 | 616 | 16.48 | 11.14 | 3.13 | | 3.19 |
| 1988 | 642 | 18.13 | 12.53 | 3.00 | | 3.98 |
| 1989 | 776 | 17.81 | 14.84 | 2.40 | | 4.31 |
| 1990 | 920 | 21.25 | 16.44 | 2.18 | | 3.61 |
| 1991 | 1171 | 25.24 | 19.70 | 2.15 | | 6.83 |
| 1992 | 1164 | 52.51 | 24.03 | 2.54 | | 10.56 |
| 1993 | 1393 | 51.89 | 36.68 | 3.42 | | 13.09 |
| 1994 | 1702 | 60.27 | 48.83 | 3.83 | | 18.43 |
| 1995 | 1558 | 74.84 | 51.08 | 3.84 | | 22.59 |
| 1996 | 1634 | 77.28 | 58.21 | 3.88 | | 24.66 |
| 1997 | 2085 | 85.16 | 60.36 | 4.78 | | 28.55 |
| 1998 | 2322 | 92.43 | 77.69 | 6.11 | | 29.08 |
| 1999 | 2527 | 101.99 | 85.22 | 5.53 | | 32.65 |
| 2000 | 2597 | 117.19 | 83.79 | 5.56 | | 36.93 |
| 2001 | 5836 | 130.39 | 88.99 | 6.00 | | 41.47 |
| 2002 | 4036 | 150.55 | 111.94 | 7.85 | | 41.04 |
| 2003 | 3708 | 176.67 | 138.37 | 9.40 | | 42.97 |
| 2004 | 6694 | 238.44 | 174.68 | 11.47 | 17.30 | 41.94 |
| 2005 | 9502 | 296.14 | 217.63 | 14.48 | 18.34 | 41.87 |
| 2006 | 12996 | 660.05 | 299.93 | 19.86 | 21.48 | 47.52 |
| 2007 | 6282 | 776.21 | 406.43 | 23.60 | 21.49 | 50.51 |
| 2008 | 5411 | 1045.62 | 566.12 | 27.16 | 22.49 | 46.71 |
| 2009 | 7280 | 1262.10 | 777.06 | 32.69 | 18.01 | 45.03 |
| 2010 | 9544 | 1343.67 | 921.70 | 37.65 | 18.68 | 47.01 |
| 2011 | 6381 | 1423.32 | 1034.24 | 32.40 | 20.91 | 48.84 |
| 2012 | 6710 | 1565.29 | 1165.97 | 34.46 | 27.84 | 50.56 |
| 2013 | 11578 | 1716.29 | 1371.43 | 37.01 | 25.57 | 48.26 |
| 2014 | 7740 | 1917.56 | 1424.11 | 40.89 | 29.26 | 59.69 |
| 2015 | 8662 | 2100.74 | 1540.74 | 40.86 | 27.68 | 61.83 |

注：自2011年起，商务部不再公布对外劳务合作项下合同数、合同金额以及完成营业额数据。

Note: Since 2011,Ministry of Commerce do not publish the number of projects contracted,contracted value and turnover fultilled data of Labor Services.

# 8-2 分国别(地区)对外承包工程合同数量及金额

# Contracts Signed for Foreign Engineering Projects by Country or Region

| 国别(地区) | Country/Region | 2014 | | 2015 | |
|---|---|---|---|---|---|
| | | 合同<br>(份)<br>Nunber of Contracts<br>(unit) | 金额<br>(万美元)<br>Contract Value<br>(USD 10000) | 合同<br>(份)<br>Nunber of Contracts<br>(unit) | 金额<br>(万美元)<br>Contract Value<br>(USD 10000) |
| **合 计** | **Total** | **7740** | **19175640** | **8662** | **21007431** |
| **亚 洲** | **Asia** | **3487** | **8422332** | **3975** | **8974540** |
| 阿富汗 | Afghanistan | 1 | 43 | 4 | 3987 |
| 孟加拉国 | Bangladesh | 59 | 381034 | 86 | 494934 |
| 文莱 | Brunei | 7 | 1541 | 17 | 78969 |
| 缅甸 | Myanmar | 102 | 121210 | 353 | 198075 |
| 柬埔寨 | Cambodia | 71 | 141059 | 93 | 141819 |
| 朝鲜 | Korea DPR | 16 | 2567 | 2 | 499 |
| 中国香港 | Hong Kong, China | 235 | 312445 | 176 | 465271 |
| 印度 | India | 158 | 156706 | 128 | 181141 |
| 印度尼西亚 | Indonesia | 648 | 518776 | 432 | 739948 |
| 伊朗 | Iran | 345 | 650707 | 251 | 152261 |
| 伊拉克 | Iran | 132 | 638416 | 192 | 288969 |
| 以色列 | Israel | 5 | 103759 | 3 | 16609 |
| 日本 | Japan | 47 | 28832 | 62 | 41295 |
| 约旦 | Jordan | 2 | 1620 | 7 | 4285 |
| 科威特 | Kuwait | 22 | 101584 | 44 | 201400 |
| 老挝 | Laos | 94 | 368985 | 126 | 516002 |
| 黎巴嫩 | Lebanon | 3 | 2365 | 4 | 422 |
| 中国澳门 | Macao, China | 28 | 191429 | 39 | 182924 |
| 马来西亚 | Malaysia | 153 | 432505 | 317 | 719767 |
| 马尔代夫 | Maldives | 2 | 6825 | 2 | 45431 |
| 蒙古 | Mongolia | 49 | 69050 | 63 | 96668 |
| 尼泊尔 | Nepal | 33 | 89631 | 33 | 26188 |
| 阿曼 | Oman | 29 | 33255 | 38 | 81475 |
| 巴基斯坦 | Pakistan | 154 | 255013 | 190 | 1217954 |
| 巴勒斯坦 | Palestine | 1 | 2 | 4 | 191 |
| 菲律宾 | Philippines | 83 | 143584 | 176 | 281088 |
| 卡塔尔 | Qatar | 13 | 79674 | 14 | 112367 |
| 沙特阿拉伯 | Saudi Arabia | 152 | 946836 | 116 | 607221 |
| 新加坡 | Singapore | 79 | 379931 | 106 | 167915 |
| 韩国 | Korea | 18 | 29428 | 20 | 27734 |
| 斯里兰卡 | Sri Lanka | 38 | 279817 | 53 | 158776 |
| 叙利亚 | Syria | 4 | 661 | 4 | 272 |
| 泰国 | Thailand | 80 | 177676 | 172 | 396516 |
| 土耳其 | Turkey | 38 | 177611 | 50 | 316481 |
| 阿联酋 | United Arab Emirates | 62 | 189378 | 51 | 184526 |
| 也门共和国 | Yemen Rep. | 17 | 83422 | 12 | 3510 |
| 越南 | Vietnam | 165 | 380505 | 173 | 346410 |
| 中国台湾 | Taiwan, China | 7 | 5831 | 21 | 8991 |
| 东帝汶 | Timor Leste | 7 | 35840 | 12 | 44051 |
| 哈萨克斯坦 | Kazakhstan | 226 | 275332 | 204 | 261303 |
| 吉尔吉斯斯坦 | Kirghizia | 13 | 40069 | 25 | 45143 |
| 塔吉克斯坦 | Tadzhikistan | 23 | 76339 | 35 | 59693 |
| 土库曼斯坦 | Turkmenistan | 26 | 423262 | 41 | 29710 |
| 乌兹别克斯坦 | Uzbekistan | 40 | 87777 | 24 | 26353 |

8-2 续表 1 Continued 1

| 国别(地区) | Country/Region | 2014 合同(份) Number of Contracts (unit) | 2014 金额(万美元) Contract Value (USD 10000) | 2015 合同(份) Number of Contracts (unit) | 2015 金额(万美元) Contract Value (USD 10000) |
|---|---|---|---|---|---|
| **非洲** | **Africa** | **2650** | **7548656** | **2815** | **7624783** |
| 阿尔及利亚 | Algeria | 207 | 975092 | 247 | 689585 |
| 安哥拉 | Angola | 248 | 346870 | 272 | 877045 |
| 贝宁 | Benin | 11 | 69424 | 6 | 119530 |
| 博茨瓦纳 | Botswana | 22 | 48637 | 17 | 21961 |
| 布隆迪 | Burundi | 20 | 26841 | 9 | 4254 |
| 喀麦隆 | Cameroon | 153 | 137102 | 154 | 370086 |
| 佛得角 | Cape Verde | 5 | 2059 | 8 | 1230 |
| 中非 | Central African | 46 | 796 | 1 | 543 |
| 乍得 | Chad | 68 | 64717 | 30 | 30331 |
| 科摩罗 | Comoros | 19 | 21488 | 6 | 8005 |
| 刚果(布) | Congo | 76 | 226587 | 70 | 283086 |
| 吉布提 | Djibouti | 3 | 49844 | 14 | 124083 |
| 埃及 | Egypt | 46 | 139263 | 31 | 346312 |
| 赤道几内亚 | Eq. Guinea | 61 | 178711 | 64 | 86577 |
| 埃塞俄比亚 | Ethiopia | 124 | 507562 | 105 | 467293 |
| 加蓬 | Gabon | 18 | 82947 | 21 | 68398 |
| 冈比亚 | Gambia | 5 | 718 | 1 | 163 |
| 加纳 | Ghana | 63 | 239881 | 92 | 128573 |
| 几内亚 | Guinea | 28 | 161660 | 26 | 18035 |
| 几内亚(比绍) | Guinea Bissau | 3 | 3364 | 2 | 2227 |
| 科特迪瓦 | Cote d'Ivoire | 16 | 18471 | 21 | 120084 |
| 肯尼亚 | Kenya | 102 | 535128 | 102 | 490981 |
| 利比里亚 | Liberia | 36 | 12209 | 21 | 13788 |
| 利比亚 | Libya | 16 | 10437 | 7 | 6865 |
| 马达加斯加 | Madagascar | 30 | 16921 | 21 | 147201 |
| 马拉维 | Malawi | 26 | 15953 | 33 | 35206 |
| 马里 | Mali | 15 | 35177 | 19 | 125024 |
| 毛里塔尼亚 | Mauritania | 15 | 21376 | 9 | 10239 |
| 毛里求斯 | Mauritius | 32 | 22932 | 29 | 9833 |
| 摩洛哥 | Morocco | 21 | 21353 | 30 | 58555 |
| 莫桑比克 | Mozambique | 67 | 139317 | 67 | 128184 |
| 纳米比亚 | Namibia | 37 | 43173 | 41 | 82331 |
| 尼日尔 | Niger | 61 | 94958 | 33 | 45440 |
| 尼日利亚 | Nigeria | 145 | 1771445 | 190 | 969656 |
| 卢旺达 | Rwanda | 12 | 10279 | 16 | 19110 |
| 圣多美和普林西比 | Sao Tome and Principe | 3 | 31 | 7 | 745 |
| 塞内加尔 | Senegal | 48 | 69547 | 34 | 158904 |
| 塞舌尔 | Seychelles | 12 | 2745 | 6 | 1941 |
| 塞拉利昂 | Sierra Leone | 10 | 35860 | 9 | 4411 |
| 索马里 | Somali | 1 | 49 | 1 | 2095 |
| 南非 | S. Africa | 50 | 38550 | 45 | 52518 |
| 苏丹 | Sudan | 159 | 258142 | 142 | 119094 |
| 坦桑尼亚 | Tanzania | 91 | 130218 | 139 | 119167 |
| 多哥 | Togo | 12 | 33250 | 12 | 26198 |
| 突尼斯 | Tunisia | 17 | 14503 | 25 | 16863 |
| 乌干达 | Uganda | 76 | 107416 | 121 | 106913 |
| 布基纳法索 | Burkina Faso | 3 | 467 |  | 107 |
| 刚果(金) | Congo DR | 66 | 102307 | 89 | 280201 |
| 赞比亚 | Zambia | 149 | 247112 | 122 | 442853 |
| 津巴布韦 | Zimbabwe | 47 | 205123 | 32 | 107336 |
| 莱索托 | Lesotho | 9 | 10664 | 6 | 5773 |
| 厄立特里亚 | Eritrea | 1 | 23097 | 4 | 9478 |
| 南苏丹共和国 | Republic of South Sudan | 37 | 214609 | 39 | 257372 |
| 非洲其他国家(地区) | Other Countries (Regions) in Africa | 2 | 2276 | 167 | 3003 |

8-2 续表 2 Continued 2

| 国别(地区) | Country/Region | 2014 合同(份) Nunber of Contracts (unit) | 2014 金额(万美元) Contract Value (USD 10000) | 2015 合同(份) Nunber of Contracts (unit) | 2015 金额(万美元) Contract Value (USD 10000) |
|---|---|---|---|---|---|
| **欧洲** | **Europe** | **619** | **1029665** | **701** | **1222254** |
| 比利时 | Belgium | 6 | 6784 | 3 | 8764 |
| 丹麦 | Denmark | 1 | 68 | 2 | 377 |
| 英国 | United Kingdom | 34 | 55206 | 32 | 170862 |
| 德国 | Germany | 53 | 39512 | 209 | 63914 |
| 法国 | France | 72 | 195193 | 34 | 200853 |
| 意大利 | Italy | 10 | 11554 | 11 | 19842 |
| 卢森堡 | Luxembourg | | | 1 | 383 |
| 荷兰 | Netherlands | 28 | 17461 | 17 | 16920 |
| 希腊 | Greece | 14 | 35509 | 13 | 17915 |
| 葡萄牙 | Portugal | 12 | 7583 | 12 | 6302 |
| 西班牙 | Spain | 39 | 2476 | 32 | 18259 |
| 阿尔巴尼亚 | Albania | 4 | 10505 | 1 | 13258 |
| 奥地利 | Austria | 12 | 4374 | 12 | 6749 |
| 保加利亚 | Bulgaria | 18 | 6211 | 13 | 6655 |
| 芬兰 | Finland | 1 | 504 | 1 | 194 |
| 匈牙利 | Hungary | 10 | 5054 | 11 | 9111 |
| 马耳他 | Malta | 1 | 3485 | | |
| 摩纳哥 | Monaco | | | 3 | 6032 |
| 挪威 | Norway | 1 | 1067 | 1 | 2644 |
| 波兰 | Poland | 6 | 3705 | 9 | 4143 |
| 罗马尼亚 | Romania | 14 | 25147 | 14 | 14427 |
| 瑞典 | Sweden | 13 | 16768 | 17 | 12422 |
| 瑞士 | Switaerland | 3 | 18 | | |
| 拉脱维亚 | Latvia | 1 | 678 | 4 | 1102 |
| 格鲁吉亚 | Georgia | 11 | 4141 | 13 | 17824 |
| 亚美尼亚 | Armenia | 1 | 1011 | | |
| 阿塞拜疆 | Azerbaijan | 22 | 6858 | 17 | 1806 |
| 白俄罗斯 | Byelorussia | 22 | 20994 | 33 | 272327 |
| 摩尔多瓦 | Moldavia | 3 | 16 | | |
| 俄罗斯 | Russia | 162 | 196232 | 132 | 207592 |
| 乌克兰 | Ukraine | 19 | 21528 | 14 | 37489 |
| 斯洛文尼亚 | Slovenia | 4 | 76 | 3 | 406 |
| 克罗地亚 | Croatia | | 250 | 1 | 207 |
| 捷克 | Czech Rep. | 11 | 5749 | 18 | 8936 |
| 波黑 | Bosnia and Hercegovina | 4 | 206492 | 13 | 1018 |
| 塞尔维亚 | Serbia | 1 | 5968 | 3 | 71696 |
| 黑山 | Montenegro | 6 | 111487 | 2 | 1826 |

8-2 续表 3 Continued 3

| 国别(地区) | Country/Region | 2014 | | 2015 | |
|---|---|---|---|---|---|
| | | 合同(份) Nunber of Contracts (unit) | 金额(万美元) Contract Value (USD 10000) | 合同(份) Nunber of Contracts (unit) | 金额(万美元) Contract Value (USD 10000) |
| **拉丁美洲** | **Latin America** | **642** | **1646821** | **678** | **1816313** |
| 安提瓜和巴布达 | Antigua Barbuda | 1 | 471 | 1 | 25612 |
| 阿根廷 | Argentina | 47 | 651404 | 97 | 90889 |
| 巴哈马 | Bahamas | 1 | 1061 | 6 | 1052 |
| 巴巴多斯 | Barbados | 1 | 20 | | |
| 玻利维亚 | Bolivia | 19 | 98513 | 14 | 150121 |
| 巴西 | Brazil | 112 | 121523 | 80 | 337060 |
| 智利 | Chile | 19 | 8429 | 30 | 19307 |
| 哥伦比亚 | Colombia | 33 | 34323 | 36 | 116929 |
| 多米尼克 | Dominica | 3 | 459 | 1 | 3850 |
| 哥斯达黎加 | CostaRica | 4 | 6639 | 12 | 25039 |
| 古巴 | Cuba | 11 | 20050 | 15 | 17942 |
| 多米尼加共和国 | Dominican Rep. | 4 | 135 | 10 | 23847 |
| 厄瓜多尔 | Ecuador | 42 | 105565 | 44 | 121844 |
| 格林纳达 | Grenada | 9 | 1309 | 3 | 234 |
| 危地马拉 | Guatemala | 5 | 6332 | 2 | 65 |
| 圭亚那 | Guyana | 5 | 8566 | 5 | 4905 |
| 海地 | Haiti | 2 | 69 | 1 | 25054 |
| 洪都拉斯 | Honduras | | | 2 | 284 |
| 牙买加 | Jamaica | 7 | 862 | 3 | 2408 |
| 墨西哥 | Mexico | 34 | 75393 | 50 | 181094 |
| 尼加拉瓜 | Nicaragua | 4 | 1309 | 3 | 3296 |
| 巴拿马 | Panama | 4 | 14934 | 15 | 14568 |
| 巴拉圭 | Paraguay | 3 | 291 | 7 | 1596 |
| 秘鲁 | Peru | 132 | 32230 | 96 | 56967 |
| 萨尔瓦多 | El Salvador | 2 | 117 | | |
| 苏里南 | Suriname | 4 | 620 | 1 | 205 |
| 特立尼达和多巴哥 | Trinidad & Tobago | 7 | 14876 | 5 | 82014 |
| 乌拉圭 | Uruguay | 22 | 4394 | 3 | 463 |
| 委内瑞拉 | Venezuela | 104 | 432365 | 136 | 509666 |
| 英属维尔京群岛 | Virgin Is. (E) | 1 | 4560 | | |
| **北美洲** | **North America** | **131** | **328964** | **191** | **571024** |
| 加拿大 | Canada | 17 | 36782 | 16 | 8438 |
| 美国 | United States | 107 | 291771 | 173 | 562338 |
| 格陵兰 | Greenland | | | | 6 |
| 北美洲其他国家(地区) | Oth. N.Amer. nes | 7 | 411 | 2 | 242 |
| **大洋洲及太平洋岛屿** | **Oceania and Pacific Is.** | **204** | **199071** | **302** | **798518** |
| 澳大利亚 | Australia | 76 | 84812 | 191 | 616835 |
| 库克群岛 | Cook Islands | 1 | 2649 | 2 | 546 |
| 斐济 | Fiji | 9 | 5563 | 13 | 10560 |
| 瓦努阿图 | Vanuatu | 6 | 21788 | 7 | 9980 |
| 新西兰 | New Zealand | 30 | 14013 | 16 | 6655 |
| 巴布亚新几内亚 | Papua New Guinea | 69 | 58846 | 61 | 149642 |
| 所罗门群岛 | Solomon Is. | 1 | 32 | 1 | 587 |
| 汤加 | Tonga | 3 | 2659 | 8 | 3210 |
| 萨摩亚 | Samoa | 5 | 8313 | 3 | 206 |
| 密克罗尼西亚联邦 | Micronesia Commonwealth | 2 | 132 | | 100 |
| 东萨摩亚 | American Samoa | 2 | 245 | | 197 |
| 大洋洲其他国家（地区） | Other Countries (Regions) in Oceanic | | 20 | | |
| **其他** | **Others** | **7** | **132** | | |

# 8-3 分国别(地区)对外承包工程营业额

# Turnover of Foreign Engineering Projects by Country or Region

单位：万美元

Unit: USD 10000

| 国别(地区) | Country/Region | 2012 | 2013 | 2014 | 2015 |
|---|---|---|---|---|---|
| **合　计** | **Total** | **11659697** | **13714273** | **14241066** | **15407423** |
| **亚洲** | **Asia** | **5429281** | **6439758** | **6483818** | **6907010** |
| 阿富汗 | Afghanistan | 15553 | 43242 | 1630 | 1133 |
| 巴林 | Bahrain | 179 | 533 | 265 | 27 |
| 孟加拉国 | Bangladesh | 146176 | 87710 | 177854 | 175184 |
| 文莱 | Brunei | 6257 | 8766 | 3822 | 8653 |
| 缅甸 | Myanmar | 219811 | 126126 | 81856 | 189471 |
| 柬埔寨 | Cambodia | 117150 | 143077 | 96533 | 121396 |
| 塞浦路斯 | Cyprus | 2091 | 625 | 8191 | 113 |
| 朝鲜 | Korea DPR | 10667 | 12088 | 9049 | 1832 |
| 中国香港 | Hong Kong, China | 278729 | 302814 | 372760 | 402744 |
| 印度 | India | 669331 | 528189 | 253595 | 267458 |
| 印度尼西亚 | Indonesia | 346415 | 471874 | 458443 | 481528 |
| 伊朗 | Iran | 149418 | 218133 | 222979 | 159048 |
| 伊拉克 | Iraq | 170054 | 338070 | 489810 | 397661 |
| 以色列 | Israel | 3254 | 4934 | 9535 | 15238 |
| 日本 | Japan | 46443 | 62094 | 33406 | 44346 |
| 约旦 | Jordan | 1774 | 4216 | 1661 | 8459 |
| 科威特 | Kuwait | 72217 | 104947 | 140063 | 128114 |
| 老挝 | Laos | 190523 | 196887 | 232773 | 321606 |
| 黎巴嫩 | Lebanon | 3457 | 10206 | 935 | 721 |
| 中国澳门 | Macao, China | 46594 | 41845 | 79792 | 147710 |
| 马来西亚 | Malaysia | 237311 | 253013 | 310112 | 356227 |
| 马尔代夫 | Maldives | 5653 | 1957 | 6866 | 14380 |
| 蒙古 | Mongolia | 84063 | 107163 | 114102 | 93484 |
| 尼泊尔 | Nepal | 16658 | 49932 | 27283 | 25302 |
| 阿曼 | Oman | 29681 | 24229 | 30408 | 44939 |
| 巴基斯坦 | Pakistan | 277832 | 370093 | 424619 | 516289 |
| 巴勒斯坦 | Palestine | | | 2 | 527 |
| 菲律宾 | Philippines | 116112 | 124668 | 134928 | 204150 |
| 卡塔尔 | Qatar | 151785 | 166010 | 156402 | 136173 |
| 沙特阿拉伯 | Saudi Arabia | 462231 | 588411 | 594713 | 701812 |
| 新加坡 | Singapore | 288006 | 280991 | 337607 | 354079 |
| 韩国 | Korea | 10164 | 20152 | 39342 | 27393 |
| 斯里兰卡 | Sri Lanka | 153025 | 209186 | 219139 | 136871 |
| 叙利亚 | Syria | 4813 | 1418 | 941 | 1634 |
| 泰国 | Thailand | 107853 | 131931 | 183624 | 281007 |
| 土耳其 | Turkey | 105698 | 194266 | 180958 | 133887 |
| 阿联酋 | United Arab Emirates | 154369 | 133959 | 115007 | 153943 |
| 也门共和国 | Yemen Rep. | 6623 | 10544 | 10485 | 3354 |
| 越南 | Vietnam | 299763 | 359283 | 398439 | 352317 |
| 中国台湾 | Taiwan, China | 3746 | 2616 | 8702 | 3945 |
| 东帝汶 | East Timor | 13275 | 11463 | 2824 | 5315 |
| 哈萨克斯坦 | Kazakhstan | 156766 | 291714 | 235768 | 234700 |
| 吉尔吉斯斯坦 | Kirghizia | 35089 | 71188 | 58736 | 54857 |
| 塔吉克斯坦 | Tadzhikistan | 25244 | 44456 | 40931 | 64377 |
| 土库曼斯坦 | Turkmenistan | 130727 | 209852 | 124000 | 68921 |
| 乌兹别克斯坦 | Uzbekistan | 54730 | 70579 | 49772 | 61241 |
| 亚洲其他国家 | Oth.Asia.nes | 1971 | 4307 | 3154 | 3444 |

8-3 续表 1 Continued 1

单位：万美元
Unit: USD 10000

| 国别(地区) | Country/Region | 2012 | 2013 | 2014 | 2015 |
|---|---|---|---|---|---|
| **非洲** | **Africa** | **4083452** | **4789064** | **5297475** | **5478376** |
| 阿尔及利亚 | Algeria | 446553 | 519762 | 633429 | 824061 |
| 安哥拉 | Angola | 755642 | 745040 | 639843 | 495275 |
| 贝宁 | Benin | 8766 | 23658 | 25616 | 9159 |
| 博茨瓦纳 | Botswana | 74502 | 40502 | 29025 | 31504 |
| 布隆迪 | Burundi | 4593 | 28122 | 6789 | 7146 |
| 喀麦隆 | Cameroon | 63406 | 114086 | 123886 | 141350 |
| 佛得角 | Cape Verde | 1530 | 2462 | 4424 | 2458 |
| 中非 | Central African | 6960 | 313 | 297 | 486 |
| 乍得 | Chad | 79807 | 114983 | 111247 | 71585 |
| 科摩罗 | Comoros | 3203 | 5188 | 3640 | 2225 |
| 刚果(布) | Congo | 102858 | 187634 | 253189 | 297587 |
| 吉布提 | Djibouti | 3760 | 6497 | 36871 | 107188 |
| 埃及 | Egypt | 96904 | 102806 | 92402 | 201777 |
| 赤道几内亚 | Eq.Guinea | 179449 | 262767 | 207670 | 136854 |
| 埃塞俄比亚 | Ethiopia | 229168 | 355663 | 683203 | 589402 |
| 加蓬 | Gabon | 84052 | 43712 | 77985 | 56413 |
| 冈比亚 | Gambia | 197 | 313 | 496 | 734 |
| 加纳 | Ghana | 152503 | 177127 | 153439 | 140598 |
| 几内亚 | Guinea | 31400 | 42618 | 60925 | 48642 |
| 几内亚(比绍) | Guinea Bissau | 3459 | 3168 | 2326 | 3245 |
| 科特迪瓦 | Cote d'Ivoire | 9037 | 32876 | 35319 | 63005 |
| 肯尼亚 | Kenya | 130637 | 144740 | 169556 | 384569 |
| 利比里亚 | Liberia | 30244 | 25017 | 20577 | 19873 |
| 利比亚 | Libya | 5257 | 56362 | 15616 | 17380 |
| 马达加斯加 | Madagascar | 14414 | 9522 | 13812 | 7484 |
| 马拉维 | Malawi | 15715 | 8999 | 9016 | 9232 |
| 马里 | Mali | 44287 | 27783 | 34099 | 23462 |
| 毛里塔尼亚 | Mauritania | 27867 | 22291 | 29174 | 28413 |
| 毛里求斯 | Mauritius | 36887 | 25242 | 15105 | 19824 |
| 摩洛哥 | Morocco | 42317 | 36252 | 60700 | 113109 |
| 莫桑比克 | Mozambique | 29505 | 78628 | 81471 | 118750 |
| 纳米比亚 | Namibia | 17941 | 22153 | 36489 | 76642 |
| 尼日尔 | Niger | 43022 | 50777 | 88152 | 63689 |
| 尼日利亚 | Nigeria | 499481 | 427352 | 453165 | 348142 |
| 卢旺达 | Rwanda | 12384 | 14396 | 23564 | 21251 |
| 圣多美和普林西比 | Sao Tome & Principe | 93 | 126 | 102 | 127 |
| 塞内加尔 | Senegal | 24174 | 20290 | 35526 | 50037 |
| 塞舌尔 | Seychelles | 5421 | 6985 | 7511 | 3517 |
| 塞拉利昂 | Sierra Leone | 8490 | 17018 | 17881 | 7928 |
| 索马里 | Somalia | 835 |  | 49 | 224 |
| 南非 | S. Africa | 69538 | 39544 | 39980 | 45177 |
| 苏丹 | Sudan | 240345 | 198435 | 181811 | 154873 |
| 坦桑尼亚 | Tanzania | 114610 | 170976 | 206965 | 141471 |
| 多哥 | Togo | 14404 | 18021 | 25395 | 21176 |
| 突尼斯 | Tunisia | 10989 | 13286 | 11717 | 11067 |
| 乌干达 | Uganda | 26899 | 44209 | 111751 | 155063 |
| 布基纳法索 | Burkina Faso | 108 | 39 | 2585 | 320 |
| 刚果(金) | Congo DR | 96851 | 93993 | 144968 | 114388 |
| 赞比亚 | Zambia | 123381 | 249050 | 203020 | 178981 |
| 津巴布韦 | Zimbabwe | 38296 | 98507 | 30581 | 45789 |

8-3 续表 2 Continued 2

单位：万美元
Unit: USD 10000

| 国别(地区) | Country/Region | 2012 | 2013 | 2014 | 2015 |
|---|---|---|---|---|---|
| 莱索托 | Lesotho | 10365 | 35581 | 13011 | 12610 |
| 厄立特里亚 | Eritrea | 3279 | 11517 | 12010 | 12487 |
| 南苏丹 | Republic of South Sudan | 7667 | 12677 | 20052 | 36614 |
| 非洲其他国家(地区) | Other Countries (Regions) in Africa | | | 44 | 4011 |
| **欧洲** | **Europe** | **706182** | **822737** | **715057** | **878279** |
| 比利时 | Belgium | 35075 | 7385 | 7002 | 3638 |
| 丹麦 | Denmark | 2957 | 2399 | 102 | 218 |
| 英国 | United Kingdom | 37562 | 61519 | 48281 | 84736 |
| 德国 | Germany | 87818 | 46660 | 38138 | 52252 |
| 法国 | France | 117932 | 145083 | 148177 | 184421 |
| 爱尔兰 | Ireland | | 1173 | 713 | |
| 意大利 | Italy | 9700 | 10874 | 6176 | 14498 |
| 卢森堡 | Luxembourg | 100 | | | 111 |
| 荷兰 | Netherlands | 30436 | 41067 | 23173 | 24584 |
| 希腊 | Greece | 8553 | 18018 | 3345 | 7632 |
| 葡萄牙 | Portugal | 4481 | 4033 | 5044 | 6561 |
| 西班牙 | Spain | 10362 | 25225 | 8902 | 18809 |
| 阿尔巴尼亚 | Albania | 83 | 50 | 616 | |
| 奥地利 | Austria | 12073 | 3304 | 1895 | 3041 |
| 保加利亚 | Bulgaria | 5969 | 20679 | 20894 | 8537 |
| 芬兰 | Finland | 306 | 5 | | 2613 |
| 匈牙利 | Hungary | 4835 | 3272 | 3693 | 4650 |
| 冰岛 | Iceland | 163 | | | |
| 马耳他 | Malta | 29 | 704 | 105 | 3443 |
| 摩纳哥 | Monaco | | | | 4032 |
| 挪威 | Norway | 86 | 722 | 1432 | 6873 |
| 波兰 | Poland | 628 | 3484 | 12952 | 5037 |
| 罗马尼亚 | Romania | 22498 | 18722 | 16331 | 14794 |
| 瑞典 | Sweden | 4416 | 8924 | 9284 | 11506 |
| 瑞士 | Switzerland | 693 | 1629 | 485 | 96 |
| 拉脱维亚 | Latvia | 2 | 1205 | 467 | 399 |
| 爱沙尼亚 | Estonia | 755 | | | |
| 格鲁吉亚 | Georgia | 36250 | 21226 | 19323 | 19049 |
| 亚美尼亚 | Armenia | 1478 | 157 | 857 | |
| 阿塞拜疆 | Azerbaijan | 13836 | 20341 | 12947 | 7592 |
| 白俄罗斯 | Belorussia | 56693 | 164638 | 117515 | 98955 |
| 摩尔多瓦 | Moldavia | 102 | 528 | 16 | |
| 俄罗斯 | Russia | 164631 | 137161 | 115501 | 171440 |
| 乌克兰 | Ukraine | 16363 | 30865 | 16937 | 31375 |
| 斯洛文尼亚 | Slovenia | 19 | 37 | 76 | 194 |
| 克罗地亚 | Croatia | | 4415 | 85 | 213 |
| 捷克 | Czech Rep. | 4913 | 4730 | 4618 | 7754 |
| 斯洛伐克 | Slovak | 700 | | | |
| 马其顿共和国 | Macedonia,FYR | | 287 | 16515 | 36906 |
| 波黑 | Bosnia & Herzegovina | | 4242 | 29548 | 19410 |
| 塞尔维亚 | Serbia | 13685 | 7975 | 23525 | 19801 |
| 黑山 | Montenegro | | | 385 | 3107 |
| **拉丁美洲** | **Latin America** | **1131631** | **1330942** | **1318059** | **1640035** |
| 安提瓜和巴布达 | Antigua & Barbuda | 1687 | 4657 | 11133 | 6320 |
| 阿根廷 | Argentina | 34801 | 38230 | 50205 | 217332 |
| 阿鲁巴岛 | Aruba | | | 26 | |

8-3 续表 3 Continued 3

单位：万美元
Unit: USD 10000

| 国别(地区) | Country/Region | 2012 | 2013 | 2014 | 2015 |
|---|---|---|---|---|---|
| 巴哈马 | Bahamas | 30894 | 46094 | 66672 | 29469 |
| 巴巴多斯 | Barbados | 278 | 261 | 46 | 7 |
| 伯利兹 | Belize | | | 30 | |
| 玻利维亚 | Bolivia | 651 | 15279 | 32950 | 26524 |
| 巴西 | Brazil | 164606 | 188194 | 150443 | 202023 |
| 智利 | Chile | 11467 | 11125 | 11219 | 19620 |
| 哥伦比亚 | Colombia | 41643 | 23559 | 30827 | 39564 |
| 多米尼克 | Dominica | 4068 | 576 | 923 | 66 |
| 哥斯达黎加 | Costa Rica | 1641 | 2745 | 5447 | 7070 |
| 古巴 | Cuba | 8374 | 14425 | 8667 | 9162 |
| 多米尼加共和国 | Republic of Dominica | 1647 | 1537 | 3272 | 4473 |
| 厄瓜多尔 | Ecuador | 160815 | 202298 | 240342 | 328837 |
| 格林纳达 | Grenade | 272 | 58 | 3065 | 1443 |
| 危地马拉 | Guatemala | 11757 | 4774 | 1374 | 1644 |
| 圭亚那 | Guyana | 1798 | 4588 | 11211 | 9147 |
| 海地 | Haiti | | 24220 | 142 | |
| 洪都拉斯 | Honduras | 4350 | 2842 | 401 | 3933 |
| 牙买加 | Jamaica | 24567 | 25920 | 46559 | 38860 |
| 墨西哥 | Mexico | 45626 | 48552 | 55670 | 90219 |
| 尼加拉瓜 | Nicaragua | | 8491 | 11508 | 3271 |
| 巴拿马 | Panama | 8448 | 8744 | 6994 | 11141 |
| 巴拉圭 | Paraguay | 103 | 8 | 903 | 1596 |
| 秘鲁 | Peru | 35005 | 36291 | 41608 | 62566 |
| 圣文森特和格林纳丁斯 | Saint Vincent & Grenadines | 335 | 875 | 10 | |
| 萨尔瓦多 | El Salvador | | | 78 | |
| 苏里南 | Suriname | 7965 | 2693 | 2755 | 2624 |
| 特立尼达和多巴哥 | Trinidad & Tobago | 10741 | 10387 | 16373 | 22525 |
| 乌拉圭 | Uruguay | 2833 | 6531 | 6458 | 6395 |
| 委内瑞拉 | Venezuela | 515259 | 596708 | 500509 | 494205 |
| 圣其茨--尼维斯 | St. Kitts-Nevis | | 280 | 240 | |
| **北美洲** | **North America** | **100694** | **125919** | **201736** | **281411** |
| 加拿大 | Canada | 6777 | 35885 | 12412 | 10663 |
| 美国 | United States | 93654 | 89425 | 188912 | 270429 |
| 格陵兰 | Greenland | 43 | | | 5 |
| 北美洲其他国家(地区) | Oth.N.Amer.nes | 220 | 609 | 411 | 314 |
| **大洋洲及太平洋岛屿** | **Oceania and Pacific Is.** | **206900** | **204927** | **224761** | **222313** |
| 澳大利亚 | Australia | 105994 | 125061 | 114742 | 121217 |
| 库克群岛 | Cook Islands | 15 | 16 | 837 | 1600 |
| 斐济 | Fiji | 17775 | 14133 | 12904 | 15380 |
| 新喀里多尼亚 | New Caledonia | 4413 | 4100 | 220 | 90 |
| 瓦努阿图 | Vanuatu | 1699 | 537 | 5387 | 4433 |
| 新西兰 | New Zealand | 5277 | 9578 | 14815 | 11749 |
| 巴布亚新几内亚 | Papua New Guinea | 38985 | 45055 | 70426 | 60010 |
| 所罗门群岛 | Solomon Is. | | | 32 | |
| 汤加 | Tonga | 9971 | 4711 | 1832 | 2177 |
| 萨摩亚 | Samoa | 182 | 229 | 1559 | 4165 |
| 基里巴斯 | Kiribati | | | | 377 |
| 密克罗尼西亚 | Micronesia | | | 258 | 902 |
| 东萨摩亚 | American Samoa | | | 1725 | 211 |
| 大洋洲其他国家（地区） | Other Countries (Regions) in Oceanic | 22589 | 1507 | 26 | 2 |
| **其他** | **Others** | **1557** | **926** | **160** | |

# 8-4 分国别(地区)年末在境外从事承包工程人员
# Personnel Abroad for Engineering Projects Classified by Country or Region at the Year-end

单位：人
Unit: person

| 国别(地区) | Country/Region | 2012 | 2013 | 2014 | 2015 |
|---|---|---|---|---|---|
| **合　计** | **Total** | **344618** | **370144** | **408851** | **408565** |
| **亚洲** | **Asia** | **156276** | **166523** | **165571** | **168038** |
| 阿富汗 | Afghanistan | 367 | 47 | 31 | 49 |
| 巴林 | Bahrain | 11 | 8 | 7 | 3 |
| 孟加拉国 | Bangladesh | 1900 | 2197 | 3799 | 3335 |
| 文莱 | Brunei | 291 | 209 | 124 | 202 |
| 缅甸 | Myanmar | 13374 | 8701 | 4025 | 4548 |
| 柬埔寨 | Cambodia | 5037 | 5410 | 4763 | 5573 |
| 塞浦路斯 | Cyprus | 15 | | | |
| 朝鲜 | Korea DPR | 259 | 312 | 666 | 721 |
| 中国香港 | Hongkong,China | 2125 | 646 | 690 | 783 |
| 印度 | India | 3709 | 2828 | 1873 | 1491 |
| 印度尼西亚 | Indonesia | 6866 | 9816 | 15468 | 12940 |
| 伊朗 | Iran | 2203 | 1719 | 1371 | 2030 |
| 伊拉克 | Iraq | 9683 | 15223 | 11586 | 10421 |
| 以色列 | Israel | 185 | 213 | 106 | 105 |
| 日本 | Japan | 119 | 75 | 65 | 521 |
| 约旦 | Jordan | 173 | 78 | 80 | 57 |
| 科威特 | Kuwait | 3077 | 3490 | 2833 | 2728 |
| 老挝 | Laos | 8715 | 10912 | 13664 | 10247 |
| 黎巴嫩 | Lebanon | 2 | 5 | 5 | |
| 中国澳门 | Macao,China | 741 | 980 | 1394 | 1581 |
| 马来西亚 | Malaysia | 6232 | 8017 | 10130 | 9351 |
| 马尔代夫 | Maldives | 227 | 170 | 185 | 252 |
| 蒙古 | Mongolia | 3821 | 4297 | 3791 | 3875 |
| 尼泊尔 | Nepal | 940 | 1162 | 1883 | 711 |
| 阿曼 | Oman | 701 | 833 | 495 | 467 |
| 巴基斯坦 | Pakistan | 5411 | 5586 | 7481 | 9038 |
| 菲律宾 | Philippines | 1065 | 829 | 1498 | 1474 |
| 卡塔尔 | Qatar | 4805 | 2578 | 2404 | 2807 |
| 沙特阿拉伯 | Saudi Arabia | 28382 | 27756 | 22960 | 27334 |
| 新加坡 | Singapore | 8756 | 7109 | 7615 | 5659 |
| 韩国 | Korea | 146 | 17 | 60 | 87 |
| 斯里兰卡 | Sri Lanka | 4390 | 5840 | 3043 | 3432 |
| 叙利亚 | Syria | 131 | | | |
| 泰国 | Thailand | 1769 | 1735 | 3021 | 2787 |
| 土耳其 | Turkey | 1944 | 4528 | 3495 | 6709 |
| 阿联酋 | United Arab Emirates | 7324 | 6954 | 5461 | 5485 |
| 也门共和国 | Yemen Rep. | 525 | 318 | 503 | 162 |
| 越南 | Vietnam | 7310 | 9542 | 9132 | 8521 |
| 中国台湾 | Taiwan,China | 27 | 27 | 15 | 16 |
| 东帝汶 | Timor Leste | 402 | 139 | 167 | 332 |
| 哈萨克斯坦 | Kazakhstan | 2900 | 5803 | 8960 | 11129 |
| 吉尔吉斯斯坦 | Kirghizia | 2466 | 2440 | 2841 | 3505 |

8-4 续表 1 Continued 1

单位：人
Unit: person

| 国别(地区) | Country/Region | 2012 | 2013 | 2014 | 2015 |
|---|---|---|---|---|---|
| 塔吉克斯坦 | Tadzhikistan | 2070 | 2306 | 1262 | 1633 |
| 土库曼斯坦 | Turkmenistan | 821 | 554 | 1019 | 990 |
| 乌兹别克斯坦 | Uzbekstan | 1060 | 2469 | 2164 | 2904 |
| 亚洲其他国家 | Oth.Asia.Nes | 3799 | 2645 | 3436 | 2043 |
| **非洲** | **Africa** | **154542** | **168586** | **197853** | **194848** |
| 阿尔及利亚 | Algeria | 31476 | 33842 | 46266 | 59888 |
| 安哥拉 | Angola | 31905 | 37847 | 38427 | 31030 |
| 贝宁 | Benin | 560 | 827 | 482 | 172 |
| 博茨瓦纳 | Botswana | 2097 | 2071 | 1427 | 1218 |
| 布隆迪 | Burundi | 181 | 183 | 482 | 569 |
| 喀麦隆 | Cameroon | 2186 | 2302 | 3532 | 4185 |
| 佛得角 | Cape Verde | 389 | 382 | 459 | 404 |
| 中非 | Central African | 238 | 27 | 665 | 667 |
| 乍得 | Chad | 2772 | 2914 | 3060 | 3197 |
| 科摩罗 | Comoros | 205 | 215 | 226 | 235 |
| 刚果(布) | Congo | 4838 | 8637 | 12288 | 8021 |
| 吉布提 | Djibouti | 103 | 174 | 154 | 965 |
| 埃及 | Egypt | 1041 | 993 | 185 | 2301 |
| 赤道几内亚 | Eq. Guinea | 10885 | 10812 | 10885 | 7942 |
| 埃塞俄比亚 | Ethiopia | 6299 | 7325 | 13325 | 9385 |
| 加蓬 | Gabon | 2174 | 2509 | 1251 | 2004 |
| 冈比亚 | Gambia | 24 | 32 | 53 | 38 |
| 加纳 | Ghana | 2683 | 2785 | 2377 | 2228 |
| 几内亚 | Guinea | 1094 | 1991 | 2126 | 1037 |
| 几内亚(比绍) | Guinea bissau | 392 | 286 | 592 | 391 |
| 科特迪瓦 | Cote d'Ivoire | 325 | 673 | 541 | 715 |
| 肯尼亚 | Kenya | 2617 | 2630 | 4816 | 7269 |
| 利比里亚 | Liberia | 686 | 568 | 462 | 749 |
| 利比亚 | Libya | 40 | 436 | 77 | 128 |
| 马达加斯加 | Madagascar | 338 | 135 | 189 | 163 |
| 马拉维 | Malawi | 500 | 346 | 331 | 285 |
| 马里 | Mali | 861 | 599 | 845 | 771 |
| 毛里塔尼亚 | Mauritania | 1617 | 1110 | 1115 | 979 |
| 毛里求斯 | Mauritius | 2320 | 1480 | 1161 | 903 |
| 摩洛哥 | Morocco | 1490 | 888 | 1042 | 1201 |
| 莫桑比克 | Mozambique | 1696 | 3602 | 2688 | 3281 |
| 纳米比亚 | Namibia | 471 | 653 | 1370 | 1450 |
| 尼日尔 | Niger | 663 | 1169 | 1748 | 1629 |
| 尼日利亚 | Nigeria | 5771 | 6239 | 7044 | 6665 |
| 卢旺达 | Rwanda | 339 | 758 | 1143 | 474 |
| 圣多美和普林西比 | Sao Tome & Principe | 10 | 6 | 6 | 7 |
| 塞内加尔 | Senegal | 1433 | 1436 | 1803 | 1809 |
| 塞舌尔 | Seychelles | 349 | 262 | 199 | 228 |

8-4 续表 2 Continued 2

单位：人
Unit: person

| 国别(地区) | Country/Region | 2012 | 2013 | 2014 | 2015 |
|---|---|---|---|---|---|
| 塞拉利昂 | Sierra Leone | 489 | 625 | 721 | 778 |
| 南非 | S. Africa | 2106 | 1447 | 3354 | 2106 |
| 苏丹 | Sudan | 11995 | 9439 | 8029 | 5993 |
| 坦桑尼亚 | Tanzania | 4398 | 5179 | 4924 | 5017 |
| 多哥 | Togo | 466 | 1080 | 926 | 173 |
| 突尼斯 | Tunisia | 222 | 646 | 319 | 310 |
| 乌干达 | Uganda | 893 | 1211 | 2506 | 3446 |
| 布基纳法索 | Burkina Faso | 1 | 97 | 36 | |
| 刚果(金) | Congo DR | 3022 | 3313 | 4522 | 4575 |
| 赞比亚 | Zambia | 6318 | 4582 | 5576 | 5430 |
| 津巴布韦 | Zimbabwe | 661 | 598 | 651 | 818 |
| 莱索托 | Lesotho | 338 | 582 | 442 | 327 |
| 厄立特里亚 | Eritrea | 160 | 330 | 394 | 463 |
| 南苏丹共和国 | Republic of South Sudan | 405 | 313 | 596 | 792 |
| 非洲其他国家(地区) | Other Countries (Regions) in Africa | | | 15 | 37 |
| **欧洲** | **Europe** | **10202** | **10280** | **13713** | **13943** |
| 比利时 | Belgium | 41 | 31 | 40 | |
| 英国 | United Kingdom | 85 | 25 | 28 | 32 |
| 德国 | Germany | 367 | 30 | 17 | 55 |
| 法国 | France | 261 | 22 | 26 | 26 |
| 意大利 | Italy | 37 | 31 | 28 | 71 |
| 卢森堡 | Luxembourg | | | | 10 |
| 荷兰 | Netherlands | | | 1 | 1 |
| 希腊 | Greece | 2 | 27 | 22 | 22 |
| 西班牙 | Spain | 1048 | 1026 | 1022 | 1022 |
| 阿尔巴尼亚 | Albania | 5 | 5 | 12 | |
| 奥地利 | Austria | 56 | | | |
| 保加利亚 | Bulgaria | 40 | 133 | 214 | 167 |
| 芬兰 | Finland | 18 | | | |
| 匈牙利 | Hungary | 17 | | | |
| 冰岛 | Iceland | 2 | | | |
| 马耳他 | Malta | | | 10 | 10 |
| 挪威 | Norway | | | 1 | 1 |
| 波兰 | Poland | 30 | 87 | 97 | 89 |
| 罗马尼亚 | Romania | 93 | 49 | 67 | 67 |
| 瑞典 | Sweden | 157 | | 4 | 4 |
| 瑞士 | Switzerland | 146 | 23 | | |
| 格鲁吉亚 | Georgia | | 572 | 717 | 529 |
| 亚美尼亚 | Armenia | 1220 | | | |
| 阿塞拜疆 | Azerbaijan | 36 | 538 | 366 | 220 |
| 白俄罗斯 | Byelorussia | 305 | 1579 | 1743 | 3510 |
| 摩尔多瓦 | Moldavia | 1718 | 6 | | |
| 俄罗斯 | Russia | 5 | 5518 | 7858 | 6652 |
| 乌克兰 | Ukraine | 4088 | 29 | 29 | 29 |
| 斯洛文尼亚 | Slovenia | | | | 10 |
| 克罗地亚 | Croatia | | | 18 | 28 |
| 马其顿共和国 | Macedonia, FYR | | | 248 | 393 |
| 波黑 | Bosnia & Hercegovina | | 163 | 578 | |
| 塞尔维亚 | Serbia | 32 | 311 | 567 | 301 |
| 黑山 | Montenegro | 99 | | | 587 |
| 欧洲其他国家(地区) | Other Countries(Regions) in Europe | 294 | 75 | | 107 |

8-4 续表 3 Continued 3

单位：人
Unit: person

| 国别(地区) | Country/Region | 2012 | 2013 | 2014 | 2015 |
|---|---|---|---|---|---|
| **拉丁美洲** | **Latin America** | **18177** | **19735** | **26564** | **26226** |
| 安提瓜和巴布达 | Antigua Barbuda | 231 | 159 | 653 | 151 |
| 阿根廷 | Argentina | 2911 | 1371 | 1207 | 1753 |
| 巴哈马 | Bahama | 10 | 280 | 511 | 376 |
| 巴巴多斯 | Barbados | 24 | 14 | 11 | |
| 玻利维亚 | Bolivia | 30 | 61 | 277 | 881 |
| 巴西 | Brazil | 657 | 328 | 324 | 314 |
| 智利 | Chile | 11 | 53 | 36 | 54 |
| 哥伦比亚 | Colombia | 281 | 227 | 336 | 343 |
| 多米尼克 | Dominica | 143 | 64 | 85 | 76 |
| 哥斯达黎加 | CostaRica | 201 | 112 | 144 | 292 |
| 古巴 | Cuba | 352 | 217 | 246 | 256 |
| 多米尼加共和国 | Dominica Rep. | | | | 50 |
| 厄瓜多尔 | Ecuador | 3056 | 4769 | 7150 | 7369 |
| 格林纳达 | Grenade | 14 | 15 | 152 | 23 |
| 危地马拉 | Guatemala | 51 | 150 | 101 | 66 |
| 圭亚那 | Guyana | 248 | 293 | 393 | 270 |
| 海地 | Haiti | 28 | 2 | 2 | 3 |
| 洪都拉斯 | Honduras | 102 | 63 | | 77 |
| 牙买加 | Jamaica | 216 | 278 | 543 | 546 |
| 墨西哥 | Mexico | 230 | 205 | 271 | 274 |
| 尼加拉瓜 | Nicaragua | | | 68 | 9 |
| 巴拿马 | Panama | | | 25 | 115 |
| 秘鲁 | Peru | 3493 | 3158 | 4605 | 4724 |
| 圣卢西亚 | Saint Lucia | | | 7 | |
| 苏里南 | Suriname | 497 | 358 | 327 | 176 |
| 特立尼达和多巴哥 | Trinidad & Tobago | 791 | 911 | 1851 | 1314 |
| 乌拉圭 | Uruguay | | | 3 | 3 |
| 委内瑞拉 | Venezuela | 4583 | 6570 | 7236 | 6711 |
| 拉美其他国家（地区） | Other Countries (Regions) in Latin America | 17 | 77 | | |
| **北美洲** | **North America** | **511** | **1072** | **1261** | **1579** |
| 加拿大 | Canada | 111 | 39 | 49 | 77 |
| 美国 | United States | 397 | 1030 | 1209 | 1502 |
| 格陵兰 | Greenland | 3 | 3 | 3 | |
| **大洋洲及太平洋岛屿** | **Oceania and Pacific Is.** | **4715** | **3933** | **3885** | **3931** |
| 澳大利亚 | Australia | 730 | 629 | 485 | 448 |
| 库克群岛 | Cook Islands | | | 40 | 6 |
| 斐济 | Fiji | 898 | 275 | 521 | 551 |
| 新喀里多尼亚 | NewCaledonia | 1675 | 1171 | 1171 | 1171 |
| 瓦努阿图 | Vanuatu | 57 | 79 | 160 | 214 |
| 新西兰 | New Zealand | 54 | 13 | 26 | 21 |
| 巴布亚新几内亚 | Papua New Guinea | 780 | 1410 | 1101 | 1045 |
| 所罗门群岛 | Solomon Is. | | | 3 | 3 |
| 汤加 | Tonga | 240 | 185 | 209 | 223 |
| 萨摩亚 | Samoa | 2 | 2 | 62 | 69 |
| 基里巴斯 | Kiribati | | | | 55 |
| 东萨摩亚 | American Samoa | | | 107 | 125 |
| 大洋洲其他国家（地区） | Other Countries (Regions) in Oceanic | 279 | 169 | | |
| **其他** | **Others** | **195** | **15** | **4** | |

# 8-5 分国别(地区)年末在境外从事劳务合作人员
# Personnel Abroad for Labour Services Classified by Country or Region at the Year-end

单位：人
Unit: person

| 国别(地区) | Country/Region | 2012 | 2013 | 2014 | 2015 |
|---|---|---|---|---|---|
| **合　计** | **Total** | **505563** | **482611** | **596881** | **618295** |
| **亚洲** | **Asia** | **417465** | **396417** | **469013** | **487077** |
| 巴林 | Bahrain | 74 | 73 | 73 | 9 |
| 孟加拉国 | Bangladesh | 44 | 49 | 137 | 119 |
| 不丹 | Bhutan | 1 | 1 | 1 | |
| 缅甸 | Myanmar | 639 | 839 | 632 | 787 |
| 柬埔寨 | Cambodia | 1613 | 1715 | 2345 | 2311 |
| 塞浦路斯 | Cyprus | 170 | 181 | 260 | 324 |
| 朝鲜 | Korea DPR | 36 | 38 | 38 | |
| 中国香港 | Hong Kong, China | 32973 | 33174 | 50850 | 52371 |
| 印度 | India | 219 | 209 | 149 | 149 |
| 印度尼西亚 | Indonesia | 737 | 729 | 867 | 835 |
| 伊朗 | Iran | | | | 227 |
| 伊拉克 | Iraq | 53 | 339 | 183 | 163 |
| 以色列 | Israel | 413 | 261 | 243 | 231 |
| 日本 | Japan | 173349 | 153380 | 159384 | 154353 |
| 约旦 | Jordan | 3229 | 1153 | 1050 | 1040 |
| 科威特 | Kuwait | 2107 | 2723 | 2252 | 2285 |
| 老挝 | Laos | 1458 | 1664 | 1151 | 1534 |
| 黎巴嫩 | Lebanon | 6 | 6 | 6 | |
| 中国澳门 | Macao, China | 67475 | 88172 | 113489 | 120414 |
| 马来西亚 | Malaysia | 2759 | 2468 | 3779 | 5267 |
| 马尔代夫 | Maldives | 18 | 21 | 21 | |
| 蒙古 | Mongolia | 2257 | 2853 | 2169 | 657 |
| 尼泊尔 | Nepal | 61 | 9 | 158 | 366 |
| 阿曼 | Oman | 20 | 2 | 23 | 20 |
| 巴基斯坦 | Pakistan | 413 | 434 | 478 | 477 |
| 菲律宾 | Philippines | 49 | 70 | 65 | 183 |
| 卡塔尔 | Qatar | 1535 | 1487 | 1482 | 1463 |
| 沙特阿拉伯 | Saudi Arabia | 7197 | 7569 | 9548 | 10643 |
| 新加坡 | Singapore | 68749 | 66805 | 86020 | 96726 |
| 韩国 | Korea | 26793 | 12762 | 14465 | 13207 |
| 斯里兰卡 | Sri Lanka | 27 | 193 | 297 | 1678 |
| 泰国 | Thailand | 1006 | 910 | 721 | 901 |
| 土耳其 | Turkey | 204 | 21 | 33 | 31 |
| 阿联酋 | United Arab Emirates | 6933 | 6045 | 6187 | 6177 |
| 也门共和国 | Republic of Yemen | | | | 16 |
| 越南 | Vietnam | 4624 | 3498 | 3308 | 3246 |
| 中国台湾 | Taiwan, China | 8512 | 6166 | 6273 | 7238 |
| 东帝汶 | East Timor | 6 | | | |
| 哈萨克斯坦 | Kazakhstan | 909 | 306 | 345 | 1265 |
| 吉尔吉斯斯坦 | Kirghizia | 174 | 24 | 271 | 228 |
| 塔吉克斯坦 | Tadzhikistan | 85 | 39 | 103 | 105 |
| 乌兹别克斯坦 | Uzbekistan | 21 | 29 | 114 | 31 |
| 亚洲其他国家 | Oth.Asia.nes | 517 | | 43 | |

8-5 续表 1 Continued 1

单位：人
Unit: person

| 国别(地区) | Country/Region | 2012 | 2013 | 2014 | 2015 |
|---|---|---|---|---|---|
| **非洲** | **Africa** | **37910** | **45948** | **61532** | **68848** |
| 阿尔及利亚 | Algeria | 9061 | 14837 | 25276 | 31234 |
| 安哥拉 | Angola | 11699 | 12679 | 11804 | 13076 |
| 贝宁 | Benin | 36 | 124 | 151 | 147 |
| 博茨瓦纳 | Botswana | 60 | 31 | 31 | 29 |
| 布隆迪 | Burundi | 22 | 29 | 59 | 265 |
| 喀麦隆 | Cameroon | 123 | 148 | 104 | 118 |
| 佛得角 | Cape Verde | 1443 | 221 | 183 | 135 |
| 乍得 | Chad | 80 | 57 | 402 | 740 |
| 刚果(布) | Congo | 349 | 2053 | 2195 | 921 |
| 吉布提 | Djibouti | 2 | 2 | 24 | |
| 埃及 | Egypt | | | | 1 |
| 赤道几内亚 | Eq. Guinea | 1490 | 1384 | 1665 | 1623 |
| 埃塞俄比亚 | Ethiopia | 503 | 684 | 753 | 588 |
| 加蓬 | Gabon | 341 | 312 | 309 | 300 |
| 冈比亚 | Gambia | | | | 28 |
| 加纳 | Ghana | 473 | 821 | 974 | 1309 |
| 几内亚 | Guinea | 119 | 146 | 252 | 463 |
| 几内亚(比绍) | Guinea bissau | 1 | 1 | 1 | 1 |
| 科特迪瓦 | Cote d' Ivoire | 27 | 77 | 105 | 106 |
| 肯尼亚 | Kenya | 46 | 60 | 122 | 167 |
| 利比里亚 | Liberia | 1788 | 1771 | 3637 | 3215 |
| 利比亚 | Libya | | 65 | 38 | 7 |
| 马达加斯加 | Madagascar | 100 | 359 | 366 | 383 |
| 马拉维 | Malawi | 1 | 11 | 21 | 26 |
| 马里 | Mali | 169 | 213 | 259 | 221 |
| 毛里塔尼亚 | Mauritania | 561 | 402 | 454 | 457 |
| 毛里求斯 | Mauritius | 2892 | 1344 | 1203 | 1124 |
| 摩洛哥 | Morocco | 206 | 188 | 195 | 180 |
| 莫桑比克 | Mozambique | 119 | 254 | 526 | 665 |
| 纳米比亚 | Namibia | | | 101 | 143 |
| 尼日尔 | Niger | 33 | 38 | 110 | 114 |
| 尼日利亚 | Nigeria | 1836 | 1647 | 1633 | 1993 |
| 卢旺达 | Rwanda | 127 | 164 | 239 | 736 |
| 塞内加尔 | Senegal | 146 | 115 | 116 | 156 |
| 塞舌尔 | Seychelles | 84 | 84 | 192 | 214 |
| 塞拉利昂 | Sierra Leone | 434 | 481 | 588 | 548 |
| 南非 | S. Africa | 1114 | 1456 | 832 | |
| 苏丹 | Sudan | 69 | 694 | 1779 | 1917 |
| 坦桑尼亚 | Tanzania | 322 | 576 | 695 | 779 |
| 多哥 | Togo | 118 | 107 | 131 | 129 |
| 突尼斯 | Tunisia | 8 | 4 | 4 | 2 |
| 乌干达 | Uganda | 122 | 169 | 311 | 1027 |
| 刚果(金) | Congo DR | 47 | 391 | 633 | 1253 |

8-5 续表 2 Continued 2

单位：人
Unit: person

| 国别(地区) | Country/Region | 2012 | 2013 | 2014 | 2015 |
|---|---|---|---|---|---|
| 布基纳法索 | Burkina Faso | 1 | 1 | 1 | |
| 赞比亚 | Zambia | 730 | 858 | 1913 | 1142 |
| 津巴布韦 | Zimbabwe | 35 | 30 | 42 | 146 |
| 莱索托 | Lesotho | 645 | 738 | 852 | 858 |
| 斯威士兰 | Swaziland | 12 | 4 | 3 | |
| 厄立特里亚 | Eritrea | 280 | 114 | 126 | 125 |
| 南苏丹共和国 | Republic of South Sudan | 36 | 4 | 122 | 37 |
| **欧洲** | **Europe** | **24990** | **15569** | **20295** | **20970** |
| 比利时 | Belgium | | | 1 | 2 |
| 丹麦 | Denmark | 57 | 59 | 69 | 56 |
| 英国 | United Kingdom | 1218 | 909 | 961 | 989 |
| 德国 | Germany | 4941 | 3266 | 3622 | 4181 |
| 法国 | France | 24 | 22 | 25 | 22 |
| 爱尔兰 | Ireland | 168 | 1 | 1 | |
| 意大利 | Italy | 188 | 344 | 630 | 661 |
| 荷兰 | Netherlands | 2159 | 345 | 267 | 286 |
| 希腊 | Greece | 260 | 81 | 97 | 179 |
| 葡萄牙 | Portugal | | | | 2 |
| 芬兰 | Finland | 21 | 2 | 2 | 5 |
| 直布罗陀 | Gibraltar | 13 | 22 | 156 | 154 |
| 匈牙利 | Hungary | 4 | 4 | 4 | 4 |
| 马耳他 | Malta | 242 | 233 | 456 | 355 |
| 摩纳哥 | Monaco | 1 | 3 | 5 | 8 |
| 挪威 | Norway | 421 | 348 | 550 | 534 |
| 波兰 | Poland | 21 | 17 | 20 | 24 |
| 罗马尼亚 | Romania | 15 | | | |
| 瑞典 | Sweden | 25 | 18 | 31 | 37 |
| 瑞士 | Switzerland | 2 | 2 | 2 | |
| 立陶宛 | Lithuania | 49 | 4 | 8 | 5 |
| 格鲁吉亚 | Georgia | | | 230 | 550 |
| 白俄罗斯 | Belorussia | 374 | 19 | 29 | 20 |
| 俄罗斯 | Russia | 14734 | 9819 | 13110 | 12781 |
| 乌克兰 | Ukraine | 37 | 37 | | |
| 斯洛文尼亚 | Slovenia | 13 | 10 | 4 | |
| 克罗地亚 | Croatia | | | 2 | 2 |
| 塞尔维亚 | Serbia | 1 | 1 | 13 | 12 |
| 黑山 | Montenegro | | | | 101 |
| 欧洲其他国家(地区) | Other Countries (Regions) in Europe | 2 | 3 | | |
| **拉丁美洲** | **Latin America** | **16106** | **17181** | **34974** | **29867** |
| 安提瓜和巴布达 | Antigua & Barbuda | 11 | 2 | 42 | 43 |
| 阿根廷 | Argentina | 133 | 85 | 215 | 94 |

8-5 续表 3 Continued 3

单位：人
Unit: person

| 国别(地区) | Country/Region | 2012 | 2013 | 2014 | 2015 |
|---|---|---|---|---|---|
| 巴哈马 | Bahamas | 1586 | 2342 | 4576 | 2077 |
| 巴巴多斯 | Barbados | 18 | 10 | 74 | 122 |
| 伯利兹 | Belize | 572 | 778 | 1267 | 1219 |
| 玻利维亚 | Bolivia | | | 27 | 27 |
| 巴西 | Brazil | 75 | 159 | 160 | 160 |
| 开曼群岛 | Cayman Is. | 37 | 47 | 57 | 45 |
| 智利 | Chile | 484 | 432 | 508 | 261 |
| 哥伦比亚 | Colombia | | | 21 | 18 |
| 多米尼克 | Dominica | 11 | 22 | 22 | |
| 哥斯达黎加 | Costa Rica | | | | 72 |
| 多米尼加共和国 | Dominica Rep. | | | 2 | 2 |
| 厄瓜多尔 | Ecuador | 108 | 46 | 432 | 679 |
| 法属圭亚那 | French Guyana | | | 40 | 77 |
| 洪都拉斯 | Honduras | | 1 | 16 | 5 |
| 牙买加 | Jamaica | 23 | 230 | 397 | 366 |
| 墨西哥 | Mexico | 259 | 18 | 14 | 119 |
| 尼加拉瓜 | Nicaragua | 9 | 8 | 7 | 7 |
| 巴拿马 | Panama | 10228 | 10447 | 24023 | 22194 |
| 秘鲁 | Peru | 82 | 242 | 242 | 411 |
| 圣文森特和格林纳丁斯 | Saint Vincent & Grenadines | 1232 | 762 | 1079 | 1029 |
| 苏里南 | Suriname | 10 | 69 | 26 | |
| 特立尼达和多巴哥 | Trinidad & Tobago | 961 | 844 | 844 | |
| 特克斯和凯科斯岛 | Turks and Caicos Island | 57 | | | |
| 委内瑞拉 | Venezuela | 127 | 531 | 805 | 761 |
| 英属维尔京群岛 | Virgin Is.(E) | 68 | 100 | 50 | 50 |
| 圣其茨-尼维斯 | St. Kitts-Nevis | 15 | 6 | 28 | 29 |
| **北美洲** | **North America** | **2271** | **1540** | **2117** | **2161** |
| 加拿大 | Canada | 139 | 639 | 877 | 945 |
| 美国 | United States | 2123 | 899 | 1137 | 1215 |
| 百慕大群岛 | Bermuda | | | 103 | 1 |
| 北美洲其他国家(地区) | Oth. N.Amer. nes | 9 | 2 | | |
| **大洋洲及太平洋岛屿** | **Oceania and Pacific Is.** | **5237** | **5348** | **7830** | **8008** |
| 澳大利亚 | Australia | 845 | 823 | 767 | 871 |
| 库克群岛 | Cook Is. | | 1 | | 6 |
| 斐济 | Fiji | 1251 | 1398 | 1467 | 1399 |
| 新喀里多尼亚 | New Caledonia | 221 | 285 | 285 | 140 |
| 瓦努阿图 | Vanuatu | 478 | 324 | 350 | 350 |
| 新西兰 | New Zealand | 162 | 83 | 59 | 62 |
| 巴布亚新几内亚 | Papua New Guinea | 12 | 13 | 49 | 38 |
| 汤加 | Tonga | | | | 13 |
| 萨摩亚 | Samoa | 1037 | 1037 | 1037 | 1037 |
| 基里巴斯 | Kiribati | 427 | 517 | 927 | 955 |
| 图瓦卢 | Tuvalu | 78 | 94 | 138 | 153 |
| 密克罗尼西亚 | Micronesia | 81 | 150 | 59 | 29 |
| 马绍尔群岛 | Marshall Is. | 645 | 617 | 2664 | 2922 |
| 帕劳共和国 | Republic of Palau | | 6 | 11 | 28 |
| 纽埃 | Niue | | | 17 | 5 |
| **其他** | **Others** | **1584** | **608** | **1120** | **1364** |

# 8-6 分地区签订对外承包工程合同数量及金额
# Contracts Signed for Foreign Engineering Projects by Region

| 地　区 | Region | 2014 | | 2015 | |
|---|---|---|---|---|---|
| | | 合　同（份）Nunber of Contracts (unit) | 金　额（万美元）Contract Value (USD 10000) | 合　同（份）Number of Contracts (unit) | 金　额（万美元）Contract Value (USD 10000) |
| **总　计** | **Total** | **7740** | **19175640** | **8662** | **21007431** |
| **一、中央企业** | **Enterprises Managed by the Central Government** | **1291** | **9341234** | **1404** | **9447391** |
| **二、地方企业** | **Provincial Enterprises** | **6449** | **9834406** | **7258** | **11560040** |
| 北　京 | Beijing | 283 | 429369 | 209 | 464840 |
| 天　津 | Tianjin | 100 | 380264 | 215 | 310838 |
| 河　北 | Hebei | 190 | 485335 | 185 | 386488 |
| 山　西 | Shanxi | 14 | 34586 | 26 | 34875 |
| 内蒙古 | Inner Mongolia | | | 2 | 703 |
| 辽　宁 | Liaoning | 556 | 180618 | 129 | 276144 |
| 吉　林 | Jilin | 4 | 8490 | 19 | 68286 |
| 黑龙江 | Heilongjiang | 38 | 56079 | 121 | 234629 |
| 上　海 | Shanghai | 222 | 1088940 | 323 | 1109950 |
| 江　苏 | Jiangsu | 1067 | 966108 | 875 | 779596 |
| 浙　江 | Zhejiang | 1134 | 387930 | 1276 | 598568 |
| 安　徽 | Anhui | 108 | 266764 | 136 | 307024 |
| 福　建 | Fujian | 27 | 35842 | 35 | 57701 |
| 江　西 | Jiangxi | 209 | 264781 | 230 | 404131 |
| 山　东 | Shandong | 348 | 1060559 | 352 | 1198283 |
| 河　南 | Henan | 132 | 239763 | 151 | 376906 |
| 湖　北 | Hubei | 130 | 1269954 | 80 | 1145362 |
| 湖　南 | Hunan | 53 | 95287 | 89 | 193755 |
| 广　东 | Guangdong | 1139 | 1524873 | 1937 | 2072350 |
| 广　西 | Guangxi | 81 | 86373 | 59 | 65563 |
| 海　南 | Hainan | 20 | 760 | 4 | 120 |
| 重　庆 | Chongqing | 52 | 78090 | 40 | 69869 |
| 四　川 | Sichuan | 123 | 335552 | 189 | 596935 |
| 贵　州 | Guizhou | 44 | 61792 | 36 | 57608 |
| 云　南 | Yunnan | 38 | 134406 | 95 | 128638 |
| 西　藏 | Tibet | | | | |
| 陕　西 | Shaanxi | 133 | 116867 | 221 | 328889 |
| 甘　肃 | Gansu | 57 | 29040 | 75 | 84846 |
| 青　海 | Qinghai | | | 1 | 2350 |
| 宁　夏 | Ningxia | 2 | 9494 | 1 | 156 |
| 新　疆 | Xinjiang | 124 | 177071 | 122 | 89315 |
| 新疆兵团 | Xinjiang Bingtuan | 21 | 29420 | 25 | 115325 |

# 8-7 分地区对外承包工程营业额

# Turnover of Foreign Engineering Projects by Region

单位：万美元

Unit: USD 10000

| 地　区 | Region | 2012 | 2013 | 2014 | 2015 |
|---|---|---|---|---|---|
| **总　计** | **Total** | **11659697** | **13714273** | **14241066** | **15407423** |
| **一、中央企业** | **Enterprises Managed by the Central Government** | **3640404** | **4038125** | **4972428** | **5033658** |
| **二、地方企业** | **Provincial Enterprises** | **8019293** | **9676148** | **9268638** | **10373765** |
| 北　京 | Beijing | 289909 | 335854 | 357432 | 354900 |
| 天　津 | Tianjin | 310174 | 312853 | 403259 | 476260 |
| 河　北 | Hebei | 286271 | 434565 | 408696 | 359910 |
| 山　西 | Shanxi | 44556 | 76505 | 73542 | 73754 |
| 内蒙古 | Inner Mongolia | 857 | 4510 | 1653 | 656 |
| 辽　宁 | Liaoning | 184706 | 237277 | 236557 | 243819 |
| 吉　林 | Jiling | 46653 | 51318 | 56481 | 36830 |
| 黑龙江 | Heilongjiang | 95033 | 62512 | 89805 | 253359 |
| 上　海 | Shanghai | 681188 | 806920 | 740168 | 745479 |
| 江　苏 | Jiangsu | 646755 | 726299 | 795426 | 876128 |
| 浙　江 | Zhejiang | 371286 | 441586 | 517582 | 618719 |
| 安　徽 | Anhui | 281148 | 291394 | 322693 | 269258 |
| 福　建 | Fujian | 64228 | 64870 | 71559 | 92656 |
| 江　西 | Jiangxi | 184082 | 227296 | 285147 | 351093 |
| 山　东 | Shandong | 811423 | 850106 | 925011 | 1017083 |
| 河　南 | Henan | 228558 | 291796 | 299691 | 280004 |
| 湖　北 | Hubei | 456194 | 520733 | 579636 | 523369 |
| 湖　南 | Hunan | 172772 | 221121 | 257945 | 311539 |
| 广　东 | Guangdong | 1605342 | 2286507 | 1241121 | 1987790 |
| 广　西 | Guangxi | 74972 | 83002 | 87736 | 93986 |
| 海　南 | Hainan | 1050 | 385 | 100 | |
| 重　庆 | Chongqing | 58424 | 63757 | 103210 | 62835 |
| 四　川 | Sichuan | 563592 | 634776 | 706295 | 559590 |
| 贵　州 | Guizhou | 40007 | 45940 | 50129 | 68056 |
| 云　南 | Yunnan | 154762 | 181724 | 207036 | 234162 |
| 西　藏 | Tibet | 501 | | | |
| 陕　西 | Shaanxi | 167927 | 178711 | 178759 | 220429 |
| 甘　肃 | Gansu | 26221 | 30915 | 33939 | 29210 |
| 青　海 | Qinghai | 22104 | 11551 | 15477 | 12510 |
| 宁　夏 | Ningxia | 1551 | 2357 | 5243 | 1902 |
| 新　疆 | Xingjiang | 101405 | 144768 | 159077 | 158182 |
| 新疆兵团 | Xinjiang Bingtuan | 45642 | 54244 | 58232 | 60297 |

# 8-8 分地区年末在境外从事承包工程人数
# Personnel Abroad for Foreign Engineering Projects Classified by Region at the Year-end

单位：人
Unit: person

| 地　区 | Region | 2012 | 2013 | 2014 | 2015 |
|---|---|---|---|---|---|
| **总　计** | **Total** | **344618** | **370144** | **408851** | **408565** |
| **一、中央企业** | **Enterprises Managed by the Central Government** | **83751** | **99725** | **117207** | **111972** |
| **二、地方企业** | **Provincial Enterprises** | **260867** | **270419** | **291644** | **296593** |
| 北　京 | Beijing | 12143 | 16549 | 21683 | 19287 |
| 天　津 | Tianjin | 10110 | 10881 | 11374 | 12428 |
| 河　北 | Hebei | 7602 | 9688 | 9049 | 8414 |
| 山　西 | Shanxi | 3085 | 4073 | 4220 | 4998 |
| 内蒙古 | Inner Mongolia | 371 | 450 | 592 | 206 |
| 辽　宁 | Liaoning | 7879 | 6972 | 8624 | 6993 |
| 吉　林 | Jiling | 3694 | 3210 | 3397 | 3284 |
| 黑龙江 | Heilongjiang | 2283 | 3300 | 5245 | 10339 |
| 上　海 | Shanghai | 8320 | 7284 | 12483 | 10565 |
| 江　苏 | Jiangsu | 35615 | 36266 | 36552 | 37907 |
| 浙　江 | Zhejiang | 19429 | 18059 | 24733 | 26008 |
| 安　徽 | Anhui | 14198 | 12238 | 13527 | 14082 |
| 福　建 | Fujian | 1787 | 2795 | 4074 | 3714 |
| 江　西 | Jiangxi | 7433 | 7939 | 8860 | 9072 |
| 山　东 | Shandong | 25302 | 26658 | 31832 | 31452 |
| 河　南 | Henan | 17711 | 14899 | 14258 | 16032 |
| 湖　北 | Hubei | 20202 | 31353 | 21386 | 22629 |
| 湖　南 | Hunan | 6965 | 6045 | 8555 | 7505 |
| 广　东 | Guangdong | 3863 | 2439 | 3405 | 3633 |
| 广　西 | Guangxi | 4638 | 3549 | 3527 | 3656 |
| 海　南 | Hainan | 26 | 34 | 42 | 10 |
| 重　庆 | Chongqing | 2095 | 1548 | 1654 | 1712 |
| 四　川 | Sichuan | 12264 | 12058 | 11604 | 10968 |
| 贵　州 | Guizhou | 2410 | 1615 | 2677 | 4857 |
| 云　南 | Yunnan | 17353 | 17267 | 10995 | 8629 |
| 西　藏 | Tibet | 21 | | | |
| 陕　西 | Shaanxi | 6488 | 5331 | 7942 | 8488 |
| 甘　肃 | Gansu | 2156 | 1324 | 2028 | 2068 |
| 青　海 | Qinghai | 777 | 745 | 629 | 970 |
| 宁　夏 | Ningxia | 217 | 169 | 305 | 158 |
| 新　疆 | Xingjiang | 2024 | 3025 | 3377 | 2941 |
| 新疆兵团 | Xinjiang Bingtuan | 2406 | 2656 | 3015 | 3588 |

# 8-9 分地区年末在境外从事劳务合作人数

# Personnel Abroad for Foreign Labour Services Classified by Region at the Year-end

单位：人
Unit: person

| 地　区 | Region | 2012 | 2013 | 2014 | 2015 |
|---|---|---|---|---|---|
| **总　计** | **Total** | **505563** | **482611** | **596881** | **618295** |
| **一、中央企业** | **Enterprises Managed by the Central Government** | **31123** | **31035** | **50449** | **34193** |
| **二、地方企业** | **Provincial Enterprises** | **473592** | **450924** | **545780** | **584102** |
| 北　京 | Beijing | 4616 | 4487 | 7774 | 14896 |
| 天　津 | Tianjin | 7400 | 6669 | 7029 | 6865 |
| 河　北 | Hebei | 2198 | 1512 | 2231 | 2340 |
| 山　西 | Shanxi | 428 | 12 | 12 | 12 |
| 内蒙古 | Inner Mongolia | 3901 | 3467 | 3554 | 1716 |
| 辽　宁 | Liaoning | 39264 | 34450 | 38328 | 40213 |
| 吉　林 | Jiling | 44591 | 30392 | 31941 | 28275 |
| 黑龙江 | Heilongjiang | 5484 | 5495 | 6943 | 8609 |
| 上　海 | Shanghai | 21030 | 17851 | 23245 | 23002 |
| 江　苏 | Jiangsu | 51234 | 51748 | 59850 | 63911 |
| 浙　江 | Zhejiang | 7720 | 7423 | 6546 | 6226 |
| 安　徽 | Anhui | 9550 | 9256 | 11182 | 9609 |
| 福　建 | Fujian | 33375 | 38992 | 52125 | 55499 |
| 江　西 | Jiangxi | 6383 | 5389 | 6023 | 6188 |
| 山　东 | Shandong | 78434 | 69153 | 83496 | 84648 |
| 河　南 | Henan | 57103 | 58709 | 75305 | 85257 |
| 湖　北 | Hubei | 10800 | 10973 | 10864 | 10895 |
| 湖　南 | Hunan | 23112 | 20682 | 23705 | 29113 |
| 广　东 | Guangdong | 44301 | 54271 | 72788 | 81600 |
| 广　西 | Guangxi | 245 | 206 | 213 | 1295 |
| 海　南 | Hainan | | | | |
| 重　庆 | Chongqing | 3308 | 3144 | 4001 | 3963 |
| 四　川 | Sichuan | 9037 | 6443 | 6810 | 7041 |
| 贵　州 | Guizhou | 32 | 54 | 60 | 63 |
| 云　南 | Yunnan | 2302 | 1597 | 1283 | 1831 |
| 西　藏 | Tibet | | | | |
| 陕　西 | Shaanxi | 6124 | 6524 | 7003 | 5950 |
| 甘　肃 | Gansu | 1176 | 1634 | 2805 | 3702 |
| 青　海 | Qinghai | 168 | 202 | 83 | 71 |
| 宁　夏 | Ningxia | 276 | 189 | 318 | 576 |
| 新　疆 | Xingjiang | | | | |
| 新疆兵团 | Xinjiang Bingtuan | | | 263 | 736 |
| **三、其他** | **Others** | **848** | **652** | **652** | |

# 旅　游

# TOURISM

第9篇

# 9-1 历年入境游客
# Visitor Arrivals

单位：万人次

Unit: 10000 person-times

| 年 份 Year | 合 计 Total | #入境过夜游客 Overnight Tourists | 外国人 Foreigners | 港澳台同胞* Compatriot* | #台湾同胞 Taiwan Province |
|---|---|---|---|---|---|
| 1978 | 180.92 | 71.60 | 22.96 | 156.15 | |
| 1979 | 420.39 | 152.90 | 36.24 | 382.06 | |
| 1980 | 570.25 | 350.00 | 52.91 | 513.90 | |
| 1981 | 776.71 | 376.70 | 67.52 | 705.31 | |
| 1982 | 792.43 | 392.40 | 76.45 | 711.70 | |
| 1983 | 947.70 | 379.10 | 87.25 | 856.41 | |
| 1984 | 1285.22 | 514.10 | 113.43 | 1167.04 | |
| 1985 | 1783.31 | 713.30 | 137.05 | 1637.78 | |
| 1986 | 2281.95 | 900.10 | 148.23 | 2126.90 | |
| 1987 | 2690.23 | 1076.00 | 172.78 | 2508.74 | |
| 1988 | 3169.48 | 1236.10 | 184.22 | 2977.33 | 43.77 |
| 1989 | 2450.14 | 936.10 | 146.10 | 2297.19 | 54.10 |
| 1990 | 2746.18 | 1048.40 | 174.73 | 2562.34 | 94.80 |
| 1991 | 3334.98 | 1246.40 | 271.01 | 3050.62 | 94.66 |
| 1992 | 3811.49 | 1651.20 | 400.64 | 3394.34 | 131.78 |
| 1993 | 4152.69 | 1898.20 | 465.59 | 3670.49 | 152.70 |
| 1994 | 4368.45 | 2107.00 | 518.21 | 3838.72 | 139.02 |
| 1995 | 4638.65 | 2003.40 | 588.67 | 4038.40 | 153.23 |
| 1996 | 5112.75 | 2276.50 | 674.43 | 4422.86 | 173.39 |
| 1997 | 5758.79 | 2377.00 | 742.80 | 5006.09 | 211.76 |
| 1998 | 6347.84 | 2507.29 | 710.77 | 5625.00 | 217.46 |
| 1999 | 7279.56 | 2704.66 | 843.23 | 6425.52 | 258.46 |
| 2000 | 8344.39 | 3122.88 | 1016.04 | 7320.80 | 310.86 |
| 2001 | 8901.29 | 3316.67 | 1122.64 | 7778.65 | 344.20 |
| 2002 | 9790.83 | 3680.26 | 1343.95 | 8446.88 | 366.06 |
| 2003 | 9166.21 | 3297.05 | 1140.29 | 8025.92 | 273.19 |
| 2004 | 10903.82 | 4176.14 | 1693.25 | 9210.57 | 368.53 |
| 2005 | 12029.23 | 4680.90 | 2025.51 | 10003.71 | 410.92 |
| 2006 | 12494.21 | 4991.34 | 2221.03 | 10273.19 | 441.35 |
| 2007 | 13187.33 | 5471.98 | 2610.97 | 10576.36 | 462.79 |
| 2008 | 13002.74 | 5304.92 | 2432.53 | 10570.21 | 438.56 |
| 2009 | 12647.59 | 5087.52 | 2193.75 | 10453.84 | 448.40 |
| 2010 | 13376.22 | 5566.45 | 2612.69 | 10763.53 | 514.06 |
| 2011 | 13542.35 | 5758.07 | 2711.20 | 10831.15 | 526.30 |
| 2012 | 13240.53 | 5772.49 | 2719.16 | 10521.37 | 534.02 |
| 2013 | 12907.78 | 5568.59 | 2629.03 | 10278.75 | 516.25 |
| 2014 | 12849.83 | 5562.20 | 2636.08 | 10213.75 | 536.59 |
| 2015 | 13382.04 | 5688.57 | 2598.54 | 10783.50 | 549.86 |

注：港澳台同胞来自香港特别行政区、澳门特别行政区和台湾省(下同)。

Note: Compatriot From Hong Kong, Macao and Taiwan Province.(next the same)

# 9-2 历年入境游客增长速度
## Growth Rates of Visitor Arrivals

单位：%
unit: %

| 年 份<br>Year | 合 计<br>Total | #入境过夜游客<br>Overnight Tourists | 外国人<br>Foreigners | 港澳台同胞<br>Compatriot | #台湾同胞<br>Taiwan Province |
|---|---|---|---|---|---|
| 1979 | 132.4 | 113.5 | 57.8 | 144.7 | |
| 1980 | 35.6 | 128.9 | 46.0 | 34.5 | |
| 1981 | 36.2 | 7.6 | 27.6 | 37.2 | |
| 1982 | 2.0 | 4.2 | 13.2 | 0.9 | |
| 1983 | 19.6 | -3.4 | 14.1 | 20.3 | |
| 1984 | 35.6 | 35.6 | 30.0 | 36.3 | |
| 1985 | 38.8 | 38.7 | 20.8 | 40.3 | |
| 1986 | 28.0 | 26.2 | 8.2 | 29.9 | |
| 1987 | 17.9 | 19.5 | 16.6 | 18.0 | |
| 1988 | 17.8 | 14.9 | 6.6 | 18.7 | |
| 1989 | -22.7 | -24.3 | -20.7 | -22.8 | 23.6 |
| 1990 | 12.1 | 12.0 | 19.6 | 11.5 | 75.2 |
| 1991 | 21.4 | 18.9 | 55.1 | 19.1 | -0.1 |
| 1992 | 14.3 | 32.5 | 47.8 | 11.3 | 39.2 |
| 1993 | 9.0 | 15.0 | 16.2 | 8.1 | 15.9 |
| 1994 | 5.2 | 11.0 | 11.3 | 4.6 | -9.0 |
| 1995 | 6.2 | -4.9 | 13.6 | 5.2 | 10.2 |
| 1996 | 10.2 | 13.6 | 14.6 | 9.5 | 13.2 |
| 1997 | 12.6 | 4.4 | 10.1 | 13.2 | 22.1 |
| 1998 | 10.2 | 5.5 | -4.3 | 12.4 | 2.7 |
| 1999 | 14.7 | 7.9 | 18.6 | 14.2 | 18.9 |
| 2000 | 14.6 | 15.5 | 20.5 | 13.9 | 20.3 |
| 2001 | 6.7 | 6.2 | 10.5 | 6.3 | 10.7 |
| 2002 | 10.0 | 11.0 | 19.7 | 8.6 | 6.4 |
| 2003 | -6.4 | -10.4 | -15.2 | -5.0 | -25.4 |
| 2004 | 19.0 | 26.7 | 48.5 | 14.8 | 34.9 |
| 2005 | 10.3 | 12.1 | 19.6 | 8.6 | 11.5 |
| 2006 | 3.9 | 6.6 | 9.7 | 2.7 | 7.4 |
| 2007 | 5.5 | 9.6 | 17.6 | 3.0 | 4.9 |
| 2008 | -1.4 | -3.1 | -6.8 | -0.1 | -5.2 |
| 2009 | -2.7 | -4.1 | -9.8 | -1.1 | 2.2 |
| 2010 | 5.8 | 9.4 | 19.1 | 3.0 | 14.6 |
| 2011 | 1.2 | 3.4 | 3.8 | 0.6 | 2.4 |
| 2012 | -2.2 | 0.3 | 0.3 | -2.9 | 1.5 |
| 2013 | -2.5 | -3.5 | -3.3 | -2.3 | -3.3 |
| 2014 | -0.5 | -0.1 | 0.3 | -0.6 | 3.9 |
| 2015 | 4.1 | 2.3 | -1.4 | 5.6 | 2.5 |

# 9-3 历年入境过夜游客和国际旅游(外汇)收入

# International Tourism Receipts and Tourist Arrivals

| 年份<br>Year | 入境过夜游客(万人次)<br>Tourist Arrivals<br>(10000 person-time) | 入境过夜游客增速(%)<br>Growth Rates<br>(%) | 入境过夜游客居世界位次<br>Rank | 旅游(外汇)收入合计(亿美元)<br>Tourism Receipts<br>(USD 100 Million) | 旅游(外汇)收入增速(%)<br>Growth Rates<br>(%) | 旅游(外汇)收入居世界位次<br>Rank |
|---|---|---|---|---|---|---|
| 1978 | 71.60 | | | 2.63 | | |
| 1979 | 152.90 | 113.5 | | 4.49 | 70.7 | |
| 1980 | 350.00 | 128.9 | 18 | 6.17 | 37.4 | 34 |
| 1981 | 376.70 | 7.6 | 17 | 7.85 | 27.2 | 34 |
| 1982 | 392.40 | 4.2 | 16 | 8.43 | 7.4 | 29 |
| 1983 | 379.10 | -3.4 | 16 | 9.41 | 11.6 | 26 |
| 1984 | 514.10 | 35.6 | 14 | 11.31 | 20.2 | 21 |
| 1985 | 713.30 | 38.7 | 13 | 12.50 | 10.5 | 21 |
| 1986 | 900.10 | 26.2 | 12 | 15.31 | 22.5 | 22 |
| 1987 | 1076.00 | 19.5 | 12 | 18.62 | 21.6 | 26 |
| 1988 | 1236.10 | 14.9 | 10 | 22.47 | 20.7 | 26 |
| 1989 | 936.10 | -24.3 | 12 | 18.60 | -17.2 | 27 |
| 1990 | 1048.40 | 12.0 | 11 | 22.18 | 19.2 | 25 |
| 1991 | 1246.40 | 18.9 | 12 | 28.45 | 28.3 | 21 |
| 1992 | 1651.20 | 32.5 | 9 | 39.47 | 38.7 | 17 |
| 1993 | 1898.20 | 15.0 | 7 | 46.83 | 18.6 | 15 |
| 1994 | 2107.00 | 11.0 | 6 | 73.23 | 56.4 | 10 |
| 1995 | 2003.40 | -4.9 | 8 | 87.33 | 19.3 | 10 |
| 1996 | 2276.50 | 13.6 | 6 | 102.00 | 16.8 | 9 |
| 1997 | 2377.00 | 4.4 | 6 | 120.74 | 18.4 | 8 |
| 1998 | 2507.29 | 5.5 | 6 | 126.02 | 4.4 | 7 |
| 1999 | 2704.66 | 7.9 | 5 | 140.99 | 11.9 | 7 |
| 2000 | 3122.88 | 15.5 | 5 | 162.24 | 15.1 | 7 |
| 2001 | 3316.67 | 6.2 | 5 | 177.92 | 9.7 | 5 |
| 2002 | 3680.26 | 11.0 | 5 | 203.85 | 14.6 | 5 |
| 2003 | 3297.05 | -10.4 | 5 | 174.06 | -14.6 | 7 |
| 2004 | 4176.14 | 26.7 | 4 | 257.39 | 47.9 | 7 |
| 2005 | 4680.90 | 12.1 | 4 | 292.96 | 13.8 | 6 |
| 2006 | 4991.34 | 6.6 | 4 | 339.49 | 15.9 | 5 |
| 2007 | 5471.98 | 9.6 | 4 | 419.19 | 23.5 | 5 |
| 2008 | 5304.92 | -3.1 | 4 | 408.43 | -2.6 | 5 |
| 2009 | 5087.52 | -4.1 | 4 | 396.75 | -2.9 | 5 |
| 2010 | 5566.45 | 9.4 | 3 | 458.14 | 15.5 | 4 |
| 2011 | 5758.07 | 3.4 | 3 | 484.64 | 5.8 | 4 |
| 2012 | 5772.49 | 0.3 | 3 | 500.28 | 3.2 | 4 |
| 2013 | 5568.59 | -3.5 | 4 | 516.64 | 3.3 | 4 |
| 2014 | 5562.20 | -0.1 | | 569.13 | 10.2 | |
| 2015 | 5688.57 | 2.3 | | 1136.50 | 7.8 | |

注：2015年"国际旅游(外汇)收入"补充完善了停留时间为3-12个月的入境游客花费和游客在华短期旅居的花费，与以前年度不可比，以下表同此。

Note: Expenses of inbound tourists staying for three to tuelve months and of tourists residing for a short period are supplemented from 2015.

# 9-4　入境外国游客分组构成

## Foreign Visitor Arrivals by Sex, Age, Purpose and Mode of Transport

单位：万人次

Unit: 10000 person-time

| 项　目 | Item | 2014 | | 2015 | |
|---|---|---|---|---|---|
| | | 人次数 person-time | 比 重 structure (%) | 人次数 person-time | 比 重 structure (%) |
| **总　计** | **Total** | **2636.08** | **100.0** | **2598.54** | **100.0** |
| **按性别分** | **By Sex** | | | | |
| 男 | Male | 1709.51 | 64.9 | 1681.19 | 64.7 |
| 女 | Female | 926.57 | 35.1 | 917.35 | 35.3 |
| **按年龄分** | **By Age** | | | | |
| 14岁及以下 | Under 14 | 103.92 | 3.9 | 101.43 | 3.9 |
| 15～24岁 | 15～24 | 204.78 | 7.8 | 205.03 | 7.9 |
| 25～44岁 | 25～44 | 1210.24 | 45.9 | 1184.25 | 45.6 |
| 45～64岁 | 46～64 | 961.00 | 36.5 | 949.76 | 36.5 |
| 65岁以上 | Over 65 | 156.13 | 5.9 | 158.07 | 6.1 |
| **按事由分** | **By Purpose** | | | | |
| 会议/商务 | Meeting/Business | 539.57 | 20.5 | 537.66 | 20.7 |
| 观光/休闲 | Sightseeing/Leisure | 892.99 | 33.9 | 824.88 | 31.7 |
| 探亲/访友 | Visiting Relatives and Friends | 60.33 | 2.3 | 79.75 | 3.1 |
| 服务员工 | Work and Crew | 328.54 | 12.5 | 349.69 | 13.5 |
| 其他 | Others | 814.66 | 30.9 | 806.56 | 31.0 |
| **按入境方式分** | **By Mode Of Transport** | | | | |
| 船舶 | Sea | 252.35 | 9.6 | 250.55 | 9.6 |
| 飞机 | Air | 1578.77 | 59.9 | 1557.14 | 59.9 |
| 火车 | Rail | 49.07 | 1.9 | 45.54 | 1.8 |
| 汽车 | Motor | 342.49 | 13.0 | 324.87 | 12.5 |
| 徒步 | Foot | 413.40 | 15.7 | 420.44 | 16.2 |

# 9-5 按国籍分入境外国游客
# Foreign Visitor Arrivals by Nationality

单位：人次

Unit: person-time

| 国　籍 | Nationality | 2012 | 2013 | 2014 | 2015 |
|---|---|---|---|---|---|
| **总　计** | **Total** | **27191591** | **26290294** | **26360827** | **25985421** |
| **亚洲** | **Asia** | **16622193** | **16060094** | **16331289** | **16594709** |
| #阿富汗 | Afghanistan | 11651 | 10674 | 12569 | 11642 |
| 巴林 | Bahrain | 3085 | 3374 | 3534 | 3611 |
| 孟加拉国 | Bangladesh | 50855 | 58872 | 69776 | 80196 |
| 不丹 | Bhutan | 619 | 623 | 672 | 750 |
| 文莱 | Brunei | 9409 | 8809 | 9163 | 7024 |
| 缅甸 | Myanmar | 205936 | 134671 | 132787 | 144373 |
| 柬埔寨 | Cambodia | 29803 | 34578 | 39285 | 42455 |
| 塞浦路斯 | Cyprus | 3148 | 2931 | 3040 | 2933 |
| 朝鲜 | Korea DPR | 180573 | 206617 | 184355 | 188337 |
| 印度 | India | 610194 | 676682 | 709896 | 730490 |
| 印度尼西亚 | Indonesia | 621970 | 605321 | 566859 | 544762 |
| 伊朗 | Iran | 90991 | 88895 | 113687 | 113164 |
| 伊拉克 | Iraq | 20746 | 23497 | 23795 | 23723 |
| 以色列 | Israel | 82548 | 79699 | 78520 | 76165 |
| 日本 | Japan | 3518153 | 2877533 | 2717621 | 2497657 |
| 约旦 | Jordan | 27553 | 28151 | 27668 | 26540 |
| 科威特 | Kuwait | 9042 | 8952 | 7895 | 6436 |
| 老挝 | Laos | 16764 | 19399 | 21697 | 26136 |
| 黎巴嫩 | Lebanon | 22607 | 21298 | 20923 | 19728 |
| 马来西亚 | Malaysia | 1235463 | 1206535 | 1129568 | 1075451 |
| 马尔代夫 | Maldives | 3589 | 4115 | 5534 | 6848 |
| 蒙古 | Mongolia | 1010450 | 1049997 | 1082729 | 1014102 |
| 尼泊尔 | Nepal | 40949 | 58817 | 53625 | 49954 |
| 阿曼 | Oman | 5006 | 4773 | 5001 | 5081 |
| 巴基斯坦 | Pakistan | 96707 | 106548 | 108856 | 113087 |
| 巴勒斯坦 | Palestine | 6874 | 6283 | 5829 | 5967 |
| 菲律宾 | Philippines | 961975 | 996672 | 967925 | 1004008 |
| 卡塔尔 | Qatar | 2499 | 2507 | 2655 | 2313 |
| 沙特阿拉伯 | Saudi Arabia | 35424 | 36531 | 36148 | 35300 |
| 新加坡 | Singapore | 1027745 | 966605 | 971379 | 905269 |
| 韩国 | Korea | 4069868 | 3968998 | 4181714 | 4444389 |
| 斯里兰卡 | Sri Lanka | 42745 | 49488 | 50030 | 58059 |
| 叙利亚 | Syria | 15773 | 12802 | 17027 | 16835 |
| 泰国 | Thailand | 647597 | 651654 | 613081 | 641483 |
| 土耳其 | Turkey | 96053 | 103947 | 106163 | 99583 |
| 阿联酋 | United Arab Emirates | 8274 | 7904 | 7982 | 7788 |
| 也门共和国 | Yemen Rep. | 22021 | 21838 | 24601 | 21088 |
| 越南 | Vietnam | 1137165 | 1365402 | 1709437 | 2160756 |
| 哈萨克斯坦 | Kazakhstan | 491381 | 393530 | 343605 | 241478 |
| 吉尔吉斯斯坦 | Kirghizia | 48105 | 49936 | 50423 | 43733 |

9-5 续表 1 Continued 1

单位：人次

Unit: person-time

| 国　籍 | Nationality | 2012 | 2013 | 2014 | 2015 |
|---|---|---|---|---|---|
| 塔吉克斯坦 | Tadzhikistan | 28739 | 31916 | 33610 | 24961 |
| 土库曼斯坦 | Turkmenistan | 15629 | 14562 | 17030 | 14918 |
| 乌兹别克斯坦 | Uzbekistan | 56165 | 57717 | 63044 | 55398 |
| **非洲** | **Africa** | **524882** | **552671** | **596877** | **580188** |
| #阿尔及利亚 | Algeria | 27627 | 29565 | 31670 | 26568 |
| 安哥拉 | Angola | 21353 | 24998 | 27331 | 17368 |
| 贝宁 | Benin | 4819 | 5260 | 6308 | 6082 |
| 博茨瓦纳 | Botswana | 2436 | 1913 | 1864 | 2271 |
| 布隆迪 | Burundi | 1241 | 1290 | 1589 | 1472 |
| 喀麦隆 | Cameroon | 7873 | 7191 | 8453 | 8608 |
| 佛得角 | Cape Verde | 781 | 565 | 639 | 679 |
| 中非 | Central African | 572 | 216 | 318 | 318 |
| 乍得 | Chad | 945 | 964 | 1128 | 1422 |
| 科摩罗 | Comoros | 870 | 882 | 1026 | 1229 |
| 刚果(布) | Congo(B) | 5584 | 5602 | 5909 | 4787 |
| 吉布提 | Djibouti | 648 | 716 | 753 | 1219 |
| 埃及 | Egypt | 72662 | 74443 | 83925 | 86509 |
| 赤道几内亚 | Eq.Guinea | 950 | 1072 | 1038 | 1251 |
| 埃塞俄比亚 | Ethiopia | 23086 | 24534 | 29921 | 31648 |
| 加蓬 | Gabon | 1228 | 1365 | 1292 | 1320 |
| 冈比亚 | Gambia | 2169 | 2030 | 2656 | 1794 |
| 加纳 | Ghana | 16918 | 16336 | 16777 | 18980 |
| 几内亚 | Guinea | 9987 | 9481 | 8136 | 5035 |
| 几内亚(比绍) | Guinea Bissau | 1128 | 983 | 905 | 683 |
| 科特迪瓦 | Cote d'Ivoire | 3697 | 3924 | 4402 | 4917 |
| 肯尼亚 | Kenya | 15696 | 18429 | 23277 | 25707 |
| 利比里亚 | Liberia | 1852 | 1576 | 1195 | 1256 |
| 利比亚 | Libya | 12605 | 16778 | 10712 | 6223 |
| 马达加斯加 | Madagascar | 9931 | 9804 | 10102 | 9517 |
| 马拉维 | Malawi | 1712 | 1760 | 1851 | 2256 |
| 马里 | Mali | 13806 | 16037 | 18650 | 17713 |
| 毛里塔尼亚 | Mauritania | 2022 | 1895 | 2038 | 1850 |
| 毛里求斯 | Mauritius | 17454 | 17745 | 18865 | 20571 |
| 摩洛哥 | Morocco | 13973 | 14407 | 15090 | 14643 |
| 莫桑比克 | Mozambique | 3751 | 3915 | 4886 | 5251 |
| 纳米比亚 | Namibia | 1722 | 1891 | 2302 | 2249 |
| 尼日尔 | Niger | 7945 | 10619 | 12023 | 10108 |
| 尼日利亚 | Nigeria | 38852 | 45582 | 54458 | 54149 |
| 卢旺达 | Rwanda | 2111 | 2078 | 2362 | 2753 |
| 圣多美和普林西比 | Sao Tome & Principe | 47 | 95 | 112 | 86 |
| 塞内加尔 | Senegal | 8492 | 8987 | 9976 | 10131 |

9-5 续表 2 Continued 2

单位：人次
Unit: person-time

| 国　籍 | Nationality | 2012 | 2013 | 2014 | 2015 |
|---|---|---|---|---|---|
| 塞舌尔 | Seychelles | 1467 | 1682 | 1559 | 1658 |
| 塞拉利昂 | Sierra Leone | 1871 | 2092 | 2239 | 1350 |
| 索马里 | Somalia | 1300 | 1173 | 1095 | 1150 |
| 南非 | S.Africa | 71529 | 68613 | 68230 | 65451 |
| 苏丹 | Sudan | 11766 | 12719 | 14585 | 15940 |
| 坦桑尼亚 | Tanzania | 18572 | 19678 | 23517 | 23040 |
| 多哥 | Togo | 3241 | 3453 | 3451 | 3632 |
| 突尼斯 | Tunisia | 10133 | 10737 | 10764 | 10650 |
| 乌干达 | Uganda | 14878 | 14064 | 15198 | 15127 |
| 布基纳法索 | Burkina Faso | 2886 | 3270 | 3725 | 4346 |
| 刚果(金) | Congo DR | 14001 | 14960 | 12018 | 10583 |
| 赞比亚 | Zambia | 5659 | 6620 | 7095 | 7388 |
| 津巴布韦 | Zimbabwe | 6530 | 6071 | 6639 | 8071 |
| 莱索托 | Lesotho | 595 | 463 | 536 | 770 |
| 斯威士兰 | Swaziland | 224 | 224 | 390 | 438 |
| 厄立特里亚 | Eritrea | 846 | 857 | 840 | 836 |
| **欧洲** | **Europe** | **5948178** | **5688146** | **5514300** | **4916735** |
| #比利时 | Belgium | 71103 | 68404 | 67375 | 65183 |
| 丹麦 | Denmark | 84330 | 81385 | 77556 | 70873 |
| 英国 | United Kingdom | 618351 | 624955 | 604657 | 579637 |
| 德国 | Germany | 659627 | 649298 | 662634 | 623374 |
| 法国 | France | 524837 | 533538 | 517038 | 486935 |
| 爱尔兰 | Ireland | 42166 | 41229 | 42046 | 41500 |
| 意大利 | Italy | 251991 | 251162 | 253128 | 246145 |
| 卢森堡 | Luxembourg | 3276 | 3558 | 2773 | 2830 |
| 荷兰 | Netherlands | 195474 | 188562 | 180439 | 181789 |
| 希腊 | Greece | 32490 | 34460 | 35719 | 36694 |
| 葡萄牙 | Portugal | 48577 | 49395 | 52287 | 53387 |
| 西班牙 | Spain | 136915 | 132378 | 141037 | 136333 |
| 阿尔巴尼亚 | Albania | 2478 | 2461 | 2631 | 2527 |
| 安道尔 | Andorra | 157 | 130 | 167 | 150 |
| 奥地利 | Austria | 66079 | 65709 | 64826 | 60758 |
| 保加利亚 | Bulgaria | 16847 | 17582 | 19037 | 19235 |
| 芬兰 | Finland | 67811 | 65662 | 60283 | 55110 |
| 匈牙利 | Hungary | 16905 | 18674 | 20789 | 19201 |
| 冰岛 | Iceland | 3370 | 3407 | 3555 | 3715 |
| 列支敦士登 | Liechtenstein | 310 | 344 | 354 | 309 |
| 马耳他 | Malta | 2015 | 1717 | 2013 | 1879 |
| 摩纳哥 | Monaco | 118 | 110 | 147 | 129 |
| 挪威 | Norway | 53478 | 51439 | 47860 | 41113 |

9-5 续表 3 Continued 3

单位：人次
Unit: person-time

| 国　籍 | Nationality | 2012 | 2013 | 2014 | 2015 |
|---|---|---|---|---|---|
| 波兰 | Poland | 68605 | 71598 | 76135 | 74823 |
| 罗马尼亚 | Romania | 35250 | 37433 | 40749 | 43589 |
| 圣马力诺 | San Marino | 139 | 179 | 164 | 134 |
| 瑞典 | Sweden | 171588 | 158951 | 141964 | 118362 |
| 瑞士 | Switzerland | 82786 | 80557 | 79539 | 72675 |
| 爱沙尼亚 | Estonia | 6288 | 5739 | 5056 | 5202 |
| 拉脱维亚 | Latvia | 7341 | 7061 | 6761 | 7087 |
| 立陶宛 | Lithuania | 8730 | 8774 | 8655 | 8614 |
| 格鲁吉亚 | Georgia | 6458 | 7232 | 8933 | 8496 |
| 亚美尼亚 | Armenia | 5492 | 5797 | 5437 | 4612 |
| 阿塞拜疆 | Azerbaijan | 17757 | 18089 | 18894 | 15126 |
| 白俄罗斯 | Byelorussia | 14121 | 14347 | 15575 | 13904 |
| 摩尔多瓦 | Moldavia | 2749 | 2886 | 3100 | 2970 |
| 俄罗斯 | Russia | 2426161 | 2186281 | 2045807 | 1582279 |
| 乌克兰 | Ukraine | 120214 | 120403 | 117262 | 141706 |
| 斯洛文尼亚 | Slovenia | 6232 | 5583 | 6121 | 6034 |
| 克罗地亚 | Croatia | 16918 | 16807 | 17270 | 18971 |
| 捷克 | Czech | 21229 | 20640 | 23123 | 24720 |
| 斯洛伐克 | Slovak | 10508 | 10415 | 10732 | 11778 |
| 波黑 | Bosnia & Hercegovina | 1410 | 1490 | 1902 | 2101 |
| **拉丁美洲** | **Latin America** | **353079** | **354327** | **346211** | **349754** |
| #安提瓜和巴布达 | Antigua & Barbuda | 277 | 253 | 299 | 445 |
| 阿根廷 | Argentina | 24883 | 26488 | 24427 | 28407 |
| 巴哈马 | Bahamas | 669 | 636 | 788 | 1042 |
| 巴巴多斯 | Barbados | 374 | 440 | 481 | 505 |
| 伯利兹 | Belize | 3053 | 3291 | 3203 | 2995 |
| 玻利维亚 | Bolivia | 6454 | 6198 | 6477 | 6451 |
| 巴西 | Brazil | 99445 | 95754 | 94559 | 85487 |
| 开曼群岛 | Cayman Is | 27 | 12 | 24 | 34 |
| 智利 | Chile | 19661 | 20310 | 19096 | 19196 |
| 哥伦比亚 | Colombia | 34315 | 34636 | 37299 | 35955 |
| 哥斯达黎加 | Costa Rica | 5748 | 5627 | 5682 | 5790 |
| 古巴 | Cuba | 2644 | 3566 | 3486 | 4773 |
| 多米尼加共和国 | Dominican Rep. | 3301 | 3381 | 3373 | 3248 |
| 厄瓜多尔 | Ecuador | 7965 | 8257 | 8702 | 8698 |
| 格林纳达 | Grenada | 192 | 187 | 215 | 576 |
| 危地马拉 | Guatemala | 2538 | 2561 | 2826 | 2768 |
| 圭亚那 | Guyana | 1072 | 943 | 996 | 1150 |

9-5 续表 4 Continued 4

单位：人次
Unit: person-time

| 国　籍 | Nationality | 2012 | 2013 | 2014 | 2015 |
|---|---|---|---|---|---|
| 海地 | Haiti | 378 | 574 | 444 | 512 |
| 洪都拉斯 | Honduras | 2943 | 3151 | 2856 | 4351 |
| 牙买加 | Jamaica | 5330 | 6028 | 5229 | 6072 |
| 墨西哥 | Mexico | 57716 | 60144 | 65762 | 68261 |
| 尼加拉瓜 | Nicaragua | 754 | 660 | 625 | 817 |
| 巴拿马 | Panama | 7839 | 7532 | 7728 | 8611 |
| 巴拉圭 | Paraguay | 1444 | 1352 | 1382 | 1187 |
| 秘鲁 | Peru | 15043 | 15646 | 14869 | 16465 |
| 波多黎各 | Puerto Rico | 7 | 11 | 5 | 5 |
| 圣卢西亚 | Saint Lucia | 137 | 171 | 260 | 146 |
| 圣文森特和格林纳丁斯 | S. Vinc. & Grenadines | 357 | 734 | 419 | 414 |
| 萨尔瓦多 | El Salvador | 1218 | 1233 | 1160 | 1414 |
| 苏里南 | Suriname | 3056 | 3236 | 2946 | 3030 |
| 特立尼达和多巴哥 | Trinidad & Tobago | 2488 | 2418 | 2092 | 2422 |
| 乌拉圭 | Uruguay | 3886 | 4291 | 4074 | 3979 |
| 委内瑞拉 | Venezuela | 36648 | 33100 | 22678 | 22713 |
| 维尔京群岛 | Virgin Is. | 4 | 5 | 41 | 11 |
| **北美洲** | **North America** | **2826441** | **2769507** | **2760296** | **2765595** |
| 加拿大 | Canada | 708294 | 684216 | 667084 | 679775 |
| 美国 | United States | 2118059 | 2085253 | 2093153 | 2085788 |
| 百慕大 | Bermuda | 88 | 37 | 59 | 32 |
| **大洋洲及太平洋群岛** | **Oceania and Pacific Islands** | **914899** | **863395** | **810058** | **776353** |
| #澳大利亚 | Australia | 774328 | 723088 | 672058 | 637315 |
| 斐济 | Fiji | 3462 | 3766 | 3620 | 4269 |
| 瑙鲁 | Nauru | 545 | 415 | 387 | 392 |
| 瓦努阿图 | Vanuatu | 526 | 419 | 493 | 526 |
| 新西兰 | New Zealand | 128251 | 128572 | 126593 | 125413 |
| 巴布亚新几内亚 | Papua New Guinea | 1204 | 1366 | 1588 | 1431 |
| 所罗门群岛 | Solomon Is. | 641 | 642 | 664 | 627 |
| 汤加 | Tonga | 1355 | 1306 | 1135 | 1012 |
| 萨摩亚 | Samoa | 899 | 1019 | 867 | 1307 |
| 基里巴斯 | Kiribati | 2590 | 1936 | 1719 | 2828 |
| 图瓦卢 | Tuvalu | 505 | 377 | 289 | 472 |
| 密克罗尼西亚 | Micronesia | 138 | 104 | 149 | 199 |
| 马绍尔群岛 | Marshall Is. | 383 | 349 | 398 | 430 |
| 贝劳共和国 | Palau | 51 | 33 | 94 | 132 |
| **国际组织及其他人员** | **Others** | **1919** | **2154** | **1796** | **2087** |

# 9-6　国际旅游外汇收入构成
# Breakdown of International Tourism Receipts

单位：亿美元
Unit: USD 100 million

| 指　　标 | Item | 2012 | 2013 | 2014 | 2015 |
|---|---|---|---|---|---|
| **总　　计** | **Total** | **500.28** | **516.64** | **569.13** | **1136.50** |
| **一、商品收入** | **Commodities** | **149.01** | **153.10** | **161.56** | **291.60** |
| 1.商品销售 | Shopping | 111.54 | 111.82 | 113.28 | 209.00 |
| 2.餐饮 | Food and Beverage | 37.47 | 41.28 | 48.28 | 82.60 |
| **二、劳务收入** | **Services** | **351.26** | **363.54** | **407.58** | **844.90** |
| 1.长途交通 | Long-Distance Transportation | 172.78 | 174.57 | 195.95 | 448.50 |
| 民航 | Air | 131.64 | 134.10 | 145.79 | 294.80 |
| 铁路 | Rail | 16.46 | 16.00 | 20.90 | 43.20 |
| 汽车 | Motor | 15.54 | 13.65 | 15.68 | 32.50 |
| 轮船 | Sea | 9.14 | 10.82 | 13.59 | 78.00 |
| 2.游览 | Sightseeing | 25.55 | 30.92 | 32.54 | 44.80 |
| 3.住宿 | Accommodation | 52.11 | 59.76 | 69.50 | 132.90 |
| 4.娱乐 | Entertainment | 36.13 | 35.91 | 36.74 | 53.90 |
| 5.邮电通讯 | Communication | 7.91 | 7.92 | 11.04 | 23.90 |
| 6.市内交通 | Local Transportation | 16.10 | 14.44 | 16.04 | 22.40 |
| 7.其他服务 | Others | 40.68 | 40.01 | 45.77 | 118.60 |

# 9-7 各地区国际旅游(外汇)收入
# International Tourism Receipts by Locality

单位：亿美元

Unit: USD 100 million

| 地　区 | Region | 2012 | 2013 | 2014 | 2015 |
|---|---|---|---|---|---|
| 北　京 | Beijing | 51.49 | 47.95 | 46.08 | 46.05 |
| 天　津 | Tianjin | 22.26 | 25.91 | 29.92 | 32.98 |
| 河　北 | Hebei | 5.45 | 5.86 | 5.34 | 5.02 |
| 山　西 | Shanxi | 7.20 | 8.23 | 2.81 | 2.97 |
| 内蒙古 | Inner Mongolia | 7.72 | 9.62 | 10.03 | 9.62 |
| 辽　宁 | Liaoning | 32.64 | 34.77 | 16.18 | 16.37 |
| 吉　林 | Jilin | 4.95 | 5.52 | 5.84 | 7.24 |
| 黑龙江 | Heilongjiang | 8.35 | 6.04 | 5.64 | 3.95 |
| 上　海 | Shanghai | 54.93 | 52.45 | 56.02 | 58.60 |
| 江　苏 | Jiangsu | 63.00 | 23.80 | 30.33 | 35.27 |
| 浙　江 | Zhejiang | 51.52 | 53.93 | 57.53 | 67.88 |
| 安　徽 | Anhui | 15.63 | 16.60 | 18.40 | 22.63 |
| 福　建 | Fujian | 42.26 | 45.73 | 49.12 | 55.61 |
| 江　西 | Jiangxi | 4.85 | 5.25 | 5.57 | 5.67 |
| 山　东 | Shandong | 29.24 | 27.31 | 23.30 | 28.96 |
| 河　南 | Henan | 6.11 | 6.60 | 5.38 | 6.24 |
| 湖　北 | Hubei | 12.03 | 12.19 | 12.39 | 16.72 |
| 湖　南 | Hunan | 9.28 | 8.23 | 8.00 | 8.58 |
| 广　东 | Guangdong | 156.11 | 162.78 | 171.06 | 178.85 |
| 广　西 | Guangxi | 12.79 | 15.47 | 15.72 | 19.17 |
| 海　南 | Hainan | 3.48 | 3.37 | 2.69 | 2.49 |
| 重　庆 | Chongqing | 11.68 | 12.68 | 13.54 | 14.69 |
| 四　川 | Sichuan | 7.98 | 7.65 | 8.58 | 11.81 |
| 贵　州 | Guizhou | 1.69 | 2.01 | 1.89 | 2.31 |
| 云　南 | Yunnan | 19.47 | 24.18 | 24.21 | 28.76 |
| 西　藏 | Tibet | 1.06 | 1.28 | 1.45 | 1.77 |
| 陕　西 | Shaanxi | 15.97 | 16.76 | 17.69 | 20.00 |
| 甘　肃 | Gansu | 0.22 | 0.20 | 0.10 | 0.14 |
| 青　海 | Qinghai | 0.24 | 0.19 | 0.25 | 0.39 |
| 宁　夏 | Ningxia | 0.05 | 0.12 | 0.18 | 0.21 |
| 新　疆 | Xinjiang | 5.51 | 5.85 | 4.97 | 5.56 |

# 9-8 各地区接待入境过夜游客情况
# International Tourists by Region

| 地　区 | Region | 人数（万人次）Tourist Arrivals (10000 person-time) 2014 | 2015 | #外国人 Foreigners 2014 | 2015 | 人天数（万人天）Tourist Arrivals Night (10000 person-night) 2014 | 2015 | #外国人 Foreigners 2014 | 2015 |
|---|---|---|---|---|---|---|---|---|---|
| 北　京 | Beijing | 427.45 | 419.96 | 365.45 | 357.56 | 1812.22 | 1789.23 | 1590.24 | 1545.04 |
| 天　津 | Tianjin | 76.63 | 78.48 | 67.49 | 69.03 | 1321.35 | 1324.25 | 1087.68 | 1089.60 |
| 河　北 | Hebei | 75.61 | 76.64 | 60.26 | 59.89 | 256.80 | 281.12 | 218.59 | 235.87 |
| 山　西 | Shanxi | 56.56 | 59.38 | 36.13 | 38.04 | 142.71 | 152.94 | 90.83 | 97.97 |
| 内蒙古 | Inner Mongolia | 167.31 | 160.78 | 160.22 | 153.35 | 498.12 | 494.19 | 471.21 | 469.06 |
| 辽　宁 | Liaoning | 260.70 | 264.01 | 200.62 | 204.64 | 748.83 | 675.76 | 542.53 | 518.88 |
| 吉　林 | Jilin | 130.63 | 148.10 | 113.26 | 129.21 | 318.85 | 355.59 | 274.82 | 308.64 |
| 黑龙江 | Heilongjiang | 141.72 | 83.47 | 132.29 | 78.68 | 281.49 | 181.04 | 266.14 | 172.52 |
| 上　海 | Shanghai | 639.62 | 653.59 | 523.34 | 540.69 | 2073.23 | 1969.53 | 1670.57 | 1622.08 |
| 江　苏 | Jiangsu | 297.10 | 305.01 | 197.04 | 200.84 | 1096.46 | 1141.53 | 679.94 | 695.24 |
| 浙　江 | Zhejiang | 370.88 | 459.02 | 269.83 | 333.96 | 888.18 | 1164.85 | 651.68 | 858.21 |
| 安　徽 | Anhui | 280.18 | 291.12 | 160.83 | 171.17 | 651.29 | 674.49 | 371.21 | 388.80 |
| 福　建 | Fujian | 318.90 | 332.71 | 127.44 | 133.73 | 871.32 | 821.69 | 398.05 | 376.52 |
| 江　西 | Jiangxi | 147.67 | 155.88 | 44.74 | 44.88 | 290.68 | 307.93 | 88.70 | 90.95 |
| 山　东 | Shandong | 300.19 | 312.22 | 218.08 | 226.44 | 1026.33 | 1056.57 | 776.43 | 809.62 |
| 河　南 | Henan | 124.76 | 135.30 | 71.82 | 84.36 | 302.46 | 307.96 | 184.32 | 202.56 |
| 湖　北 | Hubei | 277.07 | 311.76 | 213.26 | 239.79 | 637.09 | 724.88 | 492.70 | 563.44 |
| 湖　南 | Hunan | 219.55 | 226.05 | 100.07 | 118.19 | 418.16 | 410.10 | 206.30 | 224.39 |
| 广　东 | Guangdong | 3355.43 | 3450.35 | 775.18 | 783.58 | 7385.24 | 8635.40 | 2042.55 | 2395.29 |
| 广　西 | Guangxi | 295.76 | 450.06 | 146.75 | 239.23 | 590.99 | 932.98 | 296.89 | 503.05 |
| 海　南 | Hainan | 66.14 | 60.84 | 42.15 | 35.60 | 148.51 | 122.02 | 110.09 | 78.25 |
| 重　庆 | Chongqing | 126.36 | 148.10 | 80.65 | 98.98 | 341.17 | 607.23 | 193.55 | 449.31 |
| 四　川 | Sichuan | 240.17 | 273.20 | 169.66 | 193.44 | 454.07 | 510.55 | 326.50 | 367.94 |
| 贵　州 | Guizhou | 65.31 | 68.59 | 28.49 | 29.89 | 98.90 | 103.80 | 42.96 | 45.01 |
| 云　南 | Yunnan | 286.56 | 570.08 | 206.16 | 420.00 | 556.81 | 1114.90 | 391.59 | 812.06 |
| 西　藏 | Tibet | 24.44 | 29.26 | 20.00 | 14.26 | 74.30 | 85.86 | 61.10 | 41.85 |
| 陕　西 | Shaanxi | 266.30 | 293.03 | 185.83 | 194.15 | 778.35 | 867.16 | 576.09 | 615.61 |
| 甘　肃 | Gansu | 4.88 | 5.45 | 2.89 | 3.16 | 6.40 | 7.81 | 3.97 | 4.92 |
| 青　海 | Qinghai | 5.15 | 6.53 | 4.06 | 4.52 | 16.28 | 21.65 | 13.01 | 14.93 |
| 宁　夏 | Ningxia | 3.37 | 3.73 | 1.51 | 1.84 | 10.10 | 11.19 | 4.53 | 5.52 |
| 新　疆 | Xinjiang | 54.01 | 53.14 | 47.66 | 45.94 | 245.03 | 271.15 | 217.56 | 236.04 |

# 9-9 各地区入境过夜游客人均天花费额

# Average Daily Per Capita Expenditure of International Tourists by Region

单位：美元/人天

Unit: USD/night per capita

| 地 区 | Region | 人均天花费 Average Expenditure | | 外国人 Foreigners | | 香港同胞 Hongkong SAR | |
|---|---|---|---|---|---|---|---|
| | | 2014 | 2015 | 2014 | 2015 | 2014 | 2015 |
| 北 京 | Beijing | 254.23 | 283.46 | 257.90 | 284.51 | 242.22 | 266.04 |
| 天 津 | Tianjin | 213.77 | 234.77 | 214.40 | 235.57 | 222.37 | 227.03 |
| 河 北 | Hebei | 168.30 | 189.21 | 161.76 | 191.15 | 205.00 | 174.41 |
| 山 西 | Shanxi | 175.24 | 202.09 | 179.34 | 204.39 | 160.84 | 195.54 |
| 内蒙古 | Inner Mongolia | 196.24 | 219.00 | 196.75 | 220.13 | 185.07 | 193.70 |
| 辽 宁 | Liaoning | 208.28 | 231.26 | 205.96 | 234.55 | 232.45 | 207.75 |
| 吉 林 | Jilin | 179.58 | 199.77 | 173.34 | 199.78 | 239.46 | 212.02 |
| 黑龙江 | Heilongjiang | 196.61 | 218.25 | 201.49 | 218.56 | 211.69 | 267.57 |
| 上 海 | Shanghai | 268.70 | 297.76 | 263.46 | 291.34 | 299.52 | 341.05 |
| 江 苏 | Jiangsu | 229.36 | 254.95 | 229.52 | 254.93 | 229.35 | 253.52 |
| 浙 江 | Zhejiang | 216.90 | 239.02 | 218.75 | 238.94 | 206.52 | 245.68 |
| 安 徽 | Anhui | 193.44 | 212.74 | 193.99 | 213.50 | 188.11 | 207.84 |
| 福 建 | Fujian | 198.55 | 217.67 | 206.22 | 232.81 | 211.70 | 200.54 |
| 江 西 | Jiangxi | 169.44 | 186.09 | 167.65 | 192.71 | 170.23 | 173.43 |
| 山 东 | Shandong | 204.86 | 225.38 | 209.95 | 230.28 | 199.95 | 226.96 |
| 河 南 | Henan | 160.21 | 177.14 | 168.63 | 174.11 | 134.45 | 181.78 |
| 湖 北 | Hubei | 192.34 | 214.30 | 199.33 | 229.49 | 187.31 | 188.78 |
| 湖 南 | Hunan | 193.60 | 215.51 | 195.77 | 217.93 | 185.41 | 207.98 |
| 广 东 | Guangdong | 176.40 | 194.73 | 186.83 | 208.68 | 159.91 | 174.11 |
| 广 西 | Guangxi | 189.74 | 211.55 | 197.21 | 211.06 | 183.05 | 212.42 |
| 海 南 | Hainan | 179.59 | 201.93 | 181.72 | 202.07 | 162.45 | 197.34 |
| 重 庆 | Chongqing | 190.19 | 212.16 | 199.30 | 213.82 | 174.95 | 197.24 |
| 四 川 | Sichuan | 185.59 | 210.69 | 187.70 | 210.36 | 186.81 | 211.22 |
| 贵 州 | Guizhou | 180.65 | 201.01 | 208.16 | 213.68 | 157.70 | 184.25 |
| 云 南 | Yunnan | 203.05 | 224.97 | 203.12 | 228.10 | 190.24 | 210.97 |
| 西 藏 | Tibet | 197.67 | 216.92 | 198.62 | 222.70 | 189.82 | 159.33 |
| 陕 西 | Shaanxi | 188.14 | 207.81 | 195.15 | 206.04 | 137.05 | 204.36 |
| 甘 肃 | Gansu | 160.40 | 177.87 | 160.69 | 190.63 | 168.66 | 150.20 |
| 青 海 | Qinghai | 159.19 | 179.05 | 151.08 | 183.24 | 215.97 | 168.37 |
| 宁 夏 | Ningxia | 166.11 | 186.15 | 164.23 | 188.78 | 178.05 | 102.36 |
| 新 疆 | Xinjiang | 176.49 | 196.43 | 176.69 | 197.89 | 171.88 | 180.53 |

9-9 续表 Continued

单位：美元/人天

Unit: USD/night per capita

| 地 区 | Region | 澳门同胞 Macao SAR | | 台湾同胞 Taiwan Province | |
|---|---|---|---|---|---|
| | | 2014 | 2015 | 2014 | 2015 |
| 北 京 | Beijing | 255.32 | 298.22 | 202.08 | 273.23 |
| 天 津 | Tianjin | 199.46 | 227.28 | 205.15 | 235.57 |
| 河 北 | Hebei | 187.51 | 182.29 | 194.36 | 186.77 |
| 山 西 | Shanxi | 133.88 | 179.15 | 159.74 | 201.95 |
| 内 蒙 古 | Inner Mongolia | 198.03 | 225.50 | 200.40 | 221.65 |
| 辽 宁 | Liaoning | 222.74 | 205.05 | 213.86 | 225.83 |
| 吉 林 | Jilin | 215.60 | 178.29 | 197.78 | 208.30 |
| 黑 龙 江 | Heilongjiang | 291.83 | 194.16 | 160.44 | 198.41 |
| 上 海 | Shanghai | 281.61 | 340.33 | 297.79 | 317.10 |
| 江 苏 | Jiangsu | 219.02 | 254.87 | 229.97 | 256.71 |
| 浙 江 | Zhejiang | 217.04 | 248.62 | 211.88 | 228.53 |
| 安 徽 | Anhui | 181.86 | 206.47 | 191.51 | 205.19 |
| 福 建 | Fujian | 178.78 | 203.93 | 176.30 | 204.66 |
| 江 西 | Jiangxi | 176.90 | 170.08 | 171.74 | 184.44 |
| 山 东 | Shandong | 169.93 | 180.45 | 190.15 | 211.37 |
| 河 南 | Henan | 167.43 | 181.07 | 131.22 | 187.90 |
| 湖 北 | Hubei | 153.36 | 195.42 | 185.88 | 204.67 |
| 湖 南 | Hunan | 149.80 | 183.81 | 182.93 | 205.83 |
| 广 东 | Guangdong | 143.58 | 160.26 | 184.51 | 198.64 |
| 广 西 | Guangxi | 165.62 | 212.92 | 180.76 | 213.16 |
| 海 南 | Hainan | 171.87 | 197.44 | 179.99 | 211.07 |
| 重 庆 | Chongqing | 174.15 | 188.42 | 153.78 | 218.19 |
| 四 川 | Sichuan | 183.97 | 216.59 | 173.80 | 208.21 |
| 贵 州 | Guizhou | 148.45 | 191.48 | 147.06 | 213.41 |
| 云 南 | Yunnan | 212.07 | 207.22 | 218.45 | 223.08 |
| 西 藏 | Tibet | 191.97 | 163.01 | 189.89 | 203.66 |
| 陕 西 | Shaanxi | 106.26 | 246.35 | 169.83 | 234.49 |
| 甘 肃 | Gansu | 158.00 | 162.24 | 152.15 | 172.69 |
| 青 海 | Qinghai | 161.72 | 147.39 | 170.79 | 182.79 |
| 宁 夏 | Ningxia | 98.54 | 69.63 | 217.04 | - |
| 新 疆 | Xinjiang | 196.31 | 200.97 | 168.96 | 186.87 |

# 9-10 历年国内旅游情况
## Major Statistics of Domestic Tourism

| 年 份 | 国内游客 (亿人次) Domestic Travelers (100 million person-time) | 城镇居民 Urban Residents | 农村居民 Rural Residents | 旅游总花费 (亿元) Tourism Earnings (100 million yuan) | 城镇居民 Urban Residents | 农村居民 Rural Residents | 人均花费 (元) Average Expenditure Per Capita (yuan) | 城镇居民 Urban Residents | 农村居民 Rural Residents |
|---|---|---|---|---|---|---|---|---|---|
| 1994 | 5.24 | 2.05 | 3.19 | 1023.51 | 848.21 | 175.30 | 195.33 | 414.67 | 54.88 |
| 1995 | 6.29 | 2.46 | 3.83 | 1375.70 | 1140.10 | 235.60 | 218.71 | 464.02 | 61.47 |
| 1996 | 6.40 | 2.56 | 3.83 | 1638.38 | 1368.36 | 270.02 | 256.20 | 534.10 | 70.45 |
| 1997 | 6.44 | 2.59 | 3.85 | 2112.70 | 1515.10 | 560.87 | 328.06 | 599.80 | 145.68 |
| 1998 | 6.95 | 2.50 | 4.45 | 2391.18 | 1515.10 | 876.05 | 345.00 | 607.00 | 197.00 |
| 1999 | 7.19 | 2.84 | 4.35 | 2831.92 | 1748.23 | 1083.69 | 394.00 | 614.80 | 249.50 |
| 2000 | 7.44 | 3.29 | 4.15 | 3175.54 | 2235.30 | 940.28 | 426.60 | 678.60 | 226.60 |
| 2001 | 7.84 | 3.75 | 4.09 | 3522.40 | 2651.70 | 870.70 | 449.50 | 708.30 | 212.70 |
| 2002 | 8.78 | 3.85 | 4.93 | 3878.36 | 2848.09 | 1030.27 | 441.80 | 739.70 | 209.10 |
| 2003 | 8.70 | 3.51 | 5.19 | 3442.27 | 2404.08 | 1038.19 | 395.70 | 684.90 | 200.00 |
| 2004 | 11.02 | 4.59 | 6.43 | 4710.70 | 3359.00 | 1351.70 | 427.50 | 731.80 | 210.20 |
| 2005 | 12.12 | 4.96 | 7.16 | 5285.90 | 3656.10 | 1629.70 | 436.10 | 737.10 | 227.60 |
| 2006 | 13.94 | 5.76 | 8.18 | 6229.74 | 4414.74 | 1815.00 | 446.90 | 766.40 | 221.90 |
| 2007 | 16.10 | 6.12 | 9.98 | 7770.60 | 5550.40 | 2220.20 | 482.60 | 906.90 | 222.50 |
| 2008 | 17.12 | 7.03 | 10.09 | 8749.30 | 5971.75 | 2777.55 | 511.03 | 849.36 | 275.28 |
| 2009 | 19.02 | 9.03 | 9.99 | 10183.69 | 7233.79 | 2949.90 | 535.40 | 801.10 | 295.30 |
| 2010 | 21.03 | 10.65 | 10.38 | 12579.77 | 9403.81 | 3175.96 | 598.20 | 883.00 | 306.00 |
| 2011 | 26.41 | 16.87 | 9.54 | 19305.39 | 14808.61 | 4496.78 | 731.00 | 877.80 | 471.40 |
| 2012 | 29.57 | 19.33 | 10.24 | 22706.22 | 17678.03 | 5028.19 | 767.90 | 914.50 | 491.00 |
| 2013 | 32.62 | 21.86 | 10.76 | 26276.12 | 20692.59 | 5583.53 | 805.50 | 946.60 | 518.90 |
| 2014 | 36.11 | 24.83 | 11.28 | 30311.86 | 24219.76 | 6092.11 | 839.70 | 975.40 | 540.20 |
| 2015 | 40.00 | 28.02 | 11.88 | 34195.05 | 27610.90 | 6584.15 | 857.00 | 985.50 | 554.20 |

# 附　录

## APPENDIX

# 附录Ⅰ　简要说明和主要统计指标解释

## 一、国内贸易部分

（一）主要内容

这一部分主要反映中国国内消费品市场、批发和零售业、住宿和餐饮业的发展变化情况。主要内容包括限额以上批发和零售业的基本情况、商品流转情况和财务状况，限额以上住宿和餐饮业的基本情况、经营情况和财务状况，社会消费品零售总额，商品交易市场成交情况，连锁零售业、餐饮业经营情况等。

（二）统计范围

**1．批发和零售业、住宿和餐饮业**：限额以上批发和零售业、住宿和餐饮业法人企业和个体户。统计限额标准为：批发业，年主营业务收入2000万元及以上；零售业，年主营业务收入500万元及以上；住宿和餐饮业，年主营业务收入200万元及以上。

**2．社会消费品零售总额**：从事商品零售活动或提供餐饮服务的法人企业、产业活动单位和个体户。

**3．商品交易市场**：年商品成交额在亿元及以上的商品交易市场。

**4．连锁经营情况**：零售业连锁总店（总部）、餐饮业连锁总店（总部）。

（三）资料来源

国家统计局贸易外经司根据《批发和零售业统计报表制度》、《住宿和餐饮业统计报表制度》进行搜集和加工整理而得。

（四）统计调查方法

限额以上批发和零售业、住宿和餐饮业单位（包括法人企业、产业活动单位和个体户，下同）、商品交易市场以及连锁总店（总部）采用全面调查方法，限额以下批发和零售业、住宿和餐饮业单位采用抽样调查方法。

（五）主要指标解释

**1．批发和零售业**

**批发业**　指批发商向批发、零售单位及其他企事业、机关单位批量销售生活用品和生产资料的活动，以及从事进出口贸易和贸易经纪与代理的活动。批发商可以对所批发的货物拥有所有权，并以本单位、公司的名义进行交易活动；也可以不拥有货物的所有权，而以中介身份做代理销售商。

**零售业**　指百货商店、超级市场、专门零售商店、品牌专卖店、售货摊等主要面向最终消费者（如居民等）的销售活动。包括以互联网、邮政、电话、售货机等方式的销售活动，还包括在同地点，后面加工生产，前面销售的店铺（如前店后厂的面包房）。

**商品购进额**　指从本企业以外的单位和个人购进（包括从国外直接进口）作为转卖或加工后转卖的商品金额（含增值税）。商品包括：（1）从工农业生产者、批发和零售业企业、住宿和餐饮业企业、出版社或报社的出版发行部门和其他服务业企业购进的商品；（2）从机关团体、事业单位购进的商品；（3）从海关、市场管理部门购进的缉私和没收的商品；（4）从居民收购的废旧商品等，不包括：（1）企业为本单位自身经营用，不是作为转卖而购进的商品，如材料物资、包装物、低值易耗品、办公用品等；（2）未通过买卖行为而收入的商品，如接受其他部门移交的商品、借入的商品、收入代其他单位保管的商品、其他单位赠送的样品、加工回收的成品等；（3）经本单位介绍，由买卖双方直接结算，本单位只收取手续费的业务；（4）

销售退回和买方拒付货款的商品；（5）商品溢余。

**商品销售额** 指对本单位以外的单位和个人出售的商品金额（包括售给本单位消费用的商品，含增值税）。商品包括（1）售给城乡居民和社会集团消费用的商品；（2）售给农业、工业、建筑业、运输邮电业、服务业、公用事业等国民经济各行业用于生产、经营用的商品，包括售予批发和零售业作为转卖或加工后转卖的商品；（3）对国（境）外直接出口的商品，不包括：（1）未通过买卖行为付出的商品，如随机构变动移交给其他企业单位的商品、借出的商品、归还受其他单位委托代保管的商品、付出的加工原料和赠送给其他单位的样品等；（2）经本单位介绍，由买卖双方直接结算，本单位只收取手续费的业务；（3）购货退回的商品；（4）商品损耗和损失；（5）出售本单位自用的废旧物资。

**商品库存额** 指报告期末各种登记注册类型的批发和零售业企业(单位)已取得所有权的商品金额（含增值税）。它反映批发和零售业企业(单位)的商品库存情况和对市场商品供应的保证程度。商品库存包括：(1)存放在批发和零售业经营单位(如门市部、批发站、经营处)仓库、货场、货柜和货架中的商品；(2)挑选、整理、包装中的商品；(3)已记入购进而尚未运到本单位的商品，即发货单或银行承兑凭证已到而货未到的商品；(4)寄放他处的商品，如因购货方拒绝承付而暂时存放在购货方的商品和已办完加工成品收回手续而未提回的商品；(5)委托其他单位代销(未作销售或调出)尚未售出的商品；(6)代其他单位购进尚未交付的商品。不包括所有权不属于本单位的商品、委托外单位加工生产尚未收回成品的商品、外贸企业代理其他单位从国外进口尚未付给订货单位的商品、代国家物资储备部门保管的商品等。

**2．住宿和餐饮业**

**住宿业** 指有偿为顾客提供临时住宿的服务活动。不包括：提供长期住宿场所的活动（如出租房屋、公寓等）。

**餐饮业** 指在一定场所，对食物进行现场烹饪、调制，并出售给顾客主要供现场消费的服务活动。

**营业额** 指住宿和餐饮业法人企业（单位）在经营活动中因提供服务或销售商品等取得的收入。包括：客房收入、餐费收入、商品销售额和其他收入。

**客房收入** 指住宿和餐饮业法人企业（单位）在经营活动中因提供住宿服务取得的收入。

**餐费收入** 指住宿和餐饮业法人企业（单位）因为顾客提供就餐服务取得的收入，包括经烹饪、调制加工后出售的各种食品，如主食、炒菜、凉拌菜等的收入。

**3．商品交易市场**

**商品交易市场** 指经有关部门和组织批准设立，有固定场所、设施，有经营管理部门和监管人员，若干市场经营者入内，常年或实际开业三个月以上，集中、公开、独立地进行生活消费品、生产资料等现货商品交易以及提供相关服务的交易场所，包括各类消费品市场、生产资料市场等。

**商品交易市场成交额** 指商品交易市场内所有摊位的全年商品成交的总金额。

**4．连锁经营**

**连锁总店（总部）** 负责连锁企业资源（商号、商誉、经营模式、服务标准、管理模式等等）的开发、配置、控制或使用等功能的企业核心管理机构。连锁经营是指经营同类商品或服务，使用统一商号的若干店铺，在同一总店（总部）的管理下，采取统一采购或特许经营等方式,实现规模效益的组织形式，包括直营连锁、特许连锁和自愿连锁三种形式。

**直营连锁** 指连锁店铺由连锁公司全资或控股开设，在总部的直接控制下，开展统一经营的连锁经营形式。

**特许连锁** 指拥有注册商标、企业标志、专利、专有技术等经营资源的企业（特许人），以合同形式将其拥有的经营资源许可其他经营者（被特许人）使用，被特许人按合同约定在统一的经营模式下开展经营，并向特许人支付特许经营费用的连锁经营形式。

**自愿连锁** 指若干个店铺或企业自愿组合起来，在不改变各自资产所有权关系的情况下，以同一个品牌形象面对消费者，以共同进货为纽带开展的连锁经营形式。

5．社会消费品零售总额

**社会消费品零售总额** 指企业（单位、个体户）通过交易直接售给个人、社会集团非生产、非经营用的实物商品金额，以及提供餐饮服务所取得的收入金额。个人包括城乡居民和入境人员，社会集团包括机关、社会团体、部队、学校、企事业单位、居委会或村委会等。

## 二、对外经济贸易和旅游部分

（一）对外贸易

**1．主要内容**：包括进出口货物的品种、数(重)量、金额、国别（地区）、经营单位、境内目的地、境内货源地 、贸易方式、关别等项目。

**2．统计范围**：对外贸易统计范围是按照联合国国际商品（货物）贸易统计原则制定的，即凡是引起中华人民共和国关境内物质资源存量增加或减少的进出口货物（除制度另有规定者外）均列入该项统计。

**3．资料来源**：对外贸易统计资料来源于海关总署，调查方法是全面调查，统计依据是中国各地海关对进出口货物执行实际监管的进出口报关单。

**4．商品分类**：进出口商品目录是在海关合作理事会（世界海关组织 WCO）制定的《商品名称和编码协调制度》（HS）的基础上，结合我国进出口实际情况制定的。历年出口商品分类金额和历年进口商品分类金额按照联合国《国际贸易标准分类》（SITC）进行统计。

**5．货物进出口国家（地区）**：进口货物统计原产国（地区），出口货物统计最终目的地国（地区）。原产国（地区）是指进口货物生产、开采或加工制造的国家（地区），对经过两个以上国家（地区）加工制造的进口货物，则以最后一个对货物进行经济上可以视为实质性加工的国家（地区）作为该货物的原产国，原产国确实不详时，按"国别不详"统计；最终目的地国（地区）是指出口货物已知的消费、使用或进一步加工制造国家（地区），包括直接使用或进行加工的国家（地区），最终目的地国（地区）不能确定时，按货物出口时尽可能预知的最后运往国（地区）统计。

**6．主要指标解释**

**货物进出口总额** 指实际进出我国关境的货物总金额。包括对外贸易实际进出口货物，来料加工装配进出口货物，国家间、联合国及国际组织无偿援助物资和赠送品，华侨、港澳台同胞和外籍华人捐赠品，租赁期满归承租人所有的租赁货物，进料加工进出口货物，边境地方贸易及边境地区小额贸易进出口货物（边民互市贸易除外），中外合资企业、中外合作经营企业、外商独资经营企业进出口货物和公用物品，到、离岸价格在规定限额以上的进出口货样和广告品（无商业价值、无使用价值和免费提供出口的除外），从保税仓库提取在中国境内销售的进口货物，以及其他进出口货物。该指标用以观察一个国家在对外贸易方面的总规模。我国规定出口货物按离岸价格统计，进口货物按到岸价格统计。

**商品经营单位所在地进、出口额** 指在所在地海关注册登记的有进出口经营权的企业实际进、出口额。

（二）利用外资

**1．主要内容**：包括外商直接投资和外商其他投资、外商投资企业登记注册情况。

**2．统计范围**：凡经工商行政管理机关核准登记，在中华人民共和国境内所有利用外资的单位和部门，经批准设立的中外合资经营企业、合作经营企业、外资企业、外商投资股份制企业、合作开发项目等具有法人资格的独立核算企业（包括港澳台地区投资企业），在华从事经营活动的外国及港澳台地区企业及外国公司在中国境内设立的分支机构。

**3．资料来源**：利用外资统计资料来源于商务部，其中，外商投资企业的登记注册情况资料来源于国家工商行政管理总局，调查方法是全面调查。说明的是：利用外资统计 1985 年及以前为政府统计部门的调查汇总数，1986 年及以后全部来源于对外贸易经济合作部（现为商务部）。2000 年以后利用外资统计中不含对外借款数。

4. 主要指标解释

**外商投资** 指我国政府、部门、企业和其它经济组织通过吸收外商直接投资以及其它方式筹措的境外现汇、技术、设备等。

**批准企业（项目）个数** 指外商直接投资管理部门批准设立的外商投资企业个数、批准的合作开发项目个数。

**利用外资的国家（地区）** 指外资来源或投资者的法人注册地所在的国家和地区。除政府贷款按贷款国家名称统计外，其它方式吸收的外资按外国公司、企业或其它经济组织以其法人的注册所在地国家（地区）统计。

**实际使用外资金额** 指批准的合同外资金额的实际执行数，外国投资者根据批准外商投资企业的合同（章程）的规定实际缴付的出资额和企业投资总额内外国投资者以自己的境外自有资金实际直接向企业提供的贷款。

（三）对外经济合作

1. **主要内容**：包括对外承包工程的合同数、合同金额、完成营业额和按国别、地区分的对外经济合作完成营业额和对外劳务合作派出劳务人数、期末在外人数等。

2. **统计范围**：对外承包工程和对外劳务合作。该制度统计单位是经各级商务主管部门批准的从事对外承包和劳务合作业务并具有法人地位的对外承包劳务企业。

3. **资料来源**：对外经济合作统计资料来源于商务部，调查方法是全面调查。需要说明的是，自 2009 年起，对外承包工程涵盖了对外设计咨询业务，对外设计咨询不再单独列出。

4. 主要指标解释

**对外承包工程** 根据《对外承包工程管理条例》，对外承包工程是指中国的企业或者其他单位承包境外建设工程项目的活动。

**对外劳务合作** 指组织劳务人员赴其他国家或地区为国外的企业或机构工作的经营性活动。

**完成营业额** 指企业在报告期内完成的以货币形式表现的工作量。

**派出人数** 指企业在报告期内派往国（境）外执行对外承包工程和劳务合作项目的人数。

（四）旅游

1. **主要内容**：包括旅行社、星级饭店基本情况，入境、出境旅游人数、国内居民旅游人数，以及国际、国内旅游收入等。

2. **统计范围**：旅行社、星级饭店和游客。

3. **资料来源**：旅游业有关资料主要根据公安部和国家旅游局的资料编制而成。旅游数据中的国际、国内旅游收入和国内出游人数等指标采取抽样调查方法，其余数据均为全面调查统计取得。

4. 指标解释

**游客** 指任何为休闲、娱乐、观光、度假、探亲访友、就医疗养、购物、参加会议或从事经济、文化、体育、宗教活动，离开常住国（或常住地）到其他国家（或地方），其连续停留时间不超过 12 个月，并且在其他国家（或其他地方）的主要目的不是通过所从事的活动获取报酬的人。游客不包括因工作或学习在两地有规律往返的人，按出游时间分为旅游者（过夜游客）和一日游游客（不过夜游客）。

**入境游客** 指报告期内来中国（大陆）观光、度假、探亲访友、就医疗养、购物、参加会议或从事经济、文化、体育、宗教活动的外国人、港澳台同胞等游客（即入境旅游人数）。统计时，入境游客按每入境一次统计 1 人次。入境旅游人数包括入境（过夜）游客和入境一日游游客。

**国内游客** 指报告期内在中国（大陆）观光游览、度假、探亲访友、就医疗养、购物、参加会议或从事经济、文化、体育、宗教活动的中国（大陆）居民，其出游的目的不是通过所从事的活动谋取报酬。统计时，国内游客按每出游一次统计 1 人次。

**出境人数（出境游客）** 指中国（大陆）公民因公或因私出境前往其他国家、中国香港特别行政区、澳门特别行政区和台湾省观光、度假、探亲访友、就医疗养、购物、参加会议或从事经济、文化、体育、宗教活动的人数（即出境游客）。统计时，出境游客按每出境一次统计 1 人次。

**旅游收入** 指游客（入境游客和国内游客）在旅游过程中（由游客或游客的代表为游客）支付的一切旅游支出就是国家（省、区、市)的旅游收入。旅游支出应包括（过夜）旅游者和一日游游客在整个游程中行、游、住、食、购、娱，以及为亲友、家人购买纪念品、礼品等方面的旅游支出，不包括为商业目的购物、购买房、地、车、船等资本性或交易性的投资、馈赠亲友的现金及给公共机构的捐赠。旅游收入包括国际旅游（外汇）收入和国内旅游收入。

(1) 国际旅游（外汇）收入入境旅游者在中国（大陆）境内旅行、游览过程中用于交通、参观游览、住宿、餐饮、购物、娱乐等全部花费。

(2) 国内旅游收入指国内旅游者在国内旅行、游览过程中用于交通、参观游览、住宿、餐饮、购物、娱乐等全部花费。

**（五）其他**

**1．国际收支平衡表**：由国家外汇管理局依据国际货币基金组织编写的《国际收支和国际投资头寸手册》（第六版）编制。

**2．历年人民币对美元、日元、港币的年平均汇价**：资料来源于国家外汇管理局。

**3．黄金和国家外汇储备**：资料来源于国家外汇管理局。

# APPENDIX Ⅰ Brief Introduction and Explanatory Notes on Main Statistical Indicators

## Domestic Trade

**Ⅰ Main Content**

Data reflect the development and change of China's domestic consumer goods market, wholesale and retail trades, hotels and catering services. Main contents include basic condition, circulation of commodities and financial status of wholesale and retail trades above designated size; basic condition, business and financial status of hotels and catering services above designated size; total retail sales of consumer goods; turnover of huge commodity exchange markets; development of chain stores of retail trades and catering service, etc.

**Ⅱ Coverage of Statistics**

1. Wholesale and retail trades, hotels and catering services: corporation enterprises, establishments and getihus of wholesale and retail trades, hotels and catering services above the designated size.

The designated size of wholesale and retail trades, hotels and catering services is defined as follows: wholesale trade, with annual revenue from principal business over 20 million yuan; retail trade, with annual revenue from principle business over 5 million yuan; hotels and catering services, with annual revenue from principal business over 2 million yuan.

2. Total retail sales of consumer goods: corporation enterprises, establishments and getihus engaged in commodity retail activities or providing catering services.

3. Commodity exchange markets: the commodity markets with an annual transaction over 100 million.

4. Chain stores: Chain stores of retail trades and catering services.

**Ⅲ Sources of Data**

Data are collected and processed in accordance with the statistical reporting scheme on wholesale and retail trades, hotels and catering services by the Department of Trade and External Economic Relations of the National Bureau of Statistics.

**Ⅳ Survey Methodology**

Data of all enterprises of wholesale and retail trades, hotels and catering services above the designated size (Including corporation enterprises, establishments and getihus, the same below), commodity exchange markets and chain head stores (headquarter) are collected through comprehensive reporting systems. Data of enterprises below the designated size are according to sampling surveys.

**Ⅴ Explanatory Notes on Main Statistical Indicators**

**1. Wholesale and Retail Trades**

**Wholesale Trade** refers to the activities of wholesaler selling at wholesale commodities for daily use and capital goods to enterprises of wholesale and retail trades and other enterprises, institutions and government offices, including the activities of wholesaler engaged in import and export and acting as a trade agent. The wholesaler may have the right of ownership over the commodities of wholesale and trade in the name of its own's or a company, the wholesaler may not have the right of ownership, only acts an agent.

**Retail Trade** refers to the activities of department store, supermarket, franchised store, brand store, retail stall and on-the-spot-making-selling store selling commodities to the final consumers (citizens) by any means including internet, post, telephone, sales machine.

**Total Purchases of Commodities** refers to the total value of purchases of commodities by enterprises (establishments) from other establishments or individuals (including direct import from abroad) for the purpose of re-selling, either with or without further processing of the commodities purchased. The commodities include: (1) commodities purchased from agricultural and industrial producer, wholesaler, retailer, publishing house and other service business; (2) commodities purchased from institutions and government departments; (3) confiscated goods purchased from the customs authorities or market management agencies; (4) second-hand goods and wastes purchased from residents; The commodities exclude 1 commodities purchased by enterprises (establishments) for use in their own business operation, commodities obtained without buying or selling procedures such as materials, consumable goods of low value, office appliances ,etc. 2 received goods without trading, such as goods handed over from others, borrowed goods, preserved goods for others, donated goods from others, processed and retrieved goods, etc. 3. goods of direct settlement between buyer and seller with handling fees introduced by others, 4. goods returned or refused to pay by the buyer, 5. excessive goods.

**Total Sales of Commodities** refers to value of commodities sold by the establishments to other establishments and individuals (including goods sold for self consumption, including the value-added tax). The commodities include: (1) commodities sold to urban and rural residents and social groups for their consumption; (2) commodities sold to establishments in all industries for their production and operation, including agriculture, industry, construction, transportation, post and telecommunications, catering services, and public utility including commodities sold to wholesale and retail establishments for re-selling, with or without further processing; and (3) commodities for direct export to abroad. Excluded are (1) extended commodities without trading, such as goods handed over to other enterprises and institutions because of the change of organizations, lent goods, returned goods preserved for others, extended processing materials and samples donated to others, (2) goods of direct settlement between buyer and seller with handling fees introduced by others, (3) goods returned after purchase, (4) damaged and spoiled goods, (5) waste and used goods of self use.

**Total Stock of Commodities** refers to value of total commodities possessed by wholesaler and retailer of various types of registration status at the end of the reference period, reflecting the commodity stock level of various wholesaler and retailer and the potential for market supply. It includes: (1) commodities located in storage, garages, counters, and shelves of operating places (such as sale stores, wholesale centres, and operating offices); (2) commodities in the process of being selected, sorted, and packed; (3) commodities not arrived but recorded as purchase in the account, i.e. commodities not arrived but payment receipts for the commodities from the sellers or the banks arrived; (4) commodities deposited in other places rather than places mentioned above, for instance: commodities in the hold of purchasers temporarily due to the refusal of payment and commodities not taken back after going through the formalities; (5) commodities entrusted to other units to sell but not sold yet; (6) commodities purchased for other units but not delivered yet. Commodities not included as stock are those not owned by the enterprises (units), commodities on commission for processing but not yet delivered, imported commodities of agency of foreign trade enterprise but not yet delivered to ordering units and finally those put in stock on behalf of the state material reserves units.

**2. Hotels and Catering Services**

**Hotel Services** refers to the activities of enterprises providing paid services of lodging to the customer, excluding the activities of providing long period of services of lodging (such as leased house and apartments), which are shown in 7210 (Development and operation of real estate).

**Catering Services** refers to the activities of enterprises providing on-the-spot services of selling food cooked and prepared to the customer in certain sites.

**Business Revenue** refers to revenue received from providing services or selling commodities by enterprises and establishments engaged in hotels and catering services, including income from hotels, from catering services, from selling of commodities and from other services.

**Income from hotels** refers to income of enterprises and establishments engaged in hotels and catering services by providing lodging services.

**Income from catering services** refers to income of enterprises and establishments engaged in hotels and catering services by providing catering services, including selling of cooked or prepared foods, such as staple food, cooked dishes, or cold dishes.

**3. Commodity Exchange Markets**

**The commodity Exchange markets** refers to the markets approved and managed by related departments, where there are fixed sites, facilities, managers and administration offices, where there are a certain number of traders to operate for three month and above or all the year, where the commodities including the articles for daily consumption and capital goods and services are traded in a centralized, independent and open way., Such market includes markets of daily goods and market of capital goods, etc.

**Volume of Transaction at Large Commodity Markets with Transaction Value over 100 Million Yuan** refers to the commodity markets with an annual transaction of over 100 million.

**4. Chain stores**

**Chain Head Stores (headquarter)** refers to the core leading stores responsible for development, allocation, administration and unitization of resources (name of stores, brand of stores, operation model, service standard, management way, ect.) of chain stores. Chain stores refers to the stores engaged in providing homogeneous commodities or services, with the central leadership of head store and guided by common policies, conduct centralized purchase and distributed selling of commodities, in order to gain better efficiency through standardized operation. The chain stores include regular chain stores, franchise chain stores and voluntary chain stores.

**Regular Chain store** refers to chain stores that are invested or controlled by the headquarters. They operate under direct and unified management from the headquarters.

**Franchise chain store** refers to the chain stores (franchisees) which are franchised with operation resources such as trade marks, names, patent and operation know-how by the franchisors in form of contract and pay the operation fees to the franchisors.

**Voluntary chain store** refers the stores operate jointly on the voluntary bases while maintaining their status of independent legal entities with full ownership of their assets. They sell goods of same brand from same channel of resource to the consumers.

**5. Total Retail Sales of Consumer Goods**

**Total retail sales of consumer goods** refers to the revenue of non-productive, non-operating physical goods sold to individuals and social groups directly through transaction or the income of catering services provided by corporation enterprises (establishments, getihus). Individuals include urban and rural residents and persons entering the country. Social groups include government agencies, social organizations, army, schools, enterprises and institutions, neighborhood or village committee, etc.

## Foreign Trade, External Economic Transaction and Tourism

**I. Foreign Trade**

**1.Data on foreign trade include:** varieties of imports and exports, amount (weight), value, countries (regions), imports and exports corporations, destination within territory, origin of goods within territory, mode of trade, types of tariffs and so on.

**2.The scope of foreign trade statistics** are designed according to United Nations' principles on international trade statistics, that is: all imports or exports that will lead to stock changes of material resources with the territory of People's Republic of China; excluding goods by escape clause.

**3.Sources of data on foreign trade** are from the General Administration of Customs of the People's Republic of China through a comprehensive reporting system. Statistical basis is the import and export customs declaration used by Chinese local customs to perform the actual supervision of import and export goods.

**4.Import and export commodity classification:** the list of import and export commodities is compiled based on the *Harmonized Commodity Description and Coding System (HS)* stipulated by the Customs Cooperation Council (World Customs Organization) and China's reality of imports and exports. Customs statstics in value terms for both imports and exports are compiled according to the classifications of *UN Standard International Trade Classification (SITC).*

**5. Trading partner:** the country (region) of origin is recorded for imports while the country (region) of final destination for exports.

**The country (region) of origin** refers to the country or region where the import goods have been grown, mined or manufactured. If two or more countries (regions) were involved in the manufacture of the products, the place where the last substantial working or processing was carried out will be recorded as the country (region) of origin. However, commodities whose nature or states have not been substantially changed will not be considered as having been processed or remanufactured.

**The country (region) of final destination** refers to the country or region where the export goods are to be consumed, utilized or further processed or manufactured. In instance where the country of final destination can not be ascertained, the exports will be credited to the final country (region) dispatched to as known at the time of exportation.

**6.Explanatory notes on main statistical indicators**

**Total Import and Export of Goods** refer to the real value of commodities imported and exported across the border of China. They include the actual imports and exports through foreign trade, imported and exported goods under the processing and assembling trades and materials, supplies and gifts as aid given gratis between governments and by United Nations and other international organizations, and contributions donated by overseas Chinese, compatriots in Hong Kong and Macao and Chinese with foreign citizenship, leasing commodities owned by tenant at the expiration of leasing period, the imported and exported commodities processed with imported materials, commodities trading in border areas (excluding mutual exchange goods), the imported and exported commodities and articles for public use of the Sino-foreign joint ventures, cooperative enterprises and ventures with sole foreign investment. Also included is import or export of samples and advertising goods for which CIF or FOB value are beyond the permitted ceiling (excluding goods of no trading or use value and free commodities for export), imported goods sold in china from bonded warehouses and other imported and exported goods. The indicator of the total imports and exports at customs can be used to observe the total size of external trade in a country. In accordance with the stipulation of the Chinese government, imports are calculated at CIF, while exports are calculated at FOB.

**Import Export Value by Location of China's Foreign Trade Managing Units** refers to actual value of imports and exports carried out by corporations which have been registered by the local Customs house and are vested with right to run import export business.

**II. Foreign Capitals**

**1.Data on foreign capitals include:** foreign direct investments and other foreign investments, and the basic condition of registration of foreign funded enterprises.

**2. The scope of foreign capitals:** all the units and departments which have utilized foreign capital and all the Sino-foreign joint ventures, Sino-foreign cooperative enterprises, ventures exclusively with foreign investment, foreign-funded stock companies, Sino-foreign cooperative development projects and other corporate enterprises (including the enterprises funded by the entrepreneurs from Hong Kong, Macao and Taiwan) with independent accounting system which have been approved by the Chinese government to set up in the boundary of the People's Republic of China.

**3.Sources of data on foreign capitals:** data on utilization of foreign capitals are from Ministry of Commerce, of which, data on basic condition of registration of foreign funded enterprises are from State Administration for Industry and Commerce through comprehensive reporting system. Special notice: data on utilization of foreign capitals before 1985 were survey results from governmental statistical agencies, since 1986 all data are from Ministry of Commerce (formerly MOFTEC). Data on utilization of foreign capitals since 2000 do not include foreign loans.

**4.Explanatory notes on main statistical indicators**

**Utilization of foreign capital** refers to direct foreign investments, commodity credits and other funds used by domestic institutions that are supplied from abroad and from Hong Kong, Macao and Taiwan.

Number of approval enterprises (projects) refers to the number of foreign-invested enterprises and cooperative development projects approved by the foreign direct investment management division.

**Agreement number of utilization of foreign capital** refers to the project numbers of the loans from the foreign governments and international monetary organization, the numbers of the enterprises with foreign investment and the contract numbers of the joint exploitation on offshore oil which are all approved according to law. The agreements of utilization of foreign capital, which are signed in other ways, are only collected into total amount without project numbers.

**Country (region) of foreign capital** refers to the country and region where the investor registers as a juridical Person and the foreign capital and investment comes. In the statistic classification, as the other ways in absorbing foreign investment, country (region) refers to the place where the foreign companies, enterprises and other economic organization register as juridical persons, except government loans just in terms of the name of the country.

**Foreign capital actually used** refers to the amount which has been actually used according to the agreements and contracts, including cash, materials and invisible capital such as labour service and technology which both parties agree to take as investment.

**III. Foreign Economic Cooperation**

**1.Data on foreign economic cooperation include:** contracted projects, labour services cooperation, design and consultation services, contracted volume, complete business turnover, business turnover by countries (regions) and so on.

**2.The scope of foreign economic cooperation:** the statistics cover contracted projects, labour services cooperation and design & consultation service with foreign countries (regions). The statistical unit in the scheme is the corporate enterprise engaged in contracted projects and labour services cooperation with foreign countries and has been approved by the department of commerce at various levels.

**3.Sources of data on foreign economic cooperation:** data on foreign economic cooperation are from Ministry of Commerce through a comprehensive reporting system. Data on contracted projects include design & consultation service since 2009.

**4.Explanatory notes on main statistical indicators**

**Overseas Contracted Projects** refer to activities of contracting overseas construction projects by Chinese enterprises or any other units, which are stipulated in the *Regulations on Administration of Foreign Contracted Project.*

**Overseas Labour Services** refer to operational activities of organizing labour force to go abroad providing services to foreign enterprises or agencies.

**Accomplished Turnover** refers to the workload enterprises completed in the form of currency during the reporting period..

**Dispatched Labor** refersto the numbedr of oversea labours in the overseas project contracting and labor cooperation businesses.

**IV. Tourism**

**1.Main Contents:** the basic conditions of travel agencies and star-rated hotels; number of international tourists and Chinese residents going abroad, number of domestic tourists and income from international and domestic tourism.

**2.Scope of Statistics:** data in this chapter cover travel agencies, star-rated hotels and tourists.

**3.Sources of Data:** the data on tourism are from the Ministry of Public Security and State Tourism Administration. The data on tourism are from the comprehensive reporting form system except those on the earnings from international and domestic tourism and number of domestic tourists going abroad from sample surveys

**4.Explanatory notes on main statistical indicators**

**Visitors** refers to any person who travels to a country (or place) other than that of his or her residence for a period not exceeding 12 months for leisure, entertainment, sightseeing, holiday, visiting relatives or friends, medical care, shopping, meeting, or taking part in economic, cultural, sports or religious activities, where the main purpose of the travel is not for remuneration. A visitor does not refer to any person who commutes between two places regularly for career or education. According to the length of stay, visitors are classified as tourists (i.e., overnight visitors) and same day visitors (non overnight visitors).

**International visitors (Inbound Visitor Arrivals)** refer to foreigners or compatriots from Hong Kong, Macao and Taiwan who come to China within the reporting time frame for sightseeing, holiday, visiting friends and relatives, medical care, shopping, meeting, or taking part in economic, cultural, sports or religious activities. Each time of entry is recorded as one time of arrival, and tne total sum makes up the inbound visitor arrivals. Inbound visitor arrivals (international visitors) include inbound (overnight) tourists and inbound same day visitors.

**Domestic visitors** refer to Chinese nationals who travel within the country within the reporting time frame for sightseeing, holiday, visiting friends and relatives, medical care, meeting, or taking part in economic, cultural, sports or religious activities. Their purposes of travel are not for remuneration from the activities afore mentioned. Each time of their travel is recorded as one person time. Domestic visitors include domestic (overnight) tourists and domestic same day visitors.

**Outbound visitors** refer to a Chinese (mainland) citizen who departs from China to a foreign country (or region) for leisure, entertainment, sightseeing, holiday, visiting relatives or friends, medical care, shopping, meeting, or taking part in economic, cultural, sports or religious activities. Each time of departure is recorded as one person time. Outbound visitors include outbound (overnight) tourists and outbound same day visitors.

**Tourism** receipts refer to all the expenditures made by visitors (inbound visitors and domestic visitors) or by representatives of the visitors in the course of their travel constitute the tourism receipts of a country (province, region, city). Tourism expenditures of visitors should include expenses made by (overnight) tourists and same day visitors throughout their travel on transport, tours, lodging, food, shopping, entertainment, and souvenirs and gifts for friends and relatives. Tourism expenditures do not include purchases of goods, real estate, house, motor vehicle, water vessel for commercial purposes, neither include capital nor transactional investments, cash given to friends and relatives, donations to public organizations. Tourism receipts include international tourism(foreign exchange) receipts and domestic tourism receipts.

1) International Tourism (foreign exchange) Receipts refer to the total expenditure made by inbound tourists within the territory of China (the mainland) in their course of travel on transport, tours and sightseeing, lodging, food and beverage, shopping, entertainment and etc.

2) Domestic Tourism Receipts refer to the total expenditure made by domestic tourists within the territory of China (the mainland) in their course of travel on transport, tours and sightseeing, lodging, food and beverage, shopping, entertainment and etc.

**V. Others**

**1.The Balance of Payments Table** is compiled by the State Administration of Foreign Exchange in accordance with the 6$^{th}$ edition of the *Balance of Payments and International Investment Position. Manual (BPM6)* prepared by the International Monetary Fund.

**2.The average exchange rates of RMB yuan to US dollar, Japanese yen and Hong Kong dollar** over the years come from the State Administration of Foreign Exchange.

**3. The data on gold and foreign exchange reserves** are also from the State Administration of Foreign Exchange.

# 附录Ⅱ　英文缩略语及符号

# APPENDIX Ⅱ　Abbreviations and Symbols in English

| | |
|---|---|
| APEC | Asia-Pacific Economic Cooperation |
| ASEAN | Association of Southeast Asian Nations |
| Co, Ltd | Corporation Limited |
| Corp | Corporation |
| DPR | Democratic People's Republic |
| EU | European Union |
| FR | Federal Republic |
| IMF | International Monetary Fund |
| Is | Islands |
| No | Number of items |
| Prov | Province |
| RMB | Renminbi Yuan |
| SDR | Special Drawing Rights |
| USD | Dollar of United States of America |
| USSR | Union of Soviet Socialist Republics |